MÉMOIRES
DE GUERRE

OUVRAGES DU MÊME AUTEUR

La Discorde chez l'ennemi. (Librairie BERGER-LEVRAULT, 1924, Librairie PLON, 1972.)

Le Fil de l'épée. (Librairie BERGER-LEVRAULT, 1932, Librairie PLON, 1971.)

La France et son armée. (Librairie PLON, 1938 et 1971.)

Trois études. (Librairie BERGER-LEVRAULT, 1945, Librairie PLON, 1971.)

Mémoires de guerre. (Librairie PLON, 1954, 1956, 1959.)
★ L'appel 1940-1942.
★★ L'unité 1942-1944.
★★★ Le salut 1944-1946.

Discours et messages. (Librairie PLON, 1970).
★ Pendant la Guerre (Juin 1940-Janvier 1946).
★★ Dans l'Attente (Février 1946-Avril 1958).
★★★ Avec le Renouveau (Mai 1958-JUillet 1962).
★★★★ Pour l'Effort (Août 1962-Décembre 1965).
★★★★★ Vers le Terme (Janvier 1966-Avril 1969).

Mémoires d'espoir. (Librairie PLON, 1970 et 1971.)
★ Le Renouveau (1958-1962).
★★ L'Effort (1962-...).

Articles et Écrits. (Librairie PLON, 1975.)

Lettres, Notes et Carnets. (Librairie PLON, 1980, 1981, 1982, 1983, 1984, 1985, 1986 et 1987.)
1905-1918.
1919-Juin 1940.
1919-Juin 1940.
Juin 1940-Juillet 1941.
Juillet 1941-Mai 1943.
Juin 1943-Mai 1945
Mai 1945-Juin 1951.
Juin 1951-Mai 1958.
Juin 1958-Décembre 1960.
Janvier 1961-Décembre 1963.
Janvier 1964-Juin 1966.
Juillet 1966-Avril 1969.
Mai 1969-Novembre 1970.

CHARLES DE GAULLE

MÉMOIRES DE GUERRE

★

L'APPEL
1940-1942

★★

L'UNITÉ
1942-1944

★★★

LE SALUT
1944-1946

LE GRAND LIVRE DU MOIS

La présente édition, qui reprend le texte intégral des *Mémoires de Guerre* du Général de Gaulle, ne reproduit pas les documents publiés en annexe des trois volumes de l'édition primitive.

ISBN 2-259-18047-7

MÉMOIRES DE GUERRE

☆

L'APPEL

1940-1942

LA PENTE

Toute ma vie, je me suis fait une certaine idée de la France. Le sentiment me l'inspire aussi bien que la raison. Ce qu'il y a, en moi, d'affectif imagine naturellement la France, telle la princesse des contes ou la madone aux fresques des murs, comme vouée à une destinée éminente et exceptionnelle. J'ai, d'instinct, l'impression que la Providence l'a créée pour des succès achevés ou des malheurs exemplaires. S'il advient que la médiocrité marque, pourtant, ses faits et gestes, j'en éprouve la sensation d'une absurde anomalie, imputable aux fautes des Français, non au génie de la patrie. Mais aussi, le côté positif de mon esprit me convainc que la France n'est réellement elle-même qu'au premier rang ; que, seules, de vastes entreprises sont susceptibles de compenser les ferments de dispersion que son peuple porte en lui-même ; que notre pays, tel qu'il est, parmi les autres, tels qu'ils sont, doit, sous peine de danger mortel, viser haut et se tenir droit. Bref, à mon sens, la France ne peut être la France sans la grandeur.

Cette foi a grandi en même temps que moi dans le milieu où je suis né. Mon père, homme de pensée, de culture, de tradition, était imprégné du sentiment de la dignité de la France. Il m'en a découvert l'Histoire. Ma mère portait à la patrie une passion intransigeante à l'égal de sa piété religieuse. Mes trois frères, ma sœur, moi-même, avions pour seconde nature une certaine fierté anxieuse au sujet de notre pays. Petit Lillois de Paris, rien ne me frappait davantage que les symboles de nos gloires : nuit descendant sur Notre-Dame, majesté du soir à Versailles, Arc de Triomphe dans le soleil, drapeaux conquis frissonnant à la voûte des Invalides. Rien ne me faisait plus d'effet que la manifestation de nos réussites nationales : enthousiasme du peuple au passage du Tsar de Russie, revue de Longchamp, merveilles de l'Exposition, premiers vols de nos aviateurs. Rien ne m'attristait plus profondément que nos faiblesses et nos erreurs révélées à mon enfance par les visages et les propos : abandon de Fachoda, affaire Dreyfus, conflits sociaux, discordes religieuses. Rien ne m'émouvait autant que le récit de nos malheurs passés : rappel par mon père de la vaine sortie du Bourget et de Stains, où il avait été blessé ; évocation par ma mère de son désespoir de petite fille à la vue de ses parents en larmes : « Bazaine a capitulé ! »

Adolescent, ce qu'il advenait de la France, que ce fût le sujet de l'Histoire ou l'enjeu de la vie publique, m'intéressait par-dessus tout. J'éprouvais donc de l'attrait, mais aussi de la sévérité, à l'égard de la pièce qui se jouait, sans relâche, sur le forum ; entraîné que j'étais par l'intelligence, l'ardeur, l'éloquence qu'y prodiguaient maints acteurs et navré de voir tant de dons gaspillés dans la confusion politique et les divisions nationales. D'autant plus qu'au début du siècle apparaissaient les prodromes de la guerre. Je dois dire que ma prime jeunesse imaginait sans horreur et magnifiait à l'avance cette aventure inconnue. En somme, je ne doutais pas que la France dût traverser des épreuves gigantesques, que l'intérêt de la vie consistait à lui rendre, un jour, quelque service signalé et que j'en aurais l'occasion.

Quand j'entrai dans l'armée, elle était une des plus grandes choses du monde. Sous les critiques et les outrages qui lui étaient prodigués, elle sentait venir avec sérénité et, même, une sourde espérance, les jours où tout dépendrait d'elle. Après Saint-Cyr, je fis, au 33e Régiment d'Infanterie, à Arras, mon apprentissage d'officier. Mon premier colonel : Pétain, me démontra ce que valent le don et l'art de commander. Puis, tandis que l'ouragan m'emportait comme un fétu à travers les drames de la guerre : baptême du feu, calvaire des tranchées, assauts, bombardements, blessures, captivité, je pouvais voir la France, qu'une natalité déficiente, de creuses idéologies et la négligence des pouvoirs avaient privée d'une partie des moyens nécessaires à sa défense, tirer d'elle-même un incroyable effort, suppléer par des sacrifices sans mesure à tout ce qui lui manquait et terminer l'épreuve dans la victoire. Je pouvais la voir, aux jours les plus critiques, se rassembler moralement, au début sous l'égide de Joffre, à la fin sous l'impulsion du « Tigre ». Je pouvais la voir, ensuite, épuisée de pertes et de ruines, bouleversée dans sa structure sociale et son équilibre moral, reprendre d'un pas vacillant sa marche vers son destin, alors que le régime, reparaissant tel qu'il était naguère et reniant Clemenceau, rejetait la grandeur et retournait à la confusion.

Pendant les années suivantes, ma carrière parcourut des étapes variées : mission et campagne en Pologne, professorat d'histoire à Saint-Cyr, École de guerre, cabinet du Maréchal, commandement du 19e Bataillon de Chasseurs à Trèves, service d'état-major sur le Rhin et au Levant. Partout, je constatais le renouveau de prestige que ses succès récents valaient à la France et, en même temps, les doutes qu'éveillaient, quant à l'avenir, les inconséquences de ses dirigeants. Au demeurant, je trouvais, dans le métier militaire, l'intérêt puissant qu'il comporte pour l'esprit et pour le cœur. Dans l'armée, tournant à vide, je voyais l'instrument des grandes actions prochaines.

Il était clair, en effet, que le dénouement de la guerre n'avait pas assuré la paix. L'Allemagne revenait à ses ambitions, à mesure qu'elle recouvrait ses forces. Tandis que la Russie s'isolait dans sa révolution ; que l'Amérique se tenait éloignée de l'Europe ; que l'Angleterre ménageait Berlin pour que Paris eût besoin d'elle ; que les États nouveaux restaient faibles et désaccordés, c'est à la France seule qu'il incombait de contenir le Reich. Elle s'y efforçait, en effet, mais d'une manière discontinue. C'est ainsi que notre politique avait, d'abord, usé de la contrainte sous la conduite de Poincaré, puis tenté la réconciliation à l'instigation de Briand, cherché, enfin, un refuge dans la Société des Nations. Mais l'Allemagne se gonflait de menaces. Hitler approchait du pouvoir.

A cette époque, je fus affecté au Secrétariat général de la défense nationale, organisme permanent dont le Président du Conseil disposait pour la préparation à la guerre de l'État et de la nation. De 1932 à 1937, sous quatorze ministères, je me trouvai mêlé, sur le plan des études, à toute l'activité politique, technique et administrative, pour ce qui concernait la défense du pays. J'eus, notamment, à connaître des plans de sécurité et de limitation des armements qu'André Tardieu et Paul-Boncour présentèrent respectivement à Genève ; à fournir au cabinet Doumergue des éléments pour ses décisions, quand il choisit de prendre une autre voie après l'avènement du Führer ; à tisser la toile de Pénélope du projet de loi d'organisation de la nation pour le temps de guerre ; à m'occuper des mesures que comportait la mobilisation des administrations civiles, des industries, des services publics. Les travaux que j'avais à faire, les délibérations auxquelles j'assistais, les contacts que je devais prendre, me montraient l'étendue de nos ressources, mais aussi l'infirmité de l'État.

Car c'est l'inconsistance du pouvoir qui s'étalait en ce domaine. Non certes, que les hommes qui y figuraient manquassent d'intelligence ou de patriotisme. Au contraire, je voyais passer à la tête des ministères d'indiscutables valeurs et, parfois, de grands talents. Mais le jeu du régime les consumait et les paralysait. Témoin réservé, mais passionné, des affaires publiques, j'assistais à la répétition continuelle du même scénario. A peine en fonction, le Président du Conseil était aux prises avec d'innombrables exigences, critiques et surenchères, que toute son activité s'employait à dérouter sans pouvoir les maîtriser. Le Parlement, loin de le soutenir, ne lui offrait qu'embûches et défections. Ses ministres étaient ses rivaux. L'opinion, la presse, les intérêts, le tenaient pour une cible désignée à tous les griefs. Chacun, d'ailleurs, — lui-même tout le premier, — savait qu'il n'était là que pour une courte durée. De fait, après quelques mois, il lui fallait céder la place. En matière de défense nationale, de telles conditions interdisaient aux responsables cet ensemble de desseins continus, de décisions mûries, de mesures menées à leur terme, qu'on appelle une politique.

C'est pourquoi, le corps militaire, auquel l'État ne donnait d'impulsions que saccadées et contradictoires, s'enfermait dans son conformisme. L'armée se figeait dans les conceptions qui avaient été en vigueur avant la fin de la dernière guerre. Elle y était d'autant plus portée que ses chefs vieillissaient à leur poste, attachés à des errements qui avaient, jadis, fait leur gloire.

Aussi, l'idée du front fixe et continu dominait-elle la stratégie prévue pour une action future. L'organisation, la doctrine, l'instruction, l'armement, en procédaient directement. Il était entendu qu'en cas de guerre la France mobiliserait la masse de ses réserves et constituerait un nombre aussi grand que possible de divisions, faites, non pas pour manœuvrer, attaquer, exploiter, mais pour tenir des secteurs. Elles seraient mises en position le long de la frontière française et de la frontière belge, — la Belgique nous étant, alors, explicitement alliée, — et y attendraient l'offensive de l'ennemi.

Quant aux moyens : tanks, avions, canons mobiles et pivotants, dont les dernières batailles de la grande guerre avaient montré qu'ils permettaient, déjà, la surprise et la rupture et dont la puissance n'avait cessé de grandir depuis lors, on n'entendait s'en servir que pour renforcer la ligne et, au besoin, la rétablir par des contre-attaques locales. Les types d'engins étaient fixés en conséquence : chars lents, armés de pièces légères et courtes, destinés à l'accompagnement de l'infanterie et non point aux actions rapides et autonomes ; avions de chasse conçus pour la défense du ciel, auprès desquels l'armée de l'air comptait peu de bombardiers et aucun appareil d'assaut ; pièces d'artillerie faites pour tirer à partir d'une position fixe avec un étroit champ d'action horizontal, mais non pas pour pousser à travers tous les terrains et faire feu dans tous les azimuts. Au surplus, le front était, à l'avance, tracé par les ouvrages de la ligne Maginot que prolongeaient les fortifications belges. Ainsi, serait tenue par la nation en armes une barrière à l'abri de laquelle elle attendrait, pensait-on, que le blocus eût usé l'ennemi et que la pression du monde libre l'acculât à l'effondrement.

Une telle conception de la guerre convenait à l'esprit du régime. Celui-ci, que la faiblesse du pouvoir et les discordes politiques condamnaient à la stagnation, ne pouvait manquer d'épouser un système à ce point statique. Mais aussi, cette rassurante panacée répondait trop bien à l'état d'esprit du pays pour que tout ce qui voulait être élu, applaudi ou publié n'inclinât pas à la déclarer bonne. L'opinion, cédant à l'illusion qu'en faisant la guerre à la guerre on empêcherait les belliqueux de la faire, conservant le souvenir de beaucoup de ruineuses attaques, discernant mal la révolution apportée, depuis, à la force par le moteur, ne se souciait pas d'offensive. En somme, tout concourait à faire de la passivité le principe même de notre défense nationale.

Pour moi une telle orientation était aussi dangereuse que possible. J'estimais qu'au point de vue stratégique elle remettait à l'ennemi l'initiative en toute propriété. Au point de vue politique, je croyais qu'en affichant l'intention de maintenir nos armées à la frontière, on poussait l'Allemagne à agir contre les faibles, dès lors isolés : Sarre, pays rhénans, Autriche, Tchécoslovaquie, États baltes, Pologne, etc. ; qu'on détournait la Russie de se lier à nous ; qu'on assurait à l'Italie que, quoi qu'elle fît, nous n'imposerions pas un terme à sa malveillance. Au point de vue mora , enfin, il me paraissait déplorable de donner à croire au pays qu'éventuellement la guerre devait consister, pour lui, à se battre le moins possible.

A vrai dire, la philosophie de l'action, l'inspiration et l'emploi des armées par l'État, les rapports du gouvernement et du commandement, m'occupaient depuis longtemps. A cet égard, j'avais déjà manifesté ma pensée par quelques publications : *la Discorde chez l'ennemi*, *le Fil de l'épée*, un certain nombre d'articles de revue. J'avais fait en public, par exemple à la Sorbonne, des conférences sur la conduite de la guerre. Mais, en janvier 1933, Hitler devenait le maître du Reich. Dès lors, les choses ne pouvaient que se précipiter. Faute que personne proposât rien qui répondît à la situation, je me sentis tenu d'en appeler à l'opinion et d'apporter mon propre projet. Mais, comme l'affaire risquait d'avoir des conséquences, il me fallait m'attendre à ce qu'un jour se posent sur moi les projecteurs de la vie publique. C'est avec peine que j'en pris mon parti après vingt-cinq ans passés sous les normes militaires.

Sous le titre : *Vers l'armée de métier*, je lançai mon plan et mes idées. Je proposais de créer d'urgence une armée de manœuvre et de choc, mécanique, cuirassée, formée d'un personnel d'élite, qui s'ajouterait aux grandes unités fournies par la mobilisation. En 1933, un article de la *Revue politique et parlementaire* me servit d'entrée en matière. Au printemps de 1934, je fis paraître le livre qui exposait les raisons et la conception de l'instrument qu'il s'agissait de construire.

Pourquoi ? Traitant, d'abord, de la couverture de la France, je montrais que la géographie qui organise l'invasion de notre territoire par le nord et le nord-est, la nature du peuple allemand qui le porte aux grandes ambitions, le sollicite vers l'ouest et lui trace comme direction : Paris, à travers la Belgique, le caractère du peuple français qui l'expose à être surpris au début de chaque conflit, nous commandaient de tenir une fraction de nos forces toujours en éveil, prête à se déployer tout entière, à tout instant. « Nous ne pouvons, écrivais-je, nous en remettre, pour supporter le premier choc, à la défensive hâtive de formations mal assurées. Le moment est venu d'ajouter à la masse de nos réserves et de nos recrues, élément principal de la résistance nationale, mais lente à réunir et lourde à mettre en œuvre, un instrument de manœuvre capable d'agir sans délai, c'est-à-dire permanent, cohérent, rompu aux armes. »

Ensuite, j'invoquais la technique. Depuis que la machine dominait l'ordre guerrier, comme le reste, la qualité de ceux qui avaient à mettre en œuvre les machines de guerre devenait un élément essentiel du rendement de l'outillage. Combien était-ce vrai, surtout, pour les engins nouveaux : chars, avions, navires, que le moteur avait engendrés, qui allaient se perfectionnant à un rythme très rapide et qui ressuscitaient la manœuvre ! Je notais : « Il est de fait, dorénavant, que sur terre, sur mer et dans les airs, un personnel de choix, tirant le maximum d'un matériel extrêmement puissant et varié, possède sur des masses plus ou moins confuses une supériorité terrible. » Je citais Paul Valéry : « On verra se développer les entreprises d'hommes choisis, agissant par équipes, produisant en quelques instants, à une heure, dans un lieu imprévus des événements écrasants. »

Abordant les conditions que la politique, à son tour, imposait à la stratégie, je constatais que celle-ci ne saurait se borner à la stricte défense du territoire puisque celle-là devait étendre son champ d'action au-delà des frontières. « Bon gré, mal gré, nous faisons partie d'un certain ordre établi dont tous les éléments se trouvent solidaires... Ce qu'il advient, par exemple, de l'Europe centrale et orientale, de la Belgique, de la Sarre, nous touche essentiellement... De combien de sang et de larmes payâmes-nous l'erreur du Second Empire qui laissa faire Sadowa sans porter l'armée sur le Rhin?... Nous devons donc être prêts à agir au dehors, à toute heure, en toute occasion. Comment, pratiquement, le faire, s'il faut, pour entreprendre quoi que ce soit, mobiliser nos réserves?... » Au surplus, dans la concurrence qui renaissait entre l'Allemagne et nous au point de vue de la puissance guerrière, nous ne pouvions manquer d'être distancés sur le terrain de la masse. Par contre, « étant donné nos dons d'initiative, d'adaptation, d'amour-propre, il ne tenait qu'à nous de l'emporter quant à la qualité. » Je concluais ce Pourquoi? comme suit : « Un instrument de manœuvre préventif et répressif, voilà de quoi nous devons nous pourvoir. »

Comment? Le moteur fournissait les éléments de la réponse ; « le moteur qui s'offre à porter ce que l'on veut, où il le faut, à toutes les vitesses et distances ;... le moteur qui, s'il est cuirassé, possède une telle puissance de feu et de choc que le rythme du combat s'accorde avec celui des évolutions. »

Partant de là, je fixais le but à atteindre : « Six divisions de ligne et une division légère, motorisées tout entières, blindées en partie, constitueront l'armée propre à créer l'événement. »

La composition qu'il convenait de donner à cette armée était nettement précisée. Chacune des divisions de ligne devait comporter : une brigade blindée à deux régiments, l'un de chars lourds, l'autre de chars moyens, et un bataillon de chars légers ; une brigade d'infanterie, comprenant deux régiments et un bataillon de chasseurs et portée en véhicules tous terrains ; une brigade d'artillerie, pourvue de pièces tous-azimuts, formée de deux régiments servant respectivement des canons courts et des canons longs et complétée par un groupe de défense contre avions. Pour seconder ces trois brigades, la division aurait encore : un régiment de reconnaissance ; un bataillon du génie ; un bataillon de transmissions ; un bataillon de camouflage ; des services. La division légère, destinée à l'exploration et à la sûreté éloignée, serait dotée d'engins plus rapides. En outre, l'armée elle-même disposerait de réserves générales : chars et canons très lourds, génie, transmissions, camouflage. Enfin, une forte aviation d'observation, de chasse et d'assaut serait organiquement attachée à ce grand corps : un groupe pour chaque division, un régiment pour le tout, sans préjudice des actions d'ensemble que mènerait l'armée mécanique de l'air en conjugaison avec celles de l'armée mécanique au sol.

Mais, pour que l'armée de choc fût à même de tirer le meilleur rendement possible du matériel complexe et coûteux dont elle serait équipée, pour qu'elle puisse agir soudain, sur n'importe quel théâtre, sans attendre des compléments, ni procéder à des apprentissages, il faudrait la composer d'un personnel professionnel. Effectif total : 100 000 hommes. La troupe serait donc formée d'engagés. Servant six ans dans le corps d'élite, ils se trouveraient pendant ce temps, façonnés par la technique, l'émulation, l'esprit de corps. Ils fourniraient, ensuite, des cadres aux contingents et aux réserves.

Alors, était décrit l'emploi de ce bélier stratégique pour la rupture d'une résistance bien établie. Mise en place effectuée à l'improviste, en une seule nuit, ce que rendraient possible la motorisation de tous les éléments, leur capacité d'évoluer dans tous les terrains, l'utilisation du camouflage actif et passif. Attaque déclenchant 3 000 chars, disposés en plusieurs échelons sur un front moyen de 50 kilomètres, suivis et appuyés de près par l'artillerie décentralisée, rejoints sur les objectifs successifs par les fantassins portés avec leurs moyens de feu et d'organisation du sol, le tout étant articulé en deux ou trois corps d'armée, éclairé et soutenu par l'aviation propre aux divisions et à l'armée. Progression de tout le système atteignant normalement une cinquantaine de kilomètres au cours d'une journée de bataille. Après quoi et si l'adversaire persistait à opposer une résistance continue, regroupement général, soit pour élargir latéralement la brèche, soit pour reprendre l'effort vers l'avant, soit pour tenir le terrain conquis.

Mais, une fois la muraille percée, de plus vastes perspectives pourraient, soudain, se découvrir. L'armée mécanique déploierait, alors, l'éventail de l'exploitation. J'écrivais, à ce sujet : « Souvent, le succès remporté, on se hâtera d'en cueillir les fruits et de pousser dans la zone des trophées. On verra l'exploitation devenir une réalité, quand elle n'était plus qu'un rêve... Alors, s'ouvrira le chemin des grandes victoires, de celles qui, par leurs effets profonds et rapidement étendus, provoquent chez l'ennemi un ébranlement général, comme la rupture d'un pilier fait, quelquefois, crouler la cathédrale... On verra des troupes rapides courir au loin derrière l'ennemi, frapper ses points sensibles, bouleverser son dispositif... Ainsi, sera restaurée cette extension stratégique des résultats d'ordre tactique qui constituait, jadis, la fin suprême et comme la noblesse de l'art... » Mais le peuple et l'État adverses, à un certain point de détresse et dans l'anéantissement de l'appareil de leur défense, pourraient, eux-mêmes, s'effondrer.

D'autant plus et d'autant plus vite que « cette aptitude à la surprise et à la rupture se conjuguait parfaitement bien avec les propriétés, désormais essentielles, des aviations de combat ». J'évoquais l'armée de l'air préparant et prolongeant par ses bombardements les opérations menées au sol par l'armée mécanique et, réciproquement, celle-ci conférant, par l'irruption dans les zones ravagées, une utilité stratégique immédiate aux actions destructives des escadres aériennes.

Une si profonde évolution de l'art exigeait celle du commandement. Ayant mis en relief le fait que, désormais, la radiophonie donnait le moyen de relier entre eux les éléments de l'armée future, je terminais l'ouvrage en montrant quels procédés le commandement devait employer pour mener l'instrument nouveau. Pour les chefs, il ne s'agirait plus de diriger, par ordres anonymes, à partir de postes enterrés, une lointaine matière humaine. Au contraire, la présence, le coup d'œil, l'exemple, redeviendraient essentiels au milieu du drame mouvant, rempli d'aléas imprévus et d'occasions instantanées, que serait le combat des forces mécaniques. La personnalité du chef importerait beaucoup plus que les recettes codifiées. « Serait-ce pas tant mieux, demandais-je, si l'évolution devait ainsi favoriser l'élévation de ceux qui, dans les heures tragiques, où la rafale balaie les conventions et les habitudes, se trouvent seuls debout et, par là, nécessaires? »

Pour finir, j'en appelais à l'État. Pas plus qu'aucun autre corps, l'armée, en effet, ne se transformerait d'elle-même. Or, le corps spécialisé devant amener de profonds changements dans l'institution militaire, en même temps que dans la technique et la politique de la guerre, c'était aux pouvoirs publics qu'il incombait de le créer. Certes, il y faudrait, cette fois encore, un Louvois ou un Carnot. D'autre part, une pareille réforme ne pouvait être qu'une partie d'un tout, un élément dans l'effort de rénovation du pays. « Mais, si cette refonte nationale devait commencer par l'armée, il n'y aurait là rien que de conforme à l'ordre naturel des choses. Alors, dans le dur travail qui doit rajeunir la France, son armée lui servira de recours et de ferment. Car l'épée est l'axe du monde et la grandeur ne se divise pas. »

Pour dresser ce projet d'ensemble, j'avais, naturellement, mis à profit les courants d'idées déclenchés à travers le monde par l'apparition du moteur combattant. Le général Estienne, apôtre et premier Inspecteur des chars, imaginait, dès 1917, d'en faire agir un bon nombre à grande distance en avant de ceux qui accompagnaient l'infanterie. C'est pour cela qu'à la fin de 1918, d'énormes engins de 60 tonnes commençaient à sortir des usines. Mais l'armistice avait arrêté la fabrication et confiné la théorie dans la formule de l' « action d'ensemble » complétant celle de l' « accompagnement ». Les Anglais, qui s'étaient montrés des précurseurs en engageant le Royal Tank Corps, à Cambrai en 1917, dans une action massive et profonde, continuaient à nourrir la conception du combat autonome de détachements cuirassés, conception dont le général Fuller et M. Liddell Hart étaient les protagonistes. En France, en 1933, le commandement, réunissant au camp de Suippes des éléments épars, mettait à l'essai un embryon de division légère pour la sûreté et la découverte.

D'autres voyaient plus large encore. Le général von Seeckt, dans son ouvrage : *Pensées d'un soldat*, paru en 1929, évoquait les possibilités qu'une armée de qualité, — sous-entendu la Reichswehr de 100 000 hommes servant à long terme, — possédait par rapport à des masses sans cohésion, — dans son esprit, celles des Français. Le général italien Douhet, calculant les effets que les bombardements aériens pourraient produire sur les centres de l'industrie et de la vie, jugeait l'armée de l'air capable d'emporter, à elle seule, la décision. Enfin, le « Plan maximum », soutenu à Genève par M. Paul-Boncour en 1932, proposait d'attribuer à la Société des Nations une force professionnelle, disposant de tous les chars et de tous les avions d'Europe et qui serait chargée de la sécurité collective. Mon plan visait à bâtir en un tout et pour le compte de la France ces vues fragmentaires mais convergentes.

L'ouvrage souleva, d'abord, de l'intérêt mais point d'émotion. Tant que *Vers l'armée de métier* parut n'être qu'un livre remuant des idées dont la hiérarchie userait à son gré, on voulut bien y voir une originale théorie. Il ne venait à l'esprit de personne que notre organisation militaire pût en être modifiée. Si j'avais eu l'impression que rien ne pressait, en effet, j'aurais pu m'en tenir à faire valoir ma thèse dans les milieux spécialisés, comptant que, l'évolution aidant, mes arguments feraient leur chemin. Mais Hitler, lui, n'attendait pas.

Dès octobre 1933, il rompait avec la Société des Nations et prenait, d'office, sa liberté d'action en matière d'armements. Les années 1934 et 1935 voyaient le Reich déployer un immense effort de fabrication et de recrutement. Le régime national-socialiste affichait sa volonté de briser le traité de Versailles en conquérant le « Lebensraum ». Il fallait à cette politique un appareil militaire offensif. Certes, Hitler préparait la levée en masse. Peu après son avènement, il instaurait le service du travail et, ensuite, la conscription. Mais, en outre, il avait besoin d'un instrument d'intervention pour trancher les nœuds gordiens, à Mayence, à Vienne, à Prague, à Varsovie, et pour que la lance germanique, pourvue d'une pointe aiguisée, fût en mesure de pénétrer d'un seul coup au cœur de la France.

Les renseignés, d'ailleurs, n'ignoraient pas que le Führer entendait imprimer sa marque à la nouvelle armée allemande ; qu'il écoutait volontiers les officiers naguère groupés autour du général von Seeckt, tels Keitel, Rundstedt, Guderian, partisans de la manœuvre, de la vitesse, de la qualité et, de ce fait, orientés vers les forces mécaniques ; qu'enfin, adoptant les théories de Gœring, il voulait une aviation dont l'action pût être directement liée à la bataille terrestre. Je fus, bientôt, avisé que lui-même s'était fait lire mon livre, dont ses conseillers faisaient cas. En novembre 1934, on apprit que le Reich créait les trois premières Panzerdivisions. Un ouvrage, publié à cette époque par le colonel Nehring, de l'état-major de la Wehrmacht, spécifiait qu'elles auraient une composition pour ainsi dire identique à celle que je proposais pour nos futures divisions cuirassées. En mars 1935, Gœring annonçait que le Reich était en train de se donner une puissante armée de l'air et que celle-ci comprendrait, outre beaucoup de chasseurs, de nombreux bombardiers et une forte aviation d'assaut. D'ailleurs, bien que ces mesures fussent autant de violations flagrantes des traités, le monde libre se bornait à y opposer la protestation platonique de la Société des Nations.

Il m'était insupportable de voir l'ennemi du lendemain se doter des moyens de vaincre, tandis que la France en restait privée. Pourtant, dans l'incroyable apathie où était plongée la nation, aucune voix autorisée ne s'élevait pour réclamer qu'on fît le nécessaire. L'enjeu était tel qu'il ne me parut pas permis de me réserver, si minces que fussent mon importance et ma notoriété. La responsabilité de la défense nationale incombait aux pouvoirs publics. Je décidai de porter le débat devant eux.

Je fis, d'abord, alliance avec André Pironneau, rédacteur en chef de *l'Écho de Paris*, puis directeur de *l'Époque*. Il prit à tâche de faire connaître le projet d'armée mécanique et de tenir le pouvoir en haleine par l'aiguillon d'un grand organe de presse. Liant sa campagne à l'actualité, André Pironneau publia quarante articles de fond qui rendirent le sujet familier. Chaque fois que les événements tournaient l'attention du public vers la défense nationale, mon amical collaborateur démontrait dans son journal la nécessité de créer le corps spécialisé. Comme on savait que l'Allemagne portait l'essentiel de son effort d'armement sur les engins d'attaque et d'exploitation, Pironneau poussait les cris d'alarme qu'ailleurs l'indifférence étouffait obstinément. Il prouva à vingt reprises, que la masse cuirassée allemande, appuyée par l'aviation, pourrait faire crouler soudain notre défense et jeter dans notre peuple une panique qu'il ne surmonterait pas.

Tandis qu'André Pironneau faisait sa bonne besogne, d'autres journalistes et critiques posaient, tout au moins, la question. Tels : Rémy Roure et le général Baratier, dans *le Temps*, Jean-Marie Bourget, les généraux de Cugnac et Duval dans *le Journal des Débats*, Émile Buré et Charles Giron dans *l'Ordre*, André Lecomte dans *l'Aube*, le colonel Émile Mayer, Lucien Nachin, Jean Auburtin, dans diverses revues, etc. Cependant, le bloc des faits acquis était trop compact pour qu'on pût l'entamer à coups d'articles de presse. Il fallait faire saisir du problème les instances politiques du pays.

M. Paul Reynaud me parut, par excellence, qualifié pour cette entreprise. Son intelligence était de taille à en embrasser les raisons ; son talent, à les faire valoir ; son courage, à les soutenir. En outre, tout notoire qu'il fût, M. Paul Reynaud donnait l'impression d'être un homme qui avait son avenir devant soi. Je le vis, le convainquis et, désormais, travaillai avec lui.

A la tribune de la Chambre des députés, il fit, le 15 mars 1935, une intervention saisissante, montrant pourquoi et comment notre organisation militaire devait être complétée par une armée mécanique de qualité. Peu après, comme le gouvernement demandait le vote des deux ans, M. Paul Reynaud, tout en donnant son accord, déposa une proposition de loi tendant à « la création immédiate d'un corps spécialisé de dix divisions de ligne, une division légère, des réserves générales et des services, formé de militaires servant par contrat et qui devrait être complètement mis sur pied au plus tard le 15 avril 1940 ». Pendant trois ans, M. Paul Reynaud affirma sa position par plusieurs discours qui remuèrent profondément la pâte parlementaire, par un ouvrage intitulé : *le Problème militaire français*, par de vigoureux articles et interviews, enfin par des entretiens sur le sujet avec des politiques et des militaires importants. Ainsi prenait-il la figure d'un homme d'État novateur et résolu, naturellement désigné pour exercer le pouvoir en cas de difficultés graves.

Comme je croyais bon que la mélodie fût jouée sur des instruments divers, je m'appliquai à mettre d'autres hommes publics dans le jeu. M. Le Cour Grandmaison, séduit par ce qui, dans l'armée de métier, répondait à nos traditions, s'en fit noblement l'apôtre. Trois députés de gauche : Philippe Serre, Marcel Déat, Léo Lagrange, dont le talent convenait pour mettre en relief le côté révolutionnaire de l'innovation, acceptèrent d'entrer en ligne. Le premier le fit, en effet, et d'une manière si brillante qu'il prit rang de grand orateur et, peu après, entra au gouvernement. Le second, sur les dons de qui je comptais particulièrement, fut, après son échec aux élections de 1936, attiré dans une voie opposée. Le troisième se trouva empêché, par le parti dont il était membre, d'affirmer ses convictions. Mais, bientôt, des hommes aussi considérables que M. Paul-Boncour à la Chambre et le Président Millerand au Sénat me firent entendre qu'ils étaient, à leur tour, favorables à la réforme.

Cependant, les organismes officiels et leurs soutiens officieux, plutôt que de reconnaître d'évidentes nécessités et d'accepter le changement, quitte à en aménager la formule et les modalités, s'accrochèrent au système en vigueur. Malheureusement, ils le firent d'une manière si catégorique qu'ils se fermèrent à eux-mêmes la voie de la résipiscence. Pour combattre la conception de l'armée mécanique, ils s'appliquèrent à la défigurer. Pour contredire l'évolution technique, ils s'employèrent à la contester. Pour résister aux événements, ils affectèrent de les ignorer. Je vérifiai, à cette occasion, que la confrontation des idées, dès lors qu'elle met en cause les errements accoutumés et les hommes en place, revêt le tour intransigeant des querelles théologiques.

Le général Debeney, glorieux commandant d'armée de la grande guerre, qui, en 1927, en sa qualité de Chef d'état-major général, avait élaboré les lois d'organisation militaire, condamnait formellement le projet. Dans *la Revue des Deux Mondes*, il exposait avec autorité que tout conflit européen serait tranché, en définitive, sur notre frontière du nord-est et que le problème consistait à tenir solidement celle-ci. Il ne voyait donc rien à changer aux lois, ni à la pratique, insistant seulement pour que l'on renforçât le système qui en était issu. Le général Weygand intervenait à son tour dans la même *Revue des Deux Mondes*. Admettant, a priori, que ma conception séparerait l'armée en deux tronçons : « A aucun prix, deux armées ! » protestait-il. Quant au rôle que j'assignais au corps spécialisé, il n'en niait pas l'intérêt, mais affirmait qu'il pouvait être rempli par des éléments déjà constitués : « Nous avons, expliquait-il, une réserve mécanisée, motorisée et montée. Rien n'est à créer, tout existe. » Le 4 juillet 1939, parlant en public à Lille, le général Weygand devait proclamer encore qu'à son avis il ne nous manquait rien.

Le maréchal Pétain crut devoir entrer en ligne. Il le fit dans une préface au livre du général Chauvineau : *Une invasion est-elle encore possible?* Le Maréchal y professait que les chars et les avions ne modifiaient pas les données de la guerre et que l'élément principal de la sécurité française était le front continu étayé par la fortification. *Le Figaro* publiait, sous la signature de Jean Rivière, une série d'articles inspirés et rassurants : *Les chars ne sont pas invincibles*, *La faiblesse des chars*, *Quand les hommes politiques s'égarent*, etc. Dans *le Mercure de France*, un général « Trois étoiles » rejetait le principe même de la motorisation : « Les Allemands, déclarait-il, étant naturellement offensifs, doivent naturellement avoir des Panzerdivisions. Mais la France, pacifique et défensive, ne peut être que contre-motorisatrice. »

D'autres critiques usaient de la raillerie. Celui d'une grande revue littéraire écrivait : « On est gêné pour apprécier, avec la courtoisie qu'on voudrait, des idées qui avoisinent l'état de délire. Disons simplement que M. de Gaulle a été devancé, il y a nombre d'années, par le père Ubu, qui était grand tacticien, lui aussi, avec des idées modernes. « Comme nous serons de retour de Pologne, disait-il, nous imaginerons, au moyen de notre science en physique, une machine à vent pour transporter toute l'armée. »

Si le conformisme du parti de la conservation se montrait foncièrement hostile, celui du parti du mouvement n'était pas mieux disposé. Léon Blum, dans *le Populaire* de novembre-décembre 1934, exprimait sans ménagements l'aversion et l'inquiétude que lui inspirait mon plan. En plusieurs articles : *Soldats de métier et armée de métier*, *Vers l'armée de métier?*, *A bas l'armée de métier!*, il se dressait, lui aussi, contre le corps spécialisé. Il le faisait, non point en invoquant l'intérêt de la défense nationale, mais au nom d'une idéologie qu'il intitulait démocratique et républicaine, et qui, dans ce qui était militaire, voulait traditionnellement voir une menace pour le régime. Léon Blum jetait donc l'anathème contre un corps de professionnels, dont, à l'en croire, la composition, l'esprit, les armes, mettraient automatiquement la République en danger.

Ainsi étayées à droite et à gauche, les instances officielles se refusèrent à tout changement. Le projet de M. Paul Reynaud fut rejeté par la commission de l'armée de la Chambre. Le rapport, présenté à ce sujet par M. Senac et rédigé avec la collaboration directe de l'État-major de l'armée, concluait que la réforme proposée « était inutile, non souhaitable, et qu'elle avait contre elle la logique et l'Histoire ». A la tribune de l'assemblée, le général Maurin, ministre de la Guerre, répondait aux orateurs favorables au corps de manœuvre : « Quand nous avons consacré tant d'efforts à construire une barrière fortifiée, croit-on que nous serions assez fous pour aller, en avant de cette barrière, à je ne sais quelle aventure? » Il ajoutait : « Ce que je vous dis là, c'est la pensée du gouvernement qui, tout au moins en ma personne, connaît parfaitement le plan de guerre. » Ces paroles, qui réglaient le sort du corps spécialisé prévenaient, en même temps, les bons entendeurs d'Europe que, quoi qu'il advînt, la France n'entreprendrait rien d'autre que de garnir la ligne Maginot.

Comme il était à prévoir, la réprobation ministérielle s'étendait à ma personne. Toutefois, ce fut par éclats épisodiques, non par formelle condamnation. C'est ainsi qu'à l'Élysée, à la fin d'une séance du Conseil supérieur de la défense nationale dont j'assurais le secrétariat, le général Maurin m'interpella vivement : « Adieu, de Gaulle! Là où je suis, vous n'avez plus votre place! » Dans son cabinet, il criait à des visiteurs qui lui parlaient de moi : « Il a pris un porte-plume : Pironneau, et un phonographe : Paul Reynaud. Je l'enverrai en Corse! » Cependant, tout en faisant gronder le tonnerre, le général Maurin eut la hauteur d'âme de ne pas le lancer. Peu après, M. Fabry, qui le remplaçait rue Saint-Dominique, et le général Gamelin, qui succédait au général Weygand comme Chef d'état-major général tout en restant à la tête de l'État-major de l'armée, adoptèrent à l'égard du projet la politique négative de leurs prédécesseurs et, vis-à-vis de moi, la même attitude gênée et irritée.

Au fond, les hommes responsables, tout en maintenant le *statu quo*, ne laissaient pas d'être secrètement sensibles à mes raisons. Ils étaient, d'ailleurs, trop avertis pour ajouter entièrement foi à leurs propres objections. Quand ils déclaraient excessives les idées que je répandais au sujet des possibilités de la force mécanique, ils n'en étaient pas moins inquiets devant celle que se forgeait le Reich. Quand ils prétendaient suppléer aux sept divisions de choc par autant de grandes unités ordinaires de type défensif et quand ils appelaient celles-ci : motorisées, parce qu'elles seraient transportées en camions, ils savaient, mieux que personne, qu'il y avait là, simplement, un jeu de mots. Quand ils alléguaient qu'en adoptant le corps spécialisé on couperait notre armée en deux, ils affectaient de méconnaître que le service de deux ans, voté depuis qu'avait paru mon livre, permettait, au besoin, d'introduire dans le corps d'élite une certaine proportion de soldats du contingent ; qu'il existait une marine, une aviation, une armée coloniale, une armée d'Afrique, une gendarmerie, une garde mobile, qui étaient spécialisées, sans dommage pour la cohésion de l'ensemble ; enfin, que ce qui fait l'unité des diverses forces nationales, c'est non pas l'identité de leur matériel et de leur personnel mais le fait de servir la même patrie, sous les mêmes lois, autour du même drapeau.

C'était donc avec chagrin que je voyais ces hommes éminents se faire, en vertu d'une sorte de loyalisme à l'envers, non point des guides exigeants, mais des porte-parole rassurants. Pourtant, sous leur apparente conviction, je sentais leur nostalgie des horizons qui leur étaient ouverts. Premier épisode d'une longue série d'événements, où une part de l'élite française, condamnant chacun des buts que je serais amené à poursuivre, mais, au fond d'elle-même, désolée de s'en tenir à l'impuissance, m'accorderait, à travers ses blâmes, le triste hommage de ses remords.

Le destin suivait son cours. Hitler, sachant maintenant à quoi s'en tenir sur notre compte, ouvrait la série des coups de force. Déjà, en 1935, à l'occasion du plébiscite de la Sarre, il avait créé une atmosphère si menaçante que le gouvernement français abandonnait la partie avant qu'elle ne fût jouée et qu'ensuite les Sarrois, attirés et intimidés par le déchaînement germanique, votaient en masse pour le IIIe Reich. Mussolini, de son côté, bravant les sanctions de Genève grâce à l'appui du ministère Laval et à la tolérance du cabinet Baldwin, passait à la conquête de l'Éthiopie. Soudain, le 7 mars 1936, l'armée allemande franchit le Rhin.

Le traité de Versailles interdisait aux troupes du Reich l'accès des territoires de la rive gauche, que l'accord de Locarno avait, en outre, neutralisés. En droit strict, nous pouvions les réoccuper, dès lors que l'Allemagne reniait sa signature. Si le corps spécialisé avait existé, ne fût-ce qu'en partie, avec ses engins rapides et son personnel prêt à marcher sur l'heure, la force naturelle des choses l'aurait, du coup, porté sur le Rhin. Comme nos alliés, Polonais, Tchèques, Belges, étaient prêts à nous soutenir et les Anglais engagés d'avance, Hitler eût certainement reculé. Il était, en effet, au début de son effort d'armement et encore hors d'état d'affronter un conflit généralisé. Mais, pour lui, un tel échec, infligé par la France, à cette époque, sur ce terrain, risquait d'avoir, dans son propre pays, des conséquences désastreuses. En jouant un pareil jeu, il pouvait, d'un seul coup, tout perdre.

Il gagna tout. Notre organisation, la nature de nos moyens, l'esprit même de notre défense nationale, sollicitèrent vers l'inaction un pouvoir qui n'y était que trop porté et nous empêchèrent de marcher. Puisque nous n'étions prêts qu'à tenir notre frontière en nous interdisant à nous-mêmes de la franchir en aucun cas, il n'y avait pas à attendre une riposte de la France. Le Führer en était sûr. Le monde entier le constata. Le Reich, au lieu de se voir contraint de retirer ses troupes aventurées, les établit, sans coup férir, dans tout le territoire rhénan, au contact immédiat de la France et de la Belgique. Dès lors, M. Flandin, ministre des Affaires étrangères, pouvait bien, l'âme ulcérée, se rendre à Londres pour s'informer des intentions de l'Angleterre ; M. Sarraut, Président du Conseil, pouvait bien déclarer que le gouvernement de Paris « n'admettrait pas que Strasbourg fût à portée de canon allemand » ; la diplomatie française pouvait bien obtenir de la Société des Nations un blâme de principe pour Hitler, ce n'étaient là que gestes et mots en face du fait accompli.

A mon sens, l'émotion que l'événement provoqua dans l'opinion pouvait être salutaire. Les pouvoirs publics étaient en mesure d'en profiter pour combler de mortelles lacunes. Bien qu'on fût absorbé, en France, par les élections et par la crise sociale qui les suivit, tout le monde se trouvait d'accord pour renforcer la défense du pays. Si l'effort était porté sur la création de l'instrument qui nous manquait, l'essentiel pouvait être sauvé. Il n'en fut rien. Les crédits militaires considérables, ouverts en 1936, furent employés à compléter le système existant, mais non à le modifier.

J'avais eu, pourtant, quelque espoir. Dans le grand trouble qui agitait, alors, la nation et que la politique encadrait dans une combinaison électorale et parlementaire intitulée : front populaire, il y avait, me semblait-il, l'élément psychologique qui permettait de rompre avec la passivité. Il n'était pas inconcevable qu'en présence du national-socialisme triomphant à Berlin, du fascisme régnant à Rome, du phalangisme approchant de Madrid, la République française voulût, tout à la fois, transformer sa structure sociale et réformer sa force militaire. Au mois d'octobre, Léon Blum, Président du Conseil, m'invita à venir le voir. Il se trouva que notre entretien eut lieu l'après-midi même du jour où le roi des Belges avait déclaré mettre fin à l'alliance avec la France et avec l'Angleterre. Le roi alléguait que, si son pays était attaqué par l'Allemagne, cette alliance ne le protégerait pas. « En effet, proclamait-il, étant donné les possibilités des forces mécaniques modernes, nous serions seuls, en tout état de cause. »

Avec chaleur, Léon Blum m'assura de l'intérêt qu'il portait à mes idées. « Pourtant, lui dis-je, vous les avez combattues. » — « On change d'optique, répondit-il, quand on devient chef du gouvernement. » Nous parlâmes, d'abord, de ce qui se passerait si, comme il fallait le prévoir, Hitler marchait sur Vienne, sur Prague ou sur Varsovie. « C'est très simple, fis-je observer. Suivant l'occurrence, nous rappellerons nos disponibles ou nous mobiliserons nos réserves. Alors, regardant par les créneaux de nos ouvrages, nous assisterons passivement à l'asservissement de l'Europe. » — « Eh ! quoi? s'écria Léon Blum, voudriez-vous que nous portions un corps expéditionnaire en Autriche, en Bohême, en Pologne? » — « Non ! dis-je. Mais, si la Wehrmacht s'avance le long du Danube ou de l'Elbe, que n'irions-nous au Rhin? Tandis qu'elle déboucherait sur la Vistule, pourquoi n'entrerions-nous pas dans la Ruhr? Au reste, le fait seul que nous serions capables de ces ripostes empêcherait, sans doute, les agressions. Mais notre actuel système nous interdit de bouger. Au contraire, le corps cuirassé nous y déterminerait. N'est-il pas vrai qu'un gouvernement peut trouver quelque soulagement à se sentir orienté d'avance? » Le Président du Conseil en convint de bonne grâce, mais déclara : « Il serait, certes, déplorable que nos amis d'Europe centrale et orientale soient, momentanément, submergés. Toutefois, en dernier ressort, rien ne serait fait, pour Hitler, tant qu'il ne nous aurait pas abattus. Comment y parviendrait-il? Vous conviendrez que notre système, mal conformé pour l'attaque, est excellent pour la défense. »

Je démontrai qu'il nen était rien. Rappelant la déclaration publiée le matin par Léopold III, je fis remarquer que c'était l'infériorité où nous plaçait, par rapport aux Allemands, l'absence d'un corps d'élite mécanique qui nous coûtait l'alliance belge. Le chef du gouvernement ne le contesta pas, bien qu'il pensât que l'attitude de Bruxelles n'eût pas seulement des motifs stratégiques. « En tout cas, dit-il, notre front défensif et nos ouvrages fortifiés protégeraient notre territoire. » — « Rien n'est moins sûr, lui répondis-je. Déjà, en 1918, il n'y avait plus de front inviolable. Or, quels progrès ont fait, depuis, les chars et les avions! Demain, l'action concentrée d'un nombre suffisant d'engins sera susceptible de rompre, dans un secteur choisi, n'importe quelle barrière défensive. Une fois la brèche ouverte, les Allemands seront en mesure de pousser, loin derrière nos lignes, une masse rapide et cuirassée appuyée par leur armée de l'air. Si nous en avons autant, tout pourra être réparé. Sinon, tout sera perdu. »

Le Président du Conseil me déclara que le gouvernement, approuvé par le Parlement, avait décidé d'engager, en dehors du budget ordinaire, de grandes dépenses pour la défense nationale et qu'une part importante des crédits devait être consacrée aux chars et à l'aviation. J'appelai son attention sur le fait que, parmi les avions dont la construction était prévue, presque tous seraient destinés à l'interception et non à l'attaque. Quant aux chars, il s'agissait, pour les neuf dixièmes, de « Renault » et de « Hotchkiss » du type 1935, modernes dans leur genre, mais lents, lourds, armés de petits canons courts, faits pour accompagner le combat de l'infanterie, mais pas du tout pour constituer un ensemble autonome de grandes unités. Au reste, on n'y songeait pas. Notre organisation resterait donc ce qu'elle était. « Nous allons, remarquai-je, construire autant d'engins et dépenser autant d'argent qu'il en faudrait pour l'armée mécanique et nous n'aurons pas cette armée. » — « L'emploi des crédits affectés au département de la Guerre, observa le Président, est l'affaire de M. Daladier et du général Gamelin. » — « Sans doute, répondis-je. Permettez-moi, cependant, de penser que la défense nationale incombe au gouvernement. »

Pendant notre conversation, le téléphone avait sonné dix fois, détournant l'attention de Léon Blum sur de menues questions parlementaires ou administratives. Comme je prenais congé et qu'on l'appelait encore, il fit un grand geste las. « Voyez, dit-il, s'il est facile au chef du gouvernement de se tenir au plan que vous tracez quand il ne peut rester cinq minutes avec la même idée! »

J'appris bientôt que le Président du Conseil, quoique frappé par notre entretien, n'ébranlerait pas les colonnes du temple et que l'on appliquerait, tel quel, le plan prévu antérieurement. Désormais, notre chance d'équilibrer, en temps voulu, la force nouvelle du Reich me semblait fort compromise. J'étais convaincu, en effet, que le caractère d'Hitler, sa doctrine, son âge, l'impulsion même qu'il avait donnée au peuple allemand, ne lui permettaient pas d'attendre. Les choses iraient, maintenant, trop vite pour que la France rattrapât son retard, ses dirigeants l'eussent-ils voulu.

Le 1er mai 1937, défilait, à travers Berlin, une Panzerdivision complète, survolée par des centaines d'avions. L'impression produite sur les spectateurs et, d'abord, sur M. François-Poncet, ambassadeur de France, et sur nos attachés militaires fut celle d'une force que rien, sauf une force semblable, ne pourrait arrêter. Mais leurs rapports ne firent pas modifier les dispositions prises par le gouvernement de Paris. Le 11 mars 1938, Hitler réalisait l'Anschluss. Il lançait sur Vienne une division mécanique, dont le seul aspect ralliait le consentement général et avec laquelle, le soir même, il entrait triomphalement dans la capitale autrichienne. En France, loin de tenir compte de cette rude démonstration, on s'appliqua à rassurer le public par la description ironique des pannes subies par quelques chars allemands au cours de cette marche forcée. On ne se laissait pas davantage éclairer par les leçons de la guerre civile espagnole, où les tanks italiens et les avions d'assaut allemands, si réduit que fût leur nombre, jouaient le rôle principal dans tout combat où ils paraissaient.

En septembre, le Führer, avec la complicité de Londres, puis de Paris, exécutait la Tchécoslovaquie. Trois jours avant Munich, le chancelier du Reich, parlant au Palais des Sports de Berlin, avait mis les points sur les i, au milieu des rires de joie et des hourras d'enthousiasme. « Maintenant, criait-il je puis avouer publiquement ce que, déjà, vous savez tous. Nous avons réalisé un armement tel que le monde n'en a jamais vu ! » Le 15 mars 1939, il arrachait au Président Hacha l'abdication définitive et entrait à Prague le même jour. Après quoi, dès le 1er septembre, il se lançait sur la Pologne. Dans ces actes successifs d'une seule et même tragédie, la France jouait le rôle de la victime qui attend son tour.

Pour moi, j'assistais à ces événements sans surprise, mais non sans douleur. Après avoir, en 1937, participé aux travaux du Centre des Hautes Études Militaires, j'avais reçu le commandement du 507e Régiment de Chars, à Metz. Mes obligations de colonel et mon éloignement de Paris me privaient des facilités et des contacts nécessaires pour soutenir ma grande querelle. D'autre part, M. Paul Reynaud était entré au printemps de 1938, dans le cabinet Daladier, avec la charge de la Justice, puis celle des Finances. Outre que la solidarité ministérielle le liait, dorénavant, le rétablissement de notre équilibre économique et monétaire constituait une tâche si pressante qu'elle absorbait le ministre. Surtout, l'obstination montrée par le pouvoir à cultiver un système militaire statique pendant que le dynamisme allemand se déployait sur l'Europe, l'aveuglement d'un régime qui poursuivait ses jeux absurdes en face d'un Reich prêt à bondir sur nous, la stupidité des badauds qui acclamaient l'abandon de Munich, n'étaient, en vérité, que les effets d'un profond renoncement national. A cela, je ne pouvais rien. Toutefois, en 1938, sentant se lever la tempête, je publiai *la France et son armée.* J'y montrais comment, de siècle en siècle, l'âme et le sort du pays se reflètent constamment au miroir de son armée; ultime avertissement que, de ma modeste place, j'adressais à la patrie à la veille du cataclysme.

Quand, en septembre 1939, le gouvernement français, à l'exemple du cabinet anglais, accepta d'entrer dans le conflit déjà commencé en Pologne, je n'eus pas le moindre doute qu'il le faisait avec l'illusion qu'en dépit de l'état de guerre on ne se battrait pas à fond. Comme commandant des chars de la 5e Armée, en Alsace, c'est sans aucun étonnement que je vis nos forces mobilisées s'établir dans la stagnation, tandis que la Pologne était foudroyée en deux semaines par les Panzerdivisions et les escadres aériennes. Il est vrai que l'intervention soviétique hâtait l'écrasement des Polonais. Mais, dans l'attitude de Staline, faisant, tout à coup, cause commune avec Hitler, on discernait sa conviction que les Français resteraient immobiles, qu'ainsi le Reich avait les mains libres et qu'il était préférable de partager avec lui la proie, plutôt que d'être la sienne. Tandis que les forces ennemies se trouvaient, presque en totalité, employées sur la Vistule, nous ne faisions rien, en effet, à part quelques démonstrations, pour nous porter sur le Rhin. Nous ne faisions rien, non plus, pour mettre l'Italie hors de cause en lui donnant le choix entre l'invasion française et la cession de gages de sa neutralité. Nous ne faisions rien, enfin, pour réaliser tout de suite la jonction avec la Belgique en gagnant Liège et le canal Albert.

Encore, l'école dirigeante voulait-elle voir dans cet attentisme une fructueuse stratégie. A la radio, les gouvernants, en premier lieu le Président du Conseil, et, dans la presse, maints notables, s'appliquaient à faire valoir les avantages de l'immobilité, grâce à laquelle, disaient-ils, nous maintenions sans pertes l'intégrité du territoire. M. Brisson, directeur du *Figaro*, s'informant de mon opinion au cours d'une visite qu'il me faisait à Wangenbourg et m'entendant regretter la passivité de nos forces, s'exclamait : « Ne voyez-vous pas que nous avons, d'ores et déjà, gagné la Marne blanche? » Passant à Paris, en janvier, et dînant rue de Rivoli chez M. Paul Reynaud, j'y rencontrai Léon Blum. « Quels sont vos pronostics? » me dit celui-ci. — « Le problème, répondis-je, est de savoir si, au printemps, les Allemands attaqueront vers l'Ouest pour prendre Paris ou vers l'Est pour atteindre Moscou. » — « Y pensez-vous? s'étonna Léon Blum. Les Allemands attaquer à l'Est? Mais pourquoi iraient-ils se perdre dans les profondeurs des terres russes? Attaquer à l'Ouest? Mais que pourraient-ils faire contre la ligne Maginot? » Le Président Lebrun visitant la 5e Armée, je lui présentai mes chars. « Vos idées me sont connues, me dit-il aimablement. Mais, pour que l'ennemi les applique, il semble bien qu'il soit trop tard. »

C'est pour nous qu'il était trop tard. Le 26 janvier, toutefois, je tentai un dernier effort. Aux 80 principales personnalités du gouvernement, du commandement, de la politique, j'adressai un mémorandum destiné à les convaincre que l'ennemi prendrait l'offensive avec une force mécanique, terrestre et aérienne, très puissante ; que, de ce fait, notre front pouvait être, à tout moment, franchi ; que, faute de disposer nous-mêmes d'éléments de riposte équivalents, nous risquions fort d'être anéantis ; qu'il fallait décider, tout de suite, la création de l'instrument voulu ; que, tout en poussant les fabrications nécessaires, il était urgent de réunir, en un corps de réserve mécanique, celles des unités existantes ou en cours de formation qui, à la rigueur, pouvaient y figurer.

Je concluais : « A aucun prix, le peuple français ne doit tomber dans l'illusion que l'immobilité militaire actuelle serait conforme au caractère de la guerre en cours. C'est le contraire qui est vrai. Le moteur confère aux moyens de destruction modernes une puissance, une vitesse, un rayon d'action, tels que le conflit présent sera, tôt ou tard, marqué par des mouvements, des surprises, des irruptions, des poursuites, dont l'ampleur et la rapidité dépasseront infiniment celles des plus fulgurants événements du passé... Ne nous y trompons pas ! Le conflit qui est commencé pourrait bien être le plus étendu, le plus complexe, le plus violent de tous ceux qui ravagèrent la terre. La crise, politique, économique, sociale, morale, dont il est issu, revêt une telle profondeur et présente un tel caractère d'ubiquité qu'elle aboutira fatalement à un bouleversement complet de la situation des peuples et de la structure des États. Or, l'obscure harmonie des choses procure à cette révolution un instrument militaire, — l'armée des machines, — exactement proportionné à ses colossales dimensions. Il est grand temps que la France en tire la conclusion. »

Mon mémorandum ne provoqua pas de secousse. Pourtant, les idées lancées et les preuves étalées finissaient par faire quelque effet. A la fin de 1939, il existait deux divisions légères mécaniques et on en formait une troisième. Toutefois il ne s'agissait que d'unités de découverte, qui eussent été très utiles pour éclairer les manœuvres d'une masse cuirassée, mais dont le rendement serait faible dès lors que cette masse n'existait pas. Le 2 décembre 1938, le Conseil supérieur de la guerre, sur l'insistance du général Billotte, avait décidé la création de deux divisions cuirassées. L'une était formée au début de 1940. L'autre devait l'être au mois de mars. Des chars de 30 tonnes du type B, dont les premiers exemplaires existaient depuis quinze ans et dont on fabriquait, enfin ! trois centaines, armeraient ces divisions. Mais chacune, quelle que fût la qualité des engins, serait très loin d'avoir la puissance que j'avais proposée. Elle comprendrait 120 chars ; j'en aurais voulu 500. Elle disposerait d'un seul bataillon d'infanterie se déplaçant en camions ; suivant moi, il en fallait 7 en véhicules tous-terrains. Elle posséderait 2 groupes d'artillerie ; c'étaient 7 groupes, dotés de pièces tous-azimuts, que je jugeais nécessaires. Elle n'aurait pas de groupe de reconnaissance ; à mon sens, elle en avait besoin. Enfin, je ne concevais l'emploi des unités mécaniques que sous la forme d'une masse autonome, organisée et commandée en conséquence. Au contraire, il n'était question que d'affecter les divisions cuirassées à divers corps d'armée d'ancien type, autrement dit de les fondre dans le dispositif général.

Les mêmes velléités de changement, qui, à défaut de volonté, apparaissaient sur le plan militaire, se faisaient jours dans le domaine politique. L'espèce d'euphorie que la drôle de guerre avait, d'abord, entretenue dans le personnel dirigeant, commençait à s'effacer. En mobilisant des millions d'hommes, en consacrant l'industrie à la fabrication des armes, en engageant d'énormes dépenses, ou amorçait dans la nation des bouleversements dont les effets apparaissaient, déjà, aux politiques alarmés. Rien, d'ailleurs, n'annonçait chez l'ennemi l'affaiblissement progressif que l'on attendait du blocus. Sans qu'on préconisât tout haut une autre politique de guerre, dont on n'avait pas les moyens, chacun tournait, cependant, son malaise et ses aigreurs contre celle qui était pratiquée. Conformément aux habitudes, le régime, incapable d'adopter les mesures qui eussent assuré le salut, mais cherchant à donner le change à lui-même et à l'opinion, ouvrit une crise ministérielle. Le 21 mars, la Chambre renversait le cabinet Daladier. Le 23, M. Paul Reynaud formait le gouvernement.

Appelé à Paris par le nouveau Président du Conseil, je rédigeai, à sa demande, une déclaration nette et brève qu'il adopta telle quelle pour la lire au Parlement. Puis, tandis que, déjà, les intrigues bruissaient dans les coulisses, je fus au Palais-Bourbon assister d'une tribune à la séance de présentation.

Celle-ci fut affreuse. Après la déclaration du gouvernement, lue par son chef devant une Chambre sceptique et morne, on n'entendit guère, dans le débat, que les porte-parole des groupes ou des hommes qui s'estimaient lésés dans la combinaison. Le danger couru par la patrie, la nécessité de l'effort national, le concours du monde libre, n'étaient évoqués que pour décorer les prétentions et les rancœurs. Seul, Léon Blum, à qui, pourtant, nulle place n'avait été offerte, parla avec élévation. Grâce à lui, M. Paul Reynaud l'emporta, quoique d'extrême justesse. Le ministère obtint la confiance à une voix de majorité. « Encore, devait me dire plus tard M. Herriot, Président de la Chambre, je ne suis pas très sûr qu'il l'ait eue. »

Avant de regagner mon poste, à Wangenbourg, je demeurai quelques jours auprès du Président du Conseil installé au Quai d'Orsay. C'était assez pour apercevoir à quel point de démoralisation le régime était arrivé. Dans tous les partis, dans la presse, dans l'administration, dans les affaires, dans les syndicats, des noyaux très influents étaient ouvertement acquis à l'idée de cesser la guerre. Les renseignés affirmaient que tel était l'avis du maréchal Pétain, ambassadeur à Madrid, et qui était censé savoir, par les Espagnols, que les Allemands se prêteraient volontiers à un arrangement. « Si Reynaud tombe, disait-on partout, Laval prendra le pouvoir avec Pétain à ses côtés. Le Maréchal, en effet, est en mesure de faire accepter l'armistice par le Commandement. » Par milliers d'exemplaires, circulait un dépliant, portant sur ses trois pages l'image du Maréchal, d'abord en chef vainqueur de la grande guerre avec la légende : « Hier, grand soldat ! ... »

ensuite en ambassadeur : « Aujourd'hui, grand diplomate !... » enfin en personnage immense et indistinct : « Demain?... »

Il faut dire que certains milieux voulaient voir l'ennemi bien plutôt dans Staline que dans Hitler. Ils se souciaient des moyens de frapper la Russie, soit en aidant la Finlande, soit en bombardant Bakou, soit en débarquant à Stamboul, beaucoup plus que de la façon de venir à bout du Reich. Beaucoup professaient tout haut l'admiration qu'ils éprouvaient à l'égard de Mussolini. Quelques-uns, au sein même du gouvernement, travaillaient à obtenir que la France achetât les bonnes grâces du Duce en lui cédant Djibouti, le Tchad, une part d'un condominium sur la Régence tunisienne. De leur côté, les communistes, qui s'étaient bruyamment ralliés à la cause nationale tant que Berlin s'opposait à Moscou, maudissaient la guerre « capitaliste » dès l'instant où s'étaient accordés Molotov et Ribbentrop. Quant à la masse, désorientée, sentant qu'à la tête de l'État rien ni personne n'était en mesure de dominer les événements, elle flottait dans le doute et l'incertitude. Il était clair qu'un revers grave susciterait dans le pays une vague de stupeur et d'effroi qui risquerait de tout emporter.

Dans cette atmosphère délétère, M. Paul Reynaud s'efforçait d'établir son autorité. C'était d'autant plus difficile qu'il se trouvait en conflit permanent avec M. Daladier, auquel il succédait à la présidence du Conseil, mais qui restait au gouvernement comme ministre de la Défense nationale et de la Guerre. Cette situation étrange ne pouvait être modifiée, car le parti radical, sans la tolérance duquel le ministère serait tombé, exigeait que son chef y demeurât en attendant d'en reprendre la tête à la première occasion. D'autre part, M. Paul Reynaud, dans son désir d'élargir son infime majorité, tâchait de dissoudre les préventions des modérés à son égard. Opération délicate, car une large fraction de la droite souhaitait la paix avec Hitler et l'entente avec Mussolini. Le Président du Conseil se trouva ainsi conduit à appeler auprès de lui, comme sous-secrétaire d'État, M. Paul Baudouin, très actif dans ces milieux, et à le nommer secrétaire du Comité de guerre qu'il venait d'instituer.

A la vérité, M. Paul Reynaud avait pensé me confier cette fonction. Le Comité de guerre, qui assurait la conduite du conflit et réunissait, à cette fin, les principaux ministres ainsi que les commandants en chef de l'armée, de la marine et de l'air, pouvait jouer un rôle capital. Préparer ses délibérations, assister à ses séances, notifier ses décisions et en suivre l'exécution, c'était la charge de son secrétaire. Beaucoup de choses pourraient dépendre de la manière dont elle serait exercée. Mais, si M. Paul Reynaud paraissait souhaiter qu'elle le fût par moi, M. Daladier, lui, ne voulait pas y consentir. Au messager du Président du Conseil, qui venait, rue Saint-Dominique, lui parler de ce désir, il répondait, tout de go : « Si de Gaulle vient ici, je quitterai ce bureau, je descendrai l'escalier et je téléphonerai à Paul Reynaud qu'il le mette à ma place. »

M. Daladier n'était nullement hostile à ma personne. Il l'avait prouvé, naguère, en prenant lui-même, comme ministre, la décision de m'inscrire au tableau d'avancement, dont la cabale des bureaux essayait de m'écarter. Mais M. Daladier, qui, depuis plusieurs années, portait la responsabilité de la défense nationale, avait épousé le système en vigueur. Sentant que les événements allaient trancher, d'un jour à l'autre, assumant à l'avance les conséquences de leur arbitrage, estimant que, de toute façon, il était trop tard pour changer l'organisation, il tenait, plus que jamais, aux positions qu'il avait prises. Mais, pour moi, assurer le secrétariat du Comité de guerre malgré l'opposition du ministre de la Défense nationale était, évidemment, impossible. Je repartis pour le front.

Auparavant, j'avais été voir le général Gamelin qui me convoquait à son quartier du château de Vincennes. Il s'y trouvait dans un cadre semblable à celui d'un couvent, entouré de peu d'officiers, travaillant et méditant sans se mêler au service courant. Il laissait le général Georges commander le front Nord-Est, ce qui pouvait aller tant qu'il ne s'y passait rien, mais deviendrait, sans doute, insoutenable si la bataille s'engageait. Le général Georges était, quant à lui, installé à la Ferté-sous-Jouarre avec une partie de l'État-major, tandis que d'autres bureaux fonctionnaient à Montry sous la direction du général Doumenc, major-général. En fait, l'organe du commandement suprême était coupé en trois tronçons. Dans sa thébaïde de Vincennes, le général Gamelin me fit l'effet d'un savant, combinant en laboratoire les réactions de sa stratégie.

Il m'annonça, tout d'abord, qu'il voulait porter de deux à quatre le nombre des divisions cuirassées et me fit connaître sa décision de me donner le commandement de la 4e, laquelle serait formée à partir du 15 mai. Quels que fussent les sentiments que m'inspirait, du point de vue général, notre retard, peut-être irrémédiable, quant aux forces mécaniques, j'éprouvai une grande fierté à me voir appelé comme colonel au commandement d'une division. Je le dis au général Gamelin. Il me répondit simplement. « Je comprends votre satisfaction. Quant à votre inquiétude je ne la crois pas justifiée. »

Le Généralissime me parla, alors, de la situation, telle qu'il la voyait. Dévoilant une carte où étaient portés le dispositif de l'ennemi et le nôtre, il me dit qu'il s'attendait à l'attaque prochaine des Allemands. Celle-ci, d'après ses prévisions, serait dirigée principalement sur la Hollande et la Belgique et viserait le Pas-de-Calais pour nous couper des Anglais. Divers indices lui donnaient à penser que l'ennemi exécuterait, au préalable, une opération de couverture ou de diversion vers les pays scandinaves. Lui-même se montrait, non seulement confiant dans ses propres dispositions et dans la valeur de ses forces, mais satisfait et, même, impatient de les voir mettre à l'épreuve. A l'entendre, je me convainquis qu'à force de porter en lui-même un certain système militaire et d'y appliquer son labeur, il s'en était fait une foi. Je crus sentir aussi que, se reportant à l'exemple de Joffre, dont il avait été, dans les débuts de la grande guerre, le collaborateur immédiat et, quelque peu, l'inspirateur, il s'était convaincu qu'à son échelon l'essentiel était d'arrêter, une fois pour toutes, sa volonté sur un plan défini et de ne s'en laisser ensuite détourner par aucun avatar. Lui, dont l'intelligence, l'esprit de finesse, l'empire sur soi, atteignaient un très haut degré, ne doutait certainement pas que, dans la bataille prochaine, il dût finalement l'emporter.

C'est avec respect, mais aussi quelque malaise, que je quittai ce grand chef, s'apprêtant, dans son cloître, à assumer tout à coup une responsabilité immense, en jouant le tout pour le tout sur un tableau que j'estimais mauvais.

Cinq semaines après, éclatait la foudre. Le 10 mai, l'ennemi, ayant auparavant mis la main sur le Danemark et presque toute la Norvège, entamait sa grande offensive. Celle-ci serait, de bout en bout, menée par les forces mécaniques et par l'aviation, la masse suivant le mouvement sans qu'il fût jamais besoin de l'engager à fond. En deux groupements : Hoth et Kleist, dix divisions cuirassées et six motorisées se ruaient vers l'ouest. Sept de ces dix Panzers, traversant l'Ardenne, atteignaient la Meuse en trois jours. Le 14 mai, elles l'avaient franchie, à Dinant, Givet, Monthermé, Sedan, tandis que quatre grandes unités motorisées les appuyaient et les couvraient, que l'aviation d'assaut les accompagnait sans relâche et que les bombardiers allemands, frappant derrière notre front les voies ferrées et les carrefours, paralysaient nos transports. Le 18 mai, ces sept Panzers étaient réunies autour de Saint-Quentin, prêtes à foncer, soit sur Paris, soit sur Dunkerque, ayant franchi la ligne Maginot, rompu notre dispositif, anéanti l'une de nos armées. Pendant ce temps, les trois autres, accompagnées de deux motorisées et opérant dans les Pays-Bas et le Brabant, où les Alliés disposaient de l'armée hollandaise, de l'armée belge, de l'armée britannique et de deux armées françaises, jetaient dans cet ensemble de 800 000 combattants un trouble qui ne serait pas réparé. On peut dire qu'en une semaine le destin était scellé. Sur la pente fatale, où une erreur démesurée nous avait, de longtemps, engagés, l'armée, l'État, la France, roulaient, maintenant, à un rythme vertigineux.

Il existait, pourtant, 3 000 chars français modernes et 800 automitrailleuses. Les Allemands n'en avaient pas plus. Mais les nôtres étaient, comme prévu, répartis dans les secteurs du front. Ils n'étaient, d'ailleurs, pour la plupart, nullement construits, ni armés, pour faire partie d'une masse de manœuvre. Même, les quelques grandes unités mécaniques portées à l'ordre de bataille furent engagées séparément. Les trois divisions légères, jetées vers Liège et vers Breda à la découverte, durent refluer rapidement et furent, alors, étalées pour tenir un front. La 1re Division cuirassée, remise à un corps d'armée et lancée seule à la contre-attaque, le 16 mai, à l'ouest de Namur, fut enveloppée et détruite. Le même jour, la 2e, transportée en chemin de fer vers Hirson, voyait ses éléments, à mesure de leur débarquement, successivement engloutis dans la confusion générale. La veille, au sud de Sedan, la 3e Division, qui venait d'être constituée, disloquée tout aussitôt entre les bataillons d'une division d'infanterie, s'enlisait par fragments dans une contre-attaque avortée. Eussent-elles été, d'avance, réunies, ces unités mécaniques, en dépit de leurs déficiences, auraient pu porter à l'envahisseur des coups redoutables. Mais, isolées les unes des autres, elles n'étaient plus que lambeaux six jours après la mise en marche des groupements cuirassés allemands. Quant à moi, discernant la vérité à travers des bribes de nouvelles, il n'était rien que je n'eusse donné pour avoir eu tort.

Mais la bataille, fût-elle désastreuse, arrache le soldat à lui-même. Celle-ci me saisit à mon tour. Le 11 mai, je reçois l'ordre de prendre le commandement de la 4e Division cuirassée, qui, d'ailleurs, n'existe pas, mais dont les éléments, venus de points très éloignés, seront mis, peu à peu, à ma disposition. Du Vésinet, où est d'abord fixé mon poste, je suis appelé, le 15 mai, au Grand Quartier Général pour y recevoir ma mission.

Celle-ci m'est notifiée par le Major-général. Elle est large. « Le commandement, me dit le général Doumenc, veut établir un front défensif sur l'Aisne et sur l'Ailette pour barrer la route de Paris. La VIe Armée, commandée par le général Touchon et formée d'unités prélevées dans l'Est, va s'y déployer. Avec votre division, opérant seule en avant dans la région de Laon, vous avez à gagner le temps nécessaire à cette mise en place. Le général Georges, Commandant en chef sur le front Nord-Est, s'en remet à vous des moyens à employer. D'ailleurs, vous dépendrez de lui seul et directement ; le commandant Chomel assurera la liaison. »

Le général Georges me reçoit, calme, cordial, mais visiblement accablé. Il me confirme ce qu'il attend de moi et ajoute : « Allez, de Gaulle ! Pour vous, qui avez, depuis longtemps, les conceptions que l'ennemi applique, voilà l'occasion d'agir. » Les bureaux font, ensuite, diligence pour diriger vers Laon, à mesure que ce sera possible, les éléments qui me sont destinés. Je constate que l'État-major, submergé par les innombrables problèmes de mouvements et de transports que posent, partout, la surprise et le bouleversement subis dans ces terribles jours, s'acquitte au mieux de sa tâche. Mais on sent que l'espoir s'en va et que le ressort est cassé.

Je file jusqu'à Laon, établis mon poste à Bruyères, au sud-est de la ville, et parcours les environs. En fait de troupes françaises, il n'y a, dans la région, que quelques éléments épars appartenant à la 3e Division de Cavalerie, une poignée d'hommes qui tient la citadelle de Laon et le 4e Groupe autonome d'Artillerie, chargé d'un éventuel emploi d'engins chimiques, oublié là par hasard. Je m'annexe ce groupe, formé de braves gens qui n'ont d'armes que des mousquetons, et les dispose, pour la sûreté, le long du canal de Sissonne. Le soir même, les patrouilles ennemies prennent, déjà, leur contact.

Le 16, rejoint par un embryon de mon état-major, je fais des reconnaissances et recueille des informations. L'impression que j'en retire est que de grosses forces allemandes, qui ont débouché des Ardennes par Rocroi et par Mézières, marchent, non pas vers le sud, mais vers l'ouest pour gagner Saint-

Quentin, en se couvrant à gauche par des flancs-gardes portées au sud de la Serre. Sur toutes les routes venant du nord, affluent de lamentables convois de réfugiés. J'y vois, aussi, nombre de militaires désarmés. Ils appartiennent aux troupes que l'offensive des Panzers a mises en débandade au cours des jours précédents. Rattrapés dans leur fuite par les détachements mécaniques de l'ennemi, ils en ont reçu l'ordre de jeter leurs fusils et de filer vers le sud pour ne pas encombrer les routes. « Nous n'avons pas, leur a-t-on crié, le temps de vous faire prisonniers ! »

Alors, au spectacle de ce peuple éperdu et de cette déroute militaire, au récit de cette insolence méprisante de l'adversaire, je me sens soulevé d'une fureur sans bornes. Ah ! c'est trop bête ! La guerre commence infiniment mal. Il faut donc qu'elle continue. Il y a, pour cela, de l'espace dans le monde. Si je vis, je me battrai, où il faudra, tant qu'il faudra, jusqu'à ce que l'ennemi soit défait et lavée la tache nationale. Ce que j'ai pu faire, par la suite, c'est ce jour-là que je l'ai résolu.

Pour commencer, j'attaquerai demain matin avec les forces, quelles qu'elles soient, qui me seront parvenues. Avançant vers le nord-est d'une vingtaine de kilomètres, je tâcherai d'atteindre, sur la Serre, Moncornet, nœud des routes vers Saint-Quentin, Laon et Reims. Ainsi, je couperai la première, que l'ennemi ne pourra plus utiliser dans sa marche à l'ouest, et je barrerai les deux autres qui, autrement, le mèneraient tout droit au front ténu de la VIe Armée. A l'aube du 17 mai, j'ai reçu 3 bataillons de chars : un du type B, (46e Bataillon), renforcé d'une compagnie de type D2 et appartenant à la 6e Demi-brigade ; les 2 autres du type Renault 35, (2e et 24e Bataillons) formant la 8e Demi-brigade. Je les lance en avant sitôt que paraît le jour. Culbutant sur leur route les éléments ennemis qui, déjà, envahissent le terrain, ils atteignent Montcornet. Jusqu'au soir, ils combattent aux abords et à l'intérieur de la localité, réduisant maints nids de résistance et attaquant au canon les convois allemands qui tâchent de passer. Mais, sur la Serre, l'ennemi est en force. Nos chars, que rien ne soutient, ne peuvent, évidemment, la franchir.

Dans la journée, arrive le 4e Bataillon de Chasseurs. A peine débarqué, je l'emploie à réduire, près de Chivres, une avant-garde adverse qui a laissé passer nos chars et s'est, ensuite, révélée. C'est bientôt fait. Mais, depuis le nord de la Serre, l'artillerie allemande tire sur nous. La nôtre est loin d'être en place. Tout l'après-midi, les Stukas, fondant du ciel et revenant sans cesse, bombardent en piqué nos chars et nos camions. Nous n'avons rien pour leur répondre. Enfin, des détachements mécaniques allemands, de plus en plus nombreux et actifs, escarmouchent sur nos arrières. Enfants perdus à 30 kilomètres en avant de l'Aisne, il nous faut mettre un terme à une situation pour le moins aventurée.

La nuit venue, je place au contact de l'ennemi le régiment de reconnaissance, 10e Cuirassiers, qui vient de me rejoindre et je ramène vers Chivres les chars et les chasseurs. Il y a, sur le terrain, plusieurs centaines de morts allemands et nombre de camions ennemis brûlés. Nous avons fait 130 prisonniers. Nous n'avons pas perdu 200 hommes. A l'arrière, sur les routes, des réfugiés ont cessé de fuir. Certains, même, rebroussent chemin. Car le bruit court dans leurs tristes colonnes que les troupes françaises ont avancé.

Maintenant, c'est, non plus au nord-est, mais au nord de Laon, qu'il faut agir car d'importantes forces ennemies, venant de Marle et allant vers l'ouest, se dirigent sur La Fère en longeant le cours de la Serre. En même temps, les flancs-gardes allemandes commencent à se répandre au sud et menacent d'atteindre l'Ailette. La 4e Division cuirassée emploie la nuit du 18 au 19 mai à se mettre en place aux débouchés nord de Laon. Entre-temps, j'ai reçu des renforts : le 3e Cuirassiers, soit 2 escadrons de chars Somua, et le 322e Régiment d'Artillerie à 2 groupes de 75. En outre, le général Petiet, commandant la 3e Division légère de Cavalerie, m'a promis l'appui de ses canons mis en batterie à hauteur de Laon.

Il est vrai que, sur quelque 150 chars dont je dispose, à présent, 30 seulement sont du type B et armés de 75, une quarantaine du type D2 ou de marque Somua avec de petits canons de 47, et que le reste : Renault 35 n'a que des pièces courtes de 37, efficaces tout au plus jusqu'à 600 mètres. Il est vrai que, pour les Somua, chaque équipage est formé d'un chef de char qui n'a jamais tiré le canon et d'un conducteur qui n'a pas fait quatre heures de conduite. Il est vrai que la division comporte un seul bataillon d'infanterie, transporté, d'ailleurs, en autobus et, de ce fait, vulnérable à l'extrême au cours de ses déplacements. Il est vrai que l'artillerie vient d'être constituée au moyen de détachements fournis par de multiples dépôts et que beaucoup d'officiers font la connaissance de leurs hommes littéralement sur le champ de bataille. Il est vrai qu'il n'y a pas, pour nous, de réseau-radio et que je ne puis commander qu'en dépêchant des motocyclistes aux échelons subordonnés et, surtout, en allant les voir. Il est vrai qu'il manque à toutes les unités beaucoup des moyens de transport, d'entretien, de ravitaillement qu'elles devraient, normalement, comporter. Cependant, il se dégage, déjà, de cet ensemble improvisé, une impression d'ardeur générale. Allons ! les sources ne sont pas taries.

Le 19, à l'aube, en avant ! Les chars de la division, par objectifs successifs, sont dirigés sur Crécy, Mortiers et Pouilly. Ils doivent y atteindre les ponts et couper à l'ennemi la route de La Fère. L'artillerie les accompagne. A droite, le régiment de reconnaissance et le bataillon de chasseurs assurent la couverture sur la rivière du Baranton et une découverte est portée vers Marle. La matinée se passe bien. Nous arrivons sur la Serre, après avoir mis en fuite divers éléments adverses qui s'infiltraient dans la région. Mais, au nord de la rivière, l'ennemi est en position. Il tient en force les passages et détruit ceux de nos chars qui tentent de les aborder. Son artillerie lourde entre en ligne. En fait, nous sommes au contact des grandes unités allemandes qui affluent vers Saint-Quentin. Pour pouvoir franchir le cours d'eau et pousser nos chars plus avant, il nous faudrait de l'infanterie, que nous n'avons pas, et une artillerie plus puissante. Au cours de ces heures difficiles, je ne puis m'empêcher d'imaginer ce qu'eût pu faire l'armée mécanique dont j'avais si longtemps rêvé. Qu'elle eût été là, ce jour-là, pour déboucher soudain vers Guise, l'avance des Panzerdivisions était arrêtée du coup, un trouble grave jeté dans leurs arrières, le groupe d'armées du Nord en mesure de se ressouder à ceux du Centre et de l'Est.

Mais, il n'y a, au nord de Laon, que de bien pauvres moyens. Ce sont donc les Allemands qui passent la Serre. Ils le font, depuis la veille, à Montcornet où nous ne sommes plus. A partir de midi, ils le font également à Marle. Avec nombre de blindés, de canons automoteurs, de mortiers portés en auto, de fantassins motorisés, ils attaquent notre droite sur la rivière du Baranton et nos arrières à Chambry. Voici, maintenant, les Stukas ! Jusqu'à la nuit ils vont nous bombarder, redoutables aux véhicules qui ne peuvent sortir des routes et aux pièces d'artillerie à découvert. Au début de l'après-midi, le général Georges m'envoie l'ordre de ne pas poursuivre. Le déploiement de la VIe Armée est accompli et ma division doit être, incessamment, employée à d'autres tâches. Je décide de retarder l'ennemi d'un jour encore, en regroupant la division, pour la nuit, autour de Vorges, prête à l'attaquer dans son flanc s'il veut pousser de Laon sur Reims ou sur Soissons, et en repassant l'Aisne seulement le lendemain.

Le mouvement s'exécute en ordre, bien que, partout, l'adversaire tente de nous accrocher. Pendant la nuit, la guérilla ne cesse pas aux issues des cantonnements. Le 20 mai, la 4e Division cuirassée se dirige vers Fismes et vers Braine, littéralement au milieu des Allemands qui foisonnent sur le parcours, tiennent de multiples points d'appui et attaquent nos colonnes avec de nombreux blindés. Grâce aux chars, qui, à mesure, nettoient chemins et abords, nous atteignons l'Aisne sans accident grave. Cependant, à Festieux, le 10e Cuirassiers, régiment de reconnaissance, qui forme l'arrière-garde avec un bataillon de chars, ne se dégage qu'avec peine et, sur le plateau de Craonne, les trains de la division, violemment pris à partie, doivent laisser sur place des camions incendiés.

Tandis que la 4e Division cuirassée opérait dans le Laonnais, plus au nord les événements suivaient leur cours au rythme rapide de la marche des Panzerdivisions. Le commandement allemand, ayant décidé de liquider les armées alliées du Nord avant d'en finir avec celles du Centre et de l'Est, poussait vers Dunkerque ses forces mécaniques. Celles-ci reprennent l'offensive, à partir de Saint-Quentin, en deux colonnes : l'une allant droit à l'objectif par Cambrai et Douai, l'autre filant le long de la côte par Étaples et Boulogne. Entre temps, deux Panzerdivisions s'emparent d'Amiens et d'Abbeville et y installent, au sud de la Somme, des têtes de pont qui serviront plus tard. Du côté des Alliés, le 20 mai au soir, l'armée hollandaise a disparu, l'armée belge recule vers l'ouest, l'armée britannique et la 1re Armée française se voient coupées de la France.

Sans doute, le commandement français manifeste-t-il l'intention de rétablir le contact entre les deux tronçons de ses forces, en portant à l'attaque le groupe d'armées du Nord à partir d'Arras vers Amiens et la gauche du groupe d'armées du Centre à partir d'Amiens vers Arras. Le 19, c'est cela qu'a prescrit le général Gamelin. Le général Weygand, qui le remplace, le 20 mai, et qui, le lendemain, se rendra en Belgique, reprend l'idée à son compte. Théoriquement, ce plan est logique. Mais, pour qu'il soit exécuté, il faudrait que le commandement lui-même ait encore l'espérance et la volonté de vaincre. Or, l'écroulement de tout le système de doctrines et d'organisation, auquel nos chefs se sont attachés, les prive de leur ressort. Une sorte d'inhibition morale les fait, soudain, douter de tout et, en particulier, d'eux-mêmes. Dès lors, les forces centrifuges vont, bientôt, se révéler. Le roi des Belges ne tardera pas à envisager la reddition ; Lord Gort, le rembarquement ; le général Weygand, l'armistice.

Pendant que, dans le désastre, se dissout le commandement, la 4e Division cuirassée marche vers l'ouest. D'abord, il a été question de lui faire franchir la Somme pour prendre la tête de l'attaque que l'on projette vers le nord. Mais l'idée est abandonnée. On a ensuite envisagé de l'employer, avec d'autres forces, à refouler les Allemands qui ont passé la Somme à Amiens. Mais on renonce à la faire concourir à cette tentative, pour laquelle on lui prend, cependant, un de ses bataillons de chars. Finalement, au cours de la nuit du 26 au 27 mai, le commandant de la division, — nommé général l'avant-veille, — reçoit du général Robert Altmayer, commandant la Xe Armée qui groupe les forces portées hâtivement sur la basse Somme, l'ordre de prendre, sans délai, la direction d'Abbeville et d'attaquer l'adversaire qui a installé, au sud de la cité, une tête de pont solidement tenue.

A ce moment, la division stationne autour de Grandvilliers. Mise en route le 22 mai, par Fismes, Soissons, Villers-Cotterets, Compiègne, Montdidier, Beauvais, elle a, en cinq jours, parcouru 180 kilomètres. On peut dire que, depuis sa naissance dans les champs de Montcornet, elle n'a pas cessé de combattre ou de marcher. L'état des chars s'en ressent. Il en est resté une trentaine sur l'itinéraire. Par contre, de précieux compléments nous ont rejoints en chemin : un bataillon de chars B (47e Bataillon) ; un bataillon du type D2, (19e Bataillon), doté d'engins de 20 tonnes, qu'il m'a fallu, malheureusement, détacher devant Amiens ; le 7e Régiment de dragons portés ; un groupe d'artillerie de 105 ; une batterie de défense contre avions ; cinq batteries de 47 antichars. Sauf le bataillon D2, toutes ces unités ont été improvisées. Mais elles sont, dès leur arrivée, saisies par l'ambiance d'ardeur qui flotte sur la division. Enfin, pour l'opération qui vient de m'être prescrite, le 22e Régiment d'Infanterie coloniale et l'artillerie de la 2e Division de Cavalerie sont mis à ma disposition. Au total, 140 chars en état de marche et six bataillons d'infanterie, appuyés par six groupes d'artillerie, vont donner l'assaut au front Sud de la tête de pont.

Je décide d'attaquer le soir même. Car les avions allemands

ne cessent d'épier la division et il n'y a de chance d'obtenir quelque effet de surprise qu'en hâtant le déclenchement. Les Allemands, en fait, nous attendent de pied ferme. Depuis une semaine, ils tiennent, face au sud, Huppy à l'ouest, Bray-les-Mareuil, sur la Somme, à l'est, et, entre ces deux villages, les bois de Limeux et de Bailleul. En arrière, ils ont organisé Bienfay, Villers, Huchenneville, Mareuil. Enfin, le Mont Caubert, qui, de la même rive de la Somme, commande Abbeville et ses ponts, sert de réduit à leur défense. Ces trois lignes successives sont les trois objectifs que je fixe à la division.

Celle-ci s'engage à 18 heures : la 6e Demi-brigade, chars lourds, avec le 4e Bataillon de Chasseurs, sur Huppy; la 8e Demi-brigade, chars légers, avec le 22e Colonial, sur les bois de Limeux et de Bailleul; le 3e Cuirassiers, chars moyens avec le 7e Dragons, sur Bray. C'est le centre qu'appuie principalement l'artillerie. A la nuit tombée, le premier objectif est pris. Dans Huppy, s'est rendu ce qui reste du bataillon allemand qui l'occupait. Près de Limeux, nous avons capturé, entre autres, plusieurs batteries antichars et retrouvé les carcasses des engins de la brigade mécanique anglaise qu'elles avaient détruits quelques jours plus tôt.

Avant l'aurore, nous repartons. La gauche doit prendre : Moyenneville et Bienfay; le centre : Huchenneville et Villers; la droite : Mareuil; le « clou » de l'attaque étant l'action des Chars B, qui, obliquant de l'ouest vers l'est, ont mission de cisailler l'arrière de la ligne allemande. Pour tout le monde, le but final est le Mont Caubert. La journée est très dure. L'ennemi, renforcé, s'acharne. Son artillerie lourde, installée sur la rive droite de la Somme, nous bombarde violemment. D'autres batteries, tirant du Mont Caubert, nous font également souffrir. Le soir, l'objectif est atteint. Seul, le Mont Caubert tient toujours. Il y a, sur le terrain, un grand nombre de morts des deux camps. Nos chars sont très éprouvés. Une centaine, à peine, est encore en état de marche. Mais, pourtant, un air de victoire plane sur le champ des combats. Chacun tient la tête haute. Les blessés ont le sourire. Les canons tirent allégrement. Devant nous, dans une bataille rangée, les Allemands ont reculé.

Dans son ouvrage *Abbeville*, historique de la division allemande Blümm qui tenait la tête de pont, le major Gehring devait écrire quelques semaines plus tard :

« Que s'était-il passé, dans l'ensemble, le 28 mai?

« L'ennemi nous avait attaqués avec de puissantes forces

blindées. Nos unités antichars s'étaient battues héroïquement. Mais les effets de leurs coups avaient été considérablement réduits par la valeur des cuirasses. L'ennemi était donc parvenu à percer avec ses chars entre Huppy et Caumont. Notre défense antichars étant écrasée, l'infanterie avait cédé le terrain...

« Tandis que les nouvelles alarmantes affluent à l'état-major de la division et que, sous le feu incessant de l'artillerie française, il n'y a plus moyen de communiquer avec aucun des bataillons en ligne, le général commandant la division se porte lui-même vers l'avant... Il rencontre la troupe en déroute, la regroupe, la remet en ordre et la conduit sur les positions de défense préparées à quelques kilomètres en arrière des premières lignes...

« Mais une profonde terreur des chars a pénétré les membres des soldats... Les pertes sont lourdes... Il n'est pour ainsi dire personne qui n'ait perdu des camarades bien chers... »

Cependant, des renforts arrivent aux Allemands. Au cours de la nuit du 27 au 28, ils ont pu relever toutes leurs unités en ligne. Cadavres et prisonniers nous en fournissent les preuves. Dans la nuit du 28 au 29, nouvelle relève. Ce sont donc des troupes intactes que nous allons rencontrer, le troisième jour comme le deuxième. A nous, il ne parvient rien. Il faudrait, pourtant, peu de chose pour achever le succès. Tant pis! le 29 mai, tels que nous sommes, nous attaquerons encore une fois.

Ce jour-là, assaut du Caubert; notre principal effort étant porté par ses glacis ouest. De Moyenneville et de Bienfay, doivent partir nos derniers chars B, ainsi que les Somuas passés de la droite à la gauche. Le bataillon de chasseurs réduit de plus de moitié, le régiment de reconnaissance diminué des deux tiers, un bataillon de dragons, ont à les suivre. De Villers, seront lancés les Renault qui nous restent avec le 22e Colonial. Pour nous aider, le général Altmayer a prescrit à la 5e Division légère de Cavalerie, étirée le long de la Somme en aval de la tête de pont, de pousser sa droite sur Cambron. Mais elle ne pourra progresser. Il a demandé le concours de l'aviation de bombardement pour agir sur les issues d'Abbeville, mais les avions sont ailleurs. A 17 heures, notre action se déclenche. Les pentes du Mont sont atteintes, mais la crête reste à l'ennemi. Quand la nuit tombe, les Allemands, appuyés par une artillerie puissante, contre-attaquent sur les villages de Moyenneville et de Bienfay sans réussir à les reprendre.

Le 30 mai, la 51e Division écossaise, commandée par le général Fortune et récemment arrivée en France, vient, toute gaillarde et pimpante, relever la 4e Division cuirassée. Celle-ci se regroupe près de Beauvais. Avec moi, les colonels : Sudre, Simonin, François, pour les chars ; de Ham, pour le régiment de reconnaissance ; Bertrand, pour les chasseurs ; Le Tacon, pour les coloniaux ; de Longuemare, pour les dragons ; Chaudesolle et Ancelme, pour l'artillerie ; Chomel, pour l'État-major, font le bilan de l'opération. Nous n'avons pu liquider entièrement la tête de pont d'Abbeville, réduite, pourtant, des trois quarts. Telle qu'elle est, à présent, l'ennemi ne peut en déboucher en force, à moins, d'abord, de la reconquérir. Nos pertes sont lourdes ; moindres, toutefois, que celles de l'adversaire. Nous ramenons 500 prisonniers, qui s'ajoutent à ceux de Montcornet, et une grande quantité d'armes et de matériel tombés entre nos mains.

Hélas ! au cours de la bataille de France, quel autre terrain fut ou sera conquis que cette bande profonde de 14 kilomètres ? Mis à part les équipages d'avions abattus dans nos lignes, combien d'autres Allemands auront été faits prisonniers ? Aux lieu et place d'une pauvre division, faible, incomplète, improvisée, isolée, quels résultats n'eût pas obtenus, pendant ces derniers jours de mai, un corps d'élite cuirassé dont nombre d'éléments existaient, d'ailleurs, bel et bien, quoique contrefaits et dispersés ? Que l'État eût joué son rôle ; qu'il eût, lorsqu'il en était temps, orienté son système militaire vers l'entreprise, non la passivité ; que nos chefs eussent, en conséquence, disposé de l'instrument de choc et de manœuvre qui fut souvent proposé au pouvoir et au commandement ; alors nos armes avaient leur chance et la France retrouvait son âme.

Mais, le 30 mai, la bataille est virtuellement perdue. L'avant-veille, le roi et l'armée belges ont capitulé. A Dunkerque, l'armée britannique commence son rembarquement. Ce qu'il reste des troupes françaises dans le Nord essaie d'en faire autant ; retraite forcément désastreuse. Avant peu, l'ennemi entamera vers le sud la deuxième phase de son offensive contre un adversaire réduit d'un tiers et dépourvu, plus que jamais, des moyens de riposter aux forces mécaniques allemandes.

Dans mon cantonnement de Picardie, je ne me fais pas d'illusions. Mais j'entends garder l'espérance. Si la situation ne peut être, en fin de compte, redressée dans la métropole, il faudra la rétablir ailleurs. L'Empire est là, qui offre son recours. La flotte est là, qui peut le couvrir. Le peuple est là qui, de toute manière, va subir l'invasion, mais dont la République peut susciter la résistance, terrible occasion d'unité. Le monde est là, qui est susceptible de nous fournir de nouvelles armes et, plus tard, un puissant concours. Une question domine tout : les pouvoirs publics sauront-ils, quoi qu'il arrive, mettre l'État hors d'atteinte, conserver l'indépendance et sauvegarder l'avenir ? Ou bien vont-ils tout livrer dans la panique de l'effondrement ?

A cet égard, — je le prévois sans peine, — beaucoup de choses dépendront de l'attitude du Commandement. Que celui-ci se refuse à abaisser le drapeau tant que, suivant les termes du règlement militaire, « n'auront pas été épuisés tous les moyens que commandent le devoir et l'honneur », bref, qu'il adopte, en dernier ressort, la solution africaine, il peut devenir, dans le naufrage, la bouée de sauvetage de l'État. Qu'au contraire, s'abandonnant lui-même, il pousse à la reddition un pouvoir sans consistance, quel argument va-t-il fournir à l'abaissement de la France !

Ces réflexions hantent mon esprit, tandis que, le 1er juin, je me rends à la convocation que m'adresse le général Weygand. Le Commandant en chef me reçoit au château de Montry. Il montre, comme d'habitude, ce don de clarté et ce ton de simplicité qui lui sont caractéristiques. Il me fait, d'abord, son compliment au sujet de l'opération d'Abbeville, pour laquelle il vient de m'attribuer une très élogieuse citation. Puis, il me demande mon avis sur ce qu'il conviendrait de faire des quelque 1 200 chars modernes dont nous disposons encore.

J'indique au Généralissime que, suivant moi, ces chars devraient, sans délai, être réunis en deux groupements : le principal, au nord de Paris ; l'autre, au sud de Reims ; ce qui subsiste des divisions cuirassées en fournirait les noyaux. Pour le commandement du premier, j'avance le nom du général Delestraint, Inspecteur des chars. A ces groupements seraient accolées respectivement trois et deux divisions d'infanterie, dotées de moyens de transport, avec une artillerie doublée. On aurait ainsi un moyen d'infortune pour agir dans le flanc de tel ou tel des corps mécaniques allemands, quand, poussant dans leur direction de marche, après rupture de notre front, ils se trouveraient, plus ou moins, disloqués en largeur et étirés en profondeur. Le général Weygand prend acte de mes propositions. Après quoi, il me parle de la bataille.

« Je serai, dit-il, attaqué, le 6 juin, sur la Somme et sur l'Aisne. J'aurai sur les bras deux fois plus de divisions allemandes que nous n'en avons nous-mêmes. C'est dire que les perspectives sont bouchées. Si les choses ne vont pas trop vite ; si je puis récupérer, à temps, les troupes françaises échappées de Dunkerque ; si j'ai des armes à leur donner ; si l'armée britannique revient prendre part à la lutte, après s'être rééquipée ; si la Royal Air Force consent à s'engager à fond dans les combats du continent ; alors, il nous reste une chance. » Et le Commandant en chef ajoute en hochant la tête : « Sinon !... »

Je suis fixé. L'âme lourde, je quitte le général Weygand.

D'un seul coup, était tombée sur ses épaules une charge écrasante qu'au surplus il n'était pas fait pour porter. Quand il avait, le 20 mai, pris le commandement suprême, c'était trop tard, sans nul doute, pour gagner la bataille de France. On peut penser que le général Weygand s'en aperçut avec surprise. Comme il n'avait jamais envisagé les possibilités réelles de la force mécanique, les effets immenses et subits des moyens de l'adversaire l'avaient frappé de stupeur. Pour faire tête au malheur, il eût fallu qu'il se renouvelât ; qu'il rompît, du jour au lendemain, avec des conceptions, un rythme, des procédés, qui ne s'appliquaient plus ; qu'il arrachât sa stratégie au cadre étroit de la métropole ; qu'il retournât l'arme de la mort contre l'ennemi qui l'avait lancée et mît dans son propre jeu l'atout des grands espaces, des grandes ressources et des grandes vitesses, en y englobant les territoires lointains, les alliances et les mers. Il n'était pas homme à le faire. Son âge, sans doute, s'y opposait ainsi que sa tournure d'esprit, mais, surtout, son tempérament.

Weygand était, en effet, par nature, un brillant second. Il avait, à ce titre, admirablement servi Foch. Il avait, en 1920, fait adopter par Pilsudski un plan qui sauva la Pologne. Il avait, comme Chef d'état-major général, fait valoir avec intelligence et courage, auprès de plusieurs ministres et sous leur autorité, les intérêts vitaux de l'armée. Mais, si les aptitudes requises pour le service d'état-major et celles qu'exige le commandement ne sont nullement contradictoires, elles ne sauraient être confondues. Prendre l'action à son compte, n'y vouloir de marque que la sienne, affronter seul le destin, passion âpre et exclusive qui caractérise le chef, Weygand n'y était, ni porté, ni préparé. D'ailleurs, qu'il y eût en cela l'effet de ses propres tendances ou d'un concours de circonstances, il n'avait, au cours de sa carrière, exercé aucun commandement. Nul régiment, nulle brigade, nulle division, nul corps d'armée, nulle armée ne l'avaient vu à leur tête. Le choisir pour prendre le plus grand risque qu'ait connu notre histoire militaire, non parce qu'on l'en savait capable, mais sous prétexte « qu'il était un drapeau », ce fut le fait de l'erreur, — habituelle à notre politique, — qui s'appelle : la facilité.

Du moins, dès qu'il fut reconnu que le général Weygand n'était pas l'homme pour la place, il eût fallu qu'il la quittât, soit qu'il demandât sa relève, soit que le gouvernement en prît, d'office, la décision. Il n'en fut rien. Dès lors, le Généralissime, emporté par un courant qu'il renonçait à maîtriser, allait chercher l'issue à sa portée, savoir : la capitulation. Mais, comme il n'entendait pas en assumer la responsabilité, son action consisterait à y entraîner le pouvoir. Il y trouva le concours du Maréchal qui, pour des raisons différentes, exigeait la même solution. Le régime, sans foi ni vigueur, opta pour le pire abandon. La France aurait donc à payer, non seulement un désastreux armistice militaire, mais aussi l'asservissement de l'État. Tant il est vrai que, face aux grands périls, le salut n'est que dans la grandeur.

Le 5 juin, j'apprends que l'ennemi reprend l'offensive. Dans la journée, je vais demander ses ordres au général Frère, commandant la VIIe Armée, dans la zone de qui se trouve ma division. Tandis qu'autour de lui on dépouille des rapports alarmants et que, sous les dehors du sang-froid professionnel, percent les doutes et les réticences, ce bon soldat me dit : « Nous sommes malades. Le bruit court que vous allez être ministre. C'est bien tard pour la guérison. Ah ! du moins, que l'honneur soit sauvé ! »

LA CHUTE

C'est dans la nuit du 5 au 6 juin que M. Paul Reynaud, en remaniant son gouvernement, m'y fit entrer comme sous-secrétaire d'État à la Défense nationale. La nouvelle me fut annoncée le matin par le général Delestraint, Inspecteur des chars, qui l'avait entendue à la radio. Quelques instants après, un télégramme officiel m'en donnait confirmation. Ayant fait mes adieux à ma division, je pris la route de Paris.

En arrivant rue Saint-Dominique, je vis le Président du Conseil. Il était, comme à son ordinaire, assuré, vif, incisif, prêt à écouter, prompt à juger. Il m'expliqua pourquoi il avait cru devoir, quelques jours plus tôt, embarquer dans son cabinet le maréchal Pétain, dont nous ne doutions, ni l'un ni l'autre, qu'il fût le paravent de ceux qui voulaient l'armistice. « Mieux vaut, dit M. Paul Reynaud employant la formule d'usage, l'avoir dedans que dehors. »

« Je crains, lui répondis-je, que vous n'ayez à changer d'avis. D'autant plus que les événements vont aller, maintenant, très vite et que le défaitisme risque de tout submerger. Entre nos forces et celles des Allemands le déséquilibre est tel, qu'à moins d'un miracle, nous n'avons plus aucune chance de vaincre dans la Métropole, ni même de nous y rétablir. D'ailleurs le Commandement, foudroyé par la surprise, ne se ressaisira plus. Enfin, vous connaissez mieux que personne de quelle atmosphère d'abandon est enveloppé le gouvernement. Le Maréchal et ceux qui le poussent vont avoir, désormais, beau jeu. Cependant, si la guerre de 40 est perdue, nous pouvons en gagner une autre. Sans renoncer à combattre sur le sol de l'Europe aussi longtemps que possible, il faut décider et préparer la continuation de la lutte dans l'Empire. Cela implique une politique adéquate : transport des moyens vers l'Afrique du Nord, choix de chefs qualifiés pour diriger les opérations, maintien de rapports étroits avec les Anglais, quelques griefs que nous puissions avoir à leur égard. Je vous propose de m'occuper des mesures à prendre en conséquence. »

M. Paul Reynaud me donna son accord. « Je vous demande, ajouta-t-il, d'aller à Londres au plus tôt. Au cours des entretiens que j'ai eus, les 26 et 31 mai, avec le gouvernement britannique, j'ai pu lui donner l'impression que nous n'excluions pas la perspective d'un armistice. Mais, à présent, il s'agit, au contraire, de convaincre les Anglais que nous tiendrons, quoi qu'il arrive, même outre-mer s'il le faut. Vous verrez M. Churchill et vous lui direz que le remaniement de mon cabinet et votre présence auprès de moi sont les marques de notre résolution. »

Outre cette démarche d'ordre général, je devais agir à Londres pour tâcher d'obtenir, à mon tour, que la Royal Air Force, — spécialement l'aviation de chasse, — continuât de participer aux opérations de France. Enfin, j'avais à réclamer, comme l'avait précédemment fait le Président du Conseil, des précisions quant aux délais dans lesquels les unités britanniques échappées au désastre de Dunkerque pouvaient être réarmées et renvoyées sur le continent. La réponse à ces deux questions comportait des éléments techniques, que les états-majors étaient en mesure de fournir, mais aussi des décisions qui revenaient à M. Winston Churchill en sa qualité de ministre de la Défense.

Tandis que les organismes de liaison arrangeaient les entretiens que je devais avoir dans la capitale britannique, je fus, le 8 juin, prendre contact avec le général Weygand au château de Montry. Je trouvai le Commandant en chef calme et maître de lui. Mais quelques instants de conversation suffirent à me faire comprendre qu'il était résigné à la défaite et décidé à l'armistice. Voici, presque textuellement, ce que fut notre dialogue, dont les termes sont — et pour cause ! — restés gravés dans mon esprit.

« Vous le voyez, me dit le Commandant en chef, je ne m'étais pas trompé quand je vous ai, il y a quelques jours, annoncé que les Allemands attaqueraient sur la Somme le 6 juin. Ils attaquent en effet. En ce moment, ils passent la rivière. Je ne puis les en empêcher.

— Soit ! ils passent la Somme. Et après ?

— Après ? C'est la Seine et la Marne.

— Oui. Et après ?

— Après ? Mais c'est fini !

— Comment? Fini? Et le monde? Et l'Empire? » Le général Weygand éclata d'un rire désespéré.

« — L'Empire? Mais c'est de l'enfantillage! Quant au monde, lorsque j'aurai été battu ici, l'Angleterre n'attendra pas huit jours pour négocier avec le Reich. » Et le Commandant en chef ajouta en me regardant dans les yeux : « Ah! si j'étais sûr que les Allemands me laisseraient les forces nécessaires pour maintenir l'ordre... ! »

La discussion eût été vaine. Je partis, après avoir dit au général Weygand que sa manière de voir était à l'opposé des intentions du gouvernement. Celui-ci n'abandonnerait pas la lutte, même si les combats devaient être malheureux. Il ne fit aucune observation nouvelle et se montra fort courtois quand je pris congé de lui.

Avant de reprendre la route de Paris, je causai quelque temps avec des officiers de divers états-majors venus, ce matin-là, au rapport du général Weygand et que je connaissais. Ils me confirmèrent dans l'impression qu'aux échelons élevés du Commandement on tenait la partie pour perdue et que, tout en s'acquittant mécaniquement de ses attributions, chacun envisageait tout bas et, bientôt, souhaiterait tout haut qu'il fût mis fin, n'importe comment, à la bataille de France. Pour orienter les esprits et les courages vers la continuation de la guerre dans l'Empire, l'intervention catégorique du gouvernement était immédiatement nécessaire.

Je le déclarai, dès mon retour, à M. Paul Reynaud et l'adjurai de retirer le commandement au général Weygand qui avait renoncé à vaincre. « C'est impossible pour le moment, me répondit le Président du Conseil. Mais nous devons songer à la suite. Qu'en pensez-vous?

— En fait de suite, lui dis-je, je ne vois maintenant qu'Huntziger. Bien qu'il n'ait pas tout pour lui, il est capable, à mon avis, de s'élever jusqu'au plan d'une stratégie mondiale. »

M. Paul Reynaud agréa, en principe, ma suggestion sans vouloir, toutefois, la mettre aussitôt en pratique.

Pourtant, résolu à poser la question de nouveau et à bref délai, je m'attelai à l'élaboration du plan de transport en Afrique du Nord de tous les éléments possibles. Déjà, l'état-major de l'Armée, en liaison avec la Marine et l'Air, avait commencé de préparer l'évacuation au-delà de la Méditerranée de tout ce qui n'était pas engagé dans la bataille. Il s'agissait, en particulier, des deux classes de recrues qui s'instruisaient dans les dépôts de l'Ouest et du Midi et des fractions du personnel des unités mécaniques qui avaient pu échapper au désastre du Nord ; en tout, 500 000 hommes de qualité. Par la suite, les débris de nos armées refluant vers les côtes, beaucoup d'éléments combattants pourraient sans doute être embarqués. En tout cas, ce qui resterait de l'aviation de bombardement, à laquelle le rayon d'action de ses appareils permettait de franchir la mer, les survivants des groupes de chasse, le personnel des bases aériennes, les dépôts des équipages de la flotte, enfin et surtout notre flotte elle-même, auraient à rallier l'Afrique. La Marine, à qui revenait la mission d'exécuter ces transports, évaluait à 500 000 tonnes le renfort de navires de charge qui lui était nécessaire et qui devrait s'ajouter aux bateaux français dont elle disposait déjà. C'est à l'Angleterre qu'il faudrait demander ce concours.

Le 9 juin, de bonne heure, un avion m'amena à Londres. J'avais avec moi mon aide de camp Geoffroy de Courcel et M. Roland de Margerie, Chef du cabinet diplomatique du Président du Conseil. C'était dimanche. La capitale anglaise offrait l'aspect de la tranquillité, presque de l'indifférence. Les rues et les parcs remplis de promeneurs paisibles, les longues files à l'entrée des cinémas, les autos nombreuses, les dignes portiers au seuil des clubs et des hôtels, appartenaient à un autre monde que celui qui était en guerre. Sans doute, les journaux laissaient-ils transparaître la situation réelle, malgré les nouvelles édulcorées et les puériles anecdotes dont les remplissait, comme à Paris, l'optimisme officieux. Sans doute, les affiches qu'on lisait, les abris qu'on creusait, les masques qu'on portait, évoquaient-ils les grands périls possibles. Cependant, il sautait aux yeux que la masse de la population ne mesurait pas la gravité des événements de France, tant leur rythme était rapide. On pouvait voir, en tous cas, qu'au sentiment des Anglais, la Manche était encore large.

M. Churchill me reçut à Downing Street. C'était la première fois que je prenais contact avec lui. L'impression que j'en ressentis m'affermit dans ma conviction que la Grande-Bretagne, conduite par un pareil lutteur, ne fléchirait certainement pas. M. Churchill me parut être de plain-pied avec la tâche la plus rude, pourvu qu'elle fût aussi grandiose. L'assurance de son jugement, sa grande culture, la connaissance qu'il avait de la plupart des sujets, des pays, des hommes, qui se trouvaient en cause, enfin sa passion pour les problèmes propres à la guerre, s'y déployaient à leur aise. Par-dessus tout, il était, de par son caractère, fait pour agir, risquer, jouer le rôle, très carrément et sans scrupule. Bref, je le trouvai bien assis à sa place de guide et de chef. Telles furent mes premières impressions.

La suite ne fit que les confirmer en me révélant, en outre, l'éloquence propre à M. Churchill et l'usage qu'il savait en faire. Quel que fût son auditoire : foule, assemblée, conseil, voire interlocuteur unique, qu'il se trouvât devant un micro, à la tribune, à table, ou derrière un bureau, le flot original, poétique, émouvant, de ses idées, arguments, sentiments lui procurait un ascendant presque infaillible dans l'ambiance dramatique où haletait le pauvre monde. En politique éprouvé, il jouait de ce don angélique et diabolique pour remuer la lourde pâte anglaise aussi bien que pour frapper l'esprit des étrangers. Il n'était pas jusqu'à l'humour dont il assaisonnait ses gestes et ses propos et à la manière dont il utilisait tantôt la bonne grâce et tantôt la colère qui ne fissent sentir à quel point il maîtrisait le jeu terrible où il était engagé.

Les incidents rudes et pénibles qui se produisirent à maintes reprises entre nous, en raison des frictions de nos deux caractères, de l'opposition de certains intérêts de nos pays respectifs, des abus que l'Angleterre commit au détriment de la France blessée, ont influé sur mon attitude à l'égard du Premier Ministre, mais non point sur mon jugement. Winston Churchill m'apparut, d'un bout à l'autre du drame, comme le grand champion d'une grande entreprise et le grand artiste d'une grande Histoire.

Ce jour-là, j'exposai au Premier britannique ce que le Président du Conseil français m'avait chargé de lui dire quant à la volonté de notre gouvernement de continuer la lutte, même s'il le fallait dans l'Empire. M. Churchill manifesta la vive satisfaction que lui causait cette résolution. Mais serait-elle suivie d'effet? Il me laissa penser qu'il n'en était pas convaincu. En tout cas, il ne croyait plus à la possibilité d'un rétablissement militaire en France métropolitaine et me le fit voir en refusant catégoriquement le concours du gros de son aviation.

Depuis le rembarquement de l'armée anglaise à Dunkerque, la Royal Air Force ne coopérait plus à la bataille que d'une manière épisodique. D'ailleurs, à l'exception d'un groupe de chasse qui suivait encore le destin de notre aviation, les escadrilles britanniques, ayant leurs bases en Grande-Bretagne, se trouvaient trop éloignées pour agir au profit d'un front qui reculait sans cesse vers le sud. A ma demande pressante de transférer sur les terrains au sud de la Loire tout au moins une partie de l'aviation anglaise de coopération, M. Churchill fit une réponse formellement négative. Quant aux forces de terre, il promit l'envoi en Normandie d'une division canadienne, qui arrivait de son pays, et le maintien de la 51e Division écossaise ainsi que des débris de la brigade mécanique qui combattaient encore avec nous. Mais il déclara ne pouvoir indiquer, même approximativement, vers quelle date le corps expéditionnaire, qui venait d'échapper à la destruction en Belgique, — non sans y laisser son matériel, — serait susceptible de retourner à la bataille.

Ainsi donc, l'union stratégique se trouvait pratiquement rompue entre Londres et Paris. Il avait suffi d'un revers sur le continent pour que la Grande-Bretagne voulût s'absorber dans sa propre défense. C'était la réussite du plan germanique, dont Schlieffen, par-delà la mort, demeurait l'inspirateur et qui, après les échecs allemands de 1914 et de 1918, aboutissait enfin à séparer les forces françaises et les forces anglaises et, du même coup, à diviser la France et l'Angleterre. Il n'était que trop aisé d'imaginer quelles conclusions le défaitisme allait en tirer chez nous.

En dehors de cet entretien avec M. Churchill, j'avais dans la même journée pris contact avec M. Eden ministre de la Guerre, M. Alexander Premier lord de l'Amirauté, Sir Archibald Sinclair ministre de l'Air, le général Sir John Dill Chef d'état-major impérial. J'avais, d'autre part, conféré avec M. Corbin, notre ambassadeur, M. Monnet, « chairman » du Comité franco-britannique de coordination pour les achats de matériel, et les chefs de nos missions : militaire, navale, aérienne. Il était clair que si, à Londres, le calme régnait sur la foule, au contraire l'angoisse du désastre et le doute quant à la fermeté des pouvoirs publics français remplissaient les esprits avertis. Dans la soirée, l'avion me ramena malaisément au Bourget dont le terrain venait d'être bombardé.

Au cours de la nuit du 9 au 10 juin, M. Paul Reynaud me fit appeler à son domicile. Des renseignements graves venaient de lui parvenir. L'ennemi avait atteint la Seine en aval de Paris. D'autre part, tout donnait à penser que, d'une heure à l'autre, les forces blindées allemandes allaient passer à l'attaque décisive en Champagne. La capitale était donc immédiatement menacée par l'ouest, l'est et le nord. Enfin,

M. François-Poncet annonçait de Rome qu'il s'attendait à tout instant à recevoir du gouvernement italien la déclaration de guerre. Devant ces mauvaises nouvelles, je n'avais qu'une suggestion à faire : adopter le parti du plus grand effort et aller au plus tôt en Afrique en épousant, dans toutes ses conséquences, la guerre de coalition.

Pendant les quelques fractions de jour et de nuit que je passai rue Saint-Dominique, je n'eus que trop de raisons de renforcer ma conviction qu'il n'y avait rien d'autre à faire. Les choses allaient trop vite pour qu'on pût les ressaisir sur place. Tout ce qu'on envisageait prenait aussitôt le caractère de l'irréalité. On se reportait aux précédents de la guerre 14-18 qui ne s'appliquaient plus du tout. On affectait de penser qu'il y avait encore un front, un commandement actif, un peuple prêt aux sacrifices ; ce n'étaient là que rêves et souvenirs. En fait, au milieu d'une nation prostrée et stupéfaite, derrière une armée sans foi et sans espoir, la machine du pouvoir tournait dans une irrémédiable confusion.

Rien ne me le fit mieux sentir que les rapides visites protocolaires que je rendis aux principaux personnages de la République : d'abord le Président Lebrun, à qui je fus présenté en même temps que les nouveaux ministres, ensuite les présidents des Assemblées, enfin les membres du gouvernement. Tous montraient du calme et de la dignité. Mais il était clair que, dans le décor où les installait l'usage, ils n'étaient plus que des figurants. Au milieu du cyclone, les conseils des ministres, les instructions lancées vers le bas, les comptes rendus reçus en haut, les déclarations publiques, le défilé des officiers, fonctionnaires, diplomates, parlementaires, journalistes, qui avaient à rapporter ou à demander quelque chose, donnaient l'impression d'une sorte de fantasmagorie sans objet et sans portée. Sur les bases et dans le cadre où l'on se trouvait engagé, il n'y avait aucune issue, excepté la capitulation. A moins de s'y résigner, — ce que faisaient déjà certains, et non des moindres, — il fallait à tout prix changer de cadre et de bases. Le redressement dit « de la Marne » était possible, mais sur la Méditerranée.

Le 10 juin fut une journée d'agonie. Le gouvernement devait quitter Paris le soir. Le recul du front s'accélérait. L'Italie déclarait la guerre. Désormais, l'évidence de l'effondrement s'imposait à tous les esprits. Mais, au sommet de l'État, la tragédie se jouait comme dans un rêve. Même, à de certains moments, on eût pu croire qu'une sorte d'humour terrible pimentait la chute de la France roulant du haut de l'Histoire jusqu'au plus profond de l'abîme.

C'est ainsi que, dans la matinée, l'ambassadeur d'Italie, M. Guariglia, vint faire, rue Saint-Dominique, une visite assez étrange. Il fut reçu par Baudouin qui rapportait comme suit les propos du diplomate : « Vous verrez que la déclaration de guerre va finalement éclaircir les relations entre nos deux pays ! Elle crée une situation dont, au bout du compte, il sortira un grand bien... »

Peu après, entrant moi-même chez M. Paul Reynaud, j'y trouvai M. W. Bullitt. Je pensais que l'ambassadeur des États-Unis apportait au Président du Conseil, de la part de Washington, quelque encouragement pour l'avenir. Mais non ! Il était venu faire ses adieux. L'ambassadeur demeurait à Paris dans l'intention d'intervenir, à l'occasion, en faveur de la capitale. Mais, si louable que fût le motif qui inspirait M. Bullitt, il n'en restait pas moins qu'au cours des journées suprêmes il n'y aurait pas d'ambassadeur d'Amérique auprès du Gouvernement français. La présence de M. D. Biddle, chargé des relations avec les gouvernements réfugiés, quelles que fussent les qualités de cet excellent diplomate, n'ôterait pas à nos officiels l'impression que les États-Unis ne donnaient plus cher de la France.

Cependant, tandis que M. Paul Reynaud préparait hâtivement une déclaration qu'il allait faire à la radio et au sujet de laquelle il était en train de me consulter, le général Weygand arriva rue Saint-Dominique. A peine annoncé, il entra, tout de go, dans le bureau du Président du Conseil. Comme celui-ci marquait quelque étonnement, le Commandant en chef répondit qu'il avait été convoqué. « Pas par moi ! » dit M. Paul Reynaud. — « Ni par moi ! » ajoutai-je. — « Alors, c'est un malentendu ! poursuivit le général Weygand. Mais l'erreur est utile car j'ai à faire une importante communication. » Il s'assit et se mit à exposer la situation telle qu'il la voyait. Sa conclusion était transparente. Nous devions, sans délai, demander l'armistice. « Les choses en sont au point, déclara-t-il en déposant un papier sur la table, que les responsabilités de chacun doivent être nettement établies. C'est pourquoi j'ai rédigé mon avis et je remets cette note entre vos mains. »

Le Président du Conseil, bien qu'il fût talonné par l'obligation de prononcer dans un très bref délai l'allocution qui était annoncée, entreprit de discuter l'opinion du Généralissime. Celui-ci n'en démordait pas. La bataille dans la Métropole était perdue. Il fallait capituler. « Mais il y a d'autres perspectives », dis-je à un certain moment. Alors, Weygand, d'un ton railleur :

« Avez-vous quelque chose à proposer?

— Le gouvernement, répondis-je, n'a pas de propositions à faire, mais des ordres à donner. Je compte qu'il les donnera. »

M. Paul Reynaud finit par congédier le Commandant en chef et l'on se sépara dans une atmosphère très lourde.

Les dernières heures de présence du gouvernement dans la capitale furent remplies par les dispositions qu'impliquait un pareil exode. A vrai dire, beaucoup de choses avaient été préparées en vertu d'un plan de repli établi par le Secrétariat général de la Défense nationale. Mais il restait tout l'imprévu. D'autre part, l'arrivée imminente des Allemands sous les murs de Paris posait de cruels problèmes. J'avais moi-même, dès mon entrée en fonction, préconisé que la capitale fût défendue et demandé au Président du Conseil, ministre de la Défense nationale et de la Guerre, qu'il nommât gouverneur, dans cette intention, un chef résolu. Je proposai le général de Lattre, qui venait de se distinguer à la tête d'une division dans les combats autour de Rethel. Mais, bientôt, le Commandant en chef déclarait Paris « ville ouverte » et le Conseil des ministres l'approuvait. Cependant, il fallait, à l'improviste, organiser l'évacuation d'une masse de choses et d'une foule de gens. Je m'en occupai jusqu'au soir, tandis que partout on emballait des caisses, que bruissaient du haut en bas de l'immeuble les visiteurs du dernier moment et que sonnaient sans arrêt des téléphones désespérés.

Vers minuit, M. Paul Reynaud et moi montâmes dans la même voiture. Le voyage fut lent, sur une route encombrée. A l'aurore, nous étions à Orléans et entrions à la Préfecture où le contact fut pris par fil avec le Grand Quartier qui s'installait à Briare. Peu après le général Weygand téléphonait, demandant à parler au Président du Conseil. Celui-ci prit l'appareil et, à sa vive surprise, s'entendit annoncer que M. W. Churchill arriverait dans l'après-midi. Le Commandant en chef, par la liaison militaire, l'avait prié de venir d'urgence à Briare.

« Il faut, en effet, ajoutait le général Weygand, que M. Churchill soit directement informé de la situation réelle sur le front.

— Eh quoi? dis-je au chef du gouvernement, admettez-vous que le Généralissime convoque ainsi de son propre mouvement le Premier Ministre britannique? Ne voyez-vous pas que le général Weygand poursuit, non point un plan d'opérations, mais une politique, et que celle-ci n'est pas la vôtre? Le gouvernement va-t-il le laisser plus longtemps en fonction?

— Vous avez raison! répondit M. Paul Reynaud. Cette situation doit cesser. Nous avons parlé du général Huntziger comme successeur possible de Weygand. Allons tout de suite voir Huntziger! »

Mais, les voitures étant avancées, le Président du Conseil me dit : « A la réflexion, il vaut mieux que vous alliez seul chez Huntziger. Pour moi, je vais préparer les entretiens de tout à l'heure avec Churchill et les Anglais. Vous me retrouverez à Briare. »

Je trouvai à Arcis-sur-Aube, son poste de commandement, le général Huntziger, commandant le groupe d'armées du Centre. Au même moment, ce groupe d'armées était attaqué et percé sur le front de Champagne par le corps blindé de Guderian. Cependant, je fus frappé par le sang-froid d'Huntziger. Il m'informa de sa mauvaise situation. Je le mis au courant de l'ensemble des affaires. En conclusion, je lui dis : « Le gouvernement voit bien que la bataille de France est virtuellement perdue, mais il veut continuer la guerre en se transportant en Afrique avec tous les moyens qu'il est possible d'y faire passer. Cela implique un changement complet dans la stratégie et dans l'organisation. L'actuel généralissime n'est plus l'homme qui puisse le faire. Vous, seriez-vous cet homme-là?

— Oui! répondit simplement Huntziger.

— Eh bien! vous allez recevoir les instructions du gouvernement. »

Pour gagner Briare, je pris par Romilly et Sens, afin de prendre contact avec divers commandants de grandes unités. Partout, s'étalaient des signes de désordre et de panique. Partout, refluaient vers le sud des éléments de troupes, pêle-mêle avec des réfugiés. Mon modeste équipage fut arrêté une heure près de Méry, tant la route était encombrée. Un étrange brouillard, — que beaucoup confondaient avec une nappe de gaz, — augmentait l'angoisse de la foule militaire, telle un troupeau sans berger.

Au Grand Quartier de Briare, j'allai à M. Paul Reynaud et le mis au courant de la réponse d'Huntziger. Mais je vis bien que, pour le Président du Conseil, le remplacement immédiat de Weygand n'était plus dans sa perspective et qu'il avait épousé, de nouveau, l'idée de poursuivre la route de la guerre avec un généralissime qui voulait prendre celle de la paix. En passant dans la galerie, je saluai le maréchal Pétain, que je n'avais pas vu depuis 1938. « Vous êtes général ! me dit-il. Je ne vous en félicite pas. A quoi bon les grades dans la défaite? » — « Mais, vous-même, monsieur le maréchal, c'est pendant la retraite de 1914 que vous avez reçu vos premières étoiles. Quelques jours après, c'était la Marne. » Pétain grogna : « Aucun rapport ! » Sur ce point, il avait raison. Le Premier Ministre britannique arrivait. On entra en conférence.

Au cours de cette séance se confrontèrent ouvertement les conceptions et les passions qui allaient dominer la nouvelle phase de la guerre. Tout ce qui avait, jusqu'alors, servi de base à l'action et aux attitudes n'appartenait plus qu'au passé. La solidarité de l'Angleterre et de la France, la puissance de l'armée française, l'autorité du Gouvernement, le loyalisme du Commandement, cessaient d'être des données acquises. Chacun des participants se comportait déjà, non plus en tant que partenaire dans un jeu mené en commun, mais comme un homme qui, désormais, s'oriente et joue pour son compte.

Le général Weygand fit voir que son souci, à lui, était de liquider au plus vite la bataille et la guerre. S'aidant des témoignages des généraux Georges et Besson, il déroula devant la conférence le tableau d'une situation militaire sans espoir. Le Commandant en chef, qui, au surplus avait été Chef d'état-major général de 1930 à 1935, exposait les raisons de la défaite des armées sous ses ordres du ton posé, quoique agressif, de quelqu'un qui en tire des griefs sans en porter la responsabilité. Sa conclusion fut qu'il fallait terminer l'épreuve, car le dispositif militaire pourrait s'effondrer tout à coup, ouvrant carrière à l'anarchie et à la révolution.

Le Maréchal intervint en renfort du pessimisme. M. Churchill, voulant détendre l'atmosphère, lui dit d'un ton enjoué : « Voyons ! Monsieur le maréchal, rappelez-vous la bataille d'Amiens, en mars 1918, quand les affaires allaient si mal. Je vous ai fait visite, alors, à votre Quartier Général. Vous m'indiquiez votre plan. Quelques jours après le front était rétabli. »

Alors, le Maréchal, durement :

« — Oui, le front fut rétabli. Vous, les Anglais, étiez enfoncés. Mais, moi, j'ai envoyé 40 divisions pour vous tirer d'affaire. Aujourd'hui, c'est nous qui sommes mis en pièces. Où sont vos 40 divisions? »

Le Président du Conseil français, tout en répétant que la France ne se retirerait pas de la lutte et tout en pressant les Anglais d'envoyer à notre aide le gros de leur aviation, montra qu'en dépit de tout il ne se séparait pas de Pétain et de Weygand, comme s'il espérait les voir un jour se rallier à sa politique. M. Churchill parut imperturbable, plein de ressort, mais se tenant vis-à-vis des Français aux abois sur une cordiale réserve, saisi déjà, et non peut-être sans une obscure satisfaction, par la perspective terrible et magnifique d'une Angleterre laissée seule dans son île et que lui-même aurait à conduire dans l'effort vers le salut. Quant à moi, pensant à la suite, je mesurais ce que ces palabres avaient de vain et de conventionnel, puisqu'elles n'avaient pas pour objet la seule solution valable : se rétablir outre-mer.

Après trois heures de discussions, qui n'aboutirent à rien, on se mit à dîner autour de la même table. J'étais à côté de Churchill. Notre conversation fortifia la confiance que j'avais dans sa volonté. Lui-même en retint, sans doute, que de Gaulle, bien que démuni, n'était pas moins résolu.

L'amiral Darlan, qui ne s'était pas manifesté pendant la conférence, parut après le repas. Poussant devant lui le général Vuillemin, Chef d'état-major général de l'Air, il vint à M. Paul Reynaud. L'objet de sa démarche donnait fort à penser. Une opération combinée de la flotte et de l'aviation de bombardement avait été préparée contre Gênes. D'après le plan, l'exécution devait se déclencher au cours de la nuit. Mais Darlan, s'étant ravisé, voulait donner le contre-ordre en se couvrant des perplexités du général Vuillemin qui redoutait les réactions italiennes contre les dépôts d'essence de Berre. Toutefois, l'amiral demandait l'accord du gouvernement. « Qu'en pensez-vous? » me dit M. Paul Reynaud. — « Au point où nous en sommes, répondis-je, le plus raisonnable est, au contraire, de ne rien ménager. Il faut exécuter l'opération prévue. »

Darlan l'emporta, cependant, et le contre-ordre fut donné. Par la suite, Gênes fut, tout de même, bombardé par une faible fraction navale avec trois jours de retard sur les prévisions. Cet incident me fit comprendre que Darlan, lui aussi, jouait maintenant son propre jeu.

Au cours de la journée du 12, logé au château de Beauvais, propriété de M. Le Provost de Launay, je travaillai avec le général Colson au plan de transport en Afrique du Nord. À vrai dire, les événements auxquels j'avais assisté la veille et l'isolement où j'étais à présent laissé me donnaient à craindre que l'esprit d'abandon n'eût gagné trop de terrain et que le plan ne s'appliquât jamais. Cependant, j'étais résolu à faire tout ce qui était en mon pouvoir pour que le gouvernement le prît à son compte et l'imposât au commandement.

Ayant achevé l'essentiel, je me rendis à Chissay, où résidait M. Paul Reynaud. Il était tard. Le Président du Conseil, sortant du Conseil des ministres qui s'était tenu à Cangey et auquel je n'étais pas convié, arriva vers 11 heures du soir accompagné de Baudouin. Tandis qu'ils dînaient avec leur entourage, je m'assis près de la table et posai nettement la question de l'Afrique du Nord. Mais mes interlocuteurs ne voulaient parler que d'un problème, connexe d'ailleurs et très urgent, que le Conseil des ministres venait d'évoquer. Quelle devait être la prochaine destination du gouvernement? En effet, les Allemands, ayant franchi la Seine, atteindraient bientôt la Loire. Deux solutions étaient envisagées : Bordeaux ou Quimper? Il s'ensuivit, autour des assiettes, une discussion que la fatigue et l'énervement rendirent confuse et mouvementée. Aucune décision formelle ne fut prise et M. Paul Reynaud se retira en me donnant rendez-vous pour le matin.

J'étais, naturellement, pour Quimper. Non pas que j'eusse d'illusions quant à la possibilité de tenir en Bretagne, mais, si le gouvernement s'y repliait, il n'aurait pas, tôt ou tard, d'autre issue que de prendre la mer. Car, les Allemands devant nécessairement occuper la péninsule pour agir contre les Anglais, il ne pourrait y avoir de « zone libre » en Bretagne. Une fois embarqués, les ministres prendraient, selon toute vraisemblance, la direction de l'Afrique, soit directement, soit après avoir fait halte en Angleterre. De toute façon, Quimper était l'étape vers les décisions énergiques. Aussi, quand M. Paul Reynaud, dès mon entrée au gouvernement, m'avait parlé du projet de « réduit breton », je m'y étais rallié. Inversement, c'est pour des motifs inspirés par leur politique et non, — quoi qu'ils pussent prétendre, — par l'art militaire, que s'y opposaient ceux qui, tels Pétain, Weygand, Baudouin, poussaient à la capitulation.

Le 13, de bonne heure, je retournai à Chissay. Après un long débat et malgré mes arguments, le Président du Conseil prit la décision de transférer les pouvoirs publics à Bordeaux, alléguant que tel était l'avis émis la veille par les ministres.

Je n'en fus que plus acharné à réclamer, tout au moins, la signature d'un ordre prescrivant au Commandant en chef de prévoir et de préparer les transports en Afrique. C'était bien là, je le savais, l'intention ultime de M. Paul Reynaud. Mais, si pressantes et lassantes étaient les intrigues et influences contraires qui accédaient constamment à lui, que je voyais, heure par heure, disparaître ce suprême espoir.

Cependant, le Président du Conseil signa, ce jour-là, vers midi, une lettre adressée au général Weygand et dans laquelle il lui précisait ce que le gouvernement attendait désormais de lui. D'abord : « Tenir aussi longtemps que possible dans le Massif Central et en Bretagne. » Ensuite : « Si nous échouions, ... nous installer et organiser la lutte dans l'Empire en utilisant la liberté des mers. » Cette lettre marquait, assurément, une intention salutaire. Mais elle n'était pas, suivant moi, l'ordre catégorique qu'imposaient les circonstances. D'ailleurs, une fois signée, elle se trouvait remise en cause dans les coulisses et ne fut, en définitive, expédiée que le lendemain.

Au cours de la même matinée du 13, M. Jeanneney, Président du Sénat, et M. Herriot, Président de la Chambre, étaient venus à Chissay. Le premier, promenant un maintien résolu au milieu de l'agitation, invoquait l'exemple de Clemenceau, dont il avait été, dans les grands moments de 1917 et 1918, le collaborateur direct et intime au gouvernement. Le second, affable et disert, exprimait avec éloquence les émotions multiples dont il était traversé. L'un et l'autre se montraient favorables au Président du Conseil, opposés à la capitulation, tout prêts à se transporter à Alger avec les pouvoirs publics. Il m'apparut, une fois de plus, que M. Paul Reynaud, quelles que fussent autour de lui les cabales de l'abandon, pouvait rester maître du jeu pourvu qu'il ne concédât rien.

J'étais à Beauvais au début de l'après-midi, quand M. de Margerie, Chef du cabinet diplomatique de M. Paul Reynaud, m'appela au téléphone. « Une conférence va s'ouvrir dans un instant, à la Préfecture de Tours, entre le Président du Conseil et M. W. Churchill qui vient d'arriver avec plusieurs de ses ministres. Je vous en préviens en hâte comme j'en suis moi-même prévenu. Bien que vous ne soyez pas convoqué, je suggère que vous y veniez. Baudouin est à l'œuvre et mon impression n'est pas bonne. » Telle fut la communication de M. de Margerie.

Je roulai vers Tours, sentant bien tout ce qu'il y avait

d'inquiétant dans cette réunion inopinée, dont le Président du Conseil, auprès de qui je venais de passer plusieurs heures, n'avait pas cru devoir me parler. La cour et les couloirs de la Préfecture étaient remplis d'une foule de parlementaires, fonctionnaires, journalistes, accourus aux nouvelles et qui formaient comme le chœur tumultueux d'une tragédie près de son terme. J'entrai dans le bureau où se trouvait M. Paul Reynaud encadré par Baudouin et Margerie. La conférence était suspendue. Mais M. Churchill et ses collègues revenaient tout justement. Margerie m'indiqua rapidement que les ministres britanniques, s'étant concertés dans le parc, allaient donner leur réponse à cette question posée par les Français : « Malgré l'accord du 28 mars 1940, qui exclut toute suspension d'armes séparée, l'Angleterre accepterait-elle que la France demandât à l'ennemi quelles seraient, pour elle-même, les conditions d'un armistice? »

M. Churchill s'assit. Lord Halifax, lord Beaverbrook, Sir Alexander Cadogan, prirent place, ainsi que le général Spears qui les accompagnait. Il y eut un moment de silence écrasant. Le Premier Ministre prit la parole en français. D'un ton égal et triste, dodelinant de la tête, cigare à la bouche, il commença par exprimer sa commisération, celle de son gouvernement, celle de son peuple, quant au sort de la nation française. « Nous voyons bien, dit-il, où en est la France. Nous comprenons que vous vous sentiez acculés. Notre amitié pour vous reste intacte. Dans tous les cas, soyez sûrs que l'Angleterre ne se retirera pas de la lutte. Nous nous battrons jusqu'au bout, n'importe comment, n'importe où, même si vous nous laissez seuls. »

Abordant la perspective d'un armistice entre Français et Allemands, dont je pensais qu'elle le ferait bondir, il exprima, au contraire, une compréhension apitoyée. Mais soudain, passant au sujet de la flotte, il se montra très précis et très rigoureux. De toute évidence, le gouvernement anglais redoutait à tel point de voir livrer aux Allemands la flotte française qu'il inclinait, tandis qu'il en était temps encore, à marchander son renoncement à l'accord du 28 mars contre des garanties quant au sort de nos navires. Telle fut, en fait, la conclusion qui se dégagea de cette affreuse conférence. M. Churchill, avant de quitter la salle, demanda en outre, avec insistance, que si la France cessait le combat elle remît auparavant à l'Angleterre les 400 aviateurs allemands qui étaient prisonniers. Cela lui fut aussitôt promis.

Conduits par M. Paul Reynaud, les Britanniques passèrent alors dans la pièce voisine, où se trouvaient les présidents des assemblées, ainsi que plusieurs ministres. Là, le ton fut très différent. MM. Jeanneney, Herriot, Louis Marin, notamment, ne parlèrent que de continuer la guerre. J'allai à M. Paul Reynaud et lui demandai, non sans vivacité : « Est-il possible que vous conceviez que la France demande l'armistice? » — « Certes, non ! me dit-il. Mais il faut impressionner les Anglais pour obtenir d'eux un concours plus étendu. » Je ne pouvais, évidemment, tenir cette réponse pour valable. Après qu'on se fut séparé, au milieu du brouhaha, dans la cour de la Préfecture, je rentrai atterré à Beauvais, tandis que le Président du Conseil télégraphiait au Président Roosevelt pour l'adjurer d'intervenir, faisant comprendre que, sans cela, tout était pour nous bien perdu. Dans la soirée, M. Paul Reynaud déclarait à la radio : « S'il faut un miracle pour sauver la France, je crois au miracle. »

Il me paraissait acquis que tout serait bientôt consommé. De même qu'une place assiégée est bien près de la reddition dès lors que le gouverneur en parle, ainsi la France courait à l'armistice, puisque le chef de son gouvernement l'envisageait officiellement. Ma présence dans le Cabinet, si secondaire qu'y fût ma place, allait devenir une impossibilité. Cependant, au moment même où, au cours de la nuit, j'allais envoyer ma lettre de démission, Georges Mandel, averti par mon chef de cabinet, Jean Laurent, me fit demander d'aller le voir.

André Diethelm m'introduisit auprès du ministre de l'Intérieur. Mandel me parla sur un ton de gravité et de résolution dont je fus impressionné. Il était, tout autant que moi, convaincu que l'indépendance et l'honneur de la France ne pouvaient être sauvegardés qu'en continuant la guerre. Mais c'est à cause de cette nécessité nationale qu'il me recommanda de rester encore au poste où je me trouvais. « Qui sait, dit-il, si finalement nous n'obtiendrons pas que le gouvernement aille, tout de même, à Alger? » Il me raconta ce qui, après le départ des Anglais, s'était passé au Conseil des ministres où, disait-il, la fermeté avait prévalu en dépit de la scène que Weygand était venu y faire. Il m'annonça que, dans l'instant, les premiers éléments allemands entraient à Paris. Puis, évoquant l'avenir, il ajouta : « De toute façon, nous ne sommes qu'au début de la guerre mondiale. Vous aurez de grands devoirs à remplir, Général ! Mais avec l'avantage d'être, au milieu de nous tous, un homme intact. Ne pensez qu'à ce qui doit être fait pour la France et songez que, le cas échéant, votre fonction actuelle pourra vous faciliter les choses. » Je dois dire que cet argument me convainquit d'attendre avant de me démettre. C'est à cela qu'a peut-être tenu, physiquement parlant, ce que j'ai pu faire par la suite.

Le 14 juin : repli du gouvernement ! Je fis mes adieux à mes hôtes Le Provost de Launay. Ils ne partiraient pas, eux, et entourés de tout ce qui n'était, parmi les leurs, ni mobilisé, ni mobilisable, attendraient dans leur maison les combats de la retraite, puis l'arrivée de l'envahisseur. Vers la fin de l'après-midi, après un sombre voyage sur la route encombrée par des convois de réfugiés, j'atteignis Bordeaux et me fis conduire au siège de la région militaire où était prévue la résidence de M. Paul Reynaud. Le député-maire de la ville, M. Marquet, était là et me donna la primeur des propos décourageants qu'il s'apprêtait à tenir au Président du Conseil.

Celui-ci étant arrivé, je lui dis : « Depuis trois jours, je mesure avec quelle vitesse nous roulons vers la capitulation. Je vous ai donné mon modeste concours, mais c'était pour faire la guerre. Je me refuse à me soumettre à un armistice. Si vous restez ici, vous allez être submergé par la défaite. Il faut gagner Alger au plus vite. Y êtes-vous, oui ou non, décidé? — « Oui ! » répondit M. Paul Reynaud. — « Dans ce cas, repris-je, je dois aller moi-même tout de suite à Londres pour arranger le concours des Anglais à nos transports. J'irai demain. Où vous retrouverai-je? » — Et le Président du Conseil : « Vous me retrouverez à Alger. »

Il fut convenu que je partirais dans la nuit et passerais, d'abord, en Bretagne pour voir ce qu'on pouvait y faire embarquer. M. Paul Reynaud me demanda, enfin, de convoquer Darlan auprès de lui pour le lendemain matin. Il voulait, me dit-il, lui parler de la flotte.

Darlan était en route pour gagner La Guéritoulde. Dans la soirée, je l'eus au bout du fil et lui fixai le rendez-vous. Une voix mauvaise me répondit : « Aller à Bordeaux, demain? Je ne sais ce que peut bien y faire le Président du Conseil. Mais je commande, moi, et n'ai pas de temps à perdre. » Finalement, il obtempéra. Cependant, le ton pris par Darlan découvrait de tristes perspectives. Quelques minutes après, je mesurais l'évolution de certains esprits au cours d'une brève conversation avec Jean Ybarnegaray, ministre d'État, qui s'était montré, jusque-là, partisan de la lutte à outrance.

Il vint à moi à l'hôtel « Splendide » où je dînais à la hâte en compagnie de Geoffroy de Courcel. — « Pour moi, dit-il, ancien combattant, rien ne compte que d'obéir à mes chefs : Pétain et Weygand ! » — « Peut-être verrez-vous un jour, répondis-je, que, pour un ministre, le salut de l'État doit l'emporter sur tous les sentiments. » Au maréchal Pétain, qui dînait dans la même salle, j'allai en silence adresser mon salut. Il me serra la main, sans un mot. Je ne devais plus le revoir, jamais.

Quel courant l'entraînait et vers quelle fatale destinée ! Toute la carrière de cet homme d'exception avait été un long effort de refoulement. Trop fier pour l'intrigue, trop fort pour la médiocrité, trop ambitieux pour être arriviste, il nourrissait en sa solitude une passion de dominer, longuement durcie par la conscience de sa propre valeur, les traverses rencontrées, le mépris qu'il avait des autres. La gloire militaire lui avait, jadis, prodigué ses caresses amères. Mais elle ne l'avait pas comblé, faute de l'avoir aimé seul. Et voici que, tout à coup, dans l'extrême hiver de sa vie, les événements offraient à ses dons et à son orgueil l'occasion, tant attendue ! de s'épanouir sans limites ; à une condition, toutefois, c'est qu'il acceptât le désastre comme pavois de son élévation et le décorât de sa gloire.

Il faut dire que, de toute manière, le Maréchal tenait la partie pour perdue. Ce vieux soldat, qui avait revêtu le harnois au lendemain de 1870, était porté à ne considérer la lutte que comme une nouvelle guerre franco-allemande. Vaincus dans la première, nous avions gagné la deuxième, celle de 1914-1918, avec des alliés sans doute, mais qui jouaient un rôle secondaire. Nous perdions maintenant la troisième. C'était cruel, mais régulier. Après Sedan et la chute de Paris, il n'était que d'en finir, traiter et, le cas échéant, écraser la Commune, comme, dans les mêmes circonstances, Thiers l'avait fait jadis. Au jugement du vieux maréchal, le caractère mondial du conflit, les possibilités des territoires d'outre-mer, les conséquences idéologiques de la victoire d'Hitler, n'entraient guère en ligne de compte. Ce n'étaient point là des choses qu'il eût l'habitude de considérer.

Malgré tout, je suis convaincu qu'en d'autres temps, le maréchal Pétain n'aurait pas consenti à revêtir la pourpre dans l'abandon national. Je suis sûr, en tout cas, qu'aussi longtemps qu'il fut lui-même, il eût repris la route de la guerre dès qu'il put voir qu'il s'était trompé, que la victoire demeurait possible, que la France y aurait sa part. Mais, hélas ! les années, par-dessous l'enveloppe, avaient rongé son caractère. L'âge le livrait aux manœuvres de gens habiles à se couvrir de sa majestueuse lassitude. La vieillesse est un naufrage. Pour que rien ne nous fût épargné, la vieillesse du maréchal Pétain allait s'identifier avec le naufrage de la France.

C'est à cela que je pensais en roulant dans la nuit vers la Bretagne. En même temps, je fortifiais ma résolution de continuer la guerre, où que cela pût me conduire. Arrivé à Rennes le matin du 15 juin, j'y vis le général René Altmayer, qui commandait les éléments divers engagés à l'est de la Mayenne, le général Guitry, commandant la Région militaire, et le préfet d'Ille-et-Vilaine. Tous trois faisaient de leur mieux dans leurs domaines respectifs. Je m'efforçai d'organiser la coordination de leurs efforts et de leurs moyens pour la défense du terrain. Puis, je gagnai Brest, en doublant des convois anglais qui allaient s'y réembarquer. A la Préfecture maritime, j'étudiai avec l'amiral Traub et « l'Amiral-Ouest » de Laborde les possibilités et les besoins de la marine quant à l'embarquement des troupes dans les ports de Bretagne. L'après-midi, je montai à bord du contre-torpilleur *Milan* qui devait m'amener à Plymouth, en compagnie d'une mission de chimistes conduite par le général Lemoine et que M. Raoul Dautry, ministre de l'Armement, envoyait mettre « l'eau lourde » à l'abri en Angleterre. En quittant la rade de Brest, le *Richelieu* me rendit les honneurs, paré à gagner Dakar. De Plymouth, je me rendis à Londres, où j'arrivai le 16 au lever du jour.

Quelques minutes après, dans la chambre de l'hôtel « Hyde Park », où je faisais ma toilette, entrèrent MM. Corbin et Monnet. L'ambassadeur m'annonça, d'abord, que les divers rendez-vous que je devais avoir avec les Anglais pour traiter l'affaire des transports étaient arrangés pour la matinée. Il était, en outre, entendu, qu'à moins d'une demande d'armistice de la France à l'Allemagne, M. Churchill rencontrerait M. Paul Reynaud, à Concarneau, le lendemain matin, pour prescrire en commun l'exécution des embarquements. Puis, mes interlocuteurs passèrent à un autre sujet.

« Nous savons, dirent-ils, qu'à Bordeaux, l'esprit d'abandon progresse rapidement. D'ailleurs, pendant que vous étiez en route pour venir ici, le gouvernement français a confirmé par télégramme la demande faite oralement, le 13, à M. W. Churchill par M. Paul Reynaud et tendant à obtenir que la France fût dégagée de l'accord du 28 mars. Nous n'avons pas encore connaissance de la réponse que feront les Anglais et qu'ils doivent adresser ce matin. Mais nous pensons qu'ils vont accepter, moyennant des garanties concernant la flotte. On approche donc des derniers moments. D'autant que le Conseil des ministres doit se réunir à Bordeaux dans la journée et que, suivant toute vraisemblance, ce Conseil sera décisif. »

« Il nous a semblé, ajoutaient MM. Corbin et Monnet, qu'une sorte de coup de théâtre, jetant dans la situation un élément tout nouveau, serait de nature à changer l'état des esprits et, en tout cas, à renforcer M. Paul Reynaud dans son intention de prendre le chemin d'Alger. Nous avons donc préparé avec Sir Robert Vansittart, Secrétaire permanent du Foreign Office, un projet qui semble saisissant. Il s'agirait d'une proposition d'union de la France et de l'Angleterre qui serait solennellement adressée par le gouvernement de Londres à celui de Bordeaux. Les deux pays décideraient la fusion de leurs pouvoirs publics, la mise en commun de leurs ressources et de leurs pertes, bref la liaison complète entre leurs destins respectifs. Devant une pareille démarche, faite dans de pareilles circonstances, il est possible que nos ministres veuillent prendre du champ et, tout au moins, différer l'abandon. Mais encore faudrait-il que notre projet fût adopté par le gouvernement britannique. Vous seul pouvez obtenir cela de M. Churchill. Il est prévu que vous déjeunerez tout à l'heure avec lui. Ce sera l'occasion suprême, si toutefois, vous approuvez l'idée. »

J'examinai le texte qui m'était apporté. Il m'apparut aussitôt que ce qu'il avait de grandiose excluait, de toute manière, une réalisation rapide. Il sautait aux yeux qu'on ne pouvait, en vertu d'un échange de notes, fondre ensemble, même en principe, l'Angleterre et la France, avec leurs institutions, leurs intérêts, leurs Empires, à supposer que ce fût souhaitable. Les points mêmes qui, dans le projet, seraient susceptibles d'être réglés d'une manière pratique, — comme, par exemple, la mise en commun des dommages, — exigeraient des négociations complexes. Mais, dans l'offre que le gouvernement britannique adressait au nôtre, il y aurait une manifestation de solidarité qui pourrait revêtir une réelle signification. Surtout, je pensai, comme MM. Corbin et Monnet, que le projet était de nature à apporter à M. Paul Reynaud, dans la crise ultime où il était plongé, un élément de réconfort et, vis-à-vis de ses ministres, un argument de ténacité. J'accepterai donc de m'employer auprès de M. Churchill pour le lui faire prendre à son compte.

La matinée fut chargée. Je commençai par régler la destination du *Pasteur*, qui transportait un millier de canons de 75, des milliers de mitrailleuses et des lots de munitions venant des États-Unis. Sur le rapport de notre mission militaire, le navire, qui était en mer, fut dérouté par mon ordre de Bordeaux, où il allait, vers un port de Grande-Bretagne. Étant donné la tournure des événements, il fallait empêcher que ce chargement, alors inestimable, tombât aux mains de l'ennemi. En fait, les canons et les mitrailleuses apportés par le *Pasteur* contribuèrent à réarmer les Britanniques qui avaient perdu, à Dunkerque, presque tout leur matériel.

Quant à l'affaire des transports, je trouvai chez les Anglais un sincère empressement à renforcer nos moyens pour l'embarquement de nos éléments et la protection des convois ; la machinerie de l'exécution étant montée par l'Amirauté en liaison avec notre mission navale que commandait l'amiral Odend'hal. Mais il était évident qu'à Londres on ne croyait guère à un sursaut de la France officielle. Les contacts que je pris me laissèrent voir que les mesures prévues par nos alliés, dans les divers domaines, l'étaient en fonction de notre renonciation imminente à la lutte. Par-dessus tout, le sort de notre marine hantait, littéralement, les esprits. Pendant ces heures dramatiques, chaque Français sentait peser sur lui l'interrogation muette ou exprimée de tous les Anglais rencontrés : « Que va-t-il advenir de votre flotte? »

Le Premier Ministre britannique avait, lui aussi, cela en tête quand je vins, avec MM. Corbin et Monnet, déjeuner au « Carlton Club » en sa compagnie. « Quoi qu'il arrive, lui dis-je, la flotte française ne sera pas volontairement livrée. Pétain lui-même n'y consentirait pas. D'ailleurs, la flotte, c'est le fief de Darlan. Un féodal ne livre pas son fief. Mais pour qu'on puisse être sûr que l'ennemi ne mettra jamais la main sur nos navires, il faudrait que nous restions en guerre. Or, je dois vous déclarer que votre attitude à Tours m'a fâcheusement surpris. Vous y avez paru faire bon marché de notre alliance. Votre résignation sert les gens qui, chez nous, inclinent à la capitulation. « Vous voyez bien que nous y sommes forcés, disent-ils. Les Anglais eux-mêmes nous donnent leur consentement. » Non ! C'est tout autre chose que vous avez à faire pour nous encourager dans la crise effroyable où nous sommes. »

M. Churchill parut ébranlé. Il conféra un moment avec le major Morton son chef de cabinet. Je supposai qu'il prenait, *in extremis*, les dispositions nécessaires pour faire modifier une décision déjà arrêtée. Peut-être fut-ce là la cause du fait qu'une demi-heure plus tard, à Bordeaux, l'ambassadeur d'Angleterre venait retirer des mains de M. Paul Reynaud la note qu'il lui avait d'abord apportée et par laquelle le gouvernement britannique consentait, en principe, à ce que la France demandât à l'Allemagne les conditions d'un éventuel armistice.

J'entretins alors M. Churchill du projet d'union des deux peuples. « Lord Halifax m'en a parlé, me dit-il. Mais c'est un énorme morceau. » — « Oui ! répondis-je. Aussi la réalisation impliquerait-elle beaucoup de temps. Mais la manifestation peut être immédiate. Au point où en sont les choses, rien ne doit être négligé par vous de ce qui peut soutenir la France et maintenir notre alliance. » Après quelque discussion, le Premier Ministre se rangea à mon avis. Il convoqua, sur-le-champ, le Cabinet britannique et se rendit à Downing Street pour en présider la réunion. Je l'y accompagnai et, tandis que les ministres délibéraient, me tins, avec l'ambassadeur de France, dans un bureau attenant à la salle du Conseil. Entre temps, j'avais téléphoné à M. Paul Reynaud pour l'avertir que j'espérais lui adresser, avant la fin de l'après-midi et d'accord avec le gouvernement anglais, une très importante communication. Il me répondit qu'en conséquence il remettait à 17 heures la réunion du Conseil des ministres. « Mais, ajouta-t-il, je ne pourrai différer davantage. »

La séance du Cabinet britannique dura deux heures, pendant lesquelles sortaient, de temps en temps, l'un ou l'autre des ministres pour préciser quelque point avec nous, Français. Soudain, tous entrèrent, M. Churchill à leur tête. « Nous sommes d'accord ! » s'exclamaient-ils. En effet, sauf détails, le texte qu'ils apportaient était celui-là même que nous leur avions proposé. J'appelai aussitôt par téléphone M. Paul Reynaud et lui dictai le document. « C'est très important ! dit le Président du Conseil. Je vais utiliser cela à la séance de tout à l'heure. » En quelques mots, je lui adressai tout ce que je pus d'encouragement. M. Churchill prit l'appareil : « Allo ! Reynaud ! de Gaulle a raison ! Notre proposition peut avoir de grandes conséquences. Il faut tenir ! » Puis, après avoir écouté la réponse qui lui était faite : « Alors, à demain ! à Concarneau. »

Je pris congé du Premier Ministre. Il me prêtait un avion pour rentrer tout de suite à Bordeaux. Nous convînmes que l'appareil resterait à ma disposition en prévision d'événements qui m'amèneraient à revenir. M. Churchill lui-même devait aller prendre le train pour embarquer sur un destroyer afin de gagner Concarneau. A 21 h. 30, j'atterrissais à Bordeaux. Le colonel Humbert et Auburtin, de mon cabinet, m'attendaient à l'aérodrome. Ils m'apprenaient que le Président du Conseil avait donné sa démission et que le Président Lebrun avait chargé le maréchal Pétain de former le gouvernement. C'était la capitulation certaine. Ma décision fut prise aussitôt. Je partirais dès le matin.

J'allai voir M. Paul Reynaud. Je le trouvai sans illusion sur ce que devait entraîner l'avènement du Maréchal et, d'autre part, comme soulagé d'un fardeau insupportable. Il me donna l'impression d'un homme arrivé à la limite de l'espérance. Ceux-là seuls qui en furent témoins peuvent mesurer ce qu'a représenté l'épreuve du pouvoir pendant cette période terrible. A longueur des jours sans répit et des nuits sans sommeil, le Président du Conseil sentait peser sur sa personne la responsabilité entière du sort de la France. Car, toujours, le chef est seul en face du mauvais destin. C'est lui qu'atteignaient tout droit les péripéties qui marquèrent les étapes de notre chute : percée allemande à Sedan, désastre de Dunkerque, abandon de Paris, effondrement à Bordeaux. Pourtant, il n'avait pris la tête du gouvernement qu'à la veille même de nos malheurs, sans nul délai pour y faire face et après avoir, depuis longtemps, proposé la politique militaire qui aurait pu les éviter. La tourmente, il l'affronta avec une solidité d'âme qui ne se démentit pas. Jamais, pendant ces journées dramatiques, M. Paul Reynaud n'a cessé d'être maître de lui. Jamais on ne le vit s'emporter, s'indigner, se plaindre. C'était un spectacle tragique qu'offrait cette grande valeur, injustement broyée par des événements excessifs.

Au fond, la personnalité de M. Paul Reynaud répondait à des conditions où il eût été possible de conduire la guerre dans un certain ordre de l'État et sur la base de données traditionnellement acquises. Mais tout était balayé ! Le chef du gouvernement voyait autour de lui s'effondrer le régime, s'enfuir le peuple, se retirer les alliés, défaillir les chefs les plus illustres. A partir du jour où le gouvernement avait quitté la capitale, l'exercice même du pouvoir n'était plus qu'une sorte d'agonie, déroulée le long des routes, dans la dislocation des services, des disciplines et des consciences. Dans de telles conditions, l'intelligence de M. Paul Reynaud, son courage, l'autorité de sa fonction, se déployaient pour ainsi dire à vide. Il n'avait plus de prise sur les événements déchaînés.

Pour ressaisir les rênes, il eût fallu s'arracher au tourbillon, passer en Afrique, tout reprendre à partir de là. M. Paul Reynaud le voyait. Mais cela impliquait des mesures extrêmes : changer le Haut-commandement, renvoyer le Maréchal et la moitié des ministres, briser avec certaines influences, se résigner à l'occupation totale de la Métropole, bref, dans une situation sans précédent, sortir à tous risques du cadre et du processus ordinaires.

M. Paul Reynaud ne crut pas devoir prendre sur lui des décisions aussi exorbitantes de la normale et du calcul. Il essaya d'atteindre le but en manœuvrant. De là, en particulier, le fait qu'il envisagea un examen éventuel des conditions de l'ennemi, pourvu que l'Angleterre donnât son consentement. Sans doute, jugeait-il que ceux-là mêmes qui poussaient à l'armistice reculeraient quand ils en connaîtraient les conditions et qu'alors s'opérerait le regroupement de toutes les valeurs pour la guerre et le salut. Mais le drame était trop rude pour que l'on pût composer. Faire la guerre sans ménager rien ou se rendre tout de suite, il n'y avait d'alternative qu'entre ces deux extrémités. Faute, pour M. Paul Reynaud, de s'être tout à fait identifié à la première, il cédait la place à Pétain qui adoptait complètement la seconde.

Il faut dire qu'au moment suprême le régime n'offrait aucun recours au chef du dernier gouvernement de la IIIe République. Assurément, beaucoup des hommes en place répugnaient à la capitulation. Mais les pouvoirs publics, foudroyés par le désastre dont ils se sentaient responsables, ne réagissaient aucunement. Tandis qu'était posé le problème, dont dépendaient pour la France tout le présent et tout l'avenir, le Parlement ne siégeait pas, le gouvernement se montrait hors d'état de prendre en corps une solution tranchée, le Président de la République s'abstenait d'élever la voix, même au sein du Conseil des ministres, pour exprimer l'intérêt supérieur du pays. En définitive, cet anéantissement de l'État était au fond du drame national. A la lueur de la foudre, le régime paraissait, dans son affreuse infirmité, sans nulle mesure et sans nul rapport avec la défense, l'honneur, l'indépendance de la France.

Tard dans la soirée, je me rendis à l'hôtel où résidait Sir Ronald Campbell, Ambassadeur d'Angleterre, et lui fis part de mon intention de partir pour Londres. Le général Spears, qui vint se mêler à la conversation, déclara qu'il m'accompagnerait. J'envoyai prévenir M. Paul Reynaud. Celui-ci me fit remettre, sur les fonds secrets, une somme de 100 000 francs. Je priai M. de Margerie d'envoyer sans délai à ma femme et à mes enfants, qui se trouvaient à Carantec, les passeports nécessaires pour gagner l'Angleterre, ce qu'ils purent tout juste faire par le dernier bateau quittant Brest. Le 17 juin à 9 heures du matin, je m'envolai, avec le général Spears et le lieutenant de Courcel sur l'avion britannique qui m'avait transporté la veille. Le départ eut lieu sans romantisme et sans difficulté.

Nous survolâmes La Rochelle et Rochefort. Dans ces ports brûlaient des navires incendiés par les avions allemands. Nous passâmes au-dessus de Paimpont, où se trouvait ma mère, très malade. La forêt était toute fumante des dépôts de munitions qui s'y consumaient. Après un arrêt à Jersey, nous arrivâmes à Londres au début de l'après-midi. Tandis que je prenais logis et que Courcel, téléphonant à l'Ambassade et aux missions, les trouvait déjà réticentes, je m'apparaissais à moi-même, seul et démuni de tout, comme un homme au bord d'un océan qu'il prétendrait franchir à la nage.

LA FRANCE LIBRE

Poursuivre la guerre? Oui, certes! Mais pour quel but et dans quelles limites? Beaucoup, lors même qu'ils approuvaient l'entreprise, ne voulaient pas qu'elle fût autre chose qu'un concours donné, par une poignée de Français, à l'Empire britannique demeuré debout et en ligne. Pas un instant, je n'envisageai la tentative sur ce plan-là. Pour moi ce qu'il s'agissait de servir et de sauver, c'était la nation et l'État.

Je pensais, en effet, que c'en serait fini de l'honneur, de l'unité, de l'indépendance, s'il devait être entendu que, dans cette guerre mondiale, seule la France aurait capitulé et qu'elle en serait restée là. Car, dans ce cas, quelle que dût être l'issue du conflit, que le pays, décidément vaincu, fût un jour débarrassé de l'envahisseur par les armes étrangères ou qu'il demeurât asservi, le dégoût qu'il aurait de lui-même et celui qu'il inspirerait aux autres empoisonneraient son âme et sa vie pour de longues générations. Quant à l'immédiat, au nom de quoi mener quelques-uns de ses fils à un combat qui ne serait plus le sien? A quoi bon fournir d'auxiliaires les forces d'une autre puissance? Non! Pour que l'effort en valût la peine, il fallait aboutir à remettre dans la guerre, non point seulement des Français, mais la France.

Cela devait comporter : la réapparition de nos armées sur les champs de bataille, le retour de nos territoires à la belligérance, la participation du pays lui-même à l'effort de ses combattants, la reconnaissance par les puissances étrangères du fait que la France, comme telle, aurait continué la lutte, bref, le transfert de la souveraineté, hors du désastre et de l'attentisme, du côté de la guerre et, un jour, de la victoire.

Ce que je savais des hommes et des choses ne me laissait pas d'illusions sur les obstacles à surmonter. Il y aurait la puissance de l'ennemi, que seule pourrait briser une longue usure et qui trouverait le concours de l'appareil officiel français pour s'opposer au redressement guerrier de la France. Il y aurait les difficultés morales et matérielles qu'une lutte longue et acharnée comporterait forcément pour ceux qui auraient à la faire comme parias et sans moyens. Il y aurait la montagne des objections, imputations, calomnies, opposées aux combattants par les sceptiques et les peureux pour couvrir leur passivité. Il y aurait les entreprises dites « parallèles », mais en fait rivales et opposées, que ne manquerait pas de susciter, parmi les Français, leur passion de la dispute et que la politique et les services alliés utiliseraient, suivant la coutume, afin de disposer d'eux. Il y aurait, de la part de ceux qui visaient à la subversion, la volonté de dévoyer la résistance nationale vers le chaos révolutionnaire d'où leur dictature sortirait. Il y aurait, enfin, la tendance des grands États à profiter de notre affaiblissement pour pousser leurs intérêts au détriment de la France.

Quant à moi, qui prétendais gravir une pareille pente, je n'étais rien, au départ. A mes côtés, pas l'ombre d'une force, ni d'une organisation. En France, aucun répondant et aucune notoriété. A l'étranger, ni crédit, ni justification. Mais ce dénuement même me traçait ma ligne de conduite. C'est en épousant, sans ménager rien, la cause du salut national que je pourrais trouver l'autorité. C'est en agissant comme champion inflexible de la nation et de l'État qu'il me serait possible de grouper, parmi les Français, les consentements, voire les enthousiasmes, et d'obtenir des étrangers respect et considération. Les gens qui, tout au long du drame, s'offusquèrent de cette intransigeance ne voulurent pas voir que, pour moi, tendu à refouler d'innombrables pressions contraires, le moindre fléchissement eût entraîné l'effondrement. Bref, tout limité et solitaire que je fusse, et justement parce que je l'étais, il me fallait gagner les sommets et n'en descendre jamais plus.

La première chose à faire était de hisser les couleurs. La radio s'offrait pour cela. Dès l'après-midi du 17 juin, j'exposai mes intentions à M. Winston Churchill. Naufragé de la désolation sur les rivages de l'Angleterre, qu'aurais-je pu faire sans son concours? Il me le donna tout de suite et mit, pour commencer, la B.B.C. à ma disposition. Nous convînmes que je l'utiliserais lorsque le gouvernement Pétain aurait demandé l'armistice. Or, dans la soirée même, on apprit qu'il l'avait fait. Le lendemain, à 18 heures, je lus au micro le texte que l'on connaît. A mesure que s'envolaient les mots irrévocables, je sentais en moi-même se terminer une vie, celle que j'avais menée dans le cadre d'une France solide et d'une indivisible armée. A quarante-neuf ans, j'entrais dans l'aventure, comme un homme que le destin jetait hors de toutes les séries.

Pourtant, tout en faisant mes premiers pas dans cette carrière sans précédent, j'avais le devoir de vérifier qu'aucune autorité plus qualifiée que la mienne ne voudrait s'offrir à remettre la France et l'Empire dans la lutte. Tant que l'armistice ne serait pas en vigueur, on pouvait imaginer, quoique contre toute vraisemblance, que le gouvernement de Bordeaux choisirait finalement la guerre. N'y eût-il que la plus faible chance, il fallait la ménager. C'est pour cela que, dès mon arrivée à Londres, le 17 après-midi, je télégraphiai à Bordeaux pour m'offrir à poursuivre dans la capitale anglaise, les négociations que j'avais commencées la veille au sujet du matériel en provenance des États-Unis, des prisonniers allemands et des transports vers l'Afrique.

La réponse fut une dépêche me sommant de rentrer sans délai. Le 20 juin, j'écrivis à Weygand, qui avait pris dans la capitulation le titre étonnant de « Ministre de la Défense nationale », pour l'adjurer de se mettre à la tête de la résistance et l'assurer, s'il le faisait, de mon obéissance entière. Mais cette lettre devait m'être, quelques semaines plus tard, retournée par son destinataire avec une mention dont le moins qu'on puisse dire est qu'elle marquait sa malveillance. Le 30 juin, « l'Ambassade de France » me notifiait l'ordre de me constituer prisonnier à la prison Saint-Michel à Toulouse pour y être jugé par le Conseil de guerre. Celui-ci m'infligeait, d'abord, quatre ans de prison. Puis, sur appel *a minima* exigé par le « ministre », me condamnait à la peine de mort.

Escomptant, d'ailleurs, — et pour cause ! — cette attitude de Bordeaux, je m'étais déjà tourné vers les autorités d'outre-mer. Dès le 19 juin, j'avais télégraphié au général Noguès, Commandant en chef en Afrique du Nord et Résident-général au Maroc, pour me mettre à ses ordres au cas où il rejetterait l'armistice. Le soir même, parlant à la radio, j'adjurais : « l'Afrique de Clauzel, de Bugeaud, de Lyautey, de Noguès, de refuser les conditions ennemies ». Le 24 juin, par télégramme, je renouvelai mon appel à Noguès et m'adressai également au général Mittelhausser et à M. Puaux, respectivement Commandant en chef et Haut-commissaire au Levant, ainsi qu'au général Catroux, Gouverneur-général de l'Indochine. Je suggérais à ces hautes autorités de former un organisme de défense de l'Empire, dont je pouvais assurer tout de suite les liaisons avec Londres. Le 27 juin, ayant eu connaissance d'un discours quelque peu belliqueux de M. Peyrouton, Résident-général en Tunisie, je l'adjurai à son tour de faire partie du « Comité de défense », tout en renouvelant mes offres au général Mittelhauser et à M. Puaux. Le même jour, à tout hasard, je faisais retenir ma place et celle de mes officiers à bord d'un cargo français qui s'apprêtait à gagner le Maroc.

En fait de réponse, j'eus seulement un message de l'amiral de Carpentier, commandant la marine au Levant, qui m'annonçait que M. Puaux et le général Mittelhauser avaient télégraphié au général Noguès dans le même sens que moi. En outre, un des fils du général Catroux, qui se trouvait alors à Londres, m'apporta un télégramme que son père lui adressait, l'encourageant à combattre et le chargeant de m'exprimer sa sympathique approbation. Mais, en même temps, les Anglais qui avaient envoyé en Afrique du Nord M. Duff Cooper, membre du Cabinet, avec le général Gort, pour proposer à Noguès le concours de leurs forces, voyaient leur délégation rentrer à Londres sans même avoir été reçue. Enfin, le général Dillon, chef de la liaison militaire britannique en Afrique du Nord, était renvoyé d'Alger.

Pourtant, le premier mouvement de Noguès avait été de relever le drapeau. On sait qu'au vu des conditions allemandes, il avait, le 25 juin, télégraphié à Bordeaux, pour faire entendre qu'il était prêt à poursuivre la guerre. Employant une expression dont je m'étais moi-même servi à la radio six jours auparavant, il évoquait « la panique de Bordeaux », qui ne permettait pas au gouvernement « d'apprécier objectivement les possibilités de résistance de l'Afrique du Nord ». Il invitait Weygand « à reconsidérer ses ordres concernant l'exécution de l'armistice » et protestait que, si ces ordres étaient maintenus, « il ne pourrait les exécuter que la rougeur au front ». Il est clair que si Noguès avait choisi la voie de la résistance, tout l'Empire l'y aurait suivi. Mais on apprit bientôt que lui-même, ainsi que les autres résidents gouverneurs, commandants supérieurs, obtempéraient aux sommations de Pétain et de Weygand et acceptaient l'armistice. Seuls, le général Catroux, Gouverneur-général de l'Indochine, et le général Legentilhomme, commandant les troupes de la côte des Somalis, maintinrent leur réprobation. L'un et l'autre furent remplacés sans que leurs subordonnés fissent grand-chose pour les soutenir.

D'ailleurs, cette sorte d'affaissement de la plupart des « proconsuls » coïncidait, dans la Métropole, avec un effondrement politique total. Les journaux qui nous parvenaient de Bordeaux, puis de Vichy, étalaient leur acceptation, ainsi que celle de tous les partis, groupements, autorités, institutions. L'Assemblée nationale, réunie les 9 et 10 juillet, remettait à Pétain tous les pouvoirs, presque sans en avoir débattu. A la vérité, 80 membres présents votaient courageusement contre cette abdication. D'autre part, ceux des parlementaires qui s'étaient embarqués sur le *Massilia* pour gagner l'Afrique du Nord avaient, par là, témoigné que pour eux l'Empire ne devait pas cesser la lutte. Cependant, c'est un fait qu'aucun homme public n'éleva la voix pour condamner l'armistice.

Au reste, si l'écroulement de la France avait plongé le monde dans la stupeur, si les foules, par toute la terre, voyaient avec angoisse s'abîmer cette grande lumière, si tel poème de Charles Morgan ou tel article de François Mauriac tiraient des larmes de bien des yeux, les États, eux, ne tardaient pas à accepter les faits accomplis. Sans doute, les gouvernements des pays en guerre contre l'Axe rappelaient-ils de France leurs représentants, soit qu'ils le fissent spontanément, comme pour Sir Ronald Campbell ou le général Vanier, soit que les Allemands exigeassent ces départs. Mais, à Londres, restait, tout de même, installé dans l'immeuble de l'Ambassade de France, un consul qui communiquait avec la Métropole, tandis que M. Dupuis, Consul-général du Canada, demeurait auprès du Maréchal et que l'Union Sud-Africaine y laissait son représentant. Surtout, on pouvait voir s'assembler à Vichy, autour de Mgr Valerio Valeri Nonce du Pape, de M. Bogomolov Ambassadeur de l'Union Soviétique, bientôt de l'amiral Leahy Ambassadeur des États-Unis, un corps diplomatique imposant. Il y avait là de quoi refroidir l'ardeur des personnalités que leur premier mouvement eût portées vers la Croix de Lorraine.

Ainsi, parmi les Français comme dans les autres nations, l'immense concours de la peur, de l'intérêt, du désespoir, provoquait autour de la France un universel abandon. Si nombre de sentiments restaient fidèles à son passé, si maints calculs s'attachaient à tirer parti des lambeaux que lui laissait le présent, nul homme au monde, qui fût qualifié, n'agissait comme s'il croyait encore à son indépendance, à sa fierté, à sa grandeur. Qu'elle dût être, désormais, serve, honteuse, bafouée, tout ce qui comptait sur la terre tenait le fait pour acquis. Devant le vide effrayant du renoncement général, ma mission m'apparut, d'un seul coup, claire et terrible. En ce moment, le pire de son histoire, c'était à moi d'assumer la France.

Mais il n'y a pas de France sans épée. Constituer une force de combat, cela importait avant tout. Je m'y employai aussitôt. Certains éléments militaires se trouvaient en Angleterre. C'étaient, d'abord, les unités de la Division légère alpine qui, après avoir fait brillamment campagne en Norvège sous les ordres du général Béthouart, avaient été ramenées en Bretagne au milieu de juin et s'y étaient rembarquées en même temps que les dernières troupes anglaises. C'étaient, d'autre part, des navires de la marine de guerre, — au total près de 100 000 tonnes, — réfugiés de Cherbourg, de Brest, de Lorient, avec, à bord, outre leurs équipages, maints isolés et auxiliaires, le tout formant un effectif d'au moins 10 000 marins. C'étaient, encore, plusieurs milliers de soldats blessés naguère en Belgique et hospitalisés en Grande-Bretagne. Les missions militaires françaises avaient organisé le commandement et l'administration de tous ces éléments, de manière à les maintenir sous l'obédience de Vichy et à préparer le rapatriement général.

Le seul fait de prendre contact avec ces fractions multiples et dispersées comportait, pour moi, de grandes difficultés. Je ne disposais, tout d'abord, que d'un nombre infime d'officiers, presque tous subalternes, remplis d'une immense bonne volonté, mais impuissants à forcer l'appareil de la hiérarchie. Ce qu'ils pouvaient faire, et qu'ils firent, c'était de la propagande auprès des gradés et hommes qu'ils parvenaient à rencontrer. Le rendement devait être faible. Huit jours après mon appel du 18 juin, le nombre des volontaires campés dans la salle de l'Olympia, que les Anglais nous avaient prêtée, ne montait qu'à quelques centaines.

Il faut dire que les autorités britanniques ne favorisaient guère nos efforts. Sans doute, avait été distribué par leurs soins un tract prévenant les militaires français qu'ils pouvaient choisir entre le rapatriement, le ralliement au général de Gaulle et le service dans les forces de Sa Majesté. Sans doute les instructions données par Churchill, les interventions de

Spears, chargé par le Premier Ministre des liaisons entre la France Libre et les services anglais, parvenaient-elles quelquefois à vaincre l'inertie ou l'opposition. Sans doute, la presse, la radio, beaucoup d'associations, d'innombrables particuliers, faisaient-ils à notre entreprise une chaleureuse réclame. Mais le Commandement britannique, qui attendait d'un jour à l'autre l'offensive allemande et, peut-être, l'invasion, se trouvait trop absorbé par ses propres préparatifs pour s'occuper d'une tâche à ses yeux très secondaire. D'ailleurs, par commodité et habitude professionnelles, il inclinait à respecter l'ordre normal, c'est-à-dire Vichy et ses missions. Enfin, ce n'est pas sans méfiance qu'il considérait ces alliés d'hier, humiliés par le malheur, mécontents d'eux-mêmes et des autres et tout chargés de griefs. Que feraient-ils, si l'ennemi déferlait? Le plus sage n'était-il pas de les rembarquer au plus vite? Et qu'importaient, en définitive, les quelques bataillons sans cadres et équipages sans états-majors que le général de Gaulle prétendait pouvoir rallier?

Le 29 juin, je me rendis à Trentham-Park, où se trouvait campée la Division légère de montagne. Le général commandant la Division voulait lui-même regagner la France, quoique avec la ferme intention de rentrer quelque jour en ligne, ce qu'il devait, d'ailleurs, faire effectivement et glorieusement plus tard. Mais il avait pris ses dispositions pour que je puisse voir chaque corps de troupe rassemblé. Ainsi me fut-il possible de rallier une grande partie des deux bataillons de la 13e Demi-brigade de Légion Étrangère, avec leur chef le lieutenant colonel Magrin-Verneret, dit Monclar, et son adjoint le capitaine Kœnig, deux centaines de chasseurs alpins, les deux tiers d'une compagnie de chars, quelques éléments d'artillerie, du génie, des transmissions, plusieurs officiers de l'état-major et des services, parmi lesquels le commandant de Conchard, les capitaines Dewavrin et Tissier. Cela, bien qu'après mon départ du camp, les colonels britanniques de Chair et Williams, envoyés par le War Office, eussent à leur tour réuni les troupes pour leur dire littéralement ceci : « Vous avez toute latitude pour servir sous les ordres du général de Gaulle. Mais nous devons vous faire observer, en tant qu'hommes parlant à des hommes, que si vous vous y décidez, vous serez des rebelles à votre Gouvernement... »

Le lendemain, je voulus visiter les camps d'Aintree et de Haydock où se trouvaient rassemblés plusieurs milliers de marins français. Dès mon arrivée, l'amiral anglais commandant à Liverpool me déclara qu'il s'opposait à ce que je voie les hommes parce que cela pourrait nuire au bon ordre. Il me fallut partir bredouille. Je fus plus heureux à Harrow-Park quelques jours après. Malgré tout, un courant d'engagements s'organisait parmi nos marins. Quelques officiers résolus, qui m'avaient aussitôt rejoint, tels les capitaines de corvette d'Argenlieu, Wietzel, Moulec, Jourden, s'y employaient de tout leur cœur. Les officiers et équipages de trois petits navires de guerre s'étaient tout de suite déclarés : sous-marin *Rubis* (commandant Cabanier) qui croisait sur les côtes de Norvège ; sous-marin *Narval* (commandant Drogou) qui, dès mon appel, quitta Sfax et rallia Malte, pour être, plus tard, coulé en action dans la Méditerranée ; chalutier-patrouilleur *Président-Honduce* (commandant Deschatres). L'arrivée du vice-amiral Muselier, contre lequel les incidents de sa carrière et les traits de sa personnalité dressaient dans la Marine de nombreux éléments, mais dont l'intelligence et le savoir-faire présentaient des avantages dans cette période aventureuse, me permit de donner un centre et un répondant technique à l'embryon de nos forces navales. Pendant ce temps, quelques douzaines d'aviateurs, que j'allai voir au camp de Saint-Atham, se groupaient autour des capitaines de Rancourt, Astier de Villatte, Bécourt-Foch, en attendant que le commandant Pijeaud en reçût le commandement.

Cependant, des volontaires isolés atteignaient chaque jour l'Angleterre. Ils venaient généralement de France, amenés par les derniers navires qui en étaient régulièrement partis, ou évadés sur de petits bateaux dont ils avaient pu se saisir, ou encore parvenus à grand-peine à travers l'Espagne en échappant à la police de ce pays, qui enfermait ceux qu'elle prenait dans le camp de Miranda. Des aviateurs, dérobant des appareils aux consignes de Vichy, réussissaient à quitter l'Afrique du Nord pour atterrir à Gibraltar. Des marins de commerce, que les hasards de la navigation et, parfois, l'évasion d'un navire, — comme par exemple le *Capo Olmo*, commandant Vuillemin, — avaient conduits hors des ports français, réclamaient un poste de combat. Des Français vivant à l'étranger venaient demander du service. Ayant réuni à White City 2 000 blessés de Dunkerque, convalescents dans les hôpitaux anglais, j'obtins 200 engagements. Un bataillon colonial, qui se trouvait à Chypre, détaché de l'Armée du Levant, se rallia spontanément avec son chef, le commandant Lorotte. Dans les derniers jours de juin, abordait en Cornouailles une flottille de bateaux de pêche amenant au général de Gaulle tous les hommes valides de l'Ile de Sein. Jour après jour, le ralliement de ces garçons resplendissants d'ardeur et dont beaucoup, pour nous rejoindre, avaient accompli des exploits, affermissait notre résolution. Sur ma table s'entassaient des messages venus de tous les points du monde et m'apportant, de la part d'individus ou de petits groupes, d'émouvantes demandes d'engagement. Mes officiers et ceux de la mission Spears déployaient des prodiges d'insistance et d'ingéniosité pour arranger leur transport.

Tout à coup, un événement lamentable vint suspendre le courant. Le 4 juillet, la radio et les journaux annonçaient que la flotte britannique de la Méditerranée avait, la veille, attaqué l'escadre française au mouillage à Mers-el-Kébir. En même temps, nous étions informés que les Anglais avaient occupé par surprise les navires de guerre français réfugiés dans les ports de Grande-Bretagne, débarqué de force et interné, — non sans incidents sanglants, — les états-majors et les équipages. Enfin, le 10, était publiée la nouvelle du torpillage, par des avions anglais, du cuirassé *Richelieu* ancré en rade de Dakar. Les communiqués officiels et les feuilles publiques de Londres tendaient à présenter cette série d'agressions comme une sorte de victoire navale. Il était clair que, pour le gouvernement et l'Amirauté britanniques, l'angoisse du péril, les relents d'une vieille rivalité maritime, les griefs accumulés depuis le début de la bataille de France et venus au paroxysme avec l'armistice conclu par Vichy, avaient éclaté en une de ces sombres impulsions par quoi l'instinct refoulé de ce peuple brise quelquefois toutes les barrières.

Il n'avait jamais été, cependant, vraisemblable que la flotte française entamât d'elle-même des hostilités contre les Britanniques. Depuis mon arrivée à Londres, je l'avais constamment affirmé au gouvernement anglais ainsi qu'à l'Amirauté. D'ailleurs, il était certain que Darlan, indépendamment de tous motifs évidents d'intérêt national, n'irait pas de lui-même céder aux Allemands son propre bien : la Marine, aussi longtemps qu'il en disposerait. Au fond, si Darlan et ses seconds renonçaient à jouer le rôle magnifique que leur offraient les événements et à devenir le recours ultime de la France, alors que, par contraste avec l'armée, la flotte se trouvait intacte, c'est parce qu'ils se croyaient certains de conserver leurs bateaux. M. Alexander, Premier lord de l'Amirauté, lord Lloyd, ministre anglais des Colonies, et l'amiral Sir Dudley Pound, Premier lord de la mer, venus à Bordeaux le 18 juin, avaient obtenu de Darlan sa parole d'honneur que nos navires ne seraient pas livrés. Pétain et Baudouin, de leur côté, s'y étaient formellement engagés. Enfin, contrairement à ce que les agences anglaises et américaines avaient, d'abord, donné à croire, les termes de l'armistice ne comportaient aucune mainmise directe des Allemands sur la flotte française.

Par contre, il faut reconnaître que, devant la capitulation des gouvernants de Bordeaux et les perspectives de leurs défaillances futures, l'Angleterre pouvait redouter que l'ennemi parvînt, un jour, à disposer de notre flotte. Dans cette éventualité, la Grande-Bretagne eût été mortellement menacée. En dépit de la douleur et de la colère où nous étions plongés, moi-même et mes compagnons, par le drame de Mers-el-Kébir, par les procédés des Anglais, par la façon dont ils s'en glorifiaient, je jugeai que le salut de la France était au-dessus de tout, même du sort de ses navires, et que le devoir consistait toujours à poursuivre le combat.

Je m'en expliquai ouvertement, le 8 juillet, à la radio. Le gouvernement britannique, sur le rapport de son ministre de l'Information, M. Duff Cooper, eut l'habileté élégante de me laisser disposer, pour le faire, du micro de la B. B. C., quelque désagréables que fussent, pour les Anglais, les termes de ma déclaration.

Mais c'était, dans nos espoirs, un terrible coup de hache. Le recrutement des volontaires s'en ressentit immédiatement. Beaucoup de ceux, militaires ou civils, qui s'apprêtaient à nous rejoindre, tournèrent alors les talons. En outre, l'attitude adoptée à notre égard par les autorités dans l'Empire français, ainsi que par les éléments navals et militaires qui le gardaient, passa, la plupart du temps, de l'hésitation à la réprobation. Vichy, bien entendu, ne se fit pas faute d'exploiter à outrance l'événement. Les conséquences allaient en être graves quant au ralliement des territoires africains.

Pourtant, nous reprîmes notre tâche. Le 13 juillet, je me risquai à annoncer : « Français ! Sachez-le ! Vous avez encore une armée de combat. » Le 14 juillet, je passai à Whitehall, au milieu d'une foule saisie par l'émotion, la revue de nos premiers détachements, pour aller ensuite à leur tête déposer une gerbe tricolore à la statue du maréchal Foch. Le 21 juillet, j'obtins que plusieurs de nos aviateurs prissent part à un bombardement de la Ruhr et fis publier que les

Français Libres avaient repris le combat. Entre temps, tous nos éléments, suivant l'idée émise par d'Argenlieu, adoptèrent comme insigne la Croix de Lorraine. Le 24 août, le roi George VI venait rendre visite à notre petite armée. A la voir, on pouvait reconnaître que « le tronçon du glaive » serait fortement trempé. Mais, mon Dieu ! qu'il était court !

Fin juillet, le total de nos effectifs atteignait à peine 7 000 hommes. C'était là tout ce que nous pourrions recruter en Grande-Bretagne même, ceux des éléments militaires français qui n'avaient pas rallié étant, maintenant, rapatriés. A grand-peine, nous récupérions les armes et le matériel qu'ils avaient laissés sur place et dont, souvent, s'étaient emparés, soit les Anglais, soit d'autres alliés. Quant aux navires, nous n'étions en mesure d'en armer que quelques-uns, et c'était un crève-cœur que de voir naviguer les autres sous pavillon étranger. Peu à peu et malgré tout, prenaient corps nos premières unités, pourvues de moyens disparates, mais formées de gens résolus.

Ceux-ci étaient, en effet, de cette forte espèce à laquelle devaient appartenir les combattants de la résistance française, où qu'ils aient pu se trouver. Goût du risque et de l'aventure poussée jusqu'à l'amour de l'art, mépris pour les veules et les indifférents, propension à la mélancolie et, par là même, aux querelles pendant les périodes sans danger, faisant place dans l'action à une ardente cohésion, fierté nationale aiguisée jusqu'à l'extrême par le malheur de la patrie et le contact d'alliés bien pourvus, par-dessus tout confiance souveraine en la force et en la ruse de leur propre conjuration, tels furent les traits psychologiques de cette élite partie de rien et qui devait, peu à peu, grandir au point d'entraîner derrière elle toute la nation et tout l'Empire.

Tandis que nous tâchions de nous forger quelques forces, s'imposait la nécessité de régler nos rapports avec le gouvernement britannique. Celui-ci, d'ailleurs, y était disposé, non point tant par goût des précisions juridiques que dans son désir de voir fixer pratiquement, en territoire de Sa Majesté, les droits et les obligations de ces personnages sympathiques, mais passablement contrariants, qu'étaient les Français combattants.

Dès le premier instant, j'avais entretenu M. Churchill de mon intention de provoquer, si possible, la formation d'un « Comité national » pour diriger notre effort de guerre. Afin d'y aider, le gouvernement britannique faisait, le 23 juin, publier deux déclarations. La première déniait au gouvernement de Bordeaux le caractère de l'indépendance. La seconde prenait acte du projet de formation d'un Comité national français et manifestait, par avance, l'intention de le reconnaître et de traiter avec lui en toute matière relative à la poursuite de la guerre. Le 23 juin, le gouvernement britannique lançait un communiqué constatant la volonté de résistance manifestée par plusieurs hautes autorités de l'Empire français et leur proposant son concours. Puis, comme rien ne venait, de nulle part, le Cabinet de Londres se retrouvait en face du seul général de Gaulle et prenait le parti, le 28 juin, de le reconnaître publiquement comme « chef des Français Libres ».

C'est donc en cette qualité que j'entamai, avec le Premier Ministre et le Foreign Office, les conversations nécessaires. Le point de départ fut un mémorandum que j'avais moi-même, le 26 juin, fait parvenir à M. Churchill et à Lord Halifax. L'aboutissement fut l'accord du 7 août 1940. Plusieurs clauses, auxquelles je tenais, donnèrent lieu à des tractations délicates entre les négociateurs : M. Strang pour nos alliés, le Professeur René Cassin pour nous.

Envisageant, d'une part, l'hypothèse où les vicissitudes de la guerre amèneraient l'Angleterre à une paix de compromis, considérant, d'autre part, que les Britanniques pourraient, d'aventure, être tentés par telle ou telle de nos possessions d'outre-mer, j'insistai pour que la Grande-Bretagne garantît le rétablissement des frontières de la Métropole et de l'Empire français. Les Anglais acceptèrent finalement de promettre « la restauration intégrale de l'indépendance et de la grandeur de la France », mais sans engagement relatif à l'intégrité de nos territoires.

Bien que je fusse convaincu que les opérations militaires communes, sur terre, sur mer et dans les airs, devraient être normalement dirigées par des chefs anglais, étant donné le rapport des moyens, je me réservai dans tous les cas le « commandement suprême » des forces françaises, n'acceptant pour elles que « les directives générales du Haut-commandement britannique ». Ainsi était établi leur caractère purement national. Encore, fis-je spécifier, — non sans objections de la part des Britanniques, — qu'en aucun cas les volontaires « ne porteraient les armes contre la France ». Cela ne signifiait pas qu'ils ne dussent jamais combattre des Français. Il fallait bien, hélas ! prévoir le contraire, Vichy étant ce qu'il était et non, point du tout, la France. Mais la clause visait à garantir que l'action militaire alliée, avec laquelle se confondait la nôtre, lors même qu'elle se heurterait aux forces de la France officielle, ne serait pas employée contre la France réelle, ne nuirait pas à son patrimoine, non plus qu'à ses intérêts.

Si les dépenses afférentes aux forces de la France Libre devaient, d'après l'accord, incomber provisoirement au gouvernement britannique, faute, pour nous, de disposer initialement d'aucune ressource, je tins à ce qu'il fût formulé qu'il ne s'agissait que d'avances, dont le remboursement serait, un jour, assuré, compte tenu des fournitures faites par nous en contrepartie. Le remboursement intégral eut lieu effectivement et au cours même du conflit, de telle sorte, qu'en définitive, notre effort de guerre ne resta, dans aucune mesure, à la charge de l'Angleterre.

Enfin, malgré la soif de tonnage maritime dont étaient, — trop légitimement ! — dévorés les Britanniques, nous leur fîmes admettre, non sans mal, qu'une « liaison permanente » serait établie entre leurs services et les nôtres pour régler « l'utilisation des navires de commerce français et de leurs équipages ».

C'est aux Chequers que Churchill et moi signâmes ensemble le document.

L'accord du 7 août eut, pour la France Libre, une importance considérable, non seulement parce que, dans l'immédiat, il la tirait matériellement d'embarras, mais encore pour cette raison que les autorités britanniques, ayant maintenant une base officielle pour leurs rapports avec nous, n'hésitèrent plus à nous faciliter les choses. Surtout, le monde entier connut qu'un commencement de solidarité franco-anglaise était, malgré tout, rétabli. Les conséquences s'en firent bientôt sentir dans certains territoires de l'Empire et parmi les Français vivant à l'étranger. Mais aussi, d'autres États, voyant procéder par la Grande-Bretagne à un début de reconnaissance, firent quelques pas dans le même chemin. Ce fut le cas, en premier lieu, pour les gouvernements réfugiés en Angleterre, dont sans doute les forces étaient faibles, mais dont la représentation et l'influence internationales subsistaient.

Car, pour chacune des nations d'Europe que submergeaient les armées d'Hitler, l'État avait emporté sur des rivages libres l'indépendance et la souveraineté. Il devait en être de même pour celles dont, par la suite, l'Allemagne ou l'Italie occupèrent également le territoire. Pas un gouvernement ne consentit à subir le joug de l'envahisseur, non, pas un seul, excepté, hélas ! celui qui se disait le gouvernement de la France et qui, pourtant, avait à sa disposition un vaste Empire gardé par de grandes forces et l'une des premières flottes du monde !

A mesure des désastres de juin, la Grande-Bretagne avait vu arriver sur son sol les souverains et les ministres de Norvège, de Hollande, du Luxembourg, puis le Président de la République et les ministres polonais et, après quelque retard, le Cabinet belge. Les Tchécoslovaques entreprenaient de s'organiser. Le roi d'Albanie prenait quelques contacts. C'est sous une inspiration à la fois généreuse et calculée que l'Angleterre offrait l'hospitalité à ces États réfugiés. Si dépouillés qu'ils fussent, il leur restait toujours quelque chose. Plusieurs d'entre eux apportaient l'or et les devises de leur banque. Les Hollandais avaient l'Indonésie et une flotte non négligeable, les Belges le Congo, les Polonais une petite armée, les Norvégiens de nombreux navires de commerce, les Tchèques, — ou plus exactement Benès, — des réseaux d'information au centre et à l'est de l'Europe et d'actives relations américaines. Au surplus, il n'était pas indifférent au prestige de l'Angleterre d'apparaître comme le suprême rempart de l'ancien monde en perdition.

Pour ces exilés, la France Libre, qui, elle, n'avait rien, était une intéressante expérience. Mais elle attirait surtout les plus inquiets et les plus malheureux, tels les Polonais et les Tchèques. A leurs yeux, nous qui restions fidèles à la tradition de la France, représentions, par là même, une espérance et un pôle d'attraction. En particulier, Sikorski et Benès, tout ombrageux qu'ils fussent au milieu des intrigues et des susceptibilités qui compliquaient pour eux le malheur, établirent avec moi des rapports constants et suivis. Jamais peut-être, mieux qu'au fond de ce gouffre, je n'ai senti ce qu'était, pour le monde, la vocation de la France.

Tandis que nous nous efforcions d'assurer à la France Libre un commencement d'audience internationale, je tâchais de mettre sur pied l'embryon d'un pouvoir et d'une administration. Presque inconnu, complètement dépourvu, il eût été de ma part dérisoire de proclamer « gouvernement » l'organisme élémentaire que je formais autour de moi. D'ailleurs, bien que je fusse convaincu que Vichy irait de chute en chute, jusqu'à la dégradation totale, bien que j'eusse proclamé l'illégitimité d'un régime qui était à la discrétion de l'ennemi, je voulais ménager la possibilité d'une refonte des pouvoirs publics dans la guerre si l'occasion s'en offrait jamais. Aussi, me gardai-je, jusqu'à l'extrémité, de rien bâtir, fût-ce dans les termes, qui pût gêner, le cas échéant, le regroupement de l'État. Aux détenteurs de l'autorité dans l'Empire, je n'avais suggéré que de s'unir pour sa défense. Puis, quand leur carence fut constatée, je décidai de former moi-même, dès que ce serait possible, un simple « Comité national ».

Encore fallait-il que des personnalités assez représentatives voulussent m'apporter leur concours. Pendant les premiers jours, quelques optimistes pensaient qu'on en trouverait à volonté. On annonçait, d'heure en heure, le passage à Lisbonne ou le débarquement à Liverpool de tel homme politique connu, de tel général célèbre, de tel académicien consacré. Mais le démenti venait vite. A Londres même, sauf quelques exceptions, les Français notoires qui s'y trouvaient, soit en service, soit par occasion, ne rejoignirent pas la France Libre. Beaucoup se firent rapatrier. Certains demeurèrent sur place mais en faisant profession d'obédience à Vichy. Quant à ceux qui prirent parti contre la capitulation, les uns organisèrent leur exil pour leur compte en Angleterre ou aux États-Unis, d'autres se mirent au service des gouvernements britannique ou américain, rares furent les « capacités » qui se rangèrent sous ma bannière.

« Vous avez raison ! me disait, par exemple, M. Corbin, Ambassadeur de France. Moi, qui ai consacré le meilleur de ma carrière à la cause de l'alliance franco-britannique, j'ai pris ouvertement parti en donnant ma démission le lendemain même de votre appel. Mais je suis un vieux fonctionnaire. Depuis quarante ans, je vis et j'agis dans un cadre régulier. La dissidence, c'est trop pour moi ! »

« Vous avez tort, m'écrivait M. Jean Monnet, de constituer une organisation qui pourrait apparaître en France comme créée sous la protection de l'Angleterre... Je partage complètement votre volonté d'empêcher la France d'abandonner la lutte... Mais ce n'est pas de Londres que peut partir l'effort de résurrection... »

« Je dois rentrer en France, faisait dire M. René Mayer, pour ne pas séparer mon sort de celui de mes coreligionnaires qui vont y être persécutés. »

« Je vous approuve, m'affirmait M. Bret. Quant à moi,

dans la Métropole ou dans l'Empire, j'aiderai de mon mieux au redressement de la France. »

« Nous allons en Amérique, me déclaraient MM. André Maurois, Henry Bonnet, de Kerillis. C'est là, d'ailleurs, que nous pourrons vous être le plus utiles. »

« Nommé consul-général à Shangaï, m'annonçait M. Roland de Margerie, je passe à Londres, non pour vous joindre, mais pour gagner la Chine. J'y servirai, comme vous le faites ici, les intérêts de la France. »

Au contraire, M. Pierre Cot, bouleversé par les événements, m'adjurait de l'utiliser à n'importe quelle tâche, « même à balayer l'escalier ». Mais il était trop voyant pour que cela fût désirable.

Au total, quelles qu'en fussent les raisons, cette abstention presque générale des personnalités françaises ne rehaussait certes pas le crédit de mon entreprise. Il me fallait remettre à plus tard la formation de mon Comité. Moins il venait de notables, moins de notables avaient envie de venir.

Quelques-uns, pourtant, furent tout de suite à mes côtés et apportèrent aux devoirs qu'ils assumaient à l'improviste une ardeur et une activité grâce auxquelles, en dépit de tout, le navire prit et tint la mer. Le Professeur Cassin était mon collaborateur, — combien précieux ! — pour tous les actes et documents sur lesquels s'établissait, à partir de rien, notre structure intérieure et extérieure. Antoine avait à diriger l'administration des premiers services civils, tâche infiniment ingrate dans cette période d'improvisation. Lapie, Escarra, puis Hackin, — ce dernier devant bientôt périr en mer avec sa femme au cours d'une mission, — se tenaient en relation avec les bureaux du Foreign Office et ceux des gouvernements européens en exil. Ils prenaient, en outre, contact avec les Français vivant à l'étranger à qui j'avais fait appel. Pleven et Denis avaient en charge nos minuscules finances et préparaient les conditions dans lesquelles pourraient vivre les colonies qui se rallieraient. Schumann portait à la radio la parole de la France Libre, Massip dépouillait la presse et l'informait sur notre compte. Bingen réglait avec nos alliés l'emploi des navires et des marins de commerce français.

Du côté proprement militaire, Muselier aidé par d'Argenlieu, Magrin-Verneret par Kœnig, Pijeaud par Rancourt, organisaient respectivement les premières unités, navales, terrestres, aériennes. Morin était en charge de l'armement. Tissier, Dewavrin, Hettier de Boislambert, formaient mon état-major. Geoffroy de Courcel faisait auprès de moi fonction de chef de cabinet, d'aide de camp, d'interprète et, souvent, de bon conseiller. Tels étaient les membres de cet « entourage », que la propagande adverse dénonçait comme un ramassis de traîtres, de mercenaires, d'aventuriers. Mais eux, soulevés par la grandeur de la tâche, se serraient autour de moi pour le meilleur et pour le pire.

Aux services britanniques, dont le concours nous était alors indispensable, le général Spears présentait nos affaires. Il le faisait avec une ténacité et une dextérité dont j'ai le devoir de dire qu'elles furent, dans ces rudes débuts, d'une utilité essentielle. Pourtant, lui-même ne trouvait, du côté anglais, aucune facilité. Le conformisme des hiérarchies se défiait de ce personnage qui, en tant que membre du Parlement, officier, homme d'affaires, diplomate, écrivain, appartenait à la fois à de multiples catégories, sans se classer dans aucune. Mais lui, pour bousculer les routines, mettait au jeu son intelligence, la crainte qu'inspiraient les morsures de son esprit, enfin le charme qu'il savait montrer, à l'occasion. Par surcroît, il portait à la France, qu'il connaissait autant qu'un étranger puisse la connaître, une sorte d'amour inquiet et dominateur.

Alors que tant d'autres tenaient ma tentative pour une encombrante aventure, Spears en avait tout de suite saisi le caractère et la portée. C'est avec ardeur qu'il avait assumé sa mission auprès de la France Libre et de son chef. Mais, s'il voulait les servir, il n'en était que plus jaloux. S'il approuvait leur indépendance vis-à-vis de tous les autres, il la ressentait avec peine quand elle se dressait devant lui. C'est pourquoi, en dépit de tout ce qu'il fit pour nous aider, au départ, le général Spears devait, un jour, se détourner de notre entreprise et se mettre à la combattre. Dans la passion qu'il lui opposa, n'y eut-il pas le regret de n'avoir pu la conduire et la tristesse de l'avoir quittée?

Mais la France Libre, à sa naissance, ne rencontrait pas encore cette sorte d'adversaires que suscite le succès. Elle se débattait seulement dans les misères qui sont le lot des faibles. Nous travaillions, mes collaborateurs et moi, à Saint-Stephen's House, sur l' « Embankment » de la Tamise, dans un appartement meublé de quelques tables et chaises. Par la suite, l'administration anglaise mit à notre disposition, à Carlton Gardens, un immeuble plus commode où s'installa notre siège principal. C'est là que déferlait sur nous, jour après jour, la vague des déceptions. Mais c'est là, aussi, que venait nous soulever au-dessus de nous-mêmes le flot des encouragements.

Car, de France, affluaient les témoignages. Par les voies les plus ingénieuses, parfois avec l'accord des censeurs, des gens simples nous envoyaient des lettres et des messages. Telle cette photo, prise le 14 juin place de l'Étoile à l'arrivée des Allemands, montrant un groupe de femmes et d'hommes abîmés dans la douleur autour du tombeau du Soldat inconnu, et envoyée le 19 juin avec ces mots : « De Gaulle ! nous vous avons entendu. Maintenant, nous vous attendrons ! » Telle cette image d'une tombe, couverte des fleurs innombrables que des passants y avaient jetées ; cette tombe étant celle de ma mère, morte à Paimpont, le 16 juillet, en offrant à Dieu ses souffrances pour le salut de la patrie et la mission de son fils.

Ainsi pouvions-nous mesurer quelle résonance trouvait, dans les profondeurs du peuple, notre refus d'accepter la défaite. En même temps, nous avions la preuve que, sur tout le territoire, on écoutait la radio de Londres et que, par là, un puissant moyen de guerre était à notre disposition. D'ailleurs, les Français vivant à l'étranger donnaient le même écho du sentiment national. Beaucoup se mettaient en rapport avec moi comme je le leur avais demandé et se groupaient pour aider la France Libre. Malglaive et Guéritte à Londres, Houdry et Jacques de Sieyès aux États-Unis, Soustelle au Mexique, le Baron de Benoist au Caire, Godard à Téhéran, Guérin en Argentine, Rendu au Brésil, Piraud au Chili, Géraud Jouve à Constantinople, Victor à Delhi, Levay à Calcutta, Barbé à Tokyo, etc., prenaient à cet égard les premières initiatives. J'eus, bientôt, la certitude qu'en dépit des pressions des autorités de Vichy, des calomnies de leur propagande, de la mollesse d'un grand nombre, c'est sur la France Libre que le peuple portait ce qui lui restait de fierté et d'espérance. La pensée de ce que m'imposait à moi-même cet appel suprême de la nation ne m'a plus quitté un instant dans tout ce qu'il me fallut entreprendre et supporter.

En Angleterre même, l'estime et la sympathie entouraient les Français Libres. Le roi, d'abord, voulut les leur marquer. Chacun des membres de sa famille en fit autant. D'autre part, les ministres et les autorités ne manquaient jamais l'occasion de témoigner leurs bons sentiments. Mais on ne saurait imaginer la généreuse gentillesse que le peuple anglais lui-même montrait partout à notre égard. Toutes sortes d'œuvres se fondaient pour aider nos volontaires. On ne pouvait compter les gens qui venaient mettre à notre disposition leur travail, leur temps, leur argent. Chaque fois qu'il m'arrivait de paraître en public, c'était au milieu des plus réconfortantes manifestations. Quand les journaux de Londres annoncèrent que Vichy me condamnaient à mort et confisquait mes biens, nombre de bijoux furent déposés à Carlton Gardens par des anonymes et plusieurs douzaines de veuves inconnues envoyèrent l'alliance de leur mariage afin que cet or pût servir à l'effort du général de Gaulle.

Il faut dire qu'une atmosphère vibrante enveloppait alors l'Angleterre. On attendait, d'un instant à l'autre, l'offensive allemande et, devant cette perspective, tout le monde se fortifiait dans une exemplaire fermeté. C'était un spectacle proprement admirable que de voir chaque Anglais se comporter comme si le salut du pays tenait à sa propre conduite. Ce sentiment universel de la responsabilité semblait d'autant plus émouvant qu'en réalité c'est de l'aviation que tout allait dépendre.

Que l'ennemi parvînt, en effet, à saisir la maîtrise du ciel, c'en serait fait de l'Angleterre ! La flotte, bombardée par l'air, n'empêcherait pas les convois germaniques de passer la mer du Nord. L'armée, forte à peine d'une douzaine de divisions très éprouvées par la bataille de France et dépourvues d'armement, serait hors d'état de repousser les débarquements. Après quoi, les grandes unités allemandes auraient beau jeu d'occuper tout le territoire en dépit des résistances locales organisées par la Home Guard. Assurément, le roi et le gouvernement seraient, à temps, partis pour le Canada. Mais les renseignés chuchotaient les noms d'hommes politiques, d'évêques, d'écrivains, de gens d'affaires, qui, dans cette éventualité, s'entendraient avec les Allemands pour assurer, sous leur coupe, l'administration du pays.

Mais c'étaient là des spéculations qui ne touchaient pas la masse. Les Anglais, dans leur ensemble, se préparaient à la lutte à outrance. Chacun et chacune entraient dans le réseau des mesures de défense. Tout ce qui était : construction d'abris, distribution des armes, des outils, du matériel, travaux des usines et des champs, services, consignes, rationnement, ne laissait rien à désirer au point de vue de l'ardeur et de la discipline. Seuls manquaient les moyens, dans ce pays qui avait, lui aussi, longtemps négligé de se mettre en garde. Mais tout se passait comme si les Anglais entendaient suppléer, à force de dévouement, à ce qui leur faisait défaut. L'humour, d'ailleurs, n'y manquait pas. Une caricature de journal représentait la formidable armée allemande parvenue en Grande-Bretagne, mais arrêtée sur la route, avec ses chars, ses canons, ses régiments, ses généraux, devant une barrière de bois. Un écriteau indiquait, en effet, que pour la franchir il fallait payer un penny. Faute d'avoir reçu des Allemands tous les pennies obligatoires, le préposé anglais au péage, petit vieux courtois, mais inflexible, refusait de lever l'obstacle en dépit de l'indignation qui soulevait, d'un bout à l'autre, la monstrueuse colonne de l'envahisseur.

Cependant, alertée sur ses terrains, la Royal Air Force était prête. Dans le peuple, beaucoup, désireux de sortir d'une tension presque insupportable, en venaient à souhaiter tout haut que l'ennemi risquât l'attaque. M. Churchill, tout le premier, s'impatientait dans l'attente. Je le vois encore, aux Chequers, un jour d'août, tendre les poings vers le ciel en criant : « Ils ne viendront donc pas ! » — « Êtes-vous si pressé, lui dis-je, de voir vos villes fracassées? » — « Comprenez, me dépondit-il, que le bombardement d'Oxford, de Coventry, de Canterbury, provoquera aux États-Unis une telle vague d'indignation qu'ils entreront dans la guerre ! »

Je marquai là-dessus quelque doute, en rappelant que, deux mois auparavant, la détresse de la France n'avait pas fait sortir l'Amérique de sa neutralité. « C'est parce que la France s'effondrait ! affirma le Premier Ministre. Tôt ou tard, les Américains viendront, mais à la condition qu'ici nous ne fléchissions pas. C'est pourquoi, je ne pense qu'à l'aviation de chasse. » Il ajouta : « Vous voyez que j'ai eu raison de vous la refuser à la fin de la bataille de France. Si elle était, aujourd'hui, démolie, tout serait perdu pour vous, aussi bien que pour nous. » — « Mais, dis-je à mon tour, l'intervention de vos chasseurs, si elle s'était, au contraire, produite, aurait peut-être ranimé l'alliance et entraîné, du côté français, la poursuite de la guerre en Méditerranée. Les Britanniques seraient alors moins menacés, les Américains plus tentés de s'engager en Europe et en Afrique. »

M. Churchill et moi tombâmes modestement d'accord pour tirer des événements, qui avaient brisé l'Occident, cette conclusion banale mais définitive : en fin de compte, l'Angleterre est une île ; la France, le cap d'un continent ; l'Amérique, un autre monde.

L'AFRIQUE

Au mois d'août, la France Libre avait quelques moyens, un début d'organisation, une certaine popularité. Il me fallait tout de suite m'en servir.

Si j'étais, à d'autres égards, assailli de perplexités, il n'y avait, quant à l'action immédiate à entreprendre, aucun doute dans mon esprit. Hitler avait pu gagner, en Europe, la première manche. Mais la seconde allait commencer, celle-ci à l'échelle mondiale. L'occasion pourrait venir un jour d'obtenir la décision là où elle était possible, c'est-à-dire sur le sol de l'ancien continent. En attendant, c'était en Afrique que nous, Français, devions poursuivre la lutte. La voie où j'avais, en vain, quelques semaines plus tôt, essayé d'entraîner gouvernement et commandement, j'entendais naturellement la suivre, dès lors que je me trouvais incorporer à la fois ce qui, de l'un et de l'autre, était resté dans la guerre.

Dans les vastes étendues de l'Afrique, la France pouvait, en effet, se refaire une armée et une souveraineté, en attendant que l'entrée en ligne d'alliés nouveaux, à côté des anciens, renversât la balance des forces. Mais alors, l'Afrique à portée des péninsules : Italie, Balkans, Espagne, offrirait, pour rentrer en Europe, une excellente base de départ qui se trouverait être française. Au surplus, la libération nationale, si elle était un jour accomplie grâce aux forces de l'Empire, établirait entre la Métropole et les terres d'outre-mer des liens de communauté. Au contraire, que la guerre finît sans que l'Empire eût rien tenté pour sauver la mère-patrie, c'en serait fait, sans nul doute, de l'œuvre africaine de la France.

Il était, d'ailleurs, à prévoir que les Allemands porteraient la lutte au-delà de la Méditerranée, soit pour y couvrir l'Europe, soit pour y conquérir un domaine, soit pour aider leurs associés italiens, — éventuellement espagnols, — à y agrandir le leur. Même, on s'y battait déjà. L'Axe visait à atteindre Suez. Si nous restions passifs en Afrique, nos adversaires, tôt ou tard, s'attribueraient certaines de nos possessions, tandis que nos alliés seraient amenés à se saisir, à mesure des opérations, de tels de nos territoires nécessaires à leur stratégie.

Participer avec des forces et des terres françaises à la bataille d'Afrique, c'était faire rentrer dans la guerre comme un morceau de la France. C'était défendre directement ses possessions contre l'ennemi. C'était, autant que possible, détourner l'Angleterre et, peut-être un jour, l'Amérique, de la tentation de s'en assurer elles-mêmes pour leur combat et pour leur compte. C'était, enfin, arracher la France Libre à l'exil et l'installer en toute souveraineté en territoire national.

Mais par où aborder l'Afrique? De l'ensemble : Algérie, Maroc, Tunisie, je ne pouvais, dans l'immédiat, rien attendre de positif. A vrai dire, nombre de messages d'adhésion, de la part de municipalités, associations, mess d'officiers, sections d'anciens combattants, m'en avaient été, tout d'abord, adressés. Mais la résignation était vite venue, en même temps que s'étendaient les sanctions et la censure, le drame de Mers-el-Kébir étouffant les ultimes velléités de résistance. Sur place, d'ailleurs, on constatait non sans un « lâche soulagement », que l'armistice laissait l'Afrique du Nord en dehors de l'occupation. On y voyait l'autorité française se maintenir sous une forme militaire et catégorique qui rassurait les colons, quoique sans déplaire aux musulmans. Enfin, divers aspects de ce que Vichy appelait « la révolution nationale » : appel aux notables, relief donné à l'administration, parades d'anciens combattants, étalage d'antisémitisme, répondaient aux tendances de beaucoup. Bref, sans cesser d'imaginer que l'Afrique du Nord pourrait, un jour, « faire quelque chose », on s'installait dans l'attentisme. Il n'y avait pas à compter, à l'intérieur, sur quelque mouvement spontané. Quant à y saisir l'autorité par une action venant du dehors, je n'y pouvais, évidemment, songer.

L'Afrique Noire présentait de tout autres possibilités. Aux premiers jours de la France Libre, les manifestations qui se déroulaient à Dakar, Saint-Louis, Ouagadougou, Abidjan, Konakry, Lomé, Douala, Brazzaville, Tananarive, et les messages qui m'en arrivaient, montraient que, pour ces territoires neufs où dominait l'esprit d'entreprise, la continuation de la guerre paraissait aller de soi. Sans doute, l'attitude de résignation finalement adoptée par Noguès, l'impression défavorable produite par l'affaire d'Oran, l'action de Boisson, d'abord gouverneur-général de l'Afrique équatoriale, puis Haut-commissaire à Dakar, qui égarait dans l'équivoque l'ardeur de ses administrés, avaient atténué les bouillonnements africains. Cependant, le feu couvait dans la plupart de nos colonies.

C'est surtout dans l'ensemble de nos territoires équatoriaux que s'ouvraient les perspectives. Au Cameroun, en particulier, le mouvement d'opposition à l'armistice s'étendait à tous les milieux. La population, tant française qu'autochtone, de ce pays actif et vivant, s'indignait de la capitulation. On n'y doutait pas, d'ailleurs, que la victoire d'Hitler ramènerait la domination germanique subie avant la première guerre mondiale. Au milieu de l'émotion générale, on se passait des tracts, par lesquels d'anciens colons allemands, qui s'étaient naguère repliés dans l'île espagnole de Fernando-Po, annonçaient leur prochain retour dans les postes et les plantations. Un comité d'action s'était constitué autour de M. Mauclère, directeur des Travaux publics, et m'avait donné son adhésion. Sans doute, le gouverneur-général Brunot, éperdu par la conjoncture, refusait-il de prendre parti. Mais on pouvait imaginer qu'une intervention résolue, venue de l'extérieur, entraînerait la solution.

Au Tchad, les conditions semblaient meilleures encore. Le gouverneur Félix Éboué avait tout de suite réagi dans le sens de la résistance. Cet homme d'intelligence et de cœur, ce noir ardemment français, ce philosophe humaniste, répugnait de tout son être à la soumission de la France et au triomphe du racisme nazi. Dès mes premiers appels, Éboué, d'accord avec son secrétaire-général Laurentie, s'était, en principe, décidé. Les éléments français de la population inclinaient du même côté. Pour beaucoup, au demeurant, les suggestions du courage étaient aussi celles de la raison. Les militaires, dans leurs postes, au contact de la Libye italienne, conservaient l'esprit de guerre et aspiraient aux renforts que de Gaulle pourrait leur fournir. Les fonctionnaires et commerçants français, ainsi que les chefs africains, ne pensaient pas sans inquiétude à ce que deviendrait la vie économique du Tchad si son débouché normal, la Nigeria britannique, se fermait à lui tout à coup. Averti de cette situation par Éboué lui-même, je lui avais télégraphié, le 16 juillet. Il m'adressait, en réponse, un rapport circonstancié, annonçant son intention de se rallier publiquement, exposant les conditions de la défense et de la vie du territoire que la France avait confié à sa garde, demandant enfin ce que j'étais en mesure de faire pour lui permettre de porter, sous la Croix de Lorraine, ses responsabilités.

Au Congo, la situation se présentait comme plus obscure. Le gouverneur-général Boisson avait résidé à Brazzaville jusqu'au milieu de juillet. Installé ensuite à Dakar, mais conservant un droit de regard sur l'ensemble équatorial, il y avait laissé comme successeur le général Husson, soldat estimable mais prisonnier d'une fausse discipline. Husson, malgré le chagrin où l'avait plongé le désastre, ne s'affranchirait certainement pas de l'obédience de Vichy. En Oubangui, où maints éléments prenaient parti pour la résistance, l'issue ne dépendait que de l'attitude du Congo. Par contre, le Gabon, vieille colonie conformiste et traditionnellement portée à se distinguer des autres territoires du groupe, restait, dans certains milieux, sur une réserve énigmatique.

Considérant la situation de l'Afrique Noire française, je résolus de tenter, d'abord, dans le moindre délai possible, le ralliement de l'ensemble équatorial. Je comptais que l'opération n'exigerait pas, sauf sans doute au Gabon, un véritable engagement de forces. Ensuite, si cette première affaire réussissait, j'entreprendrais d'agir en Afrique occidentale. Mais, quant à ce morceau-là, je ne pouvais penser à l'entamer que par un effort prolongé et avec d'importants moyens.

Pour commencer, le problème consistait à aborder à la fois Fort-Lamy, Douala et Brazzaville. Il fallait que toute l'affaire fût menée d'un seul coup et sans désemparer. Car Vichy, qui disposait des navires, des avions et des troupes de Dakar et qui pouvait, au besoin, recourir aux forces du Maroc, voire à la flotte de Toulon, avait tous les moyens voulus pour intervenir rapidement. L'amiral Platon, envoyé tout justement par Pétain et Darlan en mission d'inspection au Gabon et au Cameroun dans le courant de juillet, y avait influencé, dans le sens de Vichy, certains éléments militaires et civils. Je précipitai donc les choses. Lord Lloyd, ministre anglais des Colonies, à qui j'exposai mon projet, en comprit très bien l'importance, notamment pour ce qui concernait la sécurité de la Nigeria, du Gold-Coast, de la Sierra-Leone, de la Gambie, britanniques. Il donna à ses gouverneurs les instructions que je souhaitais et, le jour venu, mit un avion à ma disposition pour transporter de Londres à Lagos l'équipe de mes « missionnaires ».

Il s'agissait de Pleven, de Parant, d'Hettier de Boislambert. Ils auraient à régler, avec le gouverneur Éboué, les conditions de ralliement du Tchad et à exécuter, avec le concours de Mauclère et de son comité, le « coup d'État » de Douala. Au moment de leur départ, je pus joindre à l'équipe un quatrième, dont l'avenir devait montrer combien il était efficient. C'était le capitaine de Hauteclocque. Il arrivait de France, par l'Espagne, la tête bandée sur une blessure qu'il avait reçue en Champagne et passablement fatigué. Il vint se présenter à moi qui, voyant à qui j'avais affaire, réglai sa destination sur-le-champ. Ce serait l'équateur. Il n'eut que le temps de s'équiper et, sous le nom de commandant Leclerc, muni de l'ordre de mission que je remis à l'équipe, s'envola avec les autres.

Mais, tout en hissant la Croix de Lorraine sur le Tchad et le Cameroun, il faudrait aussi rallier les trois colonies du Bas-Congo, de l'Oubangui et du Gabon, ce qui reviendrait essentiellement à se saisir de Brazzaville, capitale de l'Afrique équatoriale, siège et symbole de l'autorité. C'est de quoi je chargeai le colonel de Larminat. Ce brillant et ardent officier se trouvait alors au Caire. A la fin de juin, comme chef d'état-major de l'Armée du Levant, il avait tenté, sans succès, de décider son chef, le général Mittelhauser, à continuer la lutte, puis organisé lui-même le départ vers la Palestine des éléments qui n'acceptaient pas l'armistice. Mais Mittelhauser était parvenu à leur faire rebrousser chemin, aidé, d'ailleurs, par le général Wavell, Commandant en chef britannique en Orient, qui redoutait que cet exode ne lui valût, au total, plus d'ennuis que d'avantages. Seules, quelques fractions avaient persisté et gagné la zone anglaise. Larminat, mis aux arrêts, s'était échappé à son tour. Passant à Djibouti, il y avait secondé les efforts tentés en vain par le général Legentilhomme pour maintenir dans la guerre la Côte française des Somalis et s'était, ensuite, replié sur l'Égypte.

C'est là que lui parvint mon ordre de se rendre à Léopoldville. Il trouva au Congo belge l'appui discret, mais déterminé, du gouverneur-général Ryckmans, la sympathie de l'opinion, enfin le concours actif des Français établis dans le territoire, moralement groupés autour du Dr Staub. D'après mes instructions, Larminat devait préparer, d'une rive à l'autre du Congo, sa propre instauration à Brazzaville et coordonner l'action sur l'ensemble équatorial.

Quand tout fut prêt, Larminat, Pleven, Leclerc, Boislambert, ainsi que le commandant d'Ornano venu du Tchad à travers maints détours, se réunirent à Lagos. Sir Bernard Bourdillon, gouverneur-général de la Nigeria, donna aux Français Libres, en cette occasion, comme il devait toujours le faire, son actif et intelligent concours. Il fut convenu que le Tchad effectuerait, d'abord, son ralliement. Le lendemain serait exécutée l'affaire de Douala. Le surlendemain, celle de Brazzaville.

Le 26 août, à Fort-Lamy, le gouverneur Éboué et le colonel Marchand, commandant les troupes du territoire, proclamèrent solennellement que le Tchad se joignait au général de Gaulle et Pleven y était arrivé l'avant-veille, par avion, pour aider à l'événement. Je l'annonçai moi-même à la radio de Londres et citai le Tchad à l'ordre de l'Empire.

Le 27, Leclerc et Boislambert réussirent brillamment le coup de main prévu au Cameroun. Pourtant, ils étaient partis avec des moyens infimes. J'avais, tout d'abord, espéré pouvoir leur procurer un détachement militaire qui faciliterait les choses. Nous avions, en effet, découvert dans un camp en Angleterre un millier de tirailleurs noirs, expédiés de Côte d'Ivoire pendant la bataille de France pour renforcer des unités coloniales et qui, arrivés trop tard, stationnaient en Grande-Bretagne en attendant le rapatriement. J'avais convenu, avec les Britanniques, que le détachement irait à Accra où le commandant Parant en prendrait le commandement. On pouvait penser que le retour de ces noirs en Afrique ne donnerait pas l'alarme à Vichy. De fait, ils furent débarqués en Gold-Coast. Mais leur allure était si belle que les officiers anglais ne purent se tenir de les incorporer dans leurs propres troupes. Leclerc et Boislambert n'eurent donc à leur disposition qu'une poignée de militaires et quelques colons réfugiés de Douala. Encore, au moment de quitter Victoria, reçurent-ils du général Giffard, Commandant en chef britannique, qui se prenait à redouter soudain les conséquences de l'opération, l'interdiction de l'exécuter. En plein accord avec moi qui leur avais télégraphié qu'ils devaient agir par eux-mêmes, ils passèrent outre et, grâce à la compréhension des Anglais de Victoria, partirent en pirogue pour Douala.

La petite troupe y parvint au cours de la nuit. Un certain nombre de « gaullistes », accourus au premier signal chez le

Dr Mauze, l'accueillirent comme convenu. Leclerc, devenu, comme par enchantement, colonel et gouverneur, occupa avec simplicité le Palais du Gouvernement. Le lendemain, escorté par deux compagnies de la garnison de Douala, il arriva par le train à Yaoundé où se trouvaient les autorités. La « transmission » des pouvoirs s'y accomplit sans douleur.

A Brazzaville, l'affaire fut aussi bien menée. Le 28 août, à l'heure fixée, le commandant Delange se rendit au Palais du Gouvernement à la tête de son bataillon et invita le gouverneur-général Husson à céder la place. Celui-ci le fit sans résistance, quoique non sans protestations. La garnison, les fonctionnaires, les colons, les indigènes, dont, pour la grande majorité, l'opinion était faite d'avance, sous l'influence du médecin-général Sicé, de l'intendant Souques, du colonel d'artillerie Serres, du lieutenant-colonel d'aviation Carretier, acceptèrent le fait avec joie. Le général de Larminat, traversant le Congo, prit aussitôt en mon nom, les fonctions de Haut-commissaire de l'Afrique équatoriale française avec pouvoirs civils et militaires. Le même bateau, qui l'avait amené, retourna à Léopoldville avec, à son bord, le général Husson.

Pour l'Oubangui, le gouverneur de Saint-Mart, qui n'attendait que cela, télégraphia son adhésion dès qu'il eut notification des événements de Brazzaville. Cependant, le commandant des troupes et certains éléments militaires s'enfermèrent dans leur casernement en menaçant de tirer sur la ville. Mais Larminat se rendit aussitôt à Bangui par avion et ramena au devoir ces égarés de bonne foi. Quelques officiers furent, néanmoins, mis à part et dirigés, comme ils le demandaient, sur l'Afrique occidentale.

Ainsi, la plus grande partie du bloc Afrique équatoriale-Cameroun se trouvait jointe à la France Libre sans qu'ait coulé une seule goutte de sang. Seul, le Gabon restait détaché de l'ensemble. Il s'en était, pourtant, fallu de peu que cette colonie ne fût ralliée, elle aussi. Le 29 août, à Libreville, le gouverneur Masson, avisé par Larminat du changement d'autorité, m'avait télégraphié son adhésion. En même temps il proclamait publiquement le ralliement du territoire et le notifiait au commandant des troupes.

Mais, à Dakar, les autorités de Vichy avaient réagi rapidement. Sur injonction de leur part, le commandant de la Marine à Libreville, qui disposait d'un aviso, d'un sous-marin et de plusieurs petits navires, faisait opposition au gouverneur et annonçait l'arrivée d'une escadre. M. Masson, changeant alors d'attitude, déclarait que le ralliement du Gabon à la France Libre résultait d'un malentendu. Un hydravion de la Marine, allant et venant entre Libreville et Dakar, déportait en Afrique occidentale celles des notabilités qui s'étaient « compromises » et amenait au Gabon du personnel dévoué à Vichy. La situation était retournée. Une enclave hostile et, pour nous difficile à réduire, puisqu'elle s'ouvrait sur la mer, se trouvait ainsi créée dans l'ensemble des territoires équatoriaux. Pour en profiter, Vichy envoyait à Libreville le général d'armée aérienne Têtu, avec le titre de gouverneur-général de l'Afrique équatoriale et la mission d'y établir partout son autorité. En même temps, plusieurs bombardiers Glenn-Martin venaient se poser sur le terrain d'aviation et le général Têtu les donnait comme l'avant-garde de ce qui allait bientôt suivre.

Globalement, le résultat était, cependant, favorable. J'en tirai l'espoir que la deuxième partie du plan de ralliement de l'Afrique Noire pourrait, à son tour, réussir.

A vrai dire, cette nouvelle phase se présentait comme beaucoup plus ardue. En Afrique occidentale, l'autorité établie se trouvait fortement centralisée et, d'ailleurs, étroitement reliée à celle de l'Afrique du Nord. Les moyens militaires y demeuraient considérables. La place de Dakar, bien armée, dotée d'ouvrages et de batteries modernes, appuyée par plusieurs escadrilles d'aviation, servant de base à une escadre, notamment à des sous-marins ainsi qu'au puissant *Richelieu* dont l'état-major ne rêvait que vengeance depuis que les torpilles anglaises avaient avarié le bâtiment, constituait un ensemble défensif et offensif redoutable. Enfin, le gouverneur-général Boisson était un homme énergique, dont l'ambition, plus grande que le discernement, avait choisi de jouer la cause de Vichy. Il en donnait la preuve dès son arrivée à Dakar, au milieu du mois de juillet, en faisant mettre en prison l'Administrateur en chef de la Haute-Volta, Louveau, qui avait proclamé le ralliement du territoire à la France Libre.

Dans l'état de nos moyens, je ne pouvais donc penser aborder directement la place. D'autre part, je tenais pour essentiel d'éviter une vaste collision. Ce n'est pas, hélas ! que je me fisse d'illusions sur la possibilité de parvenir à la libération du pays sans qu'entre Français le sang coulât jamais. Mais en un tel moment et sur ce terrain-là, une grande bataille engagée par nous, quelle qu'en pût être l'issue, eût gravement réduit nos chances. On ne saurait comprendre le déroulement de l'affaire de Dakar si l'on ignore que c'est cette conviction qui dominait mon esprit.

Mon projet initial écartait donc l'attaque directe. Il s'agirait de débarquer, à grande distance de la place, une colonne résolue qui progresserait vers l'objectif en ralliant, à mesure, les territoires traversés et les éléments rencontrés. Ainsi pouvait-on espérer que les forces de la France Libre, grossissant par contagion, aborderaient Dakar par les terres. C'est à Konakry que j'envisageais de débarquer les troupes. On pourrait, de là, marcher sur la capitale de l'Afrique occidentale en utilisant une voie ferrée et une route continues. Mais, pour empêcher l'escadre de Dakar d'anéantir l'expédition, il était nécessaire que celle-ci fût couverte du côté de la mer. C'est à la flotte anglaise que je devais le demander.

Je m'étais ouvert de ce projet à M. Churchill dans les derniers jours de juillet. Il ne me répondit sur-le-champ rien de positif mais, quelque temps après, m'invita à venir le voir. Je le trouvai, le 6 août, comme d'habitude, dans cette grande pièce de Downing Street qui, de par la tradition, sert à la fois de bureau au Premier Ministre et de salle de réunion au Gouvernement de Sa Majesté. Sur l'immense table qui remplit la pièce, il avait fait déployer des cartes devant lesquelles il allait et venait en parlant avec animation.

« Il faut, me dit-il, que nous nous assurions ensemble de Dakar. C'est capital pour vous. Car, si l'affaire réussit, voilà de grands moyens français qui rentrent dans la guerre. C'est très important pour nous. Car la possibilité d'utiliser Dakar comme base nous faciliterait beaucoup les choses dans la dure bataille de l'Atlantique. Aussi, après en avoir conféré avec l'Amirauté et les Chefs d'état-major, puis-je vous dire que nous sommes disposés à concourir à l'expédition. Nous envisageons d'y consacrer une escadre considérable. Mais, cette escadre, nous ne pourrions la laisser longtemps sur les côtes d'Afrique. La nécessité de la reprendre pour contribuer à la couverture de l'Angleterre, ainsi qu'à nos opérations en Méditerranée, exige que nous fassions les choses très rapidement. C'est pourquoi, nous ne souscrivons pas à votre projet de débarquement à Konakry et de lente progression à travers la brousse qui nous obligerait à maintenir, pendant des mois, nos navires dans ces parages. J'ai autre chose à vous proposer. »

Alors, M. Churchill, colorant son éloquence des tons les

plus pittoresques, se mit à me peindre le tableau suivant : « Dakar s'éveille un matin, triste et incertaine. Or, sous le soleil levant, voici que les habitants aperçoivent la mer couverte au loin de navires. Une flotte immense ! Cent vaisseaux de combat ou de charge ! Ceux-ci s'approchent lentement en adressant par radio, à la ville, à la marine, à la garnison, des messages d'amitié. Certains arborent le pavillon tricolore. Les autres naviguent sous les couleurs britanniques, hollandaises, polonaises, belges. De cette escadre alliée se détache un inoffensif petit bateau portant le drapeau blanc des parlementaires. Il entre au port et débarque les envoyés du général de Gaulle. Ceux-ci sont conduits au gouverneur. Il s'agit de faire comprendre à ce personnage que, s'il vous laisse débarquer, la flotte alliée se retire et qu'il n'y a plus qu'à régler, entre lui et vous, les conditions de sa coopération. Au contraire s'il veut le combat, il risque fort d'être écrasé. »

Et M. Churchill, débordant de conviction, décrivait et mimait, à mesure, les scènes de la vie future, telles qu'elles jaillissaient de son désir et de son imagination : « Pendant cette conversation entre le gouverneur et vos représentants, des avions français libres et britanniques survolent pacifiquement la ville, jetant des tracts de sympathie. Les militaires et les civils, parmi lesquels vos agents sont à l'œuvre, discutent passionnément entre eux des avantages qu'offrirait un arrangement avec vous et des inconvénients que présenterait, par contre, une grande bataille livrée à ceux qui, après tout, sont les alliés de la France. Le gouverneur sent que, s'il résiste, le terrain va se dérober sous ses pieds. Vous verrez qu'il poursuivra les pourparlers jusqu'à leur terme satisfaisant. Peut-être, entre temps, voudra-t-il, « pour l'honneur », tirer quelques coups de canon. Mais il n'ira pas au-delà. Et, le soir, il dînera avec vous en buvant à la victoire finale. »

Dépouillant la conception de M. Churchill de ce que son éloquence y ajoutait d'ornements séduisants, je reconnus, après réflexion, qu'elle s'appuyait sur des données solides. Puisque les Anglais ne pouvaient distraire longtemps vers l'équateur des moyens navals importants, il n'y avait à envisager, pour me rendre maître de Dakar, qu'une opération directe. Or, celle-ci, à moins de prendre le caractère d'une attaque en règle, devait forcément comporter quelque mélange de persuasion et d'intimidation. D'autre part, je tenais pour probable que l'Amirauté britannique serait amenée, un jour ou l'autre, avec ou sans les Français Libres, à régler la question de Dakar, où l'existence d'une grande base atlantique et la présence du *Richelieu* ne pouvaient manquer d'exciter à la fois ses désirs et ses inquiétudes.

Je conclus que, si nous étions présents, il y aurait des chances pour que l'opération prît le tour d'un ralliement, fût-il contraint, à la France Libre. Si, au contraire, nous nous abstenions, les Anglais voudraient, tôt ou tard, opérer pour leur propre compte. Dans ce cas, la place résisterait vigoureusement, avec les canons des ouvrages et l'artillerie du *Richelieu*, tandis que les bombardiers Glenn-Martin, les chasseurs Curtiss, les sous-marins, — très dangereux pour des navires qui ne disposaient, alors, d'aucun moyen de détection, — tiendraient à leur merci toute armada de transport. Et quand bien même Dakar, écrasée d'obus, devrait finalement se rendre aux Britanniques, avec ses ruines et ses épaves, il y avait à craindre que l'opération se soldât au dommage de la souveraineté française.

Après un court délai, je revins chez M. Churchill pour lui dire que j'acceptais sa suggestion. J'élaborai le plan d'action avec l'amiral John Cunningham qui commanderait l'escadre britannique et en qui je devais trouver dans cette pénible affaire un compagnon parfois incommode, mais un marin excellent et un homme de cœur. En même temps, je faisais préparer les moyens, — très faibles ! — que nous, Français, pourrions engager dans l'entreprise. C'étaient trois avisos : *Savorgnan de Brazza*, *Commandant Duboc*, *Commandant Dominé*, et deux chalutiers armés : *Vaillant* et *Viking*. C'étaient, aussi, à bord de deux paquebots hollandais : *Pennland* et *Westerland*, faute d'en avoir, alors, qui fussent français, un bataillon de légion, une compagnie de recrues, une compagnie de fusiliers-marins, le personnel d'une compagnie de chars, celui d'une batterie d'artillerie, enfin des embryons de services : en tout, deux milliers d'hommes. C'étaient, encore, les pilotes de deux escadrilles. C'étaient, enfin, quatre cargos français : *Anadyr*, *Casamance*, *Fort-Lamy*, *Nevada*, portant le matériel lourd : chars, canons, avions *Lysander*, *Hurricane* et *Blenheim* en caisses, véhicules de diverses sortes, ainsi que du ravitaillement.

Quant aux Britanniques, leur escadre ne devait pas comprendre tous les navires dont avait, d'abord, parlé M. Churchill. Elle se composait finalement de deux cuirassés d'ancien modèle : *Barham* et *Resolution*, de quatre croiseurs, du porte-avions *Ark Royal*, de quelques destroyers et d'un pétrolier.

En outre, trois bateaux de transport amèneraient, à toute fins utiles, deux bataillons d'infanterie de marine commandé par le brigadier Irwin, avec des moyens de débarquement Par contre, il n'était plus question d'une brigade polonaise, dont on avait, tout d'abord, annoncé qu'elle participerait à l'affaire. Il semblait que les états-majors, moins convaincus que le Premier Ministre de l'importance, ou bien des chances, de l'entreprise, eussent rogné sur les moyens initialement prévus.

Quelques jours avant le départ, une âpre discussion fut soulevée par les Anglais au sujet de la destination que je donnerais en cas de réussite, à un stock d'or très important qui se trouvait à Bamako. Il s'agissait de métal précieux entreposé par la Banque de France pour son compte et pour celui des banques d'État belge et polonaise. Les réserves et les dépôts de la Banque de France avaient été, en effet, au moment de l'invasion allemande, en partie évacués sur le Sénégal, tandis qu'une autre fraction était mise à l'abri dans les caves de la Federal Bank américaine et que le solde gagnait la Martinique. A travers le blocus, les frontières, les postes de garde, l'or de Bamako était épié attentivement par les services de renseignements des divers belligérants.

Les Belges et les Polonais désiraient, très légitimement, que leur part leur fût laissée et je donnai à M. Spaak, comme à M. Zaleski, les assurances convenables. Mais les Britanniques, qui ne revendiquaient, évidemment, sur le tout aucun droit de propriété, entendaient, cependant, disposer de cet or comme moyen de régler directement leurs achats en Amérique, alléguant qu'ils le faisaient dans l'intérêt de la coalition. A cette époque, en effet, les États-Unis ne vendaient rien à personne qui ne fût payé comptant. Malgré l'insistance de Spears, la menace même qu'il me fit de voir les Anglais renoncer à l'expédition convenue, je refusai cette prétention. Finalement, il fut entendu, comme je l'avais, dès l'abord, proposé, que l'or français de Bamako servirait à gager seulement la part d'achats que l'Angleterre aurait à faire en Amérique pour le compte de la France combattante.

Avant de nous embarquer, la nouvelle du ralliement du Tchad, du Cameroun, du Congo, de l'Oubangui, était venue, juste à temps, aviver nos espérances. Même si nous ne réussissions pas à mettre la main sur Dakar, tout au moins comptions-nous, grâce aux renforts que nous amenions, organiser au centre de l'Afrique une base d'action et de souveraineté pour la France belligérante.

L'expédition partit de Liverpool, le 31 août. J'étais moi-même, avec une partie des unités françaises et un état-major réduit, à bord du *Westerland* arborant le pavillon français à côté du hollandais et dont le commandant : capitaine Plagaay, les officiers, l'équipage, devaient, comme ceux du *Pennland*, se montrer des modèles d'amical dévouement. Spears m'accompagnait, délégué par Churchill en qualité d'officier de liaison, de diplomate et d'informateur. En Angleterre, je laissais, sous les ordres de Muselier nos forces en formation, sous la direction d'Antoine un embryon d'administration, et, dans la personne de Dewavrin, un élément de liaison et d'information directes. En outre, le général Catroux, qui arrivait d'Indochine, était attendu prochainement et je lui expliquais par une lettre qui lui serait remise au moment de son arrivée l'ensemble de mes projets ainsi que mes intentions à son égard. Je calculais que, malgré mon absence et pourvu qu'elle ne durât pas longtemps, les réserves de sagesse accumulées par mes compagnons empêcheraient les querelles du dedans et les intrigues du dehors d'ébranler trop profondément l'édifice encore bien fragile ! Pourtant, sur le pont du *Westerland*, ayant quitté le port en pleine alerte de bombardement aérien avec ma toute petite troupe et mes minuscules bateaux, je me sentais comme écrasé par la dimension du devoir. Au large, dans la nuit noire, sur la houle qui gonflait l'océan, un pauvre navire étranger, sans canons, toutes lumières éteintes, emportait la fortune de la France.

Notre première destination était Freetown. D'après le plan, nous devions nous y regrouper et y recueillir les dernières informations. Nous y arrivâmes seulement le 17 septembre, ayant marché à la faible vitesse de nos cargos et fait, dans l'Atlantique, un grand détour pour éviter les avions et les sous-marins allemands. Or, en cours de traversée, des radiogrammes reçus de Londres nous avaient appris, au sujet des forces de Vichy, une nouvelle qui était de nature à tout remettre en question. Le 11 septembre, trois grands croiseurs modernes : *Georges Leygues*, *Gloire*, *Montcalm*, et trois croiseurs légers : *Audacieux*, *Fantasque*, *Malin*, sortis de Toulon, avaient passé le détroit de Gibraltar sans que la flotte anglaise les arrêtât. Ils avaient ensuite touché Casablanca et atteint Dakar. Mais, à peine jetions-nous l'ancre à Freetown, qu'un nouveau et grave renseignement mettait le comble à nos perplexités. L'escadre, renforcée à Dakar par le croiseur *Primauguet*, venait d'appareiller et se dirigeait à toute vitesse vers le sud. Un destroyer anglais, détaché en surveillance, en gardait, de loin, le contact.

Je ne pouvais douter que cette puissante force navale filât vers l'Afrique équatoriale, où le port de Libreville lui était ouvert et où il lui serait facile de reprendre Pointe-Noire et Douala. Si un pareil coup de tonnerre ne suffisait pas à retourner la situation au Congo et au Cameroun, ces magnifiques navires pourraient aisément couvrir le transport et le débarquement de forces de répression venues de Dakar, de Konakry, ou d'Abidjan. L'hypothèse se confirma, d'ailleurs, presque aussitôt, quand le cargo *Poitiers*, venant de Dakar et filant vers Libreville, ayant été arraisonné par les Anglais, fut sabordé par son commandant. Il était clair que Vichy entamait une vaste opération destinée à se rétablir dans les territoires ralliés à la France Libre et que l'envoi de sept croiseurs vers l'équateur n'était concevable qu'avec le plein assentiment, sinon sur l'ordre, des Allemands. L'amiral Cunningham tomba d'accord avec moi qu'il fallait tout de suite arrêter l'escadre de Vichy.

Nous convînmes que les intrus recevraient l'injonction de regagner, non Dakar, évidemment, mais Casablanca. Faute de quoi, l'escadre anglaise entamerait les hostilités. Nous pensions bien, d'ailleurs, que la menace suffirait à faire virer de bord ces bâtiments fourvoyés. Car, si la vitesse des navires britanniques, notablement inférieure, ne pouvait leur permettre d'intercepter ceux de Vichy, leur puissance, qui était double, leur assurerait l'avantage sur les autres, dès que ceux-ci devraient s'embosser dans n'importe quelle rade équatoriale qu'aucune batterie ne défendait. Il faudrait, alors, que l'agresseur lâchât prise ou acceptât le combat dans de mauvaises conditions. Il y avait peu de chances pour que le chef de l'expédition se laissât acculer à une pareille alternative.

De fait, les croiseurs anglais qui prirent contact avec l'amiral Bourragué, commandant l'intempestive escadre, obtinrent sans difficulté que celle-ci virât de bord quand son chef connut, à sa complète surprise, la présence d'une flotte franco-anglaise dans les parages. Mais les navires de Vichy, défiant toute poursuite, rallièrent, bel et bien, Dakar. Seuls les croiseurs *Gloire* et *Primauguet*, que ralentissaient des avaries de machine et avec lesquels le capitaine de frégate Thierry d'Argenlieu, embarqué sur le destroyer *Ingerfield*, se mit, de ma part, en relation directe, obtempérèrent aux conditions et gagnèrent Casablanca après avoir décliné mon offre de se réparer à Freetown.

Ainsi, l'Afrique française libre échappait à un très grand péril. Ce fait seul justifiait cent fois l'expédition que nous avions montée. D'autre part, le comportement de l'escadre venue de Toulon, naviguant vers l'équateur comme si nous n'y étions pas, puis renonçant à sa mission à l'instant où elle s'aperçut que nous nous y trouvions nous-mêmes, donnait à penser que Vichy n'était pas fixé sur notre propre destination. Mais, après nous être congratulés d'avoir ainsi fait avorter le projet de nos adversaires, il nous fallait convenir que le nôtre était gravement compromis. En effet, les autorités de Dakar se trouvaient désormais sur leurs gardes et avaient reçu le renfort de navires de grande valeur. Nous apprenions presque aussitôt, par nos agents de renseignements, que, pour servir les batteries du front de mer, des canonniers de la marine étaient substitués aux artilleurs coloniaux, jugés moins sûrs. Bref, nos chances d'occuper Dakar paraissaient, désormais, bien réduites.

A Londres, M. Churchill et l'Amirauté estimèrent que, dans ces conditions, mieux valait ne rien entreprendre. Ils nous l'avaient télégraphié dès le 16 septembre, proposant que la flotte assurât simplement l'escorte de nos bateaux jusqu'à Douala et s'en fût ensuite ailleurs. Je dois dire que ce renoncement me sembla la pire solution. En effet, si nous laissions toutes choses en l'état à Dakar, Vichy n'aurait, pour reprendre sa tentative contre l'Afrique équatoriale, qu'à attendre le prochain retour des navires anglais vers le nord. La mer leur étant ouverte, les croiseurs de Bourraguet fonceraient de nouveau vers l'équateur. Ainsi, les combattants à Croix de Lorraine, y compris le général de Gaulle, seraient-ils, tôt ou tard, bloqués dans ces territoires lointains et, lors même qu'ils n'y succomberaient pas, absorbés par une lutte stérile, menée contre d'autres Français, dans la brousse et la forêt. Pour eux, dans ces conditions, aucune perspective de combattre l'Allemand, ni l'Italien. Je ne doutais pas que ce fussent là les intentions de l'ennemi, dont les figurants de Vichy se faisaient, naturellement, les instruments, conscients ou non. Il m'apparut, qu'au point où en étaient les choses, nous devions, malgré tout, tenter d'entrer à Dakar.

Au reste, je dois reconnaître que les ralliements déjà obtenus en Afrique m'avaient rempli d'une sourde espérance, confirmée par les bonnes nouvelles qui, depuis le départ de

Londres, étaient venues d'ailleurs. Le 2 septembre, les Établissements français d'Océanie, sous le gouvernement provisoire de MM. Ahne, Lagarde, Martin, s'étaient joints à la France Libre. Le 9 septembre, le gouverneur Bonvin proclamait que les Établissements français des Indes se rangeaient à mes côtés. Le 14 septembre, à Saint-Pierre et Miquelon, l'Assemblée générale des Anciens Combattants m'adressait son adhésion formelle, après quoi le gouvernement anglais engageait le gouvernement canadien à soutenir leur mouvement. Le 20 septembre, le gouverneur Sautot, après avoir lui-même rallié les Nouvelles-Hébrides, le 18 juillet, avait, sur mon ordre gagné Nouméa. Là, le « Comité de Gaulle », présidé par Michel Verges, s'était rendu maître de la situation avec l'appui enthousiaste de la population, ce qui permettait à Sautot de prendre le Gouvernement. Enfin, j'avais pu voir l'escadre Bourraguet faire demi-tour à la première injonction. Qui pouvait affirmer que nous n'allions pas trouver à Dakar cette ambiance de consentement où s'aménagent les plus formelles consignes? En tout cas, il fallait essayer.

L'amiral Cunningham réagit dans le même sens. Nous télégraphiâmes à Londres pour réclamer, d'une manière pressante, qu'on nous laissât tenter l'opération. M. Churchill, d'après ce qu'il me dit plus tard, fut surpris et charmé de cette insistance. Il y accéda volontiers et l'action fut décidée.

Avant de partir, je dus subir, cependant, une vive démarche de Cunningham qui prétendait me prendre sous ses ordres ainsi que mes modestes forces et m'offrir, en compensation, l'hospitalité sur son cuirassé-amiral *Barham*. Je déclinai, bien entendu, la demande et l'invitation. Il y eut, ce soir-là, quelques éclats à bord du *Westerland* où avait lieu l'entretien. Au cours de la nuit, l'amiral m'écrivit un mot plein de cordialité, renonçant à ses exigences. Nous levâmes l'ancre le 21 septembre. A l'aurore du 23, au milieu d'une brume très épaisse, nous étions devant Dakar.

Le brouillard allait compromettre gravement notre entreprise. En particulier, l'effet moral que, suivant Churchill, devait produire sur la garnison et sur la population l'aspect de notre flotte ne jouerait absolument pas, puisque l'on n'y voyait goutte. Mais il était, évidemment, impossible de différer. Le plan prévu fut donc mis à exécution. A 6 heures, je m'adressai par radio à la marine, aux troupes, aux habitants, leur annonçant notre présence et nos amicales intentions. Aussitôt après, s'envolèrent du pont de l'*Ark Royal* deux petits « Lucioles », avions français de tourisme, non armés, qui devaient atterrir sur l'aérodrome de Ouakam et y débarquer trois officiers : Gaillet, Scamaroni, Soufflet, avec une mission de fraternisation. De fait, j'appris rapidement que les « Lucioles » s'étaient posés sans difficultés et que le signal « Succès ! » se déployait sur le terrain.

Soudain, le feu de la D.C.A. se fit entendre en divers points. Des canons du *Richelieu* et de la place prenaient à partie les appareils français libres et anglais qui commençaient à survoler la ville en jetant des tracts d'amitié. Pourtant, quelque sinistre que fût cette canonnade, il me sembla qu'elle avait quelque chose d'hésitant. Aussi donnai-je l'ordre aux deux vedettes portant les parlementaires d'entrer dans le port, tandis que les avisos français libres, ainsi que le *Westerland* et le *Pennland*, se rapprochaient dans la brume jusqu'à l'entrée de la rade.

Il n'y eut, tout d'abord, aucune réaction. Le capitaine de frégate d'Argenlieu, le chef de bataillon Gotscho, les capitaines Bécourt-Foch et Perrin et le sous-lieutenant Porgès, firent amarrer leurs bateaux et descendirent sur le quai en demandant le commandant du port. Celui-ci s'étant présenté, d'Argenlieu lui dit être porteur d'une lettre du général de Gaulle pour le Gouverneur général, lettre qu'il devait remettre en main propre. Mais l'interlocuteur, sans cacher son trouble, déclara aux parlementaires qu'il avait l'ordre de les arrêter. En même temps, il manifestait l'intention d'appeler la garde. Ce que voyant, les envoyés regagnèrent les vedettes. Tandis que celles-ci s'éloignaient, des mitrailleuses firent feu sur elles. D'Argenlieu et Perrin, sérieusement blessés, furent amenés à bord du *Westerland.*

Là-dessus, les batteries de Dakar commencèrent à diriger sur les navires anglais et français libres un feu intermittent qui demeura plusieurs heures sans réponse. Le *Richelieu*, que des remorqueurs avaient déplacé dans le port pour qu'il pût mieux employer ses canons, commença le tir à son tour. Vers 11 heures, le croiseur *Cumberland* ayant été sérieusement touché, l'amiral Cunningham adressa à la place, par radio, ce message : « Je ne tire pas sur vous. Pourquoi tirez-vous sur moi? » La réponse fut : « Retirez-vous à 20 milles ! » Sur quoi, les Anglais, à leur tour, envoyèrent quelques bordées. Cependant, le temps passait sans qu'on perçût, de part ni d'autre, de réelle ardeur combative. Aucun avion de Vichy n'avait pris l'air jusqu'au milieu de la journée.

De l'ensemble de ces indices, je ne tirais pas l'impression que la place fût résolue à une résistance farouche. Peut-être, la marine, la garnison, le gouverneur, attendaient-ils quelque événement qui pût leur servir de prétexte à une conciliation? Vers midi, l'amiral Cunningham m'adressa un télégramme pour m'indiquer que tel était, à lui aussi, son sentiment. Sans doute, ne pouvait-on penser à faire entrer l'escadre dans le port. Mais ne serait-il pas possible de débarquer les Français Libres à proximité de la place dont ils tenteraient ensuite de s'approcher par la terre? Cette alternative avait été, d'avance, envisagée. Le petit port de Rufisque, hors du rayon d'action de la plupart des ouvrages, semblait convenir pour l'opération, à la condition toutefois que celle-ci ne rencontrât pas de résistance déterminée. En effet, si nos avisos pouvaient toucher Rufisque, nos transports ne le pouvaient pas en raison de leur tirant d'eau. Il faudrait donc que les troupes fussent débarquées par chaloupes, ce qui les priverait de leurs armes lourdes et exigerait la paix complète. Cependant, ayant reçu de Cunningham l'assurance qu'il nous couvrait du côté de la mer, je dirigeai tout vers Rufisque.

Vers 15 heures, toujours dans le brouillard, nous arrivions à pied d'œuvre. Le *Commandant Duboc*, qui avait à son bord une section de fusiliers, entrait dans le port et envoyait vers la terre quelques marins dans une embarcation pour la manœuvre d'amarrage. Sur la rive, une foule d'indigènes accourait déjà pour accueillir la patrouille, lorsque les troupes de Vichy, en position aux alentours, ouvrirent le feu sur notre aviso, tuant et blessant plusieurs hommes. Quelques instants auparavant, deux bombardiers Glenn-Martin avaient survolé à basse altitude notre petite force, comme pour lui montrer qu'ils la tenaient à leur merci, ce qui était, en effet, le cas. Enfin, l'amiral Cunningham télégraphiait que les croiseurs *Georges Leygues* et *Montcalm*, sortis de la rade de Dakar, se trouvaient dans la brume à un mille de nous et que les navires anglais, occupés ailleurs, ne pouvaient nous en couvrir. Décidément, l'affaire était manquée ! Non seulement le débarquement n'était pas possible, mais encore il suffirait de quelques coups de canon, tirés par les croiseurs de Vichy, pour envoyer par le fond toute l'expédition française libre. Je décidai de regagner le large, ce qui se fit sans nouvel incident.

Nous passâmes la nuit dans l'expectative. Le lendemain,

la flotte anglaise, ayant reçu de M. Churchill un télégramme qui l'invitait à pousser activement l'affaire, adressa un ultimatum aux autorités de Dakar. Celles-ci répondirent qu'elles ne rendraient pas la place. Dès lors, la journée fut employée par les Britanniques à échanger au jugé, dans la brume plus épaisse que jamais, une assez vive canonnade avec les batteries de terre et les navires dans la rade. A la fin de l'après-midi, il paraissait évident qu'aucun résultat décisif ne pourrait être obtenu.

Comme le soir tombait, le *Barham* arriva tout près du *Westerland* et l'amiral Cunningham me pria de venir le voir pour discuter de la situation. A bord du cuirassé anglais l'ambiance était triste et tendue. Sans doute y déplorait-on de n'avoir pas réussi. Mais le sentiment dominant était celui de la surprise. Les Britanniques, gens pratiques, ne parvenaient pas à comprendre comment et pourquoi, à Dakar, les autorités, la marine, les troupes, déployaient cette énergie pour se battre contre leurs compatriotes et contre leurs alliés, tandis que la France gisait sous la botte de l'envahisseur. Quant à moi, j'avais, désormais, renoncé à m'en étonner. Ce qui venait de se passer me révélait, une fois pour toutes, que les gouvernants de Vichy ne manqueraient jamais d'abuser, contre l'intérêt français, du courage et de la discipline de ceux qui leur étaient soumis.

L'amiral Cunningham rendit compte de la situation. « Étant donné, déclara-t-il, l'attitude de la place et de l'escadre qui l'appuie, je ne crois pas que le bombardement puisse aboutir à une solution. » Le général Irwin, commandant les unités de débarquement, ajouta « qu'il était prêt à mettre ses troupes à terre pour donner l'assaut aux ouvrages, mais qu'il fallait bien comprendre que ce serait faire courir un grand risque à chaque bateau et à chaque soldat ». L'un et l'autre me demandèrent ce qu'il adviendrait du « mouvement » de la France Libre, s'il était mis un terme à l'expédition.

« Jusqu'à présent, dis-je, nous n'avons pas dirigé d'attaque à fond contre Dakar. La tentative d'entrer dans la place à l'amiable a échoué. Le bombardement ne décidera rien. Enfin, le débarquement de vive force et l'assaut donné aux ouvrages mèneraient à une bataille rangée que, pour ma part, je désire éviter et dont vous m'indiquez vous-mêmes que l'issue en serait très douteuse. Il nous faut donc, pour le moment, renoncer à prendre Dakar. Je propose à l'amiral Cunningham d'annoncer qu'il arrête le bombardement à la demande du général de Gaulle. Mais le blocus doit être poursuivi pour ne pas laisser leur liberté d'action aux navires qui se trouvent à Dakar. Ensuite, nous aurons à préparer une tentative nouvelle en marchant sur la place par les terres, après débarquement en des points non ou peu défendus, par exemple à Saint-Louis. En tous cas et quoi qu'il arrive, la France Libre continuera. »

L'amiral et le général anglais se rangèrent à mon avis pour ce qui était de l'immédiat. Dans la nuit tombante, je quittai le *Barham* à bord d'une chaloupe dansant sur les vagues, tandis que l'état-major et l'équipage, rangés le long des rambardes, me rendaient tristement les honneurs.

Mais deux faits allaient, pendant la nuit, faire revenir l'amiral Cunningham sur ce dont nous avions convenu. D'abord un nouveau télégramme de M. Churchill l'invitait expressément à poursuivre l'entreprise. Le Premier Ministre s'y montrait étonné et irrité que l'affaire pût tourner court, d'autant plus que déjà, les milieux politiques de Londres et, surtout, ceux de Washington, impressionnés par les radios de Vichy et de Berlin, commençaient à s'agiter. D'autre part, le brouillard se levait et, du coup, le bombardement paraissait retrouver des chances. Sans que j'eusse été, cette fois, consulté, le combat reprit donc à l'aurore par échange de coups de canon entre la place et les Anglais. Mais, vers le soir, le cuirassé *Resolution*, torpillé par un sous-marin et tout près de couler bas, devait être pris en remorque. Plusieurs autres navires anglais étaient sérieusement touchés. Quatre avions de l'*Ark Royal* avaient été abattus. De l'autre côté, le *Richelieu* et divers bâtiments se trouvaient fort éprouvés. Le contre-torpilleur *Audacieux*, les sous-marins *Persée* et *Ajax* avaient été coulés, l'équipage du dernier ayant pu être recueilli par un destroyer anglais. Mais les forts de la place continuaient à tirer. L'amiral Cunningham décida d'arrêter les frais. Je ne pouvais que m'en accommoder. Nous mîmes le cap sur Freetown.

Les jours qui suivirent me furent cruels. J'éprouvais les impressions d'un homme dont un séisme secoue brutalement la maison et qui reçoit sur la tête la pluie des tuiles tombant du toit.

A Londres, une tempête de colères ; à Washington, un ouragan de sarcasmes, se déchaînèrent contre moi. Pour la presse américaine et beaucoup de journaux anglais, il fut aussitôt entendu que l'échec de la tentative était imputable à de Gaulle. « C'est lui, répétaient les échos, qui avait inventé cette absurde aventure, trompé les Britanniques par des renseignements fantaisistes sur la situation à Dakar, exigé, par don-quichottisme, que la place fût attaquée alors que les renforts envoyés par Darlan rendaient tout succès impossible... D'ailleurs, les croiseurs de Toulon n'étaïent venus qu'en conséquence des indiscrétions multipliées par les Français Libres et qui avaient alerté Vichy... Une fois pour toutes, il était clair qu'on ne pouvait faire fond sur des gens incapables de garder un secret. » Bientôt, M. Churchill, à son tour, fut traité sans ménagements, lui qui, disait-on, s'était si légèrement laissé entraîner. Spears, la mine longue, m'apportait des télégrammes d'information qu'il recevait de ses correspondants et qui donnaient comme probable que de Gaulle, désespéré, abandonné par ses partisans, laissé pour compte par les Anglais, allait renoncer à toute activité, tandis que le gouvernement britannique reprendrait avec Catroux ou Muselier, à une échelle beaucoup plus modeste, le recrutement d'auxiliaires français.

Quant à la propagande de Vichy, elle triomphait sans retenue. Les communiqués de Dakar donnaient à croire qu'il s'agissait d'une grande victoire navale. D'innombrables dépêches de félicitations, adressées au gouverneur général Boisson et aux héroïques combattants de Dakar, étaient publiées et commentées par les feuilles publiques des deux zones et par les ondes dites « françaises ». Et moi, dans mon étroite cabine, au fond d'une rade écrasée de chaleur, j'achevais d'apprendre ce que peuvent être les réactions de la peur, tant chez des adversaires qui se vengent de l'avoir ressentie, que chez des alliés effrayés soudain par l'échec.

Cependant, il m'apparut très vite qu'en dépit de leur déconvenue les Français Libres restaient inébranlables. Parmi les éléments de notre expédition, que j'allai tous visiter dès que nous eûmes jeté l'ancre, aucun ne voulut me quitter. Bien au contraire, tous se trouvaient affermis par l'attitude hostile de Vichy. C'est ainsi qu'un avion de Dakar étant venu survoler nos navires au mouillage, une furieuse pétarade l'accueillit de tous les bords, ce qui n'aurait pas eu lieu une semaine auparavant. Bientôt, des télégrammes chaleureux de Larminat et de Leclerc vinrent m'apprendre que, pour eux et autour d'eux, la fidélité résolue faisait, moins que jamais, question. De Londres, aucune défaillance ne me fut signalée, malgré le tumulte d'aigreurs qui déferlait sur les nôtres. Cette confiance de tous ceux qui s'étaient liés à moi me fut d'un puissant réconfort. C'est donc qu'ils étaient solides les fondements de la France Libre. Allons ! Il fallait poursuivre ! Spears, quelque peu rasséréné, me citait Victor Hugo : « Le lendemain, Aymeri prit la ville. »

Il faut dire que si, à Londres, la malveillance était active, le gouvernement, lui, avait su, au contraire, s'en garder. M. Churchill, quoique fortement harcelé pour sa part, ne me renia pas plus que je ne le reniai lui-même. Le 28 septembre il fit à la Chambre des Communes l'exposé des événements avec autant d'objectivité que l'on pouvait en attendre et déclara que « tout ce qui s'était passé n'avait fait que renforcer le Gouvernement de Sa Majesté dans la confiance qu'il portait au général de Gaulle. » Il est vrai qu'à ce moment-là le Premier Ministre savait, bien qu'il ne voulût pas le dire, comment l'escadre venue de Toulon avait pu franchir le détroit de Gibraltar. Lui-même me le raconta lorsque, deux mois après, je retournai en Angleterre.

Un télégramme, adressé de Tanger par un officier français de renseignements, secrètement rallié à la France Libre, le capitaine Luizet, avait donné à Londres et à Gibraltar l'indication du mouvement des navires de Vichy. Mais ce message était parvenu alors qu'un bombardement de Whitehall par les avions allemands maintenait, des heures durant, le personnel dans les caves et entraînait ensuite des perturbations prolongées dans le travail de l'état-major. Le déchiffrement de la dépêche avait eu lieu trop tard pour que le Premier lord de la mer pût alerter, quand il l'aurait fallu, la flotte de Gibraltar. Bien pire ! Alors que l'attaché naval de Vichy à Madrid avait, en toute candeur (?), prévenu lui-même l'attaché britannique et qu'ainsi l'amiral commandant à Gibraltar s'était trouvé alerté par deux sources différentes, rien n'avait été fait pour arrêter les dangereux navires.

Cependant, l'attitude publique du Premier Ministre à l'égard des « gaullistes » contribua beaucoup à amortir l'agitation du Parlement et des journaux. Malgré tout, l'affaire de Dakar devait laisser, dans les cœurs britanniques, une blessure toujours à vif et, dans l'esprit des Américains, l'idée que, s'il leur fallait un jour débarquer eux-mêmes en territoire tenu par Vichy, l'action devrait être menée sans Français Libres et sans Anglais.

Dans l'immédiat, en tous cas, nos alliés britanniques étaient bien résolus à ne pas renouveler la tentative. L'amiral

Cunningham me déclara formellement qu'il fallait renoncer à reprendre l'affaire de quelque façon que ce fût. Lui-même ne pouvait plus rien que m'escorter jusqu'au Cameroun. Le cap fut mis sur Douala. Le 8 octobre, au moment où les bateaux français allaient s'engager dans l'estuaire du Wouri, les navires anglais les saluèrent et prirent le large.

Ce fut, pourtant, un extrême enthousiasme qui déferla sur la ville dès que le *Commandant Duboc*, à bord duquel j'avais pris passage, entra dans le port de Douala. Leclerc m'y attendait. Après la revue des troupes, je me rendis au Palais du Gouvernement, tandis que débarquaient les éléments venus d'Angleterre. Les fonctionnaires, les colons français, les notables autochtones, avec qui je pris contact, nageaient en pleine euphorie patriotique. Pourtant, ils n'oubliaient rien de leurs problèmes particuliers, dont le principal consistait à maintenir les exportations des produits du territoire et à y faire venir ce qu'il fallait pour vivre, et qui ne s'y trouvait pas. Mais, au-dessus des soucis et des divergences, l'unité morale des Français Libres, qu'ils se fussent engagés à Londres ou ralliés en Afrique, se révélait instantanément.

Cette identité de nature entre tous ceux qui se rangeaient sous la Croix de Lorraine allait être, par la suite, une sorte de donnée permanente de l'entreprise. Où que ce fût et quoi qu'il arrivât, on pourrait désormais prévoir, pour ainsi dire à coup sûr, ce que penseraient et comment se conduiraient les « gaullistes ». Par exemple : l'émotion enthousiaste que je venais de rencontrer, je la retrouverais toujours, en toutes circonstances, dès lors que la foule serait là. Je dois dire qu'il allait en résulter pour moi-même une perpétuelle sujétion. Le fait d'incarner, pour mes compagnons le destin de notre cause, pour la multitude française le symbole de son espérance, pour les étrangers la figure d'une France indomptable au milieu des épreuves, allait commander mon comportement et imposer à mon personnage une attitude que je ne pourrais plus changer. Ce fut pour moi, sans relâche, une forte tutelle intérieure en même temps qu'un joug bien lourd.

Pour le moment, il s'agissait de faire vivre et de mobiliser l'ensemble équatorial français pour participer à la bataille d'Afrique. Mon intention était d'établir, aux confins du Tchad et de la Libye, un théâtre d'opérations sahariennes, en attendant qu'un jour l'évolution des événements permît à une colonne française de s'emparer du Fezzan et d'en déboucher sur la Méditerranée. Mais le désert et les difficultés inouïes des communications et des ravitaillements ne permettraient d'y consacrer que des effectifs restreints et spécialisés. Aussi voulais-je, en même temps, envoyer au Moyen-Orient un corps expéditionnaire qui s'y joindrait aux Britanniques. L'objectif lointain étant, pour tout le monde, l'Afrique du Nord française. Cependant, il fallait, d'abord, liquider l'enclave hostile du Gabon. Je donnai, à Douala, le 12 octobre, les ordres nécessaires.

Tandis que se préparait cette pénible opération, je quittai le Cameroun pour visiter les autres territoires. C'est au Tchad que je me rendis, d'abord, après un court séjour à Yaoundé. La carrière du chef de la France Libre et de ceux qui l'accompagnaient faillit se terminer au cours de ce voyage. Car le *Potez 540*, qui nous portait vers Fort-Lamy, eut une panne de moteur et c'est par extraordinaire qu'il trouva moyen d'atterrir, sans trop de dégâts, au milieu d'un marécage.

Je trouvai, au Tchad, une atmosphère vibrante. Chacun avait le sentiment que le rayon de l'Histoire venait de se poser sur cette terre du mérite et de la souffrance. Rien, sans doute, n'y pourrait être fait que par tour de force, tant étaient lourdes les servitudes des distances, de l'isolement, du climat, du manque de moyens. Mais déjà, par compensation, s'y étendait l'ambiance héroïque où germent les grandes actions.

Éboué me reçut à Fort-Lamy. Je sentis qu'il me donnait, une fois pour toutes, son loyalisme et sa confiance. En même temps, je constatai qu'il avait l'esprit assez large pour embrasser les vastes projets auxquels je voulais le mêler. S'il formula des avis pleins de sens, il ne fit jamais d'objections au sujet des risques et de l'effort. Cependant, il ne s'agissait de rien moins, pour le Gouverneur, que d'entreprendre un immense travail de communications, afin que le Tchad fût à même de recevoir, de Brazzaville, de Douala, de Lagos, puis de porter jusqu'aux frontières de la Libye italienne, tout le matériel et tout le ravitaillement qu'il faudrait aux Forces Françaises Libres pour mener une guerre active. C'étaient 6 000 kilomètres de pistes que le territoire devrait, par ses propres moyens, frayer ou tenir en état. En outre, il serait nécessaire de développer l'économie du pays, afin de nourrir les combattants et les travailleurs et d'exporter pour payer les frais. Tâche d'autant plus difficile qu'un grand nombre de colons et de fonctionnaires allaient être mobilisés.

Avec le colonel Marchand, commandant les troupes du Tchad, je volai jusqu'à Faya et aux postes du désert. J'y trouvai des troupes résolues mais terriblement démunies. Il n'y avait là, en fait d'éléments mobiles, que des unités méharistes et quelques sections automobiles. Aussi, quand je déclarai aux officiers que je comptais sur eux pour s'emparer un jour du Fezzan et gagner la Méditerranée, je vis la stupeur se peindre sur leurs visages. Des raids allemands et italiens, qu'ils auraient bien du mal à repousser, le cas échéant, leur semblaient beaucoup plus probables que l'offensive française à grande portée dont je traçais la perspective. Pas un seul d'entre eux, d'ailleurs, ne marquait d'hésitation à continuer la guerre et, déjà, la Croix de Lorraine était arborée partout.

Cependant, plus à l'ouest, dans les territoires du Niger et des oasis sahariennes, les camarades de ces officiers, tout pareils à ce qu'ils étaient et postés, eux aussi, aux confins de la Libye, mais n'ayant pas, au-dessus d'eux, quelque part dans la hiérarchie, un seul chef qui osât rompre le charme, se tenaient prêts à faire feu sur quiconque prétendrait les entraîner à combattre les ennemis de la France ! Parmi toutes les épreuves morales que m'infligèrent les erreurs coupables de Vichy, aucune ne me fit plus souffrir que le spectacle de cette stupide stérilité.

En revanche, j'allais trouver, à mon retour à Fort-Lamy, un encouragement notable. Il m'était apporté par le général Catroux. Lors de son arrivée à Londres, après mon départ pour l'Afrique, des experts en arrière-pensées imaginaient que les Anglais tenteraient de se faire un atout de rechange de ce général d'armée accoutumé aux grands emplois, tandis que de pointilleux conformistes se demandaient si lui-même accepterait d'être subordonné à un simple brigadier. Il avait vu et revu Churchill et beaucoup clabaudaient au sujet de ces entretiens au cours desquels il semblait bien que le Premier Ministre lui avait, en effet, suggéré de prendre ma place, non point, sans doute, pour qu'il l'essayât, mais avec l'intention classique de diviser pour régner. Quelques jours avant Dakar, Churchill m'avait, soudain, télégraphié qu'il envoyait Catroux au Caire afin d'agir sur le Levant où l'on espérait voir naître une occasion favorable. J'avais réagi nettement sur ce qui m'apparaissait, non, certes, comme une mauvaise idée, mais comme une initiative qui exigeait mon agrément. Churchill s'était, alors, expliqué dans des termes satisfaisants et en invoquant l'urgence.

Or, voici que Catroux arrivait du Caire. Au repas, je

levai mon verre en l'honneur de ce grand chef, à qui je portais, depuis toujours, une déférente amitié. Il répondit d'une façon très noble et très simple qu'il se plaçait sous ma direction. Éboué et tous les assistants connurent, non sans émotion que, pour Catroux, de Gaulle était, désormais, sorti de l'échelle des grades et investi d'un devoir qui ne se hiérarchisait pas. Nul ne se méprit sur le poids de l'exemple ainsi donné. Quand, ayant fixé avec lui sa mission, je me séparai du général Catroux près de l'avion qui le ramenait au Caire, je sentis qu'il repartait grandi.

A Brazzaville, où j'arrivai le 24 octobre, on voyait, dans l'ensemble, les choses avec autant de conviction qu'à Douala et à Fort-Lamy. Mais on les voyait posément. C'était normal pour la « capitale ». L'administration, l'état-major, les services, les affaires, les missions, mesuraient les difficultés que les territoires équatoriaux, — les plus pauvres de tout l'Empire, — allaient avoir à surmonter pour vivre pendant des années séparés de la Métropole et pour porter l'effort de guerre. A vrai dire, certaines de leurs productions : huile, caoutchouc, bois, coton, café, peaux, seraient aisément vendues aux Britanniques et aux Américains. Mais, comme il n'y avait pas d'usines, non plus que de produits miniers, à l'exception d'un peu d'or, le total à exporter ne permettrait pas d'équilibrer tout ce qu'il allait falloir acheter au-dehors.

Pour seconder Larminat dans ce domaine, je nommai Pleven secrétaire général. Celui-ci, quand il aurait mis la machine en route, irait à Londres et à Washington, afin de régler les questions d'échéances et de paiements. Ses capacités, appuyées par l'autorité de Larminat, se révélèrent comme très efficaces. Administrateurs, planteurs, commerçants, transporteurs, voyant qu'il y avait fort à faire et que cela en valait la peine, inaugurèrent cette période d'intense activité qui allait, au cours même de la guerre, transformer profondément la vie des territoires équatoriaux. Le voyage qu'à la fin d'octobre, je fis en Oubangui, où m'accueillit le gouverneur de Saint-Mart, puis celui qui me mena à Pointe-Noire qu'administrait Daguin, me permirent de donner sur place l'impulsion que tous attendaient.

Enfin, le 27 octobre, je me rendis à Léopoldville, où les autorités, l'armée, la population, ainsi que les Français habitant le Congo belge, me firent une très émouvante réception. Le gouverneur-général Ryckmans, coupé lui aussi de sa patrie, mais voulant que son pays participât à la guerre, était en sympathie avec la France Libre. Celle-ci, d'ailleurs, couvrait le Congo belge contre l'esprit de capitulation qui avait failli l'investir par le nord. Ryckmans devait, jusqu'au bout, entretenir des rapports étroits avec son voisin français de l'autre rive du Congo. On peut noter qu'il en fut de même de leurs collègues anglais : Bourdillon en Nigeria et Huddleston au Soudan. Au lieu des rivalités et intrigues, qui nagère opposaient les voisins, il s'établit, entre Lagos, Douala, Brazzaville, Léopoldville, Khartoum, une solidarité personnelle des gouverneurs qui pesa lourd dans l'effort de guerre et le bon ordre de l'Afrique.

Cependant, tout était prêt pour terminer l'affaire du Gabon. Avant mon arrivée à Douala, Larminat avait déjà pris les premières dispositions. Sous les ordres du commandant Parant, quelques éléments, prélevés sur le Congo, s'étaient avancés jusqu'à Lambaréné, au bord de l'Ogooué. Mais ils avaient été arrêtés par la résistance des forces de Vichy. En même temps, une petite colonne, expédiée du Cameroun et commandée par le capitaine Dio, assiégeait le poste de Mitzic. A Lambaréné et à Mitzic, « gaullistes » et vichystes au contact échangeaient quelques balles et force arguments. Parfois, un « Glenn-Martin » de Libreville venait jeter sur les nôtres quelques bombes et beaucoup de tracts. Un « Bloch 200 » de Brazzaville rendait, le lendemain, la pareille aux opposants. Ces combats traînants et douloureux n'offraient pas de solution.

J'avais, dès mon arrivée, décidé de faire enlever directement Libreville et arrêté le plan d'action. On ne pouvait malheureusement douter qu'une sérieuse résistance serait opposée à nos forces. Le général Têtu, installé à Libreville, avait à sa disposition quatre bataillons, de l'artillerie, quatre bombardiers modernes, l'aviso *Bougainville* et le sous-marin *Poncelet.* Il avait mobilisé un certain nombre de colons. D'autre part, la mission qu'il avait reçue lui imposait de combattre. Pour qu'il ne pût recevoir des renforts, j'avais dû demander à M. Churchill de bien vouloir prévenir Vichy que, le cas échéant, la flotte anglaise s'y opposerait. A la suite de mon télégramme, l'amiral Cunningham était venu me voir à Douala. Nous avions convenu que ses navires ne participeraient pas directement à l'opération de Libreville mais qu'ils se tiendraient au large pour empêcher les gens de Dakar d'y envoyer de nouveau leurs croiseurs, s'ils en avaient, d'aventure, l'intention. De notre côté, c'est le cœur lourd que nous envisagions l'affaire et j'annonçai, au milieu de l'assentiment général, qu'aucune citation ne serait attribuée en cette pénible occasion.

Le 27 octobre, le poste de Mitzic était pris. Le 5 novembre, la garnison de Lambaréné mettait bas les armes. Aussitôt, partaient de Douala les bâtiments qui transportaient la colonne destinée à Libreville. Leclerc commandait l'ensemble ; Kœnig était à la tête des troupes de terre : un bataillon de Légion, un bataillon colonial mixte : Sénégalais et colons du Cameroun. Le débarquement avait lieu à la pointe de la Mondah dans la nuit du 8 novembre et d'assez vifs combats s'engageaient, le 9, aux abords de la ville. Le même jour, sous la direction du commandant de Marmier, plusieurs des avions « Lysander », que nous avions amenés en caisses d'Angleterre et qui avaient été hâtivement montés à Douala, survolaient le terrain et y jetaient quelques bombes. C'est alors que d'Argenlieu, à bord du *Savorgnan de Brazza*, suivi du *Commandant Dominé*, entra dans la rade où se trouvait le *Bougainville*. En dépit des messages d'amitié, maintes fois répétés par les nôtres, le *Bougainville* se mit à tirer. La riposte du *Brazza* mit en feu cet opposant. Pendant ce temps, la Légion brisait, sur l'aérodrome, la résistance des éléments de Vichy. D'Argenlieu ayant fait parvenir au général Têtu un message l'adjurant de cesser le combat, la reddition fut conclue. Kœnig occupa Libreville. Parant, que j'avais nommé gouverneur du Gabon, prit possession de son poste. On comptait, hélas ! une vingtaine de tués.

La veille, le sous-marin *Poncelet*, ayant quitté Port-Gentil et rencontrant au large un des croiseurs de Cunningham, lui avait lancé une torpille. Grenadé par le croiseur, le sous-marin faisait surface et, tandis que l'équipage était recueilli par les Anglais, le commandant : capitaine de corvette de Saussine, sabordait le bâtiment et coulait bravement à son bord.

Restait à occuper Port-Gentil. Cela fut fait, le 12 novembre, après de longs pourparlers mais sans résistance de la place. La seule victime de cette ultime opération fut le gouverneur Masson qui, après avoir, au mois d'août, rallié le Gabon, s'était ensuite déjugé. Le pauvre homme, désespéré par cette erreur et ses conséquences, avait, après la prise de Libreville, pris place à bord du *Brazza* et débarqué à Port-Gentil, en compagnie du colonel Crochu, chef d'état-major de Têtu, pour demander à l'administrateur et à la garnison de ne pas engager, à leur tour, une lutte fratricide. Cette démarche avait contribué à empêcher le malheur. Mais, M. Masson, épuisé par les épreuves nerveuses qu'il venait de subir, se pendit dans sa cabine au cours de la traversée du retour.

Je me rendis à Libreville le 15, à Port-Gentil le 16 novembre. Le sentiment dominant dans la population était la satisfaction de sortir d'une situation absurde. A l'hôpital, je visitai les blessés des deux camps qui y étaient soignés côte à côte. Puis, je me fis présenter les cadres des unités de Vichy. Quelques éléments rallièrent la France Libre. La plupart, à qui leur chef avait fait donner leur parole de « rester fidèles au Maréchal », préférèrent être internés. Ils attendirent, pour reprendre du service, la rentrée de l'Afrique du Nord dans la guerre et, dès lors, comme beaucoup d'autres, firent vaillamment leur devoir. Le général Têtu fut confié à l'hospitalité des Pères du Saint-Esprit et, plus tard, transféré à l'hôpital de Brazzaville. De là, en 1943, il partit, lui aussi, pour Alger.

La radio de Dakar, de Vichy et de Paris se déchaîna en insultes furieuses, après avoir, quelques semaines plus tôt exagéré ses cris de triomphe. J'étais accusé d'avoir bombardé, brûlé et pillé Libreville, voire fusillé les notables, à commencer par l'évêque : Mgr Tardy. Il m'apparut que les gens de Vichy, en inventant de tels mensonges, voulaient couvrir quelque infamie. Lors de l'affaire de Dakar, ils avaient arrêté les trois aviateurs français libres déposés sans armes sur le terrain de Ouakam, puis Boislambert, Bissagnet et Kaouza que j'avais envoyés dans la ville, par les coulisses, avec le Dr Brunel, pour y répandre la bonne parole. Seul de ces « missionnaires », Brunel avait pu, après les événements, repasser en Gambie britannique. Les accusations lancées par Dakar me firent penser que, peut-être, on s'y proposait de se venger sur la personne des prisonniers. D'autant qu'ayant fait proposer à Boisson, avec la discrétion voulue, d'échanger ceux-ci contre Têtu et ses officiers, les ondes de Dakar avaient aussitôt publié ma démarche avec force outrages et provocations. Je prévins alors le Haut-commissaire de Vichy que j'avais en mains assez de ses amis pour répondre de la vie de ceux des Français Libres qu'il détenait en prison. Le ton de la radio adverse baissa instantanément.

Au reste, différents signes montraient dans quel trouble les événements jetaient les gouvernants de Vichy. L'espèce de basse euphorie, où l'armistice les avait plongés, s'était dissipée rapidement. Contrairement à ce qu'ils annonçaient naguère pour justifier leur capitulation, l'ennemi n'était pas venu à bout de l'Angleterre. D'autre part, le ralliement à de Gaulle de plusieurs colonies, puis l'affaire de Dakar, enfin celle du Gabon, faisaient voir que, si la France Libre savait user de la radio, elle était tout autre chose qu' « une poignée de mercenaires groupés autour d'un micro ». Du coup, on commençait à entrevoir en France un recours proprement français, tandis que les Allemands étaient contraints de faire entrer dans leurs calculs les difficultés croissantes que leur causerait la résistance. Au fond de l'Afrique, je percevais les saccades que, déjà, cet état de choses imprimait au comportement des gens de Vichy.

Le lendemain de Dakar, c'est par la violence qu'ils avaient, d'abord, réagi. Des avions du Maroc jetaient des bombes sur Gibraltar. Mais, aussitôt après, on essayait de l'apaisement. Des télégrammes de MM. Churchill et Eden m'informaient de conversations, ouvertes le 1er octobre, à Madrid, par l'ambassadeur M. de la Baume avec son collègue britannique Sir Samuel Hoare. Il s'agissait d'obtenir des Anglais qu'ils laissent passer en France les cargaisons venant d'Afrique, garantie étant donnée que les Allemands ne s'en empareraient pas. Mais, en outre, M. de la Baume déclarait, de la part de Baudouin, que « si l'ennemi saisissait ces denrées, le gouvernement serait transféré en Afrique du Nord et que la France reprendrait la guerre aux côtés du Royaume-Uni ».

Tout en notant le désarroi que révélaient de telles déclarations, j'avais mis les Anglais en garde. On voyait mal comment des gens, qui avaient eux-mêmes placé l'État sous la loi de l'ennemi et condamné ceux qui voulaient combattre, pourraient devenir tout à coup des champions de la résistance parce que l'envahisseur s'attribuerait quelques denrées en plus de celles qu'il prenait tous les jours. En effet, malgré les efforts tentés par le gouvernement de Londres pour encourager Vichy dans les bonnes velléités dont il offrait l'apparence, malgré les messages personnels adressés au Maréchal par le Roi d'Angleterre et par le Président des États-Unis, malgré les contacts pris par les Anglais avec Weygand, maintenant installé à Alger, et avec Noguès, toujours au Maroc, on vit bientôt, sous la pression allemande, disparaître toute illusion. Le 24 octobre, avait lieu la rencontre de Pétain et d'Hitler à Montoire. La collaboration de Vichy avec l'ennemi était officiellement proclamée. Enfin, dans les premiers jours de novembre, Vichy mettait un terme aux négociations de Madrid.

Désormais, d'évidentes raisons me commandaient de dénier, une fois pour toutes, aux gouvernants de Vichy, le droit de légitimité, de m'instituer moi-même comme le gérant des intérêts de la France, d'exercer dans les territoires libérés les attributions d'un gouvernement. A ce pouvoir provisoire, comme tenant et comme aboutissant, je donnai : la République, en proclamant mon obédience et ma responsabilité vis-à-vis du peuple souverain et en m'engageant, d'une manière solennelle, à lui rendre des comptes dès que lui-même aurait recouvré sa liberté. Je fixai, en terre française, à Brazzaville, le 27 octobre, cette position nationale et internationale par un manifeste, deux ordonnances et une déclaration organique dont l'ensemble allait constituer la charte de mon action. Je crois n'y avoir pas manqué, jusqu'au jour inclus où, cinq années plus tard, je remis à la représentation nationale les pouvoirs que j'avais assumés. D'autre part, je créai le Conseil de défense de l'Empire, destiné à m'aider de ses avis, et où je fis entrer, d'abord, Catroux, Muselier, Cassin, Larminat, Sicé, Sautot, d'Argenlieu et Leclerc. Enfin, j'arrêtai une fois pour toutes, par une note adressée le 5 novembre au gouvernement britannique, l'attitude qu'adoptait la France Libre et qu'elle invitait ses alliés à prendre vis-à-vis tant du gouvernement de Vichy que de ceux de ses proconsuls, tels Weygand ou Noguès, dont d'obstinés optimistes s'efforçaient de croire qu'ils passeraient un jour à l'action contre l'ennemi.

Au total, si notre entreprise africaine n'avait pas atteint tous les buts qu'elle avait visés, du moins la base de notre effort de guerre était-elle solidement établie, du Sahara au Congo et de l'Atlantique au bassin du Nil. Dans les premiers jours de novembre, je mis en place le Commandement qui devait y diriger l'action. Éboué, nommé gouverneur général de l'Afrique équatoriale française, s'installait à Brazzaville, avec Marchand comme commandant des troupes. Lapie, appelé de Londres, devenait gouverneur du Tchad et l'administrateur Cournarie, gouverneur du Cameroun où il remplaçait Leclerc. Celui-ci, malgré les objections que lui dictait son désir de poursuivre à Douala ce qu'il avait commencé, était envoyé au Tchad pour commander les opérations sahariennes où il allait faire la dure et émouvante connaissance de la gloire. Enfin, Larminat, Haut-commissaire avec pouvoirs civils et militaires, devait mener tout l'ensemble.

Avant de partir pour Londres, j'arrêtai, avec lui, le plan

d'action des prochains mois. Il s'agissait, d'une part, de monter les premiers raids motorisés et aériens contre Mourzouk et Koufra. Il s'agissait, d'autre part, d'envoyer en Érythrée une brigade mixte ainsi qu'un groupe d'aviation de bombardement, qui prendraient part aux combats engagés contre les Italiens. Cette dernière expédition serait le début de l'intervention française dans la campagne du Moyen-Orient. Mais il fallait aussi recruter, encadrer, armer, les éléments qui iraient, à mesure, renforcer ces avant-gardes, tant au Sahara que sur le Nil. On ne peut imaginer quels efforts devaient exiger, dans les immensités du centre de l'Afrique, sous le climat équatorial, la mobilisation, l'instruction, l'équipement, le transport, des forces que nous voulions mettre sur pied et envoyer au combat à de colossales distances. On ne peut mesurer, non plus, quels prodiges d'activités tous allaient y apporter.

Le 17 novembre, je quittai l'Afrique française libre pour l'Angleterre, par Lagos, Freetown, Bathurst et Gibraltar. Tandis que, sous la pluie d'automne, l'avion rasait l'océan, j'évoquais les incroyables détours par où, dans cette guerre étrange, devaient désormais passer les Français combattants pour atteindre l'Allemand et l'Italien. Je mesurais les obstacles qui leur barraient la route et dont hélas ! d'autres Français dressaient devant eux les plus grands. Mais, en même temps, je m'encourageais à la pensée de l'ardeur que suscitait la cause nationale parmi ceux qui se trouvaient libres de la servir. Je songeais à ce qu'avait, pour eux, d'exaltant une aventure aux dimensions de la terre. Si rudes que fussent les réalités, peut-être pourrais-je les maîtriser, puisqu'il m'était possible, suivant le mot de Chateaubriand, « d'y mener les Français par les songes. »

LONDRES

A Londres, en ce début d'hiver, la brume enveloppait les âmes. Je trouvai les Anglais tendus et mélancoliques. Sans doute pensaient-ils, avec fierté, qu'ils venaient de gagner la bataille aérienne et que les risques d'invasion s'étaient beaucoup éloignés. Mais, tandis qu'ils déblayaient leurs ruines, d'autres angoisses fondaient sur eux et sur leurs pauvres alliés.

La guerre sous-marine faisait rage. Le peuple anglais voyait, avec une anxiété croissante, les submersibles, les avions, les raiders allemands, opérer la destruction des navires dont dépendaient le cours de la guerre et jusqu'au taux des rations. Pour les ministres et les services, il n'était question que de *shipping*. Le tonnage devenait une hantise, un tyran qui dominait tout. La vie, la gloire de l'Angleterre, se jouaient chaque jour sur la mer.

En Orient, commençaient les opérations actives. Or, la Méditerranée, par suite de la défection de Vichy, devenait inaccessible aux lents convois britanniques. Les troupes et le matériel que Londres envoyait en Égypte devaient passer par le Cap, suivant une route maritime longue comme la moitié de la terre. Ce qui y était expédié, des Indes, d'Australie, de Nouvelle-Zélande, n'y arrivait également qu'après d'interminables traversées. D'autre part, la masse des matières, de l'armement, du ravitaillement, — 60 millions de tonnes en 1941, — que l'Angleterre importait pour son industrie, ses armées, sa population, ne pouvait plus lui venir que des lointains de l'Amérique, de l'Afrique ou de l'Asie. Il y fallait un tonnage colossal, naviguant en zigzag sur d'immenses distances, aboutissant au goulot des ports de la Mersey et de la Clyde et exigeant des moyens d'escorte considérables.

L'inquiétude britannique était d'autant plus lourde que,

d'aucun côté, ne s'ouvraient d'heureuses perspectives. Contrairement à ce qu'avaient espéré beaucoup d'Anglais, le bombardement de leurs villes et la victoire de la Royal Air Force ne décidaient nullement l'Amérique à entrer en ligne. Aux États-Unis, l'opinion était, certes, hostile à Hitler et à Mussolini. D'autre part, le Président Roosevelt, sitôt réélu, le 5 novembre, accentuait par ses démarches diplomatiques et ses déclarations publiques son effort pour entraîner l'Amérique vers l'intervention. Mais l'attitude officielle de Washington restait la neutralité, d'ailleurs imposée par la loi. Aussi, pendant ce sombre hiver, les Anglais devaient-ils payer en or et en devises leurs achats aux États-Unis. Même, tout concours indirect, que l'habileté casuistique du Président parvenait à leur fournir, était l'objet d'une sourcilleuse réprobation au Congrès et dans la presse. Bref, les Anglais, au rythme des paiements imposés par leurs besoins, voyaient approcher le moment où, faute de disponibilités, ils ne pourraient plus recevoir ce qu'il leur fallait pour combattre.

Du côté de la Russie Soviétique, aucune fissure ne se montrait dans le marché qui la liait au Reich. Au contraire, après deux voyages de Molotov à Berlin, un accord commercial germano-russe, conclu au mois de janvier, allait aider puissamment au ravitaillement de l'Allemagne. D'autre part, en octobre 1940, le Japon avait signé le pacte tripartite, proclamant sa menaçante solidarité avec Berlin et avec Rome. En même temps, l'unité de l'Europe sous l'hégémonie allemande semblait se réaliser. La Hongrie, la Roumanie, la Slovaquie, adhéraient à l'Axe en novembre. Franco rencontrait Hitler à Saint Sébastien et Mussolini à Bordighera. Enfin, Vichy, hors d'état de maintenir même la fiction d'indépendance que lui accordait l'armistice, entrait dans la collaboration effective avec l'envahisseur.

Si, au-dehors, l'horizon était sombre, au-dedans de très lourdes charges éprouvaient le peuple britannique. La mobilisation envoyait aux armées, aux usines, aux champs, aux services publics, à la défense passive, 20 millions d'hommes et de femmes. Les consommations étaient, pour tout le monde, rigoureusement limitées, et la sévérité extrême des tribunaux réglait à mesure son compte au marché noir. D'autre part, l'action aérienne de l'ennemi, pour ne plus viser à des résultats décisifs, n'en continuait pas moins, harcelant les ports, l'industrie, les voies ferrées, écrasant soudain : Coventry, la Cité de Londres, Portsmouth, Southampton, Liverpool,

Glasgow, Swansea, Hull, etc., tenant en alerte les populations pendant des nuits et des nuits, épuisant le personnel de sauvegarde et de défense, contraignant une foule de pauvres gens à quitter leur lit pour s'enfoncer dans les caves, les abris, voire, à Londres, les stations de métro. En cette fin de 1940, les Anglais, assiégés dans leur île, se sentaient au plus noir du tunnel.

Tant d'épreuves, subies par les Britanniques, ne facilitaient pas nos rapports avec eux. Concentrés qu'ils étaient sur leurs préoccupations, nos problèmes particuliers leur paraissaient intempestifs. En outre, ils avaient d'autant plus tendance à nous absorber que nous compliquions leurs affaires. Il leur eût été, en effet, plus commode, du point de vue de l'administration autant que de la politique, de traiter les Français Libres comme des éléments incorporés aux forces et services anglais, plutôt qu'en alliés ambitieux et revendicatifs. Au surplus, pendant cette période où la guerre se stabilisait et où, d'autre part, sévissait la pénurie, on n'inclinait pas beaucoup, dans les milieux dirigeants de Londres, à innover, ni même à trancher. Au milieu de problèmes pressants, mais insolubles, états-majors et ministères pratiquaient naturellement le régime des questions pendantes et des conflits d'attributions, tandis que le gouvernement, sous le feu des critiques du Parlement et de la presse, avait peine à s'accorder pour prendre des décisions. « Vous savez, me dit un jour Churchill, ce que c'est qu'une coalition. Eh bien ! Le Cabinet britannique en est une. »

Cependant, la France Libre avait, d'urgence, besoin de tout. Après les improvisations de l'été et de l'automne, avant les entreprises nouvelles que j'étais décidé à engager au printemps, force nous était d'obtenir des Anglais l'indispensable, tout en maintenant à leur égard une indépendance résolue. De cet état de choses devaient résulter maintes frictions.

D'autant plus que le caractère mouvant et composite de notre organisation justifiait, dans une certaine mesure, la circonspection des Britanniques, en même temps qu'elle facilitait leurs ingérences. Il était inévitable que la France Libre, recrutée hâtivement, homme par homme, ne trouvât pas tout de suite son équilibre intérieur. A Londres, chacune de ses catégories : armée, marine, aviation, finances, affaires étrangères, administration coloniale, information, liaisons avec la France, se formait et fonctionnait dans le grand désir de bien faire. Mais l'expérience et la cohésion faisaient cruellement défaut. En outre, l'esprit aventureux de certaines personnalités, ou simplement leur inaptitude à se plier aux règles et obligations d'un service public imprimaient de rudes saccades à l'appareil. C'est ainsi que, pendant mon séjour en Afrique, André Labarthe avait quitté notre administration et que l'amiral Muselier s'était heurté aux autres services. Il s'était produit, à « Carlton Gardens », d'âpres conflits de personnes et tragi-comédies de bureaux, scandalisant nos volontaires et inquiétant nos alliés.

Dès mon retour, à la fin de novembre, j'avais entrepris de mettre les gens et les choses à leur place. Mais, à peine avais-je commencé cette réorganisation que je me trouvai aux prises avec une brutale erreur du gouvernement britannique, lui-même fourvoyé par l' « Intelligence ».

En effet, la fièvre obsidionale, qui travaillait alors l'Angleterre, y faisait foisonner les organes de renseignements et de sécurité. L' « Intelligence », qui est, pour les Anglais, une passion, autant qu'un service, n'avait évidemment pas manqué de pousser des antennes en direction de la France Libre. Elle y employait à la fois des gens bien inspirés et d'autres qui ne l'étaient pas. Bref, à l'instigation de quelques agents indésirables, le Cabinet anglais allait, tout à coup, infliger à la France Libre une blessure qui faillit tourner mal.

Le 1er janvier au soir, me trouvant dans le Shropshire, auprès des miens, M. Eden me fit demander de venir le voir d'urgence au Foreign Office, où il avait récemment remplacé Lord Halifax, nommé ambassadeur aux États-Unis. Je m'y rendis directement le lendemain matin. En m'accueillant, Eden montra les signes d'une vive émotion. « Il arrive, me dit-il, quelque chose de lamentable. Nous venons d'avoir la preuve que l'amiral Muselier est secrètement en rapport avec Vichy, qu'il a tenté de transmettre à Darlan le plan de l'expédition de Dakar au moment où elle se préparait et qu'il projette de lui livrer le *Surcouf*. Le Premier Ministre, sitôt informé, a donné l'ordre d'arrêter l'amiral. Il a été approuvé par le Cabinet britannique. Muselier est donc incarcéré. Nous ne nous dissimulons pas quelle impression va faire chez vous et chez nous cette affreuse histoire. Mais il nous était impossible de ne pas agir sans délai. »

M. Eden me montra, alors, les documents sur lesquels s'étayait l'accusation. Il s'agissait de notes dactylographiées à en-tête et avec le cachet du Consulat de France à Londres, — toujours occupé par un fonctionnaire de Vichy, — et apparemment signées du général Rozoy, naguère chef de la mission de l'Air et récemment rapatrié. Ces notes rendaient compte de renseignements soi-disant fournis par l'amiral Muselier à Rozoy. Celui-ci était réputé les avoir fait passer à une légation sud-américaine à Londres, d'où ils devaient gagner Vichy. Mais, en chemin, d'habiles agents de l' « Intelligence » avaient, suivant M. Eden, intercepté les documents. « Après une minutieuse enquête, ajouta-t-il, les autorités britanniques devaient, hélas ! se convaincre de leur authenticité. »

Quoique d'abord abasourdi, j'eus tout de suite le sentiment que « le café était vraiment trop fort » et qu'il ne pouvait s'agir que d'une énorme erreur résultant d'une machination. Je le déclarai tout net à M. Eden et lui dis que j'allais voir moi-même ce qu'il pouvait en être et, qu'en attendant, je faisais toutes réserves sur cette extraordinaire histoire.

Cependant, n'allant pas, d'abord, jusqu'à imaginer que l'affaire pût être montée sous le couvert d'un service britannique, je l'attribuai à Vichy. Ne seraient-ce point de ses fidèles qui auraient fabriqué et laissé en Angleterre cette bombe à retardement ? Après quarante-huit heures d'information et de réflexion, je me rendis chez le ministre anglais et lui déclarai ceci : « Les documents sont ultra-suspects, tant par leur contexte que par leur source supposée. En tout cas, ce ne sont pas des preuves. Rien ne justifie l'outrageante arrestation d'un vice-amiral français. Celui-ci n'a, d'ailleurs, pas été entendu. Moi-même n'ai pas la possibilité de le voir. Tout cela est injustifiable. Pour l'instant, il faut, au minimum, que l'amiral Muselier sorte de prison et soit traité honorablement jusqu'à ce que cette sombre histoire soit éclaircie. »

M. Eden, quoique devenu perplexe, n'accepta pas de me donner satisfaction, alléguant le sérieux de l'enquête faite par les services britanniques. Par une lettre, puis par un mémoire, je confirmai ma protestation. Je rendis visite à l'amiral Sir Dudley Pound Premier lord de la mer et, invoquant l'internationale des amiraux, l'invitai à intervenir dans cette déshonorante querelle cherchée à l'un de ses pairs. A la suite de mes démarches, l'attitude des autorités britanniques marqua quelques vacillations. C'est ainsi que j'obtins, comme je l'avais exigé, d'aller voir Muselier à Scotland Yard, non dans une cellule mais dans un bureau, sans garde et sans témoin, pour montrer à tout le monde et pour lui dire à lui-même que je rejetais l'imputation dont il était victime. Enfin, divers indices m'ayant donné à penser que deux individus, incorporés pendant mon séjour en Afrique dans notre « service de sécurité », sous l'uniforme français mais sur l'insistance des Anglais, avaient trafiqué dans l'affaire, je les fis venir et me convainquis, au spectacle de leur effarement, qu'il s'agissait décidément d'une « histoire d'Intelligence ».

Au général Spears, convoqué par moi le 8 janvier, je confirmai formellement ma certitude. Je lui déclarai que je donnais au gouvernement britannique un délai de vingt-quatre heures pour libérer l'amiral et lui faire réparation, faute de quoi toutes relations seraient rompues entre la France Libre et la Grande-Bretagne quelles qu'en pussent être les conséquences. Le jour même, Spears, penaud, vint me dire que l'erreur était reconnue, que les « documents » n'étaient que des faux, que les coupables avaient avoué et que Muselier sortait de prison. Le lendemain, l'attorney-général me rendit visite, m'annonçant que des poursuites étaient intentées contre les auteurs de la machination, notamment plusieurs officiers britanniques, et me priant de désigner quelqu'un pour suivre, au nom de la France Libre, l'enquête et le procès ; ce que je fis. L'après-midi, à Downing Street, MM. Churchill et Eden, évidemment fort contrariés, m'exprimèrent les excuses du gouvernement britannique et sa promesse de réparer, vis-à-vis de Muselier, l'insulte qui lui avait été faite. Je dois dire que cette promesse fut tenue. Même, le changement d'attitude réciproque des Anglais et de l'amiral se révéla si complet qu'il parut bientôt excessif, comme on le verra par la suite.

Je ne cache pas que ce lamentable incident, en mettant en relief ce qu'il y avait toujours de précaire dans notre situation à l'égard de nos alliés, ne manqua pas d'influencer ma philosophie quant à ce que devaient être, décidément, nos rapports avec l'État britannique. Cependant, dans l'immédiat, les conséquences du mal ne furent pas toutes mauvaises. Car les Anglais, désireux, sans doute, de compenser leur erreur, se montrèrent plus disposés à traiter avec nous les affaires en suspens.

C'est ainsi que, le 15 janvier, je signai, avec M. Eden, un accord de « juridiction » concernant les Français Libres en territoire britannique et notamment les attributions de nos propres tribunaux, qui opéreraient « conformément à la législation militaire nationale ». D'autre part, nous pûmes entamer avec la Trésorerie anglaise des négociations relatives à un accord financier, économique et monétaire. Cassin, Pleven et Denis furent chargés, pour notre compte, de ces négociations qui aboutirent le 19 mars.

Les problèmes que nous devions résoudre, à cet égard, étaient tels qu'il nous fallait sortir du régime des expédients. Comment faire vivre, comme un tout, les territoires ralliés en Afrique et en Océanie, nous qui n'avions encore ni banque, ni monnaie, ni transports, ni transmissions, ni représentation commerciale reconnue à l'étranger? Comment entretenir les forces de la France Libre réparties en tous les points du monde? Comment décompter la valeur du matériel et des services qui nous étaient fournis par nos alliés et de ceux que nous leur fournissions? Aux termes de l'accord, il fut entendu que tout règlement, quel qu'en fût l'objet, serait effectué à Londres entre le gouvernement anglais et le général de Gaulle, et non point arrangé avec les autorités locales françaises au hasard des circonstances. Le taux de change adopté était de 176 francs pour une livre, c'est-à-dire celui-là même qui se trouvait en vigueur avant l'armistice conclu par Vichy.

Suivant la même politique, nous fûmes amenés, un peu plus tard, à instituer la « Caisse centrale de la France Libre ». Cette caisse devait effectuer tous les paiements : soldes, traitements, achats, etc., et recevoir tous les versements : contributions de nos territoires, avances de la Trésorerie britannique, dons des Français de l'étranger, etc. Elle devenait, d'autre part, banque unique d'émission de la France Libre, où que ce fût dans le monde. Ainsi, tandis que le ralliement à de Gaulle liait moralement entre eux tous nos éléments, leur administration se trouvait, elle aussi, fortement centralisée. Du fait qu'il n'y avait point, parmi nous, de fiefs budgétaires et économiques, non plus que politiques et militaires, et qu'en même temps l'Angleterre s'interdisait toute ingérence locale par les moyens financiers, l'unité s'établit sur un ensemble pourtant improvisé et dispersé à l'extrême.

Cependant, tout en consolidant notre base outre-mer, c'est à la Métropole que nous pensions surtout. Qu'y faire? Comment? Avec quoi? Ne disposant d'aucun moyen pour l'action en France et ne voyant même pas par quel bout aborder le problème, nous n'en étions pas moins hantés par les plus vastes projets, espérant que le pays s'y associerait massivement. Nous n'imaginions donc rien moins qu'une organisation qui nous permettrait à la fois d'éclairer les opérations alliées grâce à nos renseignements sur l'ennemi, de susciter sur le territoire la résistance dans tous les domaines, d'y équiper des forces qui, le moment venu, participeraient sur les arrières allemands à la bataille pour la libération, enfin de préparer le regroupement national qui, après la victoire, remettrait le pays en marche. Encore voulions-nous que cette contribution multiple, fournie par des Français à l'effort de guerre commun, le fût au bénéfice de la France, non point divisée en services directement rendus aux alliés.

Mais ce terrain de l'action clandestine était, pour nous tous, entièrement nouveau. Rien n'avait jamais été préparé en France en vue de la situation où le pays était jeté. Nous savions que le service français des renseignements poursuivait, à Vichy, quelque activité. Nous n'ignorions pas que l'État-major de l'armée s'efforçait de soustraire aux commissions d'armistice certains stocks de matériel. Nous nous doutions que divers éléments militaires tâchaient de prendre des dispositions dans l'hypothèse d'une reprise des hostilités. Mais ces efforts fragmentaires étaient accomplis en dehors de nous, pour le compte d'un régime dont la raison d'être consistait précisément à ne pas les utiliser, et sans que jamais la hiérarchie cherchât ou acceptât le moindre contact avec la France Libre. Bref, il n'existait rien à quoi notre action pût s'accrocher dans la Métropole. Il fallait tirer du néant le service qui opérerait sur ce champ de bataille capital.

Ce n'étaient certes pas les candidatures qui manquaient autour de moi. Par une sorte d'obscure prévision de la nature, il se trouvait qu'en 1940 une partie de la génération adulte était, d'avance, orientée vers l'action clandestine. Entre les deux guerres, en effet, la jeunesse avait montré beaucoup de goût pour les histoires de 2e Bureau, de service secret, de police, voire de coups de main et de complots. Les livres, les journaux, le théâtre, le cinéma, s'étaient largement consacrés aux aventures de héros plus ou moins imaginaires qui prodiguaient dans l'ombre les exploits au service de leur pays. Cette psychologie allait faciliter le recrutement des missions spéciales. Mais elle risquait aussi d'y introduire le romantisme, la légèreté, parfois l'escroquerie, qui seraient les pires écueils. Il n'y aurait pas de domaine où l'on aurait plus de demandes d'emploi mais où les hommes chargés des affaires devraient faire preuve de plus de sérieux en même temps que d'audace.

Par bonheur, il s'en trouva de bons. Le commandant Dewavrin, dit Passy, fut leur chef. Rien n'avait préparé Passy à cette mission sans précédent. Mais, à mes yeux, c'était préférable. Sitôt désigné, d'ailleurs, il fut saisi pour sa tâche d'une sorte de passion froide qui devait le soutenir sur une route ténébreuse où il se trouverait mêlé à ce qu'il y eut de meilleur et à ce qu'il y eut de pire. Pendant le drame quotidien que fut l'action en France, Passy, secondé par Manuel, plus tard Vallon, Wybot, Pierre Bloch, etc., tint la barque à flot contre le déferlement des angoisses, des intrigues, des déceptions. Lui-même sut résister au dégoût et se garder de la vantardise, qui sont les démons familiers de cette sorte d'activité. C'est pourquoi, quelques changements qu'ait dû subir le « Bureau central de renseignements et d'action », à mesure des expériences, je maintins Passy en place à travers vents et marées.

Le plus urgent était d'installer en territoire national un embryon d'organisation. Du côté britannique, on eût voulu nous voir y envoyer simplement des agents chargés de recueillir isolément, sur le compte de l'ennemi, des renseignements relatifs à des objets déterminés. Telle était la méthode utilisée pour l'espionnage. Mais nous entendions faire mieux. Puisque l'action en France allait se déployer au milieu d'une population où foisonneraient, pensions-nous, les bonnes volontés, c'étaient des réseaux que nous voulions constituer. Ceux-ci, reliant entre eux des éléments choisis, communiquant avec nous par des moyens centralisés, obtiendraient le meilleur rendement. D'Estienne d'Orves, Duclos, débarqués sur la côte de la Manche ; Fourcault, passant par l'Espagne ; Robert, Monnier, venus de Tunisie à Malte et réexpédiés en Afrique du Nord, firent les premières expériences. Peu après, Rémy, à son tour, commença cette carrière d'agent secret où il devait montrer une sorte de génie.

Alors, s'engagea la lutte sur ce champ jusqu'alors inconnu. Mois après mois, plutôt lune après lune, car c'est de l'astre des nuits que dépendaient beaucoup d'opérations, le B. C. R. A. commença son œuvre : recrutement de combattants pour la guerre clandestine ; ordres à donner aux missions; rapports à dépouiller; transports par chalutiers, sous-marins, avions; passages par le Portugal et l'Espagne; parachutages; prises de contact avec les bonnes volontés qui s'offraient en France; allers et retours d'inspections et de liaisons; transmissions par postes-radio, courriers, signaux convenus; travail avec les services alliés qui formulaient les demandes de leurs états-majors, fournissaient le matériel et, suivant les cas, facilitaient ou compliquaient les choses. Par la suite, l'action, s'élargissant, devait englober les groupes armés du territoire et les mouvements de résistance aux multiples activités. Mais, pendant cet obscur hiver, on n'en était pas encore là!

En attendant, il fallait pratiquer avec les Anglais un *modus vivendi* qui permît au B. C. R. A. de fonctionner tout en restant national. Ce fut là une vraie gageure. Certes, les Britanniques comprenaient quels avantages pouvaient procurer, au point de vue des renseignements, — le seul qui les intéressât d'abord, — les concours fournis par des Français. Mais, ce que recherchaient surtout les organes anglais intéressés c'étaient les concours directs. Une véritable concurrence s'engagea donc aussitôt : nous-mêmes invoquant, auprès des Français, l'obligation morale et légale de ne pas s'incorporer à un service étranger; les Anglais utilisant leurs moyens pour tâcher de se procurer des agents, puis des réseaux, à eux.

Dès qu'un Français arrivait en Angleterre, et à moins qu'il ne fût notoire, il était chambré par l' « Intelligence » dans les locaux de « Patriotic School » et invité à s'engager dans les services secrets britanniques. Ce n'est qu'après toute une série de pressions et sollicitations qu'on le laissait nous rejoindre. Si, toutefois, il avait cédé, on l'isolait de nous, qui ne le verrions jamais. En France même, les Anglais jouaient de l'équivoque pour recruter leurs auxiliaires. « De Gaulle et la Grande-Bretagne, c'est la même chose! » faisaient-ils dire. Quant aux moyens matériels, pour lesquels nous dépendions presque entièrement de nos alliés, nous ne les obtenions parfois qu'après d'obstinés marchandages. On comprend à quelles frictions mena cette manière de faire. Il est vrai que, si les Anglais frôlaient souvent la limite, ils ne la dépassaient jamais. Au moment voulu, ils mettaient les pouces et cédaient, au moins partiellement, à nos mises en demeure. Alors, s'ouvrait une période d'utile collaboration, jusqu'au jour où, soudain, grondaient de nouveaux orages.

Mais ce que nous tâchions de faire ne pouvait valoir quelque chose, à cet égard comme aux autres, que si l'opinion française nous suivait. Le 18 juin, parlant à la radio pour la première fois de ma vie et imaginant, non sans vertige, celles et ceux qui étaient à l'écoute, je découvrais quel rôle allait jouer dans notre entreprise la propagande par les ondes.

Les Anglais, entre autres mérites, eurent celui de discerner immédiatement et d'utiliser magistralement l'effet qu'une radio libre était susceptible de produire sur des peuples incarcérés. Ils avaient, tout de suite, commencé d'organiser leur propagande française. Mais, en cela comme en tout, s'ils voulaient sincèrement favoriser la résonance nationale que trouvaient de Gaulle et la France Libre, ils prétendaient aussi en profiter tout en restant maîtres du jeu. Quant à nous, nous entendions ne parler que pour notre compte. Pour moi-même, il va de soi que je n'admis jamais aucune supervision, ni même aucun avis étranger, sur ce que j'avais à dire à la France.

Ces points de vue différents s'aménagèrent dans un compromis de fait d'après lequel la France Libre disposait chaque jour des ondes pendant deux fois cinq minutes. D'autre part et indépendamment de nous, fonctionnait sous la direction de M. Jacques Duchesne, journaliste employé par la B.B.C., l'équipe fameuse « des Français parlent aux Français ». Plusieurs Français Libres, tels Jean Marin et Jean Oberlé, en faisaient partie avec mon approbation. Il était, d'ailleurs, entendu que l'équipe se tiendrait en étroite liaison avec nous, ce qui eut lieu longtemps, en effet. Je dois dire que le talent et l'efficacité de ce groupe nous déterminèrent à lui donner tout le concours que nous pouvions. Nous en faisions d'ailleurs autant pour la revue *France Libre* due à l'initiative de MM. Labarthe et Raymond Aron. Nous traitions de la même manière l' « Agence française indépendante » et le journal *France*, respectivement dirigés par Maillaud dit Bourdan et par M. Comert, avec l'appui direct du ministère britannique de l'Information mais sans nous être aucunement attachés.

Les choses allèrent ainsi, avec quelques incidents, tant que restèrent parallèles les intérêts et les politiques de l'Angleterre et de la France Libre. Plus tard, devaient venir des crises, au cours desquelles les propagandistes « des Français parlent aux Français », l' « Agence française indépendante », le journal *France*, n'épousèrent pas notre querelle. Il est vrai que, par les antennes de Brazzaville, nous eûmes toujours le moyen de publier ce qui nous parut utile. Dès le début, en effet, notre modeste radio africaine avait activement fonctionné et moi-même m'en servis souvent. Mais nous voulions l'agrandir et l'étendre. Le matériel nécessaire fut commandé en Amérique. Il nous fallut, pour l'obtenir, non seulement patienter longtemps et payer beaucoup de dollars, mais encore déjouer aux États-Unis maintes intrigues et surenchères. Finalement, c'est au printemps de 1943 que la petite installation des commencements héroïques fut relevée, sur le Congo, par le grand poste de la France Combattante.

On comprendra quelle importance nous attachions à nos brèves émissions de Londres. Chaque jour, celui qui devait parler en notre nom entrait au studio tout pénétré de sa responsabilité. On sait que Maurice Schumann le faisait le plus souvent. On sait aussi avec quel talent. Tous les huit jours environ, je parlais moi-même, avec l'émouvante impression d'accomplir, pour des millions d'auditeurs qui m'écoutaient dans l'angoisse à travers d'affreux brouillages, une espèce de sacerdoce. Je fondais mes allocutions sur des éléments très simples : le cours de la guerre, qui démontrait l'erreur de la capitulation ; la fierté nationale, qui, au contact de l'ennemi, remuait profondément les âmes ; enfin, l'espoir de la victoire et d'une nouvelle grandeur pour « notre dame la France ».

Pourtant, si favorable que pût être l'effet produit, il nous fallait bien constater que, dans les deux zones, l'opinion était à la passivité. Sans doute écoutait-on partout « la radio de Londres » avec satisfaction, souvent même avec ferveur. L'entrevue de Montoire avait été sévèrement jugée. La manifestation des étudiants de Paris, se portant en cortège derrière « deux gaules », le 11 novembre, à l'Arc de triomphe, et dispersés par la Wehrmacht à coups de fusil et de mitrailleuse, donnait une note émouvante et réconfortante. Le renvoi momentané de Laval apparaissait comme une velléité officielle de redressement. Le 1er janvier, comme je l'avais demandé, une grande partie de la population, surtout en zone occupée, était restée à domicile, vidant les rues et les places, pendant une heure : « l'heure d'espérance ». Mais aucun signe ne donnait à penser que des Français, en nombre appréciable, fussent résolus à l'action. L'ennemi, là où il se trouvait, ne courait chez nous aucun risque. Quant à Vichy, rares étaient ceux qui contestaient son autorité. Le Maréchal lui-même demeurait très populaire. Un film de ses visites aux principales villes du Centre et du Midi, qui nous était parvenu, en donnait des preuves évidentes. Au fond, la grande majorité voulait croire que Pétain rusait et que, le jour venu il redresserait les armes. L'opinion générale était donc que lui et moi nous mettions secrètement d'accord. En définitive, la propagande n'avait, comme toujours, que peu de valeur par elle-même. Tout dépendait des événements.

Dans l'immédiat, il s'agissait de la bataille d'Afrique. La France Libre commençait à y figurer. Dès le 14 juillet, je m'étais mis directement en rapport avec le général Wavell, Commandant en chef britannique au « Middle-East », pour qu'il groupât en unités constituées les éléments français qui se trouveraient dans sa zone d'action et les envoyât en renfort au général Legentilhomme à Djibouti. Puis, quand il fut avéré que la Côte française des Somalis se soumettait à l'armistice, j'avais obtenu de Wavell que le bataillon d'infanterie de marine, rallié à Chypre en juin et complété par des Français d'Égypte, participât à la première offensive menée par les Anglais en Cyrénaïque vers Tobrouk et Derna. En France et au dehors, beaucoup de patriotes avaient tressailli en apprenant que, déjà, le 11 décembre, le vaillant bataillon du commandant Folliot s'était distingué au combat de Sidi-Barrani. Mais la grande affaire était, maintenant, d'amener en mer Rouge, depuis l'Afrique équatoriale, une division, — hélas ! légère, — et d'obtenir qu'elle participât, comme telle, aux opérations.

Or, c'était en Érythrée et en Éthiopie que le Commandement britannique voulait porter l'effort, au printemps, de manière à liquider l'armée du Duc d'Aoste avant d'entamer autre chose sur les rives de la Méditerranée. Quelles que fussent les distances, j'entendais qu'un premier échelon français prît part à l'action. Les 11 et 18 décembre, j'avais donné à Larminat et à Catroux les instructions nécessaires. Il s'agissait de la demi-brigade de légion étrangère, d'un bataillon sénégalais du Tchad, d'une compagnie de fusiliers-marins, d'une compagnie de chars, d'une batterie d'artillerie et d'éléments de services, le tout placé sous les ordres du colonel Monclar. Déjà, un escadron de spahis, amené de Syrie en juin 1940 par le commandant Jourdier, et quelques aviateurs, venus les uns de Tunis avec le capitaine Dodelier, les autres de Rayak avec les lieutenants Cornez et de Maismont, combattaient aux côtés des Anglais. J'avais fait régler l'embarquement de la Légion à destination de Port-Soudan, avec l'accord de Wavell ; les chars et l'artillerie devant suivre, eux aussi, par mer. Quant au bataillon du Tchad, il était parti pour Khartoum, tout simplement par les pistes, en utilisant des camionnettes locales. Il devait, d'ailleurs, arriver sans douleur, malgré les prédictions funestes des Africains expérimentés et, dès le 20 février, sous les ordres du commandant Garbay s'engager près de Kub-Kub et remporter un succès signalé. Par la suite, quatre autres bataillons sénégalais rejoindraient ces éléments de tête et constitueraient, avec eux, une appréciable unité de bataille. D'autre part, un groupe français de bombardement, doté d'appareils « Blenheim » que nous avions amenés d'Angleterre, serait expédié vers Khartoum. Enfin, les braves avisos *Savorgnan de Brazza* et *Commandant Duboc* faisaient route vers la mer Rouge.

Combien la part de la France dans la bataille d'Abyssinie eût-elle eu plus d'importance, si la Côte française des Somalis, avec sa garnison de 10 000 hommes bien armés et son port de Djibouti, terminus du chemin de fer d'Addis-Abéba, était redevenue belligérante ! Aussi tout en pressant l'envoi de troupes vers l'Éthiopie, voulais-je tenter de faire rallier cette colonie française. Or, à Djibouti, après quelques velléités de refuser l'armistice, on s'était soumis aux ordres de Vichy. Mais, peut-être, le fait, que, dans la région même, une bataille s'engageait contre l'ennemi et que des Français arrivaient pour y prendre part entraînerait-il un changement d'attitude ? Dans ce cas, c'est à Djibouti qu'il faudrait débarquer les troupes de la France Libre pour les y joindre à la garnison. Dès lors, une force française vraiment importante prendrait l'offensive à partir de là, en conjuguant son effort avec celui des Britanniques. Si, au contraire, la Côte des Somalis n'acceptait pas de se rallier, l'expédition française libre combattrait seule aux côtés des Anglais.

A Londres, nos alliés donnèrent leur accord à ce programme. Je chargeai le général Legentilhomme de tenter d'amener au combat ses anciennes troupes de Djibouti et, en tous cas, de commander celles qui étaient ou seraient envoyées en mer Rouge depuis l'Afrique équatoriale. Il partit aussitôt pour Khartoum. Au général Catroux et au général Wavell, je fixai les conditions dans lesquelles devraient agir Legentilhomme et les forces sous ses ordres. En même temps, je priai M. Churchill de s'accommoder de l'initiative française, dont il faisait d'abord mine de prendre ombrage.

Tandis que nous tâchions de renforcer en Orient l'action des forces britanniques, nous ouvrions, aux confins du Tchad et de la Libye, un front proprement français. C'était, à vrai dire, avec des moyens bien faibles et sur d'immenses étendues. Mais là, nous pouvions ne dépendre que de nous-mêmes et je tenais essentiellement à ce qu'il en fût ainsi.

Depuis son arrivée au Tchad, Leclerc, sous les ordres du haut-commissaire de Larminat qui lui donnait tout ce qu'il pouvait, avait préparé, avec une activité extrême, les premières opérations prescrites dans le désert. En janvier, avec le lieutenant-colonel d'Ornano qui fut tué dans cette affaire, il poussait jusqu'au poste italien de Mourzouk une brillante reconnaissance, à laquelle s'était jointe une patrouille anglaise venue du Nil. Fin janvier, à la tête d'une colonne soigneusement formée, qu'appuyait notre aviation, Leclerc s'élançait vers les oasis de Koufra, à 1 000 kilomètres de ses bases. Pendant plusieurs semaines de manœuvres et de combats, il attaquait les Italiens dans leurs postes, repoussait leurs troupes mobiles et, le 1er mars, faisait capituler l'ennemi.

Au moment même, l'avance rapide des Britanniques en Libye semblait pouvoir nous offrir des perspectives plus larges encore. C'est pourquoi, le 17 février, je prescrivis au général de Larminat de préparer la conquête du Fezzan. Le cours ultérieur des événements de Libye devait nous empêcher de passer, dès ce moment, à l'exécution. Mais Leclerc et ses sahariens seraient, désormais, tendus vers cet objectif principal. J'avais été amené, entre temps, à fixer, quant à la destinée de Koufra et du Fezzan, la position de la France par rapport à celle des Britanniques. Nous resterions à Koufra, bien que les oasis aient, naguère, été rattachées au Soudan anglo-égyptien. Quand, un jour, le Fezzan serait conquis par nous, et pourvu que l'Angleterre reconnût notre droit à y demeurer, nous pourrions évacuer Koufra.

Pourtant, quoi que pussent faire les Anglais, et, avec eux, les Français Libres, l'initiative stratégique appartenait toujours à l'ennemi. C'est de lui que dépendait l'orientation de la guerre. Faute de pouvoir envahir l'Angleterre, allait-il déferler sur l'Afrique du Nord par Suez et par Gibraltar? Ou bien voudrait-il régler leur compte aux Soviets? En tout cas, des signes annonçaient qu'il allait déclencher l'une ou l'autre de ces entreprises. Quelle que fût l'éventualité, les dispositions arrêtées par nous permettraient, pensions-nous, à la France Libre d'engager utilement ce qu'elle avait de forces. Mais, en outre et malgré l'affreuse faiblesse dans laquelle nous nous débattions, j'étais résolu, devant chacun des problèmes que poserait au monde la nouvelle offensive de l'Allemagne et de ses alliés, à parler au nom de la France et à le faire comme il convenait.

Au mois de novembre 1940, l'Italie avait attaqué la Grèce. Le 1er mars 1941, le Reich forçait la Bulgarie à se joindre à l'Axe. Dans les premiers jours d'avril, les troupes allemandes devaient entrer en Grèce et en Yougoslavie. Par cette main mise sur les Balkans, l'ennemi pouvait viser aussi bien à déboucher vers l'Orient qu'à interdire aux Britanniques toute tête de pont derrière la Wehrmacht si celle-ci pénétrait en Russie. Dès le début de l'offensive italienne en Grèce, j'avais télégraphié au général Metaxas, Premier Ministre hellénique, afin qu'on sût publiquement de quel côté se trouvaient les vœux et la fidélité de la France. La réponse de Metaxas marqua qu'il l'avait compris. Cependant, je ne pus réussir à obtenir des Anglais le transport en Grèce d'un petit détachement que je souhaitais y envoyer à titre symbolique. Il faut dire que Wavell, absorbé par les opérations de Libye et d'Érythrée, n'expédiait lui-même, alors, en Grèce, aucune de ses propres forces.

Au début de février, nous avions appris l'arrivée en Syrie de la mission allemande von Hintig et Roser. L'agitation que cette mission devait susciter dans les pays arabes pouvait servir, soit à y préparer l'irruption des forces de l'Axe, soit à y créer une diversion utile en cas d'attaque de ces forces vers Kiev et Odessa.

Dans le même temps, la menace japonaise se précisait en Extrême-Orient. Sans doute ne pouvait-on démêler s'il s'agissait, de la part des Nippons, d'une volonté arrêtée d'entrer prochainement dans la guerre ou, simplement, d'une pression destinée à accrocher, dans le sud-est de l'Asie, le plus possible des forces britanniques et des préparatifs américains, tandis que l'Allemagne et l'Italie déploieraient leur effort, soit vers Moscou, soit au-delà de la Méditerranée. Mais, de toute façon, les Japonais voulaient s'assurer immédiatement du contrôle de l'Indochine. En outre, s'ils entraient en ligne, la Nouvelle-Calédonie, nos archipels du Pacifique, les Établissements français des Indes et, même, Madagascar, allaient être menacés.

En Indochine, l'intervention japonaise avait commencé dès qu'il fut clair que la France perdait la bataille en Europe. Au mois de juin 1940, le général Catroux, Gouverneur général, s'était tenu pour contraint de donner satisfaction aux premières demandes nippones. Avant de s'y résoudre, il avait fait sonder les Britanniques et les Américains et conclu qu'aucun concours extérieur ne pouvait être envisagé. Là-dessus, Vichy avait remplacé Catroux par Decoux. Pour moi, qui n'étais en mesure, ni de soulever en Indochine un mouvement capable d'y prendre les affaires en main, ni d'y briser l'intervention japonaise qu'un tel mouvement n'aurait pas manqué de provoquer, ni de décider les alliés à s'opposer aux empiétements nippons, je me trouvais, jusqu'à nouvel ordre, contraint à l'expectative. C'est avec les sentiments que l'on devine que, de Douala, le 8 octobre, je l'avais télégraphié à l'Inspecteur général des Colonies Cazaux, Directeur des finances à Saïgon, en réponse à un émouvant message par lequel il me rendait compte de la sympathie d'une grande partie de la population à l'égard des Français Libres, mais aussi de l'impossibilité où était l'Indochine d'agir comme elle le souhaitait. A moi-même, menant une bien petite barque sur l'océan de la guerre, l'Indochine apparaissait alors comme un grand navire désemparé que je ne pourrais secourir avant d'avoir longuement réuni les moyens du sauvetage. Le voyant s'éloigner dans la brume, je me jurais à moi-même de le ramener un jour.

Au début de 1941, les Japonais poussaient le Siam à s'emparer des deux rives du Mékong, voire du Cambodge et du Laos. En même temps, ils accentuaient leurs propres exigences, réclamant pour eux-mêmes, d'abord une sorte de mainmise économique sur l'Indochine, ensuite l'occupation militaire des points essentiels. J'étais informé des développements de cette grave affaire, non seulement par les Anglais et les Hollandais à Londres, mais aussi par les représentants dont la France Libre disposait aux principaux carrefours du monde : Schompré, puis Baron et Langlade, à Singapour ; Garreau-Dombasle à Washington ; Egal à Shanghaï ; Vignes à Tokyo ; Brénac à Sydney ; André Guibaut, puis Béchamp, à Tchoung-King ; Victor à New-Delhi. Il m'apparut que les diverses politiques étaient, en l'occurrence, aussi gênées que complexes, mais qu'en tout cas personne ne ferait rien pour aider l'Indochine française à résister aux Japonais. La France Libre n'en avait, évidemment, pas les moyens. Vichy, qui, lui, les avait, mais qui s'était livré aux Allemands, se voyait refuser par eux la possibilité de les employer. Les Anglais, bien qu'ils sentissent que l'orage atteindrait un jour Singapour, ne voulaient que gagner du temps, et leur représentant à Bangkok se montrait avant tout désireux de garder avec le Siam d'amicales relations, quel que fût le sort des territoires du Mékong. Quant aux Américains, qui n'étaient prêts, ni matériellement, ni moralement, à affronter le conflit, ils entendaient ne pas intervenir.

Dans ces conditions, ce que nous pouvions faire, et qui fut fait, c'était, d'abord, notifier partout que la France Libre tiendrait pour nul et non avenu tout abandon que le Gouvernement de Vichy consentirait en Indochine. C'était, aussi, sans que nos amis y ralliassent la politique et la doctrine de Vichy, ne pas gêner par des mouvements intérieurs la résistance que les autorités locales voudraient éventuellement opposer aux Japonais et aux Siamois. C'était, encore, concerter notre action dans le Pacifique avec celle des autres puissances menacées et tâcher, — mais en vain, — d'obtenir, au profit de l'Indochine, une médiation conjointe de l'Angleterre, des États-Unis et de la Hollande. C'était, enfin, organiser la défense de la Nouvelle-Calédonie et de Tahiti en commun avec l'Australie et la Nouvelle-Zélande.

A ce dernier point de vue, je vis, au mois de mars, lors de son passage à Londres, le Premier Ministre australien, M. Menzies, et réglai l'essentiel avec cet homme de grand sens. Après quoi, le gouverneur Sautot négocia et conclut, en mon nom, un accord précis avec les Australiens, toutes précautions étant prises pour qu'il n'y eût aucun empiétement sur la souveraineté française.

Nous apprîmes bientôt que les Thaïlandais attaquaient sur le Mékong et, qu'après avoir subi de sérieux échecs sur terre et sur mer, ils obtenaient, néanmoins, les territoires convoités, grâce à une brutale pression japonaise exercée à Saïgon et à Vichy et intitulée : « médiation ». Plus tard, le Japon lui-même imposerait son contrôle à l'Indochine. Il n'y eut aucune opposition, ni même aucune protestation, de la part d'aucune autre puissance intéressée dans le Pacifique. Dès ce moment, il était clair que l'entrée des Nippons dans la guerre mondiale ne serait plus qu'une question de date.

A mesure que se précisaient les raisons d'action commune, les relations se multipliaient entre Français et Britanniques. D'ailleurs, au long des jours, on avait fait connaissance. J'ai le devoir de dire que, si mon estime était tout acquise à ceux des Anglais qui dirigeaient leur pays, il m'apparaissait que ceux-ci m'accordaient personnellement la leur. Le Roi, d'abord, exemplaire et toujours informé, la Reine, chacun des membres de leur famille, choisissaient maintes occasions d'en donner le témoignage. Parmi les ministres, c'est évidemment avec M. Churchill que j'étais surtout en relations publiques et privées. Mais je voyais aussi, à cette époque, soit pour les affaires, soit dans d'amicales réunions, principalement M. Eden, Sir John Anderson, M. Amery, Sir Edward Grigg, M. Alexander, Sir Archibald Sinclair, Lord Lloyd, Lord Cranborne, Lord Hankey, Sir Stafford Cripps, MM. Attlee, Duff Cooper, Dalton, Bevin, Morrison, Bevan, Butler, Brendan-Bracken. Parmi les premiers « servants » civils ou militaires, c'étaient, le plus souvent, Sir Robert Vansittart, Sir Alexander Cadogan, M. Strang, M. Morton, les généraux Sir John Dill et Ismay, l'amiral Sir Dudley Pound, l'Air-marshal Portal, que j'avais à rencontrer. Mais, qu'il s'agît de gouvernants, de grands chefs, de hauts fonctionnaires, ou bien de personnalités du Parlement, de la presse, de l'économie, etc., tous montraient, quant à l'intérêt britannique, un loyalisme, une assurance, qui frappaient et en imposaient.

Ce n'est pas, certes, que ces hommes fussent aucunement dépourvus d'esprit critique, voire de fantaisie. Combien de fois ai-je, même, savouré l'humour avec lequel, en dépit de leur surmenage, ils jugeaient les hommes et les événements au cœur du drame qui nous roulait tous comme la mer roule les galets ! Mais il y avait en chacun d'eux un dévouement au service public, entre eux tous une communauté d'intentions, qui les liaient les uns aux autres. L'ensemble donnait l'impression, dans le personnel dirigeant, d'une cohésion que j'enviai et admirai bien souvent.

Mais dont j'eus, aussi, à subir les étreintes. Car, c'était une rude épreuve que de résister à la machine britannique, quand elle se mettait en mouvement pour imposer quelque chose. A moins d'en avoir fait, soi-même, l'expérience, on ne peut imaginer quelle concentration des efforts, quelle variété de procédés, quelle insistance, tour à tour gracieuse, pressante ou menaçante, les Anglais étaient capables de déployer pour obtenir satisfaction.

Tout d'abord, des allusions, prodiguées de-ci de-là, mais frappantes par leur concordance, venaient nous mettre en éveil et exercer sur nous une méthodique préparation. Soudain, au cours d'un entretien organisé dans les formes, la personnalité qualifiée produisait la demande ou l'exigence britannique. Si nous n'acceptions pas d'entrer dans les voies proposées, — et je dois dire que c'était fréquent, — commençait l'épreuve de la « pression ». Autour de nous, tout le monde s'y mettait, de toutes façons, à tous les étages. Il y avait les conversations officielles ou officieuses, où les échelons les plus divers invoquaient, suivant l'occasion, l'amitié, l'intérêt, la crainte. Il y avait l'action de la presse, habilement réservée sur l'objet même du litige, mais créant, pour ce qui nous concernait, une atmosphère de blâme et de tristesse. Il y avait l'attitude des gens avec qui nous nous trouvions en relations personnelles et qui tous, accordés d'instinct, s'efforçaient de nous convaincre. Il y avait, partout, en masse et à la fois, les objurgations, les plaintes, les promesses et les colères.

Nos partenaires britanniques y étaient aidés par la propension naturelle des Français à céder aux étrangers et à se diviser entre eux. Chez nous, parmi ceux qui, de près ou de loin, avaient eu, dans leur carrière, à s'occuper d'affaires extérieures, la concession était, le plus souvent, une habitude, sinon un principe. Pour beaucoup, à force d'avoir vécu sous un régime dépourvu de consistance, il était comme entendu que la France ne disait jamais : « Non ! » Aussi, dans les moments où je tenais tête aux exigences britanniques, voyais-je, jusqu'autour de moi, se manifester l'étonnement, le malaise, l'inquiétude. J'entendais chuchoter en coulisse et je lisais dans les yeux cette question : « Où donc veut-il aller ? » Comme s'il était inconcevable qu'on n'allât pas à l'acceptation. Quant à ceux des Français émigrés qui ne nous avaient pas ralliés, ils prenaient parti contre nous d'une manière quasi automatique ; la plupart suivant la pente de leur école politique pour laquelle la France avait toujours tort, du moment qu'elle s'affirmait ; tous désapprouvant de Gaulle, dont la fermeté, qu'ils qualifiaient de dictatoriale, leur paraissait suspecte par rapport à l'esprit d'abandon qu'ils prétendaient confondre avec celui de la République !

Quand ces influences multiples avaient pu jouer à fond, le silence s'étendait tout à coup. Une sorte de vide était créé autour de nous par les Britanniques. Plus d'entretiens, ni de correspondance ; plus de visites, ni de déjeuners. Les questions restaient pendantes. Les téléphones ne sonnaient plus. Ceux des Anglais que le hasard nous faisait, pourtant, rencontrer, étaient sombres et impénétrables. Nous étions ignorés, comme si, pour nous, la page de l'alliance et, même, celle de la vie, étaient, désormais, tournées. Au cœur de l'Angleterre concentrée et résolue, un froid glacial nous enveloppait.

Alors, venait l'attaque décisive. Une solenelle réunion franco-britannique avait lieu inopinément. Tous les moyens y étaient mis en œuvre ; tous les arguments, produits ; tous les griefs, articulés ; toutes les mélodies, chantées. Bien que, parmi les Anglais responsables, l'art dramatique eût ses degrés, chacun d'eux jouait son rôle en artiste de classe. Des heures durant, se succédaient les scènes pathétiques et alarmantes. On se quittait sur des sommations, faute que nous ayons cédé.

Quelque temps encore et c'était l'épilogue. Diverses sources britanniques émettaient des signaux de détente. Des intermédiaires venaient dire qu'il y avait, sans doute, malentendu. Des personnes qualifiées demandaient de mes nouvelles. Quelque entrefilet bienveillant paraissait dans les journaux. Là-dessus, arrivait un projet anglais d'arrangement, concernant la question débattue et qui ressemblait beaucoup à ce que nous avions, nous-mêmes, proposé. Les conditions devenant acceptables, l'affaire était vite réglée, tout au moins en apparence. Le terme y était mis au cours d'une amicale réunion, non sans que nos partenaires eussent, à tout hasard, essayé dans l'euphorie de l'entente retrouvée, d'obtenir à l'improviste quelque avantage. Puis, les rapports se renouaient comme devant ; le fond des choses restant, toutefois, indéterminé. Car, pour la Grande-Bretagne, il n'y avait jamais de cause qui fût entendue.

Au début du mois de mars 1941, je ne pouvais douter que la guerre fût sur le point de faire surgir pour nous, en Orient et en Afrique, de grandes épreuves face à l'ennemi, l'opposition obstinée de Vichy et de sérieuses dissensions avec nos alliés. C'est sur place qu'il me faudrait prendre les décisions nécessaires. Je décidai d'y aller.

Avant de partir, passant le week-end aux Chequers chez le Premier Ministre, celui-ci me fit deux annonces, en même temps que ses adieux. Le 9 mars, à l'aurore, M. Churchill vint me réveiller pour me dire, en dansant littéralement de joie, que le Congrès américain avait voté le « Lease-Lend Bill », en discussion depuis plusieurs semaines. Il y avait là, en effet, de quoi nous remplir d'aise, non seulement par le fait que les belligérants se trouvaient désormais assurés de recevoir des États-Unis le matériel nécessaire au combat, mais aussi parce qu'en devenant, suivant le mot de Roosevelt, « l'arsenal des démocraties », l'Amérique faisait un pas de géant vers la guerre. Alors, voulant, sans doute, profiter de ma bonne humeur, M. Churchill formula sa deuxième communication : « Je sais, dit-il, que vous avez des griefs à l'encontre de Spears, en tant que chef de notre liaison auprès de vous. Cependant, je vous demande instamment de le garder encore et de l'emmener en Orient. C'est un service personnel que vous me rendrez. » Je ne pouvais refuser et nous nous quittâmes là-dessus.

En m'envolant vers l'équateur, le 14 mars, j'avais cette fois le sentiment que la France Libre disposait d'une armature valable. Notre Conseil de Défense de l'Empire, pour dispersés que fussent ses membres, formait un ensemble estimable et cohérent, reconnu, d'ailleurs, dès le 24 décembre 1940, par le Gouvernement britannique. A Londres notre administration centrale s'était affermie ; des hommes de qualité, comme Cassin, Pleven, Palewski, Antoine, Tissier, Dejean, Alphand, Dennery, Boris, Antier, etc., en formant l'assature. D'autre part, au point de vue militaire, plusieurs officiers de valeur, tels les colonels : Petit, Angenot, Dassonville, Brosset, venus d'Amérique du Sud où ils se trouvaient en mission, Bureau muté du Cameroun, le colonel de l'Air Valin qui nous arrivait du Brésil, donnaient plus de consistance à nos états-majors. En Orient, Catroux ; en Afrique, Larminat, avaient les affaires bien en main. Sous l'impulsion de Garreau-Dombasle pour les États-Unis, de Ledoux pour l'Amérique du Sud, de Soustelle pour l'Amérique centrale, d'Argenlieu et de Martin-Prevel pour le Canada, nos délégations s'implantaient partout dans le Nouveau Monde. Nos comités à l'étranger ne cessaient pas de se développer, en dépit de l'action exercée sur place par les représentants de Vichy, de la malveillance de la plupart des notables français et des querelles habituelles à nos compatriotes. L'Ordre de la Libération, que j'avais institué à Brazzaville, le 16 novembre 1940, et organisé à Londres, le 29 janvier 1941, suscitait, parmi les Français Libres, une émulation de la plus haute qualité. Enfin, nous sentions, par-dessus la mer, la France regarder vers nous.

Ces progrès de la France Libre, en moyens et en solidité, m'apparaissaient déjà, le long de ma route, dans l'attitude des gouverneurs anglais chez qui je faisais escale, à Gibraltar, à Bathurst, à Freetown, à Lagos. Je les avais, naguère, trouvés pleins de cordialité ; je les voyais, à présent, remplis de considération. En parcourant ensuite le bloc équatorial français, je ne sentis, nulle part, ni inquiétude, ni incertitude. Chacun, assuré maintenant dans sa foi et dans son espérance, tournait les yeux vers le dehors, ambitieux de voir notre force sortir de son berceau lointain, grandir par d'autres ralliements, frapper l'ennemi, s'approcher de la France.

L'ORIENT

Vers l'Orient compliqué, je volais avec des idées simples. Je savais, qu'au milieu de facteurs enchevêtrés, une partie essentielle s'y jouait. Il fallait donc en être. Je savais que, pour les alliés, la clef de l'action était le canal de Suez, dont la perte livrerait à l'Axe l'Asie Mineure et l'Égypte, mais dont la possession permettrait, au contraire, d'agir un jour de l'est vers l'ouest, sur la Tunisie, l'Italie, le sud de la France. C'est dire que tout nous commandait d'être présents aux batailles dont le canal était l'enjeu. Je savais qu'entre Tripoli et Bagdad, en passant par Le Caire, Jérusalem, Damas, comme entre Alexandrie et Nairobi, en passant par Djeddah, Khartoum, Djibouti, les passions et ambitions, politiques, racistes, religieuses, s'aiguisaient et se tendaient sous l'excitation de la guerre, que les positions de la France y étaient minées et convoitées, qu'il n'y avait, dans aucune hypothèse, aucune chance qu'elle en gardât aucune, si, pour la première fois dans l'Histoire, elle demeurait passive alors que tout était en cause. Le devoir était donc d'agir, là comme ailleurs, aux lieu et place de ceux qui ne le faisaient pas.

Quant aux moyens qui, dans cette région du monde, appartenaient à la France, il y avait, d'abord, ceux dont je disposais déjà : troupes combattantes, réserves en formation, mais aussi territoire du Tchad qui nous mettait à même d'agir en Libye par le Sud et, en outre, procurait à l'aviation alliée l'avantage de faire venir ses appareils par air directement de l'Atlantique au Nil, au lieu de les transporter par mer suivant le périple du Cap. Il y avait, d'autre part, les atouts que Vichy était en train de perdre : présence de la France dans les États du Levant où elle avait une armée et où débouchait le pétrole ; colonie de Djibouti ; escadre d'Alexandrie. Si, par tactique ou par nécessité, je pouvais envisager de laisser momentanément en dehors de la guerre tel ou tel de ces éléments, si je mesurais ce qu'il y avait souvent, parmi les exécutants, d'excusable dans leur attentisme et d'explicable dans leur obédience, je n'étais pas moins résolu à les soumettre au plus tôt. Au moment de quitter Londres, j'avais, d'ailleurs, pris l'avis des membres du Conseil de Défense quant à ce qu'il conviendrait de faire si, devant quelque menace directe des Allemands, l'Angleterre et la Turquie décidaient de s'assurer des territoires syrien et libanais. Bref, j'arrivais en Orient décidé à ne ménager rien, d'une part pour étendre l'action, d'autre part pour sauvegarder ce qui pourrait l'être de la situation de la France.

J'atterris, d'abord, à Khartoum, base de la bataille d'Érythrée et du Soudan. Celle-ci était conduite — fort bien — par le général Platt, chef alerte et dynamique, qui venait précisément d'enlever sur les hauteurs de Keren la ligne principale de défense des Italiens. La brigade du colonel Monclar et le groupe d'aviation du commandant Astier de Villatte y avaient brillamment participé. Quant aux troupes de Djibouti, bien que le général Legentilhomme eût pris avec elles quelque contacts, elles ne s'étaient pas décidées et le gouverneur Noailhetas réprimait par tous les moyens, y compris la peine de mort, les mouvements qui se manifestaient en faveur du ralliement.

Pour que Djibouti rentrât dans la guerre, il ne fallait donc pas compter sur une adhésion spontanée. D'autre part, je ne prétendais pas y pénétrer par les armes. Restait le blocus, qui pouvait certainement porter à la compréhension une colonie dont les subsistances lui venaient par la mer, d'Aden, d'Arabie, de Madagascar. Mais nous ne parvînmes jamais à obtenir des Anglais qu'ils fissent tout le nécessaire.

Sans doute, leur commandement militaire était-il, en principe, favorable au ralliement qui procurerait des renforts. Mais d'autres instances anglaises étaient moins pressées. « Si, pensaient-elles vraisemblablement, la concurrence qui, depuis soixante ans, oppose vers les sources du Nil la Grande-Bretagne, l'Italie et la France se termine par un triomphe proprement britannique, si, les Italiens étant finalement écrasés, il apparaît que les Français sont restés passifs et impuissants, quelle situation unique aura désormais l'Angleterre dans tout l'ensemble : Abyssinie, Érythrée, Somalie, Soudan ! Pour quelques bataillons que Djibouti pourrait engager dans une bataille déjà virtuellement gagnée, faut-il renoncer à un tel résultat? » Cet état d'esprit, plus ou moins répandu parmi les Britanniques, explique, à mon avis, pourquoi les autorités de Vichy réussirent, pendant deux années, à ravitailler la colonie et, par là, à la maintenir dans une néfaste obédience.

Leur carence ne rendait que plus méritoires les services des troupes françaises qui combattaient en Érythrée. J'allai passer avec elles les journées du 29 et du 30 mars. Un avion français m'ayant amené au terrain d'Agordat, je gagnai la région à l'est de Keren, où notre brigade, jointe à une division hindoue, formait la gauche du dispositif allié. Nos troupes étaient magnifiques. Après Kub-Kub, elles avaient pris une part notable à la victoire de Keren, en enfonçant et débordant le flanc droit des Italiens. Le lieutenant-colonel Génin, qui s'était distingué dans l'affaire, m'est présenté. Pour nous joindre, à partir d'Alger, il vient de traverser l'Afrique et, à peine arrivé, de courir au combat. « Vous avez vu, maintenant, Génin. Qu'en pensez-vous? » — « Ah! si tous, de l'autre côté, pouvaient voir, il n'y aurait pas de question! »

Au lendemain de ma visite, comme le général Platt déclenchait l'exploitation, le commandant de la brigade française entraîna son monde vers Massaouah, capitale et réduit de l'Érythrée. Montecullo et le Fort Umberto une fois enlevés par les nôtres, le 7 avril, la légion entra en trombe dans Massaouah, pêle-mêle avec une foule d'Italiens en déroute, courut au port, s'empara de l'Amirauté et donna au colonel Monclar l'honneur de recevoir la reddition du commandant de la marine ennemie en mer Rouge. Au total, le détachement français avait fait, au combat, plus de 4 000 prisonniers et reçu, à Massaouah, la reddition de 10 000 autres.

Désormais, les débris des forces italiennes, rejetées en Abyssinie, n'opéreraient plus qu'en actions décousues. Mais le fait que la Somalie française restait en dehors de la lutte frustrait la France du rôle décisif qu'auraient pu jouer ses forces en marchant directement, le long du chemin de fer, de Djibouti sur Addis-Abéba où allait rentrer le Négus. Je ne pouvais qu'en tirer les déplorables conséquences. C'est ailleurs qu'il fallait, maintenant, porter les troupes françaises libres, celles qui venaient d'être engagées comme celles qui accouraient pour l'être. Palewski resterait sur place comme délégué politique et militaire, gardant à sa disposition un bataillon et quelques avions.

Au Caire, où j'atterris le 1er avril, battait le cœur de la

guerre, mais un cœur mal accroché. La situation des Britanniques et de leurs alliés y apparaissait, en effet, comme instable, non seulement en raison des événements militaires, mais aussi du fait qu'ils se trouvaient sur un sol miné par les courants politiques, au milieu de populations qui assistaient, sans prendre parti, à la bataille entre occidentaux, prêtes, toutefois, à tirer profit de la dépouille des vaincus.

Ces conditions donnaient à la conduite de la guerre en Orient un caractère très complexe. Le général Wavell, Commandant en chef britannique, par bonheur fort bien doué quant au jugement et au sang-froid, se mouvait au milieu de multiples contingences, dont beaucoup n'avaient avec la stratégie que des rapports indirects. Encore, cette stratégie elle-même était-elle des plus malaisées. Au début d'avril, Wavell menait sur trois fronts une bataille qu'alimentaient avec peine d'interminables communications.

En Libye, après de beaux succès qui avaient porté les Anglais jusqu'au seuil de la Tripolitaine, il avait fallu reculer. La Cyrénaïque, sauf Tobrouk, allait être perdue. Le commandement, malgré sa valeur, les troupes, malgré leur courage, n'avaient pas encore fait l'apprentissage de cette lutte du désert, si mobile et rapide sur d'immenses espaces découverts, si lassante, avec la soif et la fièvre chroniques, sous le soleil de feu, dans les sables, au milieu des mouches. Rommel changeait la fortune au moment même où le Gouvernement de Londres imposait à Wavell de dégarnir son corps de bataille en envoyant en Grèce une importante fraction de ses forces. Or, sur le front hellénique, les affaires n'allaient pas bien, non plus. Il est vrai que les victoires d'Érythrée et d'Abyssinie procuraient quelques consolations. Mais des signes alarmants apparaissaient dans les pays arabes. L'Irak s'agitait. L'Égypte restait énigmatique. Au sujet de la Syrie, les Allemands entamaient avec Vichy des tractations inquiétantes. En Palestine, le conflit latent entre Arabes et Juifs imposait maintes précautions.

A tant de difficultés, accumulées autour de Wavell, s'ajoutaient les interférences. Il y avait les télégrammes de Londres. Car, M. Churchill, impatient et compétent, ne laissait pas de demander des explications et de donner des directives. Indépendamment des visites de M. Eden, d'abord comme ministre de la Guerre, puis en avril 1941, — où je le rencontrai au Caire, — comme Secrétaire d'État au Foreign Office, il y avait les démarches de l'ambassadeur, Sir Miles Lampson, investi, de par sa valeur et de par la force des choses, d'une sorte de mission permanente de coordination. Il y avait le fait que l'armée d'Orient comprenait, pour une large part, les contingents des Dominions : Australie, Nouvelle-Zélande, Afrique du Sud, dont les gouvernements surveillaient jalousement l'emploi qui était fait de leurs forces, ainsi que les troupes des Indes dont il fallait user sans paraître en abuser. Bref, Wavell n'exerçait son commandement militaire qu'à travers toutes sortes d'entraves politiques.

Je dois dire qu'il les subissait avec une noble sérénité. A tel point qu'il maintenait son quartier général au Caire, où elles l'enserraient de toutes parts. C'est au cœur de cette ville grouillante, dans le tumulte et la poussière, entre les murs d'un petit bureau surchauffé par le soleil, que l'assaillaient continuellement des interventions extérieurs à son domaine normal de soldat. Et voici que j'arrivais, incommode et pressant, bien résolu à résoudre, pour le compte de la France, des problèmes qui mettaient en cause les Britanniques et d'abord, leur commandant en chef.

Avec le général Catroux, je traçai nos perspectives. Ce qu'il adviendrait en Syrie et au Liban était, pour nous, l'essentiel. Tôt ou tard, il faudrait y aller. Du jour où nous y serions, la France aurait une chance d'apporter à l'effort commun une importante contribution. Autrement, cette chance étant perdue, il en serait de même de la position de la France. Car, à supposer que l'Axe fût vainqueur, il dominerait là comme ailleurs. Dans le cas contraire, les Anglais prendraient notre place. L'autorité de la France Libre devait donc être étendue à Damas et à Beyrouth, dès que les événements en offriraient l'occasion.

Mais, à mon arrivée au Caire, l'occasion n'était pas en vue. On ne pouvait espérer que les autorités et l'armée du Levant rompissent d'elles-mêmes le charme maléfique qui les tenait enchaînées. Le mouvement qui, à la fin de juin 1940, poussait des colonnes entières en direction de la Palestine, s'était mué en attentisme. D'ailleurs, la démobilisation de beaucoup d'officiers et d'hommes, décrétée par Vichy après ses armistices, les avait ramenés en France. En outre, parmi les militaires et les fonctionnaires qui restaient en activité, Vichy avait rapatrié, voire arrêté, nombre de « gaullistes ». Bref, le mouvement espéré lors de l'arrivée au Caire du général Catroux ne s'était pas produit et nos informateurs de Beyrouth et de Damas ne nous donnaient pas à penser qu'il dût se produire bientôt.

Le même parti pris de renoncement enlisait l'escadre française d'Alexandrie. Depuis que l'amiral Godfroy avait conclu avec Andrew Cunningham l'accord qui neutralisait ses navires, le cuirassé *Lorraine*, les croiseurs : *Duguay-Trouin*, *Duquesne*, *Suffren*, *Tourville*, les contre-torpilleurs : *Basque*, *Forbin*, *Fortuné*, le sous-marin *Protée*, restaient à l'ancre dans le port. Quelques éléments des états-majors et des équipages nous rejoignaient, par intervalles. Mais les autres, obéissant aux consignes de Vichy, employaient ce temps de guerre à se prouver mutuellement que la meilleure manière de servir la France envahie consistait à ne pas combattre. Un jour d'avril, traversant la rade d'Alexandrie pour aller visiter à son bord l'amiral Cunningham, je pouvais voir, le cœur serré, les beaux navires français, somnolents et inutiles, au milieu de la flotte anglaise en plein branle-bas de combat.

Ne pouvant, pourtant, admettre que le cours de la bataille en Méditerranée n'eût aucun effet sur l'état d'esprit des chefs en Afrique et en Orient, nous avions essayé d'établir avec eux des contacts. Au mois de novembre, Catroux faisait parvenir à Weygand une lettre de voisinage. Si minces que fussent mes illusions, j'avais approuvé cette démarche. Moi-même lançai à la radio plusieurs appels explicites, déclarant, notamment, le 28 décembre 1940 : « Tous les chefs français, quelles qu'aient pu être leurs fautes, qui décideront de tirer l'épée qu'ils ont mise au fourreau, nous trouveront à leurs côtés sans exclusive et sans ambitions. Si l'Afrique française se lève, enfin ! pour faire la guerre, nous ferons corps avec elle par notre morceau d'Empire. »

En janvier, ayant consulté les membres du Conseil de Défense sur l'attitude que nous aurions à prendre dans l'hypothèse où Vichy rentrerait par hasard dans la lutte, je les trouvai, comme moi-même, disposés à l'union. Le 24 février, j'avais, dans le même sens, écrit au Général Weygand, en dépit du sort fâcheux auquel il m'avait voué et de l'accueil disgracieux qu'il avait fait à ma précédente missive. J'adjurais Weygand de saisir la dernière occasion qui lui était offerte de reprendre le combat. Je proposais que nous nous unissions, lui faisant comprendre que, s'il y consentait, il pourrait compter sur mon respect et mon concours. D'autre part, Catroux ne manquait aucune occasion d'adresser à l'amiral Godfroy des signes engageants. Enfin, en novembre, il avait écrit à M. Puaux, Haut-commissaire au Levant, au général Fougère, Commandant supérieur des troupes, et au général

Arlabosse, son adjoint, ne fût-ce que pour ébaucher avec eux quelque liaison.

Mais ces multiples tentatives n'avaient produit aucun résultat. A nos émissions, Weygand répondait tantôt : « qu'il faudrait que de Gaulle fût fusillé », tantôt : « que lui-même était trop vieux pour faire un rebelle », tantôt : « que les deux tiers de la France se trouvant occupés par l'ennemi, le dernier tiers par la Marine, — ce qui était encore pire, — et Darlan le faisant continuellement espionner, il ne pouvait rien faire, quand bien même il l'aurait voulu. » Quant à l'amiral Godfroy, il accueillait avec bienséance les messages du général Catroux, mais ne leur donnait pas de suite. De Beyrouth, enfin, Arlabosse adressait à Catroux une réponse correcte, mais réfrigérante. D'ailleurs, à la fin de décembre, à la suite de l'accident aérien survenu à Chiappe, l'ambassadeur Puaux était remplacé par Dentz, officier général très conformiste et disposé à appliquer, telles quelles, les consignes que lui donnerait Darlan. Peu après, Fougère était, à son tour, relevé et le commandement des troupes passait au général de Verdilhac.

Dans ces conditions, nous ne pouvions penser entrer en Syrie que si l'ennemi lui-même y prenait pied. En attendant, il n'était que de réunir les troupes de Legentilhomme et les mettre à la disposition de Wavell pour qu'il les engageât en Libye. C'est ce dont je convins avec le commandant en chef britannique. En même temps, je réglai avec l'air-marshal Longmore l'organisation et l'emploi de notre petite force aérienne.

Je dois dire que nos soldats, à mesure qu'ils arrivaient, faisaient la meilleure impression. Dans cet Orient frémissant, où des échos séculaires répercutaient la renommée de la France, ils se sentaient des champions. Les Egyptiens, au demeurant, les accueillaient particulièrement bien, non, peut-être, sans l'intention que leur bonne grâce à l'égard des Français contrastât avec la froideur qu'ils montraient aux Britanniques. J'avais moi-même pris d'agréables contacts avec le Prince Mohamed-Ali, cousin et héritier du Roi, ainsi qu'avec Sikry Pacha, Président du Conseil et plusieurs de ses ministres. Quant aux Français résidant en Égypte : savants, membres de l'enseignement, spécialistes des antiquités, religieux, hommes d'affaires, commerçants, ingénieurs et employés du Canal, la plupart d'entre eux déployaient, pour aider nos troupes, une activité chaleureuse. Dès le 18 juin, ils avaient constitué, sous l'impulsion du baron de Benoist, du professeur Jouguet, de MM. Minost et Boniteau, une organisation qui fut, tout de suite, un des piliers de la France Libre. Pourtant, certains de nos compatriotes se tenaient à l'écart du mouvement. Parfois, le soir, allant faire quelques pas dans le jardin zoologique du Caire et passant devant la Légation de France qui lui faisait vis-à-vis, je voyais paraître aux fenêtres les visages tendus de ceux qui ne me rejoignaient pas, mais dont le regard, cependant, suivait le Général de Gaulle.

Pendant les deux semaines passées au Soudan, en Égypte et en Palestine, certaines choses s'étaient donc éclaircies. Mais l'essentiel restait à faire et, pour l'instant, je n'y pouvais rien. Je retournai alors à Brazzaville. De toute façon, il était nécessaire, en effet, de pousser l'organisation de notre bloc équatorial. Si l'Orient devait être perdu, ce serait là le môle de la résistance alliée ; sinon nous y aurions une base pour quelque future offensive.

Mon inspection me porta, une fois de plus, à Douala, Yaoundé, Maroua, Libreville, Port-Gentil, Fort-Lamy, Moussoro, Faya, Fada, Abéché, Fort-Archambault, Bangui, Pointe-Noire. Beaucoup de choses y manquaient, mais non point l'ordre, ni la bonne volonté. Les gouverneurs : Cournarie au Cameroun, Lapie au Tchad, Saint-Mart en Oubangui, Fortuné au Moyen-Congo, Valentin-Smith au Gabon, — où il venait de remplacer Parant mort en service par accident d'avion, — commandaient et administraient dans cette ambiance où l'on ne doute de rien et qui enveloppe les Français quand par hasard, ils sont d'accord pour servir une grande cause. Dans le domaine militaire, c'est à la mise sur pied de la colonne saharienne de Leclerc que je donnai la première urgence. Je lui fis envoyer d'Angleterre tout ce qui y restait de cadres, ainsi que tout le matériel approprié que les Anglais consentaient à fournir. Mais, dès la fin d'avril, je ne pouvais douter que, d'un jour à l'autre, c'est au Levant qu'il nous faudrait agir.

En effet, les Allemands débouchaient en Méditerranée. Le 24 avril, la résistance anglo-hellénique s'effondrait, tandis que les Yougoslaves venaient, eux-mêmes, de succomber. Sans doute, les Britanniques allaient-ils tenter de s'accrocher en Crète. Mais pourraient-ils y tenir? Il me semblait évident, qu'à partir des rivages grecs, l'adversaire allait prochainement porter en Syrie tout au moins des escadrilles. Leur présence au milieu des pays arabes y soulèverait une agitation qui pourrait servir de prélude à l'arrivée de la Wehrmacht. D'autre part, des terrains de Damas, Rayak, Beyrouth, à 500 kilomètres de Suez et de Port-Saïd, les avions allemands bombarderaient aisément le canal et ses accès.

A cet égard, Darlan était hors d'état de repousser les exigences d'Hitler. Mais, dans l'hypothèse où les chefs et les soldats français du Levant verraient atterrir sur leurs bases les appareils de la Luftwaffe, je me berçais de l'espoir que beaucoup d'entre eux se refuseraient à subir cette présence et à la couvrir de leurs armes. En ce cas, il faudrait être en mesure de leur tendre aussitôt la main. Je fixai donc mes directives quant à l'action à entreprendre. Il s'agirait de pousser directement sur Damas la petite division du général Legentilhomme, dès que l'apparition des Allemands provoquerait chez nos compatriotes le mouvement qui semblait probable. Catroux, de son côté, se préparait, dans cette hypothèse, à prendre tous les contacts possibles, avec Dentz lui-même au besoin, de manière à établir, contre l'envahisseur de la France et de la Syrie, le front commun des Français.

Mais ces projets ne rencontraient pas l'accord des Britanniques. Le général Wavell, absorbé par ses trois fronts de bataille, n'entendait, à aucun prix, en voir s'ouvrir un quatrième. Ne voulant pas, d'ailleurs, croire au pire, il se disait certain, sur la foi des rapports du consul général anglais à Beyrouth, que Dentz résisterait aux Allemands, le cas échéant. En même temps, le Gouvernement de Londres s'efforçait d'amadouer Vichy. C'est ainsi qu'au mois de février l'Amirauté britannique avait, malgré mes avertissements, accordé libre passage au paquebot *Providence*, qui transportait, de Beyrouth à Marseille, des « gaullistes » rapatriés d'office. C'est ainsi qu'à la fin d'avril était conclu avec Dentz un traité de commerce qui assurait le ravitaillement du Levant. C'est ainsi que se poursuivaient, à Aden, les négociations engagées dans le même but, pour Djibouti, par le gouverneur Noailhetas.

Les informations qui me parvenaient de France me donnaient à penser que l'influence américaine était pour quelque chose dans ces essais d' « apaisement ». On me rapportait qu'à l'égard de l'amiral Leahy, ambassadeur à Vichy, Pétain et Darlan prodiguaient leurs séductions, au moment même où, en secret, ils acceptaient les exigences d'Hitler. Roosevelt, influencé à son tour par les télégrammes de Leahy, pressait les Anglais de se montrer condescendants. Plus il me semblait nécessaire de préparer l'action au Levant, moins nos alliés y étaient disposés. Le 9 mai, Spears m'avisait, du Caire, « qu'aucune opération n'y était actuellement envisagée pour les Français Libres, qu'il y aurait, pour moi, désavantage à me rendre en Égypte et que le mieux était de reprendre le chemin de Londres. »

Convaincu que la temporisation risquait de coûter cher, je crus devoir, à mon tour, impressionner les Anglais. Le 10 mai, je télégraphiai au Caire à l'ambassade britannique et au commandant en chef pour protester, d'une part, contre les « décisions unilatérales prises par eux au sujet du ravitaillement du Levant et de Djibouti », d'autre part, contre les « retards apportés à la concentration de la division Legentilhomme à portée de la Syrie, alors que l'arrivée des Allemands y était chaque jour plus probable ». Je marquais que, dans ces conditions, je n'avais pas l'intention d'aller, prochainement, au Caire, que j'y laissais les choses suivre leur cours et que c'est au Tchad que je porterais, désormais, l'effort des Français Libres. Puis, je fis savoir à Londres que je rappelais du Caire le général Catroux, dont la présence y devenait inutile. Enfin, comme l'excellent M. Parr, Consul général britannique à Brazzaville, m'apportait des messages envoyés par M. Eden pour justifier la politique d'apaisement à l'égard de Vichy, je lui dictai une réponse condamnant cette politique avec d'autant plus de vigueur que j'apprenais l'entrevue de Darlan et d'Hitler à Berchtesgaden, la conclusion d'un accord entre eux, enfin l'atterrissage d'avions allemands à Damas et à Alep.

C'est que l'ennemi, lui aussi, jouait le grand jeu. A son instigation, Rachid Ali Kilani, chef du Gouvernement d'Irak, entamait les hostilités dans les premiers jours de mai. Les Anglais étaient assiégés sur leurs terrains d'aviation. Le 12 mai, des appareils de la Luftwaffe arrivaient en Syrie et, de là, gagnaient Bagdad. La veille, les autorités de Vichy avaient envoyé à Tel-Kotchek, sur la frontière irakienne, le matériel de guerre que la commission d'armistice italienne leur avait fait, naguère, entreposer sous son contrôle. Ces armes étaient, évidemment, destinées à Rachid Ali. Dentz, sommé par les Anglais de s'expliquer, répondait évasivement, sans nier, toutefois, les faits. Il ajoutait que s'il recevait de Vichy l'ordre de laisser débarquer les troupes allemandes il ne manquerait pas d'obéir, ce qui revenait à dire que l'ordre était déjà donné. On a su, en effet, que les plages où l'ennemi devait prendre terre se trouvaient, d'avance, désignées.

Le Cabinet de Londres jugea que, dans ces conditions, mieux valait se ranger à ma manière de voir. Le retournement fut soudain et complet. Dès le 14 mai, Eden, d'une part, et Spears, — qui était toujours en Égypte, — d'autre part, me le mandèrent sans ambages. Enfin, un message de M. Churchill me demanda de me rendre au Caire et de ne pas en retirer Catroux, vu que l'action était prochaine. Très satisfait de l'attitude adoptée par le Premier Ministre britannique, je lui répondis avec chaleur et, pour une fois, en anglais. Je ne pouvais, toutefois, manquer de tirer, au sujet du comportement de nos alliés dans cette affaire, les conclusions qui s'imposaient. Quant au général Wavell, son gouvernement lui avait prescrit d'entreprendre l'action prévue par nous en Syrie. Je le trouvai résigné à le faire, quand j'arrivai au Caire le 25 mai. Il est vrai que la perte de la Crète et la disparition du front grec allégeaient, sur le moment, les servitudes du commandant en chef.

Cependant, en Syrie même, les choses ne tournaient pas comme nous l'avions espéré. Catroux avait, un moment, cru pouvoir exécuter notre plan et marcher sur Damas avec les seules forces françaises libres. Mais il fallut bientôt constater que la collusion entre Vichy et l'ennemi ne soulevait aucun mouvement d'ensemble parmi les troupes du Levant. Au contraire, celles-ci prenaient position à la frontière, pour résister aux Français Libres et aux alliés, tandis que, derrière elles, les Allemands pouvaient circuler à leur gré. Comme Dentz disposait de plus de 30 000 hommes, bien pourvus d'artillerie, d'aviation et de blindés, sans compter les troupes syriennes et libanaises, notre projet primitif de marcher droit sur Damas avec nos 6 000 fantassins, nos 8 canons et nos 10 chars, appuyés par nos deux douzaines d'avions, en profitant des concours que nous rêvions de trouver sur place, ne pouvait s'appliquer tel quel. Les Britanniques devaient s'en mêler et on allait à une bataille rangée.

Du moins, voulions-nous que celle-ci fût aussi peu acharnée et prolongée que possible. C'était une question de moyens. Nos amis de Beyrouth et de Damas nous faisaient dire : « Si les alliés entrent en Syrie de toutes parts et en grand nombre, il n'y aura qu'un baroud d'honneur. Si, au contraire, les troupes du Levant se voient aux prises avec des forces médiocres en quantité et en matériel, leur amour-propre professionnel jouera et les combats seront rudes. » Accompagné du général

Catroux, j'eus, à ce sujet, maints entretiens avec Wavell. Nous le pressions de pénétrer au Levant, non seulement par le sud, à partir de la Palestine, mais aussi par l'est en venant d'Irak où, justement, les Britanniques étaient en train de réduire Rachid Ali. Nous demandions au commandant en chef d'opérer avec quatre divisions, dont une blindée, et de déployer dans le ciel syrien une large part de la Royal Air Force. Nous insistions pour qu'il donnât aux troupes de Legentilhomme ce qui leur manquait surtout : des moyens de transport et un appui d'artillerie.

Le général Wavell n'était, certes, pas dépourvu d'intelligence stratégique. En outre, il désirait nous satisfaire. Mais, absorbé par les opérations de Libye et vexé, sans doute, par les télégrammes comminatoires de M. Churchill, où il voyait l'effet de notre propre insistance, il opposait à nos objurgations une bonne grâce négative. Rien ne put le persuader de consacrer à l'affaire syrienne plus qu'un strict minimum de forces. Il ne mettrait en ligne, sous les ordres du général Wilson, qu'une division australienne et une brigade de cavalerie marchant par la route côtière : Tyr-Saïda, une brigade d'infanterie dirigée sur Kuneitra et Merdjayoun, une brigade hindoue prêtée à Legentilhomme qui, lui, devait se porter sur Damas par Deraa. Wavell y ajouta, plus tard, deux bataillons australiens. Enfin, un détachement hindou finit en dernier ressort, par agir à partir de l'Irak. Le tout était appuyé par une soixantaine d'avions ; divers navires de guerre accompagnant, le long de la côte, les opérations terrestres. Au total, les Alliés engageaient moins de forces qu'il ne leur en serait opposé. Sur ces bases défectueuses, il fallait, pourtant, agir et en finir. L'ultime décision fut prise. La tragédie allait commencer.

Le 26 mai, j'avais été inspecter, à Kistina, les troupes françaises libres, maintenant concentrées, mais toujours mal pourvues. Legentilhomme me présenta sept bataillons, une compagnie de chars, une batterie, un escadron de spahis, une compagnie de reconnaissance, des éléments de services. C'est à cette occasion que je remis les premières croix de la Libération, gagnées en Libye et en Érythrée. En prenant contact avec les officiers et les hommes, je constatai qu'ils étaient tout à fait dans le même état d'esprit que moi : chagrin et dégoût d'avoir à combattre des Français, indignation à l'égard de Vichy qui dévoyait la discipline des troupes, conviction qu'il fallait marcher, s'assurer du Levant et le tourner contre l'ennemi. Le 21 mai, le colonel Collet, commandant le groupe des escadrons tcherkesses, officier d'une grande valeur et d'une bravoure légendaire, franchit la frontière et vint nous rejoindre avec une partie de ses éléments. Le 8 juin, Français Libres et Britanniques se portèrent en avant en agitant des drapeaux alliés, avec l'ordre, donné conjointement par Wavell et par Catroux, de ne faire usage de leurs armes que contre ceux qui tireraient sur eux. Un poste-émetteur radio, installé en Palestine, répandait, depuis des semaines, par la voix des capitaines Schmittlein, Coulet et Repiton, d'amicales objurgations à l'adresse de nos compatriotes, en qui nous souhaitions, du plus profond de notre âme, ne pas trouver des adversaires. Cependant, il nous fallait passer. Par une déclaration publique, je ne laissai aucun doute sur ce point.

J'étais, d'ailleurs, d'autant plus résolu à pousser les choses à fond et rapidement, que maints indices donnaient à prévoir une offensive de Vichy et, peut-être, de l'Axe contre l'Afrique française libre. D'après nos renseignements Hitler avait exigé de Darlan, lors de leurs entretiens de Berchtesgaden les 11 et 12 mai, la mise à la disposition de l'Allemagne des aérodromes et des ports syriens, la possibilité, pour ses troupes, ses avions, ses navires, d'utiliser Tunis, Sfax et Gabès, la reconquête, par les forces de Vichy, des territoires équatoriaux. Sans doute, nos informateurs ajoutaient-ils que Weygand s'était refusé à ouvrir aux Allemands l'accès de la Tunisie et à déclencher l'offensive contre les territoires français libres, alléguant que ses subordonnés ne lui obéiraient pas. Mais, si le projet d'Hitler était fermement arrêté, que pèserait la protestation de Weygand qui, en dernier ressort et faute de vouloir combattre n'aurait à y opposer, dans les conseils du Maréchal, qu'une offre de démission?

Aussi nous tenions-nous prêts à riposter à une attaque. Larminat, profitant de l'impression produite par la nouvelle de l'arrivée d'avions allemands en Syrie sur certains éléments de la Côte d'Ivoire, du Dahomey, du Togo, du Niger, se disposait à y pénétrer à la première occasion. Je lui avais, moi-même, donné des instructions quant à la conduite à tenir. D'autre part, le Gouvernement britannique, à qui je demandais ce qu'il ferait dans le cas où Vichy, avec ou sans le concours immédiat des Allemands, tenterait d'agir, par exemple contre le Tchad, me répondait, par message de

M. Eden, qu'il nous aiderait à résister par tous les moyens en son pouvoir. Enfin, nous avions fait le nécessaire pour intéresser directement les Américains à la sécurité de l'Afrique française libre. Le 5 juin, je remettais au ministre des États-Unis au Caire un mémorandum faisant ressortir que l'Afrique devrait être un jour une base de départ américaine pour la libération de l'Europe et proposant à Washington d'installer, sans tarder, des forces aériennes au Cameroun, au Tchad et au Congo. Quatre jours après, le consul des États-Unis à Léopoldville allait voir Larminat lui demandant, de la part de son gouvernement, s'il estimait que l'Afrique équatoriale française était menacée et, sur la réponse affirmative du Haut-commissaire, l'invitant à lui faire connaître quelle aide directe il souhaitait que l'Amérique lui fournît, notamment en fait d'armement. Malgré tout et quelques précautions que nous ayons pu prendre pour la défense éventuelle du bastion équatorial, j'avais, devant la perspective d'un vaste effort mené en Afrique par l'Axe et ses collaborateurs, grand-hâte de voir le Levant fermé aux Allemands et coupé de Vichy.

Tandis qu'Anglais et Français Libres s'apprêtaient à y agir ensemble sur le terrain militaire, leur rivalité politique se dessinait derrière la façade. Auprès des états-majors alliés, autour de l'Ambassade du Caire, à côté du Haut-commissariat britannique à Jérusalem, dans les communications que le Foreign Office faisait à Cassin, à Pleven, à Dejean, et que ceux-ci me transmettaient de Londres, à travers les colonnes des journaux inspirés, notamment du *Palestine Post*, nous percevions les frémissements d'un personnel spécialisé, qui voyait s'ouvrir la perspective d'appliquer, enfin ! en Syrie des plans d'action dès longtemps préparés. Les événements allaient y assurer à la Grande-Bretagne un tel brelan d'atouts, politiques, militaires et économiques, qu'elle ne s'empêcherait sûrement pas de les jouer pour son compte.

D'autant plus qu'il nous serait à nous-mêmes impossible, une fois installés à Damas et à Beyrouth, d'y maintenir le *statu quo ante*. Les secousses causées par le désastre de 1940, la capitulation de Vichy, l'action de l'Axe, exigeaient que la France Libre prît, vis-à-vis des États du Levant, une position nouvelle, répondant à l'évolution et à la force des choses. Il nous apparaissait, d'ailleurs, qu'une fois la guerre finie, la France ne garderait pas le mandat. En supposant qu'il lui en restât le désir, il était clair que le mouvement des pays arabes et les nécessités internationales ne le lui permettraient pas. Or, un seul régime pouvait, en droit et en fait être substitué au mandat, et c'était l'indépendance, la préséance historique et les intérêts de la France étant, toutefois, sauvegardés. C'est à quoi avaient, d'ailleurs, visé les traités conclus par Paris, en 1936, avec le Liban et la Syrie. Ces traités, bien que leur ratification eût été différée, constituaient des faits que le bon sens et les circonstances nous défendaient de méconnaître.

Aussi avions-nous décidé qu'en pénétrant en territoire syrien et libanais la France Libre déclarerait sa volonté de mettre fin au régime du mandat et de conclure des traités avec les États devenus souverains. Tant que la guerre durerait en Orient, nous garderions naturellement au Levant le pouvoir suprême du mandataire, en même temps que ses obligations. Enfin, le territoire de la Syrie et du Liban faisant partie intégrante du théâtre d'opérations du Moyen-Orient, sur lequel les Anglais disposaient, par rapport à nous, d'une énorme supériorité de moyens, nous accepterions que le Commandement militaire britannique exerçât, sur l'ensemble, la direction stratégique contre les ennemis communs.

Mais il apparut tout de suite que les Anglais ne s'en contenteraient pas. Leur jeu, réglé à Londres par des instances bien assurées, mené sur place par une équipe dépourvue de scrupules mais non de moyens, accepté par le Foreign Office qui en soupirait parfois mais ne le désavouait jamais, soutenu par le Premier Ministre dont les promesses ambiguës et les émotions calculées donnaient le change sur les intentions, visait à instaurer, dans tout l'Orient, le *leadership* britannique. La politique anglaise allait donc s'efforcer, tantôt sourdement et tantôt brutalement, de remplacer la France à Damas et à Beyrouth.

Comme procédé, c'est la surenchère que cette politique emploierait, donnant à croire que toute concession attribuée par nous à la Syrie et au Liban l'était grâce à ses bons offices, excitant les gouvernants locaux à formuler de croissantes exigences, enfin, soutenant les provocations auxquelles elle devait les conduire. Du même coup, on tâcherait de faire des Français des repoussoirs, de dresser contre eux l'opinion locale et internationale et, ainsi, de détourner la réprobation populaire des empiétements britanniques dans les autres pays arabes.

A peine était prise en commun la décision d'entrer en Syrie que, déjà, les Anglais laissaient percer leurs intentions. Comme Catroux préparait son projet de déclaration annonçant l'indépendance, Sir Miles Lampson demanda que la proclamation fût faite à la fois au nom de l'Angleterre et au nom de la France Libre. Je m'y opposai, naturellement. L'Ambassadeur insista, alors, pour que le texte fît état de la garantie britannique donnée à notre promesse. Je repoussai cette demande, alléguant que la parole de la France n'avait pas besoin d'une garantie étrangère. M. Churchill, me télégraphiant, le 6 juin, à la veille de la marche en avant, pour m'exprimer ses vœux amicaux, insistait sur l'importance que revêtait cette fameuse garantie. Je répondis à ces souhaits, mais non à cette prétention. Il était facile de voir que nos partenaires voulaient créer l'impression que, si les Syriens et les Libanais recevaient l'indépendance, ils la devraient à l'Angleterre et se placer, pour la suite, en position d'arbitres entre nous et les États du Levant. Finalement, la déclaration de Catroux fut ce qu'elle devait être. Mais, sitôt qu'il l'eut faite, le Gouvernement de Londres en publia une autre, séparément et en son propre nom.

Ce sont de cruels souvenirs qu'évoque en moi la campagne que nous avions dû engager. Je me revois, allant et venant, entre Jérusalem où j'ai fixé mon poste et nos braves troupes qui avancent vers Damas, ou bien allant visiter les blessés à l'ambulance franco-britannique de Mme Spears et du Dr Fruchaut. En apprenant, à mesure, que beaucoup des nôtres, et des meilleurs, restent sur le terrain, que, par exemple le général Legentilhomme est grièvement blessé, que le colonel Génin et le capitaine de corvette Détroyat sont tués, que les commandants de Chevigné, de Boissoudy, de Villoutreys, sont gravement atteints, que, de l'autre côté, nombre de bons officiers et soldats tombent bravement sous notre feu, que, sur le Litani les 9 et 10 juin, devant Kiswa le 12, autour de Kuneitra et d'Ezraa les 15 et 16, de violents combats mêlent les morts français des deux camps et ceux de leurs alliés britanniques, j'éprouve à l'égard de ceux qui s'opposent à nous par point d'honneur des sentiments confondus d'estime et de commisération. Alors que l'ennemi tient Paris sous sa botte, attaque en Afrique, s'infiltre au Levant, ce courage déployé, ces pertes subies, dans la lutte fratricide qu'Hitler a imposée à des chefs tombés sous son joug, me font l'impression d'un horrible gaspillage.

Mais, plus m'étreint le chagrin, plus je m'affermis dans la volonté d'en finir. Il en est ainsi, d'ailleurs, des soldats de la France Libre, dont pour ainsi dire aucun n'aura de défaillance. Il en est ainsi, également, de tous ceux de nos compatriotes d'Égypte qui, réunis au Caire pour le premier anniversaire du 18 juin, répondent à mon allocution par des acclamations unanimes.

Ce jour-là, on put croire que Dentz était sur le point de mettre fin à une lutte odieuse. Celle-ci, d'ailleurs, ne lui offrait déjà plus d'espoir. En effet, Benoist-Méchin envoyé par Vichy à Ankara pour obtenir que des renforts pussent être expédiés au Levant en traversant la Turquie, s'était heurté à un refus. D'autre part, la déroute de Rachid Ali en Irak et sa fuite en Allemagne, le 31 mai, ouvraient aux alliés les portes de la Syrie par le désert et par l'Euphrate. Du coup, les Allemands ne semblaient plus pressés de faire passer de nouvelles forces en pays arabes. Au contraire, les avions qu'ils y avaient envoyés étaient ramenés en Grèce. Les seuls renforts qui fussent arrivés au Levant, depuis le début des combats, étaient deux escadrilles françaises d'aviation, venues d'Afrique du Nord par Athènes, où les Allemands les avaient accueillies et ravitaillées. Or, voici que, de Washington, nous parvenait la nouvelle que M. Conty, Directeur politique au Haut-commissariat du Levant, avait, le 18 juin, prié le consul général américain à Beyrouth de demander d'urgence aux Britanniques quelles conditions eux-mêmes et les « gaullistes » mettraient à une cessation des hostilités.

Dès le 13 juin, prévoyant la suite et par mesure de précaution, j'avais fait connaître à M. Churchill sur quelles bases devrait être, à mon avis, conclu le futur armistice. Au cours de la réunion tenue, le 19 juin, chez Sir Miles Lampson et à laquelle assistaient Wavell et Catroux, je rédigeai dans le même sens le texte des conditions qui me paraissaient acceptables pour nous-mêmes et convenables pour ceux qui nous combattaient. « L'arrangement, écrivais-je, doit avoir pour bases : un traitement honorable pour tous les militaires et tous les fonctionnaires ; la garantie donnée par la Grande-Bretagne que les droits et intérêts de la France au Levant seront maintenus de son fait ; la représentation de la France au Levant assurée par les autorités françaises libres. » Je spécifiais que « tous militaires et fonctionnaires qui le désireront pourront rester, ainsi que leurs familles, les autres étant rapatriés plus tard ». Mais j'ajoutais que « toutes dispositions devraient être prises par les Alliés pour que ce choix soit réellement libre ». Enfin, pour répondre aux bruits que faisait courir Vichy, je déclarais que « n'ayant jamais traduit en jugement ceux de mes camarades de l'armée qui m'ont combattu en exécutant les ordres reçus, je n'avais aucunement l'intention de le faire dans le cas présent ». Ce sont, essentiellement, ces dispositions qui, adoptées sur place par les Britanniques, furent aussitôt télégraphiées à Londres pour être transmises à Washington et, de là, à Beyrouth.

Aussi éprouvai-je, le lendemain, une impression désagréable quand je connus le texte exact que le Gouvernement britannique avait finalement adressé et qui ne ressemblait pas à celui auquel j'avais souscrit. Il n'était même pas question de la France Libre, comme si c'était à l'Angleterre que l'on proposait à Dentz de remettre la Syrie ! N'étaient, en outre, pas mentionnées les précautions que je voulais voir prendre pour empêcher que les militaires et fonctionnaires du Levant fussent rapatriés massivement et d'autorité ; or, j'avais besoin d'en garder le plus possible. J'adressai donc à M. Eden une protestation formelle et le prévins que, quant à moi, je m'en tenais aux conditions acceptées le 19 juin, sans en reconnaître d'autres. Cette réserve devait avoir son importance, comme on le verra par la suite.

Pour quelles raisons les autorités de Vichy attendirent-elles plus de trois semaines avant de donner suite à leur propre intention de négocier la fin de la lutte? Pourquoi fallut-il, de ce fait, continuer aussi longtemps des combats qui ne pouvaient rien changer, excepté le total des pertes? Je ne découvre d'explication que dans le déclenchement de l'offensive allemande en Russie. Le 22 juin, lendemain du jour où le consul des États-Unis à Beyrouth remettait au Haut-commissaire la réponse de la Grande-Bretagne, Hitler lançait ses armées vers Moscou. Il avait un intérêt évident à ce que la plus grande fraction possible des forces adverses fût accrochée en Afrique et en Syrie. Rommel s'en chargeait d'un côté. Il fallait que, de l'autre, les malheureuses forces françaises du Levant en fissent autant.

Cependant, le 21 juin, après un vif combat à Kiswa, nos troupes entraient à Damas. Catroux s'y rendit aussitôt. J'y arrivai le 23. Au cours de la nuit qui suivit, les avions allemands vinrent bombarder la ville, tuant des centaines de personnes dans le quartier chrétien et démontrant de cette manière leur coopération avec Vichy. Mais, à peine étions-nous sur place que nous parvinrent de toutes parts notamment du Hauran, du Djebel Druze, de Palmyre, de Djezireh, d'inquiétantes nouvelles quant au comportement britannique. Il n'y avait pas de temps à perdre pour montrer que la déconfiture de Vichy n'était pas le recul de la France et affirmer notre autorité.

Le 24 juin, je nommai le général Catroux délégué général et plénipotentiaire au Levant et lui fixai, par lettre, l'objet de sa mission : « Diriger le rétablissement d'une situation intérieure et économique aussi proche de la normale que le permettra la guerre ; négocier, avec les représentants qualifiés des populations, des traités instituant l'indépendance et la souveraineté des États, ainsi que l'alliance de ces États avec la France ; assurer la défense du territoire contre l'ennemi ; coopérer avec les alliés aux opérations de guerre en Orient. » En attendant l'application des futurs traités, le général Catroux assumait « tous les pouvoirs et toutes les responsabilités du Haut-commissaire de France au Levant ». Quant aux négociations à engager, elles devaient l'être « avec des gouvernements approuvés par des assemblées réellement représentatives de l'ensemble des populations et réunies dès que possible ; le point de départ des négociations étant les traités de 1936 ». Ainsi, « le mandat confié à la France au Levant serait conduit à son terme et l'œuvre de la France continuée. »

Pendant mon séjour à Damas, je reçus tout ce qui s'y trouvait de notabilités, politiques, religieuses, administratives, et il s'en trouvait beaucoup. A travers l'habituelle prudence orientale, on pouvait voir que l'autorité de la France était, en notre personne, reconnue sans contestation, que l'échec du plan allemand visant à prendre pied en Syrie s'inscrivait, pour une bonne part, à notre crédit, enfin que chacun n'attendait que de nous la remise en marche des organes de l'État et l'instauration d'un gouvernement nouveau. Le général Catroux, qui avait une connaissance approfondie des hommes et des choses du pays, faisait assurer l'ordre, le ravitaillement, les services hospitaliers, mais prenait son temps pour nommer des ministres.

Au reste, le drame se terminait. Le 26 juin, Legentilhomme qui, malgré sa grave blessure, n'avait jamais cessé de commander ses troupes, s'emparait de Nebeck et, le 30, y repoussait une suprême contre-attaque. Une colonne hindoue, venue d'Irak, franchissait l'Euphrate, le 3 juillet, sur le pont de Deir-ez-Zor, resté intact grâce à un hasard dont je puis dire qu'il fut bien calculé, et progressait vers Alep et vers Homs. Sur la route côtière, le 9, les Britanniques atteignaient Damour et, plus à l'Est, Jezzin. Le 10 juillet, Dentz expédiait ses navires de guerre et ses avions en Turquie où ils étaient internés. Il demandait, ensuite, une suspension d'armes qui fut, aussitôt, accordée. On convint que les plénipotentiaires se réuniraient trois jours plus tard, à Saint-Jean d'Acre.

Beaucoup de signes me donnaient à penser que ce qui sortirait de cette rencontre ne serait pas conforme aux intérêts de la France. Sans doute avais-je, le 28 juin, averti M. Churchill « de l'importance extrême qu'allait revêtir au point de vue de notre alliance, la façon dont l'Angleterre se conduirait à notre égard en Orient ». Sans doute, avais-je obtenu que le général Catroux fût présent à la négociation. Sans doute, nos délégués de Londres avaient-ils reçu de moi-même de nettes indications quant à la façon dont devrait s'établir notre autorité au Levant, afin qu'ils s'en servissent dans leurs démarches. Mais les conditions naguère formulées par M. Eden pour l'armistice avec Dentz, l'ambiance qui régnait dans les services britanniques, le fait que le loyal Wavell, nommé Vice-roi des Indes, venait de quitter Le Caire et que son successeur : Auchinleck, n'y était pas encore installé, ce qui laissait le champ libre aux passions des « arabisants », ne me permettaient pas de douter que l'arrangement laisserait beaucoup à désirer. En définitive, l'armistice serait conclu par Wilson avec Verdilhac. Je n'avais pas d'autre moyen de limiter les dégâts que de prendre du champ et de la hauteur, de gagner quelque nuage et de fondre, à partir de là, sur une convention qui ne m'engagerait pas et que je déchirerais dans la mesure du possible.

Le nuage fut Brazzaville. J'y demeurai, pendant qu'à Saint-Jean d'Acre était rédigé l'acte dont le fond et la forme dépassaient, dans le mauvais sens, ce que je pouvais redouter.

En effet, le texte de l'accord équivalait à une transmission pure et simple de la Syrie et du Liban aux Britanniques. Pas un mot des droits de la France, ni pour le présent, ni pour l'avenir. Aucune mention des États du Levant. Vichy abandonnait tout à la discrétion d'une puissance étrangère et ne cherchait à obtenir qu'une chose : le départ de toutes les troupes, ainsi que du maximum de fonctionnaires et de ressortissants français. De cette façon, de Gaulle serait, autant que possible, empêché d'augmenter ses forces et de garder au Levant la position de la France.

En signant cette capitulation, Vichy se montrait fidèle à sa triste vocation. Mais les Anglais semblaient s'y prêter de toutes leurs arrière-pensées. Paraissant ignorer, jusque dans les termes, leurs alliés français libres, dont l'initiative et la coopération les avaient fortement aidés à atteindre le but stratégique, ils profitaient, apparemment, des abandons de Vichy pour essayer de ramasser sous la coupe de leur commandement militaire l'autorité que Dentz leur passait à Beyrouth et à Damas. Ils étaient, en outre, d'accord pour laisser partir au plus tôt les troupes du Levant. Celles-ci seraient, d'après la convention, concentrées sous les ordres de leurs chefs et embarquées sur les bateaux qu'enverrait Darlan. Bien plus, il était interdit aux Français Libres de prendre leur contact et tâcher de les rallier. Le matériel qu'elles laissaient serait remis aux seuls Anglais. Enfin, les troupes dites « spéciales », c'est-à-dire syriennes et libanaises, qui s'étaient toujours montrées fidèles à la France, au point que Vichy n'avait pas osé les employer contre nous dans les récents combats, devaient être placées, telles quelles, sous commandement britannique.

Avant même d'avoir eu connaissance du détail et me fondant sur les indications, naturellement édulcorées, qu'en donnait la radio de Londres, je fis connaître que je repoussais la convention de Saint-Jean d'Acre. Après quoi, je partis pour Le Caire, marquant aux gouverneurs et aux chefs militaires anglais, à chaque étape de ma route, à quel point l'affaire était sérieuse. Ainsi fis-je à Khartoum pour le général Sir Arthur Huddleston, excellent et amical gouverneur général du Soudan, à Kampala pour le gouverneur, à Ouadi-Halfa pour l'administrateur du Cercle, de façon à me faire précéder par des télégrammes alarmants. Le 21 juillet, je prenais contact avec M. Olivier Lyttelton, ministre d'État dans le Gouvernement anglais et que celui-ci venait d'envoyer au Caire pour y grouper, sous son autorité, l'ensemble des affaires britanniques en Orient.

Le « captain » Lyttelton, homme aimable et pondéré, à l'esprit vif et ouvert, ne désirait manifestement pas commencer sa mission par une catastrophe. Il m'accueillit avec quelque gêne. Je m'efforçai d'éviter les éclats et, m'enveloppant de glace, lui déclarai, en substance, ceci :

« — Grâce à la campagne que nous venons de mener ensemble, nous avons pu nous assurer un notable avantage stratégique. Voici liquidée, au Levant, l'hypothèque que la subordination de Vichy à l'Axe faisait peser sur le théâtre d'opérations d'Orient. Mais l'accord que vous venez de conclure avec Dentz est, je dois vous le dire, inacceptable. En Syrie et au Liban, l'autorité ne saurait passer de la France à l'Angleterre. C'est à la France Libre, et à elle seulement, qu'il appartient de l'exercer. Elle en doit compte à la France. D'autre part, j'ai besoin de rallier le plus possible des troupes qui viennent de nous combattre. Leur rapatriement rapide et massif, comme le fait de les tenir rassemblées et isolées, m'enlèvent tout moyen d'agir sur elles. Au total, les Français Libres ne peuvent accepter d'être écartés d'une source française de renforts et, surtout, ils n'admettent pas que notre effort commun aboutisse à instaurer votre autorité à Damas et à Beyrouth.

« — Nous n'en avons pas l'intention, répondit M. Lyttelton. La Grande-Bretagne ne poursuit, en Syrie et au Liban, d'autre but que de gagner la guerre. Mais cela implique que la situation intérieure n'y soit pas troublée. Aussi nous paraît-il nécessaire que les États du Levant reçoivent l'indépendance, que l'Angleterre leur a garantie. D'autre part, tant que dure la guerre, le Commandement militaire a des droits supérieurs en ce qui concerne l'ordre public. C'est donc à lui, en dernier ressort, que doivent revenir sur place les décisions. Quant aux conditions techniques qui ont été adoptées par les généraux Wilson et de Verdilhac pour le repli et l'embarquement des troupes françaises, elles répondent également au souci de faire en sorte que les choses se passent en bon ordre. Enfin, nous comprenons mal que vous ne nous fassiez pas confiance. Après tout, notre cause est commune.

« — Oui, repris-je, notre cause est commune. Mais notre position ne l'est pas et notre action pourrait cesser de l'être. Au Levant, c'est la France qui est mandataire, non la Grande-Bretagne. Vous parlez de l'indépendance des États. Mais nous seuls avons qualité pour la leur donner et, en effet, la leur donnons, pour des raisons et dans des conditions dont nous sommes seuls juges et seuls responsables. Vous pouvez, certes, nous en approuver du dehors. Vous n'avez pas à vous en mêler au-dedans. Quant à l'ordre public, en Syrie et au Liban, c'est notre affaire, non point la vôtre.

« — Pourtant, dit M. Lyttelton, vous avez reconnu, par notre accord du 7 août 1940, l'autorité du commandement britannique.

« — A ce commandement, répondis-je, j'ai reconnu effectivement qualité pour donner des directives aux Forces Françaises Libres, mais seulement en matière stratégique et contre l'ennemi commun. Je n'ai jamais entendu que cette attribution s'étendît à la souveraineté, à la politique, à l'administration, dans des territoires dont la France a la charge. Quand nous débarquerons, un jour, sur le sol français proprement dit, invoquerez-vous les droits du commandement pour prétendre gouverner la France? D'autre part, je dois vous répéter que je tiens à faire prendre le contact des éléments qui étaient sous l'obédience de Vichy. Ceci, du reste, est également à votre avantage. Car, il serait proprement absurde de renvoyer telles quelles des troupes échauffées par les combats et que nous retrouverons un jour en Afrique ou ailleurs. Enfin, le matériel français et le commandement des troupes spéciales doivent revenir à la France Libre.

« — Vous m'avez fait connaître votre point de vue, dit alors M. Lyttelton. En ce qui concerne nos rapports réciproques en Syrie et au Liban, nous pouvons en discuter. Mais, pour ce qui est de la convention d'armistice, elle est signée. Nous devons l'appliquer.

« — Cette convention n'engage pas la France Libre. Je ne l'ai pas ratifiée.

« — Alors, que comptez-vous faire?

« — Voici : pour obvier à toute ambiguïté quant aux droits que semble vouloir exercer le commandement britannique en Syrie et au Liban, j'ai l'honneur de vous faire connaître que les Forces Françaises Libres ne dépendront plus de ce commandement à partir du 24 juillet, soit dans trois jours. En outre, je prescris au général Catroux de prendre immédiatement en main l'autorité sur toute l'étendue du territoire de la Syrie et du Liban, quelque opposition qu'il puisse rencontrer de la part de qui que ce soit. Je donne aux Forces Françaises Libres l'ordre d'entrer en contact, comme elles le pourront, avec tous autres éléments français et de prendre en compte leur matériel. Enfin, la réorganisation des troupes syriennes et libanaises, que nous avons déjà commencée, va être activement poursuivie. »

Je remis au captain Lyttelton une note préparée à l'avance et qui précisait ces conclusions. En prenant congé, je lui dis :

« — Vous savez ce que moi-même et ceux qui me suivent avons fait et faisons pour notre alliance. Vous pouvez donc mesurer quel serait notre regret s'il nous fallait la voir s'altérer. Mais ni nous, ni ceux qui, dans notre pays, portent sur nous leur espoir, ne pourrions admettre que l'alliance fonctionnât au détriment de la France. Si, par malheur, le cas se présentait, nous préférerions suspendre nos engagements à l'égard de l'Angleterre. De toutes façons, d'ailleurs, nous poursuivrons le combat contre l'ennemi avec les moyens en notre pouvoir. J'ai l'intention de me rendre à Beyrouth dans trois jours. D'ici là, je suis prêt à toute négociation qui pourrait vous paraître souhaitable. »

Je quittai Lyttelton qui, sous les dehors du sang-froid, me parut ému et inquiet. J'étais moi-même assez remué. L'après-midi, je lui confirmai par lettre que la subordination des Forces Françaises Libres au commandement britannique cessait le 24 à midi, mais que j'étais prêt à régler avec lui les modalités nouvelles de la collaboration militaire. Enfin, je télégraphiai à Churchill ceci : « Nous considérons la convention de Saint-Jean d'Acre comme opposée, dans son fond, aux intérêts militaires et politiques de la France Libre, c'est-à-dire de la France, et, dans sa forme, comme extrêmement pénible pour notre dignité... Je souhaite que vous sentiez personnellement qu'une telle attitude britannique, dans une affaire vitale pour nous, aggrave considérablement nos difficultés et aura des conséquences, que j'estime déplorables, au point de vue de la tâche que j'ai entreprise. »

La parole était à l'Angleterre. Elle la prit dans le sens des concessions. M. Lyttelton, le soir même, ayant demandé à me revoir, me tint le langage suivant :

« — Je conviens que certaines apparences ont pu vous donner l'idée que nous voulions prendre, au Levant, la place de la France. Je vous assure que c'est à tort. Pour dissiper ce malentendu, je suis prêt à vous écrire une lettre garantissant notre désintéressement complet dans le domaine politique et administratif.

« — Ce serait-là, répondis-je, une heureuse affirmation de principe. Mais il reste la convention de Saint-Jean d'Acre qui y contrevient fâcheusement et qui, au surplus, risque de conduire à des incidents entre les vôtres qui l'appliquent et les nôtres qui ne l'acceptent pas. Il reste aussi l'extension que vous entendez donner au Levant aux attributions de votre commandement militaire et qui est incompatible avec notre position.

« — Peut-être, sur ces deux questions, auriez-vous quelque chose à nous proposer?

« — Pour la première, je ne vois d'autre issue qu'un accord

immédiat entre nous au sujet de l' « application » de la convention d'armistice, corrigeant dans la pratique ce qu'il y a de vicieux dans le texte. Quant à la seconde question, il serait nécessaire et urgent que vous vous engagiez à limiter aux opérations militaires contre l'ennemi commun les attributions de votre commandement en territoire syrien et libanais.

« — Permettez-moi d'y réfléchir. »

L'atmosphère s'améliorait. Après diverses péripéties, nous aboutîmes, d'abord, le 24 juillet, à un accord « interprétatif » de la convention de Saint-Jean d'Acre, accord que le général de Larminat et le colonel Valin avaient négocié pour notre compte. Les Anglais s'y déclaraient prêts à nous laisser prendre des contacts avec les troupes du Levant pour y trouver des ralliements, reconnaissaient que le matériel revenait aux Forces Françaises Libres et renonçaient à prendre sous leur coupe les troupes syriennes et libanaises. Il était, en outre, entendu que « si une violation substantielle de la convention d'armistice par les autorités de Vichy devait être constatée, les forces britanniques et les Forces Françaises Libres prendraient toutes mesures qu'elles jugeraient utiles pour rallier les troupes de Vichy à la France Libre ». Comme, déjà, plusieurs « violations substantielles » avaient été relevées, on pouvait croire, — M. Lyttelton lui-même me l'assurait, — qu'en définitive toute l'affaire de la destination des troupes allait être reconsidérée.

Je ne doutais pas de la bonne volonté du ministre anglais. Mais qu'allaient faire, en dépit des accords conclus, le général Wilson et son équipe d'arabisants? Pour tâcher d'obtenir qu'ils se conduisent comme il fallait, je télégraphiai, derechef, à M. Churchill pour l'adjurer : « de ne pas laisser remettre à la disposition de Vichy une armée entière avec ses unités constituées. » — « Je dois vous répéter, ajoutais-je, qu'il me paraît conforme à la sécurité élémentaire de suspendre le rapatriement de l'armée de Dentz et de laisser les Français Libres procéder comme ils l'entendent pour ramener dans le devoir ces pauvres troupes égarées par la propagande de l'ennemi. »

Le lendemain, 25, M. Oliver Lyttelton, ministre d'État dans le Gouvernement britannique, m'écrivait au nom de son pays :

« Nous reconnaissons les intérêts historiques de la France au Levant. La Grande-Bretagne n'a aucun intérêt en Syrie et au Liban, excepté de gagner la guerre. Nous n'avons pas l'intention d'empiéter d'aucune façon sur la position de la France. La France Libre et la Grande-Bretagne ont, l'une et l'autre, promis l'indépendance à la Syrie et au Liban. Nous admettons volontiers, qu'une fois cette étape franchie et sans la remettre en cause, la France devra avoir au Levant une position dominante et privilégiée parmi toutes les nations d'Europe... Vous avez pu prendre connaissance des récentes assurances du Premier Ministre dans ce sens. Je suis heureux de vous les confirmer aujourd'hui. »

Par la même lettre, M. Lyttelton déclarait accepter le texte d'un accord que je lui avais remis, concernant la coopération entre les autorités militaires britanniques et françaises en Orient. Il en résultait que les Anglais n'auraient pas à interférer dans les domaines politique et administratif au Levant, moyennant quoi nous acceptions que leur commandement exerçât la direction stratégique, dans des conditions, d'ailleurs, bien précisées.

Le jour même, je partis pour Damas et Beyrouth.

A l'entrée solennelle du chef de la France Libre dans la capitale syrienne, on put voir l'enthousiasme soulever cette grande cité qui, jusqu'alors, en toute occasion, avait affecté de marquer sa froideur à l'autorité française. Quelques jours après, m'adressant, dans l'enceinte de l'Université, aux personnalités du pays réunies autour du Gouvernement syrien et précisant le but que s'était, désormais, fixé la France au Levant, je recueillis une adhésion évidente.

C'est le 27 juillet que j'arrivai à Beyrouth. Les troupes françaises et libanaises y formaient la haie, tandis que la population, massée sur le parcours, prodiguait ses applaudissements. Par la place des Canons, retentissante d'enthousiasme, je me rendis au Petit Sérail où j'échangeai solennellement avec le chef du Gouvernement libanais, M. Alfred Naccache, des propos pleins d'optimisme. Puis, je gagnai le Grand Sérail, où étaient réunies les personnalités françaises. La plupart avaient donné au système établi par Vichy leur concours, souvent leur confiance. Mais, en prenant contact avec elles, je vérifiai, une fois de plus, de quel poids les faits accomplis, — quand ils le sont à juste titre, — pèsent sur les attitudes et même sur les convictions. Fonctionnaires, notables, religieux, tous m'assurèrent de leur loyalisme et me promirent d'apporter au service du pays, sous l'autorité nouvelle, un dévouement sans réserves. Je dois dire, qu'à très peu d'exceptions près, cet engagement fut tenu. Presque tous les Français restés au Liban et en Syrie ne cessèrent pas de se montrer, au milieu des circonstances les plus difficiles, ardemment rassemblés dans la France Libre, qui combattait pour libérer le pays tout en assumant sur place les droits et les devoirs de la France.

Ces droits et ces devoirs, il était, précisément, très urgent de les faire valoir. A peine étais-je à Beyrouth que je constatai, sans surprise, combien peu le général Wilson et les agents politiques qui l'assistaient sous l'uniforme tenaient compte des accords conclus par moi-même avec Lyttelton. Pour l'exécution de l'armistice, comme pour le comportement des Britanniques en Syrie et au Liban, tout se passait comme si personne ne nous devait rien.

Dentz, en plein accord avec les Anglais, avait concentré ses troupes dans la région de Tripoli. Il continuait à les commander. Les unités, avec leurs chefs, leurs armes, leurs drapeaux, étaient campées les unes auprès des autres, comblées par Vichy de croix et de citations, ne recevant d'informations que celles qui leur venaient par la voie hiérarchique et baignant dans la psychologie du rapatriement imminent. D'ailleurs, les navires, qui devaient les emmener en bloc, étaient déjà annoncés de Marseille ; Darlan ne perdant pas un jour pour les mettre en route, ni les Allemands pour les laisser partir. En attendant, suivant les consignes de Dentz, que la commission britannique d'armistice et les postes de police anglais faisaient intégralement respecter, les officiers et les soldats se voyaient interdire tout rapport avec leurs camarades français libres, lesquels n'avaient pas, non plus, faculté de les aborder. Dans de pareilles conditions, les ralliements seraient rares. Au lieu de l'action loyale que nous prétendions exercer sur l'esprit et la conscience d'hommes mis individuellement à même de nous entendre et de choisir, il n'y aurait que l'opération d'embarquement collectif d'une armée constituée, que l'on maintenait dans une atmosphère de rancune et d'humiliation et qui n'avait d'autre désir que de quitter, le plus tôt possible, le théâtre de ses vains sacrifices et de ses amers efforts.

Tandis que les engagements, pris à notre égard par le Gouvernement britannique quant à l'interprétation de l'armistice de Saint-Jean d'Acre, demeuraient ainsi lettre morte, il en était tout juste de même en ce qui concernait le désintéressement politique de la Grande-Bretagne en Syrie et les limites de l'autorité de son commandement militaire. Si, à

Damas et à Beyrouth même, les empiétements gardaient quelque apparence de discrétion, au contraire ils s'étalaient dans les régions les plus sensibles que les ambitions de l'Angleterre ou de ses féaux husseinites avaient visées de tous temps.

En Djezireh, le commandant Reyniers, délégué du général Catroux, était traité comme un suspect par les forces britanniques sur place et empêché de reformer les bataillons assyro-chaldéens et les escadrons syriens provisoirement dispersés. A Palmyre et dans le désert sévissait M. Glubb, dit « Glubb-Pacha », commandant anglais de la « Transjordanian Force », qui s'efforçait de rallier les tribus bédouines à l'Émir Abdullah. Dans le Hauran, les agents anglais faisaient pression sur les chefs locaux pour les déterminer à reconnaître, eux aussi, l'autorité d'Abdullah et à lui payer l'impôt. D'Alep, comme des Alaouites, venaient des rapports alarmants.

Mais c'est surtout au Djebel Druze que les Britanniques manifestaient ouvertement leurs intentions. Pourtant, aucun combat n'y avait eu lieu et il était entendu entre Catroux et Wilson que les troupes alliées n'y pénétreraient pas jusqu'à décision à prendre en commun. On peut juger de notre état d'esprit quand nous apprîmes qu'une brigade britannique s'y installait, que les escadrons druzes étaient d'office pris en charge par les Anglais, que certains chefs, convoqués et indemnisés par M. Bass, dit « le commodore Bass », déclaraient rejeter l'autorité française, qu'à Soueïda, « la Maison de France », où résidait notre délégué, était devenue, de force, le siège du commandement britannique, enfin, que celui-ci, en présence des troupes et de la population, y avait fait amener le pavillon tricolore et hisser l'Union Jack.

Il fallait, tout de suite, réagir. Le général Catroux, d'accord avec moi, donna, le 29 juillet, au colonel Monclar l'ordre de se rendre immédiatement à Soueïda avec une solide colonne, de reprendre possession de la Maison de France et de récupérer les escadrons druzes. Wilson, dûment averti, m'adressa aussitôt un message quelque peu menaçant pour m'adjurer d'arrêter la colonne. Je lui répondis : « que celle-ci était déjà parvenue à destination... qu'il était loisible à lui-même, Wilson, de régler avec Catroux — qui le lui avait proposé — la question du stationnement des troupes britanniques et françaises au Djebel Druze, ... que je tenais pour regrettables ses menaçantes allusions, ... mais que, si je restais disposé à une franche collaboration militaire, il fallait que les droits souverains de la France en Syrie et au Liban et la dignité de l'armée française restent hors de toute atteinte. »

En même temps, Monclar, arrivé à Soueïda, s'entendait déclarer par le commandant de la brigade britannique que « s'il fallait se battre, on se battrait » et répondait par l'affirmative. Les choses n'allèrent pas aussi loin. Le 31 juillet, Monclar put s'installer à la Maison de France, y replacer solennellement les trois couleurs, caserner ses troupes dans la ville et reformer le groupe d'escadrons druzes sous les ordres d'un officier français. Peu après, les forces anglaises quittaient la région.

Mais, pour un incident réglé, beaucoup d'autres surgissaient partout. Wilson, d'ailleurs, annonçait qu'il allait établir ce qu'il appelait « la loi martiale » et prendre tous les pouvoirs. Nous le prévenions que, dans ce cas, nous opposerions nos pouvoirs aux siens et que ce serait la rupture. Lyttelton, quoique tenu au courant, s'abstenait d'intervenir. Même, sur le bruit que Catroux allait entamer, à Beyrouth et à Damas, des pourparlers en vue des traités futurs, le ministre d'État britannique lui écrivait directement pour demander, comme une chose qui allait de soi, que Spears fût présent à ces négociations. Cette prétention persistante à s'immiscer dans nos affaires, autant que les empiétements qui ne cessaient de se multiplier, atteignaient maintenant la limite de ce que nous pouvions supporter. Le 1er août, je télégraphiai à Cassin d'aller voir M. Eden et de lui dire, de ma part, « que l'immixtion de l'Angleterre nous conduisait aux complications les plus graves et que les avantages douteux que la politique anglaise pourrait tirer, au Levant, de cet oubli des droits de la France, seraient bien médiocres en comparaison des inconvénients majeurs qui résulteraient d'une brouille entre la France Libre et l'Angleterre. »

Une brouille? Londres n'en voulait pas. Le 7 août, M. Lyttelton vint me faire visite à Beyrouth et passa la journée chez moi. Ce fut l'occasion d'une conférence qu'on aurait pu croire décisive si aucune chose, en Orient, l'était jamais pour les Britanniques. Le ministre convint franchement que les militaires anglais n'exécutaient pas nos accords des 24 et 25 juillet. « Il n'y a là, affirma-t-il, qu'un retard imputable à des défauts de transmission et, peut-être, de compréhension, que je regrette vivement et auxquels j'entends mettre un terme. » Il parut surpris et mécontent des incidents créés par les agents anglais et dont Catroux fit le récit. Il déclara que Vichy violait la convention d'armistice ; que, par exemple, les 52 officiers britanniques, faits prisonniers dans les récents combats et qui devaient être rendus sans délai, ne l'avaient pas encore été et qu'on ne savait même pas où ils avaient été mis ; qu'en conséquence, Dentz allait être transféré en Palestine et que toutes facilités nous seraient, dorénavant, données pour opérer des ralliements.

Je ne cachai pas à Lyttelton que nous étions excédés de la manière dont nos alliés pratiquaient la coopération. « Plutôt que de continuer ainsi, nous préférons, lui dis-je, suivre notre propre route, tandis que vous suivrez la vôtre. » Comme il se plaignait, à son tour, évoquant les obstacles que nous opposions au commandement britannique, je lui répondis, d'après ce que Foch, en personne, m'avait naguère appris, qu'il ne pouvait y avoir de commandement interallié valable qui ne fût désintéressé et que, quoi que lui-même, Lyttelton, pût, de bonne foi, me dire ou m'écrire, ce n'était pas ici le cas pour les Anglais. Quant à invoquer, comme le faisait Wilson, la nécessité de la défense du Levant pour usurper l'autorité en Djezireh, à Palmyre, au Djebel Druze, ce n'était qu'un mauvais prétexte. L'ennemi était loin, maintenant, du Djebel Druze, de Palmyre, de la Djezireh. S'il était sage de prévoir telle éventualité où la menace de l'Axe pèserait de nouveau sur la Syrie et le Liban, ce qu'il fallait faire, pour s'y préparer, c'était un plan de défense commun entre Français et Britanniques, non point une politique anglaise d'empiétements sur notre domaine.

M. Lyttelton, soucieux de terminer sa visite sur quelque note d'harmonie, saisit au bond la balle du « plan de défense ». Il me proposa, pour en parler, d'introduire le général Wilson, dont je n'avais pas voulu qu'il vînt à notre réunion. Je répondis négativement mais acceptai que Wilson vît Catroux hors de Beyrouth afin de mettre un projet sur pied. Leur rencontre eut lieu le lendemain. Il n'en sortit, pratiquement, rien ; preuve que, du côté anglais, pour ce qui était du Levant, on pensait à tout autre chose qu'à une offensive des Allemands. Cependant, le ministre d'État, pour marquer sa bonne volonté, m'avait remis, en me quittant, une lettre qui répétait les assurances déjà données au sujet du désintéressement politique de la Grande-Bretagne. En outre, M. Lyttelton m'avait affirmé verbalement que je serais satisfait des suites pratiques de notre entretien.

Comme tant de secousses n'avaient pas ébranlé la France Libre, j'admis qu'on pouvait, en effet, compter sur un répit dans nos difficultés. Toutefois, j'en avais assez vu pour être sûr que, tôt ou tard, la crise recommencerait. Mais, à chaque jour suffisait sa peine. Pour formuler la conclusion de l'épreuve momentanément surmontée, j'adressai à la délégation de Londres, qui s'effrayait de mon attitude, des messages résumant les péripéties et déclarant, en matière de « moralité » : « Notre grandeur et notre force consistent uniquement dans l'intransigeance pour ce qui concerne les droits de la France. Nous aurons besoin de cette intransigeance jusqu'au Rhin, inclusivement. »

En tout cas, à partir de là, les choses prirent une autre tournure. Larminat put, avec ses adjoints, se rendre dans celles des unités qui n'étaient pas encore embarquées et adresser hâtivement aux officiers et aux hommes l'appel du dernier moment. Catroux eut la faculté de voir certains fonctionnaires qu'il désirait personnellement garder. Moi-même reçus maintes visites. Finalement, les ralliements se montèrent à 127 officiers et environ 6 000 sous-officiers et soldats, soit la cinquième partie de l'effectif des troupes du Levant. En outre, les éléments syriens et libanais, totalisant 290 officiers et 14 000 hommes, furent aussitôt reconstitués. Mais 25 000 officiers, sous-officiers et soldats de l'armée et de l'aviation françaises nous étaient, en définitive, arrachés, alors que le plus grand nombre aurait, sans nul doute, décidé de nous joindre, si nous avions eu le temps et les moyens de les éclairer. Car ceux des Français qui regagnaient la France avec la permission de l'ennemi, renonçant à la possibilité d'y rentrer en combattant, étaient, je le savais, submergés de doute et de tristesse. Quant à moi, c'est le cœur étreint que je regardais en rade les navires de transport que Vichy avait expédiés et les voyais, une fois remplis, disparaître sur la mer, emportant avec eux une des chances de la patrie.

Du moins, celles qui lui restaient sur place pouvaient être, maintenant, mises en œuvre. Le général Catroux s'y appliqua très activement. Ayant le sens de la grandeur française et le goût de l'autorité, habile à manier les hommes, principalement ceux d'Orient dont il pénétrait volontiers les jeux subtils et passionnés, assuré de sa propre valeur aussi bien que dévoué à notre grande entreprise et à celui qui la dirigeait, il allait, avec beaucoup de dignité et de distinction, conduire au Levant la partie de la France. S'il m'arriva de penser que son désir de séduire et son penchant pour la conciliation ne répondaient pas toujours au genre d'escrime qui lui etait imposé, s'il tarda, en particulier, à discerner dans sa profondeur la malveillance du dessein britannique, je ne laissai jamais de reconnaître ses grands mérites et ses hautes qualités. Dans une situation que d'affreuses conditions initiales, le manque de moyens, les obstacles partout dressés, rendirent exceptionnellement ingrate, le général Catroux a bien servi la France.

Il lui fallait, pour commencer, organiser du haut en bas la représentation française que le départ de la plupart des fonctionnaires « d'autorité » et de la majeure partie des officiers de renseignements avait, soudain et partout, réduite à presque rien. Catroux prit auprès de lui, comme secrétaire général, Paul Lepissié, qui nous était venu de Bangkok où il était ministre de France. Il délégua le général Collet et M. Pierre Bart, respectivement auprès des Gouvernements syrien et libanais. En même temps, MM. David, puis Fauquenot, à Alep, de Montjou à Tripoli, Dumarçay à Saïda, le gouverneur Schoeffler, puis le général Monclar, aux Alaouites, les colonels : Brosset en Djezireh, des Essars à Homs, Oliva-Roget au Djebel Druze, allèrent assurer, dans chacune des régions, notre présence et notre influence.

Je dois dire que les populations marquaient, à notre égard, une chaleureuse approbation. Elles voyaient, dans la France Libre, quelque chose de courageux, d'étonnant, de chevaleresque, qui leur semblait répondre à ce qu'était à leurs yeux la personne idéale de la France. En outre, elles sentaient que notre présence éloignait de leur territoire le danger d'invasion allemande, assurait les lendemains dans le domaine économique et imposait une limite aux abus de leurs féodaux. Enfin, l'annonce généreuse que nous faisions de leur indépendance ne laissait pas de les émouvoir. Les mêmes manifestations, qui, s'étaient produites lors de mon entrée à Damas et à Beyrouth se renouvelaient, quelques jours plus tard, à Alep, à Lattaquié, à Tripoli, ainsi qu'en maintes villes et bourgades de cette admirable contrée, où chaque site et chaque localité, dans leur dramatique poésie, sont comme des témoins de l'Histoire.

Mais, si le sentiment du peuple se montrait nettement favorable, les politiques se livraient moins franchement. A cet égard, le plus urgent consistait à investir, dans chacun des deux États, un gouvernement capable d'assumer les devoirs nouveaux que nous allions lui transférer, notamment aux points de vue des finances, de l'économie, de l'ordre public. Nous entendions, en effet, ne réserver à l'autorité mandataire que la responsabilité de la défense, des relations extérieures et des « intérêts communs » aux deux États : monnaie, douanes, ravitaillement, tous domaines dans lesquels il était impossible de passer aussitôt la main, comme de séparer à l'improviste la Syrie et le Liban. Plus tard, quand l'évolution de la guerre le permettrait, on procéderait à des élections d'où sortiraient des pouvoirs nationaux complets. En attendant cet aboutissement, la mise en marche de gouvernements aux attributions élargies portait déjà au point d'ébullition les passions des clans et les rivalités des personnes.

Pour la Syrie, la situation était, à ce point de vue, particulièrement compliquée. En juillet 1939, comme Paris refusait finalement de ratifier le traité de 1936, le Haut-commissaire de France avait été amené à écarter le Président de la République, Hachem Bey el Atassi, et à dissoudre le Parlement. Nous trouvions en place à Damas, sous la direction de Khaled Bey Azem, personnalité d'ailleurs valable et considérée, un ministère qui se bornait à expédier les affaires sans revêtir le caractère d'un gouvernement national. J'avais, d'abord, espéré pouvoir rétablir en Syrie l'état antérieur des choses. Le Président Hachem Bey, et, avec lui, le chef de son dernier gouvernement Djemil Mardam Bey, ainsi que M. Fares El Koury, président de la Chambre dissoute, s'y montraient en principe disposés au cours des entretiens que j'eus avec chacun d'eux en présence du général Catroux. Mais, bien qu'ils fussent tous trois des politiques expérimentés, des patriotes dévoués à leur pays et des hommes désireux de ménager l'amitié française, ils ne parurent pas discerner, dans toute son ampleur, l'occasion historique qui s'offrait à eux d'engager la Syrie sur la route de l'indépendance, en plein accord avec la France et en surmontant, d'un grand élan, les préventions et les griefs. Je les trouvai trop soucieux, à mon sens, de formalités juridiques et trop sensibles aux suggestions d'un pointilleux nationalisme. Cependant, j'invitai le général Catroux à poursuivre avec eux les conversations et à ne s'orienter vers une autre solution que si, décidément, leurs réserves empêchaient d'aboutir.

Au Liban, nous pûmes aller plus vite, sans, toutefois, rencontrer l'idéal. Le Président de la République, Émile Eddé, inébranlable ami de la France et homme d'État confirmé, avait volontairement donné sa démission trois mois avant la campagne qui nous amenait à Beyrouth. Il n'avait pas été remplacé. D'autre part, la durée du mandat du Parlement était, de longtemps, expirée. Au point de vue des principes et de la Constitution, on se trouvait sur la table rase. Mais il n'en était pas de même quant aux luttes des clans politiques. Une rivalité acharnée opposait à Émile Eddé une autre personnalité maronite, M. Bechara El Koury. Celui-ci, rompu aux tours et détours des affaires libanaises, groupait autour de lui de nombreux partisans et de multiples intérêts. « Eddé a déjà eu le poste, me déclarait M. Koury ; à moi d'être Président ! » Enfin, Riad Solh, chef passionné des musulmans sunnites, agitant autour des mosquées l'étendard du nationalisme arabe, alarmait les deux concurrents sans, toutefois, qu'ils se missent d'accord.

Nous jugeâmes, dans ces conditions, qu'il valait mieux porter à l'échelon suprême l'homme que nous trouvions en place à la tête du gouvernement, M. Alfred Naccache, moins éclatant qu'aucun des trois autres, mais capable, estimé, et dont la présence à la tête de l'État, dans une conjoncture transitoire, ne nous paraissait pas devoir provoquer d'opposition véhémente. Ce ne fut vrai, d'ailleurs, qu'en partie. Car, si Émile Eddé s'accommoda généreusement de notre choix du moment, si Riad Solh évita de gêner celui qui portait la charge, M. Bechara El Koury se déchaîna contre lui en intrigues et cabales.

En attendant la libre consultation du peuple, cette situation politique, à Damas et à Beyrouth, n'avait, en soi, rien d'inquiétant. L'ordre public ne courait pas de risques. L'administration s'acquittait de sa tâche. L'opinion admettait d'emblée le retard des élections dû à la force majeure de la guerre. Bref, la période de transition entre le régime du mandat et celui de l'indépendance pouvait et devait, sans nul doute, s'accomplir fort tranquillement, si l'intervention anglaise n'y cherchait pas systématiquement prétextes et occasions.

Or, tandis que M. Lyttelton s'absorbait, au Caire, dans les problèmes que posait le ravitaillement de l'Orient, tandis que le général Wilson s'effaçait avec sa loi martiale et ses empiétements directs, Spears s'installait à Beyrouth comme chef des liaisons anglaises, pour devenir, au mois de janvier, ministre plénipotentiaire britannique auprès des gouvernements syrien et libanais. Il disposait d'atouts incomparables : présence de l'armée anglaise ; action multiforme des agents de l'Intelligence ; maîtrise des relations économiques de deux pays qui vivaient d'échanges; appui, dans toutes les capitales, de la première diplomatie du monde; grands moyens de propagande; concours officiel des États arabes voisins Irak et Transjordanie où régnaient des princes Husseinites, Palestine dont le Haut-commissaire anglais affectait de constantes alarmes quant aux répercussions chez les Arabes de son territoire de « l'oppression » subie par leurs frères syriens et libanais, Égypte enfin où la stabilité des ministres au pouvoir, comme l'ambition de ceux qui aspiraient à y parvenir n'avaient alors de chance réelle que moyennant l'agrément britannique.

Dans le milieu perméable, intrigant, intéressé, que le Levant ouvrait aux projets de l'Angleterre, le jeu, avec de pareilles cartes, était facile et tentant. Seules, la perspective d'une rupture avec nous et la nécessité de ménager les sentiments de la France pourraient imposer à Londres une certaine modération. Mais la même perspective et la même nécessité limiteraient également nos parades et nos ripostes. L'inconvénient moral et matériel que présenterait, pour nous, la séparation d'avec la Grande-Bretagne avait, évidemment, de quoi nous retenir. D'ailleurs, la France Libre, à mesure qu'elle s'élargirait, ne perdrait-elle pas quelque peu de cette fermeté concentrée qui lui avait permis de l'emporter, cette fois, en jouant le tout pour le tout? Comment, enfin, révéler au peuple français les procédés de ses alliés quand, dans l'abîme où il était plongé, rien n'importait davantage que de susciter en lui la confiance et l'espérance afin de l'entraîner à la lutte contre l'ennemi?

En dépit de tout, le fait que notre autorité s'instaurait en Syrie et au Liban, apportait au camp de la liberté un renfort considérable. Désormais, les arrières des alliés en Orient étaient solidement assurés. Plus moyen, pour les Allemands, de prendre pied dans les pays arabes, à moins d'entreprendre une vaste et dangereuse expédition. La Turquie, qu'Hitler espérait inquiéter suffisamment pour la faire adhérer à l'Axe et lui servir de pont entre l'Europe et l'Asie, ne risquait plus d'être investie et, du coup, allait s'affermir. Enfin, la France Libre était en mesure de mettre en ligne des forces accrues.

A cet égard, nous décidions de tenir les territoires du Levant avec les troupes syriennes et libanaises, une défense fixe de la côte confiée à notre marine, une réserve formée par une brigade française, le tout placé sous les ordres du général Humblot. En même temps, nous organisions, pour aller combattre ailleurs, deux fortes brigades mixtes et un groupement blindé avec les services correspondants. Le général de Larminat, remplacé dans ses fonctions de Haut-commissaire à Brazzaville par le médecin général Sicé, était chargé de commander cet ensemble mobile, limité, hélas ! en effectifs mais doté d'une grande puissance de feu grâce au matériel que nous venions de prendre au Levant. En repassant par Le Caire, je vis le général Auchinleck, nouveau commandant en chef. « Dès que nos forces seront prêtes, lui dis-je, nous les mettrons à votre disposition, pourvu que ce soit pour combattre. » — « Rommel, me répondit-il, fera certainement ce qu'il faut pour que j'en trouve l'occasion. »

Mais tandis qu'en Méditerranée la guerre allait, dans des conditions meilleures pour nous-mêmes et pour nos alliés, se concentrer aux confins de l'Égypte et de la Libye, elle embrasait, de la Baltique à la mer Noire, d'immenses espaces européens. L'offensive allemande en Russie progressait avec rapidité. Cependant, quels que fussent les succès initiaux des armées d'Hitler, la résistance russe se renforçait, jour après jour. C'étaient là, dans l'ordre de la politique comme dans celui de la stratégie, des événements d'une incalculable portée.

De leur fait, l'Amérique voyait s'offrir à elle la chance des actions décisives. Sans doute, devait-on prévoir que le Japon entreprendrait bientôt, dans le Pacifique, une diversion de grande envergure qui réduirait et retarderait l'intervention des États-Unis. Mais cette intervention vers l'Europe et vers l'Afrique était, désormais, certaine, puisqu'une gigantesque aventure absorbait dans les lointains de la Russie l'essentiel de la force allemande, que, d'autre part, les Britanniques, avec le concours des Français Libres, avaient pu, en Orient, s'assurer de positions solides, qu'enfin le tour pris par la guerre devait réveiller l'espérance et, par suite, la combativité chez les peuples opprimés.

Ce que j'avais à faire, maintenant, c'était, dans la mesure du possible, agir sur Washington et sur Moscou, pousser au développement de la résistance française, susciter et conduire l'effort de nos moyens à travers le monde. Il me fallait, pour cela, regagner Londres, centre des communications et capitale de la guerre. J'y arrivai le 1er septembre, pressentant, après les récentes expériences, ce que seraient jusqu'au dernier jour les épreuves de l'entreprise, mais désormais convaincu que la victoire était au bout.

LES ALLIÉS

Aux yeux du monde, la France Libre, à l'approche de son deuxième hiver, n'était plus l'étonnante équipée qu'avaient accueillie d'abord l'ironie, la pitié ou les larmes. Maintenant, on rencontrait partout sa réalité, politique, guerrière, territoriale. Il lui fallait, à partir de là, déboucher sur le plan diplomatique, se frayer sa place au milieu des alliés, y paraître comme la France belligérante et souveraine, dont on devait respecter les droits et ménager la part de victoire. A cet égard, j'étais disposé à subir les transitions. Mais je ne voulais, ni ne pouvais, rien concéder quant au fond. En outre, j'avais hâte d'aboutir et d'acquérir la position avant que le choc décisif eût tranché le sort de la guerre. Il n'y avait donc pas de temps à perdre, surtout auprès des grands : Washington, Moscou et Londres.

Les États-Unis apportent aux grandes affaires des sentiments élémentaires et une politique compliquée. Il en était ainsi, en 1941, de leur attitude vis-à-vis de la France. Tandis que, dans les profondeurs de l'opinion américaine, l'entreprise du général de Gaulle suscitait des réactions passionnées, tout ce qui était officieux s'appliquait à la traiter avec froideur ou indifférence. Quant aux officiels, ils maintenaient telles quelles leurs relations avec Vichy, prétendant ainsi disputer la France à l'influence allemande, empêcher que la flotte soit livrée, garder le contact avec Weygand, Noguès, Boisson, dont Roosevelt attendait qu'un jour ils lui ouvrent les portes de l'Afrique. Mais, par une étonnante contradiction, la politique des États-Unis, représentée auprès de Pétain, se tenait écartée de la France Libre, sous prétexte qu'on ne pouvait pas préjuger du gouvernement que se donnerait la nation française quand elle serait libérée. Au fond, ce que les dirigeants américains tenaient pour acquis, c'était l'effacement de la France. Ils s'accommodaient donc de Vichy. Si, cependant, en certains points du monde, ils envisageaient de collaborer, pour les besoins de la lutte, avec telles ou telles autorités françaises, ils entendaient que ce ne fût que par arrangements épisodiques et locaux.

Ces conditions nous rendaient difficile l'entente avec Washington. D'ailleurs, l'équation personnelle du Président affectait le problème d'un coefficient rien moins que favorable. Bien que Franklin Roosevelt et moi n'ayons pu encore nous rencontrer, divers signes me faisaient deviner sa réserve à mon égard. Je voulais, néanmoins, faire tout le possible pour empêcher que les États-Unis, qui allaient entrer dans la guerre, et la France, dont je répondais qu'elle n'en était jamais sortie, suivissent des chemins divergents.

Quant à la forme des relations à établir, dont les hommes politiques, les diplomates et les publicistes allaient, à l'envi, discuter, je dois dire qu'elle m'était, alors, à peu près indifférente. Beaucoup plus que les formules successives que les juristes de Washington draperaient autour de la « reconnaissance » m'importeraient la réalité et le contenu des rapports. Cependant, devant l'énormité des ressources américaines et l'ambition qu'avait Roosevelt de faire la loi et de dire le droit dans le monde, je sentais que l'indépendance était bel et bien en cause. Bref, si je voulais tâcher de m'entendre avec Washington, c'était sur des bases pratiques mais dans la position debout.

Pendant la période héroïque des premiers mois de la France Libre, Garreau-Dombasle et Jacques de Sieyès m'avaient très utilement servi de porte-parole. Il s'agissait maintenant de traiter. Je chargeai Pleven d'entamer les approches. Il connaissait l'Amérique. Il était habile. Il n'ignorait rien de nos propres affaires. Dès le mois de mai 1941, je lui avais, de Brazzaville, fixé cette mission comme suit : « Régler l'établissement de nos relations permanentes et directes avec le Département d'État, les rapports économiques de l'Afrique et de l'Océanie françaises libres avec l'Amérique et les achats directs par nous de matériel utile à la guerre ; mettre sur pied aux États-Unis notre information et notre propagande ; y créer nos comités et organiser le concours des bonnes volontés américaines. » Pleven, parti au début de juin, n'arrivait pas les mains vides. En effet, nous offrions tout de suite aux États-Unis la possibilité d'installer leurs forces aériennes au Cameroun, au Tchad et au Congo, alors que l'Afrique était désignée d'avance pour leur servir de base vers l'Europe, du jour où ils devraient agir par les armes. En outre, devant la menace japonaise, le concours des îles du Pacifique où flottait la Croix de Lorraine aurait, pour eux, une notable importance.

De fait, le Gouvernement américain ne tarda pas à demander, pour ses avions, le droit d'utiliser certaines de nos bases africaines, puis celles des Nouvelles-Hébrides et de la Nouvelle-Calédonie. N'étant pas encore belligérant, il le fit pour le compte de la « Pan American Airways » mais sans que l'on pût douter de la portée de sa démarche.

A mesure que les États-Unis voyaient s'approcher d'eux l'échéance de la guerre, Washington montrait plus d'attention à notre endroit. En août, une mission de liaison dirigée par le colonel Cunningham était envoyée au Tchad. En septembre, M. Cordell Hull déclarait publiquement qu'entre le Gouvernement américain et la France Libre il y avait communauté d'intérêts. « Nos relations avec ce groupe, ajoutait-il, sont très bonnes sous tous les rapports. » Le 1er octobre, Pleven était reçu officiellement au State Department par le sous-secrétaire d'État Sumner Welles. Le 11 novembre, le Président Roosevelt, par lettre adressée à M. Stettinius, étendait à la France Libre le bénéfice du « Lease and lend » parce que « la défense des territoires ralliés à la France Libre était vitale pour la défense des États-Unis ». A la fin du même mois, Weygand, rappelé d'Alger, emportait avec lui une illusion américaine que Washington ne savait encore par quelle autre remplacer. Entre temps, Pleven rentrant à Londres pour faire partie du Comité national que je venais d'instituer, Adrien Tixier, Directeur du Bureau international du Travail, devenait, d'accord avec le Département d'État, chef de notre délégation. Enfin, à Londres même, des relations régulières s'étaient établies entre nous et M. Drexel Biddle, Ambassadeur des États-Unis auprès des gouvernements réfugiés en Grande-Bretagne.

Tandis que se nouaient ainsi les premiers rapports officiels, on notait divers changements dans la presse et la radio, jusque-là malveillantes à notre sujet, à moins qu'elles ne fussent muettes. D'autre part, parmi les Français émigrés, dont certains étaient notoires, paraissait le désir de se lier à ceux qui tenaient le drapeau. C'est ainsi qu'en fondant à New-York l'Institut français, qui groupait des sommités de la science, de l'histoire, de la philosophie, le professeur Focillon obtenait l'accord de ses collègues pour demander au général de Gaulle de reconnaître l'établissement par décret.

Le 7 décembre, l'attaque de Pearl Harbor jetait l'Amérique dans la guerre. On aurait pu croire que, dès lors, sa politique traiterait en alliés les Français Libres qui combattaient ses propres ennemis. Il n'en fut rien, cependant. Avant que Washington finît par s'y décider, on devrait essuyer beaucoup d'avatars pénibles. C'est ainsi que, le 13 décembre, le Gouvernement américain réquisitionnait dans ses ports le paquebot *Normandie* et 13 autres navires français, sans consentir à traiter avec nous, ni même à nous parler, de leur emploi, ni de leur armement. Quelques semaines plus tard, *Normandie* flambait dans des conditions lamentables. Au cours du mois de décembre, le Pacte des Nations Unies était négocié et signé par 27 gouvernements dont nous ne faisions pas partie. Ce qu'il y avait d'étrange, sinon de trouble, dans l'attitude des États-Unis à notre égard, allait être, d'ailleurs, révélé par un incident presque infime en lui-même mais auquel la réaction officielle de Washington conférerait une sérieuse importance. Peut-être, de mon côté, l'avais-je provoqué pour remuer le fond des choses, comme on jette une pierre dans l'étang. Il s'agissait du ralliement de Saint-Pierre et Miquelon.

Nous y pensions depuis le début. Il était, en effet, scandaleux que, tout près de Terre-Neuve, un petit archipel français, dont la population demandait à se joindre à nous, fût maintenu sous l'obédience de Vichy. Les Britanniques, hantés par l'idée que, sur la route des grands convois, les sous-marins allemands pourraient un jour trouver assistance grâce notamment au poste-radio qui existait à Saint-Pierre, désiraient le ralliement. Mais, suivant eux, il y fallait l'accord de Washington. Quant à moi, je tenais cet accord pour souhaitable, mais non indispensable, puisqu'il n'y avait là qu'une affaire intérieure française. Même, j'étais d'autant plus résolu à m'assurer de l'archipel que je voyais l'amiral Robert, Haut-commissaire de Vichy pour les Antilles, la Guyane et Saint-Pierre, traiter avec les Américains, ce qui ne pouvait aboutir qu'à la neutralisation de ces territoires français sous garantie de Washington. Apprenant, au mois de décembre, que l'amiral Horne était précisément envoyé par Roosevelt à Fort-de-France pour régler avec Robert les conditions de la neutralisation de nos possessions d'Amérique et des navires qui s'y trouvaient, je décidai d'agir à la première occasion.

Cette occasion se présenta sous les traits de l'amiral Muselier. Comme il devait se rendre au Canada pour inspecter le croiseur sous-marin *Surcouf*, alors basé à Halifax, ainsi que les corvettes françaises qui escortaient les convois, je convins avec lui qu'en principe il effectuerait l'opération. De fait, ayant réuni à Halifax, le 12 décembre, autour du *Surcouf*, les corvettes *Mimosa*, *Aconit* et *Alysse*, il se tint prêt à passer à Saint-Pierre et Miquelon. Mais il crut devoir, auparavant, demander lui-même, à Ottawa, l'assentiment des Canadiens et des Américains. Le secret était ainsi rompu. Je me vis obligé d'avertir les Britanniques pour éviter les apparences de la dissimulation. A Muselier, Washington fit répondre : « Non ! » par son ministre à Ottawa, à qui l'amiral déclara que, dès lors, il renonçait à se rendre aux Iles. A moi-même, le Gouvernement de Londres écrivit que, pour sa part, il ne faisait point obstacle, mais qu'étant donné l'opposition américaine, il demandait que l'opération fût remise. Dans ces conditions, et à moins d'un fait nouveau, on allait devoir s'y résigner.

Mais le fait nouveau survint. Quelques heures après m'avoir répondu, le Foreign Office portait à notre connaissance, — n'était-ce pas avec intention ? — que le Gouvernement canadien d'accord avec les États-Unis sinon à leur instigation, avait décidé de débarquer, de gré ou de force, à Saint-Pierre le personnel nécessaire pour s'assurer du poste-radio. Nous protestâmes aussitôt à Londres et à Washington. Mais, dès lors qu'il était question d'une intervention étrangère dans un territoire français, aucune hésitation ne me parut plus permise. Je donnai à l'amiral Muselier l'ordre de rallier tout de suite Saint-Pierre et Miquelon. Il le fit la veille de Noël, au milieu du plus grand enthousiasme des habitants, sans que la poudre ait eu à parler. Un plébiscite donna à la France Libre une écrasante majorité. Les jeunes gens s'engagèrent aussitôt. Les hommes mûrs formèrent un détachement pour assurer la défense des îles. Savary, nommé administrateur, remplaça le gouverneur.

On pouvait croire que cette petite opération, si heureusement effectuée, serait entérinée sans secousse par le Gouvernement américain. Tout au plus devait-on s'attendre à quelque mauvaise humeur dans les bureaux du State Department. Or, ce fut une vraie tempête qui éclata aux États-Unis. M. Cordell Hull, lui-même, la déclencha par un communiqué où il annonçait qu'interrompant ses vacances de Noël il regagnait d'urgence Washington. « L'action entreprise à Saint-Pierre et Miquelon par les navires soi-disant français libres, ajoutait le Secrétaire d'État, l'a été sans que le Gouvernement des États-Unis en ait eu au préalable connaissance et sans qu'il y ait aucunement donné son consentement. » Il terminait en déclarant que son gouvernement « avait demandé au Gouvernement canadien quelles mesures celui-ci comptait prendre pour restaurer le *statu quo ante* dans les îles. »

Aux États-Unis, pendant trois semaines, le tumulte de la presse et l'émotion de l'opinion dépassèrent les limites imaginables. C'est que l'incident offrait tout à coup au public américain l'occasion de manifester sa préférence entre une politique officielle qui misait encore sur Pétain et le sentiment de beaucoup qui inclinait vers de Gaulle. Quant à nous, le but étant atteint, nous entendions maintenant amener Washington à une plus juste compréhension des choses. Comme Churchill était à Québec en conférence avec Roosevelt, je télégraphiai au Premier Ministre pour l'avertir du mauvais effet produit sur l'opinion française par l'attitude du State Department. Churchill me répondit qu'il ferait son possible pour que l'affaire fût arrangée, tout en faisant allusion à tels développements favorables qui s'en trouvaient empêchés. En même temps, Tixier remettait, de ma part, à M. Cordell Hull d'apaisantes communications, tandis que Roussy de Sales employait dans le même sens son crédit auprès de la presse américaine et que nous nous efforcions de mettre en œuvre M. W. Bullitt, dernier ambassadeur des États-Unis auprès de la République, lequel séjournait, alors, au Caire.

Le Gouvernement de Washington, très critiqué dans son pays et tacitement désapprouvé par l'Angleterre et par le Canada, ne pouvait en définitive qu'admettre le fait accompli. Toutefois, avant d'y consentir, il essaya de l'intimidation en usant de l'intermédiaire du Gouvernement britannique. Mais cet intermédiaire était lui-même peu convaincu. M. Eden me vit et me revit, le 14 janvier, et fit mine d'insister pour que nous acceptions la neutralisation des îles, l'indépendance de l'administration par rapport au Comité national et un contrôle à établir sur place par des fonctionnaires alliés. Comme je refusais une pareille solution, M. Eden m'annonça que les États-Unis songeaient à envoyer à Saint-Pierre un croiseur et deux destroyers. « Que ferez-vous, en ce cas, me dit-il? — « Les navires alliés, répondis-je, s'arrêteront à la limite des eaux territoriales françaises et l'amiral américain ira déjeuner chez Muselier qui en sera certainement enchanté. » — « Mais si le croiseur dépasse la limite? » — « Nos gens feront les sommations d'usage. » — « S'il passe outre? » — « Ce serait un grand malheur, car, alors, les nôtres devraient tirer. » M. Eden leva les bras au ciel. « Je comprends vos alarmes, concluai-je en souriant, mais j'ai confiance dans les démocraties. »

Il ne restait qu'à tourner la page. Le 19 janvier, M. Cordell Hull recevait Tixier et lui développait sans aigreur les raisons de la politique qu'il avait suivie jusqu'à présent. Peu après, il prenait acte de la réponse que je lui faisais tenir. Le 22, M. Churchill, rentré en Angleterre, me fit demander d'aller le voir. J'y fus avec Pleven. Le Premier Ministre, ayant Eden auprès de lui, nous proposa, de la part de Washington, de Londres et d'Ottawa, un arrangement suivant lequel toutes choses resteraient à Saint-Pierre et Miquelon dans l'état où nous les avions mises. En échange, nous laisserions les trois gouvernements publier un communiqué qui sauverait tant soit peu la face au Département d'État. « Après quoi, nous dirent les ministres britanniques, nul n'interviendra dans l'affaire. » Nous acceptâmes l'arrangement. Rien ne fut, finalement, publié. Nous gardâmes Saint-Pierre et Miquelon et, du côté des alliés, on ne s'en occupa plus.

Au reste, quelle que fût, à notre égard, la position juridique et sentimentale de Washington, l'entrée des États-Unis dans la guerre leur imposait de coopérer avec la France Libre. C'était vrai, dans l'immédiat, pour le Pacifique où, en raison de l'avance foudroyante des Japonais, nos possessions de la Nouvelle-Calédonie, des îles : Marquises, Touamotou, de la Société, et même Tahiti, pouvaient, d'un jour à l'autre, devenir essentielles pour la stratégie alliée. Certaines étaient utilisées déjà comme relais aéronavals. En outre, le nickel calédonien intéressait fortement les fabrications d'armement. Les Américains virent bientôt l'avantage que présenterait une entente avec nous. La réciproque était également vraie, car, le cas échéant, nous ne serions pas en mesure de défendre seuls nos îles. C'est donc délibérément que notre Comité national avait d'avance décidé de donner satisfaction à ce que nous demanderaient les Américains quant à nos possessions dans l'Océan Pacifique, à la seule condition qu'eux-mêmes y respecteraient la souveraineté française et notre propre autorité.

Encore fallait-il que cette autorité s'exerçât sur place d'une manière satisfaisante. Ce ne pouvait être facile étant donné l'extrême éloignement et la dispersion de nos îles, le manque de moyens, le caractère des populations, très attachées certes à la France et qui l'avaient prouvé par leur ralliement, mais d'autre part remuantes et accessibles aux intrigues que suscitaient des intérêts locaux ou étrangers. Au surplus, parmi les éléments mobilisés, beaucoup des meilleurs avaient, sur mon ordre, quitté l'Océanie, pour venir combattre en Afrique dans les Forces Françaises Libres. C'est ainsi qu'avait été envoyé en Orient, sous les ordres du lieutenant-colonel Broche, le beau et brave bataillon du Pacifique ainsi que d'autres fractions. Cette contribution océanienne aux combats pour la libération de la France revêtait une haute signification. Mais la défense directe de nos établissements s'en trouvait plus malaisée. Enfin, l'état de guerre désorganisait la vie économique de ces lointaines possessions. Au total, la nécessité d'un pouvoir aussi fort et centralisé que possible s'imposait en Océanie.

Dès le printemps de 1941, j'avais cru bon d'y envoyer en inspection le gouverneur général Brunot, devenu disponible depuis que Leclerc avait rallié le Cameroun. Mais Brunot s'était heurté, souvent avec violence, à des fonctionnaires qui lui imputaient, non sans apparence de raison, l'intention de s'installer lui-même à leur place avec ses amis. Papeete avait été le théâtre d'incidents tragi-comiques. On y avait vu le gouverneur, le secrétaire général, le consul d'Angleterre, mis en état d'arrestation par ordre de M. Brunot, tandis qu'à Nouméa le gouverneur Sautot exhalait sa méfiance à l'égard de l'inspecteur. Des mesures exceptionnelles s'imposaient. Au mois de juillet 1941, je nommai le capitaine de vaisseau — puis amiral — Thierry d'Argenlieu Haut-commissaire au Pacifique avec tous pouvoirs civils et militaires et la mission : « de rétablir définitivement et sans demi-mesures l'autorité de la France Libre, de mettre en œuvre pour la guerre toutes les ressources qui s'y trouvent, d'y assurer, contre tous les dangers possibles et peut-être prochains, la défense des territoires français en union avec nos alliés. »

J'avais confiance en d'Argenlieu. Sa hauteur d'âme et sa fermeté le mettaient moralement à même de dominer les intrigues. Ses capacités de chef m'assuraient que nos moyens seraient utilisés avec vigueur mais à bon escient. Ses aptitudes de diplomate trouveraient à s'employer. Car si, par caractère et, j'ose dire, par vocation, il concevait l'action de la France Libre comme une sorte de croisade, il pensait, à juste titre, que cette croisade pouvait être habile. Le croiseur léger *Triomphant* et l'aviso *Chevreuil* furent mis à la disposition du Haut-commissaire au Pacifique. Celui-ci commença par remettre les affaires en ordre à Tahiti. Orselli y fut nommé gouverneur, tandis que Brunot et ses « victimes » venaient s'expliquer à Londres. D'autre part, comme la situation dans tout l'Extrême-Orient ne cessait de s'alourdir, d'Argenlieu vit s'ajouter à sa mission primitive, celle de coordonner l'action de nos représentants, tant en Australie, Nouvelle-Zélande, Chine, qu'à Hong-Kong, Singapour, Manille, Batavia. En même temps, Escarra, déjà notoire chez les Chinois comme juriste international, se rendait à Tchoung-King pour renouer avec le maréchal Chiang-Kaï-Shek et préparer l'établissement de relations officielles.

Tout à coup, au début de décembre, le Pacifique s'embrasa. Après la terrible surprise de Pearl Harbor, les Japonais débarquaient en Malaisie britannique, aux Indes néerlandaises, aux Philippines, et s'emparaient de Guam, de Wake, de Hong-Kong. Au début de janvier, ils bloquaient, dans Singapour, une armée britannique qui devrait bientôt capituler. En même temps, ils prenaient Manille. Dans la péninsule de Bataan était assiégé Mac Arthur. Ce que je savais de ce général m'inspirait beaucoup d'estime pour lui. Je fus trouver un jour John Winant, Ambassadeur des États-Unis à Londres, diplomate rempli d'intelligence et de sentiment, et lui déclarai ceci : « Comme soldat et comme allié, je dois vous dire que la disparition de Mac Arthur serait un grand malheur. Il n'y a, dans notre camp, que peu de chefs militaires de premier ordre. Lui en est un. Il ne faut pas le perdre. Or, il est perdu, à moins que son gouvernement ne lui donne l'ordre de quitter personnellement Bataan par quelque combinaison de vedette et d'hydravion. Je crois que cet ordre devrait lui être donné et vous demande de faire connaître à ce sujet au Président Roosevelt l'avis du Général de Gaulle. » J'ignore si ma démarche a, ou non, contribué à la décision qui fut prise. En tout cas, c'est avec une grande satisfaction que j'appris, quelque temps après, que le général Mac Arthur avait pu atteindre Melbourne.

Dès la fin du mois de décembre, la Nouvelle-Calédonie se trouvait donc menacée et d'autant plus qu'elle flanquait l'Australie, objectif principal de l'ennemi. D'ailleurs, le 22 décembre, Vichy, prévoyant l'occupation par les Japonais de nos îles d'Océanie et voulant sans doute essayer d'y reprendre l'autorité, sous le couvert de l'envahisseur, nommait l'amiral Decoux Haut-commissaire pour le Pacifique. Celui-ci ne laissait pas, par la radio de Saïgon, d'exciter la population de la Nouvelle-Calédonie à la révolte contre la France Libre. Dans le même temps, d'Argenlieu, se débattant au milieu des angoisses et des difficultés, m'adressait des rapports pleins d'énergie mais non d'illusions. Quant à moi, tout en lui marquant ma certitude qu'il sauverait tout au moins l'honneur, je faisais diriger sur Nouméa les quelques renforts disponibles : cadres, canons de marine, croiseur-auxiliaire *Cap des Palmes*, enfin *Surcouf* dont on pensait que ses capacités sous-marines et son grand rayon d'action trouveraient leur emploi au Pacifique. Hélas ! Dans la nuit du 19 février, près de l'entrée du canal de Panama, ce sous-marin, — le plus grand du monde, — était heurté par un cargo et coulait à pic avec son commandant : capitaine de corvette Blaison et ses 130 hommes d'équipage.

Cependant, sous la pression des événements, la coopération avec nos alliés commençait à s'organiser. Le 15 janvier, le State Department adressait à notre délégation de Washington un mémorandum précisant les engagements que prenaient les États-Unis en ce qui concernait « le respect de notre souveraineté dans les îles françaises du Pacifique ; le fait que les bases et installations qu'ils seraient autorisés à y établir resteraient acquises à la France ; le droit de réciprocité qui serait reconnu à la France en territoire américain si les bases américaines étaient maintenues après la guerre. » Le 23 janvier, M. Cordell Hull me télégraphiait que « les chefs d'état-major américain et britannique appréciaient l'importance de la Nouvelle-Calédonie et prenaient des mesures pour assurer sa défense en conformité des conditions prévues dans le mémorandum du 15 janvier. » Le Secrétaire d'État exprimait aimablement « son espoir que la splendide assistance et la coopération offertes dans le passé par le Haut-commissaire français seraient continuées à l'avenir. »

Des mesures pratiques suivirent ces bons procédés. Le 25 février, je pouvais annoncer à d'Argenlieu que le général Patch, nommé commandant des forces terrestres américaines dans le Pacifique, avait reçu de son gouvernement l'ordre d'aller à Nouméa et de s'y entendre avec lui « directement et dans l'esprit le plus amical » pour l'organisation du commandement. Le 6 mars, le Comité national français était invité à se faire représenter au « Comité de guerre du Pacifique » établi à Londres et où siégeaient, pour des échanges d'informations et de suggestions, les délégués de la Grande-Bretagne, de la

Nouvelle-Zélande, de l'Australie et des États-Unis. Le 7 mars, le Gouvernement américain nous demandait et obtenait l'autorisation d'établir des bases dans l'archipel de Touamotou et les îles de la Société. Enfin, le 9 mars, arrivait à Nouméa le général Patch suivi de forces importantes.

Les possessions françaises du Pacifique avaient, désormais, des chances d'échapper à l'invasion. Pourtant, avant que la coopération entre nos alliés et nous fonctionnât sur place comme il fallait, une crise sérieuse devrait y être surmontée. Sans doute, l'harmonie avait-elle d'abord régné entre Patch et d'Argenlieu. Mais, bientôt, la présence des forces, des dollars et des services secrets américains, au milieu d'une population troublée par la fièvre obsidionale, allait aggraver les causes latentes d'agitation. Une partie de la milice, travaillée par des ambitions locales, se dérobait à l'autorité du Haut-commissaire et se plaçait sous celle de Patch qui avait le tort de couvrir cette insoumission. D'autre part, le gouverneur Sautot, supportant mal d'être subordonné à d'Argenlieu, cherchait à s'assurer d'une popularité personnelle dont il pourrait se servir. Comme, après avoir patienté quelque temps, j'appelais Sautot à Londres pour lui donner une autre affectation, conforme d'ailleurs aux services qu'il avait rendus, il se décidait d'abord à obtempérer, mais ensuite, invoquant « le mécontentement que provoquait dans la population l'ordre qu'il avait reçu », il prenait sur lui « de surseoir à son départ ».

Dans les formes convenables et avec la fermeté voulue, le gouverneur Sautot fut néanmoins embarqué pour se rendre à ma convocation, Montchamp étant expédié du Tchad pour le remplacer et le colonel de Conchard envoyé de Londres pour commander les troupes. Mais il s'ensuivit à Nouméa et dans la brousse des manifestations violentes, encouragées ouvertement par l'attitude des Américains. Pressentant quelque mouvement fâcheux, j'avais alerté Washington et, d'autre part, mandé à Patch que « nous ne pourrions accepter son ingérence dans une affaire française ». Mais, en même temps, j'invitais d'Argenlieu « à faire les plus grands efforts pour rétablir avec Patch des relations personnelles confiantes et à montrer, si possible, quelque bonhomie vis-à-vis d'une population évidemment agitée ». Après trois jours d'incidents, le bon sens reprit tous ses droits et d'Argenlieu tous les leviers de commande. Au reste, c'était urgent, car, le 6 mai à Corregidor et le 10 à Mindanao, avaient capitulé les dernières forces américaines des Philippines, tandis que, dans la mer de

Corail qui baigne au nord-est l'Australie, s'engageait entre les flottes du Japon et des États-Unis une bataille dont tout dépendait. D'un moment à l'autre, Nouméa pouvait être attaquée.

Devant le péril imminent, la population, réprouvant les désordres récents, se serra autour de l'autorité française. Divers personnages turbulents furent envoyés servir en Syrie. De son côté, Patch alla voir d'Argenlieu pour s'excuser des « malentendus » auxquels il était mêlé. Je télégraphiai au général américain qu'il avait ma confiance et celle de la France Libre pourvu qu'il marchât la main dans la main avec le Haut-commissaire de France. Après quoi, Américains et Français allèrent ensemble et résolument prendre leurs postes de combat. Il se trouva, d'ailleurs, qu'ils n'eurent pas à les défendre. Car, au même moment, les Japonais, vaincus dans la mer de Corail, devaient renoncer à attaquer l'Australie et la Nouvelle-Calédonie.

Ainsi, la guerre poussait les États-Unis à entretenir avec nous des relations de plus en plus étroites. Il faut dire que, chez eux, l'ambiance nationale s'y prêtait. Dans l'élan de croisade qu'inspirait au peuple américain son idéalisme instinctif et au milieu de l'immense et magnifique effort d'armement et de mobilisation qu'il décidait de s'imposer, les combattants de la France Libre ne laissaient pas d'être populaires. La politique devait s'en ressentir. En février 1942, nous étions en mesure de compléter notre délégation à Washington par une mission militaire que je confiai au colonel de Chevigné. Le 1er mars, dans une déclaration publique, l'Amérique reconnaissait que « les îles françaises du Pacifique étaient sous le contrôle effectif du Comité national français et que c'est avec les autorités qui exerçaient ce contrôle que traitait et continuerait de traiter le Gouvernement des États-Unis ». Pour l'Afrique équatoriale, le Département d'État déclarait, dans un communiqué du 4 avril, qu'il y reconnaissait également l'autorité de la France Libre, tandis qu'un consul général des États-Unis était désigné pour Brazzaville avec notre exequatur. Comme les États-Unis nous demandaient le droit d'utiliser pour leurs bombardiers lourds l'aérodrome de Pointe-Noire, nous les y autorisions à condition de nous fournir d'abord huit avions « Lockheed » indispensables à nos propres communications. Après une négociation serrée, les « Lockheeds » nous furent remis, ce qui permit au colonel de Marmier d'établir une ligne française entre Brazzaville et Damas et aux avions américains de venir transiter à Pointe-Noire. Entre l'Amérique et nous, l'atmosphère s'était éclaircie sans que nous ayons, bien au contraire, cessé d'affirmer la France.

Pendant que nous réduisions, pas à pas et non sans peine, la distance diplomatique qui séparait Washington de la France Libre, nous parvenions, d'un bond, à nouer avec Moscou des relations d'alliance. Il faut dire qu'à cet égard l'attaque déclenchée par Hitler, en mettant la Russie en péril de mort, simplifiait la procédure. D'autre part, les Soviets constataient l'absurdité de la politique par laquelle ils avaient, en 1917 et en 1939, traité avec l'Allemagne en tournant le dos à la France et à l'Angleterre. On vit les dirigeants du Kremlin, dans l'extrême désarroi où les plongeait l'invasion, retourner leur attitude immédiatement et sans réserve. Alors que la radio de Moscou n'avait pas cessé d'invectiver contre « les impérialistes anglais » et « leurs mercenaires gaullistes » jusqu'à l'instant même où les chars allemands franchissaient la frontière russe, on entendit les ondes de Moscou prodiguer les éloges à Churchill et à de Gaulle littéralement une heure après.

Dans tous les cas, pour la France écrasée, le fait que la Russie se trouvait jetée dans la guerre ouvrait les plus grandes espérances. A moins que le Reich ne réussît rapidement à liquider l'armée des Soviets, celle-ci ferait subir à l'adversaire une constante et terrible usure. Je ne doutais évidemment pas qu'une victoire à laquelle les Soviets auraient pris une part capitale pourrait, de leur fait, dresser ensuite d'autres périls devant le monde. On devrait en tenir compte, tout en luttant à leurs côtés. Mais je pensais qu'avant de philosopher il fallait vivre, c'est-à-dire vaincre. La Russie en offrait la possibilité. D'autre part, sa présence dans le camp des Alliés apportait à la France combattante, vis-à-vis des Anglo-Saxons, un élément d'équilibre dont je comptais bien me servir.

C'est à Damas, où je m'étais rendu après l'entrée de nos troupes dans la ville, que j'appris, le 23 juin 1941, l'ouverture des hostilités entre Russes et Allemands. Mon parti fut pris aussitôt. Dès le 24, je télégraphiai à la délégation de Londres les instructions que voici : « Sans accepter de discuter actuellement des vices et même des crimes du régime soviétique, nous devons proclamer, — comme Churchill, — que nous sommes très franchement avec les Russes, puisqu'ils combattent les Allemands... Ce ne sont pas les Russes qui écrasent la France. occupent Paris, Reims, Bordeaux, Strasbourg... Les avions, les chars, les soldats allemands que les Russes détruisent et détruiront ne seront plus là pour nous empêcher de libérer la France. » Tel est le ton que je prescrivais de donner à notre propagande. En même temps, j'invitais notre délégation à aller dire en mon nom à M. Maisky, Ambassadeur des Soviets à Londres : « Le peuple français est avec les Russes contre l'Allemagne. Nous souhaitons, en conséquence, organiser avec Moscou des relations militaires. »

Cassin et Dejean virent M. Maisky qui montra tout de suite les meilleures dispositions. Quant aux suites pratiques, la rupture des relations entre Vichy et Moscou, rupture qu'Hitler exigea, devait bientôt faciliter les choses. C'est pourquoi, de Beyrouth, le 2 août, j'invitai Cassin et Dejean à demander à M. Maisky « si la Russie serait disposée à entretenir des relations directes avec nous... et si elle envisagerait de nous adresser une déclaration au sujet de son intention de restaurer l'indépendance et la grandeur de la France, en y ajoutant, si possible, l'intégrité ».

Les conversations aboutirent, le 26 septembre, à un échange de lettres entre M. Maisky et moi-même. L'ambassadeur de l'U.R.S.S. déclarait, au nom de son Gouvernement, que celui-ci « me reconnaissait comme chef de tous les Français Libres... qu'il était prêt à entrer en relation avec le Conseil de Défense de l'Empire français pour toutes questions relatives à la collaboration avec les territoires d'outre-mer placés sous mon autorité, ... qu'il était disposé à prêter aide et assistance aux Français Libres pour la lutte commune, ... qu'il était résolu à assurer la pleine et entière restauration de l'indépendance et de la grandeur de la France... » Toutefois, les Soviets, — pas plus que la Grande-Bretagne n'avait fait dans l'accord du 7 août 1940, — ne parlaient de notre intégrité.

Peu après, le Gouvernement soviétique accréditait M. Bogomolov comme son représentant auprès du Comité national. M. Bogomolov arrivait de Vichy où il était, depuis un an, ambassadeur auprès de Pétain. Il s'adapta, sans nul embarras, aux conditions, pour le moins nouvelles, dans lesquelles il devait servir. Jamais, pourtant, je n'entendis de sa bouche aucun propos malveillant à l'égard de la personne de ceux : Maréchal ou ministres, auprès de qui il venait de représenter son gouvernement. Dans une de nos conversations, il tint même à me conter ceci : « A Vichy, j'avais des loisirs que j'employais à me promener incognito à travers la campagne en causant avec les bonnes gens. Un paysan, menant sa charrue, me dit un jour : « C'est bien triste que les Français aient été d'abord battus. Mais, voyez ce champ ! Je puis le labourer parce qu'on a su s'arranger pour que les Allemands me le laissent. Vous verrez que, bientôt, on saura s'arranger pour qu'ils s'en aillent de la France. » J'ai supposé que, par cet apologue, illustrant la théorie du « bouclier » et de « l'épée », M. Bogomolov voulait me montrer qu'il avait bien compris la situation française et, en même temps, m'expliquer les raisons des attitudes successives de la Russie soviétique.

Dès cette époque, je vis souvent M. Bogomolov. Dans toute la mesure où l'écrasant conformisme qui lui était imposé lui permettait de se montrer humain, il le faisait dans ses démarches et ses propos. Rigide, en garde, d'un seul bloc, quand il adressait ou recevait une communication officielle, cet homme de réelle culture se montrait, en d'autres circonstances, liant et détendu. Pour juger des gens et des choses, il savait pratiquer l'humour, allant même jusqu'au sourire. Je dois dire qu'à son contact je me suis persuadé que si la règle soviétique revêtait d'un carcan sans fissure la personnalité de ses serviteurs elle ne pouvait empêcher qu'il restât un homme par-dessous.

De notre côté, nous avions envoyé à Moscou, en liaison militaire, le général Petit. Les Soviets lui avaient tout de suite marqué un parti pris de bonne grâce et de considération : conférences d'état-major, visite au front, réception par Staline lui-même. J'eus, d'ailleurs, à me demander par la suite si le but de leurs avances à Petit n'était que professionnel. En tout cas, les rapports qui arrivaient de diverses sources donnaient l'impression que les armées russes, d'abord rompues par l'offensive allemande, se ressaisissaient peu à peu, que le peuple, dans ses profondeurs, se levait pour la résistance, que, dans le péril national, Staline, se nommant lui-même maréchal et ne quittant plus l'uniforme, s'efforçait d'apparaître moins comme le mandataire du régime que comme le chef de la Russie de toujours.

La carte de l'immense bataille était étalée sur les murs de nos bureaux. On y voyait se développer le gigantesque effort des Allemands. Leurs trois groupes d'armées : von Loeb, von Bock, von Rundstedt, avaient, en quatre mois, pénétré au cœur des terres russes, fait plusieurs centaines de milliers de prisonniers, enlevé un énorme butin. Mais, en décembre autour de Moscou, l'action vigoureuse de Joukov, puissamment aidé par un hiver rude et prématuré, arrêtait puis faisait reculer l'envahisseur. Leningrad n'était pas tombée. Sébastopol tenait encore. Il apparaissait qu'Hitler n'était pas parvenu à imposer au commandement allemand la seule stratégie qui eût pu être décisive, savoir le groupement de toutes ses forces mécaniques suivant la seule direction de la capitale soviétique afin de frapper l'ennemi droit au cœur. Malgré les triomphes exemplaires des campagnes de Pologne, de France, des Balkans, le Führer avait dû, cette fois, sacrifier aux errements anciens, répartir les moyens de choc entre ses trois maréchaux, déployer un front et non point lancer un bélier. La surprise passée, les Russes, sur d'immenses étendues, le lui feraient payer cher.

En attendant, nous nous efforcions de fournir au front de l'Est une contribution directe, si modeste qu'elle pût être. Nos corvettes et nos cargos participaient aux convois alliés qui, par l'Océan Arctique, dans les conditions les plus dures, apportaient du matériel à Mourmansk. Comme je ne réussissais pas, d'abord, à obtenir des Britanniques que les deux divisions légères, formées au Levant par Larminat, fussent engagées en Libye, je donnai l'ordre en février au général Catroux de préparer le transfert de l'une d'elles vers l'Iran et le Caucase, ce qui enchanta les Russes et préoccupa les Anglais. Par la suite, les troupes de Larminat étant finalement affectées à la bataille contre Rommel, j'envoyai en Russie le groupe de chasse « Normandie », plus tard : régiment « Normandie-Niémen », qui devait y servir magnifiquement et fut la seule force occidentale combattant sur le front de l'Est. En sens inverse, nous avions vu débarquer à Londres, sous la conduite du capitaine Billotte, un détachement d'une quinzaine d'officiers et de deux centaines d'hommes de troupe qui, évadés de la captivité allemande, avaient pu atteindre la Russie pour y être, d'ailleurs, emprisonnés. Libérés peu après le début de la guerre germano-soviétique, ils nous arrivaient par le Spitzberg sur un convoi retour d'Arkhangelsk.

Le 20 janvier 1942, parlant à la radio, je saluai le rétablissement militaire de la Russie et affirmai l'alliance que nous avions renouée avec elle pour le présent et pour l'avenir. En février, Roger Garreau, jusque-là ministre plénipotentiaire à Bangkok et qui avait rallié la France Libre, était envoyé à Moscou comme délégué du Comité national. Garreau devait pendant trois années, utilement et intelligemment, représenter la France en Russie, y prendre tous les contacts que permettait le régime et nous tenir bien informés. Dès qu'il fut à son poste, il vit MM. Molotov et Vichynsky, respectivement Commissaire et Commissaire adjoint aux Affaires étrangères, ainsi que M. Lozovsky, Vice-ministre. Tous trois lui marquèrent avec insistance l'intention de leur gouvernement de nouer avec la France Combattante des relations aussi étroites que possible.

Au mois de mai, M. Molotov vint à Londres. J'eus avec lui, le 24, un entretien approfondi. Il était accompagné de Bogomolov, moi de Dejean. Ce jour-là, comme par la suite, je trouvai en M. Molotov un homme dont il semblait, au physique et au moral, qu'il était fait de toutes pièces pour remplir la fonction qui lui était dévolue. Le ton sérieux, le geste rare, d'une correction prévenante mais rigoureuse, regardant au-dedans de lui-même, le ministre des Affaires étrangères soviétique disait posément ce qu'il avait à dire et écoutait avec attention. Mais il ne livrait rien qui parût spontané. Pas moyen de l'émouvoir, de le faire rire, de l'irriter. Quelque problème qui fût abordé, on sentait qu'il en connaissait le dossier, qu'il enregistrait sans faute les éléments nouveaux qu'y apportait la conversation, qu'il formulait exactement sa position officielle, mais qu'il ne sortirait pas de ce qui avait été préparé et décidé ailleurs. Il avait certainement conclu, naguère, avec Ribbentrop l'accord germano-soviétique avec la même assurance qu'il apportait à négocier, maintenant, les pactes occidentaux. En M. Molotov, qui n'était et ne voulait être qu'un rouage parfaitement agencé d'une implacable mécanique, je crois avoir reconnu une complète réussite du système totalitaire. J'en ai salué la grandeur. Mais, quoi qu'on ait pu me cacher de ce qui était au fond des choses, j'en ai senti la mélancolie.

Au cours de notre entretien de Londres, le ministre des Affaires étrangères soviétiques tomba d'accord avec moi sur ce que, dans l'immédiat, son gouvernement et le Comité national devaient faire l'un pour l'autre. La France Libre pousserait les alliés américain et britannique à ouvrir au plus tôt un second front en Europe. D'autre part, elle concourrait par son attitude diplomatique et publique à faire cesser l'isolement dans lequel la Russie soviétique s'était vue longtemps reléguée. De son côté, celle-ci nous appuierait, à Washington et à Londres, dans notre effort pour rétablir en combattant l'unité de l'Empire et l'unité nationale. Cela s'appliquerait à l'administration de nos territoires, — par exemple Madagascar, — aux entreprises soi-disant parallèles, mais en réalité centrifuges, que les Anglo-Saxons favorisaient en dehors de nous, enfin, aux mouvements de résistance en France dont Moscou reconnaissait qu'aucun gouvernement étranger, — même celui des Soviets, — n'avait le droit d'en détourner aucun de l'obédience au Général de Gaulle. Quant à l'avenir, il était entendu que la France et la Russie s'entendraient pour la construction de la paix. « Mon gouvernement, me dit M. Molotov, est l'allié de ceux de Londres et de Washington. Il est essentiel pour la guerre que nous collaborions étroitement avec eux. Mais, avec la France, la Russie désire avoir une alliance indépendante. »

L'effort de la France Libre pour élargir ses relations vers Washington et vers Moscou n'empêchait pas que son centre fonctionnât toujours à Londres et que ses propres affaires : action militaire, liaisons avec la métropole, propagande, information, finances, économie des territoires d'outre-mer, fussent, par la force des choses, comme imbriquées avec celles des Britanniques. Il en résultait, pour nous, l'obligation de maintenir avec eux des rapports plus étroits que jamais. Mais leurs empiétements nous étaient plus pénibles à mesure que nous grandissions. Pourtant, l'entrée en guerre de la Russie et de l'Amérique, qui comportait pour l'Angleterre, à son tour, les pesantes servitudes d'une alliance avec des colosses, aurait pu la déterminer à rapprocher sa politique de la nôtre et à pratiquer avec nous, pour l'action en Europe, en Orient, en Afrique, au Pacifique, une franche solidarité. Nous nous serions prêtés volontiers à un pareil changement et nous eûmes parfois l'impression que certains dirigeants britanniques y étaient également disposés.

Ainsi d'Anthony Eden. Ce ministre anglais, bien qu'aussi anglais et ministre que possible, montrait une ouverture d'esprit et une sensibilité plus européennes qu'insulaires, plus humaines qu'administratives. Cet enfant chéri des traditions britanniques : Eton, Oxford, Parti conservateur, Chambre des communes, Foreign Office, n'en était pas moins accessible à ce qui paraissait spontané et novateur. Ce diplomate, entièrement dévoué aux intérêts de son pays, ne méprisait pas ceux des autres et restait soucieux de morale internationale au milieu des brutalités cyniques de son temps. J'ai eu souvent affaire à M. Eden. Beaucoup de questions dont nous eûmes à traiter étaient franchement désagréables. En la plupart de ces occasions, j'ai admiré, non seulement sa brillante intelligence, sa connaissance des affaires, le charme de ses manières, mais aussi l'art qu'il avait de créer et d'entretenir autour de la négociation une atmosphère de sympathie qui favorisait l'accord lorsqu'on pouvait aboutir et évitait les blessures quand on ne le pouvait pas. Par-dessus tout, je suis convaincu qu'Anthony Eden éprouvait, à l'égard de la France, une particulière dilection. C'est d'elle qu'il avait tiré une large part de sa culture. A sa raison politique elle apparaissait comme indispensable à l'équilibre d'un monde assailli par toutes les barbaries. Enfin, cet homme de cœur ne laissait pas d'être sensible au malheur d'une grande nation.

Cependant, les bonnes intentions de M. Eden ne purent faire de l'alliance une rose sans épines. Je reconnais qu'il fut souvent contrarié dans ses efforts par ce qu'il rencontrait chez nous de rugueux et d'ombrageux. Mais c'est surtout du côté britannique que se dressaient les difficultés : méfiance du Foreign Office, ambitions des coloniaux, préventions des militaires, intrigues de l' « Intelligence ». D'autre part, le monde politique de Londres, bien qu'il fût dans son ensemble favorable à la France Libre, subissait des influences qui ne l'étaient pas toujours. Certains milieux conservateurs considéraient d'un œil sourcilleux ces Français à Croix de Lorraine qui parlaient de révolution. Divers éléments travaillistes se demandaient, au contraire, si de Gaulle et ses compagnons ne donnaient pas dans le fascisme. Je vois encore M. Attlee entrer doucement dans mon bureau, solliciter les assurances propres à soulager sa conscience de démocrate, puis, après m'avoir entendu, se retirer en souriant.

En dernier ressort, tout dépendait du Premier Ministre. Or, celui-ci ne pouvait, au fond de lui-même, se résoudre à admettre l'indépendance de la France Libre. En outre, M. Churchill, chaque fois que nous nous heurtions, en raison des intérêts dont nous avions respectivement la charge, faisait de notre désaccord comme une affaire personnelle. Il en était blessé et chagriné à proportion de l'amitié qui nous liait l'un à l'autre. Ces dispositions de l'esprit et du sentiment, jointes aux recettes de sa tactique politique, le jetaient dans des crises de colère qui secouaient rudement nos rapports.

D'autres raisons concouraient, d'ailleurs, à rendre alors ce grand homme irascible. Les Anglais, s'ils prodiguaient au cours de cette période de méritoires et glorieux efforts, notamment dans la lutte sous-marine, subissaient parfois des revers d'autant plus cuisants que l'ennemi qui les leur infligeait ne disposait pas toujours de la supériorité matérielle. Le 10 décembre 1941, au large de la Malaisie, le magnifique cuirassé *Prince of Wales* et le grand croiseur *Repulse* étaient coulés par des avions japonais avant d'avoir pu tirer un coup de canon. Le 15 février 1942, 73 000 soldats britanniques capitulaient à Singapour après une brève résistance. Au mois de juin, en dépit des moyens considérables accumulés en Orient par les Anglais, Rommel brisait le front de la VIIIe Armée et la repoussait jusqu'aux portes d'Alexandrie, tandis que les 33 000 hommes qui avaient à tenir Tobrouk se rendaient aux Allemands avec une hâte difficile à justifier. M. Churchill mesurait, mieux que personne, les conséquences de ces revers quant à la conduite de la guerre. Mais, surtout, il en souffrait comme Anglais et comme combattant.

Il faut ajouter que, dans les milieux dirigeants, certains ne se faisaient pas faute de lui imputer sourdement une part des déconvenues britanniques. Bien que l'Angleterre tout entière tînt à Winston Churchill comme à la prunelle de ses yeux, les journaux reproduisaient, le Parlement entendait, les comités murmuraient, les clubs répandaient, des appréciations parfois malveillantes sur son compte. De tout cela il résultait que M. Churchill, au cours des premiers mois de l'année 1942, ne se trouvait pas d'humeur à s'adoucir ni à se détendre, notamment vis-à-vis de moi.

Enfin, et surtout peut-être, le Premier Ministre s'était fixé comme règle de ne rien faire d'important que d'accord avec Roosevelt. S'il éprouvait, plus qu'aucun autre Anglais, l'incommodité des procédés de Washington, s'il supportait avec peine l'état de subordination où l'aide des États-Unis plaçait l'Empire britannique, s'il ressentait amèrement le ton de suprématie que le Président adoptait à son égard, M. Churchill avait, une fois pour toutes, décidé de s'incliner devant l'impératif de l'alliance américaine. Aussi n'entendait-il pas prendre, à l'égard de la France Libre, une attitude qui tranchât avec celle de la Maison-Blanche. Roosevelt se montrant méfiant à l'égard du général de Gaulle, Churchill serait réservé.

Lors de mon arrivée à Londres, en septembre 1941, sa mauvaise humeur était grande. Le Premier Ministre s'accommodait mal de ce qui s'était passé en Syrie et au Liban entre nous et l'Angleterre. Le 2 septembre, il alla jusqu'à m'écrire qu'étant donné mon attitude, il ne croyait pas actuellement utile de se rencontrer avec moi. Aux Communes, le 9 septembre, il fit une inquiétante déclaration. Sans doute reconnaissait-il que « parmi toutes les puissances européennes la position de la France au Levant était particulièrement privilégiée ». Mais il prenait sur lui d'ajouter « qu'il n'était pas question que la France conservât en Syrie la même position qu'elle possédait avant la guerre, ... et qu'il ne pouvait s'agir, même en temps de guerre, d'une simple substitution des intérêts Français Libres aux intérêts de Vichy ». Comme d'habitude, le mécontentement de M. Churchill s'accompagnait d'une tension systématique des rapports franco-britanniques. Le Gouvernement de Londres affecta, pendant plusieurs jours, de n'avoir aucune affaire à traiter avec nous et de nous fermer ses portes, ce qui m'amena, de mon côté, à suspendre toute participation des Français Libres à la radio de Londres. Cependant, suivant le rythme de l'habituel balancier, la reprise des relations suivit bientôt ces désagréments. Le 15 septembre, j'eus avec M. Churchill un entretien qui finit bien après avoir mal commencé. Il m'assura, pour conclure, que la politique de son gouvernement relativement au Levant demeurait telle qu'elle était définie dans nos accords du Caire.

Voulant en avoir le cœur net, je vis M. Eden plusieurs fois en octobre et en novembre. Nous aboutîmes à un arrangement qui précisait l'essentiel. L'Angleterre reconnaissait que le mandat français subsistait et que le général de Gaulle l'exerçait, jusqu'à ce qu'y soient substitués des traités dûment ratifiés suivant la législation de la République française, c'est-à-dire, en fait, après la guerre. Elle admettait que la proclamation de l'indépendance de la Syrie et du Liban par la France Libre ne modifiait pas cette situation de droit. Il était, en outre, entendu que les accords Lyttelton-de Gaulle demeuraient la charte des rapports franco-britanniques en Orient.

En effet, comme le général Catroux instituait, le 27 septembre, l'indépendance et la souveraineté de la République syrienne sous la présidence du Cheik Tageddine et, le 26 novembre, celles de la République libanaise sous la présidence de M. Alfred Naccache, l'Angleterre, quoiqu'elle eût par avance controversé ces décisions, s'en accommodait dès lors qu'elles étaient prises et reconnaissait les deux républiques ainsi que les deux chefs d'État qui en étaient issus. D'autre part, je notifiai respectivement, le 28 novembre au Secrétariat-général de la Société des Nations, le 29 au Gouvernement américain, à tous les autres États alliés, ainsi qu'à la Turquie, les dispositions qui venaient d'être prises en mon nom en Syrie et au Liban. « Ces dispositions, précisaient les notes, n'affectent pas la situation juridique résultant de l'acte du mandat et qui doit subsister jusqu'à la conclusion de nouveaux actes internationaux. » Le Gouvernement britannique ne fit aucune objection à ces communications. Bien plus, lui-même les avait suggérées.

On aurait donc pu croire que la question était réglée, tout au moins jusqu'à la paix. Tout circonspect que je fusse, j'en vins moi-même à écrire à notre délégation générale au Levant qu'à mon avis, « devant les difficultés que l'Angleterre rencontrait dans les pays arabes, elle éprouvait, comme nous, le souci de voir succéder aux mesquines rivalités du passé le sentiment de solidarité des deux plus grandes puissances musulmanes. » Je donnai comme directive à la délégation « d'éviter ce qui pourrait accroître les difficultés de nos alliés et de ne rien négliger pour faciliter leur tâche par une collaboration sincère, tout en maintenant intacts la position et les droits de la France ». C'était compter, malheureusement, sur ce qui n'existait pas. En réalité, la politique britannique, sans contester théoriquement le droit, continuerait d'en faire fi.

Des incidents répétés allaient, en effet, entretenir en Orient la querelle franco-britannique. Ce fut le recrutement, — illégal, — par les Anglais d'une cavalerie druze. Ce fut leur prétention, — naturellement repoussée, — de proclamer eux-mêmes l'état de siège, c'est-à-dire de prendre le pouvoir, en Djezireh où des désordres s'étaient produits en conséquence de la révolte de l'Irak. Ce fut leur ingérence abusive dans les opérations de l'Office du blé, institué par nous au Levant et dont ils exigèrent de faire partie dans le but de s'immiscer dans l'administration locale. Ce fut la menace, — d'ailleurs vaine, — du général Wilson de faire expulser certains fonctionnaires français qui lui étaient incommodes. Ce fut l'attitude de Spears qui tenait des propos malveillants et menaçants et intervenait constamment dans les rapports de notre délégation générale avec les gouvernements de Damas et de Beyrouth.

Le général Catroux menait sa barque à travers les récifs. Bien qu'il fût enclin à composer et qu'il concédât aux Anglais plus que je ne l'aurais voulu, il se trouvait, à chaque instant, devant des intrusions nouvelles. D'où, au Levant, un incessant malaise et, à Londres, de hargneuses négociations.

Au mois de mai 1942, la pression des Britanniques s'appliqua à obtenir que des élections aient lieu sans délai en Syrie et au Liban. Notre Comité national n'était naturellement pas opposé à une consultation populaire d'où sortiraient des gouvernements entièrement représentatifs. Ceux que nous avions mis en place ne s'y trouvaient que pour la transition. Il en était ainsi, en particulier, à Damas et je regrettais, pour ma part, que le Président Hachem Bey n'eût pas repris ses fonctions. Mais nous estimions que, pour faire voter les Syriens et les Libanais, il convenait d'attendre la fin de la guerre, c'est-à-dire un moment où les deux États se retrouveraient dans des conditions normales, où notre responsabilité de mandataires et de défenseurs serait allégée, où les Anglais ne seraient plus là pour peser sur le scrutin. Cependant, le général Catroux, vivement pressé par M. Casey, qui avait remplacé M. Lyttelton au Caire comme ministre d'État britannique, lui promit des élections prochaines, ce que publièrent aussitôt les journaux. Je dus m'accommoder de cet arrangement, tout en prescrivant de différer l'échéance. Mais il était facile de prévoir qu'il y aurait là, désormais, une source jaillissante de frictions franco-britanniques.

Il y en aurait également ailleurs. Autour de Djibouti, nos alliés jouaient le double jeu. Tout en laissant notre petite force : bataillon du commandant Bouillon, méhariste, continuer le blocus terrestre, eux-mêmes avaient cessé le blocus maritime. D'Aden par boutres arabes, de Madagascar par sous-marins ou par l'aviso *d'Iberville*, arrivait à la colonie le ravitaillement voulu pour y nourrir l'attentisme. Mais les Anglais, pendant ce temps, négociaient avec le Négus un traité qui instituait leur tutelle sur l'Éthiopie. L'action qu'ils menaient à Addis-Abéba expliquait leur inaction à l'égard de Djibouti. Car, si, grâce à leur concours, la France Libre avait pu rapidement rallier la Somalie française et disposer, par conséquent, du port, du chemin de fer et d'une force importante, elle eût été en mesure d'offrir elle-même à l'Abyssinie le débouché et la sécurité dont celle-ci avait besoin. Au contraire, tant que Vichy occupait la place, les Britanniques tenaient dans leurs seules mains le sort de l'Empereur et de ses États.

C'est pourquoi, Gaston Palewski n'obtenait pas que la colonie fût effectivement bloquée. Il ne parvenait pas, non plus, à amener Anglais et Abyssins à conclure un accord à trois plutôt qu'à deux. Cependant, son activité et celle de ses adjoints : lieutenant-colonel Appert, commandant le détachement, Chancel, jeune diplomate en poste à Nairobi, préparaient utilement la suite. Les liaisons établies par eux avec divers éléments français de Djibouti et avec les autochtones, la propagande qu'ils faisaient par tracts et radio, leurs relations avec le général Platt, auraient pour effet que, le jour venu, le ralliement de la Somalie ne serait qu'une formalité. D'autre part, à Addis-Abéda, ils faisaient reparaître une représentation de la France. Nos droits sur le chemin de fer étaient réservés, nos œuvres religieuses et laïques, naguère fermées par l'occupation italienne, pouvaient reprendre leur activité, la Légation de France rouvrait ses portes. Tout en déplorant les retards, je voyais le fruit mûrir sur la rive de la mer Rouge.

Mais, soudain, l'intervention des Anglais dans une autre partie de l'Empire vint porter à leur comble mon inquiétude et mon irritation. Le 5 mai 1942, un coup de téléphone d'une agence de presse m'apprit, à 3 heures du matin, qu'une escadre britannique débarquait des troupes à Diégo-Suarez. Nos alliés occupaient par la force une possession française sans nous avoir même consultés !

Or, depuis Pearl Harbor, je m'efforçais, par de multiples démarches, de traiter du ralliement de Madagascar avec le Gouvernement de Londres : conférence, le 10 décembre, avec le général Brooke, Chef d'état-major impérial ; lettre adressée, le 16, à M. Churchill ; projet d'opérations remis, le 11 février, au Premier Ministre, au général Brooke et au Haut-commissaire de l'Union sud-africaine ; nouvelle lettre à M. Churchill, le 19 février ; enfin, le 9 avril, note pressante à M. Eden. Dans tous ces documents je proposais l'action rapide d'une brigade française libre qui serait débarquée à Majunga et se porterait sur Tananarive avec, si c'était, par hasard, nécessaire, l'appui aérien des Britanniques, tandis que nos alliés feraient diversion en bloquant Diégo par la mer. Je revendiquais, d'autre part, pour le Comité national, l'administration de l'île.

Entre temps, comme l'Union sud-africaine me paraissait directement intéressée à cette affaire, je m'enquérais des éventuels projets du Gouvernement de Pretoria. Dès la fin de 1941, j'y avais envoyé le colonel Pechkoff comme délégué de la France Libre. La personnalité de Pechkoff avait séduit le général Smuts et je comptais que si l'Union devait entrer en ligne son Premier Ministre ne le cacherait pas à mon habile et loyal représentant. Enfin, au mois de mars, le médecin général Sicé, Haut-commissaire à Brazzaville, visitait l'Afrique du Sud. De ses conversations avec Smuts et les ministres, il retirait l'impression que l'Union n'agirait pas elle-même sur Madagascar. C'est donc à Londres que j'avais déployé mes efforts, convaincu qu'il n'y avait pas de scrupules à ménager.

En effet, l'entrée du Japon dans la guerre menaçait Madagascar. Il fallait prévoir que Vichy serait, tôt ou tard, contraint par les Allemands tout au moins à laisser les raiders et les sous-marins nippons utiliser les bases de Madagascar et paralyser la navigation alliée au large de l'Afrique du Sud.

Nous étions assez bien informés de l'état des esprits dans l'île par les volontaires qui, de temps en temps, parvenaient à s'en évader et par les équipages des navires qui y faisaient escale. L'armistice de 1940 y avait été, d'abord, mal accueilli. Le gouverneur général de Coppet n'aurait pas eu de peine, alors, à se joindre à la France Libre, s'il avait donné suite à ses propres déclarations. Mais il ne s'y était pas décidé. Vichy l'avait relevé presque aussitôt par Cayla, lequel, assisté du général d'aviation Jeaunaud, s'était appliqué à endormir l'esprit de résistance, avant de céder lui-même la place au gouverneur général Annet. Pétain serait obéi s'il prescrivait de laisser faire les Japonais à Madagascar. Il le serait aussi s'il ordonnait de résister à un débarquement allié. Or, un jour ou l'autre, les Anglo-Saxons voudraient s'assurer de l'île. Mais alors, étant donné les impulsions traditionnelles de la politique britannique, tout commandait à la France Libre d'être présente à l'opération.

On peut donc comprendre dans quels soucis me plongèrent l'action et les procédés des Anglais. D'autant plus que, le jour même de l'attaque de Diégo-Suarez, Washington publiait un communiqué déclarant que « les États-Unis et la Grande-Bretagne étaient d'accord pour que Madagascar fût restituée à la France dès que l'occupation de cette île ne serait plus essentielle pour la cause commune des Nations-Unies ». Mais alors, en attendant, Madagascar serait donc enlevée à la France? A quelle puissance, sinon anglo-saxonne, serait-elle rattachée? Quelle y serait la participation française à la guerre? Qu'y subsisterait-il dans l'avenir de l'autorité de la France?

Il nous fallait jouer serré. J'attendis à dessein six jours pour prendre avec M. Eden le contact qu'il demandait. Le ministre britannique, au cours de l'entretien que j'eus avec lui, le 11 mai, montra un certain embarras. « Je vous garantis, me dit-il, que nous n'avons aucune visée sur Madagascar. Nous désirons que l'administration française continue à y fonctionner. » — « Quelle administration française? » demandai-je. Aux propos de M. Eden je compris que les Anglais projetaient de négocier avec le gouverneur général Annet pour établir un *modus vivendi* laissant toutes choses en place à Madagascar, moyennant quoi les alliés resteraient à Diégo-Suarez et surveilleraient le reste de l'île.

Je déclarai à M. Eden que nous étions opposés à ce plan. « Ou bien il aboutira, lui dis-je, et le résultat sera la neutralisation d'un territoire français sous la garantie des alliés, ce que nous n'admettrons jamais. Ou bien il n'aboutira pas et il vous faudra, dans quelques semaines, entamer seuls à l'intérieur de l'île une expédition qui prendra l'aspect d'une conquête. Il me paraît, d'ailleurs, très probable que c'est cette deuxième hypothèse qui va se réaliser, car les Allemands sauront forcer Vichy à vous combattre. » — « Nous sommes engagés, reconnut M. Eden, dans une entreprise qui risque, en effet, de se compliquer beaucoup. Mais je suis en mesure de vous affirmer que mon gouvernement désire et compte que c'est vous qui, en définitive, établirez votre autorité sur Madagascar. Nous sommes prêts à le déclarer publiquement. » Il fut entendu que le Cabinet de Londres publierait un communiqué dans ce sens, ce qu'il fit le 14 mai, déclarant : « Au sujet de Madagascar, c'est l'intention du Gouvernement de Sa Majesté que le Comité national français, en tant que représentant de la France Combattante, et vu qu'il coopère avec les Nations-Unies, joue le rôle qui lui revient dans l'administration du territoire libéré. »

Il y avait là, de la part de l'Angleterre, un engagement important. J'en pris acte le lendemain en parlant à la radio. En échange, dans mon allocution, je faisais confiance à la loyauté des alliés. Mais je rejetais publiquement tout compromis quant à Madagascar, déclarant que c'était la volonté de la France que son Empire ne soit ni divisé, ni neutralisé. « Ce que veut la France, ajoutais-je, c'est qu'en son nom la France Combattante dirige et organise l'effort français dans la guerre sous toutes ses formes et dans tous les domaines, assure la représentation de ses droits vis-à-vis des alliés comme elle en assure la défense contre l'ennemi, maintienne et gère la souveraineté française dans celles de ses terres qui ont été ou qui seront libérées. » Le même jour, je prescrivais au commandant des troupes en Afrique équatoriale de préparer la mise sur pied d'une brigade mixte destinée à Madagascar.

Mais les promesses du Gouvernement britannique et mes propres affirmations quant au rôle futur du Comité national supposaient résolu un problème qui ne l'était pas. Vichy restait, en effet, maître de la quasi-totalité de l'île. On apprit bientôt que les Britanniques, bornant leur effort à la prise de Diégo, entraient en négociations avec le gouverneur général Annet. En même temps, l' « Intelligence » de l'Est-Africain envoyait sur place un groupe d'agents conduit par M. Lush. Ces mesures allaient à l'encontre de ce que voulait la France Libre. La rentrée de Madagascar dans la guerre s'en trouvait retardée, l'autorité d'Annet renforcée, la division de l'Empire prolongée. En outre, je redoutais l'action que pourrait exercer l'équipe politique britannique que nous avions pu voir à l'œuvre en Orient, à Djibouti, en Abyssinie. Un indice fâcheux nous fut fourni tout de suite. Pechkoff, que je voulais envoyer à Diégo-Suarez pour m'informer de ce qui s'y passait, se voyait empêché de partir.

Ainsi, vers le début de juin 1942, de lourds nuages s'étendaient sur les rapports franco-britanniques. A tous les actes alarmants ou désobligeants que les Anglais multipliaient, en Syrie, en Somalie, à Madagascar, s'ajoutaient d'autres mesures qui confirmaient nos griefs. En Gold-Coast, une mission britannique, dirigée par M. Frank, prenait de mystérieux contacts avec les populations des territoires français de la boucle du Niger. En même temps, le général Giffard, Commandant en chef en Afrique occidentale, prévenait les missions françaises libres de Bathurst et de Freetown d'avoir à quitter les lieux. Comme moi-même me disposais à me rendre en Libye pour y inspecter nos troupes, je recevais du Gouvernement britannique la demande pressante de remettre mon voyage, ce qui signifiait que les moyens ne m'en seraient pas donnés. A Londres, les gouvernants, les services, les états-majors anglais s'enveloppaient d'une atmosphère épaisse de secret, sinon de méfiance.

Il était évident que les Anglo-Saxons étaient en train d'élaborer le plan d'une vaste opération sur le théâtre occidental. Le général Marshall, Chef d'état-major de l'armée américaine, et l'Amiral King, Commandant en chef de la Flotte de l'Atlantique, avaient séjourné à Londres au mois de mai en évitant de me voir. Pourtant, dans ce que les alliés projetaient manifestement de faire, la France, par ses possessions, ses populations, ses forces, serait au premier chef impliquée. Mais sans doute avait-on l'idée d'en écarter autant que possible son élément actif, la France Libre, de disposer par fragments de ses terres et de sa substance, peut-être même de profiter de cette dispersion pour s'attribuer, ici et là, des parcelles de ses propriétés. Il était temps de réagir. Il fallait marquer aux alliés que la France Libre était dans leur camp pour y incorporer la France, mais non pour y couvrir, vis-à-vis de la nation française, les abus ou empiétements qu'ils commettraient à son détriment. Le Comité national, après une délibération émouvante et approfondie, fut unanime à le penser.

Le 6 juin, je chargeai M. Charles Peake, diplomate de parfaite distinction que le Foreign Office déléguait auprès de nous, de faire part de notre position à MM. Churchill et Eden. « S'il devait arriver, lui dis-je, qu'à Madagascar, en Syrie, ou ailleurs, la France dût, par le fait, de ses alliés, perdre quoi que ce fût de ce qui lui appartient, notre coopération directe avec la Grande-Bretagne et, éventuellement, les États-Unis n'aurait plus de justification. Nous devrions y mettre un terme. Cela reviendrait, en pratique, à nous concentrer dans les territoires déjà ralliés ou qui le seraient et à poursuivre la lutte contre l'ennemi dans toute la mesure de nos forces mais seuls et pour notre compte. » Le même jour, je télégraphiai, d'une part à Éboué et Leclerc, d'autre part à Catroux et Larminat, pour leur faire connaître cette décision et les inviter à s'y préparer. Je leur prescrivais aussi de prévenir les représentants alliés qui se trouvaient auprès d'eux que telle était notre résolution.

L'effet ne se fit pas attendre. Le 10 juin, M. Churchill me demanda de venir le voir. Nous passâmes ensemble une heure bien remplie. Après de chaleureux compliments au sujet des troupes françaises qui s'illustraient à Bir-Hakeim, le Premier Ministre aborda la question de Madagascar. Il reconnut franchement que la France Combattante avait lieu d'être froissée des conditions dans lesquelles l'opération était entreprise. « Mais nous n'avons, affirma-t-il, aucune arrière-pensée au sujet de Madagascar. Quant à ce que nous allons y faire, nous n'en savons rien encore. L'île est très grande ! Nous voudrions trouver quelque arrangement pour ne pas nous y perdre. » — « Ce que nous voulons, nous, lui dis-je, c'est que Madagascar rallie la France Libre et rentre dans la guerre.

Pour cela nous sommes prêts aujourd'hui, comme je vous l'avais proposé hier, à y engager des troupes. » — « Vous n'êtes pas mon seul allié », répondit le Premier Ministre. Il me donnait ainsi à entendre que Washington s'opposait à notre participation. A vrai dire, je n'en doutais pas.

J'attirai avec insistance l'attention de M. Churchill sur le danger que présentait pour notre alliance une certaine manière de faire à l'égard de l'Empire français et, demain peut-être, de la France elle-même. Il protesta de ses bonnes intentions. Puis, sursautant tout à coup : « Je suis l'ami de la France ! cria-t-il. J'ai toujours voulu, je veux, une grande France avec une grande armée. Il le faut pour la paix, l'ordre, la sécurité de l'Europe. Je n'ai jamais eu d'autre politique ! » — « C'est vrai ! répondis-je. Vous avez même eu le mérite, après l'armistice de Vichy, de continuer à jouer la carte de la France. Cette carte, qui s'appelle de Gaulle, ne la perdez pas maintenant ! Ce serait d'autant plus absurde que vous voici au moment où votre politique réussit et où la France Libre est devenue l'âme et le cadre de la résistance française. »

Nous parlâmes de Roosevelt et de son attitude à mon égard. « Ne brusquez rien ! dit M. Churchill. Voyez comment, tour à tour, je plie et me relève. » — « Vous le pouvez, observai-je, parce que vous êtes assis sur un État solide, une nation rassemblée, un Empire uni, de grandes armées. Mais moi ! Où sont mes moyens ? Pourtant, j'ai, vous le savez, la charge des intérêts et du destin de la France. C'est trop lourd et je suis trop pauvre pour que je puisse me courber. » M. Churchill conclut notre entretien par une démonstration d'émotion et d'amitié. « Nous avons encore de rudes obstacles à surmonter. Mais, un jour, nous serons en France ; peut-être l'année prochaine. En tous cas, nous y serons ensemble ! » Il me reconduisit jusque dans la rue en répétant : « Je ne vous lâcherai pas. Vous pouvez compter sur moi. »

Trois jours après, M. Eden, à son tour, tint à me renouveler des assurances satisfaisantes quant au désintéressement britannique sur l'Empire français en général et Madagascar en particulier. Il m'annonça que le « brigadier » Lush était rappelé et que Pechkoff allait pouvoir partir : « Croyez-moi, dit-il avec chaleur, nous souhaitons marcher avec vous la main dans la main pour préparer le front Ouest. »

Provisoirement, les choses restaient donc en suspens. Toutefois, l'avertissement que nous avions donné avait été entendu. Il était désormais peu probable que l'arbitraire britannique à l'égard de notre Empire dépassât une certaine limite. Il y avait des chances pour que l'affaire syrienne connût quelque répit, pour que la Somalie fût acculée au ralliement, pour qu'un jour la Croix de Lorraine flottât sur Madagascar. En outre, je sentais, plus nettement que jamais, qu'en dernier ressort l'Angleterre ne renoncerait pas à son alliance avec nous.

La pièce diplomatique où, en cent actes divers, on voyait la France Libre reprendre la place de la France, comptait parmi ses spectateurs les plus vivement intéressés les gouvernements réfugiés en Grande-Bretagne. En 1941, leur cercle s'était agrandi par l'arrivée du Roi et des ministres grecs, puis du Roi et des ministres yougoslaves. Pour les uns et pour les autres, ce qu'il advenait de la France était un sujet capital de préoccupation. Trahis et vilipendés dans leur pays par les *quislings* qui usurpaient leur place, ils se trouvaient foncièrement hostiles à Vichy dont l'attitude servait d'argument aux collaborateurs de chez eux. D'autre part et bien que leur souveraineté ne fût pas contestée par les grandes puissances alliées, ils n'en subissaient pas moins le sort pénible des faibles livrés à la discrétion des forts. Enfin, ils ne doutaient pas que le redressement de la France fût la condition de l'équilibre de l'Europe et de leur propre avenir. C'est donc avec un enchantement secret qu'ils assistaient à l'action menée par la France Libre pour établir son indépendance. L'audience que nous trouvions auprès d'eux ne laissait jamais à désirer.

Inversement, nous ne manquions pas de cultiver les rapports avec ces gouvernements, dépourvus de territoires, mais disposant partout dans le monde libre d'une représentation officielle et d'une influence appréciable. Dejean et ses collègues du Comité national se tenaient en relations avec leurs ministres et leurs fonctionnaires. Nos états-majors, nos services, pratiquaient les leurs. Je voyais moi-même les chefs d'État et les principaux dirigeants.

De ces visites et conversations nous tirions honneur et profit, car c'est à des hommes de valeur que nous avions affaire. Mais, sous les dehors de l'étiquette, nous discernions les drames provoqués dans leurs âmes par la défaite et par l'exil. Sans doute, ces gouvernements, déployant toujours l'appareil du pouvoir, s'efforçaient-ils à la sérénité. Mais, au fond des soucis, des chagrins, où ils étaient tous plongés, chacun vivait dans l'ombre sa propre et déchirante tragédie.

A vrai dire, les gouvernants des pays occidentaux ne doutaient plus, à partir de l'entrée en guerre de la Russie et des États-Unis, que leurs pays respectifs seraient libérés. Mais dans quel état ? C'est ce dont étaient hantés mes interlocuteurs, hollandais, belges, luxembourgeois, norvégiens. La noble Reine Wilhelmine, son Premier Ministre, le professeur Geerbrandy, son ministre des Affaires étrangères, l'entreprenant M. van Kleffens, le Prince Bernhardt des Pays-Bas, voyaient avec désespoir disparaître l'Empire des Indes, malgré les magnifiques efforts de la flotte de l'amiral Helfrich et la résistance poursuivie dans la brousse par le général Ter Porten. MM. Pierlot, Gutt, Spaak, formant ensemble, au service de la Belgique, l'équipe de la sagesse, de l'ardeur et de l'habileté, étaient submergés de tristesse en évoquant la question royale. Quant à la Grande-duchesse Charlotte, à son époux le Prince Félix de Bourbon-Parme, à M. Bech leur ministre, heureusement perpétuel, ils ne cessaient de supputer les conséquences matérielles et morales que la domination nazie risquait d'avoir au Luxembourg. Enfin, le Roi Haakon VII, exemplaire de confiance et de fermeté, ainsi que M. Trygve-Lie, qui prodiguait dans tous les domaines une activité inlassable, se désolaient de voir disparaître leurs navires marchands : « C'est notre capital national qui sombre », répétaient les Norvégiens.

Beaucoup plus dramatique encore était la situation de la Grèce, de la Yougoslavie, de la Tchécoslovaquie, de la Pologne. Car, si l'entrée en guerre de Moscou leur garantissait la défaite de l'Allemagne, elle comportait pour elles d'autres menaces. Leurs chefs d'État et leurs ministres en parlaient ouvertement. Le Roi Georges II de Grèce et M. Tsouderos, chef du gouvernement, me décrivaient l'effroyable misère où l'invasion jetait le peuple hellène, la résistance qu'il déployait, malgré tout, contre l'ennemi, mais aussi le noyautage des affamés et des combattants par le parti communiste. En même temps, j'apercevais, autour du jeune Roi Pierre II de Yougoslavie et à l'intérieur même du Cabinet que présidaient successivement le général Simovitch, M. Yovanovitch, M. Trifunovitch, les secousses provoquées par les événements qui disloquaient leur pays : érection de la Croatie en royaume séparé dont le Duc de Spolète était proclamé Roi ; annexion par l'Italie de la province slovène de Ljubljana, ainsi que de la Dalmatie ; concurrence et, bientôt, hostilité de Tito, à l'égard du général Mikhailovitch qui, pourtant, menait, en Serbie, la lutte contre l'envahisseur.

Il est vrai que le Président Benès et ses ministres, Mgr Shramek, MM. Masaryk, Ripka, le général Ingr, donnaient, au contraire, l'impression qu'ils étaient confiants dans le comportement futur des Soviets. Par l'intermédiaire de M. Bogomolov, ils entretenaient avec le Kremlin de bonnes relations apparentes. Leur représentant à Moscou, M. Fierlinger, paraissait y être en faveur. Un corps tchécoslovaque, recruté parmi les Tchèques faits prisonniers par les Russes dans les rangs de la Wehrmacht, était mis sur pied par le commandement soviétique. On pouvait voir que, pour se rétablir lui-même à Prague et restaurer l'État tchécoslovaque, c'est sur la Russie que Benès comptait avant tout, quelle que fût son aversion pour le régime soviétique.

Les entretiens avec Benès consistaient en de hautes leçons historiques et politiques qu'il professait longuement sans qu'en fussent jamais lassés ni l'auditeur ni le maître. Je l'entends encore évoquer dans nos conversations le sort de l'État aux destinées duquel il avait présidé vingt ans. « Cet État, disait-il, ne peut subsister sans le soutien direct de Moscou, puisqu'il lui faut incorporer la région des Sudètes peuplée d'Allemands, la Slovaquie que la Hongrie ne se console pas d'avoir perdue, Teschen convoitée par les Polonais. La France est trop incertaine pour que nous puissions nous en remettre à sa bonne volonté. » — « Dans l'avenir, concluait le Président, nous pourrions éviter les aléas d'une alliance exclusive avec le Kremlin, mais à la condition que la France reprenne en Europe le rang et le rôle qui doivent être les siens. En attendant, où est le choix pour moi? » Ainsi raisonnait Benès, non sans que je sentisse le trouble qui demeurait au fond de son âme.

Les Polonais, eux, n'avaient pas de doute. A leurs yeux, le Russe était un adversaire, lors même qu'il se trouvait forcé de combattre l'ennemi commun. Pour le Président de la République Rackiewicz, pour le général Sikorski chef du gouvernement et de l'armée, pour les ministres MM. Zaleski, Raczynski, le général Kukiel, le déferlement soviétique succéderait infailliblement à la défaite allemande. Quant à la manière d'endiguer les ambitions de Moscou, quand on aurait vaincu Berlin, deux tendances partageaient les Polonais. Tantôt l'emportait en eux une sorte de doctrine du pire où leur désespoir puisait d'enivrantes illusions, comme la musique de Chopin tire le rêve de la douleur. Tantôt ils caressaient l'espoir d'une solution qui étendrait la Pologne vers l'Ouest, concéderait à la Russie une partie des terres galiciennes et lithuaniennes et obtiendrait d'elle qu'elle s'abstînt de régner à Varsovie en y imposant un gouvernement communiste. Mais, quand ils envisageaient un accord, c'était dans une psychologie à ce point passionnée qu'elle provoquait la surenchère entre eux, l'incertitude des alliés, l'irritation des Soviets.

Cependant, pour aléatoire que fût la conciliation, le général Sikorski était résolu à l'essayer. Cet homme de grand caractère répondait en personne du destin de son pays. Car, s'étant naguère opposé à la politique du maréchal Pilsudski, puis à l'outrecuidance de Beck et de Rydz-Smigly, il se trouvait, depuis le désastre, investi de tout le pouvoir dont puisse disposer un État en exil.

Dès que les armées du Reich étaient entrées en Russie, Sikorski n'avait pas hésité à rétablir avec les Soviets les relations diplomatiques, en dépit des colères accumulées dans les cœurs polonais. En juillet 1941, il signait avec les Soviets un accord déclarant nul et non avenu le partage de la Pologne effectué en 1939 par la Russie et l'Allemagne. En décembre, il s'était lui-même rendu à Moscou pour négocier la libération des prisonniers et leur transfert vers le Caucase d'où, sous les ordres du général Anders, ils pourraient gagner la Méditerranée. Sikorski avait causé longuement avec Staline. A son retour, narrant leurs entretiens, il me peignait le maître du Kremlin plongé aux abîmes de l'angoisse, mais sans que rien entamât sa lucidité, son âpreté, sa ruse. « Staline, me dit Sikorski, s'est affirmé favorable au principe d'une entente. Mais ce qu'il mettra dedans et exigera que nous y mettions ne dépendra que des forces en présence, autrement dit des appuis que nous trouverons, ou non, en Occident. Le moment venu, qui aidera la Pologne? Ce sera la France ou personne. »

Ainsi, le chœur anxieux des gouvernements réfugiés accompagnait en sourdine les progrès de la France Libre. Tous avaient, comme les Anglais, reconnu le Comité national dans des termes réservés. Mais tous tenaient le général de Gaulle comme le Français qualifié pour parler au nom de la France. Ils le marquaient, par exemple, en signant avec moi une déclaration commune relative aux crimes de guerre, ce qui fut fait, le 12 janvier 1942, au cours d'une conférence des chefs de gouvernement. Au total, nos relations avec les États réfugiés et la réputation qu'ils contribuaient à nous faire nous aidaient sur le plan diplomatique et nous procuraient, dans l'opinion, le concours d'une foule d'impondérables.

Or si, dans le drame du monde, les grands hommes entraînaient l'opinion anglo-saxonne, c'est elle qui, inversement, malgré les censures du temps de guerre, orientait les gouvernements. Aussi tâchions-nous de la mettre dans notre jeu. Moi-même m'y efforçais, en profitant des sympathies et des curiosités que suscitait notre entreprise. Je m'adressais régulièrement au public anglais et américain. Suivant le procédé classique, je choisissais, parmi les associations qui m'invitaient à me faire entendre, une assistance qui convînt au moment et au sujet. Hôte d'honneur du déjeuner ou du dîner organisé à cette occasion, je voyais, à la fin du repas, se joindre aux convives et remplir discrètement la salle maints professionnels de l'information ou personnages privilégiés qui venaient pour le discours. Alors, ayant reçu, d'après la coutume anglaise, le compliment du « chairman » je disais ce que j'avais à dire.

Faute de savoir, hélas ! assez bien l'anglais, c'est généralement en français que je prenais la parole. Mais, ensuite, Soustelle entrait en ligne. Mon discours, traduit à l'avance, était distribué dès que je l'avais prononcé. La presse et la radio de Grande-Bretagne et des États-Unis se chargeaient d'en publier l'essentiel. Quant à l'objectivité, j'ose dire qu'elle me semblait relative dans les journaux américains qui montaient en épingle telles ou telles phrases extrapolées. Tout de même, celles-là « passaient la rampe ». Les organes anglais, eux, sans ménager souvent leurs critiques, ne déformaient guère le texte. Il faut ajouter que la presse d'Amérique latine, par amitié pour la France, estime pour le « gaullisme » et, peut-être, désir de faire compensation à l'attitude des États-Unis, ne manquait pas de mettre en bonne place mes propres déclarations. En somme, et sauf au cours de quelques crises où l'on invoquait, pour étouffer ma voix, « les nécessités militaires », j'ai toujours trouvé les démocraties alliées respectueuses de la liberté d'expression.

Avant de me rendre au Levant au printemps de 1941, je m'étais adressé déjà à des auditoires britanniques, notamment au « Foyles literary luncheon Club » et au groupe franco-anglais du Parlement. Après mon retour à Londres en septembre, et jusqu'au mois de juin suivant, la « Presse internationale », les ouvriers, puis les administrateurs et les cadres de l'usine de tanks « English Electric », à Stafford, la « Royal African Society », l' « Association de la Presse étrangère », le « Club français de l'Université d'Oxford », l' « English

Speaking Union », le « City Livery Club », le « National Defense Public Interest Committee », la municipalité et les notables d'Édimbourg, une réunion organisée au Parlement pour les membres de la Chambre des communes, m'avaient successivement entendu. Au mois de mai 1942, j'avais tenu, pour la première fois, une conférence de presse. Le 14 juillet 1941, comme je me trouvais à Brazzaville, la « National Broadcasting Corporation » américaine avait, par tous ses postes, relayé un appel que j'adressais par radio aux États-Unis. Le 8 juillet 1942, la « Columbia » diffusait en Amérique, spécialement au Central Park de New-York où le maire La Guardia avait réuni la foule des grands jours, une allocution en anglais de « notre ami et allié le général de Gaulle ». Le 14, pour la fête nationale française, nouveau message aux Américains. A ces occasions principales s'en ajoutaient d'autres où, pour être amené à parler sans apprêt, je trouvais pourtant d'utiles échos. Ainsi des réceptions qui m'étaient offertes par les villes de Birmingham, de Leeds, de Liverpool, de Glasgow, de Hull, d'Oxford, l'Université d'Édimbourg, l'Amirauté à Portsmouth, les chantiers de construction navale Brigham et Cowan, les usines Talbot, les manufactures Harmelin, le journal *The Times*, enfin de multiples clubs toujours aimables et bien intentionnés.

Mais, si je variais le ton, c'étaient toujours les mêmes idées et sentiments que je lançais aux échos étrangers. A la défaite subie d'abord par la France, je donnais pour explication le système militaire périmé que toutes les démocraties pratiquaient au début de la guerre et dont mon pays s'était trouvé victime parce qu'il n'avait pas, lui, d'océans pour le couvrir et parce qu'on l'avait laissé seul à l'avant-garde. J'affirmais que la nation française continuait, sous l'oppression, de vivre d'une vie profonde et forte, et qu'elle allait reparaître résolue à l'effort et à la rénovation. J'en donnais pour preuve la résistance qui grandissait au-dedans et au-dehors. Mais je montrais le peuple français d'autant plus sensible à la façon dont ses alliés se comportaient à son égard qu'il était précipité dans le malheur et l'humiliation, que la propagande d'Hitler faisait miroiter à ses yeux des perspectives de redressement pourvu qu'il passât dans le camp totalitaire, et que Vichy n'avait tort, — devais-je pas me servir de tout? — que dans la mesure où les démocraties respectaient les droits de la France.

C'est ainsi que, le 1er avril 1942, je prononçai un discours qui, à cet égard, mit les points sur les i et provoqua de vives controverses. « Qu'on ne croie pas, déclarais-je, que cette espèce de miracle que constitue la France Combattante soit donné une fois pour toutes... Toute l'affaire repose sur ceci : que la France Combattante entend marcher avec ses alliés sous la réserve formelle que ses alliés marchent avec elle... » Visant directement les relations que les États-Unis continuaient d'entretenir avec Vichy et les tractations obscures qu'ils menaient avec ses proconsuls, j'ajoutais : « Pour les démocraties, pencher vers des gens qui ont détruit les libertés françaises et tâchent de modeler leur régime sur le fascisme ou sa caricature, ce serait introduire dans la politique les principes du pauvre Gribouille qui se jetait dans la mer de peur d'avoir à se mouiller... » J'ajoutais, en cherchant à faire gronder le tonnerre : « Il y a là la méconnaissance grave d'un fait qui domine toute la question française et qui s'appelle la révolution. Car, c'est une révolution, la plus grande de son histoire, que la France, trahie par ses élites dirigeantes et par ses privilégiés, a commencé d'accomplir. » Je m'écriais : « Il ne serait pas tolérable que le soi-disant réalisme qui, de Munich en Munich, a conduit la liberté jusqu'au bord même de l'abîme continuât à tromper les ardeurs et à trahir les sacrifices... »

Les positions étaient prises. La France Libre avait réussi à se faire reconnaître par le sentiment du public et par le consentement des chancelleries, non seulement comme porte-épée de la France, mais encore comme la gérante inébranlable de ses intérêts. Ce résultat se trouvait atteint au moment même où il le fallait. Car, au début de l'été 1942, les conditions étaient réunies pour que la guerre prît un tour décisif. La Russie, restée debout, passait maintenant à l'offensive. L'Angleterre, tout en expédiant en Orient de nombreux renforts, disposait sur son territoire de forces considérables. Les États-Unis étaient prêts à porter en Occident leurs unités toutes neuves et leur énorme matériel. La France, enfin, pour écrasée et asservie qu'elle fût dans la métropole et passive dans une grande partie de ses territoires d'outre-mer, demeurait en mesure d'engager dans la lutte finale d'importantes forces militaires, son Empire et sa résistance. Comme on déploie la bannière, aux abords du champ de bataille, j'avais, au printemps de 1942, nommé « la France Combattante » ce qui était, jusqu'alors, « la France Libre » et notifié aux alliés cette nouvelle appellation.

Car le destin de la France se jouerait dans le choc prochain. C'est son territoire, — Afrique du Nord ou Métropole, — qui servirait de théâtre aux opérations. C'est ce qu'elle ferait, ou non, face à l'ennemi, qui représenterait sa part dans la victoire. Mais c'est du comportement des alliés que dépendraient son rang dans le monde, son unité nationale, son intégrité impériale. Je ne pouvais douter que certains, non des moindres, méditaient de faire en sorte qu'en cette suprême occasion l'organisme français dirigeant fût aussi dépendant et inconsistant que possible et que la France Combattante se trouvât absorbée, sinon écartée. Mais la situation qu'elle avait acquise dans le monde était maintenant assez solide pour qu'on ne pût la briser du dehors.

A condition qu'elle-même tînt bon et qu'elle eût l'appui de la nation à mesure que celle-ci apparaîtrait dans sa réalité. Tout en menant notre combat, je ne pensais à rien d'autre. La France Combattante aurait-elle, dans l'épreuve prochaine, assez d'ardeur, de valeur, de vigueur, pour ne point se rompre au-dedans? Le peuple français, prostré, dévoyé, déchiré, voudrait-il m'entendre et me suivre? Pourrais-je rassembler la France?

LA FRANCE COMBATTANTE

Tandis qu'entre l'été de 1941 et celui de 1942, la France Combattante étendait sa campagne diplomatique, elle ne cessait pas elle-même de s'agrandir. Si le présent récit expose successivement le développement de ces deux efforts, ceux-ci n'en étaient pas moins simultanés et conjugués. Mais, dès lors que le champ d'action allait s'élargissant, il me fallait placer à la tête de l'entreprise un organisme adéquat. De Gaulle ne pouvait plus suffire à tout diriger. Le nombre et la dimension des problèmes exigeaient qu'avant de décider fussent confrontés points de vue et compétences. Les mesures d'exécution devaient être décentralisées. Enfin, la forme collégiale étant, pour tous les États, celle du pouvoir, nous aiderions à nous faire reconnaître en l'adoptant pour nous-mêmes. Par ordonnance du 24 septembre 1941, j'instituai le Comité national.

A vrai dire, depuis le début, je ne cessais pas d'y penser. Mais le fait qu'en l'espace d'une année, j'avais eu à passer huit mois en Afrique et en Orient, surtout le manque d'hommes dits « représentatifs », m'avaient contraint de différer. A mon arrivée à Londres, après les affaires de Syrie, je pouvais prévoir, au contraire, une longue phase d'organisation. D'ailleurs si la plupart des personnalités qui m'avaient naguère rejoint étaient, au départ, peu notoires, certaines l'étaient devenues. Je pouvais donc donner au Comité une composition valable. Pour la France Combattante, le Comité national serait l'organe de direction réuni autour de moi. Les « commissaires » y délibéreraient collectivement de toutes nos affaires. Chacun d'eux aurait à diriger un des « départements » où s'exerçait notre activité. Tous seraient solidaires des décisions prises. En somme, le Comité serait le gouvernement. Il en aurait les attributions et la structure. Toutefois, il n'en porterait pas le titre, que je réservais pour le jour, si lointain qu'il dût être encore, où pourrait se former un pouvoir aux dimensions de l'unité française. C'est dans cette même perspective que mon ordonnance prévoyait la constitution ultérieure d'une Assemblée consultative, « chargée de fournir au Comité l'expression aussi large que possible de l'opinion nationale. » Bien du temps passerait, cependant, avant que cette assemblée vît le jour.

Comme il fallait s'y attendre, ma décision provoqua des remous au sein des petits groupes français qui, sous prétexte d'être politiques, s'agitaient plus ou moins en Grande-Bretagne et aux États-Unis. Ceux-là toléraient que de Gaulle agît comme soldat et procurât aux alliés le renfort d'un contingent. Mais ils n'admettaient pas que le chef des Français Libres prît des responsabilités d'État. Ne m'ayant pas rallié, ils rejetaient mon autorité et préféraient s'en remettre aux étrangers, soit, en fait : Roosevelt, Churchill, Staline, de l'avenir de la France.

Je conviens qu'il y avait entre les conceptions de ces milieux et les miennes une réelle antinomie. Pour moi, dans le drame national, la politique devait être l'action au service d'une idée forte et simple. Mais eux, poursuivant les mêmes chimères qu'ils caressaient depuis toujours, n'acceptaient pas qu'elle fût autre chose qu'une chorégraphie d'attitudes et de combinaisons, menée par un ballet de figurants professionnels, d'où ne devaient sortir jamais qu'articles, discours, exhibitions de tribuns et répartition de places. Bien que ce régime eût été balayé par les événements, bien qu'il eût coûté à la France un désastre dont on pouvait douter qu'elle se relevât jamais, bien que ces intoxiqués fussent maintenant privés des moyens habituels de leur agitation : Parlement, congrès, cabinets, salles de rédaction, ils continuaient leur jeu à New-York ou à Londres, tâchant d'y mêler, à défaut d'autres, les gouvernants, les députés, les journalistes, anglo-saxons. A l'origine des désagréments causés à la France Libre par ses propres alliés et des campagnes menées contre elle par leur presse et leur radio, il y eut, souvent, l'influence de certains Français émigrés. Ceux-là ne pouvaient manquer de désapprouver l'espèce de promotion politique qu'était, pour la France Combattante, l'institution du Comité national et allaient s'efforcer de contrarier l'opération.

C'est l'amiral Muselier qui leur servit d'instrument. L'amiral possédait comme une personnalité double. En tant que marin, il montrait une valeur qui méritait grande considération et à laquelle était due, pour une large part, l'organisation de nos petites forces navales. Mais il était périodiquement saisi par une sorte de tracassin qui le poussait aux intrigues. Dès qu'il connut mon intention de former le Comité, il m'écrivit pour se poser en champion de l'entente avec les alliés et de la démocratie que, suivant lui, ma politique risquait de mettre en péril. Afin que l'une et l'autre fussent dorénavant sauvegardées, il proposait que je me place moi-même dans une position honorifique et que je lui laisse, à lui, la réalité des pouvoirs. Quant au moyen qu'il employa pour tâcher de forcer mon consentement, ce ne fut rien moins que la menace de sécession de la Marine qui, dit-il par téléphone : « devient indépendante et continue la guerre. »

Ma réaction fut nette et la discussion fut brève. L'amiral se soumit, alléguant un malentendu. Pour des raisons de sentiment et d'opportunité, je parus me laisser convaincre, pris acte de ses engagements et le nommai commissaire à la Marine et à la Marine marchande dans le Comité national.

Y étaient chargés : de l'Économie, des Finances, des Colonies, Pleven ; de la Justice et de l'Instruction publique, Cassin ; des Affaires étrangères, Dejean ; de la Guerre, Legentilhomme ; de l'Air, Valin ; de l'action dans la Métropole, du Travail, de l'Information, Diethelm, qui venait d'arriver de France. Catroux et d'Argenlieu, alors en mission, devenaient commissaires sans département. J'attribuai à Pleven la charge d'assurer la coordination administrative des départements civils, « statut, traitements, répartition du personnel, affectation des locaux, etc... » J'avais souhaité d'abord et tentai, par la suite, à plusieurs reprises, d'élargir la composition du Comité en y faisant entrer certaines des personnalités françaises qui se trouvaient en Amérique. C'est ainsi que je demandai leur concours à MM. Maritain et Alexis Léger. Les réponses furent déférentes, mais négatives.

Le Comité national fonctionnait d'une manière satisfaisante quand Muselier ouvrit une nouvelle crise. Rentré à Londres après l'expédition de Saint-Pierre, pour laquelle il avait reçu nos félicitations unanimes, il déclara, le 3 mars, en séance du Comité, que les choses n'allaient pas à son gré dans la France Libre, donna sa démission de commissaire national et m'écrivit pour me le confirmer. J'acceptai cette démission, mis l'amiral en réserve de commandement et le remplaçai par Auboyneau rappelé du Pacifique. Mais alors, Muselier déclara que, tout en cessant d'être membre du Comité national, il gardait pour lui-même le commandement en chef des forces navales, comme s'il s'agissait d'un fief dont il était possesseur. Cela ne pouvait être admis et l'affaire était réglée d'avance, quand, soudain, se déclencha l'intervention du Gouvernement britannique.

Cette intervention avait été, dès longtemps, préparée, les instigateurs étant quelques agités de l'émigration et certains éléments des Communes et de la « Navy ». Les conjurés avaient trouvé le concours de M. Alexander, Premier Lord de l'Amirauté. Ils lui représentaient, en tant que ministre, que si Muselier partait la marine française libre allait se dissoudre, privant la Royal Navy d'un appoint non négligeable. Ils lui faisaient croire, en tant que travailliste, que de Gaulle et son Comité inclinaient vers le fascisme et qu'il fallait soustraire à leur politique les forces navales françaises. Le Cabinet britannique, pour des raisons qui tenaient à son équilibre intérieur et aussi, vraisemblablement, à l'intention de rendre de Gaulle plus commode en l'affaiblissant, épousa la thèse d'Alexander. Il décida d'exiger de moi le maintien de Muselier dans ses fonctions de commandant en chef des Forces navales françaises libres.

Les 5 et 6 mars, M. Eden, flanqué de M. Alexander, me notifia cette mise en demeure. Pour moi, dès ce moment, la cause était définitivement entendue. Il fallait, coûte que coûte, que la décision du Comité national fût exécutée telle quelle et que l'Angleterre renonçât à se mêler de cette affaire française. Le 8 mars, j'écrivis à Eden que moi-même et le Comité national avions décidé que Muselier n'était plus commandant en chef de la Marine et que nous n'acceptions pas, à ce sujet, l'ingérence du Gouvernement anglais. J'ajoutais : « Les Français Libres considèrent que ce qu'ils font aux côtés des Britanniques et pour la même cause implique qu'ils doivent être tenus et traités comme des alliés et que l'appui des Britanniques ne doit pas leur être donné à des conditions incompatibles avec leur propre raison d'être... S'il en était autrement, le général de Gaulle et le Comité national cesseraient de s'acharner à une tâche qui serait impossible. Ils tiennent, en effet, pour essentiel, en ce qui concerne l'avenir de la France aussi bien que le présent, de demeurer fidèles au but qu'ils se sont fixé. Ce but consiste à redresser la France et à reconstituer l'unité nationale dans la guerre aux côtés des alliés, mais sans rien sacrifier de l'indépendance, de la souveraineté et des institutions françaises. »

Je n'eus pas de réponse sur le moment. Sans doute, avant d'aller plus loin, les Anglais attendaient-ils de voir ce qui allait se produire à l'intérieur de notre marine. Or, il n'y eut sur aucun navire, dans aucun dépôt d'équipages, dans aucun établissement, aucun mouvement de dissidence. Bien au contraire, tous les éléments des forces navales françaises libres serrèrent sur de Gaulle avec une ardeur proportionnée aux difficultés qui lui étaient faites. Seuls, quelques officiers, réunis autour de l'amiral, organisèrent au siège de son état-major, où je m'étais moi-même rendu pour leur parler, une inconvenante manifestation. Je fixai alors à l'amiral Muselier une résidence qui devait l'éloigner, pour la durée d'un mois, de tout contact avec la marine. J'invitai le Gouvernement anglais, conformément à l'accord de juridiction du 15 janvier 1941, à assurer l'exécution de cette mesure, puisqu'elle était prise en territoire britannique. Puis, comme les assurances nécessaires tardaient à me parvenir, je m'en fus à la campagne, prêt à tout, m'attendant à tout et laissant aux mains de Pleven, de Diethelm et de Coulet une sorte de testament secret qui leur confiait la mission d'informer le peuple français dans le cas où je devrais renoncer à poursuivre ce que j'avais entrepris et où je ne serais pas en mesure de m'en expliquer moi-même. Entre temps, j'avais fait savoir à nos alliés que je ne pourrais, à mon profond regret, reprendre mes rapports avec eux avant qu'eux-mêmes eussent appliqué l'accord qui les engageait.

Ce fut fait le 23 mars. M. Peake vint me rendre visite. Il me remit une note m'annonçant que son gouvernement n'insistait pas pour que Muselier restât commandant en chef et veillerait à ce que, pendant un mois, l'amiral ne pût prendre contact avec aucun élément des forces navales françaises. Le Gouvernement britannique le recommandait, toutefois, à ma bienveillance pour une affectation conforme à ses services. Sur ces entrefaites, Auboyneau, arrivé du Pacifique, prit en main l'administration et le commandement de la marine. Au mois de mai, voulant offrir à l'amiral Muselier une chance de servir encore, je l'invitai à venir me voir pour régler avec lui les conditions d'une mission d'inspection que je comptais lui confier. Il ne vint pas. Quelques jours plus tard, cet officier général, qui avait beaucoup fait pour notre marine, me notifia que sa collaboration à la France Libre était terminée. Je l'ai regretté pour lui.

Après cet incident pénible, rien ne vint plus empêcher le fonctionnement régulier de ce « comité de Londres », que les propagandes adverses, — qui ne furent pas seulement celle de l'ennemi et celle de Vichy, — représentèrent, tantôt comme un groupe de politiciens avides, tantôt comme une équipe d'aventuriers fascistes, tantôt comme un ramassis d'énergumènes communisants, mais pour qui, je l'atteste, rien ne comptait en comparaison du salut du pays et de l'État. Le Comité national se réunissait au moins une fois par semaine, avec quelque solennité, dans une grande pièce de « Carlton Gardens » appelée « salle de l'horloge ». Conformément à son ordre du jour, il entendait le rapport de chacun des commissaires sur les affaires de son département ou sur toute question que l'un ou l'autre croyait devoir soulever. On prenait connaissance des documents et des informations, on discutait à loisir et on concluait par des décisions rédigées en séance sous forme d'un procès-verbal et qui étaient ensuite notifiées aux forces et aux services. Jamais aucune mesure importante ne fut prise sans que le Comité ait eu à en délibérer.

J'ai toujours trouvé dans le Comité national en tant qu'organe collectif, ainsi qu'en chacun de ses membres, une aide précieuse et un concours loyal. Sans doute, demeurais-je obligé de connaître personnellement de tout ce qui valait la peine. Mais la charge m'était moins lourde du fait que des hommes de valeur m'assistaient et m'entouraient. Sans doute, ces ministres, dont aucun n'avait auparavant abordé la scène publique, pouvaient-ils manquer, dans une certaine mesure, d'autorité et de notoriété. Ils surent pourtant en acquérir. Tous, au surplus, avaient leur expérience et leur personnalité. L'ensemble qu'ils formaient ouvrait à la France Combattante des avenues d'influence qui, autrement, lui fussent restées fermées. J'ai pu rencontrer souvent chez ces collaborateurs, non certes des oppositions, mais bien des objections, voire des contradictions, à mes desseins et à mes actes. Dans les moments difficiles, où j'inclinais d'habitude vers les solutions vigoureuses, plusieurs membres du Comité penchaient vers l'accommodement. Mais, à tout prendre, c'était bien ainsi. En dernier ressort, d'ailleurs, après m'avoir éclairé, aucun commissaire national ne contestait mon arbitrage.

Si, en effet, les opinions pouvaient être partagées, ma responsabilité n'en demeurait pas moins entière. Dans la lutte pour la libération, c'était toujours, en définitive, le pauvre moi qui répondait de tout. En France, notamment, ceux-là regardaient vers de Gaulle qui, en nombre croissant, commençaient à se tourner vers la résistance active. Il y avait là une réponse de plus en plus distincte à mes appels. Il y avait là, aussi, une convergence des sentiments qui me semblait nécessaire autant qu'elle était émouvante. Car, constatant que la propension des Français à se diviser et la dispersion que leur imposait l'oppression tendaient à marquer leur révolte d'un caractère d'extrême diversité, j'étais dominé par le souci de réaliser l'unité de la résistance. C'était, en effet, la condition de son efficacité guerrière, de sa valeur nationale, de son poids vis-à-vis du monde.

Dès l'été de 1941, ce qui se passait dans la Métropole nous était connu, à mesure. Indépendamment de ce qu'on pouvait lire entre les lignes des journaux ou entendre sous les mots de la radio des deux zones, un faisceau très complet de renseignements nous était constamment apporté par les comptes rendus de nos réseaux, les rapports de certains hommes en place qui posaient déjà des jalons, les propos des volontaires qui, chaque jour, nous arrivaient de France, les indications fournies par les postes diplomatiques, les déclarations faites par des émigrés à leur passage à Madrid, Lisbonne, Tanger, New-York, les lettres adressées à des Français Libres par leur famille et leurs amis et que mille ruses leur faisaient parvenir. De ce fait, j'avais dans l'esprit un tableau tenu à jour. Que de fois, en causant avec des compatriotes qui venaient de quitter le pays, mais qui s'y étaient trouvés plus ou moins confinés dans leur métier ou leur localité, me fut-il donné de constater que, grâce à d'innombrables efforts d'information, de transmission, de synthèse, fournis par une armée de dévouements, j'étais, autant que personne, au courant des choses françaises !

Or, ce qui en ressortait, c'était la dégradation de Vichy. Les illusions du régime achevaient de se dissiper. D'abord, la victoire de l'Allemagne, qu'on avait proclamée acquise pour justifier la capitulation, devenait invraisemblable dès lors que la Russie était engagée dans la lutte, que les États-Unis entraient en ligne à leur tour, que l'Angleterre et la France Libre tenaient bon. La prétention de « sauver les meubles » au prix de la servitude s'avérait dérisoire, puisque nos 1 500 000 prisonniers ne rentraient pas, que les Allemands annexaient pratiquement l'Alsace et la Lorraine et tenaient le nord du pays administrativement coupé du reste du territoire, que les prélèvements effectués par l'occupant, en argent, matières premières, produits agricoles et industriels, épuisaient notre économie, que le Reich faisait travailler pour son compte un nombre croissant de Français. L'affirmation qu'on défendait l'Empire « contre quiconque » ne pouvait plus tromper personne, du moment qu'on forçait l'armée et la marine à combattre les alliés et les « gaullistes », à Dakar, au Gabon, en Syrie, à Madagascar, alors que les Allemands et les Italiens des commissions d'armistice opéraient à leur gré à Alger, Tunis, Casablanca, Beyrouth, que les avions du Reich atterrissaient à Alep et à Damas, que les Japonais occupaient le Tonkin et la Cochinchine. Aux yeux de tous, désormais, la chance de recouvrer un jour les territoires d'outre-mer, c'était la France Combattante qui la représentait, en s'assurant, à mesure, de l'Afrique équatoriale, des îles d'Océanie, de Pondichéry, du Levant, de Saint-Pierre, de Madagascar, de la Somalie française et en étendant, par avance son ombre intransigeante sur l'Afrique du Nord, l'Afrique occidentale, les Antilles et l'Indochine.

Quant à la « révolution nationale », par quoi le régime de Vichy essayait de compenser sa propre capitulation, elle donnait l'impression de gaspiller des réformes dont certaines avaient, par elles-mêmes, leur valeur, mais qui se trouvaient compromises et discréditées par le fait qu'on les associait au désastre et à la servitude. La prétention de Vichy à la rénovation morale et au redressement de l'autorité, même son incontestable effort d'organisation économique et sociale, n'aboutissaient, dans la forme, qu'aux défilés des légionnaires, à l'hagiographie du Maréchal, au foisonnement des comités et, dans le fond, aux basses persécutions, à la domination de la police et de la censure, aux privilèges et au marché noir.

Aussi voyait-on se manifester, à l'intérieur même du régime, les signes du désarroi. Depuis la fin de 1940 jusqu'à l'été de 1942, c'étaient, successivement : la révocation de Laval ; la fondation à Paris par Déat, Deloncle, Luchaire, Marquet, Suarez, etc., du « Rassemblement national populaire » qui, avec l'appui direct des Allemands, invectivait contre les gouvernants et pratiquait une bruyante surenchère en faveur de la collaboration ; les variations incessantes des attributions de Darlan ; les démissions de membres du Cabinet : Ybarnegaray, Baudouin, Alibert, Flandin, Peyrouton, Chevalier, Achard, etc. qui déclaraient, l'un après l'autre, que la tâche était impossible ; l'étrange et brusque cessation du procès de Riom ; la mise à la retraite de Weygand ; l'attentat de

Colette contre Laval ; la nomination de celui-ci comme chef du gouvernement. Le Maréchal lui-même publiait sa propre détresse. « De plusieurs régions de France, disait-il à la radio en août 1941, je sens souffler un vent mauvais. L'inquiétude gagne les esprits. Le doute s'empare des âmes. L'autorité du gouvernement est discutée. Les ordres sont mal exécutés. Un véritable malaise atteint le peuple français. » En juin de l'année suivante, pour le deuxième anniversaire de sa demande d'armistice, il déclarait par les ondes : « Je ne me dissimule point la faiblesse des échos qu'ont rencontrés mes appels. »

A mesure que déclinaient la pompe et les œuvres de Vichy, se formaient, de-ci, de-là, dans la Métropole, des noyaux de résistance. Il s'agissait, naturellement, d'activités très diverses, souvent mal délimitées, mais suscitées par les mêmes intentions. Ici, on rédigeait, imprimait, distribuait quelque feuille de propagande. Là, on épiait l'ennemi pour renseigner un réseau. Quelques hommes déterminés formaient des groupes d'action pour les buts les plus différents : coups de main, destructions, réception et distribution de matériel parachuté ou transporté, accueil ou embarquement des agents, passage d'une zone à l'autre, franchissement d'une frontière, etc... Certains constituaient l'embryon de mouvements dont les membres se liaient entre eux par des consignes ou simplement par l'adhésion à un même état d'esprit. Bref, sous l'apparence passive et ralentie qu'offrait l'existence dans la Métropole, la résistance entamait sa vie ardente et secrète. A l'intérieur, des combattants songeaient maintenant à porter des coups à l'ennemi à travers les filets tendus des policiers et des délateurs.

En août 1941, s'ouvrit la série des attaques isolées contre les militaires allemands. Un capitaine sortant du métro, un officier à Bordeaux, deux soldats à Paris rue Championnet, étaient les premiers tués. D'autres exécutions suivirent. Par représailles, l'ennemi fusillait des otages par centaines, jetait en prison des milliers de patriotes pour les déporter ensuite, écrasait d'amendes et de servitudes les villes où tombaient ses hommes. C'est avec une sombre fierté que nous apprenions ces actes de guerre individuellement accomplis, moyennant des risques immenses, contre l'armée de l'occupant. D'autre part, la mort des Français qui servaient de victimes à la vengeance germanique mettait notre âme en deuil mais nullement au désespoir, car elle équivalait au sacrifice des soldats sur les champs de bataille. Mais, pour d'élémentaires raisons de tactique guerrière, nous estimions que la lutte devait être dirigée et que, d'ailleurs, le moment n'était pas venu d'entamer le combat au grand jour dans la Métropole. Le harcèlement de l'ennemi, puis l'engagement, en des points choisis, de nos forces de l'intérieur, enfin le soulèvement national, que nous voulions obtenir un jour, auraient une efficacité puissante à condition de former un tout et d'être conjugués avec l'action des armées de la libération. Or, en 1941, la résistance s'ébauchait à peine et, d'autre part, nous savions qu'il s'écoulerait littéralement des années avant que nos alliés fussent prêts au débarquement.

Aussi, le 23 octobre, déclarai-je à la radio : « Il est absolument normal et absolument justifié que les Allemands soient tués par les Français. Si les Allemands ne voulaient pas recevoir la mort de nos mains, ils n'avaient qu'à rester chez eux... Du moment qu'ils n'ont pas réussi à réduire l'univers, ils sont sûrs de devenir chacun un cadavre ou un prisonnier... Mais il y a une tactique à la guerre. La guerre doit être conduite par ceux qui en ont la charge... Actuellement, la consigne que je donne pour le territoire occupé, c'est de ne pas y tuer ouvertement d'Allemands. Cela, pour une seule raison : c'est qu'il est, en ce moment, trop facile à l'ennemi de riposter par le massacre de nos combattants momentanément désarmés. Au contraire, dès que nous serons en mesure de passer à l'attaque, les ordres voulus seront donnés. »

Tout en tâchant de limiter nos pertes qui, dans de telles conditions, étaient excessives pour de trop faibles résultats, il fallait, cependant, utiliser, au profit de l'énergie et de la solidarité nationales, l'émotion produite par la répression allemande. Le 25 octobre, comme l'envahisseur venait de massacrer, la veille, 50 otages à Nantes et Chateaubriant et 50 à Bordeaux, je fis connaître par radio ce qui suit : « En fusillant nos martyrs, l'ennemi a cru qu'il allait faire peur à la France. La France va lui montrer qu'elle n'a pas peur de lui... J'invite tous les Français et toutes les Françaises à cesser toute activité et à demeurer immobiles, chacun là où il se trouvera, le vendredi 31 octobre, de 4 heures à 4 h. 5,... ce gigantesque garde-à-vous, cette immense grève nationale faisant voir à l'ennemi la menace qui l'enveloppe et prouvant la fraternité française. » La veille du jour fixé, je renouvelai mon appel. En fait, la manifestation revêtit en maints endroits, surtout dans les usines, un caractère impressionnant. Je m'en trouvai renforcé dans ma résolution d'empêcher que la résistance ne tournât à l'anarchie, mais d'en faire, au contraire, un ensemble organisé, sans y briser, toutefois, l'initiative qui en était le ressort, ni le cloisonnement sans lequel elle eût risqué de disparaître tout entière, d'un seul coup.

En tout cas, ses éléments constitutifs, les mouvements, existaient maintenant, très résolus à maints égards, mais souffrant gravement du manque de cadres militaires. Là où ils auraient pu et dû en trouver, c'est-à-dire dans ce qui subsistait de l'armée, Vichy leur barrait la route. Et, cependant, les premiers actes de résistance étaient venus des militaires. Des officiers, appartenant aux états-majors de l'Armée et des régions, soustrayaient du matériel aux commissions d'armistice. Le service de renseignements continuait d'appliquer dans l'ombre des mesures de contre-espionnage et, par intervalles, transmettait aux Anglais des informations. Sous l'action des généraux : Frère, Delestraint, Verneau, Bloch-Dassault, Durrmeyer, et en utilisant notamment les amicales des corps de troupes, des mesures de mobilisation avaient été préparées. Le général Cochet inaugurait la propagande active contre l'esprit de capitulation. Parmi les moniteurs des Chantiers de Jeunesse, qui comptaient nombre d'anciens militaires, beaucoup s'entraînaient et entraînaient les autres en vue de prendre les armes. Dans ce qui restait d'unités constituées, presque tous les officiers, les gradés, les soldats, ne cachaient pas leur espérance de retourner au combat.

Le public, d'ailleurs, trouvait cela fort bon. Un film d'actualités, venu de France et que je me fis projeter à Londres, m'en donna un saisissant exemple. On y voyait Pétain, lors d'une visite à Marseille, paraître au balcon de l'hôtel de ville devant les troupes et la foule agitées d'ardeur patriotique. On l'entendait, cédant à l'immense suggestion qui s'élevait de cette masse, lui crier soudain : « N'oubliez pas que, tous, vous êtes toujours mobilisés ! » On assistait au déchaînement d'enthousiasme que ces paroles soulevaient dans l'assemblée civile et militaire, riant et pleurant d'émotion.

Ainsi, l'armée, malgré la captivité ou la mort de la plupart et, souvent, des meilleurs des siens, se montrait spontanément disposée à encadrer la résistance nationale. Mais c'est ce que ne voulait pas le « gouvernement » auquel la soumettait son obédience. Vichy, pratiquant d'abord la fiction de la neutralité, ensuite la collaboration, l'empêcha de répondre à sa propre vocation et l'enferma moralement dans une impasse dont nul ne pouvait sortir qu'en rompant avec la discipline formelle. Bien que nombre d'éléments militaires aient pourtant franchi la barrière, en particulier ceux d'entre eux qui faisaient partie des réseaux, ceux aussi qui allaient entrer dans l'Armée secrète, ceux enfin qui constituèrent, plus tard, l' « Organisation de résistance de l'armée », c'est un fait que les mouvements durent, au départ, improviser eux-mêmes leurs cadres.

Dans la zone dite libre, « Combat » dont le capitaine Frenay avait pris la tête, « Libération » où Emmanuel d'Astier de la Vigerie jouait le rôle capital, « Franc-Tireur » dont Jean-Pierre Lévy présidait l'organe dirigeant, déployaient une notable activité de propagande et recrutaient des formations paramilitaires. En même temps, ce qui subsistait du syndicalisme d'antan : « Confédération générale du Travail », « Confédération française des Travailleurs chrétiens », répandait un état d'esprit favorable à la résistance. Il en était de même de quelques groupements issus d'anciens partis, notamment des socialistes, des démocrates-populaires, de la Fédération républicaine. Comme les Allemands n'occupaient pas la zone, c'est naturellement à Vichy que l'on faisait opposition, c'est avec sa police et ses tribunaux que l'on avait maille à partir. Les chefs, d'ailleurs, tout en préparant des forces qui pourraient être, le cas échéant, utilisées contre l'ennemi, songeaient à la prise du pouvoir et voyaient dans la résistance, non seulement un instrument de guerre, mais encore le moyen de remplacer le régime.

Le caractère politique des mouvements de la zone Sud contribuait, certes, à les rendre vivants et remuants, à attirer dans leurs rangs des éléments d'influence, à donner à leur propagande un tour de passion et d'actualité qui frappait l'esprit public. Mais, d'autre part, la bonne entente et, par suite, l'action commune des comités directeurs ne laissaient pas d'en souffrir. Il faut dire que la masse des adhérents et des sympathisants ne se préoccupait guère du programme que la résistance devrait appliquer plus tard, ni des conditions dans lesquelles elle prendrait un jour le pouvoir, ni du choix de ceux qui auraient, alors, à gouverner. Au sentiment général, il n'était que de combattre ou, tout au moins, de s'y préparer. Acquérir des armes, trouver des cachettes, étudier et, parfois, exécuter des coups de main, voilà ce dont il s'agissait ! Pour cela, il fallait s'organiser sur place entre gens de connaissance, trouver quelques moyens et garder ses affaires pour soi.

Bref, si à l'intérieur des mouvements l'inspiration était relativement centralisée, l'action se répartissait, au contraire, en groupes séparés. dont chacun avait son chef à lui et opérait pour son propre compte et qui se disputaient entre eux des ressources terriblement limitées en fait d'armes et d'argent.

Dans la zone occupée, cette concurrence disparaissait devant le danger immédiat, mais la dispersion physique des gens et des efforts s'y imposait plus encore. Là, on était au contact direct et écrasant de l'ennemi. C'est à la Gestapo que l'on avait affaire. Pas moyen de se déplacer, de correspondre, d'élire domicile, sans traverser de rigoureux contrôles. Tout suspect allait en prison en attendant d'être déporté. Quant à la résistance active, c'était, sans rémission, à la torture et au poteau d'exécution qu'elle exposait les combattants. L'activité, dans ces conditions, s'éparpillait à l'extrême. Par contre, la présence des Allemands entretenait une ambiance qui poussait à la lutte et suscitait les complicités. Aussi, les mouvements dans cette zone revêtaient-ils un caractère tendu de guerre et de conjuration. L' « Organisation civile et militaire » fondée par le colonel Touny, « Ceux de la Libération » dont Ripoche était le chef, « Ceux de la Résistance » que recrutait Lecompte-Boinet, « Libération-Nord » qu'avait créée Cavaillès, enfin, dans le Hainaut, en Flandre, dans le pays minier, « La Voix du Nord » dirigée par Houcke, rejetaient formellement toute tendance à la politique, ne se souciaient que du combat et essaimaient de petits groupes clandestins, isolés les uns des autres.

A la fin de 1941, les communistes entrèrent, à leur tour, en action. Jusqu'alors, leurs dirigeants avaient adopté à l'égard de l'occupant une attitude conciliante, invectivant, en revanche, contre le capitalisme anglo-saxon et le « gaullisme » son serviteur. Mais leur attitude changea soudain quand Hitler envahit la Russie et qu'eux-mêmes eurent trouvé le temps de gagner les refuges et d'installer les liaisons indispensables à la lutte clandestine. Ils y étaient, d'ailleurs, préparés par leur organisation en cellules, l'anonymat de leur hiérarchie, le dévouement de leurs cadres. A la guerre nationale, ils allaient donc participer avec courage et habileté, sensibles sans doute, surtout parmi les simples, à l'appel de la patrie, mais ne perdant jamais de vue, en tant qu'armée d'une révolution, l'objectif qui consistait à établir leur dictature à la faveur du drame de la France. Ils s'efforceraient donc sans relâche de garder leur liberté d'action. Mais aussi, utilisant les tendances des combattants qui, les leurs compris, ne voulaient qu'un seul combat, ils tenteraient obstinément de noyauter toute la résistance afin d'en faire, si possible, l'instrument de leur ambition.

C'est ainsi qu'en zone occupée ils formaient le « Front national », groupement d'aspect purement patriotique, et les « Francs-Tireurs et Partisans », force qui ne semblait destinée qu'à la lutte contre les Allemands. C'est ainsi qu'ils y attiraient maints éléments non communistes mais qui, par là même, pourraient servir de couverture à leurs desseins. C'est ainsi qu'ils poussaient certains des leurs, camouflés, dans les organes de direction de tous les autres mouvements. C'est ainsi qu'ils devaient bientôt me proposer leur concours, tout en ne cessant jamais de déblatérer sourdement contre « le mythe de Gaulle ».

Et moi, je voulais qu'ils servent. Pour battre l'ennemi, il n'y avait pas de forces qui ne dussent être employées et j'estimais que les leurs pèseraient lourd dans la sorte de guerre qu'imposait l'occupation. Mais il faudrait qu'ils le fassent comme une partie dans un tout et, pour trancher le mot, sous ma coupe. Comptant ferme sur la puissance du sentiment national et sur le crédit que me faisait la masse, j'étais, d'emblée, décidé à leur assurer leur place dans la résistance française, voire, un jour, dans sa direction. Mais je l'étais tout autant à ne les laisser jamais gagner à la main, me dépasser, prendre la tête. La tragédie où se jouait le sort de la patrie offrait à ces Français, écartés de la nation par l'injustice qui les soulevait et l'erreur qui les dévoyait, l'occasion historique de rentrer dans l'unité nationale, fût-ce seulement pour le temps du combat. Cette occasion, je voulais faire en sorte qu'elle ne fût pas, à jamais, perdue. « Vive la France ! » auront donc, cette fois encore, crié, au moment de mourir, tous ceux qui, n'importe comment, n'importe où, auront donné leur vie pour elle. Dans le mouvement incessant du monde, toutes les doctrines, toutes les écoles, toutes les révoltes, n'ont qu'un temps. Le communisme passera. Mais la France ne passera pas. Je suis sûr que, dans son destin, comptera finalement pour beaucoup le fait qu'en dépit de tout elle n'aura été, lors de sa libération, instant fugitif mais décisif de son Histoire, qu'un seul peuple rassemblé.

Au mois d'octobre 1941, j'appris la présence à Lisbonne de Jean Moulin, arrivé de France et qui cherchait à venir à Londres. Je savais qui il était. Je savais, en particulier, que préfet d'Eure-et-Loir lors de l'entrée des Allemands à Chartres il s'était montré exemplaire de fermeté et de dignité, que l'ennemi, après l'avoir malmené, blessé, mis en prison, l'avait finalement libéré avec ses excuses et ses salutations, que Vichy, l'ayant remplacé dans son poste, le tenait, depuis, à l'écart. Je savais qu'il voulait servir. Je demandai donc aux services britanniques que cet homme de qualité fût dirigé sur l'Angleterre. Il me fallut attendre deux mois pour avoir satisfaction. L' « Intelligence », en effet, s'efforçait de s'attacher Moulin. Mais lui, inversement, réclamait de m'être envoyé. Grâce à une lettre pressante adressée à M. Eden, j'obtins que le loyal voyageur parvînt à sa destination. J'aurais, ensuite, autant de peine à assurer son retour en France.

Dans le courant de décembre, j'eus avec lui de longs entretiens. Jean Moulin, avant d'aller à Londres, avait pris de nombreux contacts avec chacun des mouvements de résistance et, d'autre part, sondé divers milieux politiques, économiques, administratifs. Il connaissait le terrain sur lequel, de prime abord, je projetais de l'engager. Il faisait des propositions nettes et formulait des demandes précises.

Cet homme, jeune encore, mais dont la carrière avait déjà formé l'expérience, était pétri de la même pâte que les meilleurs de mes compagnons. Rempli, jusqu'aux bords de l'âme, de la passion de la France, convaincu que le « gaullisme » devait être, non seulement l'instrument du combat, mais encore le moteur de toute une rénovation, pénétré du sentiment que l'État s'incorporait à la France Libre, il aspirait aux grandes entreprises. Mais aussi, plein de jugement, voyant choses et gens comme ils étaient, c'est à pas comptés qu'il marcherait sur une route minée par les pièges des adversaires et encombrée des obstacles élevés par les amis. Homme de foi et de calcul, ne doutant de rien et se défiant de tout, apôtre en même temps que ministre, Moulin devait, en dix-huit mois, accomplir une tâche capitale. La résistance dans la Métropole, où ne se dessinait encore qu'une unité symbolique, il allait l'amener à l'unité pratique. Ensuite, trahi, fait prisonnier, affreusement torturé par un ennemi sans honneur, Jean Moulin mourrait pour la France, comme tant de bons soldats qui, sous le soleil ou dans l'ombre, sacrifièrent un long soir vide pour mieux « remplir leur matin ».

Nous avions convenu qu'il agirait, d'abord, sur les mouvements de la zone Sud, pour les déterminer à former, sous sa présidence, un organisme commun qui serait directement lié au Comité national, affirmerait l'union, donnerait des mots d'ordre et réglerait les litiges internes. Cela fait, il aborderait la zone Nord et tâcherait d'instituer, pour l'ensemble du territoire, un conseil de toute la résistance rattaché à la France Combattante. Mais, dès lors qu'il s'agissait de coiffer par un seul organisme tout ce qui, dans la Métropole, participait à la lutte, deux questions étaient posées : celle des partis politiques et celle des forces militaires de l'intérieur.

Étant donné le caractère de représentation, et non point de direction, que je voulais voir prendre à ce futur conseil et qu'il prendrait, en effet, je ne comptais pas en exclure les partis. Qu'il y en eût, c'était inévitable. A mon sens, d'ailleurs, nos malheurs étaient venus, non de leur existence, mais du fait qu'à la faveur d'institutions de décadence ils s'étaient abusivement approprié les pouvoirs publics. Aussi, tout en leur réservant leur place, n'entendais-je pas qu'à présent ils s'emparassent de la résistance. Celle-ci, au demeurant, ne procédait aucunement de leur esprit, ni de leur action, puisque tous, sans exception, avaient défailli au moment décisif. Mais, foudroyés hier par le désastre, ils commençaient maintenant à se ressaisir. Certains de leurs éléments, tout en adhérant aux mouvements de résistance, se regroupaient, d'autre part, dans les cadres d'autrefois.

Il est vrai que, n'ayant plus de clientèle à flatter, de combinaisons à pratiquer, de portefeuilles à marchander, ils croyaient et donnaient à croire qu'ils retournaient aux nobles sources d'où ils étaient originaires : volonté de justice sociale, culte des traditions nationales, esprit de laïcité, flamme chrétienne. Leurs organisations respectives, profondément épurées, ne voulaient rien, semblait-il, qu'apporter à la lutte une contribution immédiate en mobilisant telle ou telle tendance de l'opinion. Celle-ci, d'ailleurs, redevenait quelque peu sensible au savoir-faire de ces groupes familiers, d'autant plus qu'ils reniaient leurs erreurs. Enfin, les alliés ne laissaient pas d'être attentifs à l'attitude des hommes des partis. Pour construire l'unité française, il y avait là des faits que je ne pouvais méconnaître. Je donnai donc à Moulin l'instruction d'introduire, le jour venu, dans le conseil à former, les délégués des partis à côté de ceux des mouvements.

Si je comptais ainsi voir s'établir quelque unité dans l'action politique en France, je voulais qu'il en fût de même de l'action militaire. A cet égard, la première difficulté venait des mouvements eux-mêmes qui, ayant recruté des groupes de combat, prétendaient les garder en propre. Au surplus, sauf en quelques régions montagneuses ou très couvertes, ces groupes ne pouvaient exister que par petites bandes. Il en était ainsi, notamment, des maquis, formés surtout de réfractaires, qui devaient sans cesse tenir la campagne. La seule forme de guerre à en attendre était donc la guérilla. Mais celle-ci pouvait avoir une grande efficacité si ses actions de détail faisaient partie d'un tout concerté. Laissant les fractions diverses opérer d'une manière autonome, le problème consistait donc à les relier entre elles par une armature, souple mais effective, qui me serait directement rattachée. Ainsi serait-il possible de leur fixer, sous forme de plans établis d'accord avec le commandement allié, des ensembles d'objectifs sur lesquels elles agiraient à mesure des circonstances et, notamment, quand viendrait, enfin ! le débarquement des armées. Je chargeai Moulin d'amener les mouvements à cette élémentaire cohésion de leurs éléments militaires. Il me faudrait, cependant, attendre plusieurs mois pour pouvoir créer, dans la personne du général Delestraint, un commandement de l'armée secrète.

Jean Moulin fut parachuté dans le Midi, au cours de la nuit du 1er janvier. Il emportait mon ordre de mission l'instituant comme mon délégué pour la zone non occupée de la France métropolitaine et le chargeant d'y assurer l'unité d'action des éléments de résistance. De ce fait, son autorité ne serait pas, en principe, contestée. Mais il aurait à l'exercer et moi j'aurais à la soutenir. Aussi était-il entendu que c'est lui qui serait, en France, le centre de nos communications, d'abord avec la zone Sud et, dès que possible, avec la zone Nord ; qu'il aurait sous sa coupe les moyens de transmissions ; que nos chargés de mission lui seraient rattachés ; qu'il serait tenu au courant des mouvements de personnel, de matériel, de courrier, effectués pour notre compte d'Angleterre en France et réciproquement ; enfin, qu'il recevrait et distribuerait les fonds que nous adressions à différents organismes opérant dans la Métropole. Ainsi pourvu d'attributions, Moulin se mit à l'ouvrage.

Sous son impulsion, qu'appuyait la pression de la base, les dirigeants des mouvements en zone Sud formèrent bientôt entre eux une sorte de conseil dont le délégué du Comité national assumait la présidence. En mars, ils publièrent sous le titre : *Un seul combat; un seul chef*, une déclaration commune s'engageant à l'unité d'action et proclamant qu'ils menaient la lutte sous l'autorité du général de Gaulle. L'ordre commençait à régner dans les diverses activités. Au point de vue paramilitaire, on préparait la fusion. En même temps, Moulin, aidé par nous, dotait sa délégation de services centralisés.

C'est ainsi que celui des « opérations aériennes et maritimes » recevait directement du colonel Dewavrin les instructions relatives aux allées et venues des avions et des bateaux. Chaque mois, pendant les nuits de lune, des « Lysanders » ou des bombardiers, amenés par des pilotes, — tels Laurent et Livry-Level, — spécialisés dans ces audacieuses performances, se posaient sur les terrains choisis. Des hommes qui, chaque fois, jouaient leur vie, assuraient la signalisation, la réception ou l'embarquement des voyageurs et du matériel, la protection de tout et de tous. Souvent, c'étaient les « containers », parachutés en des points fixés, qu'il s'agissait de recueillir, d'abriter, de répartir. Le « service radio », auquel Julitte avait donné sur place un début d'organisation, fonctionnait également sous la coupe du délégué, passant à Londres et en recevant chaque mois des centaines et plus tard des milliers de télégrammes, déplaçant sans cesse ses postes repérés par les appareils de détection de l'ennemi et comblant à mesure les lourdes pertes qu'il subissait. Moulin avait créé, aussi, le « Bureau d'information et de presse », dirigé par Georges Bidault, qui nous tenait au courant de l'état des esprits, notamment dans les milieux de la pensée, de l'action sociale et de la politique. Le « Comité général des études », rattaché au délégué et où travaillaient Bastid, Lacoste, de Menthon, Parodi, Teitgen, Courtin, Debré, élaborait des projets pour l'avenir. Bloch-Lainé dirigeait, pour le compte de la délégation, les opérations financières et encaissait les fonds reçus de Londres. Ainsi Moulin, tenant en main les organes essentiels, faisait-il pratiquement sentir l'action de notre gouvernement. Dès les premiers mois de 1942, des témoins, arrivant de France, nous en fournissaient les preuves.

Tel Rémy. Il revint de Paris, par une nuit de février, apportant à nos services des liasses de documents et, à ma femme, une azalée en pot qu'il avait achetée rue Royale. Son réseau « Confrérie Notre-Dame » était en plein fonctionnement. Par exemple, aucun bateau allemand de surface n'abordait, ni ne quittait Brest, Lorient, Nantes, Rochefort, La Rochelle, Bordeaux, sans que Londres en fût prévenu par télégramme.

Aucun ouvrage n'était construit par l'ennemi sur la côte de la Manche ou de l'Atlantique, en particulier dans les bases sous-marines, sans que l'emplacement et le plan en fussent connus, aussitôt, de nous. Rémy, en outre, avait méthodiquement organisé des contacts, soit avec d'autres réseaux, soit avec les mouvements de la zone occupée, soit avec les communistes. Ceux-ci, l'abordant peu avant son départ, l'avaient chargé de me dire qu'ils étaient prêts à se placer sous mes ordres et à envoyer un mandataire à Londres pour s'y tenir à ma disposition.

En mars, Pineau, l'un des dirigeants de « Libération-Nord » et homme de confiance des syndicalistes, venait, pour trois mois, travailler très utilement avec nous. En avril, arrivait Emmanuel d'Astier, tout armé de projets et aussi de calculs et dont je crus bon qu'avant de regagner la France il allât porter aux États-Unis quelques précisions directes au sujet de la résistance. Brossolette nous rejoignait ensuite, prodigue d'idées, s'élevant aux plus hauts plans de la pensée politique, mesurant dans ses profondeurs l'abîme où haletait la France et n'attendant le relèvement que du « gaullisme » qu'il bâtissait en doctrine. Il allait largement inspirer notre action à l'intérieur. Puis un jour, au cours d'une mission, tombé aux mains de l'ennemi, il se jetterait lui-même dans la mort pour ne pas risquer de faiblir. Roques était venu, lui aussi, porteur des messages d'un certain nombre de parlementaires. Il serait, plus tard, arrêté et abattu. Paul Simon débarquait à son tour, envoyé de zone occupée par l' « Organisation civile et militaire » pour établir la liaison. Simon, mettant au jeu son ardente raison et sa résolution froide, devait rendre des services signalés. Il serait tué à l'ennemi à la veille de la libération. Enfin, Philip, Charles Vallin, Viénot, Daniel Mayer, d'autres encore, demandaient à partir pour Londres.

Mes entretiens avec ces hommes, jeunes pour la plupart, tout bouillants d'ardeur et tendus dans leur combat et dans leur ambition, contribuaient à me démontrer à quel point était ébranlé, dans l'esprit du peuple français, le régime sous lequel il vivait au moment de son désastre. La résistance n'était pas seulement le sursaut de notre défense réduite à l'extrémité. Elle soulevait aussi l'espoir du renouveau. Pourvu qu'après la victoire elle ne se dispersât pas, on pouvait espérer qu'elle servirait de levier à un profond changement de système et à un vaste effort national. En voyant passer devant moi ses chefs venus à mon appel, je pensais que, peut-être, ceux d'entre eux qui survivraient formeraient autour de moi l'équipe dirigeante d'une grande œuvre humaine et française. Mais ce serait à la condition, qu'une fois le péril passé, ils acceptent encore cette discipline des esprits et des prétentions sans laquelle rien ne vaut rien et qui les avait, pour une fois ! rassemblés.

Le moment, en tout cas, était venu pour moi de proclamer, d'accord avec la résistance tout entière et en son nom, le but que nous voulions atteindre. Ce but, c'était la libération au sens complet du terme, c'est-à-dire celle de l'homme aussi bien que de la patrie. Je le fis sous la forme d'un manifeste adopté en Comité national après avoir pris, en France, l'avis des mouvements et celui de la délégation. J'y déclarais que la liberté, la dignité, la sécurité, que nous avions résolu d'assurer à la France dans le monde par l'écrasement de l'ennemi, nous entendions faire en sorte que chaque homme et chaque femme de chez nous puissent les obtenir dans leur vie par le changement du mauvais régime qui les avait refusées à beaucoup. « Ce régime moral, social, politique, économique, qui avait abdiqué dans la défaite », je le condamnais donc en même temps que « celui qui était sorti d'une criminelle capitulation ». Et j'affirmais : « Tandis que le peuple français s'unit pour la victoire, il s'assemble pour une révolution. » Le manifeste fut publié, le 23 juin 1942, dans tous les journaux clandestins des deux zones, ainsi qu'à la radio de Brazzaville, de Beyrouth et de Londres.

Ce sont, surtout, ces conditions de l'action dans la Métropole qui m'imposèrent, au cours de cette période, de maintenir à Londres le siège du Comité national. Pourtant, l'idée me vint souvent de l'établir en territoire français, par exemple à Brazzaville. Il en était ainsi, notamment, chaque fois, qu'une crise survenait dans nos rapports avec l'Angleterre. Mais je devais alors me répondre à moi-même : « Comment, du fond de l'Afrique, communiquer avec la patrie, me faire entendre d'elle, agir sur la résistance? Au contraire, en Grande-Bretagne se trouvent les moyens voulus de liaison et d'information. D'autre part, l'effort diplomatique auprès des gouvernements alliés implique des relations, une ambiance, que nous offre la capitale anglaise et qui, bien évidemment, nous manqueraient au bord du Congo. Enfin, je dois garder le contact avec celles de nos forces qui ne peuvent avoir leurs bases que dans les Iles britanniques ».

Après mon retour d'Orient, je fixai donc ma résidence à Londres. J'allais y demeurer dix mois.

Je revois ma vie, en ce temps. On peut croire qu'elle est remplie. Pour simplifier, j'habite l'hôtel Connaught. J'ai, en outre, loué, d'abord à Ellesmere dans le Shropshire, ensuite à Berkhamsted près de la capitale, une maison de campagne où je passe les week-ends auprès de ma femme et de notre fille Anne. Par la suite, nous nous installerons à Londres dans le quartier de Hampstead. Philippe, après son passage à l'École navale, navigue et combat sur l'Atlantique à bord de la corvette *Roselys*, puis, sur la Manche, comme second de la vedette lance-torpille 96. Élisabeth, pensionnaire chez les Dames de Sion, s'apprête à suivre les cours d'Oxford. Autour de nous, la population observe une sympathique discrétion. Autant sont vives les manifestations quand je parais officiellement en public, autant est gentiment réservée l'attitude des Anglais quand ils me voient, avec les miens, suivre une rue, faire le tour d'un parc, entrer dans un cinéma. Ainsi puis-je, à mon profit, vérifier que, dans ce grand peuple, chacun respecte la liberté des autres.

Le plus souvent, ma journée se passe à « Carlton Gardens ». C'est là que François Coulet, devenu chef de cabinet depuis que Courcel est parti commander en Libye un escadron d'automitrailleuses, et Billotte chef de mon état-major, à la tête duquel il a succédé à Petit maintenant en mission à Moscou, et à Ortoli qui commande le *Triomphant*, me présentent comptes rendus, lettres et télégrammes. C'est là que Soustelle me fait le tableau des informations du jour, que Passy-Dewavrin m'apporte les rapports de France, que Schumann prend mes directives pour ce qu'il va dire au micro. C'est là que je règle les affaires avec les commissaires nationaux et les chefs de service, que je reçois les visiteurs ou les personnes convoquées, que je donne ordres et instructions, que je signe les décrets. Souvent le déjeuner, parfois le dîner, me réunissent à des personnalités alliées ou bien à des Français avec qui je désire converser. Quant au grand travail qu'est, pour moi, la rédaction de mes allocutions, je le fais chez moi, le soir ou le dimanche. En tout cas, je m'efforce de ne pas contrarier le fonctionnement des services par un emploi du temps mal réglé. En principe, à « Carlton Gardens », on ne travaille pas la nuit, excepté au bureau du chiffre.

J'ai, d'ailleurs, à faire au-dehors maintes visites. Indépendamment d'entretiens avec des ministres britanniques, de conférences d'état-major, de cérémonies auxquelles m'invite le Gouvernement anglais ou tel autre de nos alliés, je me rends, à l'occasion, dans l'un des centres de la vie française à Londres. L' « Institut français », rallié littéralement dès la première minute dans la personne de son directeur le professeur Saurat, procure à nos compatriotes de précieux moyens d'enseignement et un actif milieu intellectuel. L' « Alliance française » continue son œuvre sous l'impulsion de Thémoin et de Mlle Salmon. La « Maison de l'Institut de France », jusqu'au soir où elle sera écrasée par les bombes avec son administrateur Robert Cru, tire de sa bibliothèque la documentation dont nos services ont besoin. Les « Amis des volontaires français », groupement dirigé par Lord Tyrrell, Lord de la Warr, Lord Ivor Churchill, formé surtout de Britanniques, en Écosse le « Comité de Coordination de la France Combattante », sous l'amicale présidence de Lord Inverclyde, prodiguent à nos combattants une aide aussi intelligente que généreuse. La « Chambre de commerce française » joue son rôle dans les échanges entre la Grande-Bretagne et les territoires ralliés. Le « Centre d'accueil de la France Libre » reçoit ceux qui viennent de France. L' « Hôpital français » soigne bon nombre de nos blessés. En m'associant à ces diverses institutions, je vise à resserrer en Angleterre, comme je tâche de le faire ailleurs, la solidarité nationale.

L' « Association des Français de Grande-Bretagne » m'y aide activement. C'est par elle, en particulier, que sont organisées quelques grandes réunions où affluent civils et militaires et qui permettent, à moi-même de rencontrer la foule française, aux assistants de manifester et d'exalter leurs convictions, à la métropole de nous entendre grâce à la radio qui retransmet les discours et les mouvements de la salle. Déjà, le 1er mars 1941, au Kingsway Hall, devant des milliers d'auditeurs, j'ai défini notre mission et affirmé nos espérances. Le 15 novembre, au milieu de l'assemblée qui remplit le vaste vaisseau de l'Albert Hall, je formule solennellement les trois articles de notre politique.

« L'article 1er, dis-je, consiste à faire la guerre, c'est-à-dire à donner la plus grande extension et la plus grande puissance possibles à l'effort français dans le conflit... Mais cet effort, nous ne le faisons qu'à l'appel et au service de la France ». Puis, condamnant à la fois le régime d'avant-guerre et celui de Vichy, je déclare : « Nous tenons pour nécessaire qu'une vague grondante et salubre se lève du fond de la nation et balaie les causes du désastre pêle-mêle avec l'échafaudage bâti sur la capitulation. C'est pourquoi, l'article 2 de notre politique est de rendre la parole au peuple dès que les événements lui permettront de faire connaître librement ce qu'il veut et ce qu'il ne veut pas. » Enfin, par l'article 3, je trace les bases que nous souhaitons donner aux institutions renouvelées de la France : « Ces bases, dis-je, elles sont définies par les trois devises des Français Libres. Nous disons : « Honneur et Patrie », entendant par là que la nation ne pourra revivre que par la victoire et subsister que dans le culte de sa propre grandeur. Nous disons : « Liberté, Égalité, Fraternité », parce que notre volonté est de rester fidèle aux principes démocratiques. Nous disons : « Libération », car si notre effort ne saurait se terminer avant la défaite de l'ennemi, il doit avoir comme aboutissement, pour chacun des Français, une condition telle qu'il lui soit possible de vivre et de travailler dans la dignité et la sécurité. »

L'assistance, alors, par le spectacle de son émotion et l'ouragan de ses clameurs fournit une démonstration qui retentit loin au-delà de l'enceinte de l'Albert Hall.

De telles réunions sont rares. Au contraire, c'est fréquemment que je vais voir nos volontaires sous l'appareil d'une inspection militaire. Nos forces, terrestres, navales, aériennes, pour réduites et dispersées qu'elles soient et bien que nous ne puissions les faire que de pièces et de morceaux, forment maintenant un tout cohérent qui ne cesse de se consolider. Le plan d'organisation, que j'ai fixé pour 1942 aux commissaires à la Guerre, à la Marine et à l'Air, s'exécute comme prévu. Je m'en assure en visitant les unités basées en Grande-Bretagne. Alors, les hommes, voyant de près celui qu'ils appellent « le grand Charles », lui offrent par leurs regards, leur attitude, leur ardeur dans la manœuvre, l'hommage d'un attachement qui ne composera jamais.

Pour notre petite armée, qui combat en Afrique et en Orient, seuls se trouvent sur le sol anglais des centres de formation. Mais ceux-ci instruisent une grande partie des cadres. Au camp de Camberley, le colonel Renouard me présente le bataillon de chasseurs, le groupe d'artillerie, l'escadron de blindés, le détachement du génie, l'unité de transmissions, d'où sortent, tous les six mois, gradés et spécialistes. Je passe au parc d'artillerie qui, sous les ordres du commandant Boutet, met en état le matériel français apporté, naguère, en Grande-Bretagne par les services de base de l'expédition de Norvège ou par les navires de guerre venus de France lors de l'invasion. Armes, munitions, véhicules, sont expédiés pour l'équipement des nouvelles formations, concurremment avec le matériel fourni, soit par les Anglais aux termes de l'accord du 7 août 1940, soit par les Américains au titre du « Lease and lend. » Les négociations et les mesures d'exécution qu'exige cette tâche capitale, incombent au Service de l'armement. Il s'en acquitte, sous la direction du colonel Morin, jusqu'au jour où cet excellent officier sera abattu en avion au cours d'une mission lointaine. Le commandant Hirsch lui succédera. A Londres même, je salue parfois la Compagnie des volontaires françaises, qui a pour capitaine Mademoiselle Terré après Madame Mathieu et qui forme de méritantes jeunes filles aux emplois de conductrices, infirmières, secrétaires. De temps en temps, je rends visite, à Malvern, puis à Ribbersford, aux « cadets de la France Libre ». En 1940, j'ai créé leur école, destinée aux étudiants et collégiens passés en Angleterre. Bientôt, nous en avons fait une pépinière d'aspirants. Le commandant Baudoin dirige l'École des cadets. Il en sortira 5 promotions, soit, au total, 211 chefs de section ou de peloton ; 52 seront tués à l'ennemi. Rien ne réconforte autant le chef des Français Libres que le contact de cette jeunesse, fleuron d'espoir ajouté à la gloire obscurcie de la France.

Tandis que les unités des forces terrestres stationnées en Grande-Bretagne font l'instruction d'éléments destinés à combattre ailleurs, c'est à partir des ports anglais que la plupart de nos forces navales prennent part, sur l'Atlantique, la Manche, la mer du Nord, l'Arctique, à la bataille des communications. Pour le faire, tout nous commande de profiter des bases alliées. Nous n'avons, en effet, nulle part, aucun moyen qui nous soit propre de réparer, d'entretenir, de ravitailler nos navires. A fortiori, ne pouvons-nous pas les doter des moyens nouveaux : défense contre avions, asdic, radar, etc. qu'exige l'évolution de la lutte. Enfin, sur le vaste théâtre d'opérations maritimes dont l'Angleterre est le centre, il faut l'unité technique et tactique des efforts.

C'est pourquoi, si les navires que nous armons nous appartiennent entièrement, quelle que soit leur origine, s'ils n'ont de pavillon que le tricolore, s'il n'y a, pour les états-majors et pour les équipages, d'autre discipline que française, s'ils n'exécutent de missions que par ordre de leurs chefs, bref si notre marine demeure purement nationale, nous avons admis, qu'à moins d'épisodes qui nous amènent à l'utiliser directement, elle fait partie, pour l'emploi, de l'ensemble de l'action navale menée par les Britanniques. Elle s'y trouve, au demeurant, dans un système admirable de capacité, de discipline, d'activité, qui réagit sur sa propre valeur. Les Anglais, de leur côté, appréciant fort ce concours, prêtent aux forces navales françaises libres un large appui matériel. Leurs arsenaux, leurs services, s'ingénient à mettre en état et à pourvoir nos navires, en dépit des différences des types et de l'armement. Les matériels nouveaux qu'utilise la marine britannique sont fournis sans retard à la nôtre. Des bateaux neufs : corvettes et vedettes, plus tard frégates, destroyers, sous-marins, nous sont offerts sitôt construits. Si notre petite flotte réussit à jouer un rôle et à soutenir sur les mers l'honneur des armes de la France, c'est grâce à l'aide alliée comme aux mérites de nos marins.

Je le constate chaque fois que je vais voir quelqu'une de ses fractions à Greenock, Portsmouth, Cowes, Dartmouth. Étant donné le caractère de la lutte, étant donné aussi l'effectif réduit dont nous disposons, nous n'armons que de petits bâtiments. Mais, à bord de ceux de la France Libre, on pousse l'effort jusqu'à la limite du possible.

Ce sont, naturellement, des navires venus de France que nous avons armés d'abord. Au printemps de 1942, de nos cinq premiers sous-marins, il reste : *Rubis*, *Minerve* et *Junon*, qui, dans les eaux norvégiennes, danoises, françaises, attaquent des navires, posent des mines, débarquent des commandos ; *Narval* a disparu près de Malte en décembre 1940 ; *Surcouf* a sombré corps et biens en février 1942. Les contre-torpilleurs *Triomphant* et *Léopard*, les torpilleurs *Melpomène* et *Bouclier* ont, pendant des mois, escorté des convois dans l'océan et dans la Manche. Puis, *Triomphant* est parti pour le Pacifique. *Léopard* a gagné l'Afrique du Sud ; plus tard, il assurera le ralliement de la Réunion ; finalement, il fera naufrage devant Tobrouk. *Melpomène* est passé en mer du Nord. *Bouclier* est devenu un de nos navires-écoles. Parmi nos cinq avisos, trois : *Savorgnan de Brazza*, *Commandant Duboc*, *Commandant Dominé*, croisent sur les côtes d'Afrique ; *Moqueuse* aide à la protection des cargos en mer d'Irlande ; *Chevreuil*, en Océanie, patrouille au large de Nouméa et rallie à la France Libre, le 27 mai 1942, les îles Wallis et Futuna. Deux dragueurs de mines : *Congre* et *Lucienne-Jeanne* font leur dur métier à l'entrée des ports de Grande-Bretagne. Dix chasseurs de sous-marins ont pris part à la couverture des cargos alliés entre la Cornouaille et le Pas-de-Calais. Ils ne sont plus que huit, car deux se trouvent maintenant par le fond. Six chalutiers-patrouilleurs furent mis en service : *Poulmic*, coulé devant Plymouth en novembre 1940 ; *Viking*, coulé au large de la Tripolitaine en avril 1942 ; *Vaillant*, *Président Honduce*, *Reine des Flots*, qui continuent à « briquer » les mers ; *Léonille*, utilisé comme dépôt pour la marine marchande. Le croiseur auxiliaire *Cap des Palmes* fait la navette entre Sydney et Nouméa. Quatre bâtiments-bases : *Ouragan*, *Amiens*, *Arras*, *Diligente*, complètent l' « unité marine » de Greenock et le dépôt des équipages *Bir-Hakeim* de Portsmouth où sont instruits nos marins. Le vieux cuirassé *Courbet* est un centre de passage pour les recrues, un groupe d'ateliers, un dépôt de munitions et d'approvisionnements ; ancré en rade de Portsmouth, il appuie de son artillerie la défense du grand port.

Nombre d'autres bâtiments, ceux-là fournis par les Anglais, font partie de notre petite flotte. Ce sont, d'abord, des corvettes, construites depuis le début de la guerre pour la protection des convois et qui tiennent la mer sans relâche entre l'Angleterre, l'Islande, Terre-Neuve et le Canada. Neuf nous ont été remises : *Alysse* coulée en combattant en mars 1942, *Mimosa* coulée trois mois plus tard avec, à son bord, le capitaine de frégate Birot commandant la petite division ; *Aconit*, *Lobelia*, *Roselys*, *Renoncule*, *Commandant d'Estienne d'Orves*, *Commandant Drogou*, *Commandant Détroyat*. Ce sont aussi les huit vedettes lance-torpilles de la 28e Flotille, sillonnant la Manche à grande vitesse pour attaquer les cargos ennemis qui, la nuit, longent la côte de France et les navires de guerre qui les escortent. Ce sont, encore, huit « motor-launches » constituant la 20e Flotille et qui secondent, dans la Manche, nos chasseurs de construction française. Nous nous préparons d'ailleurs, à assurer l'armement de bâtiments tout nouveaux. Parmi les frégates qui commencent à sortir des arsenaux britanniques, plusieurs, à peine à flot, nous sont offertes par nos alliés. Nous en avons retenu quatre : *La Découverte*, *l'Aventure*, *la Surprise*, *la Croix de Lorraine*. Nous nous sommes réservé, aussi, le torpilleur *la Combattante*, les sous-marins *Curie* et *Doris*, dont la construction s'achève. Nous en voudrions bien d'autres, qui augmenteraient le total des submersibles, des cargos, des escorteurs ennemis, que nos navires réussissent à couler, des avions qu'ils parviennent à descendre. Mais c'est le défaut de personnel, non, certes, le manque de bateaux, qui limite notre volume et notre rôle.

En juin 1942, 700 marins de la France Libre sont morts, déjà, pour la France. Nos forces navales comptent 3600 marins embarqués. Il s'y ajoute le bataillon de fusiliers que commande Amyot d'Inville depuis que Détroyat est mort au champ d'honneur. Il s'y ajoute, également, des isolés de l'aéronautique navale qui, faute d'être en mesure de former une unité, servent dans l'aviation. Il s'y ajoute, enfin, le « commando » qui s'instruit en Grande-Bretagne sous les ordres du lieutenant de vaisseau Kieffer. Au mois de mai, j'ai réglé, avec l'amiral Lord Mountbatten qui est chargé chez les Anglais des « opérations combinées », les conditions de l'emploi de cette troupe très résolue. Ainsi va-t-elle bientôt participer aux coups de main exécutés sur la côte française.

Ces effectifs ont, pour la moitié, été recrutés parmi les éléments de la marine qui, en 1940, se trouvaient en Angleterre. Au Gabon, au Levant, certains nous ont ralliés après nous avoir combattus. Il en fut de même de l'équipage du sous-marin *Ajax* coulé devant Dakar, du sous-marin *Poncelet* sabordé devant Port-Gentil, de l'aviso *Bougainville* que nous avons dû mettre hors de cause en rade de Libreville. Quelques éléments d'active nous rejoignent de temps en temps, à partir de la Métropole, de l'Afrique du Nord, d'Alexandrie, des Antilles, d'Extrême-Orient. La marine engage tout ce qu'elle peut de jeunes Français en Angleterre, en Amérique, au Levant, en Égypte, à Saint-Pierre. Enfin, les navires marchands fournissent aux forces navales une large part de leur personnel.

Pour le commissariat à la Marine le plus difficile problème est de constituer les états-majors des navires. On doit les composer d'éléments très divers, sinon disparates, en bousculant les règles des spécialités. Nous avons peu d'officiers de l'active. Aussi en formons-nous de jeunes. Sous la direction des capitaines de frégate Wietzel et Gayral, commandants successifs de la « division des écoles », l'École navale de la France Libre fonctionne activement à bord du *Président Théodore Tissier* et des goélettes *Étoile* et *Belle Poule*. En quatre promotions, il en sortira 80 aspirants qui offriront à la Marine française leur vocation trempée, dès le départ, par le chagrin, le combat, l'espérance. D'autre part, les officiers de réserve, que nous trouvons à bord des bateaux de commerce ou parmi le personnel du canal de Suez, forment une large part des cadres de nos forces navales. Deux cents aspirants, recrutés de cette manière, auront, à bord des frégates, corvettes, chasseurs, vedettes, chalutiers, été de quart, au total, pendant plus d'un million d'heures.

Malgré ces prélèvements, la fraction de la flotte marchande française qui sert dans le camp des alliés, prête à leurs convois une contribution appréciable. Sur les 2 700 000 tonnes, — soit 660 paquebots et cargos, — que possédait la France au début du conflit, 700 000 tonnes, en 170 navires, auront, après les « armistices », poursuivi l'effort de guerre. Notre service de la marine marchande, dirigé par Malglaive et Bingen, plus tard par Smeyers et Andus-Farize, assure l'armement, par des équipages français, du plus grand nombre possible de bateaux. En outre, ils interviennent dans l'emploi des autres navires dont les Britanniques se chargent ; l'Union Jack flottant, alors, à côté du tricolore à la poupe ou au haut du mât de ces vaisseaux exilés. Cependant, 67 bateaux marchands, totalisant 200 000 tonnes, ont été armés par nous. Vingt sont ou seront perdus ; 580 officiers et 4 300 marins auront assuré le service. Au printemps de 1942, déjà plus d'un quart a péri en mer.

Les paquebots transportent des troupes. C'est ainsi que l'*Ile de France*, le *Félix Roussel*, le *Président Paul Doumer*, amènent en Orient les renforts britanniques venant d'Australie ou des Indes. Les cargos, portant, là où il faut, les matières premières, les armes, les munitions, naviguent d'ordinaire dans les convois. Quelquefois, l'un d'eux doit traverser seul l'océan. Dans la marine marchande, on n'arrive au port que pour en repartir. Encore, est-on bombardé pendant les escales. Au large, le service à bord est épuisant autant que dangereux. Il faut veiller nuit et jour, observer de rigoureuses consignes, courir sans cesse aux postes d'alerte. Souvent, on doit combattre, tirer le canon, manœuvrer en catastrophe pour éviter la torpille ou la bombe. Il arrive que le bateau coule et qu'on se trouve soi-même barbotant dans l'eau huileuse et glacée où, tout autour, se noient les camarades. Il arrive aussi qu'on ait la joie terrible d'assister à la chute du bombardier ou de contempler la nappe de mazout sous laquelle sombre le submersible ennemi. Il arrive même qu'on en soit cause, tout cargo que l'on soit, comme le *Fort-Binger*, qui, en mai 1942, au large de Terre-Neuve, envoie par le fond un sous-marin allemand.

Un jour, à Liverpool, l'amiral Sir Percy Noble, qui dirige, de ce poste, la navigation et le combat dans tout l'espace atlantique, me conduit à la salle des opérations installée sous terre dans le béton. Sur les murs, de grandes cartes marines indiquent la situation, heure par heure mise au point, de tous les convois alliés, de tous les navires de guerre, de tous les avions en mission, ainsi que la position repérée ou supposée des submersibles, des avions, des raiders allemands. Un central téléphonique, relié aux lignes extérieures, aux postes-radio, aux bureaux du chiffre, et servi par de tranquilles équipes féminines : standardistes, sténos, plantons, transmet en bruissant à peine les ordres, messages, renseignements, lancés par le commandement vers les lointains de la mer ou qui lui en sont parvenus. Le tout s'inscrit à mesure sur des tableaux lumineux. L'immense bataille des communications est ainsi, à chaque instant, dessinée et formulée dans toutes ses péripéties.

Après avoir considéré l'ensemble, je regarde sur les cartes où sont les nôtres. Je les vois aux bons endroits, c'est-à-dire aux plus méritoires. Le salut du chef de la France Libre va, par les ondes, les y rejoindre. Mais ensuite, mesurant combien est numériquement petite la part qu'ils représentent et qui, de ce fait, s'absorbe dans un système étranger, imaginant là-bas, à Toulon, Casablanca, Alexandrie, Fort-de-France, Dakar, les navires perdus dans l'inaction, évoquant l'occasion historique que cette guerre offrait à la vocation maritime de la France, je me sens inondé de tristesse. C'est d'un pas lourd que je remonte l'escalier de l'abri souterrain.

Un sentiment analogue se mêle à ma fierté quand je prends contact avec nos aviateurs sur l'une ou l'autre des bases britanniques. En voyant ce qu'ils valent et, d'autre part, en songeant à tout ce qu'aurait pu faire, à partir de notre Afrique du Nord, du Levant ou de l'Angleterre, l'armée de l'air française pour peu qu'on l'eût laissée combattre, j'ai l'impression d'une grande chance nationale gaspillée. Mais je ne m'en applique que mieux à faire en sorte que l'effort de ceux qui ont pu me rejoindre soit porté au compte de la France. Si j'ai, naturellement, admis que, dans nos forces, tout ce qui vole à partir des bases de Grande-Bretagne sur des avions fournis par les Anglais doit faire partie du système aérien britannique, j'ai voulu que nos combattants de l'air constituent, eux aussi, un élément national.

Cela n'a pas été sans peine. Au début, nos alliés ne se souciaient guère d'une aviation française libre. Allant au plus pratique et au plus pressé, ils accueillaient dans leurs unités quelques-uns de nos pilotes. Mais ils ne nous offraient rien que d'incorporer dans la Royal Air Force nos volontaires de l'aviation. Je n'y pouvais consentir. Aussi, la destination des nôtres était-elle, pendant près d'un an, restée indéterminée. Certains, groupés en escadrilles françaises de fortune, avaient pu participer aux combats aériens d'Érythrée et de Libye. D'autres, provisoirement adoptés par des « squadrons » anglais, prenaient part à la bataille d'Angleterre. Mais la plupart, faute de matériel, d'organisation, d'entraînement, se morfondaient en marge des bases de Grande-Bretagne ou d'Égypte.

Le problème, cependant, recevait, à son tour, une solution. Au printemps de 1941, je pus régler les questions de principe avec Sir Archibald Sinclair, ministre de l'Air britannique. Compréhensif et généreux, celui-ci voulut bien reconnaître que l'existence d'une force aérienne française ne serait pas sans intérêt. Il accepta, comme je le demandais, que nous constituions des unités, dans l'espèce des groupes sur le modèle des squadrons »; les Britanniques nous prêtant ce qui nous manquait de personnel au sol et faisant, dans leurs écoles, l'instruction de nos engagés. Nos pilotes en excédent serviraient dans des unités anglaises. Mais ils y seraient dans la situation d'officiers français détachés, soumis à la discipline française, portant l'uniforme français. Du Caire, le 8 juin 1941, j'écrivis à Sir Archibald pour consacrer l'accord qu'avait, sur ces bases, négocié le colonel Valin. Dès lors, celui-ci trouva, pour l'exécution, l'appui constant des Air-marshals : Portal, à Londres, Longmore, puis Tedder, en Orient.

C'est ainsi qu'à la fin de 1941, nous créons en Angleterre le groupe de chasse « Ile de France ». Scitivaux le commande. Descendu au-dessus de la France, d'où il reviendra, d'ailleurs, il a pour successeur Dupérier. Au lendemain de la campagne de Syrie, est formé, en Égypte, le groupe de chasse « Alsace », qui combat d'abord en Libye sous les ordres de Pouliguen et passe ensuite en Grande-Bretagne où Mouchotte en prend la tête pour être, l'année suivante, tué à l'ennemi. Le groupe de bombardement « Lorraine » naît en Orient sous les ordres de Pijeaud. Celui-ci, abattu quelques semaines plus tard à l'intérieur des lignes adverses, parvient à regagner les nôtres pour y mourir. Corniglion-Molinier le remplace. Le groupe mixte « Bretagne » est constitué au Tchad, avec Saint-Péreuse comme chef, pour l'appui de nos opérations sahariennes. Au printemps de 1942, sont réunis, d'une part à Londres, d'autre part à Rayak, les éléments qui vont, en Russie, constituer le groupe — ensuite régiment — « Normandie ». A sa tête seront successivement Tulasme et Littolf. Après leur mort, ce sera Pouyade. Enfin, certains de nos pilotes sont mis, par mon ordre, à la disposition de la Royal Air Force. Morlaix, Fayolle, Guedj, y commandent des « squadrons ». Les deux derniers seront tués en action. La gloire coûte cher dans les batailles du ciel. L'aviation française libre a, au total, perdu un nombre de morts deux fois plus grand que l'effectif qu'elle fait voler.

Cependant, si le caractère mondial de la guerre me déterminait à faire en sorte que des forces françaises soient engagées sur tous les théâtres d'opérations, c'est sur celui qui intéressait le plus directement la France, à savoir l'Afrique du Nord, que je m'appliquais à concentrer l'effort principal. Une fois anéantie l'armée italienne d'Éthiopie, interdit aux Allemands l'accès de la Syrie, étouffées dans l'œuf, à Vichy, les velléités d'agir contre l'Afrique française libre, c'est en Libye qu'il nous fallait agir.

Au mois de novembre 1941, les Britanniques y avaient, une fois de plus, pris l'offensive. S'ils réussissaient à atteindre la frontière tunisienne, il serait essentiel que nous y soyons avec eux, ayant, au préalable, aidé à battre l'ennemi. Si, au contraire, celui-ci parvenait à les refouler, nous devrions tout faire pour concourir à l'arrêter avant qu'il ne submergeât l'Égypte. De toute façon, c'était le moment de déployer tout l'effort dont nous étions capables, mais en jouant notre rôle à nous afin de remporter un succès proprement français.

Nous avions deux moyens d'agir : pousser vers le Fezzan, à partir du Tchad, la colonne saharienne longuement préparée par Leclerc, ou bien engager en Libye, aux côtés des Anglais, les forces mobiles mises sur pied au Levant par Larminat. Je décidai de faire l'un et l'autre, mais de le faire dans des conditions telles que l'action de nos soldats fût au profit direct de la France.

La conquête du Fezzan et, ensuite, la marche sur Tripoli, constituaient une opération à ne risquer qu'une fois pour toutes. Si l'affaire ne réussissait pas, on ne pourrait, en effet, la renouveler de longtemps, étant donné les difficultés inouïes qu'impliquaient la formation, l'équipement, le ravitaillement, de la colonne du Tchad. C'était donc seulement dans le cas où les Britanniques, ayant repris la Cyrénaïque, entreraient en Tripolitaine que cette colonne devrait agir à fond. Autrement, il faudrait qu'elle se bornât à harceler les Italiens par des raids profonds et rapides.

D'autre part, j'entendais que le « front du Tchad », — si tant est qu'on pût donner ce nom à un ensemble d'actions forcément discontinues, — demeurât un front français. Sans doute, le déclenchement de notre entreprise saharienne devrait-il être conjugué avec la marche de la VIIIe Armée britannique. C'était là une affaire de liaison avec Le Caire. Mais, pour le reste, Leclerc continuerait à ne dépendre que de moi, jusqu'au jour où, ayant effectué aux abords de la Méditerranée sa jonction avec nos alliés, il deviendrait logique de le placer sous leur direction. Je tenais d'autant plus à cette autonomie que la conquête du Fezzan mettrait entre nos mains un gage pour le règlement ultérieur du destin de la Libye.

Au cours des mois de novembre et de décembre, les Britanniques, combattant bravement et durement, pénétraient en Cyrénaïque. En prévision de leur irruption en Tripolitaine, Leclerc, soutenu par le général Serres, alors commandant supérieur des troupes en Afrique française libre, prenait ses dispositions pour s'élancer vers le Fezzan. Pour moi, j'étais, à cet égard, d'un optimisme réservé. Sachant que Rommel avait pu se dégager de l'étreinte anglaise et que, Weygand ayant été rappelé d'Afrique du Nord, l'application de l'accord Hitler-Darlan permettait maintenant à l'adversaire de se ravitailler à partir de la Tunisie, je n'escomptais pas la progression rapide des alliés vers Tripoli. Au contraire, la contre-attaque de l'ennemi me paraissait plus probable. C'est pourquoi, tout en laissant préparer l'offensive, je me réservai d'en prescrire moi-même le déclenchement. Comme d'autre part, la mission de liaison que Leclerc avait envoyée au Caire s'était laissé amener à accepter sa subordination au commandement britannique, je précisai au général Ismay qu'il n'en était rien et rectifiai, dans l'esprit des « Tchadiens », ce qui devait l'être à cet égard.

En fait, nos alliés n'entrèrent pas en Tripolitaine. Les premiers mois de 1942 furent, pour les deux adversaires, une période de stabilisation. Dès lors, pour nos troupes du Tchad, il convenait de n'exécuter que des raids de va-et-vient. Leclerc en brûlait d'envie. Le 4 février, je l'y autorisai. Il le fit, parcourant le Fezzan, dans le courant du mois de mars, avec ses patrouilles de combat appuyées par ses avions, détruisant plusieurs postes ennemis, enlevant de nombreux prisonniers, capturant du matériel. Il regagna ensuite sa base, n'ayant subi que des pertes minimes. Afin d'étendre la zone et les moyens d'action de ce chef d'exceptionnelle valeur, je lui donnai, en avril, le commandement de toutes les forces de l'Afrique française libre. Il me fallut, cette fois encore, surmonter les protestations de sa scrupuleuse modestie. Désormais, lui-même et ses troupes se sentirent certains d'enlever les oasis, dès que les événements de Libye tourneraient décidément bien. Cependant, ils auraient à attendre encore dix longs mois, sous une chaleur torride, dans les cailloux et les sables, avant de saisir la victoire et d'aller laver leur poussière dans la Méditerranée.

Mais, tandis qu'au Tchad il nous fallait différer le coup décisif, au contraire nous allions trouver, en Cyrénaïque, l'occasion tant attendue d'un fait d'armes éclatant. Pourtant, il nous avait fallu surmonter beaucoup d'obstacles avant d'obtenir des alliés que de grandes unités françaises fussent engagées sur ce terrain.

En effet, les deux divisions légères et le régiment blindé, formés en Syrie sous les ordres de Larminat, n'avaient pas été prévus par le commandement britannique pour participer à l'offensive déclenchée à la fin d'octobre. Pourtant, les deux grandes unités étaient solides et bien armées. Chacune d'elles, motorisée, comprenait cinq bataillons d'infanterie, un régiment d'artillerie, une compagnie de défense antichars, une compagnie de défense aérienne, un groupe de reconnaissance, une compagnie et un parc du génie, une compagnie de transmissions, une compagnie de transport, une compagnie de quartier général, des services. Ces unités, comprenant toutes les armes et, de ce fait, susceptibles de jouer un rôle tactique particulier, étaient bien des divisions. Quoiqu'elles fussent, assurément, « légères », je tenais à leur donner le titre qui leur revenait. Larminat, utilisant les armes laissées par Dentz, ou bien reprises dans les magasins où les avaient détenues les commissions d'armistice italiennes, dotait toutes les fractions d'un armement redoutable que nos volontaires, ardents et dégourdis, sauraient servir le mieux du monde. C'est ainsi qu'indépendamment de l'artillerie de la division, chaque bataillon disposait en propre de six canons de 75. Une très forte dotation en mortiers et en armes automatiques lui était également assurée. Le cas échéant, pour attaquer, il faudrait alléger les troupes. Mais, s'il s'agissait de tenir le terrain, celles-ci disposeraient d'une puissance de feu tout à fait exceptionnelle.

Ayant, le 20 septembre, approuvé la composition des deux divisions légères, j'adressai à M. Churchill, le 7 octobre, une note pour le mettre au courant de nos désirs et de nos moyens. En même temps, j'écrivais au général Auchinleck, Commandant en chef en Orient, pour lui rappeler combien nous souhaitions que nos troupes combattent en Libye. Je précisais à M. Churchill et au général Auchinleck que, pour ces opérations, j'étais prêt à placer sous les ordres du commandement britannique le groupement Larminat tout entier et que, d'autre part, Leclerc, quoique agissant d'une manière autonome, pourrait être lancé sur le Fezzan à la date qui nous serait demandée. Le 9 octobre, j'allai voir M. Margesson, ministre de la Guerre britannique, et le priai d'intervenir. Enfin, le 30 octobre, j'indiquai au général Catroux les conditions dans lesquelles il conviendrait que nos forces fussent engagées, c'est-à-dire par grandes unités.

C'est seulement le 27 novembre que je reçus la réponse britannique. Elle m'était adressée par le général Ismay, Chef d'état-major du Cabinet de guerre et de M. Churchill. Sa lettre équivalait à une fin de non-recevoir, aussi courtoise que formelle. Pour expliquer leur refus, nos alliés alléguaient « la dispersion des unités françaises en divers points de la Syrie », le fait « qu'elles n'étaient pas entraînées à agir en tant que divisions ou brigades », enfin « l'insuffisance de leur équipement ». Ils exprimaient, cependant, le souhait que l'avenir permît de reconsidérer la question.

Évidemment, le commandement anglais comptait achever la conquête de la Libye et venir à bout de Rommel sans le concours des Français. Il est vrai qu'il disposait sur place de forces terrestres et aériennes considérables et qu'il croyait l'amiral Andrew Cunningham, — chef et marin magnifique, — en mesure de faire plus qu'un miracle et d'interdire les communications de l'adversaire entre l'Italie et la Tripolitaine.

On imagine quelle déception me causa la réponse anglaise. Je ne pouvais admettre que nos troupes restassent l'arme au pied, pour un temps indéterminé, tandis que le sort du monde se jouait dans les batailles. Plutôt que d'en venir là, je préférais prendre l'aléa d'un changement d'orientation. Je convoquai donc M. Bogomolov et le priai de faire savoir à son gouvernement que le Comité national souhaitait que des forces françaises participent directement aux opérations alliées sur le front de l'Est dans le cas où le théâtre d'Afrique du Nord leur serait fermé. Bien entendu, je ne fis, à Londres, aucun mystère de ma démarche. Mais, avant même que me parvînt la réponse de Moscou, les intentions britanniques avaient changé. Le 7 décembre, M. Churchill m'écrivait une lettre chaleureuse pour me dire « qu'il venait d'apprendre combien le général Auchinleck était anxieux d'engager une brigade française libre dans les opérations de Cynéraïque » — « Je sais, ajoutait le Premier Ministre, que cette intention s'accorde avec votre désir. Je sais aussi à quel point vos hommes ont hâte d'en venir aux mains avec les Allemands. »

Je répondis à M. Churchill que j'approuvais le projet et que je donnais au général Catroux les ordres nécessaires. De fait, les Anglais, indépendamment du désagrément que pouvait leur causer le transfert éventuel des forces françaises en Russie, commençaient à mesurer l'avantage militaire que comporterait notre concours à la bataille de Cyrénaïque. Ils constataient, en effet, que l'adversaire n'y cédait le terrain que pas à pas, que leurs propres troupes subissaient de lourdes pertes, qu'il leur fallait réorganiser sur place un commandement mal adapté aux opérations mécaniques. Renonçant à pousser l'offensive en Tripolitaine, ils s'attendaient, maintenant, à ce que Rommel reprît bientôt l'initiative. Cette perspective leur faisait souhaiter que nous leur prêtions la main.

Au Caire, Catroux régla donc avec Auchinleck l'acheminement vers la Lybie de la 1re Division légère et Kœnig, chargé de négocier les détails, obtint de nos alliés un utile complément en fait d'engins antichars, de pièces antiaériennes et de moyens de transport. En janvier, cette division eut quelques engagements brillants avec des éléments de Rommel cernés à Sollum et à Bardia et qui se rendirent bientôt. En voyant les cortèges de prisonniers allemands qu'elles avaient aidé à prendre, nos troupes étaient comme secouées d'une commotion électrique. C'est très allégrement qu'elles prirent la direction de l'ouest. Dans le courant de février, comme les Anglais installaient leurs forces principales au cœur de la Cyrénaïque sur la position dite « de Gazala » formée de plusieurs zones de résistance, les nôtres se virent attribuer celle de Bir-Hakeim qui était le plus au sud. Tout en s'y organisant, ils entamèrent une lutte active d'escarmouches et de patrouilles dans le *no man's land* profond qui les séparait du gros de l'ennemi.

Mais, si la 1re Division légère se voyait ainsi donner sa chance, rien n'était fait pour la 2e qui se morfondait au Levant. Or, j'entendais qu'elle aussi prît part aux opérations. Justement, M. Bogomolov était venu me dire, le 10 décembre, que mon projet d'envoyer des troupes françaises en Russie recueillait l'accord chaleureux de son gouvernement et que celui-ci était disposé à fournir sur place à nos forces tout le matériel nécessaire. J'envisageai donc d'expédier vers l'Est, non seulement le groupe d'aviation « Normandie », mais aussi la 2e Division légère. Celle-ci, partant de Syrie et passant par Bagdad, traverserait la Perse en camions, puis, à partir de Tabriz, serait transportée par chemin de fer jusqu'au Caucase. C'était la voie suivie, depuis les ports iraniens, par les convois de matériel que les alliés envoyaient en Russie. Le 29 décembre, j'écrivis au général Ismay pour l'avertir de mes intentions et donnai au général Catroux les instructions voulues. La 2e Division partirait le 15 mars pour le Caucase si, auparavant, elle n'était pas admise en Libye.

Le commandement britannique opposa au projet de transfert de cette unité en Russie toutes les objections possibles. Mais, à Moscou, les Soviets en firent, au contraire, grand cas. Molotov parlant à Garreau, le général Panfilov à Petit, nous pressaient d'y donner suite, M. Eden, mis au courant, entra en ligne de son côté et m'écrivit pour appuyer le point de vue des militaires anglais. Je ne pouvais que m'en tenir au mien et c'est à celui-ci que voulut bien se ranger, à la fin de février, le commandement allié. Ismay me le fit savoir. Auchinleck demanda à Catroux de mettre à sa disposition la 2e Division légère. Celle-ci, quittant la Syrie, arriva en Libye dans les derniers jours de mars.

Larminat avait, désormais, son groupement à pied d'œuvre : Kœnig en ligne à Bir-Hakeim avec la 1re Division ; Cazaud en réserve avec la 2e. Le régiment blindé, commandé par le colonel Rémy, recevait à l'arrière du matériel neuf. Une compagnie de parachutistes, que j'avais fait venir d'Angleterre, s'entraînait maintenant à Ismaïlia, prête à exécuter les coups de main qui lui seraient demandés. Au total, 12 000 combattants, soit environ le cinquième de l'effectif que les alliés faisaient opérer à la fois. Le groupe de chasse « Alsace » et le groupe de bombardement « Lorraine » combattaient depuis octobre dans le ciel de Cyrénaïque. Plusieurs de nos avisos et de nos chalutiers aidaient, le long de la côte, à l'escorte des convois. Ainsi, une importante force française se trouvait réunie à temps sur le théâtre principal. Dans sa justice, le Dieu des batailles allait offrir aux soldats de la France Libre un grand combat et une grande gloire. Le 27 mai, Rommel prend l'offensive. Bir-Hakeim est attaqué.

Dans les entreprises où l'on risque tout, un moment arrive, d'ordinaire, où celui qui mène la partie sent que le destin se fixe. Par un étrange concours, les mille épreuves où il se débat semblent s'épanouir soudain en un épisode décisif. Que celui-ci soit heureux et la fortune va se livrer. Mais, qu'il tourne à la confusion du chef, voilà toute l'affaire perdue. Tandis qu'autour du polygone de 16 kilomètres carrés tenu par Kœnig et ses hommes se joue le drame de Bir-Hakeim, moi-même, à Londres, lisant les télégrammes, entendant les commentaires, voyant dans les regards tantôt l'ombre et tantôt la lumière, je mesure quelles conséquences dépendent de ce qui se passe là-bas. Si ces 5 500 combattants, portant chacun sa peine et son espoir, volontairement venus de France, d'Afrique, du Levant, du Pacifique, rassemblés là où ils le sont à travers tant de difficultés, subissent un sombre revers, notre cause sera bien compromise. Au contraire, si en ce moment, sur ce terrain, ils réussissent quelque éclatant fait d'armes, alors l'avenir est à nous !

Les premiers engagements ne laissent rien à désirer. J'apprends que, le 27 mai, tandis que le corps principal de l'ennemi passait au sud de Bir-Hakeim pour tourner la position alliée, la division mécanique italienne « Ariete » a lancé sur les Français une centaine de ses chars et en a perdu 40 dont les épaves restent sur le glacis. Le 28 et le 29, nos détachements, rayonnant dans toutes les directions, détruisent encore une quinzaine d'engins et font 200 prisonniers. Le 30, le général Rommel, qui n'a pu, du premier coup, régler leur compte aux formations mécaniques anglaises, prend le parti de se retirer pour monter une nouvelle manœuvre. Deux jours après une colonne française, commandée par le lieutenant-colonel Broche, se porte sur Rotonda Signali, à 50 kilomètres à l'ouest, et s'empare de cette position. Le 1er juin, Larminat inspecte nos troupes sur place. Son compte rendu est plein d'optimisme. Dans le monde, une ambiance se crée. Certains pressentent, en effet, que cette affaire pourrait bien dépasser le cadre de la tactique militaire. Avec réserve les propos, à mots couverts les radios, non sans prudence les journaux, commencent à faire l'éloge des troupes françaises et de leurs chefs.

Le lendemain, Rommel saisit l'initiative. Cette fois, il pousse droit au centre de la position du général Ritchie, chargé par Auchinleck de commander le front de combat. Les Allemands enlèvent à Got-el-Skarab une brigade britannique, traversent en ce point le grand champ de mines dont les Alliés se couvrent de Gazala à Bir-Hakeim et, pour élargir la brèche, dirigent contre nos troupes une division de l'Afrika-Korps. Pour la première fois depuis juin 1940, le contact est largement pris entre Français et Allemands. Ce n'est d'abord que par escarmouches où nous faisons 150 prisonniers. Mais, très vite, le front s'établit en vue d'une bataille. Aux deux parlementaires ennemis qui demandent qu'on veuille bien se rendre Kœnig fait dire qu'il n'est pas venu pour cela.

Cependant, les jours suivants voient l'adversaire resserrer son étreinte. Des batteries de lourds calibres, y compris le 155 et le 220, ouvrent sur les nôtres un feu qui va s'intensifiant. Trois, quatre, cinq fois, chaque jour, les Stukas et les Junkers les bombardent par escadres d'une centaine d'appareils. Les ravitaillements n'arrivent plus que par faibles quantités. A Bir-Hakeim, on voit baisser les stocks de munitions, diminuer les rations de vivres, réduire les distributions d'eau. Sous le soleil brûlant, au milieu des tourbillons de sable, les défenseurs sont en perpétuelle alerte, vivent avec leurs blessés, enterrent leurs morts auprès d'eux. Le 3 juin, le général Rommel leur adresse la sommation, écrite de sa main, d'avoir à déposer les armes, « sous peine d'être anéantis comme les brigades anglaises de Got-el-Skarab. » Le 5 juin, un de ses officiers vient renouveler cette mise en demeure. C'est notre artillerie qui répond. Mais, en même temps, dans de nombreux pays, l'attention du public s'éveille. Les Français de Bir-Hakeim intéressent de plus en plus les gazettes parlées ou imprimées. L'opinion s'apprête à juger. Il s'agit de savoir si la gloire peut encore aimer nos soldats.

Le 7 juin, l'investissement de Bir-Hakeim est complet. La 90e Division allemande et la division italienne « Trieste », appuyées par une vingtaine de batteries et par des centaines de chars sont prêtes à donner l'assaut. « Tenez six jours de plus ! » avait prescrit à Kœnig le commandement allié au soir du 1er juin. Les six jours ont passé. « Tenez encore quarante-huit heures ! » demande le général Ritchie. Il faut dire que les pertes et le trouble causés à la VIIIe Armée par les coups de boutoir de l'ennemi sont tels que toute opération de relève ou de secours est désormais impossible. Quant à Rommel, pressé de courir vers l'Égypte en profitant du désarroi qu'il discerne chez les Britanniques, il s'impatiente de cette résistance qui se prolonge sur ses arrières et gêne ses communications. Bir-Hakeim est devenu son souci dominant et son objectif principal. A maintes reprises, déjà, il est venu sur le terrain. Il y viendra encore pour presser les assaillants.

Le 8, se déclenchent de puissantes attaques. Plusieurs fois, l'infanterie ennemie, à grands renforts d'artillerie et de chars, tente, bravement mais en vain, d'enlever tel ou tel secteur de nos lignes. La journée est très dure pour les nôtres. La nuit aussi, que l'on passe à remettre en état les positions bouleversées. Le 9, les assauts reprennent. L'artillerie ennemie s'est encore renforcée en calibres lourds que ne peuvent contre-battre les 75 du colonel Laurent-Champrosay. Nos hommes ne reçoivent plus qu'à peine deux litres d'eau par vingt-quatre heures, ce qui, sous un pareil climat, est cruellement insuffisant. Il faut, pourtant, tenir encore, car dans le désordre qui, de proche en proche gagne les éléments divers de l'armée britannique, la résistance de Kœnig revêt maintenant une importance capitale. « Défense héroïque des Français ! » — « Magnifique fait d'armes ! » — « Les Allemands battus devant Bir-Hakeim ! » annoncent avec éclat, à Londres, à New-York, à Montréal, au Caire, à Rio, à Buenos-Aires, toutes les trompettes de l'information. Nous approchons du but que nous avons visé en assurant aux troupes françaises libres, — si réduit que soit leur effectif, — un grand rôle dans une grande occasion. Pour le monde tout entier, le canon de Bir-Hakeim annonce le début du redressement de la France.

Mais ce qui, désormais, me hante c'est le salut des défenseurs. Je sais qu'ils ne pourront plus longtemps briser des attaques appuyées de moyens écrasants. Sans doute, suis-je certain qu'en tout cas la division ne se rendra pas, que l'adversaire sera privé de la satisfaction de voir défiler devant Rommel une longue colonne de prisonniers français et que, si nos troupes restent sur place, il lui faudra, pour en venir à bout, abattre les groupes l'un après l'autre. Mais il s'agit de les récupérer, non point de se résigner à leur glorieuse extermination. J'ai grand besoin, pour la suite, de ces centaines d'excellents officiers et sous-officiers, de ces milliers de très bons soldats. Leur exploit étant acquis, ils doivent, maintenant, en accomplir un autre, se frayer la route à travers les assaillants et les champs de mines, rejoindre le gros des forces alliées.

Bien que je me garde d'intervenir directement dans la conduite de la bataille, je ne laisse pas de faire savoir, de la manière la plus pressante, à l'État-major impérial britannique, le 8 et le 9 juin, combien il est important que Kœnig reçoive, avant qu'il soit trop tard, l'ordre de tenter la sortie. Je le répète, le 10 juin, à M. Churchill avec qui je traite la question de Madagascar. De toutes façons, le dénouement approche et je télégraphie au commandant de la 1re Division légère : « Général Kœnig, sachez et dites à vos troupes que toute la France vous regarde et que vous êtes son orgueil ! » Or, à la fin du même jour, le général Sir Alan Brooke, Chef d'état-major impérial, m'annonce que, depuis l'aurore, l'ennemi ne cesse pas de s'acharner sur Bir-Hakeim, mais que Ritchie a prescrit à Kœnig de gagner une position nouvelle s'il en trouve la possibilité. L'opération est prévue pour la nuit.

Le lendemain matin, 11 juin, les commentaires de la radio et de la presse sont dithyrambiques et funèbres. Faute de savoir que les Français essaient de se dégager, tout le monde, évidemment, s'attend à ce que leur résistance soit submergée d'un moment à l'autre. Mais voici que, dans la soirée, Brooke m'envoie dire : « Le général Kœnig et une grande partie de ses troupes sont parvenus à El Gobi hors de l'atteinte de l'ennemi. » Je remercie le messager, le congédie, ferme la porte. Je suis seul. Oh ! cœur battant d'émotion, sanglots d'orgueil, larmes de joie !

Des 5 500 hommes, environ, que la 1re Division légère comptait avant Bir-Hakeim, Kœnig, après quatorze jours de combat, en ramenait près de 4 000 valides. Un certain nombre de blessés avaient pu être transportés vers l'arrière en même temps que les unités. Nos troupes laissaient sur le terrain 1 109 officiers et soldats, morts, blessés ou disparus. Parmi les tués, trois officiers supérieurs : le lieutenant-colonel Broche, les commandants Savey et Bricogne. Parmi les blessés restés sur le carreau : les commandants Puchois et Babonneau. Du matériel, soigneusement détruit au préalable, avait dû être abandonné. Mais nous avions infligé à l'ennemi des pertes trois fois supérieures à celles que nous avions subies.

Le 12 juin, les Allemands annonçaient que, la veille, ils avaient « pris d'assaut » Bir-Hakeim. Puis, la radio de Berlin publiait un communiqué déclarant : « Les Français blancs et de couleur, faits prisonniers à Bir-Hakeim, n'appartenant pas à une armée régulière, subiront les lois de la guerre et seront exécutés. » Une heure après, je faisais lancer dans toutes les langues la note suivante par les ondes de la B. B. C. : « Si l'armée allemande se déshonorait au point de tuer des soldats français faits prisonniers en combattant pour leur patrie, le général de Gaulle fait connaître qu'à son profond regret il se verrait obligé d'infliger le même sort aux prisonniers allemands tombés aux mains de ses troupes. » La journée n'était pas finie que la radio de Berlin proclamait : « A propos des militaires français qui viennent d'être pris au cours des combats de Bir-Hakeim, aucun malentendu n'est possible. Les soldats du général de Gaulle seront traités comme des soldats. » Ils le furent, effectivement.

Tandis que la 1re Division légère se regroupait à Sidi-Barrani et que Catroux s'occupait aussitôt de la recompléter, notre groupe d'aviation « Alsace » continuait de prendre part à l'action redoublée de la chasse anglaise et notre groupe « Lorraine » multipliait, avec les bombardiers de la Royal Air Force, les attaques contre les communications adverses. En même temps, nos parachutistes exécutaient plusieurs raids brillants. C'est ainsi que, dans la nuit du 12 au 13 juin, leurs équipes détruisaient 12 avions sur des aérodromes ennemis en Libye et que le capitaine Bergé, jeté en Crète avec quelques hommes, incendiait, avant d'être pris, 21 bombardiers, 15 camions et un dépôt d'essence sur le terrain de Candie.

Cependant, la VIIIe Armée, sous l'empire d'une soudaine lassitude morale, abandonnait la Cyrénaïque, laissant sur place un matériel considérable. Le général Auchinleck espérait, tout au moins, conserver Tobrouk, place solidement organisée et ravitaillée par mer. Mais, le 24 juin, la garnison, comptant 33 000 hommes, se rendit aux Allemands. C'est à grand-peine que les Britanniques parvenaient à se rétablir à hauteur d'El Alamein. Un secteur de la position était tenu par le général Cazaud et sa 2e Division légère, enfin mis en ligne à leur tour. Parmi les réserves, comptait le groupement blindé du colonel Rémy, hâtivement pourvu de matériel. La situation était grave. Tout l'Orient, secoué de frissons inquiétants, s'attendait à voir les Allemands et les Italiens entrer au Caire et à Alexandrie.

Cette dépression de nos alliés ne devait être que passagère. Un jour viendrait où, grâce à la maîtrise de la mer, à de nouveaux renforts, à une grande supériorité aérienne, enfin aux capacités du général Montgomery, ils l'emporteraient finalement. Rommel, d'ailleurs, à bout de ravitaillement, suspendait sa marche en avant. Toutefois, l'ensemble des événements faisait ressortir l'importance de notre action. Le général Auchinleck le reconnut noblement. Le 12 juin, il publia, en l'honneur de la 1re Division légère, un magnifique communiqué : « Les Nations Unies, déclarait-il, se doivent d'être remplies d'admiration et de reconnaissance, à l'égard de ces troupes françaises et de leur vaillant général. »

A Londres, six jours plus tard, 10 000 Français, militaires et civils, se réunissent pour célébrer le deuxième anniversaire de l'appel du 18 juin. Les quatre étages de l'Albert Hall sont bondés autant que le permettent les consignes de sécurité. Une grande draperie tricolore, marquée de la Croix de Lorraine, est tendue derrière la tribune et rassemble tous les regards. *La Marseillaise* et *la Marche lorraine* retentissent ; tous les cœurs leur font écho. Prenant place, entouré des membres du Comité national et des volontaires les plus récemment arrivés de France, j'entends toutes les bouches me crier la foi de cette foule enthousiaste. Mais, ce jour-là, en même temps que l'espoir, je sens planer l'allégresse. Je parle. Il le faut bien. L'action met les ardeurs en œuvre. Mais c'est la parole qui les suscite.

Citant le mot de Chamfort : « Les raisonnables ont duré. Les passionnés ont vécu », j'évoque les deux années que la France Libre vient de parcourir. « Nous avons beaucoup vécu, car nous sommes des passionnés. Mais aussi, nous avons duré. Ah ! que nous sommes raisonnables !... » Ce que nous disons, depuis le premier jour : « La France n'est pas sortie de la guerre, le pouvoir établi à la faveur de l'abdication n'est pas un pouvoir légitime, nos alliances continuent, nous le prouvons par des actes, qui sont les combats... Certes, il nous fallait croire que la Grande-Bretagne tiendrait bon, que la Russie et l'Amérique seraient poussées dans la lutte, que le peuple français n'accepterait pas la défaite. Eh bien ! nous n'avons pas eu tort... » Puis, je salue nos combattants partout dans le monde et nos mouvements de résistance en France. Je salue, aussi, l'Empire, l'Empire fidèle, base de départ pour le redressement du pays. Certes, il faudra qu'après la guerre soit transformée sa structure. Mais la France unanime entend en maintenir l'unité et l'intégrité. « Même le douloureux courage apporté à la défense de telle ou telle partie contre la France Combattante et contre ses alliés par des troupes qu'abusent encore les mensonges de Vichy est une preuve faussée, mais indubitable, de cette volonté des Français... » Je constate, qu'en dépit de tout, la France Combattante émerge de l'océan. « Quand, à Bir-Hakeim, un rayon de sa gloire renaissante est venu caresser le front sanglant de ses soldats, le monde a reconnu la France... »

La tempête des vivats, puis l'hymne national chanté avec

une ferveur indicible, sont la réponse de l'assistance. Ils l'entendent aussi, ceux-là, qui, chez nous, derrière les portes, les volets, les rideaux, écoutent les ondes qui vont la leur porter.

Les acclamations se sont tues. La réunion a pris fin. Chacun retourne à sa tâche. Me voilà seul, en face de moi-même. Pour cette confrontation-là, il n'y a pas d'attitude à prendre, ni d'illusions à ménager. Je fais le bilan du passé. Il est positif, mais cruel. « Homme par homme, morceau par morceau, » la France Combattante est, assurément, devenue solide et cohérente. Mais, pour payer ce résultat, combien a-t-il fallu de pertes, de chagrins, de déchirements ! La phase nouvelle, nous l'abordons avec des moyens appréciables : 70 000 hommes sous les armes, des chefs de haute qualité, des territoires en plein effort, une résistance intérieure qui va croissant, un gouvernement obéi, une autorité connue, sinon reconnue, dans le monde. Nul doute que la suite des événements doive faire lever d'autres forces. Pourtant, je ne me leurre pas sur les obstacles de la route : puissance de l'ennemi ; malveillance des États alliés ; parmi les Français, hostilité des officiels et des privilégiés, intrigues de certains, inertie d'un grand nombre et, pour finir, danger de subversion générale. Et moi, pauvre homme ! aurai-je assez de clairvoyance, de fermeté, d'habileté, pour maîtriser jusqu'au bout les épreuves ? Quand bien même, d'ailleurs, je réussirais à mener à la victoire un peuple à la fin rassemblé, que sera, ensuite, son avenir ? Entre temps, combien de ruines se seront ajoutées à ses ruines, de divisions à ses divisions ? Alors, le péril passé, les lampions éteints, quels flots de boue déferleront sur la France ?

Trêve de doutes ! Penché sur le gouffre où la patrie a roulé, je suis son fils, qui l'appelle, lui tient la lumière, lui montre la voie du salut. Beaucoup, déjà, m'ont rejoint. D'autres viendront, j'en suis sûr ! Maintenant, j'entends la France me répondre. Au fond de l'abîme, elle se relève, elle marche, elle gravit la pente. Ah ! mère, tels que nous sommes, nous voici pour vous servir.

MÉMOIRES DE GUERRE

☆ ☆

L'UNITÉ

1942-1944

INTERMÈDE

Au troisième printemps de la guerre, le destin rend son arrêt. Les jeux sont faits. La balance se renverse. Aux États-Unis, d'immenses ressources sont transformées en moyens de combat. La Russie s'est ressaisie ; on va le voir à Stalingrad. Les Britanniques parviennent à se rétablir en Égypte. La France Combattante grandit au-dedans et au-dehors. La résistance des peuples opprimés, notamment des Polonais, des Yougoslaves, des Grecs, prend une valeur militaire. Tandis que l'effort de l'Allemagne a atteint sa limite, que l'Italie se démoralise, que les Hongrois, les Roumains, les Bulgares, les Finlandais, perdent leurs ultimes illusions, que l'Espagne et la Turquie s'affermissent dans leur neutralité, que, dans le Pacifique, est enrayée l'avance du Japon et renforcée la défense de la Chine, tout va porter les alliés à frapper au lieu de subir. Une action de grande envergure se prépare en Occident.

Je vois mûrir cette entreprise. Assez seul au milieu de partenaires très entourés, bien pauvre parmi les riches, je suis bercé par l'espoir, mais aussi rempli de soucis, car, au centre de l'opération, il y aura de toute façon la France. Pour elle, ce qui est en jeu, ce n'est pas seulement l'expulsion de l'ennemi hors de son territoire, c'est aussi son avenir comme nation et comme État. Qu'elle demeure prostrée jusqu'à la fin, c'en est fait de sa foi en elle-même et, par là, de son indépendance.

Elle glissera du « silence de la mer » à l'asthénie définitive, de la servitude imposée par l'ennemi à la subordination par rapport aux alliés. Au contraire, rien n'est perdu si elle rentre en ligne dans son unité recouvrée. Cette fois encore, l'avenir peut être sauvegardé, à condition, qu'au terme du drame, la France soit belligérante et rassemblée autour d'un seul pouvoir.

Lequel? Non, certainement, le régime de Vichy. Aux yeux du peuple et du monde, il personnifie l'acceptation du désastre. Quelles que soient les circonstances qui puissent expliquer son erreur, celle-ci est d'une telle dimension que le démon du désespoir le contraindra d'y persévérer. Sans doute, tel ou tel de ses princes pourrait-il, en le reniant, jouer un rôle épisodique. Mais, dans ce repentir tardif, personne ne verrait autre chose qu'un calcul d'opportunité. Sans doute, un grand chef militaire, appelant l'armée au bon combat, entraînerait-il des professionnels qui, au fond, n'attendent que cela. Mais une pareille initiative ne changerait rien dans le peuple aux courants déjà établis. Il n'y a pas non plus la moindre chance pour que, dans la détresse française, la foi et l'espérance des masses se portent vers le système politique que le désastre a, naguère, balayé. Les hommes qui en furent les plus représentatifs sont, sur ce point, fixés mieux que personne. Quelques-uns s'incorporent à Vichy ; beaucoup adhèrent à de Gaulle ; certains se réservent encore ; pas un seul n'imagine de prendre la barre à bord du navire d'autrefois.

Mais le parti communiste est là. Depuis qu'Hitler envahit la Russie, il se pose en champion de la guerre. Engagé dans la résistance où il n'épargne pas ses pertes, invoquant les malheurs du pays et la misère populaire pour confondre en une seule révolte l'insurrection nationale et la révolution sociale, il ambitionne de se donner l'auréole du salut public. Pourvu d'une organisation que ne retient aucun scrupule et ne gêne aucune divergence, excellant à noyauter les autres et à parler tous les langages, il voudrait apparaître comme l'élément capable d'assurer une sorte d'ordre, le jour où l'anarchie déferlerait sur le pays. Au surplus, n'offrirait-il pas à la France dédaignée l'aide active de la Russie, la plus grande puissance de l'Europe? Ainsi, le parti communiste compte-t-il trouver, dans l'écroulement de Vichy, l'occasion d'établir chez nous sa dictature. Oui ! Mais ce calcul est vain si l'État est refait ailleurs, si dans l'âme des Français la première place est prise par un gouvernement national, si son chef, dans la lumière de la victoire, paraît tout à coup à Paris.

Voilà ma tâche ! Regrouper la France dans la guerre ; lui épargner la subversion ; lui remettre un destin qui ne dépende que d'elle-même. Hier, il suffisait de l'action d'une poignée de Français sur les champs de bataille pour se camper devant les événements. Demain, tout sera commandé par la question d'un pouvoir central que le pays acclame et suive. Pour moi, dans cette phase capitale, il ne s'agira plus de jeter au combat quelques troupes, de rallier ici et là des lambeaux de territoire, de chanter à la nation la romance de sa grandeur. C'est le peuple entier, tel qu'il est, qu'il me faudra rassembler. Contre l'ennemi, malgré les alliés, en dépit d'affreuses divisions, j'aurai à faire autour de moi l'unité de la France déchirée.

On comprend combien était pressant mon désir de percer le mystère dans lequel, au cours de l'intermède, Américains et Britanniques enveloppaient leurs projets. En fait, c'est aux États-Unis qu'appartenait la décision, puisque l'effort principal leur incombait dorénavant. A Washington, le Président, les ministres, les grands chefs, se sentaient devenus les dirigeants de la coalition. Leur ton et leurs manières le montraient assez clairement. En Grande-Bretagne, on pouvait voir les avant-gardes de l'armée, de l'aviation, de la marine américaines s'installer sur les bases et dans les camps anglais. Les rues, les magasins, les cinémas, les tavernes de Londres s'emplissaient de militaires yankees bons garçons et sans façons. Le général Eisenhower, commandant en chef, le général Clark, l'amiral Stark, le général Spaatz, commandant respectivement les forces terrestres, navales, aériennes, américaines en Europe, déployaient la machinerie toute neuve de leurs états-majors au milieu de l'appareil traditionnel du War Office, de l'Amirauté, de la Royal Air Force. Les Anglais, quel que fût le contrôle qu'ils avaient d'eux-mêmes, ne cachaient pas leur mélancolie de n'être plus maîtres chez eux et de se voir dépossédés du premier rôle que, depuis deux ans et avec quel mérite ! ils avaient joué dans la guerre.

Ce n'était pas sans inquiétude que je les voyais se placer à la remorque des nouveaux venus. Il est vrai qu'on pouvait discerner, dans l'opinion et dans les milieux dirigeants, maints éléments qui s'accommodaient mal de cette espèce de sujétion. C'était le cas, notamment, pour le Foreign Office. Mais les fournitures du « prêt-bail » pesaient d'un poids écrasant sur les élans de l'indépendance. M. Churchill lui-même, que ce fût par tactique ou par sentiment, prenait le parti de n'être plus que « le lieutenant de Roosevelt ». Faute que la France pût jouer son rôle traditionnel de chef de file du vieux continent, cet effacement de l'Angleterre, qui malgré son insularité y était étroitement liée, faisait assez mal augurer de la façon dont, pour finir, seraient réglées les affaires de l'Europe.

Pour l'heure, les Américains hésitaient quant à leur stratégie. Deux conceptions différentes sollicitaient Roosevelt et ses conseillers. Parfois, cédant à l'impulsion du dynanisme national qu'exaltait un magnifique effort d'armement et d'organisation, Washington caressait le projet d'un débarquement rapide. Les Russes, d'ailleurs, souffrant mort et passion sous l'étreinte des armées allemandes, réclamaient à grands cris l'ouverture du « second front ». Leur insistance impressionnait les Anglo-Saxons, sourdement inquiets d'une éventuelle volte-face de Moscou. Si secrets que fussent les plans des chefs américains, nous n'ignorions pas qu'ils préparaient une opération tendant à établir en France, vers la fin de l'année, tout au moins une tête de pont.

Mais, tout en caressant l'audace, l'Amérique écoutait la prudence. Le plan d'un débarquement en Afrique du Nord était aussi envisagé, quitte à remettre à plus tard les grands chocs sur le sol de l'Europe. Au moment d'engager au-delà de l'Atlantique les forces de leur pays, les dirigeants des États-Unis éprouvaient, en effet, beaucoup d'appréhensions. C'était la première fois dans l'Histoire que les Américains se trouvaient amenés à prendre la tête de grandes opérations. Même au cours du premier conflit mondial ils n'avaient paru en nombre sur les champs de bataille que lors des derniers combats. Encore était-ce à titre d'appoint et, pour ainsi dire, en sous-ordre. Sans doute, depuis 1939, les États-Unis s'étaient-ils mis en devoir d'édifier une puissance militaire de premier rang. Mais, tandis que leur marine, déjà la plus forte du monde, absorbait sans difficulté autant de navires et d'avions qu'on pouvait lui en offrir, il fallait à leurs armées de terre et de l'air, hier encore embryonnaires, quelque délai pour s'adapter à de colossales dimensions. C'est pourquoi, tandis que, dans les camps, de nombreuses divisions étaient fabriquées en série sous l'impulsion du général Marshall, au Pentagone, à peine achevé, on se demandait anxieusement ce que donneraient, face à la Wehrmacht, tant d'unités organisées en hâte, de cadres sommairement instruits, d'états-majors formés de toutes pièces. A la veille de s'engager, on inclinait à le faire par étapes et transitions.

D'autant plus que les Britanniques étaient, de leur côté, peu disposés à hâter les choses. Ayant dû renoncer à être les « leaders », ils entendaient qu'une victoire qui ne serait plus essentiellement la leur ne leur coûtât pas trop cher. En différant les grandes batailles, on prendrait le temps d'accroître les armées des États-Unis et on ménagerait les forces anglaises. Londres, d'ailleurs, voyant l'essor des armements américains, calculait que la supériorité matérielle, déjà acquise par les alliés, deviendrait considérable en 1943 et écrasante en 1944. Au surplus, à quoi bon précipiter les risques et, peut-être, courir à un nouveau Dunkerque, alors que chaque jour qui passait augmentait sur le front russe l'usure de l'ennemi? D'autant que les bombardements des villes allemandes par la Royal Air Force et par les escadres volantes des États-Unis commençaient à entamer fortement l'industrie du Reich, tandis que la Luftwaffe n'attaquait plus que rarement l'Angleterre. Enfin, l'entrée en ligne des cargos et des escorteurs américains tranchait la question des transports. Il faut ajouter que la stratégie de Londres, prolongeant sa politique, était tournée surtout vers la Méditerranée, où l'Angleterre défendait des positions acquises, en Égypte, dans les pays arabes, à Chypre, à Malte, à Gibraltar, et projetait d'en obtenir d'autres, en Libye, en Syrie, en Grèce, en Yougoslavie. C'était donc vers ce théâtre que les Britanniques tâchaient d'orienter l'offensive des Anglo-Saxons.

Mais, suivant que le Gouvernement de Washington penchait vers le débarquement en France ou bien vers la mainmise sur le Maroc, l'Algérie, la Tunisie, la conduite qu'il pensait tenir à l'égard de la France Combattante était complètement différente. Dans le premier cas, on aurait, tout de suite, besoin de la résistance française pour concourir à la bataille. Or, on n'ignorait pas, bien qu'on affectât d'en douter, quelle action le général de Gaulle serait en mesure d'exercer. Il faudrait donc lui faire une place. Mais, dans la seconde hypothèse, on se trouverait ramené au projet poursuivi depuis 1940 par le State Department : s'assurer de l'Afrique du Nord en obtenant le concours des autorités locales et en tenant de Gaulle en dehors de l'opération. Nous allions voir, effectivement, nos alliés américains pratiquer vis-à-vis de nous ces deux attitudes, tour à tour.

Vers la fin du mois de mai 1942, ils inclinaient vers le rapprochement. Le 21, John Winant, leur bon ambassadeur à Londres, me consulta dans les formes quant aux perspectives qu'offrirait une offensive menée par-delà la Manche, au rôle direct que nous pourrions y jouer, aux rapports qui devraient, en conséquence, être établis entre le Comité national français et les gouvernements alliés. Le 1er juin, deuxième entretien demandé par l'ambassadeur. Cette fois, Eden était présent : les Anglais tenaient, en effet, à prendre part aux conversations. Le 29 juin, Eden m'entretint seul à seul de l'affaire de la reconnaissance, me soumettant, en honnête courtier, une formule proposée par le gouvernement de Washington. Le lendemain, ayant Pleven à mes côtés, j'avais avec Winant une nouvelle conversation. Pendant ce temps, Churchill, qui était à Washington pour y parler de stratégie, poussait le Président à adopter, vis-à-vis de moi, quelque apparence d'accommodement.

Le tout aboutit, le 9 juillet, à un mémorandum que m'adressait le State Department, après que j'en eus approuvé les termes. Le document, dont, suivant son préambule, « le général de Gaulle avait pris connaissance avec plaisir, » déclarait que « le Gouvernement des États-Unis et le Comité national français pratiquaient déjà une coopération étroite dans certaines zones... ; que, pour rendre cette coopération plus efficace, l'amiral Stark était désigné comme représentant du Gouvernement des États-Unis, afin de se concerter avec le Comité national français sur toutes questions ayant trait à la poursuite de la guerre... ; que le Gouvernement des États-Unis reconnaissait la contribution du général de Gaulle et les efforts du Comité national français afin de maintenir vivant l'esprit traditionnel de la France et de ses institutions... ; que nos buts communs seraient plus facilement atteints en prêtant toute l'assistance militaire et tout l'appui possibles au Comité national français, symbole de la résistance française contre les puissances de l'Axe. »

Quatre jours après, les Britanniques, par une déclaration publique, élargissaient à leur tour les bases de leurs relations avec nous. Acceptant que « le mouvement français libre fût connu, dorénavant, sous le nom de France Combattante, » le Gouvernement anglais reconnaissait, le 13 juillet, que « la France Combattante était l'ensemble des ressortissants français, où qu'ils soient, et des territoires français qui s'unissent pour collaborer avec les Nations Unies dans la guerre contre les ennemis communs... et que le Comité national français représentait les intérêts de ces Français et de ces territoires auprès du Royaume-Uni. » Si les mots avaient un sens, cette déclaration impliquait tout au moins, de la part de l'Angleterre, la garantie qu'elle ne m'empêcherait pas d'exercer mon autorité sur les fractions de la France et de son Empire qui retourneraient au combat.

D'autres gestes et démarches marquaient que, chez les alliés, les intentions nous étaient devenues plus favorables. Le 14 juillet, comme je passais à Londres la revue des troupes françaises, j'y constatai la présence du général Eisenhower et de l'amiral Stark. Le même jour, M. Eden, adressant par radio ses vœux au peuple français à l'occasion de la fête nationale, déclarait : « Je vous parle, non comme à des amis, mais comme à des alliés... Grâce à la décision du général de Gaulle, la France n'a jamais été absente des champs de bataille... L'Angleterre a vu avec espoir et admiration grandir la résistance du peuple de France... A nos yeux, le rétablissement de la France dans sa grandeur et son indépendance est, non seulement une promesse, mais encore une nécessité, car, sans cela, il serait vain de vouloir reconstruire l'Europe. » Le 23 juillet, le général Marshall et l'amiral King, se trouvant de nouveau à Londres, demandaient cette fois à me rencontrer. Je les voyais, en effet, ainsi qu'Arnold, Eisenhower et Stark. Au cours de notre entretien, je mis les chefs américains au fait de notre position quant à l'ouverture du second front, du concours que la France pourrait y apporter du dehors et du dedans, enfin des conditions auxquelles les alliés devraient souscrire pour qu'il y eût entre eux et nous une satisfaisante collaboration.

J'étais, naturellement, pour l'offensive directe en Europe à partir de la Grande-Bretagne. Nulle autre opération ne mènerait à la décision. D'ailleurs, pour la France, la meilleure solution était celle qui abrégerait les épreuves de l'invasion et hâterait l'union nationale, c'est-à-dire la bataille portée sur le sol de la Métropole. Sans doute, Vichy continuerait-il de se soumettre aux Allemands. Mais il y perdrait ce qui lui restait de crédit. Sans doute, l'envahisseur occuperait-il la zone libre. Mais alors, toutes équivoques dissipées, l'armée d'Afrique et, peut-être, la flotte retourneraient au combat, tandis qu'en France même beaucoup passeraient à la résistance. Il deviendrait possible de réunir en un seul pouvoir les diverses autorités françaises, d'empêcher ainsi la subversion à l'intérieur et d'assurer au-dehors une imposante représentation de la France.

Encore faudrait-il que les alliés ne fussent pas rejetés à la mer. Dans mes échanges de vues avec Churchill, Eden,

Winant, Marshall, etc., je faisais le compte des forces qui seraient, d'après moi, nécessaires au débarquement. « Les Allemands, disais-je et écrivais-je, ont en France, d'après les renseignements que nous fournissent nos réseaux, un nombre de divisions qui atteint, suivant les moments, 25, 26 ou 27. Ils pourront en trouver en Allemagne une quinzaine d'autres. C'est donc, au début, quelque 40 divisions que les alliés auront à combattre. Compte tenu de l'inexpérience d'une grande partie des troupes anglo-saxonnes et de l'avantage que donnera à l'ennemi l'organisation préalable du terrain, il faudra disposer, au départ, d'au moins 50 divisions, dont 6 ou 7 cuirassées. En outre, la supériorité en fait d'aviation devra être écrasante. Si l'offensive a lieu au cours de l'automne prochain, les Allemands, qui seront alors engagés à fond en Russie, ne pourront que difficilement en retirer des troupes. En outre, l'action combinée de l'aviation alliée et de la résistance française sur les communications ennemies, conformément au « plan vert » établi par la France Combattante, gênera gravement, en territoire français, les transports des réserves et du matériel allemands. »

J'exposais aux chefs alliés que nous, Français Libres, serions en mesure d'engager, à l'avant-garde, une division venant d'Orient, une brigade mixte prélevée sur l'Afrique équatoriale, des détachements de commandos et de parachutistes, 4 groupes d'aviation, tous les navires de guerre et cargos dont nous disposions. J'avais, d'ailleurs, dès le début de juillet, donné les instructions voulues pour que ces divers éléments fussent tenus prêts aux transports éventuellement nécessaires. En outre, je prévoyais, qu'une fois la tête de pont créée en France, nos forces y seraient complétées grâce aux ressources du lambeau de territoire libéré. Je tenais pour probable que 8 divisions et 15 groupes d'aviation, à constituer en Afrique du Nord et Occidentale, ainsi que beaucoup de nos bâtiments immobilisés pour l'instant à Toulon, Alexandrie, Bizerte, Casablanca, Dakar, Fort-de-France, voudraient et pourraient, après quelques semaines de remise en condition, prendre part à un second débarquement, effectué, celui-là, sur notre côte méditerranéenne et en Italie. Enfin, à mesure de l'avance des alliés sur le sol national, serait mis sur pied un troisième échelon de forces françaises ayant pour noyaux les éléments de l'armée secrète. Le 21 juillet, j'avais adressé à M. Churchill et au général Marshall et communiqué à Moscou une note concernant le concours militaire que la France était susceptible d'apporter dans les phases successives de la bataille et précisant quelles fournitures d'armement et d'équipement je demandais aux alliés.

Cependant, il apparut bientôt que les Anglo-Saxons ne risqueraient pas, cette année-là, le débarquement en France. Ils viseraient donc l'Afrique du Nord en excluant notre participation. Beaucoup de faits précis nous montraient, effectivement, que les Américains ne voulaient pas laisser les Français Libres s'occuper du Maroc, de l'Algérie, de la Tunisie. Alors que nous avions pu, jusqu'au printemps de 1941, y maintenir des intelligences, nous étions coupés, depuis, de toute communication directe avec ces territoires. Jamais nos émissaires n'y arrivaient à destination. Jamais ne nous parvenaient les messages qui nous en étaient adressés, notamment par le colonel Breuillac en Tunisie, Luizet en Algérie, le colonel Lelong et Franck Brentano au Maroc. Il était clair, qu'en l'espèce, s'appliquait une consigne édictée par Washington. Mais, utilisant les détours, nous n'en étions pas moins tenus au courant des efforts déployés par les États-Unis, tant sur place qu'à Vichy, pour se procurer des concours.

Nous savions que M. Robert Murphy, consul-général à Alger, inspirait l'action « spéciale » menée en France par l'ambassade, les consulats et les services secrets américains. M. Murphy, habile et résolu, répandu depuis longtemps dans la bonne société et, semblait-il, assez porté à croire que la France c'était les gens avec qui il dînait en ville, organisait en Afrique du Nord une conjuration destinée à aider les débarquements. Il tentait aussi de susciter, à Vichy même, une révolution de palais. C'est ainsi que M. Murphy avait, d'abord, appuyé le général de La Laurentie qui, à son retour de Paris, prétendait prendre la résistance sous sa coupe afin de faire pression sur le Maréchal et d'accéder au gouvernement. « Et de Gaulle? » lui demandait-on. « Eh bien ! nous l'amnistierons ! » Murphy avait, d'autre part, poussé certains officiers de l'entourage de Weygand à entraîner celui-ci dans une sorte de pronunciamiento pour prendre la place de Laval. En dernier lieu, comme La Laurentie ne ralliait personne et que Weygand refusait de s'insurger contre Pétain, M. Murphy prenait contact avec le général Giraud, évadé de captivité, brûlant de combattre à nouveau et qui lui paraissait susceptible de soulever l'armée d'Afrique dès qu'il se présenterait devant elle.

De mon côté, j'avais cherché à nouer des rapports avec le général Giraud. Dès le mois de mai 1942, au cours d'une conférence de presse, j'avais parlé de lui dans les meilleurs termes. En juin et juillet, plusieurs de mes correspondants l'avaient vu et revu pour lui exprimer l'espoir que nous pourrions nous unir. Ce grand chef, que j'estimais fort, n'avait pu, en 1940, saisir le succès à la tête de la VIIe Armée. Nommé ensuite, à l'improviste, au commandement de la IXe Armée qui se trouvait en pleine déroute, il s'était vu submergé et enlevé par l'ennemi avant d'avoir rien pu faire. Mais on pouvait penser que, mis à même d'agir dans des circonstances différentes, il prendrait sa revanche sur l'infortune. Or, voici que sa splendide évasion d'une forteresse allemande lui en offrait l'occasion. Qu'il passât à la résistance, ce devait être, à mon avis, un événement très important. Tenant pour essentiel que l'Afrique du Nord rentrât dans la guerre, je pensais que Giraud pourrait assumer un grand rôle dans cette conversion et j'étais prêt à l'y aider dans la mesure de mes moyens, pourvu qu'il le fît sans équivoque à l'égard de Vichy ou vis-à-vis de l'étranger. Après quoi, il serait normal qu'il exerçât dans la bataille de la libération le commandement de l'armée française réunifiée. Telles étaient les perspectives qu'on lui découvrit de ma part. J'espérais qu'il y répondrait d'une manière ou d'une autre et qu'il adresserait secrètement quelque hommage à ceux qui, depuis deux années, tenaient le drapeau devant l'ennemi. Il n'en fut rien. Mes avances au général Giraud ne recueillirent que son silence. Mais, comme il était aussi prolixe à la cantonade que réservé vis-à-vis de moi, je ne tardai pas à apprendre quel était son état d'esprit.

Pour lui, le problème n'était que d'ordre militaire. Il suffirait qu'une force française importante réapparût sur les champs de bataille pour que toutes autres questions fussent reléguées aux accessoires. Ce qui était moral et politique dans le drame de notre pays lui paraissait secondaire. Il pensait que le fait seul de détenir le commandement de la force la plus nombreuse lui vaudrait aussitôt le pouvoir. Il ne doutait pas que son grade et son prestige lui assureraient l'obéissance de tous les éléments mobilisés et mobilisables et la collaboration déférente des états-majors alliés. Dès lors que lui-même, Giraud, se trouverait à la tête d'une armée, et par là du pays, il traiterait le Maréchal comme un ancien très vénérable, qu'il faudrait, au besoin, libérer mais qui aurait droit seulement au piédestal. Quant au général de Gaulle, il ne pourrait rien faire d'autre que de venir se placer sous les ordres de son supérieur. Ainsi, l'unité nationale serait-elle rétablie par le fait même qu'elle se confondrait avec la hiérarchie militaire.

La manière dont le général Giraud voyait les choses ne laissa pas de m'inquiéter. Outre qu'elle répondait à une conception tant soit peu simpliste des domaines respectifs de l'armée et de la politique, outre qu'elle procédait évidemment d'une illusion quant à l'autorité naturelle que l'intéressé attribuait à sa personne, j'y voyais la source probable de divisions nationales et d'empiètements étrangers. Car, la plus grande partie de la résistance française n'accepterait certainement pas un pouvoir fondé uniquement sur une belle carrière de soldat. D'autre part, Pétain ne manquerait pas de le condamner. Enfin, les alliés, tenant à leur discrétion ce gouvernement sans assise, seraient portés à en abuser au détriment de la France.

Il est vrai que le général Giraud se croyait en mesure d'apporter à la coalition un avantage capital. Les rapports qui m'arrivaient à Londres m'indiquaient qu'il avait un plan de son cru. Suivant Giraud, la tête de pont existait déjà et c'était la zone dite libre. Il ne tenait qu'aux Anglo-Saxons d'y arriver à un jour convenu ; lui-même se faisant fort d'assurer la couverture de leur débarquement grâce à l'armée de l'armistice dont il prendrait le commandement et que renforceraient les contingents de la résistance. Mais, à mon sens, ce projet n'avait pas de chances de réussir. Si l'on pouvait, à la rigueur, imaginer que quelques unités de la zone « libre » suivraient, ici et là, Giraud malgré les injonctions et les malédictions que lancerait le Maréchal, il était plus que douteux que, dans l'état ultra-réduit de leur armement, ces fractions dispersées pourraient résister à la ruée de la Wehrmacht et aux coups de la Luftwaffe. Au surplus, les alliés n'adopteraient pas un plan qui comportait, pour eux-mêmes, le plus grand risque possible. Le succès du débarquement et des opérations consécutives impliquait, en effet, l'engagement d'une aviation et d'une flotte très considérables, par conséquent l'utilisation de terrains et de ports nombreux et rapprochés. Or, si les alliés prenaient pied dans le Midi sans s'être, au préalable, assurés de l'Afrique du Nord, ils ne disposeraient comme bases que de celles de Gibraltar et de Malte, terriblement exiguës, dépourvues et vulnérables. Quelle serait, enfin, dans cette hypothèse, l'attitude de la flotte de Toulon ? Celle-ci, sur le moment, n'obéirait qu'à Pétain et à Darlan. Or, pour peu que, suivant leurs ordres, elle s'opposât aux alliés, l'entreprise deviendrait plus aléatoire encore.

A la fin du mois de juillet, je pressentais ce qui allait advenir. Bien qu'on nous cachât avec soin ce qu'on projetait de faire, il me paraissait très probable que les Américains borneraient leur effort de l'année à mettre la main sur l'Afrique du Nord, que les Britanniques s'en accommoderaient volontiers, que les alliés y emploieraient le général Giraud, qu'ils me tiendraient en dehors de l'affaire et qu'ainsi ces préliminaires de notre libération, pour heureux qu'ils fussent à maints égards, comporteraient, cependant, pour nous Français, des épreuves intérieures qui dresseraient de nouveaux obstacles devant l'unité nationale.

Dans ces conditions, j'estimai n'avoir à jouer que le jeu français, puisque les autres ne jouaient que le leur. Je jugeai qu'il fallait, avant tout, renforcer la cohésion de la France Combattante, afin qu'à travers toutes les péripéties elle pût s'offrir comme un môle solide au consentement général. J'adoptai, délibérément, l'attitude raidie et durcie qu'imposait cette concentration. Pour y pousser, durant l'intermède, je décidai d'aller revoir les territoires du Levant et d'Afrique française libre, ainsi que nos troupes engagées en Orient et au Tchad. Les alliés qui, au mois de mai, s'y étaient nettement opposés et, depuis, m'en détournaient en alléguant l'ouverture prochaine du second front, ne tentèrent pas, cette fois, d'empêcher mon voyage, ce qui, d'ailleurs, me donnait à comprendre qu'ils préparaient une opération à laquelle ils ne me mêleraient pas. D'autre part, tout en resserrant les liens intérieurs dans notre morceau d'Empire et dans notre fragment d'armée, j'entendais hâter l'unification de la résistance en France. Comme André Philip venait d'en arriver, je le nommai, le 27 juillet, commissaire national à l'Intérieur, avec la tâche d'appuyer, par tous les moyens dont nous disposions en fait de matériel, de personnel, de propagande, la mission confiée à Jean Moulin. En même temps, je chargeai Jacques Soustelle du commissariat à l'Information. Je convoquai à Londres Frenay, d'Astier, Jean-Pierre Lévy, respectivement chefs de *Combat*, *Libération* et *Franc-Tireur*, afin de les amener décidément à une action commune. Dans le but de hâter la fusion des éléments paramilitaires, je choisis le général Delestraint pour commander la future armée secrète. Enfin, voulant donner plus de poids à notre organisation, j'appelai à nous rejoindre des hommes de qualité, comme Viénot, Massigli, le général d'Astier de La Vigerie, le général Cochet, etc... Il incombait à Passy d'établir les liaisons et de régler les transports entre la France et l'Angleterre de telle sorte que je puisse fixer à chacun son rôle à mon retour d'Afrique et d'Orient.

Je partis le 5 août, ayant vu auparavant MM. Churchill et Eden et tiré de leurs propos, quelque peu embarrassés, confirmation de mon sentiment qu'ils allaient prêter la main à une entreprise contraire au pacte qui nous liait depuis juin 1940. Dans l'avion qui m'emportait vers Le Caire, se trouvait M. Averell Harriman envoyé à Moscou par Roosevelt comme ambassadeur ; ce diplomate, ordinairement ouvert et disert, semblait, cette fois, replié sur un lourd secret. En passant à Gibraltar, j'eus le spectacle des vastes travaux qui y étaient engagés et je notai le comportement sibyllin du gouverneur, le général Mac Farlane, si détendu en d'autres occasions. Tous ces indices m'assuraient qu'une grande affaire se jouerait bientôt, sans nous, dans la Méditerranée. J'arrivai au Caire le 7 août.

L'ambiance y était aussi lourde que la chaleur. Les récents revers de la VIIIe Armée pesaient encore sur les esprits. Bien que Rommel eût arrêté sa marche en avant depuis déjà six semaines, il était à El-Alamein, d'où le premier assaut pouvait porter, en deux heures, ses blindés à Alexandrie. Au ministère d'État, à l'ambassade, au quartier-général britanniques, on observait avec inquiétude l'attitude énigmatique du roi Farouk et de beaucoup de notables égyptiens qui semblaient prêts à s'adapter à une victoire éventuelle de l'Axe. Il est vrai que Nahas-Pacha, l'ancien adversaire des Anglais, réconcilié avec eux à l'avantage des deux parties, avait été mis par le roi à la tête du gouvernement sur la chaude recommandation de sir Miles Lampson, ambassadeur d'Angleterre, à qui il arrivait de se rendre en audience au palais escorté d'un escadron de tanks. Nahas-Pacha m'avait dit, l'année précédente : « Entre nous deux, il y a un trait commun. Vous et moi, dans notre pays, avons la majorité, pas le pouvoir. » Lui, maintenant, était au pouvoir. Mais où serait sa majorité si les forces italo-allemandes défilaient dans la capitale?

Quant aux militaires britanniques, je trouvai le général Auchinleck tranquille, simple et droit comme naguère et l'Air marshall Tedder en pleine possession de son art et de lui-même. Mais, au-dessous d'eux, beaucoup se montraient amers et inquiets, s'attendant à de grands changements dans les hauts grades, irrités par les critiques du parlement et des journaux de Londres, énervés par les gestes et propos désobligeants des Égyptiens qui, par exemple, affectaient d'applaudir les seules troupes françaises libres dans les rues ou les cinémas et, dès mon arrivée au Caire, répétaient que de Gaulle venait prendre le commandement en Orient. Il est vrai que, par compensation, les chefs et les états-majors voyaient affluer en Égypte les belles et bonnes troupes, les vaillantes escadrilles, le matériel de grande qualité que le Gouvernement de Londres y expédiait sans lésiner en vue des prochaines revanches.

Si les Anglais semblaient partagés entre l'espoir et la mélancolie, nos hommes, eux, étaient dans l'euphorie. Bir-Hakeim les avait consacrés à leurs propres yeux. J'allai les voir. Le 8 et le 11 août, Larminat me les présenta. Au cours d'une magnifique revue de la 1re Division légère, je remis la croix de la Libération au général Kœnig et à quelques autres, parmi lesquels le colonel Amilakvari. J'inspectai aussi la 2e Division légère, ayant à sa tête Cazaud, et le groupement mécanique de Rémy, toutes unités bien équipées et très désireuses de combattre. Nos aviateurs et nos parachutistes eurent, à leur tour, ma visite. L'ensemble constituait une force trempée par les épreuves et dont j'étais sûr que rien ne la détournerait de moi. L'aspect des bataillons, des batteries, des blindés, des services, motorisés de pied en cap, mêlant dans leurs rangs de bons soldats de toutes les races, conduits par des officiers qui, d'avance, sacrifiaient tout à la gloire et à la victoire, défilant radieux sous l'écrasant soleil du mois d'août, me comblait de confiance et de fierté. Il s'établissait entre eux et moi un contact, un accord des âmes, qui faisaient déferler en nous une espèce de vague de joie et rendaient élastique le sable que foulaient nos pas. Mais, tandis que s'éloignaient les derniers rangs de nos troupes, je revenais de ce vertige. Alors, se présentait à mon esprit la pensée des soldats, des marins, des aviateurs français qu'ailleurs des ordres absurdes destinaient à combattre les « gaullistes » et les alliés.

A notre délégation du Caire, je pris contact avec l'importante colonie française d'Égypte. Le baron de Benoist y représentait dignement la France. Grâce à lui, que secondaient le baron de Vaux, René Filliol et Georges Gorse, nos intérêts, culturels, religieux, économiques, trouvaient un soutien efficace, en attendant que le gouvernement égyptien reconnût le Comité national français. La presse et la radio d'Égypte recevaient de notre délégué toutes indications utiles. La plupart des Français se tenaient moralement rassemblés autour de lui. En même temps, M. de Benoist, que nous ne laissions pas d'appuyer fortement de Londres, parvenait à maintenir aux services du canal de Suez leur caractère français, bien que l'Amirauté britannique les eût volontiers pris sous sa propre coupe. En fait, ce sont des Français qui ont assuré le fonctionnement du canal pendant toute la durée de la guerre ; contribution importante et méritoire à l'effort des alliés, puisque les communications des flottes et des armées d'Orient, ainsi que les ravitaillements destinés à la Syrie, au Liban, à la Palestine, à la Transjordanie passaient par Port-Saïd, tandis que les Allemands bombardaient constamment les convois et les écluses. Aussi allai-je, à Ismaïlia, saluer le personnel du canal et visiter la petite chambre d'où Lesseps avait dirigé l'exécution de ce grandiose ouvrage, vital dans la guerre en cours.

Tout en donnant sur place aux Français Libres l'impulsion qui convenait, j'abordai avec nos alliés anglais les questions qui nous divisaient. M. Churchill se trouvait au Caire. Nous déjeunâmes ensemble le 7 août. « Je suis venu, me dit-il, pour réorganiser le commandement. En même temps, je verrai où en sont nos disputes à propos de la Syrie. Ensuite, j'irai à Moscou. C'est vous dire que mon voyage a une grande importance et me cause quelques soucis. » — « Il est de fait, répondis-je, que ce sont là trois graves sujets. Le premier ne regarde que vous. Pour le deuxième, qui me concerne, et pour le troisième, qui touche surtout Staline à qui vous allez sans doute annoncer que le second front ne s'ouvrira pas cette année, je comprends vos appréhensions. Mais vous les surmonterez aisément du moment que votre conscience n'a rien à vous reprocher. » — « Sachez, grogna M. Churchill, que ma conscience est une bonne fille avec qui je m'arrange toujours. »

Je pus constater, en effet, que l'Angleterre continuait à traiter sans scrupule la question de la Syrie. Le 8 août, je vis M. Casey qui, bien qu'Australien, était ministre d'État dans le Gouvernement de Londres et chargé, à ce titre, de coordonner les affaires britanniques en Orient. Il me parla aussitôt des élections qu'il jugeait d'urgence nécessaires dans les États du Levant. Je crus devoir fixer tout de suite mon sympathique interlocuteur. « Le Comité national français, lui dis-je, a décidé qu'il n'y aurait pas d'élections, cette année, en Syrie et au Liban, parce que la puissance mandataire n'entend pas y faire voter les gens tandis que Rommel est aux portes d'Alexandrie. Vote-t-on en Égypte, en Irak, en Transjordanie? »

Prenant, alors, l'offensive, j'énumérai au ministre d'État les griefs que nous inspirait la politique menée par l'Angleterre en dépit des accords conclus. Il m'entendit, à son tour, en tirer la même conclusion que j'avais souvent exprimée. « Il est vrai, lui dis-je, que vous êtes en ce moment, dans cette région du monde, beaucoup plus forts que nous ne le sommes. En raison de notre affaiblissement et compte tenu des crises successives qui vont, à Madagascar, en Afrique du Nord et, un jour, dans la Métropole, s'ajouter à celles où nous nous débattons, vous êtes en mesure de nous contraindre à quitter le Levant. Mais vous n'atteindrez ce but qu'en excitant la xénophobie des Arabes et en abusant de votre force à l'égard de vos alliés. Le résultat sera, pour vous, en Orient, une position chaque jour plus instable et, dans le peuple français, un ineffaçable grief à votre égard. » M. Casey, contrarié, protesta de ses bonnes intentions, tout en faisant allusion aux « responsabilités supérieures que la Grande-Bretagne exerçait dans cette zone. » Toutefois, ce jour-là, non plus que le 11 août où je le vis de nouveau, il ne reparla d'élections.

Le maréchal Smuts, Premier Ministre de l'Union sud-africaine, était au Caire, lui aussi. Nous eûmes un long entretien. Ce personnage, éminent et attrayant mais avec quelque chose d'étrange, ce héros de l'indépendance du Transvaal devenu chef du gouvernement d'un dominion de Sa Majesté, ce Boer habillé en général britannique, était, par sa valeur, de plain-pied avec tous les problèmes de cette guerre. Bien que sa capitale, Prétoria, fût aussi excentrique que possible, bien que son pays, où Blancs et Noirs se mêlaient sans s'unir, fût aux prises avec d'extrêmes difficultés raciales, bien que lui-même eût à lutter contre une opposition puissante, Smuts exerçait une réelle influence sur les dirigeants de Londres. Il devait ce privilège, non seulement au fait qu'il incarnait aux yeux des Anglais la réussite de leur conquête, mais encore à l'amitié de Churchill, capturé par lui pour quelque mois lors des combats de jadis et qui avait saisi cette occasion de le captiver lui-même pour toujours.

Le Premier Ministre de l'Union m'exprima l'estime qu'il portait à la France Combattante. « Si vous, de Gaulle, me dit-il, n'aviez pas rallié l'Afrique équatoriale, moi Smuts, je n'aurais pu tenir en Afrique du Sud. Car, l'esprit de capitulation ayant triomphé à Brazzaville, le Congo belge y eût, à son tour, succombé et, dès lors, les éléments qui chez moi condamnent la guerre faite aux côtés des Anglais auraient sûrement pris le dessus et pratiqué la collaboration avec les puissances de l'Axe. L'hégémonie allemande se serait établie depuis Alger jusqu'au Cap. Ne fût-ce que par votre action au Tchad et sur le Congo, vous avez rendu un grand service à notre coalition. Il est essentiel pour nous tous que votre autorité s'étende maintenant dans l'Empire français et, bientôt je l'espère, en France. » Je remerciai le maréchal Smuts de cette aimable appréciation mais lui indiquai que d'autres alliés ne semblaient pas toujours la partager. Je lui en donnai pour preuves, d'abord l'action des Anglais en Syrie et au Liban, ensuite ce qui se passait à Madagascar, enfin l'entreprise prochaine des Anglo-Saxons en Afrique du Nord où ils tâcheraient d'instaurer un pouvoir qui ne fût pas le mien.

Smuts convint qu'il y avait là de quoi blesser la France Libre. « Mais, affirma-t-il, ces fâcheux procédés ne peuvent être qu'épisodiques. Les Américains se trompent toujours au départ. Sitôt qu'ils l'ont reconnu, ils en tirent les conséquences. Quant aux Anglais, dans la conduite de leurs affaires, entrent en jeu deux points de vue différents : celui de la routine, soutenu par les bureaux, les comités, les états-majors, et celui des vues lointaines qu'incarne de temps en temps un homme d'État, — aujourd'hui Churchill, — appuyé par le sentiment du peuple. Vous avez contre vous le premier de ces points de vue. Mais, croyez-moi, le second vous est favorable et, en dernier ressort, c'est celui là qui s'impose toujours. »

Comme nous passions aux questions pratiques qui se posaient à Madagascar, Smuts me dit que les Anglais poursuivaient encore la chimère d'un arrangement avec le gouverneur obéissant à Vichy, qu'une fois perdue cette illusion ils reprendraient les opérations arrêtées après la prise de Diégo-Suarez, qu'ils essaieraient d'établir dans l'île une administration fonctionnant sous leur autorité directe et, qu'en définitive, ils passeraient la main au Comité national français, solution que lui-même, Smuts, recommandait depuis le premier jour. Il me donna à entendre que, dans le jeu mené à mon égard, les Britanniques réservaient comme un précieux atout le fait d'accepter, à un moment donné, que la Croix de Lorraine fût hissée sur Madagascar. Londres aurait, par là, le moyen de compenser tels désagréments que la politique alliée ménagerait, ailleurs, à la France Combattante. Pour conclure, le maréchal Smuts me promit que l'Afrique du Sud ne se prêterait à aucune dépossession de la France à Madagascar, mais, au contraire, pousserait Londres à laisser le général de Gaulle y établir son autorité. Je dois dire qu'à Prétoria les actes répondirent à cette assurance.

Le 12 août, je partis pour Beyrouth. Je voulais passer un mois en Syrie et au Liban, y reprendre en main les hommes et les choses, resserrer les contacts avec les gouvernements et les milieux dirigeants, réveiller le sentiment des populations, marquer dans les faits et dans les esprits la prépondérance de la France. A cet égard, l'accueil du pays fournit une démonstration aussi éclatante que possible. A Beyrouth, quand j'y entrai, ayant auprès de moi M. Alfred Naccache, Président de la République libanaise, on vit se produire un extraordinaire déferlement populaire. Il en fut de même dans la Bekaa, au Liban Sud, notamment à Saïda, et chez les montagnards maronites venus en masse à Bekerbé pour entourer leur Patriarche à qui je rendais visite. Accompagné du général Catroux, je parcourus le Hauran, maintenant paisible et fidèle. Puis, je gagnai le Djebel-Druze, territoire à tous égards volcanique. A Soueïda, après la revue des escadrons druzes, je reçus à la Maison de France les autorités et les notables, puis, au Sérail, la foule ardente et pittoresque des délégués de tous les cantons. Là, au milieu d'une tempête d'acclamations, les orateurs m'affirmèrent l'attachement d'une population par qui, quelquefois, les Français furent traités moins bien.

Ayant à mes côtés le cheik El-Tageddine, Président de la République syrienne, je fis mon entrée à Damas, vibrante d'un enthousiasme qu'elle ne montrait que rarement. La réception officielle par le chef de l'État et le gouvernement, les visites que me firent les corps constitués, les autorités des diverses religions, les représentants de toutes les fractions et de toutes les activités, me permirent de constater combien, depuis l'année précédente, la jeune république s'était consolidée dans sa noble capitale. Je me rendis ensuite à Palmyre, où m'attendait l'hommage des tribus bédouines. Puis, je gagnai le territoire antique et, cependant, neuf de l'Euphrate. A Deir-ez-Zor, comme ailleurs, la situation, politique, administrative, économique, ne souffrait pas de comparaison avec celle que j'y avais trouvée au lendemain des tristes combats de 1941. Alep, la grande cité du Nord, où se mêlent, depuis des siècles, les courants ethniques, religieux, commerciaux qui traversent l'Asie Mineure, m'entoura de ses démonstrations. A son tour, le pays des Alaouites prodigua, en mon honneur, les témoignages de sa traditionnelle amitié pour la France. Mais c'est dans les villes de Homs et de Hama, tenues de tout temps pour les citadelles de la méfiance islamique et syrienne, que la ferveur de l'accueil, dont l'ancien Président Hachem - Bey - el - Atassi donnait gracieusement l'exemple, parut la plus spectaculaire. Tripoli et Batroun m'offrirent, sur le chemin du retour, les preuves d'une émouvante confiance.

Cependant, sous les vagues des manifestations populaires, se découvraient les charges qui incombaient à la France mandataire. Il ne pouvait être question qu'elle en portât toujours le fardeau sur des territoires qui ne lui appartenaient pas et que les traités lui défendaient de s'attribuer. D'autre part, on voyait clairement que les élites syriennes et libanaises, quelles que fussent leurs divisions, étaient unanimes dans leur volonté d'instaurer chez elles l'indépendance, à quoi la France s'était, depuis toujours, engagée à les conduire et que je leur avais moi-même promise solennellement. Il y avait là un état d'esprit assez fort pour qu'il eût été absurde de s'y opposer. Sans doute, fallait-il sauvegarder les intérêts, économiques, diplomatiques, culturels, qui étaient le lot de la France au Levant depuis maintes générations. Mais cela semblait conciliable avec l'indépendance des États.

Pourtant, nous n'entendions pas abolir tout à coup, à Damas et à Beyrouth, le principe de notre autorité. Y eussions-nous consenti que les Anglais auraient pris notre place en invoquant les nécessités stratégiques. J'estimais, au surplus, n'avoir pas le droit de déchirer le mandat. Outre que, de cela comme du reste, je devais compte au pays, la responsabilité internationale assumée par la France mandataire ne pouvait, sous peine d'abdication, être déposée que par accord avec les mandants, accord que les circonstances empêchaient, alors, de conclure. C'est pourquoi, tout en transmettant aux gouvernements de Damas et de Beyrouth les attributions dont nous pouvions nous dépouiller compte tenu de l'état de guerre, tout en décidant de rendre, par la voie des élections, une base normale aux pouvoirs publics dès que Rommel serait repoussé, tout en prenant l'engagement d'accomplir, quand il serait possible, les actes internationaux qui rendraient juridiquement valable le régime de l'indépendance, je ne voulais pas, pour l'instant, renoncer au droit suprême de la France en Syrie et au Liban. Quelque impatience que ce délai pût susciter parmi les politiques de profession, nous étions certains d'accomplir sans heurts graves les transitions nécessaires si l'Angleterre ne gâchait pas le jeu.

Mais elle le gâchait bel et bien. C'est ainsi que M. Naccache subissait les assauts de Spears qui excitait ouvertement ses adversaires et allait jusqu'à menacer le Président parce que tels de ses minstres ne plaisaient pas aux Britanniques ou parce qu'il ne prenait pas sur lui de procéder au Liban à des élections immédiates. D'autre part, sous la pression des Anglais qui ne parlaient de rien de moins que d'interrompre tous échanges avec l'extérieur, Catroux avait accepté de les introduire dans l'office franco-syrien-libanais du blé. Ils en profitaient pour contrarier le fonctionnement de l'office et provoquer l'opposition des gouvernants de Damas. Passant outre à notre droit d'option, ils avaient pris à leur compte la construction et la propriété du chemin de fer d'Haïfa à Tripoli. Comme, près de cette dernière ville, au débouché du pipe-line de l'Irak-Petroleum, l'autorité française faisait fonctionner une raffinerie qui permettait de fournir le Levant d'essence par prélèvement sur la part de pétrole qui appartenait à la France, les Britanniques cherchaient par tous moyens à fermer notre établissement afin que nous-mêmes et les États du Levant fussions, en cette matière, sous leur complète dépendance. Arguant, enfin, de l'accord financier que j'avais passé avec eux le 19 mars 1941 et en vertu duquel leur trésorerie nous fournissait, sous forme d'avances, une partie de nos fonds publics, ils prétendaient contrôler l'emploi qui en était fait en Syrie et au Liban et, par extension, les budgets des gouvernements de Damas et de Beyrouth. Dans tous les domaines, tous les jours, partout, c'étaient, du fait de nos alliés, des ingérences multipliées par une armée d'agents en uniforme.

J'étais résolu à m'opposer à cet étouffement et, s'il devait arriver que nous succombions cependant, à faire en sorte que l'abus fût mis en pleine lumière. Ayant vérifié sur place l'état des choses, je commençai ma campagne en adressant à M. Churchill, le 14 août, une protestation formelle.

« Dès le début de mon séjour dans les États du Levant sous mandat français, lui écrivais-je, j'ai regretté de constater que les accords conclus entre le Gouvernement britannique et le Comité français au sujet de la Syrie et du Liban subissent des atteintes... Les interventions constantes des représentants du Gouvernement britannique... ne sont compatibles, ni avec le désintéressement politique de la Grande-Bretagne en Syrie et au Liban, ni avec le respect de la position de la France, ni avec le régime du mandat... En outre, ces interventions et les réactions qu'elles entraînent donnent à penser aux populations, dans tout l'Orient arabe, que de graves divergences compromettent ici la bonne entente entre la Grande-Bretagne et la France Combattante, cependant alliées... Je me vois amené à vous demander de rétablir dans ces pays l'application des accords dont nous avions convenu... »

Le Premier Ministre reçut mon message tandis qu'il était à Moscou. Il y répondit, le 23 août, du Caire sur le chemin qui le ramenait à Londres. « Nous ne cherchons nullement à ruiner, au Levant, la position de la France... Nous reconnaissons pleinement que, dans le domaine politique, l'initiative doit rester aux autorités françaises... Nous admettons parfaitement que le mandat, au point de vue technique, ne peut prendre fin actuellement... » Mais, ayant fait sa révérence aux accords conclus, M. Churchill, comme à l'habitude, invoquait pour y contrevenir les prétentions unilatérales dont se targuait la Grande-Bretagne : « La Syrie et le Liban font partie d'un théâtre d'opérations vital et autant vaut dire chacun des événements qui se passent dans cette zone affecte directement ou indirectement nos intérêts militaires... Nous nous préoccupons de veiller à ce que notre garantie de la proclamation Catroux déclarant l'indépendance des États soit réellement suivie d'effet... Dans mon discours du 9 septembre 1941 à la Chambre des Communes, j'ai précisé que la position des Français Libres en Syrie ne peut être celle dont jouissait précédemment Vichy... » M. Churchill concluait, d'une manière à dessein banale et lénitive : « Je conçois pleinement l'importance d'une étroite collaboration entre nos représentants respectifs au Levant... Notre objectif suprême est la défaite de l'ennemi... »

Je m'attendais, de la part des Anglais, à ce refus déguisé de changer leur politique. Mais j'étais décidé à tirer celle-ci de l'équivoque dont elle cherchait à se couvrir. En outre, pensant à la suite, je croyais bon d'adopter une attitude générale excluant les compromis. Je télégraphiai, derechef, à M. Churchill : « Il ne m'est pas possible d'accepter votre conception suivant laquelle les ingérences politiques des représentants britanniques au Levant seraient compatibles avec les engagements pris par le Gouvernement britannique relativement au respect de la position de la France et de son mandat... De plus, l'espèce de rivalité franco-britannique créée sur place par les interférences et les pressions de vos représentants est nuisible à l'effort de guerre des Nations Unies... Je vous prie instamment de reconsidérer cette affaire urgente et essentielle. »

En tenant ce langage, je jouais moins sur le présent, qui m'offrait peu de moyens de soutenir la querelle, que sur l'avenir où la France, peut-être, aurait de quoi la reprendre, pourvu que ceux qui parlaient en son nom eussent la fermeté voulue pour refuser l'abandon. D'autant plus que d'autres abus du même ordre étaient, au même moment, commis à Madagascar, le seraient, demain, en Afrique du Nord et risquaient, un jour, de l'être à Paris. Nous ne pourrions résister à ceux qui s'annonçaient que si nous nous opposions, dès à présent, à ceux qui étaient en cours. D'ailleurs, dépouillés pour dépouillés, il n'y avait aucune raison pour que nous nous laissions faire en silence. Je jugeai donc nécessaire de mettre l'Amérique et la Russie au courant. Si leurs gouvernements, dûment avertis, ne faisaient rien, cependant, pour amener les Britanniques à résipiscence, du moins le litige prendrait-il une résonance mondiale.

Le 16 août, j'avais reçu la visite du consul-général des États-Unis, l'excellent M. Gwynn, venu aux nouvelles et passablement inquiet. Je ne fis rien pour le rassurer. Le 24 août, je le convoquai et lui remis une note à l'intention de son gouvernement. Le document exposait en quoi consistait l'affaire et quelles suites elle risquait d'avoir. Le lendemain, revint M. Gwynn. Il me communiqua le texte d'un télégramme adressé par M. Cordell Hull à M. John Winant, ambassadeur d'Amérique à Londres, et le chargeant de poser nettement la question aux Anglais. C'était bien là ce que je désirais. Le secrétaire d'État mandait à son ambassadeur : « Nous sommes pleinement conscients du sérieux de la situation... Le ministre britannique à Beyrouth (Spears) semble, à tout le moins, avoir conçu sa mission dans un sens plus large qu'il n'est de coutume pour un représentant diplomatique étranger... Veuillez examiner, à nouveau, cette affaire avec M. Eden... Notre gouvernement ne peut rester indifférent à une controverse qui affecte l'effort de guerre commun. »

D'autre part, M. Cordell Hull chargeait M. Gwynn « de remercier le général de Gaulle de l'avoir si complètement informé. » Mais, comme à la fin de sa missive il fallait bien un peu de venin, il l'invitait à « préciser au Général avec une égale franchise la sérieuse importance qu'attachaient les États-Unis, en tant que nation engagée dans la lutte commune, à ce que l'assurance donnée à la Syrie et au Liban soit scrupuleusement respectée... »

Entre-temps, Dejean, à Londres, avait exposé nos querelles à M. Bogomolov et prévenu notre délégation de Moscou. Le 11 septembre, l'ambassadeur soviétique venait lui dire « que son gouvernement était disposé à nous aider suivant ses moyens. »

Je me sentais d'autant moins porté aux ménagements que les décisions prises par les Anglo-Saxons au sujet de l'Afrique du Nord m'étaient, maintenant, connues avec certitude. Non, certes, que les alliés me fissent rien savoir de leurs plans. Au contraire, tous ceux qui, chez eux, s'occupaient des préparatifs continuaient d'observer un silence absolu. Mais, si cette conjuration du secret nous semblait désobligeante, elle était, de surcroît, inutile. Car, d'Amérique, d'Angleterre, de France, affluaient les renseignements. Une sorte de rumeur glissait à travers le monde, tandis qu'en Orient tout ce qu'on pouvait voir montrait qu'il s'agissait bien d'une campagne africaine. Au Caire, M. Churchill, lors de son passage, avait nommé commandant en chef le général Alexander et mis Montgomery à la tête de la VIIIe Armée. De nombreux renforts, notamment en unités blindées, continuaient d'arriver de Grande-Bretagne. Tedder, chef de l'aviation, recevait force appareils. Tout annonçait de grands desseins qui ne visaient point l'Europe.

Le 27 août, j'étais en mesure d'annoncer à notre délégation de Londres : « Les États-Unis ont maintenant pris la décision de débarquer des troupes en Afrique du Nord française... L'opération sera déclenchée en conjugaison avec une offensive prochaine des Britanniques en Égypte... Les Américains se sont ménagé sur place des concours, utilisant la bonne volonté de nos partisans et leur laissant croire qu'ils agissaient d'accord avec nous... Le cas échéant, le maréchal Pétain donnera, sans aucun doute, l'ordre de se battre en Afrique du Nord contre les alliés... Les Allemands trouveront dans l'affaire un prétexte pour accourir... » J'ajoutais : « Les Américains avaient, d'abord, cru qu'il leur serait possible d'ouvrir un second front en France cette année. C'est pourquoi, ayant besoin de nous, ils étaient entrés dans la voie définie par leur mémorandum du 9 juillet. Maintenant, leur plan a changé... »

Tout était clair, désormais. La stratégie des alliés se trouvait bien déterminée. Quant à leur comportement politique, il avait pour fondement l'égoïsme sacré. Aussi étais-je, moins que jamais, enclin à ajouter foi aux formules idéologiques dont ils usaient pour le couvrir. Comment prendre au sérieux les scrupules affichés par Washington, qui affectait de tenir à distance le général de Gaulle sous prétexte de laisser aux Français la liberté de choisir un jour leur gouvernement et qui, en même temps, conservait des relations officielles avec la dictature de Vichy et s'apprêtait à traiter avec quiconque ouvrirait aux troupes américaines les portes de l'Afrique du Nord ? Comment croire à la sincérité des déclarations de Londres qui, pour justifier ses interventions dans les territoires du Levant où la France était mandataire, invoquait le droit des Arabes à l'indépendance, alors qu'au même moment les Anglais mettaient en prison, aux Indes, Gandhi et Nehru, châtiaient durement, en Irak, les partisans de Rachid Ali et dictaient à Farouk, roi d'Égypte, le choix de son gouvernement ? Allons ! aujourd'hui comme hier, il n'y avait à écouter que l'intérêt de la France.

M. Casey, sur les entrefaites, crut devoir se manifester. Mais, si bonnes que fussent ses intentions, il le fit d'une manière qui ne pouvait arranger les choses. Le 29 août, il me proposa une « franche discussion » pour établir des relations plus satisfaisantes dans l'intérêt des deux pays, « car, écrivait-il, j'ai le sentiment que ces relations en Syrie et au Liban ont atteint un point critique. » Malheureusement, le ministre d'État britannique croyait devoir ajouter : « Je vous invite à me rencontrer au Caire... A défaut de cette rencontre, je serais contraint de soumettre au Premier Ministre la situation telle qu'elle m'apparaît. » Les termes de son message m'obligèrent à répondre « que j'étais prêt à discuter avec lui de ces graves affaires, mais à Beyrouth, puisqu'au cours des deux visites que j'avais eu le plaisir de lui faire au Caire nous n'avions pu nous mettre d'accord... »

Ce fut, alors, M. Churchill qui entra, de nouveau, en ligne. Le 31 août, il me télégraphia, de Londres, « qu'il tenait comme moi la situation pour sérieuse..., que, d'après son sentiment, il était essentiel qu'il en discutât avec moi dans le plus bref délai possible... ; qu'il me priait de hâter mon retour à Londres et de lui faire savoir à quelle date il pourrait m'attendre. » Je ne pus que « remercier le Premier Ministre britannique de l'invitation qu'il voulait bien m'adresser... ; » lui dire que « j'entreprendrais certainement ce voyage dès que possible, mais que la situation ne me permettait pas de quitter le Levant actuellement..., » lui répéter « qu'en tous cas, aujourd'hui encore, j'étais prêt à en discuter à Beyrouth avec M. Casey. » Enfin, le 7 septembre, portant la tension à son comble, je faisais remettre à Casey par l'ambassadeur Helleu, qui m'arrivait de Téhéran, un mémorandum précisant nos griefs.

Tout en animant ainsi la controverse, je m'appliquais à éclaircir les affaires à l'intérieur du pays. Il s'agissait d'obtenir des deux gouvernements locaux qu'ils jouent fermement leur rôle, notamment dans les domaines des finances et du ravitaillement où les choses ne marchaient guère. D'autre part, il convenait de les fixer sur nos intentions à propos des élections. M. Alfred Naccache et le cheik Tageddine vinrent me voir, respectivement le 2 et le 4 septembre. Je les reçus en grande pompe. L'un et l'autre me prodiguèrent des assurances de bonne volonté. De fait, ils se sentaient redressés devant leur propre tâche par la solidité de l'autorité française et n'hésitaient plus à envisager les mesures susceptibles d'établir l'équilibre des budgets, de faire marcher l'office du blé, de limiter la spéculation. D'accord avec eux et avec le général Catroux, je maintins la décision prise par le Comité national de ne faire procéder qu'au cours de l'été suivant à la consultation électorale. Mais, alors, celle-ci aurait lieu, à moins d'évolution fâcheuse de la conjoncture stratégique.

Pendant le temps que je passai à Beyrouth, je pris de nombreux contacts, suivant la coutume d'Orient où il paraît à la fois malhabile et malséant de juger et de trancher sans avoir recueilli les avis et prodigué les égards. A la résidence des Pins, où je m'étais installé, passèrent beaucoup de visiteurs ; les uns et les autres m'affirmant leur désir de voir dans leur pays l'État s'acquitter pleinement de ses obligations, mais chacun se faisant l'apôtre de tel ou tel des particularismes qui, depuis l'aurore de l'Histoire, empêchaient qu'il en fût ainsi ; tous me confirmant dans ma conviction que la Syrie et le Liban, accédant à l'indépendance, avaient tout à gagner, rien à perdre, à la présence de la France.

Les avantages que cette présence valait aux deux pays étaient incontestables et, au surplus, incontestés. Qu'il s'agît de services publics, de grands travaux, d'œuvres d'enseignement, d'établissements hospitaliers, du concours des Français, à titre de conseillers, dans les administrations, l'instruction publique, la justice, le service d'ordre, les travaux publics, des relations, professionnelles, intellectuelles, familiales, nouées par des gens de chez nous avec des Syriens et des Libanais, ces mille liens répondaient, de part et d'autre, à l'intérêt et au sentiment. De maints bureaux, chantiers, écoles, cercles, hôpitaux, qui reçurent ma visite, tout le monde pensait et disait qu'il fallait les maintenir, quelque régime qu'on appliquât aux relations politiques futures entre Paris, Damas et Beyrouth.

Bien entendu, je tâchais aussi de donner à l'organisation militaire la plus forte impulsion possible. La plupart des éléments de l'armée proprement française se trouvaient alors en Égypte. Nous n'avions laissé sur place que quelques détachements. Cette extrême exiguïté des effectifs français prouvait, du reste, que l'autorité de la France avait d'autres bases que la seule force. Il incombait donc aux troupes « spéciales », c'est-à-dire syriennes et libanaises, d'assurer la sécurité immédiate des deux États. Or, celle-ci pouvait être, à tout moment, mise en cause. En effet, vers cette fin de l'été 1942, la Wehrmacht pénétrait au cœur du Caucase, tandis que l'armée italo-allemande du désert menaçait le delta du Nil. Que l'ennemi remportât la victoire sur l'un ou l'autre de ces théâtres, l'Asie Mineure lui serait ouverte. C'est pourquoi, nous ne cessions de déployer nos efforts pour accroître la valeur des forces autochtones du Levant.

Ainsi, se formaient des embryons d'armées ; la Syrie fournissant 9 bataillons d'infanterie, 1 régiment de cavalerie, 3 groupements d'escadrons en partie motorisés ; le Liban 3 bataillons de chasseurs ; tandis que 2 groupes d'artillerie, 1 bataillon de chars, des unités du génie, de transport, de transmissions, restaient communs aux deux pays. De l'école militaire de Homs sortait chaque année une belle et bonne promotion. Il est vrai que quelques officiers français concouraient à l'encadrement des troupes spéciales. Mais on voyait pousser dans leurs rangs des officiers de valeur, soit syriens comme les colonels Znaïm et Chichakli, soit libanais comme les colonels Chehab et Naufal. Le matériel repris à Dentz nous permettait de pourvoir ces troupes d'un armement et d'un équipement honorables, dont le parc d'artillerie de Beyrouth, doté d'un très bon outillage, assurait l'entretien.

Je me fis à moi-même l'honneur d'inspecter les éléments, français, syriens, libanais, restés à la garde du Levant sous le commandement du général Humblot pour les forces de terre, du capitaine de frégate Kolb - Bernard pour la marine, du lieutenant-colonel Gence pour l'aviation. C'étaient 25 000 hommes dévoués qui protégeaient les deux États de tout coup de main de l'ennemi et, avec les gendarmeries locales, suffisaient à maintenir l'ordre dans un pays formé, depuis des millénaires, de fractions inconciliables, étendu comme le tiers de la France, ayant 2 500 kilomètres de frontières et voisin de régions : Irak, Transjordanie, Palestine, où régnait une chronique agitation. Le fait que le Levant sous mandat français fut, dans cette période de la guerre, aussi calme et tenu par des troupes aussi sûres aidait notablement la stratégie des alliés, en ôtant à leurs armées, qui se battaient en Égypte, en Libye, en Éthiopie, tout souci sérieux sur leurs arrières, en affermissant les Turcs dans leur refus de livrer passage aux Allemands, en détournant d'actes hostiles l'ensemble des peuples arabes secoués par les événements.

Cependant, si rempli que fût mon voyage, les problèmes restaient en suspens. J'avais pu changer l'atmosphère et donner un coup de barre qui nous faisait gagner du temps. Comment obtenir davantage dès lors que je n'apportais aucun renfort d'hommes ni d'argent? Une politique vaut par ses moyens. En Orient, plus sûrement encore qu'ailleurs, le rapport des forces finirait par trancher, non point l'argumentation.

Un visiteur de marque vint d'Amérique me le confirmer. C'était Wendell Wilkie. Le parti républicain l'avait opposé à Roosevelt pour l'élection présidentielle de novembre 1940. Maintenant, le Président, voulant marquer que la guerre faisait l'union sacrée, mandatait son adversaire de la veille pour s'informer à travers le monde auprès de ceux qui menaient le jeu. Wendell Wilkie avait demandé à passer au Levant, en route pour aller voir Staline et Chiang-kai-shek. Il arriva le 10 septembre et demeura vingt-quatre heures, pendant lesquelles il fut mon hôte.

A sa demande, je lui exposai les conditions de la présence française au Levant. Mais Wendell Wilkie, qui y venait pour la première fois, était déjà, apparemment, fixé sur tous les points. Revenu à Washington, il affecta d'être convaincu, à la façon sommaire de l'opinion américaine, qu'il n'y avait dans les frictions de Beyrouth qu'un épisode de la rivalité entre deux colonialismes également détestables. Au sujet de ma personne, il ne se déroba point, dans le livre qu'il signa à son retour, au conformisme plaisantin de la malveillance. Comme, à Beyrouth, nous nous étions entretenus dans le bureau du haut-commissaire, pourvu naguère par M. de Martel d'un mobilier de style Empire, il me représenta singeant les manières de Napoléon. Comme je portais la tenue de toile blanche, réglementaire l'été pour les officiers français, il y vit une ostentation imitée de Louis XIV. Comme l'un des miens avait parlé de « la mission du général de Gaulle, » M. Wilkie insinua que je me prenais pour Jeanne d'Arc. A cet égard, le concurrent de Roosevelt était aussi son émule.

Cependant, le jour même où je conférais avec l'envoyé du Président, un fait nouveau concernant la France apparaissait sur l'écran de l'actualité. A l'aurore du 10 septembre, les Anglais avaient repris l'action à Madagascar. Ayant constaté, en effet, qu'après cinq mois de négociations, ils ne pouvaient obtenir du gouverneur-général Annet aucune garantie sérieuse, qu'à tout moment Vichy était susceptible de laisser les Japonais se servir de l'île et que le ministère Laval avait donné l'ordre de laisser faire ceux-ci le cas échéant, nos alliés se décidaient à l'occuper eux-mêmes.

Cette fois encore, ils allaient opérer sans le concours des forces Françaises Libres. Mais, du moins et par contraste avec ce qui s'était passé lors de l'attaque de Diégo-Suarez, nous avaient-ils avisés avant que les faits s'accomplissent. Le 7 septembre, M. Eden, exprimant à Pleven et à Dejean l'irritation de son gouvernement quant à mon attitude au Levant, laissait prévoir qu'un événement prochain à Madagascar exigerait qu'on s'entendît. Le 9 septembre, appelant auprès de lui nos deux commissaires nationaux, il leur faisait connaître « que les troupes britanniques devaient débarquer le lendemain à Majunga, que son gouvernement avait l'intention arrêtée de reconnaître l'autorité du Comité national français sur Madagascar dès que serait terminée la campagne militaire et qu'il serait désireux d'entreprendre avec moi, dès que possible, des négociations pour un accord à ce sujet. » Le 10 septembre, Londres annonçait que les forces britanniques avaient pris pied à Majunga et « qu'une administration amie, désireuse de collaborer pleinement avec les Nations Unies et de contribuer à la libération de la France, serait établie dans l'île. » Le 11, M. Strang déclarait à Maurice Dejean : « Dans l'esprit du gouvernement britannique, le Comité national français doit être « l'administration amie » mentionnée dans le communiqué. Il ne dépend que de vous qu'il en soit ainsi. Quant à nous, nous sommes convaincus que nous pouvons arriver à une entente. »

Je décidai de me rendre à Londres. Sans doute y trouverais-je une atmosphère désagréable. Sans doute y eût-il eu pour moi, à certains égards, avantage à résider dans un territoire de souveraineté française quand serait déclenchée l'opération américaine en Afrique du Nord. Sans doute le règlement de l'affaire de Madagascar ne se ferait-il pas sans délais et sans douleurs. Mais l'enjeu était tel que je ne pouvais hésiter. J'adressai donc à M. Eden un message de bonne volonté, lui disant « que j'avais pris connaissance des rapports de Pleven et Dejean et que mon intention était de me rendre prochainement à son aimable invitation et à celle du Premier Ministre. » Il me répondit aussitôt : « Je serai heureux de discuter avec vous de nos relations au Levant et de la future administration civile de Madagascar, conformément à ce qui a été envisagé dans ma conversation du 9 septembre avec MM. Pleven et Dejean. »

Avant de gagner l'Angleterre, j'allai passer une dizaine de jours en Afrique française libre. Là, comme en Orient, j'entendais resserrer la cohésion de la France Combattante à la veille d'événements qui risqueraient de l'ébranler et fixer leur mission à nos forces militaires dans la grande entreprise prochaine. Pour la première fois, je pus gagner le Congo en partant de la Syrie sans recourir aux avions britanniques. C'est qu'en effet, sous la direction du colonel de Marmier, secondé par le colonel Vachet, plusieurs lignes aériennes françaises recommençaient à fonctionner, soit d'Alep et de Deir-ez-Zor à Damas et à Beyrouth, soit de Damas à Brazzaville, soit entre Fort-Lamy, Bangui, Brazzaville, Pointe-Noire et Douala, grâce à quelques avions civils récupérés au Levant, mais surtout aux 8 appareils « Lockheed » obtenus des États-Unis en échange de l'autorisation que nous leur avions donnée d'utiliser la base de Pointe-Noire et au personnel d'Air-France qui, longtemps, s'était morfondu en Argentine et au Brésil et nous avait, maintenant, ralliés. Le 13 septembre, par un vol sans escale de 3 000 kilomètres, je me rendis de Damas à Fort-Lamy, marquant par là qu'il était possible de circuler entre le Taurus et l'Atlantique sans se poser ailleurs qu'en terre française libre.

A Fort-Lamy, Leclerc m'attendait. Épiant la reprise de l'offensive en Libye, il achevait la mise en condition de ses forces du désert. Une fois encore, j'allai voir les colonnes motorisées, escadres formées de véhicules de combat et de transport, armées et outillées pour le grand large, dotées d'équipages avides d'aventures lointaines, prêtes, sous les ordres des Ingold, des Delange, des Dio, des Massu, à quitter sans retour les ports de Faya, Zouar, Fada, pour naviguer et combattre sur l'océan des pierres et des sables. Je visitai le petit corps motorisé qui se disposait à saisir Zinder en partant des bords du lac Tchad. Je pris contact, à Douala, Libreville, Pointe-Noire, Bangui, Brazzaville, avec les fractions diverses des deux brigades destinées, l'une à se rendre à Tananarive, l'autre à gagner, à l'occasion, Cotonou, Abidjan ou Dakar. Le colonel Carretier tirait le meilleur parti des éléments d'aviation laissés par nous sous l'équateur. Le capitaine de frégate Charrier, avec quatre petits navires, quelques avions et des postes de garde, surveillait la longue côte du Cameroun, du Gabon et du Bas-Congo. L'artillerie, l'intendance, le service de santé, faisaient des prodiges pour fournir à tous le nécessaire, malgré les distances et le climat. Chacun pressentait impatiemment les opérations qui allaient se déclencher entre l'Atlantique et le Nil et dont l'ennemi lui-même montrait qu'il les attendait en bombardant Fort-Lamy.

Le 22 septembre, sous forme d'une « Instruction personnelle et secrète », je fixai à Leclerc sa mission. Il avait à s'emparer des oasis du Fezzan, à en organiser l'administration au nom de la France, puis à en déboucher pour atteindre Tripoli, tout en s'assurant de Ghât et Ghadamès. L'opération devait se déclencher dès que la VIIIe Armée britannique aurait repris la Cyrénaïque et pénétrerait en Tripolitaine. Leclerc ne serait subordonné aux généraux Alexander et Montgomery qu'une fois effectuée sa jonction avec leurs forces. Alors, il participerait, sous leur commandement stratégique, à la bataille éventuelle de Tunisie. D'autre part, dans le cas où les gens de Vichy s'opposeraient au débarquement et où, aidés par les Allemands, ils livreraient bataille aux alliés, nous devrions leur arracher les territoires français à notre portée. D'ailleurs, nos missions : Ponton en Gold-Coast et Adam en Nigéria, nous ménageaient, en Côte d'Ivoire, en Haute-Volta, au Togo, au Dahomey, au Niger, les intelligences utiles. Mon intruction prescrivait donc à Leclerc de porter ses troupes, le cas échéant, en Afrique occidentale française en commençant par le Niger. Enfin, il lui fallait préparer les unités destinées à Madagascar pour y servir de noyau au futur regroupement militaire. C'était beaucoup de choses à la fois. Mais nous ne doutions de rien. Les Français Libres d'Afrique constituaient un faisceau qu'aucune épreuve ne pourrait rompre.

Quant aux Africains autochtones, leur loyalisme ne laissait rien à désirer. Qu'il s'agît des souverains et chefs traditionnels, comme les sultans du Ouadaï, du Kanem, de Fort-Lamy, le notable Orahola à Fort-Archambault, à Maho le bey Ahmed, naguère chassé du Fezzan par les Italiens, le chef Mamadou M'Baiki à Bangui, la reine des Batékés au Congo, le roi des Vilis à Pointe-Noire, le prince Félix au Gabon, le chef supérieur Paraiso à Douala, le roi des Abrons, évadé de la Côte d'Ivoire avec les siens pour rallier le général de Gaulle, etc. ; ou des évolués appartenant à l'administration, à l'armée, au commerce, à l'enseignement ; ou de la masse des humbles : cultivateurs, soldats, ouvriers, serviteurs, ils faisaient leur la cause de la France Combattante et assumaient avec conviction une large part de ses sacrifices. Mais, en même temps, un frisson d'espérance et de libération humaine faisait frémir les Africains. Le drame qui ébranlait le monde, l'épopée quelque peu merveilleuse que les « gaullistes » avaient entreprise sur leur propre continent, le spectacle des efforts que suscitait la guerre et qui modifiaient les conditions de leur existence, faisaient que, dans les cases et les campements, dans la savane et la forêt, dans le désert et au bord des fleuves, des millions d'hommes noirs, jusqu'alors courbés sous une misère millénaire, levaient la tête et interrogeaient leur destin.

Le gouverneur-général Éboué s'appliquait à diriger ce mouvement venu des profondeurs. En humaniste convaincu, Éboué tenait la tendance pour salutaire, puisqu'elle visait à élever les populations au-dessus de ce qu'elles étaient, mais, en grand administrateur, il estimait que l'autorité française devait en tirer parti. Il ne reculait aucunement devant la transformation, matérielle, morale, politique, qui s'apprêtait à pénétrer l'impénétrable continent. Mais, cette révolution, il voulait qu'elle prît la marque de l'Afrique elle-même et que les changements apportés à la vie, aux mœurs, aux lois, loin d'abolir les règles ancestrales, fussent au contraire accomplis en respectant les institutions et les cadres coutumiers. C'est par là que, suivant Éboué, on servirait le progrès de l'Afrique, la puissance et le rayonnement de la France, l'association des races. Lui-même engageait dans cette voie l'administration dont il était le chef. Il lui donnait, en conséquence, ses directives pour ce qui concernait le commandement des territoires et des cercles, les conditions du travail des indigènes, la justice, la police, les prestations. A Brazzaville, je l'en félicitai. Sa manière de voir répondait à la mienne. Dans ce domaine, comme dans les autres, l'unité de la France Combattante paraissait solidement cimentée.

25 septembre ! arrivée à Londres. D'un seul coup, tout est changé. Elles sont loin les terres fidèles, les troupes ardentes, les foules enthousiastes, qui, hier encore, m'entouraient du réconfort de leur dévouement. A présent, voici, de nouveau, ce qu'on appelle le pouvoir dépouillé des contacts et des témoignages qui viennent, parfois, l'adoucir. Il n'est plus ici que dures affaires, âpres négociations, choix pénibles entre des hommes et des inconvénients. Encore, ai-je à porter la charge au cœur d'un pays, amical, certes, mais étranger, où tout le monde poursuit un but et parle un langage qui ne sont pas les nôtres et où tout me fait sentir que l'enjeu est sans proportion avec nos pauvres moyens.

La reprise du contact avec le Gouvernement britannique ne pouvait être que rude. Le 29 septembre, accompagné de Pleven, je me rendis au 10 Downing Street, où nous attendaient Churchill et Eden. Il était à prévoir que les ministres anglais exhaleraient leur irritation au sujet des affaires du Levant. Nous étions disposés à leur manifester la nôtre. Après quoi, on pouvait supposer que la conversation prendrait un tour pratique. Peut-être, en particulier, le règlement du problème de Madagascar serait-il, tout au moins, ébauché. Mais, cette fois et par le fait du Premier Ministre, l'âpreté alla croissant. M. Churchill commença, il est vrai, par me remercier d'être venu à Londres à son invitation. J'accueillis ce compliment avec un humour égal à celui qui l'inspirait. Puis, le Premier britannique engagea avec moi, au sujet de l'Orient, l'ordinaire confrontation de nos griefs respectifs. Il en vint à dire que le Gouvernement britannique exigeait qu'il y eût, cette année même, des élections en Syrie et au Liban, ce qui m'amena à lui répondre qu'il n'y en aurait pas. Il conclut cet échange de diatribes en affirmant qu'aucun accord n'était possible avec moi dans le domaine de la collaboration franco-britannique au Levant. « Nous en prenons acte, » dit-il. Ce à quoi je n'objectai rien.

Il aborda, ensuite, la question de Madagascar. Mais ce fut pour déclarer : « Étant donné l'état des choses à Damas et à Beyrouth, nous ne sommes nullement pressés d'ouvrir à Tananarive un nouveau théâtre de coopération avec vous… Je ne vois pas pourquoi nous y instaurerions nous-mêmes un commandement gaulliste. »

J'accueillis fort mal cette déclaration qui me semblait

contenir, tout à la fois, la négation d'un engagement de l'Angleterre et l'intention d'un marchandage dont nous aurions à faire les frais. Pleven ne cacha pas, non plus, son sentiment sur ce point. M. Churchill s'en prit alors à moi sur un ton acerbe et passionné. Comme je lui faisais observer que le fait d'instituer à Madagascar une administration contrôlée par les Britanniques serait une atteinte aux droits de la France, il s'écria avec fureur : « Vous dites que vous êtes la France ! Vous n'êtes pas la France ! Je ne vous reconnais pas comme la France ! » Puis, toujours véhément : « La France ! Où est-elle? Je conviens, certes, que le général de Gaulle et ceux qui le suivent sont une partie importante et respectable de ce peuple. Mais on pourra, sans doute, trouver en dehors d'eux une autre autorité qui ait, elle aussi, sa valeur. » Je le coupai : « Si, à vos yeux, je ne suis pas le représentant de la France, pourquoi et de quel droit traitez-vous avec moi de ses intérêts mondiaux? » M. Churchill garda le silence.

M. Eden intervint alors et ramena la discussion sur le sujet du Levant. Il répéta les motifs que l'Angleterre prétendait avoir de s'y mêler de nos affaires. Puis, s'emportant à son tour, il se plaignit amèrement de mon comportement. M. Churchill surenchérit, criant que « dans mon attitude d'anglophobie j'étais guidé par des soucis de prestige et par la volonté d'agrandir, parmi les Français, ma situation personnelle. » Ces imputations des ministres anglais me parurent inspirées par leur désir de se créer des griefs justifiant, tant bien que mal, le fait que la France Combattante allait être tenue en dehors de l'Afrique du Nord française. Je le leur dis sans ambages. L'entretien, parvenu à ce point, ne pouvait plus servir à rien. On en convint et on se sépara.

Les semaines qui suivirent furent tendues à l'extrême. La malveillance nous entourait. Les Anglais allèrent jusqu'à suspendre, pendant onze jours, l'envoi des télégrammes adressés, de Londres, par le Comité national aux autorités françaises en Afrique, au Levant, au Pacifique. Le Foreign Office, concentrant sur Maurice Dejean la pression de ses bureaux et agitant devant lui le spectre de la rupture — épouvante suprême des diplomates — l'impressionna suffisamment pour l'amener à envisager quelles concessions nous pourrions faire afin de rétablir les bons rapports. Des concessions? Je n'en voulais pas ! Dejean quitta donc son emploi. Il le fit avec dignité et, quelques semaines plus tard, devint notre représentant auprès des gouvernements réfugiés en Grande-Bretagne.

Pleven, transmettant les Finances à Diethelm, prit l'intérim des Affaires étrangères, en attendant l'arrivée de Massigli que je faisais venir de France.

Cependant, suivant l'usage, la tempête se calma bientôt. Les postes émetteurs de Londres voulurent bien, de nouveau, laisser partir nos télégrammes. M. Churchill, le 23 octobre, m'envoya M. Morton, son chef de cabinet, pour me féliciter de l'exploit du sous-marin français *Junon* qui venait de couler deux grands navires ennemis près de la côte de Norvège, m'exprimer les remerciements du Gouvernement britannique pour la contribution importante et sanglante que nos troupes avaient prise, la veille, à l'offensive alliée d'El-Alamein, me faire part, enfin, des bons sentiments que lui-même, Churchill, n'avait jamais cessé de me porter. Le 30 octobre, le maréchal Smuts, qui était venu à Londres, ayant demandé à me voir, m'affirma que les Britanniques étaient décidés à reconnaître l'autorité de la France Combattante à Tananarive. Il ajouta qu'il en serait de même, tôt ou tard, en Afrique du Nord. Quelques jours auparavant, le Foreign Office s'était, effectivement, résolu à ouvrir avec nous des négociations pour un accord sur Madagascar.

On nous proposa, d'abord, qu'une fois notre administration mise en place, le commandement britannique exerçât sur celle-ci un droit de contrôle et, qu'en outre, les Anglais eussent en propre la disposition de toutes les bases, communications, transmissions, existant dans l'île. Nous repoussâmes ces prétentions. Suivant nous, l'autorité française à Madagascar devait être souveraine dans le domaine politique et administratif. Quant à la défense éventuelle de l'île, nous proposions que le commandement stratégique, en cas d'opérations menées contre l'ennemi commun, fût exercé par un officier général britannique tant que les Anglais auraient sur place plus de moyens que nous. Si le rapport des forces venait à changer, un Français prendrait la direction. D'autre part, il appartiendrait à l'autorité française de prêter à nos alliés, suivant leurs besoins, le concours de nos établissements et de nos services publics. D'avance, j'avais désigné le général Legentilhomme comme haut-commissaire pour l'océan Indien avec les plus larges pouvoirs civils et militaires. En même temps, Pierre de Saint-Mart, gouverneur de l'Oubangui, était choisi pour devenir gouverneur-général de Madagascar. L'un et l'autre partiraient dès que la fin des opérations dans la grande île et l'aboutissement de nos propres négociations avec les Anglais leur permettraient d'exercer effectivement leurs fonctions.

Le Gouvernement britannique se déclara bientôt d'accord avec nous sur l'essentiel. Il faut dire qu'à Madagascar même, à mesure que s'y évanouissait Vichy, les Anglais découvraient, chez les Français comme chez les autochtones, le désir quasi-unanime de se rallier au général de Gaulle. Si le cabinet de Londres différait encore la solution, c'était manifestement dans l'intention de nous l'offrir, à titre d'apaisement, lorsque le débarquement allié à Alger et à Casablanca provoquerait dans nos relations les secousses qu'on pouvait prévoir. Aussi, quand le 6 novembre, lendemain du jour où l'armistice était conclu à Madagascar, M. Eden, tout sucre et miel, me proposa de publier un communiqué conjoint du Gouvernement britannique et du Comité national français annonçant le départ prochain du général Legentilhomme, j'en conclus qu'en Afrique du Nord les faits allaient s'accomplir.

D'autres s'en doutaient aussi, qui tenaient à nous donner des preuves de leur préférence. Le 6 août, alors que je volais vers l'Orient, le Président Benès avait solennellement déclaré à Maurice Dejean « qu'il considérait le Comité national français, sous la direction du général de Gaulle, comme le véritable gouvernement de la France. » Il priait le commissaire aux Affaires étrangères de me demander, de sa part, si nous ne jugions pas le moment venu de répudier, au nom de la France, les accords de Munich et les amputations qui en étaient résultées pour la Tchécoslovaquie. J'avais répondu favorablement. A mon retour, je vis Benès et nous nous mîmes aisément d'accord. L'aboutissement fut, le 29 septembre, un échange de lettres entre moi-même et Mgr Shramek, président du Conseil tchécoslovaque. J'y déclarai : « Le Comité national français, rejetant les accords de Munich, proclame qu'il considère ces accords comme nuls et non avenus… et qu'il s'engage à faire tout ce qui sera en son pouvoir pour que la République tchécoslovaque, dans ses frontières d'avant 1938, obtienne toutes garanties concernant sa sécurité, son intégrité et son unité. » Par la réponse de Mgr Shramek, le Gouvernement tchécoslovaque s'engageait, de son côté, à faire tous ses efforts pour que « la France fût restaurée dans sa force, son indépendance et l'intégrité de ses territoires métropolitains et d'outre-mer. » Le lendemain, parlant à la radio, je rendis publiques ces promesses réciproques et en soulignai la portée morale et politique.

De Moscou, nous vinrent également des signes encourageants. Le Gouvernement soviétique, sachant ce que les Anglo-Saxons comptaient faire en Afrique du Nord, voyant quelle était, à notre égard, l'attitude des États-Unis, discernant, par les rapports que Litvinov envoyait de Washington, l'intention de Roosevelt de devenir l'arbitre entre les fractions françaises, éprouvait de sérieuses inquiétudes devant cette tendance américaine à l'hégémonie. M. Bogomolov me fit entendre, de la part de son gouvernement, que la Russie, engagée dans une bataille à mort contre l'envahisseur, ne pouvait actuellement intervenir d'une manière directe, mais qu'elle n'en désapprouvait pas moins cette politique des Anglo-Saxons et qu'à la limite elle saurait s'y opposer. Le 28 septembre, Moscou, par un communiqué largement répandu, publiait que l'Union soviétique reconnaissait la France Combattante comme « l'ensemble des citoyens et des territoires français qui, par tous les moyens en leur pouvoir, contribuent, où qu'ils se trouvent, à la libération de la France » et le Comité national comme « l'organe directeur de la France Combattante, ayant seul qualité pour organiser la participation des citoyens et des territoires français à la guerre. » Aux yeux de la Russie, il ne pouvait donc y avoir, entre Vichy et la France Combattante, ni troisième force, ni troisième pouvoir.

Il faut dire que si l'Amérique, nouvelle vedette de l'Histoire du monde, pouvait se croire en mesure de diriger la nation française, les États européens, après l'expérience des siècles, n'avaient point cette illusion. Or, la France avait choisi d'elle-même. Les renseignements qui en arrivaient chaque jour démontraient, en effet, que la résistance ne cessait pas d'y grandir, qu'autant vaut dire tous ceux qui y prenaient part avaient moralement rallié le général de Gaulle et que tout gouvernement bâti en dehors de lui serait rejeté par la masse dès l'instant de la libération.

La façon dont se comportaient dans la Métropole les occupants et leurs collaborateurs poussait, d'ailleurs, à cette évolution. Le 22 juin, Laval déclarait, à l'indignation générale : « Je souhaite la victoire de l'Allemagne. » En juillet, une « légion » formée de jeunes Français était engagée en Russie sous les ordres et l'uniforme allemands. Au mois d'août, le Maréchal promulguait une loi mettant fin à « l'activité » des bureaux des deux Chambres, lesquels, jusque-là, affectaient de subsister. Du coup, les parlementaires maudissaient le régime qu'ils avaient eux-mêmes institué. Une lettre publique de protestation était adressée au Maréchal par M. Jeanneney, Président du Sénat, et M. Herriot, Président de la Chambre. Ce dernier, ayant renvoyé sa croix de la Légion d'honneur, pour marquer sa réprobation de voir décorer des « volontaires » combattant les Russes, était arrêté peu après, tandis que MM. Paul Reynaud, Daladier, Blum, Mandel, le général Gamelin, etc., demeuraient au fond des prisons où Vichy les avait jetés au lendemain de son avènement, sans que la justice les eût condamnés, ni même normalement inculpés. Au cours de l'été, s'aggravait la persécution des Juifs, menée par un « commissariat » spécial de concert avec l'envahisseur. En septembre, comme le Reich exigeait de la France une main-d'œuvre sans cesse plus nombreuse et que les ouvriers volontaires n'y suffisaient pas, on procédait à une levée obligatoire de travailleurs. Le montant total des frais d'occupation atteignait 200 milliards au début de ce mois, soit le double de ce qu'il était en septembre de l'année d'avant. Enfin, la répression allemande redoublait de violence. Pendant ces quatre mêmes semaines, un millier d'hommes étaient fusillés, dont 116 au mont Valérien ; plus de 6 000 allaient en prison ou aux camps de concentration.

A mon retour du Levant et d'Afrique, je trouvai, m'attendant à Londres, des témoins et des témoignages qu'on ne pouvait récuser. Frénay, chef de *Combat*, d'Astier, chef de *Libération*, me firent leur rapport sur l'action en zone non occupée. Leurs comptes rendus mettaient en relief l'ardeur des organisations et la pression de la base vers l'unité, mais aussi l'individualisme extrême des dirigeants d'où résultaient leurs rivalités. Cependant, en découvrant les obstacles que nos alliés nous opposaient et dont, en France, on ne se doutait guère, en apprenant, en particulier, ce qui allait se passer en Algérie et au Maroc, ces responsables purent mesurer à quel point était nécessaire la cohésion dans la Métropole.

Je leur donnai pour instruction de hâter la formation, autour de Jean Moulin, du Conseil national de la résistance qui comprendrait les représentants de tous les mouvements, syndicats et partis. Je les pressai, également, de se résoudre à verser à l'armée secrète, qui allait être instituée, leurs éléments de combat. Ceux-ci dépendraient alors, dans chaque région, d'une autorité unique : le délégué militaire, nommé par moi. Pour la zone occupée, je chargeai Rémy d'y porter les mêmes directives à nos mouvements : « Organisation civile et militaire », « Ceux de la Libération », « Ceux de la Résistance », « Libération-Nord », « la Voix du Nord », et même à l'organisation des « Francs-Tireurs et Partisans » qui, menée par les communistes, demandait à nous être rattachée.

Bien entendu, nous ne manquions pas de faire connaître à Londres et à Washington ce qu'on nous rapportait de France. Frénay et d'Astier voyaient les ministres et les services anglais, ainsi que les diplomates et informateurs américains. André Philip partait pour Washington, bardé de preuves et de documents et chargé de remettre à Roosevelt une lettre du général de Gaulle lui exposant les réalités de la situation française. Mendès-France, évadé de la Métropole, remplissait aux États-Unis une mission destinée à renseigner les ignorants. Félix Gouin, arrivé en août et mandaté par les socialistes, apprenait au parti travailliste que, chez nous, l'ancienne gauche se rangeait à présent sous la Croix de Lorraine. Peu après, Brossolette, revenant de zone occupée, amenait avec lui Charles Vallin, l'un des espoirs de l'ancienne droite et de la ligue des « Croix de Feu ». Vallin, naguère adepte du régime de Vichy, reniait maintenant son erreur. Ce patriote ardent, cet apôtre de la tradition, se ralliait à moi de toute son âme. Il en exposait publiquement les raisons, puis allait prendre au combat le commandement d'une compagnie. Le général d'Astier de La Vigerie, le général Cochet, grands chefs de l'aviation, nous rejoignaient à leur tour. Les communistes n'étaient point en reste ; de France, ils s'apprêtaient à envoyer auprès de nous Fernand Grenier, tandis qu'à Moscou André Marty venait voir et revoir notre délégué Garreau pour lui dire qu'il se tenait à ma disposition. Enfin, des hommes aussi divers que Mandel, Jouhaux, Léon Blum, alors détenus par Vichy, ou bien Jeanneney, Louis Marin, Jacquinot, Dautry, Louis Gillet, etc., m'adressaient leurs avis ainsi que leur adhésion.

Ainsi, quelles que fussent les difficultés immenses de l'action en France, en raison des dangers et des pertes, de la concurrence des chefs, des entreprises séparées de certains groupes qu'employait l'étranger, la cohésion de la résistance ne cessait pas de s'affermir. Ayant pu lui assurer l'inspiration et la direction qui la sauvaient de l'anarchie, j'y trouvais, au moment voulu, un instrument valable dans la lutte contre l'ennemi et, vis-à-vis des alliés, un appui essentiel pour ma politique d'indépendance et d'unité.

Nous voici aux premiers jours de novembre 1942. D'un moment à l'autre, l'Amérique va commencer sa croisade en

Occident et diriger vers l'Afrique ses navires, ses troupes, ses escadrilles. Depuis le 18 octobre, les Britanniques, aidés par des forces françaises, entreprennent de chasser de Libye les Allemands et les Italiens pour se joindre, plus tard, en Tunisie, à l'armée des États-Unis et, peut-être, à une armée française. Là-bas, sur la Volga et au fond du Caucase, l'ennemi s'épuise contre la puissance russe.

Quelle chance, encore, s'offre à la France ! Pour ses fils dans le malheur, comme tout serait, maintenant, clair et simple, n'étaient les démons intérieurs qui s'acharnent à les diviser et le mauvais génie qui pousse l'étranger à se servir de leurs querelles. Ce n'est pas sans anxiété que j'attends le lever du rideau sur le nouvel acte du drame. Mais je me sens sûr des miens. Je crois qu'ils sont sûrs de moi. Je sais vers qui la France regarde. Allons ! Qu'on frappe les trois coups !

TRAGÉDIE

Toute la journée du 7 novembre, les postes radio d'Amérique et d'Angleterre répètent : « Robert arrive ! Robert arrive ! » A les entendre, je ne doute pas que ce « Robert » — prénom de Murphy — soit le terme convenu pour désigner la force américaine à ceux des Français d'Afrique dont on s'est ménagé l'appui. C'est donc que le débarquement commence. La matinée du lendemain nous en apporte la nouvelle.

A midi, je suis à Downing Street où Churchill m'a prié de venir. Il a Eden auprès de lui. Pendant la conversation, le Premier Ministre va me prodiguer des marques d'amitié, sans me cacher, toutefois, qu'il se sent quelque peu gêné. Il me dit que, si la flotte et l'aviation anglaises jouent un rôle essentiel dans l'opération engagée, les troupes britanniques, elles, n'y agissent qu'à titre d'appoint. Pour le moment, la Grande-Bretagne a dû laisser aux États-Unis la responsabilité entière. Eisenhower a le commandement. Or, les Américains exigent que les Français Libres soient exclus. « Nous avons été, déclare M. Churchill, contraints d'en passer par là. Soyez assuré, cependant, que nous ne renonçons aucunement à nos accords avec vous. C'est à vous que nous avons, depuis juin 1940, promis notre soutien. Malgré les incidents qui ont pu se produire, nous entendons continuer. D'ailleurs, à mesure que l'affaire prendra son développement, nous, Anglais, devrons entrer en ligne. Nous aurons, alors, notre mot à dire. Ce sera pour vous appuyer. » Et M. Churchill ajoute, en donnant des signes d'émotion : « Vous avez été avec nous dans les pires moments de la guerre. Nous ne vous abandonnerons pas dès lors que l'horizon s'éclaircit. »

Les ministres anglais m'exposent alors que les Américains sont en train de débarquer en plusieurs points du Maroc, ainsi qu'à Oran et à Alger. L'opération ne va pas sans douleur, notamment à Casablanca où les forces françaises résistent avec vigueur. Le général Giraud s'est embarqué au large de la côte d'Azur sur un sous-marin britannique qui l'a amené à Gibraltar. Les Américains comptaient sur lui pour prendre le commandement des troupes françaises d'Afrique du Nord et retourner la situation. Mais, déjà, sa réussite paraît douteuse. « Saviez-vous, me dit encore Churchill, que Darlan est à Alger? »

Aux explications de mes interlocuteurs, je réponds en substance ceci : « Le fait que les Américains abordent l'Afrique, où vous Anglais, et nous Français Libres, luttons depuis plus de deux ans, est par lui-même très satisfaisant. J'y vois aussi, pour la France, la possibilité de recouvrer une armée et, peut-être, une flotte qui combattront pour sa libération. Le général Giraud est un grand soldat. Mes vœux l'accompagnent dans sa tentative. Il est dommage que les alliés l'aient détourné de se mettre d'accord avec moi, car j'aurais pu lui procurer d'autres concours que des souhaits. Mais, tôt ou tard, nous nous entendrons et d'autant mieux que les alliés s'en mêleront moins. Quant à l'opération actuellement engagée, je ne suis pas surpris qu'elle soit dure. Il y a, en Algérie et au Maroc, beaucoup d'éléments militaires qui nous ont, l'an dernier, combattus en Syrie et que vous en avez laissé partir en dépit de mes avertissements. D'autre part, les Américains ont voulu, en Afrique du Nord, jouer Vichy contre de Gaulle. Je n'ai jamais cessé de croire que, le cas échéant, ils devraient le payer. De fait, voici qu'ils le paient et, bien entendu, nous Français devons le payer aussi. Toutefois, étant donné les sentiments qui sont au fond de l'âme de nos soldats, je crois que la bataille ne sera pas de longue durée. Mais, si brève qu'elle soit, les Allemands vont accourir. »

J'exprime, alors, à MM. Churchill et Eden mon étonnement de constater que le plan des alliés ne vise pas, avant tout, Bizerte. Car c'est évidemment par là que les Allemands et les Italiens vont arriver en Tunisie. Faute, pour les Américains, de vouloir courir le risque d'y aborder directement, on aurait pu, pour peu qu'on me l'eût demandé, y débarquer la Division Kœnig. Les ministres anglais l'admettent, tout en répétant que l'opération est sous la responsabilité des Américains. « Je comprends mal, leur dis-je, que vous, Anglais, passiez aussi complètement la main dans une entreprise qui intéresse l'Europe au premier chef. »

M. Churchill me demande comment j'envisage la suite en ce qui concerne les rapports de la France Combattante et des autorités d'Afrique du Nord. Je lui réponds que, pour moi, il ne s'agit que de faire l'unité. Cela implique que des relations puissent s'établir au plus tôt. Cela implique également qu'à Alger le régime et les personnages marquants de Vichy soient écartés de la scène, car la résistance tout entière n'admettrait pas qu'ils fussent maintenus. Si, par exemple, Darlan devait régner sur l'Afrique du Nord, il n'y aurait pas d'accord possible. « Quoi qu'il en soit, dis-je enfin, rien n'importe aujourd'hui davantage que de faire cesser la bataille. Pour le reste, on verra après. »

Le soir, m'adressant par radio « aux chefs, soldats, marins, aviateurs, fonctionnaires, colons français d'Afrique du Nord, » je leur crie : « Levez-vous ! Aidez nos alliés ! Joignez-vous à eux sans réserves ! Ne vous souciez pas des noms, ni des formules ! Allons ! Voici le grand moment. Voici l'heure du bon sens et du courage... Français d'Afrique du Nord, que par vous nous rentrions en ligne d'un bout à l'autre de la Méditerranée, et voilà la guerre gagnée grâce à la France ! »

En fait, les informations qui parviennent à « Carlton Gardens » indiquent que les Américains continuent de se heurter partout à une sérieuse résistance. Sans doute, les intelligences qu'ils s'étaient d'avance assurées ont-elles effectivement joué. Sans doute, le général Mast, commandant la division d'Alger, et le général de Monsabert, commandant la subdivision de Blida, ainsi que les colonels Jousse, Baril, Chrétien, le capitaine de frégate Barjot, etc., ont-ils pu, pendant quelques heures, leur faciliter les choses, tandis qu'à Casablanca le général Béthouart essayait, en vain, d'en faire autant. Sans doute, des groupes de « gaullistes », agissant sous la conduite des Paufilet, Vanhecke, Achiary, Esquerre, Aboulker, Calvet, Pillafort, Dreyfus, dont les deux derniers seront tués dans l'affaire, sont-ils momentanément parvenus à occuper à Alger certains bâtiments administratifs et même à tenir, toute une nuit, l'amiral Darlan en résidence obligée à la villa des *Oliviers*. Sans doute, quelques notables, tels que MM. Rigault, Lemaigre-Dubreuil, de Saint-Hardouin, qui avaient négocié avec les Américains, jouent-ils sur place le rôle prévu en matière de renseignements et de liaison. Sans doute, enfin, la proclamation de Giraud — qui ne fait aucune mention de la France Combattante — est-elle largement diffusée par radio et tracts américains, tandis que des officiers dévoués et des résistants de toutes sortes organisent pour lui à Dar-Mahidine un poste de commandement. Mais, dans l'ensemble, il est clair que le plan préparé par Leahy, Murphy et Clark pour permettre aux alliés de débarquer sans coup férir et les messages adressés par Roosevelt à Pétain, à Noguès, à Estéva n'ont pas eu le résultat cherché.

Le 9 novembre, la situation est rien moins que brillante. Les autorités de Vichy ont partout gardé ou repris le dessus. Le Maréchal a donné l'ordre formel de combattre « l'assaillant ». A Gibraltar, le général Giraud, s'apercevant que les alliés ne se soucient nullement de se placer sous son commandement, n'est pas encore parti pour l'Afrique du Nord, où, du reste, sa proclamation n'a produit aucun effet. A Alger, Darlan, bien qu'il vienne d'ordonner le « cessez le feu » à la garnison, laisse partout ailleurs s'exécuter le « plan de défense » et continue de se réclamer de Pétain et de Laval. A Oran, on se bat sans aucun ménagement. Mais c'est surtout au Maroc que s'acharne la bataille. Casablanca, Port-Lyautey, Fédala, sont le théâtre de durs combats. A Tunis, enfin, a atterri l'amiral Platon, dépêché par Vichy pour prescrire à l'amiral Estéva, résident général, et à l'amiral Derrien, préfet maritime à Bizerte, de livrer passage aux Allemands. Ceux-ci, en effet, dans le courant de la journée, débarquent leurs parachutistes sur le terrain d'El-Alaouina sans essuyer un seul coup de fusil.

Ce soir-là, les mines sont longues dans les milieux alliés de Londres. On s'y demande si l'entreprise ne va pas aboutir à une lutte prolongée entre les troupes françaises et celles d'Eisenhower et à l'irruption, dans toute la région, des forces ennemies auxquelles se joindraient, bon gré mal gré, les Espagnols.

Mais, sur place, le bon sens l'emporte. Le général Juin, qui commandait en chef jusqu'à l'arrivée de Darlan et en second dès lors que celui-ci est présent en Afrique du Nord, discerne à quel point est absurde le combat livré aux alliés et quelles conséquences désastreuses entraînerait le déferlement des Allemands et des Italiens. Il sait que telle est l'opinion profonde de ses subordonnés. Il presse Darlan de prescrire un « cessez le feu » général, ce à quoi celui-ci se résout le 10 novembre. Juin prend alors contact avec Giraud qui, finalement, a gagné Dar-Mahidine. Le recevant aux *Oliviers*, il lui indique qu'il se tient prêt à lui laisser sa propre place. Il donne au général Barré, commandant les troupes en Tunisie, l'ordre de grouper ses forces vers Medjez-el-Bab et de s'y mettre en mesure d'ouvrir le feu sur les Allemands. Le 11 novembre, dans la matinée, la lutte a partout cessé entre Français et alliés.

Elle a coûté cher. Du côté français, 3 000 hommes ont été tués ou blessés. Quant aux navires, sont coulés ou irrémédiablement avariés : le croiseur *Primauguet*, les contre-torpilleurs : *Albatros*, *Épervier*, *Milan*, 7 torpilleurs, 10 sous-marins, bon nombre de petits bâtiments, avisos, patrouilleurs, escorteurs, ainsi que plusieurs cargos. En outre, le cuirassé *Jean-Bart* est fortement endommagé ; 2 sous-marins ont gagné Toulon où ils seront, bientôt, sabordés. Enfin, sur les 168 avions basés au Maroc et en Algérie, 135 ont été détruits au sol ou bien au combat. Du côté allié, les pertes s'élèvent à plus de 3 000 tués, blessés, disparus. La marine britannique a perdu les destroyers *Broke* et *Malcolm*, les escorteurs *Walney* et *Hartland* et plusieurs navires transporteurs. Dans la flotte américaine, le cuirassé *Massachusetts*, les croiseurs *Wichita* et *Brooklyn*, les destroyers *Murphy* et *Ludlow* ont subi d'importantes atteintes ; une centaine de petits bâtiments, utilisés pour le débarquement, sont détruits en mer ou sur les plages ; 70 avions sont abattus.

Tandis que s'éteignent ces absurdes combats, je me soucie de prendre contact avec l'Afrique du Nord française. Dès l'après-midi du 9 novembre, je convoque l'amiral Stark. Il se présente, les larmes aux yeux, rempli d'émotion, me dit-il, par mon appel radiodiffusé de la veille, mais aussi fort impressionné par la lutte franco-américaine à laquelle il ne croyait pas. « Eisenhower, m'indique l'amiral, en est, lui aussi, surpris et désolé. » — « Je voudrais, lui dis-je, envoyer une mission à Alger. Je demande au Gouvernement des États-Unis de prendre les dispositions voulues pour que cette mission puisse atteindre sa destination. » Stark me promet de le faire. Le lendemain, j'écris à Churchill pour le prier d'intervenir dans ce sens auprès de Roosevelt et je désigne Pleven, Billotte, d'Astier et Frénay pour partir au premier signal.

Le 11 novembre, a lieu une grande réunion que les « Français de Grande-Bretagne » ont prévue depuis longtemps. Jamais l'Albert-Hall ne contint plus de monde. Évidemment, la pensée de l'Afrique du Nord plane sur la foule. En la voyant et en l'entendant, je sens que, sous la houle de l'enthousiasme, les esprits sont partagés entre la joie et l'anxiété. S'il est clair qu'on espère l'union, on ne laisse pas de redouter que de Gaulle et la France Combattante soient entraînés dans quelque basse combinaison. Comme, du haut d'une galerie, un général en retraite, réfugié en Angleterre, élève la voix pour m'adjurer de me soumettre à Giraud, le pauvre homme est, à l'instant même, arraché de sa place par des groupes exaspérés et précipité au-dehors où le poursuit la clameur publique.

Dans mon discours, j'affirme notre but au milieu des événements qui s'accomplissent ou qui s'annoncent. Je le fais assez modérément pour tenir les portes ouvertes aux hommes de bonne volonté, mais aussi assez nettement pour qu'on sache que ce qui est dit c'est cela même qui sera fait. Pour commencer, je salue la phase nouvelle de la guerre où, après tant de reculs, la balance des forces penche enfin vers la liberté. Je constate que, comme toujours, au centre du drame est la France. Puis, appelant à l'unité, je crie : « La France ! c'est-à-dire une seule nation, un seul territoire, une seule loi ! » Et de montrer comment notre peuple, dispersé par le désastre, se rassemble dans la résistance et que, ce mouvement national, ce qui le guide et l'encadre c'est la France Combattante et rien d'autre.

« Le ciment de l'unité française, dis-je, c'est le sang des Français qui n'ont jamais, eux, tenu compte de l'armistice, de ceux qui, depuis Rethondes, meurent tout de même pour la France... Le centre autour duquel se refait l'unité, c'est nous, c'est la France qui combat. À la nation mise au cachot, nous offrons, depuis le premier jour, la lutte et la lumière et c'est pourquoi la nation plébiscite la France Combattante tous les jours... Aussi, prétendons-nous rassembler tout notre peuple et tous nos territoires... Aussi, n'admettons-nous pas que quiconque vienne diviser l'effort de guerre de la patrie par aucune de ces entreprises dites parallèles, c'est-à-dire séparées, dont l'expression sourde mais puissante de la volonté nationale saurait, d'ailleurs, faire justice... Aussi est-ce au nom de la France que parle le Comité national français, quand il requiert de tous leur concours pour arracher à l'ennemi et à Vichy notre pays qu'ils écrasent, pour rétablir intégralement les libertés françaises et pour faire observer les lois de la République. » Je termine en m'écriant : « Un seul combat, pour une seule patrie ! »

Les assistants ont bien compris que, dans le jeu difficile qui s'engage, je suis prêt à m'unir à quiconque le mérite mais que je n'abandonnerai rien de ce que j'ai, une fois pour toutes, pris en charge. Une immense clameur m'apporte l'approbation de cette assemblée de Français. Après quoi, j'aurai à constater que, chez les alliés, l'effet produit est très différent. Leurs dirigeants et porte-parole, soupirant et hochant la tête, blâmeront notre intransigeance.

Eux-mêmes sont moins difficiles. Assurément, les Américains, sur lesquels les Anglais s'alignent, ont été étonnés et contrariés de l'échec de Giraud. Mais, puisque Eisenhower n'a pas trouvé d'autre moyen de faire cesser la résistance que de s'entendre avec Darlan, eh bien ! c'est avec lui que l'Amérique fera affaire. Le 10 novembre, le général Clark, recevant communication de l'ordre de « cessez le feu » que vient de donner l'amiral, déclare sur le ton du vainqueur qui dispose du vaincu que, dans ces conditions, « toutes les autorités civiles et militaires sont maintenues dans leurs fonctions. » Le 13 novembre, Noguès, Chatel, Bergeret, se réunissent autour de Darlan. Il est entendu entre eux que l'amiral devient haut-commissaire pour l'Afrique du Nord. Boisson se placera bientôt sous son obédience. Giraud, isolé du côté des vichystes aussi bien que des « gaullistes », l'a fait, lui, immédiatement, moyennant quoi il est nommé commandant en chef des troupes. Le 15, Darlan, fait l'annonce de ces mesures et proclame qu'elle sont prises « au nom du Maréchal. »

Vu l'impureté de leurs sources, il faut bien, en effet, leur donner une apparence de légalité. Aussi déclare-t-on que Noguès, ayant reçu du Maréchal, lors de la détention momentanée de Darlan, une délégation de pouvoirs, l'a transmise à l'amiral qui se trouve ainsi réinvesti. Mais, bientôt, cette casuistique ne suffit plus, même aux moins scrupuleux. En effet, Pétain lui-même, après des conseils agités où, suivant nos informations, Weygand et Auphan l'ont adjuré d'approuver le « cessez le feu » en Afrique du Nord, tandis que Laval exigeait qu'il le condamne, a pris ce dernier parti. Par la voie de la radio et de la presse, il s'indigne hautement de la « félonie » de ses proconsuls. Il déclare que « Darlan a failli à sa mission. » Il fait publier une lettre que Giraud lui avait écrite, le 4 mai, pour s'engager sur l'honneur à ne faire jamais rien qui contrariât sa politique non plus que celle de Laval. Il fait connaître qu'il prend lui-même le commandement des armées françaises. Il réitère son ordre de combattre les Anglo-Saxons et de laisser la voie libre aux forces de l'Axe. Le 1er décembre, l'amiral Platon, ministre du Maréchal et chargé par lui « de la coordination des affaires militaires des trois armes, » s'adressant par radio aux troupes d'Afrique, déclare : « C'est en France, qu'après tant d'épreuves, le Maréchal et son gouvernement vont reconstituer l'armée nationale... La France reconquerra l'Afrique. Vous verrez alors fuir les traîtres dans les fourgons étrangers. »

Il faut donc trouver un autre subterfuge pour « légitimer » l'autorité de Darlan. On alléguera un télégramme, expédié par un subordonné et dont nul, jamais, ne publiera le texte, ni le nom du signataire, mais dont la simple évocation permettra au clan des augures d'insinuer, pour la galerie, que Pétain donne à l'amiral son approbation secrète. Enfin, l'argument suprême de ceux que Vichy appelle « les parjures » sera, qu'en raison de l'occupation de la zone sud, le Maréchal est, désormais, à la merci des Allemands, qu'il ne peut plus donner d'ordres valables et que, par suite, l'autorité appartient à ceux à qui il l'avait conférée quand il était libre.

Il n'en faut pas davantage pour que le Président Roosevelt surmonte, à l'égard de Darlan, les scrupules démocratiques et juridiques que, depuis plus de deux années, il opposait au général de Gaulle. Par son ordre, Clark reconnaît le haut-commissaire et entame avec lui des négociations qui aboutissent, le 22 novembre, à un accord en vertu duquel Darlan gouverne et commande pourvu qu'il donne satisfaction à ses vainqueurs anglo-saxons. Sans doute, le Président fait-il publier une déclaration affirmant que les arrangements politiques conclus entre Eisenhower et Darlan ne sont « qu'un expédient temporaire. » Mais recevant, le 23, André Philip et Tixier et s'irritant de leurs protestations, il leur crie : « Bien entendu, je traite avec Darlan, puisque Darlan me donne Alger ! Demain, je traiterai avec Laval si Laval me donne Paris ! » Il ajoute, cependant : « Je voudrais beaucoup voir le général de Gaulle pour discuter de tout cela et je vous demande de lui dire combien serait souhaitable sa visite à Washington. » Enfin, le 7 décembre, Darlan, ayant obtenu l'accord des alliés, se décrète chef de l'État français en Afrique du Nord et commandant en chef des forces terrestres, navales et aériennes avec l'assistance d'un « Conseil impérial » composé de Noguès, Giraud, Chatel, Boisson et Bergeret.

Tandis qu'à Alger, Casablanca, Dakar, les gens en fonction font demi-tour pour garder leur place, en France même se déclenche la réaction de l'ennemi. Les forces allemandes déferlent sur la zone « libre ». Vichy interdit qu'on leur résiste. L' « armée de l'armistice » doit déposer les armes en attendant qu'on la démobilise. Le général de Lattre, qui s'était fait quelque illusion, tente vaillamment d'appliquer le plan de défense et d'occuper, avec les troupes de la région de Montpellier, une position dans la Montagne Noire. Il est aussitôt désavoué, abandonné de tous, mis en prison. C'est de là qu'il entre en contact avec la France Combattante qui, plus tard, aidera à son évasion et le fera venir à Londres où il se ralliera à moi une fois pour toutes. Le général Weygand, qui a tenté d'aller s'abriter à Guéret, a été arrêté par la Gestapo et conduit en Allemagne. Ainsi achève de se dissiper, sans que Vichy ait fait, ni laissé, tirer sur l'ennemi un seul coup de feu, la mensongère fiction d'indépendance dont ce régime s'était couvert pour justifier sa capitulation et tromper tant de bons Français. Des apparences de sa souveraineté il ne reste plus que la flotte de Toulon. Ce ne sera pas pour longtemps.

Cette flotte, dont une partie, à tout instant disponible, a pour chef l'amiral de Laborde et dont une autre, plus ou moins désarmée, dépend directement de l'amiral Marquis, préfet maritime, demeure, en effet, sous l'obédience de Pétain, se refuse à gagner l'Afrique en dépit des adjurations de Darlan et voit les Allemands arriver à portée immédiate du port. L'accord « de neutralité » que Vichy a conclu avec l'ennemi contribue à détourner nos marins de quelque ultime sursaut. C'est l'étape vers l'anéantissement. J'en suis, pour ma part, d'autant plus convaincu, qu'ayant écrit secrètement naguère à l'amiral de Laborde pour tâcher de l'éclairer sur la voie commandée par l'honneur et le devoir, j'ai su qu'il s'est répandu en propos outrageants à mon égard et a menacé mon émissaire, le colonel Fourcault, non toutefois sans conserver ma lettre. Dès le 26 novembre, les Allemands se ruent sur Toulon pour y saisir nos bateaux.

Comme ils ont, à l'avance, occupé les hauteurs qui dominent l'arsenal, installé des bombardiers à proximité immédiate du port, semé des mines dans la rade, la flotte française est à leur merci. Aussi, le Maréchal, ses ministres, le préfet maritime, le commandant en chef de la flotte, paralysés par les conséquences de leur propre abandon, ne trouvent rien à prescrire à ces puissants navires de guerre que de s'envoyer eux-mêmes par le fond. Trois cuirassés : *Dunkerque*, *Strasbourg*, *Provence*, 8 croiseurs : *Colbert*, *Dupleix*, *Foch*, *Algérie*, *Jean-de-Vienne*, *la Galissonnière*, *Marseillaise*, *Mogador*, 17 contre-torpilleurs, 16 torpilleurs, 16 sous-marins, 7 avisos, 3 patrouilleurs, une soixantaine de transports, pétroliers, dragueurs, remorqueurs, commettent ainsi, par ordre, le suicide le plus lamentable et le plus stérile qu'on puisse imaginer.

Encore, 1 contre-torpilleur, 1 torpilleur, 5 pétroliers, n'ont-ils pu être sabordés et serviront aux Allemands. Seuls, 5 sous-marins, à l'initiative de leurs vaillants commandants, sont passés à la « dissidence » et ont tenté la sortie : *Casabianca*, commandant Lherminier; *Glorieux*, commandant Meynier; *Marsouin*, commandant Mine, parviennent à rallier Alger. *Iris*, commandant Degé, doit, faute de combustile, se réfugier dans un port espagnol. *Vénus*, commandant Crescent, coule en rade. Quant à moi, submergé de colère et de chagrin, j'en suis réduit à voir sombrer au loin ce qui avait été une des chances majeures de la France, à saluer par les ondes les quelques épisodes courageux qui ont accompagné le désastre et à recevoir au téléphone les condoléances, noblement exprimées mais sourdement satisfaites, du Premier Ministre anglais.

Cependant, le tour des événements ne laissait pas de renforcer partout la cohésion des Français qui, déjà, tenaient pour de Gaulle et de lui rendre favorables beaucoup de ceux qui ne l'étaient pas. Les ultimes abandons de Vichy et l'occupation totale de la Métropole achevaient, en effet, de montrer qu'il n'y avait pour le pays de salut que par la résistance. D'autre part, l'avènement de Darlan en Afrique du Nord avec l'appui des Américains provoquait une indignation générale. A ce point que, jamais encore, je n'avais sur aucun sujet rencontré parmi les nôtres une pareille unanimité.

Sans doute, des gens — c'était notre cas — qui voyaient leurs alliés traiter avec les opposants se sentaient-ils frustrés et dépités. Mais, dans leur réprobation, il y avait aussi la révolte de l'idéalisme. Par exemple, c'était avec colère que nous entendions les speakers de la radio américaine, retransmise par la B. B. C., nasiller la devise des émissions de la France Libre : « Honneur et Patrie ! » pour annoncer les propos, faits et gestes de l'amiral Darlan. Enfin, percevant les réactions du peuple qui, au fond de ses épreuves, condamnait à la fois le régime de la défaite et celui de la collaboration, nous étions sûrs que si de Gaulle s'effaçait ou, pire encore, s'il se compromettait c'était l'idéologie communiste qui l'emporterait dans les masses dégoûtées. Le Comité national en était convaincu. Nos compagnons, où qu'ils fussent, n'en doutaient pas davantage. Pour cette raison, comme pour beaucoup d'autres, je m'appuyais sur un bloc sans fissures quand j'avisais les Gouvernements de Washington et de Londres qu'il n'y avait pas la moindre chance d'un arrangement entre la France

Combattante et le « haut-commissaire » d'Afrique du Nord.

Dès le 12 novembre, j'invitai l'amiral Stark à le dire, de ma part, à son gouvernement. A Washington, Philip et Tixier tenaient un langage identique, le 13 à Sumner Welles, le 14 à Cordell Hull. Le 20, le colonel de Chevigné le répétait à MacCloy. Le 23, Philip et Tixier l'affirmaient très haut à Roosevelt. Le 16 novembre, j'avais été voir MM. Churchill et Eden, qui m'avaient prié à un entretien dès qu'était parvenue à Londres la proclamation de Darlan annonçant qu'il gardait le pouvoir au nom du Maréchal et avec l'accord des alliés. Il faut dire que cette nouvelle avait causé un profond mécontentement dans beaucoup de milieux britanniques et même au sein du cabinet anglais et qu'on percevait à Londres les échos d'une opinion scandalisée. L'atmosphère, ce jour-là, était donc plus tendue que jamais et le Premier Ministre, sans toutefois désavouer Roosevelt, tenait à marquer quelques réserves vis-à-vis de la politique suivie par le Président.

Il me déclara, tout de go, qu'il comprenait et partageait mes sentiments, mais que ce qui comptait, d'abord, c'était de chasser d'Afrique les Allemands et les Italiens. Il me garantit que les dispositions prises à Alger par Eisenhower étaient essentiellement temporaires et me donna à lire les télégrammes échangés à ce sujet entre lui-même et Roosevelt. « C'est, affirma-t-il, sous la condition qu'il ne s'agit que d'un expédient que l'Angleterre a donné son consentement. »

« Je prends acte, dis-je aux ministres anglais, de la position britannique. La mienne est très différente. Vous invoquez des raisons stratégiques, mais c'est une erreur stratégique que de se mettre en contradiction avec le caractère moral de cette guerre. Nous ne sommes plus au dix-huitième siècle où Frédéric payait des gens à la cour de Vienne pour pouvoir prendre la Silésie, ni au temps de la Renaissance italienne où on utilisait les sbires de Milan ou les spadassins de Florence. Encore, ne les mettait-on pas ensuite à la tête des peuples libérés. Aujourd'hui, nous faisons la guerre avec l'âme, le sang, la souffrance des peuples. » Je montrai, alors, à Churchill et à Eden les télégrammes reçus de France et qui traduisaient la stupeur de l'opinion. « Songez, leur dis-je, aux conséquences que cela risque d'entraîner. Si la France devait, un jour, constater que, du fait des Anglo-Saxons, sa libération c'est Darlan, vous pourriez peut-être gagner la guerre au point de vue militaire, vous la perdriez moralement et, en définitive, il n'y aurait qu'un seul vainqueur : Staline. »

On parla, ensuite, d'un communiqué que le Comité national français publiait pour faire connaître qu'il n'avait rien de commun avec les combinaisons des alliés à Alger. Pour que la diffusion fût large, il fallait que nous disposions des antennes de la B. B. C. Je demandai au Premier Ministre de ne pas s'y opposer, bien que la radio de Londres fût, pour ce qui concernait la question de l'Afrique du Nord, subordonnée aux Américains. « C'est entendu, répondit Churchill. Je vais, d'ailleurs, télégraphier à Roosevelt que le général de Gaulle doit avoir les moyens de rendre publique sa position. »

Comme on allait se séparer, Eden, ému jusqu'aux larmes, me prit à part pour me dire à quel point il était personnellement troublé. Je lui répondis que, le connaissant, je n'en étais pas surpris, car, « d'homme à homme, nous devions convenir que cette affaire n'était pas propre. » L'attitude d'Eden me confirma dans mon sentiment que lui-même et, sans doute, une partie du Cabinet anglais répugnaient à suivre aussi volontiers que Churchill la politique des Américains.

Après le déjeuner à Downing Street, où toute la bonne grâce de Mme Churchill eut fort à faire pour animer la conversation parmi les dames, inquiètes, et les hommes, lourdement soucieux, le Premier Ministre et moi reprîmes en tête à tête l'entretien. « Pour vous, me déclara Churchill, si la conjoncture est pénible, la position est magnifique. Giraud est, dès à présent, liquidé politiquement. Darlan sera, à échéance, impossible. Vous resterez le seul. » Et d'ajouter : « Ne vous heurtez pas de front avec les Américains. Patientez ! Ils viendront à vous, car il n'y a pas d'alternative. » — « Peut-être, dis-je. Mais, en attendant, que de vaisselle aura été cassée ! Quant à vous, je ne vous comprends pas. Vous faites la guerre depuis le premier jour. On peut même dire que vous êtes, personnellement, cette guerre. Votre armée avance en Libye. Il n'y aurait pas d'Américains en Afrique si, de votre côté, vous n'étiez pas en train de battre Rommel. A l'heure qu'il est, jamais encore un soldat de Roosevelt n'a rencontré un soldat d'Hitler, tandis que, depuis trois ans, vos hommes se battent sous toutes les latitudes. D'ailleurs, dans l'affaire africaine, c'est l'Europe qui est en cause et l'Angleterre appartient à l'Europe. Cependant, vous laissez l'Amérique prendre la direction du conflit. Or, c'est à vous de l'exercer, tout au moins dans le domaine moral. Faites-le ! L'opinion européenne vous suivra. »

Cette sortie frappa Churchill. Je le vis osciller sur son siège.

Nous nous séparâmes, après avoir convenu qu'il ne fallait pas laisser la crise présente rompre la solidarité franco-britannique et que celle-ci demeurait, plus que jamais, conforme à l'ordre naturel des choses dès lors que les États-Unis intervenaient dans les affaires du Vieux monde.

Dans la soirée, la radio de Londres publia, comme je l'avais demandé, que « le général de Gaulle et le Comité national ne prenaient aucune part et n'assumaient aucune responsabilité dans les négociations en cours à Alger » et que, « si ces négociations devaient conduire à des dispositions conservant le régime de Vichy en Afrique du Nord, celles-ci ne seraient évidemment pas acceptées par la France Combattante. » Notre communiqué concluait : « L'union de tous les territoires d'outre-mer dans le combat pour la libération n'est possible que dans des conditions conformes à la volonté et à la dignité du peuple français. »

Mais la bonne velléité anglaise ne devait pas résister longtemps à la pression américaine. Trois jours après, le cabinet britannique nous refusait l'utilisation de la B. B. C. pour diffuser une déclaration faite à l'appui de la nôtre par les organisations de résistance françaises. Il s'agissait d'une note, envoyée de France à l'adresse des gouvernements alliés et signée par les représentants des trois mouvements de la zone sud : « Combat », « Libération », « Franc-Tireur », du « Mouvement ouvrier français » groupant la C. G. T. et les syndicats chrétiens, de quatre partis politiques : Comité d'action socialiste, Fédération républicaine, Démocrates populaires, Radicaux. La note déclarait : « Le général de Gaulle est le chef incontesté de la résistance et, plus que jamais, groupe tout le pays derrière lui... En aucun cas, nous n'admettrons que le ralliement des responsables de la trahison militaire et politique soit considéré comme une excuse pour les crimes passés... Nous demandons instamment que les destins de l'Afrique du Nord française libérée soient, au plus tôt, remis entre les mains du général de Gaulle. » Les censeurs venus de Washington avaient mis leur veto à la publication de ce document.

Le 21 novembre, je rencontrai moi-même leur opposition. Dans une allocution destinée à la nation française et qui était déjà enregistrée par la B. B. C., je demandais « si la libération nationale devrait être déshonorée ? » et, bien sûr, je répondais : « Non ! » Quelques instants avant l'heure de la diffusion, M. Charles Peake vint me dire que « par application des arrangements pris entre les alliés et pour des raisons militaires, la radio de Londres ne pouvait procéder à des émissions concernant l'Afrique du Nord sans l'accord du Gouvernement des États-Unis, qu'au sujet de mon allocution cet accord était demandé, mais que la réponse exigeait des délais dont s'excusait le Gouvernement britannique. » Ce furent donc les postes-radio de la France Combattante, à Brazzaville, Douala et Beyrouth, soustraits, eux, à toute ingérence étrangère, qui diffusèrent mon message et celui de la résistance.

Le 24 novembre, au cours d'une de nos entrevues, M. Churchill crut devoir, non sans quelque embarras, me parler du retard mis par la B. B. C. à diffuser mon discours. « Comme le problèmes qui y sont traités, me dit-il, mettent en jeu la vie des soldats américains et britanniques, j'ai jugé bon de télégraphier au Président Roosevelt pour avoir son approbation. Il ne l'a pas encore donnée. » — « Je n'ignore pas, répondis-je, qu'en territoire britannique la radio ne m'appartient pas. » Mais le comportement de Churchill me faisait voir qu'elle ne lui appartenait pas non plus.

Ainsi, au milieu des secousses, je tâchais d'être inébranlable. C'était, d'ailleurs, par raisonnement autant que par tempérament. Car le système bâti à Alger me semblait trop artificiel pour résister longtemps au bélier des événements, quelque appui qu'il reçût du dehors. Les hommes qui le dirigeaient se trouvaient, d'une manière évidente, en porte à faux par rapport à chacune des tendances de l'opinion. Opposés qu'ils étaient à de Gaulle, maudits par Pétain, alarmant les attentistes, aucun courant ne portait, aucune mystique n'appuyait, des chefs dont on voyait trop bien que chacune de leurs attitudes successives procédait d'une spéculation. Pourquoi donc concéder quelque chose à cette oligarchie sans avenir et sans espoir? D'autant moins que, dans l'instant même où elle s'instaurait à Alger, ailleurs des échéances bien préparées nous faisaient grandir nous-mêmes. Aussitôt après le débarquement des Américains au Maroc et en Algérie, la France Combattante étendait son autorité à tout l'ensemble des possessions françaises dans l'océan Indien.

De ces possessions, c'est la Réunion qui fut ralliée la première. L'île Bourbon, isolée dans les loitains des mers du Sud, écartée de la route des convois qui doublaient le Cap, pauvre en ressources, habitée par une population très diverse mais ardemment française, n'entrait pas directement dans les plans des alliés. Mais elle était exposée à quelque coup de main combiné des Japonais et des Allemands, surtout depuis que l'accès éventuel à Madagascar leur était interdit. D'autre part, nous n'ignorions pas qu'une grande partie des Réunionnais souhaitaient que leur pays prît part à l'effort de guerre. Depuis longtemps, je cherchais donc l'occasion de joindre l'île à la France Combattante. Mais les Anglais, tant qu'eux-mêmes préparaient leur action sur Madagascar et tant que les Américains se disposaient à aborder l'Afrique, retardaient mon intervention afin de ne pas alerter Vichy et l'ennemi. Maintenant, ils n'avaient plus de prétexte à m'opposer. Aussi, le 11 novembre, pris-je la décision d'effectuer le ralliement.

Depuis plusieurs mois, le contre-torpilleur *Léopard*, commandé par le capitaine de frégate Richard-Evenou, participait, dans cette intention, aux escortes et aux patrouilles au large de l'Afrique du Sud. Je lui donnai l'ordre de gagner la Réunion et d'y faire le nécessaire, en emmenant à son bord l'administrateur en chef Capagorry nommé par avance gouverneur. Le 28 novembre, le navire arrivait devant Saint-Denis. A la vue du pavillon à Croix de Lorraine, la population se porta en masse vers le port pour accueillir nos marins, tandis que beaucoup de fonctionnaires et de militaires manifestaient leur sympathie. Seule, la batterie de la pointe des Galets fit acte d'hostilité. Le *Léopard* répondit par une bordée de coups de canon et mit à terre un détachement qui, avec le concours du chef des Travaux publics Decugis et d'un groupe local rempli d'ardeur, eût tôt fait de régler l'incident. Decugis y fut malheureusement tué, ainsi que quelques spectateurs. Comme le gouverneur Aubert s'était retiré dans sa résidence de montagne, le commandant Richard-Evenou entra en rapport avec lui. Il fut entendu, « dans un but d'apaisement, » que toute résistance cessait et que le gouverneur Capagorry assumait la responsabilité de l'île. Au milieu du plus vif enthousiasme, le représentant du général de Gaulle prit ses fonctions.

Il en fut de même, un mois plus tard, à Madagascar. A vrai dire, depuis la reddition aux Britanniques du gouverneur-général Annet, le destin de la grande île était théoriquement fixé. Mais, en pratique, tout restait en suspens. Sans doute, le 11 novembre, sur la proposition réitérée de M. Eden, avais-je accepté la publication d'un communiqué commun annonçant que « le Comité national français et le Gouvernement britannique étaient en conversation au sujet de Madagascar » et que « le Comité national français avait désigné le général Legentilhomme pour y être haut-commissaire. » Mais je n'entendais pas prendre la grande île en mains si ces mains n'étaient pas libres. Il fallait donc que les Britanniques consentissent à s'effacer dans les domaines politique et administratif.

Or, sur ce point, les négociations traînaient ; la conclusion étant retardée par les démarches des coloniaux anglais. Ceux-ci après avoir, naguère, tenté d'amener l'administration de Vichy à fonctionner sous leur coupe par le truchement du commandement militaire britannique, avaient, ensuite, fait l'essai de l'autorité directe et chargé lord Rennel de diriger les affaires en s'aidant du concours des fonctionnaires français de bonne volonté. Lord Rennel et son équipe y renonçaient, à présent, et admettaient la nécessité de laisser faire la France Combattante. Mais ils auraient désiré garder, tout au moins, un droit de contrôle, ce que pour notre part nous n'admettions naturellement pas. Finalement, l'accord qui fut signé, le 14 décembre, par M. Eden et par moi sauvegardait tout ce qui devait l'être. Le soir, parlant à la radio, j'annonçai l'heureux événement, déclarant que, de ce fait, « notre belle et grande colonie allait pouvoir déployer dans la guerre un effort militaire et économique important » et soulignant « la loyauté entière dont venait de faire preuve notre bonne et vieille alliée l'Angleterre. »

L'accord spécifiait, en effet, que les dispositions arrêtées « avaient pour but de rétablir l'exercice de la souveraineté française à Madagascar et dans ses dépendances (îles Comores, Crozet, Kerguelen, Saint-Paul, Amsterdam)... que le haut-commissaire assumait tous les pouvoirs dévolus par la loi française au gouverneur-général, ainsi que les attributions de commandant des forces françaises... et que la défense de Madagascar, de ses dépendances et de la Réunion serait assurée en commun. » Le haut-commissaire procéderait, aussi rapidement que possible, à la réorganisation des forces françaises. En attendant qu'il pût disposer des moyens nécessaires, un général britannique aurait, le cas échéant, à diriger la défense du territoire. Pour Diégo-Suarez, c'est un officier de marine anglais qui y exercerait le commandement.

Une fois signée cette convention, le général Legentilhomme partit pour Tananarive où allait le rejoindre un détachement de toutes armes envoyé par l'Afrique française libre. Legentilhomme, secondé par le gouverneur-général de Saint-Mart et par le colonel Bureau commandant militaire, allait remettre en marche l'administration, l'économie, les services publics, renouer les échanges extérieurs, reconstituer les troupes. En même temps, il ramènerait l'ordre dans les esprits. C'est ainsi que, quelques semaines après son arrivée, la moitié des officiers, les deux tiers des sous-officiers, la totalité des soldats des unités qui venaient de combattre les alliés par ordre de Vichy avaient repris leur service sous l'autorité de la France Combattante. Le reste, transféré en Angleterre, rejoignit l'Afrique du Nord dès que l'union put y être faite.

En envoyant à Tananarive le général Legentilhomme, j'eus la satisfaction de pouvoir lui prescrire de passer par Djibouti. En effet, le 28 décembre, la France Combattante en avait pris possession. C'était là, sans doute, une conséquence des événements survenus à Madagascar, car depuis le début de l'intervention britannique les autorités de la côte des Somalis se trouvaient empêchées de faire venir de la grande île le ravitaillement nécessaire. Mais c'était aussi le résultat des efforts menés, pendant deux ans, par notre mission d'Afrique Orientale. Tour à tour, Palewski, puis Chancel, entretenant tous les rapports possibles avec la colonie, y répandant notre propagande, représentant activement notre cause auprès du Négus à Addis-Abéba et du commandement britannique à Nairobi, avaient préparé le ralliement. D'autre part, le colonel Appert et son détachement, postés au contact immédiat de la garnison, l'appelant à nous rejoindre, lui donnant l'exemple d'un chef et d'une troupe de la meilleure qualité, avaient influé peu à peu sur l'état d'esprit d'un grand nombre. Malgré tout, il avait fallu, pour que les faits s'accomplissent, l'entrée de nos forces dans la colonie.

En effet, le général Dupont gouverneur de Djibouti, où il avait remplacé Noailhetas, ne se décidait pas à changer d'obédience, bien qu'au fond il le désirât et que je lui eusse écrit pour le presser de le faire. Ce que voyant, une partie de la garnison, entraînée par le lieutenant-colonel Raynal, avait franchi la frontière et s'était réunie au détachement du colonel Appert au début du mois de novembre. D'autres éléments faisaient dire qu'ils étaient prêts à en faire autant. Là-dessus, le Gouvernement de Washington, pour détourner la colonie de se rallier à de Gaulle, avait envoyé sur place son consul d'Aden. Mais celui-ci ne découvrait aucune solution conforme à la politique américaine, c'est-à-dire excluant à la fois Vichy et de Gaulle. Par contre, son intervention avait pour résultat d'irriter les « gaullistes » et de les pousser à agir. Le 26 décembre, les troupes de la France Combattante, sous les ordres d'Appert et de Raynal et d'accord avec les Anglais, entraient en Somalie française et gagnaient par le train, sans coup férir, les abords de la ville. La question était tranchée. Le 28, le général Dupont signait avec Chancel, mon délégué, et le général Fowkes, représentant le commandement britannique, un accord qui transférait la colonie au Comité national français. Chancel prenait, aussitôt, les pouvoirs. Le 30 décembre, Bayardelle, nommé gouverneur de Djibouti, y assumait ses fonctions.

Le ralliement de la Somalie revêtait une notable importance. De ce fait, tous les territoires français de l'océan Indien étaient rentrés dans la guerre, apportant aux Occidentaux des positions stratégiques qui couvriraient l'Afrique et l'Orient en cas de réapparition de la menace japonaise. La ville même de Djibouti allait jouer, à nouveau, son rôle de port de transit à l'entrée de la mer Rouge et de débouché de l'Abyssinie. En outre, la France Combattante trouvait, dans les 300 officiers, les 8 000 hommes et le matériel qui garnissait le point d'appui, un précieux renfort pour nos troupes engagées en Libye et pour celles que nous nous disposions à reformer à Madagascar. Enfin, dans l'ordre politique, il était significatif qu'au cours de ces mêmes semaines où le système d'Alger étalait sa confusion le Comité national eût réussi à ramener dans l'unité et dans la guerre des territoires aussi lointains et aussi convoités.

Mais, plus que tout, c'est le fait qu'en Afrique les deux tronçons de l'armée française luttaient, désormais, contre le même ennemi qui allait pousser à l'union. Aucune argutie ne pouvait, en effet, dissimuler aux officiers et aux soldats qui prenaient position sur la « Dorsale » de Tunisie qu'ils faisaient, à présent, exactement la même chose que leurs camarades engagés en Libye et au Fezzan. Le même « gouvernement », qui hier condamnait ceux-ci, maudissait aujourd'hui ceux-là, sous le prétexte identique que tous « ajoutaient aux malheurs du pays. » En France, la même résistance, liée aux hommes qui n'avaient cessé de combattre, allait s'unir également à ceux qui, en Tunisie, tournaient leurs pauvres armes contre l'envahisseur. Le même peuple, qui portait ses souhaits vers de Gaulle et vers les siens, confondait dans le même espoir tous les soldats français luttant dans la même bataille. J'étais donc sûr que le désir de la fusion irait chaque jour en grandissant depuis Rabat jusqu'à Gabès. Aussi, bien que je n'eusse pas encore à répondre des troupes d'Afrique du Nord française, suivais-je leur action avec la même ardente attention que je faisais pour les autres.

Après quelques jours de confusion, dont l'ennemi avait profité pour prendre pied dans la Régence, les troupes de Tunisie, sous les ordres de Barré, s'étaient regroupées, d'une part vers Béja et Medjez-el-Bab, d'autre part vers Tebessa, pour barrer les routes de l'Algérie. Puis, la Division de Constantine, commandée par le général Welwert, gagnait à son tour Tebessa, constituant avec les unités de Barré un secteur de corps d'armée confié au général Koeltz, tandis que, plus au sud, le général Delay, entrait en compagne avec ses Sahariens. Le 16 novembre, Juin venait prendre le commandement de ce « détachement d'armée » qui, le 19, ouvrait le feu sur les Allemands à Medjez-el-Bab et, le 22, réoccupait Gafsa et Sbeïtla. A la fin de novembre, du nord au sud de la Tunisie, une sorte de front, faible et discontinu, mais tenu par des gens décidés, assurait une première couverture à la mise en place du corps de bataille allié.

Le mois de décembre vit se renforcer les deux camps. Les Allemands et les Italiens, sous les ordres du général Nehring, recevant troupes et matériel transportés d'une rive à l'autre du détroit de Sicile ou bien amenés de Tripolitaine par la route de Gabès ; la Ire Armée britannique du général Anderson mettant en ligne son corps d'avant-garde dans la région côtière à l'ouest de Tunis et de Bizerte ; le général Giraud faisant compléter les forces de Juin, d'abord par la Division d'Alger ayant Deligne pour chef, puis par une division et des tabors venus du Maroc sous la conduite de Mathenet ; les Américains mettant, d'une part, une division blindée à l'appui des Anglais, d'autre part, des parachutistes et des chars en soutien des Français.

En somme, deux mois après le débarquement, le général Eisenhower n'avait encore pu porter au contact de l'ennemi qu'un petit nombre d'unités anglo-saxonnes, retardé qu'il était dans son déploiement par la crainte de voir les Espagnols prendre l'offensive au Maroc, le désir de ne pas engager ses jeunes troupes précipitamment, enfin les difficultés qu'il éprouvait à mettre en place son aviation, à transporter ses approvisionnements, à organiser ses communications, dans un pays aussi étendu que l'Afrique du Nord française, alors qu'au large sous-marins et avions ennemis attaquaient sans cesse les convois. Les premiers mois de 1943 verraient, en effet, les plus grandes pertes en tonnage subies de toute la guerre.

Pendant cette période de crise, le sort de la campagne tint, en somme, essentiellement, à l'effort des troupes françaises. Rôle d'autant plus méritoire qu'elles le jouaient avec un armement désuet, puisqu'elles se trouvaient, autant vaut dire, privées d'avions, de blindés, d'artillerie lourde, de canons de défense aérienne, d'antichars, de camions, tous matériels naguère remis aux commissions d'armistice ou bien détruits au cours de la bataille contre les Américains. Il n'en restait que les rares exemplaires gardés dans les unités ou camouflés dans les refuges du bled.

Entre-temps, Bizerte avait été le théâtre d'un suprême abandon. L'amiral Derrien, suivant les ordres apportés de Vichy par Platon, avait laissé les troupes allemandes pénétrer librement dans la place. Le 7 décembre, Nehring sommait le malheureux de désarmer la garnison et de lui remettre les navires, le port, l'arsenal, les ouvrages, ce qui fut fait aussitôt. Un point d'appui capital passait ainsi aux mains de l'ennemi qui, en outre, mettait la main sur 1 contre-torpilleur, 3 torpilleurs, 2 avisos, 9 sous-marins, livrés intacts en rade ou au bassin. Ce lamentable épisode marquait le terme d'une honteuse série. Désormais et exception faite de la « Phalange africaine », qui aux côtés de l'ennemi combattait les alliés, Vichy, nulle part en Afrique, ne disposait plus de nos armes. Le peu qui en restait était aux mains de soldats qui sauraient les employer pour le service de la France, les uns en Tunisie et les autres en Libye.

C'est, en effet, avec le concours du Groupement Larminat que les Britanniques avaient entamé l'offensive contre Rommel. Dans l'attaque de rupture brillamment déclenchée, le 23 octobre, par Montgomery près d'El-Alamein, la 1re Division légère, commandée par Kœnig, avait été engagée à l'aile sud du dispositif sur les pentes abruptes d'Himeimat. Ayant à combattre en terrain difficile et sur un front très étendu un adversaire solidement retranché, elle subissait des pertes importantes, notamment celle du brave Amilakvari tué à la tête de la Légion. Quelques jours plus tard, la 2e Division légère, sous les ordres du colonel Alessandri et la colonne blindée des colonels Rémy et de Kersauson participaient allègrement au début de la poursuite entreprise par la VIIIe Armée. J'avais, au préalable, approuvé l'emploi qui était fait de nos forces. Mais, sur les entrefaites, le débarquement anglo-saxon au Maroc et en Algérie et l'ouverture du front de Tunisie m'amenèrent à penser qu'il serait fâcheux de laisser s'épuiser, dès à présent, le Groupement Larminat. Mieux valait le mettre à même de prendre part avec tous ses moyens à la phase ultérieure des opérations, celle qui verrait la jonction des armées alliées venant de l'est et de l'ouest, la réunion en terre française de nos troupes à Croix de Lorraine avec celles d'Afrique du Nord et la destruction de l'ennemi sur le rivage de « notre mer ».

Aussi avais-je entériné la décision du commandement britannique, qui, le 10 novembre, retirait du front les Français Libres pour les placer en réserve dans la région de Tobrouk. Peu après, j'acceptai la proposition que me faisait Larminat de former une division de ligne en réunissant les moyens des deux divisions légères. Nous eûmes, bientôt, la possibilité de porter cette magnifique grande unité à l'effectif de trois brigades : Brosset, Alessandri, Lelong, et de la doter d'une artillerie complète, grâce aux éléments de toutes armes récupérés à Djibouti. Ainsi était constituée la 1re Division française libre. Larminat et ses troupes, dominant leur impatience, attendirent le moment d'entrer de nouveau en ligne, mais cette fois pour la décision, dans la grande bataille d'Afrique qui durait depuis deux ans et à laquelle jamais nos troupes n'avaient cessé de participer.

Pendant ce temps, nous trouvions l'occasion tant souhaitée de conquérir le Fezzan et de porter au combat sur la Méditerranée un corps français venu du Tchad à travers le Sahara. L'exécution de ce projet, que j'avais formé le jour même du ralliement d'Éboué et de Marchand à Fort-Lamy, avait été préparée par Leclerc, depuis 1940, par une série de tours de force : formation des colonnes du désert, mise à pied d'œuvre des approvisionnements, prise de Koufra, reconnaissances poussées jusqu'au cœur des positions italiennes. Le moment était venu de jouer le tout pour le tout. Le 14 novembre, confirmant mon instruction du 22 septembre précédent, je prescrivis au général Leclerc de passer à l'offensive « en prenant pour premier objectif l'occupation française du Fezzan, avec exploitation éventuelle, soit vers Tripoli, soit vers Gabès, en conjonction avec les opérations alliées en Tripolitaine. » J'ajoutais : « Pour cette offensive, vous ne dépendrez que de moi. Mais vous devrez agir en accord avec le général Alexander commandant en chef britannique en Orient, de façon qu'à partir du moment où vous atteindrez le Fezzan vous puissiez recevoir un appui aérien effectif... Je compte déclencher votre action au plus tard quand les alliés parviendront au golfe de

Syrte. » A la vérité, lors du débarquement anglo-saxon en Algérie et au Maroc, j'avais pensé faire coïncider l'irruption de nos troupes en Libye du sud avec leur entrée au Niger et donné l'ordre de pousser sur Zinder la colonne préparée à cette intention. Mais la fin de la lutte entre Français et alliés m'amena à suspendre l'opération secondaire. Seule aurait lieu la principale.

Celle-ci devait comporter des préliminaires ardus : débouché des colonnes à partir des bases du Tchad, marche d'approche longue d'un millier de kilomètres jusqu'au contact des postes fortifiés de l'ennemi, transport à pied d'œuvre des approvisionnements en carburant, munitions, vivres, réserves de matériel, sur lesquels serait bâtie l'attaque proprement dite. Comme à la fin de novembre l'offensive de Montgomery progressait dans de bonnes conditions et qu'en Tunisie le front des alliés était en voie de s'établir, je donnai à Leclerc, le 28, l'ordre d'exécution, en spécifiant : « Vous pourrez déboucher, à partir du 2 décembre, à votre initiative et en tenant compte des suggestions du général Alexander. » Mais, quelle que fût la hâte d'en découdre qui animait Leclerc et ses troupes, leur débouché n'eut lieu que le 12 décembre, en raison d'un arrêt dans l'avance de la VIIIe Armée à hauteur d'El-Agheila.

Entre temps, il nous avait fallu parer à l'intention des Britanniques d'étendre leur autorité sur le Fezzan dès que nous l'aurions conquis. Le général Alexander avait, le 28 novembre, écrit à Leclerc pour lui annoncer l'envoi d'officiers anglais chargés de l'administration des pays occupés. « Ces officiers, précisait le commandant en chef britannique, sont délégués pour accompagner les forces sous vos ordres. Ils seront responsables des territoires occupés par vous jusqu'à ce que soit réalisée l'unité de toute la Tripolitaine sous l'autorité militaire britannique. » D'autre part, Alexander avertissait Leclerc que « la politique économique de Londres prohibait au Fezzan, en fait de monnaie, l'utilisation des francs. » Le 1er décembre, M. Charles Peake, à qui, en dépit ou à cause de son mérite, incombaient souvent des tâches ingrates, venait sans grande illusion m'apporter de la part de M. Eden une note ayant le même objet. Je répondis à M. Peake par une fin de non-recevoir aussi aimable que possible et je télégraphiai au général Leclerc : « Le Fezzan doit être la part de la France dans la bataille d'Afrique. C'est le lien géographique entre le Sud-tunisien et le Tchad. Vous devez décliner purement et simplement toute immixtion britannique dans cette région sous n'importe quelle forme, politique, administrative, monétaire, etc... »

Le 22 décembre, l'approche étant terminée, commença l'attaque. En deux semaines de combats acharnés, les groupements Ingold et Delange, agissant respectivement vers Oum-el-Araneb et vers Gatroum et appuyés par le groupe d'aviation « Bretagne », s'emparèrent des positions de l'ennemi après avoir réglé leur compte à ses colonnes mobiles. Sous leurs ordres, Dio, Massu, Geoffroy, Sarazac, d'Abzac, etc..., ramassèrent force gloire et trophées. Le 12 janvier, la prise de Sebha ouvrait la route de Tripoli. Le 13, le poste de Mourzouk tombait aux mains de nos troupes. Nous avions fait un millier de prisonniers, dont une quarantaine d'officiers, pris vingt canons, nombre de blindés et des centaines de mortiers, mitrailleuses, armes automatiques. Tandis que les troupes de Leclerc s'apprêtaient à pousser vers le nord, le colonel Delange prenait les fonctions de commandant militaire du Fezzan.

Ainsi était enfin cueilli, à force d'audace et de méthode, ce fruit savoureux du désert. Le 13 janvier 1943, j'annonçai au pays ce succès de nos armes. « Peut-être, disais-je à la radio, l'effort de ses bons soldats a-t-il quelque peu consolé la misère de la France... Oui ! Les longues et dures épreuves d'une rigoureuse préparation sous le ciel équatorial, les mortelles fatigues des colonnes lancées dans les déserts de pierre et de sable, les vols épuisants des escadrilles, les combats sanglants menés contre les postes, les troupes de manœuvre et les avions de l'ennemi, tous les hommes purs et forts qui en ont porté le poids, depuis leur jeune et glorieux général jusqu'au plus obscur soldat, en ont fait un humble don offert de toute leur ferveur à la douleur et à la fierté de la France. »

Mais si, dans l'ordre militaire, les perspectives allaient s'éclaircissant, dans le domaine politique elles étaient plus obscures que jamais. A « Carlton Gardens », nous étions bien renseignés. Car, parmi les militaires, fonctionnaires, journalistes, qui allaient et venaient entre l'Afrique et l'Angleterre, beaucoup se faisaient un devoir de nous apporter messages et informations. En outre, certains « gaullistes » d'Algérie et du Maroc, mettant à profit la confusion générale, parvenaient à nous rejoindre.

Nous savions donc que le maintien de Darlan au poste suprême soulevait sur place des critiques passionnées. Les vichystes se sentaient ébranlés par la réprobation formelle du

Maréchal. Les « gaullistes » étaient révoltés contre « l'expédient temporaire. » Les notables qui avaient négocié avec Murphy l'avènement manqué de Giraud se trouvaient frustrés dans leurs espoirs. Parmi ceux-ci, plusieurs militaires et fonctionnaires subissaient des sanctions sévères. C'est ainsi que le général Béthouart, le colonel Magnan, le contrôleur Gromand, arrêtés au Maroc par ordre de Noguès, avaient failli être fusillés. C'est à grand peine qu'Eisenhower les avait fait transférer à Gibraltar. D'Algérie, le général Mast et le colonel Baril s'étaient vus contraints de gagner le Levant. D'autre part, dans la marine, l'aviation, l'armée, on s'indignait de voir Darlan tirer profit de sa volte-face, tandis qu'on dénombrait les épaves des navires, les carcasses des avions, des cadavres des soldats, dont la perte lui incombait. Enfin, le fait que la flotte de Toulon venait de se saborder plutôt que de lui obéir laissait penser à beaucoup que sa présence à la tête des affaires n'offrait plus, désormais, que des inconvénients.

Cet état des choses augmentait ma hâte de prendre contact avec Alger. La mission dont j'avais, d'abord, demandé à Roosevelt et à Churchill qu'on la laissât gagner l'Afrique n'avait pu, bien entendu, s'y rendre ; Washington et Londres invoquant mille prétextes pour la retenir. Au début de décembre, je m'adressai au général Eisenhower, le priant de recevoir lui-même à Alger le général d'Astier de La Vigerie, chargé par moi d'y prendre avec les chefs français toutes liaisons utiles. En cette occasion, comme plus tard en plusieurs autres, je trouvai chez le commandant en chef américain une compréhension que me refusaient les instances politiques de son pays. Il accéda à ma demande. Il est vrai qu'Eisenhower, frappé par la résistance qu'il avait rencontrée lors du débarquement, dérouté par les intrigues dont trop de Français lui donnaient le spectacle, inquiet du trouble qu'il percevait dans les esprits, était hanté par la crainte de voir cette agitation tourner au désordre et compromettre la sécurité de ses communications en pleine bataille de Tunisie. Aussi, mon intention de chercher en Afrique du Nord un terrain d'entente avec ceux qui en étaient dignes lui paraissait-elle répondre à l'intérêt commun des alliés.

Le général d'Astier arriva à Alger le 20 décembre. Ce qu'il y vit et entendit lui donna l'impression d'une crise aiguë, tant bien que mal contenue par l'appareil policier dont s'entourait le pouvoir, mais bouillonnant sous le couvercle.

Il trouva le général Giraud vexé de n'avoir pu, au moment

du débarquement, décider l'armée à le suivre, rendu amer par le refus opposé par les Américains à sa demande de lui confier le commdandement des forces alliées, humilié de n'avoir de fonctions qu'en vertu des décisions de Darlan. Son mécontentement le rendait accessible à nos suggestions. Comme mon envoyé l'invitait à nouer des rapports avec la France Combattante, notamment pour ce qui concernait la coordination des opérations militaires et le recrutement des troupes, Giraud s'y montra disposé.

Le comte de Paris, venu du Maroc, indiqua au général d'Astier combien la situation lui semblait grave et nuisible aux intérêts de la France. Rien n'était, suivant lui, plus nécessaire et plus urgent que d'écarter l'amiral et, cela fait, de rassembler tous les Français de bonne volonté. Il se trouvait, pour sa part, à Alger afin d'y grouper ses fidèles, de s'en servir pour aider à l'union et de s'offrir pour tout arbitrage qui lui serait demandé. Le prince se montra, d'ailleurs, aussi désintéressé que possible en ce qui, le cas échéant, intéresserait sa personne.

M. Lemaigre-Dubreuil, lui, ne cacha pas qu'il était, ainsi que ses amis, ulcéré de n'avoir pas accès aux postes de commande qu'auraient dû, disait-il, lui valoir ses capacités politiques et les services rendus aux Américains. Sous l'égide du général Giraud, qui suivant M. Lemaigre-Dubreuil devrait devenir chef de l'État, lui-même serait prêt à assumer, dans un gouvernement d'union, la présidence du Conseil et à confier au général de Gaulle le portefeuille de la Défense nationale.

D'Astier fut, d'autre part, informé que les milieux politiques locaux, longtemps muets et résignés, s'éveillaient sous la tornade. Le 24 novembre, MM. Saurin, Froger, Deyron, présidents respectifs des Conseils généraux d'Oran, d'Alger, de Constantine, à qui s'était joint un député d'Algérie M. Sarda, avaient écrit à Darlan : « En vous plaçant sous l'autorité du gouvernement du Maréchal, dont cependant vous avez reconnu qu'il n'était plus libre de s'exercer, et en prenant les fonctions d'un délégué de ce gouvernement en Afrique du Nord, vous ne remplissez aucune des conditions qui vous conféreraient les pouvoirs d'un gouvernement légal et indépendant. »

Enfin, chez les Américains, mon représentant nota que, tout en collaborant avec l'amiral Darlan, Eisenhower et son état-major affirmaient que le haut-commissariat ne devait être que transitoire et insistaient sur leur désir de se tenir en rapport direct avec le général de Gaulle.

Quant à la foule de ceux qui, pour des motifs divers, avaient été, sous Vichy, acquis à la résistance, dont certains avaient prêté main-forte à l'intervention alliée et qui se voyaient, à présent, persécutés autant que jamais, le général d'Astier constata qu'ils étaient secrètement en proie à la plus vive effervescence. Son frère Henri, qui occupait un poste important au haut-commissariat, le professeur Capitant, chef du mouvement « Combat » en Afrique du Nord, et beaucoup d'autres visiteurs renseignés lui décrivirent l'atmosphère de complot dans laquelle baignaient ces résistants et d'où pouvait, à tout instant, sortir quelque incident sanglant.

Impressionné par cet ensemble et pressé par M. Murphy, le général d'Astier accepta de s'entretenir avec Darlan. Il comptait que la rencontre serait discrète. Mais il trouva l'amiral au milieu d'un aréopage où siégeaient, en particulier, les généraux Giraud et Bergeret. Tout ce monde lui parut sombre, tendu, plein de cautèle et de griefs. Darlan, visiblement lassé mais voulant, sans doute, raffermir son entourage, crut devoir plastronner devant mon envoyé. Il déclara qu'il avait les affaires en main, qu'à coup sûr s'imposait la nécessité de faire l'union des Français, que d'ailleurs, pour la faciliter, lui-même consentait à amnistier ceux qui, depuis l'armistice, avaient aidé les alliés et à publier son intention de prendre sa retraite dès le lendemain de la guerre, mais qu'en attendant il représentait le seul centre possible de ralliement. Ce simulacre d'assurance contrastait trop cruellement avec les réalités de la situation, la nervosité dont faisait preuve l'amiral lui-même, l'atmosphère qui l'entourait, pour que l'on pût s'y tromper.

D'Astier le dit à Darlan, non sans faire, au surplus, état de l'opinion en France, d'où il arrivait justement. Alors, l'amiral, s'emportant, lui reprocha d'être à Alger pour susciter le désordre. « Est-ce votre avis, demanda d'Astier à Giraud, vous dont j'attends la réponse à la proposition que je vous ai faite, de la part du général de Gaulle, d'organiser une coordination entre l'action des troupes sous vos ordres et celle des forces de la France Combattante ? » Giraud ayant observé qu'il était prêt à régler la question, Darlan le coupa sèchement : « Non ! mon Général. Ceci est mon affaire. » Il s'ensuivit un profond silence. Terminant cette scène pénible, le général d'Astier dit tout haut à l'amiral que sa présence était le principal obstacle à l'unité et qu'il n'avait rien de mieux à faire que de s'effacer au plus tôt. A la suite de l'entretien, les Américains firent savoir à d'Astier que Darlan exigeait son départ et qu'eux-mêmes étaient d'accord. D'Astier revint à Londres, le 24 décembre. De son passage à Alger, il rapportait la conviction que Darlan, sentant le sol se dérober sous ses pas, quitterait, à bref délai, la place.

Dans l'après-midi du même jour, sortant d'une séance d'arbre de Noël de nos marins, j'appris la mort de l'amiral Darlan. Celui qui l'avait tué, Fernand Bonnier de la Chapelle, s'était fait l'instrument des colères exaspérées qui mettaient autour de lui les âmes en ébullition, mais derrière lesquelles, peut-être, remuait une politique décidée à liquider un « expédient temporaire » après l'avoir utilisé. Ce tout jeune homme, cet enfant, bouleversé par le spectacle d'événements odieux, pensait que son acte serait un service rendu à la patrie déchirée en débarrassant d'un obstacle à ses yeux scandaleux le chemin de la réconciliation française. Il avait cru, d'autre part, comme il ne cessa de le dire jusqu'à l'instant de son exécution, qu'une intervention extérieure, assez haute et assez puissante pour que l'autorité de fait en Afrique du Nord ne pût lui refuser rien, se produirait en sa faveur. Certes, nul particulier n'a le droit de tuer en dehors du champ de bataille. D'ailleurs, la conduite de Darlan, comme gouvernant et comme chef, relevait de la justice nationale et non point, assurément, de celle d'un groupe ou d'un individu. Pourtant, comment méconnaître la nature des intentions qui soulevèrent cette juvénile fureur? C'est pourquoi, la façon étrange et brutale dont l'enquête fut menée à Alger en quelques heures, le procès hâtif et tronqué devant un tribunal militaire réuni sur-le-champ et siégeant de nuit, à huis clos, l'exécution immédiate et secrète de Fernand Bonnier de la Chapelle, les ordres donnés aux censeurs pour qu'on ne sût même pas son nom, donnèrent à croire qu'on voulait à tout prix cacher l'origine de sa décision et furent une sorte de défi aux circonstances qui, sans justifier le drame, l'expliquaient et, dans une certaine mesure, l'excusaient.

Cependant, si le caractère tragique de la disparition de Darlan ne pouvait manquer d'être réprouvé par beaucoup, le fait même qu'il dût quitter la scène semblait conforme à la dure logique des événements. Car ceux-ci, dans les grands moments, ne supportent aux postes de commande que des hommes suceptibles de diriger leur propre cours. Or, au point où en étaient les choses, Darlan ne pouvait plus rien ajouter, ni retrancher, à ce qui de toutes façons était en train de s'accomplir. Chacun — et d'abord l'amiral — se rendait compte que, pour lui, la page était maintenant tournée.

L'occasion, il l'avait manquée. En 1940, la marine s'était trouvée, en effet, à même de jouer le premier rôle national, alors que depuis des siècles le destin continental de la France la maintenait au rang secondaire. Au milieu de l'effondrement militaire dans la Métropole, elle était, par fortune, intacte. En cet instant, les océans, les distances, la vitesse, qui étaient les éléments de sa destination, devenaient tout l'essentiel. Elle disposait de l'Empire, lui aussi inentamé. Les alliés, menacés sur la mer, ne lui eussent pas marchandé leur concours. Combinant sa force à la leur, elle pouvait bloquer et harceler l'ennemi, couvrir et commander l'Afrique, y transporter les moyens nécessaires à l'armée libératrice et, un jour, ramener celle-ci sur nos rivages. Mais, pour une pareille tâche, il eût fallu à son chef, outre le goût du risque, une passion nationale qui ne voulût servir que la France quoi qu'il advînt de la flotte. Ce n'était pas le propre de Darlan.

Ses ambitions, ses efforts, il les avait voués à la marine, mais à la marine seulement. Dans l'atonie de la nation et l'inconsistance de l'État, où s'était déroulée presque toute sa vie active, c'est ce grand corps, son intérêt, son attrait, sa technique, qui l'absorbèrent exclusivement. A force d'ardeur et d'habileté, il avait su en temps de paix tirer des pouvoirs publics de quoi bâtir une marine bien dotée, mais comme un fief qui n'existait que par soi-même et pour son seul compte.

Quand la France fut défaite, ce qui parut primordial à Darlan c'est que la marine, elle, ne le fût pas. Quand la capitulation fut conclue, il lui suffit, pour l'accepter, de croire que la marine resterait en dehors du désastre. Quand le conflit, devenu mondial, multiplia devant la flotte les occasions d'être le recours, il eut pour but, non de l'engager, mais bien de la conserver. C'est en son nom qu'il voulut devenir le chef du gouvernement de Vichy. C'est en vue de lui assurer un champ d'action et une raison d'être, qu'en dépit de la sujétion exigée par l'ennemi, il donna à maintes reprises l'ordre de combattre les « gaullistes » et les alliés. C'est parce qu'il voulut soutenir ce qu'il croyait être une querelle essentiellement navale qu'il pratiqua contre l'Angleterre la collaboration avec l'envahisseur allemand. Dans la décision qu'il prit, finalement, de faire cesser la lutte menée, d'après ses plans, sur les rivages de l'Afrique contre les Anglo-Saxons, ce qui l'emporta dans son âme fut-ce la passion tardive de vaincre l'envahisseur de la patrie ou bien, plutôt, l'espoir de recouvrer, en changeant de camp, les tronçons épars de la flotte? Mais, dès lors qu'à Toulon, à Fort-de-France, à Alexandrie, les marins refusèrent de l'entendre et qu'à Casablanca, Oran, Bizerte, les navires ne furent plus qu'épaves, l'amiral Darlan connut que, si la France allait gagner la guerre, il avait, lui, perdu sa partie.

La France, sans une grande marine, ne saurait rester la France. Mais cette marine doit être sienne. Il appartient au pouvoir de la former, de l'inspirer, de l'employer, comme un instrument de l'intérêt national. Hélas! c'est ce que ne sut faire le régime qui, pendant tant de lustres, avait flotté sur la nation sans diriger ses forces vives. A mes yeux, l'attentat d'Alger éclairait, à son tour, la cause principale de nos épreuves. Comme d'autres malheurs insignes qui avaient fondu sur la France, les fautes de l'amiral Darlan, le triste sort de notre flotte, l'insondable blessure portée à l'âme de nos marins, étaient les conséquences d'une longue infirmité de l'État.

COMÉDIE

Pour l'unité française, la disparition de Darlan comportait de grandes conséquences. Il me fallait en tirer parti. Le 25 décembre, je télégraphiai au général Giraud que « l'attentat d'Alger était un indice et un avertissement et qu'il était, plus que jamais, nécessaire qu'une autorité nationale s'établît. » Puis, j'écrivais : « Je vous propose, mon Général, de me rencontrer au plus tôt en territoire français, soit en Algérie, soit au Tchad. Nous étudierons les moyens qui permettraient de grouper, sous un pouvoir central provisoire, toutes les forces françaises de l'intérieur et de l'extérieur du pays et tous les territoires français susceptibles de lutter pour la libération et le salut de la France. »

Si je me hâtais d'envoyer ce message, c'était pour marquer qu'on n'était pas en droit d'attendre, dès que se présentait une possibilité d'accord. Mais, si je l'adressais au général Giraud, c'était parce que je pensais qu'il allait succéder à Darlan. Les Américains, en effet, avaient maintenant le champ libre pour installer à Alger celui-là même qu'ils avaient choisi dès l'origine et dont la présence de l'amiral avait retardé l'avènement. Quant aux formalités nécessaires, elles ne dépendaient que du « Conseil impérial », c'est-à-dire de Noguès, Boisson, Châtel et Bergeret, dont Eisenhower et Murphy disposaient, évidemment. De fait, le général Giraud se trouva, le 26 décembre, investi de tous les pouvoirs, avec le titre assez étonnant de « Commandant en chef civil et militaire ». Qu'il acceptât ma proposition, que nous nous réunissions tous deux à part des intrigants et des étrangers, que nous appelions à s'assembler, à notre exemple, ceux qui voulaient chasser l'ennemi de chez nous, les bases d'un gouvernement de guerre capable de s'imposer pourraient être jetées aussitôt. Par là, de longs mois d'incohérence auraient été évités. Mais, en dehors des rancunes et des prétentions de certains des Français qui se trouvaient en place, le désir qu'avaient les alliés de maintenir sous leur dépendance le pouvoir en Afrique du Nord et d'empêcher la France de reparaître, comme puissance souveraine, avant la fin de la guerre allait retarder le succès du bon sens national.

C'est, en effet, une réponse dilatoire que le général Giraud m'adressa, le 29 décembre. Après avoir exprimé son accord quant à l'union nécessaire des Français, il recourait, pour la différer, au même motif que j'invoquais pour la hâter. « En raison, disait-il, de l'émotion profonde qu'a causée dans les milieux civils et militaires d'Afrique du Nord le récent assassinat, l'atmosphère est actuellement défavorable pour une rencontre entre nous. » Toutefois, évoquant la situation militaire et prenant à son compte, non sans la modifier quelque peu, la proposition que je lui avais fait faire par le général d'Astier d'organiser une liaison réciproque, il ajoutait : « Je crois, qu'en ce qui vous concerne, il serait préférable de m'envoyer un représentant qualifié pour la coopération des forces françaises engagées contre l'ennemi commun. »

Je ne pouvais, évidemment, m'accommoder de cette attitude évasive. A peine reçue la réponse du général Giraud, je lui télégraphiai, derechef, le 1er janvier. Dans cette deuxième communication, je me félicitais « qu'un premier échange de vues ait eu lieu entre nous. » Mais j'affirmais que « la réunion de tout l'Empire et de toutes les forces françaises, en liaison avec la résistance, ne devait être aucunement différée. » — « Ma conviction, écrivais-je, est que seul un pouvoir central provisoire, sur la base de l'union nationale pour la guerre, est susceptible d'assurer la direction des efforts français, le maintien intégral de la souveraineté française et la juste représentation de la France à l'étranger. » Je renouvelais donc à Giraud ma proposition de rencontre et j'ajoutais : « La complexité de la situation à Alger ne m'échappe pas. Mais nous pouvons nous voir sans entraves, soit à Fort-Lamy, soit à Brazzaville, soit à Beyrouth, à votre choix. J'attends votre réponse avec confiance. »

Tout en couchant sur le papier mes appels à l'unité, je doutais fort du résultat que pourraient avoir les télégrammes. Il ne fallait pas compter que des documents secrets, épluchés à Alger sous la surveillance des agents anglo-saxons, suffiraient à faire lever le grand souffle capable de balayer controverses et oppositions. Aussi voulais-je m'adresser à l'opinion française, comptant qu'en dernier ressort sa pression serait irrésistible. Le 2 janvier, je la pris à témoin par une déclaration publique.

Il se trouva qu'un grave incident, survenu à Alger l'avant-veille, renforçait mes arguments. Giraud avait fait arrêter plusieurs dizaines de personnes qui toutes avaient, lors du débarquement, aidé les Américains et dont plusieurs appartenaient à la police ou à l'administration. Le « Commandant en chef civil et militaire » expliquait aux journalistes alliés accourus pour l'interroger qu'il s'agissait de prévenir un complot visant à de nouveaux meurtres, notamment, disait-il, « à celui de M. Robert Murphy. » Il semblait, en effet, que sous l'empire de la désillusion, certains qui, jusqu'alors, s'étaient liés à l'action du diplomate américain voulussent maintenant régler les comptes. J'eus donc beau jeu de noter, dans ma déclaration, « la confusion qui régnait en Afrique du Nord française. » J'en donnais pour raison principale l'exclusion de la France Combattante. J'en constatais les conséquences : « Situation gênante pour les opérations militaires, fait que la France était privée, au moment décisif, de l'atout que constituerait l'union de son Empire, stupeur du peuple français bouleversé dans sa misère... » J'indiquais le remède : « Établissement d'un pouvoir central provisoire et élargi, ayant pour fondement l'union nationale, pour inspiration l'esprit de guerre et de libération, pour lois les lois de la République. » Mais aussi, je faisais connaître solennellement ma proposition de rencontre avec Giraud et ma conviction que « la situation de la France et la situation générale de la guerre ne permettaient aucun retard. »

Cette déclaration et les commentaires qu'elle suscita touchèrent au vif le Gouvernement de Washington. Il lui était désagréable qu'on mesurât la distance qui séparait sa doctrine de sa politique. Dès que l'on sut que j'offrais l'entente à Giraud et que celui-ci tardait à l'accepter, chacun comprit que son attitude reflétait directement les suggestions de Murphy. Mais alors, comment ne pas conclure que les Américains, tout en prônant l'union, s'appliquaient à la contrarier?

En réalité, le président Roosevelt, sous le couvert de proclamations qui publiaient le contraire, entendait que la question française appartînt à son propre domaine, que les fils de nos divisions aboutissent entre ses mains, que les pouvoirs publics qui sortiraient, un jour, de ce désordre naquissent de son arbitrage. C'est pour cela qu'il avait, d'abord, misé à la fois sur de Gaulle et sur Pétain, puis lancé Giraud dans la carrière quand il fallut prévoir la rupture avec le Maréchal, abaissé ensuite la barrière devant Darlan dès que fut constaté l'échec de l'évadé de Kœnigstein, en dernier lieu remis Giraud en piste après le meurtre de l'amiral. Maintenant, le Président trouvait bon que la France Combattante et le système d'Alger demeurassent séparés jusqu'au moment où lui-même imposerait aux deux parties la solution de son choix, laquelle, au surplus, ne serait sûrement pas la formation d'un vrai gouvernement français.

Ces intentions de Roosevelt ne m'échappaient évidemment pas. Je ne fus donc pas surpris d'apprendre que ma déclaration était mal accueillie à Washington. Le 4 janvier, le sous-secrétaire d'État Sumner Welles, recevant notre délégué Tixier, lui dit que son gouvernement désapprouvait mes invites à Giraud et la publicité qui leur était donnée, parce que j'y plaçais au premier plan le problème politique. Comme Tixier lui demandait en quoi cela lui paraissait fâcheux, le ministre américain allégua, une fois de plus, les exigences de la situation militaire, tout comme si l'entente proposée par de Gaulle menaçait les communications d'Eisenhower en Afrique du Nord !

Que le Président fût décidé à intervenir sur place, j'en avais eu implicitement la preuve quand, au lendemain de la mort de Darlan, les Américains m'invitèrent à ajourner mon voyage imminent à Washington. Pourtant, Roosevelt lui-même, après le débarquement de ses troupes en Afrique, m'avait fait demander d'aller le voir. Tout était, apparemment, arrangé pour cette visite. Je devais partir le 27 décembre, gagner en avion Accra et y embarquer à bord d'un croiseur américain qui m'amènerait aux États-Unis. L'amiral Stark me précédait, ayant quitté Londres le 20 décembre pour préparer les voies. Le général Catroux, désigné pour m'accompagner, était arrivé à Accra le 24, venant de Beyrouth. Mais, ce jour-là, disparaissait Darlan et, du même coup, se dessinait l'intervention nouvelle du Président. Je m'aperçus aussitôt du tournant, car, le 26, M. Churchill, agissant évidemment pour le compte de M. Roosevelt, me demanda si, vu les circonstances, je ne croyais pas devoir différer mon départ. Le lendemain, le Gouvernement américain me fit remettre une note dans le même sens.

J'étais donc fixé sur les raisons qui déterminaient Giraud à réclamer des délais. Sa réponse à mon second message, qui m'arriva le 6 janvier, acheva de m'édifier. Il me donnait son accord de principe pour un entretien à Alger et ne parlait plus, cette fois, de l'atmosphère défavorable créée par la mort de Darlan. Mais, invoquant « des engagements antérieurs, » il disait ne voir aucune date possible avant la fin de janvier. Là-dessus, je lui mandai, cette fois avec quelque rudesse : « Je regrette que vos engagements antérieurs vous amènent à me proposer de différer jusqu'à la fin de janvier l'entrevue que je vous ai suggérée le 25 décembre. Je dois vous dire franchement que le Comité national et moi-même avons une autre opinion quant au caractère d'urgence que présentent la réalisation de l'unité de l'Empire et l'union de ses efforts avec ceux de la résistance nationale. »

Mais, tandis que je m'attendais à un geste de M. Roosevelt, ce fut M. Churchill qui, soudain, se manifesta. Le 17 janvier, M. Eden me remettait un télégramme que le Premier Ministre m'avait adressé du Maroc. M. Churchill me demandait de venir l'y rejoindre. « Je suis en mesure, écrivait-il, de ménager ici un entretien entre vous et Giraud dans des conditions de complète discrétion et sous les meilleurs auspices. »

Ma réaction fut défavorable. Sans doute, M. Eden me donnait-il à entendre que Roosevelt était, lui aussi, au Maroc, où les chefs alliés tenaient une conférence pour arrêter leurs plans communs. Mais, alors, pourquoi Churchill ne me l'indiquait-il pas ? Pourquoi ne donnait-il pas d'autre objet à l'invitation qu'une rencontre avec Giraud ? Pourquoi cette invitation m'était-elle faite en son seul nom ? S'il me fallait me rendre à Anfa pour figurer dans une compétition à titre de « poulain » des Britanniques, tandis que les Américains y engageraient le leur, ce serait là une comédie inconvenante, voire dangereuse. Ma réponse à Churchill fut négative. Elle partit en même temps qu'un message que j'adressai à Giraud : « Souvenez-vous, lui écrivais-je, que je reste prêt à vous rencontrer, en territoire français et entre Français, où et quand vous le souhaiterez. »

Deux jours après, Eden me remit un nouveau télégramme de Churchill. Celui-ci, mortifié par mon refus et d'autant plus qu'il l'avait essuyé devant les Américains, m'adjurait de reconsidérer la question. Faute de quoi, annonçait-il, l'opinion me serait sévère et lui-même ne ferait plus rien pour aider la France Combattante vis-à-vis des États-Unis tant que je resterais à la tête du « mouvement ». Mais, cette fois, il se déclarait « autorisé à me dire que l'invitation à la conférence m'était adressée par le Président des États-Unis en même temps que par lui, ... qu'on y traiterait, avant tout, des questions concernant l'Afrique du Nord, ... que le Président, comme lui-même, serait heureux que je participe aux discussions sur ce sujet. »

Sans relever ce que le message comportait de menaçant et qui, après maintes expériences, ne m'impressionnait plus beaucoup, j'admis que « la situation de la guerre et l'état où se trouvait provisoirement la France ne me permettaient pas de refuser de rencontrer le Président des États-Unis et le Premier Ministre de Sa Majesté britannique. » C'est dans ces termes que je rédigeai finalement mon acceptation, non sans souligner que les questions qui allaient être débattues « étaient la suite d'une entreprise à laquelle la France Combattante ne participait pas et qui avait conduit à une situation peu satisfaisante, semblait-il, pour les alliés et pas du tout, en tout cas, pour la France. »

Avant d'expédier ma réponse, je réunis solennellement le Comité national, qui après un examen approfondi de l'affaire m'approuva de me rendre à Anfa, fût-ce seulement pour y voir personnellement Roosevelt. La délibération prit, à dessein, quelque temps. Je ne mis, ensuite, aucune hâte à commencer mon voyage avec mes compagnons désignés : Catroux, d'Argenlieu, Palewski devenu chef de mon cabinet, Hettier de Boislambert arrivé tout récemment de France après son évasion de la prison de Gannat où, en raison de son rôle dans l'affaire de Dakar, Vichy l'avait incarcéré. Enfin, de mauvaises conditions atmosphériques retardèrent encore notre départ. Nous n'arrivâmes que le 22 janvier au terrain de Fédala.

Il s'y trouvait, pour nous accueillir en grand mystère, le général américain Wilbur que j'avais connu autrefois à l'École supérieure de guerre et qui me salua de la part du président Roosevelt, M. Codrington qui m'apporta les compliments de M. Churchill, et le colonel de Linarès envoyé par le général Giraud pour nous prier à déjeuner. Aucune troupe ne rendait les honneurs. Mais des sentinelles américaines gardaient autour de nous un large périmètre. Des voitures américaines vinrent se ranger auprès de l'avion. Je montai dans la première. Wilbur, avant d'en faire autant, trempa un chiffon dans la boue et en barbouilla les glaces. Ces précautions avaient pour but de cacher la présence au Maroc du général de Gaulle et de ses compagnons.

A Anfa, les alliés avaient mis en réquisition un ensemble de villas dont tous les habitants étaient allés loger ailleurs.

En outre, on avait fait le vide tout autour. Un réseau de barbelés encerclait la conférence. Des postes américains veillaient au-dehors et au-dedans et ne laissaient entrer, ni sortir, personne. Des troupiers américains faisaient le ménage de chacun. Bref, c'était la captivité. Que les Anglo-Saxons se l'imposassent à eux-mêmes, je n'y voyais pas d'objection. Mais le fait qu'ils me l'appliquaient et, de surcroît, en terre de souveraineté française me fit l'effet d'une sorte d'outrage.

Les premiers mots que j'adressai au général Giraud manquèrent donc d'aménité. « Eh quoi? lui dis-je, je vous ai, par quatre fois, proposé de nous voir et c'est dans cette enceinte de fil de fer, au milieu des étrangers, qu'il me faut vous rencontrer? Ne sentez-vous pas ce que cela a d'odieux au point de vue national? » Giraud, gêné, me répondit qu'il n'avait pu faire autrement. A vrai dire, je n'en doutais pas, étant donné les conditions dans lesquelles il s'était placé par rapport aux Américains.

Le repas fut, néanmoins, cordial. On évoqua des souvenirs communs et, à ma demande, notre hôte fit le récit de son extraordinaire évasion de Kœnigstein. Mais, quand nous fûmes sortis de table, le général Giraud parla d'autres sujets. Il répéta avec insistance : « Qu'il ne pensait qu'au combat ; ... qu'il ne voulait pas s'occuper de politique ; ... qu'il n'écoutait jamais quiconque prétendait lui exposer une théorie ou un programme ; ... qu'il ne lisait aucun journal et ne prenait pas la radio... » Que ce fût en vertu de ses convictions ou par suite d'engagements pris, il s'affirma solidaire des « proconsuls » : Noguès, « indispensable au Maroc » ; Boisson, « qui avait su défendre sa colonie contre toute attaque étrangère, même allemande » ; Peyrouton, venu récemment remplacer Chatel au gouvernement général de l'Algérie et « qui avait de la poigne » ; Bergeret, « par exception, une bonne tête stratégique. » Il ne cacha pas qu'indépendamment de sa volonté — sans nul doute résolue — de combattre les Allemands, il n'avait rien contre le régime de Vichy. Il marqua, enfin, que le caractère élémentaire, populaire, révolutionnaire de la résistance intérieure lui était incompréhensible à moins qu'il le désapprouvât. Après cette première conversation, nous laissâmes Giraud dans sa villa et nous en fûmes dans la nôtre.

Comme l'après-midi s'avançait et que je demeurais chez moi sur une réserve calculée, je reçus la visite de M. MacMillan, ministre d'État britannique, que son gouvernement détachait à Alger pour y coordonner les affaires en Méditerranée occidentale. MacMillan m'indiqua, qu'en liaison avec Murphy, il s'efforçait de trouver une formule d'union acceptable à la fois par Giraud et par moi-même et qui nous serait proposée par Roosevelt et Churchill. C'était bien là l'intervention prévue. Je fis comprendre à MacMillan qu'une entente Giraud - de Gaulle ne pouvait se réaliser autrement qu'entre Français. Cependant, à la demande instante du ministre britannique, je me rendis chez Churchill.

En abordant le Premier Ministre, je lui dis avec vivacité que je ne serais pas venu si j'avais su qu'il me faudrait être encerclé, en terre française, par les baïonnettes américaines. « C'est un pays occupé ! » s'écria-t-il. Nous étant tous deux radoucis, nous abordâmes le fond des choses. Le Premier Ministre m'expliqua qu'il s'était mis d'accord avec le Président sur un projet de solution du problème de l'Empire français. Les généraux Giraud et de Gaulle seraient placés conjointement à la présidence d'un comité dirigeant, où eux-mêmes, ainsi que tous les autres membres, seraient égaux à tous égards. Mais Giraud exercerait le commandement militaire suprême, en raison notamment du fait que les États-Unis, devant fournir de matériel l'armée française réunifiée, n'entendaient régler la question qu'avec lui. « Sans doute, avança M. Churchill, mon ami le général Georges pourrait-il vous compléter à titre de troisième président. » Quant à Noguès, Boisson, Peyrouton, Bergeret, ils conserveraient leur poste et entreraient au Comité. « Les Américains, en effet, les avaient maintenant adoptés et voulaient qu'on leur fît confiance. »

Je répondis à M. Churchill que cette solution pouvait paraître adéquate au niveau — d'ailleurs très estimable — des sergents-majors américains, mais que je n'imaginais pas que lui-même la prît au sérieux. Quant à moi, j'étais obligé de tenir compte de ce qui restait à la France de sa souveraineté. J'avais, il n'en pouvait douter, la plus haute considération pour lui-même et pour Roosevelt, sans toutefois leur reconnaître aucune sorte de qualité pour régler la question des pouvoirs dans l'Empire français. Les alliés avaient, en dehors de moi, contre moi, instauré le système qui fonctionnait à Alger. N'y trouvant, apparemment, qu'une satisfaction médiocre, ils projetaient, à présent, d'y noyer la France Combattante. Mais celle-ci ne s'y prêterait pas. S'il lui fallait disparaître, elle préférait le faire avec honneur.

M. Churchill ne parut pas saisir le côté moral du problème.

« Voyez, dit-il, ce qu'est mon propre gouvernement. Quand je l'ai formé, naguère, désigné que j'étais pour avoir lutté longuement contre l'esprit de Munich, j'y ai fait entrer tous nos Munichois notoires. Eh bien ! ils ont marché à fond, au point qu'aujourd'hui on ne les distingue pas des autres. » — « Pour parler ainsi, répondis-je, il faut que vous perdiez de vue ce qui est arrivé à la France. Quant à moi, je ne suis pas un homme politique qui tâche de faire un cabinet et de trouver une majorité parmi des parlementaires. » Le Premier Ministre me pria, cependant, de réfléchir au projet qu'il m'avait exposé. « Ce soir, ajouta-t-il, vous conférerez avec le Président des États-Unis et vous verrez que, sur cette question, lui et moi sommes solidaires. » Par le jardin, il m'accompagna jusqu'à la grille d'entrée où une garde anglaise présentait les armes. « Constatez, me dit-il, que s'il y a ici des postes américains il s'y trouve, côte à côte et d'accord avec eux, des soldats britanniques. »

Peu après, M. Roosevelt m'envoya quelqu'un pour arranger notre rencontre. J'y fus, tard dans la soirée. Nous passames une heure ensemble, assis sur le même canapé, dans une grande pièce de la villa où il s'était installé. Bien que mon interlocuteur affectât d'être seul en ma compagnie, je discernais des ombres au fond d'une galerie supérieure et je voyais des rideaux remuer dans les coins. Je sus, plus tard, que M. Harry Hopkins et quelques secrétaires écoutaient sans se découvrir et que des policiers armés veillaient sur le Président. En raison de ces présences indistinctes, c'est dans une atmosphère étrange que nous eûmes, Roosevelt et moi, notre première conversation. Ce soir-là, comme il en fut chaque fois que je le vis ensuite, il se montra empressé à porter son esprit vers le mien, usant du charme, pour me convaincre, plutôt que des arguments, mais attaché une fois pour toutes au parti qu'il avait pris.

Les plus hautes ambitions possédaient Franklin Roosevelt. Son intelligence, son savoir, son audace, lui en donnaient la faculté. L'État puissant, dont il était le chef, lui en procurait les moyens. La guerre lui en offrait l'occasion. Si le grand peuple qu'il dirigeait avait été longtemps enclin à s'isoler des entreprises lointaines et à se défier de l'Europe, sans cesse déchirée de batailles et de révolutions, une sorte de messianisme soulevait, à présent, l'âme américaine et la tournait vers les vastes desseins. Les États-Unis, admirant leurs propres ressources, sentant que leur dynamisme ne trouvait plus au-dedans d'eux-mêmes une assez large carrière, voulant aider ceux qui, dans l'univers, sont misérables ou asservis, cédaient à leur tour au penchant de l'intervention où s'enrobait l'instinct dominateur. C'est cette tendance que, par excellence, épousait le président Roosevelt. Il avait donc tout fait pour que son pays prît part au conflit mondial. Il y accomplissait, à présent, sa destinée, pressé qu'il était d'aboutir par l'avertissement secret de la mort.

Mais, dès lors que l'Amérique faisait la guerre, Roosevelt entendait que la paix fût la paix américaine, qu'il lui appartînt à lui-même d'en dicter l'organisation, que les États balayés par l'épreuve fussent soumis à son jugement, qu'en particulier la France l'eût pour sauveur et pour arbitre. Aussi, le fait qu'en pleine lutte celle-ci se redressât, non point sous forme d'une résistance fragmentaire et, par là, commode, mais en tant que nation souveraine et indépendante, contrariait ses intentions. Politiquement, il n'éprouvait pas d'inclinaison à mon égard.

Il en éprouvait d'autant moins qu'il se trouvait, sans relâche, battu en brèche chez lui par l'opinion. C'est d'elle qu'il tenait le pouvoir. Mais elle pouvait le lui ôter. Au cours même de la guerre, Roosevelt, dut, par deux fois, se soumettre à l'élection. Encore, dans les intervalles, la presse, la radio, les intérêts, harcelaient le Président. Celui-ci, appliqué à séduire, mais gêné au fond de lui-même par l'infirmité douloureuse contre laquelle il luttait vaillamment, était sensible aux reproches et aux brocards des partisans. Or, justement, sa politique vis-à-vis du général de Gaulle soulevait en Amérique les plus ardentes controverses. Il faut ajouter qu'il était, ainsi qu'une vedette, ombrageux quant au rôle des autres. Bref, sous les manières courtoises du patricien, c'est sans bienveillance que Roosevelt considérait ma personne.

Ce soir-là, nous fîmes assaut de bonne grâce, mais nous tînmes, d'un commun accord, dans une certaine imprécision à propos de l'affaire française. Lui, traçant d'un pointillé léger la même esquisse que, d'un trait lourd, m'avait dessinée Churchill et me laissant doucement entendre que cette solution s'imposerait parce que lui-même l'avait résolu. Moi, lui marquant délicatement que la volonté nationale avait, déjà, fixé son choix et que, plus tôt ou plus tard, le pouvoir qui s'établirait dans l'Empire, puis dans la Métropole, serait celui que la France voulait. Cependant, nous prîmes soin de ne pas nous heurter de front, sentant que le choc ne mènerait à rien et sachant que, pour la suite, nous avions tous deux intérêts à nous ménager l'un l'autre.

Le lendemain, je reçus le général Giraud. Nous causâmes à loisir, seul à seul. « Que proposez-vous? » lui dis-je. Il m'exposa son plan qui était, en somme, celui de MM. Roosevelt et Churchill. A la tête, nous serions trois : lui, le premier; moi, le second ; comme troisième, le général Georges, que les Anglais iraient chercher en France. Pour qu'il y eût équivalence, on me nommerait général d'armée ! Mais Giraud se réservait entièrement la direction du domaine militaire. Il serait Commandant en chef des forces françaises, y compris celles de la France Libre et des éléments armés de la résistance et, à ce titre, ne dépendrait que du seul Eisenhower. Les « proconsuls » resteraient en place. Seul, Bergeret pourrait être écarté. Un « Conseil impérial », comprenant Noguès, Boisson et Peyrouton, auxquels seraient adjoints Catroux et, peut-être, Éboué, ainsi que quelques « secrétaires », coordonnerait l'administration des territoires de l'Empire, sans exercer, toutefois, aucune action politique.

La conception de Giraud me sembla inacceptable. « Ce que vous imaginez, lui dis-je, consiste à vous attribuer la réalité du pouvoir sous la protection de Roosevelt en instituant, à vos côtés, une figuration plus ou moins impressionnante. En somme, c'est le Consulat à la discrétion de l'étranger. Mais Bonaparte, Premier Consul, dans la guerre et l'indépendance obtenait du peuple une approbation pour ainsi dire unanime. Quel plébiscite ferez-vous? Si vous en faites un, vous sera-t-il favorable? Bonaparte, d'ailleurs, se présentait comme un chef qui avait, pour la France, remporté de grandes victoires et conquis de vastes provinces. J'espère, de toute mon âme, que vous en ferez autant. Mais, pour l'instant, quels sont vos triomphes? J'ajoute que le Premier Consul excellait en matière législative et administrative. Sont-ce bien là vos aptitudes? Au surplus, vous n'ignorez pas qu'en France l'opinion condamne, désormais, Vichy. Or, c'est de Darlan, d'abord, puis de Noguès, Boisson, Chatel, Bergeret, que vous tenez vos fonctions. C'est au nom du Maréchal que vous les avez prises. Tout le monde connaît votre lettre à Pétain lui donnant votre parole que vous ne ferez jamais rien contre sa politique. Croyez-vous, dans ces conditions, obtenir du peuple français cette adhésion élémentaire sans laquelle un gouvernement ne peut être qu'une fiction, à moins qu'il ne devienne la cible d'une révolution? Enfin, dans la situation de dépendance où vous maintiendra, par rapport aux Anglo-Saxons, le caractère artificiel de vos pouvoirs, comment pourrez-vous sauvegarder la souveraineté française? »

Le général Giraud déclara, une fois de plus, que « c'était là de la politique ; qu'il ne voulait pas s'y mêler ; qu'il ne s'agissait, pour lui, que de refaire l'armée française ; qu'il avait pleine confiance dans les alliés américains. » — « Je viens, dit-il, de conclure avec le président Roosevelt un accord en vertu duquel les États-Unis s'engagent à équiper autant d'unités que je pourrai en constituer. Je compte disposer, dans six mois, d'une douzaine de divisions. Quant à vous, dans le même temps, en aurez-vous seulement la moitié? Et qui vous donnera des armes? »

— « Il ne s'agit pas, répliquai-je, d'une concurrence entre nous dans le domaine des effectifs. Les troupes qui, pour le moment, se trouvent en Afrique du Nord, appartiennent à la France. Elles ne sont pas votre possession. Vous vous en apercevrez vite si nous ne nous arrangeons pas. Le problème, c'est l'unité française dans l'Empire et dans la Métropole, ce qui commande d'instituer un pouvoir central répondant à la question. Cela fait, les diverses forces seront sans difficulté unifiées et employées. Les événements ont voulu que la France Combattante symbolisât la résistance contre l'ennemi, le maintien de la République, la rénovation nationale. C'est naturellement vers elle que se tourne le sentiment général au moment où se dissipe l'illusion que fut Vichy. D'autre part, beaucoup vous estiment fort en tant que chef militaire. Je vous tiens moi-même, à cet égard, comme un élément du capital français que je déplorerais de perdre. La solution de bon sens consiste donc en ceci : Que de Gaulle forme, à Alger, un gouvernement de guerre qui deviendra, au moment voulu, celui de la République. Que Giraud reçoive de ce gouvernement le commandement de l'armée de la libération. A la rigueur, si une transition devait paraître nécessaire, formons ensemble le pouvoir central. Mais que celui-ci, dès l'abord, condamne Vichy, proclame que l'armistice fut toujours nul et non avenu, se rattache à la République et s'identifie, vis-à-vis du monde, avec l'indépendance de la France. »

Le général Giraud s'en tint à sa manière de voir. Pourtant, le voyant plus obstiné que convaincu, je gardai l'espoir qu'un jour la force des choses l'amènerait à changer sa conception. En attendant, des problèmes d'intérêt national exigeaient des solutions concertées. C'était le cas pour l'action militaire, les finances, les échanges, la monnaie, le sort de la Tunisie, celui de l'Indochine, le ralliement des Antilles, de la Guyane, de la flotte d'Alexandrie. Nous convînmes donc d'établir entre nous une liaison réciproque. J'indiquai au général Giraud que mon intention était d'envoyer en Afrique du Nord une mission ayant à sa tête le général Catroux, ce qu'il accepta aussitôt. Après quoi, Giraud et les siens déjeunèrent à notre table. Catroux, d'Argenlieu, Palewski, Boislambert, aussi bien que Linarès, Beaufre, Poniatowski, avertis par les contacts qu'ils avaient pris de leur côté, connurent sans surprise, mais non sans chagrin, que l'entente ne se faisait pas. Le repas fut mélancolique.

M. Robert Murphy me fit, ensuite, sa visite. Il semblait certain que tout s'arrangerait suivant le projet dont lui-même était l'auteur. Comme je lui marquais mes doutes et lui demandais de quelle façon réagirait, à son avis, l'opinion au Maroc et en Algérie quand on saurait qu'à Anfa l'accord n'était pas conclu, il me répondit que beaucoup en seraient satisfaits et soulagés. « L'Afrique du Nord, ajouta-t-il, ne compte pas 10 pour 100 de gaullistes. » Il me confirma que le président Roosevelt et M. Churchill venaient de conclure avec le général Giraud un accord prévoyant certaines livraisons d'armes et de vivres à l'Afrique du Nord — ce que j'approuvai sans réserves — mais, d'autre part, accordant conjointement au « Commandant en chef civil et militaire » une reconnaissance qui, jusqu'à présent, n'avait été ni formulée par les États-Unis, ni acceptée par la Grande-Bretagne.

« Dans l'intérêt du peuple français, spécifiait l'accord, et afin de sauvegarder le passé, le présent et l'avenir de la France, le Président des États-Unis et le Premier Ministre britannique reconnaissent au Commandant en chef français, dont le quartier général est à Alger, le droit et le devoir d'agir comme gérant des intérêts français, militaires, économiques et financiers, qui sont associés ou s'associeront avec le mouvement de libération maintenant établi en Afrique du Nord et en Afrique occidentale françaises. Ils s'engagent à l'aider dans cette tâche par tous les moyens en leur pouvoir. » Ainsi, l'Amérique et l'Angleterre, se faisant les juges de l'intérêt du peuple français, traitaient ensemble avec le seul Giraud, lequel, sous le prétexte de ne pas faire de politique, acceptait leur autorité. J'appris que M. Churchill avait de lui-même, la veille, en causant avec Giraud, écrit sur un coin de table que la livre sterling en Afrique du Nord vaudrait 250 francs français. Elle ne valait, d'après les accords que nous avions passés avec Londres, que 176 francs. J'appris aussi que le président Roosevelt avait reçu à dîner le sultan du Maroc pour lui tenir un langage qui cadrait mal avec le protectorat français, sans que Giraud y vît rien à redire. Dans la soirée, M. Harold MacMillan vint me faire entendre le couplet de l'inquiétude, quant à l'avenir de la France Combattante. Enfin, le général Wilbur m'annonça que la conférence se terminerait dans les vingt-quatre heures et me remit des messages que des officiers français, en service à Casablanca, l'avaient prié de me transmettre. Je l'invitai à faire savoir à ses chefs combien je trouvais étrange qu'en pleine bataille d'Afrique du Nord, à laquelle l'armée française — y compris les forces françaises libres — participait largement, aucune des autorités militaires alliées venues conférer à Anfa n'ait jugé à propos de me dire le moindre mot, ni des plans, ni des opérations.

Le lendemain, de bonne heure, MacMillan et Murphy me soumirent un communiqué arrêté au cours de la nuit par MM. Roosevelt et Churchill et que ceux-ci demandaient aux généraux de Gaulle et Giraud de prendre à leur propre compte et de publier conjointement. Giraud l'avait, déjà, accepté pour sa part. Suivant ce texte anglo-saxon, qui par là deviendrait français, les deux généraux se proclameraient d'accord « sur les principes des Nations Unies » et annonceraient leur intention de former en commun un comité pour administrer l'Empire français dans la guerre. Sans doute, la formule était-elle trop vague pour nous engager à grand-chose. Mais elle avait le triple inconvénient de provenir des alliés, de laisser entendre que je renonçais à ce qui n'était pas simplement l'administration de l'Empire, enfin de donner à croire que l'entente était réalisée alors qu'elle ne l'était pas. Après avoir pris l'avis — unanimement négatif — de mes quatre compagnons, je répondis aux messagers que l'élargissement du pouvoir national français ne saurait résulter d'une intervention étrangère, si haute et si amicale qu'elle pût être. Toutefois, j'acceptai de revoir le Président et le Premier Ministre avant la dislocation prévue pour l'après-midi.

Mon entretien avec M. Churchill revêtit, de son fait, un caractère d'extrême âpreté. De toute la guerre, ce fut la plus rude de nos rencontres. Au cours d'une scène véhémente, le Premier Ministre m'adressa des reproches amers, où je ne pus voir autre chose que l'alibi de l'embarras. Il m'annonça qu'en rentrant à Londres il m'accuserait publiquement d'avoir empêché l'entente, dresserait contre ma personne l'opinion de son pays et en appellerait à celle de la France. Je me bornai à lui répondre que mon amitié pour lui et mon attachement à l'alliance anglaise me faisaient déplorer l'attitude qu'il avait prise. Pour satisfaire, à tout prix, l'Amérique, il épousait une cause inacceptable pour la France, inquiétante pour l'Europe, regrettable pour l'Angleterre.

Je me rendis, ensuite, chez Roosevelt. Là, l'accueil fut habile, c'est-à-dire aimable et attristé. Le Président m'exprima le chagrin qu'il éprouvait à constater que l'entente des Français restait incertaine et que lui-même n'avait pu réussir à me faire accepter même le texte d'un communiqué. « Dans les affaires humaines, dit-il, il faut offrir du drame au public. La nouvelle de votre rencontre avec le général Giraud, au sein d'une conférence où je me trouve, ainsi que Churchill, si cette nouvelle était accompagnée d'une déclaration commune des chefs français et même s'il ne s'agissait que d'un accord théorique, produirait l'effet dramatique qui doit être recherché. » — « Laissez-moi faire, répondis-je. Il y aura un communiqué, bien que ce ne puisse être le vôtre. »

Là-dessus, je présentai au Président mes collaborateurs. Il me nomma les siens. Entrèrent, alors, M. Churchill, le général Giraud et leur suite, enfin une foule de chefs militaires et de fonctionnaires alliés. Tandis que tout le monde s'assemblait autour du Président, Churchill réitéra à voix haute contre moi sa diatribe et ses menaces, avec l'intention évidente de flatter l'amour-propre quelque peu déçu de Roosevelt. Celui-ci affecta de ne pas le remarquer, mais, par contraste, adopta le ton de la meilleure grâce pour me présenter l'ultime demande qui lui tenait à cœur. « Accepteriez-vous, tout au moins, me dit-il, d'être photographié à mes côtés et aux côtés du Premier Ministre britannique en même temps que le général Giraud? » — « Bien volontiers, répondis-je, car j'ai la plus haute estime pour ce grand soldat. » — « Iriez-vous, s'écria le Président, jusqu'à serrer la main du général Giraud en notre présence et devant l'objectif? » Ma réponse fut : « *I shall do that for you.* » Alors, M. Roosevelt, enchanté, se fit porter dans le jardin où étaient, d'avance, préparés quatre sièges, braquées des caméras sans nombre, alignés, stylo en main, plusieurs rangs de reporters. Les quatre acteurs arborèrent le sourire. Les gestes convenus furent faits. Tout allait bien! L'Amérique serait satisfaite en croyant voir, d'après les images, que la question française trouvait son *deus ex machina* en la personne du Président.

Avant de quitter Anfa, je rédigeai un bref communiqué que je proposai à Giraud sans l'avoir, bien entendu, fait connaître aux alliés : « Nous nous sommes vus. Nous avons causé... » Nous affirmions notre foi dans la victoire de la France et dans le triomphe des « libertés humaines. » Nous annoncions l'établissement d'une liaison permanente entre nous. Giraud signa. A sa demande, l'expression : « libertés humaines » avait, dans le texte, pris la place des mots : « principes démocratiques », que j'y avais, d'abord, fait figurer.

Les semaines qui suivirent nous furent pénibles. J'avais pensé me rendre, depuis Anfa, en Libye où combattaient nos troupes. Mais les alliés s'y étaient opposés. Alléguant des prétextes techniques, ils ne nous laissaient d'autre moyen de quitter l'enceinte d'Anfa qu'un avion anglais qui se rendait obligatoirement à Londres. Nous y rentrâmes le 26 janvier. Par une conférence de presse, tenue le 9 février, j'exposai au public ce qui s'était passé réellement à Anfa et qui ne ressemblait guère à ce que répandaient les sources anglo-saxonnes. Je soulignai sans ménagements les arrière-pensées des officiels et officieux Américains qui reprochaient aux Français Combattants de « faire de la politique » et comptaient, de cette façon, empêcher que la France en ait une. Par la suite, comme je manifestais de nouveau mon intention de gagner l'Orient, le gouvernement britannique me fit savoir, cette fois par écrit, le 3 mars, qu'il m'en refusait les moyens.

Le concours de malveillance engagé entre Washington et Londres trouvait largement son écho dans la presse et la radio. A de nobles exceptions près, les journaux et les commentateurs en Amérique et, même, en Grande-Bretagne ne paraissaient pas mettre en doute que l'unité française dût se faire autour de Giraud. Presque tout ce que l'on trouvait à lire et à entendre étalait à mon endroit les jugements les plus sévères. Certains disaient : « déplorable orgueil, » ou bien « ambition déçue. » Mais la plupart avançaient que j'étais candidat à la dictature ; que mon entourage, noyauté de fascistes et de cagoulards, me poussait à instituer en France, lors de la libération, un pouvoir personnel absolu ; qu'au contraire, le général Giraud, soldat sans prétentions ni intentions politiques, était le rempart de la démocratie ; que le peuple français pouvait faire confiance à Roosevelt et à Churchill pour m'empêcher de l'asservir.

Bien entendu, les éléments de l'émigration française qui ne m'avaient pas rallié et qui, par le fait même, dépendaient des étrangers épousaient et inspiraient cette thèse. En Amérique le journal *Pour la Victoire*, en Angleterre le quotidien *France*, l'*Agence française indépendante*, la revue *la France Libre*, voire, à la B. B. C., une grande partie de l'équipe *les Français parlent aux Français*, prenaient ouvertement parti pour Giraud. En revanche, les organes d'expression « gaulliste », tels : à New York *la Voix de la France* d'Henry Torrès, à Londres *la Marseillaise* de François Quillici, à la radio anglaise la parole de Maurice Schumann, à Brazzaville le grand poste de la France Combattante, clamaient notre résolution.

Il faut dire que, si les alliés nous criblaient de désagréments, en Afrique française les témoignages favorables allaient se multipliant. Le mouvement « Combat », où s'assemblaient les « gaullistes », voyait affluer les adhésions. René Capitant venait m'en rendre compte à Londres. Ceux des éléments de Leclerc qui prenaient, vers Ghadamès, le contact des troupes sahariennes en recevaient un accueil enthousiaste et de nombreuses demandes d'engagement. Au Niger, au Dahomey, au Togo, en Guinée, en Côte d'Ivoire, en Haute-Volta, nos émissaires trouvaient, maintenant, l'accès le plus facile. Mais c'est surtout parmi les marins que le choix populaire apparaissait au grand jour. Une grande partie des équipages des navires de guerre et de commerce, qui, du Maroc, d'Afrique occidentale, d'Algérie, passaient par les ports américains ou britanniques, en profitaient pour s'inscrire aux bureaux de recrutement de la France Combattante. C'est ainsi que le *Richelieu*, s'étant rendu de Dakar à New York pour y être remis en état, voyait 300 marins quitter son bord afin de servir sur des navires de la marine française libre. Le contre-torpilleur *Fantasque*, le ravitailleur *Wyoming*, le cargo *Lot*, abordant eux aussi l'Amérique, se vidaient de la même façon. Dans le port écossais de Greenock, les équipages des bateaux de transport : *Eridan*, *Ville d'Oran*, *Champollion*, *Groix*, *Meonia*, *Jamaïque*, se ralliaient au général de Gaulle et exigeaient que leur bâtiment arborât la Croix de Lorraine.

Cette affaire des marins exaspéra Washington. D'autant plus que beaucoup d'indices donnaient à prévoir, qu'une fois réduite, en Tunisie, l'armée allemande et italienne qui séparait encore les troupes de Giraud de celles de Leclerc et de Larminat, un courant irrésistible entraînerait vers les forces Françaises libres maints éléments militaires d'Afrique du Nord.

Aussi, les Américains, redoutant que la fin de la bataille d'Afrique y provoquât un raz de marée « gaulliste », firent un grand effort pour nous amener à composition.

Ils essayèrent la manière forte. Aux États-Unis, certains des marins qui avaient quitté leur bord pour rallier la France Combattante furent arrêtés et emprisonnés. Notre délégué Adrien Tixier, l'amiral Gayral chef de notre mission navale, étaient assaillis des démarches comminatoires du State Department et de l'Amirauté. En Grande-Bretagne, tandis que les Anglais se contentaient de prendre une attitude attristée, les Américains menaçaient les équipages français venus d'Afrique qui demandaient mes ordres. Même, un jour, le navire *Jamaïque*, amarré dans le port de Greenock, fut occupé par un détachement de soldats de marine américains. A « Carlton Gardens », l'amiral Stark, désolé d'avoir à contrarier une cause à laquelle étaient attachés sa raison et son sentiment mais lié par ses consignes, déposait des plaintes instantes à destination d'Auboyneau commissaire à la Marine, de Diethelm qui, dans ses attributions, avait la marine marchande, de moi-même, à l'occasion. La presse et la radio des États-Unis publiaient des déclarations d'officiels et d'officieux qui accusaient le général de Gaulle de saboter l'effort de guerre en empêchant les navires français de remplir leur mission.

En fait, j'avais, bel et bien, donné l'ordre d'incorporer les volontaires, considérant que leur choix était souhaitable tant que l'organisation d'Alger fonctionnerait en-dehors de nous, estimant qu'il était conforme à l'intérêt du service de les employer là où ils rêvaient d'être, plutôt que de les refouler dans un cadre où ils se trouveraient en état de sourde révolte, jugeant, enfin, que la démonstration éclairait l'opinion mondiale. Mais, en même temps, je faisais inviter Alger, par l'intermédiaire de l'amiral Fénard son chef de mission navale en Amérique, à remplacer sur les navires de guerre ceux qui changeaient d'affectation. Les disponibles, en effet, ne manquaient pas en Afrique du Nord depuis que nombre de bâtiments avaient été coulés en combattant les alliés. Quant aux navires de commerce, j'entendais leur donner moi-même l'ordre de regagner, sous la Croix de Lorraine, leur port d'attache algérien ou marocain, pourvu que leur ralliement fût tenu pour acquis. Recevant l'amiral Stark, le 11 mars, je lui notifiai ces dispositions qui furent, effectivement, appliquées.

Les États-Unis, d'ailleurs, nous offraient le miel en même temps que le vinaigre. Le 22 février, Sumner Welles écrivait à Tixier que Roosevelt, une fois de plus, souhaitait recevoir ma visite à Washington. Une fois de plus, je répondais que j'étais prêt à m'y rendre. Une fois de plus, l'invitation ne serait pas précisée. Sans doute, ce projet, disparaissant dès qu'il s'était montré, jouait-il dans la politique de la Maison Blanche le même rôle distrayant et merveilleux qu'on attribue au serpent de mer.

Mais le tumulte de l'étranger ne nous détournait pas d'interroger le sentiment de la nation française. Or, sur ce point, il n'y avait plus l'ombre d'un doute depuis le jour où l'ennemi, occupant tout le territoire, asservissait entièrement Vichy. Le 17 novembre, Laval, pour pouvoir opérer sans entraves, s'était à son retour du quartier général du Führer fait donner par Pétain le droit de promulguer toutes lois et tous décrets sous sa seule signature. Au cours de l'hiver, redoublait la persécution des Juifs malgré l'indignation publique, les protestations des évêques — comme Mgr Saliège à Toulouse, le cardinal Gerlier à Lyon — la réprobation du pasteur Bœgner, président de la Fédération protestante de France. Le 30 janvier 1943, était créée la milice, dont Darnand, déjà incorporé dans la police allemande, devenait le secrétaire général et qui s'employait activement à traquer les patriotes. Le 16 février, s'instituait le Service du travail obligatoire, procurant au « gouvernement » le moyen de fournir sans limites à l'ennemi la main-d'œuvre qu'il exigeait. Le 29 avril, Hitler, recevant à nouveau Laval, réglait avec lui des mesures supplémentaires de collaboration. Si une partie de la population demeurait encore, par détresse ou par pitié, indulgente au Maréchal, la raison de tous les Français — excepté quelques énergumènes — condamnait la politique qui se faisait en son nom. L'école dirigeante de la nation, c'était, maintenant, la résistance et celle-ci se confondait avec la France Combattante.

Les allées et venues ne cessaient donc pas entre la Métropole et Londres. Les bureaux de « Carlton Gardens », la maison de Duke Street où travaillait le B. C. R. A., diverses demeures discrètes en ville et dans la banlieue, voyaient se glisser sous le camouflage ceux que les avions, les vedettes, les chalutiers, avaient été chercher en France ou s'apprêtaient à y conduire. Au cours des quatre premiers mois de 1943, tandis que la crise africaine battait son plein, notre « Service des opérations aériennes et maritimes » transportait, dans l'un ou l'autre sens, plusieurs centaines d'émissaires et de délégués. Notre siège central était rejoint par maintes personnalités ; ainsi :

René Massigli que je nommai, le 5 février, commissaire national aux Affaires étrangères ; le général d'armée Beynet destiné à diriger notre mission militaire à Washington ; le général de Lavalade bientôt nommé commandant supérieur des Troupes du Levant ; le général Vautrin envoyé en Libye comme chef d'état-major du Groupement Larminat et qui allait, en cette qualité, être tué en service commandé ; Jules Moch qui, aussitôt, prenait à titre militaire son service dans la marine ; Fernand Grenier, amené par Rémy à la demande des communistes et qui, sous le contrôle de Soustelle, s'employait à la propagande en affichant un « gaullisme » rigoureux ; Pierre Viénot, idéaliste, intelligent, sensible, dont je projetais de faire l'ambassadeur de France en Angleterre quand le Comité national irait s'établir à Alger et qui devait mourir à la tâche ; André Maroselli, mis en charge de notre organisation de secours aux prisonniers de guerre, laquelle réussirait à expédier chaque mois plus d'un million de colis ; Georges Buisson et Marcel Poimbœuf, délégués respectivement par la C. G. T. et par les Travailleurs chrétiens et formant, avec Albert Guigui qui les avait précédés et Henri Hauck mon compagnon de la première heure, une active représentation syndicale. Des parlementaires connus : Gouin, Queuille, Farjon, Hymans et, bientôt, Jacquinot, Auriol, Le Troquer, Louis Marin, se hâtaient dès leur débarquement de déclarer aux agences, de proclamer à la radio, de répéter aux hommes politiques, diplomates, journalistes alliés, ce qu'affirmaient, d'autre part, les messages de MM. Jeanneney, Herriot, Blum, Mandel, Paul-Boncour, etc., savoir : qu'aucun gouvernement ne serait concevable, lors de la libération, sinon celui du général de Gaulle.

En France même, la résistance, à mesure qu'elle souffrait et agissait davantage, resserrait son unité. D'ailleurs, l'occupation de la zone qu'on avait dite « libre » effaçait certaines différences et poussait à la concentration. A la fin de 1942, j'avais pu faire la connaissance des chefs de plusieurs mouvements. J'en voyais d'autres, à présent, venus d'une lune à l'autre, émergeant soudain du brouillard de fièvre, de ruse, d'angoisse, où ils cachaient leurs armes, leurs coups de main, leurs imprimeries, leurs boîtes aux lettres, et y retournant tout à coup. Au cours de cette période, passèrent, notamment : Cavaillès, philosophe que sa nature eût porté à la prudence, mais que sa haine de l'oppression poussait au plus fort de l'audace, jusqu'à ce qu'il souffrît, pour la France, la torture et la mort ; Daniel Mayer, méthodique artisan de

« l'action socialiste »; Jean-Pierre Lévy, modeste et résolu; Saillant, syndicaliste de qualité, envoyé par Léon Jouhaux. Plusieurs renouvelaient leur visite, tels : Pineau, Sermoy-Simon. En même temps, nos propres délégués parcouraient le territoire. C'est ainsi que Rémy, animateur magnifique et organisateur pratique, menant l'action secrète comme un sport grandiose mais calculé, opérait principalement à Paris et dans l'Ouest; que Bingen rayonnait dans le Midi; que Manuel inspectait sur place nos réseaux et nos transmissions. En janvier Brossolette, un mois plus tard Passy-Dewavrin, gagnèrent, à leur tour, la France. Un jeune officier britannique, Yeo Thomas, accompagnait, à notre invitation, le chef du B. C. R. A. afin de fournir au cabinet de Londres des informations directes. Passy et Brossolette, agissant de concert, devaient prendre le contact des diverses organisations, déterminer celles du Nord à faire fonctionner entre elles une réelle coordination, à l'exemple de celles du Sud, préparer l'union des unes et des autres par le moyen d'un conseil commun et d'un seul système militaire.

En février, arrivèrent Jean Moulin mon délégué dans la Métropole et le général Delestraint commandant l'armée secrète. Je revoyais le premier, devenu impressionnant de conviction et d'autorité, conscient que ses jours étaient comptés, mais résolu à accomplir, avant de disparaître, sa tâche d'unification. J'orientais le second, investi d'une mission à laquelle, à maints égards, sa carrière ne le préparait pas, mais qu'il assumait, cependant, avec la fermeté du soldat que rien n'étonne s'il s'agit du devoir.

A Moulin, qui avait longuement préparé les voies, je prescrivis de former, sans plus attendre, le Conseil national de la résistance, où siégeraient les représentants de tous les mouvements des deux zones, de tous les partis politiques et des deux centrales syndicales. L'ordre de mission que je lui donnai réglait cette composition, définissait le rôle du Conseil et précisait la nature des rapports qui le liaient au Comité national. Jean Moulin aurait à présider lui-même l'organisme nouveau. Je le nommai membre du Comité national français et lui remis, dans ma maison d'Hampstead, la croix de la Libération, au cours d'une cérémonie dont aucune, jamais, ne fut plus émouvante. Delestraint, pendant son séjour, put travailler utilement avec les chefs alliés, notamment le général Brooke, le général Ismay, l'amiral Stark, qui reconnaissaient en lui un de leurs pairs. De la sorte, l'action de l'armée secrète lors du débarquement en France serait, autant que possible, liée aux plans du commandement. L'instruction que le général Delestraint reçut de moi lui fixait ses attributions. C'étaient celles d'un inspecteur-général avant que la grande bataille commençât. Ce seraient, éventuellement, celles d'un commandant d'armée, dès qu'il faudrait conjuguer les opérations du dedans avec celles du dehors. Mais, peu de mois après son retour en France, cet homme d'honneur devait être arrêté par l'ennemi, déporté et, pour finir, hypocritement abattu à la porte d'un camp de misère, offrant à la patrie sa vie qu'il lui avait, d'avance, sacrifiée. Moulin et Delestraint partirent, le 24 mars, pour le combat et pour la mort.

Tant de signes marquant les progrès de l'unité de la France allaient aider à celle de l'Empire. Le Comité national prit, tout de suite, l'initiative des négociations à mener avec Alger. Huit jours après notre retour d'Anfa, le général Catroux se rendait en Afrique du Nord. Il y vit beaucoup de monde. Ensuite, ayant fait comprendre que notre but était l'entente et que les indésirables dont nous voulions l'élimination se comptaient sur les doigts des deux mains, il regagna provisoirement Beyrouth, tandis que Marchal, Charbonnières, Pechkoff, Pélabon, etc., installaient à Alger notre mission de liaison. Peu après, arrivait à Londres le général Bouscat délégué auprès de moi par le général Giraud. Les échanges de vues commençaient. Le 23 février, le Comité national arrêtait les termes d'un mémorandum, adressé au « Commandant en chef civil et militaire » et précisant les conditions indispensables de l'unité.

Tenir les armistices de 1940 comme ayant toujours été nuls et non avenus ; admettre l'impossibilité politique et morale de laisser aux postes de direction certains des hommes qui s'y trouvaient ; rétablir en Afrique du Nord la légalité républicaine ; puis, ces principes une fois acceptés par l'organisation Giraud, former un pouvoir central ayant toutes les attributions d'un gouvernement, afin que la France disposât dans la guerre d'une seule autorité responsable et d'une seule représentation ; créer, en outre, une assemblée consultative de la résistance, destinée à fournir une expression aussi large que possible de l'opinion de la nation souffrante et militante. Ainsi était, de nouveau, formulée notre position. Le mémorandum fut remis à Giraud le 26 février et publié le 12 mars.

Il était, désormais, impossible au système d'Alger de prendre publiquement une attitude différente. Car, indépendamment de ce qui se passait en France, c'est à un rythme accéléré, qu'en Afrique même, les choses allaient dans notre sens. Parmi les masses prévalait, maintenant, le sentiment élémentaire que de Gaulle avait gagné puisque Vichy avait perdu. Dans les cadres, le caractère artificiel des pouvoirs du « Commandant en chef civil et militaire » et son état de dépendance vis-à-vis des Américains suscitaient un malaise grandissant. D'ailleurs, sous la pression des missions anglo-saxonnes, elles-mêmes épiées par les journalistes et les parlementaires de leur pays, la censure politique se relâchait. Bien des yeux étaient dessillés. Les nouvelles venues de France, les propos tenus par ceux que l'occupation de l'ancienne zone libre ou le désir du combat amenaient en Afrique du Nord, la bataille qui faisait rage en Tunisie, achevaient de démentir les billevesées antigaullistes que les autorités avaient professées si longtemps.

Quelques-uns des hommes qui entouraient le général Giraud avaient assez de sens politique pour essayer de capter le courant. M. Jean Monnet fut l'inspirateur de cette évolution. Il avait, en février, quitté Washington pour Alger afin d'apporter à Giraud le concours de ses capacités économiques et administratives et de ses relations américaines. Le mémorandum du Comité national lui fit penser qu'il fallait se hâter de transformer les traits du « Commandement en chef civil et militaire ». Sur ce point, M. Monnet se trouva vite d'accord avec l'habileté de M. Murphy et l'esprit délié de M. MacMillan. Le mois de mars fut donc rempli des manifestations démocratiques de Giraud.

Le 4, un statut nouveau de la « Légion des Combattants » était décrété à Alger. Le 5, Giraud déclarait par radio : « La France n'a pas de préjugés racistes. » Le 8, il faisait retirer de la circulation un numéro du *Journal officiel d'Afrique du Nord* paru la veille et qui, comme les précédents, promulguait des décrets du maréchal Pétain captés par la voie des ondes. Le 14, au cours d'une réunion d'Alsaciens et de Lorrains, Giraud donnait lecture d'un discours condamnant Vichy et rendant hommage à la République. Le 15, il écrivait au général Catroux : « J'ai tenu à exposer hier les principes qui guident ma conduite. Il ne subsiste donc aucune équivoque entre nous... Je suis prêt à accueillir le général de Gaulle afin de donner à l'union une forme concrète. Je vous demande de lui en faire part. » Le 18 mars, il signait une série d'ordonnances abolissant, en maints domaines, la législation de Vichy.

Le lendemain, on entendit MM. Churchill et Cordell Hull, qui n'avaient pas paru remarquer, en son temps, le mémorandum du Comité national français, déclarer que leurs gouvernements respectifs donnaient leur adhésion complète aux principes affirmés par le général Giraud. Le 19 le général Noguès, le 21 le gouverneur-général Boisson, faisaient connaître leur plein assentiment « quant aux actes et discours républicains du Commandant en chef civil et militaire. » Puis, le général Bergeret, M. Rigault, M. Lemaigre-Dubreuil, donnaient leur démission des postes qu'ils occupaient. Au fur et à mesure de ces faits et de ces gestes, la plupart des journaux et des commentateurs d'Amérique et d'Angleterre élevaient un concert d'éloges et pressaient la France Combattante de se rallier à Giraud à l'égard de qui, d'après eux, les « gaullistes » ne pouvaient plus soulever d'objections valables.

Cependant, tirant avantage du discours prononcé, le 14 mars, par le général Giraud et du message qu'il avait prié Catroux de me transmettre, le Comité national publiait que « les déclarations faites à Alger marquaient, à beaucoup d'égards, un grand progrès vers la doctrine de la France Combattante, telle qu'elle avait été soutenue depuis juin 1940 et, de nouveau, exprimée par le mémorandum du 23 février. » Je faisais moi-même connaître au général Giraud « que j'avais reçu son message avec plaisir et que je comptais pouvoir me rendre prochainement en Afrique du Nord. » J'annonçai la nouvelle par radio, en invoquant l'union nationale d'une telle manière et sur un tel ton que ceux qui m'écoutaient connurent que l'unité française n'avait pas changé de champion, ni celui-ci de principes. Je télégraphiai au général Eisenhower que je serais heureux de le voir à mon arrivée à Alger, ce à quoi il répondit qu'il s'en féliciterait fort. Je demandai au Gouvernement britannique de mettre, le moment venu, un avion à ma disposition. Mais, en même temps, je déclarai bien haut que je m'en tenais strictement à ma position bien connue et, qu'avant de me mettre en route, j'attendrais que le Comité national eût reçu d'Alger une réponse satisfaisante au mémorandum du 23 février. C'est alors que, pour nous réduire, l'effort suprême fut déclenché.

M. MacMillan ouvrit le feu. Le 17 mars, à Alger, il convoqua Guy de Charbonnières, en l'absence du général Catroux. « A présent, lui dit-il, que le Commandant en chef civil et militaire s'est publiquement rallié aux principes dont se réclame la France Combattante, rien ne s'oppose à ce que l'unité se réalise autour du général Giraud. » Comme Charbonnières marquait des réserves, le ministre d'État britannique laissa éclater une violente irritation. « Si le général de Gaulle, cria-t-il, refuse aujourd'hui la main qui lui est tendue, sachez que l'Amérique et la Grande-Bretagne l'abandonneront complètement et qu'il ne sera plus rien. » Bien que M. MacMillan eût montré plus de modération dans la suite de l'entretien, on ne pouvait considérer sa démarche que comme une vague d'assaut.

La suivante fut menée par Mgr Spellman, archevêque de New York. Il arrivait d'Alger et demandait à me voir avec une mission explicite du Président des États-Unis. C'est le 23 mars que je rencontrai l'archevêque-ambassadeur. Ce prélat, d'une éminente piété, abordait les problèmes de ce monde avec l'évident souci de ne servir que la cause de Dieu. Mais la plus grande dévotion ne saurait empêcher que les affaires soient les affaires. Aussi, fut-ce d'une façon pressante que l'archevêque de New York me donna les conseils de sa sagesse.

« Liberté, égalité, charité, » telle était, suivant lui, la devise dont il convenait que s'inspirât ma conduite. « Liberté » signifiait que je devais m'abstenir de poser des conditions à l'union de la France Combattante avec le général Giraud ; « égalité » qu'il me fallait entrer dans le triumvirat dont on m'avait parlé à Anfa ; « charité » que le pardon s'imposait à l'égard des hommes en place à Alger, Rabat et Dakar. « Songez, me dit Mgr Spellman, quel malheur ce serait pour vous si l'on venait à vous refuser le bénéfice d'une formule que vous auriez refusée aux autres ? Vous voyez-vous condamné à rester en Angleterre et tenu, d'office, en dehors de l'action, pendant que, sans vous, la France serait libérée ? »

Je répondis à l'archevêque que, dans ce cas, il n'y aurait pas de libération de la France, puisque la victoire consisterait pour mon pays à se voir imposer par les Anglo-Saxons une autorité de leur choix aux lieu et place de celle qui régnait grâce aux Allemands. On pouvait, d'avance, être sûr qu'alors le peuple français suivrait une troisième sorte de libérateurs, dont ne se féliciteraient pas les alliés occidentaux. Mieux valait laisser faire la volonté nationale. En conclusion, je dis à l'archevêque que celle-ci, malgré tous les obstacles, était en train de se faire jour. Je lui en donnai comme exemples le mouvement des esprits en Afrique du Nord, l'attitude des marins et, surtout, les nouvelles de France. Au total, Mgr Spellman n'en parut pas contrarié. Je dois dire même que j'eus, plus tard, la preuve que dans nos entretiens j'avais gagné sa sympathie.

M. Churchill, ensuite, donna de sa personne. A sa demande, le 2 avril, j'allai le voir accompagné de Massigli. Le Premier Ministre, assisté de sir Alexander Cadogan, m'exposa que mon arrivée à Alger présenterait de graves inconvénients si l'entente n'était pas, auparavant, réalisée entre Giraud et moi. L'entente, pour M. Churchill, signifiait, bien entendu, l'acceptation des conditions qui m'avaient été notifiées à Anfa. Faute que l'accord fût conclu sur ces bases, il évoquait les fâcheuses conséquences qu'aurait, suivant lui, au point de vue de l'ordre public et de la situation militaire, ma présence en Afrique du Nord. L'avion que j'avais demandé était prêt, affirmait le Premier Ministre. Mais, de toutes façons, ne convenait-il pas d'attendre que M. Eden, alors en voyage aux États-Unis, eût le temps de revenir et que le général Catroux, qui n'était à Alger que depuis une semaine, pût exercer son influence? Voulant que M. Churchill se découvrît, je publiai, en sortant de chez lui, que je prétendais toujours m'envoler vers Alger sans accepter de conditions. Le Premier Ministre annonça, alors, que le général Eisenhower me demandait d'ajourner mon voyage. Mais j'eus bientôt fait d'établir qu'Eisenhower ne m'avait rien demandé du tout, ce qui amena Churchill à reconnaître publiquement que la démarche n'incombait qu'à lui-même et que c'était bien lui qui s'opposait à mon départ.

Le 6 avril, je vis, tour à tour, M. Eden et M. Winant qui revenaient de Washington. L'un et l'autre me firent le tableau, évidemment concerté, des colères que mon obstination soulevait en Amérique et du manque à gagner qu'allait en éprouver la France. Ils me dépeignirent, par contraste, les avantages que lui vaudrait la bienveillance des alliés si je consentais à subordonner la France Combattante à Giraud. « Je l'aurais fait de grand cœur, leur dis-je, si Giraud s'était trouvé à la tête de l'Afrique du Nord le 18 juin 1940 et avait poursuivi la guerre en repoussant les injonctions de Pétain et de Weygand. Mais, aujourd'hui, des faits sont accomplis. La nation française en a pris acte. »

Tout en résistant à la pression des alliés, il me fallait subir celle de plusieurs de mes collaborateurs. Quelques-uns, en effet, sous l'empire de l'inquiétude que leur causait le parti pris de Washington et de Londres, des démarches insinuantes dont eux-mêmes étaient l'objet, du désir immense qu'ils avaient de voir l'union s'accomplir coûte que coûte, finissaient par se résigner. Au sein du Comité national, tel et tel de ses membres ne le cachaient pas. Le général Catroux lui-même, forcément plongé à Alger dans le milieu des gens en place et des équipes Murphy et MacMillan, me proposait dans ses dépêches de laisser à Giraud la prépondérance politique et le commandement militaire. Sans méconnaître les intentions, je ne suivis pas les conseils. Car, derrière les arbres qu'étaient pour nous les difficultés immédiates, il y avait la forêt, c'est-à-dire la nation française.

Or, c'était bien l'avenir de la nation qui se jouait dans le débat. Le Comité national unanime le reconnut quand, le 10 avril, il reçut communication de la réponse faite par Giraud au mémorandum du 23 février. Catroux l'apportait d'Alger. Sans doute le document accordait-il aux bons principes une adhésion ostentatoire. Mais l'application suggérée consistait, en réalité, à empêcher que la France eût un gouvernement jusqu'à la fin de la guerre et à faire en sorte que l'autorité du Commandant en chef, c'est-à-dire en fait celle des alliés, pût s'exercer sans limites.

Il nous était, en effet, proposé, une fois de plus, de n'établir à Alger qu'un « Conseil des territoires d'outre-mer » où siégeraient Giraud, de Gaulle, les résidents et gouverneurs-généraux en fonctions et des « commissaires » ayant certaines tâches particulières. Le dit Conseil devrait s'interdire toute capacité politique. Il aurait un rôle de coordination administrative mais nullement de direction nationale. Quant au Commandant en chef, le général Giraud, il devrait être subordonné au commandement interallié et ne relèverait, dans ses fonctions militaires, d'aucune autorité française. Bien plus, c'est à lui qu'il appartiendrait, à mesure de la libération et sous couvert de l'état de siège, d'assurer l'ordre public et de nommer les fonctionnaires sur tout le territoire de la Métropole. Ainsi, faute d'un réel pouvoir central français, l'essentiel serait à la discrétion d'un chef militaire placé sous la dépendance d'un général étranger. Ce bizarre appareil devrait rester en place tant que durerait la guerre. Après quoi, loin de procéder aussitôt à la consultation du pays, on envisageait de faire jouer une loi de 1872, dite loi Tréveneuc et prévoyant qu'en l'absence d'Assemblée nationale c'est aux conseils généraux qu'il incombait de pourvoir à l'administration et de nommer un gouvernement. En somme, d'après le mémoire signé par le général Giraud, tout se passerait comme si, en tant qu'État, la France n'existait plus, tout au moins jusqu'à la victoire. C'était bien la thèse de Roosevelt.

Ce document eut pour résultat de refaire l'unanimité de notre Comité de Londres. Tous ses membres virent clairement où était la voie nationale. Le 15 avril, pour arrêter le texte de la note que le général Catroux devait porter à Alger, il n'y eut, en séance, qu'un seul mouvement. La note était simple et ferme. Donnant acte au général Giraud de ce que ses déclarations de principe offraient de satisfaisant, le Comité réitérait les conditions nécessaires d'application : formation d'un pouvoir effectif exerçant son autorité sur tous les territoires qui étaient ou seraient libérés, notamment celui de la Métropole, et ayant sous sa coupe toutes les forces françaises sans exception ; subordination au pouvoir de tous les officiers généraux, résidents et gouverneurs et, d'abord, du Commandant en chef ; éloignement des hommes qui avaient pris une responsabilité personnelle dans la capitulation et la collaboration avec l'ennemi. Pour constituer l'organe gouvernemental, il était, répétions-nous, indispensable que le président et plusieurs membres du Comité national aient la possibilité de se rendre en Afrique du Nord sans qu'on leur fît aucune condition. D'autre part, afin de couper court aux bruits que répandait la presse au sujet de nos divergences, tous les membres du Comité firent solennellement connaître qu'ils étaient, plus que jamais, solidaires du général de Gaulle.

La France Combattante demeurant inébranlable, l'obstination apportée par le système d'Alger à nous subordonner à lui touchait, maintenant, à son terme. En Afrique même, la situation ne permettait plus d'attendre. Ce qui dominait les esprits, s'inscrivait sur les murs, retentissait dans les rues, c'était : « Que de Gaulle arrive ! » Le 14 mars, comme Giraud sortait de la salle où il avait annoncé son orientation nouvelle, la foule rassemblée sur la place l'accueillait aux cris de « Vive de Gaulle ! » Personne ne doutait que l'attitude récemment adoptée par les autorités locales, les changements apportés à la législation de Vichy, la dissolution de la Légion, l'élargissement des prisonniers politiques, la démission de personnages en vue, fussent autant de succès pour le Comité national. La Croix de Lorraine apparaissait partout. Le mouvement « Combat » tenait le haut du pavé. Le 19 avril, les conseils généraux d'Alger, d'Oran et de Constantine m'adressaient leur hommage à l'ouverture de leur session. Le 26, M. Peyrouton, rendant visite au général Catroux, lui déclarait que, dès mon arrivée et pour faciliter l'union, il se démettrait de ses fonctions de gouverneur-général de l'Algérie et demanderait à servir à titre militaire. Le 1er mai, les cortèges organisés pour la fête du Travail scandaient leur marche en criant : « C'est de Gaulle qu'il nous faut ! » La veille, M. Churchill avait eu avec moi une satisfaisante conversation. M'ayant lu les plus récents rapports de M. MacMillan, il reconnut, qu'à son sens, j'avais gagné la première manche.

Comment, d'ailleurs, justifier l'éloignement où j'étais tenu, quand le sol de la Tunisie voyait, engagées dans la même bataille, du même cœur, vers les mêmes objectifs, les troupes d'Afrique et les Forces françaises libres? Or, la lutte y était dure. A la fin de février, Rommel était entré en scène. Retardant par des arrière-gardes la marche victorieuse de Montgomery, puis se couvrant au sud sur la ligne fortifiée Mareth, il fonçait de Sfax vers Tebessa pour s'ouvrir le passage de l'Algérie. Un corps d'armée américain et la division française Welwert — dont le vaillant général serait tué peu après — l'avaient péniblement contenu. En même temps, le général von Arnim, successeur de Nehring, attaquait, d'une part le long de la côte nord dans la région de Tabarca défendue par le Corps franc du général de Monsabert et les tabors marocains, d'autre part vers Medjez-el-Bab tenu par les Britanniques. On avait pu craindre un grave revers. Mais l'ensemble du dispositif allié s'était, malgré tout, maintenu, grâce notamment à l'énergie des troupes françaises si mal armées et équipées qu'elles fussent et à l'autorité du général Juin qui, des pièces et des morceaux qu'il avait entre les mains, trouvait moyen de faire un efficace instrument de combat. Or, voici qu'au milieu de mars l'entrée en ligne de la VIIIe Armée, avec laquelle marchaient les unités de la France Combattante, emportait la décision.

En effet, Montgomery, dont Leclerc formait l'aile gauche et Larminat l'une des réserves, abordait, puis tournait la ligne Mareth et atteignait Gabès. Cette irruption permettait à Patton de reprendre Gafsa. Le 11 avril Sfax, le 12 Sousse et Kairouan, étaient, à leur tour, libérées. Alors, se déclenchait l'offensive générale des alliés. Le 7 mai, Bradley et Magnan prenaient Bizerte, Anderson entrait à Tunis, Kœltz enlevait Pont-du-Fahs. Le 11 mai, la Division Larminat s'emparait de Takrouna. Le lendemain, le général von Arnim, bloqué dans le cap Bon, capitulait avec 250 000 hommes.

Mais, à mesure que nos soldats du Tchad et d'Orient prenaient, tout en combattant, contact avec leurs braves camarades de Tunisie, d'Algérie, du Maroc et avec les populations, l'enthousiasme se levait autour d'eux. Le 26 mars, Larminat me télégraphiait que les centres du Sud-Tunisien, Medenine, Djerba, Zarzis, etc., multipliaient les démarches pour être rattachés à la France Combattante. Le 6 avril, Leclerc me mandait, qu'en le voyant avec ses hommes, Gabès avait donné le spectacle d'une explosion de joie. Le 14 avril, la presse américaine relatait, qu'à l'entrée à Sfax des Anglais et des Français Libres, tout le monde criait : « Vive de Gaulle ! » Le *New York Herald Tribune*, sous le titre : *Où est notre force?* écrivait : « Un enthousiasme indescriptible éclata quand un fanion tricolore poussiéreux, flottant au-dessus d'un camion, annonça les soldats de la France Combattante... Les journalistes qui rapportent la scène en furent étourdis de surprise... Devant l'ardeur avec laquelle, en France, des hommes de tous les partis répondent à l'appel de de Gaulle, devant les larmes, les ovations, les fleurs de la Tunisie libérée, est-il encore permis de chercher où se trouvent la force et la gloire de notre cause? » Le 30 avril, le colonel Vanecke, naguère commissaire aux Chantiers de jeunesse, à présent commandant le 7e Chasseurs d'Afrique, demandait à passer sous mes ordres avec tout son régiment. Le 3 mai à Sfax, le 4e Spahis, à l'exception de quelques officiers, s'adressait en corps au général Leclerc pour obtenir la même faveur. Sitôt la bataille terminée, de nombreux militaires appartenant aux unités d'Afrique allaient jusqu'à quitter les rangs dans l'espoir d'être incorporés dans les troupes à croix de Lorraine. Le 20 mai, de tous les vivats soulevés à Tunis par le défilé des alliés en l'honneur de la victoire, le détachement Français libre recueillait sa juste part.

C'est donc le jugement populaire qui, finalement, réglait leur compte aux tergiversations. Le 27 avril, le général Giraud m'écrivait qu'il renonçait à la prépondérance. Toutefois, il maintenait encore sa conception du « Conseil » sans réels pouvoirs où siègeraient, avec lui et moi, les résidents et gouverneurs. D'autre part, redoutant sans doute les réactions de la foule, il proposait que notre première réunion se tînt dans un lieu écarté, soit à Biskra, soit à Marrakech. Je lui répondis, le 6 mai, en affirmant encore une fois la volonté arrêtée du Comité national quant au caractère, à la composition, aux attributions de l'organe gouvernemental qu'il s'agissait de former, en repoussant l'idée que cela pût se faire dans une oasis lointaine et en exigeant de venir à Alger. L'avant-veille, dans un discours public, j'avais, assez rudement, déclaré qu'il fallait en finir.

Or, dans la nuit du 15 mai, Philip et Soustelle triomphants m'apportaient un télégramme reçu à l'instant de Paris. Jean Moulin m'annonçait que le Conseil national de la résistance était constitué et m'adressait, au nom du Conseil, le message suivant :

« Tous les mouvements, tous les partis de la résistance, de la zone nord et de la zone sud, à la veille du départ pour l'Algérie du général de Gaulle, lui renouvellent, ainsi qu'au Comité national, l'assurance de leur attachement total aux principes qu'ils incarnent et dont ils ne sauraient abandonner une parcelle.

« Tous les mouvements, tous les partis, déclarent formellement que la rencontre prévue doit avoir lieu au siège du Gouvernement général de l'Algérie, au grand jour et entre Français.

« Ils affirment, en outre : que les problèmes politiques ne sauraient être exclus des conversations ; que le peuple de France n'admettra jamais la subordination du général de Gaulle au général Giraud, mais réclame l'installation rapide à Alger d'un gouvernement provisoire sous la présidence du général de Gaulle, le général Giraud devant être le chef militaire ; que le général de Gaulle demeurera le seul chef de la résistance française quelle que soit l'issue des négociations. »

Le 27 mai, le Conseil national, réuni au complet, 48 rue du Four, tenait sa première séance sous la présidence de Jean Moulin et me confirmait son message.

Ainsi, sur tous les terrains et, d'abord, sur le sol douloureux de la France, germait au moment voulu une moisson bien préparée. Le télégramme de Paris, transmis à Alger et publié par les postes-radio américains, britanniques et français libres, produisit un effet décisif, non seulement en raison de ce qu'il affirmait, mais aussi et surtout parce qu'il donnait la preuve que la résistance française avait su faire son unité. La voix de cette France écrasée, mais grondante et assurée, couvrait, soudain, le chuchotement des intrigues et les palabres des combinaisons. J'en fus, à l'instant même, plus fort, tandis que Washington et Londres mesuraient sans plaisir, mais non sans lucidité, la portée de l'événement. Le 17 mai, le général Giraud me demandait « de venir immédiatement à Alger pour former avec lui le pouvoir central français. » Le 25 mai, je lui répondais : « Je compte arriver à Alger à la fin de cette semaine et me félicite d'avoir à collaborer avec vous pour le service de la France. »

Avant de quitter l'Angleterre, j'écrivis au roi Georges VI pour lui dire combien j'étais reconnaissant, à lui-même, à son gouvernement, à son peuple, de l'accueil qu'ils m'avaient fait aux jours tragiques de 1940 et de l'hospitalité qu'ils avaient, depuis, accordée à la France Libre et à son chef. Voulant aller faire visite à M. Churchill, j'appris qu'il venait de partir « pour une destination inconnue. » Ce fut donc de M. Eden que j'allai prendre congé. L'entretien fut amical. « Que pensez-vous de nous? » me demanda le ministre anglais. « Rien, observai-je, n'est plus aimable que votre peuple. De votre politique, je n'en pense pas toujours autant. » Comme nous évoquions les multiples affaires que le Gouvernement britannique avait traitées avec moi : « Savez-vous, me dit M. Eden avec bonne humeur, que vous nous avez causé plus de difficultés que tous nos alliés d'Europe? » — « Je n'en doute pas, » répondis-je, en souriant, moi aussi. « La France est une grande puissance. »

ALGER

Le 30 mai, à midi, un avion de la France Combattante, ayant Marmier pour chef de bord, me dépose à Boufarik. Massigli, Philip, Palewski, Billotte, Teyssot et Charles-Roux m'accompagnent. Le général Giraud est là ; le général Catroux, aussi. Les représentants des missions américaine et britannique se sont placés derrière les Français. La garde mobile rend les honneurs. Une musique joue *la Marseillaise*. Quant aux voitures, elles sont françaises. Ces signes, comparés à ceux qui marquaient l'accueil d'Anfa, me montrent qu'en Afrique du Nord la France Combattante et, par elle, la France tout court ont, depuis, gagné des points.

Le public ignore notre arrivée. Toutes les censures d'Alger, de Londres, de New York ont interdit d'annoncer la nouvelle. Aussi, les localités que le cortège traverse à vive allure ne se livrent-elles, dans l'ensemble, à aucune manifestation. Seuls, des « gaullistes » vigilants applaudissent à tout hasard. A Bir-Kadeim, la population, alertée à l'improviste, afflue en criant : « Vive de Gaulle ! » Mais les autorités locales ont pris leurs dispositions pour que notre entrée à Alger ait lieu sans concours populaire. De Boufarik, dont l'aérodrome, éloigné et isolé, a été avec intention préféré à celui de Maison-Blanche, nous atteignons le Palais d'Été sans avoir traversé la ville.

Un grand déjeuner est servi. Cette bonne habitude française s'impose, quels que soient les rapports et les soucis des convives. Giraud et moi sommes en face l'un de l'autre. A ma droite, je vois, sans surprise, s'asseoir le général Georges qui me raconte comment les Anglais viennent de le faire venir de France. A ma gauche est M. Jean Monnet qui m'entretient, aussitôt, de questions économiques. Catroux et Massigli encadrent mon vis-à-vis. André Philip et René Mayer, Palewski et Couve de Murville, Linarès et Billotte, entrent en conversation, ainsi que trente autres invités. Les voilà donc réunis ces

Français, si divers et, pourtant, si semblables, que les vagues des événements ont roulés vers des plages différentes et qui se retrouvent, à présent, aussi remuants et assurés d'eux-mêmes qu'ils l'étaient avant le drame! En parcourant des yeux la table, on pourrait croire, qu'en trois ans, rien de tragique ne s'est passé. Cependant, deux équipes sont là.

Entre elles, le rapport apparent des forces est facile à établir. D'un côté, tout ; de l'autre, rien. Ici, l'armée, la police, l'administration, les finances, la presse, la radio, les transmissions, sont sous l'unique dépendance du « Commandement en chef civil et militaire ». La puissance des alliés, grâce à laquelle il fut mis en place, est alertée en sa seule faveur. Pour moi, je n'ai, dans ce pays, ni troupes, ni gendarmes, ni fonctionnaires, ni compte en banque, ni moyens propres de me faire entendre. Pourtant, les attitudes, les propos, les regards de ceux que, depuis deux heures, j'ai rencontrés m'ont révélé déjà où se trouve l'ascendant. Chacun, au fond de lui-même, sait comment finira le débat.

La foule, elle, le crie à pleins poumons sur la place de la Poste où je me rends, à 4 heures, pour déposer une Croix de Lorraine au pied du monument aux morts. Bien que cette manifestation ait été improvisée, qu'aucun journal n'en ait rien dit, qu'aucune troupe ne soit venue, des milliers de patriotes, alertés soudain par le mouvement « Combat », se sont rassemblés en hâte et m'accueillent par une immense clameur. Après le salut adressé à tous les Algériens qui donnèrent leur vie pour la France, j'entonne *la Marseillaise* que reprennent d'innombrables voix. Ensuite, au milieu d'un enthousiasme débordant, je gagne la villa *les Glycines* où est prévue mon installation.

Déjà, y affluent les messages. La première lettre que je lis est celle du général Vuillemin, ancien chef d'état-major général de l'armée de l'air, qui depuis les malheurs de 1940 s'est retiré dans sa demeure avec sa peine et son espoir. Dans les termes les plus nobles, ce grand chef me demande de lui donner, avec le grade correspondant, le commandement d'une escadrille de la France Combattante. Après les vivats de la masse, le geste de Vuillemin éclaire pour moi le fond des choses. Ici, comme ailleurs, le sentiment national a choisi. Dans le jeu qui va s'engager, l'atout maître est donc entre mes mains. Parmi les Français d'Afrique, je n'aurai, pour me faire obstacle, que l'entêtement de gens en fonctions et la méfiance de certains notables. Par contre, il me faudra compter avec l'opposition résolue des alliés qui soutiendront le clan rival.

Pénible combat ! Il s'engage le lendemain matin. Au lycée Fromentin, où le futur gouvernement tiendra ses séances et installera certains de ses services, je me rencontre avec le général Giraud. Il est assisté par Monnet et Georges, moi par Catroux, Philip et Massigli. Nous sommes tous d'accord sur la procédure à suivre. Les sept présents se constitueront en comité de gouvernement et s'adjoindront, ensuite, d'autres membres pour compléter le ministère. Mais j'entends prendre l'avantage avant que rien soit conclu.

« Pour que nous puissions, dis-je, nous former en une seule équipe et travailler de concert, il faut que certains points essentiels soient acquis. Jusqu'à ce que notre pays soit à même d'exprimer sa volonté, le pouvoir doit assumer toutes les responsabilités nationales. Le commandement militaire, quand bien même celui qui l'exerce serait ministre ou président, sera donc nommé par le gouvernement et lui restera subordonné. Si l'on conçoit que tel chef d'armée soit placé, pour les opérations, sous la direction stratégique d'un général étranger, ce ne peut être que par ordre de l'autorité française. Je ne saurais, pour ma part, consentir à remplacer le Comité national français par un autre, s'il n'est pas, d'abord, entendu que l'autorité et la responsabilité de l'organisme nouveau seront entières dans tous les domaines, notamment dans celui-là. D'autre part, afin de bien marquer que la France n'a jamais cessé la guerre et qu'elle rejette entièrement Vichy, il est nécessaire que nous retirions leurs fonctions au général Noguès, au gouverneur-général Boisson et au gouverneur-général Peyrouton. »

Giraud se fâche. Il n'accepte pas que le commandement soit subordonné au gouvernement. Quant aux « proconsuls », il déclare avec une véhémence extrême qu'il ne les sacrifiera pas. Je m'en tiens à mes conditions. On convient de lever la séance et de reprendre plus tard le débat sur la base de projets écrits. Au long de la discussion, seul Georges a soutenu Giraud ; Monnet cherchant des compromis ; Catroux, Philip et Massigli approuvant tous les trois, quoique sur des tons différents, la position que j'ai prise. Après cette rude entrée en matière, le gouvernement n'est pas fait. Mais je me vois comme un navigateur enveloppé par un grain épais et qui est sûr, s'il maintient le cap, que l'horizon va s'éclaircir.

En attendant, la bourrasque redouble. Une crise éclate, dont on pourrait croire qu'elle va tout compromettre si l'on ne sentait pas que l'essentiel est fixé. Le 1er juin, je réunis, aux *Glycines*, tout ce qu'Alger compte de journalistes. Voici leur nombreuse cohorte dévorée de curiosité ! En tête, les alliés qui ne cachent pas leur satisfaction de respirer, désormais, cet air vif d'où se tirent les gros titres et les articles percutants. Un peu en retrait, les Français partagés entre la sympathie à mon égard et la crainte de la censure que manie le directeur de l'Information du « Commandement en chef civil et militaire ». En une brève déclaration, j'indique que je viens en Afrique du Nord avec mes compagnons afin d'y créer un pouvoir français effectif, dirigeant l'effort national dans la guerre, exigeant la souveraineté de la France, établi en accord avec la résistance et excluant quelques hommes qui sont symboliques d'autre chose. Ce langage et ce ton, jusqu'alors inconnus sur la place, sont immédiatement et partout rapportés.

Dans la soirée du même jour, le colonel Jousse m'apporte une lettre de M. Peyrouton. Le gouverneur-général de l'Algérie, « considérant que l'union sans arrière-pensée entre les Français est le seul moyen d'obtenir une victoire qui nous restitue notre grandeur, et dans le souci d'en faciliter l'avènement, » m'adresse sa démission et me demande d'intervenir auprès de l'autorité militaire pour que lui soit donnée la possibilité de servir dans l'armée. Rien dans le texte n'indique qu'une missive semblable soit adressée à Giraud. Je réponds à M. Peyrouton que j'accepte sa démission et que, « dans l'épreuve terrible que traverse la patrie, je suis sûr que les Français apprécieront, comme moi-même, la valeur désintéressée de son geste. » Je fais porter, sans délai, au général Giraud la copie de la lettre du gouverneur-général et celle de ma réponse et je communique le tout aux représentants de la presse. Le lendemain, la nouvelle paraîtra dans tous les journaux du monde.

Le retrait de M. Peyrouton, effectué dans de telles conditions, produisit, à l'instant même, une impression considérable. Le fait qu'on apprit qu'il avait, après coup, écrit dans les mêmes termes au général Giraud n'y changea rien. Que l'ancien ministre de Vichy, venu du Brésil où il était ambassadeur afin d'assumer sur les instances de Roosevelt le gouvernement général de l'Algérie, remît ses fonctions entre mes mains et se conformât publiquement à ce que j'avais exigé, c'était un désaveu que le système d'Alger s'infligeait à lui-même. Le trouble des hommes de ce système et de leurs conseillers alliés en fut porté à son comble. D'autant plus, qu'au même moment, l'effervescence couvait en ville et qu'on signalait, de toutes parts, l'exode massif de volontaires frétant des camions et filant sur les routes pour tâcher de rejoindre les troupes de Larminat et de Leclerc. Quelques jours auparavant, Giraud, avec l'accord d'Eisenhower, avait refoulé hors du territoire français les unités à Croix de Lorraine. Celles-ci se retrouvaient donc aux environs de Tripoli. Mais leurs campements lointains n'en attiraient pas moins des milliers de jeunes soldats. Giraud, cédant à l'inquiétude, se laissa aller à charger du maintien de l'ordre, dans la ville et aux alentours, l'amiral Muselier, amené par les Anglais et qui comptait, comme préfet de police, prendre sa revanche de ses anciennes mésaventures.

Je ne fus donc pas étonné de recevoir, le 2 juin, une lettre signée par le « Commandant en chef civil et militaire » mais dont le style révélait d'où venait l'inspiration. Sur le ton habituel aux émigrés non ralliés de Londres, je m'y voyais accusé de vouloir chasser de leur poste des hommes dignes de confiance, porter atteinte à nos alliances et établir ma dictature et celle des cagoulards qui formaient ma compagnie. Tandis que cette missive parvenait à ma connaissance, on m'informait que la garnison était consignée dans les casernes, que dans le parc du Palais d'Été se concentraient force blindés, que dans Alger toutes réunions et tous cortèges étaient interdits, que la troupe et la gendarmerie occupaient les issues de la ville et les aérodromes voisins. Pendant ce temps, aux *Glycines*, sous la seule garde de dix spahis que Larminat m'y avait envoyés, je constatais que ce remue-ménage n'altérait pas l'empressement avec lequel les personnalités que je désirais consulter répondaient à ma convocation. Tard dans la nuit, je fis dire à Giraud que cette atmosphère de « putsch », créée devant l'étranger, me paraissait déplorable, qu'il nous fallait rompre ou aboutir et qu'une nouvelle explication s'imposait dès le lendemain. Le 3 juin, à 10 heures, les « Sept » étaient réunis.

Cette fois, le général Giraud fléchit dans son obstination. J'avais apporté le texte d'une ordonnance et d'une déclaration instituant le nouveau Comité. Les deux projets furent adoptés tels quels. Nous déclarions : « Le général de Gaulle et le général Giraud ordonnent, conjointement, la création du Comité français de la libération nationale. » Nous en devenions tous deux les présidents ; Catroux, Georges, Massigli, Monnet et Philip étant les premiers membres ; d'autres devant être désignés bientôt. Nous proclamions : « Le Comité est le pouvoir central français... Il dirige l'effort français dans la guerre sous toutes ses formes et en tous lieux... Il exerce la souveraineté française... Il assure la gestion et la défense de tous les intérêts français dans le monde... Il assume l'autorité sur tous les territoires et sur toutes les forces militaires relevant, jusqu'à présent, soit du Comité national français, soit du Commandant en chef civil et militaire. » Nous ajoutions : « Jusqu'à ce que le Comité ait pu remettre ses pouvoirs au futur gouvernement provisoire de la République, il s'engage à rétablir toutes les libertés françaises, les lois de la République, le régime républicain et à détruire entièrement le régime d'arbitraire et de pouvoir personnel imposé aujourd'hui au pays. »

En même temps, la question des « proconsuls » avait été réglée. Nous avions décidé que la démission de M. Peyrouton était acquise et que le général Catroux devenait gouverneur-général de l'Algérie, tout en restant membre du Comité ; que le général Noguès devait quitter le Maroc ; que M. Boisson serait rappelé de Dakar dès que le ministère des Colonies aurait reçu un titulaire. D'autre part, le général Bergeret était mis à la retraite.

Malgré d'évidentes malfaçons, l'organisme ainsi créé constituait, à mes yeux, une base de départ utilisable. Sans doute, faudrait-il momentanément supporter la dualité absurde qui existait à la tête. Sans doute, devait-on prévoir que la politique des alliés, intervenant au sein du Comité par personnes interposées, y ferait naître d'âpres incidents avant que le Commandant en chef en Afrique du Nord fût, dans les faits, soumis au pouvoir central, comme il l'était désormais dans les textes. Mais le Comité français de la libération nationale répondait bien aux principes dont les Français Combattants n'avaient cessé d'être les champions. Quant à l'application qui en serait faite, il m'incombait de la diriger. En confrontant le Comité avec ses responsabilités, je comptais que son évolution interne, sous la pression de l'opinion, le resserrerait autour de moi et m'aiderait à écarter ce qu'il contenait d'erratique et de centrifuge. Dans l'immédiat, l'espèce de juxtaposition qui était adoptée au départ me mettait, malgré tous ses inconvénients, en mesure d'agir sur les éléments militaires et administratifs d'Afrique du Nord jusque-là soustraits à mon autorité. Quant à tous ceux qui, en France et ailleurs, m'avaient donné leur confiance, j'étais sûr qu'ils continueraient à ne vouloir suivre que moi. En levant la séance, j'avais le sentiment qu'un grand pas venait d'être fait dans la voie de l'unité. Passant outre, pour ce prix-là, à de pénibles péripéties je donnai de bon cœur l'accolade au général Giraud.

Mais, si j'étais assez content, les alliés, eux, n'éprouvaient qu'une satisfaction mitigée. L'institution en Afrique du Nord d'un pouvoir central français, se donnant les attributions d'un gouvernement, se réclamant de la souveraineté française et excluant les « proconsuls », était en contradiction flagrante avec la position affichée par Roosevelt et ses ministres. Aussi, la déclaration, publiée le 3 juin à midi par le Comité français de la libération nationale et faisant part de sa propre naissance, resta-t-elle, jusqu'à 9 heures du soir, sous le boisseau de la censure américaine. De mon côté, je m'étais empressé de mettre les représentants de la presse au courant de ce qui était acquis, sachant que cela ferait, tôt ou tard, tomber le barrage. Le lendemain, parlant à la radio, où déjà, d'autorité, s'introduisaient les « gaullistes », j'annonçai aux Français de France que leur gouvernement fonctionnait maintenant à Alger en attendant de venir à Paris. Le 6 juin, une réunion de « la France Combattante », où se pressaient des milliers d'auditeurs, me donnait, ainsi qu'à Philip et à Capitant, l'occasion de faire publiquement entendre le ton et la chanson qui seraient, désormais, officiels. Il va sans dire que les missions américaine et britannique ne montraient guère d'empressement à laisser nos discours se répandre à travers le monde.

La mauvaise humeur des alliés ne se limitait pas, d'ailleurs, au domaine de l'information. C'est ainsi, qu'ayant télégraphié à Londres pour mander d'urgence plusieurs de mes compagnons appelés à faire partie du gouvernement, je ne vis, de dix jours, venir personne ; les Anglais, sous divers prétextes, tardant à les laisser partir. D'ailleurs, à Alger même, le Gouvernement britannique, que ce fût ou non pour son seul compte, suivait sans bienveillance le développement de nos affaires.

A peine avais-je, le 30 mai, atterri à Boufarik, j'apprenais que M. Churchill, rejoint ensuite par M. Eden, était arrivé lui-même en grand mystère. Depuis, il se tenait dans une villa retirée, non sans se faire informer secrètement par le général Georges de la marche de nos discussions. Une fois institué le Comité français, le Premier Ministre se manifesta, le 6 juin, en invitant Giraud et moi, ainsi que plusieurs commissaires, à un dîner dit « de campagne » que les égards dus à sa personne m'empêchèrent de refuser. Comme je lui marquais ce que sa présence, pendant ces journées et dans ces conditions, avait pour nous d'insolite, il protesta qu'il n'essayait nullement de se mêler des affaires françaises. « Cependant, ajouta-t-il, la situation militaire impose au Gouvernement de Sa Majesté de tenir compte de ce qui se passe à l'intérieur de cette zone essentielle de communications que constitue l'Afrique du Nord. Nous aurions eu des mesures à prendre, s'il s'était produit ici quelque trop brutale secousse, par exemple si, d'un seul coup, vous aviez dévoré Giraud. »

Ce n'était point mon intention. Pour résolu que je fusse à faire en sorte que le Gouvernement français en fût un, j'entendais procéder par étapes, en considération, non des appréhensions étrangères, mais de l'avantage national. J'espérais amener le général Giraud à se ranger, de lui-même, du côté de l'intérêt public. Bien qu'il eût déjà trop tardé, j'étais toujours disposé à faire en sorte qu'il jouât le premier rôle dans le domaine militaire, pourvu qu'il y fût cantonné et qu'il y tînt son poste de l'autorité française.

A vrai dire, ce ne pourrait être en la qualité effective d'un véritable commandant en chef. Plus que quiconque je le déplorais. Mais quoi? La stratégie des puissances alliées ne comportait, à l'Occident, que deux théâtres imaginables : celui du Nord et celui de la Méditerranée. Il nous serait, hélas ! impossible de mettre sur pied assez de forces, terrestres, navales, aériennes, pour exiger qu'un général français exerçât, sur l'un ou sur l'autre, le commandement en chef proprement dit. Les hommes, certes, ne nous manquaient pas. Nous pouvions, à volonté, recruter dans les populations braves et fidèles de l'Empire. Mais l'effectif des cadres et des spécialistes dont nous disposions limitait étroitement le nombre de nos unités. Encore, étions-nous hors d'état de leur fournir nous-mêmes l'armement et l'équipement. Par comparaison avec les moyens que chacun des deux empires anglo-saxons allait aligner dans les combats d'Italie et de France, la force que nous y engagerions ne serait pas la principale. Sur terre, en particulier, elle ne dépasserait pas, de longtemps, la valeur d'un détachement d'armée et, à la rigueur, d'une armée. Il n'y avait donc guère de chance pour que, soit au nord, soit au sud, Américains et Anglais acceptassent de confier à un chef français la direction de la bataille commune.

Il en eût, certes, été autrement, si en juin 1940 le Gouvernement de la République, revêtu de l'appareil de la légitimité, accompagné du noyau de l'administration centrale, disposant de la diplomatie, s'était transporté en Afrique avec les 500 000 hommes qui remplissaient les dépôts, celles des unités de campagne qu'on pouvait faire embarquer, toute la flotte de guerre, toute la flotte de commerce, tout le personnel de l'aviation de chasse, toute l'aviation de bombardement — qui s'y rendit, d'ailleurs, en effet, et qu'on en fit revenir pour remettre ses appareils aux mains de l'envahisseur. — Ce que la France avait, à cette époque, d'or et de crédit aurait permis d'acheter en Amérique un abondant matériel en attendant le « prêt-bail ». Grâce à l'ensemble de ces moyens, joints à ceux qui se trouvaient déjà en Algérie, au Maroc, en Tunisie, au Levant, en Afrique Noire, il y avait de quoi rebâtir une force militaire imposante à l'abri de la vaste mer et sous la protection des escadres françaises et britanniques, notamment de 100 sous-marins. De ce fait, les alliés, venant s'installer auprès de nous sur les bases de départ de l'Afrique du Nord française, à notre propre demande et, sans doute, un an plus tôt, eussent tout naturellement reconnu sur ce théâtre l'autorité suprême d'un général ou d'un amiral français.

Mais l'affreuse panique, puis le désastreux abandon, qui avaient interdit de porter dans l'Empire les moyens encore disponibles, livré ou démobilisé la plupart de ceux qui s'y trouvaient, mis les pouvoirs publics et le commandement militaire à la discrétion de l'ennemi, ordonné de recevoir les alliés à coups de canon, avaient d'avance ôté à la France cette chance-là comme beaucoup d'autres. Jamais encore, je n'en avais ressenti autant de chagrin qu'en ces amères circonstances.

Cependant, si l'expérience et la capacité du général Giraud ne pouvaient se déployer à la tête des opérations, elles n'en étaient pas moins susceptibles de rendre de grands services. Soit que, renonçant à présider le gouvernement, il y exerçât les fonctions de ministre des Armées, soit que, peu enclin à jouer ce rôle administratif, il devînt l'inspecteur général de nos forces en même temps que le conseiller militaire du Comité et son représentant auprès du commandement interallié. Je dois dire que, sans m'opposer à la première solution, c'est la seconde que je tenais pour la mieux appropriée. A maintes reprises, je les proposai toutes deux au choix du général Giraud. Mais il ne se résolut jamais à faire sienne ni l'une, ni l'autre. Ses illusions, l'appel de certains milieux et intérêts, l'influence des alliés, le déterminèrent à vouloir garder personnellement la disposition entière de l'armée et, en même temps, grâce à la cosignature des ordonnances et des décrets, la possibilité d'empêcher que le pouvoir fît rien sans son propre consentement.

Il était donc inévitable que Giraud se trouvât, peu à peu, isolé et refoulé, jusqu'au jour où, enfermé dans des limites qu'il n'acceptait pas et, d'autre part, privé des appuis extérieurs qui étaient causes de son vertige, il se jetterait dans la retraite. Quant à moi, ce n'est pas sans chagrin que je me trouvai aux prises avec cette pénible affaire, touchant au plus vif un soldat de haute qualité pour qui j'éprouvais, depuis toujours, déférence et attachement. Le long de la route qui menait à l'unité du pays, j'ai rencontré, maintes fois, de ces questions de personne, où les devoirs de la charge dépassent, mais blessent, les sentiments. Je puis dire qu'en aucun cas il ne m'en coûta davantage d'imposer la loi d'airain de l'intérêt national.

Ce ne fut, d'ailleurs, que par degrés. Le 5 juin, le Comité des « Sept » se réunit. Il s'agissait, cette fois, de choisir d'autres membres et d'attribuer des fonctions. Georges fut nommé « commissaire d'État » et Catroux conserva ce titre qu'il détenait précédemment. Massigli et Philip gardèrent, respectivement, les Affaires étrangères et l'Intérieur dont ils avaient déjà la charge. Monnet reçut la responsabilité de l'Armement et du Ravitaillement. A la demande du général Giraud, entrèrent au Comité : Couve de Murville pour les Finances, René Mayer pour les Transports et les Travaux publics, Abadie pour la Justice, l'Éducation et la Santé. Moi-même y appelai : Pleven pour les Colonies, Diethelm pour l'Économie, Tixier pour le Travail, Bonnet pour l'Information. D'autre part, les ambassadeurs Puaux et Helleu étaient nommés, l'un au Maroc, l'autre au Levant, tandis que nous confirmions le général Mast dans ses fonctions en Tunisie.

Ces choix m'assuraient de la suite. A Alger, Rabat, Tunis, comme c'était déjà le cas à Beyrouth, Brazzaville, Douala, Tananarive, Nouméa, l'autorité serait exercée par des hommes décidés à l'effort de guerre et sur qui je savais pouvoir compter. A Dakar, le remplacement de Boisson par Cournarie, muté du Cameroun, aurait lieu quinze jours plus tard. A Fort-de-France, tout annonçait qu'on serait bientôt en mesure de mettre les choses en ordre. Quant au gouvernement lui-même, il était composé d'hommes de raison et de valeur, qui en majorité m'étaient depuis toujours acquis et dont les autres, sauf exceptions, ne demandaient qu'à l'être à leur tour. Certain que cet ensemble était prêt à me soutenir, j'entrepris de jouer la manche suivante. Mais, avant de jeter les dés, je les secouai fortement.

Le 8 juin, le Comité, qui ne comptait toujours que sept présents, — en attendant qu'arrivent ceux de ses membres qui étaient à Londres, — aborda le problème crucial du commandement. Nous nous trouvâmes devant trois projets. L'un, apporté par Georges, prévoyait l'unification de toutes les forces françaises sous l'autorité de Giraud agissant à la fois comme ministre et comme commandant en chef, gardant, en outre, sa fonction de président, mais demeurant indépendant du Gouvernement français dans le domaine militaire. Le second projet, émanant de Catroux, visait à charger directement de Gaulle du département de la Défense nationale et Giraud du commandement des troupes. Le troisième, qui était le mien, donnait au Commandant en chef la mission d'instruire toutes les forces françaises et de collaborer avec les chefs militaires alliés aux plans communs d'opérations. Dès que ce serait possible, il prendrait un commandement effectif en campagne, en cessant, par là même, de faire partie du gouvernement. Suivant mon plan, l'organisation et la répartition des forces seraient réglées par un Comité militaire comprenant de Gaulle et Giraud, les ministres intéressés et les chefs d'état-major, sous réserve, le cas échéant, de l'arbitrage du gouvernement. La majorité du conseil repoussa le premier projet. Giraud, soutenu par Georges, n'accepta aucun des deux autres. La plupart des membres n'en étant pas encore venus au point d'obliger le « Commandant en chef » à se soumettre ou à se démettre, il fallut bien reconnaître l'impossibilité d'aboutir.

Mais, alors, à quoi servait le Comité? C'est la question que je posai, par écrit, à ses membres. Constatant : « Qu'en l'espace de huit jours, nous ne sommes même pas parvenus à trancher le problème des pouvoirs respectifs du gouvernement et du commandement dont la solution logique et nationale crève les yeux » et que : « la moindre question, qui devrait être réglée en quelques instants, nous engage dans des discussions interminables et désobligeantes, » je déclarai : « ne pouvoir m'associer plus longtemps aux travaux du Comité dans les conditions où il fonctionne. » Puis, je me cantonnai aux *Glycines*, tout enveloppé d'affliction, laissant entendre aux ministres, fonctionnaires, généraux, qui venaient m'y voir, que je m'apprêtais à partir pour Brazzaville.

En fait, l'impression produite par cet éclat délibéré précipita l'évolution. Le général Giraud ayant, à tout hasard, convoqué le Comité en une séance où je n'étais pas, chacun lui fit observer qu'on ne pouvait, dans ces conditions, prendre aucune décision valable. D'autre part, la carence du système bicéphale, étalée devant les renseignés et provoquant, à l'étranger, un débordement de sarcasmes, soulevait dans tous les milieux français l'inquiétude et l'irritation. L'armée n'y échappait pas. Le général Juin vint à Alger m'en rendre compte et adjurer Giraud de rabattre de ses prétentions. Le général Bouscat, chef d'état-major général de l'Air, s'employait dans le même sens. Le gouvernement général, l'université, les salles de rédaction, bouillonnaient d'alarmantes rumeurs.

Après six jours de confusion, je jugeai que l'affaire avait mûri. D'ailleurs, ceux des commissaires que Londres avait jusqu'alors retenus venaient d'arriver à Alger. Le gouvernement était, de ce fait, en mesure de siéger au complet et je comptais trouver dans cet ensemble un appui moins réservé que celui que m'apportaient les « Sept ». Je pris donc l'initative de réunir le Comité des « Quatorze » afin qu'il tentât, à son tour, de trancher la question qui étouffait le pouvoir. La réunion eut lieu, en effet. Mais alors, devant ses collègues, Giraud refusa tout net que cette question fût posée, déniant au Comité la compétence qu'avait définie une ordonnance signée de sa main. Ainsi, même au dernier acte de ce vaudeville désolant où les séquelles de Vichy et l'ingérence des étrangers traînaient, depuis sept mois, l'humiliation de la France, il s'obstinait à jouer le rôle d'un président du Conseil qui ne veut pas de gouvernement.

Il est vrai que les alliés n'en voulaient pas davantage. Voyant dans quelle direction poussait la force des choses, ils tentèrent un nouvel effort pour empêcher que la France en eût un. Mais leur intervention même allait achever d'ébranler la position du général Giraud.

Le 16 juin, MM. Murphy et MacMillan remettaient à Massigli, pour être soumise au Comité français de la libération nationale, une requête du général Eisenhower priant les généraux de Gaulle et Giraud de venir conférer avec lui « au sujet des problèmes relatifs au commandement et à l'organisation des forces armées françaises. » L'entretien eut lieu le 19. Nous y étions trois interlocuteurs, avec un témoin muet : le général Bedell Smith. Mais MM. Murphy et MacMillan, ainsi que plusieurs fonctionnaires et militaires américains et britanniques, se tenaient dans le voisinage, attentifs et bruissants.

A dessein, j'arrivai le dernier et pris la parole le premier. « Je suis ici, dis-je à Eisenhower, en ma qualité de Président du Gouvernement français. Car il est d'usage, qu'en cours d'opérations, les chefs d'État et de gouvernement se rendent, de leur personne, au quartier général de l'officier qui commande les armées dont ils lui confient la conduite. Si vous désirez m'adresser une demande concernant votre domaine, sachez que je suis, d'avance, disposé à vous donner satisfaction, à condition, bien entendu, que ce soit compatible avec les intérêts dont j'ai la charge. »

Le Commandant en chef interallié, s'efforçant à l'aménité, déclara alors en substance : « Je prépare, comme vous le savez, une opération très importante qui va se déclencher bientôt vers l'Italie et qui intéresse directement la libération de l'Europe et de la France. Pour la sécurité des arrières au cours de cette opération, j'ai besoin d'une assurance que je vous prie de me donner. Il faut que l'organisation actuelle du commandement français en Afrique du Nord ne subisse aucun changement. En particulier, le général Giraud doit demeurer en place avec toutes ses attributions actuelles et conserver la disposition entière des troupes, des communications, des ports, des aérodromes. Il doit être le seul à traiter avec moi de tous les sujets militaires en Afrique du Nord. Bien que je n'aie pas à m'occuper de votre organisation intérieure, qui ne regarde que vous, ces points-là sont, pour nous, essentiels. Je vous le dis de la part des gouvernements américain et britannique qui fournissent des armes aux forces françaises et qui ne sauraient continuer les livraisons si les conditions que j'indique n'étaient pas remplies. »

« Je prends acte, répondis-je, de votre démarche. Vous me demandez une assurance que je ne vous donnerai pas. Car l'organisation du commandement français est du ressort du Gouvernement français, non point du vôtre. Mais, vous ayant entendu, je vais vous poser quelques questions.

« Tous les États qui font la guerre, — l'Amérique, par exemple, — remettent à des généraux le commandement de leurs troupes en campagne et confient à des ministres le soin de les mettre sur pied. Prétendez-vous interdire au Gouvernement français d'en faire autant ? » Le général Eisenhower se borna à répéter que sa demande visait le maintien intégral des attributions de Giraud.

« Vous avez évoqué, dis-je, vos responsabilités de commandant en chef vis-à-vis des gouvernements américain et britannique. Savez-vous que j'ai, moi, des devoirs envers la France et, qu'en vertu de ces devoirs, je ne puis admettre l'interférence d'aucune puissance étrangère dans l'exercice des pouvoirs français? » Eisenhower garda le silence.

Je repris : « Vous, qui êtes militaire, croyez-vous que l'autorité d'un chef puisse subsister si elle repose sur la faveur d'une puissance étrangère? »

Après un nouveau et lourd silence, le Commandant en chef américain me dit : « Je comprends très bien, mon Général, que vous ayez des préoccupations à longue échéance en ce qui concerne le sort de votre pays. Veuillez comprendre que j'ai, quant à moi, des préoccupations militaires immédiates. »

— « J'en ai aussi, lui répondis-je. Car il faut que mon gouvernement réalise, d'urgence, la fusion entre les diverses sortes de forces françaises : celles de la France Combattante, celles d'Afrique du Nord, celles qui se forment dans la Métropole, que le système actuel l'oblige à tenir séparées. Il faut encore qu'il les arme, grâce aux moyens que vous lui fournissez dans l'intérêt de notre alliance et en échange des concours multiples que lui-même vous apporte. A ce propos, également, j'ai une question à vous poser.

« Vous rappelez-vous, qu'au cours de la dernière guerre, la France a eu, quant à la fourniture d'armes à plusieurs pays alliés, un rôle analogue à celui qu'aujourd'hui jouent les États-Unis? C'est nous, Français, qui avons, alors, entièrement armé les Belges et les Serbes, procuré beaucoup de moyens aux Russes et aux Roumains, doté enfin votre armée d'une grande partie de son matériel. Oui! Pendant la première guerre mondiale, vous, Américains, n'avez tiré le canon qu'avec nos canons, roulé en char que dans nos chars, volé en avion que sur nos avions. Avons-nous, en contrepartie, exigé de la Belgique, de la Serbie, de la Russie, de la Roumanie, avons-nous exigé des États-Unis, la désignation de tel ou tel chef ou l'institution d'un système politique déterminé? » Encore une fois pesa le silence.

Le général Giraud, qui n'avait pas encore ouvert la bouche, déclara à ce moment : « J'ai, moi aussi, mes responsabilités, plus particulièrement vis-à-vis de l'armée. Cette armée est petite. Elle ne peut vivre que dans le cadre allié. Cela est vrai pour son commandement et son organisation, comme pour ses opérations. »

Sur ce, je me levai, quittai la pièce et rentrai chez moi.

Le lendemain, comme je l'avais demandé, le grand-quartier allié me fit remettre, ainsi qu'à Giraud, une note écrite précisant les exigences des Anglo-Saxons en ce qui concernait l'appartenance de l'armée française. De ces exigences, en effet, je voulais qu'il restât trace. La note, après avoir formulé la sommation concernant les attributions de Giraud, se terminait par cette phrase : « Le Commandant en chef allié tient à souligner les assurances données par les gouvernements américain et britannique et garantissant que, dans les territoires français d'Afrique du Nord et d'Afrique Occidentale, la souveraineté française sera respectée et maintenue. »

Bien que cette clause de style, servant d'ironique conclusion à la mise en demeure qui la contredisait, fût prise en compte par le Commandant en chef allié, j'y reconnus le procédé maintes fois employé par Washington et par Londres. On rendait hommage au droit, tout en y portant atteinte. Mais je savais qu'une telle manière de faire, si elle répondait à la politique menée, à l'égard de la France, par les gouvernements américain et britannique, ne procédait pas de l'initiative, ni du caractère, du général Eisenhower.

Il était un soldat. Par nature et par profession, l'action lui semblait droite et simple. Mettre en œuvre, suivant les règles traditionnellement consacrées, des moyens déterminés et d'une espèce familière, c'est ainsi qu'il voyait la guerre et, par conséquent, sa tâche. Eisenhower abordait l'épreuve, façonné pendant trente-cinq ans par une technique et une philosophie qu'il n'était aucunement porté à dépasser. Or, voici que de but en blanc il se trouvait investi d'un rôle extraordinairement complexe. Tiré du cadre, jusqu'alors étroit, de l'armée américaine, il devenait commandant en chef d'une colossale coalition. Par le fait qu'il avait à conduire les forces de plusieurs peuples dans des batailles dont dépendait le sort de leurs États, il voyait, à travers le système éprouvé des unités sous ses ordres, faire irruption des susceptibilités et des ambitions nationales.

Ce fut une chance de l'alliance que Dwight Eisenhower découvrît en lui-même, non seulement la prudence voulue pour affronter ces problèmes épineux, mais aussi l'attirance pour les horizons élargis que l'Histoire ouvrait à sa carrière. Il sut être adroit et souple. Mais, s'il usa d'habileté, il fut aussi capable d'audace. Il lui en fallut, en effet, pour jeter sur les plages d'Afrique une armée transportée d'un bord à l'autre de l'Océan ; pour aborder l'Italie en présence d'un ennemi intact ; pour débarquer de lourdes unités sur une bande de côte normande devant un adversaire retranché et manœuvrier ; pour lancer, par la trouée d'Avranches, l'armée mécanique de Patton et la pousser jusqu'à Metz. Cependant, c'est principalement par la méthode et la persévérance qu'il domina la situation. En choisissant des plans raisonnables, en s'y tenant avec fermeté, en respectant la logistique, le général Eisenhower mena jusqu'à la victoire la machinerie compliquée et passionnée des armées du monde libre.

On n'oubliera jamais, qu'à ce titre, il eut l'honneur de les conduire à la libération de la France. Mais, comme les exigences d'un grand peuple sont à l'échelle de ses malheurs, on pensera sans doute aussi que le Commandant en chef aurait pu, mieux encore, servir notre pays. Qu'il liât sa stratégie à la grande querelle de la France, comme il la pliait aux desseins des puissances anglo-saxonnes, qu'il armât massivement nos troupes, y compris celles de la clandestinité, que dans son dispositif il attribuât toujours une mission de premier ordre à l'armée française renaissante, notre redressement guerrier eût été plus éclatant, l'avenir plus profondément marqué.

Dans mes rapports avec lui, j'eus souvent le sentiment que cet homme au cœur généreux inclinait vers ces perspectives. Mais je l'en voyais revenir bientôt et comme à regret. C'est qu'en effet la politique qui, de Washington, régentait son comportement lui commandait la réserve. Il s'y pliait, soumis à l'autorité de Roosevelt, impressionné par les conseillers que celui-ci lui déléguait, épié par ses pairs — ses rivaux — et n'ayant pas encore acquis, face au pouvoir, cette assurance que le chef militaire tire, à la longue, des grands services rendus.

Pourtant, s'il se laissa aller à soutenir quelquefois les prétextes qui tendaient à nous effacer, je puis affirmer qu'il le fit sans conviction. Je le vis même s'incliner devant mes propres interventions à l'intérieur de sa stratégie chaque fois que j'y fus conduit par l'intérêt national. Au fond, ce grand soldat ressentait, à son tour, la sympathie mystérieuse qui, depuis tantôt deux siècles, rapprochait son pays du mien dans les grands drames du monde. Ce ne fut pas de son fait que, cette fois, les États-Unis écoutèrent moins notre détresse que l'appel de la domination.

En tous cas, la démarche que la politique avait, le 19 juin, dictée à Eisenhower produisit un effet contraire à celui qu'escomptait Washington. Le Comité de la libération nationale, prenant connaissance, le 21, de l'exigence des Anglo-Saxons, décida, comme je l'y invitais, de passer outre sans faire aucune réponse. Mais le Comité, mécontent et humilié, notifia à Giraud qu'il lui fallait, décidément, ou bien accepter d'être subordonné au Gouvernement français, ou bien cesser d'en être membre et quitter son commandement.

En outre, comme Giraud alléguait l'inconvénient que présenterait, au point de vue du secret, l'examen des questions militaires par un aréopage de quatorze ministres, il fut décidé, comme je le proposais, d'instituer un « Comité militaire » comprenant, sous ma présidence, le Commandant en chef et les chefs d'état-major et ayant délégation du gouvernement pour arrêter les mesures relatives à l'organisation, au recrutement, à la fusion de nos forces, ainsi qu'à leur répartition entre les divers théâtres et les différents territoires. Quant à l'exécution, deux commandements militaires subsistaient provisoirement : Giraud demeurant responsable des forces d'Afrique du Nord, de Gaulle l'étant des autres, y compris celles de la clandestinité. Cependant, les décisions principales demeuraient réservées au Comité de la libération nationale siégeant en séance plénière.

Cette cote mal taillée ne me donnait nullement satisfaction. J'aurais voulu qu'on allât plus loin dans la voie du bon sens, que l'unité de direction du gouvernement lui-même fût établie une fois pour toutes, que le général Giraud vît ses attributions nettement délimitées, qu'un ou plusieurs ministres prissent en mains l'administration des armées, ainsi que l'exercice direct de l'autorité militaire hors de la zone des opérations, que dans ce cadre la fusion des forces françaises d'Afrique du Nord et de celles de la France Combattante pût, enfin, se réaliser. Mais le Comité, s'il voyait le but à atteindre, était encore trop incertain pour y aller rapidement. D'ailleurs, le général Giraud annonça, sur les entrefaites, qu'il avait reçu du président Roosevelt l'invitation de se rendre à Washington afin d'y traiter la question des livraisons d'armes. Le Commandant en chef demandait instamment qu'on attendît son retour pour discuter de la structure du Comité et du commandement. La plupart des ministres choisirent de temporiser. Pour moi, je m'accommodai des dispositions transitoires avec l'idée bien arrêtée de mettre, avant peu, chaque pièce du service à la place qu'elle devait avoir.

Giraud partit le 2 juillet. Son voyage avait été organisé d'accord entre le Gouvernement américain et lui-même sans consultation du Comité de la libération nationale. Indépendamment de son but pratique quant à l'armement de nos troupes, la visite était envisagée par les États-Unis comme l'occasion de manifester leur politique à l'égard de la France, d'affirmer, qu'en traitant d'affaires militaires avec l'un de nos chefs, ils se refusaient à admettre que nous eussions un gouvernement, de rendre public le soutien qu'ils continuaient d'accorder au général français choisi par eux pour l'Afrique du Nord, enfin de bâtir celui-ci dans l'opinion américaine. M. Churchill avait cru devoir prêter, à ce sujet, main-forte au président Roosevelt en adressant aux représentants britanniques à l'étranger et aux directeurs des journaux anglais un « mémorandum » dans lequel étaient exposés les griefs du Premier Ministre à l'égard du général de Gaulle. Bien entendu, ce mémorandum, pour désobligeant qu'il fût, avait été publié par les journaux américains.

Mais, en dépit des efforts déployés, le résultat ne répondit pas à ce qu'on attendait. Car, le Président et ses ministres s'appliquant à recevoir Giraud au seul titre militaire et celui-ci n'en invoquant pas d'autre, l'opinion américaine ne prit à son passage qu'un assez médiocre intérêt. La technique de l'opération qui consistait à armer quelques divisions françaises ne passionnait pas les foules et leur sentiment ne désignait aucunement comme le champion de la France le docile visiteur que louangeaient beaucoup de leurs journaux. Quant aux milieux informés, ils trouvèrent déplaisantes l'attitude de subordination que le général Giraud crut devoir adopter et l'insistance mise par la Maison Blanche à exploiter sa présence pour afficher une politique que beaucoup n'approuvaient pas.

Ainsi de la déclaration faite par Giraud devant la presse de Washington et dont on savait qu'il avait accepté de la soumettre à l'avance au Gouvernement des États-Unis et, même, d'en corriger le texte quelques instants avant la conférence. Ainsi des propos tenus, le 10 juillet, par Roosevelt à propos de la visite, qui, disait le Président, « était seulement celle d'un soldat français combattant pour la cause des alliés, puisque dans le moment présent la France n'existe plus. » Ainsi du dîner de la Maison-Blanche, auquel n'assistaient que des personnalités militaires, de telle sorte que même l'ambassadeur de France Henri Hoppenot, représentant accrédité du Comité de la libération nationale, n'y était pas invité. Ainsi des discours échangés, ce soir-là, entre Giraud et le Président et qui ne faisaient pas la moindre allusion au Gouvernement d'Alger, ni à l'unité, à l'intégrité, à l'indépendance de la France. Ainsi de ce qui se passa, le 14 juillet, jour de la fête nationale, où Giraud ne reçut ni témoignage, ni message, du gouvernement dont il était l'hôte, ne lui en adressa aucun et se borna, le matin à monter à bord du *Richelieu*, l'après-midi à assister dans un hôtel de New York à une réception offerte par la colonie française.

Sur le chemin du retour, l'arrêt qu'il fit au Canada, puis son passage en Angleterre, ne modifièrent pas l'effet produit aux États-Unis. Aux journalistes d'Ottawa, Giraud déclara que « son seul but était de refaire une armée française, car tout le reste ne comptait pas. » A la presse de Londres, qui depuis trois années assistait à l'effort de la France Libre pour soutenir la cause nationale, il affirma : « Personne n'a le droit de parler au nom de la France ! » Au total, chez les alliés, les gens, responsables ou non, qui avaient vu et entendu le général Giraud, en tirèrent l'impression que, si sa personne et sa carrière méritaient le respect, il n'était pas fait pour diriger son pays en guerre. On en conclut que son rôle dans le redressement de la France ne pouvait être que secondaire.

Pendant ce temps, à Alger, le gouvernement, tiré de sa bicéphalie, prenait de la consistance. La réunion de l'Empire, les nécessités matérielles et morales de l'effort de guerre, les relations étrangères, les rapports avec la résistance métropolitaine, l'obligation de préparer ce qui devrait être fait en France lors de la libération, confrontaient notre Comité avec de multiples problèmes. Nous tenions, chaque semaine, deux séances. Les sujets dont nous traitions étaient hérissés d'épines ; chaque ministre exposant, d'une part ses difficultés, d'autre part l'insuffisance de ses moyens. Du moins, tâchions-nous que les débats fussent bien préparés et aboutissent positivement. D'ailleurs, si les avis différaient, mon arbitrage se prononçait sans peine, car il n'y avait sur aucune question, à l'intérieur du gouvernement, aucune divergence profonde. Il faut dire que, faute de parlement, de partis, d'élections, il n'existait pas de jeu politique entre les membres du Comité. Ma tâche de direction en était facilitée.

D'autant plus que, techniquement, je me trouvais bien secondé. Dès le 10 juin, nous avions doté le gouvernement d'un « secrétariat-général » et mis Louis Joxe à sa tête avec, comme adjoints, Raymond Offroy et Edgar Faure. Joxe reliait les ministres entre eux et avec moi, constituait les dossiers au vu desquels, d'après l'ordre du jour, délibérait le Comité, prenait acte des décisions, assurait la publication des ordonnances et des décrets, en suivait l'application. Modèle de conscience et tombeau de discrétion, il devait assister pendant trois ans, en témoin muet et actif, à toutes les séances du Conseil. Le secrétariat-général, inauguré à Alger, demeurerait par la suite l'instrument du travail collectif du gouvernement.

En juillet, naquit le « Comité juridique », dont René Cassin reçut la direction et qui, avec le concours de François Marion, du président Lebahar, etc., joua, quant aux avis à fournir et aux textes à mettre en forme, le rôle normalement dévolu au Conseil d'État. Comme il fallait au Gouvernement d'Alger adapter l'application des lois aux circonstances de la guerre et préparer les mesures législatives, judiciaires, administratives qui devraient être prises en France lors de la libération, on peut mesurer l'importance de ce comité. D'autre part, le « Comité du contentieux », présidé par Pierre Tissier et suppléant, lui aussi, à l'absence du Conseil d'État, rendait les arrêts temporaires de sanction ou de réparation que les abus commis par Vichy imposaient de prendre à l'intérieur des services publics. Enfin, le « Comité militaire » était pourvu d'un secrétaire : le colonel Billotte, qui m'assistait directement.

Tout au long du mois de juillet, les administrations, les états-majors, l'opinion, s'aperçurent que les hommes chargés des divers départements, en quoi traditionnellement se répartit l'autorité gouvernementale, étaient devenus des ministres, revêtus de l'autorité et de la responsabilité inhérentes à leur fonction ; que l'improvisation chronique, pratiquée par le système d'Alger depuis la fin du régime de Vichy en Afrique du Nord, faisait place à l'action d'un organisme compétent et dirigé ; qu'une administration centrale fonctionnait, maintenant, au lieu de la fausse fédération : Algérie, Maroc, Tunisie, Afrique occidentale, qui s'était instituée pour des raisons de personnes et à défaut d'une autorité de caractère national ; bref, que le pouvoir avait une tête, suivait une ligne, agissait en ordre. L'effet produit en fut tel que, dans les milieux dirigeants, l'unité autour de ma personne, si elle n'avait été, jusqu'alors, souhaitée que par certains, se trouvait maintenant admise par tout le monde, comme c'était le cas pour la masse des Français.

En somme, c'est l'État qu'on voyait reparaître dans les faits et dans les esprits avec d'autant plus de relief qu'il n'était pas anonyme. Dès lors que Vichy ne pouvait plus faire illusion, les enthousiasmes ou les consentements, sans parler des ambitions, se portaient vers de Gaulle d'une manière automatique. En Afrique du Nord, la structure ethnique et politique des populations, l'attitude de l'autorité, la pression des alliés, avaient retardé l'évolution. Mais celle-ci, désormais, était irrésistible. Une espèce de marée des volontés et des sentiments consacrait cette légitimité profonde qui procède du salut public et que, toujours, reconnut la France au fond de ses grandes épreuves, quelles que fussent les formules dites « légales » du moment. Il y avait là une exigence élémentaire dont, pour être le symbole, je ne me sentais pas moins l'instrument et le serviteur. C'étaient surtout, naturellement, les cérémonies publiques qui le démontraient à chacun. Le concours passionné des foules, l'hommage des corps constitués, l'agencement des gestes officiels, me prenant d'office pour centre, servaient d'expression à l'instinct populaire. La résolution nationale, plus puissante qu'aucun décret formel, me chargeait ouvertement d'incarner et de conduire l'État.

Le 26 juin, je me rendis en Tunisie. Je trouvai la Régence sous l'effet des secousses que lui avaient fait subir l'invasion, le parti pris de Vichy en faveur des forces de l'Axe, la collusion de certains éléments nationalistes locaux avec l'Allemand et l'Italien. Les dégâts matériels étaient graves. Les contrecoups politiques aussi. Avant mon arrivée à Alger, le « Commandement en chef civil et militaire » avait destitué le bey Moncef, dont l'attitude, lors de l'occupation, s'était révélée fâcheuse eu égard aux obligations qui le liaient à la France. Nombre de membres des deux « Destour » étaient en prison. Dans les campagnes, on avait dû châtier les attentats commis contre la personne et les biens de beaucoup de colons français par des pillards ou des fanatiques avec la tolérance de l'envahisseur et, parfois, sa complicité.

Le résident-général Mast était à l'œuvre pour rétablir la situation. Il le faisait avec intelligence, limitant le lot des réprouvés, prenant le plus possible de contacts conciliateurs et modérant l'école de la vengeance. Je lui donnai mon appui. Aux autorités, délégations, notabilités françaises et tunisiennes qui m'étaient présentées, je montrai qu'il n'y avait que trop de circonstances atténuantes à ce qui s'était passé. Pour juger des fautes commises par les autochtones, il fallait tenir compte de l'exemple d'abandon donné sur place par Vichy, par exemple du scandale de la « Phalange africaine » constituée sur son ordre pour combattre aux côtés de l'ennemi. Je déclarai que rien, maintenant, n'importait davantage que de resserrer l'union de la France et de la Tunisie en commençant par remettre en marche l'activité du pays. Je dois dire que, depuis lors, jamais mon gouvernement ne rencontra en Tunisie de difficulté grave. Au contraire, ce noble royaume s'associa, une fois de plus, à la France par son concours à l'effort de guerre et la valeur de ses soldats incorporés dans notre armée.

J'allai voir le bey Sidi-Lamine, qui était monté sur le trône, suivant l'ordre de succession, après la déposition de Moncef. Il me reçut à Carthage, ayant près de lui ses ministres, notamment M. Baccouche. Malgré les remous d'opinion que soulevait le départ de son populaire prédécesseur, le nouveau souverain assumait la charge avec une digne simplicité. Je fus frappé de voir paraître en sa personne, à travers la sagesse de l'âge et du caractère, un grand dévouement au service de son pays. Lui-même, j'ai lieu de le croire, me considéra comme personnifiant cette sorte de France assurée d'elle-même et, par là, généreuse, que la Tunisie a souvent imaginée et qu'elle a parfois rencontrée. Depuis lors, j'éprouvai pour Sidi-Lamine une estime et une amitié qui ne se sont pas altérées.

Le dimanche 27 juin, au milieu du déferlement populaire, après la revue des troupes et l'office à la cathédrale, je gagnai l'esplanade Gambetta. Là, m'adressant à la multitude des Français auxquels se mêlaient de nombreux Tunisiens, je parlai de la France, prévenant l'ennemi, de sa part, qu'elle le frapperait par tous moyens en son pouvoir jusqu'à ce qu'il fût abattu, saluant, en son nom, ses grands alliés et les assurant de sa compréhension fidèle pourvu que ce fût réciproque. Après quoi, je proclamai que si, jusqu'à la fin de l'épreuve, je requérais le concours de tous je dépouillais à l'avance, toute prétention pour la suite, que le terme de l'œuvre que j'avais entreprise pour la libération et la victoire serait marqué par la victoire et la libération et que, cela fait, de Gaulle ne serait candidat à rien.

« A la France, m écriai-je, à notre Dame la France, nous

n'avons à dire qu'une seule chose c'est que rien ne nous importe, excepté de la servir. Nous avons à la libérer, à battre l'ennemi, à châtier les traîtres, à lui conserver ses amis, à arracher le bâillon de sa bouche et les chaînes de ses membres pour qu'elle puisse faire entendre sa voix et reprendre sa marche au destin. Nous n'avons rien à lui demander, excepté, peut-être, que le jour de la liberté elle veuille bien nous ouvrir maternellement ses bras pour que nous y pleurions de joie et, qu'au jour où la mort sera venue nous saisir, elle nous ensevelisse doucement dans sa bonne et sainte terre. »

Le 14 juillet, c'est Alger, capitale de l'Empire et de la France Combattante, qui offrit la démonstration de la renaissance de l'État et de l'unité nationale recouvrée. La traditionnelle prise d'armes revêtait le caractère d'une espèce de résurrection. En saluant les troupes qui défilaient, je voyais en une sorte de flamme monter vers moi leur immense désir de prendre part aux prochaines batailles. Le souffle d'allègre confiance qui passait sur l'armée et le peuple révélait l'accord des âmes, qu'avaient ébranlé les déceptions d'antan, puis détruit les malheurs d'hier, mais qu'aujourd'hui l'espoir ressuscitait. C'est la même impression que donnait, sur le Forum, la foule innombrable à laquelle, ensuite, je m'adressai.

« Ainsi donc, déclarai-je, après trois années d'indicibles épreuves, le peuple français reparaît. Il reparaît en masse, rassemblé, enthousiaste, sous les plis de son drapeau. Mais, cette fois, il reparaît uni. Et l'union que la capitale de l'Empire prouve, aujourd'hui, d'une éclatante manière, c'est la même que prouveront, demain, toutes nos villes et tous nos villages dès qu'ils auront été arrachés à l'ennemi et à ses serviteurs. » Partant de cette constatation, je soulignai, à l'intention des alliés dont je savais qu'ils étaient tout oreilles, l'absurdité des projets qui visaient à utiliser l'effort militaire français en faisant abstraction de la France. « Dans le monde, dis-je, certains ont pu croire qu'il était possible de considérer l'action de nos armées indépendamment du sentiment et de la volonté des masses profondes de notre peuple. Ils ont pu imaginer que nos soldats, nos marins, nos aviateurs, différant en cela de tous les soldats, de tous les marins, de tous les aviateurs du monde, iraient au combat sans se soucier des raisons pour lesquelles ils affronteraient la mort. Bref, ces théoriciens, prétendument réalistes, ont pu concevoir que, pour les Français et pour les Français seulement, l'effort de guerre de la nation était susceptible d'exister en dehors de la politique et de la morale nationales. Nous déclarons à ces réalistes qu'ils ignorent la réalité. Les citoyens français qui combattent l'ennemi, où que ce soit, depuis quatre années ou depuis huit mois, le font à l'appel de la France, pour atteindre les buts de la France, d'accord avec ce que veut la France. Tout système, qui serait établi sur d'autres bases que celles-là, mènerait à l'aventure ou à l'impuissance. Mais la France, elle, qui joue sa vie, sa grandeur, son indépendance, n'admet dans cette grave matière ni l'impuissance, ni l'aventure. »

A la nation, demain victorieuse, il faudrait après sa libération un but qui pût la passionner et la maintenir dans l'effort. Aussi, après avoir glorifié l'action et les sacrifices de la résistance, j'invoquai la flamme du renouveau qui l'inspirait dans son combat. « La France n'est pas la princesse endormie que le génie de la libération viendra doucement réveiller. La France est une captive torturée qui, sous les coups, dans son cachot, a mesuré une fois pour toutes les causes de ses malheurs comme l'infamie de ses tyrans. La France a, d'avance, choisi un chemin nouveau ! » Et d'indiquer quels objectifs la résistance entendait atteindre à l'intérieur et au-dehors, une fois la victoire remportée. Je terminai en appelant le peuple à la fierté. « Français ! Ah ! Français ! Il y a quinze cents ans que la patrie demeure vivante dans ses douleurs et dans ses gloires. L'épreuve présente n'est pas terminée. Mais voici que se dessine la fin du pire drame de notre Histoire. Levons la tête ! Serrons-nous fraternellement les uns contre les autres et marchons tous ensemble, dans la lutte, par la victoire, vers nos nouvelles destinées. »

Le déchaînement d'émotion par lequel la multitude répondit à ces paroles marquait sur place l'échec définitif des intrigues que certains m'avaient longtemps opposées. Il était bien évident que les systèmes artificiels, successivement bâtis à Alger pour ménager l'erreur et convenir aux étrangers, s'écroulaient sans rémission et que, si des formalités restaient encore à accomplir, de Gaulle avait partie gagnée. Dans la tribune, M. Murphy, apparemment impressionné, vint me faire son compliment. « Quelle foule énorme ! » me dit-il. « Ce sont là, lui répondis-je, les 10 pour 100 de gaullistes que vous aviez comptés à Alger. »

Le Maroc, à son tour, fournit un spectacle semblable. Le

6 août, j'arrivai à Rabat. Longtemps, ceux qui laissaient voir leur accord avec la France Libre y avaient été durement punis et vilipendés, tandis que, dans l'ombre, beaucoup gardaient le silence. A présent, sous l'éclatant soleil, la population, les autorités, les notables, m'acclamaient sans réticence. L'ambassadeur Puaux, résident-général, me fit son rapport. Il lui fallait, dans l'immédiat, faire vivre le Maroc coupé de tout et menacé par la misère. Quant à l'avenir, il voyait s'y dessiner les problèmes posés par le développement politique du Protectorat. Pourtant, le résident-général était sûr que le Maroc demeurait attaché à la France et prendrait sa large part de l'effort déployé par l'Empire pour la libérer.

Sous l'apparat officiel, je pris contact d'homme à homme avec le sultan Mohamed-Ben-Youssef. Ce souverain, jeune, fier, personnel, ne cachait pas son ambition d'être à la tête de son pays dans la marche vers le progrès et, un jour, vers l'indépendance. A le voir et à l'entendre, parfois ardent, parfois prudent, toujours habile, on sentait qu'il était prêt à s'accorder avec quiconque l'aiderait à jouer ce rôle, mais capable de déployer beaucoup d'obstination à l'encontre de ceux qui voudraient s'y opposer. D'ailleurs, il admirait la France, croyait à son redressement et n'imaginait pas que le Maroc pût se passer d'elle. S'il avait, à tout hasard, prêté l'oreille à certains avis que l'Allemagne, dans ses triomphes, lui avait fait parvenir et écouté, lors de la conférence d'Anfa, les insinuations de Roosevelt, il s'était cependant montré fidèle à notre pays. On doit reconnaître que l'influence de Noguès s'était heureusement exercée, à cet égard, sur l'esprit du souverain.

Je crus devoir prendre le sultan Mohamed-Ben-Youssef directement pour ce qu'il était, c'est-à-dire résolu à grandir, et me montrer à lui tel que j'étais, à savoir le chef d'une France suzeraine mais disposée à faire beaucoup pour ceux qui tenaient à elle. Utilisant le crédit que m'ouvraient, dans son âme, le succès et l'inspiration de la France Combattante, je nouai avec lui des liens d'amitié personnelle. Mais aussi, nous conclûmes une sorte de contrat d'entente et d'action commune, auquel nous ne manquâmes jamais, ni l'un ni l'autre, aussi longtemps que moi-même pus lui parler au nom de la France.

Le dimanche 8 août, je fis mon entrée à Casablanca. Les murs y disparaissaient sous les drapeaux et les oriflammes. Six mois plus tôt, il m'avait fallu résider dans la banlieue de la ville, contraint au secret et entouré des barbelés et des postes américains. Aujourd'hui, ma présence servait de preuve et de centre à l'autorité de la France. Une fois passée une brillante revue, je m'adressai à la marée humaine qui couvrait la place Lyautey. J'y pris le ton de l'assurance tranquille. La présence de la France à la victoire était, désormais, certaine grâce à l'unité française et à celle de l'Empire. Je citai en exemple le Maroc « qui crie sa ferveur, sa confiance, son espérance, par la grande voix de Casablanca. » L'après-midi, je visitai Meknès. La journée du 9 août fut consacrée à Fez. La ville arabe, que je parcourus en tous sens, dans le hourvari des trompettes et sous la forêt des bannières, éclata en manifestations tout à fait exceptionnelles pour cette cité séculairement farouche. Le 10 enfin, dans la région d'Ifrane, je reçus l'accueil magnifique des Berbères et de leurs chefs.

Au moment même où, en Tunisie, en Algérie, au Maroc, se dissipaient les dernières équivoques, les Antilles françaises se ralliaient, d'un grand élan. Elles le faisaient d'elles-mêmes sans que les alliés y eussent directement concouru.

Depuis 1940, l'amiral Robert, haut-commissaire, maintenait ces colonies sous l'obédience du Maréchal. Disposant des croiseurs : « *Emile-Bertin* et *Jeanne d'Arc*, du porte-avions *Béarn*, des croiseurs auxiliaires : *Barfleur*, *Quercy*, *Esterel*, des pétroliers : *Var*, et *Mékong*, ainsi que d'une importante garnison, il appliquait un régime de rigueur et, moyennant la garantie de sa neutralité, obtenait des Américains le ravitaillement nécessaire. Mais, à mesure des événements, la population et de nombreux éléments militaires marquaient leur désir de se joindre à ceux qui combattaient l'ennemi.

Dès le printemps de 1941, j'avais envoyé Jean Massip, *alias* le colonel Perrel, dans les parages de la Martinique et de la Guadeloupe, avec mission d'y faire pénétrer l'influence de la France Libre et d'expédier vers nos forces combattantes les volontaires qui s'évaderaient des îles. Massip, malgré beaucoup d'obstacles, avait fait tout le possible. Agissant depuis les territoires anglais de Sainte-Lucie, de la Dominique, de Trinidad, aidé sur place par quelques bons Français, tels Joseph Salvatori et Adigard des Gautries, il était parvenu à établir le contact avec les éléments résistants de Fort-de-France et de Basse-Terre et à envoyer sur les théâtres d'opération plus de 2 000 engagés. Au début de 1943, tout annonçait qu'un grand mouvement entraînerait bientôt dans le camp de la libération les territoires français d'Amérique et les forces qui s'y trouvaient.

Au mois de mars, la Guyane se débarrassait de l'autorité de Vichy. Depuis longtemps, elle y aspirait. Déjà, en octobre 1940, j'avais vu débarquer en Afrique française libre, sous les ordres du commandant Chandon, un détachement de 200 hommes venus des rives du Maroni. Plus tard, un « Comité du ralliement », présidé par M. Sophie, maire de Cayenne, avait été constitué. Le 16 mars 1943, la population se rassembla sur la place du Palmiste, réclamant à grands cris le départ du gouverneur, et défila dans la ville sous des pancartes à croix de Lorraine en acclamant le nom du général de Gaulle. Devant cette effervescence, le gouverneur s'était retiré. Sophie, alors, m'avait télégraphié pour rendre compte du ralliement et demander l'envoi à Cayenne d'un nouveau chef de la colonie. Mais, sur l'avis pressant du consul des États-Unis, il avait expédié un télégramme semblable au général Giraud. Or, à cette date, l'union n'était pas faite entre le comité de Londres et l'organisation d'Alger. Aussi, les Américains, disposant des communications extérieures de la Guyane, s'étaient-ils arrangés pour que le gouverneur Rapenne, délégué par Giraud, atteignît Cayenne au plus vite, tandis que le gouverneur Bertaut, envoyé par moi, ne pouvait y parvenir. Après quoi, usant du fait que le ravitaillement de la colonie ne dépendait que de leurs bons offices, nos alliés avaient contraint la Guyane à s'accommoder d'un administrateur, au demeurant fort honorable, mais qui ne répondait pas à ce qu'elle avait réclamé. Il est vrai que, deux mois plus tard, la formation à Alger du Comité de la libération allait permettre de régulariser ce qui ressemblait fort à une mystification.

En juin, la Martinique accomplit les actes décisifs. Depuis des mois, l'amiral Robert recevait de ses administrés d'innombrables pétitions l'adjurant de laisser ce territoire ardemment français faire son devoir envers la France. J'avais moi-même trouvé l'occasion de faire passer à Fort-de-France, en avril 1943, le médecin général Le Dantec pour offrir à Robert une issue satisfaisante, puis, au mois de mai, proposé à Giraud d'adresser au haut-commissaire une lettre signée de nos deux noms et l'invitant à reprendre la guerre à nos côtés. Ces démarches avaient été faites auprès de l'amiral. Mais elles restaient sans réponse. Par contre, menaces et sanctions redoublaient sur place contre les résistants.

Cependant, le « Comité de la libération », ayant à sa tête Victor Sévère, député-maire de Fort-de-France, Emmanuel

Rimbaud, Léontel Calvert, etc., apparaissait au grand jour. Le 18 juin, anniversaire de mon appel de 1940, ce comité déposait une croix de Lorraine devant le monument aux morts. Puis, il appelait la population à manifester en masse, ce qui eut lieu le 24 juin. Cinq jours après, le commandant Tourtet et son bataillon se joignaient au mouvement. L'effervescence gagnait la marine. L'amiral Robert dut s'incliner. Il publia, le 30 juin, « qu'il avait demandé au Gouvernement des États-Unis l'envoi d'un plénipotentiaire pour fixer les modalités d'un changement de l'autorité française et qu'il se retirerait ensuite. » Cette annonce ramena le calme, bien que l'on n'admît aucunement qu'il fût besoin des Américains pour régler cette affaire nationale. Deux jours plus tard, une délégation venue de la Martinique arrivait à la Dominique, faisait part à Jean Massip du ralliement de la colonie et demandait l'envoi par le général de Gaulle d'un délégué muni de pleins pouvoirs.

A la Guadeloupe, les événements avaient suivi un cours analogue. Depuis longtemps, la population portait vers la France Libre ses vœux et ses espérances. MM. Valentino, président de la commission exécutive du conseil général, Meloir, Gérard et d'autres notabilités avaient formé un « Comité de la résistance ». Valentino, arrêté, puis transféré à la Guyane, parvenait après la libération de cette colonie à regagner secrètement la Guadeloupe. Le 2 mai 1943, une manifestation en faveur de la France Combattante avait lieu à Basse-Terre et se terminait par une fusillade sanglante dirigée sur la foule par le service d'ordre. Le 4 juin, Valentino tentait en vain avec ses amis de s'emparer du pouvoir, mais réussissait ensuite à se rendre auprès de Jean Massip. A la fin du même mois, le renoncement de Robert à la Martinique achevait de régler la question à la Guadeloupe.

Le 3 juillet, le Comité de la libération nationale, informé de ces événements, mandatait comme « délégué extraordinaire aux Antilles » son représentant à Washington, l'ambassadeur Henri Hoppenot. Celui-ci, accompagné d'officiers supérieurs de l'armée, de la marine et de l'air, arrivait à Fort-de-France le 14 juillet. Sous une mer de drapeaux à croix de Lorraine, dans la tempête des « Vive de Gaulle ! » il y était accueilli par Sévère et son comité avec l'immense concours du peuple. Hoppenot et sa mission prirent aussitôt les affaires en mains. Avec doigté et fermeté, ils mirent tout et chacun à sa place. L'amiral Robert se rendit à Porto-Rico et, de là, partit pour Vichy. Le gouverneur Ponton, venu d'Afrique équatoriale, fut nommé gouverneur de la Martinique. Le secrétaire-général Poirier, puis le gouverneur Bertaut, reçurent la charge de la Guadeloupe. L'or de la Banque de France, entreposé à Fort-de-France, passa sous le contrôle du Comité d'Alger. L'escadre fut dirigée sur les États-Unis et, après remise en état, gagna l'Afrique du Nord. Les troupes furent incorporées dans l'armée de la libération. En particulier, le Bataillon des Antilles, sous les ordres du lieutenant-colonel Tourtet, devait prendre une part brillante aux combats de Royan où son chef serait tué à l'ennemi.

Le ralliement des Antilles achevait l'accomplissement d'un grand dessein national, entrevu au cours du désastre par le dernier gouvernement de la IIIe République, adopté par la France Libre immédiatement après les « armistices » et, depuis lors, poursuivi coûte que coûte, mais auquel les gouvernants de Vichy, répondant, consciemment ou non, aux intentions de l'ennemi, s'étaient opposés sans relâche. Sauf l'Indochine, que le Japon tenait à sa merci, toutes les terres de l'Empire avaient maintenant repris la guerre pour la libération de la France.

Quant aux forces françaises d'outre-mer, toutes avaient également rallié. L'escadre d'Alexandrie, échouée depuis 1940 dans la neutralisation, s'était, en juin 1943 par décision de son chef, placée aux ordres du gouvernement. En août, l'amiral Godfroy amenait dans les ports d'Afrique du Nord, par la mer Rouge, le Cap et Dakar, le cuirassé *Lorraine*, les croiseurs : *Duguay-Trouin*, *Duquesne*, *Suffren*, *Tourville*, les contre-torpilleurs : *Basque*, *Forbin*, *Fortuné* et le sous-marin *Protée*. Ces belles unités, comme celles qui venaient des Antilles, reprenaient la lutte à leur tour. Un tel renfort, joint aux navires restés à flot dans les ports d'Afrique et à ceux au mât desquels flottait la Croix de Lorraine, allait permettre de faire reparaître une importante force navale française sur les mers par où l'Europe verrait arriver la victoire.

L'obscure harmonie d'après laquelle s'ordonnent les événements faisait coïncider le renouveau de la puissance française avec le fléchissement de celle de l'ennemi. L'Italie, devenue de nouveau, suivant le mot de Byron, « la triste mère d'un empire mort » et sur le point d'être envahie, prenait le chemin de la rupture avec le Reich allemand. Mais, pour le Comité français de la libération nationale, les problèmes posés par le changement de front de l'Italie allaient le conduire à s'affermir lui-même en tant que gouvernement. En même temps, les alliés seraient contraints de constater qu'il ne pourrait y avoir de règlement valable au sujet de l'Italie sans la participation française. Et puis, la dure campagne qu'ils entamaient dans la péninsule leur ferait désirer, bientôt, le concours de nos troupes et de nos navires. Ils seraient donc amenés à nous faire une part plus large dans le domaine diplomatique comme sur le terrain des combats. Ayant besoin de la France, il leur faudrait, bon gré mal gré, s'adresser au pouvoir français.

Le 10 juillet, une armée anglaise et une armée américaine, placées sous le commandement du général Alexander, débarquaient en Sicile. Nous n'avions pas été invités à prendre part à l'opération. La raison qu'on nous en donnait était l'insuffisance d'armement de nos unités qui, en effet, ne recevaient encore que peu de matériel américain. En réalité, Washington et Londres, escomptant l'effondrement prochain de l'Italie, préféraient que nous ne fussions pas mêlés à la bataille décisive, non plus qu'à l'armistice qui viendrait la couronner.

Nos alliés se heurtèrent, en Sicile, à une très vive résistance des Allemands accourus pour défendre l'île. Pourtant, après six semaines de durs combats, les forces anglo-saxonnes finissaient par l'emporter. Mais, entre temps, on avait appris que le Grand Conseil fasciste désavouait Mussolini, que le roi d'Italie avait fait arrêter le Duce, que le maréchal Badoglio était nommé Premier Ministre. Sans doute, celui-ci se proclamait-il résolu à continuer la guerre dans le camp de l'Axe. Mais il était clair que cette attitude couvrait des intentions contraires. Moins que personne le Führer en doutait. Dans le discours qu'il prononça, le lendemain, à la radio, on discernait sous les cris d'une menaçante assurance l'inquiétude de l'allié trahi. On y reconnaissait aussi une note humaine, rare chez le dictateur. Hitler saluait en Mussolini le camarade tombé. Il le faisait sur le ton d'un homme qui bientôt tombera lui aussi, mais qui entend, jusqu'au bout, se mesurer avec le destin.

Le coup de théâtre de Rome avait eu lieu le 25 juillet. Le 27, je pris publiquement position. Parlant à la radio, je déclarai que « la chute de Mussolini, signe de la défaite certaine de l'Axe et preuve de l'échec du système fasciste, était pour la France la première revanche de la justice. » — « L'exemple de Mussolini, disais-je, s'ajoute à l'histoire de tous ceux qui outragèrent la majesté de la France et que le destin a châtiés. » Ayant insisté sur le fait qu'il fallait redoubler d'efforts pour atteindre à la victoire, je constatai : « L'écroulement du fascisme italien peut poser prochainement la question du règlement des comptes. Or, il est bien évident que, malgré la situation terrible où se trouve encore notre pays, un tel règlement ne saurait être ni valable, ni durable, sans la France. » Je faisais, d'ailleurs, entendre que dans cette participation nous serions animés par le désir de réconciliation, plutôt que par l'esprit de vengeance, « car le voisinage étroit et, dans une certaine mesure, l'interdépendance des deux grands peuples latins de meurent, malgré les griefs du présent, des éléments sur lesquels la raison et l'espoir de l'Europe ne renoncent pas à se poser. » Enfin, j'affirmai « les devoirs imposés et les droits conférés, en cette matière, au Comité de la libération nationale par la confiance ardente de l'immense majorité française et son propre caractère d'organisme responsable des intérêts sacrés du pays. »

Mais, comment soutenir une telle politique si nous restions nous-mêmes plongés dans la confusion? Le 31 juillet, Giraud étant rentré de son voyage à l'étranger, je pris la question corps à corps en séance du Comité. Cette fois, le gouvernement adopta des décisions qui nous rapprochaient du but.

La direction du Comité et la présidence des séances incombaient, désormais, au seul de Gaulle. Si Giraud gardait, avec le titre de président, la faculté de signer, comme moi, les ordonnances et les décrets, ce ne devait plus être là qu'une simple formalité, puisque les textes étaient auparavant arrêtés en Conseil et sous mon seul arbitrage. Dans l'ordre militaire, la fusion de toutes les forces était décidée. Le Haut-comité militaire devenait, sous ma présidence, le « Comité de la Défense nationale ». Le général Giraud était nommé, par décret, Commandant en chef des forces françaises, étant entendu qu'il cesserait de faire partie du gouvernement si l'occasion se présentait, un jour, de le mettre à la tête des opérations sur un théâtre déterminé. Le général Legentilhomme, rappelé de Madagascar, prenait les fonctions de vice-commissaire et, peu après, de commissaire à la Défense nationale. Le général Leyer, l'amiral Lemonnier, le général Bouscat, devenaient chefs d'état-major, respectivement de l'Armée, de la Marine et de l'Air, avec, pour les seconder en tant que sous-chefs, le général Kœnig, l'amiral Auboyneau, le général Valin. Quant à Juin, il était confirmé dans sa mission de préparer et, bientôt, de commander le corps expéditionnaire destiné à l'Italie.

Ces dispositions réglaient, en principe, l'essentiel. Encore fallait-il qu'elles fussent appliquées. Malgré les expériences antérieures je voulais espérer que ce serait possible ; que le général Giraud, ayant reçu le titre le plus élevé et les attributions les plus étendues que le Comité pût, sans se dessaisir, donner à un chef militaire, renoncerait à se soustraire à l'autorité du gouvernement ; qu'il se garderait d'agir, dans son domaine, en dehors de celui qui portait la charge de diriger le pouvoir. On put le croire, tout d'abord.

Au long du mois d'août et des premiers jours de septembre, le Comité de la libération nationale, continuant à fonctionner comme il l'avait fait en juillet, joua son rôle de gouvernement. Ainsi, pour ce qui concernait : la mobilisation, les finances, le ravitaillement, les transports, les logements, la marine marchande, l'aménagement des ports et des aérodromes, la santé publique, etc., purent être tranchés maints problèmes ; ceux-ci rendus très difficiles par la situation d'extrême pénurie où se trouvaient des territoires dépendant, en temps normal, de ce qui venait du dehors, mais qui maintenant ne venait plus, privés au profit de l'armée d'éléments de qualité, soumis à des prestations multiples, surpeuplés par la présence des troupes alliées et d'un grand nombre de réfugiés venus de la Métropole.

En même temps, le Comité précisait sa position, tant à l'égard de la résistance que de Vichy. Une ordonnance convoquait pour novembre l'Assemblée consultative, tandis que, le 3 septembre, le Comité prenait, sans objection d'aucun de ses membres, la décision suivante qui était aussitôt publiée : « Assurer, dès que les circonstances le permettront, l'action de la justice à l'égard du maréchal Pétain et de ceux qui ont fait ou font partie des pseudo-gouvernements formés par lui, qui ont capitulé, attenté à la constitution, collaboré avec l'ennemi, livré des travailleurs français aux Allemands et fait combattre des forces françaises contre les alliés ou contre ceux des Français qui continuaient la lutte. »

A l'extérieur, l'action du Comité s'affirmait de la même manière. Les missions, diplomatiques, économiques, militaires, que la France Combattante et l'organisation d'Alger avaient respectivement et séparément entretenues en Angleterre et aux États-Unis, se voyaient unifiées. Viénot à Londres, Hoppenot à Washington, étaient maintenant nos seuls représentants, chacun d'eux ayant sous sa coupe tous fonctionnaires et militaires présents dans le pays où il était accrédité. En août, nous chargions Jean Monnet, commissaire au Ravitaillement et à l'Armement, d'engager avec les gouvernements américain, britannique et canadien des négociations qui devaient aboutir à des accords réciproques de prêt-bail embrassant les matériels, denrées, services, fournis de part et d'autre et préparant ce qui serait fait lors de la libération pour assurer les besoins élémentaires de la France. Pendant ce temps, Couve de Murville, commissaire aux Finances, réglait avec le Chancelier de l'Échiquier la fin de l'accord financier passé en mars 1941 entre la France Libre et l'Angleterre. Le 7 septembre, nous adressions à Washington et à Londres un projet d'accord précisant « les modalités de la coopération à établir, du jour où les forces alliées débarqueront en France, entre ces forces d'une part, les autorités et la population d'autre part, » et demandant que cette affaire fût mise d'urgence en discussion entre les trois gouvernements. Nous nous doutions bien, en effet, que nos alliés caressaient le projet d'assumer eux-mêmes, sous le couvert de leur commandement militaire, le gouvernement de notre pays à mesure qu'ils y pénétreraient et nous étions, naturellement, résolus à les en empêcher.

Enfin, voyant venir la capitulation italienne et certains que nos alliés ne nous associeraient aux avantages et honneurs du triomphe que dans la moindre mesure possible, nous leur faisions officiellement connaître « que le Comité français de la libération nationale entendait prendre part aux négociations d'armistice, puis aux délibérations et décisions des organismes qui feraient exécuter les conditions imposées. » C'est ainsi que nous nous exprimions dans une note remise, le 2 août, par René Massigli à MM. MacMillan et Murphy. La même note spécifiait les points intéressant directement la France et qui devraient, selon nous, être insérés dans la future convention.

Dans le domaine militaire, la collaboration du chef du gouvernement et du commandant en chef paraissait, maintenant, satisfaisante. Le général Giraud, enchanté de se voir confirmer un titre qui lui était cher et de prendre sous ses ordres les unités des forces françaises libres, affichait son loyalisme. Le comité de la Défense nationale prenait, sans heurts, les mesures concernant la fusion. Leclerc et sa colonne gagnaient le Maroc. Le Groupement Larminat venait stationner en Tunisie. Divers navires et plusieurs groupes d'aviation, provenant d'Afrique du Nord, étaient envoyés en Grande-Bretagne pour opérer à partir des bases anglaises aux côtés d'éléments à croix de Lorraine. En même temps, le comité de la Défense nationale arrêtait le plan de réorganisation de l'armée, de la marine, de l'aviation, sur la base des cadres et effectifs dont nous pouvions disposer et suivant l'armement venant des États-Unis. Quant à l'emploi de ces forces à l'intérieur de la coalition, nos intentions étaient fixées sous la forme d'un mémorandum signé : de Gaulle - Giraud et adressé, le 18 septembre, à Roosevelt, à Churchill et à Staline.

Ayant fait le compte des unités que nous pouvions mettre sur pied, nous indiquions que, sans préjudice de ce qui pourrait être fait auparavant en Italie avec le concours de nos troupes, l'effort principal français, sur terre, sur mer et dans les airs, devrait être directement consacré à la libération de la France et engagé, à partir de l'Afrique du Nord, par le sud de la Métropole. Toutefois, il était, écrivions-nous, nécessaire que certaines forces fournies par nous prissent part aux opérations du Nord. Il faudrait qu'au moins une division blindée française fût transportée à temps en Angleterre pour assurer la libération de Paris. D'autre part, un régiment de parachutistes, des commandos, plusieurs navires et 5 ou 6 groupes d'aviation devraient être engagés dès le début du débarquement. Enfin, nous faisions connaître notre volonté de diriger sur l'Extrême-Orient, dès que la bataille en Europe serait gagnée, un corps expéditionnaire et le gros de nos forces navales afin de concourir à la lutte contre le Japon et de libérer l'Indochine. Tout cela serait, en effet, accompli à mesure, de point en point.

Dans le courant du mois d'août, je passai l'inspection des troupes en Algérie, des navires de guerre parés dans les ports d'Alger et d'Oran et des bases de l'aviation. Partout, à cette occasion, je réunis les officiers. Depuis le désastre de 1940, la défaillance des dirigeants de Vichy, les réflexes de la discipline, le hasard des circonstances, avaient pu conduire ces hommes d'honneur et de devoir dans d'autres chemins que celui qu'ils suivaient à présent. Mais aucun, au fond de lui-même, n'avait jamais perdu l'espoir de reprendre le combat contre les ennemis de la France. Ils étaient, sous leur attitude d'attention et de respect, profondément impressionnés par la présence de ce de Gaulle, qu'une certaine politique leur avait souvent commandé de blâmer et, parfois, prescrit de combattre, mais que l'instinct national et la logique des événements plaçaient, maintenant, au sommet du pouvoir et dont pas un seul d'entre eux n'imaginait de récuser l'autorité. Je les voyais, tendus à m'entendre et à me comprendre, tandis que je leur parlais avec la dignité, mais aussi avec la franchise, qui convenaient à eux et à moi. L'allocution terminée, les saluts échangés, les mains serrées, je quittais leur compagnie et j'allais à quelque autre tâche, plus résolu que jamais à faire en sorte que l'armée française arrachât sa part de la victoire et, par là, rouvrît l'avenir à la nation.

L'affermissement du pouvoir français contraignit les alliés à se départir quelque peu de l'attitude de doute et de méfiance qu'ils avaient, jusqu'alors, adoptée à son égard. La reconnaissance officielle du Comité de la libération par les États-Unis, la Grande-Bretagne et la Russie soviétique fut accomplie le 26 août. Déjà, Cuba, le Mexique, la Norvège, la Grèce, la Pologne, le Chili, la Belgique, avaient fait le nécessaire.

A vrai dire, les formules choisies par les trois autres grandes puissances marquèrent de profondes différences. Washington s'en tint à la plus restreinte : « Le Comité est reconnu comme administrant les territoires d'outre-mer qui reconnaissent son autorité. » Londres employa les mêmes termes, mais en y ajoutant : « Aux yeux de la Grande-Bretagne, le Comité est l'organisme qualifié pour exercer la conduite de l'effort français dans la guerre. » Moscou se montra très large. Pour la Russie soviétique, le Comité représentait « les intérêts d'État de la République française. » Il était « le seul organisme dirigeant et le seul représentant qualifié de tous les patriotes français en lutte contre l'hitlérisme. » L'exemple des « grands » fut rapidement suivi par d'autres. Le 3 septembre, parlant à la radio à l'occasion du quatrième anniversaire de la guerre et prenant acte de ces démarches, je pouvais déclarer : « La reconnaissance, par vingt-six États, du Comité français de la libération nationale fournit une preuve éclatante de notre solidarité pour le triomphe et pour la paix. »

Cependant, l'organisation du pouvoir, telle qu'elle avait été arrêtée le 31 juillet, ne pouvait subsister que si la subordination du commandement au gouvernement était acquise sans équivoque au-dedans et au-dehors. L'affaire italienne va faire voir que ce n'est pas le cas.

Le 3 septembre, Badoglio, qui avait pris depuis plusieurs semaines des contacts secrets avec les Anglo-Saxons, capitule entre leurs mains par le truchement d'une délégation envoyée à Syracuse. En même temps, les forces alliées prennent pied en Calabre. Une armée américaine, sous les ordres du général Clark, s'apprête à débarquer dans la région de Naples pour joindre et, au besoin, recueillir le roi d'Italie et son gouvernement ainsi que les troupes fidèles qu'ils ont concentrées à Rome. Or, le 29 août, MacMillan et Murphy avaient remis à Massigli un mémorandum faisant prévoir la reddition des Italiens et demandant au Comité français de la libération « d'accepter qu'en son nom, comme au nom de toutes les Nations Unies, le général Eisenhower fût habilité à signer avec le maréchal Badoglio une convention d'armistice qui couvrirait tous les besoins des alliés, notamment ceux de la France. » Le mémorandum indiquait les grandes lignes de l'instrument envisagé et concluait : « Les gouvernements du Royaume Uni et des États-Unis feront leur possible pour que le Comité français de la libération nationale envoie, s'il le désire, un représentant à la signature. »

Nous avions répondu, le 1er septembre, par une note approuvant qu'Eisenhower conclût l'armistice en notre nom, comme au nom de tous les alliés, demandant que le texte du projet nous fût communiqué d'urgence et nous déclarant prêts à envoyer, à tout moment, là où l'acte serait signé, un représentant du commandement français.

Voici donc, pour Londres et pour Washington, l'occasion de montrer s'ils entendent, ou non, que la France soit leur associée à part entière dans les règlements successifs qui termineront les hostilités. Cette occasion paraît d'autant plus favorable qu'il s'agit, d'abord, de l'Italie, que des forces françaises n'ont jamais cessé de combattre, dont on sait déjà que le territoire ne sera pas arraché aux Allemands sans le concours de notre armée et qui, parmi les Occidentaux, n'a d'autre voisine que la France et ne saurait voir fixer, en dehors de la France, son avenir territorial, politique, économique, colonial. Pourtant, nous devrons constater que, dans cette affaire capitale, Américains et Britanniques vont procéder sans scrupule à l'égard de notre Comité, quelques jours à peine après l'avoir formellement reconnu.

En effet, le 8 septembre après-midi, MacMillan et Murphy viennent dire à Massigli que la capitulation italienne est un fait accompli et que le général Eisenhower l'annoncera dans une demi-heure. Ils remettent au commissaire aux Affaires étrangères — formalité dérisoire ! — le texte de la déclaration par laquelle le Commandant en chef allié fait publier, pour ainsi dire au moment même, « qu'il a accordé au Gouvernement italien un armistice militaire dont les termes sont approuvés par les Gouvernements britannique, américain et soviétique. »

Comme Massigli observe qu'il n'est pas fait mention de la France, contrairement à ce que l'Angleterre et les États-Unis nous ont, par écrit, donné à croire le 29 août, ses interlocuteurs répondent que la déclaration d'Eisenhower est avant tout une manœuvre, employée précipitamment pour impressionner l'armée et la population italiennes tandis que les alliés exécutent dans la péninsule une nouvelle et difficile opération. « Manœuvre, ou non, reprend Massigli, vous me dites qu'un armistice est signé. Quand a-t-il été signé? Quelles en sont les conditions? » MacMillan et Murphy se bornent à dire que le général Giraud, Président du Comité français, a été tenu au courant par le Grand quartier général et qu'il n'a fait, de notre part, aucune observation. Dans la nuit, Massigli revoyant MacMillan et le pressant de questions, le ministre d'État britannique convient que les négociations des Gouvernements de Londres et de Washington avec le Gouvernement italien durent depuis le 20 août. Mais il répète que Giraud a été averti de tout.

Le 9 septembre, je réunis le Comité de la libération. Le rapport du commissaire aux Affaires étrangères suscite, naturellement, l'émotion et le mécontentement au sujet des procédés et, sans doute, des intentions des puissances anglo-saxonnes. Nous publions un communiqué, exprimant la satisfaction que cause à la France la défaite de l'Italie, rappelant la contribution des armées et de la résistance françaises, prenant acte de la déclaration du général Eisenhower, mais précisant que « les intérêts vitaux de la Métropole et de l'Empire impliquent la participation de la France à toute convention concernant l'Italie. »

Au cours de la séance, je demande au général Giraud pour quelles raisons il n'a pas fait connaître au gouvernement et, notamment, à son chef les graves nouvelles qui lui ont été communiquées par les alliés et qui, si nous les avions connues à temps, nous eussent permis de faire valoir ce qui est dû à la France. Giraud assure qu'il n'a reçu aucune information relative à l'armistice. Comme, dans la soirée du même jour, Massigli rapporte ce démenti à MacMillan et à Murphy, ils maintiennent leurs affirmations, tout en alléguant avec quelque embarras que l'ignorance du français au quartier-général d'Eisenhower et de l'anglais à l'état-major de Giraud pourrait être la cause du malentendu. Le lendemain, ils viennent dire, en s'excusant : « Après enquête, nous avons constaté que c'est ce matin seulement que le général Eisenhower a fait connaître au général Giraud les conditions de l'armistice. »

Point de doute ! Nos alliés sont d'accord pour nous écarter, autant qu'ils le pourront, des décisions concernant l'Italie. Il faut prévoir qu'ils le seront, demain, pour tenter d'arrêter sans la France le destin de l'Europe. Mais ils doivent savoir que la France n'admet pas cette exclusion et qu'ils ne sauraient, dans l'avenir, compter sur elle s'ils la méconnaissent, à présent. Le 12 septembre, à l'occasion de ma visite officielle à Oran, je mets les points sur les i.

Parlant devant une foule immense sur le parvis de l'Hôtel de Ville, j'affirme : « Le pays veut redoubler d'efforts pour hâter la défaite de l'ennemi. Il veut aussi prendre part, à son rang, au règlement du conflit et à la reconstruction du monde. » Sur ce point, j'en appelle à « la solidarité des nations de bonne volonté. » — « Il existe entre elles, ajouté-je, une interdépendance telle que toutes ont l'obligation de tenir compte de l'intérêt vital et de la dignité des autres. » Évoquant le peuple français qui souffre et les combattants français de l'Empire et de l'intérieur qui prennent et prendront leur part des grandes batailles, je lance cet avertissement : « Le véritable réalisme, c'est de ne pas les décevoir. » Certes, je le reconnais : « En la cinquième année de la guerre, la France n'est pas, hélas ! en mesure d'aligner beaucoup de ces divisions, de ces navires, de ces escadrilles, par quoi l'on voudrait sommairement décompter la contribution des États. A la faveur d'un désastre essuyé quand la France, à peu près seule, faisait face à Hitler et à Mussolini, l'esprit d'abandon de certains a, en partie, saboté l'effet national dans la guerre... Nous avons chancelé ! Oui ! C'est vrai ! Mais n'est-ce pas, d'abord, à cause de tout le sang que nous venions de répandre, quelque vingt ans auparavant, pour la défense des autres autant que pour notre défense ? » Je termine, en déclarant : « La France prétend, dans l'intérêt de tous, à la place qui lui revient dans le règlement du drame dont la liquidation commence. » Toute l'éloquence du monde est dans la clameur populaire qui répond à mon discours.

Il ressort, en tout cas, des démarches de MM. MacMillan et Murphy que nos alliés ont invoqué, sinon utilisé, l'absurde dualisme de notre gouvernement comme un alibi pour masquer leur manquement. Or, voici que, presque aussitôt, le même dualisme étale sa malfaisance à propos d'une importante opération nationale et militaire : la libération de la Corse.

Dès 1941, la France Libre avait envoyé dans l'île le capitaine Scamaroni avec mission de préparer l'action. Pendant deux ans, Scamaroni avait fait d'excellent travail, réussissant à coiffer tous les éléments de résistance, afin qu'aucun parti, aucun clan, ne pût monopoliser à son profit l'effort de tous. C'est ainsi que le « Front national », ayant pour chef politique Giovoni, pour chef militaire Vittori, tous deux communistes, avait pris l'attache du délégué de la France Libre, comme l'avaient fait, de leur côté, les patriotes moralement rassemblés autour de Raimondi et des frères Giaccobbi, ou bien les équipes formées par d'anciens militaires, telle celle du lieutenant Alphonse de Peretti. Par malheur, le vaillant délégué était tombé aux mains des Italiens qui avaient occupé l'île au lendemain du débarquement des alliés en Afrique du Nord. Affreusement torturé, Scamaroni s'était donné la mort pour sauvegarder ses secrets.

A cette époque — mars 1943 — la bataille de Tunisie approchait de son terme. Tout faisait prévoir que la Corse serait prochainement englobée dans les opérations qui viseraient l'Italie et le Midi de la France. Dans ce pays de maquis, ardemment attaché à la France et dont les prétentions et la présence de l'envahisseur exaspéraient le patriotisme, un grand courant de révolte se répandait secrètement. Des milliers d'hommes décidés, soutenus par la sympathie active de la population, attendaient impatiemment l'occasion d'entamer le combat.

L'organisation d'Alger s'était, à son tour, mise en rapport avec la Corse. Le « Commandant en chef civil et militaire » y envoyait, d'abord, quelques agents, puis en avril 1943 le commandant Colonna d'Istria. Rien, là, qui ne fût très louable. Ce qui l'était moins, c'est qu'une fois constitué en juin notre Comité d'Alger, le général Giraud ne me souffla mot de l'action qu'il menait en Corse. Colonna se donnait sur place, sans doute en toute bonne foi, comme le représentant du gouvernement tout entier. En cette qualité, Colonna traita exclusivement avec les chefs communistes Giovoni et Vittori, soit qu'il n'aperçût pas l'inconvénient de cette préférence, soit qu'il voulût simplifier le problème, soit qu'il en eût reçu l'ordre. Il faut ajouter que le parti communiste avait envoyé de France en mission auprès de Giraud le député des Alpes-Maritimes Pourtalet qui, de Nice, s'était tenu longtemps en liaison avec Giovoni. Pourtalet n'avait pas manqué de fournir au commandant en chef sur la situation en Corse des renseignements et des suggestions dont son parti tirerait avantage.

Au cours des mois de juillet et d'août, les services secrets du général Giraud déployèrent, à mon insu, une grande activité pour armer la résistance corse. L'« Intelligence » britannique, qui n'avait pas coutume de se montrer généreuse sans arrière-pensées, procura 10 000 mitraillettes. Celles-ci furent transportées d'Alger, soit par le sous-marin *Casabianca* qui accomplit plusieurs traversées périlleuses, soit par des avions anglais qui les parachutèrent sur les terrains désignés par Colonna. Toutes ces armes, reçues et réparties par les chefs du « Front national », achevèrent de conférer à Giovoni et à Vittori le monopole de l'autorité. Les chefs communistes prirent sous leur coupe l'ensemble des résistants où, cependant, les membres de leur parti n'étaient qu'une minorité. Toute communication se trouvant empêchée entre Alger et les « gaullistes » de l'île, ceux-ci, faute d'autre chose, s'accommodèrent de cette organisation, au point que mon propre cousin, Henri Maillot, accepta de faire partie du comité du « Front national », croyant répondre à mes intentions.

Le 4 septembre, lendemain du jour où Badoglio a signé l'armistice dont la nouvelle me sera, cependant, cachée jusqu'au 8, Giovoni est à Alger où l'a amené le *Casabianca*. Il y est sans que je le sache. Il vient s'entendre avec le commandant en chef au sujet d'une opération que l'acte de Syracuse va permettre de réaliser en rendant neutres ou favorables les 80 000 Italiens qui occupent la Corse. Giraud ne me dit rien de la visite qu'il reçoit. Giovoni ne prend aucun contact avec moi. Il repart le 6 septembre. Dans la soirée du 9, on apprend que les résistants se sont rendus maîtres d'Ajaccio, que le préfet a lui-même proclamé le ralliement du département au Comité de la libération nationale et que la garnison italienne n'a fait aucune opposition. C'est alors que le général Giraud vient, pour la première fois, me parler de ce qu'il a fait en Corse.

A son compte rendu, je réponds : « Au milieu des bonnes nouvelles qui nous arrivent, je suis, mon Général, froissé et mécontent de la manière dont vous avez procédé à mon égard et à l'égard du gouvernement en nous cachant votre action.

Je n'approuve pas le monopole que vous avez donné aux chefs communistes. Il me paraît inacceptable que vous ayez laissé croire que c'était fait en mon nom comme au vôtre. Enfin, vous ayant entendu sur la récente visite de Giovoni, l'opération dont vous avez convenu, les conditions dans lesquelles elle s'est déclenchée, je ne m'explique pas comment vous avez pu dire, ce matin, à notre conseil des ministres que vous ignoriez l'imminence de l'armistice italien. De tout cela je tirerai les conséquences qui s'imposent, dès que nous aurons franchi la passe où nous voici engagés. Pour le moment, il nous faut faire face à la situation militaire. La Corse doit être secourue au plus tôt. Le gouvernement fera, ensuite, ce qu'il doit pour tarir, une bonne fois, la source de nos discordances. »

Giraud et moi sommes d'accord, tout au moins, pour que des troupes soient, d'urgence, portées en Corse. Quant à l'exécution, c'est à lui qu'elle incombe. A ce point de vue, je ne doute pas qu'il fera pour le mieux.

Le Comité de la libération, réuni le lendemain, adopte la même attitude vis-à-vis du commandant en chef. Tout en lui faisant confiance pour régler la question militaire, il lui adresse le reproche d'avoir agi délibérément seul dans un domaine qui ne lui appartenait pas en propre. Au cours de la même séance, Charles Luizet est nommé préfet de la Corse. Il partira sans délai avec une solide équipe. Le général Mollard l'accompagnera comme gouverneur militaire de l'île.

C'est avec beaucoup d'ardeur qu'est menée l'action militaire en Corse. Pourtant, l'intervention des troupes régulières et des bâtiments qui les portent est tout à fait improvisée. A vrai dire, un plan complet avait été, depuis plusieurs semaines, dressé par le général Juin à la demande du commandant en chef. Dans l'hypothèse où les Italiens garderaient la neutralité, il faudrait, suivant Juin, débarquer en Corse à la fois par l'ouest et par l'est afin de couper aux Allemands les deux routes côtières. Il prévoyait l'engagement de deux divisions, dont une de montagne, d'un groupement de tabors, d'une centaine de blindés et de quelques commandos. Ainsi pourrait-on détruire ou capturer les forces allemandes déjà stationnées dans l'île et celles qui viendraient de Sardaigne. Le 9 septembre, les éléments d'une telle expédition sont disponibles et brûlent d'agir. Mais leur transport exigerait un tonnage considérable, ainsi qu'une sérieuse protection navale et aérienne. Comme les bâtiments de guerre, les navires marchands, les avions qui seraient nécessaires n'ont pas été à l'avance réunis, le commandant en chef est hors d'état d'exécuter un plan aussi vaste avec nos propres moyens. Se tournant vers les alliés pour leur demander leur aide, il se heurte à un refus, car ceux-ci sont, au même moment, engagés à fond dans leur tentative de débarquement à Salerne.

Cependant, les choses en sont au point qu'il faut agir tout de suite. Giraud décide, et je l'en approuve, d'effectuer l'opération sur une échelle réduite. Les troupes qu'il parviendra, en l'espace de trois semaines, à faire passer en Corse réussiront, avec l'aide de la résistance, à protéger la plus grande partie de l'île contre les pointes offensives des Allemands, à harceler les colonnes germaniques au cours de leur retraite, à leur infliger des pertes importantes en personnel et en matériel. Toutefois, malgré la vigueur de leur action, elles ne pourront empêcher l'ennemi de prendre le large. Il n'en restera pas moins que la libération de la Corse, ayant comporté l'engagement des forces françaises, et de celles-là seulement, aura parmi les Français et parmi les alliés un profond retentissement.

C'est dans la nuit du 12 septembre que le vaillant *Casabianca* débarque à Ajaccio nos premiers éléments. Y arriveront, jour après jour, le « Bataillon de choc », le 1er Régiment de tirailleurs marocains, le 2e Groupement de tabors, un escadron mécanique du 1er Régiment de spahis, des fractions d'artillerie, du génie, des services, ainsi que le matériel, les munitions, l'essence, indispensables, le tout transporté par les croiseurs : *Jeanne d'Arc* et *Montcalm*, les contre-torpilleurs : *Fantasque* et *Terrible*, les torpilleurs : *Alcyon* et *Tempête*, les sous-marins : *Aréthuse* et *Casabianca.* Une escadrille d'aviation de chasse gagne la base de Campo del Oro. Quant aux Allemands, leur but est d'évacuer la brigade de S. S. qu'ils ont sur place et la 90e Panzerdivision qu'ils replient, en hâte, de Sardaigne. Leur mouvement s'exécute à l'est, par la route Bonifacio-Bastia, sous la protection d'une aviation importante et de fortes reconnaissances qu'ils lancent vers l'intérieur de l'île. De nombreux chalands à moteur les embarquent, à Bastia, pour l'île d'Elbe et pour Livourne.

Le général Henry Martin est à la tête des troupes françaises. Il conduira l'affaire parfaitement bien ; s'assurant, d'abord, d'une tête de pont à Ajaccio ; puis, poussant des commandos à l'appui de la résistance qui accroche durement l'ennemi à Bastia, Bonifacio, Quenza, Levie, Inzecca, etc., et tient les passages de la « dorsale » de l'île ; faisant, ensuite, nettoyer

Porto-Vecchio, Bonifacio, Favone, Ghisonaccia ; abordant enfin Bastia, en refoulant les Allemands par le terrain montagneux et boisé de Saint-Florent et du cap Corse. Le général Martin s'est, d'ailleurs, utilement entendu avec le général Magli commandant les forces italiennes. Celui-ci, malgré le trouble de la situation étrange où il se trouve, fournira aux nôtres des camions et des mulets et les fera, en certains points, appuyer par ses batteries. Le général Louchet, qui mène la progression dans le Nord, le commandant Gambiez pour les « chocs », les colonels : de Latour pour les goums, de Butler pour les tirailleurs, de Lambilly pour les blindés, entraînent brillamment leurs troupes. Le général Giraud se rend lui-même en Corse peu de jours après les premiers débarquements, parcourant le terrain, communiquant à tous la résolution qui l'anime. Le 4 octobre, les nôtres pénètrent dans Bastia, d'où l'ennemi a pu replier par mer son arrière-garde non sans laisser sur le terrain un abondant matériel.

Dans la soirée du même jour, je me rends auprès du commandant en chef pour le féliciter, au nom du gouvernement, de l'heureuse issue de l'opération militaire. Il l'avait prescrite et lancée. Il en avait assumé le risque. Le mérite lui en revenait. Bien que les moyens mis en œuvre fussent à assez petite échelle, les difficultés étaient grandes puisqu'il fallait jeter vers l'inconnu, à 900 kilomètres de nos bases, et combiner en une seule action des éléments pris, à l'improviste, dans l'armée, la marine, l'aviation. Dès le 24 septembre, j'avais dit à la radio d'Alger : « Le pays et l'Empire saluent les combattants français de Corse, à qui le Commandant en chef de l'armée française vient d'aller, sur le terrain même, donner ses instructions pour les engagements de demain. A ces combattants et à leurs chefs, à ceux qui se sont levés du sol corse pour se libérer eux-mêmes et à ceux que l'armée, la marine, l'aviation françaises renaissantes y ont hardiment envoyés, le Comité de la libération nationale adresse le témoignage ardent de l'amour et de la fierté de la France. »

Mais, justice étant rendue aux capacités militaires du général Giraud, il n'en restait pas moins qu'il avait procédé, vis-à-vis du gouvernement, d'une manière qu'on ne pouvait admettre. Je le lui répétai, ce soir-là, après lui avoir adressé mon compliment. « Vous me parlez politique, » dit-il. — « Oui, répondis-je. Car nous faisons la guerre. Or, la guerre, c'est une politique. » Il m'entendait, mais ne m'écoutait pas.

Au fond, Giraud ne se résignait à aucune forme de dépendance. Ce qu'il paraissait accepter n'était jamais acquis. Par nature et par habitude, mais aussi en vertu d'une sorte de tactique, son esprit s'enfermait dans le seul domaine militaire, refusait de considérer les réalités humaines et nationales, fermait les yeux à ce qui appartient au pouvoir. Dans cette psychologie, il ne pouvait, vis-à-vis de moi, faire abstraction de la hiérarchie d'antan. Non qu'il ne ressentît, lui aussi, le caractère exceptionnel de la mission qui m'incombait. Il sut, d'ailleurs, m'en donner, en public comme en privé, des preuves généreuses et émouvantes. Mais il n'en tirait pas de conséquences pratiques. Il faut ajouter que les circonstances qui l'avaient, naguère, porté à la première place en Afrique du Nord, le soutien que lui accordait la politique américaine, les préventions et les rancunes nourries à mon égard par certains éléments français, n'étaient pas sans influer sur ses idées et sur sa manière d'être.

Il fallait mettre un terme à une situation fausse. Désormais, j'avais résolu d'amener le général Giraud à quitter le gouvernement, tout en continuant à faire l'emploi de ses services. Au reste, les membres du Comité de la libération comprenaient, eux aussi, qu'on ne pouvait plus différer. Deux nouveaux membres, que j'y avais fait entrer dans le courant de septembre, renforçaient la tendance aux solutions catégoriques. François de Menthon, arrivant de France, était devenu commissaire national à la Justice. Pierre Mendès-France, quittant sur mon ordre le groupe d'aviation « Lorraine », assumait la charge des Finances en remplacement de Couve de Murville qui devenait, comme il l'avait demandé, représentant de la France à la commission des Affaires italiennes. Or, ce qui, dans l'ordre politique, semblait se passer en Corse impressionnait les ministres. André Philip, étant allé visiter l'île pour voir où en étaient les choses, avait constaté comment les communistes, utilisant la résistance, installaient des municipalités de leur choix et saisissaient les moyens d'information. A aucun prix, les ministres ne voulaient voir ce précédent se reproduire, demain, dans la Métropole. Ils me pressaient donc de réaliser le changement de structure qui mettrait le gouvernement à l'abri de telles surprises.

Leur souci était le mien. Mais j'entendais procéder, jusqu'au bout, avec ménagements à l'égard du grand soldat qui, au long de sa carrière, avait rendu tant de brillants services et dont l'ennemi, au même moment, traitait d'une manière odieuse la famille qu'il avait saisie.

Quant à la Corse, tout allait s'arranger. J'y arrivai le 8 octobre pour y passer trois magnifiques journées. Ma visite dissipa les ombres. A Ajaccio, je m'adressai au peuple sur la place de la mairie. Devant l'accueil qui m'y fut fait, mes premiers mots furent pour constater « la marée d'enthousiasme national qui nous soulève tous aujourd'hui. » Je confondis dans le même hommage les patriotes corses et l'armée d'Afrique. Je notai l'effondrement total du régime de Vichy. « Où en est donc ici, m'écriai-je, la fameuse Révolution nationale? Comment se fait-il que tant de portraits et d'insignes aient fait place, en un clin d'œil, à l'héroïque Croix de Lorraine?... Il a suffi que le premier frisson libérateur ait parcouru la terre corse pour que cette fraction de la France se tournât, d'un seul mouvement, vers le gouvernement de la guerre, de l'unité, de la République. »

Alors, observant que ma voix s'élevait « du centre de la mer latine, » je parlai de l'Italie. Je soulignai « à quel point étaient absurdes les ambitions d'un voisin latin poussé, hier, dans une monstrueuse alliance avec la cupidité germanique et qui prétextait notre décadence pour tâcher de saisir la Corse. » Mais je proclamai : « Une fois la justice rendue, la France de demain ne se figera pas dans une attitude de rancœur à l'égard d'une nation qui nous est apparentée et que rien de fondamental ne devrait séparer de nous. » — « La victoire approche, dis-je en terminant. Elle sera la victoire de la liberté. Comment voudrait-on qu'elle ne fût pas, aussi, la victoire de la France? »

A Ajaccio, je pus constater que le préfet Luizet, le gouverneur militaire Mollard, le maire Eugène Macchini étaient à leur affaire. Corte, vibrait d'acclamations sans perdre sa rude dignité. Je me rendis à Sartène. Je visitai Bastia, aux rues emplies de décombres, où l'ennemi avait incendié ou fait sauter, avant de fuir, de vastes dépôts de matériel et de munitions et dont le pauvre cimetière, bouleversé par les explosions, étalait le plus triste spectacle. Au milieu des premiers habitants qui avaient regagné leur demeure, le général Martin me présenta les troupes victorieuses. Partout, les groupes paramilitaires se montraient justement fiers d'avoir soutenu la gloire de la Corse en combattant pour la France. Chaque village où je m'arrêtai prodiguait les plus touchantes démonstrations, tandis que les troupiers italiens, qui s'y trouvaient cantonnés, ne cachaient pas leur sympathie. A l'arrivée et au départ, le visage cinglé par le riz que mes hôtes lançaient, suivant la coutume corse, en signe de bienvenue, j'entendais crépiter les mitraillettes de la libération.

Quatre semaines plus tard, la transformation du Comité d'Alger allait être un fait accompli. De toute manière, la réunion, au début de novembre, de l'Assemblée consultative imposait son remaniement. On voyait arriver après de périlleux voyages les délégués de la résistance. Ils apportaient en Afrique du Nord l'état d'âme de leurs mandants. Du coup, un souffle âpre et salubre passait dans les réunions, les bureaux, les journaux d'Alger. Les délégués publiaient les messages de confiance dont ils étaient chargés pour de Gaulle. Ils ne tarissaient pas sur le sujet de l'action clandestine, de ses héros, de ses besoins. Ils bouillonnaient de projets concernant l'avenir de la nation. Tout en tirant le gouvernement de son état de bicéphalie, je voulais m'y associer certains des hommes qui venaient de France.

Dans le courant d'octobre, le Comité de la libération adopta, à mon invitation, une ordonnance en vertu de laquelle il n'aurait qu'un président. Giraud lui-même y apposa sa signature. Au reste, voyant se préciser la perspective de l'envoi d'un corps expéditionnaire français en Italie, il se reprenait à espérer que les alliés feraient appel à lui pour exercer le commandement en chef dans la Péninsule. Le 6 novembre, en la présence et avec l'accord explicite du général Giraud, le Comité « demanda au général de Gaulle de procéder aux changements qu'il jugerait nécessaire d'apporter à sa composition. »

Ce fut fait le 9 novembre. Un an après le débarquement sanglant des Anglo-Saxons en Algérie et au Maroc, cinq mois après ma hasardeuse arrivée à Alger, la volonté nationale, pour opprimée et assourdie qu'elle fût, avait fini par l'emporter. Si évident était le courant, que la malveillance des opposants ne pouvait plus subsister que dans l'ombre. Quant aux alliés, il leur fallait se résigner à voir la France en guerre conduite par un gouvernement français. Renonçant, désormais, à invoquer « les nécessités militaires » et « la sécurité des communications, » leur politique s'accommodait de ce qu'elle ne pouvait empêcher. L'effort commun allait y gagner beaucoup. Pour moi, je me sentais décidément assez fort pour être sûr que, demain, la bataille et la victoire des autres seraient aussi la bataille et la victoire de la France.

POLITIQUE

L'hiver approche. Tout annonce qu'il sera le dernier avant que les armes décident. Mais quel pouvoir va, demain, s'établir à Paris ? Ce pouvoir, que fera-t-il ? Questions qui prennent, dans tous les esprits, un tour pressant et passionné. Il s'agit, en effet, non plus d'une perspective éloignée, mais d'une échéance prochaine. C'est pourquoi, les calculs s'éveillent et viennent à la lumière. Le débat politique peut, quelque temps encore, être amorti par le sang et les larmes, voilé par les contraintes imposées à l'opinion. Malgré tout, il est ouvert, non seulement entre les gens en place et au fond des chancelleries, mais bien dans la pensée d'une masse immense de Français et dans les discussions d'un grand nombre d'étrangers. Tous savent que la France va reparaître. Tous se demandent ce qu'elle sera.

C'est cela que j'ai en vue quand je reforme, au début de novembre 1943, le Comité de la libération. La chance du pays, dans la période décisive qui commence, est l'unité nationale. J'entends que celle-ci marque le gouvernement. Chacun des principaux partis ou, pour mieux dire, des familles spirituelles, en quoi traditionnellement se divise le peuple français, y aura sa représentation assurée par des hommes dont l'appartenance est connue. Mais c'est la résistance qui, aujourd'hui, fournit l'effort de guerre et porte en elle l'espoir du renouveau. Il faut donc que certains de ses chefs qui n'ont encore aucune étiquette siègent également auprès de moi. Enfin, plusieurs éminentes compétences doivent faire partie du Comité pour éclairer son action et renforcer son crédit.

Henri Queuille commissaire d'État, Pierre Mendès-France commissaire aux Finances, sont des parlementaires radicaux. André Philip chargé des rapports du Comité avec l'Assemblée consultative, André Le Troquer à la Guerre et à l'Air, — tous deux députés, — Adrien Tixier au Travail et à la Prévoyance sociale, viennent du parti socialiste. Louis Jacquinot, à la

Marine, est un député modéré. François de Menthon, garde des Sceaux, appartient à l'état-major des démocrates-chrétiens. Tel est le lot des politiques. René Pleven commissaire aux Colonies, Emmanuel d'Astier à l'Intérieur, René Capitant à l'Éducation nationale, André Diethelm au Ravitaillement et à la Production, Henri Frénay aux Prisonniers, Déportés et Réfugiés, sont des résistants qui, jusqu'à présent, n'ont jamais fait état d'une tendance déterminée. Le général Catroux commissaire d'État chargé des Affaires musulmanes, Henri Bonnet à l'Information, René Massigli aux Affaires étrangères, René Mayer aux Communications et à la Marine marchande, Jean Monnet commissaire en mission aux États-Unis pour l'Approvisionnement et l'Armement, s'imposent par leur valeur et leur notoriété. Faute de l'agrément explicite de la hiérarchie religieuse, je ne puis, comme je l'aurais voulu, voir Mgr Hincky se joindre au gouvernement.

Ainsi, le remaniement n'est pas un bouleversement. Des seize membres qui composent, à présent, le Comité de la libération, quatre seulement viennent d'y entrer. Il est vrai que quatre le quittent. Il s'agit du général Giraud, dont il est désormais reconnu par tous, lui compris, que ses fonctions militaires sont incompatibles avec l'exercice du pouvoir, du général Georges qui se retire dignement, du Dr Abadie qui a souhaité retourner à ses travaux scientifiques, du général Legentilhomme que je désigne, suivant son désir, pour un poste en Grande-Bretagne.

Et les communistes? La part qu'ils prennent à la résistance, ainsi que mon intention de faire en sorte que leurs forces s'incorporent à celles de la nation au moins pour la durée de la guerre, m'ont conduit à la décision d'en mettre deux au gouvernement. Depuis la fin du mois d'août, le « parti », pressenti, a volontiers promis le concours de plusieurs de ses membres. Mais, au moment de s'exécuter, toutes sortes de traverses viennent empêcher ceux que j'appelle au Comité de la libération de me donner une réponse positive. Tantôt la délégation du parti m'en propose d'autres, tantôt elle s'enquiert du détail de mon programme, tantôt elle insiste pour que les siens reçoivent tels portefeuilles déterminés. Bientôt, indisposé par ce marchandage prolongé, j'interromps les pourparlers.

En réalité, deux tendances divisent la délégation. Il y a celle des violents qui, à la suite d'André Marty, voudrait que le parti ne se liât à personne et, à travers la lutte contre l'ennemi, préparât d'une manière directe l'action révolutionnaire pour la prise du pouvoir. Il y a celle des manœuvriers qui vise à pénétrer l'État en collaborant avec d'autres et, d'abord, avec moi-même ; l'inspirateur de cette tactique étant Maurice Thorez, toujours à Moscou et qui adjure qu'on lui permette d'en revenir. Finalement, en mars 1944, les communistes se décideront. Ils laisseront Fernand Grenier et François Billoux prendre les postes que je leur offre : le ministère de l'Air au premier, un commissariat d'État au second. A cette occasion a lieu, à l'intérieur du gouvernement, une modification des tâches. Le Troquer est nommé commissaire national délégué pour les territoires libérés. Diethelm le remplace à la Guerre, tandis que Mendès-France réunit sous sa direction l'Économie et les Finances.

Le Comité, ainsi composé, s'absorbe dans son labeur consacré à lever et à organiser les moyens de faire la guerre, mais aussi à préparer ce qu'il faut pour que le pays puisse être nourri, administré, redressé, lors de sa libération. Longtemps, c'est le souffle venu d'au delà de la mer qui porta la Métropole à l'effort et à l'espérance. A présent, c'est l'appel du pays qui pousse à l'action tous ceux qui, hors de France, entendent lui porter secours. L'harmonie est établie entre les éléments actifs du dehors et du dedans. Afin d'en tirer parti, j'ai fait coïncider, dans les premiers jours de novembre, le remaniement du Gouvernement d'Alger avec la réunion de l'Assemblée consultative de la résistance.

Ainsi que l'avait fixé l'ordonnance du 17 septembre, les délégués qui venaient de France étaient, pour une cinquantaine mandatés par les organisations de résistance, pour une vingtaine par les partis politiques et, dans ce cas, choisis en principe parmi les parlementaires qui n'avaient pas voté, en juillet 1940, les pleins pouvoirs à Pétain. La désignation des uns et des autres procédait de comités forcément restreints et secrets. Cependant, tous arrivaient avec le sentiment d'être là au nom de la masse de ceux qui luttaient dans l'ombre. A ces deux catégories s'ajoutaient : une douzaine de communistes, notamment leurs députés de la Seine, arrêtés en 1939, détenus depuis à Alger et que le général Giraud avait remis en liberté ; 20 représentants des « résistants » de l'Empire ; 10 conseillers généraux d'Algérie. Quelle que fût leur origine, les délégués avaient des traits communs qui donneraient sa figure à la « Consultative ».

Ce qui les rendait semblables et les tenait rapprochés, c'était, d'une part, un souci lancinant de l'aide à fournir aux camarades de la résistance, quant à l'armement, à l'argent, à la propagande, et que, bien naturellement, ils jugeaient toujours insuffisante. C'était, d'autre part, l'idéologie assez confuse mais passionnée qui remplissait l'esprit des clandestins, exposés à toutes les trahisons, ignorés ou réprouvés par la lâcheté d'un grand nombre, engagés, non point seulement contre l'envahisseur allemand, mais aussi contre l'appareil judiciaire et policier de ce qui, dans la Métropole, passait encore pour l'État français. La solidarité chaleureuse de tous ceux qui « en étaient », la méfiance et, même, l'aversion à l'égard de l'administratif, du régulier, de l'officiel, enfin un désir obstiné d'épuration, voilà ce qui les hantait et, à l'occasion, les unissait en d'ardentes démonstrations.

Il s'y ajoutait l'attachement qu'ils portaient à Charles de Gaulle, parce qu'il s'était dressé contre le conformisme, parce qu'on l'avait condamné à mort, parce que dans le pays sa parole lointaine et brouillée bousculait les prudences et secouait les nostalgies. Toutefois, l'effort qu'il menait pour la restauration de l'unité nationale, la sauvegarde de la souveraineté, le redressement de l'État, était moins accessible à la plupart des délégués. Non, certes, qu'ils ne fussent préoccupés de l'avenir de la nation. Au contraire, les idées, les plans, foisonnaient parmi leurs groupes. Mais, s'ils étaient fervents de formules qui rebâtirent l'univers, ils se montraient réservés par rapport à l'autorité sans laquelle aucun pouvoir n'accomplirait quoi que ce fût. S'ils rêvaient de revoir la France au premier rang des nations, ils redoutaient la rude action qui pourrait l'y remettre et préféraient caresser l'illusion d'un Roosevelt et d'un Churchill empressés à lui rendre sa place. S'ils n'imaginaient pas qu'un autre Français que moi fût à la tête du pays lors de la libération, s'ils entrevoyaient que je pusse y rester tandis qu'eux-mêmes, devenus les élus du peuple, marcheraient vers quelque rénovation imprécise et merveilleuse, ils demeuraient réticents quant aux attributions qu'il me faudrait pour diriger la tâche. Tout en acclamant de Gaulle d'un cœur sincère, ils chuchotaient déjà contre « le pouvoir personnel. »

D'accord entre eux dans le domaine du sentiment, les délégués se répartissaient en diverses familles d'esprits. Certains étaient de simples combattants, absorbés par la lutte elle-même. D'autres, poètes de l'action, s'enchantaient de l'air d'héroïsme et de fraternité que respirait la résistance. Par contre, les communistes, formés en bloc compact, traitaient âprement les affaires, pratiquaient la surenchère, s'acharnaient à la propagande. Enfin, les « politiques », convaincus que notre cause était celle de la France et la servant de leur mieux, ne s'empêchaient pas cependant de penser à leur carrière, de manœuvrer pour se faire valoir suivant les normes de leur profession, de considérer l'avenir sous l'angle de l'élection, des fonctions, du pouvoir, qu'il pourrait un jour leur offrir. Parmi ceux-ci, les « anciens », fiers d'avoir fait leur devoir en refusant naguère l'abdication, mais sachant sous quel océan d'impopularité avait sombré le régime, marchaient sur la pointe des pieds, parlaient tout doux, reniaient l'ambition. Au fond d'eux-mêmes, cependant, ils escomptaient le retour aux jeux d'autrefois moyennant quelques réformes. Les «nouveaux » se montraient sévères quant au système d'hier. Ils y voulaient maints changements. Toutefois, sous ces réserves, ils en subissaient à l'avance les attraits. Au total, voyant autour de moi ces compagnons courageux et d'une immense bonne volonté, je me sentais rempli d'estime pour tous et d'amitié pour beaucoup. Mais aussi, sondant leurs âmes, j'en venais à me demander si, parmi tous ceux-là qui parlaient de révolution, je n'étais pas, en vérité, le seul révolutionnaire.

La séance inaugurale de l'Assemblée consultative eut lieu le 3 novembre 1943. Ce fut une cérémonie profondément émouvante. Les assistants avaient l'impression d'être là au nom d'une armée de souffrants et de militants et de représenter une grande force française. Après avoir adressé à l'assemblée, « réunie malgré d'extraordinaires obstacles, » le salut du Comité de la libération, j'indiquai les raisons qui m'avaient, depuis longtemps, décidé à la convoquer dès que ce serait possible et je montrai pourquoi et comment je lui demandais son concours. Ce qui la qualifiait, c'est qu'elle procédait de la résistance, « réaction fondamentale des Français et expression élémentaire de la volonté nationale. »

Soutenir le gouvernement dans son effort de guerre « qui exige la cohésion morale autant que les moyens matériels ; » appuyer son action extérieure « qui tend à mettre la France à même de reprendre, à l'avantage de tous, son grand rôle international ; » contribuer à l'éclairer dans le choix des mesures « qui seront imposées, lors de la libération, par la nécessité de vivre, alors que la fin des combats laissera notre sol couvert de destructions et vidé de toutes réserves d'aliments et de matières premières, par l'obligation de rétablir partout, dans l'ordre et dans la dignité, l'autorité de la République, par le devoir d'assurer la justice de l'État qui est la seule valable et admissible, par les changements à apporter dans les administrations, par le retour de notre jeunesse prisonnière et déportée ; » enfin, étudier avec lui « les grandes réformes qui devront être accomplies au lendemain de la guerre, » voilà, disais-je, ce que le Comité de la libération attendait de l'assemblée. Je m'affirmais, d'avance, « certain du résultat, car vingt siècles peuvent attester qu'on a toujours raison d'avoir foi en la France. »

L'assemblée, ayant élu pour son président Félix Gouin, puis s'étant répartie en groupes : « Résistance métropolitaine » présidé par Ferrière, « Résistance extérieure » par Bissagnet, « Résistants indépendants » par Hauriou, « Parlementaires » par Auriol, « Communistes » par Marty, ne manqua pas, en effet, de discuter les grandes questions que je proposais à son examen. Entre la date de sa première réunion et celle du débarquement, elle siégea plus de cinquante fois et travailla beaucoup en commissions. Tous les ministres eurent affaire à elle. Philip chargé des rapports du comité avec l'assemblée, d'Astier commissaire à l'Intérieur, Menthon commissaire à la Justice, Massigli commissaire aux Affaires étrangères, Mendès-France commissaire aux Finances, furent ceux qui s'en firent entendre le plus souvent.

Pour ma part, j'assistai à une vingtaine de séances. J'intervenais, alors, soit par exposés d'ensemble, soit au cours de la discussion. Je pris souvent grand intérêt aux idées et aux sentiments que découvraient les échanges de vues, car ce que je recherchais c'était l'opinion profonde. Aussi m'efforçai-je d'animer l'assistance, de la révéler à elle-même, de lui faire dire ce qu'elle pensait. En fait, l'assemblée fit preuve d'une conscience et d'une conviction qui impressionnèrent le public français et les informateurs étrangers. Cependant, les sujets qui l'absorbèrent le plus longtemps furent, naturellement, ceux qui lui tenaient le plus à cœur ; l'épuration, l'aide à la résistance, l'établissement des pouvoirs publics en France lors de la libération.

On assista, en effet, à des débats âpres et prolongés sur les poursuites à engager contre les personnalités de Vichy, les sanctions à infliger aux fonctionnaires accusés d'avoir ajouté aux rigueurs qui leur étaient prescrites, les compensations à donner à ceux qui avaient souffert. Sur ces points-là, les délégués pressaient le comité d'agir vigoureusement, quitte à changer, autant qu'il le faudrait, les règles et les procédures normales. Si vive était l'émotion soulevée par le problème que plusieurs commissaires nationaux se virent rudement pris à partie pour leur faiblesse supposée. Tout en ne comprenant que trop bien que cette question de justice préoccupât, au premier chef, l'Assemblée de la résistance, je ne m'en tins pas moins à la ligne de conduite que je m'étais fixée : limiter les sanctions aux personnages qui avaient joué un rôle éminent dans la politique de Vichy et aux hommes qui s'étaient faits les complices directs de l'ennemi. Pour les territoires d'outre-mer, cela faisait très peu de monde. Mais l'état d'esprit révélé par les débats de la « Consultative » me laissait prévoir les difficultés que je trouverais dans la Métropole à contenir la vengeance et à laisser la seule justice se prononcer sur les châtiments.

L'assemblée apporta autant de soin et de passion à formuler son opinion sur les secours envoyés aux résistants de France, les liaisons établies avec eux, le parti que notre propagande tirait de leurs actions et de leurs suggestions. Il va de soi que les clandestins, terriblement démunis et menacés, éprouvaient souvent l'impression que Londres et Alger ne faisaient pas pour eux tout le possible. Aussi, beaucoup de délégués se montrèrent-ils, au premier abord, gonflés de blâmes et de récriminations à l'égard des « services ». Mais, après vérification, ils reconnurent l'étendue de l'œuvre accomplie et des obstacles rencontrés. Il leur fallut, également, mesurer l'inconvénient que présentait l'action menée en France par les services alliés, d'où résultaient sur place toutes sortes de discordances et qui privait l'autorité française d'une partie de l'audience que lui assurait, au-dehors, l'effort de guerre des Français. Toutefois, la crainte de heurter les Anglo-Saxons, qui était pour les « politiques » une seconde nature, détourna l'assemblée d'adopter sur ce point la motion catégorique que j'aurais souhaitée.

Plus sereines, mais aussi approfondies, furent les délibérations que l'assemblée consacra à la façon dont les pouvoirs de la République se reconstitueraient en France. Personne, bien entendu, n'imaginait que le Maréchal et son « gouvernement » fissent autre chose que disparaître. Par contre, tout le monde estimait que le peuple français devrait être aussitôt consulté et qu'une assemblée nationale aurait à se saisir de la question constitutionnelle. Mais, quant à l'espèce d'assemblée qui devrait alors le faire, les délégués n'étaient pas unanimes.

Les communistes, sous un langage prudent, laissaient deviner leur projet d'élections effectuées sur la place publique, de préférence par acclamations, sous le contrôle des organisations et des troupes de la résistance. Ils comptaient, évidemment, que leur propre savoir-faire tirerait d'un pareil système des résultats avantageux. Des parlementaires chevronnés, tels les sénateurs Marcel Astier, Marc Rucart, Paul Giacobbi, suggéraient de réunir l'Assemblée nationale de juillet 1940. Celle-ci, sous le coup de la libération, ne manquerait pas d'abolir les pouvoirs qu'elle avait donnés à Pétain, de recevoir, pour la forme, la démission d'Albert Lebrun, d'élire un nouveau président de la République et de voter la confiance à mon gouvernement. Ensuite, elle se séparerait pour laisser la place à une Chambre et à un Sénat élus suivant le mode d'antan. Après quoi, les changements à apporter, éventuellement, à la constitution de 1875 le seraient suivant les règles que celle-ci avait fixées. C'était là la thèse de ceux qui souhaitaient le retour pur et simple aux institutions de la IIIe République.

Ils n'étaient pas nombreux. A entendre la très grande majorité, « l'ancien régime » était condamné. Mais on devait bien constater que, dans l'esprit de maints délégués, ce qu'il avait eu de vicieux consistait moins en un excès qu'en un défaut de démagogie. La confusion des pouvoirs et des responsabilités, qui l'avait privé d'un gouvernement fort, lui interdisait toute politique ferme et continue, le mettait à la dérive des événements, n'était pas, aux yeux de la plupart, ce qu'il fallait réformer. Ou, plutôt, on prétendait le faire en allant encore plus avant dans la voie où l'exécutif ne serait plus qu'une figuration.

Attribuer à une seule assemblée tous les droits sans exception, lui donner qualité pour investir et fournir les ministres, abolir le Sénat qui pouvait faire contrepoids, supprimer le chef de l'État ou, tout au moins, le réduire à une condition plus dérisoire encore que celle où l'avait enfermé le système d'autrefois, telle était la conception d'un grand nombre de délégués. On rêvait à haute voix d'une assemblée « unique et souveraine, » d'une sorte de Convention qui, tout en s'épargnant à elle-même la guillotine, ne trouverait cependant pas d'obstacle à ses impulsions et où comptaient siéger, un jour, la plupart des politiques issus de la résistance.

Cette tendance n'était pas la mienne. Ce qui me semblait essentiel pour le futur redressement du pays, c'était, au contraire, un régime d'action et de responsabilité. Il fallait, suivant moi, que les pouvoirs fussent séparés, afin qu'il y eût, respectivement et effectivement, un gouvernement, un parlement, une justice. Il fallait que le chef de l'État fût, par le mode de son élection, sa qualité, ses attributions, en mesure de remplir une fonction d'arbitre national. Il fallait que le peuple eût à s'associer directement, par voie de référendum, aux décisions capitales qui engageraient son destin. J'éprouvais de l'inquiétude à constater l'état d'esprit de ceux qui, demain, auraient en charge l'État et qui tendaient à rebâtir le régime pour les jeux des politiciens, plutôt que pour le service du pays. De cette confusion, de cette inconsistance, qui avaient mené la France au désastre et la République à l'abdication, ne tirerait-on d'autre leçon que d'aller à une inconsistance et à une confusion plus graves?

Mais ce n'était pas le moment d'organiser la discussion publique sur ce sujet. Laissant passer le flot des théories et mettant à profit la prudence de quelques-uns : Dumesnil de Gramont, Vincent Auriol, René Cassin, Louis Vallon, etc., je conduisis l'assemblée à une conclusion réservée. Il fut admis, qu'au cours de la libération, la « Consultative », transférée dans la Métropole et convenablement élargie, continuerait son office auprès du gouvernement, qu'une fois le territoire libéré, les prisonniers et les déportés revenus, le pays élirait, successivement, les conseils municipaux, les conseils généraux et une assemblée nationale, mais que pour celle-ci sa composition et son rôle ne seraient fixés que plus tard. En outre, les droits de vote et d'éligibilité étaient attribués aux femmes. L'ordonnance du 21 avril 1944, en réalisant cette vaste réforme, mettait un terme à des controverses qui duraient depuis cinquante ans.

Bien que la « Consultative » n'eût d'autre droit que celui d'exprimer son opinion et que la responsabilité de ce qui était fait, ou non, continuât de m'incomber jusqu'au jour où le peuple aurait la possibilité de parler, les alliés ne laissaient pas d'être attentifs à ce qui se disait à la tribune et dans les antichambres. Les membres de leurs missions, ainsi que leurs journalistes, étaient assidus aux séances et dans les couloirs. Les journaux américains et anglais faisaient une large place aux discussions d'Alger. Sans doute, regrettaient-ils que cette figuration parlementaire n'eût pas qualité pour renverser le gouvernement, que le dompteur ne pût être mangé. Tout au moins essayaient-ils de surprendre des divergences.

Tous ces observateurs étaient là le jour où l'assemblée aborda le sujet de la situation extérieure de la France. Or, par la voix des « résistants » : Bissagnet, le P. Carrière, Mayoux..., par celle des « politiques » : Auriol, Hauriou, Rucart..., par celle des communistes : Bonte, Grenier, Mercier..., les délégués approuvèrent très haut la position de principe que j'avais prise, face à l'ennemi, devant les alliés. L'assemblée fit connaître avec éclat que, pour elle, le général de Gaulle représentait la France en guerre et que son gouvernement était celui de la République. C'est en cette qualité que le Comité de la libération avait à collaborer avec les Nations Unies et que celles-ci devaient le reconnaître. L'ordre du jour, qui formulait cet avis unanime et qu'allaient répercuter les sources mondiales de l'information, apportait à ma politique un appui très appréciable. Je ne manquai pas, pour ma part, de le faire retentir au loin.

Mais l'assemblée s'en tint là. Elle préféra n'aborder franchement aucun des problèmes brûlants : Italie, Orient, Afrique, sur lesquels s'exerçait dans le présent l'action extérieure du comité, ni aucun de ceux : Allemagne, Europe de l'Est, Indochine, qu'un proche avenir poserait devant la France et le monde. La même circonspection la détourna d'insister sur les attributions politiques et administratives que les alliés méditaient d'exercer en France sous le couvert de leur commandement. Quant à la conduite de la guerre et à la part qui y était faite au gouvernement et à l'état-major français, la « Consultative » m'écouta, dans une attention religieuse, lui exposer cette question capitale, le plan que j'avais suivi depuis 1940, les difficultés qui ne cessaient pas de nous être opposées. Elle adopta des vœux de principe sur la place à faire à la France dans la stratégie mondiale et la contribution à fournir par les forces françaises. Mais elle ne se décida pas à formuler des exigences vis-à-vis de nos alliés.

En somme, sur les grands sujets, l'assemblée s'en tenait d'instinct à des généralités déployées à la tribune dans des termes assez larges pour être approuvées par tous. On applaudissait le général de Gaulle quand il venait expliquer quelle action était entreprise ou quand il soulevait l'émotion en ramassant un débat pour en tirer la conclusion. On se piquait, par compensation, de froideur et de critique vis-à-vis de tel ou tel des commissaires nationaux qui précisaient les mesures appliquées. Mais on ne se risquait guère aux avis concrets, aux projets déterminés.

A cette réserve contribuait, certainement, le fait que l'assemblée était seulement consultative, qu'elle ne ressentait pas l'aiguillon d'une clientèle électorale, que ses attitudes et ses votes ne pouvaient pas comporter l'excitation d'une crise ministérielle. Comptaient, aussi, l'intention de me laisser les mains libres, le désir de ménager les alliés, le souci de l'unanimité. Mais, surtout, il y avait là comme un aveu d'inaptitude. L'assemblée se sentait capable d'exprimer des penchants, non de résoudre des problèmes, susceptible d'effleurer une politique, mais non d'en assumer une. La mélancolie qu'elle en éprouvait réapparaîtrait plus tard, désolée et décuplée, dans les assemblées représentatives, détentrices de tous les pouvoirs et inaptes à les exercer. Pour moi, voyant, à travers les propos tenus par les groupes, se dessiner les futures prétentions et, en même temps, l'impuissance des partis, je discernais ce que serait, demain, le drame constitutionnel français. « Délibérer est le fait de plusieurs. Agir est le fait d'un seul. » Pour cette raison même, on ne voudrait que délibérer.

En attendant, l'unité du Gouvernement d'Alger, la réunion auprès de lui de l'Assemblée consultative, enfin le choix fait par l'opinion française, réglaient, en principe, la question politique pour la période de la libération. Mais, si les faits semblaient fixés d'avance aux yeux d'une vaste majorité, les spéculations malveillantes ne cessaient pas en France, ni ailleurs. Au contraire, ceux qui, dans des milieux divers, voire opposés, persistaient à envisager mon succès comme détestable multipliaient, pour l'empêcher, les combinaisons astucieuses à mesure que la force des choses s'apprêtait à l'imposer. Tous ceux-là, sans exception, tenaient maintenant pour assuré l'écroulement de Vichy. Mais il n'était pas un seul d'entre eux qui ne cherchât ce qu'il fallait faire pour remplacer ce régime sans que de Gaulle triomphât pour autant.

Cependant, le comportement des occupants à l'égard de Vichy précipitait sa dislocation. C'est qu'en effet les Allemands, convaincus par ce qui s'était passé en Afrique du Nord que le Maréchal et son gouvernement n'avaient pas l'autorité nécessaire pour empêcher les Français de se tourner contre eux à la première occasion, voyant venir la grande épreuve du débarquement allié, inquiets de ce que pourrait faire, alors, sur leurs arrières l'insurrection nationale, ayant besoin des ressources françaises pour leur propre économie dévorée par l'effort de guerre, n'attribuaient plus au soi-disant État français qu'une importance minime et resserraient l'étreinte directe de l'oppression. Par là, la fiction d'autonomie interne, à laquelle s'accrochait Vichy, achevait de se dissiper.

De toute façon, Pétain, ayant transmis en fait tout le pouvoir à Laval, ne pouvait plus affecter de jouer le rôle de bouclier dont il s'était targué jusque-là. Il s'effaçait, à présent, renonçant à intervenir dans le travail du « gouvernement », lequel, d'ailleurs, ne faisait plus guère que prendre des mesures de contrainte ou de répression. En novembre, Pétain se voyait littéralement interdire de parler à la radio. En décembre, Laval, au retour d'une visite au Führer, reformant son ministère en vue d'une collaboration plus complète avec l'envahisseur, y faisait entrer Brinon et Darnand, en attendant que ce fût Déat, sans que le Maréchal s'y opposât finalement. Celui qui se disait toujours « Chef de l'État » supportait auprès de lui la présence d'un surveillant allemand en la personne de M. Renthe-Fink. Il en venait à écrire à Hitler, le 18 décembre : « Les modifications des lois françaises seront, désormais, soumises aux autorités d'occupation. » Si, par la suite, il devait néanmoins trouver la possibilité de se montrer en public, à Paris, à Rouen, à Nancy, à Saint-Étienne, où jusqu'au bout des témoignages de pitié et de sympathie s'adresseraient à sa personne de vieillard infortuné, il le ferait sans dire un seul mot où l'on perçût le sanglot de l'indépendance violée.

Dès lors, certaines apparences pouvaient bien entourer encore le dérisoire pouvoir de Vichy, des vantards ou des enragés se prétendre ministres, des propagandistes — tels : Philippe Henriot, et Hérold Paquis — déployer, pour tromper les foules, les ressources d'un talent dévoyé, des feuilles publiques déborder d'outrages à l'égard de ceux qui combattaient, en fait, le peuple tout entier condamnait, maintenant, le régime et ne voulait que le voir s'effondrer quand s'enfuieraient les Allemands.

Les masses françaises n'avaient, naturellement, aucun doute sur la sorte de gouvernement qui s'installerait, alors, à Paris et qu'elles se préparaient à acclamer avec ferveur. Mais, parmi les politiques qui avaient instauré Pétain et craignaient que leur carrière en restât compromise, on ne se résignait pas à une pareille perspective. Dès la fin de 1943, maintes intrigues se nouaient pour ménager une solution qui limiterait, le moment venu, le pouvoir du général de Gaulle et, si possible, le tiendrait écarté. Le Maréchal lui-même prenait secrètement les dispositions voulues pour que, s'il se trouvait hors d'état d'exercer sa fonction, celle-ci fût assumée par un collège de personnalités notoires et qui avaient adopté des attitudes très diverses devant les événements. Un « acte constitutionnel » instituant, le cas échéant, ce directoire de la neutralité était remis en des mains sûres. Peu après, le Maréchal, par un autre « acte constitutionnel » apparemment contradictoire avec le précédent et destiné, celui-là, à être publié, précisait que, si lui-même venait à décéder avant d'avoir promulgué la constitution qu'il était censé préparer, les pouvoirs que lui avait conférés l' « Assemblée nationale » de 1940 reviendraient à cette même assemblée. Il est vrai que les Allemands s'opposèrent à la diffusion, bien que pour le grand public le codicille de Pétain fût pratiquement sans intérêt.

Dans le même temps, ceux des parlementaires qui ne m'avaient rallié ni en fait, ni en esprit, ne laissaient pas de s'agiter. Ils invoquaient leur mandat — comme s'ils ne l'avaient pas trahi. — Ils affirmaient que l' « Assemblée nationale » de juillet 1940 était toujours légitime — bien qu'elle eût formellement abdiqué. — Ils réclamaient qu'on la convoquât afin qu'elle pût, en tout état de cause, régler la question du gouvernement. Anatole de Monzie, protagoniste de ce plan, recueillait l'assentiment de plusieurs centaines de ses collègues et, tandis que s'accentuait la détresse du Maréchal, le sommait d'obtempérer. Mais Hitler, agacé par ce remue-ménage, fit écrire à Pétain, par Ribbentrop, une lettre comminatoire lui notifiant qu'il lui interdisait de faire jamais état d'un parlement disqualifié, « alors que la Wehrmacht allemande était la seule garante de l'ordre public en France. » Les parlementaires impatients se replièrent dans le silence, quitte à reprendre plus tard leur projet.

Les alliés, de leur côté, ne pouvant plus compter sur Giraud pour faire équilibre à de Gaulle, cherchaient quelque expédient nouveau. Des avis venus de France m'annoncèrent que, cet expédient, ils avaient cru le trouver dans la personne du président Lebrun. Celui-ci, depuis le vote de l'assemblée de Vichy qui l'avait dépouillé de ses fonctions et contre lequel, au demeurant, il n'avait pas protesté, s'était retiré à Vizille. N'y aurait-il pas moyen, se demandaient à Washington et à Londres ceux qui visaient à manipuler la destinée politique de la France, de faire passer le président en Afrique du Nord? Comme il n'avait pas formellement donné sa démission et que son attitude à l'égard de l'ennemi ne laissait rien à désirer, ne pourrait-il se réclamer, en arrivant à Alger, d'une légitimité intacte? Reconnu, tout aussitôt, comme le Président de la République française par les puissances alliées et aussi — du moins l'espérait-on — par un grand nombre de citoyens, comment serait-il récusé par de Gaulle et par les siens? Dès lors, c'est à lui qu'il appartiendrait de nommer les ministres, de présider leurs conseils, de signer les lois et les décrets. En comparaison des soucis que causait à la Maison-Blanche et à Downing Street l'intransigeante primauté du Général, quel changement et quel soulagement! Il me fut rapporté que, dans les derniers jours du mois d'août, les conspirateurs amécains et britanniques pensèrent tenir l'occasion.

C'était le moment, en effet, où Badoglio aux abois entrait secrètement en contact avec les Anglo-Saxons en vue de négocier la reddition de l'Italie. On traitait, à Lisbonne, dans le plus profond mystère. Les vainqueurs y étaient en mesure de faire aux vaincus des suggestions officieuses qu'on leur saurait gré d'accueillir. Or, Vizille, où résidait Lebrun, se trouvait en zone italienne d'occupation. Un soir, des officiers venus de Rome se présentèrent au président. Insistant sur la situation grave où le cours prochain de la guerre risquait de jeter la région et de le jeter lui-même, ils proposèrent à Albert Lebrun, de la part de leur gouvernement, de se rendre en Italie où il trouverait la sécurité et une résidence convenable. Toutes escortes et garanties lui seraient, d'avance, assurées. On sait que, dans le temps même où avait lieu ce contact, le commandement allié, d'accord avec Badoglio, préparait une opération qui, sitôt annoncé l'armistice italien, devait porter les Anglo-Saxons à Naples et, si possible, à Rome et recueillerait, en tous cas, le roi Victor-Emmanuel, ses ministres et d'autres personnalités. Dans la pensée de ceux qui « tenaient les fils, » Lebrun, une fois en Italie, pourrait être, lui aussi, transféré là où l'on désirait.

D'après ce qui me fut dit, le président refusa catégoriquement la proposition, soit qu'il n'en vît pas le but véritable, soit plutôt que, l'ayant discerné, il ne voulût point s'y prêter. Il répondit aux Italiens : « Votre pays est en état de guerre avec le mien. Pour moi, vous êtes l'ennemi. Vous pouvez m'emmener de force. Je ne vous suivrai pas de bon gré. » La mission se retira. Mais, peu après, Hitler, alerté et décidément excédé des « histoires françaises, » envoya la Gestapo arrêter le président Lebrun. Celui-ci, transféré en Allemagne, fut contraint d'y résider un an.

Je dois dire que ces combinaisons, inventées de divers côtés pour éviter l'inévitable, me faisaient l'effet d'un jeu d'ombres chinoises. Au milieu des réalités terribles qui étreignaient le monde, j'admirais combien l'intrigue peut être vivace et tenace. Mais, vraiment, je m'en souciais peu. Ce qui m'inquiétait davantage, c'était, dans la Métropole, le sort de la résistance. Or, au cours de cette période, la tragédie, frappant à la tête, compromettait son armature et son orientation.

Le 9 juin, quelques jours après mon arrivée à Alger, le général Delestraint avait été arrêté à Paris. La mise hors de combat du Commandant de l'armée secrète risquait d'entraîner la désorganisation des éléments paramilitaires au moment précis où leur chef commençait à les unifier. Aussi Jean Moulin crut-il devoir convoquer à Caluire, le 21 juin, les délégués des mouvements pour régler avec eux les mesures nécessaires. Or, ce jour-là, au cours d'une opération menée par la Gestapo et, pour le moins, étrange quant aux indications de temps, de lieu et de personnes sur lesquelles elle s'était déclenchée, mon délégué tombait, lui aussi, aux mains de l'ennemi avec ceux qui l'entouraient. Il devait, quelques semaines plus tard, mourir à force de tortures.

La disparition de Jean Moulin eut de lourdes conséquences. Il était de ceux qui incarnent leur tâche et, qu'à ce titre, on ne remplace pas. Le seul fait qu'il n'était plus là entraînait un trouble profond dans le fonctionnement des services : liaison, transport, répartition, information, etc., qu'il dirigeait personnellement. Or, c'étaient ces services qui faisaient un tout cohérent de l'action de la résistance. Mais, surtout, cette décapitation devait avoir des suites politiques et dresser devant l'unité d'importantes difficultés.

Non, certes, que les sentiments des combattants en fussent influencés. Pour la masse de ceux-là, les organismes divers qui s'occupaient de les inspirer étaient quasi inconnus et les hommes qui en faisaient partie le plus souvent anonymes. Moralement, dans la lutte clandestine, c'est à de Gaulle qu'on se rattachait, tandis que pratiquement pour la vie au maquis, le coup de main, le sabotage, le coltinage des armes, la transmission du renseignement — toutes affaires menées forcément à petite échelle — on ne suivait que des chefs d'équipe. Mais, au plan des comités, des influences, des mots d'ordre, les choses n'étaient pas aussi simples. Si les éléments politiques consentaient dans une certaine mesure à faire, au plus fort du combat, abstraction de leurs ambitions, ils ne s'en dépouillaient pas, au moment surtout où ils entrevoyaient, avec la fin de l'épreuve, l'occasion du pouvoir. La personnalité de Moulin, délégué et appuyé directement par moi-même, avait pu les réunir et les contenir. Lui mort, certains allaient être portés à jouer plus activement leur jeu.

Ce serait, d'abord, le cas des communistes. Ils le feraient notamment à l'intérieur du Conseil national de la résistance, visant à y acquérir la prépondérance de fait et, d'autre part, à lui donner la figure d'un organisme souverain, théoriquement rattaché à mon gouvernement, mais qualifié pour agir de son côté et pour son compte. Il serait alors possible d'utiliser le Conseil pour mener sous son couvert telles activités, mettre en place telles autorités, formuler tel programme et, peut-être, saisir tels pouvoirs grâce auxquels, dans le bouleversement de la libération, les lendemains pourraient chanter enfin.

Si j'avais été en mesure de nommer, sans délai, le successeur de Jean Moulin et si mon nouveau mandataire avait pu, lui aussi, s'imposer personnellement à tous les éléments représentatifs de la résistance, il eût pris la tête de ma délégation et la présidence du Conseil national. La dualité que certains cherchaient à créer ne se serait pas produite. Mais les circonstances m'empêchèrent de trouver aussitôt celui qu'il fallait.

Ce n'était point qu'on manquât, à la tête des mouvements, d'hommes de valeur et de courage, malgré la décimation continuelle que subissait la résistance. Mais chacun d'eux, faisant partie d'une fraction, ne pouvait s'imposer aux autres, tant était rigoureux le particularisme des chefs et de leurs équipes. D'ailleurs, le jour approchait où la France, émergeant soudain de l'oppression, la vie du pays, l'ordre public, le jugement du monde, dépendraient pour beaucoup de l'armature administrative française. Pour me représenter à l'intérieur et y diriger nos services, mais aussi pour préparer partout la confirmation ou la substitution des autorités, il me fallait quelqu'un du type « grand fonctionnaire », qui eût pris part à notre combat, en connût les données passionnées et enchevêtrées, mais n'appartînt en propre à aucune tendance et fût, au surplus, capable de rallier au moment voulu l'administration dont le gouvernement aurait prochainement besoin. Des mois allaient s'écouler avant que j'aie pu choisir et instaurer l'homme qui répondrait à ces multiples conditions.

En attendant, Claude Bouchinet-Serreulles et Jacques Bingen, que j'avais envoyés de Londres pour travailler avec Jean

Moulin, assurèrent l'intérim de la délégation. Le premier, à Paris, trouva moyen de garder tous les contacts, en dépit des ravages effrayants qui dévastèrent pendant cette période les états-majors des mouvements. Le second, dans la zone sud, se consacra principalement à l'organisation des secours à fournir aux réfractaires qui se multipliaient dans le Sud-Ouest, le Massif Central et les Alpes, jusqu'à ce que, pris par l'ennemi, il mît lui-même fin à ses jours. En septembre, je nommai Émile Bollaert représentant du général de Gaulle et délégué du Comité de la libération nationale. Ce grand préfet avait, dès 1940, refusé de prêter serment au Maréchal et pris sa retraite. Ses sentiments et ses capacités le qualifiaient pour le poste auquel je l'appelais à présent. Mais, peu après sa désignation, Bollaert était arrêté par les Allemands sur la côte bretonne tandis qu'il s'apprêtait à s'embarquer pour venir prendre à Alger les instructions du gouvernement. Il serait, ensuite, déporté à Buchenwald. Pour comble de malheur, Pierre Brossolette était, en même temps que Bollaert, tombé aux mains de l'ennemi. Il allait bientôt se tuer en cherchant à fuir par une fenêtre du bâtiment de la Gestapo. Or, ce vaillant compagnon se trouvait, lui aussi, naturellement désigné pour le poste en raison de sa valeur, de son ardente volonté, du prestige dont il jouissait parmi les éléments si divers de la résistance, du fait, enfin, qu'il était comme Jean Moulin détaché de tous les partis politiques et n'attendait rien d'efficace, aujourd'hui dans la guerre et demain dans la paix, que du « gaullisme » érigé en doctrine sociale, morale et nationale. Au mois de mars 1944, Alexandre Parodi, membre du Conseil d'État et directeur-général au ministère du Travail, qui lui aussi s'était refusé à servir sous Vichy et dont le frère René avait été, dans la résistance, l'un des premiers qui fût mort pour la France, recevait à son tour la charge.

Les avatars de ma délégation favorisèrent les intentions des communistes vis-à-vis du Conseil national de la résistance. Ils parvinrent à faire en sorte que, parmi ses quinze membres, cinq fussent de leur obédience notoire ou dissimulée. Le conseil, de son propre chef, décida de se donner à lui-même un président et élut Georges Bidault. Celui-ci, résistant éminent, ayant au plus haut point le goût et le don de la chose politique, connu avant la guerre pour son talent de journaliste et son influence chez les démocrates-chrétiens, ambitieux de voir ce petit groupement devenir un grand parti dont il serait le chef, accepta volontiers la fonction qu'on lui offrait et en assuma les risques. L'un de ceux-ci, non le moindre, était de se trouver débordé au sein de l'aréopage par un groupe discipliné, rompu à l'action révolutionnaire et qui excellait à utiliser la surenchère aussi bien que la camaraderie. J'eus, bientôt, l'indication des empiètements de ce groupe, des aspérités que sa pression comportait pour Georges Bidault, des difficultés que, de son fait, je trouverais bientôt devant moi. Le Conseil fit savoir, en effet, que, ses réunions plénières étant par force exceptionnelles, il déléguait ses attributions à un bureau de quatre membres, dont deux étaient des communistes, et instituait pour s'occuper des questions militaires un comité dit « d'action » que dominaient des hommes du « parti » .

Ce qu'il advenait en France de notre mouvement, en cette fin de 1943 et ce début de 1944, me préoccupait d'autant plus que, résidant à Alger, j'avais l'impression d'être, moins qu'à Londres, en mesure de me faire entendre. Le contact personnel que la radio me permettait de prendre avec la nation française se relâchait peu ou prou. En effet, les ondes d'Alger étaient en France moins familières que celles de la B. B. C. Sans doute, les efforts d'Henri Bonnet commissaire à l'Information, de Jacques Lassaigne directeur de Radio-France, de Jean Amrouche, Henri Bénazet, Jean Castet, Georges Gorse, Jean Roire, etc... réussissaient-ils à donner de l'intérêt et du caractère à nos émissions d'Alger, de Tunis et de Rabat. D'autre part, le grand poste de Brazzaville, maintenant en plein fonctionnement sous la coupe de Géraud Jouve, obtenait une audience croissante d'un bout à l'autre du monde. Malgré tout, je sentais que ma voix parvenait aux Français comme assourdie. Et, tandis qu'il m'était plus difficile de parler tout haut à la nation, les liaisons secrètes avec la France devenaient, elles aussi, plus compliquées.

Car, c'est à partir de Londres que celles-ci s'étaient organisées. C'est de là qu'étaient envoyées, par des moyens agencés à la longue, nos instructions et nos missions. C'est là qu'arrivaient les rapports, les agents, les visiteurs, les évadés. Dans l'emploi des avions, des vedettes, des télégrammes, des messages-radio, des courriers, une sorte de gymnastique, rythmée depuis la capitale anglaise, était devenue habituelle à la vaillante armée des informateurs, des transporteurs, des pourvoyeurs. Il ne pouvait être question de déchirer cette trame. Quant à en tisser une autre à partir de l'Afrique du Nord, nous ne pouvions le faire que sommairement, faute de moyens spécialisés et en raison des distances. Par exemple : un monomoteur léger, partant d'une base anglaise, se posait après deux heures de vol sur un terrain de fortune au centre de la France et en revenait aussitôt. Mais il fallait un bimoteur, volant longtemps, disposant pour atterrir d'une piste longue et plane et trouvant, avant de repartir, de quoi refaire le plein d'essence, pour relier à la Métropole Alger, Oran, ou même Ajaccio. Nous avions donc laissé en Grande-Bretagne le principal appareil de nos communications. Mais il en résultait force retransmissions, retards et malentendus.

D'autant plus qu'en dehors des organismes spécialisés de la France Combattante il en existait un autre : l'ancien Service des renseignements de l'État-major de l'armée. Ce service, demeuré à Vichy jusqu'en novembre 1942 et qui, sous la direction des colonels Ronin et Rivet, s'y était, d'ailleurs, opposé aux Allemands dans toute la mesure du possible, avait gagné l'Afrique du Nord lors de l'occupation de la zone sud par l'ennemi. Le « Commandant en chef civil et militaire » en avait fait son instrument pour les contacts avec la Métropole. Tant que dura la bicéphalie du Comité de la libération, cet état de choses subsista avec tous les inconvénients que comportait la dualité entre l'équipe d'information et d'action qui m'était attachée et celle qui servait Girault. Dès que celui-ci eut quitté le gouvernement pour se voir assigner une tâche purement militaire, rien, semblait-il, n'aurait dû empêcher l'unification des services spécialisés.

Mais plusieurs mois s'écoulèrent encore avant que cela fût fait. Pourtant, le Comité de la libération avait, par décret du 27 novembre 1943, prescrit la fusion, nommé Jacques Soustelle directeur-général des Services spéciaux et rattaché directement l'ensemble au chef du gouvernement. Cette organisation ne visait aucunement à éliminer les officiers appartenant à l'ancien Service des renseignements. Au contraire, nous entendions que leur capacité fût employée largement dans le domaine qui était le leur. Mais la sorte de guerre qu'il nous fallait mener exigeait que notre système fût constitué en un tout, qu'il dépassât le cadre et les recettes d'autrefois, que, par les voies complexes des réseaux, des maquis, des groupes francs, des mouvements, des tracts et journaux clandestins, des destructions, du sabotage administratif, il embrassât toutes les formes de la résistance et pénétrât toutes les branches de l'activité nationale. Par malheur, le général Giraud s'opposa obstinément aux décisions que le gouvernement avait prises à ce sujet.

Arguant de son titre de Commandant en chef, il prétendit conserver à son entière disposition le même service qui s'y trouvait la veille. Au cours de nombreux entretiens, je m'épuisai à lui représenter que l'unité était nécessaire et que lui-même, Giraud, avait toute latitude pour actionner directement l'ensemble. Rien n'y fit. Le général Giraud continua de peser de toute son autorité sur les officiers qui se trouvaient en cause afin de les maintenir en dehors de l'obédience prescrite.

S'il agissait de la sorte, ce n'était pas évidemment pour des raisons de stratégie. Car, quelque titre qui lui eût été laissé, il n'avait pas à exercer effectivement le commandement des opérations, que nos alliés, bien pourvus, se réservaient jalousement. Mais une certaine politique n'avait pas renoncé à se servir de lui. En France, en Afrique et parmi les notables français émigrés aux États-Unis, divers milieux lui donnaient encore sa chance dans l'intention que ce fût la leur. D'autre part, les missions et les états-majors alliés restaient sourdement fidèles à leurs projets d'hier et ne décourageaient pas Giraud de caresser, en dépit de tout, l'espérance du premier rôle. C'est pourquoi, malgré mes avertissements, il s'obstinait à garder des contacts séparés avec tels ou tels éléments de la Métropole, y envoyant, grâce à l'aide américaine, des agents qui n'étaient que les siens et créaient de la confusion.

Le vase finit par déborder. Au mois d'avril 1944, à la suite d'un incident plus sérieux que les autres, je dus mettre le général Giraud en demeure de cesser ce jeu. Comme il s'en tenait à une attitude dilatoire, le gouvernement lui retira, par décret, sa fonction théorique de Commandant en chef et le nomma Inspecteur-général, ce qui décidément supprimait l'équivoque et, au surplus, correspondait à ce qu'il pouvait faire d'utile. Afin d'adoucir la blessure, je lui écrivis une lettre officielle qui lui adressait le témoignage du gouvernement pour les services qu'il avait rendus et une autre, personnelle, l'adjurant de donner dans les circonstances tragiques où se trouvait la patrie l'exemple de l'abnégation. En même temps, le Comité de la libération nationale décidait de lui conférer la médaille militaire avec une très belle citation.

Le général Giraud préféra se retirer. Il déclina le poste auquel il était appelé, refusa la médaille militaire et s'en fut résider aux environs de Mazagran. « Je veux, dit-il, être commandant en chef ou rien. » Son départ ne provoqua aucun mouvement, ni dans les troupes, ni dans la population. Il faut dire, qu'à cette même époque, ceux des anciens tenants de Vichy qui lui avaient été attachés blâmaient son comportement lors du procès de Pucheu. Appelé à témoigner devant le tribunal, il n'avait pas, lui reprochait-on, pris catégoriquement la défense de l'accusé, alors que celui-ci n'était venu en Afrique du Nord que sous la garantie formelle du « Commandant en chef civil et militaire ». Pour moi, voyant le général Giraud s'écarter de l'activité alors que la guerre était loin de son terme, je déplorai son obstination. Mais quel regret peut compter s'il s'agit de l'ordre dans l'État?

Alors, surtout, que la France souffre. Les renseignements qui nous en arrivent par courriers, ceux, notamment, que nous fournit, depuis Paris, notre service du « noyautage des administrations publiques », les indications apportées par les délégués à l'Assemblée consultative ou bien par les évadés qui ont pu passer les Pyrénées, les rapports qui nous sont faits par nos chargés de mission allant et venant entre Alger et la Métropole : Guillain de Bénouville, Bourgès-Maunoury, François Closon, Louis Mangin, le général Brisac, le colonel Zeller, Gaston Defferre, François Mitterand, mon neveu Michel Cailliau, etc., nous tiennent, à mesure, au courant.

Jamais encore n'a été pire la condition matérielle des Français. Pour presque tous, le ravitaillement est une tragédie de chaque jour. Du printemps de 1943 à celui de 1944, la ration officielle ne vaut pas mille calories. Faute d'engrais, de main-d'œuvre, de carburant, de moyens de transport, la production agricole atteint à peine les deux tiers de ce qu'elle était autrefois. D'ailleurs, l'occupant prélève une grande partie de ce que fournit la réquisition ; pour la viande, il en prend la moitié. Encore, par le marché noir, taille-t-il dans ce qui reste et qui devrait être livré au public. Ce que l'Allemand mange de cette façon, il le paie avec l'argent qu'il puise dans le Trésor français. Plus de 300 milliards au total jusqu'en août 1943, plus de 400 jusqu'en mars 1944. Un million cinq cent mille prisonniers de guerre français sont toujours dans les camps de l'ennemi. Celui-ci en a, il est vrai, renvoyé spectaculairement 100 000. Mais, en revanche, un million de civils lui auront été, au total, livrés par le « Service du travail ». En outre, le Reich fait travailler directement pour son compte un tiers de nos usines, brûle la moitié de notre charbon, enlève 65 pour 100 de nos locomotives, 50 pour 100 de nos wagons, 60 pour 100 de nos camions, emploie nos entreprises, notre outillage, nos matériaux, à lui construire le Mur de l'Atlantique. Se nourrir, se vêtir, se chauffer, s'éclairer, se déplacer, autant de problèmes épuisants, souvent insolubles, dans la misère où s'étiole le plus grand nombre des Français.

Et voici que, de nouveau, la guerre fait fondre sur notre sol les destructions et les pertes. Au répit qui, à cet égard, avait suivi les « armistices » et dont s'étaient vantés les auteurs de la capitulation, succèdent maintenant de sanglantes alertes. A Dieppe, puis à Saint-Nazaire, les forces britanniques, aidées par des groupes français, mènent au milieu des habitants des combats de va-et-vient. Les bombardements se multiplient sur nos villes. En particulier, Paris, Nantes, Rouen, Lyon, Saint-Étienne et leurs environs subissent de graves dégâts, préludant à tous ceux qui nous seront infligés pendant la future grande bataille. Avant le débarquement, 30 000 personnes sont tuées par les raids aériens. En beaucoup d'endroits, notamment l'Ain, le Massif Central, les Alpes, le Limousin, la Dordogne, les maquis engagent en détail la lutte contre l'occupant, qui se venge par des fusillades, des incendies, des arrestations d'otages, des amendes. Il y est aidé par la milice, dont les cours martiales jugent sommairement et condamnent à mort une foule de patriotes.

Au reste, la répression est devenue, pour l'ennemi, une véritable opération de guerre. Il la conduit avec une méthode aussi précise qu'elle est affreuse. Il veut « nettoyer » ses arrières avant que commence la bataille qu'il sent venir. C'est pourquoi, l'action de la Gestapo et de la gendarmerie allemandes, combinée avec celle de la police et de la milice dont dispose maintenant Darnand « secrétaire-général au maintien de l'ordre », s'acharne contre nos réseaux et nos mouvements. Toutes les formes de l'épouvante, de la torture, de la corruption sont mises en œuvre pour arracher aux malheureux qu'on a pu saisir les aveux qui en livreront d'autres. La période qui précède le débarquement est marquée par la mort d'un grand nombre de chefs, tels : Cavaillès, Marchal, Médéric, Péri, Politzer, Ripoche, Touny, etc., l'exécution de 20 000 résistants, la déportation de 50 000 autres. Pendant la même période s'étalent les honteuses horreurs de la persécution juive. Enfin, c'est l'époque où le Reich se fait livrer les prisonniers politiques de Vichy, notamment : Herriot, Reynaud, Daladier, Blum, Mandel, Gamelin, Jacomet, en arrête d'autres comme Albert Sarraut, François-Poncet, le colonel de La Roque, se saisit de hauts fonctionnaires, d'hommes d'affaires, d'officiers généraux et transfère en Allemagne ces personnalités afin qu'elles lui servent d'otages ou, un jour, d'éléments d'échange.

Il n'empêche que la résistance s'étend de plus en plus. Tandis qu'elle frappe et tue par les combats, attentats, coups de main, déraillements, où périssent beaucoup d'Allemands, et par l'exécution d'un nombre croissant de traîtres et de délateurs, elle est, en même temps, formulée, publiée, affichée partout. Grand mouvement humain et national, elle suscite idées et sentiments, dessine des doctrines, inspire l'art et la littérature. Par des prodiges d'ingéniosité, les journaux clandestins sont, régulièrement, pourvus de papier, composés, imprimés, distribués. *Franc-Tireur*, *Combat*, *Résistance*, *Défense de la France*, tirent ensemble, au total, 600 000 numéros par jour. Des revues : *les Lettres françaises*, *les Cahiers de la libération*, *les Cahiers du témoignage chrétien*, *l'Université libre*, *l'Art libre*, etc., passent secrètement nombre de portes. Les *Éditions de Minuit* répandent sous le manteau des livres parmi lesquels *le Silence de la mer* de Vercors se copie et se répand en d'innombrables exemplaires. Par les soins du Gouvernement d'Alger, les efforts de ceux qui luttent par la pensée et par la plume sont constamment répercutés au moyen de la radio. Je leur adresse, au nom de ceux qui sont libres comme de ceux qu'enferme le silence, un solennel témoignage à l'occasion d'une grande réunion organisée, le 30 octobre, par « l'Alliance française » et à laquelle les ondes font écho en direction de Paris.

La floraison de la pensée française affermit notre politique. Les intrigues qui ne cessent pas, les ambitions camouflées, la subversion que certains méditent, comment pourraient-elles prévaloir contre cette source jaillissante de courage et de renouveau? Peut-être n'y aura-t-il là qu'un épisode, après lequel reprendront, demain, l'engourdissement et l'abaissement. Mais « demain sera un autre jour. » Tant que durera la guerre, j'ai là de quoi, moralement parlant, rassembler le peuple français.

D'autant mieux que l'instinct national me prend, plus nettement que jamais, comme centre de l'unité. C'est bien par rapport à moi que manœuvrent les politiques qui cherchent des garanties en vue du proche avenir. C'est vers moi que se tourne la classe qualifiée de dirigeante, c'est-à-dire établie dans les emplois, la fortune, la notoriété. Dans cette catégorie, une fraction — en général celle que l'argent touche le moins — m'a suivi depuis longtemps ; quant à l'autre, dont la conscience troublée attend que je lui évite de redoutables bouleversements, elle s'incline maintenant en toute déférence et reporte à plus tard ses critiques et ses outrages. La masse, pour laquelle le drame ne comporte aucune spéculation, n'attend plus que mon arrivée qui sera sa libération. Enfin, pour ceux qui combattent, je me trouve être comme le symbole de ce qu'ils veulent obtenir au prix de leur sacrifice. Comment décrire de ce que je ressens quand, un soir, Sermoy-Simon, arrivant de France où lui-même trouvera bientôt la mort, m'apporte des témoignages suprêmes venus de jeunes condamnés? Photos des murs de prison où ils ont gravé mon nom pendant leur ultime veillée ; dernières lettres écrites aux leurs et m'invoquant comme leur chef ; récits de témoins qui, avant le feu du peloton d'exécution, ont recueilli leur cri : « Vive la France ! Vive de Gaulle ! »

Ceux-là me dictent mon devoir au moment même où j'en ai le plus besoin. Car je ne sens que trop l'usure à laquelle me soumettent les fatigues et l'épreuve morale de ma tâche. Au début de 1944, je suis tombé sérieusement malade. Mais les soins éclairés des Drs Lichtwitz et Lacroix m'ont permis de surmonter la crise au moment où courait le bruit d'une possible disparition du « Général ». Certes, les deux années qu'a duré la France Libre avaient été, elles aussi, remplies de secousses et de déceptions. Mais il nous fallait, alors, jouer le tout pour le tout. Nous nous sentions entourés d'une atmosphère héroïque, soutenus par la nécessité de l'emporter à tout prix. Entre moi et ceux — tous volontaires — qui se plaçaient sous ma direction, existait un accord profond qui m'était d'un puissant secours. Maintenant, le but se rapproche, mais, à mesure, j'ai l'impression de fouler un terrain plus meuble, de respirer un air moins pur. Autour de moi les intérêts se dressent, les rivalités s'opposent, les hommes sont chaque jour plus humains.

Dans mon bureau des *Glycines*, je pétris leur lourde pâte. Papiers à lire ; bien que mes collaborateurs immédiats : Palewski, Billotte, Soustelle, ne me présentent, par ordre, que l'essentiel. Décisions à prendre ; quoiqu'il s'agisse seulement des principales. Personnes à recevoir ; malgré le système que j'emploie de limiter les audiences aux commissaires nationaux, aux diplomates étrangers, aux grands chefs alliés et français, à quelques hauts fonctionnaires, aux messagers qui viennent de France ou qui y sont envoyés, à certains visiteurs de marque. Par principe, je ne téléphone qu'à de très rares exceptions et personne, jamais, ne m'appelle à l'appareil. La confrontation des points de vue et le choix des mesures à prendre, je les réserve, à dessein, pour les conseils du gouvernement. Ma nature m'avertit, mon expérience m'a appris, qu'au sommet des affaires on ne sauvegarde son temps et sa personne qu'en se tenant méthodiquement assez haut et assez loin.

Il n'en est que plus nécessaire de prendre, aux moments voulus, le contact des gens et des choses. Je le fais, le mieux qu'il m'est possible, en allant les voir sur place. Pendant les quinze mois où mon poste sera à Alger, j'aurai, indépendamment des réunions et des cérémonies qui ont lieu dans la capitale, passé cent jours en déplacement. En Algérie, visites aux villes et aux campagnes, inspections des troupes, des navires, des escadrilles. Au Maroc, quatre séjours. En Tunisie, trois. En Libye, un. En Afrique Noire, une vaste randonnée qui me la fait parcourir tout entière. J'aurai trois fois traversé la Corse. Je me serai, à trois reprises, rendu en Italie pour y passer quelque temps auprès des forces en opérations. Lors du débarquement des alliés en Normandie, j'irai en Angleterre et, de là, en France, à Bayeux. Peu après, aura lieu mon premier voyage aux États-Unis et au Canada. Ces tournées me réconfortent. Les hommes, si lassants à voir dans les manœuvres de l'ambition, combien sont-ils attrayants dans l'action pour une grande cause !

Par goût et par convenance ma vie privée est très simple. J'ai établi ma résidence à la villa des *Oliviers*, où ma femme m'a rejoint, ainsi qu'Anne dont l'état de santé nous attriste toujours autant et, bientôt, Élisabeth revenue d'Oxford pour servir au bureau qui dépouille la presse étrangère. Quant à Philippe, il continue de naviguer et de combattre dans la Manche et l'Atlantique. Aux *Oliviers*, le soir, je m'efforce d'être seul pour travailler aux discours qui me sont une sujétion constante. Mais, souvent, nous recevons. Beaucoup d'hôtes étrangers et français nous font ainsi le plaisir de s'asseoir à notre table ; les menus étant, d'ailleurs, très courts, car le rationnement doit s'appliquer à tout le monde. Il arrive que nous passions le dimanche dans une petite maison de Kabylie.

Par intervalles, arrivent quelques nouvelles des nôtres. Mon frère Xavier a pu trouver refuge à Nyons, d'où il adresse à Alger d'utiles renseignements ; sa fille Geneviève, tombée aux mains de l'ennemi avec les dirigeants de « Défense de la France », est déportée à Ravensbrück ; son fils aîné combat en Italie. Ma sœur, Mme Alfred Cailliau, arrêtée par la Gestapo, passe un an en prison, à Fresnes, d'où elle sera transférée en Allemagne, tandis que son mari est, à l'âge de soixante-sept ans, envoyé au camp de Buchenwald ; un de leur fils, Charles, jeune officier de chasseurs, a été tué à l'ennemi lors de la bataille de France ; trois autres ont franchi la mer pour s'engager dans nos forces. En ont fait autant trois des fils de mon frère Jacques. Celui-ci, paralytique, est soustrait à la police allemande par l'abbé Pierre et son équipe qui le transportent, à bras, au delà de la frontière suisse. Mon frère Pierre n'a cessé d'être étroitement épié. Il est, en 1943, arrêté par les Allemands et déporté au camp d'Eisenberg. Sa femme, leurs cinq enfants, auxquels ils ont joint la fille d'un résistant fusillé, traversent à pied les Pyrénées et, par l'Espagne, gagnent le Maroc. Chez les Vendroux, frères et sœur de ma femme, on a choisi de servir la même cause. En France et en Afrique, tous nos parents et alliés paient, eux aussi, de leur personne. Avec tant d'autres encouragements, j'évoque ceux qui me viennent des miens quand le fardeau s'alourdit à l'excès.

Il est vrai que, de ce fardeau, mes ministres portent leur part. Si, naguère, la dimension réduite de notre organisation concentrait tout entre mes mains, aujourd'hui, pour embrasser un domaine qui va s'élargissant, le pouvoir doit se répartir. Parmi les commissaires nationaux sévissent, bien sûr, des rivalités et des sollicitations centrifuges. Mais, au total, ils forment autour de moi une équipe disciplinée. Chacun d'entre eux, cependant, a son autorité propre et sa responsabilité.

Chacun aussi a sa manière. Henri Queuille apporte à la présidence des commissions interministérielles dont il a été chargé tout ce qu'il possède, par nature, de bon sens, et de prudence et tout ce qu'il a acquis d'expérience, sous la IIIe République, comme membre de douze gouvernements. René Massigli, brillant, plein de ressources, rompu aux méthodes de la diplomatie, travaille à rétablir le réseau des relations étrangères déchiré par les événements. Pierre Mendès-France, esprit clair et volonté forte, résout les problèmes apparemment insolubles qui écrasent nos finances d'Alger. René Mayer, tout pétri de capacités, fait rendre leur maximum aux chemins de fer, aux ports, aux routes d'Afrique du Nord. André Le Troquer, bourru et généreux, se fait le premier serviteur de l'Armée qu'il administre. André Philip est aux prises avec le flot d'idées qui jaillit de son propre esprit et avec les « malaises » successifs de l'assemblée. Jean Monnet, jouant d'un clavier étendu de solutions et de relations, s'applique à obtenir des alliés américains qu'ils organisent à temps les secours qu'ils veulent nous prêter. Henri Bonnet joue son rôle de conciliateur entre les groupes qui se disputent, déjà, les moyens de l'Information. François de Menthon, Emmanuel d'Astier, René Capitant, Henri Frénay, dont les départements ministériels : Justice, Intérieur, Éducation nationale, Prisonniers, ont surtout à préparer ce qui demain sera fait en France, rivalisent d'ardeur novatrice. Fernand Grenier et François Billoux, l'un brusque, l'autre habile, tous deux capables, divisent leur soucieuse attention entre, d'une part, leurs postes respectifs : Air et Commissariat d'État et, d'autre part, leur parti qui veille sur eux du dehors. Quant à ceux des ministres qui m'entouraient au temps de la France Libre : Georges Catroux, rompu à la pratique des grandes affaires, René Pleven, André Diethelm, Adrien Tixier, qui s'y sont mis depuis quatre ans et dans quelles dures conditions ! chacun d'eux apporte à sa tâche : Questions musulmanes, Colonies, Production, Travail, une valeur que rien ne rebute, ni ne surprend.

Tous ces ministres, quelles que soient leur origine, leurs tendances, leur personnalité, s'associent fièrement à Charles de Gaulle et assument avec lui les responsabilités. Ils y ont d'autant plus de mérite que leurs administrations sont faites de pièces et de morceaux. Cependant, malgré les lacunes, celles-ci se dévouent comme eux à leurs fonctions, non sans ce foisonnement de plans que provoque la perspective d'un pays à restaurer, mais avec une intelligence et une ardeur auxquelles je rends justice. Si, dans les bureaux d'Alger comme à l'assemblée ou au sein des réunions, on imagine toutes sortes de projets pour rebâtir la France et le monde, on n'en fait pas moins son métier en conscience et pour pas cher. Des fonctionnaires comme Hubert Guérin, Chauvel, Alphand, Paris, aux Affaires étrangères ; Chevreux, à l'Intérieur ; Gregh, Guindey, Leroy-Beaulieu, aux Finances ; Laurentie, aux Colonies ; Anduze-Faris, aux Transports ; Postel-Vinay, à la Caisse centrale ; des chefs d'état-major comme Leyer à la Guerre, Lemonnier à la Marine, Bouscat à l'Air, sont les piliers et les modèles de nos services. En fin de compte, d'ailleurs, c'est à moi que tout aboutit et je ne puis ignorer combien nos limites sont étroites. Or, s'il faut à la politique un élan qui la soulève, elle ne saurait être autre chose que l'art des possibilités.

Les séances du gouvernement se tiennent, maintenant, au

Palais d'été. Elles ont lieu deux fois par semaine. Assisté de Louis Joxe, j'en ai fixé l'ordre du jour. Sur chaque question, le comité entend le rapport des ministres intéressés. La délibération s'engage. Chacun donne son avis. Au besoin, je l'y invite. J'expose le mien, généralement en fin de débat. Puis, je conclus, en formulant la résolution du conseil et, s'il le faut, en tranchant les litiges. Les décisions sont ensuite notifiées aux départements ministériels. Souvent, elles revêtent la forme d'ordonnances ou de décrets. En ce cas, les textes sont d'abord mis au point par René Cassin et son Comité juridique, puis délibérés en conseil, enfin publiés au *Journal officiel de la République française* qui paraît à Alger sous l'aspect traditionnel.

C'est ainsi que des ordonnances du 10 janvier, du 14 mars, du 21 avril, du 19 mai 1944, règlent l'organisation des pouvoirs et l'exercice de l'autorité au cours de la libération. Dix-sept « commissaires régionaux de la République », dotés de pouvoirs exceptionnels et résidant à : Lille, Nancy, Strasbourg, Châlons, Dijon, Clermont-Ferrand, Lyon, Marseille, Montpellier, Limoges, Toulouse, Bordeaux, Poitiers, Rennes, Angers, Rouen, Orléans, ainsi que le préfet de la Seine, seront chargés « de prendre toutes mesures propres à assurer la sécurité des armées françaises et alliées, à pourvoir à l'administration du territoire, à rétablir la légalité républicaine et à satisfaire aux besoins de la population. » D'autre part, dans chaque ministère, un haut fonctionnaire, nommé d'avance secrétaire-général, assurera la marche des services jusqu'à l'arrivée du ministre. Les communes verront rétablir les conseils municipaux de 1939 que Vichy a souvent remplacés par des délégations de son cru. Afin d'attribuer localement à la résistance un rôle dans la remise en marche, un moyen normal d'expression, voire un exutoire à d'inévitables bouillonnements, la création d'un « Comité de libération » est prévue dans chaque département. Ce comité, formé des délégués locaux des mouvements et partis représentés au Conseil national de la résistance, donnera ses avis au préfet, comme le faisait naguère le conseil général, en attendant que celui-ci soit rétabli par des élections. Enfin, un « commissaire national délégué en territoire libéré » prendra sur place les mesures immédiates qui paraîtront nécessaires.

André Le Troquer est, en avril, désigné pour cette fonction. Quant aux commissaires de la République et aux préfets de la libération, proposés au choix du gouvernement par

Alexandre Parodi assisté de Michel Debré, ils sont nommés en secret, reçoivent le texte authentique du décret qui les institue et se tiennent prêts à surgir des fumées de la bataille. Deux d'entre eux : Verdier et Fourcade, seront tués à l'ennemi ; deux : Bouhey et Cassou, grièvement blessés ; neuf préfets mourront pour la France. Mais, parmi les Français, devant les alliés, au milieu des ennemis défaits, apparaîtra entière, responsable, indépendante, l'autorité de l'État.

Il faut, qu'en même temps, paraisse sa justice. Eu égard aux épreuves subies, la libération déclenchera, sans nul doute, une impulsion élémentaire de châtiment. Alors que des hommes et des femmes qui défendaient leur pays auront été, par dizaines de mille fusillés, par centaines de mille déportés dans des camps d'affreuse misère d'où il en reviendra bien peu, que des milliers de combattants des réseaux, des maquis, des groupes d'action, considérés par l'ennemi comme en dehors des lois de la guerre, auront été abattus sur place, que d'innombrables meurtres, incendies, pillages, brutalités, auront en outre été commis, le tout à grand renfort de tortures et de trahisons et avec le concours direct de « ministres », fonctionnaires, policiers, miliciens, délateurs français ; alors que, pendant des années, maints journaux, revues, livres, discours, auront prodigué les insultes à ceux qui se battent pour la France et les hommages à l'occupant ; alors que, dans le « gouvernement », l'administration, les affaires, l'industrie, le monde, certains auront étalé, au milieu de l'humiliation et de la détresse nationales, leur collaboration avec l'envahisseur, la fuite des Allemands risquera fort d'être le signal de sommaires et sanglantes revanches. Pourtant, en dépit de tout, nul particulier n'a le droit de punir les coupables. C'est là l'affaire de l'État. Encore faut-il que celui-ci le fasse et que, dans les moindres délais, sa justice instruise les causes et rende les verdicts, sous peine d'être débordée par la fureur des groupes ou des individus.

Le Comité de la libération va donc, par ordonnance du 26 juin 1944, qui sera complétée par celle du 26 août, fixer les conditions dans lesquelles les crimes et délits de collaboration devront être réprimés. La base juridique des inculpations existe dans nos codes, c'est l'intelligence avec l'ennemi. Mais, cette fois, les circonstances auront été exceptionnelles, en certains cas atténuantes, en raison de l'attitude et des ordres du « gouvernement » de Vichy. Pour tenir compte de cette situation politique sans précédent et mettre les juges à même de ne pas appliquer forcément les sanctions habituelles à des fautes qui ne le sont pas, il est institué une peine nouvelle : l'indignité nationale. Celle-ci comporte la privation des droits politiques, l'exclusion des emplois publics et, au maximum, l'exil. Ainsi, éclairés sur l'espèce des délits et des crimes à réprimer et disposant d'une échelle assez élastique de peines, les tribunaux apprécieront.

Quels tribunaux? Il va de soi que les juridictions criminelles et correctionnelles ordinaires ne sont pas faites pour juger de telles causes. Elles ne le sont pas par leur nature. Elles ne le sont pas par leur composition, car beaucoup de magistrats ont été contraints de prêter serment au Maréchal et de rendre des arrêts conformes aux ordres de Vichy. Il nous faut donc innover. C'est ce que fait le Comité de la libération en prescrivant, par avance, la création des « Cours de justice » auprès du siège des cours d'appel. La présidence de la Cour et le ministère public devront y être occupés par des magistrats choisis par la Chancellerie. Les quatre jurés seront tirés au sort sur une liste établie par le président de la cour d'appel assisté de deux représentants de la résistance qu'aura désignés le commissaire de la République. A tous égards, il paraît, en effet, indiqué d'associer la résistance à l'œuvre officielle de la justice. Quant à ceux qui ont pris, soit au « gouvernement », soit dans les principaux emplois, une responsabilité éminente dans la capitulation ou dans la collaboration, ils seront justiciables de la Haute-Cour.

Pourtant, le sort de l'un d'eux va être réglé à Alger. Il s'agit de Pierre Pucheu. Comme ministre de l'Intérieur dans le « gouvernement » de Vichy, il s'était signalé par son action rigoureuse à l'encontre des résistants, au point d'apparaître à leurs yeux comme un champion de la répression. Ayant quitté son « ministère » dans le courant de 1942, Pucheu se rendait en Espagne. Sur sa demande, le général Giraud, alors « Commandant en chef civil et militaire », l'autorisait à venir au Maroc afin de servir dans l'armée, à condition qu'il le fît en secret. Mais, comme l'ancien ministre se montrait ostensiblement, Giraud l'avait fait mettre en résidence surveillée. Par la suite, le Comité de la libération décidant d'assurer l'action de la justice à l'égard des membres du « gouvernement » de Vichy, Pierre Pucheu était emprisonné. A présent, se pose cette question : doit-il être, aussitôt, jugé?

A l'unanimité de ses membres, le gouvernement décide de faire ouvrir le procès. Au point de vue des principes, il n'y a pas motif à le remettre. Surtout, la raison d'État exige un rapide exemple. C'est le moment où la résistance va devenir, pour la prochaine bataille, un élément essentiel de la défense nationale. C'est le moment où le ministère Laval, dont Darnand fait partie comme « chargé du maintien de l'ordre », s'acharne à la briser de connivence avec les Allemands. Il faut que nos combattants, il faut que leurs adversaires, aient sans délai la preuve que les coupables ont à répondre de leurs actes. Je le déclare à la tribune de l'Assemblée consultative en citant Georges Clemenceau : « La guerre ! Rien que la guerre ! La justice passe. Le pays connaîtra qu'il est défendu. »

Pour juger Pucheu, le Comité de la libération, faute de pouvoir réunir la Haute-Cour, fait traduire l'accusé devant le « tribunal d'armée ». Le président est M. Vérin, premier président de la cour d'appel d'Alger. Les juges sont : le conseiller Fischer et les généraux : Chadebec de Lavalade, Cochet et Schmidt. Le ministère public est occupé par le général Weiss. L'accusé se défend habilement et énergiquement. Mais deux faits, entre autres, décident le tribunal à prononcer la plus sévère sentence. Pucheu, ministre, a envoyé aux préfets des circulaires impératives pour que soient fournis au Reich les travailleurs qu'il réclame. En outre, tout donne à penser, qu'au moment où les Allemands se disposaient à fusiller un certain nombre des détenus de Châteaubriant en représailles d'attentats dirigés contre leurs soldats, le malheureux leur a, spontanément, adressé la liste de ceux qu'il leur demandait d'exécuter de préférence. L'ennemi lui a donné cette odieuse satisfaction. On en trouvera la preuve formelle lors de la libération.

Au cours du procès, le général Giraud, cité comme témoin, n'a parlé de l'accusé qu'avec beaucoup de réticence. Après la condamnation, il vient me demander de faire surseoir à l'exécution. Je ne puis que refuser. Pierre Pucheu, lui, affirme jusqu'au bout qu'il n'a visé que l'intérêt public. Dans la dernière déclaration qu'il prononce devant ses juges, faisant allusion à de Gaulle, il s'écrie : « Celui-là, qui porte aujourd'hui l'espérance suprême de la France, si ma vie peut lui servir dans la mission qu'il accomplit, qu'il prenne ma vie ! Je la lui donne. » Il meurt courageusement, commandant lui-même : « Feu ! » au peloton d'exécution.

Dans la tempête où chancelle la patrie, des hommes, séparés en deux camps, prétendent conduire la nation et l'État vers des buts différents, par des chemins opposés. A partir de ce moment, la responsabilité de ceux-ci et de ceux-là se mesure ici-bas non à leurs intentions, mais à leurs actes, car le salut du pays est directement en cause. Quoi qu'ils aient cru, quoi qu'ils aient voulu, il ne saurait aux uns et aux autres être rendu que suivant leurs œuvres. — Mais ensuite? — Ensuite? Ah! Que Dieu juge toutes les âmes! Que la France enterre tous les corps!

Mais le pays, lui, doit vivre. Le Comité de la libération s'applique à faire en sorte qu'il le puisse quand ses chaînes lui seront arrachées. Étant, quant à moi, convaincu que, devant l'océan des problèmes, financiers, économiques, sociaux, qui se poseront aussitôt, rien ne se fera pratiquement qui n'ait été auparavant élaboré et décidé, je concentre sur cet objet futur une grande part de l'effort actuel du gouvernement. Or, trois périls mortels nous attendent : l'inflation, le niveau intolérablement bas des salaires et du prix des services, la pénurie du ravitaillement.

C'est, qu'en effet, la circulation fiduciaire, en raison des versements qu'il faut faire à l'occupant, dépasse, au printemps de 1944, le triple du montant de 1940, tandis que la quantité des marchandises a en moyenne baissé de moitié. Il en résulte une hausse énorme des prix réels, un marché noir effréné et, pour une grande partie de la population, d'indicibles privations. En même temps, sous la pression de l'ennemi qui cherche à attirer en Allemagne les travailleurs français, les salaires des ouvriers et les traitements des employés sont bloqués à des taux très bas. Au contraire, certains commerçants, hommes d'affaires, intermédiaires, réalisent des gains scandaleux. Le pays, à la libération, compte tenu du déferlement psychologique que celle-ci doit entraîner, risquera simultanément : l'effondrement monétaire, l'explosion des revendications sociales, la famine.

Pour le gouvernement, laisser faire et laisser passer ce serait livrer la nation à des troubles irrémédiables, car sous le choc de la libération l'inflation serait déchaînée et l'on verrait crouler toutes les digues. Mais, bloquer à la fois les avoirs, les billets, les salaires et les prix, ce serait faire sauter la chaudière. Cela impliquerait d'écrasantes contraintes, dont on voit mal comment les supporterait la nation à peine sortie de l'oppression ; cela provoquerait des secousses sociales incompatibles avec la nécessité de ranimer la production et de réparer les ruines ; cela viderait les marchés sans que les pouvoirs publics aient les moyens de pourvoir autrement à l'alimentation du peuple, puisque toutes les réserves ont disparu, que le trésor n'a pas de devises pour payer des achats massifs au-dehors et que la flotte marchande des alliés sera, alors, employée aux transports vers la bataille. Entre deux extrêmes, le Comité de la libération adopte une solution moyenne qui n'en sera pas, d'ailleurs, plus facile.

Échanger les billets, taxer les enrichissements, confisquer les profits illicites, réglementer les comptes en banque en ne laissant aux porteurs que la disposition d'une somme correspondant à leurs besoins immédiats, mettre à profit l'optimisme que la victoire inspirera au pays pour ouvrir un grand emprunt et absorber les liquidités, on limitera ainsi la circulation fiduciaire. Réajuster les prix payés aux producteurs, tout en subventionnant les denrées de première nécessité afin de maintenir les tarifs au plus bas, on permettra de cette façon l'approvisionnement des marchés. Accorder aux salaires et aux traitements une augmentation « substantielle » — de l'ordre de 30 pour 100 — on évitera par là la crise sociale. Mais aussi, il faut, dès à présent, s'assurer d'un renfort de vivres à l'extérieur. C'est pourquoi, le gouvernement constitue, au printemps de 1944, dans les territoires d'outre-mer, des stocks d'une valeur de 10 milliards de l'époque et met sur pied, avec Washington, un « plan de six mois » prévoyant une première aide américaine.

Ces mesures empêcheront le pire. Mais rien ne fera que la nation, une fois libérée, ne doive subir longtemps encore la pénurie et le rationnement. Aucune formule magique et aucune astuce technique ne changeront sa ruine en aisance. Quoi qu'on invente et qu'on organise, il lui faudra beaucoup de temps, d'ordre, de travail, de sacrifices, pour reconstruire ce qui est détruit et renouveler son équipement démoli ou périmé. Encore doit-on obtenir pour cet effort le concours des classes laborieuses, faute duquel tout sombrera dans le désordre et la démagogie. Faire acquérir par la nation la propriété des principales sources d'énergie : charbon, électricité, gaz, qu'elle est, d'ailleurs, seule en mesure de développer comme il faut ; lui assurer le contrôle du crédit, afin que son activité ne soit pas à la merci de monopoles financiers ; frayer à la classe ouvrière, par les comités d'entreprise, la voie de l'association ; affranchir de l'angoisse, dans leur vie et dans leur labeur, les hommes et les femmes de chez nous, en les assurant d'office contre la maladie, le chômage, la vieillesse ;

enfin, grâce à un système de larges allocations, relever la natalité française et, par là, rouvrir à la France la source vive de sa puissance ; telles sont les réformes dont je proclame, le 15 mars 1944, que mon gouvernement entend les accomplir et, qu'en effet, il accomplira.

Dans ce secteur de notre politique, nous pouvons compter sur l'opinion. Car il y a concordance entre le malheur des hommes et leur élan vers le progrès. Beaucoup ont le sentiment que les épreuves de la guerre devront aboutir à un vaste changement dans la condition humaine. Si l'on ne fait rien dans ce sens, on rendra inévitable le glissement des masses vers le totalitarisme communiste. Au contraire, en agissant tout de suite, on pourra sauver l'âme de la France. D'ailleurs, l'opposition des privilégiés ne se fera guère sentir, tant cette catégorie sociale est compromise par l'erreur de Vichy et effrayée par le spectre révolutionnaire. Quant à la résistance, elle est tout entière favorable à l'évolution ; les combattants, qui courent ensemble des périls semblables, étant enclins à la fraternité.

Mais les mêmes raisons profondes, qui commandent de faire rapidement de grandes réformes dans la Métropole, exigent aussi que l'on transforme le statut des territoires d'outre-mer et les droits de leurs habitants. Je le crois autant que personne, tandis que je mène la guerre avec le concours des hommes et des ressources de « l'Empire ». Comment pourrais-je douter, d'ailleurs, qu'au lendemain du conflit qui embrase la terre, la passion de s'affranchir soulèvera des lames de fond ? Ce qui se passe ou s'annonce, en Asie, en Afrique, en Australasie, aura partout ses répercussions. Or, si dans nos terres d'outre-mer nos malheurs n'ont pas détruit le loyalisme des populations, celles-ci n'en ont pas moins assisté à des événements bien cruels pour notre prestige : écroulement de 1940, abaissement de Vichy sous le contrôle de l'ennemi, arrivée des Américains parlant en maîtres après les combats absurdes de novembre 1942. Il est vrai, qu'en revanche, dans toute l'Afrique française, les autochtones ont été sensibles à l'exemple de la France Combattante, qu'ils constatent, sur leur propre sol, le début du redressement français, qu'ils y participent de grand cœur. C'est de là que tout peut repartir. Mais à la condition formelle de ne pas maintenir ces États et ces territoires au point où ils en étaient jadis. Et comme, en pareille matière, pour bien faire il n'est jamais trop tôt, j'entends que mon gouvernement prenne sans tarder l'initiative.

En décembre 1943, j'approuve donc le général Catroux, commissaire national chargé des questions musulmanes, quand il propose au Comité de la libération une importante réforme concernant l'Algérie. Jusqu'à présent, les habitants y sont divisés en deux collèges électoraux. Le premier, formé des Français, qu'ils le soient par origine ou par naturalisation, dispose, par rapport au deuxième qui comprend la masse musulmane, d'une majorité écrasante dans les conseils municipaux et dans les conseils généraux. Il est seul représenté au sein du Parlement français. Nous décrétons que plusieurs dizaines de milliers de musulmans, parmi les « capacités », feront partie du premier collège sans qu'il soit tenu compte de leur « statut personnel ». En outre, tous les autres auront le droit de voter au sein du deuxième collège. Enfin, la proportion des élus du deuxième collège dans les assemblées, y compris les Chambres françaises, sera accrue jusqu'à la parité. C'est là un pas considérable fait dans le sens de l'égalité civique et politique de tous les Algériens.

Bien entendu, la réforme soulève des critiques feutrées, tant du côté des colons que dans certains clans musulmans. Mais beaucoup d'Arabes et de Kabyles éprouvent comme un choc d'espoir et de gratitude à l'égard de la France qui, sans attendre d'être elle-même sortie de ses malheurs, rehausse leur condition et associe plus étroitement leur destin à son destin. En même temps, dans tous les milieux, on est frappé par l'autorité et la rapidité avec lesquelles le gouvernement a adopté des mesures où le régime d'autrefois butait depuis tant de lustres. Le 12 décembre 1943, accompagné du général Catroux et de plusieurs ministres, je me rends à Constantine. Là, sur la place de la Brèche, au milieu d'une foule innombrable, je publie nos décisions. Devant moi, près de la tribune, je vois pleurer d'émotion le Dr Bendjelloul et maints musulmans.

Pour affirmer la politique nouvelle qui conduit à l'Union française, nous faisons naître une autre occasion : la Conférence africaine de Brazzaville. René Pleven, commissaire national aux Colonies, l'a proposée et organisée. Autour de lui seront réunis vingt gouverneurs-généraux et gouverneurs, au premier rang desquels Félix Éboué. Seront également présents Félix Gouin, président, et une dizaine de membres de l'Assemblée consultative, ainsi que diverses compétences non officielles. La Conférence a pour but de confronter les idées et les expériences « afin de déterminer sur quelles bases pratiques pourrait être progressivement fondée une communauté française englobant les territoires de l'Afrique noire » en remplacement du système d'administration directe.

Avec une solennité voulue, je prends le chemin de Brazzaville. Par le Maroc, je gagne Dakar, où les autorités, l'armée, la flotte, les colons, la population, déploient un enthousiasme indescriptible. C'est là pourtant que, voici trois ans, l'accès du Sénégal m'était barré à coups de canon ! Konakry, Abidjan, Lomé, Cotonou, Douala, Libreville, reçoivent à leur tour ma visite et éclatent en démonstrations où l'on sent vibrer la certitude de la victoire. Brazzaville me fait un accueil émouvant, marquant sa fierté d'avoir, dans les pires années, servi de refuge à la souveraineté de la France. Je descends à la « case de Gaulle », résidence que le territoire, dans son généreux attachement, a construite pour mon usage sur la rive splendide du Congo.

Le 30 janvier, j'ouvre la conférence. Après le discours que m'adresse Pleven, j'indique pourquoi le gouvernement a décidé de la convoquer. « Sans vouloir, dis-je, exagérer l'urgence des raisons qui nous pressent d'aborder l'ensemble des problèmes africains, nous croyons que les événements qui bouleversent le monde nous engagent à ne pas tarder. » Ayant salué l'effort accompli par la France en Afrique, je note qu'avant la guerre, déjà, « apparaissait la nécessité d'y établir sur des bases nouvelles les conditions de sa mise en valeur, celles du progrès de ses habitants, celles de l'exercice de la souveraineté française. » Combien est-ce urgent, aujourd'hui, « puisque la guerre, qui aura été pour une bonne part une guerre africaine, a pour enjeu la condition de l'homme et que, sous l'action des forces psychiques qu'elle a partout déclenchées, chaque population regarde au delà du jour et s'interroge sur son destin ! » Or, la France, je le déclare, a choisi de conduire par la route des temps nouveaux « les 60 millions d'hommes qui se trouvent associés à ses 42 millions d'enfants. » — Pourquoi? « En premier lieu, parce qu'elle est la France... Ensuite, parce que c'est dans ses terres d'outre-mer et dans leur fidélité qu'elle a trouvé son recours et sa base de départ pour sa libération... Enfin, parce qu'elle est, aujourd'hui, animée... d'une volonté ardente de renouveau. »

La conférence commence, alors, ses travaux. Ceux-ci aboutiront à des propositions qui seront surtout d'ordre administratif, social et culturel. Car la réunion des gouverneurs ne peut, évidemment, trancher les questions constitutionnelles que pose la transformation de l'Empire en Union française. Mais la route est tracée qu'il n'est que de suivre. L'esprit a soufflé qui, si on le veut, fera de cette réforme une œuvre nationale à l'échelle universelle. Nul ne s'y trompe dans le monde dont, soudain, l'attention s'est fixée sur Brazzaville. Cela s'est produit du seul gré de la France, au moment où sa puissance renaissante et sa confiance ranimée la mettent en mesure d'octroyer ce que nul n'oserait encore prétendre lui arracher. Ayant donné l'accolade à Éboué qui, épuisé par trop d'efforts, mourra trois mois plus tard sans avoir vu la libération, puis, quittant la capitale de l'Afrique équatoriale et volant par Bangui, Fort-Lamy, Zinder, Niamey, Gao, je regagne Alger où, sur mon toit, flotte une bannière dont nul ne doute plus qu'elle soit celle de la légitimité.

Mais ce qui est acquis dans les faits doit être marqué dans les termes. Il est temps que le gouvernement prenne le nom qui lui revient. Malgré d'affreux déchirements, j'aurai jusqu'à l'extrême limite laissé subsister l'espoir, qu'un jour, cette proclamation pourrait se faire dans l'unanimité nationale et donner lieu au regroupement de l'État avant que les événements aient, à tout jamais, tranché. A certains des hommes qui se crurent, naguère, investis de l'autorité publique en assumant l'abandon national, j'aurai, pendant quatre longues et terribles années, ménagé la possibilité de dire un jour : « Nous nous sommes trompés. Nous rallions l'honneur, le devoir, le combat. Nous voici, avec les apparences de qualification que peuvent nous laisser les formes de la légalité, accompagnés par ceux qui, sans avoir rien fait d'indigne, nous suivent encore par discipline et fidélité. Quoi que l'ennemi puisse nous le faire payer, nous donnons l'ordre de le combattre, par tous moyens, là où il se trouve. A plus tard, si vous le voulez bien, le verdict de la politique, de la justice et de l'Histoire ! Pour le suprême effort, faites-nous place à vos côtés, au nom de l'unité et du salut de la France ! »

Mais ce cri n'a pas retenti. « Il y a, de par le monde, plus de repentirs que d'aveux. » Or, d'un jour à l'autre, les armées de la libération vont aborder le sol de la patrie. Pour le pays et pour l'univers, il importe et il est urgent que notre pouvoir, tel qu'il est, s'affirme jusque dans son titre le détenteur de tous les droits que confère le choix du peuple. Le 7 mai, à Tunis, je déclare : « A ceux qui supposent, qu'à la libération, la France pourrait en revenir à l'époque féodale et se répartir entre plusieurs gouvernements, nous leur donnons rendez-

vous, un jour prochain, à Marseille sur la Canebière, à Lyon sur la place Bellecour, à Lille sur la Grand-Place, à Bordeaux sur les Quinconces, à Strasbourg sur le cours de Broglie, à Paris quelque part entre l'Arc de Triomphe et Notre-Dame ! »
Le 15 mai, j'accueille une motion, votée à l'unanimité par l'Assemblée consultative sur la proposition d'Albert Gazier et qui sera traduite en ordonnance le 3 juin 1944. Au moment même où je m'envole pour l'Angleterre, d'où partira, trois jours après, l'assaut libérateur, le Comité de la libération nationale devient le Gouvernement provisoire de la République française.

DIPLOMATIE

La diplomatie, sous des conventions de forme, ne connaît que les réalités. Tant que nous étions dépourvus, nous pouvions émouvoir les hommes ; nous touchions peu les services. Mais, aujourd'hui, l'unité française renaissante, cela pèse et cela compte. A mesure, la France réapparaît dans les perspectives du monde. Pas plus que les Français ne doutent, désormais, du salut de leur pays, les alliés ne contestent qu'on doive, un jour, lui rendre sa place. En prévision de cette échéance, voici que leur politique se préoccupe notablement de nous.

Au reste, notre concours leur est, chaque jour, plus appréciable. Sans nos troupes, la bataille de Tunisie se fût, d'abord, soldée par un échec. Bientôt, l'action des Français dans le secteur décisif déterminera la victoire d'Italie. Quant à la lutte prochaine en France, gouvernements et états-majors escomptent la part qu'y prendront nos forces de l'intérieur, l'armée venue de l'Empire et ce qu'il nous reste de flotte. Et de quel prix sont, pour les alliés, la disposition de nos bases d'Afrique et de Corse et l'aide efficace qu'ils y trouvent ! Encore notre présence à leurs côtés constitue-t-elle un atout moral considérable. C'est pourquoi, la France, son intérêt, son sentiment, ne laissent pas de jouer un rôle de plus en plus important dans la façon dont ils traitent les affaires.

Cependant, s'ils se soucient de nous, Washington, Londres et Moscou limitent les rapports officiels à ce qui est indispensable. Pour les États-Unis, qui redoutent les enchevêtrements de l'Europe et projettent d'y régler quelque jour la paix par arrangement direct avec la Russie des Soviets, l'admission de la France dans le concert des dirigeants contrarierait leurs desseins. Déjà, la présence anglaise leur paraît souvent intempestive, en dépit du soin que prend Londres de ne point gêner l'Amérique. Mais que de difficultés si la France en était aussi avec ses principes et ses ruines ! Elle y serait, au surplus, comme le porte-parole des moyennes et des petites nations. Comment, dès lors, obtenir des Soviets cette coopération à quoi rêve la Maison Blanche et dont le prix sera forcément le sacrifice de l'indépendance des États de la Vistule, du Danube, des Balkans? Quant à l'Asie et à ses marches, c'est le plan américain qu'il y soit mis fin aux empires des nations européennes. Pour les Indes, la question est déjà virtuellement tranchée. Pour l'Indonésie, on ne croit pas que la Hollande puisse tenir tête. Mais, pour l'Indochine, comment faire si les Français ranimés se retrouvent parmi les grands? Aussi, tout en constatant volontiers notre redressement, tout en s'entendant avec nous lorsque cela est utile, Washington affectera, aussi longtemps que possible, de considérer la France comme une jachère et le gouvernement de Gaulle comme un accident incommode, auquel n'est pas dû, en somme, ce que l'on doit à un État.

L'Angleterre ne se laisse pas aller à des façons aussi sommaires. Elle sait que la présence, la puissance, l'influence de la France seront demain, comme elles l'étaient hier, nécessaires à l'équilibre. Elle n'a jamais pris son parti du renoncement français qu'était Vichy et qui lui a coûté cher. Son instinct et sa politique souhaitent que la France reparaisse sous la forme du partenaire d'antan, maniable et bien connu. Mais, à quoi bon précipiter les choses? La victoire est, désormais, certaine et il est acquis que les forces françaises aideront les alliés de tous leurs moyens. Quant aux règlements successifs, peut-être vaudrait-il mieux que la France y participât, mais ce serait à la condition qu'elle le fasse à titre auxiliaire, qu'elle s'incline devant le jeu américain auquel se prête la Grande-Bretagne. Or, le général de Gaulle s'en tiendrait-il à cette plasticité? Rien n'est moins sûr. A tout prendre, il est avantageux que la souveraineté de la France demeure quelque peu nébuleuse. D'autant plus que cette imprécision pourra être mise à profit pour en finir, en Orient, avec ce qui subsiste de l'ancienne concurrence française.

La Russie soviétique observe, calcule et se méfie. Assurément, tout porte le Kremlin à désirer qu'il renaisse une France capable de l'aider à contenir le monde germanique et de rester indépendante à l'égard des États-Unis. Mais rien ne presse. Pour le moment, il faut vaincre, obtenir que le second front s'ouvre depuis la Manche jusqu'à l'Adriatique, ne pas prendre une position politique trop différente de celle des Anglo-Saxons. D'ailleurs, si la France du général de Gaulle devait être associée directement aux règlements européens, accepterait-elle de voir disparaître l'indépendance de la Pologne, de la Hongrie, des États balkaniques et, qui sait ? de l'Autriche et de la Tchécoslovaquie ? Enfin, la France de demain, que sera-t-elle ? Sa situation intérieure influera grandement sur sa politique au-dehors, notamment vis-à-vis des Soviets. Qui peut assurer qu'elle ne leur sera pas hostile sous l'action des mêmes éléments qui ont créé Vichy ? A l'opposé, n'est-il pas concevable que les communistes accèdent au pouvoir à Paris ? Dans un cas comme dans l'autre, mieux vaudrait n'avoir pas fait trop d'avances au Gouvernement d'Alger. Bref, tout en nous marquant une prévenante compréhension, la Russie, quant au fond des choses, croit qu'il faut attendre et voir.

En somme, si, à Washington, à Londres, à Moscou, les chancelleries diffèrent dans leurs arrière-pensées, elles sont d'accord pour nous réserver notre place sans se hâter de nous la rendre. Quant à de Gaulle, qu'il soit le guide et le symbole du relèvement de la France, on en prend acte. Mais on tient pour essentiel que son action soit contenue. Déjà, le fait qu'il soit en voie de rassembler un peuple aussi divisé que le sien et qu'il ait pu constituer un pouvoir solide et cohérent semble aux experts étrangers anormal, voire scandaleux. On veut bien que, sous cette impulsion, la France sorte de l'abîme. Mais il ne s'agirait pas qu'elle parvienne jusqu'aux sommets. Officiellement, on traite donc de Gaulle avec considération, non point avec empressement. Officieusement, on encourage ce qui se dit, s'écrit, se trame à l'encontre du Général. Plus tard, on fera tout pour retrouver cette France politique, si malléable du dehors, dont on avait l'habitude.

Pour moi, il me faut le dire, je m'inquiète peu de voir la situation diplomatique du Gouvernement d'Alger demeurer encore imprécise. Par rapport à ce qui était, j'ai l'impression que le plus fort est fait et que, si nous persévérons, les formalités qui restent à accomplir le seront, tôt ou tard, par surcroît. En outre, il ne convient pas que ce que nous sommes ou allons être dépende du choix des autres. Dès à présent, nous nous trouvons suffisamment établis pour nous faire entendre où et quand bon nous semble. Quant à l'avenir de la France, il est en elle-même, non point dans les convenances des alliés. Une fois le Reich abattu, compte tenu des difficultés qui étreindront les plus grands États, rien n'empêchera la France de jouer le rôle qu'elle voudra, à condition qu'elle le veuille. La certitude que j'en ai me porte à considérer avec détachement la grise mine des alliés. Sans leur cacher que je regrette, au point de vue de l'action commune, les réserves qui marquent leur collaboration, la position que je prends n'est jamais celle du demandeur.

Sans doute, à Alger, Massigli, qui est en contact permanent avec le corps diplomatique et qui, de par sa profession, souffre particulièrement d'une position extérieure mal définie ; à Londres, Viénot, qui toute sa vie fut un apôtre de l'alliance britannique et qui s'attriste de rencontrer la réticence de l'Angleterre ; à Washington, Monnet, dont les négociations « pour l'aide et le relèvement » ne peuvent être menées à terme parce que la question des rapports franco-américains est toujours en suspens, ou bien Hoppenot, dont l'intelligence et la sensibilité déplorent le parti pris négatif des États-Unis ; à Moscou, Garreau, qui compare les déclarations faites en faveur de la France par les commissaires du peuple avec leurs actes circonspects, ont-ils moins de sérénité. Je les laisse le montrer, à l'occasion. Je sympathise avec l'impatience ressentie par nos représentants chez les autres alliés : Dejean, délégué auprès des États réfugiés en Grande-Bretagne ; Baelen, chargé de nos rapports avec les gouvernements hellénique et yougoslave installés au Caire ; Coiffard à Tchoung-King ; Bonneau à Ottawa ; Pechkoff, puis Grandin de l'Éprevier, à Prétoria ; Clarac, puis Monmayou, à Canberra ; Garreau-Dombasle, Ledoux, Lancial, Arvengas, Raux, Casteran, Lechenet, en Amérique latine ; Grousset à La Havane ; Milon de Peillon à Port-au-Prince. Je mesure tout ce qu'a d'ardu la condition de nos délégués dans les pays neutres : Truelle en Espagne ; du Chayla au Portugal ; de Saint-Hardouin en Turquie ; de Benoist en Égypte ; de Vaux Saint-Cyr en Suède ; de Leusse en Suisse ; de Laforcade en Irlande. Toutefois, je m'en tiens moi-même, délibérément, à l'attitude d'un chef d'État prêt à s'entendre avec les autres s'ils viennent le lui demander, mais qui n'a rien à solliciter de ce qu'on pourrait lui offrir aujourd'hui, parce qu'il est sûr de l'avoir demain.

Telles sont les données du jeu. On le voit dans l'affaire italienne, où, en vertu du principe de la cote mal taillée, les alliés nous tiennent à l'écart sans, cependant, nous exclure. Le 27 septembre 1943, les représentants de l'Angleterre et des États-Unis apportent à Massigli le texte complet de l'armistice qui doit être, le jour même, remis pour signature au maréchal Badoglio. Les diplomates anglo-saxons font observer — ce qui est vrai — que ce texte a tenu compte de ce que nous avions antérieurement demandé. Mais ils ne trouvent rien à répondre à la question du ministre français : « Pourquoi n'y associez-vous pas la France? » Quelques jours après, Badoglio déclarera la guerre au Reich avec l'approbation conjointe de la Grande-Bretagne, de l'Amérique, de la Russie, sans qu'il soit question de la nôtre. En même temps, nous apprendrons qu'une conférence va s'ouvrir à Moscou, pour traiter du problème italien, entre les ministres des Affaires étrangères britannique, américain et russe et que nous n'y sommes pas invités.

A M. Cordell Hull, qui passe à Alger en route pour la conférence, je me garde de faire entendre la moindre récrimination, mais je marque qu'on n'aura pas pour rien ce que nous sommes et ce que nous avons. « Nous nous félicitons, lui dis-je, de vous voir prendre directement contact, pour votre compte, avec la Russie soviétique. De mon côté, je me propose d'aller, quelque jour, à Moscou pour le compte de la France. » Comme le secrétaire d'État s'enquiert de notre position au sujet des questions italiennes, je réponds : « Nous ne manquerons pas de préciser notre point de vue quand nous serons en mesure de connaître celui des autres. »

M. Cordell Hull m'indique, alors, qu'à Moscou on décidera probablement de créer une commission interalliée pour les affaires italiennes. « Peut-être, ajoute-t-il, en ferez-vous partie.» — « Nous verrons ! lui dis-je. En tout cas, pour décider du sort de la péninsule, il est, d'abord, nécessaire de reprendre son territoire aux Allemands, ce qui implique le concours des forces et des bases françaises. Ce concours, je sais qu'Eisenhower projette de nous le demander. Nous sommes disposés à le prêter. Mais pour cela il faut, évidemment, que nous décidions avec vous et au même titre que vous de ce que deviendra l'Italie. Nous ne saurions engager nos soldats que pour un but qui soit le nôtre. » M. Cordell Hull comprit qu'il se trouvait devant une position fermement tenue. M. Eden le comprit aussi, que je vis le 10 octobre. M. Bogomolov, quant à lui, avait pris les devants en m'expliquant que la commission de la Méditerranée était une idée soviétique et que son gouvernement exigerait qu'on nous y invitât.

De fait, le 16 novembre, Massigli recevait MM. MacMillan, Murphy et Bogomolov. Ceux-ci l'informaient que leurs trois gouvernements avaient l'intention d'instituer une « Commission consultative pour les affaires concernant l'Italie ». Cette commission représenterait sur place l'ensemble des alliés, proposerait aux gouvernements les mesures à prendre en commun et donnerait, en leur nom, des directives au commandement militaire pour tout ce qui se rapportait à la politique et à l'administration. Il nous était demandé d'en faire partie. Le Comité de la libération accepta la proposition. Le 29 novembre, je reçus M. Vichynsky qui venait m'assurer du désir de son gouvernement de collaborer étroitement avec nous au sein de la commission. Celle-ci, composée de MacMillan, Massigli, Murphy et Vichynsky, commença alors ses travaux. Bientôt, Couve de Murville y remplacerait Massigli absorbé par son ministère. Ainsi serions-nous tenus directement au courant de ce qui se passait dans la péninsule. Ainsi prendrions-nous part aux mesures destinées, soit à sanctionner la faute de l'Italie, soit à lui permettre de surmonter son malheur. Ainsi serions-nous à même d'y mener notre politique, essentielle pour son destin, pour le nôtre et pour l'Occident.

Cette politique, je l'exposai au comte Sforza, qui, un soir d'octobre, se glissa dans mon bureau de la villa des *Oliviers*. Le vieil homme d'État regagnait l'Italie après vingt années d'exil. Sur les ruines du système fasciste, qu'il n'avait pas cessé de combattre, il s'apprêtait à diriger la politique étrangère de son infortuné pays. Je fus frappé de la noblesse et du courage avec lesquels Sforza envisageait sa tâche prochaine. « Que je sois ici devant vous, me dit-il, c'est la preuve de ma volonté de faire tout pour fonder cette coopération franco-italienne dont vous et nous payons cher le fait de l'avoir manquée et dont notre Europe va avoir, plus que jamais, besoin. » J'indiquai au comte Sforza que, sur ce point capital, je pensais tout comme lui, mais, qu'après ce qui s'était passé, la réconciliation avec l'Italie ne pourrait lui être complètement gratuite, quelle que fût notre intention de la ménager autant que possible.

Liquider les privilèges dont jouissaient, en Tunisie, les ressortissants italiens ; attribuer à la France les cantons de Tende et de la Brigue qui, quoique français, avaient été laissés à l'Italie après le plébiscite de 1860 ; rectifier la frontière aux cols de Larche, du mont Genèvre, du mont Cenis, du Petit-Saint-Bernard, pour effacer sur notre versant quelques empiétements fâcheux ; faire octroyer au Val d'Aoste le droit d'être ce qu'il est, c'est-à-dire un pays mentalement français ; exiger certaines réparations, notamment en fait de navires de guerre et de commerce, voilà les avantages, très limités mais très précis, que j'avais résolu d'assurer à la France.

Étant donné, d'autre part, que la Yougoslavie avait joint le camp des alliés et compte tenu de l'effort que les troupes du général Mikhaïlovitch et celles de Tito n'avaient pas cessé de fournir, il était clair que l'Italie ne pourrait conserver, sur la côte Est de l'Adriatique, ses possessions d'avant-guerre. Cependant, nous étions prêts à l'aider à garder Trieste. Ayant fixé le comte Sforza sur tous ces points concernant les frontières italiennes, j'ajoutai : « Quant à vos colonies, si la Cyrénaïque, où les Anglais veulent se maintenir, est perdue pour vous, si nous-mêmes entendons demeurer présents au Fezzan, par contre nous souhaitons vous voir rester, non seulement en Somalie, mais encore en Érythrée et en Tripolitaine. Pour celle-ci, il vous faudra sans doute trouver un mode d'association avec les peuplades locales ; pour celle-là, vous devrez, en échange des droits qui vous seront laissés, y reconnaître la souveraineté du Négus. Mais nous tenons pour justifié que vous soyez une puissance africaine. Si vous-mêmes le revendiquez, nous vous soutiendrons fermement. »

En décembre, à la requête du général Eisenhower, le Comité de la libération porta en Italie les premiers éléments du Corps expéditionnaire français. Celui-ci devait, ensuite, se renforcer jusqu'à fournir l'action décisive des alliés lors de la bataille pour Rome. A mesure que grandissait cette participation militaire, nous parlions plus haut dans le domaine politique. Il le fallait, d'ailleurs. Car les Anglo-Saxons, appliquant à l'Italie un système d'expédients et maintenant en place le roi Victor-Emmanuel et le maréchal Badoglio, barraient la voie à la réconciliation franco-italienne et accumulaient dans la péninsule des mobiles de révolution.

Le roi avait, en 1940, laissé déclarer la guerre à la France au moment où elle succombait sous la ruée germanique, à cette France dont, en 1859, l'effort sanglant libérait l'Italie et assurait son unité et dont, en 1917, l'armée avait concouru à enrayer sur la Piave le désastre de Caporetto. Il avait accepté et subi Mussolini jusqu'à l'instant où le Duce succomba sous les événements. Badoglio avait, par la seule vertu de la victoire allemande, fait signer aux plénipotentiaires de Pétain et de Weygand un « armistice » d'après lequel les Italiens occupaient une partie du territoire français et contrôlaient les forces de notre Empire. D'autre part, c'est du régime fasciste que le maréchal-premier-ministre tenait ses honneurs et son commandement. Comment ce souverain et ce chef de gouvernement auraient-ils pu organiser la coopération de leur pays avec le nôtre et conduire l'Italie dans une voie nouvelle? C'est ce que le Comité de la libération notifia, le 22 janvier 1944, à Washington, à Londres et à Moscou, en déclarant qu'il fallait faire place nette sur le trône et au gouvernement.

Aux mois de mars, mai et juin, m'étant moi-même rendu en Italie pour inspecter nos troupes, je pus y voir, notamment à Naples, beaucoup de signes inquiétants. Le spectacle qui s'y offrait était celui d'une extrême misère et des lamentables effets qu'entraînait, quant à la moralité publique, le contact d'occupants bien pourvus. Comme chrétien, latin, européen, je ressentis cruellement le malheur de ce grand peuple, qu'une erreur avait dévoyé mais à qui le monde devait tant. Peut-être la foule italienne eut-elle instinctivement la notion de mes sentiments. Peut-être, dans son épreuve, la pensée de la France lui était-elle plus familière, comme il arrive aux pays malheureux. Toujours est-il que j'eus la surprise de voir, quand je me montrais, accourir des groupes enthousiastes et d'entendre leurs acclamations. Couve de Murville, notre représentant, très au courant et très assuré, me fit le tableau de l'Italie politique, déchirée par des courants contraires et dont on sentait déjà que le destin se jouerait entre le communisme et la papauté. Au cours de ces voyages, je dus, quoique avec regret, refuser de rencontrer Umberto et Badoglio. Je n'admettais pas, en effet, que le père du prince continuât à détenir la couronne et que le maréchal fût encore le chef du gouvernement.

Mais, tandis qu'à l'Occident de la Méditerranée nous commencions à cueillir les fruits d'un long effort, à l'Orient c'étaient des déboires qu'il nous fallait essuyer. Dans les États du Levant, l'agitation des politiciens locaux, utilisée par la Grande-Bretagne, organisait contre nous une crise spectaculaire, afin de tirer parti, quand il en était temps encore, de la situation diminuée de la France.

Le Liban, cette fois, servit de champ à l'opération. Les élections y avaient eu lieu en juillet 1943. Après une période qui avait vu tant d'événements désastreux pour le prestige de la France, la chambre nouvelle manifestait naturellement un nationalisme effréné. Les Anglais, ayant fortement contribué au résultat électoral, voulaient maintenant le mettre à profit. Auprès de M. Béchara Khoury, élu Président de la République, et du Gouvernement de M. Riad Solh, Spears faisait figure d'adversaire de la France, poussait à la surenchère et promettait, quoi qu'il arrivât, la protection britannique.

Il faut dire que l'action de Spears en Syrie et au Liban répondait à l'ensemble de la politique que la Grande-Bretagne entendait mener en Orient dans la phase ultime de la guerre. La fin victorieuse des opérations en Afrique avait rendu disponibles de nombreux effectifs anglais. Tandis qu'une fraction de ceux-ci allait combattre en Italie, une autre s'installait sur les deux rives de la mer Rouge. Sept cent mille soldats britanniques occupaient l'Égypte, le Soudan, la Cyrénaïque, la Palestine, la Transjordanie, l'Irak et les États du Levant. Londres avait, d'autre part, créé au Caire un « Centre économique », qui, grâce au jeu des crédits, au monopole des transports, aux impératifs du blocus, disposait de tous les échanges extérieurs des pays arabes, c'est-à-dire, par le fait, de la vie des populations, de l'opinion des notables, de l'attitude des gouvernements. Enfin, sur place, la présence d'une armée de spécialistes pourvus de vastes moyens financiers et, dans le monde, l'action d'une diplomatie et d'une propagande parfaitement organisées complétaient les éléments de puissance grâce auxquels l'Angleterre, débarrassée en Orient de la menace de ses ennemis, comptait s'y affirmer comme l'unique suzeraine.

Nous n'étions pas en état d'équilibrer une pression pareille. Trois bataillons sénégalais, quelques canons, quelques chars, deux avisos, une quinzaine d'avions, voilà tout ce qu'il y avait de forces françaises au Levant. S'y ajoutaient, il est vrai, les troupes syriennes et libanaises, soit 18 000 bons soldats placés sous notre commandement. Mais quel serait leur comportement si les gouvernements de Damas et de Beyrouth prenaient, à notre égard, une position nettement hostile? D'ailleurs, notre extrême pauvreté ne nous permettait pas d'offrir quoi que ce fût à qui que ce fût. Quant à lutter contre le flot des informations tendancieuses que toutes les sources anglo-saxonnes ne manqueraient pas, le cas échéant, de déverser sur le monde, c'était hors de nos possibilités. Par-dessus tout, la libération de la France étant maintenant à l'horizon, il n'y aurait pour moi, en aucun cas, aucun moyen de pousser les Français et, pour commencer, mes ministres à aucune autre entreprise. Au total, nous étions trop démunis et trop absorbés pour pouvoir réprimer sur place les atteintes qui seraient portées à la position de la France.

Or, le fait se produisit dans le courant de novembre. Le gouvernement de Beyrouth se trouvait, pour des raisons d'ordre intérieur, dans une situation parlementaire difficile.

Pour faire diversion, M. Riad Solh président du Conseil et M. Camille Chamoun ministre des Affaires étrangères dressaient bruyamment les revendications libanaises contre la puissance mandataire. Notre délégué-général au Levant, l'ambassadeur Jean Helleu, qui voyait venir la crise, s'était rendu à Alger pour rendre compte au gouvernement. Le 5 novembre, il me fit son rapport en présence de Catroux et de Massigli et reçut nos instructions. Celles-ci l'invitaient à jeter du lest et à ouvrir des négociations à Beyrouth et à Damas en vue de transférer aux gouvernements locaux certains services concernant l'économie et la police que l'autorité française avait, jusqu'alors, détenus.

Mais, en même temps, Helleu se voyait confirmer notre position de principe au sujet du mandat, lequel, confié à la France par la Société des Nations, ne pourrait être déposé que devant les futures instances internationales et par des pouvoirs français qui ne seraient plus provisoires. C'était la position que nous avions toujours fait connaître aux alliés, notamment à la Grande-Bretagne, sans en avoir reçu jamais aucune objection de principe. Juridiquement, si l'indépendance de la Syrie et du Liban avait une valeur internationale, c'est parce que nous-mêmes la leur avions octroyée en vertu de notre mandat. Mais, pour les mêmes raisons, nous nous trouvions obligés de conserver au Levant certaines responsabilités résultant de l'état de guerre. Eu égard à la tragédie qui faisait haleter l'univers, nous estimions que les gouvernements de Damas et de Beyrouth pouvaient attendre qu'elle fût terminée pour voir régler les dernières formalités qui limitaient encore la souveraineté des États. Il n'y a pas de doute qu'ils eussent, en effet, attendu si Londres n'avait pas encouragé leurs exigences et offert, pour les imposer, l'appui des forces britanniques.

Tandis qu'Helleu était à Alger, le parlement libanais amendait la constitution en en faisant disparaître tout ce qui précisément se rapportait au mandat, comme s'il était aboli. Du Caire, où il passait en regagnant son poste, l'ambassadeur avait télégraphié au gouvernement de Beyrouth, lui annonçant qu'il était porteur d'instructions de son gouvernement pour l'ouverture de négociations et lui demandant de surseoir à la promulgation de la nouvelle loi constitutionnelle. Mais les Libanais passaient outre. Alors, Helleu, rentré à Beyrouth et indigné de cette provocation, opposait, le 12 novembre, son veto à la constitution, suspendait le parlement et faisait arrêter le chef de l'État libanais, le président du Conseil et plusieurs ministres, tandis que M. Émile Eddé devenait, à titre provisoire, président de la République.

Tout en jugeant parfaitement justifiables les mesures prises par notre délégué et, surtout, les sentiments qui les lui avaient dictées, le Comité de la libération eut aussitôt la conviction qu'elles dépassaient ce que la situation générale lui permettait de soutenir. D'autant plus que, sans renoncer au principe du mandat, nous n'entendions pas remettre en cause l'indépendance déjà concédée. C'est pourquoi, dès le 13 au matin, mis au courant de ce qui venait de se passer la veille à Beyrouth, nous prîmes la décision d'y envoyer le général Catroux avec la mission de rétablir une situation constitutionnelle normale, sans toutefois désavouer Helleu. Cela signifiait que Catroux, après consultations sur place, ferait élargir Khoury, Riad Solh et leurs ministres et rétablirait le Président dans ses fonctions. Après quoi, serait reformé le Gouvernement libanais ; la Chambre des députés devant être rappelée en dernier lieu. Quant à notre délégué, sa présence au Levant n'aurait pas de raison d'être dès lors que Catroux s'y trouverait avec pleins pouvoirs. Nous l'appellerions donc à Alger « en consultation » dans un délai de quelques jours.

Pour que nul ne pût se méprendre sur l'objet de la mission Catroux, je fis moi-même, le 16 novembre, à l'Assemblée consultative une apaisante déclaration. « Ce qui s'est passé à Beyrouth, déclarai je, n'altère ni la politique de la France au Liban, ni les engagements que nous avons pris, ni notre volonté de les tenir. Notre intention consiste à voir s'établir au Liban une situation constitutionnelle normale, afin que nous puissions traiter de nos affaires communes avec son gouvernement, lui et nous en toute indépendance. » Je concluais, en disant : « Le nuage qui passe n'obscurcira pas l'horizon. » Le lendemain, Catroux, traversant Le Caire, voyait M. Casey ministre d'État britannique et lui indiquait qu'il ferait incessamment remettre en liberté MM. Khoury et Riad Solh. Le 19 novembre, arrivé à Beyrouth, il avait un entretien avec M. Béchara Khoury, prenait acte des assurances d'amitié fidèle à la France que lui prodiguait le Président et annonçait à celui-ci qu'il allait être élargi et remis en place. Personne, dès lors, ne pouvait douter de notre volonté « d'enchaîner » au plus tôt et d'adopter une conciliante solution.

Mais la politique britannique ne s'accommodait pas de cet

accommodement. Tout se passa comme si Londres s'appliquait à jeter de l'huile sur le feu pour faire croire que l'arrangement que nous cherchions au Liban nous était arraché par l'intervention anglaise et, peut-être aussi, pour prendre une revanche sur de Gaulle après le remaniement tout récent du Comité de la libération. Déjà le 13 novembre, M. Makins, remplaçant M. MacMillan absent, était venu remettre à Massigli une note, « verbale » mais comminatoire, réclamant la réunion immédiate d'un conférence anglo-franco-libanaise destinée à régler l'incident et déclarant qu'aux yeux du Gouvernement britannique nous devions révoquer Helleu. Mais, le 19, alors qu'il était prouvé depuis plusieurs jours que le chemin adopté par nous était celui de l'entente, l'Angleterre lança ses foudres. Ce ne pouvait plus être, évidemment, qu'à l'intention de la galerie et pour créer l'impression d'une humiliation de la France.

Ce jour-là, en effet, M. Casey vint à Beyrouth et, flanqué du général Spears, remit au général Catroux un ultimatum pur et simple. La Grande-Bretagne, sans se soucier de l'alliance qui nous unissait, des engagements qu'elle avait pris quant à son désintéressement politique dans les États du Levant, des accords qu'en son nom M. Oliver Lyttelton avait signés avec moi, mettait le représentant de la France en demeure d'accepter la conférence tripartite et de rendre la liberté, dans un délai de trente-six heures, au Président et aux ministres libanais. Faute de quoi, les Britanniques, sous prétexte de maintenir l'ordre — lequel ne leur incombait pas — proclameraient ce qu'ils appelaient « la loi martiale », s'empareraient du pouvoir par la force et enverraient leurs troupes libérer, par tous les moyens, les détenus gardés par nos soldats.

« Nous voici revenus au temps de Fachoda, » dit le général Catroux à MM. Casey et Spears. Il y avait, toutefois, cette différence que la France, lors de Fachoda, était en mesure d'aller jusqu'au conflit avec l'Angleterre, mais que, pour le moment, celle-ci n'en courait pas le moindre risque. Le Comité de la libération prescrivit au général Catroux de refuser la conférence tripartite, de libérer, comme il avait été convenu, M. Khoury et ses ministres et, si l'Angleterre mettait à exécution sa menace de saisir l'autorité du Liban, de réunir dans un port nos fonctionnaires et nos troupes et de les ramener en Afrique. Je me chargerais, alors, d'expliquer à la France et au monde les raisons de ce départ.

En définitive, une sorte de *modus vivendi* se rétablit au Levant. Les Anglais mettant une sourdine à leurs menaces ;

le général Catroux négociant, à Damas et à Beyrouth, l'attribution aux États des services « d'intérêt commun »; les gouvernants continuant de chanceler et de surenchérir au milieu de l'agitation créée par ceux qui voulaient leur place; les « leaders » des pays arabes voisins faisant, pour les mêmes raisons, assaut de protestations dirigées contre la France. Ainsi en était-il : au Caire, de Nahas-Pacha imposé au roi Farouk comme Président du Conseil par l'ambassadeur d'Angleterre; à Bagdad, de Noury Pacha Saïd qui n'était revenu au pouvoir que grâce à l'action des troupes britanniques; à Amman, de l'émir Abdullah dont le budget se bouclait à Londres et dont l'armée avait pour chefs le général Peake et le colonel Glubb, dits « Peake-pacha » et « Glubb-pacha ».

En février, Catroux étant revenu à Alger, le Comité de la libération nomma le général Beynet délégué-général et plénipotentiaire de France au Levant. Helleu n'y retournait pas. Casey avait quitté Le Caire; Chamoun, Beyrouth. Spears, lui, demeurait en place, préparant la crise future. Avec beaucoup d'habileté et de fermeté, le nouveau représentant de la France reprit en main la situation. Cependant, il était clair qu'un tour de force constamment renouvelé ne pourrait se répéter toujours. D'autant moins que nos pauvres moyens, la passion douloureuse de l'opinion française, l'attention de l'univers, s'absorberaient dorénavant dans les événements guerriers qui décidaient du sort de l'Europe.

A cet égard, la politique, prenant de l'avance sur les faits, s'orientait partout vers ce qui suivrait la victoire. Dans le camp des alliés, c'était le cas avant tout pour les moyens et petits États. A Alger, nous ne percevions guère que l'écho des débats dont ils étaient les enjeux, puisque leurs souverains et leurs ministres résidaient à Londres, que leur diplomatie tentait d'agir surtout à Washington et que leur propagande se déployait principalement dans les pays anglo-saxons. Pourtant, nous en savions assez pour connaître leurs angoisses. Rien, d'ailleurs, ne démontrait, plus clairement et plus tristement, qu'hier la chute de la France, aujourd'hui le parti pris des trois autres grandes puissances de la tenir à l'écart, hypothéqueraient gravement, demain, la paix qui se préparait.

A vrai dire, les Belges et les Luxembourgeois, bien encadrés dans l'Occident, ne doutaient pas qu'à la libération leurs frontières et leur indépendance leur seraient rendues sans conteste. Les problèmes avec lesquels ils se trouveraient, alors, confrontés seraient d'ordre économique. La France ruinée, l'Angleterre elle-même très éprouvée, ne pourraient les aider à les résoudre qu'après des délais prolongés. Dans l'immédiat, c'est sur l'Amérique qu'ils comptaient. Aussi voyait-on MM. Spaak, Gutt et Bech hanter les conférences d'Atlantic-City, de Hot-Springs, de Dumbarton Oaks, où se bâtissaient les plans des États-Unis pour le ravitaillement, la reconstruction et le développement de l'Europe, tandis que M. de Romrée, ambassadeur de Belgique auprès du Comité français de la libération, s'intéressait principalement aux projets concernant une confédération de l'Europe occidentale. Les Hollandais, qui, eux non plus, n'avaient guère de soucis politiques au sujet de leur métropole, en éprouvaient par contre de grands quant à l'avenir de leurs possessions d'Australasie. Dès à présent, leur gouvernement subissait la pression américaine, qui un jour les contraindrait à renoncer à leur souveraineté sur Java, Sumatra, Bornéo. Les propos du ministre plénipotentiaire de Hollande M. Van Wijk, comme les rapports que Dejean nous adressait de Londres, montraient M. Van Kleffens prévoyant avec amertume que la victoire des alliés dans le Pacifique entraînerait la liquidation de l'Empire néerlandais. Les Norvégiens, eux, croyaient déjà sentir, à travers la Suède neutre et la Finlande virtuellement vaincue, le poids écrasant de toutes les Russies. Aussi M. Trygve-Lie élaborait-il, déjà, des plans d'alliance atlantique dont venait nous entretenir M. de Hougen ministre de Norvège à Alger. Mais c'étaient surtout les gouvernements réfugiés de l'Europe centrale et balkanique qui manifestaient leur trouble. Car, voyant que sur leur territoire la présence des Soviétiques succéderait à celle des Allemands, ils étaient dévorés par la crainte du lendemain.

La conférence de Téhéran, qui se tint au mois de décembre 1943, ne fit qu'attiser leurs alarmes. Sans doute, les participants : Roosevelt, Staline et Churchill, s'étaient-ils répandus en déclarations lénitives, affirmant que l'objet de leur réunion n'était que d'ordre stratégique. Mais ce qui en avait filtré ne rassurait pas du tout les gouvernements en exil. A travers les secrets officiels, ils n'étaient pas sans discerner ce qui, à Téhéran, s'était passé d'essentiel. Staline y avait parlé comme celui à qui l'on rendait compte. Sans révéler aux deux autres le plan russe, il avait obtenu que le leur lui fût exposé et qu'on le modifiât suivant ses exigences. Roosevelt s'était joint à lui pour repousser l'idée de Churchill d'une vaste offensive des Occidentaux, par l'Italie, la Yougoslavie et la Grèce, vers Vienne, Prague et Budapest. D'autre part, les

Américains s'étaient accordés avec les Soviétiques pour refuser, malgré les suggestions britanniques, d'examiner les questions politiques concernant l'Europe centrale, en particulier la Pologne où, cependant, les armées russes étaient sur le point d'entrer. Nous-mêmes avions été tenus en dehors de l'affaire, au point que Churchill et Roosevelt, passant, l'un par le ciel de l'Afrique du Nord française, l'autre au large de ses côtes, pour gagner Le Caire et Téhéran, s'étaient gardés de prendre contact avec nous.

Du coup, les perspectives, dont s'effrayaient les souverains et les ministres des pays du Danube, de la Vistule et des Balkans, commençaient à se préciser. C'est ainsi, qu'en Grèce, une notable partie des éléments de la résistance, noyautée et conduite par les communistes, se groupait en une organisation, l' « E. A. M. », qui s'efforçait tout à la fois de lutter contre l'envahisseur et de frayer la voie à la révolution. L'instrument militaire de ce mouvement, l' « E. L. A. S. », s'incorporait nombre des maquis opérant dans les montagnes helléniques et pénétrait profondément les unités de l'armée et de la flotte stationnées en Orient. Afin de garder le contact des soldats et des marins et de communiquer plus aisément avec l'intérieur du pays, le président du Conseil M. Tsouderos et la plupart des ministres avaient fixé leur résidence au Caire. Bientôt, le roi Georges II s'y était rendu, lui aussi, mais pour assister tout justement à une crise violente. En avril 1944, M. Tsouderos devait se retirer. Son remplaçant, M. Venizelos, quittait à son tour la place. M. Papandreou formait, à grand-peine, le ministère. En même temps, de graves mutineries éclataient dans les troupes et sur les navires. Pour les réduire, il ne fallait rien de moins que l'intervention sanglante des forces britanniques. Bien qu'ensuite les représentants de toutes les tendances politiques, réunis à Beyrouth, eussent proclamé l'union nationale, les querelles reprenaient bientôt. Tout annonçait, qu'en Grèce, la retraite des Allemands serait le signal de la guerre civile.

En fait, les États-Unis prenaient soin de retirer d'avance leur épingle de ce jeu. Mais les Soviets travaillaient les Hellènes, tandis que les Britanniques, visant à l'hégémonie en Méditerranée orientale, ne cachaient pas qu'à leurs yeux les questions concernant la Grèce appartenaient à leur domaine. Aussi le Gouvernement français n'y était-il jamais mêlé. Il eût été, cependant, conforme à l'intérêt européen que l'influence et la force de la France y fussent conjuguées avec celles de l'Angleterre, comme ç'avait été souvent le cas dans le passé. Nul n'en était plus convaincu que M. Argyropoulo, représentant la Grèce auprès de nous. Ce patriote anxieux des menaces suspendues sur son pays, ce politique convaincu qu'une Europe dont on éloignait la France avait toutes chances de s'égarer, déplorait qu'un écran fût tendu, de l'extérieur, entre son gouvernement et celui de la République française.

Au sujet des Yougoslaves, nos alliés procédaient de même. Or, le royaume serbe - croate - slovène, en proie déjà avant la guerre à des dissensions passionnées entre ses éléments ethniques, se trouvait à présent bouleversé de fond en comble. On y avait vu les Italiens instituer un État croate et s'annexer la Dalmatie et la province slovène de Ljubljana. On y avait vu le colonel Mikhaïlovitch mener vaillamment la guérilla contre les Allemands dans les montagnes de Serbie, plus tard Joseph Broz, dit Tito, entamer la lutte de son côté sous l'obédience communiste. On y avait vu les occupants réagir par des massacres et des destructions d'une brutalité inouïe, tandis que Mikhaïlovitch et Tito devenaient des adversaires. A Londres, le tout jeune roi Pierre II et son instable gouvernement étaient en proie, non seulement aux pires difficultés internes, mais encore à la pression impérative des Britanniques.

Ceux-ci, en effet, considéraient la Yougoslavie comme l'un des champs principaux de leur politique méditerranéenne. Au surplus, M. Churchill en avait fait son affaire personnelle. Caressant le projet d'une vaste opération balkanique, il voulait que la Yougoslavie en fût la tête de pont. Une mission militaire anglaise avait donc été envoyée, dès l'origine, auprès de Mikhaïlovitch, que Londres pourvoyait d'armes et de conseils. Par la suite, le Premier Ministre déléguait son fils Randolph chez Tito. En fin de compte, donnant la préférence à ce dernier, le Gouvernement britannique lui expédiait de quoi équiper ses troupes. Quant à Mikhaïlovitch, il se voyait privé de tout secours, vilipendé par la radio de Londres, voire accusé de trahison devant les Communes par le représentant du Foreign Office. D'autre part, en juin 1944, l'infortuné Pierre II était sommé par M. Churchill de renvoyer le gouvernement de M. Pouritch, dont Mikhaïlovitch faisait partie comme ministre de la Guerre, et de confier le pouvoir à M. Soubachitch, lequel avait au préalable reçu l'investiture de Tito. Cette manière de faire trouvait, on le comprend, l'approbation de Moscou, tandis que M. Fotich, ambassadeur yougoslave à Washington, ne parvenait pas à obtenir pour son souverain l'appui des États-Unis.

Le Comité français de la libération nationale était tenu systématiquement en dehors de ces développements. J'avais pu, par épisodes, entrer en rapport avec le général Mikhaïlovitch, lequel de son côté marquait l'ardent désir de communiquer avec moi. Divers messages s'étaient échangés. En février 1944, je lui décernai la croix de Guerre et en fis publiquement l'annonce afin de l'encourager au moment où le sol se dérobait sous ses pas. Mais jamais les officiers que je tâchai de lui envoyer, depuis Tunis ou depuis l'Italie, ne parvinrent à le joindre. Quant à Tito, à aucun moment, nous n'en reçûmes le moindre signe. Avec le roi Pierre II et ses ministres, je m'étais trouvé en cordiales relations pendant mon séjour en Grande-Bretagne. Maurice Dejean qui nous représentait auprès d'eux, M. Jodjvanovitch qu'ils déléguaient à Alger auprès de nous, servaient d'intermédiaires pour des échanges d'opinions et d'informations. Mais, en aucune occasion, le Gouvernement yougoslave — faute d'en avoir sans doute la latitude — ne se tourna vers nous pour demander nos bons offices. Quant à l'Angleterre, elle ne crut pas une seule fois devoir même nous consulter. Je me trouvai donc renforcé dans ma résolution de consacrer directement à la libération de la France ce que nous pouvions avoir de moyens et de ne pas les engager dans des opérations balkaniques. Pourquoi irions-nous fournir notre concours militaire à une entreprise politique dont nous nous trouvions exclus?

Si la progression des Soviets et l'action de leurs agents faisaient subir à certains gouvernements réfugiés le supplice de la poire d'angoisse, par contre le président Benès et ses ministres affectaient de s'en inquiéter peu pour la Tchécoslovaquie. Non qu'au fond d'eux-mêmes ils fussent rassurés. Mais ils jugeaient, qu'au lieu d'aller contre l'inévitable, mieux valait en tirer parti. Leur représentant M. Cerny nous tenait, d'ailleurs, au courant de cette manière de voir. En décembre 1943, Benès s'était rendu à Moscou et avait conclu avec Staline un « traité d'amitié, de collaboration et d'assistance mutuelle ». Regagnant Londres, il vint à Alger, le 2 janvier. Nous reçûmes avec tous les égards possibles ce chef d'État, qui à travers de terribles vicissitudes était toujours resté l'ami de la France.

Benès m'informa de ce qu'avaient été ses conversations de Moscou. Il me dépeignit Staline, réservé dans ses propos mais résolu dans ses intentions, ayant sur chacun des problèmes européens des idées tout à la fois dissimulées et bien arrêtées. Puis, lui-même m'exposa sa politique. « Regardez la carte, dit-il. Les Russes arrivent aux Karpates. Mais les Occidentaux ne sont pas près de débarquer en France. C'est donc l'armée Rouge qui libérera mon pays des Allemands. Dès lors, pour que je puisse y établir mon administration, c'est avec Staline qu'il me faut m'accorder. Je viens de le faire et à des conditions qui n'hypothèquent pas l'indépendance de la Tchécoslovaquie. Car, d'après ce dont lui et moi avons convenu, le commandement russe ne se mêlera en rien de nos affaires politiques. »

Passant à la question d'ensemble, le Président entreprit de me démontrer comme il l'avait fait déjà en d'autres occasions, que l'État tchécoslovaque n'avait de chances de renaître que moyennant l'alliance moscovite. Il promenait le doigt sur la carte et s'écriait : « Voici la région des Sudètes qui devra être reprise aux Allemands. Voici Teschen que convoitent les Polonais. Voici la Slovaquie que les Hongrois rêvent de recouvrer et où Mgr Tiszo a formé un gouvernement séparatiste. Or, demain, l'Allemagne de l'Est, la Pologne, la Hongrie, seront aux mains des Soviets. Que ceux-ci viennent à épouser les querelles de celles-là, c'est le démembrement certain. Vous le voyez, l'alliance russe est pour nous l'impératif catégorique. »

Comme j'évoquais la possibilité d'un contrepoids à l'Occident, Benès se montra sceptique. « Roosevelt, dit-il, veut s'arranger avec Staline et, après la victoire, rembarquer ses troupes au plus tôt. Churchill se soucie peu de nous. Pour lui, la ligne de défense de l'Angleterre est sur le Rhin et les Alpes. Cette ligne acquise, rien ne le passionnera excepté la Méditerranée. Pour ce qui nous concerne, il réglera son attitude d'après celle de Roosevelt moyennant quelques avantages en Orient. A Téhéran, d'un commun accord, on n'a, je le sais, soufflé mot de la Tchécoslovaquie. Il est vrai qu'il reste vous-même, général de Gaulle, artisan de cette France ferme et forte qui est indispensable à l'équilibre. Si vous n'aviez pas paru après la chute de votre pays pour l'entraîner au redressement, il n'y aurait plus eu d'espoir pour la liberté de l'Europe. Personne ne forme donc de vœux plus ardents que moi pour votre complète réussite. Mais il me faut bien constater que Washington et Londres ne la favorisent pas beaucoup. Que sera-ce demain ? Il me faut aussi me souvenir du congé signifié à Clemenceau par le Parlement français au lendemain de l'autre guerre. J'étais au travail avec le grand Mazaryk quand la nouvelle en arriva à Prague. Tous deux nous eûmes la même pensée : « C'est le renoncement de la France ! »

Ce que Benès m'avait dit, quant à l'attitude de Washington et de Londres en face des ambitions soviétiques, se vérifiait déjà dans la question polonaise. Plus l'armée Rouge approchait de Varsovie, plus nettement apparaissait le projet formé par Moscou de dominer la Pologne et d'en modifier les frontières. On discernait que Staline voulait, d'une part prendre pour lui les territoires de la Lithuanie, de la Russie blanche, de la Galicie orientale, d'autre part étendre les Polonais jusqu'à l'Oder et la Neisse au détriment des Allemands. Mais il n'était pas moins clair que le maître du Kremlin entendait installer sur la Vistule un régime à sa discrétion et que les Anglo-Saxons n'y mettraient pas leur veto.

Le gouvernement réfugié à Londres se trouvait donc aux prises avec des problèmes effrayants, sans avoir la possibilité de s'opposer matériellement aux décisions de Moscou, mais tout armé moralement de cette sombre assurance qu'un patriotisme trempé par des siècles d'oppression confère aux cœurs polonais. A vrai dire, le général Sikorski, président du Conseil et commandant en chef, avait d'abord cherché un accord avec les Soviets. A l'époque où la Wehrmacht se trouvait aux portes de Moscou, cet accord avait semblé possible. Nombre de soldats polonais, faits prisonniers par les Russes en 1939, s'étaient vus autorisés à gagner le Moyen-Orient avec leur chef, le général Anders, tandis que Staline adoptait un ton modéré pour parler des frontières et des relations futures. A présent, le tableau était devenu très différent, tout comme la carte de guerre. Du coup, les Polonais se livraient, de nouveau, à l'aversion et à la crainte que leur inspiraient les Russes. Au printemps de 1943, ils les avaient officiellement accusés — non sans apparence de raison — d'avoir, trois ans auparavant, massacré dans la forêt de Katyn 10 000 de leurs officiers prisonniers. Staline, irrité, avait suspendu les relations diplomatiques. C'est alors, qu'en juillet, le général Sikorski, revenant d'Égypte où il était allé inspecter les troupes d'Anders, trouvait la mort à Gibraltar dans un accident d'avion. Cet homme éminent, qui jouissait d'assez de prestige pour dominer les passions de ses compatriotes, d'assez d'audience internationale pour qu'on dût le ménager, était irremplaçable. Dès le lendemain de sa disparition, la crise russo-polonaise prit l'allure d'un conflit aigu.

Pourtant, le nouveau Gouvernement polonais avait, par la bouche de son chef M. Mikolajczyk, promis qu'après la libération les pouvoirs publics à Varsovie seraient composés de manière à donner à Moscou toutes garanties de bon voisinage. Quant aux frontières, il ne repoussait a priori aucun projet et affirmait seulement que la question ne pouvait être réglée que par le traité de paix. Il donnait l'ordre aux forces de la résistance en territoire national de coopérer avec les armées soviétiques. Enfin, il se tournait vers les États-Unis et la Grande-Bretagne « pour résoudre le différend et conduire à la solution de tous les problèmes en suspens. » Mais ces dispositions conciliantes ne trouvaient pas d'écho au Kremlin. Bien au contraire, les griefs des Russes grossissaient à mesure de leur avance. En janvier, à l'occasion de l'entrée de leurs troupes en territoire polonais, les Soviets publiaient une déclaration suivant laquelle la ligne dite « Curzon » devrait être adoptée comme frontière orientale et le gouvernement réfugié à Londres totalement remanié. En même temps, apparaissait un Corps d'armée polonais formé par les soins des Russes et dont le chef, Berling, rejetait l'autorité du gouvernement légal, tandis qu'un « Comité polonais de la libération nationale », préparé à Moscou et présidé par M. Osuska-Morawski, entrait en Galicie sur les pas des troupes soviétiques.

Il était évident que l'indépendance de la Pologne ne trouvait qu'un appui précaire auprès des Anglo-Saxons. Dès janvier 1944, M. Cordell Hull faisait une réponse évasive à la demande de médiation de M. Mikolajczyk. Encore, Roosevelt, qui devait se présenter cette année-là à l'élection pour la présidence, cultivait-il l'ambiguïté en considération des électeurs d'origine polonaise. Mais on pouvait prévoir, qu'une fois ce cap franchi, il laisserait les mains libres à Staline. Les Britanniques montraient moins de résignation. Cependant, il était probable que leur souci de s'aligner sur les Américains les amènerait finalement à céder sur le fond, moyennant quelque arrangement de forme.

En effet, MM. Churchill et Eden, tout en prononçant des paroles favorables à l'indépendance de la Pologne, pressaient M. Mikolajczyk de se rendre à Moscou. La visite eut lieu en août, au moment même où l'armée soviétique arrivait devant Varsovie et où, dans la ville, l'armée clandestine polonaise, sous les ordres du général Komorowski dit « Bor », entrait en action contre les Allemands. Après une lutte héroïque, les Polonais étaient écrasés, accusant les Russes de n'avoir rien fait pour leur porter secours et, même, de s'être opposés à ce que des avions anglais viennent se poser sur les bases soviétiques afin d'agir, à partir de là, au profit des défenseurs. Peu de jours avant, à Moscou, les ministres polonais n'obtenaient de Staline et de Molotov que des réponses décourageantes, tout en recevant notification d'un accord conclu entre l'Union soviétique et le « Comité polonais de la libération nationale », accord qui attribuait à ce comité l'administration des territoires libérés.

Cette opération d'asservissement de la Pologne, notre gouvernement n'était pas en mesure de l'empêcher. Faute d'être réellement associé à ses grands alliés dans le domaine diplomatique et de participer, en égal, à l'élaboration des plans stratégiques communs, comment aurait-il pu obtenir des puissances occidentales qu'elles adoptent l'attitude politique et les décisions militaires qui eussent, sans doute, sauvé l'indépendance polonaise tout en attribuant à la Russie la frontière qu'elle réclamait? Pour moi, l'idée qu'avait Staline de compenser, par des acquisitions en Prusse et en Silésie au profit des Polonais, les amputations que ceux-ci subiraient à l'Est était fort acceptable, pourvu que l'on procédât avec humanité aux transferts nécessaires de populations. Mais j'estimais que son intention d'instituer à Varsovie la dictature de ses dévots devait être contrecarrée. Je pensais que l'Amérique, l'Angleterre et la France, en affirmant conjointement ceci et cela à la face du monde, en agissant de concert dans ce sens auprès des Gouvernements soviétique et polonais, en réservant aux flottes combinées de l'Occident l'accès futur des ports de la Baltique, quitte à ouvrir aux navires russes celui des ports de la mer du Nord, auraient pu faire en sorte que la liberté fût, finalement, rendue à la noble et vaillante Pologne.

Mais, devant les exigences de la Russie soviétique, l'Amérique choisissait de se taire. La Grande-Bretagne cherchait une formule. La France n'avait pas voix au chapitre. A M. Morawski, actif et digne ambassadeur de Pologne auprès du Comité français de la libération, avec qui à maintes reprises je tins à m'entretenir, au général Sosnkowski, qui avait succédé à Sikorski comme commandant en chef et que je reçus à Alger en décembre, au général Anders que je vis avec ses troupes, en mars 1944, devant le mont Cassin, à M. Rackiewicz président de la République polonaise, avec qui j'échangeai des visites lors de mon passage à Londres en juin 1944, et à M. de Romer son ministre des Affaires étrangères que je vis à ses côtés, je ne pus qu'indiquer quelle était notre position et assurer que nous la ferions valoir quand nous en aurions les moyens.

Cependant, nous trouvâmes l'occasion d'apporter une aide au Gouvernement polonais. Il s'agissait de la destination à donner à un important stock d'or que la Banque d'État de Pologne avait confié à la Banque de France, en septembre 1939, et que celle-ci avait, en juin 1940, entreposé à Bamako. Au mois de mars 1944, le Comité de la libération, saisi des demandes instantes du ministère Mikolajczyk, décida de remettre les Polonais en possession de leur or. M. Bogomolov ne manqua pas de faire auprès de nous de pressantes démarches pour que la mesure fût rapportée. M'ayant, en fin de compte, demandé audience, il me dit : « Le Gouvernement soviétique élève une protestation formelle contre le transfert de l'or polonais au gouvernement réfugié à Londres. Car celui-ci ne sera pas, demain, le Gouvernement de la Pologne. » Je répondis qu'il l'était aujourd'hui, qu'il était reconnu par tous nos alliés, y compris la Russie, que par ses ordres des forces polonaises combattaient, en ce moment même, à côté des nôtres en Italie, qu'enfin je ne voyais pas à quel titre l'Union soviétique intervenait dans une affaire qui concernait exclusivement la Pologne et la France. M. Bogomolov se retira sans cacher sa mauvaise humeur.

Ainsi, malgré les conseils d'abstention donnés par Washington, Londres et Moscou, on voyait les moyens et petits États européens rechercher notre contact. D'autres, géographiquement éloignés, tendaient eux aussi à se rapprocher moralement de nous. Le général Vanier, délégué du Canada, nous apportait les encouragements de son pays, exemplaire dans l'effort de guerre, et négociait l'aide économique que celui-ci nous prêtait déjà, de celle aussi qu'il nous fournirait à mesure de la libération. Nos alliés de l'Amérique latine marquaient, par les démarches de leurs plénipotentiaires, que le retour de la France à sa position mondiale touchait au vif leurs sentiments et leurs intérêts. C'est ce que faisaient, par exemple : pour le Brésil M. Vasco da Cunha, pour le Pérou M. de Aramburu, pour l'Équateur M. Freila Larrea, pour Cuba M. Suarez Solar. Enfin, M. de Sangroniz, très distingué et adroit délégué de l'Espagne, bien qu'il fût le seul neutre au milieu des belligérants et quelque peu gêné par un statut assez vague, s'empressait au règlement des questions concernant le Maroc, le sort de Tanger, la destination des Français qui franchissaient les Pyrénées, les échanges entre l'Afrique française et la Péninsule ibérique. Nous avions, en effet, tenu à établir avec les Espagnols les relations indispensables. Eux-mêmes l'avaient souhaité. Au demeurant, je comptais qu'un proche avenir permettrait la reprise des rapports entre Paris et Madrid dans des conditions dignes des deux grands peuples voisins.

Mais, à Alger, c'étaient naturellement nos relations avec les délégations des trois grands alliés qui nourrissaient surtout l'activité diplomatique. Sans que j'eusse à intervenir dans ce domaine d'une manière aussi directe qu'au temps où nous n'avions pas de ministères proprement dits, il me fallait, néanmoins, suivre de près les affaires. J'étais donc en rapports constants avec les représentants des États-Unis, de la Grande-Bretagne et de la Russie soviétique. Car, si leurs gouvernements étaient censés s'interroger pour savoir qui était réellement la France, ils n'en déléguaient pas moins auprès de nous leurs ambassadeurs et ceux-ci ne cachaient nullement qu'ils comptaient bien, avant peu, nous accompagner à Paris.

Après le remaniement du Comité de la libération sous ma seule présidence, Washington et Londres, faisant contre mauvaise fortune bon cœur, avaient pris à cet égard des dispositions convenables. M. Robert Murphy, porteur du titre imprécis de délégué du Président Roosevelt, fut transféré en Italie. M. Edwin Wilson le remplaça en la qualité définie de représentant de son gouvernement auprès de notre Comité. Le départ de M. Murphy et la manière d'être de son successeur amenèrent une heureuse détente dans nos rapports avec l'ambassade américaine. Car, si le premier titulaire appréciait peu le succès des « gaullistes », le second, au contraire, en paraissait fort satisfait. Autant avaient été espacés et malaisés mes entretiens avec M. Murphy, autant furent fréquentes et agréables les visites de M. Wilson. Ce diplomate de valeur était aussi un homme de cœur. Sans que son loyalisme se permît de désavouer l'attitude de White House et du State Department, il en souffrait visiblement. Par son action personnelle, il sut à maintes reprises faire comprendre, sinon accepter, par chaque partie le point de vue de l'autre et prévenir, à l'occasion, des éclats qui se préparaient, soit du côté américain, soit du nôtre.

M. Duff Cooper en faisait autant pour le compte des Britanniques. Jusqu'en décembre 1943, c'est M. MacMillan qui avait représenté la Grande-Bretagne à Alger, tout en assumant d'autres charges. Il partait, maintenant, pour l'Italie où était transféré son poste de ministre d'État. Choisi, d'abord, par Churchill pour s'associer, bien qu'avec réserve, à l'action politique des Américains en Afrique du Nord, il avait compris, peu à peu, qu'il y avait mieux à faire. Son âme élevée, sa claire intelligence, s'étaient trouvées en sympathie avec l'équipe française qui voulait la France sans entraves. Moi-même sentis fondre en lui, à mesure de nos rapports, les préventions qu'il avait nourries. En échange, il eut toute mon estime. Mais, dès lors qu'il partait, Londres tint à lui donner le meilleur successeur possible et, en même temps, à normaliser la représentation britannique. M. Duff Cooper fut nommé ambassadeur à Alger, en attendant de l'être à Paris. Ce fut là un des gestes les plus aimables et les plus avisés qu'ait faits, à l'égard de la France, le Gouvernement de Sa Majesté dans le Royaume-Uni.

Duff Cooper était un homme supérieur. Beaucoup de dons lui étaient impartis. Qu'il s'agît de politique, d'histoire, de lettres, d'art, de science, il n'était rien qu'il ne comprît et qui ne l'intéressât. Mais il apportait à tout une sorte de modération, peut-être de modestie, qui, en lui conférant leur charme, le détournaient de s'imposer. Ses convictions, pourtant, étaient fortes ; ses principes, inébranlables ; toute sa carrière en avait témoigné. Dans son pays et à une époque où les événements exigeaient que l'on prît les meilleurs, il eût pu être le Premier. On peut penser qu'il en fût empêché par un trait de sa nature : le scrupule, et par une circonstance : la présence de Winston Churchill. Mais, s'il n'était Premier Ministre à Londres, il devait être ambassadeur à Paris. Humain, il aimait la France ; politique, il traitait les affaires avec une noble sérénité ; Britannique, il servait son roi sans détour. Placé entre Churchill et moi, il prit à tâche d'amortir les chocs. Il y réussit quelquefois. S'il avait été possible qu'un homme y parvînt toujours, Duff Cooper eût été celui-là.

Du côté russe, nous avions affaire, comme devant, à M. Bogomolov, empressé de tout savoir et attentif à ne se point livrer, quitte à se raidir, tout à coup, pour formuler ce que son gouvernement avait à dire de catégorique. En certains cas, M. Vichynsky, momentanément chargé des questions italiennes mais familier des domaines les plus étendus, venait faire le tour des problèmes. Il y montrait une grande envergure d'esprit, mais aussi, trait qui pouvait surprendre chez l'ancien procureur des Soviets, un agréable enjouement.

Pourtant, il laissait voir par éclairs ce qu'avaient d'implacable les consignes qui le liaient. Comme je lui disais un jour, non loin d'autres qui pouvaient m'entendre : « Ce fut, pour nous, une faute de n'avoir pas pratiqué avec vous, avant 1939, une franche alliance contre Hitler. Mais quel tort avez-vous eu vous-mêmes de vous entendre avec lui et de nous laisser écraser ! » M. Vichynsky se dressa, livide. Du geste, il semblait balayer quelque mystérieuse menace. « Non ! Non ! murmura-t-il. Jamais, jamais, cela ne doit être dit ! »

En somme, les relations de la France avec ses alliés se développaient pratiquement en dépit des précautions introduites dans les formules. Le 1er janvier 1944 fut l'occasion d'un spectacle démonstratif. Ce jour-là, le corps diplomatique vint en grande pompe aux *Oliviers* me présenter ses vœux de nouvel an, comme il est d'usage de les offrir au Chef de l'État. Il y avait même eu, dans le salon d'attente, une vive controverse entre les ambassadeurs d'Angleterre et de Russie sur le point de savoir lequel des deux était doyen du corps et devait prononcer l'adresse traditionnelle. M. Duff Cooper l'emporta. Mais cette visite solennelle, autant que cette concurrence, étaient les signes de notre ascension.

Il n'en restait pas moins que les desseins des dirigeants alliés, en ce qui concernait la France, maintenaient les diplomates en état de tension chronique. Roosevelt persistait à nous dénier la qualité d'être le pouvoir français lors de la libération. Tout en faisant dire que cette attitude de l'Amérique lui paraissait excessive, l'Angleterre s'y conformait. S'il ne s'était agi que d'une question de terminologie, la chose nous eût laissés froids. Mais le refus de nous reconnaître comme l'autorité nationale française couvrait, en réalité, l'idée fixe du président des États-Unis d'instituer en France son arbitrage. Cette prétention à empiéter sur notre indépendance, je me sentais à même de la rendre vaine en pratique. A l'échéance, Roosevelt serait contraint de le constater. Toutefois, le retard dû à son obstination empêcherait le commandement militaire de savoir à l'avance à qui il aurait affaire dans ses rapports avec les Français. D'autre part, il en résulterait, jusqu'à la dernière minute, entre nous et nos alliés des frictions et des incidents qu'autrement on eût évités.

Le Comité de la libération avait pourtant, dès septembre 1943, adressé à Washington et à Londres un mémorandum précisant les conditions dans lesquelles devrait fonctionner, pendant la bataille de France, la collaboration de l'administration française avec les forces alliées. Il y était spécifié que, dans la zone du combat, le commandement militaire aurait la disposition des communications, transmissions, services publics, en s'adressant aux autorités locales. A l'arrière, le Gouvernement français ferait ce qu'il faudrait suivant les demandes du général Eisenhower. Pour assurer les contacts, il était prévu qu'avec chaque grande unité marcheraient des officiers français « de liaison administrative », qu'aux côtés d'Eisenhower serait détaché par nous un général pourvu des attributions et du personnel nécessaires, qu'en attendant l'arrivée du gouvernement en territoire métropolitain un de ses membres s'y rendrait pour y prendre, par délégation, toutes dispositions utiles. De fait, le corps de liaison administrative, créé en septembre 1943 sous la direction d'Hettier de Boislambert, avait été recruté et instruit, puis transporté en Angleterre. Au mois de mars 1944, j'avais désigné le général Kœnig et le général Cochet pour être adjoints respectivement aux commandants en chef alliés sur les théâtres du Nord et de la Méditerranée. A la même date, André Le Troquer était nommé commissaire national délégué en territoire libéré. Ces mesures donnaient satisfaction aux états-majors alliés. Mais, pour qu'on pût les faire jouer, il manquait l'accord des Gouvernements de Washington et de Londres. Or, ceux-ci ne répondaient pas à notre mémorandum.

Le Président, en effet, conservait, de mois en mois, le document sur sa table. Pendant ce temps, aux États-Unis, se montait un « allied military government » (A. M. G. O. T.), destiné à prendre en main l'administration de la France. On voyait affluer dans cette organisation toutes sortes de théoriciens, techniciens, hommes d'affaires, propagandistes, ou bien de Français d'hier fraîchement naturalisés Yankees. Les démarches que croyaient devoir faire à Washington Monnet et Hoppenot, les observations que le Gouvernement britannique adressait aux États-Unis, les demandes instantes qu'Eisenhower envoyait à la Maison Blanche, ne provoquaient aucun changement. Comme il fallait bien, cependant, aboutir à quelque texte, Roosevelt se décida, en avril, à donner à Eisenhower des instructions en vertu desquelles c'est au Commandant en chef qu'appartiendrait le pouvoir suprême en France. Il devrait, à ce titre, choisir lui-même les autorités françaises qui collaboreraient avec lui. Nous sûmes, bientôt, qu'Eisenhower adjurait le Président de ne pas le charger de cette responsabilité politique et que les Anglais désapprouvaient une procédure aussi arbitraire. Mais Roosevelt, remaniant tant soit peu la lettre de ses instructions, en avait maintenu l'essentiel.

A vrai dire, les intentions du Président me paraissaient du même ordre que les rêves d'Alice au pays des merveilles. Roosevelt avait risqué déjà en Afrique du Nord, dans des conditions beaucoup plus favorables à ses desseins, une entreprise politique analogue à celle qu'il méditait pour la France. Or, de cette tentative, il ne restait rien. Mon gouvernement exerçait, en Corse, en Algérie, au Maroc, en Tunisie, en Afrique noire, une autorité sans entraves. Les gens sur qui Washington comptait pour y porter obstacle avaient disparu de la scène. Personne ne s'occupait de l'accord Darlan - Clark, tenu pour nul et non avenu par le Comité de la libération nationale et dont j'avais hautement déclaré à la tribune de l'Assemblée consultative qu'aux yeux de la France il n'existait pas. Que l'échec de sa politique en Afrique n'ait pu venir à bout des illusions de Roosevelt, je le regrettais pour lui et pour nos relations. Mais j'étais sûr que son projet, reconduit pour la Métropole, n'y aurait même pas un commencement d'application. Les alliés ne rencontreraient en France d'autres ministres et d'autres fonctionnaires que ceux que j'aurais instaurés. Ils n'y trouveraient d'autres troupes françaises que celles dont j'étais le chef. Sans aucune outrecuidance, je pouvais défier le général Eisenhower d'y traiter valablement avec quelqu'un que je n'aurais pas désigné.

Lui-même, d'ailleurs, n'y songeait pas. Il était venu me le déclarer, le 30 décembre, avant de partir pour Washington et, de là, pour Londres où il allait préparer le débarquement en France. « J'avais, dit-il, été prévenu à votre égard dans un sens défavorable. Aujourd'hui, je reconnais que ce jugement était erroné. Pour la future bataille, j'aurai besoin, non seulement du concours de vos forces, mais encore de l'aide de vos fonctionnaires et du soutien moral de la population française. Il me faut donc votre appui. Je viens vous le demander. » — « A la bonne heure ! lui dis-je. Vous êtes un homme ! Car vous savez dire : « J'ai eu tort. »

Nous parlâmes de l'imprécision dans laquelle restait la collaboration à établir en France entre nos autorités et le commandement militaire. Eisenhower ne me cacha pas qu'il en était très préoccupé. « Mais, ajouta-t-il, en dehors des principes il y a les faits. Or, je puis vous garantir que, pour ce qui doit me concerner et quoi que l'on puisse m'imposer comme attitude apparente, je ne connaîtrai pratiquement en France d'autre pouvoir français que le vôtre. » Je lui indiquai, alors, que nous aurions probablement l'occasion de manifester notre entente à propos de la façon dont serait libéré Paris. « Il faudra, lui dis-je, que ce soient des troupes françaises qui s'emparent de la capitale. En vue de cette opération, il s'agit qu'une division française soit transportée à temps en Angleterre, comme nous, Français, l'avons demandé. » Eisenhower acquiesça.

À mesure qu'approchait la période de mai-juin que les états-majors avaient choisie pour le débarquement, les Anglais manifestaient le désir de tirer le problème politique de l'impasse où il était enfoncé. M. Churchill se tenait lui-même comme le courtier désigné entre les prétentions du président Roosevelt et les refus du général de Gaulle. Mais, comme le plus grand poids de force et le plus gros volume de publicité étaient du côté américain, l'effort du Premier Ministre allait consister surtout à faire pression sur moi pour m'amener à satisfaire Roosevelt.

Au début de janvier, M. Duff Cooper vint me dire : « Churchill, comme vous le savez, est tombé malade à Tunis en revenant de Téhéran. On l'a, depuis, transporté à Marrakech. Il souhaiterait beaucoup vous voir. Mais son état de santé lui interdit de se déplacer. Consentiriez-vous à aller jusqu'à lui? » En territoire français, la visite du Premier Ministre britannique était due, normalement, au Président du Gouvernement français. Néanmoins, eu égard à la personne et aux circonstances, j'allai, le 12 janvier, déjeuner avec M. Churchill. Je le trouvai en pleine convalescence. Nous eûmes une longue conversation, la première depuis six mois. Y assistaient : M. Duff Cooper et lord Beaverbrook, ainsi que Gaston Palewski.

Le Premier Ministre, pittoresque et chaleureux, s'appliqua à me décrire les avantages que je m'assurerais en entrant dans les vues du Président. Il s'agissait, en somme, pour moi de reconnaître dans les affaires françaises la suprématie de Roosevelt, sous prétexte que celui-ci avait adopté une position publique qu'il ne pouvait abandonner et qu'il avait pris, vis-à-vis de certaines personnalités françaises compromises par Vichy, des engagements qu'il lui fallait tenir. Passant au concret, M. Churchill me suggéra d'arrêter, dès à présent, l'instance ouverte par la justice au sujet de MM. Flandin,

Peyrouton et Boisson. « J'ai étudié le dossier de Flandin, me dit le Premier anglais. Il n'y a rien de grave contre lui. Le fait qu'il se trouve en Afrique du Nord prouve qu'il s'est séparé de Vichy. Si Peyrouton est venu en Algérie pour y être gouverneur, ce fut sur la désignation du Président des États-Unis. Pour Boisson, le Président lui a garanti, naguère, qu'il conserverait sa place et moi je lui ai fait dire : « Allez à la bataille et ne vous occupez pas du reste ! » M. Churchill qualifia de regrettable le fait que les généraux Giraud et Georges aient dû quitter le Gouvernement français. « Pourtant, dit-il, Roosevelt avait choisi le premier. Moi, j'avais fait venir le second. » A entendre M. Churchill, on devait se convaincre, si ce n'était déjà fait, que pour le Président des États-Unis et le Premier Ministre britannique la France était un domaine où leurs choix devaient s'imposer et que leur grief principal à l'encontre du général de Gaulle c'est qu'il ne l'admettait pas.

De la meilleure humeur, je répondis à M. Churchill que l'intérêt porté par lui et par Roosevelt à nos affaires intérieures était, à mes yeux, la preuve du redressement de la France. Aussi tenais-je à ne pas les décevoir en laissant se produire, demain, dans mon pays des convulsions révolutionnaires, ce qui arriverait fatalement si la justice n'était pas rendue. Je ne souhaitais pas de mal à MM. Flandin et Peyrouton. Pour le premier, je ne méconnaissais ni sa valeur, ni ses intentions. Pour le second, je n'oubliais pas le service qu'il avait rendu à l'unité en mettant son poste à ma disposition dès mon arrivée à Alger. Mais je croyais conforme à l'intérêt national qu'ils eussent tous deux à s'expliquer devant une Haute-Cour de leurs actes de ministres de Vichy. La destination à donner au gouverneur-général Boisson ne regardait que ses chefs. La présence ou l'absence des généraux Giraud et Georges dans mon gouvernement était mon affaire à moi. Je poursuivrais donc mon chemin, celui de l'indépendance, convaincu qu'il était le meilleur, non seulement pour l'État et la nation dont j'avais la charge, mais aussi pour notre alliance à laquelle j'étais attaché.

Afin d'alléger l'atmosphère, j'invitai M. Churchill à venir, le lendemain, passer à mes côtés la revue de la garnison, ce qu'il accepta volontiers. La cérémonie eut lieu dans le plus vif enthousiasme populaire. Pour la foule de Marrakech, comme pour celles qui partout ailleurs regarderaient les images sans connaître l'envers du décor, Churchill et de Gaulle apparaissant côte à côte cela signifiait que, bientôt, les arm alliées marcheraient ensemble à la victoire et que c'était là l'essentiel. Je le dis au Premier Ministre et nous convînmes, qu'après tout, c'est la foule qui avait raison.

Mais la politique des Anglo-Saxons employait, pour m'entamer, des procédés qui n'avaient pas toujours la même qualité qu'un entretien avec Churchill. Au cours de l'hiver, une vilaine affaire, destinée à m'éclabousser, fut montée par certaines instances britanniques en accord évident avec les services américains correspondants. Cela avait commencé par une campagne de presse déclenchée aux États-Unis dans le but de faire croire que l'ancienne France Combattante et son chef visaient à établir leur dictature en France et usaient, déjà, de pratiques totalitaires. On publiait, comme ayant été la formule d'engagement des volontaires Français libres, le texte, inventé de toutes pièces, d'un serment extravagant. On accusait nos services, avant tout le B. C. R. A., de brutaliser et de torturer nos hommes afin de les plier à notre féroce discipline. Après cette préparation sortit, soudain, « l'affaire Dufour. »

Sous ce nom, un agent de l' « Intelligence », recruté en France à notre insu, avait été amené en Grande-Bretagne par les Anglais dans le courant de 1942 et s'était présenté à la France Combattante en demandant à s'engager. Il se donnait pour lieutenant et chevalier de la Légion d'honneur. Bientôt, ses chefs s'étaient aperçus qu'il n'était ni l'un, ni l'autre, mais qu'en revanche il appartenait au service britannique des renseignements. Puni de prison pour avoir usurpé un grade et un titre qu'il ne possédait pas, Dufour avait contracté un nouvel engagement en sa qualité réelle, celle d'homme de troupe. Mais, un jour, comme il purgeait sa peine au camp de Camberley, il s'était évadé avec le concours de l' « Intelligence » et avait rejoint ses employeurs. Au point de vue français, il n'était donc qu'un quelconque déserteur, abusivement utilisé et protégé par un service étranger. Faute d'avoir la possibilité de s'assurer de sa personne en territoire britannique, le commandement français en Angleterre ne s'occupait pas de lui depuis plus d'une année, quand en septembre 1943 Pierre Viénot, convoqué au Foreign Office, reçut à son sujet une étonnante communication.

« Dufour, disait par cette voie officielle le Gouvernement britannique, a déposé entre les mains de la justice anglaise une plainte pour sévices contre un certain nombre d'officiers français et contre leur chef : le général de Gaulle. En raison de la séparation des pouvoirs qui, chez nous, est absolue, le Gouvernement britannique ne saurait empêcher la justice de suivre son cours. D'ailleurs, le général de Gaulle n'a pas, dans notre pays, l'immunité diplomatique. Peut-être le Général pourrait-il arrêter l'affaire par un arrangement amiable avec Dufour? Sinon, il sera impliqué dans le procès. Nous croyons devoir lui recommander d'y attacher une sérieuse importance. Car une condamnation est probable et ce serait là, pour la presse, notamment celle des États-Unis, l'occasion d'une pénible campagne au sujet des méthodes et des procédés de la France Combattante. » De fait, de malveillantes allusions paraissaient, au même moment, dans ceux des journaux américains qui faisaient profession de nous attaquer.

Je ne pouvais me tromper sur l'origine, ni sur les mobiles, de cette action d'assez basse inspiration. Évidemment, Dufour, agent anglais et déserteur français, ne m'intentait de procès devant les tribunaux britanniques que parce qu'il y était poussé par ses maîtres. Quant au Gouvernement de Londres, s'il négligeait les accords signés par lui avec la France Libre et en vertu desquels les militaires français en Grande-Bretagne n'étaient justiciables que des tribunaux militaires français, s'il déniait au général de Gaulle l'immunité qu'il reconnaissait au dernier des secrétaires de cinquante légations étrangères, s'il essayait de m'intimider par la perspective de scandaleuses calomnies, c'est qu'il se prêtait à une entreprise politique destinée à dégager les dirigeants anglo-saxons d'une position devenue intenable. A l'opinion, qui les pressait d'adopter, à l'égard du général de Gaulle, de son gouvernement, de la France, une attitude digne de l'alliance, White House et Downing Street se flattaient de faire répondre : « Nous devons nous abstenir jusqu'à ce que cette histoire soit éclaircie. »

Je décidai de traiter l'affaire sans le moindre ménagement. Comme quelques officiers en service en Angleterre s'étaient laissé impressionner par les avis du Foreign Office et avaient, d'eux-mêmes, confié notre cause à des solicitors, j'ordonnai que ceux-ci fussent immédiatement dessaisis. J'interdis à mes subordonnés de répondre à aucune question et à aucune convocation de la justice britannique. Je chargeai Viénot de faire savoir au Foreign Office « que je discernais le but de l'opération ; que celle-ci tendait à me salir pour justifier la faute politique commise par les alliés ; que je prenais la chose pour ce qu'elle était, c'est-à-dire pour une infamie, et que les suites de ce « Mystère de New York », ou de Washington, retomberaient, non certainement sur moi, mais sur ceux qui l'avaient inventé. » Quatre mois passèrent sans que Londres se manifestât autrement que par des avertissements épisodiques, auxquels nous ne répondions pas.

Mais, au mois de mars, le complot revint sur le tapis. Il faut dire que l'ordonnance relative au rétablissement des pouvoirs publics en France avait été adoptée le 21 mars. Tous les journaux du monde s'en emparaient pour affirmer — ce qui était vrai — que le général de Gaulle et son comité se tenaient pour le Gouvernement de la France et prétendaient s'y établir sans avoir obtenu l'agrément des alliés. Roosevelt, vivement pressé par les reporters, disait avec aigreur : « Personne, pas même le Comité français de la libération nationale, ne peut savoir ce que pense réellement le peuple français. Pour les États-Unis, la question reste donc entière. » Cependant, une semaine après que notre ordonnance fut signée, se produisit contre nous l'attaque finale dans l'affaire Dufour. Le 28 mars, M. Duff Cooper, n'osant apparemment m'aborder sur un sujet qui pourtant était censé me concerner, demanda audience à Massigli. Il le pria de me dire que la justice anglaise ne pouvait attendre davantage, que le Gouvernement britannique devait la laisser agir et que le procès allait s'ouvrir.

Mais il se trouvait que nous avions de quoi faire une réponse convenable à cette communication. Au début de 1943, un Français Libre : Stéphane Manier, détaché par nous à la radio anglaise d'Accra pour y faire des émissions françaises et qui y avait parfaitement bien servi, était venu en Angleterre sur notre convocation. Par erreur ou par calcul, l' « Intelligence » l'avait, dès son arrivée, enfermé pour interrogatoire dans les locaux de « Patriotic School ». Mais là, soit par l'effet de la stupeur, soit au plus fort d'une crise de paludisme, le malheureux s'était donné la mort. Or, voici que son fils, qui servait dans la marine en Afrique du Nord, venait comme par hasard de m'écrire à ce sujet. Le jeune marin demandait que les circonstances, à tout le moins suspectes, de la mort de son père fussent tirées au clair. Il annonçait son intention de déposer entre les mains de la justice française une plainte contre les officiers de l'Intelligence Service présents en territoire français et contre les membres du Gouvernement britannique, y compris M. Winston Churchill, quand ils viendraient à s'y trouver. Je chargeai Massigli de communiquer à l'ambassadeur d'Angleterre le texte de la lettre du plaignant et d'ajouter, de ma part : « Que le Gouvernement français ne voyait aucun moyen d'empêcher la justice de faire son office et qu'il y avait malheureusement à craindre dans les journaux du monde entier, à l'occasion du procès, une fâcheuse campagne au sujet des méthodes et des procédés du service de l'Intelligence, lui-même couvert par son gouvernement. » Je ne sus pourquoi la justice britannique renonça à suivre son cours, ou comment le cabinet de Londres s'y prit pour l'arrêter malgré la séparation des pouvoirs. Ce n'était pas, d'ailleurs, de ma responsabilité. Mais, de ce jour, je n'entendis plus jamais parler de « l'affaire Dufour. »

La douche chaude suivit la douche froide. Le 14 et le 17 avril, M. Duff Cooper vint me voir pour me faire une communication de la part du Premier Ministre. Celui-ci, suivant l'ambassadeur, était vivement contrarié de l'état de mes rapports avec Roosevelt. Mais il avait la conviction que, si j'allais m'entretenir d'homme à homme avec le Président, les choses iraient beaucoup mieux. En particulier, la question de la reconnaissance du Comité de la libération trouverait, à coup sûr, une solution. M. Churchill était tout prêt à transmettre à M. Roosevelt une demande tendant à me rendre à Washington et me garantissait une réponse favorable.

Je déclarai à Duff Cooper que cette invitation qui n'en était pas une, succédant à quelques autres qui n'en étaient pas non plus, avait à mes yeux peu d'attraits. Si le président des États-Unis souhaitait recevoir le président du Gouvernement français, il ne tenait qu'à lui de le prier de venir. Dans ce cas, je ne manquerais pas de faire le voyage. Mais pourquoi irais-je solliciter le Président, fût-ce par l'intermédiaire de M. Churchill, d'accorder son agrément à ma visite? Quelle interprétation serait donnée à ma démarche, alors que M. Roosevelt professait ouvertement que l'autorité en France relèverait de son investiture? Pour moi, je n'avais rien à demander au Président. La formalité de la reconnaissance n'intéressait plus le Gouvernement français. Ce qui lui importait, c'était d'être reconnu par la nation française. Or, le fait était acquis. Les alliés auraient pu, quand cela eût été utile, nous aider à prendre figure. Ils ne l'avaient pas fait. A présent, la chose était sans importance.

Quant aux relations entre notre administration et le commandement militaire, je dis à l'ambassadeur qu'elles s'établiraient aisément dès lors que ce commandement ne prétendrait rien usurper. Dans le cas contraire, il y aurait en France le chaos. Mais ce chaos serait désastreux pour les opérations et pour la politique des alliés. Je conclus que, sans doute, j'irais un jour à Washington, mais seulement quand les faits auraient tranché le débat ; quand, sur le premier lambeau du territoire métropolitain libéré, l'autorité de mon gouvernement serait établie sans conteste ; quand les Américains auraient fourni la preuve qu'ils renonçaient à se mêler en France d'autre chose que des opérations ; quand il serait admis, décidément, que la France était une et indivisible. En attendant, je ne pouvais qu'exprimer le souhait que cette échéance se produise au plus tôt et le désir qu'elle me permette de me rendre aux États-Unis dans des conditions satisfaisantes. J'étais, en tout cas, reconnaissant à M. Churchill de se préoccuper de mon voyage et le remerciais à l'avance de ce qu'il voudrait faire encore à ce sujet.

Ayant évité de donner suite aux avances des alliés, il me fallait maintenant, suivant la loi du pendule, attendre d'eux quelque fâcheuse mesure. Effectivement, il nous fut notifié, le 21 avril, que les télégrammes échangés en chiffre entre nous et nos délégations diplomatique et militaire à Londres ne seraient plus transmis. On nous donnait pour explication la nécessité de sauvegarder le secret des préparatifs en cours. Mais cette précaution, prise unilatéralement par les Anglo-Saxons vis-à-vis des Français dont les forces allaient, tout comme les leurs, jouer un rôle essentiel dans les opérations et dont le territoire serait le théâtre de la bataille, nous fit l'effet d'un outrage. Le Comité de la libération interdit, alors, à son ambassadeur Viénot et à son délégué militaire Kœnig de régler aucune affaire, aussi longtemps que les alliés prétendraient connaître les ordres que nous donnions et les rapports qui nous étaient adressés. Cette abstention embarrassa fort Eisenhower et son état-major, tandis que la tension diplomatique s'en trouvait accentuée. Bien entendu, nos dépêches chiffrées continuaient d'arriver grâce aux militaires et fonctionnaires français qui allaient et venaient entre Londres et Alger.

La crise se trouvant parvenue au paroxysme et, d'autre part, l'échéance du débarquement étant maintenant imminente, les alliés ne pouvaient plus différer d'aboutir à une solution. Je ne fus donc pas surpris, quand, le 23 mai, Duff Cooper me fit instamment demander de le recevoir. Depuis que, théoriquement, nous ne pouvions plus communiquer en chiffre avec Londres, je m'étais, à mon grand regret, abstenu de donner audience à l'ambassadeur d'Angleterre. Cette fois, ma porte lui fut ouverte, car il annonçait « une nouvelle orientation. » Il me dit que le Gouvernement britannique m'invitait à me rendre à Londres pour y régler la question de la reconnaissance et celle de la collaboration administrative en France. Mais l'ambassadeur me déclarait aussi que son gouvernement souhaitait que je fusse présent en Grande-Bretagne au moment du débarquement.

Je répondis à Duff Cooper que j'étais très sensible à cette attention. Je tenais beaucoup, en effet, à me trouver sur la base de départ au moment où se déclencheraient les armées de la libération et je comptais, à partir de là, prendre pied sur les premiers arpents libérés du territoire métropolitain. J'acceptais donc volontiers de me rendre à Londres. Mais, quant à y conclure un accord ayant une portée politique, il me fallait faire toutes réserves. L'ambassadeur m'entendit répéter que nous ne nous intéressions pas à la reconnaissance. Je lui annonçai que, d'ailleurs, le Comité de la libération prendrait incessament le nom de Gouvernement de la République, quelle que pût être sur ce point l'opinion des alliés. Quant aux conditions de notre collaboration avec le commandement militaire, nous les avions depuis longtemps précisées dans un mémorandum auquel on n'avait pas répondu. A présent, le Gouvernement britannique était, peut-être, disposé à y souscrire. Mais le Gouvernement américain ne l'était pas. A quoi bon, dès lors, arrêter entre Français et Anglais des mesures qui ne pourraient être appliquées faute de l'agrément de Roosevelt? Nous étions, certes, prêts à négocier les modalités pratiques de la coopération, mais il fallait que ce fût à trois et non à deux. Enfin, je prévins M. Duff Cooper que je ne me rendrais à Londres que si j'avais la garantie de pouvoir communiquer par chiffre avec mon gouvernement.

Le 26 mai, le Comité de la libération fit sienne la position que j'avais indiquée à l'ambassadeur d'Angleterre. Il fut entendu qu'aucun ministre ne m'accompagnerait dans mon voyage, afin de marquer nettement que j'allais assister au début des opérations et visiter, le cas échéant, la population française dans la zone du combat, mais non point du tout négocier. Puis, le Comité adopta l'ordonnance en vertu de laquelle il devenait, en titre, le « Gouvernement provisoire de la République française ». Le lendemain, je reçus à nouveau M. Duff Cooper et lui confirmai ma précédente réponse. Il me donna, par écrit, l'assurance voulue en ce qui concernait le chiffre.

C'est alors que Roosevelt, à son tour, crut bon de marquer un commencement de résipiscence. Mais, comme il tenait à ce que cette évolution fût discrète, il avait choisi, pour me la faire connaître, une voie assez détournée. Il s'agissait de l'amiral Fénard, chef de notre mission navale aux États-Unis, qui entretenait avec la Maison Blanche de bonnes relations personnelles. L'amiral, arrivant en grande hâte des États-Unis, se présenta à moi le 27 mai et me fit le compte rendu suivant : « Le Président m'a formellement demandé de vous transmettre son invitation à venir à Washington. Étant donné la position qu'il a, jusqu'à présent, adoptée à cet égard, il ne saurait, sans perdre la face, en venir aujourd'hui à une démarche officielle. Il doit donc procéder officieusement. Si, dans les mêmes conditions, vous acceptez son invitation, les instances normales des ambassades arrangeront votre voyage sans qu'il soit nécessaire de publier qui, de Roosevelt ou de vous, en aura pris l'initiative. » Quelque étrange que fût la procédure employée par le Président, je ne pouvais faire fi du désir qu'il exprimait lui-même formellement, ni méconnaître l'intérêt que comporterait, sans doute, notre rencontre. J'admis donc que le moment allait venir bientôt de me rendre à Washington. Mais l'effusion n'était pas de mise. Je chargeai l'amiral Fénard de faire une réponse d'attente, prenant acte de l'invitation que m'adressait Roosevelt, observant qu'aucun projet ferme ne pouvait être actuellement envisagé puisque j'allais partir pour Londres et concluant qu'il convenait que le contact fût repris plus tard.

La démarche du Président acheva de m'éclairer. Il m'apparaissait que la partie longuement et durement menée vis-à-vis des alliés pour l'indépendance française allait se dénouer dans le sens voulu. Sans doute, faudrait-il surmonter quelque crise ultime. Mais l'issue ne faisait plus de doute. Le 2 juin, un message de M. Churchill me demande de venir d'urgence en Angleterre. Il m'a gracieusement envoyé son avion personnel. Je pars, le lendemain. Palewski, Béthouart, Billotte, Geoffroy de Courcel, Teyssot, sont à mes côtés. Après escale à Casablanca, puis à Gibraltar, nous débarquons près de Londres, le 4 juin au matin, pour être aussitôt saisis par l'engrenage des événements.

Une lettre de M. Churchill, qui m'est remise à l'arrivée, me prie de le rejoindre dans le train où — idée originale ! — il s'est installé, quelque part près de Portsmouth, en attendant le jour et l'heure. Nous y allons avec Pierre Viénot. Le Premier Ministre nous accueille. Il y a, auprès de lui, des ministres, notamment Eden et Bevin, des généraux, en particulier Ismay. Il y aussi le maréchal Smuts, assez gêné de son personnage. En effet, quelques mois plus tôt, il a dit dans un groupe que la France, n'étant plus une grande puissance, aurait à s'agglomérer au Commonwealth, et la presse anglo-saxonne a donné à ses propos une vaste publicité. On se met à déjeuner et, tout de suite, Churchill engage le fer.

Il décrit, d'abord, de saisissante manière la vaste entreprise guerrière qui va se déployer à partir des rivages anglais et constate avec satisfaction que la phase initiale sera menée par des moyens en majorité britanniques. « En particulier, dit-il, c'est la Royal Navy qui doit jouer le rôle capital dans les transports et la protection. » En toute sincérité, j'adresse au Premier Ministre le témoignage de mon admiration pour cet aboutissement. Que la Grande-Bretagne, après tant d'épreuves si vaillamment supportées et grâce auxquelles elle a sauvé l'Europe, soit aujourd'hui la base d'attaque du continent et y engage de telles forces, c'est la justification éclatante de la politique de courage que lui-même a personnifiée depuis les plus sombres jours. Quoi que les événements prochains doivent encore coûter à la France, elle est fière d'être en ligne, malgré tout, aux côtés des alliés pour la libération de l'Europe.

Dans ce moment de l'Histoire, un même souffle d'estime et d'amitié passe sur tous les Français et tous les Anglais qui sont là. Mais, ensuite, on en vient aux affaires. « Faisons, me dit Churchill, un arrangement au sujet de notre coopération en France. Vous irez, ensuite, en Amérique le soumettre au Président. Il est possible qu'il l'accepte et, alors, nous pourrons l'appliquer. De toutes façons, vous causerez avec lui. C'est ainsi qu'il s'adoucira et reconnaîtra votre administration sous une forme ou sous une autre. » Je réponds : « Pourquoi semblez-vous croire que j'aie à poser devant Roosevelt ma candidature pour le pouvoir en France? Le Gouvernement français existe. Je n'ai rien à demander dans ce domaine aux États-Unis d'Amérique, non plus qu'à la Grande-Bretagne. Ceci dit, il est important pour tous les alliés qu'on organise les rapports de l'administration française et du commandement militaire. Il y a neuf mois que nous l'avons proposé. Comme demain les armées vont débarquer, je comprends votre hâte de voir régler la question. Nous-mêmes y sommes prêts. Mais où est, pour ce règlement, le représentant américain? Sans lui, pourtant, vous le savez bien, nous ne pouvons rien conclure en la matière. D'ailleurs, je note que les gouvernements de Washington et de Londres ont pris leurs dispositions pour se passer d'un accord avec nous. Je viens d'apprendre, par exemple, qu'en dépit de nos avertissements, les troupes et les services qui s'apprêtent à débarquer sont munis d'une monnaie soi-disant française, fabriquée par l'étranger, que le Gouvernement de la République ne reconnaît absolument pas et qui, d'après les ordres du commandement interallié, aura cours forcé en territoire français. Je m'attends à ce que, demain, le général Eisenhower, sur instruction du Président des États-Unis et d'accord avec vous-même, proclame qu'il prend la France sous son autorité. Comment voulez-vous que nous traitions sur ces bases? »

— « Et vous ! s'écrie Churchill, comment voulez-vous que nous, Britanniques, prenions une position séparée de celle des États-Unis? » Puis, avec une passion dont je sens qu'il la destine à impressionner ses auditeurs anglais plutôt que moi-même : « Nous allons libérer l'Europe, mais c'est parce que les Américains sont avec nous pour le faire. Car, sachez-le ! chaque fois qu'il nous faudra choisir entre l'Europe et le grand large, nous serons toujours pour le grand large. Chaque fois qu'il me faudra choisir entre vous et Roosevelt, je choisirai toujours Roosevelt. » Après cette sortie, Eden, hochant la tête, ne me paraît guère convaincu. Quant à Bevin, ministre travailliste du Travail, il vient à moi et me déclare assez haut pour que chacun l'entende : « Le Premier Ministre vous a dit que, dans tous les cas, il prendrait le parti du Président des États-Unis. Sachez qu'il a parlé pour son compte et nullement au nom du cabinet britannique. »

Là-dessus, Churchill et moi partons ensemble pour le quartier général d'Eisenhower qui se trouve à proximité. Au fond d'un bois, dans une baraque aux parois tapissées de cartes, le Commandant en chef nous expose, avec beaucoup de clarté et de maîtrise de soi, son plan pour le débarquement et l'état des préparatifs. Les navires sont en mesure de quitter les ports à tout instant. Les avions peuvent prendre l'air au premier signal. Les troupes ont été embarquées depuis plusieurs jours. La vaste machinerie du départ, de la traversée, de la mise à terre des huit divisions et du matériel qui forment le premier échelon est montée dans les moindres détails. La protection de l'opération par la marine, l'aviation, les parachutistes ne laisse rien au hasard. Je constate que, dans cette affaire très risquée et très complexe, l'aptitude des Anglo-Saxons à établir ce qu'ils appellent le « planning » s'est déployée au maximum. Toutefois, le Commandant en chef doit encore fixer le jour et l'heure et, sur ce point, il est en proie à de rudes perplexités. Tout a été calculé, en effet, pour que le débarquement ait lieu entre le 3 et le 7 juin. Passé cette date, les conditions de marée et de lune exigeraient que l'opération soit reportée d'environ un mois. Or, il fait très mauvais temps. Pour les chalands, les pontons, les chaloupes, l'état de la mer rend aléatoires la navigation et l'abordage. Cependant, il faut que l'ordre du déclenchement, ou de la remise, soit donné au plus tard demain. Eisenhower me demande : « Qu'en pensez-vous ? »

Je réponds au Commandant en chef qu'il s'agit d'une décision qui relève exclusivement de sa responsabilité, que mon avis ne l'engage à rien, que j'approuve par avance sans réserve le parti qu'il choisira de prendre. « Je vous dirai seulement, ajouté-je, qu'à votre place je ne différerais pas. Les risques de l'atmosphère me semblent moindres que les inconvénients d'un délai de plusieurs semaines qui prolongerait la tension morale des exécutants et compromettrait le secret. »

Comme je m'apprête à me retirer, Eisenhower me tend, avec une gêne manifeste, un document dactylographié. « Voici, dit-il, la proclamation que je me dispose à faire à l'intention des peuples de l'Europe occidentale, notamment du peuple français. » Je parcours le texte et déclare à Eisenhower qu'il ne me satisfait pas. « Ce n'est qu'un projet, assure le Commandant en chef. Je suis prêt à le modifier suivant vos observations. » Il est convenu que je lui ferai connaître explicitement, le lendemain, les changements qui me paraîtront nécessaires. M. Churchill me ramène jusqu'à son train où nous devons retrouver les nôtres. Je ne lui cache pas mon souci. Car, sur la claire perspective du combat, vient de s'étendre, une fois de plus, l'ombre d'une artificieuse politique.

En effet, la proclamation rédigée à Washington pour le compte d'Eisenhower est inacceptable. D'après ce texte, le Commandant en chef parle d'abord aux peuples norvégien, hollandais, belge et luxembourgeois en sa qualité de soldat chargé d'une tâche militaire et qui n'a rien à voir avec leur destin politique. Mais, ensuite, sur un tout autre ton il s'adresse à la nation française. Il l'invite à « exécuter ses ordres. » Il décide que « dans l'administration tout le monde continuera d'exercer ses fonctions, à moins d'instructions contraires, » qu'une fois la France libérée « les Français choisiront eux-mêmes leurs représentants et leur gouvernement. » Bref, il se donne l'apparence de prendre en charge notre pays pour lequel il n'est, cependant, qu'un général allié habilité à commander des troupes mais qui n'a pas le moindre titre à intervenir dans son gouvernement et qui serait, au surplus, bien embarrassé de le faire. Dans ce factum, pas un mot de l'autorité française, qui, depuis des années, suscite et dirige l'effort de guerre de notre peuple et qui fait à Eisenhower l'honneur de placer sous son commandement une grande partie de l'armée française. A tout hasard, je fais remettre au grand quartier, le 5 juin au matin, un texte que nous pourrions admettre. Ainsi que je m'y attends, on me répond qu'il est trop tard, car la proclamation, déjà imprimée, (elle l'est depuis huit jours), va être d'un instant à l'autre jetée sur la France. Le débarquement, en effet, commencera la nuit prochaine.

A Londres, tout comme naguère, j'ai installé mon bureau à *Carlton Gardens* et je loge à l'*Hôtel Connaught*. Avec grand plaisir pour moi-même, avec quelque commisération pour lui, je revois M. Charles Peake que le Foreign Office détache auprès de nous pour les liaisons. Justement, voici que ce diplomate, qui est pour nous un ami, vient, l'après-midi du 5, m'exposer le scénario qui doit se dérouler à la radio le lendemain matin. D'abord, parleront à leurs peuples les chefs d'État de l'Europe occidentale : Roi de Norvège, Reine de Hollande, Grande-Duchesse de Luxembourg, Premier Ministre de Belgique. Ensuite, Eisenhower fera entendre sa proclamation. Enfin, il est prévu que je m'adresserai à la France. Je fais connaître à M. Charles Peake que, pour ce qui me concerne, le scénario ne jouera pas. En parlant aussitôt après le Commandant en chef, je paraîtrais avaliser ce qu'il aura dit et que je désapprouve et je prendrais dans la série un rang qui ne saurait convenir. Si je prononce une allocution, ce ne peut être qu'à une heure différente, en dehors de la suite des discours.

A 2 heures du matin, Pierre Viénot vient me trouver. Il sort de chez M. Churchill qui l'a appelé pour lui crier sa colère à mon égard. M. Peake arrive à son tour. Je lui confirme que la chaîne oratoire se déroulera, ce matin, sans ma participation. En revanche, je souhaite pouvoir utiliser la B. B. C. dans la soirée. Après quelques sombres heurts qui se déroulent en coulisse, la radio de Londres est, en effet, mise à ma disposition dans les conditions que j'ai demandées. J'y parle isolément à 6 heures du soir, en proie à une émotion intense, disant aux Français : « La bataille suprême est engagée... Bien entendu, c'est la bataille de France et c'est la bataille de la France !... Pour les fils de France, où qu'ils soient, quels qu'il soient, le devoir simple et sacré est de combattre l'ennemi par tous les moyens dont ils disposent... Les consignes données par le Gouvernement français et par les chefs français qu'il a qualifiés pour le faire doivent être exactement suivies... Derrière le nuage si lourd de notre sang et de nos larmes, voici que reparaît le soleil de notre grandeur ! »

Pendant les quelques jours que je passe en Angleterre, les nouvelles de la bataille sont bonnes. Le débarquement a réussi. Une tête de pont est établie autour de Bayeux. Les ports artificiels sont mis en place comme prévu. Quant aux forces françaises qui prennent part à l'opération : navires, escadrilles, commandos, parachutistes, les rapports que m'en font d'Argenlieu, Valin, Legentilhomme sont excellents. Leclerc et sa division attendent, en bon ordre quoique avec impatience, le moment de prendre pied en Normandie. Nos services, notamment celui de l'Intendance que, depuis les jours lointains de la France Libre, dirige l'intendant Mainguy, s'affairent à pourvoir des effectifs français de beaucoup les plus élevés qu'on ait encore vus en Angleterre et à préparer des secours pour les territoires libérés. Enfin, Kœnig me rend compte de l'action de nos forces de l'intérieur, engagées en maintes régions, soit sur missions qu'il leur donne, soit de leur propre initiative. Plusieurs grandes unités allemandes sont déjà, de ce fait, accrochées à l'arrière du front. Partout s'exécutent, en outre, les destructions prévues par nos plans. Il est vrai que, pour la première fois, les Allemands déclenchent sur Londres leurs V-1. Mais ces bombardements, pour pénibles qu'ils soient, ne sauraient modifier le cours de la bataille.

Cependant, si l'horizon stratégique semble clair, le ciel de la diplomatie ne se dégage que lentement. M. Eden s'efforce de dissiper les nuages. Il a pris à son compte personnel, d'accord évidemment avec le cabinet britannique, le problème de la coopération en France jusque-là traité par M. Churchill. Eden vient dîner et s'entretenir avec moi, le 8, en compagnie de Duff Cooper et de Viénot, insistant pour que le Gouvernement français revienne sur sa décision, envoie Massigli à Londres et signe un arrangement franco-anglais. « Si vous et nous nous mettons d'accord, me dit-il, les Américains ne pourront garder une position séparée. Quand vous irez à Washington, j'irai moi-même et Roosevelt devra souscrire à ce dont nous aurons convenu. » Eden précise sa demande par une lettre qu'il adresse à Viénot. Mais nous, Français, demeurons fermes. Je répète aux Britanniques que je ne suis pas à Londres pour traiter. Le gouvernement, consulté à Alger, se range à mon avis. Massigli reste où il est. Viénot répond à Eden que, si le cabinet anglais désire entrer en pourparlers au sujet de notre mémorandum de 1943, lui-même, en tant qu'ambassadeur, est là pour recevoir ou faire les communications voulues.

En même temps, nous ne manquons pas de souligner en public l'absurdité de la situation où les armées alliées vont se trouver, sans liaison organisée avec le pouvoir et les fonctionnaires français, et nous dénions très haut toute valeur à la monnaie répandue chez nous par l'étranger. Le 10 juin, dans une courte interview accordée à une agence, je précise nettement les choses. D'autre part, j'ai décidé que les officiers de liaison administrative, à l'exception de quelques informateurs, n'accompagneront pas les états-majors américains et britanniques, car nous n'entendons pas contribuer à l'usurpation. Il va de soi qu'un tollé s'élève contre moi dans la partie ordinairement hostile de la presse américaine. Mais l'autre partie et la plupart des journaux anglais réprouvent, au contraire, l'obstination de Roosevelt. C'est le moment où, d'une seule voix, donnent à fond ceux qui, dans la presse écrite ou radiodiffusée, n'ont jamais cessé de nous soutenir de tout leur talent. Aux États-Unis : Walter Lippmann, Edgar Mowrer, Dorothy Thompson, Jeff Parsons, Eric Hawkins, Helen Kirkpatrick, Mac Wane, Charles Collingwood, Sonia Tamara, etc. ; en Grande-Bretagne : Harold Nicholson, Harold King, Bourdin, Glarner, Darcy Cillie, d'autres encore, font entendre que la plaisanterie a assez duré.

Tel est, également, l'avis des gouvernements réfugiés en Grande-Bretagne. La libération leur semblant prochaine, chacun d'eux dépouille, à présent, la psychologie de l'exil. Tous s'inquiètent de la désinvolture avec laquelle les grands alliés tendent à se comporter sur place et à régler le sort de l'Europe en l'absence des intéressés. M'entretenant avec le roi de Norvège, la reine de Hollande, la grande-duchesse de Luxembourg et leurs ministres, dînant avec MM. Pierlot, Spaak, Gutt et leurs collègues du Gouvernement belge, échangeant des visites avec les présidents Benès et Rackiewicz, je les trouve satisfaits du refus opposé par la France aux empiètements des Anglo-Saxons. Entre le 8 et le 20 juin, Tchécoslovaques, Polonais, Belges, Luxembourgeois, Yougoslaves, Norvégiens, reconnaissent officiellement, sous son nom, le Gouvernement provisoire de la République française, malgré les démarches instantes qu'Américains et Anglais font auprès d'eux pour qu'ils s'en abstiennent. Seuls, les Hollandais gardent l'expectative, croyant qu'en déférant sur ce point aux désirs de Washington ils en obtiendront plus de compréhension à propos de l'Indonésie. Cette attitude quasi unanime des États européens ne laisse pas d'impressionner l'Amérique et la Grande-Bretagne. Mais c'est le témoignage rendu par le petit morceau de France que le combat vient d'affranchir qui achèvera de dissiper les ombres.

Le 13 juin, en effet, je pars pour visiter la tête de pont. Depuis plusieurs jours, j'étais prêt à ce voyage. Mais les alliés ne s'empressaient pas de me le faciliter. Même, la veille, comme je dînais au Foreign Office en compagnie des ministres anglais, à l'exception du Premier, et qu'on m'y complimentait de pouvoir prendre pied sur le sol de la Métropole française, une lettre de M. Churchill, remise au cours du repas à M. Eden, soulevait des objections ultimes contre mon projet. Mais Eden, ayant consulté ses collègues autour de la table, notamment Clement Attlee, m'annonçait que l'ensemble du cabinet décidait de maintenir les dispositions arrêtées du côté britannique. Aussi le brave contre-torpilleur *la Combattante*, que commande le capitaine de corvette Patou et qui vient de se signaler au cours des opérations, peut-il, comme prévu, toucher Portsmouth et m'y prendre à son bord. J'emmène Viénot, d'Argenlieu, Béthouart, Palewski, Billotte, Coulet, Chevigné, Courcel, Boislambert, Teyssot. Le 14 juin, au matin, nous jetons l'ancre au plus près de la côte française et prenons pied sur la plage à la limite des communes de Courseulles et de Sainte-Mère-Église au milieu d'un régiment canadien qui débarque au même moment.

Le général Montgomery, commandant les forces alliées dans la tête de pont, prévenu depuis une heure, a mis gracieusement à notre disposition des voitures et des guides. Le commandant Chandon, officier de liaison français, est accouru avec son équipe. J'envoie tout de suite à Bayeux François Coulet nommé, séance tenante, commissaire de la République pour le territoire normand libéré et le colonel de Chevigné chargé, à l'instant même, des subdivisions militaires. Puis, je me rends au quartier général. Montgomery m'accueille dans la roulotte où il travaille devant le portrait de Rommel qu'il a vaincu à El-Alamein mais pour qui il n'en éprouve que plus de considération. Chez le grand chef britannique, la prudence et la rigueur vont de pair avec l'ardeur et l'humour. Ses opérations vont leur train comme prévu. Vers le sud, le premier objectif est atteint. Il s'agit, maintenant, qu'à l'ouest les Américains s'emparent de Cherbourg et qu'à l'est les Britanniques prennent Caen, ce qui comporte, dit le général, l'engagement de nouvelles unités et des renforts de matériel. A l'entendre, je me convaincs que, sous ses ordres, les choses iront vigoureusement, mais sans hâte ni témérité. Lui ayant exprimé ma confiance, je le laisse à ses affaires et m'en vais aux miennes, à Bayeux.

Coulet y a pris ses fonctions. En effet, Bourdeau de Fontenay, commissaire de la République pour la Normandie, n'a pu sortir de Rouen, ni de la clandestinité. En attendant qu'il puisse apparaître, je tiens à marquer sans délai, qu'en tout point d'où l'ennemi a fui, l'autorité relève de mon gouvernement. Quand j'arrive à l'entrée de la ville, Coulet est là avec le maire Dodeman et son conseil municipal.

Nous allons à pied, de rue en rue. A la vue du général de Gaulle, une espèce de stupeur saisit les habitants, qui ensuite éclatent en vivats ou bien fondent en larmes. Sortant des maisons, ils me font cortège au milieu d'une extraordinaire émotion. Les enfants m'entourent. Les femmes sourient et sanglotent. Les hommes me tendent les mains. Nous allons ainsi, tous ensemble, bouleversés et fraternels, sentant la joie, la fierté, l'espérance nationales remonter du fond des abîmes. A la sous-préfecture, dans le salon où, une heure plus tôt, était encore suspendu le portrait du Maréchal, le sous-préfet Rochat se met à mes ordres, en attendant d'être relevé par Raymond Triboulet. Tout ce qui exerce une fonction accourt pour me saluer. La première visite que je reçois est celle de Mgr Picaud, évêque de Bayeux et de Lisieux. Comme la population s'est rassemblée sur la place du Château, je m'y rends pour lui parler. Maurice Schumann annonce mon allocution par les mots habituels : « Honneur et patrie ! Voici le général de Gaulle ! » Alors, pour la première fois depuis quatre affreuses années, cette foule française entend un chef français dire devant elle que l'ennemi est l'ennemi, que le devoir est de le combattre, que la France, elle aussi, remportera la victoire. En vérité, n'est-ce pas cela la « révolution nationale? »

Isigny, cruellement détruit et d'où l'on tire encore des cadavres de dessous les décombres, me fait les honneurs de ses ruines. Devant le monument aux morts, que les bombes ont mutilé, je m'adresse aux habitants. D'un seul cœur, nous élevons notre foi et notre espoir au-dessus des débris fumants. Le bourg des pêcheurs, Grandcamp, lui aussi ravagé, a pour finir ma visite. En chemin, je salue des détachements de troupes alliées qui gagnent le front ou en reviennent et quelques escouades de nos forces de l'intérieur. Certaines d'entre elles ont efficacement aidé au débarquement. La nuit tombée, nous regagnons Courseulles, puis la mer et notre bord. Plusieurs heures s'écoulent avant que nous prenions le large, car les avions et les vedettes lance-torpilles des Allemands attaquent dans l'obscurité les navires ancrés les uns auprès des autres et qui ont pour consigne de rester là où ils sont. Le 15 juin au matin, revenu à Porstmouth, je quitte *la Combattante*. La veille, au moment où nous abordions la France, j'ai remis la Croix de guerre à ce vaillant navire qui sera coulé peu après.

La preuve est faite. Dans la Métropole, aussi bien que dans l'Empire, le peuple français a montré à qui il s'en remet du devoir de le conduire. Dans l'après-midi du 15 juin, M. Eden vient me voir à *Carlton Gardens*. Il est au courant de ce qui s'est passé à Bayeux et qu'annoncent déjà les agences. Suivant lui, Roosevelt n'attend plus que mon voyage à Washington pour réviser sa position. Tout en regrettant que le Gouvernement français n'ait pas adopté la procédure suggérée par celui de Londres, Eden propose, maintenant, d'établir avec Viénot un projet qui sera communiqué par lui-même à Washington et, il y compte bien, signé à la fois par les Français, les Anglais et les Américains. C'est là une voie qui me semble acceptable. Je le dis à Anthony Eden. Puis, j'écris à M. Churchill pour verser du baume sur les blessures qu'il s'est faites à lui-même. Il me répond aussitôt, « déplorant que la coopération franco-britannique n'ait pu être placée sur des bases meilleures, lui qui a fourni la preuve, dans les bons et dans les mauvais jours, qu'il est un ami sincère de la France. » Il avait cru « que mon voyage à Londres pourrait offrir la chance d'un arrangement. Il ne lui reste plus qu'à espérer que ce n'ait pas été la dernière chance. » Cependant, le Premier Ministre termine sa lettre en souhaitant que mes prochains contacts avec le Président Roosevelt permettent à la France d'établir avec les États-Unis « ces bonnes relations qui sont une part de son héritage. » Lui-même m'y aidera, assure-t-il. Le 16 au soir, je m'envole pour Alger, où j'arrive le lendemain.

C'est pour y apprendre en détail les heureux événements survenus en Italie. Au moment même où je partais pour Londres, l'offensive alliée dans la péninsule remportait une grande victoire. En particulier, notre corps expéditionnaire, ayant brisé sur le Garigliano les lignes fortifiées de l'ennemi, ouvrait le chemin de Rome. Français, Américains, Britanniques, y sont entrés le 5 juin. Le succès militaire produisant ses effets, le roi Victor-Emmanuel a transmis ses pouvoirs à son fils, Badoglio donné sa démission, Bonomi formé, à Salerne, le nouveau gouvernement. Voulant voir nos troupes victorieuses et apprécier sur place la portée de ces changements, je me rends en Italie le 27 juin.

D'abord, bref passage à Naples, où Couve de Murville me présente M. Prunas, secrétaire-général du ministère des Affaires étrangères italien. Ce haut fonctionnaire m'apporte le salut de son gouvernement, toujours fixé à Salerne. Je le prie d'indiquer à M. Bonomi mon désir d'établir avec lui des relations directes par le truchement de Couve de Murville, ce à quoi le Président du Conseil me répondra par écrit qu'il l'accepte avec beaucoup de satisfaction. Ensuite, inspection du front et entretiens avec Juin, Wilson, Alexander et Clark. Enfin, je vais à Rome et, descendant au Palais Farnèse, marque que la France y rentre dans une demeure qui lui appartient.

Le 30 juin, visite au Pape. Le Saint-Siège, conformément à son éternelle prudence, était resté jusqu'alors sur une complète réserve à l'égard de la France Combattante, puis du Gouvernement d'Alger. Mgr Valerio Valeri, qui occupait en 1940 la nonciature à Paris, avait gardé ses fonctions à Vichy auprès du Maréchal, que M. Léon Bérard représentait au Vatican Cependant, nous n'avions pas cessé d'utiliser des moyens de fortune pour faire connaître au Siège apostolique nos buts et nos sentiments, non sans, d'ailleurs, y trouver d'actives sympathies, notamment celles de l'éminent cardinal Tisserant. Nous savions que la défaite d'Hitler et de son système était souhaitée par le Saint-Père et nous voulions, dès que possible, nouer des relations avec lui. Le 4 juin, tandis qu'on se battait encore dans Rome, le commandant de Panafieu et le lieutenant Voizard avaient porté à

Mgr Tisserant une lettre du général de Gaulle adressée à Pie XII. Le Pape m'avait répondu le 15. Aujourd'hui, je me rends à l'audience qu'il veut bien me donner.

Au Vatican, je prends d'abord contact avec le cardinal Maglione, secrétaire d'État, qui, malade et près de la mort, a tenu à se lever pour converser avec moi. De même que Rome, du haut de sa sérénité, regarde de siècle en siècle couler au pied de ses murailles le flot des hommes et des événements sans cesser d'y être attentive, ainsi l'Église assiste-t-elle, impavide mais compatissante et, au surplus, très renseignée, au flux et au reflux de la guerre. Mgr Maglione, convaincu de la victoire des alliés, se soucie surtout de ses suites. Pour ce qui est de la France, il escompte la disparition de Vichy et déclare voir en fait, en ma personne, le chef du Gouvernement français. Il espère que le changement de régime pourra s'opérer sans graves secousses, spécialement pour l'Église de France. J'indique au cardinal que le Gouvernement de la République entend qu'il en soit ainsi, bien que certains milieux ecclésiastiques français aient pris à son endroit une attitude qui, demain, ne lui facilitera pas les choses. Quant à l'avenir de l'Europe après la défaite du Reich et l'ascension des Soviets, je dis que la condition d'un équilibre nouveau sera le redressement intérieur et extérieur de la France. Je demande au Vatican d'y aider de son immense influence.

Le Saint-Père me reçoit. Sous la bienveillance de l'accueil et la simplicité du propos, je suis saisi par ce que sa pensée a de sensible et de puissant. Pie XII juge chaque chose d'un point de vue qui dépasse les hommes, leurs entreprises et leurs querelles. Mais il sait ce que celles-ci leur coûtent et souffre avec tous à la fois. La charge surnaturelle, dont seul au monde il est investi, on sent qu'elle est lourde à son âme, mais qu'il la porte sans que rien ne le lasse, certain du but, assuré du chemin. Du drame qui bouleverse l'univers, ses réflexions et son information ne lui laissent rien ignorer. Sa lucide pensée est fixée sur la conséquence : déchaînement des idéologies confondues du communisme et du nationalisme sur une grande partie de la terre. Son inspiration lui révèle que, seules, pourront les surmonter la foi, l'espérance, la charité chrétiennes, lors même que celles-ci seraient partout et longtemps submergées. Pour lui, tout dépend donc de la politique de l'Église, de son action, de son langage, de la manière dont elle est conduite. C'est pourquoi le Pasteur en fait un domaine qu'il se réserve personnellement et où il déploie les dons d'autorité, de rayonnement, d'éloquence, que Dieu lui a impartis. Pieux, pitoyable, politique, au sens le plus élevé que puissent revêtir ces termes, tel m'apparaît, à travers le respect qu'il m'inspire, ce pontife et ce souverain.

Nous parlons des peuples catholiques dont le sort est en balance. De la France, il croit qu'elle ne sera, d'abord, menacée que par elle-même. Il aperçoit l'occasion qu'elle va trouver, malgré ses épreuves, de jouer un grand rôle dans un monde où tant de valeurs humaines sont réduites aux abois, mais aussi le danger qu'elle court de retomber dans les divisions qui, trop souvent, paralysent son génie. Vers l'Allemagne, qui par beaucoup de côtés lui est particulièrement chère, se porte en ce moment sa principale sollicitude. « Pauvre peuple ! me répète-t-il. Comme il va souffrir ! » Il prévoit une longue confusion en Italie, sans en éprouver, toutefois, une inquiétude excessive. Peut-être pense-t-il, qu'après l'effondrement du fascisme et la chute de la monarchie, l'Église, moralement très puissante dans ce pays, y demeurera la seule force d'ordre et d'unité ; perspective qu'il semble envisager assez volontiers. Tandis qu'il me le laisse entendre, je songe à ce que, tout à l'heure, des témoins m'ont rapporté. A peine finie la bataille d'hier, une foule énorme, d'un seul mouvement, s'est portée sur la place Saint-Pierre pour acclamer le Pape, tout comme s'il était le souverain délivré de Rome et le recours de l'Italie. Mais c'est l'action des Soviets, aujourd'hui sur les terres polonaises, demain dans toute l'Europe centrale, qui remplit d'angoisse le Saint-Père. Dans notre conversation, il évoque ce qui se passe déjà en Galicie où, derrière l'armée Rouge, commence la persécution contre les fidèles et les prêtres. Il croit que, de ce fait, la Chrétienté va subir de très cruelles épreuves et que, seule, l'union étroite des États européens inspirés par le catholicisme : Allemagne, France, Italie, Espagne, Belgique, Portugal, pourra endiguer le péril. Je discerne que tel est le grand dessein du pape Pie XII. Il me bénit. Je me retire.

A mon départ, comme à mon arrivée, un grand nombre de Romains sont rassemblés aux abords du Vatican pour me crier leur sympathie. Après une visite à l'église Saint-Louis-des-Français, où me reçoit Mgr Bouquin, puis à la Villa Médicis où, bientôt, vont refleurir les espoirs de l'art français, je reçois notre colonie. Celle-ci, depuis 1940, ne comprend plus guère — et pour cause ! — que des membres d'ordres religieux. Tous sont venus. Le cardinal Tisserant me les présente. Quels qu'aient pu être les remous de naguère, nous nous sentons aujourd'hui soulevés par une joie identique. La fierté de la victoire a réuni des âmes qu'avaient pu disperser le désastre et ses chagrins.

Trop claires sont, à présent, les preuves de l'unité française pour que quiconque puisse refuser de voir ce soleil en plein jour. Le Président des États-Unis accepte d'en convenir. Afin que ce retournement se manifeste à l'occasion d'un fait nouveau, il redouble d'insistance pour que je vienne le voir à Washington. Tandis que j'étais à Londres, l'amiral Fénard a reparu. Roosevelt l'a chargé de m'indiquer les dates qui lui semblaient favorables. Le 10 juin, le général Bedell Smith, chef d'état-major d'Eisenhower, m'a rendu visite à « Carlton Gardens », envoyé par son chef qui se trouvait, ce jour-là, en Normandie dans la tête de pont et par le général Marshall tout justement présent à Londres. Bedell Smith m'a, littéralement, adjuré d'accepter la rencontre avec le Président, tant le commandement militaire a hâte de savoir à quoi s'en tenir pour ce qui est de la coopération administrative en France. A Alger, M. Seldon Chapin, qui y fait l'intérim de l'ambassadeur Wilson, se montre tout aussi pressant. Enfin, je sais que l'offensive des alliés en territoire français va se déployer en août. S'il est possible d'aboutir à quelque accord pratique, il n'y a plus de temps à perdre.

Après délibération approfondie du gouvernement, je décide d'aller à Washington. Mais pour montrer, comme je l'ai fait lors du voyage à Londres, que je n'ai rien à y demander et que je ne négocierai pas, aucun ministre ne m'accompagnera. Les conversations du général de Gaulle et du président Roosevelt n'auront d'autre objet que leur information réciproque au sujet des problèmes mondiaux qui intéressent les deux pays. En outre, ma présence aux États-Unis, à cette période décisive de la guerre, revêtira la signification d'un hommage rendu par la France à l'effort de l'Amérique et d'une preuve de l'amitié, toujours vivante, des deux peuples. Si, à la suite des entretiens de la Maison Blanche, le Gouvernement américain se résout à entamer avec le Gouvernement français des pourparlers relatifs aux rapports des armées alliées et de notre administration, il le fera, comme le Gouvernement britannique, par la voie diplomatique normale. C'est sur ces bases que le State Department et notre ambassadeur Hoppenot dressent ensemble le programme de mon séjour. Il est entendu qu'à Washington je serai, à tous égards, l'hôte du Président et du Gouvernement des États-Unis, ce qui devra suffire à démentir communiqués et articles qui, déjà, voudraient faire entendre que je viens en Amérique, non point comme un invité, mais comme un solliciteur. D'autre part, le Canada demande, lui aussi, ma visite et c'est avec empressement que je charge notre délégué à Ottawa, Gabriel Bonneau, de régler avec le gouvernement de M. Mackenzie King les détails de mon passage dans ce cher et valeureux pays.

Transporté par l'avion que le Président des États-Unis m'a aimablement envoyé et accompagné de M. Chapin, je débarque à Washington le 6 juillet dans l'après-midi. Béthouart, Palewski, Rancourt, Paris, Baubé et Teyssot sont avec moi. Au seuil de la Maison Blanche, Franklin Roosevelt m'accueille, tout sourire et cordialité. Cordell Hull est à ses côtés. Après le thé, le Président et moi nous entretenons longuement, seul à seul. Il en sera de même le lendemain et le surlendemain. Je suis logé à Blair House, ancienne et curieuse demeure que le Gouvernement américain a coutume d'affecter à l'installation de ses hôtes. Un solennel mais très cordial déjeuner à la Maison Blanche, deux dîners offerts respectivement par le secrétaire d'État aux Affaires étrangères et par celui de la Guerre, une réception que je donne à notre ambassade, celle-ci provisoire puisque les locaux de l'ancienne et future ambassade de France nous sont encore fermés, constituent autant d'occasions ménagées pour mes conversations avec les dirigeants politiques et les chefs militaires qui secondent le Président.

Ce sont : M. Cordell Hull, qui s'acquitte de sa tâche écrasante avec beaucoup de conscience et de hauteur d'âme, quelque gêné qu'il puisse être par sa connaissance sommaire de ce qui n'est pas l'Amérique et par les interventions de Roosevelt dans son domaine ; MM. Patterson et Forrestal, adoptant, en tant que ministres, la psychologie de patrons d'immenses affaires, car leurs départements : Guerre et Air pour le premier, Marine pour le second, ont pris en trois années des dimensions vertigineuses et absorbent le plus clair des ressources, des capacités, de l'amour-propre américains ; M. Morgenthau, grand ami de notre cause, trésorier d'un trésor qui, pour être inépuisable, n'en est pas moins géré par lui avec un ordre scrupuleux ; le général Marshall, organisateur hardi, mais interlocuteur réservé, metteur en œuvre d'un effort et d'une stratégie qui sont aux dimensions de la terre ; l'amiral King, ardent et imaginatif, ne cachant pas sa fierté de voir le sceptre des océans passer aux mains de la marine américaine ; le général Arnold qui, à force de méthode, a su faire d'une masse d'avions hâtivement conçus, construits, essayés et d'un personnel rapidement recruté, instruit, mis en ligne, le très grand corps qu'est devenue l'aviation des États-Unis ; l'amiral Leahy, surpris par des événements qui défient son conformisme, étonné de me voir là mais en prenant son parti ; MM. Connally et Sol Bloom, présidents des commissions des Affaires étrangères du Sénat et des Représentants, anxieux d'être avertis de tout. Cet état-major forme un ensemble cohérent, qui, en raison du caractère de chacun de ses membres et de la personnalité étincelante de Roosevelt, ne s'accorde à lui-même qu'un éclat limité, mais qui est, sans aucun doute, à la hauteur de ses devoirs.

Entre temps, je ne manque pas d'aller saluer le tombeau du soldat inconnu dans l'émouvant parc d'Arlington. Je me rends auprès du général Pershing, qui avec une simplicité sereine termine son existence à l'hôpital militaire. Pour rendre hommage à la mémoire de George Washington, je fais le pèlerinage de Mount-Vernon. A Blair House, je reçois maintes personnalités et, d'abord, M. Henry Wallace, vice-président des États-Unis, qui dans son rêve de justice sociale voudrait que la victoire soit remportée *for the common man*, et M. Padilla ministre des Affaires étrangères du Mexique qui se trouve à Washington. Au siège de nos missions, je prends contact avec le personnel diplomatique français réuni autour d'Henri Hoppenot ; puis, le général de Saint-Didier, l'amiral Fénard, le colonel Luguet, m'y présentent nos officiers. Avant de quitter Washington, je fais une conférence de presse et cause avec le plus grand nombre possible des journalistes qui sont venus m'écouter et m'interroger. Pendant cinq jours passés dans la capitale fédérale, je vois avec admiration couler le torrent de confiance qui emporte l'élite américaine et j'observe que l'optimisme va bien à qui en a les moyens.

Le président Roosevelt, lui, ne doute pas de les avoir. Au cours de nos entretiens, il se garde de rien évoquer de brûlant, mais me donne à entrevoir les objectifs politiques qu'il veut atteindre grâce à la victoire. Sa conception me paraît grandiose, autant qu'inquiétante pour l'Europe et pour la France. Il est vrai que l'isolationnisme des États-Unis est, d'après le Président, une grande erreur révolue. Mais, passant d'un extrême à l'autre, c'est un système permanent d'intervention qu'il entend instituer de par la loi internationale. Dans sa pensée, un directoire à quatre : Amérique, Russie soviétique, Chine, Grande-Bretagne, réglera les problèmes de l'univers. Un parlement des Nations Unies donnera un aspect démocratique à ce pouvoir des « quatre grands ». Mais, à moins de livrer à la discrétion des trois autres la quasi-totalité de la terre, une telle organisation devra, suivant lui, impliquer l'installation de la force américaine sur des bases réparties dans toutes les régions du monde et dont certaines seront choisies en territoire français.

Roosevelt compte, ainsi, attirer les Soviets dans un ensemble qui contiendra leurs ambitions et où l'Amérique pourra rassembler sa clientèle. Parmi « les quatre », il sait, en effet, que la Chine de Chiang-kaï-shek a besoin de son concours et que les Britanniques, sauf à perdre leurs dominions, doivent se plier à sa politique. Quant à la foule des moyens et petits États, il sera en mesure d'agir sur eux par l'assistance. Enfin, le droit des peuples à disposer d'eux-mêmes, l'appui offert par Washington, l'existence des bases américaines, vont susciter, en Afrique, en Asie, en Australasie, des souverainetés nouvelles qui accroîtront le nombre des obligés des États-Unis. Dans une pareille perspective, les questions propres à l'Europe, notamment le sort de l'Allemagne, le destin des États de la Vistule, du Danube, des Balkans, l'avenir de l'Italie, lui font l'effet d'être accessoires. Il n'ira assurément pas, pour leur trouver une heureuse solution, jusqu'à sacrifier la conception monumentale qu'il rêve de réaliser.

J'écoute Roosevelt me décrire ses projets. Comme cela est humain, l'idéalisme y habille la volonté de puissance. Le Président, d'ailleurs, ne présente nullement les choses comme un professeur qui pose des principes, ni comme un politicien qui caresse des passions et des intérêts. C'est par touches légères qu'il dessine, si bien qu'il est difficile de contredire catégoriquement cet artiste, ce séducteur. Je lui réponds, cependant, marquant qu'à mon sens son plan risque de mettre en péril l'Occident. En tenant l'Europe de l'Ouest pour secondaire, ne va-t-il pas affaiblir la cause qu'il entend servir : celle de la civilisation ? Afin d'obtenir l'adhésion des Soviets, faudra-t-il pas leur consentir, au détriment de ce qui est polonais, balte, danubien, balkanique, des avantages menaçants pour l'équilibre général ? Comment être assuré que la Chine, sortant des épreuves où se forge son nationalisme, demeurera ce qu'elle est ? S'il est vrai, comme je suis le premier à le penser et à le dire, que les puissances coloniales doivent renoncer à l'administration directe des peuples qu'elles régissent et pratiquer avec eux un régime d'association, il l'est aussi que cet affranchissement ne saurait s'accomplir contre elles, sous peine de déchaîner, dans des masses inorganisées, une xénophobie et une anarchie dangereuses pour tout l'univers.

« C'est, dis-je au Président Roosevelt, l'Occident qu'il faut redresser. S'il se retrouve, le reste du monde, bon gré mal gré, le prendra pour modèle. S'il décline, la barbarie finira par tout balayer. Or, l'Europe de l'Ouest, en dépit de ses déchirements, est essentielle à l'Occident. Rien n'y remplacerait la valeur, la puissance, le rayonnement des peuples anciens. Cela est vrai avant tout de la France qui, des grandes nations de l'Europe, est la seule qui fut, est et sera toujours votre alliée. Je sais que vous vous préparez à l'aider matériellement et cela lui sera précieux. Mais c'est dans l'ordre politique qu'il lui faut reprendre sa vigueur, sa confiance en soi et, par conséquent, son rôle. Comment le fera-t-elle si elle est tenue en dehors des grandes décisions mondiales, si elle perd ses prolongements africains et asiatiques, bref, si le règlement de la guerre lui vaut, en définitive, la psychologie des vaincus? »

Le grand esprit de Roosevelt est accessible à ces considérations. D'ailleurs, il éprouve pour la France, tout au moins pour l'idée que naguère il avait pu s'en faire, une réelle dilection. Mais c'est précisément en raison de ce penchant qu'il est, au fond de lui-même, déçu et irrité de notre désastre d'hier et des réactions médiocres que celui-ci a suscitées chez beaucoup de Français, notamment parmi ceux qu'il connaissait en personne. Il me le dit tout uniment. Quant à l'avenir, il est rien moins que sûr de la rénovation de notre régime. Avec amertume, il me décrit ce qu'étaient ses sentiments, quand il voyait avant la guerre se dérouler le spectacle de notre impuissance politique. « Moi-même, me dit-il, Président des États-Unis, je me suis trouvé parfois hors d'état de me rappeler le nom du chef épisodique du Gouvernement français. Pour le moment, vous êtes là et vous voyez avec quelles prévenances mon pays vous accueille. Mais serez-vous encore en place après la fin de la tragédie? »

Il serait facile, mais vain, de rappeler à Roosevelt pour combien l'isolement volontaire de l'Amérique avait compté dans notre découragement après la première guerre mondiale, puis dans notre revers au début de la seconde. Il le serait, également, de lui faire observer à quel point son attitude vis-à-vis du général de Gaulle et de la France Combattante, ayant contribué à maintenir dans l'attentisme une grande partie de notre élite, favorise par avance le retour de la nation française à cette inconsistance politique qu'il condamne si justement. Les propos du Président américain achèvent de me prouver que, dans les affaires entre États, la logique et le sentiment ne pèsent pas lourd en comparaison des réalités de la puissance ; que ce qui importe c'est ce que l'on prend et ce que l'on sait tenir ; que la France, pour retrouver sa place, ne doit compter que sur elle-même. Je le lui dis. Il sourit et conclut : « Nous ferons ce que nous pourrons. Mais il est vrai que, pour servir la France, personne ne saurait remplacer le peuple français. »

Nos conversations se terminent. Elles ont eu lieu dans le bureau de Roosevelt, près de sa table encombrée d'une multitude d'objets surprenants : souvenirs, insignes, fétiches-porte-bonheur. Tandis que je me retire, le Président, qu'on roule dans sa voiture, m'accompagne quelques instants. Sur la galerie, une porte est ouverte. « Voici ma piscine. C'est là que je nage, » m'indique-t-il, comme par défi à son infirmité. Avant de quitter Washington, je lui fais remettre un petit sous-marin, merveille de mécanique, qu'ont construit des ouvriers de l'arsenal de Bizerte. Il me remercie d'un mot charmant et m'envoie sa photographie : « Au général de Gaulle, qui est mon ami ! »

Plus tard, cependant, un anonyme me fera parvenir la photocopie d'une lettre que Roosevelt a adressée, huit jours après mon départ, à un membre du Congrès M. Joseph Clark Baldwin. Le Président y fait allusion à je ne sais quelle obscure tractation américaine relative à une entreprise française, la « Compagnie générale transatlantique », et avertit son correspondant que l'on fasse bien attention à ce que je ne l'apprenne pas, car, mis au courant, je ne manquerais pas de liquider le directeur de cette compagnie. Dans sa lettre, Roosevelt formule, d'autre part, son appréciation sur moi-même et sur nos entretiens. « De Gaulle et moi, écrit-il, avons examiné, en gros, les sujets d'actualité. Mais nous avons causé, d'une manière approfondie, de l'avenir de la France, de ses colonies, de la paix du monde, etc. Quand il s'agit des problèmes futurs, il semble tout à fait « traitable », du moment que la France est traitée sur une base mondiale. Il est très susceptible en ce qui concerne l'honneur de la France. Mais je pense qu'il est essentiellement égoïste. » Je ne saurai jamais si Franklin Roosevelt a pensé que, dans les affaires concernant la France, Charles de Gaulle était égoïste pour la France ou bien pour lui.

Le 10 juillet, très rapide passage à New York. Pour ne pas fournir d'occasions à des manifestations populaires qui, à trois mois de l'élection présidentielle, pourraient sembler dirigées contre ce qu'était, jusque-là, la politique du Président, il a été convenu que mes apparitions en public y seront très limitées. D'autant plus que c'est Dewey, candidat opposé à Roosevelt, qui est gouverneur de l'État de New York. Cependant, le maire Fiorello La Guardia, tout bouillonnant d'amitié, me reçoit en grande pompe à l'Hôtel de Ville où s'est porté un vaste concours de foule. Ensuite, il me fait parcourir la cité. Je dépose une croix de Lorraine à la statue de La Fayette. Je visite, dans le « Rockfeller Center », notre consulat-général dirigé par Guérin de Beaumont. Je me rends au siège de « France for ever », association groupant nombre de Français et d'Américains qui ont soutenu notre combat, où Henry Torrès m'exprime les sentiments de tous. La colonie française de New York, à laquelle se sont jointes des délégations venues d'autres régions, s'est assemblée au Waldorf-Astoria. Je vais la voir. Parmi les Français présents, beaucoup sont, jusqu'alors, restés sur la réserve à l'égard du général de Gaulle. Certains, même, lui ont prodigué leurs critiques, voire leurs insultes. Mais l'extrême chaleur de l'accueil que tous me font, ce soir-là, ne révèle plus de divergences. C'est la preuve que, dans le grand débat dont elle a été l'objet, la France va, décidément, l'emporter.

On y compte bien, au Canada, où tout a été arrangé pour en fournir le témoignage. D'abord, rendant visite à la ville de Québec, je m'y sens comme submergé par une vague de fierté française, bientôt recouverte par celle d'une douleur inconsolée, toutes les deux venues du lointain de l'Histoire. Nous arrivons, ensuite, à Ottawa en compagnie de l'ambassadeur le général Vanier. M. Mackenzie King, Premier Ministre, est à l'aérodrome. Je revois avec plaisir cet homme digne et fort dans sa simplicité, ce chef de gouvernement qui a, dès le premier instant, engagé au service de la liberté tout ce qu'il possède d'autorité et d'expérience. Le Canada l'a suivi, avec d'autant plus de mérite qu'il est formé de deux peuples coexistants mais non confondus, que le conflit est, pour lui, lointain et qu'aucun de ses intérêts ne s'y trouve directement en cause.

Sous l'impulsion de son gouvernement, ce pays déploie,

maintenant, un puissant effort de guerre. En fait de grandes unités, d'équipages incorporés dans la Marine de Sa Majesté, d'escadrilles fournies à la Royal Air Force, le Canada met en ligne des effectifs considérables et d'une valeur militaire élevée. Ses fabrications d'armement produisent une importante proportion du matériel des alliés. Même, les laboratoires et les usines du Canada participent aux recherches et opérations d'où sont tout près de sortir les premières bombes atomiques. Il m'est rendu compte, en secret, de l'aboutissement imminent par Pierre Auger, Jules Guéron et Bertrand Goldschmidt, savants français qui, avec mon autorisation, sont entrés dans les équipes alliées consacrées à ce travail d'apocalypse. Mais, par comparaison avec ce qui s'était passé lors de la première guerre mondiale, cette fois l'effort du Canada revêt un caractère national. Il en résulte, pour l'État et le peuple, une sorte de promotion qui remplit de satisfaction ministres, parlementaires, fonctionnaires et citoyens. C'est ce que m'expose Mackenzie King et me répète son principal collègue, M. Louis Saint-Laurent, tout en insistant sur l'intention du Canada d'aider, autant qu'il le pourra, à la reconstruction de la France.

Je suis, pendant mon séjour, l'hôte du comte d'Athlone gouverneur-général du Canada et de son épouse la princesse Alice tante du roi George VI. Ils me reçoivent d'une inoubliable manière et invitent, pour me les présenter, nombre de personnalités. Les heures suffisent à peine aux entretiens officiels, aux audiences que je dois accorder, à la cérémonie solennelle au monument aux morts d'Ottawa, à l'inspection d'aviateurs français qui s'entraînent dans les environs, au dîner offert par le Gouvernement canadien, à une conférence de presse, au discours — n'en faut-il pas toujours au moins un? — qu'en réponse à l'allocution de M. Saint-Laurent je prononce devant le parlement, en présence du gouverneur-général, des ministres, des hauts fonctionnaires et du corps diplomatique. Parlant de ce que devra être, pour la paix de demain, la coopération internationale, spécialement celle de l'Occident, insistant sur la part que mon pays veut y prendre, je conclus : « La France est sûre d'y trouver, à côté d'elle et d'accord avec elle, les peuples qui la connaissent bien. C'est dire qu'elle est sûre d'y trouver, d'abord, le Canada. »

Le 12 juillet, je gagne Montréal qui fait la démonstration du plus émouvant enthousiasme. Après réception à l'Hôtel de Ville et salut aux deux monuments consacrés respectivement aux morts canadiens et français, je m'adresse à une foule énorme, rassemblée sur le square Dominion et dans les avenues avoisinantes. Le maire, Adhémar Raynault, crie à ses concitoyens : « Montrez au général de Gaulle que Montréal est la deuxième ville française du monde ! » Rien ne peut donner une idée du tonnerre des vivats qui, de tous ces cœurs, montent à toutes ces bouches. Le soir, l'avion nous emporte. Le 13 juillet, nous sommes à Alger.

C'est pour y trouver le texte d'une déclaration, publiée la veille par le Gouvernement américain. « Les États-Unis, y est-il dit, reconnaissent que le Comité français de la libération nationale est qualifié pour exercer l'administration de la France. » Aussitôt, le State Department entame avec Hoppenot et Alphand des négociations pour un accord de coopération administrative en territoire libéré. Déjà, Eden et Viénot ont, de leur côté, abouti à un texte satisfaisant. Au début du mois d'août, Alger, Washington, et Londres sont d'accord sur des termes communs. Ce qui est conclu ressemble étonnamment à ce que nous avons proposé, une année auparavant. Le Gouvernement provisoire de la République française y est désigné par son nom. Sans réticence, on admet que lui seul exerce les pouvoirs publics ; que lui seul délègue auprès des forces alliées les organes utiles de liaison ; que lui seul peut mettre à la disposition du commandement militaire les services qui sont demandés ; que lui seul émet de la monnaie en France et en fournit ce qu'il faut, contre livres et dollars, aux troupes américaines et britanniques sur son territoire.

Et maintenant, qu'elle s'étende la grande bataille de France ! Que les armées alliées, côte à côte avec la nôtre et aidées par nos forces de l'intérieur, débouchent de la Normandie vers Paris et remontent la vallée du Rhône ! Qu'entre la mer du Nord et la Méditerranée, depuis l'Atlantique jusqu'au Rhin, soit libérée de l'ennemi cette nation à qui, depuis quinze cents ans, aucune tempête, pas même celle-ci, n'a pu ôter sa souveraineté ni arracher ses dernières armes. Nous rapportons à la France l'indépendance, l'Empire et l'épée.

COMBAT

Comme elle est courte l'épée de la France, au moment où les alliés se lancent à l'assaut de l'Europe ! Jamais encore notre pays n'a, en une si grave occasion, été réduit à des forces relativement aussi limitées. Ceux qui luttent pour sa libération sont submergés de tristesse quand ils évoquent sa force d'autrefois. Mais, jamais non plus, son armée n'eut une qualité meilleure. Renaissance d'autant plus remarquable qu'elle est partie d'un abîme de renoncement.

La puissance militaire était, depuis quatorze siècles, la seconde nature de la France. Si notre pays avait, maintes fois, négligé sa défense, méconnu ses soldats, perdu des batailles, il n'en était pas moins apparu, de tout temps, comme capable par excellence des plus grandes actions guerrières. Les vicissitudes de l'époque contemporaine n'avaient pas infirmé la règle. Quel que fût notre affaiblissement après l'épopée napoléonienne, si cruelle que nous ait été la défaite de 1870, nous gardions la psychologie et les moyens d'un peuple fort. Artisans principaux de la victoire de 1918, nous y avions conduit les autres. Que notre armée fût en tête de toutes les armées du monde, notre flotte une des meilleures, notre aviation au premier plan, nos généraux les plus capables, cela, pour nous, allait de soi.

Aussi, l'effondrement de 1940 et l'abandon qui suivit parurent-ils à beaucoup monstrueux et irrémédiables. L'idée que, depuis toujours, les Français se faisaient d'eux-mêmes, l'opinion historique de l'univers sur leur compte, s'étaient soudain anéanties. Il n'y avait aucune chance pour que la France pût recouvrer sa dignité vis-à-vis d'elle-même et vis-à-vis des autres sans qu'elle eût redressé ses armes. Mais rien ne devait l'aider à refaire son unité et à reprendre du prestige autant que ce fait surprenant qu'elle sut trouver, dans son Empire à peine rassemblé, dans sa Métropole opprimée, assez de foi et de valeur guerrière pour se reforger une armée qui se battrait, ma foi ! fort bien. Après Sedan et Dunkerque, la capitulation de Rethondes et celle de Turin, l'acceptation par Vichy de la défaite militaire et de l'asservissement de l'État, ce devait être un étonnant retour que nos forces prissent à la victoire une part importante et brillante, alors que l'ennemi occupait tout notre territoire, que deux millions de Français étaient prisonniers dans ses mains, que le gouvernement « légal » persistait à châtier les combattants.

Il existait, en Afrique, assez d'hommes mobilisables pour fournir les effectifs d'une armée de campagne. La limite, pourtant, était étroite. Car, s'il était possible de tirer des autochtones d'Algérie, du Maroc, de Tunisie, d'Afrique noire, de Madagascar autant de soldats qu'on voulait, le nombre des militaires de l'active et des réserves aptes à servir comme gradés et comme spécialistes se trouvait, au contraire, réduit. Pour l'essentiel, seuls les Français d'origine fournissaient ces catégories, indispensables à la formation des grandes unités modernes. Or, la population d'origine française ne se montait qu'à 1 200 000 âmes. Il est vrai qu'en appelant toutes les classes jusqu'à celle de 1918 on en tira 116 000 hommes, chiffre d'autant plus élevé que l'administration, la vie économique, l'ordre public, absorbaient une importante proportion d'éléments de qualité et que beaucoup de mobilisés étaient, depuis 1940, en captivité allemande. Il est vrai que la « France Libre » amena 15 000 jeunes Français, que la Corse fournit 13 000 soldats, que 12 000 garçons s'évadèrent de France par l'Espagne, que 6 000 femmes et jeunes filles entrèrent dans les services. Il est vrai que les appelés s'empressèrent à l'incorporation. Malgré tout, le recrutement des gradés et des spécialistes disposait d'insuffisantes ressources.

Il faut ajouter que les Américains, qui nous procuraient l'armement et l'équipement, y mettaient la condition que nous adoptions leurs propres règles d'organisation. Or, leur système comportait, en fait d'effectifs, une dotation extrêmement large en faveur des services, ainsi que des volants multiples destinés à combler les pertes. Pour eux, la vie et l'action des unités combattantes devaient s'appuyer sur des arrières richement pourvus. Ils ne consentaient à armer les divisions françaises qu'après avoir vérifié que les formations logistiques correspondantes étaient composées d'un personnel nombreux et qualifié. Par contre, nos troupes d'Afrique, accoutumées à vivre dans des conditions sommaires, tenaient pour du gaspillage le fait d'affecter tant de monde aux parcs, dépôts, convois et ateliers. Il en résultait de fréquentes et, parfois, désobligeantes contestations entre l'état-major allié et le nôtre et, d'autre part, chez les Français le crève-cœur d'être amenés à dissoudre de beaux régiments pour en faire des fractions auxiliaires.

Le général Giraud, tout le premier, s'y résignait mal. Ayant, lors de la conférence d'Anfa, entendu Roosevelt promettre que les États-Unis assureraient la dotation d'autant de troupes que nous pourrions en constituer, il avait espéré pouvoir équiper 14 divisions françaises, quitte à ne former que peu d'éléments d'entretien et de remplacement. Il était donc désolé et indigné de voir des contrôleurs étrangers exiger la mise sur pied de soutiens complets et, par voie de conséquence, la réduction des corps de troupe, avant de distribuer le matériel attendu. Il nous fallait, au surplus, maintenir dans nos territoires africains un minimum de forces de souveraineté. Enfin, nous réservions deux brigades pour les porter en Indochine dès que s'offrirait l'occasion. Ces forces de souveraineté et ces brigades, étant dotées d'armes françaises, ne relevaient pas des barèmes américains. Mais elles absorbaient des cadres, ce qui diminuait d'autant les possibilités de notre armée de campagne.

Pour mon compte, tout en ressentant ce qu'avait de pénible la prétention des Américains de lier leurs prêts de matériel à l'adoption de leurs schémas, j'étais d'avis que la prochaine campagne d'Europe exigerait, effectivement, des services très étoffés. En outre, dans l'affaire des livraisons d'armes, j'avais hâte de mettre un terme aux à-coups qui retardaient notre entrée en ligne. Devenu chef unique du gouvernement, je réglai donc la question. Le décret que je pris, le 7 janvier 1944, sur le vu des effectifs réels, des données irréductibles de l'organisation, des conditions dans lesquelles les alliés nous fournissaient l'armement et l'équipement, fixait comme suit l'ensemble des forces terrestres destinées à la bataille de France : 1 commandement d'armée, 3 commandements de corps d'armée, 6 divisions d'infanterie, 4 divisions blindées, avec les services et remplacements nécessaires. Encore, une des divisions d'infanterie et une des divisions blindées prévues au programme ne pourraient-elles être complètement mises sur pied en temps voulu. En revanche, 3 groupements de tabors, 2 régiments de parachutistes et des commandos seraient joints à nos grandes unités. On ne peut se faire une idée de l'effort qu'eut à déployer l'état-major de l'Armée, sous la direction du général Leyer, pour réaliser malgré les manques et les saccades l'instrument militaire exemplaire que la France trouva moyen d'engager en Italie, puis de mettre en ligne dans la Métropole, enfin de lancer en Allemagne et en Autriche.

Notre marine n'était pas moins ardente. Absorbée par la technique qui est sa vie et sa passion et qui la détournait de ressasser ses récentes épreuves, elle se reconstituait, tout en prenant une part active aux opérations navales. L'amiral Lemonnier, nommé en juillet 1943 chef d'état-major général, apportait à cette réorganisation une grande capacité et une volonté tenace sous les dehors d'une habile modestie. Le 14 octobre 1943, le plan d'armement proposé par Lemonnier fut arrêté par le Comité de la Défense nationale. Il y était prévu qu'au cours du printemps suivant notre flotte pourrait faire combattre : 2 cuirassés : *Richelieu* et *Lorraine;* 9 croiseurs : *Gloire*, *Georges Leygues*, *Montcalm*, *Émile Bertin*, *Jeanne d'Arc*, *Duguay-Trouin*, *Duquesne*, *Suffren*, *Tourville;* 4 croiseurs légers : *Fantasque*, *Malin*, *Terrible*, *Triomphant;* 3 croiseurs auxiliaires : *Cap des Palmes*, *Quercy*, *Barfleur;* 2 transports d'avions : *Béarn* et *Dixmude;* 14 torpilleurs ; 18 sous-marins ; 80 petits bâtiments : escorteurs, pétroliers, chasseurs, vedettes et dragueurs.

Ce plan comportait pour la plupart des navires une modernisation de leur armement et une remise en état, que l'arsenal de Bizerte à demi détruit, celui de Casablanca aux possibilités restreintes, celui de Dakar tout juste embryonnaire, n'étaient pas en mesure d'effectuer entièrement, mais que les bases alliées de Brooklyn et des Bermudes avaient gracieusement entreprises. Le programme serait donc effectivement réalisé. Même, aux bâtiments prévus devaient s'ajouter : les torpilleurs *Tigre* et *Trombe* saisis naguère par les Italiens et que nous avions récupérés ; un de leurs sous-marins, *Bronzo*, devenu le nouveau *Narval;* 4 frégates cédées par les Anglais ; 6 torpilleurs-escorteurs donnés par les Américains et dont le premier, *Sénégalais*, avait été solennellement remis à notre marine par le Président Roosevelt. D'autre part, 6 flottilles d'hydravions, réarmées en *Sunderlands* et *Wellingtons*, faisaient reparaître l'aéronavale française dans le ciel de l'Atlantique. Enfin, 2 régiments blindés de fusiliers, 1 groupe d'artillerie lourde de campagne, des commandos, participeraient au nom de la marine à la bataille sur le continent, tandis que 22 batteries de côte et 7 batteries antiaériennes, servies par elle, contribueraient à la défense des ports d'Afrique et de Corse.

Trente groupes d'aviation, voilà ce que nos forces aériennes avaient à constituer, pour le printemps de 1944, d'après le plan proposé par le général Bouscat et arrêté, le 22 octobre 1943, en comité de la Défense nationale ; 7 groupes, dont 4 de chasseurs et 3 de bombardement, ayant leur base en Grande-Bretagne ; 21 groupes, dont 8 de chasse, 4 de bombardement, 6 de défense des côtes et des terrains, 1 de reconnaissance, 2 de transport, opérant sur le théâtre de la Méditerranée ; 2 groupes de chasse combattant en Russie. Comme il ne restait pratiquement pas d'avions français, en Algérie, au Maroc, en Tunisie, après les combats livrés aux Américains, ce sont ces adversaires d'hier qui se chargeaient généreusement de fournir en Afrique du Nord les appareils de nos escadrilles ; les Anglais et les Russes dotant, de leur côté, nos groupes sur leur territoire. Bouscat commandait avec méthode et autorité l'aviation française, hâtivement pourvue d'appareils nouveaux, intégrée soudain dans un ensemble allié dont il lui fallait s'assimiler les conventions et les procédés, mais plus que jamais empressée à combattre.

Au total, nous mettrions sur pied : une armée de campagne de 230 000 hommes, des forces de souveraineté comptant 150 000 soldats, une flotte de 320 000 tonnes avec 50 000 marins, 1 200 000 tonnes de cargos et paquebots dont les deux tiers armés par des équipages français, une aviation de 500 avions de ligne servis par 30 000 hommes. Une grande partie du matériel nous serait fournie par les alliés au titre des accords de prêt-bail passés entre eux et nous et dans lesquels comptaient, en revanche, les services que nous leur rendions au titre des ports, transports, communications, transmissions, installations, main-d'œuvre, etc... Au point de vue moral, nos armées se voyaient, avec une joie indicible, rétablies dans leur raison d'être et débarrassées des serments et des sortilèges qui les avaient, en grande partie, paralysées ou fourvoyées. Il fallait voir la ferveur avec laquelle troupes et équipages percevaient le matériel moderne, l'enthousiasme soulevé par l'ordre de départ dans les unités appelées au combat. Pendant cette période, j'ai inspecté chaque régiment, chaque navire, chaque escadrille. Dans tous les regards où je plongeais les miens, je lisais la fierté des armes. Tant est vivace la plante militaire française !

Les maquis le prouvent, de leur côté. Jusqu'à la fin de 1942, ils étaient rares et de faible effectif. Mais, depuis, l'espoir a grandi et, du même coup, le nombre de ceux qui veulent se battre. En outre, le service obligatoire du travail, qui mobilise en quelques mois 500 000 jeunes gens, surtout des ouvriers, pour être employés en Allemagne, ainsi que la dissolution de l' « armée de l'armistice », poussent beaucoup de réfractaires dans la clandestinité. Par groupes plus ou moins importants, les maquis se multiplient et entament la guérilla qui va jouer un rôle de premier ordre dans l'usure de l'ennemi et, plus tard, dans le développement de la bataille de France.

Les conditions dans lesquelles ces fractions autonomes se forment, vivent et combattent sont évidemment très diverses suivant la nature du terrain où elles opèrent et les armes dont elles peuvent disposer. On voit, à cette occasion, les môles naturels de la France reprendre la même importance qu'ils avaient quand, successivement, les Celtes, les Gaulois, les Francs, défendaient partout et en détail l'indépendance du pays contre les envahisseurs : Germains, Romains, Sarrazins. Le Massif Central, les Alpes, les Pyrénées, le Jura, les Vosges, la forêt ardennaise, la Bretagne intérieure, attirent surtout les maquisards. C'est là, d'ailleurs, que les avions alliés trouvent les meilleurs emplacements pour déposer ou parachuter les agents et les « containers ». A l'écart des côtes, des grands centres, des principales communications, l'occupation ennemie est moins dense, la surveillance policière moins serrée. Les vieilles montagnes ravagées et forestières de l'Auvergne, du Limousin, des Cévennes, du Lannemezan ; les hauts plateaux des massifs alpestres de la Savoie et du Dauphiné ; les retraites boisées et escarpées de l'ensemble vosgien - jurassien - langrois - morvandiau ; les pentes abruptes des Ardennes françaises et belges ; les landes, taillis, creux et étangs de l'Ar-goat, servent aux partisans de refuges pendant les longues attentes, de bases pour les coups de main, de terrains de repli après les accrochages. Qui donc parlait de « la douce France? »

On se réunit par bandes de quelques dizaines de compagnons. C'est, d'ordinaire, le maximum de ce qu'on peut grouper en un même point, vu les dimensions des cachettes et les difficultés du ravitaillement. On y vient grâce à quelque filière, souvent de loin, moyennant maintes précautions. Quand on est incorporé, c'est sans esprit de retour. On cantonne dans des abris creusés, des huttes, des grottes, parfois dans une baraque, une ferme en ruines, une maison forestière. Il faut supporter la dure, le froid, la pluie, surtout l'angoisse. Les maquisards sont sans cesse en alerte, prêts à filer ailleurs, éclairés autant que possible par le réseau des complicités qui, à partir des localités, des postes de gendarmerie, voire des bureaux administratifs, les avertissent des dangers ou leur signalent les occasions. Les fermes et les villages voisins fournissent des vivres à la petite troupe. Des enfants, des jeunes filles, des vieux, lui servent de porteurs ou de plantons peu compromettants. Farouchement, silencieusement, la paysannerie française aide ces gars courageux. L'ennemi se venge en fusillant dans la population civile ceux qu'il suspecte d'être complices, en déportant des notables, en incendiant des bourgs entiers.

L'embuscade près de la route que suit le convoi allemand, le déraillement du train qui transporte du personnel ou du matériel ennemi, l'attaque de l'insouciante patrouille ou du poste mal gardé, la destruction des voitures au parc, de l'essence en réservoir, des munitions entreposées, telles sont les escarmouches à quoi s'emploient les maquis, jusqu'au jour où le débarquement des armées alliées leur ouvrira un champ d'action plus large. Quand l'affaire est décidée, il s'agit qu'elle soit préparée minutieusement, car on a peu d'hommes et peu d'armes, et qu'elle s'exécute lestement, car le succès tient à la surprise. Le coup fait, il faut au plus vite s'esquiver, parce qu'aussitôt l'adversaire amène du monde, barre les routes, ratisse les alentours. Une fois terrés, les maquisards haletants font le bilan des résultats. Quel triomphe, quand ils ont vu tomber sous leurs balles des soldats de la Wehrmacht, flamber les camions, culbuter les wagons, quand ils ont pu assiter à la déroute d'un groupe d'Allemands, saisir les armes des fuyards ! Mais aussi, combien souvent l'ennemi accroche le maquis ! Le combat, alors, est sans merci. S'il tourne mal, les Français survivants qui n'ont pu se dégager seront abattus sur-le-champ ou bien, après un simulacre de jugement, fusillés contre un talus. Qu'ils meurent debout, bien droits, ou couchés à cause de leurs blessures, ils crient : « Vive la France ! » en regardant en face les Allemands qui vont tirer. Plus tard, une stèle dressée sur place rappellera qu'ils sont tombés là. La Croix de Lorraine, gravée sur la pierre, dira pourquoi et comment.

Mais, dans une grande partie du pays, le terrain ne se prête pas à l'existence des maquis. Les réfractaires y sont, alors, divisés en très petites équipes ou vivent chacun de son côté.

Munis des faux papiers que leur procure la résistance, qui a ses gens dans les ministères, les préfectures, les mairies, les commissariats, ils se joignent aux bûcherons, aux carriers, aux cantonniers, couchent dans des fermes écartées ou se perdent dans les grandes villes. Souvent, des usines, des chantiers, des bureaux, leur assurent une « couverture » en attendant le coup de main après lequel ils disparaissent. Ces partisans dispersés mènent des actions à très petite échelle. En revanche, ils les multiplient. Des Allemands isolés sont abattus, des grenades éclatent sous les pas des occupants, des charges de plastic avarient les véhicules. Dans le Bassin parisien, le Nord, le Lyonnais, etc., les sabotages de détail sont devenus continuels. C'est au point qu'il nous faut créer un service de protection pour sauvegarder certaines installations dont les armées vont avoir besoin.

Impossible, évidemment, de connaître au juste l'effectif de tous ces éléments qui ne fournissent d'états, ni de listes, à personne. Lors de la création de l'armée secrète, au début de 1943, nous avons évalué le total à une quarantaine de mille hommes, indépendamment de quelque 30 milliers de Français et de Françaises qui font partie de nos 60 réseaux. Un an plus tard, 100 000 maquisards, au moins, tiennent la campagne. Dès le début de la bataille de France, leur nombre dépassera 200 000. En fait, l'effectif des soldats de l'intérieur dépend directement de l'armement qui leur est donné. Quand, par hasard, un groupe reçoit ce qu'il lui faut, les volontaires y affluent. Par contre, le chef d'une troupe dépourvue doit refuser des engagements. On imagine que la question des armes à fournir à la résistance est l'un des tout premiers soucis du gouvernement.

En France même, les ressources sont faibles. Sans doute certaines autorités militaires avaient-elles, en 1940, camouflé du matériel. Mais, presque toutes les cachettes ayant été découvertes par l'ennemi ou à lui livrées par Vichy, les combattants ne disposent que de peu d'armes françaises. Il est vrai que nous parvenons à leur en faire passer à partir de l'Afrique du Nord, mais peu, car il n'y en a guère et les bases d'où partent nos avions sont trop éloignées de la France. Quant aux armes qu'on prend aux Allemands, la quantité n'en sera appréciable que lors des grands chocs de l'été 1944.

Ce sont donc nos alliés qui détiennent les moyens voulus. Or, quelque fréquentes et pressantes que soient nos interventions, ils n'entendent envoyer sur la France leurs avions spécialisés et y lâcher fusils, mitraillettes, pistolets, grenades, mitrailleuses, mortiers, qu'en sérieuse connaissance de cause. Encore, malgré les précautions, la moitié du matériel parachuté tombe-t-elle aux mains de l'ennemi. D'ailleurs, si les services secrets américains et, surtout, britanniques ont peu à peu acquis la notion de ce qu'on peut attendre de la résistance française, le commandement allié tardera à mesurer l'efficacité de cette forme de guerre, toute nouvelle pour des états-majors préparés aux seules batailles que l'on mène suivant les règles. Il y aura, jusqu'au bout, des différences cruelles entre ce que les maquis réclament, parfois désespérément, et ce qui leur est expédié. Au total, cependant, plus d'un demi-million d'armes individuelles et 4 000 collectives auront été fournies à nos forces clandestines ; les quatre cinquièmes par nos alliés.

Les maquis, les réseaux, les mouvements qui les soutiennent, la propagande qui les appuie, ont besoin de quelque argent. Le gouvernement s'efforce de le leur procurer en monnaie utilisable et qui ne les fasse pas découvrir. Tout ce qu'il y a de billets de la Banque de France, entreposés en Angleterre, en Afrique, aux Antilles, y est d'abord employé. Sont ensuite expédiés des « bons de la libération », émis à Alger par le gouvernement et avec sa garantie, que notre délégation de Paris prend en compte et qu'elle échange secrètement contre espèces dans des établissements de crédit ou chez des particuliers. Au moment de la crise suprême, il arrivera que des chefs locaux, pressés par la nécessité, procéderont à des réquisitions de fonds dont la responsabilité sera finalement endossée par l'État. Au total, plus de 15 milliards, qui en feraient 100 aujourd'hui, seront officiellement distribués à la résistance. Bien qu'il se soit fatalement produit certains abus, les dépenses pourront être, pour plus des trois quarts, régulièrement justifiées suivant rapport de la Cour des Comptes.

Qui sont les chefs des troupes de l'intérieur ? Presque toujours ceux qui s'instituent eux-mêmes et que les hommes reconnaissent comme tels pour leur ascendant et leur capacité. La plupart d'entre eux seront dignes de cette élémentaire confiance. Quelques-uns — des exceptions — commettront des actes condamnables. Si l'on songe aux conditions dans lesquelles ils se recrutent, faute que les cadres provenant de l'armée aient, en masse et de bonne heure, renié Vichy et pris la tête des groupes de combat, on doit proclamer que ces chefs, improvisés, isolés, affectés à une tâche terrible, ont bien servi la patrie. Au reste, une fois occupée l'ancienne zone « libre », dissoute l'armée de l'armistice et dissipés les scrupules sentimentaux et légalistes qu'inspire encore le Maréchal, nombre d'officiers et de sous-officiers de carrière passeront au maquis sous l'impulsion de l'O. R. A. et de son chef le général Revers.

Tant que les forces clandestines ont à agir spontanément, au hasard des occasions et par bandes séparées, il ne saurait être question de leur imposer une hiérarchie régulière, ni de leur fixer depuis Alger ou Londres des missions précisées dans le temps et sur le terrain. Mais il y aurait de graves inconvénients à les laisser à elles-mêmes sans les rattacher à l'autorité centrale. Car on risquerait alors, soit de les voir glisser à l'anarchie des « grandes compagnies », soit de les livrer à l'emprise prépondérante des communistes. Ceux-ci, en effet, noyautent et, souvent, commandent les « Francs-Tireurs et Partisans » qui sont presque un tiers des maquis. Si de Gaulle ne tenait pas tout le monde sous son obédience, cette fraction deviendrait une force à part dont disposerait, non le pouvoir, mais l'entreprise qui vise à le saisir. En outre, d'autres éléments, ne sachant à quoi se rattacher, subiraient l'attrait de cette organisation et passeraient sous sa coupe. C'est l'époque, d'ailleurs, où les communistes s'efforcent d'accaparer le Conseil national de la résistance, de l'amener à prendre, vis-à-vis d'Alger, l'aspect d'une sorte de gouvernement de l'intérieur et de coiffer tous les clandestins par un « Comité d'action » où eux-mêmes jouent le rôle dominant.

Nous avons donc créé, en France, un système qui, sans contrarier l'initiative et le cloisonnement des maquis, les rattache au commandement français et leur en fait sentir l'action. Dans chacune des régions administratives et dans certains départements, le gouvernement place un « délégué militaire » nommé par moi. Celui-ci maintient le contact avec les groupes armés de sa région, les amène à conjuguer ce que font les uns et les autres, les relie à notre centre par les moyens-radio dont il dispose, leur transmet nos instructions et nous adresse leurs demandes, règle avec nos services les opérations aériennes qui leur parachutent des armes. Les maquis ont des inspecteurs : Michel Brault pour l'ensemble du territoire, Georges Rebattet pour la zone sud, André Brozen-Favereau pour la zone nord. Après l'arrestation par l'ennemi du général

Delestraint, de son second le général Desmazes, de son adjoint le colonel Gastaldo, l'armée secrète a reçu un chef d'état-major, le colonel Dejussieu. J'ai, d'autre part, nommé un « délégué militaire national », c'est-à-dire un officier d'état-major représentant le commandement vis-à-vis de tous les éléments de combat : maquis, réseaux, équipes de sabotage, et auprès du Conseil national de la résistance. Louis Mangin, le colonel Ély, Maurice Bourgès-Maunoury, Jacques Chaban-Delmas, assument successivement cette mission qui exige et où ils apportent beaucoup de souplesse et de fermeté.

A mesure que, dans des zones propices, les forces de l'intérieur iront se multipliant, qu'y apparaîtront chez l'ennemi des signes de déconfiture, qu'une action d'ensemble y deviendra possible, on verra tel ou tel chef, officier de carrière, ou non, prendre le commandement de tout ou partie des maquis du secteur. Ainsi du commandant Valette d'Ozia en Haute-Savoie, du colonel Romans-Petit dans l'Ain, du général Audibert en Bretagne, des colonels : Guillaudot dans l'Ile-et-Vilaine, Morice dans le Morbihan, Garcie, Guédin, Guingouin, pour l'Auvergne et le Limousin, André Malraux pour la Corrèze, le Lot, la Dordogne, Ravanel pour la Haute-Garonne, Pommiès pour les Pyrénées, Grandval en Lorraine, Chevance-Bertin en Provence, Rol et de Marguerittes à Paris, Chomel en Touraine, du général Bertrand dans le Berri, etc.

Mais, dès l'instant du débarquement, il s'agira de faire en sorte que ces éléments épars concourent aux opérations alliées, que le commandement militaire leur fixe en conséquence des objectifs déterminés, qu'il leur procure les moyens d'exécuter ce qu'il attend d'eux. En ce qui concerne les destructions qui doivent paralyser l'ennemi dans ses mouvements, des plans d'ensemble ont été arrêtés par nous depuis longtemps en liaison avec des spécialistes compétents dans chaque domaine. Ainsi du « plan vert », appliqué aux voies ferrées et que nous ont proposé les chefs de « Résistance-fer » : Hardy, Armand, etc. ; du « plan violet », dressé avec le concours des résistants des P. T. T., comme par exemple Debeaumarché, et qui vise les transmissions télégraphiques et téléphoniques, notamment les câbles souterrains ; du « plan tortue », prévoyant aux bons endroits des coupures de routes, avec Rondenay comme principal exécutant ; du « plan bleu », en vertu duquel seront neutralisées les centrales électriques. Mais il faudra, d'autre part, que les actions locales des clandestins revêtent, au moment voulu, le caractère d'un effort national ;

qu'elles prennent assez de consistance pour devenir un élément de la stratégie alliée ; qu'elles mènent, enfin, les combattants de l'ombre à se fondre avec les autres en une seule armée française.

C'est pourquoi, en mars 1944, je crée les « Forces françaises de l'intérieur » englobant obligatoirement toutes les troupes clandestines, prescris qu'elles soient organisées à mesure du possible en unités militaires conformes au règlement : sections, compagnies, bataillons, régiments, décide que les officiers qui en ont le commandement prendront à titre temporaire des grades correspondants aux effectifs qu'ils ont sous leurs ordres. On peut assurément prévoir que ces dispositions entraîneront, quant aux galons cousus sur les bérets et sur les manches, maintes exagérations dont auront à s'occuper plus tard les commissions de reclassement. Mais je tiens qu'en soumettant ces troupes aux normes traditionnelles, ce à quoi, d'ailleurs, elles aspirent, l'unité française sera finalement bien servie. Au mois d'avril, je nomme le général Kœnig commandant des forces de l'intérieur et l'envoie en Grande-Bretagne aux côtés d'Eisenhower. C'est de là qu'il pourra, au mieux, mettre en action la résistance en la faisant concourir à la stratégie commune, en communiquant avec elle par tous les moyens voulus et en lui fournissant les armes et les appuis nécessaires. Kœnig, en outre, prendra sous ses ordres les fractions allogènes que, sous les rubriques : « Alliance », « Buckmaster », « War Office », etc., les alliés, jusqu'alors, utilisaient directement chez nous.

Les forces que la France parvenait à se refaire, comment seraient-elles employées? A cet égard, le dualisme installé à la tête du pouvoir avait pu, pendant quelque temps, contrarier les décisions. Toutefois, ce n'avait été qu'après la campagne de Tunisie et avant celle d'Italie, c'est-à-dire au cours d'une période de relative stabilisation. Il s'était trouvé, au surplus, que Giraud avait dans l'ensemble des conceptions analogues aux miennes. Mais l'automne de 1943 ouvrait la perspective de l'offensive sur le continent. En même temps, m'était attribuée la présidence unique du Comité. Au moment où il fallait agir, j'en avais la possibilité, mais dans les limites étroites et, pour moi, je l'avoue, pénibles que m'imposait une coalition où les forces de la France n'étaient pas les principales.

L'idée que je me faisais de la conduite de la guerre était celle-là même que je m'étais fixée depuis 1940. Il s'agissait que notre armée, reconstituée en Afrique, rentrât dans la Métropole, contribuât avec nos forces clandestines à la libération du pays, prît part à l'invasion du Reich et s'assurât, en chemin, des gages voulus pour que le règlement final ne pût s'accomplir sans nous. Cela impliquait que l'effort allié fût dirigé vers notre territoire, qu'il comportât, non seulement un débarquement dans le Nord, mais un autre aussi dans le Midi, et que nous participions largement à cette deuxième opération. En attendant, il était bon que les Occidentaux fissent campagne en Italie, tant pour user les forces allemandes que pour dégager les routes maritimes, et il fallait que nos troupes, notre flotte, notre aviation, fussent engagées dans cette entreprise.

Cependant, la stratégie des alliés demeurait encore imprécise. En septembre 1943, ils avaient été d'accord pour aborder l'Italie. Mais ils ne l'étaient pas sur ce qu'il faudrait faire ensuite. Les États-Unis, pour leur part, se sentaient désormais capables de livrer la bataille d'Europe en passant par le plus court, autrement dit par la France. Prendre pied en Normandie et, de là, pousser sur Paris ; débarquer en Provence et remonter la vallée du Rhône ; ils entendaient conjuguer ces deux opérations. Après quoi, les armées alliées, soudées les unes aux autres entre la Suisse et la mer du Nord, se porteraient au delà du Rhin. La campagne d'Italie était, pour les Américains, une diversion qui ne devait pas amenuiser l'affaire principale.

Les Britanniques et, d'abord, Churchill voyaient les choses autrement. A leurs yeux, le plan américain tendait à attaquer l'ennemi là où il serait le plus dur, à prendre le taureau par les cornes. Mieux valait viser les points mous, frapper le ventre de l'animal. Au lieu de se fixer directement pour objectif l'Allemagne et de l'atteindre en passant par la France, c'était, suivant les Anglais, vers l'Europe danubienne qu'il fallait marcher, à travers l'Italie et les Balkans. Le grand effort de l'alliance devrait donc consister à pousser de l'avant dans la péninsule Italienne, à débarquer en Grèce et en Yougoslavie, à obtenir l'intervention des Turcs, puis à gagner l'Autriche, la Bohême, la Hongrie.

Comme il était naturel, cette stratégie répondait à la politique de Londres qui visait à établir la prépondérance britannique dans la Méditerranée et redoutait, par-dessus tout, de voir les Russes y déboucher aux lieu et place des Allemands. Lors des conférences de Téhéran et du Caire, dans les messages que le Premier Ministre adressait au Président, au cours des travaux menés à Washington par l'organisme anglo-saxon intitulé : « Combined Chiefs of Staff Committee », c'était ce plan, nous le savions, que les Anglais s'efforçaient de faire prévaloir.

Mais, quelque soin que prissent nos alliés de nous tenir à l'écart de leurs délibérations, nous avions, à présent, des forces assez importantes pour qu'on ne pût passer outre à nos propres résolutions. Or, sans méconnaître les côtés séduisants de la conception de Churchill, je ne m'y ralliais pas. Du point de vue militaire, l'opération menée depuis la Méditerranée en direction de l'Europe centrale me semblait comporter trop d'aléas. En admettant que l'on parvînt promptement à briser les forces ennemies qui occupaient l'Italie — mais rien n'y laissait prévoir une décision rapide — il faudrait ensuite franchir les barrières énormes des Alpes. Si l'on pouvait imaginer de débarquer en Dalmatie, comment se dégager des montagnes yougoslaves ? La Grèce, sans doute, était accessible, mais plus au nord quels obstacles accumulaient les massifs compliqués des Balkans ! Or, les armées américaine et britannique étaient faites pour agir surtout dans des plaines, à grand renfort de mécanique, et pour vivre sans trop de privations grâce à des convois réguliers. Je les voyais mal, lancées à travers le terrain tourmenté de la péninsule balkanique, sans ports commodes pour leur servir de bases, avec, en fait de communications, des routes médiocres et peu nombreuses, des chemins de fer rares et lents, ayant devant elles les Allemands maîtres dans l'art d'utiliser les chicanes de la nature. Non ! c'est en France qu'il fallait chercher la décision ; en France, c'est-à-dire sur un sol favorable aux opérations rapides, à proximité immédiate des bases aériennes et navales et où la résistance, agissant sur les arrières de l'ennemi, mettrait dans le jeu allié un atout de premier ordre.

C'était aussi au nom de l'intérêt proprement français que je croyais devoir écarter, pour ce qui nous concernait, le projet des Britanniques. Tandis que l'envahisseur tenait la France asservie, faudrait-il laisser l'Occident engager ses armées dans une direction excentrique ? Notre pays serait-il libéré de loin et indirectement, sans avoir vu ses soldats et ses alliés remporter sur son sol la victoire du salut ? Son ultime armée marcherait-elle sur Prague, tandis que Paris, Lyon, Strasbourg, resteraient longtemps encore aux mains de l'ennemi ? En négligeant de faire combattre et vaincre dans la Métropole nos forces forgées outre-mer, allions-nous perdre l'occasion de resserrer, après tant de secousses, les liens de l'Union française? Enfin, au milieu de la confusion qui suivrait chez nous la retraite des Allemands et l'écroulement de Vichy, quel régime surgirait du chaos si notre armée se trouvait, alors, en Autriche ou en Hongrie et ne pouvait s'amalgamer les forces de l'intérieur? Pour l'Angleterre et les États-Unis, le choix de la stratégie intéressait leur politique. Mais ce choix, pour la France, engageait tout son destin.

Il arriva que les vues américaines l'emportèrent d'assez bonne heure pour ce qui concernait le débarquement dans le Nord. En décembre 1943, nos alliés anglo-saxons, vivement pressés par les Russes, décidèrent d'exécuter avant la fin du printemps cette grandiose opération qu'ils appelèrent « Overlord ». Nous ne pouvions que les approuver. Mais le débarquement dans le Midi de la France, bien qu'envisagé en principe et baptisé par avance « Anvil », demeurait très discuté. M. Churchill ne renonçait pas à l'idée de porter sur l'Italie et les Balkans tout l'effort allié dans le sud de l'Europe. Il obtenait pour le général Maitland Wilson le commandement en chef dans la Méditerranée ; Alexander étant déjà à la tête des armées en Italie. Il tâchait qu'on maintînt à leur disposition le plus possible des divisions américaines et françaises et des navires spéciaux destinés aux débarquements. Sauf réaction de notre part, l'insistance du Premier Ministre allait entraîner sur le théâtre du Sud l'application du plan britannique.

Mais comment intervenir? Étant donné l'enjeu de la partie et les moyens que nous mettrions en ligne au cours de cette phase du conflit, il eût été normal que nous fussions associés aux principales décisions de la coalition ; que le Chef du Gouvernement français prît part aux conférences où le Président des États-Unis et le Premier Ministre britannique arrêtaient les projets concernant la conduite de la guerre ; que le commandement français — en la personne par exemple du général Giraud — fût l'un des éléments de l'état-major commun où étaient élaborés les plans d'action militaire. Nous aurions été, de cette façon, en mesure de faire valoir notre point de vue et d'influer sur les conclusions. Dès lors, la stratégie alliée fût devenue complètement la nôtre, comme elle était celle des deux États qui l'avaient adoptée. Le fait que, pour l'exécution, un général américain se trouvât en charge du Nord, un général anglais du Sud, nous eût certes fait éprouver la nostalgie du passé, non point de l'inquiétude quant au présent et à l'avenir. Mais jamais les Anglo-Saxons ne consentirent à nous traiter comme des alliés véritables. Jamais ils ne nous consultèrent, de gouvernement à gouvernement, sur aucune de leurs dispositions. Par politique ou par commodité, ils cherchaient à utiliser les forces françaises pour les buts qu'eux-mêmes avaient fixés, comme si ces forces leur appartenaient et en alléguant qu'ils contribuaient à les armer.

Cette philosophie n'était pas la mienne. J'estimais que la France apportait aux coalisés, sous toutes sortes de formes, un concours qui valait beaucoup plus que le matériel qui lui était fourni. Puisqu'elle était tenue en dehors de leurs débats, je me sentais justifié, chaque fois qu'il le faudrait, à agir pour son propre compte et indépendamment des autres. Cela n'irait pas sans heurts. Mais on devrait s'en accommoder, quitte à constater par la suite que ce qui convenait à la France était à l'avantage de tous.

En décembre, se présenta l'occasion de marquer que, dans la situation qui nous était faite, nous réservions notre liberté. C'était l'époque où nos troupes commençaient à opérer en Italie. Trois divisions françaises s'y trouvaient déjà. A vrai dire, la 4e Division marocaine, expédiée la dernière des trois, n'avait pas bénéficié pour son transport dans la péninsule de beaucoup d'empressement de la part des alliés. Ceux-ci auraient préféré que nous nous contentions de renforcer par quelques bataillons les forces du général Juin. Je m'étais vu contraint d'intervenir pour que la 4e Division marocaine ne fût pas ainsi débitée et pour qu'elle partît tout entière. Cela avait été fait et, sur le champ de bataille, on avait pu s'en féliciter. Sur les entrefaites, d'ailleurs, le commandement allié changeait d'attitude et invitait le général Giraud à envoyer en Italie une quatrième grande unité. Le Comité de la Défense nationale accédait à la demande et choisissait la 1re Division « française libre ». Or, nous apprîmes soudain que celle-ci ne partirait pas et que la 9e Division coloniale était désignée à sa place par ordre d'Eisenhower. Je lui fis aussitôt notifier que la 9e Division n'était pas à sa disposition et demeurerait en Afrique du Nord. Eisenhower invoqua alors, d'une part des arrangements qu'il avait pris en dehors de nous avec le général Giraud, d'autre part des conventions passées à Anfa entre celui-ci et Roosevelt et suivant lesquelles les troupes françaises armées par les Américains seraient à la disposition entière du commandement américain. Ces arguments ne pouvaient que m'affermir dans ma position. Je maintins la décision prise. Puis j'avisai MM. Edwin Wilson et Harold MacMillan que nous proposions de régler entre les trois gouvernements les conditions dans lesquelles les forces françaises pourraient être employées par le commandement allié au même titre que les forces américaines et britanniques.

Il y eut quelque tumulte. Du côté de l'état-major allié, on protesta que notre manière de faire compromettait les opérations. Du côté des ambassadeurs, on déclara que l'affaire ne concernait pas les Gouvernements de Washington et de Londres et devait être réglée entre le général Eisenhower et le Comité de la libération. Mais, comme nos troupes ne quittaient pas l'Afrique et qu'on en avait besoin en Italie, il fallut bien s'expliquer. Le 27 décembre, ainsi que nous l'avions dès l'abord proposé, se réunit sous ma présidence une conférence à laquelle prenaient part MM. Wilson, MacMillan et le général Bedell Smith, celui-ci remplaçant Eisenhower alors en voyage. René Massigli et le général Giraud se trouvaient à mes côtés.

Je fis connaître que la 1re Division — non point une autre — ayant été mise à la disposition du Commandant en chef allié, irait rejoindre en Italie celles qui s'y trouvaient déjà, aussitôt que son départ nous serait régulièrement demandé. Bien entendu, aucune force française ne pouvait être employée sur aucun théâtre d'opérations sans l'ordre du Gouvernement français. Puis, j'indiquai que l'incident nous amenait à préciser comment le Gouvernement français entendait faire coopérer ses forces avec celles de ses alliés.

« A cette coopération, dis-je, nous sommes naturellement disposés. Mais il faut que ce soit en connaissance de cause. Or, nous ne sommes pas associés à vos plans. A toutes fins utiles, nous avons préparé un projet d'accord en vue de corriger ce fâcheux état de choses et d'organiser la coopération des trois gouvernements dans la conduite de la guerre et des trois commandements dans la stratégie. Si cet accord est conclu, tout est bien. S'il ne l'est pas, le Gouvernement français ne placera ses forces sous le commandement allié que dans les conditions qu'il fixera lui-même et sous réserve de les reprendre, en tout ou en partie, quand l'intérêt national lui paraîtra l'exiger. »

J'ajoutai : « Actuellement, le commandement allié reçoit le concours de l'armée, de la flotte, de l'aviation françaises pour la campagne d'Italie, sans que nous sachions jusqu'où et jusqu'à quand on veut la pousser à l'étendre. Or, pour nous, les futurs débarquements en France sont d'une importance primordiale. Le moment est venu de dire que nous ne saurions renforcer nos troupes en Italie, ni même les y laisser longtemps, à moins que les Gouvernements américain et britannique ne nous donnent la garantie que l'opération « Anvil » aura lieu, que toutes les forces françaises d'Italie pourront y être engagées comme celles d'Afrique du Nord, qu'une division française sera, à temps, transportée en Grande-Bretagne afin de participer à l'opération « Overlord » et de libérer Paris. Ces garanties une fois données, s'il arrivait qu'elles fussent mises en cause, le Gouvernement français reprendrait *ipso facto* la disposition de ses forces. »

Le lendemain, Massigli notifia, par lettre, à MM. Wilson et MacMillan nos propositions et nos conditions. Il reçut d'eux une réponse annonçant que notre projet d'accord était étudié par leurs gouvernements et nous donnant, en attendant, les garanties que nous avions demandées au sujet de la campagne de France. Alors, reprirent les transports de troupes françaises vers l'Italie.

De ce moment, le commandement allié ne manqua plus de nous rendre compte de ses plans, de recueillir nos avis, de nous adresser par la voie régulière ses demandes de renforts français. Il s'établit à Alger entre états-majors une satisfaisante collaboration. De mon côté, je donnai maintes audiences aux principaux chefs américains et britanniques. Ainsi du général Eisenhower, de l'air-marshall Tedder, du général Bedell Smith, avant leur départ pour la Grande-Bretagne où ils auraient à monter puis à déclencher « Overlord » ; du général Maitland Wilson quand il vint prendre son commandement et à plusieurs autres reprises ; de l'amiral sir Andrew Cunningham ; de l'amiral Hewitt chargé des opérations de transport, d'escorte, de protection, de débarquement qu'allait comporter « Anvil » ; du général Doolittle commandant les forces aériennes stratégiques sur le théâtre méditerranéen ; des généraux : Devers, Gammell, Rooks ; de l'air-marshal Slessor, etc. Lors de mes inspections en Italie, c'est avec confiance que le général Alexander commandant les forces alliées, le général Clark commandant la Ve Armée américaine à laquelle était rattaché le Corps expéditionnaire français, le général Leese commandant la VIIIe Armée britannique, le général Eaker commandant l'aviation, me faisaient connaître leurs intentions et s'enquéraient du point de vue national français.

De la part de ces chefs, une telle attitude répondait, sans doute, à l'utilité immédiate. Elle n'en était pas moins méritoire. Il leur fallait, en effet, dans leurs rapports avec de Gaulle, surmonter une surprise à vrai dire bien compréhensible. Ce chef d'État, sans constitution, sans électeurs, sans capitale, qui parlait au nom de la France ; cet officier portant si peu d'étoiles, dont les ministres, généraux, amiraux, gouverneurs, ambassadeurs de son pays tenaient les ordres pour indiscutables ; ce Français, qui avait été condamné par le gouvernement « légal », vilipendé par beaucoup de notables, combattu par une partie des troupes et devant qui s'inclinaient les drapeaux, ne pouvait manquer d'étonner le conformisme des militaires britanniques et américains. Je dois dire qu'ils surent passer outre et voir la France là où elle était. En échange, ma profonde et amicale estime fut acquise à ces éminents serviteurs de leur pays et de notre cause, à ces hommes droits, à ces bons soldats.

Au reste, l'organisation à laquelle ils avaient affaire dans leurs contacts avec nous facilitait la cohésion. Le Gouvernement français, depuis qu'il n'avait plus qu'une tête, se gardait bien de répartir le droit de prendre des décisions et le devoir d'en répondre. L'armature donnée au commandement était aussi simple et nette que possible. M'appuyant sur la loi d'organisation de la nation pour le temps de guerre, je portais, en tant que chef de l'État, le titre de Chef des armées et, comme Président du gouvernement, la charge de diriger la Défense nationale. Ce qui concernait l'emploi de nos forces et, par là même, la coopération stratégique avec les alliés m'incombait nécessairement. Dans le cadre dont je fixais l'ensemble, les ministres de la Guerre, de la Marine, de l'Air avaient à mettre sur pied, administrer, pourvoir les armées et régler avec les services américains et britanniques les fournitures d'armement. Enfin, les chefs désignés par moi exerçaient sur le terrain le commandement de nos forces à l'intérieur du système allié. C'étaient là exactement les attributions qu'exerçaient, de leur côté et pour les mêmes raisons, Roosevelt, Churchill et Staline, toutes proportions gardées, hélas ! quant à l'importance relative de leurs moyens et des nôtres.

Pour m'assister dans ma tâche, j'avais créé l'état-major de la Défense nationale et mis à sa tête le général Béthouart, avec comme adjoints le capitaine de vaisseau Barjot et le colonel d'aviation de Rancourt. C'est Béthouart qui réunissait les éléments des décisions, notifiait celles-ci aux intéressés, en suivait l'exécution. Il assurait, en outre, avec les alliés les liaisons militaires sur le plan le plus élevé, se tenant en relation avec le commandant en chef sur place : Eisenhower, puis Wilson, et disposant, à l'extérieur, de nos missions militaires, terrestres, navales et aériennes. En dehors des aspérités que comportait mon propre contact, ces fonctions étaient difficiles, tant en raison de leur complexité que du fait qu'elles touchaient aux susceptibilités des gouvernements et des états-majors alliés, à celles des ministres et des hauts échelons français, partout à celles des personnes. Béthouart s'en acquitta au mieux.

Dans cette espèce de promotion que nous tâchions d'obtenir à l'intérieur de la coalition, la qualité des généraux qui commandaient nos grandes unités allait compter pour beaucoup. Or, justement, ils étaient bons. Juger sur place l'ennemi, le terrain, les moyens, combiner les différentes armes, entraîner les troupes, c'est le lot des divisionnaires ; les généraux Dody, de Monsabert, Sevez, Leclerc de Hauteclocque, du Vigier, de Vernejoul, Guillaume, Brosset, Magnan, allaient s'y distinguer tous, quoique chacun à sa manière. Les généraux Poydenot et Chaillet excelleraient à mettre en œuvre l'artillerie avec tous ses calibres. A la tête du génie, le général Dromard devait, sans faute, assurer à nos forces le passage de tous les obstacles et, pour finir, celui du Rhin. Au commandement des corps d'armée, il faut voir large et loin, ajuster en un effort unique les actions diverses et successives de plusieurs grandes unités. Les généraux Henry Martin et de Larminat, qui en eurent d'abord la charge, firent preuve de ces capacités. Les événements, d'ailleurs, les portaient, les moyens ne leur manquaient pas. Heureux les chefs qui se sentent monter vers la victoire !

Sur mer, faute que les ennemis fussent encore en état de mettre des flottes en ligne, la guerre navale consistait en l'engagement de moyens répartis sur d'immenses étendues pour la chasse aux sous-marins, la destruction des raiders, la défense contre les avions, l'escorte des convois, la protection des bases. Notre marine devait donc agir par unités fractionnées à l'intérieur du système allié. Les amiraux français, aux côtés de leurs pairs britanniques et américains, surent contribuer comme il le fallait à cette lutte sur mer où l'on est pris sans cesse au dépourvu, comme en un jeu où manquent toujours des pièces. Pour l'ensemble, Lemonnier ; pour les secteurs ou les divisions : d'Argenlieu, Collinet, Nomy, Auboyneau, Ronarc'h, Sol, Barthe, Longaud, Missoffe, Battet, etc., firent honneur à la marine française.

Quant à notre aviation, amenée par la force des choses à répartir ses escadres entre les grands groupements de chasse, d'appui direct, de bombardement, en quoi s'articulait la puissance aérienne de l'Occident, ses généraux : Bouscat, au sommet ; Valin, Gérardot, Montrelay, Lechères, etc., dans des tâches fractionnées, se montrèrent dignes d'une armée de l'air qui brûlait de reprendre son rang. Chefs d'une force toute neuve et cherchant encore ses doctrines, ils surent, avec distinction, agir dans le double domaine du moral et de la technique de manière à tirer tout le possible des hommes et du matériel.

Au premier rang des chefs qui, au temps de cette résurrection, furent en charge de nos forces, deux eurent le privilège de commander, tour à tour, l'unique armée que la France put engager dans la bataille. Les généraux Juin et de Lattre de Tassigny avaient entre eux bien des traits communs. De même âge, de même formation, ayant parcouru la carrière en même temps et du même pas rapide, sortis tous deux, sans s'y être brisés, des pièges que le désastre de 1940, puis le régime « de l'armistice », avaient tendus à leur honneur, ils s'offraient maintenant l'un et l'autre à exercer le grand commandement pour lequel ils étaient faits et dont toujours ils avaient rêvé. Au reste, assez généreux, en dépit de leur émulation, pour se rendre mutuellement justice. Mais, comme ils étaient différents !

Juin, concentré, égal à lui-même, s'enfermant dans sa tâche ; tirant son autorité moins de l'éclat que d'une valeur profonde, son attrait de la solidité plutôt que d'un charme apparent ; se frayant son chemin sans dédaigner, parfois, la ruse mais en évitant les détours. De Lattre, passionné, mobile, portant ses vues au loin et de toutes parts ; s'imposant aux intelligences par la fougue de son esprit et s'attachant les sentiments à force de prodiguer son âme ; marchant vers le but par bonds soudains et inattendus, quoique souvent bien calculés.

Au demeurant, chacun d'eux était maître dans son art. Juin, pour chaque opération, dessinait d'avance d'un trait ferme le plan de la manœuvre. Il le fondait sur les données qu'il tirait du renseignement ou bien de son intuition et que, toujours, les faits confirmaient. Il lui donnait comme axe une seule idée, mais assez nette pour éclairer les siens, assez juste pour qu'il n'eût pas à la changer au cours de l'action, assez forte pour s'imposer en fin de compte à l'ennemi. Ses succès, même s'ils étaient payés cher, ne semblaient pas dispendieux et, si méritoires qu'ils pussent être, paraissaient tout naturels.

De Lattre, en chaque conjoncture, recherchait avant tout l'occasion. En attendant de la trouver, il subissait l'épreuve des tâtonnements, dévoré d'une impatience qui, au-dehors, provoquait maintes secousses. Ayant discerné, tout à coup, où, quand, de quelle façon l'événement pouvait surgir, il déployait alors, pour le créer et l'exploiter, toutes les ressources d'un riche talent et d'une énergie extrême, exigeant l'effort sans limite de ceux qu'il y engageait, mais sachant faire sonner pour eux les fanfares de la réussite.

Comme Larminat, Leclerc, Kœnig le firent au plus noir de la nuit et avec de faibles moyens, Juin et de Lattre, dès que parut l'aurore, menant l'action sur une échelle plus large, quoique encore, hélas ! limitée, remirent à l'honneur, aux yeux de la nation, des alliés, des ennemis, le commandement militaire français.

C'est en décembre 1943 que s'engage en Italie notre Corps expéditionnaire. On lui fait place, c'est donc pour une tâche difficile. A ce moment les alliés, que commande Alexander, sont entre Naples et Rome au contact du groupe des 10e et 14e Armées allemandes du maréchal Kesselring, depuis l'embouchure du Garigliano sur la Méditerranée, jusqu'à celle du Rapido sur l'Adriatique, en passant par le mont Cassin. Les Allemands, habilement et énergiquement conduits, occupent tout le long du front une position solide derrière laquelle ils en ont organisé deux autres : « Gustav » et « Hitler », le tout garni de bonnes troupes, d'armes sous casemates, d'artillerie abritée, de mines. En ce début d'hiver, la zone d'action des Français, sur le revers sud des Abruzzes aux abords d'Acquafundata, se présente comme un ensemble montagneux, enneigé, désolé, avec des crêtes rocailleuses et des pentes d'argile et de boue que noie la brume et balaie le vent. Là, nos troupes, rattachées à la Ve Armée américaine, joignent celle-ci, sur sa droite, à la VIIIe Armée britannique.

Rome est l'objectif des alliés. Pour l'atteindre, le général Clark commandant la Ve Armée veut déboucher dans la plaine du Liri où ses formations blindées agiront avec avantage. Mais l'accès lui en est barré par le môle du mont Cassin. Or, c'est tout droit sur le mont, là où l'ennemi est le mieux retranché, que Clark voudrait forcer la ligne adverse. Il est vrai qu'il compte sur sa puissante artillerie et, plus encore, sur son aviation qui pourra, espère-t-il, écraser tout. Le Corps expéditionnaire français a pour mission d'enfoncer un coin dans les défenses ennemies au nord du fameux monastère pour aider les alliés à l'enlever directement.

La deuxième quinzaine de décembre est marquée par la très dure progression de la 2e Division marocaine qui, de nos grandes unités, se trouve la première engagée. A travers des montagnes culminant à 2 400 mètres, dans la neige ou sous la pluie, aux prises avec un ennemi qui se bat avec acharnement, cette division, commandée par Dody, s'empare pied à pied des massifs de Castelnuovo, du Pantano, de la Mainarde. Plus au Sud, nos alliés se sont approchés du mont Cassin. Ils n'ont pu toutefois l'enlever. Au Nord, l'armée britannique demeure sur sa position. En janvier, un effort d'ensemble est décidé par le général Clark. L'attaque reprend sur toute la ligne. En même temps, un corps allié est débarqué à Anzio en vue de tourner l'adversaire. De durs combats vont se prolonger jusqu'au milieu du mois de mars sans aboutir à une solution.

Ce n'est pas faute que le Corps expéditionnaire français ait prodigué ses peines et remporté des succès. Au début du mois de janvier, le général Juin a pris le commandement. La 3e Division nord-africaine, général de Monsabert, et un groupement de tabors, général Guillaume, sont mis en ligne aux côtés de la Division Dody. Par la suite, la 4e Division marocaine commandée par Sevez viendra les rejoindre. En outre, la Division italienne du général Utile est affectée au secteur français. Les attaques commencent le 12 janvier. Trois semaines après, les Français ont conquis une zone profonde de 20 kilomètres, enlevé sur leur front la première position allemande, percé la seconde, fait 1 200 prisonniers, le tout sur un terrain extrêmement tourmenté et où l'ennemi engage contre les nôtres plus du tiers des forces qu'il oppose à la Ve Armée. L'affaire est couronnée — on peut le dire — par l'enlèvement du Belvédère, massif organisé qui est la clef de la ligne « Gustav ». Sur cette position, plusieurs fois prise, perdue, reprise, le 4e Régiment de tirailleurs tunisiens accomplit un des faits d'armes les plus brillants de la guerre au prix de pertes énormes. Y seront tués, notamment, son chef le colonel Roux et 9 de ses 24 capitaines. Mais, à gauche, le mont Cassin reste à l'ennemi malgré d'effroyables bombardements aériens et les assauts vaillamment répétés des Américains, des Hindous, des Néo-Zélandais. A droite, la VIIIe Armée ne progresse pas sensiblement. Juin, dans ces conditions, doit suspendre son avance.

Celle-ci, pourtant, laisse aux Français l'impression d'une victoire. L'ennemi n'a pas cessé de reculer devant eux. Ils ont senti à leur tête un commandement lucide et ferme dont le plan a été réalisé de point en point. La coopération des diverses grandes unités, la liaison entre les armes, n'ont rien laissé à désirer. Enfin, les nôtres ont constaté que pour la lutte en montagne qui exige des troupes le maximum d'efforts et d'aptitude manœuvrière ils se sont montrés hors de pair dans le camp des alliés. Ceux-ci, d'ailleurs, l'affirment hautement. Rien de plus noble et de plus généreux que les témoignages rendus par le roi George VI, les généraux : Eisenhower, Wilson, Alexander et Clark au général Juin et à ses troupes.

Quand, au début du mois de mars, inspectant nos troupes en ligne, je parcours les forteresses naturelles qu'elles ont prises, j'éprouve comme tous ceux qui sont là une grande fierté et une solide confiance. Mais il me paraît évident qu'un nouvel effort ne saurait leur être demandé que dans le cadre d'une stratégie plus large. Juin en est, le premier, convaincu. Il a déjà, dans ce sens, fait au commandement allié des recommandations instantes. Bientôt, il va lui suggérer une conception nouvelle de la bataille.

Suivant Juin, il faut, pour prendre Rome, que l'action alliée comporte une manœuvre d'ensemble et, d'abord, un effort principal auquel tout soit subordonné. Cet effort devra être mené sur le terrain qui mène à l'objectif, c'est-à-dire au sud des Abruzzes. Il sera donc nécessaire de resserrer le front de la Ve Armée afin qu'elle agisse puissamment à partir du Garigliano, tandis que la VIIIe Armée, étendant sa ligne au sud, opérera par sa gauche sur Cassino et le Liri. Dès lors, la zone du général Clark se trouvera réduite à deux secteurs : au nord les monts Aurunci, au sud la plaine que borde la mer. Le commandant du Corps expéditionnaire français proposera de se charger de l'attaque des monts Aurunci, tandis que les Américains progresseront à sa gauche en terrain moins accidenté.

Ayant visité les nôtres, je prends contact avec Alexander au quartier général de Caserte. Ce grand chef, d'esprit clair, de caractère sûr, me paraît très qualifié pour commander les forces alliées. Rôle complexe, car il lui faut employer côte à côte une armée britannique, une armée américaine, un détachement d'armée français, un corps polonais, des contingents italiens, une division brésilienne ; diriger et accorder des subordonnés ombrageux ; négocier avec diverses marines et plusieurs aviations ; subir les avis et demandes d'explications de Washington et de Londres, le tout pour livrer une bataille frontale entre deux mers, ce qui limite étroitement les possibilités de manœuvre. Le général Alexander évolue entre les difficultés sans jamais cesser d'être lucide, courtois et optimiste. Il me rend compte de ses projets. Je l'écoute, me gardant d'intervenir dans le plan de ses opérations. Car je tiens que les gouvernements doivent laisser entière la liberté d'esprit et la responsabilité du commandement dans la bataille. Mais, l'ayant entendu me dire qu'il incline à changer sa stratégie dans le sens que recommande Juin, je lui en marque ma satisfaction.

Clark, pour son compte, y est, lui aussi, disposé. Je vais le voir dans la roulotte où il loge et travaille. Il me fait très bonne impression. Non seulement parce qu'il dit avec netteté ce qu'il a à dire, mais aussi parce qu'il demeure simple et droit dans l'exercice du commandement. Il y a d'autant plus de mérite que, parmi les généraux américains, il est le premier qui ait la charge d'une armée sur le théâtre occidental et que l'amour-propre de son pays est tendu vers sa réussite. Comme Alexander, Clark témoigne à l'égard de Juin de la plus haute estime et fait des troupes françaises un éloge qui n'est certainement pas feint. Le général Anders, à son tour, exprime le même jugement. Dans un secteur voisin du nôtre il commande le Corps polonais qui prodigue sa bravoure au service de son espérance. Le général italien Utile et sa Division prêtent de bon cœur à nos soldats un concours très appréciable. A Alger, le général Mascanheras, qui arrive du Brésil avec sa Division pour gagner bientôt l'Italie, déclare qu'il entend prendre modèle sur les chefs français. Voilà de ces propos qui adoucissent bien des blessures !

Peu après, Wilson me fait savoir que la décision d'Alexander est arrêtée. L'offensive doit reprendre, en mai, sur les bases que préconise Juin. Aussitôt, nous renforçons le Corps expéditionnaire. La 1re Division « française libre », un deuxième groupement de tabors, plusieurs groupes d'artillerie, des unités du génie, un détachement blindé, sont envoyés en Italie. D'autre part, les services qui étaient jusqu'alors ceux d'un corps d'armée reçoivent les compléments voulus pour devenir ceux d'une armée. Après quoi, la 2e Division blindée étant partie pour l'Angleterre, il ne reste en Afrique du Nord, en fait de grandes unités, que la 1re et la 5e Divisions blindées et la 9e Division coloniale qui achèvent leur préparation. Nous engageons donc dans la péninsule plus de la moitié de nos moyens. C'est assez ! Au général Wilson, qui fait valoir à mes yeux la perspective d'un effort plus étendu sur les deux rives de l'Adriatique et m'exprime le souhait de pouvoir y employer, non seulement les troupes françaises qui se trouvent déjà sur place, mais encore celles qui ont été réservées, je répète que ce n'est pas leur destination finale et que le Gouvernement français entend consacrer les unes et les autres à l'opération « Anvil ». — « En attendant, dis-je à Wilson, notre armée, qui compte 120 000 hommes en Italie, soit plus du quart des combattants, va prendre à l'offensive prochaine une part que j'espère décisive. »

Il devait en être ainsi. La bataille commençait dans la nuit du 11 au 12 mai. Le Corps expéditionnaire français attaquait les monts Aurunci. Il eût pu sembler que cet enchevêtrement de massifs interdirait une progression rapide. Mais c'est justement pour cela que le commandement français l'avait choisi comme terrain d'action. L'ennemi avait, en effet, toutes raisons apparentes de croire qu'il lui faudrait se défendre surtout, non point dans les monts eux-mêmes, mais bien au nord et au sud où les pentes étaient faibles et où passaient respectivement les deux grandes routes de Rome nº 6 et nº 7. Il serait donc surpris de nous voir l'attaquer en forces dans le secteur le plus difficile. Mais en outre, dans ce secteur même, la manœuvre du général Juin allait prendre en défaut l'adversaire. Car c'est par la crête la plus haute, la plus dépourvue de chemins, où les Allemands ne s'attendaient pas à l'irruption de l'assaillant, que les Français entreprendraient une avance accélérée, débordant continuellement à droite et à gauche les positions du défenseur et perçant de part en part ses trois lignes successives avant que, sur aucune des trois, il eût trouvé le temps de se rétablir. Encore, pour courir toutes les chances de la surprise, moyennant d'ailleurs tous les risques, le commandant du Corps expéditionnaire avait-il décidé de faire enlever à l'improviste, en pleine nuit, sans préparation d'artillerie, les pentes du mont Majo, môle énorme qui couvrait tout le système des défenses allemandes.

Il est vrai que le Corps expéditionnaire comprenait des troupes de premier ordre, aptes par excellence à la guerre de montagne. En particulier, la 4e Division et les tabors marocains étaient capables de passer partout et le général Juin le savait mieux que personne. Il confiait donc à cette division et à ces tabors, réunis sous les ordres de Sevez, la mission de pousser aussi vite que possible par les hauts du terrain en enveloppant au sud le dispositif allemand et en prenant pour objectif final le massif de Petrella, près de Pico, sur les arrières de l'ennemi. Un admirable régiment de la 2e Division marocaine, le 8e Tirailleurs, colonel Molle, aurait à ouvrir la brèche en s'emparant d'un bond du mont Majo. De son côté, la 1re Division « française libre » envelopperait au nord l'ensemble des massifs montagneux et aiderait la gauche de la VIIIe Armée à déboucher sur le Liri. Enfin, la rude tâche d'enlever les défenses allemandes à l'intérieur des monts Aurunci reviendrait à la 3e Division nord-africaine et à la 2e Division marocaine.

Comme une machine vivante dont les rouages sont mis en œuvre par des hommes qui n'ont qu'un seul but, ainsi l'armée française d'Italie réalisait exactement ce que son chef avait décidé. Le 17 mai, m'étant de nouveau rendu dans la péninsule accompagné du ministre de la Guerre André Diethelm et des généraux de Lattre et Béthouart, je le constatais sur place. Après des années d'humiliation et de déchirements, c'était un magnifique spectacle qu'offraient les troupes de Monsabert et de Dody, poussant leurs attaques vers Esperia et San Oliva, celles de Brosset engagées autour de San Giorgio, celles de Sevez et de Guillaume qui atteignaient les abords de Pico, les batteries de Poydenot suivant au plus près l'infanterie accrochée aux pentes, les sapeurs de Dromard qui, à la veille de l'assaut, avaient réussi le tour de force de construire en secret, au contact immédiat de l'ennemi, les ponts du Garigliano et, maintenant, employaient toutes les heures de tous les jours et de toutes les nuits à rendre praticables les chemins coupés et minés. Nos convois circulaient dans un ordre exemplaire, nos parcs et nos ateliers ravitaillaient les unités sans accrocs et sans retards. Dans nos ambulances, au milieu de l'afflux des blessés français et allemands, la capacité de notre service de santé ainsi que le dévouement des infirmières et conductrices de Mmes Catroux et du Luart étaient à la hauteur de leur tâche. Chacun, à chaque échelon, en chaque endroit, quelles que fussent les pertes et les fatigues, montrait cet air guilleret et empressé qui est celui des Français quand les affaires vont comme ils veulent.

Le 20 mai, toutes les positions allemandes sur une profondeur d'une trentaine de kilomètres étaient percées par les Français qui, déjà, débordaient Pico. A gauche, le 2e Corps d'armée américain s'était emparé de Fondi et poussait vers les marais Pontins. A droite, cependant, les Britanniques et les Polonais, ayant pris respectivement San Angelo et le mont Cassin mais combattant dans le secteur où l'ennemi avait accumulé ses plus fortes organisations, étaient arrêtés devant la ligne : Aquino - Pontecorvo. Le Corps expéditionnaire français, avant de cueillir ses lauriers, de dénombrer ses 5 000 prisonniers, de faire le compte des canons et du matériel laissés entre les mains des siens, devrait participer à une nouvelle bataille et attaquer sur le front : Pontecorvo - Pico, afin d'aider la gauche du général Leese à gagner le terrain libre en direction de Rome. Le 4 juin, nos premiers éléments y pénétraient. Le 5, Américains, Britanniques et Français défilaient dans la capitale.

Avec le visa du maréchal Kesselring, l'écrivain allemand Rudolf Böhmler, lui-même combattant d'Italie, a fait dans son ouvrage *Monte Cassino* l'historique de la Xe Armée allemande. Ayant décrit la part brillante prise par le Corps expéditionnaire français à la bataille de l'hiver, notamment au « Belvédère », l'auteur évoque les perplexités du haut commandement allemand quand il s'aperçut que les Français avaient quitté ce secteur sans que l'on sût où ils étaient allés. Un nouvel effort des alliés pour atteindre Rome était certainement à prévoir. « Mais, écrit Rudolf Böhmler, seule l'offensive de l'adversaire révélerait dans quelle région allait surgir le principal danger. A cet égard, c'est l'emplacement du Corps expéditionnaire français qui nous donnerait une indication précise... Où donc se trouvait-il? Quand Juin paraissait quelque part, c'est qu'Alexander y projetait quelque chose d'essentiel. Nul ne le savait mieux que Kesselring. « Mon plus grand souci, déclarait le feld-maréchal, me venait de mon incertitude quant à la direction de l'attaque du Corps expéditionnaire français, quant à sa composition, quant à sa mise en place... C'est de cela que dépendaient mes décisions définitives. » Rudolf Böhmler ajoute : « Ces craintes étaient bien fondées. Car c'est Juin qui détruisit l'aile droite de la Xe Armée et ouvrit aux alliés la route de Rome. Par des mois de combats, son corps expéditionnaire enfonça la porte qui menait à la Ville éternelle. »

Valeur militaire, vertu des armes, peines et services des

soldats, il n'y a point sans cela de pays qui se tienne ou qui se remette debout. De tous temps, notre race a su fournir ces richesses à foison. Mais il y faut une âme, une volonté, une action nationales, c'est-à-dire une politique. Que la France, entre les deux guerres, eût eu à sa tête un État capable, que devant l'ambition d'Hitler elle se fût trouvée gouvernée, que son armée, face à l'ennemi, eût été pourvue et commandée, quel destin était le nôtre ! Même après le désastre de mai 1940, c'était un grand rôle encore que nous offraient notre Afrique, notre flotte, les tronçons de notre armée, pour peu que le régime et, par suite, les chefs l'aient voulu. Mais, puisqu'après tant d'abandons le pays, pour se relever, devait partir du fond du gouffre, rien ne pouvait être fait que par l'effort de ses combattants. Après Keren, Bir-Hakeim, le Fezzan, la Tunisie, la gloire de nos troupes d'Italie rendait sa chance à la France. Recevant le compte rendu de leurs opérations, lors de mon arrivée à Londres à la veille du grand débarquement, je télégraphiai à leur chef : « L'armée française a sa large part dans la grande victoire de Rome. Il le fallait ! Vous l'avez fait ! Général Juin, vous-même et les troupes sous vos ordres êtes dignes de la patrie ! »

Tandis que les 2e et 4e Divisions et les tabors marocains se regroupaient près de Rome, Juin lançait dans son secteur à la poursuite de l'ennemi un corps d'armée commandé par le général de Larminat. Ce corps, formé des Divisions Brosset et de Monsabert renforcées en blindés et en artillerie, marchait suivant la direction : lac de Bolsena, Radicofani, passage de l'Orcia, Sienne. Chacun de ces points devait être le théâtre de durs combats où seraient tués, en particulier, avec beaucoup de bons soldats, le colonel Laurent-Champrosay et le capitaine de frégate Amyot d'Inville commandant respectivement l'artillerie et le régiment de fusiliers-marins de la 1re Division « française libre ». Cependant, Larminat, manœuvrant et attaquant, réglait leur compte aux arrière-gardes allemandes. Il faut dire que l'aviation alliée dominait complètement le ciel et écrasait les colonnes ennemies. Rien ne donnait à nos troupes la mesure de la défaite allemande mieux que les monceaux de ferraille accumulés le long des routes.

Entre temps, les Français s'étaient emparés de l'île d'Elbe, avec l'appui des navires spéciaux que fournissaient les Britanniques et de plusieurs escadrilles américaines de chasse et de bombardement. L'opération avait été proposée par le général Giraud au lendemain de la libération de la Corse. Mais les alliés, alors absorbés par l'affaire d'Anzio, ne s'étaient pas laissé convaincre. A présent, ils nous demandaient d'effectuer la conquête de l'île. Je leur donnai mon accord. Sous le commandement du général Henry Martin, l'attaque serait menée par la 9e Division coloniale, le Bataillon de choc et les commandos, toutes unités stationnées en Afrique et désignées pour faire partie de l'Armée de Lattre lors de la prochaine offensive dans le Midi de la France.

Pendant la nuit du 16 au 17 juin, le général Martin fit débarquer par petits groupes les « chocs » du commandant Gambiez qui s'emparèrent en quelques instants des sept batteries de côte allemandes. Ensuite, la Division Magnan prit pied dans la baie de Campo. Le 18 juin, après de rudes combats à Marino di Campo, Porto Longone, Porto Ferrajo, nos troupes occupaient l'île entière, ayant détruit la garnison allemande que commandait le général Gall, fait 2 300 prisonniers, capturé 60 canons et beaucoup de matériel. Le général de Lattre, qui s'était rendu sur place, me télégraphiait ce soir-là, de la « maison Napoléon », le compte rendu des résultats en soulignant qu'ils étaient acquis au jour anniversaire de mon appel de 1940.

A la grande entreprise dont je rêvais en lançant, alors, cet appel et qui viserait la côte de Provence, la prise de l'île d'Elbe pouvait sembler de bon augure. Mais tout dépendait encore des décisions finales des alliés. Impressionnés par l'ampleur de la victoire en Italie, n'allaient-ils pas *in extremis* renoncer à l'opération « Anvil » pour adopter un projet divergent d'exploitation dans la péninsule? Lors de l'ultime voyage que j'y fis à la fin de juin, après mon retour de Londres et de Bayeux, je trouvai le commandement très désireux, en effet, de poursuivre la campagne avec les moyens dont il disposait sur place et, même, de l'étendre moyennant de nouveaux renforts. De sa part, c'était très naturel. Cependant, pour des raisons qui tenaient à mes responsabilités à l'échelle de la nation française, je n'entrais pas dans cette conception.

Au demeurant, les Américains, engagés rudement en Normandie, exigeaient qu'on prît pied en Provence. Marshall et Eisenhower réclamaient avec insistance que ce fût fait au mois d'août. Pour plus de sûreté, je fis, de mon côté, connaître aux généraux Wilson et Alexander que le Gouvernement français les invitait d'une manière expresse à regrouper en temps voulu toutes les forces qu'il avait mises à leur disposition, afin qu'elles puissent être transportées en France au plus tard pendant le mois d'août. J'acceptais que nos éléments lancés à la poursuite de l'ennemi continuent leurs opérations pendant quelques semaines encore. Mais elles ne devraient, en aucun cas, se trouver engagées après le 25 juillet, ni dépasser la vallée de l'Arno. Je donnai directement à notre armée d'Italie, ainsi qu'à nos forces tenues prêtes en Afrique, l'ordre qui leur fixait leur prochaine destination. Quant au général Juin, malgré la tristesse qu'il éprouvait à quitter son commandement et le chagrin que moi-même je ressentais à le lui ôter, je le nommai chef d'état-major général de la Défense nationale, poste essentiel dans la période d'opérations très actives, de réorganisation profonde et de frictions inévitables avec les alliés qu'ouvrait la libération. Jusqu'au jour où je quitterais le pouvoir, Juin serait, à mes côtés, comme l'un des meilleurs seconds et des plus sûrs conseillers militaires qu'ait eus jamais un guide de la France.

Finalement, la date du débarquement dans le Midi se trouva fixée au 15 août. Comme nous le voulions, toutes les forces françaises de terre, de mer et de l'air disponibles en Méditerranée auraient à y participer. En attendant, certaines de nos troupes seraient jusqu'à l'extrême limite aux prises avec l'ennemi dans la péninsule Italienne. Continuant son avance avec les Divisions Monsabert et Dody et un groupement de tabors, le général de Larminat s'emparait de Sienne, le 3 juillet, en prenant toutes précautions pour ne rien abîmer de cette ville merveilleuse. Le 22 juillet, nos troupes, sous les ordres directs de Juin qui tenait à mener lui-même les derniers combats en Italie, enlevaient Castelfiorentino en vue de Florence et de la vallée de l'Arno où l'ennemi allait se rétablir pour de longs mois. Alors, remettant leur secteur à des éléments alliés, les nôtres se hâtaient vers les navires qui les débarqueraient en France.

Leur transport allait s'effectuer sur une mer que dominaient les marines de l'Occident. Il est vrai que, dès septembre 1943, l'armistice de Syracuse avait retiré à l'Axe presque toute la flotte italienne déjà bien éprouvée par les coups d'Andrew Cunningham. D'autre part, au printemps de 1944, le *Scharnhorst* et le *Tirpitz*, derniers cuirassés rapides de la marine allemande, étaient détruits par les Britanniques. Cependant, il restait à l'ennemi un grand nombre de sous-marins, des raiders, des vedettes, qui de concert avec les avions continuaient de causer aux convois de lourdes pertes. Il avait donc fallu poursuivre le nettoyage des mers avant d'y risquer les armadas des débarquements.

C'est pourquoi, dans l'Atlantique, la mer du Nord, l'Arctique, les croiseurs, torpilleurs, sous-marins, frégates, corvettes, chasseurs, vedettes, escorteurs français, opérant depuis les ports de Grande-Bretagne sous les ordres de l'amiral d'Argenlieu, faisaient partie du vaste système d'attaque et de protection organisé par les alliés. Pour *Overlord*, tous nos bâtiments basés sur l'Angleterre, soit 40 petits navires de guerre et une cinquantaine de paquebots et de cargos, furent employés aux opérations de bombardement, d'escorte, de transport que comportait la mise à terre des forces d'Eisenhower. A cette action se joignit celle d'une division de 2 croiseurs : *Georges-Leygues* et *Montcalm*, commandée par l'amiral Jaujard et qui prit, devant Port-en-Bessin, une part très efficace au bombardement des plages, puis au soutien des troupes débarquées. Le vieux cuirassé *Courbet*, qui depuis quatre ans nous servait de ponton dans la rade de Portsmouth, reçut, en cette suprême occasion, un équipage réduit et un bon commandant : Wietzel, et s'en fut, sous le feu de l'ennemi, s'échouer près de la côte française afin de servir de môle au port artificiel d'Arromanches. Enfin, le *Commando-marine* du lieutenant de vaisseau Kieffer sauta sur la plage de Ouistreham avec les premiers éléments alliés.

Dans l'Atlantique Sud, la marine française, en attendant *Anvil*, contribuait avec vigueur à l'action des Occidentaux. Sept de nos croiseurs répartis en deux divisions, commandées respectivement par les amiraux Longaud et Barthe, et que viendraient bientôt renforcer les deux croiseurs de l'amiral Jaujard, faisaient partie entre Dakar et Natal des barrages destinés à intercepter les « forces de blocus » allemands. L'un de ceux-ci, le *Portland*, était coulé par le *Georges-Leygues*. Au long et au large de la côte ouest de l'Afrique, c'est aux forces navales et aéronavales de l'amiral Collinet qu'incombaient les opérations contre les sous-marins, les raiders et les avions ennemis.

En Méditerranée, une division de croiseurs légers français, sous les ordres du capitaine de vaisseau Sala auquel succéderait Lancelot, était, avec maintes formations navales britanniques et américaines, mise à l'appui des armées d'Italie. C'est ainsi, qu'en septembre 1943, le *Fantasque* et le *Terrible* étaient engagés vers Salerne lors du débarquement des troupes. En janvier 1944, le *Fantasque* et le *Malin* aidaient à l'affaire d'Anzio en bombardant au plus près les renforts allemands qui suivaient la Voie Appienne. Puis, gagnant l'Adriatique, cette division prenait à son compte l'attaque des navires que l'ennemi faisait naviguer, de nuit, le long de la côte italienne pour suppléer aux ravitaillements empêchés sur les voies de terre par l'aviation alliée. Le 1er mars, dans les parages de Pola, nos croiseurs légers envoyaient par le fond 5 navires dont 1 torpilleur. Le 19 mars, ils coulaient 5 bâtiments au large de la Morée. En juin, dans l'Adriatique nord, ils en détruisaient 4 autres. Au cours de la même période, tous les convois amis qui naviguaient au large de l'Angleterre et de la Normandie, ou bien vers l'Italie, la Corse, l'Afrique du Nord, comptaient dans leur escorte des bâtiments français. Nous y perdions le torpilleur *la Combattante*, le sous-marin *Protée*, l'aviso *Ardent*, le dragueur *Marie-Mad*, le pétrolier *Nivôse*, le chasseur 5 et plusieurs navires de charge.

Dans le Pacifique enfin, le splendide *Richelieu*, commandant Merveilleux du Vigneaux, allait rejoindre les flottes de ligne. En avril devant Sabang, en mai devant Sœrabaya, il soutenait puissamment l'action des porte-avions alliés. Partout, en somme, la marine française tirait le meilleur parti des moyens qu'elle avait reformés.

Si la maîtrise de la mer permettait l'assaut du continent, c'est qu'elle se conjuguait avec la domination du ciel. A celle-ci comme à celle-là les Français prenaient une part efficace, à défaut qu'elle fût capitale. Dix-sept groupes de notre aviation accompagnaient le combat des armées d'Italie. Sept groupes appuyaient la bataille de France, dont deux en participant aux bombardements lointains qui écrasaient l'industrie allemande. Deux groupes de chasse figuraient avec honneur dans la lutte implacable où la Russie était en train de vaincre. Sur la côte de l'Afrique du Nord plusieurs groupes contribuaient à couvrir les bases à terre et les convois en mer. Les records d'un Clostermann, d'un Maridor, d'un Marin La Meslée, le sacrifice délibéré de Saint-Exupéry, ainsi que d'autres prouesses, étaient comme des étincelles jaillissant de l'écrasante machinerie du « grand cirque ».

Le combat de la France forme un tout. L'élan guerrier qui accroît le rôle de nos armées régulières est le même qui fait grandir nos forces de l'intérieur. Celles-ci, bien avant les débarquements, ne livrent plus seulement des escarmouches mais se risquent à des engagements en bonne et due forme. Aux rapports qui concernent les opérations des troupes, des navires, des escadrilles, se mêlent maintenant, tous les jours, des comptes rendus relatifs à l'activité des maquis et des réseaux. Tout naturellement, le feu s'étend d'abord dans le Massif Central, le Limousin et les Alpes.

Le 10 septembre 1943, à Dourch dans l'Aveyron, se déroule un combat en règle qui semble une sorte de signal. Une compagnie allemande est mise en fuite par les nôtres et laisse sur le terrain son capitaine et dix soldats morts. Il est vrai qu'à La Borie le maquis vainqueur sera, à son tour, décimé et le lieutenant de Roquemaurel, son chef, tué à l'ennemi. Mais, en d'autres points de l'Aveyron et du Cantal, se déroulent de nouvelles affaires où les nôtres ont l'avantage. La Corrèze se garnit de maquisards. A Saint-Ferréol, à Terrasson, de vifs engagements, où l'envahisseur perd plusieurs centaines d'hommes, y préludent à l'action d'ensemble que l'on fera coïncider avec le débarquement. Dans le Puy-de-Dôme, après plusieurs coups de main bien menés, le colonel Garcie réunit 3 000 hommes sur la position du Mouchet et y entame, le 2 juin, une série de combats où les Allemands auront le dessous. Dans le Limousin, le Quercy, le Périgord, des accrochages multipliés causent à l'ennemi des pertes sérieuses.

La Haute-Savoie voit se dérouler des combats de plus en plus intenses. Déjà, en juin 1943 aux Dents de Lanfon, puis le mois suivant à Cluses, les Italiens qui occupaient le département avaient été fortement éprouvés. Les Allemands qui les ont relevés sont, au cours de l'hiver, assaillis en maints endroits. En février, 500 Français, auxquels se sont joints une soixantaine d'Espagnols, prennent position sur le plateau des Glières. Le lieutenant Morel les commande. Après sa mort ce sera le capitaine Anjot qui, à son tour, tombera au champ d'honneur. Dans le courant du mois de mars, l'ennemi, ayant risqué contre eux plusieurs coups de main infructueux, se décide à attaquer en forces. Il y engage 3 bataillons, 2 batteries de montagne, des mortiers lourds, avec l'odieux concours de détachements français de la milice et de la garde mobile. Au total, 7 000 hommes appuyés par un groupe de « Stukas » montent à l'assaut du plateau des Glières. Les Allemands, en treize jours de combat, réussissent à s'en emparer. Six cents des leurs y sont tombés. Mais, à ce prix, ils n'ont pas détruit la troupe des défenseurs dont les deux tiers leur ont échappé.

Le département de l'Ain est le théâtre d'engagements continuels. Les forces de l'intérieur, bien commandées et organisées, dominent la situation. Elles le prouvent, le 11 novembre, en occupant Oyonnax pendant toute cette journée de glorieux anniversaire. Là, le colonel Romans-Petit les passe en revue devant le monument aux morts et les fait défiler à travers la ville au milieu de l'émotion populaire. Pour réduire les maquis de l'Ain, les Allemands engagent, au début de 1944, d'importantes opérations qui leur coûtent plusieurs centaines de morts. En avril, nouvel effort qu'ils doivent payer encore plus cher. En juin, ce sont les nôtres qui prennent partout l'offensive, faisant 400 prisonniers.

Dans la Drôme, où passent la grande ligne Lyon - Marseille, celle de Grenoble, celle de Briançon, les maquis du colonel Drouot opèrent surtout contre les voies ferrées. En décembre, un train de permissionnaires allemands saute à Portes-les-Valence ; les wagons stoppés ou renversés sont mitraillés par les nôtres qui tuent ou blessent 200 soldats. Quelques jours après, à Vercheny, déraille un train de troupes qui est précipité dans la Drôme. En mars, au défilé de Donzère, les maquisards arrêtent et prennent sous leur feu un convoi militaire dont on retire 300 morts et blessés. Peu après, un groupe français, attaqué près de Séderon, se bat jusqu'au dernier homme. Cependant, tout est préparé dans la Drôme pour couper à l'ennemi ses communications ferrées quand commencera la grande bataille.

Ce qui se passe dans l'Isère y fait également prévoir quelque vaste opération de nos forces de l'intérieur au moment de ce déclenchement. Les préliminaires sont coûteux pour l'ennemi. C'est ainsi qu'à Grenoble, le 14 novembre, la résistance fait sauter le parc d'artillerie, où munitions, essence, véhicules, sont entreposés par les Allemands. Ceux-ci arrêtent 300 otages. Sommés de les libérer, ils s'y refusent ; mais alors, à titre de sanction, la caserne de Bonne où cantonnent plusieurs batteries de la Wehrmacht est détruite par une explosion qui tue 220 Allemands et en blesse 550. D'autre part, suivant les instructions léguées par le général Delestraint et les ordres du colonel Descour chef de nos forces de l'Isère, des combattants résolus gagnent le massif du Vercors sous la conduite du commandant Le Ray, afin d'en faire une place d'armes. L'accès du Vercors est interdit aux reconnaissances ennemies.

Ce sont là, au cours de cette période, les plus frappantes peut-être des actions de la résistance dont font mention les rapports. Mais beaucoup d'autres, plus réduites ou dissimulées, sont accomplies en même temps. A travers des messages, où les lieux sont indiqués par chiffres, les ordres et les comptes rendus formulés par phrases convenues, les combattants désignés sous d'étranges pseudonymes, on discerne à quel point la guerre de l'intérieur est devenue efficace. L'adversaire le confirme par de cruelles représailles. Avant que les armées alliées prennent pied sur notre sol, l'Allemand perd chez nous des milliers d'hommes. Il est enveloppé partout d'une atmosphère d'insécurité qui atteint le moral des troupes et désoriente les chefs. D'autant plus que les autorités locales et la police françaises, soit qu'elles se trouvent de connivence volontaire avec la résistance, soit qu'elles redoutent les sanctions qui viennent châtier les « collaborateurs », contrarient la répression beaucoup plutôt qu'elles n'y aident.

Il faut ajouter que les Allemands, lors même qu'ils ne reçoivent pas les balles et les grenades des clandestins, se sentent épiés sans relâche. Rien de ce qui concerne l'occupant n'échappe à nos réseaux. Le général Bedell Smith peut écrire au B. C. R. A. : « Au cours du mois de mai, 700 rapports télégraphiques et 3 000 rapports documentaires sont arrivés de France à Londres. » En fait, le jour où commence la bataille, tous les emplacements de troupes, de bases, de dépôts, de terrains d'aviation, de postes de commandement allemands sont connus avec précision, les effectifs et le matériel décomptés, les ouvrages de défense photographiés, les champs de mines repérés. Les échanges de demandes et d'informations entre l'état-major de Kœnig et les réseaux sont transmis immédiatement par un système-radio bien agencé. Grâce à l'ensemble des renseignements fournis par la résistance française, les alliés sont en mesure de lire dans le jeu de l'ennemi et de frapper à coup sûr.

La nouvelle du débarquement donne aux maquis le signal d'une action généralisée. Je l'ai prescrite à l'avance en notifiant, le 16 mai, aux forces de l'intérieur, sous forme d'un plan dit « Caïman », les buts qu'elles doivent s'efforcer d'atteindre. Pourtant, le commandement allié envisage avec une certaine méfiance l'extension de la guérilla. En outre, il prévoit une bataille prolongée. Aussi souhaite-t-il que la résistance ne précipite pas les choses, sauf aux abords de la tête de pont. La proclamation, que le général Eisenhower lance par radio le 6 juin, invite les patriotes français à se tenir sur la réserve. Il est vrai que, le même jour, je les adjure au contraire de combattre par tous moyens en leur pouvoir, d'après les ordres qui leur sont donnés par le commandement français. Mais les livraisons d'armes dépendent du grand quartier général allié et demeurent d'abord limitées. C'est surtout des destructions, portant sur les chemins de fer, les routes, les transmissions, et dont l'importance est d'ailleurs essentielle, que se soucie « l'état-major combiné ».

Pour les voies ferrées, les objectifs sont répartis entre l'aviation et la résistance. Celle-ci prend à son compte les régions les plus éloignées : Lyon, Dijon, le Doubs, l'Est, le Centre, le Sud-Ouest, où pendant les mois de juin et de juillet auront lieu 600 déraillements. Les nôtres se chargent, en outre, sur toutes les lignes, du sabotage qui immobilisera 1 800 locomotives et plus de 6 000 wagons. Pour les câbles télégraphiques souterrains, dont l'ennemi se réserve l'emploi, des destructions habiles mettent hors d'usage, le 6 juin et les jours suivants, ceux qui desservent la Normandie et la région parisienne. Quant aux fils aériens, ils subissent des coupures sans nombre. On conçoit quel trouble jette dans le camp allemand un pareil bouleversement des transports et des transmissions. D'autant plus qu'au même moment se déclenche, dans nombre de départements, une insurrection militaire qui influera notablement sur le cours des opérations. Finalement, le commandement suprême en reconnaîtra l'avantage et fournira aux maquis un concours qui, pour rester circonspect, sera néanmoins efficace.

Pour la Bretagne, on n'attend pas. Le général Eisenhower tient à voir la presqu'île armoricaine nettoyée des troupes allemandes avant de pousser ses armées vers la Seine. Or, la Bretagne foisonne de maquisards, surtout dans les Côtes-du-Nord et le Morbihan où le terrain leur est favorable. Il a donc été décidé de fournir de l'armement aux Bretons et d'envoyer sur place notre 1er Régiment de parachutistes tenu prêt en Angleterre sous les ordres du colonel Bourgoin. La veille du débarquement et au cours des journées suivantes, nos forces de l'intérieur voient leur tomber du ciel un grand nombre de « containers » et des groupes de parachutistes. Du coup, la résistance s'enflamme. Trente mille hommes entrent en campagne, les uns organisés en unités régulières, les autres menant en détail une sorte de chouannerie. Mais les Allemands, ayant repéré à Saint-Marcel, près de Malestroit, une des bases où les nôtres reçoivent les armes venant d'Angleterre, l'attaquent le 18 juin. La position est défendue par un bataillon du Morbihan et plusieurs équipes de parachutistes sous les ordres du commandant Le Garrec. Le général en retraite de La Morlaye y commande une compagnie qu'il a lui-même formée à Guingamp. Après une lutte de plusieurs heures, l'ennemi parvient à se rendre maître du terrain couvert de ses cadavres. Mais les défenseurs ont pu se dérober.

La nouvelle du combat de Saint-Marcel achève de soulever la Bretagne. L'occupant se trouve bloqué dans les centres et dans les ports. Au reste, il se bat furieusement et ne fait quartier à personne. Mais les combattants bretons l'assaillent partout sans répit. Parmi eux, le colonel Bourgoin et ses hommes sont comme le levain dans la pâte. Le 1er Régiment parachutiste, sur 45 officiers, en comptera 23 tués. Quand les blindés de Patton, ayant franchi la trouée d'Avranches, débouchent en Bretagne au début du mois d'août, ils y trouvent la campagne partout occupée par les nôtres qui ont déjà enterré 1 800 cadavres allemands et fait 3 000 prisonniers. Pour réduire, alors, les garnisons, les maquisards servent aux chars américains de guides parfaitement renseignés et d'infanterie d'accompagnement. L'ennemi ne fait front nulle part, sauf dans les ports : Saint-Malo, Brest, Lorient, qu'il a organisés d'avance. L'affaire lui coûte, au total, plusieurs milliers de morts, près de 50 000 prisonniers et beaucoup de matériel. Quatre divisions allemandes sont détruites.

A l'autre bout du territoire, les combats du Vercors fournissent la même preuve de l'efficacité militaire de la résistance française. Dans les premiers jours de juin, 3 000 hommes ont pris position à l'intérieur du massif. Comme le terrain extrêmement coupé s'y prête bien à la défense menée par groupes autonomes, qui est le propre des maquisards, comme d'autre part les alpins semblent particulièrement décidés, un notable effort a pu être obtenu du commandement allié pour assurer leur armement ; 1 500 « containers » leur sont parachutés. Une mission, comprenant des officiers américains, britanniques et français, est envoyée d'Angleterre et s'installe dans le Vercors pour relier la garnison au grand quartier général. Plusieurs instructeurs et spécialistes venus d'Alger se mêlent aux maquisards. D'accord avec l'aviation alliée, une piste d'atterrissage est aménagée au centre du massif pour permettre la mise à terre d'un détachement de troupes régulières, le ravitaillement des combattants, l'évacuation des blessés.

Le 14 juillet, l'ennemi passe à l'attaque. Pendant dix jours, il poursuit son effort avec des forces considérables. Ses avions mitraillent les défenseurs et écrasent de bombes les rares localités. Comme la chasse allemande tient l'air tous les jours, l'aviation alliée renonce à agir, alléguant que la distance lui interdit de protéger par ses propres chasseurs les appareils de transport et de bombardement. Même, la piste sur laquelle les défenseurs espéraient voir débarquer des renforts, c'est l'ennemi qui s'en empare et y amène par planeurs plusieurs compagnies d'élite. Malgré tout, la garnison, luttant dans ses points d'appui avec un acharnement exemplaire, tient l'assaillant en échec jusqu'au 24 juillet. A cette date, les Allemands achèvent d'occuper le Vercors. Ils y ont engagé l'équivalent d'une division et perdu plusieurs milliers d'hommes. Dans leur fureur, ils tuent les blessés et bon nombre de villageois. A Vassieux, la population du bourg est entièrement massacrée. Des chasseurs alpins du Vercors, une moitié a donné sa vie pour la France, l'autre réussit à se replier.

Ces faits d'armes ont, dans toutes les régions, un vaste retentissement. Bien entendu, les radios d'Alger, de Londres et de New York ne manquent pas de les mettre en relief. Au milieu de juillet, quarante départements sont en pleine insurrection. Ceux du Massif Central, du Limousin, des Alpes, ainsi que la Haute-Garonne, la Dordogne, la Drôme, le Jura, tout comme les départements bretons, appartiennent aux maquisards, que ceux-ci proviennent de l' « Armée secrète », des « Francs-Tireurs et Partisans », de l' « Organisation de résistance de l'armée », des « Corps francs ». Bon gré mal gré, les préfets y entrent en rapport avec la résistance et les « préfets de la libération » — que ce soient ou non les mêmes — apparaissent, comme tels, à découvert. Les municipalités de 1940 reprennent leurs fonctions là où elles étaient révoquées. La Croix de Lorraine est arborée sur les poitrines, les murs, les drapeaux des monuments publics. Quant aux Allemands, leurs garnisons, assaillies, surmenées, coupées les unes des autres, vivent dans une angoisse incessante. Leurs isolés sont tués ou pris. Leurs colonnes ne peuvent se déplacer sans être accrochées à chaque pas. Ils réagissent par le massacre et l'incendie, comme à Oradour-sur-Glane, à Tulle, à Asq, à Cerdon, etc. Mais, tandis qu'en Normandie la bataille leur est chaque jour plus dure, dans une grande partie de la France leur situation tend à devenir désespérée.

A la fin du mois de juillet, les forces françaises de l'intérieur retiennent devant elles huit divisions ennemies, dont aucune ne pourra renforcer celles qui se battent sur le front. La 1re Division d'infanterie et la 5e Division parachutiste en Bretagne, la 175e Division en Anjou et en Touraine, la 116e Panzerdivision autour de Paris, la Division dite « Ostlegion » dans le Massif Central, la 181e Division à Toulouse, la 172e Division à Bordeaux, la valeur d'une division prélevée sur l'armée de Provence pour garder la vallée du Rhône, se trouvent clouées là où elles sont. En outre, trois Panzerdivisions, que le commandement allemand appelle d'urgence en Normandie pour qu'elles s'engagent dans les quarante-huit heures, subissent d'énormes retards. La 17e Panzer, aux prises avec les nôtres entre Bordeaux et Poitiers, perd dix jours avant que ses colonnes aient réussi à se frayer la route. La 2e Panzer S. S. dite « Das Reich », partie de Montauban le 6 juin et qui ne peut utiliser les voies ferrées — toutes hors d'usage — voit ses éléments arrêtés dans le Tarn, le Lot, la Corrèze, la Haute-Vienne ; le 18 juin seulement, elle arrive à Alençon épuisée et décimée. La 11e Panzer, venue en huit jours par chemin de fer du front russe à la frontière française, met vingt-trois jours pour traverser la France depuis Strasbourg jusqu'à Caen. Et comment évaluer l'effet produit sur l'état matériel et moral de toutes les autres unités allemandes par les avatars des convois, du ravitaillement, des liaisons?

Pour les mêmes raisons, on peut prévoir que les arrières des forces ennemies chargées de la défense de la côte méditerranéenne vont devenir intenables dès que Français et Américains débarqueront en Provence. Dans les premiers jours du mois d'août, le délégué militaire dans le Sud-Est, colonel Henri Zeller, vient de France pour me le dire. Il affirme, qu'une fois pris Toulon et Marseille, nos troupes pourront déborder rapidement les résistances successives qui barreront la vallée du Rhône, car la région des Alpes et le Massif Central sont déjà en possession de nos forces de l'intérieur. Zeller répète sa démonstration aux généraux Patch et de Lattre à qui je l'envoie aussitôt. Ceux-ci modifient en conséquence le rythme qu'ils prévoyaient pour leur progression. Les événements donneront raison à Zeller. Lyon, que le commandement ne comptait prendre qu'au bout de deux mois de bataille, sera entre nos mains dix-sept jours après le débarquement.

Le même mouvement qui, en France et en Afrique, pousse les Français au combat ne manque pas d'avoir son contrecoup en Indochine. A Saïgon et à Hanoï, tout en vivant dans la perspective d'un coup de force subit de l'occupant, on ne doute maintenant, pas plus qu'ailleurs, de la victoire finale des alliés. Outre les prodromes de l'effondrement de l'Allemagne, on constate le recul du Japon. Non seulement l'offensive des flottes et des armées nippones a été, dans l'ensemble, enrayée depuis l'été 1943, mais ce sont les alliés qui, à présent, ont l'initiative : l'amiral Nimitz progressant d'île en île dans le Pacifique central, le général MacArthur avançant vers les Philippines, lord Mountbatten reprenant pied en Birmanie avec le concours des forces de Chiang-kaï shek.

C'est pourquoi, certaines autorités françaises d'Indochine se tournent peu à peu vers le gouvernement d'Alger. M. François, directeur de banque, vient de Saïgon pour le dire ; M. de Boisanger, chef du bureau politique du gouvernement général, pousse de discrètes antennes en direction du général Pechkoff, notre ambassadeur à Tchoung-King ; le général Mordant, commandant supérieur des troupes, entre secrètement en rapport avec le colonel Tutenges, chef du service de renseignements que nous avons installé au Yunnan.

Pour moi, le but immédiat à atteindre en Extrême-Orient c'est la participation de nos forces aux opérations militaires. L'idée qu'en observant jusqu'au bout, à l'égard des Japonais, une complaisante passivité on pourrait, en définitive, conserver la position de la France me paraît indigne et dérisoire. Je ne doute pas que, dans une situation stratégique où l'Indochine se trouve au centre du dispositif de l'ennemi, celui-ci, durement pressé et refoulé aux alentours, en viendra nécessairement à supprimer dans la péninsule tout risque de s'y voir combattu. Comment, en cas de revers sur les champs de bataille voisins, tolèrerait-il, au plein milieu de ses propres éléments, la présence d'une armée française de 50 000 hommes, alors qu'au surplus la fiction de la neutralité de la France s'écroulerait avec Vichy? Tout commande de prévoir qu'un jour les Japonais voudront liquider les troupes et l'administion françaises. Voulût-on même supposer que, moyennant de nouvelles et déshonorantes garanties, ils laisseraient subsister quelques vestiges de nos garnisons et quelques bribes de notre pouvoir, il serait inimaginable que, d'une part les États et les peuples de la Fédération, d'autre part les alliés, admettraient la restauration de la puissance française sur des terres où nous n'aurions pris aucune part à la lutte mondiale.

Il s'agit donc d'obtenir qu'une résistance militaire soit préparée dans la péninsule, afin que l'ennemi ne puisse, sans coup férir, s'y emparer de nos postes, balayer nos représentants et nous faire perdre totalement la face. Il faut aussi envoyer en Extrême-Orient une force destinée à rentrer dans les territoires d'Indochine dès que s'offrira l'occasion. Le 29 février 1944, j'écris au général Mordant pour l'affermir dans les bonnes intentions dont je sais qu'elles sont les siennes et pour lui préciser ce que le gouvernement attend de lui et de ses troupes dans la situation extraordinairement difficile où il se trouve placé. Peu après, je désigne le général Blaizot pour commander les forces destinées à l'Extrême-Orient. Mais, comme ces forces ne pourraient alors agir qu'à partir des Indes, de la Birmanie ou de la Chine, leur expédition comporte l'accord des alliés. Or, Washington, Londres et Tchoung-King se montrent très réticents. Nous obtenons, cependant, du Gouvernement britannique et de lord Mountbatten commandant en chef dans l'océan Indien que le général Blaizot reçoive la faculté de s'installer à New Delhi, afin de préparer la suite. Un échelon avancé de nos troupes part avec le général. C'est un premier pas vers le but. Mais, au fond, nous savons bien que le problème de l'Indochine, comme tout l'avenir de la France, ne sera réglé qu'à Paris.

Or, le 15 août, les premiers éléments de la Ire Armée française et du VIe Corps américain débarquent sur la côte de Provence. Le général Patch commande initialement l'ensemble. De Lattre est à la tête des nôtres. J'ai approuvé le plan de leur opération. Dès que les troupes auront abordé, il s'agit pour les Américains de marcher vers Grenoble avec, comme axe, la route « Napoléon »; il s'agit pour les Français de s'emparer de Toulon et de Marseille, puis de remonter le Rhône. Dans la soirée a lieu, sous la protection d'un gigantesque bombardement naval et aérien, la mise à terre des premiers éléments américains entre Cavalaire et Le Trayas, celle des parachutistes à Carnoules, au Luc, au Muy, celle de nos commandos d'Afrique au Rayol et au Lavandou, ont eu lieu de nuit comme prévu et, qu'au cours de la journée, trois divisions américaines ont entamé leur débarquement. Le 16 voit le début de l'action des divisions : Brosset, de Monsabert, du Vigier, qui prennent pied au Rayol, à Cavalaire, à Saint-Tropez, à Sainte-Maxime afin d'attaquer Toulon, tandis que les Américains atteignent Draguignan.

Dans les entreprises humaines, il advient qu'en vertu d'un effort de longue haleine, on obtienne soudain un élan unique d'éléments divers et dispersés. Le 18 août, les nouvelles, arrivant à flot, éclairent à la fois tous les terrains de la lutte, font voir sur chacun d'entre eux quelle part y prennent les

Français, montrent que les actions des nôtres forment un tout cohérent.

En Provence, de Lattre, discernant le désarroi de la XIXe Armée allemande, pousse à fond son avantage. Par son ordre, les Corps d'armée de Larminat et de Monsabert achèvent d'investir Toulon et certains de nos éléments courent déjà vers Marseille. La Division Magnan, les groupements de tabors de Guillaume, les services, sont en mer pour les rejoindre. Les Divisions Dody, Sevez, de Vernejoul, se tiennent prêtes à en faire autant. Notre aviation commence à traverser la mer. Notre flotte, de tous ses canons, concourt à l'appui des troupes. C'est le même jour que le front allemand de Normandie achève de s'effondrer. La Division Leclerc, engagée depuis le 11 août, se distingue dans l'opération. La route de Paris est ouverte. Dans la capitale, la police et les partisans vont tirer sur l'envahisseur. De toutes les régions affluent les messages annonçant que la résistance est aux prises avec l'ennemi. Comme cela avait été voulu, la bataille alliée de France est aussi « la bataille de la France. » Les Français n'y livrent « qu'un seul combat pour une seule patrie. »

La politique, la diplomatie, les armes, ont de concert préparé l'unité. Il faut, maintenant, rassembler la nation dès qu'elle sortira du gouffre. Je quitte Alger pour Paris.

PARIS

Paris, depuis plus de quatre ans, était le remords du monde libre. Soudain, il en devient l'aimant. Tant que le géant semblait dormir, incarcéré et stupéfié, on s'accommodait de sa formidable absence. Mais, à peine le front allemand est-il percé en Normandie, que la capitale française se retrouve, tout à coup, au centre de la stratégie et au cœur de la politique. Les plans des chefs d'armée, les calculs des gouvernements, les manœuvres des ambitieux, les émotions des foules, se tournent aussitôt vers la Ville. Paris va reparaître. Que de choses pourraient changer !

D'abord, Paris, si on le laisse faire, tranchera en France la question du pouvoir. Personne ne doute que si de Gaulle arrive dans la capitale sans qu'on ait, à son encontre, créé des faits accomplis il y sera consacré par l'acclamation du peuple. Ceux qui, au-dedans et au au-dehors, dans quelque camp qu'ils se trouvent, nourrissent l'espoir d'empêcher cet aboutissement ou, tout au moins, de le rendre incomplet et contestable chercheront donc, au dernier moment, à exploiter la libération pour faire naître une situation dont je sois embarrassé et, si possible, paralysé. Mais, comme la nation a choisi, le sentiment public va balayer ces tentatives.

L'une est menée par Pierre Laval. Pendant les mêmes journées d'août où l'on me rend compte, à mesure, des succès décisifs remportés en Normandie, du débarquement en Provence, des combats livrés par nos forces de l'intérieur, des prodromes de l'insurrection parisienne, je suis tenu au courant de l'intrigue ourdie par l'homme de la collaboration. Cela consiste à réunir à Paris l'assemblée « nationale » de 1940 et à former, à partir de là, un gouvernement dit « d'union » qui, invoquant la légalité, accueillera dans la capitale les alliés et de Gaulle. De cette façon, l'herbe sera coupée sous les pieds du Général. Sans doute devra-t-on lui faire place au sein de l'exécutif et, au besoin, à sa tête. Mais, après l'avoir ainsi moralement découronné et privé de l'appui du sentiment populaire, on se débarrassera de lui par les moyens propres au régime : attribution d'honneurs stériles, obstruction croissante des partis, enfin opposition générale sous la double imputation d'être impuissant à gouverner et de viser à la dictature. Quant à Laval, ayant ménagé le retour des parlementaires, ce dont ceux-ci lui sauront gré même s'ils doivent lui infliger une condamnation de principe, il se sera effacé en attendant que vienne l'oubli et que changent les circonstances.

Mais, pour faire aboutir un tel plan, il faut le concours d'éléments antagonistes. Il faut, en premier lieu, la participation d'une éminente personnalité, assez représentative du parlement, assez notoire dans son opposition à la politique de Pétain, assez appréciée de l'étranger, pour que l'opération ait l'apparence d'une restauration républicaine. M. Herriot semble l'homme nécessaire. Il n'est que de le décider. Il faut, aussi, qu'on puisse penser qu'à leur entrée à Paris les alliés reconnaîtront le nouveau pouvoir. Il faut, encore, que les Allemands soient consentants, puisque ce sont leurs troupes qui tiennent la capitale. Il faut, enfin, obtenir l'agrément du Maréchal, sans quoi les occupants refuseront l'autorisation, les alliés la reconnaissance, les parlementaires la convocation, alors qu'on est, dans tous les cas, assuré du refus indigné de la Résistance.

Laval peut croire, au début du mois d'août, qu'il va obtenir les concours jugés par lui indispensables. Par M. Enfière, ami de M. Herriot, utilisé par les Américains pour leurs liaisons avec le président de la Chambre et qui est en relation avec les services de M. Allen Dulles à Berne, il vérifie que Washington verrait d'un bon œil un projet qui tend à coiffer ou à écarter de Gaulle. S'étant tourné vers les Allemands, le chef du « gouvernement » les trouve également favorables. En effet, Abetz, Ribbentrop et d'autres, jugent que, la France une fois libérée, il serait bon qu'il y ait à Paris un exécutif qui traînerait les séquelles de Vichy, plutôt qu'un gouvernement sans peur et sans reproche. Avec l'accord des occupants, Laval se rend à Maréville, où Herriot est détenu, et persuade celui-ci de l'accompagner à Paris afin d'y convoquer le parlement de 1940. Quant à Pétain, il laisse entendre qu'il serait prêt à s'y rendre, lui aussi.

Je dois dire que, malgré les apparentes complicités obtenues par Pierre Laval, ce complot désespéré me semblait sans avenir. Sa réussite, en dernier ressort, exigerait que je m'y prête. Or rien, pas même la pression des alliés, n'aurait pu me décider à tenir l'assemblée de 1940 comme qualifiée pour parler au nom de la France. D'ailleurs, pensant au tourbillon que la Résistance était en train de soulever partout et qu'elle allait déchaîner à Paris, je ne doutais guère que l'entreprise dût être étouffée dans l'œuf. Déjà, le 14 juillet, d'importantes manifestations s'étaient produites dans la banlieue. On y avait, en divers points, déployé le drapeau tricolore, chanté *la Marseillaise*, défilé au cri de : « Vive de Gaulle ! » A la Santé, ce jour-là, les détenus politiques, se donnant le mot de cellule en cellule et bravant la pire répression, avaient pavoisé toutes les fenêtres, chassé les gardiens, fait retentir le quartier de leurs hymnes patriotiques. Le 10 août, les cheminots cessaient le travail. Le 15, la police se mettait en grève. Le 18, ce devait être le tour des postiers. Je m'attendais à apprendre, d'un moment à l'autre, que le combat commençait dans la rue, ce qui, évidemment, ferait s'évanouir les illusions des parlementaires.

Mais, à l'opposé du plan de Laval, celui que s'étaient fixé, de leur côté, certains éléments politiques de la Résistance pour s'attribuer le pouvoir me paraissait avoir plus de chances. Ceux-là, je le savais, voulaient tirer parti de l'exaltation, peut-être de l'état d'anarchie, que la lutte provoquerait dans la capitale pour y saisir les leviers de commande avant que je ne les prenne. C'était, tout naturellement, l'intention des communistes. S'ils parvenaient à s'instituer les dirigeants du soulèvement et à disposer de la force à Paris, ils auraient beau jeu d'y établir un gouvernement de fait où ils seraient prépondérants.

Mettant à profit le tumulte de la bataille, entraînant le Conseil national de la Résistance dont plusieurs membres, en dehors de ceux qui étaient de leur obédience, pourraient être accessibles à la tentation du pouvoir ; usant de la sympathie que les persécutions dont ils étaient l'objet, les pertes qu'ils subissaient, le courage qu'ils déployaient, leur valaient dans beaucoup de milieux ; exploitant l'angoisse suscitée dans la population par l'absence de toute force publique ; jouant enfin de l'équivoque en affichant leur adhésion au général de Gaulle, ils projetaient d'apparaître à la tête de l'insurrection comme une sorte de Commune, qui proclamerait la République, répondrait de l'ordre, distribuerait la justice et, au surplus, prendrait soin de ne chanter que *la Marseillaise*, de n'arborer que le tricolore. A mon arrivée, je trouverais en fonction ce gouvernement « populaire », qui ceindrait mon front de lauriers, m'inviterait à prendre en son sein la place qu'il me désignerait et tirerait tous les fils. Le reste, pour les meneurs du jeu, ne serait plus qu'alternance d'audace et de prudence, pénétration des rouages de l'État sous le couvert de l'épuration, inhibition de l'opinion par le moyen d'une information et d'une milice bien employées, élimination progressive de leurs associés du début, jusqu'au jour où serait établie la dictature dite du prolétariat.

Que ces projets politiques fussent mêlés aux élans du combat me paraissait inévitable. Que l'insurrection dans la grande ville dût, pour certains, tendre à l'institution d'un pouvoir dominé par la IIIe Internationale, je le savais depuis longtemps. Mais je tenais, néanmoins, pour essentiel que les armes de la France agissent dans Paris avant celles des alliés, que le peuple contribue à la défaite de l'envahisseur, que la libération de la capitale porte la marque d'une opération militaire et nationale. C'est pourquoi, prenant le risque, j'encourageais le soulèvement, sans rejeter aucune des influences qui étaient propres à le provoquer. Il faut dire que je me sentais en mesure de diriger l'affaire de manière qu'elle tournât bien. Ayant pris sur place, à l'avance, les mesures appropriées, prêt à porter à temps dans la ville une grande unité française, je me disposais à y paraître moi-même afin de cristalliser autour de ma personne l'enthousiasme de Paris libéré.

Le gouvernement avait fait le nécessaire pour que le commandement des forces régulières qui existaient dans Paris appartînt à des chefs qui lui fussent dévoués. Dès juillet, Charles Luizet, préfet de la Corse, était nommé préfet de police. Après deux tentatives infructueuses, il put entrer à Paris le 17 août, juste à temps pour assumer ses fonctions quand la police saisit la Préfecture. D'autre part, le général Hary devrait se mettre, au moment propice, à la tête de la garde républicaine, — que Vichy appelait garde de Paris, — du régiment de sapeurs-pompiers, de la garde mobile et de la gendarmerie, toutes unités qui seraient enchantées de recevoir un chef nommé par de Gaulle.

Mais, par la force des choses, il en était autrement des fractions de partisans qui se formaient dans les divers quartiers. Celles-là suivaient naturellement les chefs qu'elles-mêmes se donnaient et dont les communistes, soit directement, soit sous le couvert du « Front national », s'efforçaient qu'ils fussent des leurs. Quant aux échelons supérieurs, c'est en pesant sur le Conseil national de la résistance que le « parti » tâchait de les fournir. Le Conseil s'en était remis, en matière militaire, à un comité d'action, dit « Comac », de trois membres dont Kriegel-Valrimont et Villon. Le titre de chef d'état-major des forces de l'intérieur avait été, par la même voie, donné à Malleret-Joinville après l'arrestation par les Allemands du colonel Dejussieu. Rol-Tanguy était institué chef des forces de l'Ile-de-France. A s'en tenir à ces nominations, on aurait pu supposer que la direction des éléments combattants serait aux mains des communistes.

Mais c'étaient là des titres, non point de nettes attributions. En fait, ceux qui les portaient n'exerceraient pas le commandement au sens hiérarchique du terme. Plutôt que par ordres donnés et exécutés suivant les normes militaires, ils procéderaient par proclamations, ou bien par action personnelle limitée à certains points. Les partisans, en effet, qui compteraient au plus 25 000 hommes armés, formeraient des groupes autonomes, dont chacun agirait moins suivant les consignes d'en haut que d'après les occasions locales et ne quitterait guère son quartier où il avait ses refuges. Du reste, le colonel de Margueritte, officier très confirmé, était chef des forces de l'intérieur de Paris et de la banlieue. Les généraux Revers et Bloch-Dassault conseillaient respectivement le « Comac » et le « Front national ». Enfin, Chaban-Delmas, délégué militaire du gouvernement, rentré à Paris le 16 août après avoir été recevoir à Londres les instructions de Kœnig, se tenait au centre de tout. Perspicace et habile, ayant seul les moyens de communiquer avec l'extérieur, il contrôlerait les propositions et, moyennant de longues et rudes palabres, contiendrait les impulsions du Conseil et des comités. Pardessus tout, le général de Gaulle et son gouvernement avaient sur place leur représentant.

Alexandre Parodi portait cette charge. Le 14 août, renforçant son autorité, je l'avais nommé ministre délégué dans les territoires non encore libérés. Comme il parlait en mon nom, ce qu'il disait pesait lourd. Parce que sa conscience était droite, son désintéressement total, sa dignité absolue, il avait pris au-dessus des passions un ascendant moral certain. Rompu, en outre, au service de l'État, il revêtait au milieu du tumulte le prestige de l'expérience. Il avait, d'ailleurs, sa politique, conforme à son caractère, qui concédait volontiers le détail mais soutenait l'essentiel avec une douce fermeté. Tout en faisant leur part aux exigences de l'idéologie et aux prétentions des personnes, il s'appliquait à ménager la suite afin que je trouve à Paris un jeu sans fâcheuses hypothèques. Il faut dire que Georges Bidault, président du Conseil national de la Résistance, s'accordait avec Parodi et concourait à éviter le pire en employant, de son côté, la tactique combinée de l'audace dans les mots et de la prudence dans les actes. Quant aux administrations, nul n'y récuserait l'autorité de mon délégué et de ceux que j'avais désignés pour diriger les services. C'est sans l'ombre d'une difficulté que Parodi, au moment voulu, s'établirait à Matignon, que les secrétaires-généraux s'installeraient dans les ministères, que Luizet préfet de police prendrait la place de Bussière, que Flouret préfet de la Seine s'assoierait dans le fauteuil de Bouffet. L'armature officielle que le gouvernement d'Alger avait instituée d'avance encadrerait aussitôt Paris comme elle le faisait des provinces.

Le 18 août après-midi, je m'envolai d'Alger sur mon avion habituel dont Marmier était chef de bord. Le général Juin et une partie de mes compagnons suivaient dans une « forteresse volante » que les Américains avaient tenu à nous prêter en alléguant que son équipage connaissait très bien la route et le terrain de destination. Première étape : Casablanca. Mon intention était d'en repartir dès la nuit pour débarquer, le lendemain, à Maupertuis près de Saint-Lô. Mais la « forteresse » avait eu en chemin des incidents mécaniques qui exigeaient une mise au point. D'autre part, les missions alliées, invoquant les couloirs et les règles de la circulation aérienne, insistaient pour que nous fassions escale à Gibraltar avant de longer la côte d'Espagne et celle de France. C'était un jour de retard.

Le 19, je quittai Casablanca. Une foule considérable faisait la haie le long des rues par où j'allais à l'aérodrome. La tension de tous les visages révélait que chacun devinait le but de mon voyage, bien qu'on l'ait tenu secret. Guère de bravos, ni d'acclamations, mais tous les couvre-chefs ôtés, les bras levés, les regards appuyés. Ce salut ardent et silencieux me fit l'effet d'un témoignage que m'adressait la multitude à un moment décisif. J'en fus ému. A mes côtés, le résident-général l'était aussi. « Quel destin est le vôtre ! » me dit Gabriel Puaux.

A Gibraltar, tandis que nous dînions chez le gouverneur, des officiers alliés vinrent dire que la « forteresse » n'était pas en état de repartir, que, mon propre « Lockheed » n'ayant aucun armement, il pourrait être imprudent d'aborder sans escorte le ciel de la Normandie, qu'en somme il semblait raisonnable que je diffère mon départ. Sans mettre en doute la sincérité des motifs qui inspiraient cet avis, je jugeai bon de ne pas le suivre. A bord de mon appareil, je m'envolai à l'heure que j'avais dite. Peu après, la « forteresse » trouva moyen de s'envoler aussi. Le dimanche 20 août, vers 8 heures, j'atterris à Maupertuis.

Kœnig m'y attendait, ainsi que Coulet commissaire de la République en Normandie et un officier envoyé par Eisenhower. Je me rendis d'abord au quartier général du Commandant en chef allié. En route, Kœnig m'exposa la situation à Paris, telle qu'il la connaissait par les messages de Parodi, de Chaban-Delmas, de Luizet et les informations apportées par des émissaires. J'appris ainsi que la police, qui faisait grève depuis trois jours, avait, à l'aurore du 19, occupé la Préfecture et ouvert le feu sur les Allemands ; qu'un peu partout des équipes de partisans en faisaient autant ; que les ministères étaient aux mains de détachements désignés par la délégation ; que la Résistance s'installait dans les mairies de la ville et de la banlieue, non parfois sans bataille, comme à Montreuil, plus tard à Neuilly ; que l'ennemi, occupé à évacuer ses services, n'avait pas, jusqu'alors, réagi très durement, mais que plusieurs de ses colonnes étaient en train de traverser Paris, ce qui pouvait, à tout instant, le pousser aux représailles. Quant à la situation politique, il semblait bien que Laval n'avait abouti à rien, tandis qu'à Vichy on attendait, d'un jour à l'autre, le départ forcé du Maréchal.

Eisenhower, ayant reçu le compliment que je lui fis sur l'allure foudroyante du succès des forces alliées, m'exposa la situation. La IIIe Armée, Patton, menant la poursuite en tête du Groupe d'armées Bradley, se disposait à franchir la Seine en deux colonnes. L'une, au nord de Paris, atteignait Mantes. L'autre, au sud, arrivait à Melun. Derrière Patton, le général Hodges, commandant la Ire Armée américaine, regroupait les forces qui venaient d'achever le nettoyage du terrain dans l'Orne. A gauche de Bradley, le Groupe d'armées Montgomery, refoulant la résistance tenace des Allemands, progressait lentement vers Rouen. Mais, à droite, c'était le vide, dont Eisenhower entendait profiter pour pousser Patton vers la Lorraine aussi loin que le permettraient les possibilités de ravitaillement en essence. Ultérieurement, l'Armée de Lattre et l'Armée Patch viendraient du sud se souder à l'ensemble du dispositif. Le plan du Commandant en chef me parut tout à fait logique, sauf sur un point dont je me souciais fort : personne ne marchait sur Paris.

J'en marquai à Eisenhower ma surprise et mon inquiétude. « Du point de vue stratégique, lui dis-je, je saisis mal pourquoi, passant la Seine à Melun, à Mantes, à Rouen, bref partout, il n'y ait qu'à Paris que vous ne la passiez pas. D'autant plus que c'est le centre des communications qui vous seront nécessaires pour la suite et qu'il y a intérêt à rétablir dès que possible. S'il s'agissait d'un lieu quelconque, non de la capitale de la France, mon avis ne vous engagerait pas, car normalement c'est de vous que relève la conduite des opérations. Mais le sort de Paris intéresse d'une manière essentielle le Gouvernement français. C'est pourquoi je me vois obligé d'intervenir et de vous inviter à y envoyer des troupes. Il va de soi que c'est la 2e Division blindée française qui doit être désignée en premier lieu. »

Eisenhower ne me cacha pas son embarras. J'eus le sentiment qu'il partageait, au fond, ma manière de voir, qu'il était désireux de diriger Leclerc sur Paris, mais que, pour des raisons qui n'étaient pas toutes d'ordre stratégique, il ne pouvait le faire encore. A vrai dire, il expliquait le retard apporté à cette décision par le fait qu'une bataille dans la capitale risquait d'avoir pour conséquences de vastes destructions matérielles et de grandes pertes pour la population. Cependant, il ne me contredit pas quand je lui fis observer que, de ce point de vue, l'attente pourrait se justifier si, dans Paris, il ne se passait rien, mais qu'elle n'était pas acceptable dès lors que les patriotes y étaient aux prises avec l'ennemi et que tous les bouleversements de toutes sortes pouvaient survenir. Il me déclara, toutefois, que « la Résistance s'était engagée trop tôt ». — « Pourquoi, trop tôt? lui demandai-je, puisqu'à l'heure qu'il est vos forces atteignent la Seine. » En fin de compte, le Commandant en chef m'assura que, sans pouvoir fixer encore une date précise, il donnerait avant peu l'ordre de marcher sur Paris et que c'était la Division Leclerc qu'il destinait à l'opération. Je pris note de cette promesse, en ajoutant néanmoins que l'affaire était, à mes yeux, d'une telle importance nationale que j'étais prêt à la prendre à mon compte et, si le commandement allié tardait trop, à lancer moi-même sur Paris la 2e Division blindée.

L'incertitude d'Eisenhower me donnait à penser que le commandement militaire se trouvait quelque peu entravé par le projet politique poursuivi par Laval, favorisé par Roosevelt, et qui exigeait que Paris fût tenu à l'abri des secousses. A ce projet, la Résistance venait sans doute de mettre un terme en engageant le combat. Mais il fallait quelque temps pour que Washington consentît à l'admettre. Mon impression fut confirmée quand j'appris que la Division Leclerc, jusqu'alors très logiquement affectée à l'Armée Patton, était depuis trois jours rattachée à celle de Hodges, placée sous la surveillance étroite du général Gerow commandant le Ve Corps d'armée américain et maintenue autour d'Argentan comme si l'on redoutait qu'elle filât vers la tour Eiffel. Au surplus, je notais que le fameux accord concernant les relations entre les armées alliées et l'administration française, bien qu'il fût, depuis plusieurs semaines, conclu entre Alger, Washington et Londres, n'était pas encore signé par Kœnig et Eisenhower parce que ce dernier attendait d'en avoir reçu le pouvoir. Comment expliquer ce retard, sinon par une suprême intrigue qui tenait en suspens la résignation de la Maison-Blanche? Juin étant, à son tour, arrivé au quartier général, tira de ses contacts avec l'état-major la même conclusion que moi.

Au moment le plus éclatant du succès des armées alliées et tandis que les troupes américaines faisaient preuve sur le terrain d'une valeur qui méritait tous les éloges, cette apparente obstination de la politique de Washington me semblait assez attristante. Mais le réconfort n'était pas loin. Une grande vague d'enthousiasme et d'émotion populaires me saisit quand j'entrai à Cherbourg et me roula jusqu'à Rennes, en passant par Coutances, Avranches, Fougères. Dans les ruines des villes détruites et des villages écroulés, la population massée sur mon passage éclatait en démonstrations. Tout ce qui restait de fenêtres arborait drapeaux et oriflammes. Les dernières cloches sonnaient à toute volée. Les rues, percées d'entonnoirs, semblaient joyeuses sous les fleurs. Les maires prononçaient de martiales adresses qui s'achevaient en sanglots. Je disais, alors, quelques phrases, non de pitié dont on n'eût point voulu, mais d'espérance et de fierté qui finissaient par *la Marseillaise* chantée par la foule avec moi. Le contraste était saisissant entre l'ardeur des âmes et les ravages subis par les biens. Allons! la France devait vivre puisqu'elle supportait de souffrir.

Le soir, en compagnie d'André Le Troquer ministre délégué dans les territoires libérés, des généraux Juin et Kœnig et de Gaston Palewski, j'arrivai à la Préfecture de Rennes. Victor Le Gorgeu commissaire de la République pour la Bretagne, Bernard Cornut-Gentille préfet d'Ille-et-Vilaine, le général Allard commandant la région militaire, m'y présentèrent leur personnel. On voyait la vie administrative reprendre invinciblement. La tradition faisait de même. J'allai à l'Hôtel de Ville, où le maire Yves Millon, entouré de son conseil, des compagnons de la Résistance et des notabilités, me pria de rouvrir le livre d'or de la capitale bretonne qui renouait la chaîne des temps. Puis, sous la pluie, dans la nuit qui tombait, je parlai à la multitude rassemblée devant le bâtiment.

Le lendemain, 21, les nouvelles affluèrent de Paris. J'appris, en particulier, la fin de la tentative de Laval. Édouard Herriot, ayant reçu l'avertissement que lui faisait passer la Résistance, pressenti la tempête qui était à la veille d'éclater, constaté le désarroi des ministres de Vichy, des hauts fonctionnaires parisiens et de l'ambassadeur d'Allemagne, ne s'était pas laissé convaincre de convoquer l'assemblée « nationale ». Au surplus, les contacts pris par lui avec les parlementaires, notamment Anatole de Monzie, lui avaient montré que ceux-ci, impressionnés par des événements tragiques et qui les touchaient de près, comme l'assassinat de Georges Mandel, de Jean Zay, de Maurice Sarraut par la milice de Darnand, la mise à mort de Philippe Henriot par un groupe de résistants, ne se souciaient plus d'être convoqués dans l'atmosphère menaçante de Paris. Le Maréchal, de son côté, estimant que, tout bien pesé, une telle voie n'avait pas d'issue et suivant maintenant une autre idée, n'avait pas consenti à venir dans la capitale. Hitler, enfin, irrité d'une intrigue qui préjugeait de sa défaite, avait enjoint d'y mettre un terme, prescrit que Laval fût transféré à Nancy avec son « gouvernement », ordonné que Pétain allât, de gré ou de force, les y rejoindre. Quant au président de la Chambre, il réintégrerait Maréville. Le 18 août, Laval, Herriot et Abetz s'étaient fait leurs adieux en déjeunant ensemble à Matignon. Le 20 août, le Maréchal quittait Vichy, emmené par les Allemands.

Ainsi tombait au néant la dernière combinaison de Laval.

Jusqu'au bout, il avait soutenu une querelle dont nulle habileté ne pouvait empêcher qu'elle fût coupable. Porté de nature, accoutumé par le régime, à aborder les affaires par le bas, Laval tenait que, quoi qu'il arrive, il importe d'être au pouvoir, qu'un certain degré d'astuce maîtrise toujours la conjoncture, qu'il n'est point d'événement qui ne se puisse tourner, d'hommes qui ne soient maniables. Il avait, dans le cataclysme, ressenti le malheur du pays mais aussi saisi l'occasion de prendre les rênes et d'appliquer sur une vaste échelle la capacité qu'il avait de composer avec n'importe quoi. Mais le Reich victorieux était un partenaire qui n'entendait pas transiger. Pour que, malgré tout, le champ s'ouvrît à Pierre Laval, il lui fallait donc épouser le désastre de la France. Il accepta la condition. Il jugea qu'il était possible de tirer parti du pire, d'utiliser jusqu'à la servitude, de s'associer même à l'envahisseur, de se faire un atout de la plus affreuse répression. Pour mener sa politique, il renonça à l'honneur du pays, à l'indépendance de l'État, à la fierté nationale. Or, voici que ces éléments reparaissaient vivants et exigeants à mesure que fléchissait l'ennemi.

Laval avait joué. Il avait perdu. Il eut le courage d'admettre qu'il répondait des conséquences. Sans doute, dans son gouvernement, déployant pour soutenir l'insoutenable toutes les ressources de la ruse, tous les ressorts de l'obstination, chercha-t-il à servir son pays. Que cela lui soit laissé! C'est un fait, qu'au fond du malheur, ceux des Français qui, en petit nombre, choisirent le chemin de la boue n'y renièrent pas la patrie. Témoignage rendu à la France par ceux de ses fils « qui se sont tant perdus. » Porte entrouverte sur le pardon.

La liquidation de Vichy coïncidait avec le développement du combat dans la capitale. Ce qui m'en était rapporté pendant mon court séjour à Rennes portait au comble ma hâte de voir finir la crise. Il est vrai que le commandement allemand, pour des raisons encore indistinctes, ne semblait pas vouloir pousser les choses à fond. Mais, à cette attitude passive pouvait succéder soudain une répression furieuse. Il m'était, en outre, intolérable que l'ennemi occupât la Ville, ne fût-ce qu'un jour de trop, dès lors qu'on avait sous la main les moyens de l'en chasser. Enfin, je ne voulais pas qu'à la faveur du bouleversement la capitale devînt la proie de l'anarchie. Un rapport reçu de Pierre Miné, directeur du ravitaillement à Paris, me dépeignait comme des plus critiques la situation alimentaire. La capitale, coupée de toute communication depuis plusieurs semaines, était, pour ainsi dire, réduite à la famine. Miné signalait que le pillage des derniers stocks de vivres et des boutiques commençait en certains endroits et que, si l'absence de toute police se prolongeait, il fallait s'attendre à de graves excès. Cependant, la journée s'achevait sans que le commandement allié eût donné à Leclerc l'ordre de se porter en avant.

De Rennes, j'avais écrit au général Eisenhower, lui communiquant les renseignements que je recevais de Paris, le pressant de hâter le mouvement des troupes françaises et alliées, insistant sur les fâcheuses conséquences qu'entraînerait, même au point de vue des opérations militaires, une situation de désordre qui se créerait dans la capitale. Le 22 août, Kœnig lui remit et lui commenta ma lettre, puis regagna son poste à Londres où les liaisons avec la Résistance étaient plus aisées que dans notre camp volant. Juin alla, de son côté, prendre contact avec le général Patton qui, magistralement, menait la poursuite. Moi-même quittai Rennes, après avoir vérifié que, par réquisition de camions et mobilisation de conducteurs, le commissaire de la République constituait déjà des convois de ravitaillement à destination de Paris. Par Alençon, frémissante et pavoisée, je m'en fus d'abord à Laval.

Comme j'arrivais à la Préfecture, accueilli par Michel Debré commissaire de la République, je reçus un officier porteur d'une lettre du général Leclerc. Celui-ci me rendait compte de l'incertitude où il était encore quant à sa mission prochaine et de l'initiative qu'il avait prise d'envoyer au contact de Paris une avant-garde commandée par le commandant de Guillebon. Je lui donnai aussitôt mon approbation sur ce point, lui indiquant, dans ma réponse, qu'Eisenhower m'avait promis de lui fixer Paris comme direction, que Kœnig était, justement pour cette raison, auprès du Commandant en chef, que Juin s'y rendait aussi, enfin que je comptais le voir, lui-même Leclerc, le lendemain, pour lui fixer mes instructions. J'appris bientôt, qu'au moment même où j'écrivais à Leclerc, le général Gerow le blâmait d'avoir porté un détachement vers Paris et lui prescrivait de rappeler tout de suite le commandant de Guillebon.

Finalement, peu d'heures après avoir lu la lettre que je lui avais adressée, le général Eisenhower donnait l'ordre de lancer sur Paris la 2e Division blindée. Il faut dire que les renseignements qui, presque à tout instant, arrivaient de la capitale, ceux notamment que Cocteau et le Dr Monod apportaient au général Bradley, venaient tous à l'appui de mon intervention. D'autre part, le quartier général n'ignorait plus la fin de la tentative de Laval. Tandis que Leclerc employait la nuit à organiser son mouvement, les messages que je recevais à la Préfecture du Mans m'apprenaient que les événements se précipitaient à Paris.

Je sus, ainsi, que le 20 au matin l'Hôtel de Ville avait été occupé par un détachement de la police parisienne que conduisaient Roland-Pré et Léo Hamon. Le préfet de la Seine, Flouret, allait y prendre ses fonctions. Mais j'étais également avisé que Parodi et Chaban-Delmas d'une part, la majorité du Conseil de la Résistance d'autre part, prévenus par les agents américains et britanniques qu'il se passerait encore longtemps, — des semaines leur disait-on, — avant que les troupes alliées n'entrent dans la capitale, sachant de quel faible armement disposaient les partisans par rapport aux 20 000 hommes, 80 chars, 60 canons, 60 avions, de la garnison allemande, voulant éviter la destruction des ponts de la Seine qui était prescrite par Hitler et sauver les prisonniers politiques et militaires, avaient cru devoir se ranger aux suggestions de M. Nordling, consul-général de Suède, et conclure par son intermédiaire une trêve avec le général von Choltitz, commandant les forces ennemies dans Paris et la banlieue.

Cette nouvelle me fit, je dois le dire, une désagréable impression. D'autant plus, qu'à l'heure où j'apprenais la conclusion de la trêve, celle-ci ne correspondait pas à la situation militaire puisque Leclerc se mettait en marche. Mais, le 23 au matin, au moment où je quittais Le Mans, j'étais informé que la trêve, mal accueillie par la plupart des combattants, n'avait été que partiellement observée, bien qu'elle eût permis à Parodi et à Roland-Pré, arrêtés par les Allemands sur le boulevard Saint-Germain, d'être remis en liberté après une entrevue avec Choltitz lui-même. On me faisait savoir, en outre, que le combat avait repris dans la soirée du 21, que les préfectures, les ministères, les mairies, étaient toujours aux mains des nôtres, que partout les Parisiens élevaient des barricades et que le général allemand, tout en faisant tenir solidement ses points d'appui, ne s'engageait nullement dans la répression. Ces ménagements lui étaient-ils inspirés par la crainte du lendemain, le souci d'épargner Paris, ou bien par un accord qu'il avait fait avec les alliés dont les agents apparaissaient jusque dans son état-major depuis qu'Oberg et la Gestapo avaient quitté la capitale? Je ne pouvais le démêler, mais j'étais porté à croire qu'en tous cas le secours arriverait à temps.

Nul n'en doutait le long de la route que je suivis ce 23 août. Passant entre deux haies de drapeaux claquant au vent et de gens criant : « Vive de Gaulle ! » je me sentais entraîné par une espèce de fleuve de joie. A La Ferté-Bernard, à Nogent-le-Rotrou, à Chartres, ainsi que dans tous les bourgs et les villages traversés, il me fallait m'arrêter devant le déferlement des hommages populaires et parler au nom de la France retrouvée. Dans l'après-midi, doublant les colonnes de la 2e Division blindée, je m'établis au château de Rambouillet. Sur la route, Leclerc m'avait écrit qu'il se trouverait dans la ville. Je le convoquai aussitôt.

Son plan d'attaque était prêt. Si le gros de sa division, qui accourait d'Argentan, ne devait être en place que dans la nuit, des éléments avancés tenaient, sur la ligne : Athis-Mons, Palaiseau, Toussus-le-Noble, Trappes, le contact d'un ennemi retranché et résolu. Il fallait percer cette position. L'effort principal serait mené par le Groupement Billotte, prenant comme axe la route d'Orléans à Paris par Antony. Le Groupement de Langlade agirait par Toussus-le-Noble et Clamart, tandis qu'un détachement commandé par Morel-Deville le couvrirait vers Versailles. Quant au Groupement Dio, provisoirement en réserve, il suivrait celui de Billotte. L'action commencerait le lendemain au point du jour. J'approuvai ces dispositions et prescrivis à Leclerc de fixer à la gare Montparnasse son poste de commandement quand il serait entré dans Paris. C'est là que je le retrouverais afin de régler la suite. Alors, regardant ce jeune chef en proie déjà à la bataille et qui voyait offrir à sa valeur un concours extraordinaire de circonstances bien agencées, je lui dis : « Vous avez de la chance ! » Je pensais aussi, qu'à la guerre, la chance des généraux c'est l'honneur des gouvernements.

Le Dr Favreau, parti le matin de Paris, était arrivé l'après-midi à Rambouillet. Il m'apportait un rapport de Luizet. D'après le préfet de police, la Résistance avait conquis la maîtrise de la rue. Les Allemands se trouvaient, à présent, enfermés dans leurs points d'appui, sauf à risquer, de temps en temps, quelques raids d'engins blindés. Justement, la radio de Londres annonçait, ce soir-là, que les forces de l'intérieur avaient libéré Paris. Le roi George VI m'enverrait, le lendemain, un télégramme de félicitations qui serait aussitôt publié. L'information et la dépêche étaient, certes, prématurées. Mais sans doute avaient-elles pour but d'amener les Américains à surmonter leurs arrière-pensées que n'approuvaient pas les Anglais. Le contraste que je notais entre la chaleureuse satisfaction marquée par la B. B. C. au sujet des événements de Paris et le ton réservé, voire empreint d'un peu d'aigreur, de la « Voix de l'Amérique » me donnait à entendre que, cette fois, Londres et Washington ne s'accordaient pas tout à fait pour ce qui concernait la France.

Je renvoyai à Paris le vaillant Favreau, porteur de la réponse que j'adressais à Luizet. J'y précisais mon intention d'aller d'abord, non point à l'Hôtel de Ville où siégeaient le Conseil de la Résistance et le Comité parisien de la libération, mais « au centre ». Dans mon esprit, cela signifiait au ministère de la Guerre, centre tout indiqué pour le gouvernement et le commandement français. Ce n'était point que je n'eusse hâte de prendre contact avec les chefs de l'insurrection parisienne. Mais je voulais qu'il fût établi que l'État, après des épreuves qui n'avaient pu ni le détruire, ni l'asservir, rentrait d'abord, tout simplement, chez lui. Lisant les journaux : *Combat*, *Défense de la France*, *Franc-Tireur*, *Front national*, *l'Humanité*, *Libération*, *le Populaire*, que les éléments politiques de la Résistance publiaient à Paris depuis deux jours, aux lieu et place des feuilles de la collaboration, je me trouvais, tout à la fois, heureux de l'esprit de lutte qui y était exprimé et confirmé dans ma volonté de n'accepter pour mon pouvoir aucune sorte d'investiture, à part celle que la voix des foules me donnerait directement.

C'est ce que je déclarai, d'autre part, à Alexandre de Saint-Phalle, associé à ma délégation et dont je connaissais l'influence dans les milieux d'affaires. Il arrivait, en compagnie de Jean Laurent directeur de la banque d'Indochine, de M. Rolf Nordling frère du consul-général de Suède et du baron autrichien Poch-Pastor, officier de l'armée allemande, aide de camp de Choltitz et agent des alliés. Tous quatre étaient sortis de Paris dans la nuit du 22 août dans le but d'obtenir du commandement américain l'intervention rapide des troupes régulières. Ayant appris d'Eisenhower que Leclerc était déjà en route, ils venaient se présenter à moi. Saint-Phalle me suggéra de convoquer l'assemblée « nationale » dès mon entrée à Paris, afin qu'un vote de confiance parlementaire conférât à mon gouvernement le caractère de la légalité. Je répondis par la négative. Cependant, la composition et l'odyssée de cette délégation m'ouvraient d'étranges perspectives sur l'état d'esprit du commandement local allemand. Les quatre « missionnaires » étaient munis de deux laissez-passer, l'un délivré par Parodi, l'autre par le général von Choltitz. En franchissant les postes ennemis, ils avaient entendu les soldats gronder : « Trahison ! »

Le 24, dans la soirée, le gros de la 2e Division blindée, après de rudes engagements, parvenait à proximité immédiate de Paris ; Billotte et Dio s'étant emparés de Fresnes et de la Croix de Berny et Langlade tenant le pont de Sèvres. Un détachement commandé par le capitaine Dronne avait atteint l'Hôtel de Ville. La journée du lendemain serait employée à forcer les dernières résistances extérieures de l'ennemi, puis à régler leur compte à ses points d'appui dans la ville, enfin à assurer la couverture vers Le Bourget. Leclerc pousserait le Groupement Billotte par la porte de Gentilly, le Luxembourg, l'Hôtel de Ville, le Louvre, jusqu'à l'*Hôtel Meurice*, poste de commandement du général von Choltitz. Le Groupement Dio franchirait la porte d'Orléans et marcherait sur les blocs organisés de l'École militaire et du Palais-Bourbon, en deux colonnes : celle de Noiret suivant les boulevards extérieurs jusqu'au viaduc d'Auteuil et remontant ensuite la Seine, celle de Rouvillois passant par Montparnasse et les Invalides. Quant à l'Étoile et au *Majestic*, ce serait le lot du Groupement de Langlade. Tout le monde se retrouverait en liaison à la Concorde. A la droite de Leclerc, les Américains devaient diriger une fraction de leur 4e Division sur la place d'Italie et la gare d'Austerlitz.

Le 25 août, rien ne va manquer de ce qui est décidé. J'ai moi-même, par avance, fixé ce que je dois faire dans la capitale libérée. Cela consiste à rassembler les âmes en un seul élan national, mais aussi à faire paraître tout de suite la figure et l'autorité de l'État. Tandis qu'arpentant la terrasse de Rambouillet je suis tenu, d'heure en heure, informé de l'avance de la 2e Division blindée, j'évoque les malheurs qu'une armée mécanique faite de sept unités semblables aurait pu, naguère, nous éviter. Alors, considérant la cause de l'impuissance qui nous en avait privés, c'est-à-dire la carence du pouvoir, je suis d'autant plus résolu à ne pas laisser entamer le mien. La mission dont je suis investi me semble aussi claire que possible. Montant en voiture pour entrer à Paris, je me sens, à la fois, étreint par l'émotion et rempli de sérénité.

Que de gens, sur la route, guettent mon passage ! Que de drapeaux flottent du haut en bas des maisons ! A partir de Longjumeau, la multitude va grossissant. Vers Bourg-la-Reine, elle s'entasse. A la porte d'Orléans, près de laquelle on tiraille encore, c'est une exultante marée. L'avenue d'Orléans est noire de monde. On suppose, évidemment, que je me rends à l'Hôtel de Ville. Mais, bifurquant par l'avenue du Maine presque déserte en comparaison, j'atteins la gare Montparnasse vers 4 heures de l'après-midi.

Le général Leclerc vient d'y arriver. Il me rend compte de la reddition du général von Choltitz. Celui-ci, après une ultime négociation menée par M. Nordling, s'est rendu personnellement au commandant de La Horie chef d'état-major de Billotte. Puis, amené par celui-ci à la Préfecture de police, il a signé avec Leclerc une convention aux termes de laquelle les points d'appui allemands dans Paris doivent cesser la résistance. Plusieurs ont, d'ailleurs, été pris de vive force dans la journée. Pour les autres, le général allemand vient de rédiger à l'instant un ordre qui prescrit aux défenseurs de déposer les armes et de se constituer prisonniers. Des officiers de l'état-major de Choltitz, accompagnés d'officiers français, vont aller notifier l'ordre aux troupes allemandes. J'aperçois justement mon fils, enseigne de vaisseau au 2e Régiment blindé de fusiliers-marins, qui part pour le Palais-Bourbon en compagnie d'un major allemand, afin de recevoir la reddition de la garnison. L'issue des combats de Paris est aussi satisfaisante que possible. Nos troupes remportent une victoire complète sans que la ville ait subi les destructions, la population les pertes, que l'on pouvait redouter.

J'en félicite Leclerc. Quelle étape sur la route de sa gloire ! J'en félicite aussi Rol-Tanguy que je vois à ses côtés. C'est, en effet, l'action des forces de l'intérieur qui a, au cours des précédentes journées, chassé l'ennemi de nos rues, décimé et démoralisé ses troupes, bloqué ses unités dans leurs îlots fortifiés. En outre, depuis le matin, les groupes de partisans, qui n'ont qu'un bien pauvre armement ! assistent bravement les troupes régulières dans le nettoyage des nids de résistance allemands. Même, à eux seuls, ils viennent de réduire le bloc de la caserne Clignancourt. Cependant, lisant l'exemplaire de la capitulation ennemie que me présente Leclerc, je désapprouve la mention qu'il y a inscrite après coup sur les objurgations de Rol-Tanguy et suivant laquelle c'est à Rol, comme à lui, que s'est rendu le commandement allemand. « D'abord, lui dis-je, cela n'est pas exact. D'autre part, vous êtes, dans l'affaire, l'officier le plus élevé en grade, par conséquent seul responsable. Mais, surtout, la réclamation qui vous a conduit à admettre ce libellé procède d'une tendance inacceptable. » Je fais lire à Leclerc la proclamation publiée, le matin même, par le Conseil national de la Résistance se donnant pour « la nation française » et ne faisant aucune allusion au gouvernement, ni au général de Gaulle. Leclerc comprend aussitôt. De tout mon cœur, je donne l'accolade à ce noble compagnon.

Quittant la gare Montparnasse, je prends la direction du ministère de la Guerre où m'a précédé une petite avant-garde conduite par le colonel de Chevigné. Le cortège est modeste. Quatre voitures : la mienne, celle de Le Troquer, celle de Juin, une automitrailleuse. Nous voulions suivre le boulevard des Invalides jusqu'à la rue Saint-Dominique. Mais, à hauteur de Saint-François-Xavier, une fusillade partie des maisons avoisinantes nous détermine à prendre les rues Vaneau et de Bourgogne. A 5 heures, nous arrivons.

Immédiatement, je suis saisi par l'impression que rien n'est changé à l'intérieur de ces lieux vénérables. Des événements gigantesques ont bouleversé l'univers. Notre armée fut anéantie. La France a failli sombrer. Mais, au ministère de la Guerre, l'aspect des choses demeure immuable. Dans la cour, un peloton de la garde républicaine rend les honneurs, comme autrefois. Le vestibule, l'escalier, les décors d'armures, sont tout juste tels qu'ils étaient. Voici, en personne, les huissiers qui, naguère, faisaient le service. J'entre dans le « bureau du ministre » que M. Paul Reynaud et moi quittâmes ensemble dans la nuit du 10 juin 1940. Pas un meuble, pas une tapisserie, pas un rideau, n'ont été déplacés. Sur la table, le téléphone est resté à la même place et l'on voit, inscrits sous les boutons d'appel, exactement les mêmes noms. Tout à l'heure, on me dira qu'il en est ainsi des autres immeubles où s'encadrait la République. Rien n'y manque, excepté l'État. Il m'appartient de l'y remettre. Aussi m'y suis-je d'abord installé.

Luizet vient me faire son compte rendu. C'est ensuite le tour de Parodi. Tous deux sont radieux, soucieux, épuisés par la semaine sans répit ni sommeil qu'ils viennent de vivre. Pour eux, dans l'immédiat, deux problèmes dominent tout : l'ordre public et le ravitaillement. Ils me dépeignent l'irritation qu'ont ressentie le Conseil de la Résistance et le Comité parisien de la libération quand ils apprirent que je n'allais pas à eux, tout droit, pour commencer. J'en répète les raisons au ministre délégué et au préfet de police. Mais, tout à l'heure, partant de chez moi, je me rendrai à l'Hôtel de Ville après être, toutefois, allé à la Préfecture pour saluer la police parisienne. Nous arrêtons le plan de ces visites. Puis, je fixe celui du défilé du lendemain, dont Parodi et Luizet se montrent à la fois enthousiasmés et préoccupés. Après leur départ, je reçois un message du général Kœnig. Il n'a pu m'accompagner au cours de cette grande journée. Car, le matin, Eisenhower l'a fait prier de venir signer avec lui l'accord réglant les rapports de notre administration et du commandement allié. C'est fait ! Mieux vaut tard que jamais.

A 7 heures du soir, inspection de la police parisienne dans la cour de la Préfecture. A voir ce corps, que son service maintint sur place sous l'occupation, tout frémissant aujourd'hui de joie et de fierté, on discerne qu'en donnant le signal et l'exemple du combat les agents ont pris leur revanche d'une longue humiliation. Ils ont aussi, à juste titre, saisi l'occasion d'accroître leur prestige et leur popularité. Je le leur dis. Les hourrahs s'élèvent des rangs. Alors, à pied, accompagné de Parodi, de Le Troquer, de Juin et de Luizet, fendant difficilement la foule qui m'enveloppe d'assourdissantes clameurs, je parviens à l'Hôtel de Ville. Devant le bâtiment, un détachement des forces de l'intérieur, sous les ordres du commandant Le Percq, rend impeccablement les honneurs.

Au bas de l'escalier, Georges Bidault, André Tollet et Marcel Flouret accueillent le général de Gaulle. Sur les marches, des combattants, les larmes aux yeux, présentent leurs armes. Sous un tonnerre de vivats, je suis conduit au centre du salon du premier étage. Là, sont groupés les membres du Conseil national de la Résistance et du Comité parisien de la libération. Tout autour, se tiennent de nombreux compagnons. Beaucoup ont, au bras, l'insigne des forces de l'intérieur, tel qu'il a été fixé par un décret du gouvernement. Tous portent la croix de Lorraine. Parcourant du regard cette assemblée vibrante d'enthousiasme, d'affection, de curiosité, je sens que, tout de suite, nous nous sommes reconnus, qu'il y a entre nous, combattants du même combat, un lien incomparable et que si l'assistance contient des divergences vigilantes, des ambitions en activité, il suffit que la masse et moi nous trouvions ensemble pour que notre unité l'emporte sur tout le reste. D'ailleurs, malgré la fatigue qui se peint sur les visages, l'excitation des périls courus et des événements vécus, je ne vois pas un seul geste, je n'entends pas un seul mot, qui ne soient d'une dignité parfaite. Admirable réussite d'une réunion depuis longtemps rêvée et qu'ont payée tant d'efforts, de chagrins, de morts !

Le sentiment a parlé. C'est au tour de la politique. Elle aussi le fait noblement. Georges Marrane, substitué à André Tollet, me salue en termes excellents au nom de la nouvelle municipalité parisienne. Puis, Georges Bidault m'adresse une allocution de la plus haute tenue. Dans ma réponse, improvisée, j'exprime « l'émotion sacrée qui nous étreint tous, hommes et femmes, en ces minutes qui dépassent chacune de nos pauvres vies. » Je constate que « Paris a été libéré par son peuple, avec le concours de l'armée et l'appui de la France tout entière. » Je ne manque pas d'associer au succès « les troupes françaises qui, en ce moment, remontent la vallée du Rhône » et les forces de nos alliés. Enfin, j'appelle la nation au devoir de guerre et, pour qu'elle puisse le remplir, à l'unité nationale.

J'entre dans le bureau du préfet de la Seine. Marcel Flouret m'y présente les principaux fonctionnaires de son administration. Comme je me dispose à partir, Georges Bidault s'écrie : « Mon général ! Voici, autour de vous, le Conseil national de la Résistance et le Comité parisien de la libération. Nous vous demandons de proclamer solennellement la République devant le peuple ici rassemblé. » Je réponds : « La République n'a jamais cessé d'être. La France Libre, la France Combattante, le Comité français de la libération nationale, l'ont, tour à tour, incorporée. Vichy fut toujours et demeure nul et non avenu. Moi-même suis le président du Gouvernement de la République. Pourquoi irais-je la proclamer? » Allant à une fenêtre, je salue de mes gestes la foule qui remplit la place et me prouve, par ses acclamations, qu'elle ne demande pas autre chose. Puis, je regagne la rue Saint-Dominique.

Dans la soirée, Leclerc me fait le bilan des combats à l'intérieur de Paris. La reddition de tous les points d'appui allemands est, à présent, chose faite. Le bloc dit « du Luxembourg », qui englobait le palais, l'École des mines et le lycée Montaigne, celui de la place de la République, organisé dans la caserne du Prince Eugène et complété par le central téléphonique de la rue des Archives, ont cessé le feu les derniers. Nos troupes ont fait, dans la journée, 14 800 prisonniers.

3 200 Allemands sont morts, sans compter ceux, — au moins un millier, — que les partisans, à eux seuls, ont tués les jours précédents. Les pertes de la 2e Division blindée se montent à 28 officiers et 600 soldats. Quant aux forces de l'intérieur, le professeur Pasteur Vallery-Radot, qui a pris en charge le service de santé, évalue à 2 500 hommes tués ou blessés ce que leur ont coûté les combats qu'elles mènent depuis six jours. En outre, plus de 1 000 civils sont tombés.

Leclerc m'indique qu'au nord de Paris la pression de l'ennemi continue à se faire sentir. A Saint-Denis, à La Villette, des éléments ont refusé de déposer les armes, en alléguant qu'ils ne sont pas sous les ordres de Choltitz. Une partie de la 47e Division allemande est en train de s'installer au Bourget et à Montmorency, sans doute pour couvrir des colonnes qui battent en retraite plus au nord. L'adversaire pousse des pointes jusqu'aux entrées de la capitale. Le général Gerow, commandant le 5e Corps d'armée américain, auquel la 2e Division blindée est toujours rattachée pour les opérations, lui a donné la mission de prendre le contact des positions allemandes en vue de les attaquer.

Pourtant, je suis — plus que jamais — résolu à suivre, le lendemain, l'itinéraire : Étoile - Notre-Dame, en y donnant rendez-vous au peuple et j'entends que la 2e Division blindée participe à la cérémonie. Sans doute la manifestation va-t-elle comporter quelque risque. Mais cela en vaut la peine. Il me paraît, d'ailleurs, très peu probable que les arrière-gardes allemandes, se transformant soudain en avant-gardes, marchent vers le centre de Paris dont toute la garnison est, à présent, prisonnière. Des précautions, en tous cas, sont à prendre.

Je conviens avec Leclerc qu'un groupement tactique, commandé par Roumiantzoff, sera porté, dès le matin, en couverture vers Le Bourget et s'agglomérera les fractions des forces de l'intérieur qui escarmouchent de ce côté. Le reste de la Division sera, pendant le défilé, formé en trois autres groupements qui se tiendront en alerte respectivement à l'Arc de triomphe, au Rond-Point des Champs-Élysées et devant la Basilique et qui, s'il en est besoin, se porteront aux points voulus. Leclerc lui-même, marchant derrière moi, restera en communication constante avec ses divers éléments. Puisque le commandement allié n'a pas jugé bon de prendre avec moi la moindre liaison, je charge Leclerc de lui faire connaître les dispositions que j'ai arrêtées. Ce commandement a, d'ailleurs, tous les moyens nécessaires pour suppléer, le cas échéant, à la réserve momentanée d'une partie de la Division française. Aux prescriptions contraires qui lui viendraient des alliés, Leclerc devra donc répondre qu'il maintient son dispositif, conformément aux ordres du général de Gaulle.

La matinée du samedi 26 août n'apporte rien qui soit de nature à modifier mon projet. Sans doute suis-je averti que Gerow somme Leclerc de se tenir et de tenir ses troupes en dehors de la manifestation. Le général américain m'envoie même un officier pour m'en prévenir directement. Il va de soi que je passe outre, non sans noter ce qu'en un tel jour, en un tel lieu, une telle attitude, qui n'a certes pas été prise sans instructions reçues d'en-haut, témoigne d'incompréhension. Je dois dire, qu'à part cet incident aussi vain que désobligeant, nos alliés ne tentent aucunement de se mêler des affaires de la capitale. Le général Kœnig qui prend les fonctions de gouverneur militaire, poste auquel je l'ai nommé le 21 août, le préfet de la Seine, le préfet de police, n'auront pas à relever le moindre essai d'empiétement. Nulle troupe américaine n'est stationnée dans Paris et les éléments qui ont passé la veille du côté de la place d'Italie et de la gare de Lyon se sont retirés aussitôt. N'était la présence de reporters et de photographes, les alliés ne prendront aucune part au défilé qui va avoir lieu. Sur le parcours, il n'y aura que des Françaises et des Français.

Mais il y en aura beaucoup. Dès la veille au soir, la radio, que Jean Guignebert, Pierre Crénesse et leur équipe s'acharnent à remettre en état et en action, annonce la cérémonie. Au cours de la matinée, on me rapporte que de toute la ville et de toute la banlieue, dans ce Paris qui n'a plus de métro, ni d'autobus, ni de voitures, d'innombrables piétons sont en marche. A 3 heures de l'après-midi, j'arrive à l'Arc de triomphe. Parodi et Le Troquer, membres du gouvernement, Bidault et le Conseil national de la Résistance, Tollet et le Comité parisien de la libération, des officiers généraux : Juin, Kœnig, Leclerc, d'Argenlieu, Valin, Bloch-Dassault, les préfets : Flouret et Luizet, le délégué militaire Chaban-Delmas, beaucoup de chefs et de combattants des forces de l'intérieur, se tiennent auprès du tombeau. Je salue le Régiment du Tchad, rangé en bataille devant l'Arc et dont les officiers et les soldats, debout sur leurs voitures, me regardent passer devant eux, à l'Étoile, comme un rêve qui se réalise. Je ranime la flamme. Depuis le 14 juin 1940, nul n'avait pu le faire qu'en présence de l'envahisseur. Puis, je quitte la voûte et le terre-plein. Les assistants s'écartent. Devant moi, les Champs-Élysées !

Ah ! C'est la mer ! Une foule immense est massée de part et d'autre de la chaussée. Peut-être deux millions d'âmes. Les toits aussi sont noirs de monde. A toutes les fenêtres s'entassent des groupes compacts, pêle-mêle avec des drapeaux. Des grappes humaines sont accrochées à des échelles, des mâts, des réverbères. Si loin que porte ma vue, ce n'est qu'une houle vivante, dans le soleil, sous le tricolore.

Je vais à pied. Ce n'est pas le jour de passer une revue où brillent les armes et sonnent les fanfares. Il s'agit, aujourd'hui, de rendre à lui-même, par le spectacle de sa joie et l'évidence de sa liberté, un peuple qui fut, hier, écrasé par la défaite et dispersé par la servitude. Puisque chacun de ceux qui sont là a, dans son cœur, choisi Charles de Gaulle comme recours de sa peine et symbole de son espérance, il s'agit qu'il le voie, familier et fraternel, et qu'à cette vue resplendisse l'unité nationale. Il est vrai que des états-majors se demandent si l'irruption d'engins blindés ennemis ou le passage d'une escadrille jetant des bombes ou mitraillant le sol ne vont pas décimer cette masse et y déchaîner la panique. Mais moi, ce soir, je crois à la fortune de la France. Il est vrai que le service d'ordre craint de ne pouvoir contenir la poussée de la multitude. Mais je pense, au contraire, que celle-ci se disciplinera. Il est vrai qu'au cortège des compagnons qui ont qualité pour me suivre se joignent, indûment, des figurants de supplément. Mais ce n'est pas eux qu'on regarde. Il est vrai, enfin, que moi-même n'ai pas le physique, ni le goût, des attitudes et des gestes qui peuvent flatter l'assistance. Mais je suis sûr qu'elle ne les attend pas.

Je vais donc, ému et tranquille, au milieu de l'exultation indicible de la foule, sous la tempête des voix qui font retentir mon nom, tâchant, à mesure, de poser mes regards sur chaque flot de cette marée afin que la vue de tous ait pu entrer dans mes yeux, élevant et abaissant les bras pour répondre aux acclamations. Il se passe, en ce moment, un de ces miracles de la conscience nationale, un de ces gestes de la France, qui parfois, au long des siècles, viennent illuminer notre Histoire. Dans cette communauté, qui n'est qu'une seule pensée, un seul élan, un seul cri, les différences s'effacent, les individus disparaissent. Innombrables Français dont je m'approche tour à tour, à l'Étoile, au Rond-Point, à la Concorde, devant l'Hôtel de Ville, sur le parvis de la Cathédrale, si vous saviez comme vous êtes pareils ! Vous, les enfants, si pâles ! qui trépignez et criez de joie ; vous, les femmes, portant tant de chagrins, qui me jetez vivats et sourires ; vous, les hommes, inondés d'une fierté longtemps oubliée, qui me criez votre merci ; vous, les vieilles gens, qui me faites l'honneur de vos larmes, ah ! comme vous vous ressemblez ! Et moi, au centre de ce déchaînement, je me sens remplir une fonction qui dépasse de très haut ma personne, servir d'instrument au destin.

Mais il n'y a pas de joie sans mélange, même à qui suit la voie triomphale. Aux heureuses pensées qui se pressent dans mon esprit beaucoup de soucis sont mêlés. Je sais bien que la France tout entière ne veut plus que sa libération. La même ardeur à revivre qui éclatait, hier, à Rennes et à Marseille et, aujourd'hui, transporte Paris se révélera demain à Lyon, Rouen, Lille, Dijon, Strasbourg, Bordeaux. Il n'est que de voir et d'entendre pour être sûr que le pays veut se remettre debout. Mais la guerre continue. Il reste à la gagner. De quel prix, au total, faudra-t-il payer le résultat? Quelles ruines s'ajouteront à nos ruines? Quelles pertes nouvelles décimeront nos soldats? Quelles peines morales et physiques auront à subir encore les Français prisonniers de guerre? Combien reviendront parmi nos déportés, les plus militants, les plus souffrants, les plus méritants de nous tous? Finalement, dans quel état se retrouvera notre peuple et au milieu de quel univers?

Il est vrai que s'élèvent autour de moi d'extraordinaires témoignages d'unité. On peut donc croire que la nation surmontera ses divisions jusqu'à la fin du conflit ; que les Français, s'étant reconnus, voudront rester rassemblés afin de refaire leur puissance ; qu'ayant choisi leur but et trouvé leur guide, ils se donneront des institutions qui leur permettent d'être conduits. Mais je ne puis, non plus, ignorer l'obstiné dessein des communistes, ni la rancune de tant de notables qui ne me pardonnent pas leur erreur, ni le prurit d'agitation qui, de nouveau, travaille les partis. Tout en marchant à la tête du cortège, je sens qu'en ce moment même des ambitions me font escorte en même temps que des dévouements. Sous les flots de la confiance du peuple, les récifs de la politique ne laissent pas d'affleurer.

A chaque pas que je fais sur l'axe le plus illustre du monde, il me semble que les gloires du passé s'associent à celle d'aujourd'hui. Sous l'Arc, en notre honneur, la flamme s'élève allègrement. Cette avenue, que l'armée triomphante suivit il y a vingt-cinq ans, s'ouvre radieuse devant nous. Sur son piédestal, Clemenceau, que je salue en passant, a l'air de s'élancer pour venir à nos côtés. Les marronniers des Champs-Élysées, dont rêvait l'Aiglon prisonnier et qui virent, pendant tant de lustres, se déployer les grâces et les prestiges français, s'offrent en estrades joyeuses à des milliers de spectateurs. Les Tuileries, qui encadrèrent la majesté de l'État sous deux empereurs et sous deux royautés, la Concorde et le Carrousel qui assistèrent aux déchaînements de l'enthousiasme révolutionnaire et aux revues des régiments vainqueurs ; les rues et les ponts aux noms de batailles gagnées ; sur l'autre rive de la Seine, les Invalides, dôme étincelant encore de la splendeur du Roi-Soleil, tombeau de Turenne, de Napoléon, de Foch ; l'Institut, qu'honorèrent tant d'illustres esprits, sont les témoins bienveillants du fleuve humain qui coule auprès d'eux. Voici, qu'à leur tour : le Louvre, où la continuité des rois réussit à bâtir la France ; sur leur socle, les statues de Jeanne d'Arc et de Henri IV ; le palais de Saint-Louis dont, justement, c'était hier la fête ; Notre-Dame, prière de Paris, et la Cité, son berceau, participent à l'événement. L'Histoire, ramassée dans ces pierres et dans ces places, on dirait qu'elle nous sourit.

Mais, aussi, qu'elle nous avertit. Cette même Cité fut Lutèce, subjuguée par les légions de César, puis Paris, que seule la prière de Geneviève put sauver du feu et du fer d'Attila. Saint-Louis, croisé délaissé, mourut aux sables de l'Afrique. A la porte Saint-Honoré, Jeanne d'Arc fut repoussée par la Ville qu'elle venait rendre à la France. Tout près d'ici, Henri IV tomba victime d'une haine fanatique. La révolte des Barricades, le massacre de la Saint-Barthélemy, les attentats de la Fronde, le torrent furieux du 10 août, ensanglantèrent les murailles du Louvre. A la Concorde, roulèrent sur le sol la tête du roi et celle de la reine de France. Les Tuileries virent le naufrage de la vieille monarchie, le départ pour l'exil de Charles X et de Louis-Philippe, le désespoir de l'Impératrice, pour être finalement mis en cendres, comme l'ancien Hôtel de Ville. De quelle désastreuse confusion le Palais-Bourbon fut-il fréquemment le théâtre ! Quatre fois, en l'espace de deux vies, les Champs-Élysées durent subir l'outrage des envahisseurs défilant derrière d'odieuses fanfares. Paris, ce soir, s'il resplendit des grandeurs de la France, tire les leçons des mauvais jours.

Vers 4 heures et demie, je vais, comme prévu, entrer à Notre-Dame. Tout à l'heure, rue de Rivoli, je suis monté en voiture et, après un court arrêt sur le perron de l'Hôtel de Ville, j'arrive place du Parvis. Le cardinal-archevêque ne m'accueillera pas au seuil de la basilique. Non point qu'il ne l'eût désiré. Mais l'autorité nouvelle l'a prié de s'abstenir. En effet, Mgr Suhard a cru devoir, il y a quatre mois, recevoir solennellement ici le maréchal Pétain lors de son passage dans Paris occupé par les Allemands, puis, le mois dernier, présider le service funèbre que Vichy a fait célébrer après la mort de Philippe Henriot. De ce fait, beaucoup de résistants s'indignent à l'idée que le prélat pourrait, dès à présent, introduire dans la cathédrale le général de Gaulle. Pour moi, sachant que l'Église se considère comme obligée d'accepter « l'ordre établi », n'ignorant pas que chez le cardinal la piété et la charité sont à ce point éminentes qu'elles laissent peu de place dans son âme à l'appréciation de ce qui est temporel, j'aurais volontiers passé outre. Mais l'état de tension d'un grand nombre de combattants au lendemain de la bataille et ma volonté d'éviter toute manifestation désobligeante pour Mgr Suhard m'ont amené à approuver ma délégation qui l'a prié de demeurer à l'archevêché pendant la cérémonie. Ce qui va se passer me confirmera dans l'idée que cette mesure était bonne.

A l'instant où je descends de voiture, des coups de fusil éclatent sur la place. Puis, aussitôt, c'est un feu roulant. Tout ce qui a une arme se met à tirer à l'envi. Ce sont les toits qu'on vise à tout hasard. Les hommes des forces de l'intérieur font, de toutes parts, parler la poudre. Mais je vois même les briscards du détachement de la 2e Division blindée, en position près du portail, cribler de balles les tours de Notre-Dame. Il me paraît tout de suite évident qu'il s'agit là d'une de ces contagieuses tirailleries que l'émotion déclenche parfois dans des troupes énervées, à l'occasion de quelque incident fortuit ou provoqué. En ce qui me concerne, rien n'importe davantage que de ne point céder au remous. J'entre donc dans la cathédrale. Faute de courant, les orgues sont muettes. Par contre, des coups de feu retentissent à l'intérieur. Tandis que je me dirige vers le chœur, l'assistance, plus ou moins courbée, fait entendre ses acclamations. Je prends place, ayant derrière moi mes deux ministres : Le Troquer et Parodi. Les chanoines sont à leurs stalles. L'archiprêtre, Mgr Brot, vient me transmettre le salut, les regrets et la protestation du cardinal. Je le charge d'exprimer à Son Éminence mon respect en matière religieuse, mon désir de réconciliation au point de vue national et mon intention de le recevoir avant peu.

Le *Magnificat* s'élève. En fut-il jamais chanté de plus ardent? Cependant, on tire toujours. Plusieurs gaillards, postés dans les galeries supérieures, entretiennent la fusillade. Aucune balle ne siffle à mes oreilles. Mais les projectiles, dirigés vers la voûte, arrachent des éclats, ricochent, retombent. Plusieurs personnes en sont atteintes. Les agents, que le préfet de police fait monter jusqu'aux parties les plus hautes de l'édifice, y trouveront quelques hommes armés ; ceux-ci disant qu'ils ont fait feu sur des ennemis indistincts. Bien que l'attitude du clergé, des personnages officiels, des assistants, ne cesse pas d'être exemplaire, j'abrège la cérémonie. Aux abords de la cathédrale, la pétarade a maintenant cessé. Mais, à la sortie, on m'apprend qu'en des points aussi éloignés que l'Étoile, le Rond-Point, l'Hôtel de Ville, les mêmes faits se sont produits exactement à la même heure. Il y a des blessés, presque tous par suite de bousculades.

Qui a tiré les premiers coups? L'enquête ne pourra l'établir. L'hypothèse des tireurs de toits, soldats allemands ou miliciens de Vichy, paraît fort invraisemblable. En dépit de toutes les recherches, on n'en a arrêté aucun. D'ailleurs, comment imaginer que des ennemis auraient pris des cheminées pour cibles au lieu de me viser moi-même quand je passais à découvert? On peut, si l'on veut, supposer que la coïncidence des fusillades en plusieurs points de Paris a été purement fortuite. Pour ma part, j'ai le sentiment qu'il s'est agi d'une affaire montée par une politique qui voudrait, grâce à l'émoi des foules, justifier le maintien d'un pouvoir révolutionnaire et d'une force d'exception. En faisant tirer, à heure dite, quelques coups de fusil vers le ciel, sans prévoir peut-être les rafales qui en seraient les conséquences, on a cherché à créer l'impression que des menaces se tramaient dans l'ombre, que les organisations de la Résistance devaient rester armées et vigilantes, que le « Comac », le Comité parisien de la libération, les comités de quartier, avaient à procéder eux-mêmes à toutes opérations de police, de justice, d'épuration qui protégeraient le peuple contre de dangereux complots.

Il va de soi que c'est l'ordre que j'entends, au contraire, faire régner. L'ennemi, d'ailleurs, se charge de rappeler que la guerre n'admet pas d'autre loi. A minuit, ses avions viennent bombarder la capitale, détruisant 500 maisons, incendiant la Halle aux vins, tuant ou blessant un millier de personnes. Si le dimanche 27 août est, pour la population, une journée de relative détente, si j'ai le loisir d'assister, au milieu de plusieurs milliers d'hommes des forces de l'intérieur, à l'office célébré par leur aumônier le P. Bruckeberger, si au fond d'une voiture je puis parcourir la ville, voir les traits des gens et l'aspect des choses sans être trop souvent reconnu, la 2e Division blindée n'en est pas moins engagée rudement du matin au soir. Au prix de pertes sensibles, le Groupement Dio s'empare de l'aérodrome du Bourget et le Groupement de Langlade enlève Stains, Pierrefitte, Montmagny.

Comme la lumière d'un projecteur révèle soudain le monument, ainsi la libération de Paris assurée par les Français eux-mêmes et la preuve donnée par le peuple de sa confiance en de Gaulle dissipent les ombres qui cachaient encore la réalité nationale. Conséquence ou coïncidence, il se produit une sorte d'ébranlement où s'écroulent divers obstacles qui encombraient encore la route. La journée du 28 août m'apporte un faisceau de nouvelles satisfaisantes.

J'apprends d'abord que dans la banlieue nord, après la prise de Gonesse par nos troupes, les Allemands sont en pleine retraite, ce qui met le point final à la bataille de Paris. D'autre part, Juin me présente les rapports de la Ire Armée, confirmant la reddition des garnisons ennemies, à Toulon le 22, à Marseille le 23, et annonçant que nos forces avancent rapidement vers Lyon de part et d'autre du Rhône, tandis que les Américains, suivant la route Napoléon dégagée par les maquisards, ont atteint déjà Grenoble. En outre, les comptes rendus de nos principaux délégués au sud de la Loire : Bénouville pour le Massif Central, le général Pfister pour le Sud-Ouest, signalent le repli des Allemands, les uns tentant de gagner la Bourgogne pour échapper à l'encerclement, les autres allant s'enfermer dans les poches fortifiées de la côte de l'Atlantique, tous aux prises avec les Forces françaises de l'intérieur qui attaquent leurs colonnes et harcèlent leurs cantonnements. Bourgès-Maunoury, délégué pour le Sud-Est, fait dire que les maquisards sont les maîtres du terrain dans les Alpes, l'Ain, la Drôme, l'Ardèche, le Cantal, le

Puy-de-Dôme, ce qui ne peut qu'accélérer la progression des généraux Patch et de Lattre. Dans l'Est et le Nord, enfin, se multiplie l'activité des nôtres, tandis que, dans l'Ardenne, le Hainaut, le Brabant, la Résistance belge mène, elle aussi, une vive guérilla. On peut prévoir que l'ennemi, enfoncé sur la Seine, poursuivi le long du Rhône, assailli en tous les points de notre sol, ne se rétablira plus qu'à proximité immédiate de la frontière du Reich. Ainsi notre pays, quelles que soient ses blessures, va-t-il trouver à bref délai la possibilité du redressement national.

A condition qu'il soit gouverné, ce qui exclut tout pouvoir parallèle au mien. Le fer est chaud. Je le bats. Le matin de ce 28 août, je réunis les vingt principaux chefs des partisans parisiens, pour les connaître, les féliciter, les prévenir de ma décision de verser les forces de l'intérieur dans les rangs de l'armée régulière. Entrent, ensuite, les secrétaires-généraux, dont il est clair qu'ils n'attendent d'instructions que de moi et de mes ministres. Puis, je reçois le bureau du Conseil national de la Résistance. Dans l'esprit des compagnons qui prennent place devant moi, il existe à la fois deux tendances que j'accueille d'une manière très différente. Leur fierté de ce qu'ils ont fait, je l'approuve sans réserves. Les arrière-pensées de certains quant à la direction de l'État, je ne saurais les admettre. Or, si la démonstration populaire du 26 août a achevé de mettre en lumière la primauté du général de Gaulle, il en est qui s'en tiennent encore au projet de constituer, à côté et en dehors de lui, une autorité autonome, d'ériger le Conseil en organisme permanent contrôlant le gouvernement, de confier au « Comac » les formations militaires de la Résistance, d'extraire de celles-ci des milices dites « patriotiques » qui agiront pour le compte du « peuple » entendu dans un certain sens. En outre, le Conseil a adopté un « programme du C. N. R. », énumération des mesures à appliquer dans tous les domaines, qu'on se propose de brandir constamment devant l'exécutif.

Tout en reconnaissant hautement la part que mes interlocuteurs ont prise à la lutte, je ne leur laisse aucun doute sur mes intentions à leur égard. Dès lors que Paris est arraché à l'ennemi, le Conseil national de la Résistance entre dans l'histoire glorieuse de la libération mais n'a plus de raison d'être en tant qu'organe d'action. C'est le gouvernement qui assume la responsabilité entière. Sans doute y ferai-je entrer tel ou tel membre du Conseil. Mais, alors, ceux-ci renonceront à toute solidarité qui ne sera pas ministérielle. Par contre, je compte intégrer le Conseil dans l'Assemblée consultative qui va arriver d'Alger et qui doit être élargie. Quant aux forces de l'intérieur, elles font partie de l'armée française. Le ministère de la Guerre prend donc directement en charge leur personnel et leurs armes à mesure qu'elles émergent de la clandestinité. Le « Comac » doit disparaître. Pour ce qui est de l'ordre public, il sera maintenu par la police et la gendarmerie avec, en cas de besoin, le concours des garnisons. Les milices n'ont plus d'objet. Celles qui existent seront dissoutes. Je donne lecture à mes visiteurs d'un ordre que je viens de signer prescrivant l'incorporation régulière des forces de la Résistance et chargeant le général Kœnig, gouverneur militaire, de faire immédiatement le nécessaire à Paris.

Après avoir recueilli les observations résignées ou véhémentes des membres du bureau, je mets un terme à l'audience. La conclusion que j'en tire c'est que certains tâcheront d'entretenir au-dehors des équivoques ou des malentendus pour garder sous leur obédience le plus possible d'éléments armés, qu'il y aura des formalités à remplir, des frictions à subir, des ordres à maintenir, mais que, pour finir, s'imposera l'autorité du gouvernement. Je tiens que, de ce côté, la route sera bientôt libre.

Elle l'est, désormais, du côté des Américains. Le général Eisenhower me rend visite. Nous nous félicitons l'un l'autre de l'heureuse issue des événements de Paris. Je ne lui cache pas, cependant, combien j'ai été mécontent de l'attitude de Gerow au moment même où j'entrais dans ma propre capitale et saisissais un chaudron bouillonnant. Je fais connaître au Commandant en chef que, pour des raisons qui tiennent au moral de la population et, éventuellement, au bon ordre, je garderai quelques jours à ma disposition directe la 2e Division blindée. Eisenhower m'annonce qu'il va installer son quartier-général à Versailles. Je l'en approuve, trouvant convenable qu'il ne réside pas à Paris et utile qu'il en soit proche. Au moment où il prend congé, j'exprime à ce bon et grand chef allié l'estime, la confiance et la reconnaissance du Gouvernement français. Tout à l'heure, les Américains, sans avoir consulté personne, publieront un communiqué suivant lequel le commandement militaire, conformément aux accords conclus, aurait transmis à l'administration française les pouvoirs qu'il était censé détenir en France. Bien entendu, rien n'a été, de la part des alliés, transmis de ce qu'on ne détenait pas et qu'on n'a jamais exercé. Mais l'amour-propre du Président a, sans doute, ses exigences, au demeurant d'autant plus grandes que la période électorale commence aux États-Unis et que, dans six semaines, Franklin Roosevelt affrontera le suffrage universel.

Quand le soir tombe, j'apprends le dernier acte du Maréchal « Chef de l'État. » Juin m'apporte une communication que l'amiral Auphan, ancien ministre de Vichy, lui a remise pour moi. Il s'agit d'une lettre et d'un mémoire que m'adresse l'amiral, me faisant connaître la mission qu'il a reçue du Maréchal et que celui-ci a formulée en deux documents secrets. Le premier est un acte dit « constitutionnel » du 27 septembre 1943, chargeant un collège de sept membres d'assurer sa fonction de « Chef de l'État » si lui-même en est empêché. Le second, daté du 11 août 1944, est un pouvoir donné par lui à l'amiral Auphan « de prendre, éventuellement, contact de sa part avec le général de Gaulle, à l'effet de trouver au problème politique français, au moment de la libération du territoire, une solution de nature à empêcher la guerre civile et à réconcilier tous les Français de bonne foi. » Le Maréchal précise, qu'au cas où Auphan ne pourrait lui en référer, « il lui fait confiance pour agir au mieux des intérêts de la patrie. » Mais il ajoute : « Pourvu que le principe de légitimité que j'incarne soit sauvegardé. »

L'amiral m'écrit que, le 20 août, ayant appris que le Maréchal était emmené par les Allemands, il a tenté de réunir le « collège ». Mais deux des membres désignés, Weygand et Bouthillier, se trouvent détenus en Allemagne; un, Léon Noël, ambassadeur de France, qui adhère à la Résistance depuis quatre ans, s'est formellement refusé à entrer dans la combinaison; deux, Porché vice-président du Conseil d'État et Gidel recteur de l'Université de Paris, ne se sont pas rendus à la convocation. Auphan, se voyant seul avec Caous procureur-général près la Cour de cassation, a considéré que le « collège » avait vécu avant d'être né et que lui-même se trouvait, désormais, « principal dépositaire des pouvoirs légaux du Maréchal. » Il me prie de le recevoir.

La démarche ne me surprend pas. Je sais que, depuis le début d'août, le Maréchal, qui s'attend à être sommé de partir pour l'Allemagne, a fait prendre des contacts avec des chefs de la Résistance. Henry Ingrand, commissaire de la République à Clermont-Ferrand, m'a rendu compte, le

14 août, d'une visite que lui a faite le capitaine Oliol envoyé par le Maréchal. Celui-ci proposait de se placer sous la sauvegarde des Forces françaises de l'intérieur et d'indiquer, en même temps, qu'il se retirait du pouvoir. Ingrand avait répondu que, si le Maréchal se rendait à lui, les Forces de l'intérieur assureraient sa sécurité. Mais Pétain n'avait pas donné suite à ce projet, empêché sans doute de le faire par les mesures de surveillance prises par les Allemands avant qu'ils ne l'emmènent à Belfort et à Sigmaringen. A présent, son mandataire me saisit d'une demande formelle de négociation.

Quel aboutissement ! Quel aveu ! Ainsi, dans l'anéantissement de Vichy, Philippe Pétain se tourne vers Charles de Gaulle. Voilà donc le terme de cette affreuse série d'abandons où, sous prétexte de « sauver les meubles, » on accepta la servitude. Quel insondable malheur fit qu'une pareille politique fut endossée par l'extrême vieillesse d'un chef militaire glorieux ! En lisant les textes que l'on m'a fait remettre de sa part, je me sens, tout à la fois, rehaussé dans ce qui fut toujours ma certitude et étreint d'une tristesse indicible. Monsieur le Maréchal ! Vous qui avez fait jadis si grand honneur à nos armes, vous qui fûtes autrefois mon chef et mon exemple, où donc vous a-t-on conduit ?

Mais quelle suite puis-je donner à cette communication ? En l'espèce, le sentiment ne saurait compter en face de la raison d'État. Le Maréchal évoque la guerre civile. S'il entend par là le heurt violent de deux fractions du peuple français, l'hypothèse est tout à fait exclue. Car, chez ceux qui furent ses partisans, personne, nulle part, ne se dresse contre mon pouvoir. Il n'y a pas, sur le sol libéré, un département, une ville, une commune, un fonctionnaire, un soldat, pas même un particulier, qui fassent mine de combattre de Gaulle par fidélité à Pétain. Quant aux représailles, que certaines fractions de la Résistance pourraient commettre à l'encontre des gens qui les ont persécutées en liaison avec l'ennemi, il incombe à l'autorité publique de s'y opposer, tout en assurant l'action de la justice. En cette matière, nul arrangement n'est imaginable.

Par-dessus tout, la condition que met Pétain à un accord avec moi est justement le motif qui rend cet accord impossible. La légitimité, qu'il prétend incarner, le Gouvernement de la République la lui dénie absolument, non point tant parce qu'il a recueilli naguère l'abdication d'un parlement affolé qu'en raison du fait qu'il a accepté l'asservissement de la France, pratiqué la collaboration officielle avec l'envahisseur, ordonné de combattre les soldats français et alliés de la libération, tandis que, pas un seul jour, il ne laissa tirer sur les Allemands. Au surplus, dans la mission donnée à Auphan par Pétain, non plus que dans l'adieu que le Maréchal vient d'adresser aux Français, pas une phrase ne condamne « l'armistice », ni ne crie : « Sus à l'ennemi ! » Or, il ne peut y avoir de gouvernement français légitime qui ait cessé d'être indépendant. Nous, Français, avons au cours du temps subi des désastres, perdu des provinces, payé des indemnités, mais jamais l'État n'a accepté la domination étrangère. Même le roi de Bourges, la Restauration de 1814 et celle de 1815, le gouvernement et l'assemblée de Versailles en 1871, ne se sont pas subordonnés. Si la France se reconnaissait dans un pouvoir qui portait le joug, elle se fermerait l'avenir.

Un appel venu du fond de l'Histoire, ensuite l'instinct du pays, m'ont amené à prendre en compte le trésor en déshérence, à assumer la souveraineté française. C'est moi qui détiens la légitimité. C'est en son nom que je puis appeler la nation à la guerre et à l'unité, imposer l'ordre, la loi, la justice, exiger au-dehors le respect des droits de la France. Dans ce domaine, je ne saurais le moins du monde renoncer, ni même transiger. Sans que je méconnaisse l'intention suprême qui inspire le message du Maréchal, sans que je mette en doute ce qu'il y a d'important, pour l'avenir moral de la nation, dans le fait qu'en fin de compte c'est vers de Gaulle qu'est tombé Pétain, je ne puis lui faire que la réponse de mon silence.

Cette nuit, d'ailleurs, après tant de tumulte, tout se tait autour de moi. C'est le moment de prendre acte de ce qui vient d'être accompli et de me confronter moi-même avec la suite. Aujourd'hui, l'unité l'emporte. Recueillie à Brazzaville, grandie à Alger, elle est consacrée à Paris. Cette France, qui avait paru condamnée au désastre, au désespoir, aux déchirements, a maintenant des chances d'aller, sans se rompre, jusqu'au bout du drame présent, d'être victorieuse elle aussi, de recouvrer ses terres, sa place, sa dignité. On peut croire que les Français, actuellement regroupés, le resteront assez longtemps pour que les catégories entre lesquelles ils se répartissent et qui, par destination, s'efforcent toujours d'entamer la cohésion nationale, ne puissent à nouveau l'emporter jusqu'à ce que le but immédiat soit atteint.

Ayant mesuré la tâche, il me faut me jauger moi-même. Mon rôle, qui consiste à plier à l'intérêt commun les éléments divers de la nation pour la mener au salut, j'ai le devoir, quoi qu'il puisse me manquer, de le jouer tant que durera la crise, puis, si le pays le veut, jusqu'au moment où des institutions dignes de lui, adaptées à notre époque et inspirées par des leçons terribles recevront de mes mains la charge de le conduire.

Devant moi, je le sais bien, je trouverai au long de ma route tous les groupements, toutes les écoles, tous les aréopages, ranimés et hostiles à mesure que le péril s'éloignera. Il n'y aura pas une routine ou une révolte, une paresse ou une prétention, un abandon ou un intérêt, qui ne doivent, d'abord en secret, plus tard tout haut, se dresser contre mon entreprise de rassembler les Français sur la France et de bâtir un État juste et fort. Pour ce qui est des rapports humains, mon lot est donc la solitude. Mais, pour soulever le fardeau, quel levier est l'adhésion du peuple ! Cette massive confiance, cette élémentaire amitié, qui me prodiguent leurs témoignages, voilà de quoi m'affermir.

Peu à peu, l'appel fut entendu. Lentement, durement, l'unité s'est faite. À présent, le peuple et le guide, s'aidant l'un l'autre, commencent l'étape du salut.

MÉMOIRES DE GUERRE

☆ ☆ ☆

LE SALUT

1944-1946

LA LIBÉRATION

Le rythme de la libération est d'une extrême rapidité. Six semaines après qu'Alliés et Français ont réussi la percée d'Avranches et débarqué dans le Midi, ils atteignent Anvers, débouchent en Lorraine, pénètrent dans les Vosges. Fin septembre, sauf l'Alsace et ses avancées, ainsi que les cols des Alpes et les réduits de la côte atlantique, le territoire tout entier est purgé d'envahisseurs. L'armée allemande, brisée par la force mécanique des alliés, assaillie en détail par la résistance française, se voit chassée de notre sol en moins de temps qu'elle n'avait mis, naguère, à s'en emparer. Elle ne se rétablira que sur la frontière du Reich, là où l'insurrection ne paralyse plus ses arrières. La marée, en se retirant, découvre donc soudain, d'un bout à l'autre, le corps bouleversé de la France.

Il en résulte que les problèmes innombrables et d'une urgence extrême que comporte la conduite du pays émergeant du fond de l'abîme se posent au pouvoir, à la fois, de la manière la plus pressante, et cela dans le temps même où il est aussi malaisé que possible de les résoudre.

D'abord, pour que l'autorité centrale puisse s'exercer normalement, il faudrait qu'elle fût en mesure d'être informée, de faire parvenir ses ordres, de contrôler leur exécution. Or, pendant de longues semaines, la capitale restera sans moyens de communiquer régulièrement avec les provinces. Les lignes télégraphiques et téléphoniques ont subi des coupures sans nombre. Les postes-radio sont détruits. Il n'y a pas d'avions de liaison français sur les terrains criblés d'entonnoirs. Les chemins de fer sont quasi bloqués. De nos 12 000 locomotives, il nous en reste 2 800. Aucun train, partant de Paris, ne peut atteindre Lyon, Marseille, Toulouse, Bordeaux, Nantes, Lille, Nancy. Aucun ne traverse la Loire entre Nevers et l'Atlantique, ni la Seine entre Mantes et la Manche, ni le Rhône entre Lyon et la Méditerranée. Quant aux routes, 3 000 ponts ont sauté ; 300 000 véhicules, à peine, sont en état de rouler sur 3 millions que nous avions eus ; enfin, le manque d'essence fait qu'un voyage en auto est une véritable aventure. Il faudra deux mois, au moins, pour que s'établisse l'échange régulier des ordres et des rapports, faute duquel le pouvoir ne saurait agir que par saccades.

En même temps, l'arrêt des transports désorganise le ravitaillement. D'autant plus que les stocks avoués de vivres, de matières premières, de combustibles, d'objets fabriqués, ont entièrement disparu. Sans doute un « plan de six mois », prévoyant une première série d'importations américaines, avait-il été dressé par accord entre Alger et Washington. Mais comment le faire jouer alors que nos ports sont inutilisables? Tandis que Dunkerque, Brest, Lorient, Saint-Nazaire, La Rochelle, ainsi que l'accès de Bordeaux, restent aux mains de l'ennemi, Calais, Boulogne, Dieppe, Rouen, Le Havre, Cherbourg, Nantes, Marseille, Toulon, écrasés par les bombardements britanniques et américains et, ensuite, détruits de fond en comble par les garnisons allemandes avant qu'elles mettent bas les armes, n'offrent plus que quais en ruine, bassins crevés, écluses bloquées, chenaux encombrés d'épaves.

Il est vrai que les alliés s'empressent de nous apporter le concours de leur outillage pour rétablir routes et voies ferrées sur les axes stratégiques : Rouen-Lille-Bruxelles et Marseille-Lyon-Nancy ; qu'ils nous aident sans délai à aménager nos aérodromes, dans le Nord, dans l'Est et autour de Paris ; qu'ils poseront bientôt un pipe-line du Cotentin à la Lorraine ; que, disposant déjà des ports artificiels d'Arromanches et de Saint-Laurent-sur-Mer, ils ont hâte de prendre Brest et de déblayer Cherbourg, Le Havre et Marseille, afin qu'un tonnage suffisant soit déchargé sur nos côtes. Mais les trains et les camions qui roulent, les avions qui atterrissent et les navires qui abordent sont destinés essentiellement aux forces en opérations. Même, à la demande pressante du commandement militaire, nous sommes amenés à lui fournir une partie du charbon resté sur le carreau des mines, à lui permettre d'utiliser un certain nombre de nos usines en état de fonctionner, à mettre à sa disposition une importante fraction de la main-d'œuvre qui nous reste. Ainsi qu'on pouvait le prévoir, la libération ne va, tout d'abord, apporter au pays disloqué et vidé de tout aucune aisance matérielle.

Du moins lui procure-t-elle une subite détente morale. Cet événement quasi surnaturel, dont on avait tant rêvé, le voilà venu tout à coup ! Aussitôt, disparaît dans la masse la psychologie du silence où la plongeaient, depuis quatre ans, les contraintes de l'occupation. Eh quoi? On peut, du jour au lendemain, parler tout haut, rencontrer qui l'on veut, aller et venir à son gré ! Avec un étonnement ravi, chacun voit s'ouvrir à lui des perspectives auxquelles il n'osait plus penser. Mais, comme le convalescent oublie la crise surmontée et croit la santé revenue, ainsi le peuple français, savourant la joie d'être libre, incline à croire que toutes les épreuves sont finies. Dans l'immédiat, cet état d'esprit porte les gens à une euphorie où le calme trouve son compte. Mais, en même temps, beaucoup se laissent aller à de multiples illusions, d'où résulteront bientôt autant de malentendus.

C'est ainsi que de nombreux Français tendent à confondre la libération avec le terme de la guerre. Les batailles qu'il va falloir livrer, les pertes qu'on devra subir, les restrictions à supporter, jusqu'à ce que l'ennemi soit abattu, on sera porté à les tenir pour des formalités assez vaines et d'autant plus pesantes. Mesurant mal l'étendue de nos ruines, l'effroyable pénurie dans laquelle nous nous trouvons, les servitudes que fait peser sur nous la poursuite du conflit, on suppose que la production va reprendre en grand et rapidement, que le ravitaillement s'améliorera très vite, que tous les éléments d'un renouveau confortable seront bientôt rassemblés. On imagine les alliés, comme des figures d'images d'Épinal, pourvus de ressources inépuisables, tout prêts à les prodiguer au profit de cette France que, pense-t-on, leur amour pour elle les aurait conduits à délivrer et qu'ils voudraient refaire puissante à leurs côtés. Quant à de Gaulle, personnage quelque peu fabuleux, incorporant aux yeux de tous cette prodigieuse libération, on compte qu'il saura accomplir par lui-même tous les miracles attendus.

Pour moi, parvenu en cette fin d'un dramatique été dans

un Paris misérable, je ne m'en fais point accroire. Voyant les rations à des taux de famine, les habits élimés, les foyers froids, les lampes éteintes ; passant devant des boutiques vides, des usines arrêtées, des gares mortes ; entendant s'élever, déjà, les plaintes des masses, les revendications des groupes, les surenchères des démagogues ; certain que, si nous disposons de sympathies chez les peuples, la règle de fer des États est de ne donner rien pour rien et que nous ne reprendrons rang qu'à condition de payer ; évaluant les sacrifices à faire avant que nous ayons arraché notre part de la victoire, puis accompli un premier redressement, je ne puis me bercer d'illusions. D'autant moins que je me sais dépourvu de tout talisman qui permettrait à la nation d'atteindre le but sans douleur. Par contre, le crédit que m'ouvre la France, j'entends l'engager tout entier pour la conduire au salut. Pour commencer, cela consiste à mettre en place le pouvoir ; à provoquer autour de moi l'adhésion de toutes les régions et de toutes les catégories ; à fondre en une seule armée les troupes venues de l'Empire et les forces de l'intérieur ; à faire en sorte que le pays reprenne sa vie et son travail sans glisser aux secousses qui le mèneraient à d'autres malheurs.

Il faut agir de haut en bas, mettre au travail le gouvernement. La plupart des « commissaires » d'Alger, qu'ils aient été à mes côtés depuis le temps de « la France Libre » ou qu'ils soient venus me rejoindre en Afrique du Nord, vont rester ministres à Paris. Mais tout me commande d'appeler au pouvoir d'autres personnalités, consacrées elles aussi par la résistance et demeurées à l'intérieur. Cependant, le remaniement ne pourra être immédiat, les ministres en fonction n'arrivant d'Alger que tour à tour. Quatre d'entre eux : Diethelm, Jacquinot, d'Astier, Philip, ont été visiter les troupes de la Ire Armée et les départements du Midi. Massigli s'est rendu à Londres lors de la libération de Paris pour entretenir plus facilement nos rapports avec l'extérieur. Pleven a pu me rejoindre. Mais les autres ont été amenés à différer leur départ. Quant à ceux que je choisis dans la Métropole, plusieurs sortent à peine de la clandestinité et ne peuvent être aussitôt à Paris. C'est seulement le 9 septembre, soit deux semaines après mon arrivée rue Saint-Dominique, que le gouvernement reçoit sa composition nouvelle.

Il comprend deux ministres d'État : le président Jeanneney et le général Catroux. Le premier, qu'on est allé chercher en

Grenoble d'où l'ennemi vient de s'enfuir, aura pour tâche d'élaborer les mesures successives qui dirigeront vers l'ordre normal les pouvoirs de la République ; le second restera chargé à la fois de la coordination des Affaires musulmanes et du gouvernement général de l'Algérie. François de Menthon conserve la Justice, André Diethelm la Guerre, Louis Jacquinot la Marine, René Pleven les Colonies, René Mayer les Transports et les Travaux publics, René Capitant l'Éducation nationale, Paul Giacobbi le Ravitaillement, Henri Frenay les Prisonniers, Déportés et Réfugiés. D'autre part, l'Économie nationale devient le domaine de Pierre Mendès-France, l'Intérieur celui d'Adrien Tixier, la Santé publique celui de François Billoux. Huit ministères sont confiés à des hommes qui viennent d'émerger de la lutte : Affaires étrangères à Georges Bidault, Finances à Aimé Lepercq, Air à Charles Tillon, Production à Robert Lacoste, Agriculture à François Tanguy-Prigent, Travail à Alexandre Parodi, Postes à Augustin Laurent, Information à Pierre-Henri Teitgen.

Par contre, huit des commissaires nationaux d'Alger cessent de faire partie du Conseil : Henri Queuille a demandé à le quitter ; René Massigli va nous représenter à Londres, où Pierre Viénot est mort à la peine en juillet ; Henri Bonnet prendra à Washington la charge de notre ambassade, reconnue enfin comme telle par les États-Unis ; André Le Troquer devient président du Conseil municipal de Paris ; Emmanuel d'Astier, que j'aurais souhaité détourner des jeux politiques, a décliné le poste diplomatique qui lui était offert ; André Philip, dont les bouillantes aptitudes s'accommodent mal du cadre administratif, n'a pu garder de portefeuille ; Fernand Grenier non plus, qu'une manœuvre de son parti à l'occasion des combats du Vercors avait conduit à prendre à Alger, — quitte à s'en excuser ensuite, — une attitude publique contraire à la solidarité du gouvernement ; Jean Monnet dont la mission de négociateur économique aux États-Unis devient incompatible avec une fonction ministérielle, dès lors qu'est créé le département de l'Économie nationale.

Autour de moi 21 ministres se mettent à l'œuvre avec le sentiment que celle-ci n'a pas de limites. Il est d'autant plus nécessaire d'en préciser le but. Depuis juin 1940, c'est vers la libération que j'avais conduit la France et c'est la résistance qui en était le moyen. Il s'agit, maintenant, d'entreprendre une étape nouvelle qui, celle-là, implique l'effort de toute la nation.

Le 12 septembre, au palais de Chaillot, une réunion de 8 000 assistants : conseil de la résistance, comités directeurs des mouvements et des réseaux, conseil municipal, corps de l'État, principaux fonctionnaires, Université de Paris, représentants de l'économie, du syndicalisme, de la presse, du barreau, etc., me donne l'occasion d'exposer ma politique. Je le fais d'autant plus nettement que, dans un air où, déjà, s'élèvent les vols des chimères, je me sens tenu, quant à moi, de dire les choses telles qu'elles sont.

Ayant évoqué « la vague de joie, de fierté, d'espérance » qui soulève la nation et salué la résistance, les alliés, l'armée française, c'est sur les obstacles à vaincre et les efforts à fournir que je dirige le projecteur. Point de facilité ni de dispersion qui tiennent ! Aucune latitude accordée à aucune organisation qui prétendrait, indépendamment de l'État, intervenir dans la justice et dans l'administration. Et de poser la brûlante question des « milices ». « Nous faisons la guerre ! » m'écrié-je. « A la bataille en cours et à celles qui suivront nous entendons participer dans la plus large mesure possible. Il en sera de même, plus tard, de l'occupation de l'Allemagne... Pour cela, nous avons besoin de grandes unités, aptes à manœuvrer, à combattre et à vaincre, où sera incorporée l'ardente jeunesse qui s'est groupée dans nos forces de l'intérieur... Tous les soldats de France font partie de l'armée française et celle-ci doit, comme la France, rester une et indivisible. »

Abordant la question de nos relations extérieures, je ne manque pas de mettre l'accent sur les difficultés, quelque choc qu'en doivent éprouver ceux qui, chez nous, préfèrent l'illusion à la lucidité. « Nous voulons croire, dis-je, que le droit qu'a la France de prendre part au règlement futur du conflit ne lui sera plus, finalement, contesté et que l'espèce de relégation officielle qui lui est infligée au dehors va faire place à la même sorte de relations que nous avons, depuis quelques siècles, l'honneur et l'habitude d'entretenir avec les autres grandes nations... Nous croyons qu'il est de l'intérêt supérieur des hommes que les dispositions qui régleront demain le sort de l'Allemagne ne soient pas discutées et adoptées sans la France... Nous croyons que décider sans la France de quoi que ce soit qui concerne l'Europe serait une grave erreur... Nous croyons que déterminer sans la France les conditions politiques, économiques, morales, dans lesquelles les habitants de la terre auront à vivre après le drame, serait assez aventuré,... car, après tout, 100 millions d'hommes vivent sous notre drapeau et toute grande construction humaine serait arbitraire et fragile s'il y manquait le sceau de la France. »

Ce n'est pas tout de reprendre son rang. Encore faut-il être capable de le tenir. Cela non plus, cela surtout, n'ira pas sans peines et sans rigueurs. Ayant fait le tableau des ravages que nous avons subis et des conditions qui entravent notre relèvement, je déclare que « nous nous trouvons dans une période très difficile, où la libération ne nous permet nullement l'aisance mais comporte, au contraire, le maintien de sévères restrictions et exige de grands efforts de travail et d'organisation en même temps que de discipline. » J'ajoute que « le gouvernement entend, à cet égard, imposer les règles nécessaires. » Puis, je précise les objectifs que se fixe le pouvoir : « Faire en sorte que le niveau de vie des travailleurs monte à mesure que montera le taux de la production ; placer, par réquisition ou par séquestre, à la disposition directe de l'État l'activité de certains services publics et de certaines entreprises ; faire verser à la collectivité nationale les enrichissements coupables obtenus par ceux qui travaillaient pour l'ennemi ; fixer les prix des denrées et contrôler les échanges aussi longtemps que ce qui est produit et transportable n'équivaut point aux demandes de la consommation... »

Ce sont là, sans doute, des mesures de circonstance. Mais elles s'accordent avec les principes de rénovation que la résistance a, dans son combat, rêvé de voir réaliser : « Faire en sorte que l'intérêt particulier soit contraint de céder à l'intérêt général ; que les grandes ressources de la richesse commune soient exploitées et dirigées à l'avantage de tous ; que les coalitions d'intérêts soient abolies, une fois pour toutes ; qu'enfin chacun des fils et chacune des filles de la France puissent vivre, travailler, élever leurs enfants dans la sécurité et dans la dignité. »

Pour terminer, j'en appelle « aux hommes et aux femmes de la résistance ». — « Et vous, croisés, à la croix de Lorraine ! Vous qui êtes le ferment de la nation dans son combat pour l'honneur et pour la liberté, il vous appartiendra, demain, de l'entraîner vers l'effort et vers la grandeur. C'est alors, et alors seulement, que sera remportée la grande victoire de la France. »

Cette fois, j'avais parlé, non plus d'intentions formulées en vue de l'avenir, mais de mesures qui engageaient immédiatement les intérêts et les personnes. Hier, à Londres ou en Afrique, il était question de ce qu'un jour on pourrait faire. Maintenant, à Paris, il s'agissait de ce qu'on faisait. La mystique avait inspiré les élans de la France Libre. Elle s'était, par force, estompée dans les projets du Comité d'Alger. A présent, c'est la politique qui dominait les actes du gouvernement. Mais les mêmes réalités impérieuses et contradictoires, auxquelles, désormais, étaient en proie les dirigeants, n'allaient-elles pas partager en courants séparés les ambitions et les groupes ? Cette cohésion du sentiment qui s'était finalement établie dans la résistance pourrait-elle se maintenir dès lors que s'éloignait le grand péril national ? Les impressions que j'emportais de la réunion de Chaillot m'amenaient à en douter.

Il est vrai, qu'entrant dans la salle, prenant place, prononçant mon discours après l'allocution éloquente de Georges Bidault, j'avais été l'objet d'ovations retentissantes. A n'écouter que les vivats, j'aurais pu me croire reporté aux assemblées unanimes de l'Albert Hall et de Brazzaville ou aux auditoires bien accordés d'Alger, de Tunis, d'Ajaccio. Pourtant, je ne sais quelle tonalité différente de l'enthousiasme, une sorte de dosage des applaudissements, les signes et les coups d'œil échangés entre les assistants, les jeux de physionomie calculés suivant mes propos, m'avaient fait sentir que les « politiques », qu'ils fussent anciens ou nouveaux, nuançaient leur approbation. On discernait que, de ce côté, l'action commune irait se compliquant de réserves et de conditions.

Plus que jamais, il me fallait donc prendre appui dans le peuple plutôt que dans les « élites » qui, entre lui et moi, tendaient à s'interposer. Ma popularité était comme un capital qui solderait les déboires, inévitables au milieu des ruines. Pour commencer, j'avais à m'en servir pour établir dans les provinces, comme je l'avais fait à Paris, l'autorité de l'État.

Or, les nouvelles parvenues d'un grand nombre de départements y révélaient une vaste confusion. Sans doute les commissaires de la République et les préfets nommés d'avance occupaient-ils partout leur poste. Mais ils avaient le plus grand mal à mettre gens et choses à leur place. Trop d'indignations, accumulées depuis quatre ans, fermentaient sous le couvercle pour qu'il n'y eût pas d'explosion dans le bouleversement qui suivait la fuite de l'ennemi et la déconfiture de ses complices. Beaucoup d'éléments de la résistance entendaient procéder eux-mêmes aux sanctions et à l'épuration. Des groupes armés, sortant des maquis, cédaient à l'impulsion de faire justice, sans forme de procès, à l'encontre de leurs persécuteurs. En maints endroits, la colère publique débordait en réactions brutales. Bien entendu, les calculs politiques, les concurrences professionnelles, les représailles personnelles, utilisaient les circonstances. Bref, des arrestations irrégulières, des amendes arbitraires, des exécutions sommaires, venaient ajouter leur trouble à celui qui résultait de la pénurie générale.

Les autorités locales avaient d'autant plus de peine à dominer la situation que la force publique leur faisait gravement défaut. De toute façon, la garde mobile et la gendarmerie, eussent-elles été complètes et sûres d'elles-mêmes, n'auraient pu faire face à tout. A fortiori n'y suffisaient-elles pas, réduites comme elles l'étaient par le départ au maquis de bon nombre de leurs éléments et, en outre, moralement gênées par l'emploi que Vichy avait fait d'elles. Là où passaient les corps de l'armée : en Normandie, en Provence, à Paris, le long du Rhône, de la Saône, du Doubs, la seule présence des troupes empêchait la plupart des incidents fâcheux. Mais, dans les régions où ne pénétraient pas les unités régulières, commissaires de la République et préfets se trouvaient dépourvus des moyens d'assurer l'ordre. J'aurais pu, certes, les leur donner en répartissant à l'intérieur du territoire les forces venues d'Afrique. Mais c'eût été soustraire l'armée française à la bataille et, du même coup, compromettre la participation de nos armes à la victoire. A ce renoncement désastreux je préférai le risque de bouillonnements plus ou moins violents.

Ce risque eût été, à vrai dire, limité si le parti communiste n'avait pas pris à tâche d'exploiter le tumulte afin de saisir le pouvoir en province comme il avait essayé de le faire à Paris. Tandis que les ordonnances du gouvernement prescrivaient la formation, dans chaque département, d'un seul comité de libération destiné à assister provisoirement le préfet et composé de représentants de tous les mouvements, partis et syndicats, on avait vu paraître, dans les localités, les entreprises, les services publics, les administrations, un foisonnement de comités qui prétendaient donner l'impulsion, contrôler les maires, les patrons, les directeurs, rechercher coupables et suspects. Les communistes, habiles et cohérents, revêtant des étiquettes variées, utilisant les sympathies et les camaraderies que beaucoup d'entre eux avaient, au cours de la lutte, acquises dans tous les milieux, ne manquaient pas de susciter et d'inspirer ces organismes appuyés par des groupes armés. Le « Comac », jouant de l'équivoque quant aux pouvoirs respectifs du gouvernement et du conseil de la résistance, continuait secrètement de déléguer des chargés de mission, de donner des ordres, de conférer des grades. Je décidai de me rendre tout de suite aux points les plus sensibles pour mettre la machine en route dans le sens qui convenait. Pendant deux mois, une série de déplacements allait me mettre en contact avec les provinces, tandis que dans les intervalles je dirigeais, à Paris, le travail du gouvernement.

Le 14 septembre, j'atterris sur l'aérodrome de Bron couvert de la ferraille de ses hangars démolis. André Diethelm, ministre de la Guerre, se trouvait à mes côtés. Dix jours auparavant, la ville de Lyon avait été libérée par la Ire Armée française et par les Américains. Elle s'efforçait maintenant de revivre. C'était un problème ardu. Tous les ponts lyonnais de la Saône et du Rhône avaient été détruits, sauf celui de l'Homme de la Roche, seul intact, et celui de la Guillotière utilisable par les seuls piétons. Les gares de Vaise, des Brotteaux, de Perrache et les voies ferrées desservant la cité se trouvaient hors d'usage. Les faubourgs industriels, en particulier Villeurbanne, étalaient leurs usines éventrées. Mais l'enthousiasme de la population faisait contraste avec ces ruines.

Le commissaire de la République, Yves Farge, l'un des chefs de la résistance dans une région qui venait de s'y distinguer, était bien à son affaire. Imaginatif et ardent, il s'accommodait volontiers de ce que la situation avait de révolutionnaire, mais se gardait des actes extrêmes. Je lui prescrivis de les interdire aux autres. Au reste, recueillant au long des rues les acclamations de toutes les catégories, recevant à la Préfecture fonctionnaires et corps constitués que me présentait le préfet Longchambon, prenant contact, à l'Hôtel de ville, avec Justin Godart maire « provisoire », — « en attendant, me dit-il, le retour d'Édouard Herriot », — le Conseil municipal, le cardinal Gerlier, les représentants de l'industrie, du commerce, des syndicats ouvriers, des professions libérales, de l'artisanat, je constatai que, dans leur ensemble, les Lyonnais ne méditaient nullement de bouleverser la vie nationale. Sous réserve de certains changements, spectaculaires mais mal définis, et de quelques châtiments, exemplaires mais imprécis, ils souhaitaient au contraire l'équilibre.

Le lendemain, je passai en revue les forces de l'intérieur. Le colonel Descour, qui s'était signalé dans les combats des maquis et, tout récemment, lors de la reprise de Lyon et qui, maintenant, commandait la région militaire, fit défiler devant moi des troupes aussi émues qu'émouvantes. Il était touchant de les voir, en dépit de leur disparate, s'efforcer de prendre l'aspect d'unités régulières. La tradition militaire imprégnait cette force qui s'était créée elle-même. Je quittai Lyon, convaincu que le gouvernement, à condition de gouverner, y surmonterait les obstacles et laissant la ville dans l'impression que l'ordre avait de l'avenir puisque l'État reparaissait à la tête de la nation.

A Marseille, cependant, l'atmosphère était très lourde. J'y arrivai le matin du 15, accompagné de trois ministres : Diethelm, Jacquinot et Billoux. La destruction par les Allemands du quartier du Vieux-Port en 1943, puis les bombardements alliés, enfin la bataille du mois d'août, avaient démoli complètement de larges secteurs de la ville, les bassins et les jetées. Il faut ajouter que la rade était remplie de mines et que, sur les quais effondrés, tous les moyens de levage avaient été sabotés par l'ennemi. Sans doute les services publics, aidés par les Américains qui désiraient utiliser cette base, s'employaient-ils à déblayer. Mais les dégâts étaient tels qu'en les voyant on doutait que, de longtemps, le port se ranimât. Quant à la population, ravitaillée à grand-peine et très mal, elle végétait dans la misère. En outre, il flottait sur Marseille un air de tension et presque d'oppression qu'entretenaient des actes abusifs. Les communistes, en effet, exploitant d'anciennes divisions locales et faisant état des persécutions auxquelles s'étaient acharnés les agents de Vichy, avaient établi à Marseille une dictature anonyme. Celle-ci prenait à son compte des arrestations, procédait même à des exécutions, sans que l'autorité publique s'y opposât avec vigueur.

A cet égard, le commissaire de la République Raymond Aubrac, qui s'était prodigué dans la résistance, adoptait malaisément la psychologie du haut fonctionnaire. A lui, aux préfets de la région, à leurs collaborateurs, réunis à la Préfecture, je marquai sur le ton voulu que le gouvernement attendait d'eux qu'ils fassent leur métier, qu'il s'agissait désormais d'appliquer les lois et ordonnances, en un mot d'administrer, qu'ils en étaient responsables à l'exclusion de tous les tiers. Les forces de l'intérieur avaient vaillamment aidé les troupes de Monsabert à s'emparer de Marseille. Je les en félicitai en en passant l'inspection. Il était facile de voir quelles unités, — c'était le plus grand nombre, — souhaitaient d'être portées à la bataille en Alsace et quelles fractions, soumises à une obédience cachée, voulaient demeurer sur place. Je prescrivis au général Chadebec de Lavalade, appelé du Levant pour commander la région militaire, de donner au plus tôt satisfaction aux premières et de dissoudre les secondes et au ministre de la Guerre d'envoyer tout de suite à Marseille un régiment d'Algérie pour faciliter les choses.

Nulle part, mieux que dans cette grande cité tumultueuse et blessée, je n'ai senti que seul le mouvement de la résistance pouvait déterminer le renouveau de la France, mais que cette espérance suprême ne manquerait pas de sombrer si la libération se confondait avec le désordre. Au reste, les mêmes autorités qui, à Marseille, pratiquaient le compromis se montraient fort satisfaites de ma propre fermeté. Il faut dire que l'apparition du général de Gaulle parlant à la foule rassemblée place du Muy et rue Saint-Ferréol, ou parcourant la Canebière, ou reçu à l'Hôtel de ville par le maire Gaston Delferre, soulevait une vague d'adhésion populaire qui donnait aux problèmes l'apparence d'être simplifiés. Sans doute l'étaient-ils, en effet, dès lors qu'ils en avaient l'air.

Au cours de l'après-midi, un vol rapide m'amena à Toulon. En fait de désolation, rien ne dépassait le spectacle offert par l'arsenal, le quai Cronstadt, les quartiers voisins, ruinés de fond en comble, et la vue des épaves des navires sabordés en rade ou au bassin. Mais rien, par comparaison, n'était plus réconfortant que l'aspect de l'escadre rangée au large pour la revue. Trois divisions m'étaient présentées, respectivement aux ordres des amiraux Auboyneau et Jaujard et du capitaine de vaisseau Lancelot. Elles comprenaient, au total : le cuirassé *Lorraine;* les croiseurs : *Georges Leygues*, *Duguay-Trouin*, *Émile Bertin*, *Jeanne d'Arc*, *Montcalm*, *Gloire;* les croiseurs légers : *Fantasque*, *Malin*, *Terrible;* une trentaine de torpilleurs, sous-marins, escorteurs, dragueurs. Accompagné de Louis Jacquinot ministre de la Marine, de l'amiral Lemonnier chef d'état-major général et commandant les forces navales, de l'amiral Lambert préfet maritime, je montai à bord de l'escorteur *La Pique* et longeai lentement la ligne. Passant devant les 40 bâtiments qui arboraient le grand pavois, recevant les saluts que, des passerelles, m'adressaient les états-majors, entendant les hourras poussés par les équipages alignés à la bande des navires, je sentais que notre marine avait dévoré ses chagrins et retrouvé ses espérances.

Le 16 septembre, j'étais à Toulouse, ville passablement agitée. Dans le Sud-Ouest, de tous temps, les divisions étaient vives. Mais la politique de Vichy et le drame de l'occupation les avaient exaspérées. En outre, il s'était trouvé que les maquis, nombreux dans la région, avaient mené une lutte très dure. De là de profonds remous et beaucoup de comptes à régler. D'autant plus que les troupes ennemies qui opéraient en Aquitaine s'étaient livrées à des sévices particulièrement cruels, non sans d'odieuses complicités. Encore, parmi les forces de l'intérieur, les meilleures unités couraient déjà vers la Bourgogne pour rejoindre la Ire Armée. Restaient sur place des groupes plus mélangés. Enfin, la proximité immédiate de l'Espagne rendait la tension plus aiguë. Car beaucoup d'Espagnols, réfugiés depuis la guerre civile dans le Gers, l'Ariège, la Haute-Garonne, avaient naguère gagné le maquis. Ils en sortaient, à présent, affichant le projet de rentrer en armes dans leur pays. Naturellement, les communistes, bien placés et bien organisés, attisaient les foyers de trouble afin de prendre en main les affaires. Ils y avaient en partie réussi.

Je trouvai le commissaire de la République en proie aux empiétements de certains chefs des forces de l'intérieur. Pierre Bertaux, qui dans la résistance dirigeait un important réseau, s'était vu désigné pour occuper le poste quand le titulaire, Jean Cassou, avait été grièvement blessé au milieu des bagarres marquant la fuite des Allemands. A présent, Bertaux s'efforçait de tenir les leviers de commande. Mais le colonel Asher, alias Ravanel, chef des maquis de la Haute-Garonne, avait pris le commandement de la région militaire et exerçait une autorité aussi vaste que mal définie.

Autour de Ravanel, des chefs de fractions armées constituaient comme un soviet. Les membres de ce conseil prétendaient assurer eux-mêmes avec leurs hommes l'épuration, tandis que la gendarmerie et la garde mobile étaient consignées dans des casernes éloignées. Il est vrai que le chef d'état-major, colonel Noetinger, officier de grande expérience, s'appliquait à égarer les abus dans le dédale administratif. Mais il n'y réussissait pas toujours. En outre, une « division » espagnole se formait dans la région avec le but, hautement publié, de marcher sur Barcelone. Pour comble, un lieutenant-colonel anglais, intitulé « colonel Hilaire » et introduit dans les maquis du Gers par les services britanniques, tenait sous sa coupe des unités qui n'attendaient d'ordres que de Londres.

Le 17 au matin, avec une solennité calculée, je passai la revue de tous les éléments. En prenant le contact direct des maquisards je comptais susciter en chacun d'eux le soldat qu'il voulait être. A mesure que j'abordais les rangs, un certain frémissement me faisait voir qu'on m'avait compris. Puis, le colonel Ravanel fit défiler tout le monde. Le cortège était pittoresque. En tête, baïonnettes croisées, marchait un bataillon russe formé d'hommes de « l'armée Vlassov » engagés, naguère, chez les Allemands et qui avaient déserté à temps pour rejoindre notre résistance. Venaient ensuite les Espagnols, conduits par leurs généraux. Après quoi, passèrent les forces françaises de l'intérieur. La vue de leurs drapeaux et fanions improvisés, leur souci de s'organiser en sections, compagnies, bataillons réglementaires, l'effort qu'elles avaient fait pour donner à leurs vêtements une apparence uniforme, par-dessus tout les attitudes, les regards, les larmes des hommes qui défilaient devant moi, montraient combien la règle militaire a de vertu et d'efficacité. Mais, aussi, il y avait là, à mon égard, la même sorte de plébiscite qui se manifestait partout.

J'avais pu, la veille, recueillir un témoignage semblable à la Préfecture et à l'Hôtel de ville où je recevais les cadres et les notables, au premier rang desquels se tenait le vaillant archevêque Mgr Saliège. Quant à la foule, criant sa joie sur la place du Capitole où elle s'était massée pour m'entendre, ou bien rangée dans les rues en deux haies d'acclamations, elle avait fourni la même démonstration. J'étais, certes, rien moins que sûr que cette adhésion suppléerait à tout ce qui manquait pour assurer l'ordre public. Du moins pouvais-je compter qu'elle permettrait d'empêcher, soit la dictature de certains, soit l'anarchie générale.

Avant de quitter Toulouse, je fis lever la consigne qui reléguait les gendarmes et remettre ces braves gens à leur service normal. Je décidai de nommer le général Collet, appelé du Maroc, au commandement de la région militaire. Je fis connaître aux chefs espagnols que le gouvernement français n'oublierait pas les services qu'eux-mêmes et leurs hommes avaient rendus dans nos maquis, mais que l'accès de la frontière des Pyrénées leur était interdit. D'ailleurs, suivant mes instructions, la Ire Armée avait détaché vers Tarbes et Perpignan un solide groupement pour affermir le service d'ordre aux passages des Pyrénées. Quant au « colonel Hilaire », il fut dirigé sur Lyon, pour regagner ensuite l'Angleterre.

A Bordeaux, le 17 septembre, je trouvai les esprits tendus. Les Allemands s'en étaient retirés. Mais ils restaient à proximité, retranchés à Royan et à la pointe de Grave, interdisant l'accès du port et menaçant de revenir. Sous le commandement du colonel Adeline, les forces de l'intérieur de Bordeaux et des environs s'étaient, pour la plupart, portées au contact de l'ennemi sur les deux rives de la Gironde, tandis que le colonel Druille, commandant la région militaire, s'efforçait d'assurer leur équipement et leur encadrement. A vrai dire, l'amiral allemand Meyer, pendant qu'il évacuait l'agglomération bordelaise et occupait les réduits préparés sur la côte de l'Océan, avait donné à croire qu'il songeait à se rendre. Il poursuivait encore les pourparlers au moment de mon arrivée. Mais on s'aperçut bientôt qu'il ne s'agissait que d'une ruse employée par l'ennemi pour se dégager sans dommage. Comme celui-ci disposait d'un matériel et d'effectifs considérables et que nos forces de l'intérieur n'étaient ni organisées, ni armées, pour soutenir une bataille rangée, Bordeaux mêlait la joie de se trouver libre à la crainte de cesser de l'être. En outre, beaucoup de griefs, accumulés durant l'occupation au sein d'une cité dont le maire, Marquet, était un « collaborateur » notoire, apparaissaient au grand jour. Dans cette atmosphère troublée évoluaient divers groupes armés qui refusaient d'obéir aux autorités officielles.

Ces autorités, là comme ailleurs, je m'appliquai à les consacrer. Gaston Cusin, commissaire de la République, au demeurant plein de bon sens et de sang-froid, me présenta, à la Préfecture, l'habituel cortège des fonctionnaires, des officiers et des délégations. L'archevêque, Mgr Feltin, était en tête des visiteurs. Du même balcon d'où Gambetta avait harangué la foule en 1870, je m'adressai aux Bordelais. Je me rendis à l'Hôtel de ville où m'attendait le nouveau maire, Fernand Audeguil, et parcourus les divers quartiers. Enfin, j'inspectai, sur le cours de l'Intendance, celles des forces de l'intérieur qui se trouvaient encore là. Presque toutes avaient une très bonne attitude dont je leur fis compliment. A quelques chefs affectant d'être réfractaires j'offris le choix immédiat entre deux solutions : ou se soumettre aux ordres du colonel commandant la région, ou bien aller en prison. Tous préférèrent la première. En quittant Bordeaux, il me semblait que le sol s'était raffermi.

Je me dirigeai vers Saintes afin d'y prendre le contact des troupes du colonel Adeline. La Saintonge, sous les drapeaux de la libération qui paraissaient partout aux fenêtres, vivait en état d'alarme. Car les Allemands occupaient, d'une part Royan et l'île d'Oléron, d'autre part La Rochelle et Ré. Ils s'y étaient installés à l'abri d'importants ouvrages, croyant d'abord à l'intervention de grandes unités alliées. Le général Chevance-Bertin, chargé dans le tumulte des premiers jours de coordonner, autant que possible, les actions de nos forces de l'intérieur du Sud-Ouest, avait pu impressionner l'amiral Schirlitz, commandant du centre de résistance de La Rochelle, au point de le déterminer à évacuer Rochefort. Mais les jours passaient sans que les Allemands vissent devant eux autre chose que nos partisans, complètement dépourvus d'armes lourdes, de canons, de blindés, d'avions. D'un moment à l'autre l'ennemi pouvait redevenir offensif. Quant aux nôtres, formés en bandes comme ils l'étaient au maquis, ils affluaient de la Gironde, des deux Charentes, de la Vienne, de la Dordogne, etc., très désireux de combattre mais privés de ce qu'il fallait pour opérer sur un front. En outre, n'ayant ni services, ni magasins, ni convois, ils vivaient de ce qu'ils prenaient sur place. D'où un désordre fréquent, qu'aggravaient des abus commis par tels ou tels chefs qui jugeaient que la hiérarchie n'allait pas plus haut qu'eux-mêmes. Enfin, les interventions du « Comac » et de ses agents faisaient sentir leurs effets. Jean Schuhler, commissaire de la République pour la région de Poitiers, le préfet Vaudreuil, les maires, étaient aux prises avec maints embarras.

Le colonel Adeline s'employait à faire cesser la confusion. Au contact des deux poches allemandes de Royan et de La Rochelle, il installait des postes, constituait des unités aussi régulières que possible et tâchait d'organiser leur ravitaillement. Quand cet ensemble aurait reçu des armes et pris de la consistance, on pourrait songer à l'attaque. Je passai en revue, à Saintes, plusieurs milliers d'hommes mal pourvus mais pleins d'ardeur. Le défilé fut impressionnant. Je réunis ensuite autour de moi les officiers de toutes origines, la plupart arborant des grades improvisés, mais tout fiers, à juste titre, d'être là volontairement et vibrants de voir au milieu d'eux de Gaulle qui, sous les dehors d'une sérénité voulue, ne se sentait pas moins ému. Je leur dis ce que j'avais à dire. Puis, je quittai cette force en gestation, résolu à faire en sorte que les combats de la côte atlantique finissent par une victoire française.

Orléans fut la dernière étape de ce voyage. Le cœur serré à la vue des décombres, je parcourus la ville massacrée. Le commissaire de la République André Mars m'exposa les problèmes qu'il affrontait avec calme. D'ailleurs, sa région, si éprouvée qu'elle fût, ne se montrait guère agitée. Par contraste avec ce qui se passait sur la Garonne, les riverains de la Loire paraissaient fort modérés. Il faut dire que les colonels Bertrand et Chomel, commandant les forces de l'intérieur de la Beauce, du Berri et de la Touraine, les avaient organisées en bataillons réguliers, puis conduites à de brillants combats contre les troupes allemandes en retraite au sud de la Loire. Du coup, les maquisards, disciplinés et fiers d'eux-mêmes, servaient de recours au bon ordre. En voyant, sur le terrain de Bricy, le beau détachement qui me présentait les armes, je pensais avec mélancolie à ce qu'eussent été les forces de la résistance si Vichy n'avait pas empêché les cadres militaires de prendre partout la tête de ces jeunes troupes. Le 18 septembre au soir, je rentrai dans la capitale.

Le 25, après avoir passé deux jours avec la Ire Armée, je me rendis à Nancy que les troupes du général Patton venaient tout juste de libérer. Pour la Lorraine, l'envahisseur n'avait jamais été autre chose que l'ennemi. C'est pourquoi aucun problème politique ne s'y posait. L'ordre public ne courait pas de risque. Le civisme était tout naturel. Ce jour-là, les acclamations de la foule dans les rues de Mirecourt, de Strasbourg, Saint-Dizier, Saint-Georges et des Dominicains, par où je traversai la capitale lorraine, puis sur la place Stanislas où je me fis entendre du balcon de l'Hôtel de ville, les allocutions du commissaire de la République Chailley-Bert et du maire Prouvé, les adresses des délégations, l'attitude des 2 000 maquisards que leur chef, le colonel Grandval, fit défiler devant moi, témoignaient de la foi en la France de cette province ravagée et dont une partie était encore entre les mains germaniques.

Revenu à Paris, j'en repartis le 30 septembre en compagnie des ministres : Tixier, Mayer et Laurent, cette fois pour me rendre en Flandre. Nous passâmes par Soissons et Saint-Quentin où Pierre Pène, commissaire de la République, nous guida dans la visite de ces cités démolies. A Lille, François

Closon, son collègue pour le Nord et le Pas-de-Calais, s'efforçait de fournir les moyens de travailler à tout un peuple qui les avait perdus. A peine arrivé, je fus saisi par ce que le problème de la subsistance ouvrière avait, dans la région, de dramatique et de pressant. Les masses laborieuses s'étaient vues, pendant l'occupation, condamnées à des salaires que les ordres de l'ennemi tenaient bloqués au plus bas. Et voici que beaucoup d'ouvriers se trouvaient en chômage au milieu d'usines sans charbon et d'ateliers sans outillage. En outre, le ravitaillement était tombé au-dessous du minimum vital. En parcourant ma ville natale où les Lillois me faisaient fête, je voyais trop de visages dont le sourire n'effaçait ni la pâleur ni la maigreur.

Le sentiment et la réflexion m'avaient, d'avance, convaincu que la libération du pays devrait être accompagnée d'une profonde transformation sociale. Mais, à Lille, j'en discernai, imprimée sur les traits des gens, l'absolue nécessité. Ou bien il serait procédé d'office et rapidement à un changement notable de la condition ouvrière et à des coupes sombres dans les privilèges de l'argent, ou bien la masse souffrante et amère des travailleurs glisserait à des bouleversements où la France risquerait de perdre ce qui lui restait de substance.

Le dimanche 1er octobre, ayant assisté en l'église Saint-Michel à l'office célébré par le cardinal Liénart, visité l'Hôtel de ville où m'accueillait le maire Cordonnier, passé en revue sur la place de la République les forces de l'intérieur, reçu les autorités, comités, notabilités, je fis connaître à la foule massée devant la Préfecture sur quelles bases le gouvernement entreprenait le redressement économique du pays : « Prise en main par l'État de la direction des grandes richesses communes ;... sécurité et dignité assurées à chaque travailleur. » L'espèce de houle passionnée qui souleva la multitude en entendant ces promesses me fit sentir qu'elles la touchaient au vif.

Sur le chemin du retour à Paris, j'allai voir les mines de Lens. Les dégâts des installations, l'absence d'une moitié des mineurs, l'agitation du personnel, maintenaient le rendement à un niveau pire que médiocre. En fait de charbon, il sortait des carreaux à peine le tiers des quantités d'avant-guerre. Pour rétablir la production houillère, il fallait évidemment une réforme de principe propre à changer l'état des esprits et, d'autre part, des travaux impliquant des crédits tels que seule la collectivité nationale était en mesure de les fournir.

Que celle-ci devînt propriétaire des charbonnages, c'était l'unique solution. Par Arras, je revins dans la capitale avec mes résolutions.

Une semaine plus tard, j'étais en Normandie, province qui battait le record de la dévastation. Les ruines y semblaient d'autant plus lamentables qu'il s'agissait d'une région pleine de richesses anciennes et récentes. Accompagné de Mendès-France et de Tanguy-Prigent, conduit par Bourdeau de Fontenay commissaire de la République et le général Legentilhomme commandant la région militaire, je visitai, en particulier, Le Havre, Rouen, Évreux, Lisieux et Caen ou, pour mieux dire, leurs décombres. Si, quelques jours auparavant, le contact des foules du Nord m'avait confirmé dans l'idée que l'effort national exigeait de grands changements sociaux, l'étendue des dommages subis par la Normandie m'affermissait dans ma volonté de remettre l'État debout, condition *sine qua non* de la reconstruction du pays.

D'ailleurs, par contraste avec les cités écroulées, la campagne offrait un spectacle encourageant. Au mois d'août, en pleine bataille, on avait trouvé moyen de faire et de rentrer les récoltes. Bien que les villages et les fermes eussent beaucoup souffert et en dépit de tout ce qui faisait défaut aux exploitants, on pouvait voir partout les champs cultivés, le bétail soigné, aussi bien que possible. Au Neubourg, les agriculteurs qui s'y étaient rassemblés me parurent résolus à laisser leurs manches retroussées. Cette obstination au labeur de la paysannerie française éclaircissait les perspectives du ravitaillement et constituait, pour l'avenir, un élément essentiel de redressement.

Le 23 octobre, j'éprouvai la même impression en traversant la Brie et la Champagne. Une fois quitté Boissy-Saint-Léger, les plateaux, en se découvrant, apparaissaient sous l'aspect productif qu'ils revêtaient de tous temps. Comme naguère, une forêt de meules annonçait Brie-Comte-Robert. Provins était toujours entouré de labours pour le blé et la betterave. Autant de sillons bien tracés et pas plus de friches qu'autrefois dans les plaines de Romilly-sur-Seine. La pluie, qui tombait à Troyes lorsque j'y fis mon entrée, chagrinait Marcel Grégoire commissaire de la République et les citadins réunis pour crier leur joie, mais, comme d'usage, enchantait les ruraux. Suivant la tradition, des bovins appétissants paissaient les prairies de Vendeuvre et de Bar-sur-Aube. A Colombey-les-deux-Églises, je fis halte dans le bourg. Les habitants, groupés autour du maire Demarson, m'accueillirent avec transport. Enchantés par la libération, ils s'apprêtaient à en profiter pour mieux travailler les terres. Tandis que j'atteignais Chaumont où m'attendait la réception officielle de la Haute-Marne, c'est l'esprit réconforté que je voyais la nuit descendre sur cette campagne fidèle et familière.

Ayant, de là, fait une nouvelle visite à la Ire Armée, je regagnai Paris par Dijon. Cette grande ville n'avait subi que des dégâts relativement restreints. Mais elle était encore toute vibrante d'avoir assisté à la déroute de l'envahisseur. Pendant que les rues et les places retentissaient de vivats, les corps constitués m'étaient présentés dans le palais des Ducs par le commissaire de la République Jean Mairey, — remplaçant Jean Bouhey grièvement blessé lors de la libération de la ville, — et le chanoine Kir, maire populaire et truculent. Le général Giraud, qui retrouvait les siens dans la capitale bourguignonne, était en tête des notabilités. « Comme les choses ont changé ! » me dit-il. — « C'est vrai pour les choses », pensais-je. Mais, voyant l'assistance, mobile et bruissante, je doutais que ce fût le cas pour les Français.

Les 4, 5, 6 novembre, voyage dans les Alpes. On s'y était battu partout. On s'y battait encore aux abords des cols menant en Italie. Nos montagnes, avec leur population passionnée de liberté, avaient fourni à la résistance maintes citadelles et beaucoup de combattants. A présent, l'existence commençait à y reprendre un cours normal, au milieu de grandes difficultés d'approvisionnement, de l'action menée contre l'ennemi par les troupes marocaines et les maquisards alpins, d'incidents tumultueux causés par des clandestins qui voulaient faire justice eux-mêmes. Ayant à mes côtés les ministres Diethelm et de Menthon, le commissaire de la République Farge, les généraux Juin et de Lattre, je me rendis d'abord à Ambérieu. Ce furent ensuite Annecy et Albertville où je passai en revue la Division Dody et les tabors. Chambéry, débordant de ferveur, me donna la mesure du loyalisme savoyard. Enfin, j'entrai à Grenoble.

On ne pourrait décrire l'enthousiasme qui soulevait les « Allobroges » sur la place de la Bastille et le boulevard Gambetta, que je parcourus à pied, et sur la place Rivet où la foule s'était massée pour entendre les allocutions. Je remis entre les mains du maire Lafleur la croix de la Libération décernée à la ville de Grenoble. Ensuite, défila la 27e Division alpine. Je la saluai avec une particulière satisfaction. Car, voulant assurer à la France les enclaves naguère possédées par l'Italie sur notre versant et sachant que, dans le concert allié, nous ne les obtiendrions qu'à condition de les prendre, j'avais des vues sur cette force naissante. Le 6 novembre, j'étais à Paris.

Ainsi avais-je, en quelques semaines, parcouru une grande partie du territoire, paru aux yeux de 10 millions de Français dans l'appareil du pouvoir et au milieu des démonstrations de l'adhésion nationale, ordonné sur place d'urgentes mesures d'autorité, montré aux gens en fonction que l'État avait une tête, fait sentir aux éléments épars de nos forces qu'il n'y avait pour elles d'autre avenir que l'unité, d'autre devoir que la discipline. Mais combien paraissait cruelle la réalité française ! Ce que j'avais constaté, sous les discours, les hourras, les drapeaux, me laissait l'impression de dégâts matériels immenses et d'un éclatement profond de la structure politique, administrative, sociale, morale du pays. Il était clair que, dans ces conditions, le peuple, pour ravi qu'il fût de sa libération, aurait à subir longtemps de dures épreuves que ne manqueraient pas d'exploiter la démagogie des partis et l'ambition des communistes.

Mais, aussi, j'avais pu voir, en province comme à Paris, quelle ferveur se portait vers moi. La nation discernait, d'instinct, que dans le trouble où elle était plongée elle serait à la merci de l'anarchie, puis de la dictature, si je ne me trouvais là pour lui servir de guide et de centre de ralliement. Elle s'attachait aujourd'hui à de Gaulle pour échapper à la subversion comme elle l'avait fait, hier, pour être débarrassée de l'ennemi. De ce fait, je me sentais réinvesti par les Français libérés de la même responsabilité insigne et sans précédent que j'avais assumée tout au long de leur servitude. Il en serait ainsi jusqu'au jour où, toute menace immédiate écartée, le peuple français se disperserait de nouveau dans la facilité.

Cette légitimité de salut public, clamée par la voix du peuple, reconnue sans réserve, sinon sans murmure, par tout ce qui était politique, ne se trouvait contestée par aucune institution. Il n'y avait, dans l'administration, la magistrature, l'enseignement, non plus que dans les armées, aucune réticence à l'égard de mon autorité. Le Conseil d'État, à la tête duquel se trouvait maintenant le président Cassin, donnait l'exemple d'un complet loyalisme. La Cour des Comptes en faisait autant. Où qu'il m'arrivât de paraître, le clergé s'empressait à déployer ses hommages officiels. Le 20 septembre, j'avais reçu le cardinal Suhard et recueilli l'assurance du concours moral de l'épiscopat. Par l'organe de Georges Duhamel, secrétaire perpétuel, l'Académie française recourait à mon appui. Il n'était pas jusqu'aux représentants de tous les régimes antérieurs qui ne voulussent marquer leur adhésion. Le comte de Paris, l'esprit rempli du souci national, m'écrivait pour m'annoncer l'envoi d'un mandataire. Le prince Napoléon, maquisard exemplaire et capitaine de chasseurs alpins, venait m'offrir son témoignage. Le général Giraud, arrivé d'Algérie où il avait échappé au coup de fusil d'un fanatique, se présentait aussitôt à moi. Les anciens tenants de Vichy s'inclinaient devant l'évidence : Pétain, en Allemagne, gardait le silence et ceux des fonctionnaires, des diplomates, des militaires, des publicistes qui l'avaient assidûment servi prodiguaient, à l'adresse du pouvoir, révérences et justifications. Enfin, M. Albert Lebrun vint joindre à l'approbation générale celle du fantôme mélancolique de la IIIe République.

Je le reçus le 13 octobre. « J'ai toujours été, je suis », me déclara le président, « en plein accord avec ce que vous faites. Sans vous, tout était perdu. Grâce à vous, tout peut être sauvé. Personnellement, je ne saurais me manifester d'aucune manière, sauf toutefois par cette visite que je vous prie de faire publier. Il est vrai que, formellement, je n'ai jamais donné ma démission. A qui, d'ailleurs, l'aurais-je remise, puisqu'il n'existait plus d'Assemblée nationale qualifiée pour me remplacer? Mais je tiens à vous attester que je vous suis tout acquis. »

Nous parlâmes des événements de 1940. Albert Lebrun revint avec chagrin sur cette journée du 16 juin où il avait accepté la démission de M. Paul Reynaud et chargé le Maréchal de former le nouveau ministère. Les larmes aux yeux, levant les bras au ciel, il confessait son erreur. « Ce qui m'a, dit-il, décidé dans le mauvais sens, comme la plupart des ministres, ce fut l'attitude de Weygand. Il était si catégorique en exigeant l'armistice! Il affirmait si péremptoirement qu'il n'y avait rien d'autre à faire! Pourtant, je croyais, comme Reynaud, Jeanneney, Herriot, Mandel, vous-même, qu'il fallait aller en Afrique, qu'on pouvait poursuivre la guerre avec l'armée qui s'y trouvait, les forces que l'on avait encore les moyens d'y transporter, notre flotte intacte, notre empire, nos alliés. Mais le Conseil a cédé aux arguments véhéments du Commandant en chef. Que voulez-vous? On lui avait fait une telle réputation ! Ah ! quel malheur quand, dans l'extrême péril, ce sont les généraux qui se refusent à combattre ! »

Le président Lebrun prit congé. Je lui serrai la main avec compassion et cordialité. Au fond, comme chef de l'État, deux choses lui avaient manqué : qu'il fût un chef ; qu'il y eût un État.

Tandis qu'au-dedans du pays cristallisaient les passions, l'action militaire des alliés se poursuivait dans l'Est et dans le Nord. Eisenhower, portant l'effort principal sur la gauche, visait à traverser promptement la Belgique, puis à franchir le Rhin auprès de son embouchure, enfin à se saisir de la Ruhr et, par là, de la victoire. Telle était, à la fin d'août, la mission confiée au général Montgomery, à qui l'aviation fournissait l'appui maximum. Au centre, le général Bradley devait atteindre le fleuve entre Dusseldorf et Mayence, en liant son mouvement à celui des armées du Nord. Quant à la Ire Armée française et à la VIIe Armée américaine, destinées à se grouper sous les ordres du général Devers, elles viendraient quand elles pourraient, depuis la Méditerranée, prendre la droite du dispositif et aborder le Rhin par l'Alsace. Mon désir était, naturellement, que la progression allât aussi vite que possible, qu'elle menât les armées alliées directement au cœur de l'Allemagne et que les forces françaises eussent leur large part dans les opérations. C'est ce que, dès le 6 septembre, j'avais écrit à Eisenhower, en le pressant de hâter le mouvement de notre Ire Armée, en lui rendant la disposition de la 2e Division blindée, et en lui faisant connaître la volonté du gouvernement français de voir nos troupes pénétrer en territoire allemand en même temps que celles des Américains et des Britanniques. Mais la marche, menée rapidement jusqu'aux abords de la frontière, allait être arrêtée avant d'atteindre le pays ennemi.

En effet, dans les Pays-Bas, l'Ardenne, la Lorraine, les Vosges, l'adversaire trouvait moyen de rétablir sa ligne de bataille. Hitler lui-même, qui avait souffert dans son prestige comme dans son état physique de l'attentat commis contre lui en juillet, reprenait maintenant le dessus. Escomptant l'effet des « armes secrètes » : avions à réaction, fusées V 2, chars nouveaux, peut-être même bombes atomiques, que le Reich préparait fébrilement, le Führer méditait de reprendre l'offensive et obtenait du peuple allemand un suprême crédit de confiance. D'ailleurs, les alliés, réduits à des ravitaillements précaires à mesure de leur avance, voyaient le manque de carburants, d'obus et de rechanges contrarier leurs opérations.

C'était, notamment, le cas pour notre Ire Armée. En ce qui concernait les forces marchant du Midi vers le Nord, le commandement allié avait prévu une progression difficile. On admettait que les ensembles fortifiés de Toulon et de Marseille ne pourraient être pris qu'après plusieurs semaines d'efforts, qu'ensuite la nécessité de se couvrir tout au long de la frontière italienne imposerait à Patch et à de Lattre des servitudes et des retards, enfin que les XIXe et Ire Armées allemandes, totalisant 10 divisions et occupant, l'une la Provence, l'autre l'Aquitaine, le Languedoc et le Limousin, seraient en mesure de tenir longtemps en échec les Français et les Américains sur les contreforts des Alpes, en maints endroits du couloir du Rhône et dans le Massif Central. C'est pourquoi les plans de transport des troupes et du matériel depuis l'Afrique, la Corse et l'Italie, puis des approvisionnements à partir de la côte et jusqu'aux grandes unités, comportaient des délais prolongés. Or, il se trouva que les forces des généraux de Lattre et Patch avancèrent à une cadence qui infirma tous les calculs. Le revers de la médaille fut, pour les combattants, une continuelle pénurie d'essence et de munitions.

La Ire Armée française, qui avait débarqué ses premiers éléments à Saint-Tropez et aux environs dans la journée du 15 août, était, dès le 28, en possession complète de Toulon et, le 30, maîtresse de la totalité de Marseille. Quarante mille prisonniers et des monceaux d'armes et de matériel étaient tombés entre ses mains. Or, l'intention initiale du général Patch, chargé de coordonner les forces dans le Midi, consistait à faire marcher les Américains droit vers le Nord, tandis que les Français, une fois repris par eux les deux grands ports de la Méditerranée, assureraient, aux débouchés des Alpes, la couverture de leurs alliés. Mais le général de Lattre, fort des succès remportés à Toulon et à Marseille, ne s'était pas contenté de la mission secondaire que l'on envisageait pour lui. Il entendait encadrer à droite et à gauche les Américains et progresser à leur hauteur. J'avais, bien entendu, appuyé cette manière de voir. Quant à Patch, désormais rempli de considération pour la Ire Armée française, il s'était, de bonne grâce, rangé à notre avis.

C'est ainsi que notre 2e Corps, commandé par Monsabert et comprenant d'abord essentiellement les Divisions du Vigier et Brosset, franchissait le Rhône à Avignon, puis, opérant par la rive droite, chassait l'ennemi de Lyon les 2 et 3 septembre. Peu après, dans la région d'Autun, la gauche de ce corps d'armée barrait le passage aux arrière-gardes de la Ire Armée allemande, qui, fuyant par le Massif Central, essayaient de se frayer la route de la Bourgogne. Mais la porte était fermée par la Division du Vigier, tant celle-ci avait marché vite. Après quatre jours de combats désespérés, les derniers échelons ennemis, ayant à leurs trousses les forces de l'intérieur du Sud-Ouest, ainsi que celles du Berri et d'Auvergne, ne pouvaient trouver d'issue et finissaient par capituler. Toutefois, leur chef, le général Elster, se sentant la conscience lourde et épouvanté à l'idée de se rendre aux Français, était entré en contact avec des officiers américains détachés à Orléans. Le 11 septembre, il leur remettait les 22 000 hommes valides qu'il avait encore sous ses ordres. Le même jour, du Vigier libérait Dijon. Le lendemain, la Division Brosset, devenue la gauche de l'armée de Lattre, prenait, à Montbard, la liaison avec Leclerc qui arrivait de Paris à la droite des forces de Bradley. Le 13 septembre, Langres était pris par des troupes du 2e Corps et les maquis de la Haute-Marne. Après quoi, les avant-gardes du général de Monsabert abordaient la haute Saône de Jussey et de Port-sur-Saône.

Pendant ce temps, les Américains avaient marché à la même allure suivant l'axe : Grenoble-Bourg-Besançon, forçant le passage du Rhône entre Lyon et Ambérieu. Mais il avait fallu couvrir sur les Alpes l'ensemble du dispositif. C'est qu'en effet les troupes du maréchal Kesselring, tenant toujours en Italie du Nord, occupaient les passages vers la France, débordaient dans les Hautes-Alpes, la Savoie, la Haute-Savoie et menaçaient nos communications. Il est vrai que les forces de l'intérieur de la région escarmouchaient sans relâche contre les détachements allemands et les éléments fascistes italiens qui opéraient sur le versant français. Mais cette action de flanc-garde devait être complétée. Y avaient été employées : une division américaine et la 2e Division marocaine de Dody. Celle-ci, aidée par les forces de l'intérieur et par les tabors marocains, s'était emparée de Briançon, de Modane, de Bourg-Saint-Maurice.

Dès lors, le général Béthouart pouvait, le 5 septembre, prendre le commandement du 1er Corps d'armée et le déployer sur le Rhône entre Ambérieu et la frontière suisse, à la droite des Américains. Disposant, pour commencer, de la 3e Division nord-africaine de Guillaume et de la 9e Division coloniale de Magnan, il poussait à travers le Jura et, le 12 septembre, atteignait la vallée du Doubs.

Ainsi s'achevait l'extraordinaire poursuite que Français et Américains avaient menée en trois semaines sur 700 kilomètres. Ils eussent été plus vite encore si le manque de carburants ne les avait constamment retardés. C'est à Marseille, à Toulon, à Nice que l'essence débarquait à grand-peine. Il fallait aller l'y chercher. Comme les voies ferrées étaient détruites sur les deux rives du Rhône, seuls des convois de camions assuraient les ravitaillements, soit, pour la Ire Armée française, 1 500 tonnes en moyenne par jour. Encore les services américains, qui répartissaient les choses entre Patch et de Lattre, se montraient-ils, comme c'était humain, assez portés à pourvoir nos alliés par priorité. On imagine par quelles crises d'impatience, succédant aux heures d'enthousiasme, passaient les troupes, les états-majors, le général commandant l'armée, quand ils se voyaient frustrés de succès dont ils discernaient l'occasion. La même pénurie de carburants fit que trois grandes unités : 9e Division coloniale, 4e Division marocaine, 5e Division blindée, ainsi que de nombreux éléments de réserve générale, ne purent rattraper le gros de la Ire Armée qu'après des retards prolongés.

Ces servitudes doivent entrer en compte pour juger à sa valeur le record que représenta la progression accomplie depuis la Méditerranée jusqu'à l'entrée de l'Alsace. En revanche, la marche en avant fut grandement facilitée par l'action des maquisards. L'usure à laquelle ceux-ci avaient soumis l'ennemi, le fait qu'ils s'étaient, à mesure, rendus maîtres d'une grande partie des itinéraires à suivre, le renfort qu'ils apportaient aux unités régulières, avaient compté pour beaucoup dans ce résultat foudroyant. Le 12 septembre, au terme de la grande poursuite, 120 000 Allemands se trouvaient en captivité française, pris tant par la Ire Armée que par les forces de l'intérieur et par la 2e Division blindée. C'était le tiers du total des prisonniers faits par l'ensemble des armées alliées.

Le 13 septembre, le général John Lewis, détaché auprès de moi par Eisenhower, m'apportait une lettre du Commandant en chef. Celui-ci m'annonçait que le dispositif des alliés était maintenant soudé depuis la Suisse jusqu'à la mer du Nord, la Ire Armée française et la VIIe Armée américaine constituant, désormais, le Groupe d'armées du Sud.

A l'intérieur de ce Groupe, les Américains devaient former la gauche et prendre pour direction Saverne, plus tard Strasbourg. Quant aux Français, ils avaient à se regrouper sur la droite dans la région de Vesoul, puis à s'emparer de Belfort et, ultérieurement, de Colmar. Eisenhower me demandait mon agrément quant à cet emploi de nos forces. Je le lui donnai, dans l'ensemble, le 21 septembre, estimant satisfaisant que les Français eussent leur propre zone d'action, tout comme les Britanniques et les Américains avaient respectivement la leur, et trouvant bon que cette zone fût l'Alsace. Cependant, je faisais connaître au Commandant en chef que je plaçais une hypothèque sur la Ire Division française libre, me réservant de la faire venir à Paris en cas de nécessité. D'autre part, j'invitais Eisenhower à diriger sur Bordeaux, dès que possible, une de nos divisions afin de prendre Royan et Grave. Par là le grand port serait dégagé et nous pourrions l'utiliser au ravitaillement de la France. Enfin, j'indiquais au Commandant en chef qu'il y avait lieu de placer une grande unité française sur la direction de Strasbourg.

Ce devait être la Division Leclerc. Après l'avoir maintenue quelques jours à Paris, je l'avais, le 6 septembre, remise à la disposition du haut commandement allié. A présent, je tenais à la voir opérer avec la VIIe Armée américaine. En effet, la capitale alsacienne était l'objectif de Patch. Pour d'évidentes raisons nationales, je voulais qu'elle fût, un jour, libérée par des troupes françaises et je ne doutais pas que Leclerc, dès lors qu'il serait axé comme il fallait, saurait en trouver l'occasion. La 2e Division blindée continua donc d'agir dans le secteur américain.

Mais tout faisait prévoir que l'affaire de Strasbourg ne serait pas pour demain. Sur les pentes des Vosges, la XIXe Armée allemande avait pris solidement position. Son chef, le général Wiese, reprenant en main les troupes qu'il ramenait de Provence et renforcé d'éléments qui lui venaient de l'intérieur, faisait tête dans toute sa zone. Pour les nôtres, une dure bataille allait, sans transition, succéder à une triomphale poursuite. Il en était, du reste, ainsi d'un bout à l'autre du front allié. A l'embouchure de la Meuse, l'offensive déclenchée le 20 septembre par Montgomery se terminait par un échec. En Lorraine et dans le Luxembourg, Bradley devait, lui aussi, s'arrêter. Il était clair qu'à l'Ouest, l'issue se trouvait reportée à plusieurs mois. A l'Est, on devait penser qu'elle ne viendrait pas plus tôt. Car, si les Russes avaient occupé la Roumanie et la Bulgarie, refoulé les Allemands d'une grande partie de la Pologne et de la Yougoslavie, pris pied en Hongrie et dans les Pays Baltes, nulle part encore ils ne pénétraient sur le territoire du Reich.

Que la guerre dût se poursuivre, c'était assurément douloureux sous le rapport des pertes, des dommages, des dépenses que nous, Français, aurions encore à supporter. Mais, à considérer l'intérêt supérieur de la France, — lequel est tout autre chose que l'avantage immédiat des Français, — je ne le regrettais pas. Car, les combats se prolongeant, notre concours serait nécessaire dans la bataille du Rhin et du Danube, comme ç'avait été le cas en Afrique et en Italie. Notre rang dans le monde et, plus encore, l'opinion que notre peuple aurait de lui-même pour de longues générations en dépendaient essentiellement. D'autre part, le délai à courir avant la fin des hostilités allait nous permettre de faire valoir à temps ce qui nous était dû. Quelle chance, enfin, offrait à l'unité nationale cette phase suprême où tous les Français traverseraient l'épreuve, non plus séparés, comme ils l'étaient hier, entre l'Empire libre et la Métropole opprimée mais désormais placés dans des conditions identiques et régis par un seul pouvoir ! Pour commencer, il nous était possible de résoudre en temps voulu le problème de notre organisation militaire, si chargé d'hypothèques politiques, bref de fondre en un tout nos forces de toutes origines.

A la Ire Armée, des dispositions fragmentaires avaient été prises dans ce sens. Tant bien que mal, un certain jumelage s'était établi entre les divisions d'Afrique et les groupements de maquisards. Déjà, vers le 20 septembre, plus de 50 000 hommes des forces de l'intérieur prenaient part aux opérations du général de Lattre. Cinquante mille autres s'apprêtaient à en faire autant. S'étaient ainsi accolés aux troupes régulières : 13 bataillons alpins formés en Savoie, dans l'Isère, l'Ain, la Drôme, l'Ardèche ; les « maquis » dits : de Provence, de Chambarrand, de la Haute-Marne, du Morvan, des Ardennes ; les « groupements » du Charolais, du Lomont, de l'Yonne, de Franche-Comté ; des « commandos » aux noms divers ; beaucoup de menus groupes et un grand nombre d'isolés. Mais, aussi, voici qu'arrivaient les imposantes colonnes de maquisards du Centre et de l'Aquitaine.

A la fin du mois d'août, j'avais reçu à Paris le général Chevance-Bertin, délégué militaire dans le Sud-Ouest, et lui avais donné la mission de porter vers la Ire Armée la plus grande partie possible des forces de l'intérieur de sa région. Chevance-Bertin l'avait fait et confié à son adjoint, Schneider, la conduite de ce vaste et tumultueux groupement. Tant bien que mal, Schneider amenait en Bourgogne la « Division légère de Toulouse » comprenant, en particulier, le « Corps franc des Pyrénées », la « Brigade Alsace-Lorraine », des contingents du Tarn, du Tarn-et-Garonne, de l'Aveyron. Il en faisait autant des « Brigades » du Languedoc, du Lot-et-Garonne, de la Corrèze. Enfin, il dirigeait vers la même destination les « Brigades du Massif Central », l' « Artillerie du Puy-de-Dôme », voire les « Gardes mobiles de Vichy », formant ensemble le « Groupe d'Auvergne ».

L'afflux de ces éléments, si divers à tous égards, réjouissait évidemment le commandement de la Ire Armée, les états-majors, les services, mais les plongeait d'autre part dans de grandes difficultés. Il est vrai que les questions de subordination étaient bientôt résolues. Le général Cochet, chargé par moi des forces de l'intérieur au sud de la Loire, avait coupé court aux velléités d'indépendance que manifestaient certains chefs et mis directement aux ordres du général de Lattre tous les éléments parvenus dans sa zone d'action. Mais, ces forces, comment les organiser, les équiper, les employer dans des conditions normales? Il fallait que les règles fussent posées et les moyens fournis par le gouvernement lui-même, suivant le plan qu'il avait adopté pour cette ultime phase de la guerre.

Une certaine démagogie nous requérait alors bruyamment de mobiliser les classes en âge de porter les armes. Cette levée en masse, renouvelée de l'époque révolutionnaire, eût procuré, assurément, des effectifs considérables, en dépit du fait que 2 millions et demi d'hommes étaient aux mains de l'ennemi comme prisonniers de guerre, déportés de la résistance ou requis du travail et que 300 000 autres avaient été tués ou gravement blessés depuis le début du conflit. Mais on n'était plus au temps où le nombre comptait plus que tout. Qu'eussions-nous fait de la foule des appelés, quand nous n'avions à lui donner ni armes, ni cadres, ni équipement et qu'il eût été à la fois criminel et dérisoire de la pousser telle quelle, en rase campagne, devant les canons, les chars, les mitrailleuses, les avions de l'armée allemande? Tirant des circonstances ce qu'elles offraient mais prenant les choses comme elles étaient, j'avais fixé mes intentions.

Organiser pour la bataille la bouillante et vaillante jeunesse qui avait mené la lutte clandestine et la joindre aux troupes venues d'Afrique, voilà ce qui me paraissait réalisable au point de vue militaire et nécessaire au point de vue national. Dans l'état d'extrême dénuement matériel où nous nous trouvions, ce serait là tout le possible pour l'automne et l'hiver. S'il arrivait que la guerre parût devoir durer plus longtemps, on aviserait au moment voulu. En pratique, je comptais incorporer à la Ire Armée autant de maquisards qu'elle pourrait en absorber et constituer, avec le reliquat, de grandes unités nouvelles.

Dès que nous avions pu connaître avec assez de précision la situation réelle des éléments paramilitaires, c'est-à-dire au retour de mon voyage sur le Rhône et dans le Midi, j'avais arrêté, en Comité de Défense nationale, le plan de cette transformation. Quatre cent mille, tel était le total approximatif des hommes comptant aux forces de l'intérieur. On peut penser qu'un pareil flot de combattants, surgis volontairement pour courir les risques des maquis, faisait honneur à la France, étant donné le nombre des jeunes gens qui se trouvaient hors de combat et le fait que l'appareil officiel de Vichy avait, jusqu'à sa dernière heure, traqué et condamné ceux qui luttaient contre l'ennemi. Nous décidâmes d'abord, par décret du 23 septembre, que les hommes restant sous les armes auraient à contracter un engagement en bonne et due forme pour la durée de la guerre. De ce fait, la situation des maquisards se trouvait légalement réglée. Quarante mille d'entre eux étaient versés dans la Marine ou l'armée de l'Air. Pour aider le ministre de l'Intérieur à maintenir l'ordre public, les gendarmes et les gardes mobiles passés aux maquis retournaient, d'office, à leur corps d'origine; étaient, en outre, formées 60 « Compagnies républicaines de sécurité », innovation qui, sur le moment, fut blâmée de toutes parts mais qui dure encore aujourd'hui. Enfin, certains spécialistes, dont l'économie du pays avait le plus extrême besoin : mineurs, cheminots, etc..., étaient invités à reprendre leur profession. En définitive, l'armée de terre garda, pour son seul compte, plus de 300 000 soldats venus spontanément des forces de l'intérieur.

De ceux-là, suivant ma décision, de Lattre prendrait aussitôt une centaine de mille en charge. Les autres constitueraient 7 nouvelles divisions. Déjà, étaient en formation : dans les Alpes la 27e Division sous les ordres de Valette d'Ozia, à Paris la 10e ayant à sa tête Billotte, en Bretagne la 19e que commandait Borgnis-Desbordes. Les maquisards qui se trouvaient au contact des réduits allemands de Saint-Nazaire, La Rochelle, Royan, la pointe de Grave devraient former la 25e avec Chomel et la 23e sous d'Anselme. Au début du printemps, la 1re confiée à Caillies et la 14e aux ordres de Salan seraient mises sur pied respectivement dans le Berri et en Alsace. En dehors de ces grandes unités, le ministre de la Guerre recréerait des régiments de toutes armes, afin d'assurer l'instruction dans les régions de l'intérieur et de combler les pertes sur le front. En décembre, la classe 1943 devait être appelée sous les drapeaux. En avril, ce serait le tour des classes 1940, 1941, 1942, pour autant que les jeunes gens qui en faisaient partie ne se fussent pas engagés déjà. Quant aux écoles militaires, elles étaient rouvertes sans délai.

Ce programme fut réalisé. Mais le problème était moins de créer des corps de troupe que de les armer et de les équiper. Les fusils de tous modèles, les rares mitrailleuses et mortiers, les quelques touchantes autos, que détenaient les maquisards et qu'ils avaient utilisés aux escarmouches et embuscades, n'étaient plus que dérisoires s'il s'agissait de prendre part à des batailles rangées. En regroupant ces moyens de fortune, en faisant venir d'Afrique les quelques disponibilités qui s'y trouvaient encore en fait d'armement français, en collectant et réparant le matériel pris en France à l'ennemi et même celui que, naguère, nous avions pu ramasser en Tunisie et en Italie, on parviendrait à assurer une dotation élémentaire aux unités de formation. Mais ce n'était pas suffisant pour qu'elles puissent se mesurer avec les forces de la Wehrmacht. Il leur fallait de l'armement lourd. Or, il n'existait plus, en France, un seul établissement capable d'en fabriquer. Installations et outillages de nos usines spécialisées avaient été démontés et emportés par les Allemands, les ateliers qui subsistaient n'ayant gardé que ce qu'il fallait pour des travaux accessoires exécutés au compte de l'ennemi. En attendant que nous ayons remis des fabrications en marche, — ce qui durerait de longs mois, — nous étions donc contraints de recourir au bon vouloir des États-Unis.

Ce bon vouloir était mince. Il faut dire que nos alliés éprouvaient d'incontestables difficultés à transporter, depuis l'Amérique, l'énorme tonnage de matériel qui alimentait la bataille. Ils se souciaient donc fort peu d'y ajouter, à l'improviste, des lots à livrer aux Français. D'autant plus que c'eût été au profit d'unités tirées de nos forces de l'intérieur. Or, pour les Anglo-Saxons, celles-ci ne laissaient pas de paraître choquantes aux états-majors et inquiétantes aux politiques. Sans doute avait-on, lors des combats de la libération, fait passer quelques moyens aux « troupes de la révolte ». Mais, à Washington et à Londres, il n'était pas question, maintenant, de leur fournir de l'armement lourd qu'on devrait faire venir d'Amérique en surchargeant les convois. Et qui pouvait assurer qu'un jour ces forces hors série n'emploieraient pas à des fins subversives la puissance qu'elles auraient acquise? Surtout, en remettant au gouvernement du général de Gaulle de quoi équiper 8 ou 10 divisions nouvelles, il faudrait prévoir qu'à la fin de l'hiver l'armée française aurait doublé, qu'elle jouerait dans la bataille un rôle accru, peut-être décisif, et qu'alors on devrait admettre la France au règlement de l'armistice, ce que voulait éviter Roosevelt. Ces motifs firent que nos démarches auprès des gouvernements américain et britannique n'obtinrent aucun résultat. Depuis le jour du débarquement jusqu'à celui de la capitulation allemande, nos alliés ne nous procurèrent pas de quoi équiper une seule grande unité de plus. Dès octobre, le général Marshall, passant nous voir à Paris, ne nous avait sur ce point laissé aucune illusion.

Les alliés accepteraient-ils, au moins, de pourvoir les 100 000 hommes de renfort que notre Ire Armée tâchait d'absorber dans ses divisions, ses services et ses réserves? Pas davantage. Se référant aux plans d'approvisionnement que leurs bureaux avaient établis, ils se refusèrent toujours à tenir compte de cet accroissement. Pour ce qui était des vivres et de l'habillement, notre Intendance fournit à la Ire Armée les suppléments nécessaires. Mais, pour le reste, il nous fallut recourir à des expédients.

Comme l'hiver dans les Vosges comportait des risques pour l'état sanitaire des Noirs, nous envoyâmes dans le Midi les 20 000 soldats originaires d'Afrique centrale et d'Afrique occidentale qui servaient à la Ire Division française libre et à la 9e Division coloniale. Ils y furent remplacés par autant de maquisards qui se trouvèrent équipés du coup. Plusieurs régiments nord-africains, particulièrement éprouvés par deux années de combat, retournèrent dans leurs garnisons de départ, tandis que des corps tirés des forces de l'intérieur héritaient de leurs armes et de leur rang dans l'ordre de bataille. De Lattre, jouant avec art des volants de matériel alloués d'avance à son armée, en répartit le contenu entre de nouveaux éléments. Enfin, l'ingéniosité déployée à tous les échelons, soit pour tirer des parcs américains un peu de matériel neuf en compensation d'engins déclarés hors d'usage, remettre ceux-ci en état et, ensuite, les aligner à côté des remplacements, soit pour adopter, sans souci d'état-civil, tous blindés, canons, véhicules alliés qui traînaient à portée des nôtres, procura certaines ressources. Hélas ! dans notre misère, tous les moyens nous étaient bons pour redresser notre force qui avait, au long des siècles, souvent connu le superflu, voire pratiqué le gaspillage, et se trouvait à présent si affreusement démunie. Au total, la Ire Armée fut, vaille que vaille, dotée du nécessaire pour ses effectifs renforcés.

J'allai la voir, le 23 septembre. Avec Diethelm et Juin, j'atterris à Tavaux près de Dole. Nous gagnâmes d'abord le quartier général à Besançon et, le lendemain, parcourûmes le terrain. C'était le moment où la Ire Armée resserrait le contact avec les positions allemandes. Le général de Lattre, encore tout chaud de son avance rapide depuis la Méditerranée, croyait pouvoir déboucher en Alsace, tambour battant, par sa gauche qui franchirait les Vosges. Dans ce secteur, — celui du 2e Corps, — le général de Monsabert menait de vives actions sur les contreforts du massif, vers Servance et vers Ronchamp. Optimiste et gaillard, payant beaucoup de sa personne, promenant, de secteur en secteur, un élan, un coup d'œil, un sens du combat, qui n'étaient jamais en défaut, il employait chacun au maximum. Au demeurant, dévoué aux siens de toute son âme et complètement désintéressé en ce qui concernait sa personne. En un temps où il m'appartenait d'attribuer ce qui se donne, je l'entendis souvent me faire valoir les mérites des autres ; jamais il ne me parla de lui.

Le 1er Corps formait la droite de la Ire Armée depuis Lure jusqu'au Lomont. Je le trouvai en train d'organiser sa base pour forcer la trouée de Belfort. L'entreprise serait ardue, étant donné l'étroitesse du terrain où il faudrait l'engager et la puissance des organisations allemandes. Mais le chef qui en était chargé semblait fait pour la mener à bien. Le général Béthouart ne laissait rien au hasard. Il était l'homme des plans conçus méthodiquement et poursuivis d'une âme égale. Cela lui valait la confiance de ses subordonnés et aussi, quelquefois, l'impatience de son supérieur.

Seule une réussite parfaite aurait pu, en effet, satisfaire le général de Lattre. Ardent jusqu'à l'effervescence, susceptible autant que brillant, il était tendu à l'extrême dans le désir que rien ne manquât et dans l'impression que les péripéties lui étaient affaires personnelles. Ceux qui dépendaient de lui en recevaient maintes rebuffades ou coups d'aiguillon. Mais leur rancune ne durait pas tant sa valeur en imposait.

A l'occasion de mes inspections je pris maintes fois contact avec le général de Lattre dans l'exercice de son commandement. En dépit des travers qu'on lui reprochait et qui étaient surtout les excès de ses qualités, je le jugeai toujours comme qualifié par excellence pour diriger les opérations. Sans me laisser aller aux préventions favorables de mon amitié pour lui et tout en intervenant parfois dans son domaine quand des raisons d'intérêt national l'exigeaient, je ne cesserais pas de lui faire confiance dans la tâche à laquelle je l'avais appelé. Au reste, il ne manqua jamais de marquer, dans ses rapports avec moi et tant que je fus en place, non seulement son loyalisme, mais encore sa conviction quant au caractère insigne de la mission dont je portais la charge.

Ce jour-là, en sa compagnie, je rendis visite aux troupes et aux services. Tous y faisaient plaisir à voir. Certes, après la poursuite victorieuse, ils avaient de quoi être fiers. Mais, en outre, ils rayonnaient, littéralement, de bonne humeur. Au reste, techniquement parlant, ils ne le cédaient à personne. On vérifiait aisément que les Français obtenaient, toutes choses égales d'ailleurs, des succès au moins comparables à ceux que remportaient Britanniques et Américains. Les Allemands étaient, bien entendu, les derniers à l'ignorer, qui opposaient aux nôtres une proportion de forces relativement très élevée.

Mais je constatai aussi que l'amalgame des troupes venues d'Afrique et des forces de l'intérieur pourrait être mené à bien. Non point que les préventions réciproques eussent disparu entre éléments d'origines diverses. Les « Français libres » conservaient, vis-à-vis de quiconque, une fierté assez exclusive. Les hommes de la clandestinité, longtemps traqués, fiévreux, miséreux, auraient volontiers prétendu au monopole de la résistance. Les régiments d'Algérie, du Maroc, de Tunisie, bien qu'ils aient été naguère partagés en tendances variées, se montraient unanimement ombrageux de leur esprit de corps. Mais, quels que fussent les détours par où le destin avait mené les uns et les autres, la satisfaction de se trouver côte à côte, engagés dans le même combat, l'emportait sur tout le reste dans l'âme des soldats, des officiers, des généraux. Il faut dire que, dans les villes et les villages traversés, l'accueil de la population ne laissait pas le moindre doute sur le sentiment public. En vérité, l'armée française, dans les proportions malheureusement réduites où il était possible de la refaire, montrait une qualité qu'elle n'avait jamais dépassée.

C'était le cas, au premier chef, pour la 2e Division blindée. Le 25 septembre, quittant la zone du général de Lattre, j'allai la voir à Moyen, Vathiménil, Gerbéviller. Pendant son court séjour à Paris, cette division avait recruté plusieurs milliers de jeunes engagés. D'autre part, elle attirait naturellement le matériel comme l'aimant attire le fer. Bref, il ne lui manquait rien. Le 10 septembre, elle avait franchi la Marne au nord de Chaumont, puis, au cours des journées suivantes, atteint, en combattant, Andelot et Vittel, repoussé vers Dompaire les contre-attaques de nombreux chars allemands, enfin abordé la Meurthe pour y tenir un secteur du front. Leclerc et ses lieutenants s'accommodaient mal de cette stabilisation. Je fis appel à leur sagesse. Car, tout comme le génie, l'action d'éclat est une longue patience. Dès lors, Leclerc, voyant devant lui Baccarat, ville prisonnière, concentra sur elle ses désirs, pour la prendre au bon moment.

Un mois plus tard, revenant voir nos troupes, je les trouvai prêtes à l'offensive générale qu'Eisenhower entamerait sous peu. En cette fin d'octobre, dans le secteur français, on se montrait impatient. D'autant plus que, des Vosges, de Belfort, d'Alsace, arrivaient, soit par la Suisse, soit à travers les lignes, des émissaires adjurant les nôtres de se porter en avant. Je rendis d'abord visite à notre Groupement d'aviation, que commandait Gérardot, et m'assurai qu'il avait reçu, comme nous y avions invité le commandement allié, la mission d'appuyer principalement l'armée française. Sur les positions de départ que je parcourus ensuite, tout le monde baignait dans l'optimisme. « Lors du désastre », me demanda de Lattre, « imaginiez-vous cela? » — « C'est, répondis-je, parce que j'y comptais, que nous sommes ici tous les deux. »

Mes déplacements à travers le pays et mes visites aux armées avaient pu produire leur effet. Mais celui-ci serait épisodique si des dispositions pratiques ne suivaient pas. Or, à cet égard, notre plan était fixé depuis Alger. Nous pouvions nous en féliciter. Car, en dépit des conditions confuses où le pouvoir s'installait à Paris, les Conseils que je réunis au cours d'un automne surchargé ne se perdirent pas en tergiversations. En l'espace de quelques semaines, le gouvernement prit un ensemble de mesures qui empêchèrent que la nation s'en allât à la dérive.

Plus le trouble est grand, plus il faut gouverner. Sortant d'un immense tumulte, ce qui s'impose, d'abord, c'est de remettre le pays au travail. Mais la première condition est que les travailleurs puissent vivre. Le 16 juillet, à Alger, le gouvernement avait décidé « qu'à la libération il y aurait lieu de procéder à une majoration immédiate et substantielle des salaires. » Le 28 août, surlendemain de la libération de Paris, une réunion des secrétaires généraux des ministères, présidée par Le Troquer ministre délégué dans les territoires libérés, propose que la majoration soit de l'ordre de 40 %. C'est ce coefficient moyen que le Conseil des ministres adopte le 13 septembre. Le 17 octobre, une ordonnance procède, en outre, à la refonte des allocations familiales et les accroît de 50 %. Cette augmentation des salaires et des allocations, pour massive qu'elle puisse paraître, n'en est pas moins modeste puisqu'elle porte à 225, par rapport à l'indice 100 d'octobre 1938, le niveau moyen de rémunération, alors que, dans le même temps, les prix officiels ont monté de 100 à 300 et que certains prix réels s'élèvent jusqu'à 1 000.

Mais à quoi bon mieux payer les gens si la monnaie s'effondre et si l'État fait faillite? A ce point de vue, nous nous faisons l'effet de marcher au bord d'un gouffre. Il est vrai qu'ont cessé les prélèvements, — 520 milliards! — opérés par l'ennemi sur les fonds publics. Mais, en revanche, il faut financer l'effort de guerre et payer, à mesure, la reconstruction des chemins de fer, des ports, des canaux, des centrales, des ouvrages d'art, sans laquelle aucune reprise ne saurait être imaginée. En regard d'écrasantes dépenses s'alignent des recettes gravement insuffisantes. L'activité économique du pays est tombée, au mois de septembre, à environ 40 % du niveau de 1938. D'autre part, la circulation fiduciaire et la dette à court terme atteignent respectivement 630 et 602 milliards, soit trois fois plus qu'avant la guerre. Cet énorme total de moyens de paiements, complètement disproportionné à une production très réduite, entretient une poussée des prix qui menace de devenir, d'un jour à l'autre, irrésistible. Pour procurer des fonds au Trésor et, en même temps, maîtriser l'inflation, il faut un grand emprunt public.

C'est « l'emprunt de la libération ». André Lepercq, ministre des Finances, nous en fait adopter les modalités : rentes perpétuelles 3 % et au pair. L'émission, ouverte le 6 novembre, est close le 20. L'opération fait une victime en la personne de celui-là même qui la dirige. Aimé Lepercq, homme de foi et d'espérance, est tué dans un accident au cours d'une tournée qu'il accomplit dans le Nord pour pousser les souscriptions. Le 19 novembre, trente heures avant la fin de l'émission, j'annonce au pays par radio que les chiffres déjà atteints équivalent à une réussite, mais j'ajoute : « C'est un triomphe que je demande ! »

Tous comptes faits, l'emprunt de la libération produit 165 milliards qui en feraient 1 200 d'aujourd'hui. Là-dessus, 127 milliards sont en « argent frais », le reste en bons du trésor. Un tiers du total a été souscrit au cours de la dernière journée. Si l'on songe à l'immense détresse économique où le pays se trouve alors plongé et qui limite à l'extrême les possibilités de presque tous les Français, si l'on note que, depuis la Grande Guerre, jamais aucune opération de crédit n'avait rapporté autant et qu'aucune de celles qui suivront n'approchera de ce résultat, on peut penser que c'est, en effet, un triomphe de la confiance que les Français ont en la France. La circulation des billets va être ramenée aussitôt de 630 à 560 milliards et la dette à court terme de 601 à 555. La catastrophe qu'eût entraînée une inflation effrénée se trouve écartée, du coup. D'autre part, les fonds fournis au trésor par l'emprunt, ainsi que par la confiscation des profits illicites ordonnée le 18 octobre, nous procurent ce qu'il faut pour financer, tant bien que mal, les dépenses exceptionnelles : effort de guerre et remise en état de nos sources d'énergie et de nos communications. Compte tenu du rendement des impôts, l'État a donc de quoi payer ce qui doit l'être.

Encore faut-il qu'il soit maître chez lui. Au milieu des courants qui soulèvent les passions et, au moindre fléchissement, emporteraient son autorité, il lui faut s'acquitter de deux devoirs impératifs : que la justice soit rendue et l'ordre public assuré. Cela doit être fait vigoureusement et sans tarder sous peine qu'on ne le fasse jamais. Les mesures nécessaires sont prises.

Dès le 13 septembre, le gouvernement prescrit de constituer les cours spéciales de justice prévues par l'ordonnance du 24 juin. Dans chaque région va siéger un tribunal présidé par un magistrat et comprenant un jury désigné par le président de la Cour d'appel. La liste des citoyens qui peuvent en faire partie est établie par le commissaire de la République. Ce tribunal doit juger les actes d'intelligence avec l'ennemi, sous les formes et garanties légales : droits de la défense, possibilité d'instance auprès de la Cour de cassation, recours au chef de l'État. A mesure que les cours de justice font leur office, les autorités locales achèvent de dissoudre les cours martiales constituées au cours de la lutte par les forces de l'intérieur ; les arrestations arbitraires deviennent formellement illicites ; les amendes doivent être tenues pour de simples escroqueries ; les exécutions sommaires ne sont plus que des crimes qualifiés. Peu à peu, cessent les représailles où la résistance risquait d'être déshonorée. Il y aura encore quelques séquestrations, pillages ou assassinats, dont les auteurs subiront, d'ailleurs, la rigueur des lois. Mais ces derniers soubresauts seront très exceptionnels.

Parmi les Français qui ont, par le meurtre ou par la délation, causé la mort de combattants de la résistance, il en aura été tué, sans procès régulier, 10 842, dont 6 675 pendant les combats des maquis avant la libération, le reste après, au cours de représailles. D'autre part, 779 auront été exécutés en vertu de jugements normalement rendus par les cours de justice et les tribunaux militaires. Total en soi douloureux, très limité, il est vrai, par rapport au nombre des crimes commis et à leurs affreuses conséquences, très éloigné, bien entendu, des chiffres extravagants qu'avanceront plus tard les amants inconsolables de la défaite et de la collaboration, mais attristant par le fait qu'il s'agissait d'hommes dont la conduite ne fut pas toujours inspirée par des motifs de bas étage. De ces miliciens, fonctionnaires, policiers, propagandistes, il en fut qui répondirent aveuglément au postulat de l'obéissance. Certains se laissèrent entraîner par le mirage de l'aventure. Quelques-uns crurent défendre une cause assez haute pour justifier tout. S'ils furent des coupables, nombre d'entre eux n'ont pas été des lâches. Une fois de plus, dans le drame national, le sang français coula des deux côtés. La patrie vit les meilleurs des siens mourir en la défendant. Avec honneur, avec amour, elle les berce en son chagrin. Hélas ! certains de ses fils tombèrent dans le camp opposé. Elle approuve leur châtiment, mais pleure tout bas ces enfants morts. Voici que le temps fait son œuvre. Un jour, les larmes seront taries, les fureurs éteintes, les tombes effacées. Mais il restera la France.

Dès lors que la justice fonctionne, il ne subsiste aucun

prétexte au maintien des forces armées qui ne sont pas régulières. Or, en dépit des instructions données, plusieurs organisations, avant tout le « Front national », s'obstinent à conserver à leur disposition des éléments paramilitaires. Ces « milices patriotiques » prétendent empêcher « un retour offensif du fascisme. » Mais, aussi, on les sent prêtes à appuyer une pression qui serait tentée sur le pouvoir pour le contraindre ou pour le conquérir. Bien entendu, sous le camouflage, c'est le « Comac » qui tient les commandes. L'ultime équivoque doit cesser. Passant outre aux objectifs de plusieurs ministres et aux démarches de divers comités, j'amène le gouvernement à ordonner formellement la dissolution des milices. Le 28 octobre, c'est fait, notifié et publié.

Comme je m'y attends, les réactions sont vives. Le dimanche 29, le Conseil national de la résistance me demande audience. Je reçois à mon domicile, avec égard et amitié, ces compagnons de la lutte d'hier. Mais, aux objurgations qu'ils m'adressent unanimement de revenir sur la décision prise, je ne puis qu'opposer une fin de non-recevoir. Est-ce l'effet de l'intimidation qu'exercent les communistes ou celui des illusions fréquentes chez les « bien-pensants »? les plus ardents à protester sont ceux qui représentent les formations modérées. Au contraire, les mandataires du « parti » gardent, au cours de l'entrevue, une attitude réservée, soit qu'ils discernent que l'issue est fixée d'avance, soit qu'ils méditent de manifester leur irritation d'une autre manière. Le 31, des dispositions détaillées sont arrêtées en conseil des ministres. Toute force qui ne fait pas partie de l'armée ou de la police doit être immédiatement dissoute, au besoin par voie d'autorité. Il est interdit, sous peine de sanctions graves, de détenir des armes sans autorisation motivée des préfets. Tout l'armement qui se trouve en possession des particuliers est à verser, dans le délai d'une semaine, aux commissariats de police et aux brigades de gendarmerie. Sont invités à s'y inscrire, — mais il s'en inscrira fort peu, — « les citoyens qui désirent contribuer à la défense des institutions et libertés républicaines », afin que les autorités puissent, éventuellement, faire appel à leur concours.

Coïncidence ou provocation, le lendemain, 1er novembre, un train de munitions fait explosion à Vitry-sur-Seine. On relève une trentaine de tués et une centaine de blessés. Le sinistre s'est produit pendant la matinée même où je me suis rendu au mont Valérien, au cimetière d'Ivry et au château de Vincennes pour rendre l'hommage de la Toussaint aux morts de la résistance. Les communistes ne manquent pas d'affirmer que c'est là « un méfait de la 5e colonne fasciste. » Le 2 novembre, le bureau politique du « parti », évoquant « l'attentat de Vitry », attaque vivement dans un communiqué le général de Gaulle qui veut dissoudre les milices. « Une fois de plus, déclare le bureau, le président du gouvernement a pris la responsabilité de traiter comme quantité négligeable la résistance française. » Deux jours après, au Vélodrome d'Hiver, se tient une réunion publique organisée par le Front national. Les orateurs y clament leurs protestations. Le 25 novembre, dans le Vaucluse, au château de la Timone où cantonne une compagnie républicaine de sécurité, une bombe éclate, tuant 32 gardes. L'enquête ne réussira pas à découvrir les auteurs. Mais tout se passe comme si c'était là l'épilogue de l'affaire des milices. Les derniers groupes indûment armés ont disparu. Nulle explosion mystérieuse n'aura plus lieu, désormais.

Pourtant, il est d'intérêt national que les hommes qui ont mené la lutte au premier rang participent également à l'œuvre du redressement. Or, mis à part les dirigeants communistes qui visent un but très défini, les résistants, dans leur ensemble, sont quelque peu désorientés. Tandis que l'ennemi fuyait et que Vichy s'anéantissait, ils avaient été tentés de dire, comme le Faust de Gœthe : « Instant ! arrête-toi. Tu es si beau ! » La libération, en effet, retire à leur activité ses principaux points d'application. Pour eux, la nostalgie commence. Et d'autant plus que ces hommes ardents et aventureux ont éprouvé, au plus fort du danger, les sombres attraits de la lutte clandestine dont ils ne se déprendront plus. Ceux d'entre eux qui sont, surtout, des combattants vont s'absorber dans les rangs de l'armée. Mais la plupart des « politiques », qu'ils le fussent naguère ou qu'ils le soient devenus, ont hâte de voir renaître la vie publique. Ils aspirent à trouver une enceinte où ils puissent se faire entendre et, pour certains, se ménager l'accès aux postes de commande.

De mon côté, je tiens à placer en contact avec le ministère une assemblée aussi représentative que possible. Les ordonnances réglant l'établissement des pouvoirs dans la Métropole prévoient, d'ailleurs, que l'assemblée d'Alger viendra siéger à Paris après avoir été élargie. Ce n'est pas que je prête à un tel collège la capacité d'agir. N'ignorant pas que les assemblées, sous le tranchant des mots, sont dominées par la crainte des actes et connaissant les rivalités qui, déjà, divisent les résistants, je ne m'attends nullement à ce que leurs mandataires appuient effectivement une politique déterminée. Mais, tout au moins, j'espère qu'ils soutiendront une mystique du renouveau dont s'inspirera notre peuple. En tout cas, il me paraît bon d'offrir un exutoire à leurs bouillonnements. Et puis, comment négliger les suggestions qu'une assemblée de cette sorte fournira au gouvernement et le crédit extérieur qu'elle pourra lui procurer? Le 12 octobre, une ordonnance fixe la composition de l'Assemblée consultative nouvelle.

Celle-ci comprend 248 membres, dont 173 représentants des organisations de résistance, 60 parlementaires, 12 conseillers généraux d'outre-mer. En font partie, notamment, les 18 membres du Conseil national de la résistance. L'assemblée se réunit le 7 novembre. Elle siège au Luxembourg, car, symboliquement, j'ai tenu à réserver le Palais-Bourbon à la future Assemblée nationale. Félix Gouin est élu président, comme il l'avait été à Alger. Le 9, je viens inaugurer la première séance de travail.

De la tribune, où je suis monté pour adresser à l'assemblée le salut du gouvernement, je vois l'hémicycle rempli de compagnons délégués par tous les mouvements de la résistance nationale et appartenant à toutes les tendances de l'opinion. D'un bout à l'autre des travées, tous me font l'honneur d'applaudir. Les assistants sont, comme moi-même, pénétrés du sentiment que leur réunion consacre une grande réussite française succédant à un malheur démesuré. Voici, en effet, le terme de l'oppression de la France, mais aussi le dénouement de la dramatique secousse que fut sa libération. Des faits sont accomplis qui rouvrent au vaisseau la mer libre, après lui avoir évité d'être coulé au départ.

Depuis que Paris est repris, dix semaines se sont écoulées. Que de choses auront dépendu de ce qui put être fait dans ce court espace de temps! Entre le peuple et son guide le contact s'est établi. Par là, se trouve tranchée toute espèce de contestation, quant à l'autorité nationale. L'État exerce ses pouvoirs. Le gouvernement est à l'œuvre. L'armée, réunifiée, accrue, plus ardente que jamais, combat aux portes de l'Alsace, dans les Alpes, sur la côte atlantique, coude à coude avec nos alliés. L'administration fonctionne. La justice fait son office. L'ordre public s'établit. De vastes réformes sont en cours, écartant la menace du bouleversement qui pesait sur la nation. La banqueroute est conjurée ; le trésor passablement rempli ; la monnaie sauvée pour un temps. Surtout, la France reprend conscience d'elle-même et regarde vers l'avenir.

L'avenir? Il va se préparer à travers les épreuves qui nous séparent de la victoire et, plus tard, du renouveau. Tant que dure la guerre, j'en réponds. Mais, ensuite, l'essentiel dépendra de ceux-là même qui sont, aujourd'hui, assemblés autour de moi dans cette salle du Luxembourg. Car, demain, le peuple fera d'eux ses mandataires élus et légaux. Qu'ils restent unis pour le redressement, comme ils le sont encore pour le combat, tous les espoirs resteront permis. Qu'ils me quittent et se divisent pour s'arracher les uns aux autres les apparences du pouvoir, le déclin reprendra son cours.

Mais nous ne sommes qu'au présent. La France en guerre se retrouve chez elle. Il s'agit, maintenant, qu'elle reparaisse au dehors.

LE RANG

Vers la France libérée tous les États portaient leurs regards. Cette nation, que depuis tant de siècles on voyait à la première place, qui hier s'était effondrée dans un désastre invraisemblable mais pour qui certains de ses fils n'avaient pas cessé de combattre, qui aujourd'hui se déclarait souveraine et belligérante, dans quel état reparaissait-elle, quelle route allait-elle prendre, à quel rang la reverrait-on?

Sans doute croyait-on que le général de Gaulle, maintenant installé à Paris, s'y maintiendrait pour un temps à la tête de quelque exécutif. Mais sur qui et sur quoi, au juste, s'exercerait son autorité? Ce chef, que n'avaient investi nul souverain, nul parlement, nul plébiscite, et qui ne disposait en propre d'aucune organisation politique, serait-il longtemps suivi par le peuple le plus mobile et indocile de la terre? Sur un territoire ravagé, au milieu d'une population recrue de privations, en face d'une opinion profondément divisée, n'allait-il pas se heurter à des difficultés telles qu'il se trouverait impuissant? Enfin, qui pouvait dire si les communistes, grandis dans la résistance et n'ayant devant eux que des lambeaux de partis et des débris de police, de justice, d'administration, ne s'empareraient pas du pouvoir? Avant de prendre, à l'égard du Gouvernement provisoire, une attitude déterminée, les chancelleries voulaient voir comment tournerait la France.

Or, on devait convenir qu'elle tournait bien. Point de guerre civile, de soulèvement social, de désordre militaire, de déroute économique, d'anarchie gouvernementale. Au contraire! Un pays retrouvant l'équilibre malgré sa misère, empressé à se reconstruire, développant son effort de guerre, sous la conduite d'un gouvernement pratiquement incontesté, voilà, en dépit des ombres, le spectacle que nous offrions aux autres. Les alliés et les neutres ne pouvaient plus tarder davantage à donner une forme normale à leurs relations avec nous.

Certes, en le faisant plus tôt, celles des grandes puissances qui combattaient à nos côtés auraient pu nous apporter un important appui moral dans la situation critique que nous venions de surmonter. Mais les susceptibilités du Président des États-Unis et les griefs du Premier Ministre anglais avaient tenu en suspens la décision jusqu'à l'extrême limite. A présent, plus moyen d'attendre ! D'ailleurs, Franklin Roosevelt lui-même était contraint de régler l'affaire, en considération des électeurs américains auxquels il allait demander un nouveau mandat présidentiel et qui s'impatientaient d'une attitude injustifiable vis-à-vis de la France amie. L'élection devait avoir lieu le 7 novembre. C'est le 23 octobre que Washington, Londres et Moscou reconnurent, en bonne et due forme, le Gouvernement provisoire de la République française. A la Maison-Blanche et à Downing Street, on allégua, pour sauver la face, qu'Eisenhower jugeait maintenant possible de « transmettre son autorité sur le territoire français au gouvernement de Gaulle », comme si, cette autorité, le Commandant en chef l'avait jamais exercée, fût-ce une seule minute, sur d'autres que ses soldats. Voyant que les « grands » s'inclinaient devant l'inévitable, tous les États retardataires se mirent en règle à leur tour. Nous nous gardâmes, naturellement, de remercier qui que ce fût pour cette formalité accomplie *in extremis*. Lors d'une conférence de presse que je fis, précisément, le 25 octobre, comme on me demandait « quelles étaient mes impressions quant à la reconnaissance du gouvernement par les alliés? » Je me bornai à répondre : « Le gouvernement français est satisfait qu'on veuille bien l'appeler par son nom. »

Paris vit, alors, se rouvrir toutes grandes les portes des ambassades qui s'étaient tenues fermées pendant l'occupation et seulement entrebâillées depuis. Les mêmes diplomates qui avaient été délégués auprès de nous à Alger, défilèrent devant moi pour me remettre leurs lettres de créance, mais, cette fois, sous des titres qui n'étaient plus ambigus. M. Jefferson Caffery, envoyé par Washington pour remplacer M. Edwin Wilson, fut, parmi les alliés, le seul ambassadeur que nous ne connaissions pas encore. Quant aux neutres, on vit s'évanouir le corps diplomatique qu'ils constituaient à Vichy et c'est avec bonhomie que le gouvernement français accueillit leurs nouveaux mandataires. Il n'y eut de difficulté qu'au sujet du Nonce apostolique. Le Vatican, en effet, eût souhaité que Mgr Valerio Valeri fût accrédité auprès du général de Gaulle après l'avoir été auprès du maréchal Pétain. C'était, à nos yeux, impossible. Après diverses péripéties, le Saint-Siège demanda notre agrément pour Mgr Roncalli. Nous le lui donnâmes tout de suite, non sans que j'eusse exprimé à Mgr Valerio Valeri, au moment de son départ, notre haute considération pour sa personne.

De notre côté, nous eûmes à compléter et à remanier notre représentation dans les capitales étrangères. René Massigli s'installa à Londres, Henri Bonnet à Washington, Jacques Maritain au Vatican, le général Pechkoff à Tchoung-King. Auprès des alliés, nos représentants portèrent, désormais, les titres traditionnels, tandis qu'à Madrid, Ankara, Berne, Stockholm, Lisbonne, etc., nos ambassadeurs prenaient officiellement leurs fonctions. Le quai d'Orsay, longtemps château de la Belle au bois dormant, s'éveillait à l'activité. Le ministre, Georges Bidault, secondé par le secrétaire général Raymond Brugère, prenait contact avec les affaires, posées soudain toutes à la fois.

Qu'adviendrait-il de l'Europe après la défaite de l'Allemagne et quel sort serait fait à celle-ci? C'était le problème capital que les événements allaient poser d'un jour à l'autre et dont, on peut le croire, je m'occupais avant tout.

En l'espace d'une vie d'homme, la France avait subi trois guerres par le fait du voisin d'outre-Rhin. La première s'était terminée par la mutilation du territoire national et une écrasante humiliation. Victorieux dans la seconde, nous avions, il est vrai, repris l'Alsace et la Lorraine, mais au prix de pertes et de destructions qui nous laissaient exsangues et ruinés. Encore, la malveillance des puissances anglo-saxonnes utilisant l'inconsistance de notre régime, nous amenait-elle, par la suite, à renoncer aux garanties et aux réparations qu'on nous avait consenties en échange du contrôle du Reich et de la frontière du Rhin. La troisième guerre avait vu notre armée voler en éclats au premier choc, l'État officiel se ruer à la capitulation, le pays subir l'occupation, le pillage organisé, le travail forcé, la détention de 2 millions d'hommes. Sans doute, en vertu d'une sorte de miracle, l'indépendance et la souveraineté se maintenaient-elles au plus profond de l'Empire. Peu à peu, une armée s'y était reconstituée, tandis que la résistance s'étendait dans la métropole. La France contribuait à sa propre libération avec des forces importantes, un gouvernement solide, une opinion rassemblée. Elle avait, désormais, la certitude d'être présente à la victoire. Mais il était trop évident qu'elle se trouverait, alors, réduite à un tel état d'affaiblissement que sa situation dans le monde, l'adhésion de ses terres d'outre-mer et même les sources de sa vie en seraient compromises pour longtemps. A moins qu'en cette occasion, — la dernière peut-être, — elle ne refît sa puissance. C'est à quoi je voulais aboutir.

Pour que le redressement de la France fût possible, il fallait que le germanisme perdît sa capacité d'agression. Dans le monde dangereux qui se dessinait déjà, vivre à nouveau sous la menace de la guerre du fait d'un voisin qui en avait si souvent montré le goût et le génie, ce serait, pour notre pays, incompatible avec l'essor économique, la stabilité politique, l'équilibre moral, sans lesquels l'effort demeurerait vain. Il est vrai que l'épuisement de l'Allemagne, l'occupation alliée, l'annexion des territoires de l'Est, empêcheraient le pire pendant de nombreuses années. Mais ensuite? Quelle évolution allait suivre le peuple allemand après sa défaite imminente? Peut-être choisirait-il la sagesse et la paix? Peut-être ce changement se révélerait-il durable? Suivant ce que l'avenir apporterait à ce point de vue, les conditions de notre sécurité varieraient, évidemment. Mais, tant qu'on ne le savait pas, il fallait procéder comme si le germanisme pouvait rester dangereux. De quelles garanties devions-nous nous assurer, tout en laissant au grand peuple allemand la possibilité de vivre, de progresser, de coopérer avec nous-mêmes et avec le monde?

Plus de Reich centralisé ! C'était, à mon sens, la première condition pour empêcher que l'Allemagne retournât à ses mauvais penchants. Chaque fois qu'un État dominateur et ambitieux s'était saisi des pays allemands en contraignant leur diversité, l'impérialisme avait jailli. On ne l'avait que trop vu sous Guillaume II et sous Hitler. Au contraire, que chacun des États appartenant au corps germanique pût exister par lui-même, se gouverner à sa manière, traiter de ses propres intérêts, il y aurait beaucoup de chances pour que l'ensemble fédéral ne fût pas porté à subjuguer ses voisins. Il y en aurait plus encore si la Ruhr, arsenal de matières stratégiques, recevait un statut spécial sous contrôle international. D'autre part, les territoires rhénans seraient, certes, occupés par les armées française, britannique, belge et hollandaise. Mais, si leur économie était, en outre, liée à un groupement formé par les Occidentaux, — rien ne s'opposant, d'ailleurs, à ce que les autres éléments de l'Allemagne vinssent s'y joindre, eux aussi, — et si le Rhin lui-même devenait une voie libre internationale, on verrait s'instituer la coopération des activités entre pays complémentaires. Tout commandait enfin que la Sarre, gardant son caractère allemand, s'érigeât elle-même en État et s'unît à la France dans le domaine économique, ce qui, grâce au charbon, réglerait la question de nos réparations. Ainsi, le monde germanique, retrouvant sa diversité et tourné vers l'Occident, perdrait les moyens de la guerre mais non ceux de son développement. Au surplus, aucune de ses parcelles ne serait annexée par les Français, ce qui laisserait la porte ouverte à la réconciliation.

Cette conception de l'Allemagne de demain se rattachait à l'idée que je me faisais de l'Europe. Celle-ci, après les déchirements horribles qu'elle avait subis en trente ans et les vastes changements qui s'opéraient dans l'univers, ne pourrait trouver l'équilibre et la paix que moyennant l'association entre Slaves, Germains, Gaulois et Latins. Sans doute fallait-il tenir compte de ce que le régime russe avait, sur le moment, de tyrannique et de conquérant. Utilisant les procédés de l'oppression totalitaire et, d'autre part, invoquant la solidarité des peuples du Centre et de l'Est vis-à-vis du péril allemand, le bolchevisme allait, selon toute vraisemblance, tenter de soumettre à sa loi la Vistule, le Danube et les Balkans. Mais, dès lors que l'Allemagne aurait cessé d'être une menace, cette subordination, dépourvue de raison d'être, paraîtrait tôt ou tard intolérable aux vassaux, tandis que les Russes eux-mêmes perdraient toute envie de dépasser leurs frontières. Si le Kremlin persistait dans son entreprise de domination, ce serait contre le gré des nations soumises à son gouvernement. Or il n'est point, à la longue, de régime qui puisse tenir contre les volontés nationales. J'estimais, en outre, qu'une action menée à temps auprès des maîtres du Kremlin par les alliés occidentaux, à condition qu'elle fût concertée et catégorique, sauvegarderait l'indépendance des Polonais, des Tchèques, des Hongrois et des Balkaniques. Après quoi, l'unité de l'Europe pourrait être mise en chantier sous forme d'une association organisée de ses peuples, depuis l'Islande jusqu'à Stamboul et de Gibraltar à l'Oural.

Tel était le plan que je m'étais formé, sachant fort bien qu'en pareille matière rien ne s'accomplit jamais exactement comme on l'a voulu, mesurant ce qui manquait à ma politique de crédit au dehors et de soutien au dedans en raison de notre affaiblissement, mais convaincu, néanmoins, que la France pouvait, dans ce sens, exercer une grande action, prendre une grande figure, servir grandement son intérêt et celui du genre humain. Mais il fallait, pour commencer, nous introduire dans le débat dissimulé et discordant où l'Amérique, la Russie, l'Angleterre, traitaient sans nous de ce qui était en jeu.

Pour accéder à leur étage nous partions vraiment de très bas. La conférence de Dumbarton Oaks, destinée à préparer la future « Organisation des Nations Unies », avait réuni, en septembre et octobre, les représentants des États-Unis, de la Grande-Bretagne, de la Russie et de la Chine, à l'exclusion de la France. Traitant de la composition du « Conseil de sécurité » qui exercerait la direction du système, la conférence avait conclu que ce Conseil serait formé uniquement des mêmes quatre « grands ». — « C'est très bien ainsi ! » déclarait M. Connally, président de la commission des Affaires étrangères du Sénat américain, « car les États-Unis, l'Angleterre, la Russie et la Chine sont les quatre nations qui ont versé leur sang pour le reste du monde, tandis que la France n'a eu dans cette guerre que la part d'un petit pays. » A Londres, siégeait, depuis plus d'un an, la « Commission européenne », où les délégués des gouvernements britannique, américain et soviétique étudiaient, en dehors de nous, les questions concernant l'Europe et, en particulier, l'Allemagne. En septembre, le Président et le Premier Ministre s'étaient rencontrés à Québec pour fixer leur position en se gardant de nous en faire part. En octobre, Churchill et Eden étaient allés à Moscou pour se mettre d'accord avec Staline et Molotov sans que personne nous ait informés de ce à quoi l'on avait abouti. Tout se passait comme si nos alliés persistaient à tenir la France à l'écart de leurs arrangements.

Nous ne pouvions directement faire cesser cette relégation, mais il ne tenait qu'à nous de la rendre insupportable à ceux qui nous l'infligeaient. Car rien de ce qu'ils décideraient au sujet de l'Europe et, au premier chef, de l'Allemagne ne saurait être appliqué si la France ne s'y prêtait pas. Nous allions être, avant peu, sur le Rhin et sur le Danube avec une solide armée. D'ailleurs, la fin de la guerre nous laisserait debout sur le vieux continent, tandis que l'Amérique se retrouverait dans son hémisphère et l'Angleterre dans son île. Pour peu que nous sachions vouloir, nous aurions donc les moyens de rompre le cercle d'acceptation résignée et de docile renoncement où nos trois partenaires entendaient nous enfermer. Déjà, la libération du territoire, la restauration de l'État, la remise en ordre du pays, nous mettaient en mesure d'entrer en ligne. Le 30 octobre, nous invitâmes MM. Churchill et Eden à venir nous voir à Paris. Pour la forme et sans illusion, nous avions, en même temps, adressé à MM. Roosevelt et Cordell Hull une invitation semblable qui fut, celle-là, déclinée.

Churchill et Eden arrivèrent le 10 novembre. Nous les reçûmes de notre mieux. Paris, pour les acclamer, donna de toute sa voix. Avec Bidault et plusieurs ministres, j'allai les accueillir à Orly et conduisis le Premier au quai d'Orsay où nous l'installions. Le lendemain était la fête de la Victoire. Après la visite au Soldat Inconnu et le défilé des troupes, nous descendîmes la voie triomphale, Churchill et moi dans la même voiture, sous une tempête de vivats. A la statue de Clemenceau, le Premier Ministre déposa une gerbe de fleurs, tandis que, sur mon ordre, la musique jouait : *Le Père la Victoire.* — « *For you!* » lui dis-je. C'était justice. Et puis, je me souvenais qu'aux Chequers, le soir d'un mauvais jour, il m'avait chanté l'ancienne chanson de Paulus sans en manquer un seul mot. Nous fûmes aux Invalides nous incliner devant la dalle de Foch. Après quoi, l'illustre Anglais se pencha, un long moment, sur le tombeau de Napoléon. « Dans le monde, me dit-il, il n'y a rien de plus grand ! » Le déjeuner officiel au ministère de la Guerre, siège de la Présidence, se termina par des allocutions où, de part et d'autre, retentissait l'amitié.

Après le repas, Winston Churchill me dit avoir été profondément touché de ce qu'il venait de voir et d'entendre. « Voudriez-vous m'indiquer, demandai-je, ce qui vous a le plus frappé? » — « Ah ! répondit-il, c'est l'unanimité ! Après de tels événements, où nous avons été, vous et moi, si attaqués et outragés en France par tant d'écrits et de paroles, j'ai constaté que, seul, l'enthousiasme se levait à notre passage. C'est donc, qu'au fond de son âme, le peuple français était avec vous qui l'avez servi et avec moi qui vous y ai aidé. » Churchill ajouta qu'il était impressionné par le bon ordre des cérémonies. Il m'avoua que le Cabinet britannique avait longuement délibéré avant d'approuver son voyage, tant on appréhendait le tumulte à Paris. Et voilà qu'il avait pu voir chacun à sa place, la foule respectant les barrages et sachant parfaitement se déchaîner ou se taire suivant ce qui convenait, enfin de belles troupes, — les F. F. I. d'hier, —

défiler en bonne ordonnance. « Je croyais, déclara-t-il, assister à une résurrection. »

Dans la journée, nous eûmes, dans mon bureau de la rue Saint-Dominique, une conférence où fut examinée la possibilité d'une coopération franco-britannique pour les règlements mondiaux. Auprès de Churchill étaient Eden et Duff Cooper ; auprès de moi, Bidault et Massigli. Il s'agissait, cette fois, d'affaires et non plus de sentiment. Aussi trouvâmes-nous nos interlocuteurs réticents.

Pour ce qui concernait l'armement de l'armée française, ils ne nous consentirent aucune aide appréciable et ne se montrèrent pas disposés à joindre leurs efforts aux nôtres auprès des États-Unis pour en obtenir un concours. Au sujet de l'Allemagne, ils reconnurent que la France devrait y avoir, elle aussi, une zone d'occupation, mais demeurèrent évasifs sur ce que cette zone pourrait être. Encore moins voulurent-ils envisager avec nous rien de précis quant au régime futur des pays germaniques, à la Ruhr, au Rhin, à la Sarre, etc. Par contre, ils ne nous cachèrent pas qu'à Moscou, quelques jours plus tôt, ils avaient souscrit aux projets de Staline relativement aux futures frontières de la Russie et de la Pologne, fait venir de Londres dans la capitale soviétique trois ministres polonais : MM. Mikolajczyk, de Romer et Grabski, pour les sommer de s'arranger avec le « Comité de Lublin » ainsi que l'exigeaient les Russes, conclu enfin avec le Kremlin une sorte d'agrément pour le partage des Balkans en deux zones d'influence. « En Roumanie, dit Churchill, les Russes auront 90 %, nous autres Anglais 10 %. En Bulgarie, ils auront 75 %, nous 25 %. Mais, en Grèce, nous aurons 90 %, eux 10 %. En Hongrie et en Yougoslavie, nous serons à part égale. » A nos tentatives d'aborder le fond des choses sur la question du Levant, les ministres britanniques opposèrent une attitude fuyante. Enfin, ils restèrent dans l'imprécision pour ce qui se rapportait à l'Indochine et, d'une manière générale, à l'Extrême-Orient.

Sous la prudence courtoise des réponses de Churchill et d'Eden, on sentait qu'ils se considéraient comme les participants d'un jeu auquel nous-mêmes n'étions pas admis et qu'ils observaient vis-à-vis de nous une réserve imposée par d'autres. Cependant, ils ne laissaient pas d'attester leur confiance en la France et la certitude de la voir reprendre sa place parmi les grands États. Ils proposaient d'entamer tout de suite des pourparlers en vue d'un traité d'alliance franco-britannique. Même, ils nous apportaient l'invitation conjointe de l'Angleterre, des États-Unis et de la Russie soviétique à faire partie, à leurs côtés, de la « Commission européenne » de Londres.

Ce premier pas n'était pas négligeable. Mais il ne nous satisfaisait nullement. En tout cas, Churchill put se convaincre, d'après nos propos, que nous ne nous accommoderions d'aucune autre situation que celle d'associé à part entière. En poursuivant son voyage, il put également constater, comme il en avait eu déjà l'impression sur les Champs-Élysées, que le peuple français ne méritait pas que ses affaires fussent traitées par les autres.

Le 12 novembre, il fut reçu à l'Hôtel de Ville de Paris et y rencontra, à sa demande, non seulement le Conseil municipal, mais aussi le Conseil de la résistance, le Comité parisien de la libération et beaucoup de combattants du mois d'août. « J'y vais, m'avait-il dit, pour voir les hommes de la révolte ! » Peut-être, aussi, caressait-il l'idée de rencontrer parmi eux des opposants à de Gaulle. A son retour, il me décrivit l'étonnement qu'il avait ressenti. « Je m'attendais, raconta-t-il, à me trouver au milieu d'insurgés bouillonnants et tumultueux. Or j'ai été accueilli par un cortège de parlementaires ou de gens qui en avaient tout l'air, salué par la garde républicaine en grande tenue, introduit dans une salle remplie d'une foule ardente mais raisonnable, harangué par des orateurs qui préparent certainement leur candidature aux élections. Vos révolutionnaires, on dirait nos travaillistes ! C'est tant mieux pour l'ordre public. Mais c'est dommage pour le pittoresque. » Le soir, après une nouvelle conférence en compagnie d'Eden et de Bidault et un dîner à l'ambassade d'Angleterre, je l'emmenai rendre visite à notre Ire Armée.

Toute la journée du 13 novembre, sous la neige qui tombait sans arrêt, M. Churchill vit l'armée française renaissante, ses grandes unités en place, ses services en fonctionnement, ses états-majors à l'ouvrage, ses généraux bien assurés ; le tout prêt à l'attaque qui serait, précisément, déclenchée le lendemain. Il en parut impressionné et déclara que, plus que jamais, il se sentait justifié de faire confiance à la France.

Cette confiance de Churchill ne suffisait pas, cependant, à lui faire adopter, à notre égard, la politique de franche solidarité qui aurait pu rétablir l'Europe et maintenir, en Orient, en Asie, en Afrique, le prestige de l'Occident. La visite qu'il nous rendait était peut-être l'ultime occasion de l'amener à résipiscence. Je ne me fis pas faute de l'essayer au cours des entretiens que nous eûmes en tête à tête.

Je répétais à Churchill : « Vous le voyez, la France se reprend. Mais, quelle que soit ma foi en elle, je sais qu'elle ne retrouvera pas de sitôt sa puissance d'autrefois. Vous, Anglais, de votre côté, terminerez cette guerre couverts de gloire. Cependant, dans quelle mesure, — si injuste que cela soit, — votre situation relative risque-t-elle d'être diminuée, étant donné vos pertes et vos dépenses, les forces centrifuges qui travaillent le Commonwealth et, surtout, l'ascension de l'Amérique et de la Russie, en attendant celle de la Chine ! Voilà donc que, pour affronter un monde tout nouveau, nos deux anciens pays se trouvent affaiblis simultanément. S'ils demeurent, en outre, séparés, pour combien comptera chacun d'eux ? Au contraire, que l'Angleterre et la France s'accordent et agissent ensemble dans les règlements de demain, elles pèseront assez lourd pour que rien ne se fasse qu'elles n'aient elles-mêmes accepté ou décidé. C'est cette commune volonté qui doit être à la base de l'alliance que vous nous proposez. Sinon, à quoi bon signer un document qui serait ambigu ? »

« L'équilibre de l'Europe, ajoutais-je, la paix garantie sur le Rhin, l'indépendance des États de la Vistule, du Danube, des Balkans, le maintien à nos côtés, sous forme d'association, des peuples que nous avons ouverts à la civilisation dans toutes les parties du monde, une organisation des nations qui soit autre chose que le champ des querelles de l'Amérique et de la Russie, enfin la primauté reconnue dans la politique à une certaine conception de l'homme en dépit de la mécanisation progressive des sociétés, voilà bien, n'est-il pas vrai ? ce que sont nos grands intérêts dans l'univers qui s'annonce. Ces intérêts, mettons-nous d'accord pour les soutenir de concert. Si vous le voulez, j'y suis prêt. Nos deux pays nous suivront. L'Amérique et la Russie, entravées par leur rivalité, ne pourront pas passer outre. D'ailleurs, nous aurons l'appui de beaucoup d'États et de l'opinion mondiale qui, d'instinct, redoutent les colosses. En fin de compte, l'Angleterre et la France façonneront ensemble la paix, comme deux fois, en trente ans, elles ont ensemble affronté la guerre. »

Winston Churchill me répondait : « Je n'envisage pas, soyez-en sûr ! que la France et la Grande-Bretagne se séparent. Vous êtes le témoin et la preuve de ce que j'ai fait pour l'empêcher, quand c'était le plus difficile. Aujourd'hui même, je vous propose de conclure avec nous une alliance de principe. Mais, dans la politique aussi bien que dans la stratégie, mieux vaut persuader les plus forts que de marcher à leur encontre. C'est à quoi je tâche de réussir. Les Américains ont d'immenses ressources. Ils ne les emploient pas toujours à bon escient. J'essaie de les éclairer, sans oublier, naturellement, d'être utile à mon pays. J'ai noué avec Roosevelt des relations personnelles étroites. Avec lui, je procède par suggestions afin de diriger les choses dans le sens voulu. Pour la Russie, c'est un gros animal qui a eu faim très longtemps. Il n'est pas possible aujourd'hui de l'empêcher de manger, d'autant plus qu'il est parvenu en plein milieu du troupeau des victimes. Mais il s'agit qu'il ne mange pas tout. Je tâche de modérer Staline qui, d'ailleurs, s'il a grand appétit, ne manque pas de sens pratique. Et puis, après le repas, il y a la digestion. Quand l'heure viendra de digérer, ce sera, pour les Russes assoupis, le moment des difficultés. Saint Nicolas pourra peut-être, alors, ressusciter les pauvres enfants que l'ogre aura mis au saloir. En attendant, je suis présent à toutes les affaires, ne consens à rien pour rien et touche quelques dividendes. »

« Quant à la France », répétait Churchill, « grâce à vous, elle reparaît. Ne vous impatientez pas ! Déjà, les portes s'entrebâillent. Plus tard, elles vous seront ouvertes. On vous verra, tout naturellement, prendre un fauteuil à la table du Conseil d'administration. Rien n'empêchera, alors, que nous opérions ensemble. Jusque-là, laissez-moi faire ! »

Le Premier Ministre prit congé de moi, le 14 novembre, pour aller inspecter le secteur britannique du front. Eden était déjà rentré à Londres. De ce qu'ils nous avaient exposé il ressortait que l'Angleterre était favorable à la réapparition politique de la France, qu'elle le serait chaque jour davantage pour des raisons d'équilibre, de tradition et de sécurité, qu'elle souhaitait une alliance de forme avec nous, mais qu'elle ne consentirait pas à lier son jeu au nôtre, se croyant en mesure de jouer seule le sien entre Moscou et Washington, de limiter leurs exigences mais aussi d'en tirer profit. La paix que nous, Français, voulions aider à bâtir d'après ce qui nous semblait être la logique et la justice, les Anglais, eux, jugeaient expédient de la traiter suivant les recettes de l'empirisme et du compromis. Au demeurant, ils poursuivaient certains objectifs précis, là où l'assiette des États et les situations acquises, n'étant pas encore fixées, offraient à l'ambition britannique des possibilités de manœuvre et d'extension.

C'était le cas, avant tout, pour la Méditerranée. Athènes, Belgrade, Beyrouth, Damas, Tripoli, devraient demain, suivant les plans de Londres, y compléter sous des formules diverses la prépondérance britannique antérieurement appuyée sur Gibraltar, Malte, Chypre, Le Caire, Amman et Bagdad. Ainsi trouveraient leur contrepartie les concessions que la Grande-Bretagne ne pouvait éviter de faire à la voracité des Russes et à l'idéologie capitaliste des Américains. Aucune épreuve ne change la nature de l'homme ; aucune crise, celle des États.

En somme, au club des grands, nous trouvions, assis aux bonnes places, autant d'égoïsmes sacrés qu'il y avait de membres inscrits. A Washington, Roosevelt s'était ouvert à moi des ambitions américaines, drapées d'idéalisme mais pratiques en réalité. Les dirigeants de Londres venaient de nous démontrer qu'ils visaient à atteindre des buts spécifiquement britanniques. Et, maintenant, les maîtres du Kremlin allaient nous faire voir qu'ils servaient les seuls intérêts de la Russie soviétique.

En effet, M. Bogomolov, aussitôt après la visite en France de MM. Churchill et Eden, fit d'actives démarches pour me presser de me rendre à Moscou. Puisque la France reparaissait libre et vivante et que son gouvernement habitait à nouveau Paris, il était dans mes intentions de prendre un contact direct avec Staline et ses ministres. J'acceptai donc leur invitation, ainsi que le programme établi par M. Molotov et notre ambassadeur Roger Garreau. Il fut convenu que j'irais, en compagnie de Georges Bidault, passer une semaine dans la capitale soviétique. On pourrait ainsi s'informer mutuellement de la façon dont, de part et d'autre, on concevait le règlement futur de la paix. Peut-être serait-il possible de renouveler de quelque façon la solidarité franco-russe qui, pour méconnue et trahie qu'elle avait été souvent, n'en demeurait pas moins conforme à l'ordre naturel des choses, tant vis-à-vis du danger allemand que des tentatives d'hégémonie anglo-saxonne. J'envisageais même le projet d'un pacte, en vertu duquel la France et la Russie s'engageraient à agir en commun s'il devait arriver qu'un jour l'Allemagne redevînt menaçante. Cette dangereuse hypothèse ne se produirait, sans doute, pas de sitôt. Mais la conclusion d'un traité franco-russe pourrait nous aider, tout de suite, à déboucher dans le champ des règlements européens.

Avant de prendre la route du Kremlin, je tins à formuler en public les conditions de la France pour les règlements futurs. L'Assemblée consultative avait ouvert un débat sur les Affaires étrangères. Suivant l'usage, les orateurs y déployèrent des généralités où palpitait l'idéalisme, mais qui restaient dans le vague quant aux objectifs pratiques. Tous condamnaient l'hitlérisme, mais s'abstenaient de préciser ce qu'il faudrait faire de l'Allemagne. Ils prodiguaient à nos alliés des témoignages chaleureux, mais ne réclamaient d'eux pas autre chose que leur amitié. Ils tenaient pour nécessaire que la France reprît son rang, mais évitaient d'indiquer suivant quelle voie et par quels moyens. Dans la déclaration que je fis, le 22 novembre, je ne m'en appliquai que mieux à dire ce que nous voulions.

J'observai, d'abord, que « nous recommencions à disposer des moyens d'une action diplomatique qui soit à la mesure de la France. » — « Presque tous les gouvernements étrangers, dis-je, ont maintenant reconnu le gouvernement de la République. Quant à l'Allemagne, nos canons, en Alsace et ailleurs, sont en train de le lui faire reconnaître de la seule manière convenable, c'est-à-dire par la victoire... D'autre part, nous siégeons à la Commission européenne de Londres et à celle des Affaires italiennes... Nous venons d'avoir avec le Premier Ministre et le secrétaire d'État aux Affaires étrangères britanniques des entretiens francs, larges et amicaux... Nous nous proposons d'en avoir de la même sorte avec le gouvernement soviétique pendant notre prochain voyage à Moscou... Nous comptons discuter, un jour, dans des conditions semblables, avec le Président des États-Unis d'Amérique. » Je faisais voir, ainsi, que la France retrouvait l'audience qu'il lui fallait pour jouer à nouveau son rôle.

Ce rôle devait être celui d'un des plus grands États. Je l'affirmais en évoquant la future organisation des Nations Unies et notre volonté d'y faire partie du Conseil dirigeant. « Nous pensons, disais-je, que les puissances qui sont en mesure d'agir matériellement et moralement dans les diverses parties du monde devront exercer en commun le devoir d'impulsion et d'orientation... A nos yeux, la France est, sans nul doute possible, l'une de ces puissances-là. » J'ajoutais : « Nous sommes prêts à porter, une fois de plus, la part des charges que comportent des devoirs prépondérants. En revanche, nous estimons n'être engagés par aucune mesure concernant l'Europe et par aucune grande disposition concernant d'autres parties du monde, dont nous n'aurions pas eu à délibérer dans les mêmes conditions que ceux qui les auraient prises. »

C'était le cas, avant tout, pour ce qui était de l'Allemagne. « Qu'il s'agisse de l'occupation du territoire allemand, ou du système d'administration à appliquer aux peuples allemands occupés, ou du régime futur à déterminer pour eux, ou des frontières, ouest, est, sud, nord, à leur fixer, ou des mesures de contrôle militaire, économique, moral qui devront leur être imposées, ou du destin des populations qui pourront être détachées de l'État allemand, la France ne sera partie que si elle a été jugée. » Je précisais : « Ce règlement, nous ne pourrons le concevoir que s'il nous assure la sécurité élémentaire que la nature a placée sur les bords du Rhin, pour nous comme pour la Belgique, la Hollande et, dans une large mesure, l'Angleterre. » Mais j'affirmais, qu'en fixant ainsi à l'Allemagne un destin obligatoirement pacifique, il s'agissait, aux yeux de la France, de permettre enfin cette féconde construction que serait l'unité de l'Europe. « Nous y croyons ! » proclamais-je, « et nous espérons qu'elle se traduira, pour commencer, en actes précis reliant les trois pôles : Moscou, Londres et Paris. »

Après avoir manifesté notre intention de régler avec l'Italie « la réparation des torts qui nous furent causés » et notre désir « de nouer ensuite, avec le gouvernement et le peuple italiens, les relations dont pourra sortir une franche réconciliation »; puis, ayant mentionné les événements du Pacifique, notre décision « d'y prendre une part grandissante à l'effort de guerre commun », notre volonté « d'y recouvrer tout ce que l'ennemi nous a arraché », je concluais : « Peut-être la France se trouve-t-elle devant l'une de ces occasions de l'Histoire où un peuple voit s'offrir à lui un destin d'autant plus grand que ses épreuves ont été pires. Mais nous ne saurions ni soutenir nos droits, ni accomplir nos devoirs, si nous renoncions à devenir puissants... Malgré les pertes et les douleurs, malgré la fatigue des hommes, rebâtissons notre puissance ! Voilà quelle est, désormais, la grande querelle de la France ! »

L'Assemblée applaudit chaleureusement mon discours. Elle vota, à l'unanimité, un ordre du jour approuvant l'action extérieure du gouvernement. Dans ce domaine, pourtant, il y avait, entre les « politiques » et moi, des différences d'état d'esprit. Ce n'est point que ces parlementaires d'hier ou de demain fissent des réserves sur les buts concrets que je leur avais montrés. Mais ils les saluaient de loin et, au fond, ne s'y attachaient guère. Plutôt que des problèmes qui se posaient aux États : frontières, sécurité, équilibre des forces, ils se souciaient d'attitudes doctrinales faisant effet sur l'opinion. Encore les choisissaient-ils nébuleuses autant qu'émouvantes.

Qu'on célébrât, par exemple, « le triomphe prochain de la justice et de la liberté par l'écrasement du fascisme », ou « la mission révolutionnaire de la France », ou « la solidarité des démocraties », ou « la paix à établir sur la coopération des peuples », alors les délégués se trouvaient en état de réceptivité. Mais, que l'on traitât explicitement du Rhin, de la Sarre, de la Ruhr, de la Silésie, de la Galicie, du Levant, de l'Indochine ; que l'on dît : « Non ! » par avance, à ce que nos alliés décideraient en dehors de nous ; qu'on fît entendre que, si nous unissions notre sort à leur sort ce n'était pas, à tout prendre, pour la raison que l'Angleterre était parlementaire, l'Amérique, démocratique, la Russie, soviétique, mais parce que toutes les trois combattaient nos envahisseurs, l'auditoire, tout en se montrant attentif et approbateur, faisait sentir par divers signes qu'il trouvait la lumière trop vive. Dans l'immédiat, cependant, l'idée que j'aille à Moscou et que, même, j'y conclue un pacte recueillait l'adhésion des membres de l'Assemblée. Ils lui étaient favorables dans la mesure où ils n'y voulaient voir qu'un geste amical à l'égard d'un allié.

Le 24 novembre, je m'envolai vers la Russie. M. Georges Bidault était avec moi. Nous étions accompagnés par le général Juin, MM. Palewski, Dejean, etc., tandis que M. Bogomolov allait nous servir de guide. En passant au Caire, je fis visite au roi Farouk. Prudent, bien informé, d'esprit agile, le jeune souverain me laissa voir l'anxiété où le plongeait la situation de l'Égypte. Bien que son pays ne prît pas part directement au conflit mondial, le roi se réjouissait de la défaite prochaine d'Hitler. Mais il n'en redoutait pas moins que la victoire de l'Occident n'ébranlât, dans les États arabes d'Orient, un équilibre déjà précaire. Il prévoyait que l'union du Soudan et de l'Égypte pourrait en être empêchée et, surtout, que serait créé un État juif en Palestine. Conséquences chez les Arabes : déferlement d'une vague de nationalisme outrancier, crise grave des relations extérieures, rudes secousses à l'intérieur.

Le souverain, d'ailleurs, attestait sa sympathie et celle de son peuple à l'égard de la France. « Nous avons confiance en votre avenir, dit-il, parce que nous en avons besoin. » Comme je lui faisais observer que, pourtant, son gouvernement s'en prenait âprement à nous au sujet des conditions dans lesquelles la Syrie et le Liban accédaient à l'indépendance, il déclara en souriant : « Ce n'est là que de la politique ! » Je savais que, personnellement, il n'appréciait pas Nahas Pacha que les Anglais lui avaient imposé comme Premier ministre. Pour finir, Farouk Ier m'assura de son estime pour la colonie française qui contribuait, au premier chef, au progrès de son pays.

Téhéran fut l'étape suivante de notre voyage. La capitale de l'Iran offrait l'aspect tendu d'une ville soumise à une triple occupation. Britanniques, Russes et Américains s'y coudoyaient et s'y observaient au milieu d'une foule misérable, tandis que l'élite persane s'enveloppait de mélancolie. Par contraste, l'inclination que les milieux cultivés éprouvaient à l'égard de la France était au plus haut degré. J'en recueillis des preuves touchantes en recevant à notre légation maints personnages distingués qu'y avait conviés l'ambassadeur Pierre Lafond.

Le Shah, lors de la visite que je lui fis, se montra aussi amical que possible. Avec tristesse, il m'exposa la situation faite à son Empire et à lui-même par la présence et les exigences de trois grandes puissances dont les rivalités menaçaient de déchirer l'État et le territoire national. Le souverain, qui laissait voir un profond découragement, me demanda conseil. « Vous voyez, dit-il, où nous en sommes. A votre avis, quelle attitude dois-je prendre? Vous, qui avez assumé le destin de votre pays au moment le plus difficile, êtes qualifié pour me le dire. »

Je répondis à Mohammed Reza Pahlavi que, s'il avait jamais été nécessaire que l'Iran eût un empereur pour symboliser la souveraineté et l'unité du pays, ce l'était, à présent, plus qu'à aucune autre époque. Il fallait donc que lui-même ne quittât le trône sous aucun prétexte. « Quant aux puissances étrangères, affirmai-je, Votre Majesté ne peut être, vis-à-vis d'elles, que l'indépendance personnifiée. Vous pouvez vous trouver contraint de subir des empiétements. Vous devez toujours les condamner. Si l'un ou l'autre des trois occupants tente d'obtenir votre concours à son profit, qu'il vous trouve inaccessible, lors même que cette attitude entraînerait pour vous de grandes épreuves ! La souveraineté peut n'être plus qu'une flamme sous le boisseau ; pour peu qu'elle brûle, elle sera, tôt ou tard, ranimée. » J'assurai le Shah que, dans la mesure où la France retrouvait ses forces et son poids, elle ne manquerait pas d'appuyer les efforts que ferait l'Iran pour obtenir le départ des troupes alliées, dès lors que la menace allemande était écartée du pays. L'empereur m'en remercia, en ajoutant que l'avis personnel que je lui avais donné lui était un réconfort.

Le 26 novembre, nous atterrîmes à Bakou. Sur le terrain, ayant écouté les souhaits de bienvenue des autorités soviétiques, je reçus le salut et assistai au défilé, — baïonnettes basses, torses bombés, pas martelés, — d'un très beau détachement de troupes. C'était bien là l'éternelle armée russe. Après quoi, à grande vitesse, nous fûmes conduits en ville, dans une maison où nos hôtes, à la tête desquels s'empressait M. Bogomolov, nous prodiguèrent les prévenances. Mais, tandis que nous aurions voulu poursuivre le voyage au plus tôt, les Soviétiques nous indiquèrent, d'abord, que l'équipage de notre avion ne connaissant ni la route, ni les signaux, ce seraient des appareils russes qui devraient nous transporter ; ensuite, que le mauvais temps rendrait le vol trop aléatoire en ce commencement d'hiver ; enfin, qu'un train spécial nous était réservé et arrivait pour nous prendre. Bref, nous dûmes passer à Bakou deux jours que remplirent, tant bien que mal, la visite de la ville à demi déserte, une représentation au théâtre municipal, la lecture des dépêches de l'agence Tass et des repas où se déployaient un luxe et une abondance incroyables.

Le train spécial était dit « du grand-duc », parce qu'il avait servi au grand-duc Nicolas pendant la première guerre mondiale. Dans des wagons bien aménagés nous fîmes, à la faible vitesse qu'imposait l'état des voies ferrées, un trajet qui dura quatre jours. Descendant aux stations, nous nous trouvions, invariablement, entourés d'une foule silencieuse mais évidemment cordiale.

J'avais demandé à passer par Stalingrad, geste d'hommage à l'égard des armées russes qui y avaient remporté la victoire décisive de la guerre. Nous trouvâmes la cité complètement démolie. Dans les ruines travaillait, cependant, une population nombreuse, les autorités appliquant, d'une manière spectaculaire, le mot d'ordre de la reconstruction. Après nous avoir fait faire le tour du champ de bataille, nos guides nous conduisirent à une fonderie écroulée, où, d'un four à peine réparé, recommençait à couler la fonte. Mais la grande usine de tanks, que nous visitâmes ensuite, avait été entièrement rebâtie et rééquipée. A notre entrée dans les ateliers, les ouvriers se groupaient pour échanger avec nous les propos de l'amitié. Au retour, nous croisâmes une colonne d'hommes escortés de soldats en armes. C'étaient, nous expliqua-t-on, des prisonniers russes qui allaient aux chantiers. Je dois dire que, par rapport aux travailleurs « en liberté », ces condamnés nous parurent ni plus ni moins passifs, ni mieux ni plus mal vêtus. Ayant remis à la municipalité l'épée d'honneur que j'avais apportée de France pour la ville de Stalingrad et pris part à un banquet dont le menu faisait contraste avec la misère des habitants, nous regagnâmes le train « du grand-duc ». Le samedi 2 décembre, à midi, nous arrivions à Moscou.

Sur le quai de la gare, nous accueillit M. Molotov. Il était entouré de commissaires du peuple, de fonctionnaires et de généraux. Le corps diplomatique, au grand complet, était présent. Les hymnes retentirent. Un bataillon de « cadets » défila magnifiquement. En sortant du bâtiment, je vis, massée sur la place, une foule considérable d'où s'éleva, à mon adresse, une rumeur de sympathie. Puis, je gagnai l'ambassade de France, où je voulais résider afin de me tenir personnellement à l'écart des allées et venues que les négociations ne manqueraient pas de provoquer. Bidault, Juin, Dejean, s'installèrent dans la maison que le gouvernement soviétique mettait à leur disposition.

Nous séjournâmes huit jours à Moscou. Pendant ce temps, beaucoup d'idées, d'informations, de suggestions furent échangées entre les Russes et nous. Bidault et Dejean eurent, en compagnie de Garreau et de Laloy, — qui, l'un et l'autre, parlaient bien le russe, — divers entretiens avec Molotov et ses fonctionnaires. Juin, qu'accompagnait Petit, chef de notre mission militaire, conversa longuement avec l'état-major et son chef le général Antonov. Mais, comme il était naturel, ce qui allait être dit et fait d'essentiel le serait entre Staline et moi. En sa personne et sur tous les sujets, j'eus l'impression d'avoir devant moi le champion rusé et implacable d'une Russie recrue de souffrance et de tyrannie, mais brûlant d'ambition nationale.

Staline était possédé de la volonté de puissance. Rompu par une vie de complots à masquer ses traits et son âme, à se passer d'illusions, de pitié, de sincérité, à voir en chaque homme un obstacle ou un danger, tout chez lui était manœuvre, méfiance et obstination. La révolution, le parti, l'État, la guerre, lui avaient offert les occasions et les moyens de dominer. Il y était parvenu, usant à fond des détours de l'exégèse marxiste et des rigueurs totalitaires, mettant au jeu une audace et une astuce surhumaines, subjuguant ou liquidant les autres.

Dès lors, seul en face de la Russie, Staline la vit mystérieuse, plus forte et plus durable que toutes les théories et que tous les régimes. Il l'aima à sa manière. Elle-même l'accepta comme un tsar pour le temps d'une période terrible et supporta le bolchevisme pour s'en servir comme d'un instrument. Rassembler les Slaves, écraser les Germaniques, s'étendre en Asie, accéder aux mers libres, c'étaient les rêves de la patrie, ce furent les buts du despote. Deux conditions, pour y réussir : faire du pays une grande puissance moderne, c'est-à-dire industrielle, et, le moment venu, l'emporter dans une guerre mondiale. La première avait été remplie, au prix d'une dépense inouïe de souffrances et de pertes humaines. Staline, quand je le vis, achevait d'accomplir la seconde au milieu des tombes et des ruines. Sa chance fut qu'il ait trouvé un peuple à ce point vivant et patient que la pire servitude ne le paralysait pas, une terre pleine de telles ressources que les plus affreux gaspillages ne pouvaient pas les tarir, des alliés sans lesquels il n'eût pas vaincu l'adversaire mais qui, sans lui, ne l'eussent point abattu.

Pendant les quelque quinze heures que durèrent, au total, mes entretiens avec Staline, j'aperçus sa politique, grandiose et dissimulée. Communiste habillé en maréchal, dictateur tapi dans sa ruse, conquérant à l'air bonhomme, il s'appliquait à donner le change. Mais, si âpre était sa passion qu'elle transparaissait souvent, non sans une sorte de charme ténébreux.

Notre première conversation eut lieu au Kremlin, le soir du 2 décembre. Un ascenseur porta les Français jusqu'à l'entrée d'un long corridor que jalonnaient, en nombre imposant, les policiers de service et au bout duquel s'ouvrit une grande pièce meublée d'une table et de chaises. Molotov nous introduisit et le « maréchal » parut. Après des compliments banals, on s'assit autour de la table. Qu'il parlât, ou non, Staline, les yeux baissés, crayonnait des hiéroglyphes.

Nous abordâmes, tout de suite, l'affaire allemande. Aucun de ceux qui étaient là ne doutait que le Reich dût s'écrouler à bref délai sous les coups des armées alliées; le maréchal soulignant que, de ces coups, les plus rudes étaient portés par les Russes. On fut aussitôt d'accord sur le principe qu'il faudrait mettre l'Allemagne hors d'état de nuire. Mais, comme je notais à quel point le fait que la Russie et la France s'étaient séparées l'une de l'autre avait influé sur le déchaînement des ambitions germaniques, puis sur le désastre français et, par voie de conséquence, sur l'invasion du territoire soviétique, comme j'esquissais la perspective d'une entente directe entre les gouvernements de Moscou et de Paris pour fixer les bases d'un règlement qu'ils proposeraient en commun aux autres alliés, Staline se montra réticent. Il insista, au contraire, sur la nécessité d'étudier chaque question avec les États-Unis et la Grande-Bretagne, d'où j'inférai qu'il avait déjà de bonnes raisons d'escompter l'accord de Roosevelt et de Churchill quant à ce qu'il voulait obtenir.

Cependant, il me demanda quelles étaient les garanties que la France souhaitait à l'Ouest. Mais, quand je lui parlai du Rhin, de la Sarre et de la Ruhr, il déclara que, sur ces points, les solutions ne pouvaient être étudiées que dans des négociations à quatre. Par contre, à la question que je posai au sujet de la frontière allemande de l'Est, il répondit catégoriquement : « Les anciennes terres polonaises de la Prusse orientale, de la Poméranie, de la Silésie doivent être restituées à la Pologne. » — « En somme, dis-je, la frontière de l'Oder? » — « L'Oder et la Neisse », précisa-t-il. « En outre, des rectifications sont à faire en faveur de la Tchécoslovaquie. »

J'observai que nous n'élevions pas d'objection de principe à l'encontre de ces changements territoriaux qui, au surplus, pourraient permettre de régler, par compensation, l'affaire de la frontière orientale de la Pologne. Mais j'ajoutai : « Laissez-moi constater que si, à vos yeux, la question du Rhin ne saurait être dès à présent tranchée, celle de l'Oder l'est déjà. » Staline garda le silence, tout en traçant des barres et des ronds. Mais bientôt, levant la tête, il me fit cette proposition : « Étudions ensemble un pacte franco-russe, afin que nos deux pays se prémunissent en commun contre une nouvelle agression allemande. »

« Nous y sommes disposés », répondis-je, « pour les mêmes raisons qui amenèrent la conclusion de l'ancienne alliance franco-russe et, même », ajoutai-je non sans malignité, « du pacte de 1935. » Staline et Molotov, piqués au vif, s'exclamèrent que le pacte de 1935, signé par eux et par Laval, n'avait, du fait de celui-ci, jamais été appliqué dans son esprit ni dans sa lettre. J'indiquai, alors, qu'en évoquant le traité de 1935 et l'alliance de 1892, je voulais souligner que, face au danger germanique, l'action commune de la Russie et de la France était dans la nature des choses. Quant à la manière dont serait, éventuellement, appliqué un pacte nouveau, je croyais que les douloureuses expériences du passé pourraient servir de leçons aux dirigeants de l'un et de l'autre pays. « Pour ce qui est de moi, ajoutai-je, je ne suis pas Pierre Laval. » On convint que Bidault et Molotov élaboreraient le texte d'un traité.

Au cours des journées qui suivirent, les deux ministres se réunirent plusieurs fois. Ils échangèrent des projets qui, d'ailleurs, se ressemblaient fort. En même temps, se déroulait une série de réceptions, visites et excursions. Il y eut notamment, à la Spiridonovka, un déjeuner offert par Molotov, entouré de Dekanozov, Litvinov, Lozovski, vice-ministres des Affaires étrangères. Staline était présent. Au dessert, levant son verre, il célébra l'alliance que nous allions conclure. « Il s'agit, s'écria-t-il, d'une alliance qui soit réelle, non point du tout à la Laval ! » Nous conversâmes longuement tous les deux. Aux compliments que je lui adressai sur les succès de l'armée russe, dont le centre, commandé par Tolboukine, venait d'effectuer une forte avance en Hongrie, il rétorqua : « Peuh ! quelques villes ! C'est à Berlin et à Vienne qu'il nous faut aller. » Par moments, il se montrait détendu, voire plaisant. « Ce doit être bien difficile, me dit-il, de gouverner un pays comme la France où tout le monde est si remuant ! » — « Oui ! répondis-je. Et, pour le faire, je ne puis prendre exemple sur vous, car vous êtes inimitable. » Il prononça le nom de Thorez, à qui le gouvernement français avait permis de regagner Paris. Devant mon silence mécontent : « Ne vous fâchez pas de mon indiscrétion ! » déclara le maréchal. « Je me permets seulement de vous dire que je connais Thorez et, qu'à mon avis, il est un bon Français. Si j'étais à votre place, je ne le mettrais pas en prison. » Il ajouta, avec un sourire : « Du moins, pas tout de suite ! » — « Le gouvernement français, répondis-je, traite les Français d'après les services qu'il attend d'eux. »

Une autre fois, nos hôtes nous donnèrent à admirer un beau ballet dansé au Grand-Théâtre. Ils offrirent un soir en notre honneur, à la Spiridonovka, une réception de vaste envergure où se pressaient nombre de commissaires du peuple, de hauts fonctionnaires, de généraux, leurs femmes, et tout ce que Moscou comptait de diplomates étrangers et d'officiers alliés. Ils nous firent encore assister, à la Maison de l'Armée rouge, à une imposante séance de chants et de danses folkloriques. Pendant ces cérémonies, M. Molotov ne nous quittait pas, toujours précis dans ses paroles et circonspect quant au fond des choses. Il nous laissa, pourtant, à d'autres guides pour assister à la messe de Saint-Louis des Français, seule église catholique qui fût ouverte dans la capitale, pour aller voir le Mont des moineaux d'où Napoléon découvrit Moscou, pour visiter l'exposition de guerre où s'accumulaient les trophées, pour descendre dans le métro, parcourir diverses usines, inspecter un hôpital militaire et une école de transmissions. Par les rues, dans le froid, sur la neige, glissaient les passants muets et absorbés. Ceux des Russes avec qui nous prenions contact, qu'ils fussent une foule ou une élite, nous donnaient l'impression d'être très désireux de montrer leur sympathie, mais bridés par des consignes qui écrasaient leur spontanéité.

Nous, Français, n'en marquions que mieux, à l'égard de ce grand peuple, notre amicale admiration, utilisant l'occasion des réunions et rites protocolaires. A l'ambassade, je reçus à ma table une cohorte d'intellectuels et d'écrivains, officiellement catalogués comme « amis de la France » par l'autorité soviétique. Étaient du nombre, en particulier, Victor Fink et Ilya Ehrenburg, tous deux remplis de talent mais appliqués à ne s'en servir que dans le sens et sur le ton prescrits. Le général comte Ignatiev, qui avait été, à Paris, attaché militaire du tsar, puis, pendant longtemps, une des têtes de l'émigration, se trouvait parmi les convives, défiant les années, portant l'uniforme à ravir et prodiguant les grandes manières, mais gêné de son personnage. Jean-Richard Bloch, « réfugié » en Russie, me présentait les uns et les autres avec une bonne grâce contrainte. Tous, piaffants et contrariés, faisaient l'effet de pur-sang entravés. Un soir, nous réunîmes à l'ambassade tout le Moscou officiel. En fait de cordialité, rien ne manquait dans les propos. Mais on sentait peser sur l'assistance une inquiétude diffuse. Par système, la personnalité de chacun s'estompait dans une grisaille qui était le refuge commun.

Cependant, l'affaire du pacte allait en se compliquant. A vrai dire, les menues divergences qui séparaient le texte de Bidault et celui de Molotov pouvaient être réglées en un instant. Mais, peu à peu, les Soviétiques découvraient leur intention d'un marchandage. Ils cherchèrent, d'abord, à prendre barre sur nous en soulevant la question de la ratification. « Étant donné que votre gouvernement est provisoire, qui donc a, chez vous, qualité pour ratifier? » demandait M. Molotov à Dejean, puis à Bidault. En fin de compte, le ministre des Affaires étrangères soviétique se tourna vers moi. Je mis un terme à ses scrupules. « Vous avez, lui dis-je, signé un pacte avec Benès. Or son gouvernement est, que je sache, provisoire. Au surplus, il réside à Londres. » Dès lors, on ne parla plus de la ratification.

Là-dessus, vint au jour le véritable enjeu du débat. Comme nous nous y attendions, il s'agissait de la Pologne. Voulant savoir ce que, décidément, les Russes projetaient de faire à Varsovie quand leurs troupes y seraient entrées, je posai nettement la question à Staline, au cours d'une conférence que nous tînmes au Kremlin, le 6 décembre. Bidault, Garreau et Dejean étaient à mes côtés ; Molotov, Bogomolov et l'excellent interprète Podzerov se tenaient auprès de Staline.

Je rappelai que, de tous temps, la France avait voulu et soutenu l'indépendance polonaise. Après la première guerre mondiale, nous avions fortement contribué à la faire renaître. Sans doute la politique suivie ensuite par Varsovie, celle de Beck en particulier, nous avait-elle mécontentés et, finalement, mis en danger, tandis qu'elle poussait l'Union Soviétique à rester éloignée de nous. Cependant, nous tenions pour nécessaire que reparaisse une Pologne maîtresse de ses destinées, pourvu qu'elle soit amicale envers la France et envers la Russie. Ce que nous pouvions avoir d'influence sur les Polonais, — je précisai : « sur tous les Polonais », — nous étions résolus à l'exercer dans ce sens. J'ajoutai que la solution du problème des frontières, telle que Staline nous l'avait lui-même exposée, à savoir : « La ligne Curzon » à l'est et « l'Oder-Neisse » à l'ouest, nous paraissait acceptable. Mais je répétai qu'à nos yeux il fallait que la Pologne fût un État réellement indépendant. C'est donc au peuple polonais qu'il appartenait de choisir son futur gouvernement. Il ne pourrait le faire qu'après la libération et par des élections libres. Pour le moment, le gouvernement français était en relations avec le gouvernement polonais de Londres, lequel n'avait jamais cessé de combattre les Allemands. S'il devait arriver qu'un jour la France fût amenée à changer cela, elle ne le ferait que d'accord avec ses trois alliés.

Prenant la parole à son tour, le maréchal Staline s'échauffa.

A l'entendre, grondant, mordant, éloquent, on sentait que l'affaire polonaise était l'objet principal de sa passion et le centre de sa politique. Il déclara que la Russie avait pris « un grand tournant » vis-à-vis de cette nation qui était son ennemie depuis des siècles et en laquelle, désormais, elle voulait voir une amie. Mais il y avait des conditions. « La Pologne, dit-il, a toujours servi de couloir aux Allemands pour attaquer la Russie. Ce couloir, il faut qu'il soit fermé, et fermé par la Pologne elle-même. » Pour cela, le fait de placer sa frontière sur l'Oder et sur la Neisse pourrait être décisif, dès lors que l'État polonais serait fort et « démocratique ». Car, proclamait le maréchal, « il n'y a pas d'État fort qui ne soit démocratique. »

Staline aborda, alors, la question du gouvernement à instaurer à Varsovie. Il le fit avec brutalité, tenant des propos pleins de haine et de mépris à l'égard des « gens de Londres », louant hautement le « Comité de Lublin », formé sous l'égide des Soviets, et affirmant qu'en Pologne celui-ci était seul attendu et désiré. Il donnait à ce choix, qu'à l'en croire aurait fait le peuple polonais, des raisons qui ne démontraient que son propre parti pris. « Dans la bataille qui libère leur pays, déclara-t-il, les Polonais ne voient pas à quoi servent le gouvernement réactionnaire de Londres et l'armée d'Anders. Au contraire, ils constatent la présence et l'action du « Comité de la libération nationale » et des troupes du général Berling. Ils savent, d'ailleurs, que ce sont les agents du gouvernement de Londres qui furent causes de l'échec de l'insurrection de Varsovie, parce qu'ils la déclenchèrent avec la pire légèreté, sans consulter le commandement soviétique et au moment où les troupes russes n'étaient pas en mesure d'intervenir. En outre, le Comité polonais de la libération nationale a commencé d'accomplir sur le territoire libéré une réforme agraire qui lui vaut l'adhésion enthousiaste de la population. Les terres appartenant aux réactionnaires émigrés sont distribuées aux paysans. C'est de là que la Pologne de demain tirera sa force, comme la France de la Révolution tira la sienne de la vente des biens nationaux. »

Staline, alors, m'interpella : « Vous avez dit que la France a de l'influence sur le peuple polonais. C'est vrai ! Mais pourquoi n'en usez-vous pas pour lui recommander la solution nécessaire ? Pourquoi prenez-vous la même position stérile que l'Amérique et l'Angleterre ont adoptée jusqu'à présent ? Nous attendons de vous, je dois le dire, que vous agissiez avec réalisme et dans le même sens que nous. » Il ajouta, en sourdine : « D'autant plus que Londres et Washington n'ont pas dit leur dernier mot. » — « Je prends note, dis-je, de votre position. J'en aperçois les vastes conséquences. Mais je dois vous répéter que le futur gouvernement de la Pologne est l'affaire du peuple polonais et que celui-ci, suivant nous, doit pouvoir s'exprimer par le suffrage universel. » Je m'attendais à quelque vive réaction du maréchal. Mais, au contraire, il sourit et murmura doucement : « Bah ! nous nous entendrons tout de même. »

Voulant achever l'exploration, je demandai à Staline quel sort il envisageait pour les États balkaniques. Il répondit que la Bulgarie, ayant accepté les conditions d'armistice des alliés, garderait son indépendance, mais « qu'elle recevrait le châtiment mérité » et qu'elle devrait, elle aussi, devenir « démocratique. » Il en serait de même pour la Roumanie. La Hongrie avait été sur le point de se rendre aux alliés. Mais les Allemands, l'ayant appris, — « je ne sais comment », dit Staline, — avaient arrêté le régent Horthy. « S'il se forme en Hongrie, ajouta le maréchal, un gouvernement démocratique, nous l'aiderons à se tourner contre l'Allemagne. » Point de problème de cette sorte pour la Yougoslavie, « puisqu'elle était rassemblée et dressée contre le fascisme. » Staline parla avec fureur de Mikhaïlovitch, dont il semblait croire que les Anglais le tenaient caché au Caire. Quant à la Grèce, « les Russes n'y ont pas pénétré, laissant la place aux troupes et aux navires britanniques. Pour savoir ce qui se passe en Grèce, c'est donc aux Britanniques qu'il y a lieu de s'adresser. »

De cette séance, il ressortait que les Soviétiques étaient résolus à traiter suivant leur gré et à leur façon les États et les territoires occupés par leurs forces ou qui le seraient. On devait donc s'attendre, de leur part, à une terrible oppression politique en Europe centrale et balkanique. Il apparaissait qu'à cet égard Moscou ne croyait guère à une opposition déterminée de Washington et de Londres. Enfin, on discernait que Staline allait tâcher de nous vendre le pacte contre notre approbation publique de son opération polonaise.

Comme dans un drame bien monté, où l'intrigue demeure en suspens tandis que les péripéties se mêlent et se multiplient jusqu'à l'instant du dénouement, le problème du pacte prit soudain un aspect inattendu. M. Churchill s'était manifesté. « Je suppose », avait-il télégraphié en substance au maréchal

Staline, « qu'à l'occasion de la visite du général de Gaulle, vous pensez à faire avec lui un pacte de sécurité analogue à celui que votre gouvernement et le mien ont conclu en 1942. Dans ce cas, pourquoi ne signerions-nous pas, à trois, un seul et même traité pour la Russie, la Grande-Bretagne et la France? J'y suis, pour ma part, disposé. » Les Soviétiques nous communiquèrent la proposition anglaise qu'ils semblaient trouver satisfaisante. Mais ce n'était pas mon avis.

Tout d'abord, la forme que Churchill adoptait ne pouvait être admise par nous. Pourquoi s'adressait-il exclusivement à Staline dans une affaire qui concernait la France au même titre que Londres et Moscou? Surtout, j'estimais que, vis-à-vis du danger allemand, la Russie et la France devaient contracter entre elles un accord particulier, parce qu'elles étaient les plus directement et immédiatement menacées. Les événements l'avaient prouvé, et à quel prix ! En cas de menace germanique, l'intervention britannique risquait de ne se produire ni dans le délai, ni sur l'échelle, qu'il faudrait. D'autant que l'Angleterre ne pourrait, éventuellement, rien faire sans l'assentiment, — aléatoire, — des autres États du Commonwealth. Paris et Moscou devraient-ils attendre pour agir que Londres voulût le faire? Enfin, si j'étais désireux de renouveler et de préciser, quelque jour, l'alliance de fait qui unissait Français et Anglais, je ne voulais l'entreprendre qu'après avoir réglé avec Londres des questions fondamentales : sort de l'Allemagne, Rhin, Orient, etc., sur lesquelles l'accord n'existait pas. Bref, nous n'agréions pas le projet d'un pacte tripartite. D'autre part, nous estimions que le moment était venu de mettre un terme, positif ou non, à la négociation engagée avec les Russes. En compagnie de Bidault, Garreau et Dejean je me rendis au Kremlin, le 8 décembre, pour y tenir avec Staline, Molotov et Bogomolov une ultime séance de travail.

Je commençai par rappeler de quelle manière la France envisageait le règlement du sort de l'Allemagne : sur la rive gauche du Rhin, plus de souveraineté de l'État central germanique ; les territoires ainsi détachés conservant leur caractère allemand mais recevant leur autonomie et faisant partie, au point de vue économique, de la zone occidentale ; le bassin de la Ruhr placé sous contrôle international ; la frontière allemande de l'est marquée par l'Oder et la Neisse. Nous regrettions que la Russie ne consentît pas à conclure dès à présent avec la France, au sujet de ces conditions, un accord qui serait ensuite proposé à l'Angleterre et aux États-Unis. Mais notre position n'en serait pas modifiée.

Quant aux alliances, nous pensions qu'elles devaient être construites « en trois étages » : un traité franco-russe procurant une première sécurité ; le pacte anglo-soviétique et un accord à conclure entre la France et la Grande-Bretagne constituant un second degré ; le futur pacte des Nations Unies, dont l'Amérique serait un élément capital, couronnant le tout et servant d'ultime recours. Je répétai les raisons qui nous déterminaient à ne pas adopter la proposition Churchill d'un pacte unique anglo-franco-russe. Enfin, je confirmai que nous quitterions Moscou dans la matinée du 10 décembre, comme il avait été prévu.

Staline ne releva rien de ce que je formulais, une fois de plus, à propos des frontières allemandes. Il fit valoir les avantages que pourrait, à son sens, comporter un pacte tripartite. Mais, soudain, changeant de direction : « Après tout, s'écria-t-il, vous avez raison ! Je ne vois pas pourquoi nous ne ferions pas un pacte à nous deux. Mais il faut que vous compreniez que la Russie a, dans l'affaire polonaise, un intérêt essentiel. Nous voulons une Pologne amie des alliés et résolument anti-allemande. Cela n'est pas possible avec le gouvernement qui est à Londres et qui représente l'esprit antirusse, virulent depuis toujours. Au contraire, nous pourrions nous entendre avec une autre Pologne, grande, forte, démocratique. Si vous partagez la même manière de voir, reconnaissez publiquement le Comité de Lublin et faites avec lui un arrangement officiel. Alors, nous pourrons conclure un pacte avec vous. Observez, au demeurant, que nous, Russes, avons reconnu le Comité polonais de la libération nationale, que ce Comité gouverne et administre la Pologne à mesure que l'ennemi en est chassé par nos troupes et que, par conséquent, c'est à Lublin que vous devrez vous adresser pour tout ce qui concerne vos intérêts dans le pays, notamment le sort des prisonniers et des déportés français que les Allemands en retraite laissent sur place. Quant à Churchill, je vais lui télégraphier que son projet n'est pas agréé. Il en sera certainement froissé. Ce ne sera qu'une fois de plus. Lui-même m'a froissé bien souvent. »

Désormais, tout était clair. Je déclarai nettement à Staline que la France était prête à conclure avec la Russie un pacte de sécurité ; qu'elle n'éprouvait aucune malveillance à l'égard du Comité de Lublin ; mais qu'elle n'avait pas l'intention de le reconnaître comme gouvernement de la Pologne ni de traiter officiellement avec lui. Les questions pratiques relatives aux prisonniers français pouvaient être réglées, à mesure, par un simple délégué que nous enverrions à Lublin sans qu'il ait le caractère d'un représentant diplomatique. J'ajoutai : « La France et la Russie ont un intérêt commun à voir paraître une Pologne indépendante, unie et réelle, non point une Pologne artificielle en laquelle la France, pour sa part, n'aurait pas confiance. Selon nous, la question du futur gouvernement polonais ne pourra être réglée que par les Polonais eux-mêmes, après la libération du pays et avec l'accord des quatre alliés. » Staline ne fit, là-dessus, aucune observation nouvelle. Il dit seulement, avec bonne grâce, qu'il se réjouissait de nous retrouver, le lendemain, au dîner que lui-même offrirait en notre honneur.

L'atmosphère fut lourde dans la journée du 9 décembre. Molotov avait confirmé à Bidault la condition posée par Staline à la conclusion du traité. Bien plus ! Il avait été jusqu'à lui remettre le texte d'un projet d'accord, entre le gouvernement français et Lublin, en vertu duquel Paris reconnaissait officiellement le Comité polonais de la libération. Les Russes poussaient leurs bons offices jusqu'à nous proposer, en même temps, les termes d'un communiqué annonçant la nouvelle au monde. Le ministre des Affaires étrangères français fit, naturellement, savoir au commissaire du peuple soviétique que cette suggestion était inacceptable. Quant à moi, j'attribuai l'attitude de nos partenaires, non seulement au désir qu'ils avaient de voir la France s'associer à leur politique polonaise, mais aussi à l'opinion qu'ils s'étaient formée quant à nos intentions. Pour procéder de cette manière, ils devaient se figurer, quoi que j'aie pu leur dire, que nous tenions, par-dessus tout, à signer finalement le pacte, faute de quoi le général de Gaulle risquait de trouver à Paris une situation fâcheuse. Mais c'était là, de leur part, une erreur et j'étais bien décidé à en faire la démonstration.

Cependant, les principaux membres du Comité de Lublin, arrivés de Galicie depuis quelques jours, multipliaient les démarches auprès de l'ambassade de France pour être reçus, « à titre d'information », par le général de Gaulle. Ils l'avaient été, deux mois auparavant, par MM. Churchill et Eden lors du voyage de ceux-ci à Moscou. Ils s'étaient, au même moment, rencontrés avec M. Mikolajczyk, chef du gouvernement polonais de Londres, et plusieurs de ses ministres, venus dans la capitale russe à la demande conjointe des Anglais et des Soviétiques. Je n'avais pas de raison de refuser leur visite. Convoqués à l'ambassade, ils furent introduits chez moi dans l'après-midi du 9.

Il y avait là, notamment, M. Bierut leur président, M. Osuska-Morawski chargé des « Affaires étrangères » et le général Rola-Zymiersky responsable de la « Défense nationale. » Au cours de la conversation, j'éus de leur groupe une impression médiocre. Comme je leur exprimais la profonde sympathie de la France pour leur pays, si éprouvé et qui n'avait jamais cessé de prendre part, partout en Europe, à la guerre contre l'Allemagne ; la volonté du gouvernement français de voir reparaître la Pologne, indépendante, amie de la France et de ses alliés ; le fait que, sans vouloir nous mêler à leurs affaires intérieures, nous souhaitions que les Polonais se mettent d'accord entre eux pour rétablir leurs pouvoirs publics, ils me répondirent sur un ton de partisans, tendus dans leur querelle et dans leur ambition, soumis à une évidente appartenance communiste et tenus à répéter des couplets préparés pour eux.

M. Bierut ne dit rien de la guerre. Il parla de la réforme agraire, exposa ce qu'il en attendait au point de vue politique et se répandit en reproches amers à l'égard du gouvernement « émigré » de Londres. M. Osuska-Morawski voulut bien déclarer que la Pologne, ayant été de tous temps l'amie de la France, l'était aujourd'hui plus que jamais. Aussi demandait-il, dans les mêmes termes dont Staline et Molotov s'étaient servis à ce sujet, qu'un accord fût signé entre le Comité polonais et le gouvernement français, qu'on décidât d'échanger des représentants diplomatiques et que l'on publiât, pour l'annoncer, un communiqué commun. Le général Rola-Zymierski affirma que le Comité de la libération avait sous son obédience 10 divisions bien équipées et exprima sa totale confiance dans le commandement soviétique. En dépit de mes invites, il ne fit aucune allusion à ce que l'armée polonaise avait accompli, en Pologne en 1939, en France en 1940, en Italie, en France, dans les Pays-Bas, en 1944, ni aux combats menés par la résistance nationale. Entre les propos stéréotypés de mes interlocuteurs et la façon dont la « Pravda » traitait chaque jour de l'affaire polonaise il y avait trop de ressemblance pour que je fusse porté à reconnaître la Pologne indépendante dans le Comité de Lublin.

Je dis à MM. Bierut, Morawski et Zymiersky que le gouvernement français était disposé à déléguer un officier, le commandant Christian Fouchet, pour régler en territoire contrôlé par eux les questions pratiques intéressant des Français, nos prisonniers en particulier. Nous ne nous opposions pas à la présence à Paris d'un membre de leur organisation pour s'occuper d'affaires analogues, s'il y en avait. Mais nous restions en relations officielles, comme presque tous les alliés, avec le gouvernement polonais résidant à Londres et nous n'envisagions ni accord, ni protocole, ni échange de représentants diplomatiques, avec le Comité de la libération. Je dois dire que M. Osuska-Morawski déclara alors, avec quelque dignité, que dans ces conditions mieux valait différer l'envoi à Lublin du commandant Fouchet. « Comme vous voudrez ! » répondis-je. Les visiteurs prirent congé.

Entre temps, étaient venus me voir, à mon invitation, MM. Averell Harriman ambassadeur des États-Unis et John Balfour chargé d'affaires de Grande-Bretagne. Je tenais, en effet, à les mettre au courant de ce qui se passait entre nous et les Soviétiques et à les informer que nous n'acceptions pas de reconnaître le Comité de Lublin. Ils en parurent satisfaits. Harriman, toutefois, me dit : « Quant à nous, Américains, nous avons pris le parti de jouer la confiance vis-à-vis de Moscou. » Entendant ces propos et, d'autre part, ayant à l'esprit ce que Staline m'avait laissé deviner au sujet du changement d'attitude de l'Amérique et de l'Angleterre sur le problème polonais, j'invitai les deux diplomates à faire savoir de ma part, respectivement à MM. Roosevelt et Churchill, que, s'ils devaient un jour modifier leur position, j'attendais d'eux qu'ils nous en avertissent avec la même diligence dont j'usais à leur égard.

Dans cette journée consacrée à l'escrime diplomatique il y eut une heure émouvante, celle où je passai la revue des aviateurs du régiment « Normandie-Niémen ». Il avait été d'abord convenu avec les Russes que j'irais inspecter le régiment dans le région d'Insterburg où il était en opérations. Mais, ainsi que cela s'était passé pour le voyage Bakou-Moscou, nos alliés me demandèrent de renoncer au déplacement par air en raison du mauvais temps. D'autre part, l'aller et retour par route ou par voie ferrée eût duré trois jours et trois nuits. Alors Staline, mis au courant, avait fait amener à Moscou, dans un train, tout le régiment. Je pus ainsi saluer cette magnifique unité, — seule force occidentale qui combattît sur le front russe, — et prendre contact avec chacun de ceux qui y servaient si vaillamment la France. Je mis leur présence à profit pour décorer, en même temps que nombre d'entre eux, des généraux et officiers russes venus du front pour la circonstance.

A l'heure de nous rendre au dîner offert par Staline, les négociations étaient toujours au point mort. Jusqu'au dernier moment, les Russes s'étaient acharnés à obtenir de nous tout au moins un communiqué qui proclamerait l'établissement de relations officielles entre le gouvernement français et le Comité de Lublin et qui serait publié en même temps que l'annonce du traité franco-russe. Nous n'y avions pas consenti. Si j'étais décidé à ne pas engager la responsabilité de la France dans l'entreprise d'asservissement de la nation polonaise, ce n'était pas que j'eusse d'illusions sur ce que ce refus pourrait avoir d'efficacité pratique. Nous n'avions évidemment pas les moyens d'empêcher les Soviets de mettre leur plan à exécution. D'autre part, je pressentais que l'Amérique et la Grande-Bretagne laisseraient faire. Mais, de si peu de poids que fût, dans l'immédiat, l'attitude de la France, il pourrait être, plus tard, important qu'elle l'eût prise à ce moment-là. L'avenir dure longtemps. Tout peut, un jour, arriver, même ceci qu'un acte conforme à l'honneur et à l'honnêteté apparaisse, en fin de compte, comme un bon placement politique.

Quarante Russes : commissaires du peuple, diplomates, généraux, hauts fonctionnaires, presque tous en brillant uniforme, se trouvaient réunis dans le salon du Kremlin où les Français furent introduits. L'ambassadeur des États-Unis et le chargé d'affaires britannique étaient présents. Nous étions montés par l'escalier monumental, décoré des mêmes tableaux qu'au temps du tsar. On y voyait représentés quelques sujets terrifiants : la furieuse bataille de l'Irtych, Ivan le Terrible étranglant son fils, etc. Le maréchal serra les mains et conduisit ses invités à la salle à manger. La table étincelait d'un luxe inimaginable. On servit un repas stupéfiant.

Staline et moi, assis l'un près de l'autre, causâmes à bâtons rompus. M. Podzerov et M. Laloy traduisaient ce que nous disions, à mesure et mot pour mot. Les opérations en cours, la vie que nous menions dans nos fonctions respectives, les appréciations que nous portions sur les principaux personnages ennemis ou alliés, furent les sujets de la conversation. Il ne fut pas question du pacte. Tout au plus le maréchal me demanda-t-il, d'un ton détaché, quelle impression m'avaient faite les gens du Comité de Lublin. A quoi j'avais répondu qu'ils me semblaient être un groupe utilisable, mais certainement pas la Pologne indépendante. Staline tenait des propos directs et simples. Il se donnait l'air d'un rustique, d'une culture rudimentaire, appliquant aux plus vastes problèmes les jugements d'un fruste bon sens. Il mangeait copieusement de tout et se servait force rasades d'une bouteille de vin de Crimée qu'on renouvelait devant lui. Mais, sous ces apparences débonnaires, on discernait le champion engagé dans une lutte sans merci. D'ailleurs, autour de la table, tous les Russes, attentifs et contraints, ne cessaient pas de l'épier. De leur part une soumission et une crainte manifestes, de la sienne une autorité concentrée et vigilante, tels étaient, autant qu'on pût le voir, les rapports de cet état-major politique et militaire avec ce chef humainement tout seul.

Soudain, le tableau changea. L'heure des toasts était arrivée. Staline se mit à jouer une scène extraordinaire.

Il eut, d'abord, des mots chaleureux pour la France et aimables à mon intention. J'en prononçai de la même sorte à son adresse et à celle de la Russie. Il salua les États-Unis et le président Roosevelt, puis l'Angleterre et M. Churchill, et écouta avec componction les réponses de Harriman et de Balfour. Il fit honneur à Bidault, à Juin, à chacun des Français qui étaient là, à l'armée française, au régiment « Normandie-Niémen ». Puis, ces formalités remplies, il entreprit une grande parade.

Trente fois, Staline se leva pour boire à la santé des Russes présents. L'un après l'autre, il les désignait. Molotov, Beria, Boulganine, Vorochilov, Mikoyan, Kaganovitch, etc., commissaires du peuple, eurent les premiers l'apostrophe du maître. Il passa ensuite aux généraux et aux fonctionnaires. Pour chacun d'eux, le maréchal indiquait avec emphase quels étaient son mérite et sa charge. Mais, toujours, il affirmait et exaltait la puissance de la Russie. Il criait, par exemple, à l'inspecteur de l'artillerie : « Voronov ! A ta santé ! C'est toi qui as la mission de déployer sur les champs de bataille le système de nos calibres. C'est grâce à ce système-là que l'ennemi est écrasé en largeur et en profondeur. Vas-y ! Hardi pour tes canons ! » S'adressant au chef d'état-major de la marine : « Amiral Kouznetzov ! On ne sait pas assez tout ce que fait notre flotte. Patience ! Un jour nous dominerons les mers ! » Interpellant l'ingénieur de l'aéronautique

Yackovlev qui avait mis au point l'excellent appareil de chasse *Yack* : « Je te salue ! Tes avions balaient le ciel. Mais il nous en faut encore bien plus et de meilleurs. A toi de les faire ! » Parfois, Staline mêlait la menace à l'éloge. Il s'en prenait à Novikov, chef d'état-major de l'air : « Nos avions, c'est toi qui les emploies. Si tu les emploies mal, tu dois savoir ce qui t'attend. » Pointant le doigt vers l'un des assistants : « Le voilà ! C'est le directeur des arrières. A lui d'amener au front le matériel et les hommes. Qu'il tâche de le faire comme il faut ! Sinon, il sera pendu, comme on fait dans ce pays. » En terminant chaque toast Staline criait : « Viens ! » au personnage qu'il avait nommé. Celui-ci, quittant sa place, accourait pour choquer son verre contre le verre du maréchal, sous les regards des autres Russes rigides et silencieux.

Cette scène de tragi-comédie ne pouvait avoir pour but que d'impressionner les Français, en faisant étalage de la force soviétique et de la domination de celui qui en disposait. Mais, pour y avoir assisté, j'étais moins enclin que jamais à prêter mon concours au sacrifice de la Pologne. Aussi fut-ce avec froideur qu'au salon, après le dîner, je regardai, assis autour de Staline et de moi, le chœur obstiné des diplomates : Molotov, Dekanozov et Bogomolov d'un côté ; Bidault, Garreau et Dejean de l'autre. Les Russes reprenaient inlassablement la délibération sur la reconnaissance du Comité de Lublin. Mais, comme la question était, pour moi, tranchée et que je l'avais fait savoir, je tenais pour oiseuse cette nouvelle discussion. Même, connaissant la propension des techniciens de la diplomatie à négocier dans tous les cas, fût-ce aux dépens des buts politiques, et me défiant de la chaleur communicative d'une réunion prolongée, j'appréhendais que notre équipe n'en vînt à faire quelques fâcheuses concessions de termes. Certes, l'issue n'en serait pas changée car ma décision était prise. Mais il eût été regrettable que la délégation française parût manquer de cohésion.

J'affectai donc ostensiblement de ne pas prendre intérêt aux débats de l'aréopage. Ce que voyant, Staline surenchérit : « Ah ! ces diplomates, criait-il. Quels bavards ! Pour les faire taire, un seul moyen : les abattre à la mitrailleuse. Boulganine ! Va en chercher une ! » Puis, laissant là les négociateurs et suivi des autres assistants, il m'emmena dans une salle proche voir un film soviétique tourné pour la propagande en l'année 1938. C'était très conformiste et passablement naïf. On y voyait les Allemands envahir traîtreusement la Russie.

Mais bientôt, devant l'élan du peuple russe, le courage de son armée, la valeur de ses généraux, il leur fallait battre en retraite. A leur tour, ils étaient envahis. Alors, la révolution éclatait dans toute l'Allemagne. Elle triomphait à Berlin où, sur les ruines du fascisme et grâce à l'aide des Soviets, s'ouvrait une ère de paix et de prospérité. Staline riait, battait des mains. « Je crains, dit-il, que la fin de l'histoire ne plaise pas à M. de Gaulle. » Je ripostai, quelque peu agacé : « Votre victoire, en tout cas, me plaît. Et d'autant plus, qu'au début de la véritable guerre, ce n'est pas comme dans ce film que les choses se sont passées entre vous et les Allemands. »

Entre temps, j'avais fait appeler auprès de moi Georges Bidault pour lui demander si, oui ou non, les Soviets étaient prêts à signer le pacte. Le ministre des Affaires étrangères me répondit que tout restait suspendu à l'acceptation par nous-mêmes d'une déclaration conjointe du gouvernement français et du Comité polonais, déclaration qui serait publiée en même temps que le communiqué relatif au traité franco-russe. « Dans ces conditions, déclarai-je à Bidault, il est inutile et il devient inconvenant d'éterniser la négociation. Je vais donc y mettre un terme. » A minuit, le film étant passé et la lumière revenue, je me levai et dis à Staline : « Je prends congé de vous. Le train va m'emmener tout à l'heure. Je ne saurais trop vous remercier de la façon dont vous-même et le gouvernement soviétique m'avez reçu dans votre vaillant pays. Nous nous y sommes mutuellement informés de nos points de vue respectifs. Nous avons constaté notre accord sur l'essentiel, qui est que la France et la Russie poursuivent ensemble la guerre jusqu'à la victoire complète. Au revoir, monsieur le Maréchal ! » Staline, d'abord, parut ne pas comprendre : « Restez donc, murmurait-il. On va projeter un autre film. » Mais, comme je lui tendais la main, il la serra et me laissa partir. Je gagnai la porte en saluant l'assistance qui semblait frappée de stupeur.

M. Molotov accourut. Livide, il m'accompagna jusqu'à ma voiture. A lui aussi, j'exprimai ma satisfaction au sujet de mon séjour. Il balbutia quelques syllabes, sans pouvoir cacher son désarroi. Sans nul doute, le ministre soviétique était profondément marri de voir s'évanouir un projet poursuivi avec ténacité. Maintenant, pour changer de front, il restait bien peu de temps avant que les Français ne quittassent la capitale. La reconnaissance de Lublin par Paris était évidemment manquée. Mais en outre, au point où en étaient les choses, on risquait fort que de Gaulle rentrât en France sans avoir conclu le pacte. Quel effet produirait un pareil aboutissement? Et ne serait-ce pas à lui, Molotov, que Staline s'en prendrait de l'échec? Quant à moi, bien résolu à l'emporter, je rentrai tranquillement à l'ambassade de France. Voyant que Bidault ne m'avait pas suivi, je lui envoyai quelqu'un pour l'inviter à le faire. Nous laissions sur place Garreau et Dejean. Ils maintiendraient des contacts qui pourraient être utiles mais ne nous engageraient pas.

Au fond, je ne doutais guère de la suite. En effet, vers 2 heures du matin, Maurice Dejean vint rendre compte d'un fait nouveau. Après un long entretien de Staline avec Molotov, les Russes s'étaient déclarés disposés à s'accommoder, quant aux relations entre Paris et Lublin, d'un texte de déclaration profondément édulcoré. Garreau et Dejean crurent alors pouvoir suggérer une rédaction de ce genre : « Par accord entre le gouvernement français et le Comité polonais de la libération nationale, M. Christian Fouchet est envoyé à Lublin, M. X... est envoyé à Paris. » Sur quoi, M. Molotov avait indiqué que, « si le général de Gaulle acceptait cette conclusion de l'affaire polonaise, le pacte franco-russe pouvait être signé à l'instant. »

Je refusai, naturellement, toute mention d'un « accord » avec le Comité de Lublin. La seule nouvelle qui, dans quelques jours, pût être conforme à la politique de la France et à la vérité serait tout bonnement celle-ci : « Le commandant Fouchet est arrivé à Lublin. » Dejean alla le dire à Molotov qui, ayant conféré de nouveau avec Staline, fit connaître qu'il se contentait de cela. Il s'accrocha, cependant, à une dernière condition à propos de la date à laquelle serait publiée l'arrivée de Fouchet à Lublin. Le ministre soviétique demandait avec insistance que ce fût fait en même temps qu'on annoncerait la conclusion du traité franco-russe, c'est-à-dire dans les vingt-quatre heures. Mais, justement, je ne voulais pas de cette coïncidence et l'envoyai dire formellement. Nous étions le 10 décembre. Ce serait la date du pacte. Quant à la présence de Fouchet en Galicie, on ne la ferait connaître que le 28, au plus tôt. C'est ce qui fut entendu.

Bidault s'était, entre temps, rendu au Kremlin pour mettre au point avec nos partenaires le texte définitif du pacte. Celui-ci m'étant présenté, je l'approuvai intégralement. Était spécifié l'engagement des deux parties de poursuivre la guerre jusqu'à la victoire complète, de ne pas conclure de paix séparée avec l'Allemagne et, ultérieurement, de prendre en commun toutes mesures destinées à s'opposer à une nouvelle menace allemande. Était mentionnée la participation des deux pays à l'organisation des Nations Unies. Le traité serait valable pour une durée de vingt ans.

On me rapporta que les tractations ultimes s'étaient déroulées, au Kremlin, dans une pièce voisine de celles où continuaient d'aller et venir les invités de la soirée. Au cours de ces heures difficiles, Staline se tenait constamment au courant de la négociation et l'arbitrait, à mesure, du côté russe. Mais cela ne l'empêchait pas de parcourir les salons pour causer et trinquer avec l'un ou avec l'autre. En particulier, le colonel Pouyade, commandant le régiment « Normandie », fut l'objet de ses prévenances. Finalement, on vint m'annoncer que tout était prêt pour la signature du pacte. Celle-ci aurait lieu dans le bureau de M. Molotov. Je m'y rendis à 4 heures du matin.

La cérémonie revêtit une certaine solennité. Des photographes russes opéraient, muets et sans exigences. Les deux ministres des Affaires étrangères, entourés des deux délégations, signèrent les exemplaires rédigés en français et en russe. Staline et moi nous tenions derrière eux. « De cette façon, lui dis-je, voilà le traité ratifié. Sur ce point, je le suppose, votre inquiétude est dissipée. » Puis, nous nous serrâmes la main. « Il faut fêter cela ! » déclara le maréchal. En un instant, des tables furent dressées et l'on se mit à souper.

Staline se montra beau joueur. D'une voix douce, il me fit son compliment : « Vous avez tenu bon. A la bonne heure ! J'aime avoir affaire à quelqu'un qui sache ce qu'il veut, même s'il n'entre pas dans mes vues. » Par contraste avec la scène virulente qu'il avait jouée quelques heures auparavant en portant des toasts à ses collaborateurs, il parlait de tout, à présent, d'une façon détachée, comme s'il considérait les autres, la guerre, l'Histoire, et se regardait lui-même, du haut d'une cime de sérénité. « Après tout, disait-il, il n'y a que la mort qui gagne. » Il plaignait Hitler, « pauvre homme qui ne s'en tirera pas. » A mon invite : « Viendriez-vous nous voir à Paris ? » il répondit : « Comment le faire ? Je suis vieux. Je mourrai bientôt. »

Il leva son verre en l'honneur de la France, « qui avait maintenant des chefs résolus, intraitables, et qu'il souhaitait grande et puissante parce qu'il fallait à la Russie un allié grand et puissant. » Enfin, il but à la Pologne, bien qu'il n'y eût aucun Polonais présent et comme s'il tenait à me prendre à témoin de ses intentions. « Les tsars, dit-il, faisaient une mauvaise politique en voulant dominer les autres peuples slaves. Nous avons, nous, une politique nouvelle. Que les Slaves soient, partout, indépendants et libres ! C'est ainsi qu'ils seront nos amis. Vive la Pologne, forte, indépendante, démocratique ! Vive l'amitié de la France; de la Pologne et de la Russie ! » Il me regardait : « Qu'en pense M. de Gaulle ? » En écoutant Staline, je mesurais l'abîme qui, pour le monde soviétique, sépare les paroles et les actes. Je ripostai : « Je suis d'accord avec ce que M. Staline a dit de la Pologne », et soulignai : « Oui, d'accord avec ce qu'il a dit. »

Les adieux prirent, de son fait, une allure d'effusion. « Comptez sur moi ! » déclara-t-il. « Si vous, si la France, avez besoin de nous, nous partagerons avec vous jusqu'à notre dernière soupe. » Soudain, avisant près de lui Podzerov, l'interprète russe qui avait assisté à tous les entretiens et traduit tous les propos, le maréchal lui dit, l'air sombre, la voix dure : « Tu en sais trop long, toi ! J'ai bien envie de t'envoyer en Sibérie. » Avec les miens, je quittai la pièce. Me retournant sur le seuil, j'aperçus Staline assis, seul, à table. Il s'était remis à manger.

Notre départ de Moscou eut lieu ce même matin. Le retour se fit, comme l'aller, par Téhéran. En route, je me demandais comment l'opinion française accueillerait le pacte du Kremlin, étant donné les avatars subis depuis trente ans par l'alliance franco-russe et les batailles de propagande qui, par le fait du communisme, avaient longuement faussé le problème. A notre passage au Caire, j'eus une première indication. L'ambassadeur Lescuyer m'y présenta la colonie française, rassemblée cette fois tout entière dans l'enthousiasme alors qu'à l'occasion de mes précédents séjours, en 1941 et en 1942, elle se trouvait divisée. On vérifiait, là comme ailleurs, que de toutes les influences la plus forte est celle du succès.

L'étape de Tunis fut marquée par une imposante réception, que le Bey tint à m'offrir au palais du Bardo. Aux côtés de ce sage souverain, en contact avec des Tunisiens de qualité, dans cette résidence remplie des souvenirs de l'Histoire, je voyais se révéler les éléments nécessaires au fonctionnement d'un État. Celui-ci, préparé par notre protectorat, semblait pouvoir bientôt voler de ses propres ailes moyennant le concours de la France. Le 16 décembre, nous étions à Paris.

On s'y montrait très satisfait de la signature du pacte. Le public voyait dans l'affaire un signe de notre rentrée dans le concert des grands États. Les milieux politiques l'appréciaient comme un anneau rassurant de la chaîne qui liait les Nations Unies. Certains professionnels — ou maniaques — des combinaisons chuchotaient que le traité avait dû être accompagné d'un arrangement au sujet du parti communiste français, de sa modération dans la lutte politique et sociale et de sa participation au redressement du pays. En somme, pour des raisons diverses, les jugements portés sur l'accord de Moscou étaient partout favorables. L'Assemblée consultative, elle aussi, exprima très hautement son approbation. Bidault ouvrit le débat, le 21 décembre, par l'exposé des stipulations que comportait effectivement le pacte. Je le clôturai en montrant « ce qu'avait été, ce qu'était, ce que serait la philosophie de l'alliance franco-russe que nous venions de conclure. »

Cependant, l'euphorie générale ne détournait pas mon esprit de ce que les entretiens de Moscou m'avaient fait prévoir de fâcheux. Il fallait s'attendre à ce que la Russie, l'Amérique et l'Angleterre concluent entre elles un marché où les droits de la France, la liberté des peuples, l'équilibre de l'Europe, risquaient fort d'avoir à souffrir.

En effet, dès le début de janvier, sans qu'aucune communication diplomatique nous ait été faite, la presse anglo-saxonne annonça qu'une conférence réunirait incessamment MM. Roosevelt, Staline et Churchill. Ces « Trois » décideraient de ce qu'on ferait en Allemagne quand le Reich se serait « rendu sans conditions. » Ils arrêteraient leur conduite à l'égard des peuples de l'Europe centrale et balkanique. Ils prépareraient, enfin, la convocation d'une assemblée en vue d'organiser les Nations Unies.

Qu'on s'abstînt de nous inviter me désobligeait, sans nul doute, mais ne m'étonnait aucunement. Quels qu'aient été les progrès accomplis dans la voie qui conduirait la France jusqu'à sa place, je savais trop d'où nous étions partis pour nous croire déjà arrivés. D'ailleurs, l'exclusion dont nous étions l'objet devait, suivant toutes vraisemblances, entraîner une démonstration qui serait à notre avantage. Car les choses avaient assez mûri pour qu'on ne pût nous tenir à l'écart de ce qui allait être fait. Quoi que MM. Roosevelt, Staline et Churchill pussent décider à propos de l'Allemagne et de l'Italie, ils seraient, pour l'appliquer, amenés à demander l'accord du général de Gaulle. Quant à la Vistule, au Danube, aux Balkans, l'Amérique et l'Angleterre les abandonneraient sans doute à la discrétion des Soviets. Mais, alors, le monde constaterait qu'il y avait corrélation entre l'absence de la France et le nouveau déchirement de l'Europe. Enfin, jugeant le moment venu de marquer que la France n'admettait pas la façon dont elle était traitée, je voulais saisir, pour le faire, cette exceptionnelle occasion.

A vrai dire, parmi les « Trois », un seul s'opposait à notre présence. Pour nous le faire comprendre, Britanniques et Russes recoururent aussitôt aux informateurs officieux. Je ne croyais évidemment pas que le maréchal Staline, qui connaissait ma position à l'égard de la Pologne, et M. Churchill, qui comptait bien obtenir de ses partenaires carte blanche en Orient, eussent beaucoup insisté pour que de Gaulle fût à leurs côtés. Mais je ne pouvais douter que le refus explicite vînt du président Roosevelt. Lui-même, d'ailleurs, crut devoir s'en expliquer. Il délégua à Paris dans ce but, à titre d' « envoyé spécial », son premier conseiller et ami intime Harry Hopkins.

Celui-ci arriva quelques jours avant que s'ouvrît la conférence de Yalta. Je le reçus le 27 janvier. Hopkins, accompagné de l'ambassadeur Caffery, avait pour mission de « faire passer la pilule ». Mais, comme il était un esprit élevé et un homme habile, il prit l'affaire par le haut et demanda d'aborder la question fondamentale des relations franco-américaines. C'était ainsi, effectivement, que les choses pouvaient être éclairées. Hopkins s'exprima avec une grande franchise. « Il y a, dit-il, un malaise entre Paris et Washington. Or, la guerre approche de son terme. L'avenir du monde dépendra dans une certaine mesure de l'action concertée des États-Unis et de la France. Comment faire sortir leurs rapports de l'impasse où ils sont engagés? »

Je demandai à Hopkins quelle était, du fait de l'Amérique, la cause de l'état fâcheux des relations entre les deux pays. « Cette cause, me répondit-il, c'est avant tout la déception stupéfaite que nous a infligée la France quand nous la vîmes, en 1940, s'effondrer dans le désastre, puis dans la capitulation. L'idée que, de tous temps, nous nous étions faite de sa valeur et de son énergie fut bouleversée en un instant. Ajoutez à cela que ceux des grands chefs politiques ou militaires français à qui nous fîmes tour à tour confiance, parce qu'ils nous semblaient symboliques de cette France en laquelle nous avions cru, ne se sont pas montrés, — c'est le moins qu'on puisse dire, — à la hauteur de nos espoirs. Ne cherchez pas ailleurs la raison profonde de l'attitude que nous avons adoptée à l'égard de votre pays. Jugeant que la France n'était plus ce qu'elle avait été, nous ne pouvions avoir foi en elle pour tenir un des grands rôles. »

« Il est vrai que vous-même, général de Gaulle, êtes apparu ; qu'une résistance française s'est formée autour de vous ; que des forces françaises sont retournées au combat ; qu'aujourd'hui la France entière vous acclame et reconnaît votre gouvernement. Comme nous n'avions d'abord aucun motif de croire en ce prodige, comme ensuite vous êtes devenu la preuve vivante de notre erreur, comme vous-même enfin ne nous ménagiez pas, nous ne vous avons pas favorisé jusqu'à présent. Mais nous rendons justice à ce que vous avez accompli et nous nous félicitons de voir la France reparaître. Comment pourrions-nous, cependant, oublier ce que, de son fait, nous avons vécu? D'autre part, connaissant l'inconstance politique qui la ronge, quelles raisons aurions-nous de penser que le général de Gaulle sera en mesure de la conduire longtemps? Ne sommes-nous donc pas justifiés à user de circonspection quant à ce que nous attendons d'elle pour porter avec nous le poids de la paix de demain? »

En écoutant Harry Hopkins, je croyais entendre, de nouveau, ce que le président Roosevelt m'avait dit de la France, à Washington, six mois plus tôt. Mais, alors, la libération n'avait pas encore eu lieu. Moi-même et mon gouvernement siégions en Algérie. Il restait aux Américains quelques prétextes pour mettre en doute l'état d'esprit de la Métropole française. A présent, tout était éclairci. On savait que notre peuple voulait prendre part à la victoire. On mesurait ce que valait son armée renaissante. On me voyait installé à Paris et entouré par la ferveur nationale. Mais les États-Unis en étaient-ils plus convaincus que la France fût capable de redevenir une grande puissance? Voulaient-ils l'y aider vraiment? Voilà les questions qui, du point de vue français, commandaient le présent et l'avenir de nos relations avec eux.

Je le déclarai à l'envoyé spécial du Président. « Vous m'avez précisé pourquoi, de votre fait, nos rapports se trouvent altérés. Je vais vous indiquer ce qui, de notre part, contribue au même résultat. Passons sur les frictions épisodiques et secondaires qui tiennent aux conditions anormales dans lesquelles fonctionne notre alliance. Pour nous, voici l'essentiel : dans les périls mortels que nous, Français, traversons depuis le début du siècle, les États-Unis ne nous donnent pas l'impression qu'ils tiennent leur destin comme lié à celui de la France, qu'ils la veuillent grande et forte, qu'ils fassent ce qu'ils pourraient faire pour l'aider à le rester ou à le redevenir. Peut-être, en effet, n'en valons-nous pas la peine. Dans ce cas, vous avez raison. Mais peut-être nous redresserons-nous. Alors, vous aurez eu tort. De toute façon, votre comportement tend à nous éloigner de vous. »

Je rappelai que le malheur de 1940 était l'aboutissement des épreuves excessives que les Français avaient subies. Or, pendant la première guerre mondiale, les États-Unis n'étaient intervenus qu'après trois années de lutte où nous nous étions épuisés à repousser l'agression allemande. Encore entraient-ils en ligne pour le seul motif des entraves apportées à leur commerce par les sous-marins allemands et après avoir été tentés de faire admettre une paix de compromis où la France n'eût même pas recouvré l'Alsace et la Lorraine. Le Reich une fois vaincu, on avait vu les Américains refuser à la France les garanties de sécurité qu'ils lui avaient formellement promises, exercer sur elle une pression obstinée pour qu'elle renonce aux gages qu'elle détenait et aux réparations qui lui étaient dues, enfin fournir à l'Allemagne toute l'aide nécessaire au redressement de sa puissance. « Le résultat, dis-je, ce fut Hitler. »

J'évoquai l'immobilité qu'avaient observée les États-Unis quand le IIIe Reich entreprit de dominer l'Europe ; la neutralité où ils s'étaient cantonnés tandis que la France subissait le désastre de 1940 ; la fin de non-recevoir opposée par Franklin Roosevelt à l'appel de Paul Reynaud alors qu'il eût suffi d'une simple promesse de secours, fût-elle secrète et à échéance, pour décider nos pouvoirs publics à continuer la guerre ; le soutien longtemps accordé par Washington aux chefs français qui avaient souscrit à la capitulation et les rebuffades prodiguées à ceux qui poursuivaient le combat. « Il est vrai, ajoutai-je, que vous vous êtes trouvés contraints d'entrer dans la lutte, lorsque à Pearl Harbour les Japonais, alliés des Allemands, eurent envoyé vos navires par le fond. L'effort colossal que vous fournissez, depuis lors, est en train d'assurer la victoire. Soyez assurés que la France le reconnaît hautement. Elle n'oubliera jamais que, sans vous, sa libération n'eût pas été possible. Cependant, tandis qu'elle se relève, il ne peut lui échapper que l'Amérique ne compte sur elle qu'accessoirement. A preuve, le fait que Washington ne fournit d'armement à l'armée française que dans une mesure restreinte. A preuve, aussi, ce que vous-même venez de me dire. »

— « Vous avez, » observa M. Harry Hopkins, « expliqué le passé d'une manière incisive mais exacte. Maintenant, l'Amérique et la France se trouvent devant l'avenir. Encore une fois, comment faire pour que, désormais, elles agissent d'accord et en pleine confiance réciproque? »

— « Si telle est, répondis-je, l'intention des États-Unis, je ne puis comprendre qu'ils entreprennent de régler le sort de l'Europe en l'absence de la France. Je le comprends d'autant moins, qu'après avoir affecté de l'ignorer dans les discussions imminentes des « Trois », il leur faudra se tourner vers Paris pour demander son agrément à ce qu'on aura décidé. »

MM. Hopkins et Caffery en convinrent. Ils déclarèrent que leur gouvernement attachait, dès à présent, la plus haute importance à la participation de la France à la « Commission européenne » de Londres, sur le même pied que l'Amérique, la Russie et la Grande-Bretagne. Ils ajoutèrent même, qu'en ce qui concernait le Rhin, les États-Unis étaient plus disposés que nos deux autres grands alliés à régler la question comme nous le souhaitions. Sur ce dernier point, j'observai que la question du Rhin ne serait pas réglée par l'Amérique, non plus que par la Russie ou par la Grande-Bretagne. La solution, s'il y en avait une, ne pourrait être trouvée un jour que par la France ou par l'Allemagne. Toutes deux l'avaient longtemps cherchée l'une contre l'autre. Demain, elles la découvriraient, peut-être, en s'associant.

Pour conclure l'entretien, je dis aux deux ambassadeurs : « Vous êtes venus, de la part du président des États-Unis, afin d'éclaircir avec moi le fond des choses au sujet de nos relations. Je crois que nous l'avons fait. Les Français ont l'impression que vous ne considérez plus la grandeur de la France comme nécessaire au monde et à vous-mêmes. De là le souffle froid que vous sentez à notre abord et jusque dans ce bureau. Si vous avez le désir que les rapports de l'Amérique et de la France s'établissent sur des bases différentes, c'est à vous de faire ce qu'il faut. En attendant que vous choisissiez, j'adresse au Président Roosevelt le salut de mon amitié à la veille de la conférence où il se rend en Europe. »

Tandis que les « Trois » se trouvaient ensemble à Yalta,

je crus devoir rappeler publiquement la France à leur attention, si tant est qu'ils l'eussent oubliée. Le 5 février, parlant à la radio, je formulai cet avertissement : « Quant au règlement de la paix future, nous avons fait connaître à nos alliés que la France ne serait, bien entendu, engagée par absolument rien qu'elle n'aurait été à même de discuter et d'approuver au même titre que les autres... Je précise que la présence de la force française d'un bout à l'autre du Rhin, la séparation des territoires de la rive gauche du fleuve et du bassin de la Ruhr de ce que sera l'État allemand, l'indépendance des nations polonaise, tchécoslovaque, autrichienne et balkaniques, sont des conditions que la France juge essentielles... Nous ne sommes pas inquiets, d'ailleurs, quant à la possibilité que nous aurons de réaliser certaines d'entre elles, puisque nous sommes 100 millions d'hommes, bien rassemblés sous le drapeau français, à proximité immédiate de ce qui nous intéresse le plus directement. »

Le 12 février, les « Trois », en se séparant, publièrent un communiqué qui proclamait les principes sur lesquels ils s'étaient mis d'accord. Il y était déclaré que la guerre serait poursuivie jusqu'à ce que le Reich ait capitulé sans conditions ; que les trois grandes puissances occuperaient son territoire, chacune dans une région différente ; que l'administration et le contrôle de l'Allemagne seraient exercés par une commission militaire formée des commandants en chef et siégeant à Berlin. Mais, aux termes du communiqué, la France était invitée à se joindre à l'Amérique, à l'Angleterre et à la Russie, à occuper elle aussi une zone du territoire allemand et à être le quatrième membre du gouvernement de l'Allemagne. D'autre part, le communiqué affirmait la volonté des « Trois » de dissoudre toutes les forces allemandes, de détruire à jamais l'état-major allemand, de châtier les criminels de guerre, enfin de faire payer à l'Allemagne, dans toute la mesure du possible, la réparation des dommages qu'elle avait causés.

Pour maintenir dans le monde la paix et la sécurité, une « Organisation générale internationale », devait être créée. A cet effet, une conférence de tous les États signataires de la Charte de l'Atlantique serait convoquée à San Francisco, le 25 avril, et prendrait pour bases de l' « Organisation » celles qu'avait définies la conférence de Dumbarton Oaks. Bien que la France n'eût pas pris part à cette dernière conférence, il était spécifié qu'elle allait être aussitôt consultée par les trois « grands » afin d'arrêter avec eux les dispositions définitives, ce qui signifiait évidemment qu'elle siégerait comme eux au « Conseil de sécurité ».

Le communiqué comportait également une « Déclaration sur l'Europe libérée ». Il s'agissait, en fait, de la Hongrie, de la Roumanie et de la Bulgarie qui avaient marché avec l'Allemagne et se trouvaient, maintenant, occupées par la Russie. A leur sujet, la Déclaration proclamait le droit des peuples à disposer d'eux-mêmes, le rétablissement de la démocratie, la liberté des élections d'où procéderaient les gouvernements, mais restait dans le vague quant aux mesures pratiques qui devraient être appliquées, ce qui revenait à laisser les occupants soviétiques s'y prendre comme ils l'entendaient. Les trois grandes puissances exprimaient leur espoir que « le gouvernement de la République française voudrait bien s'associer à elles pour la procédure proposée. »

Les « Trois » faisaient connaître, enfin, qu'ils s'étaient « accordés » sur la question polonaise. Ils décidaient que la Pologne serait limitée, à l'Est, par la ligne Curzon et recevrait, au Nord et à l'Ouest, « un substantiel accroissement de territoire. » Quant au régime politique, il n'était fait aucune allusion à des élections libres. Un gouvernement, qu'on dénommait « d'unité nationale », devrait être formé « à partir du gouvernement provisoire fonctionnant déjà dans le pays », c'est-à-dire le Comité polonais de la libération, dit « de Lublin ». Sans doute était-il indiqué que celui-ci aurait à s'élargir « en incluant les chefs démocratiques résidant en Pologne et à l'étranger. » Mais, comme il n'était pas question du gouvernement siégeant à Londres, que la composition des pouvoirs publics restait dans une imprécision complète, qu'aucun contrôle n'était prévu de la part des Occidentaux, on ne pouvait avoir de doute sur le genre de gouvernement que recevrait la Pologne. On n'en pouvait avoir davantage au sujet de l'autorité qui s'exercerait en Yougoslavie. Bien qu'à propos de ce pays le communiqué des « Trois » invoquât la ratification par une future « Assemblée nationale », en fait la dictature de Tito se trouvait reconnue sans conditions. Ainsi était accordé à Staline tout ce qu'il réclamait pour Varsovie et pour Belgrade. A cela et à cela seulement, la France n'était pas — et pour cause ! — invitée à contribuer.

Au cours de la même journée où les chefs des gouvernements américain, britannique et russe publiaient leur communiqué, l'ambassadeur Jefferson Caffery me transmit, de leur part, deux « communications ». La première était l'invitation formelle adressée à la France de se joindre aux trois alliés pour ce qui concernait l'Allemagne. La seconde, imputant aux « circonstances » le fait que la France n'avait pas eu à discuter les termes de la « Déclaration relative à l'Europe libérée », exprimait l'espoir que le gouvernement français accepterait, néanmoins, d'assumer en commun avec les trois autres les obligations éventuelles que comportait cette déclaration. En même temps, M. Caffery me remettait un mémorandum que le président des États-Unis m'adressait au nom des « Trois ». Le Président demandait à la France d'être, avec l'Amérique, la Grande-Bretagne, la Russie et la Chine, « puissance invitante » à la prochaine conférence des Nations Unies et de prendre part aux consultations que les gouvernements de Washington, Londres, Moscou et Tchoung-King allaient engager entre eux pour mettre au point les bases d'organisation établies à Dumbarton Oaks.

En somme, s'il demeurait, à nos yeux, inadmissible que nos trois alliés eussent tenu sans nous leur conférence de Crimée, par contre, les démarches qu'ils faisaient, à présent, auprès de nous n'étaient nullement désobligeantes. Certes, plusieurs de leurs conclusions pouvaient nous paraître fâcheuses et les propositions dont ils nous saisissaient devaient être étudiées avec soin avant que nous y donnions suite. Mais, sur certains points essentiels, leurs communications comportaient pour nous d'importantes satisfactions. C'est ainsi que j'en jugeai en prenant, le 12 février, connaissance des documents apportés par M. Caffery.

Mais, au cours de l'après-midi, l'ambassadeur me redemanda audience. Il m'apportait un message personnel du président Roosevelt. Celui-ci me faisait connaître son désir de me rencontrer. Lui-même fixait le lieu de notre entrevue. Ce serait Alger. Si j'acceptais de m'y rendre, il fixerait aussi la date.

L'invitation de Roosevelt me parut intempestive. A M. Harry Hopkins, qui l'avait donné à prévoir lors de son passage à Paris, Georges Bidault avait fait entendre qu'il vaudrait mieux ne pas l'adresser. Aller voir le Président au lendemain d'une conférence où il s'était opposé à ma présence ne me convenait vraiment pas. D'autant moins que ma visite ne présenterait, pratiquement, aucun avantage, puisque les décisions de Yalta étaient prises, mais qu'elle pourrait, au contraire, donner à croire que j'entérinais tout ce qu'on y avait réglé. Or, nous n'approuvions pas le sort arbitrairement imposé, non seulement à la Hongrie, à la Roumanie, à la Bulgarie, qui s'étaient jointes à l'Allemagne, mais aussi à la Pologne et à la Yougoslavie qui étaient nos alliées. Encore soupçonnais-je que, sur certaines questions : Syrie, Liban, Indochine, intéressant directement la France, les « Trois » avaient conclu entre eux quelque arrangement incompatible avec nos intérêts. Si c'était pour le bon motif que Roosevelt souhaitait voir de Gaulle, que ne l'avait-il laissé venir en Crimée?

Et puis, à quel titre le Président américain invitait-il le Président français à lui faire visite en France? Je l'avais, moi, convié dans les premiers jours de novembre à venir me voir à Paris. Bien qu'il ne s'y fût pas rendu, il ne tenait qu'à lui de le faire ou de me demander de choisir un autre endroit. Mais comment accepterais-je d'être convoqué en un point du territoire national par un chef d'État étranger? Il est vrai que, pour Franklin Roosevelt, Alger, peut-être, n'était pas la France. Raison de plus pour le lui rappeler. Au surplus, le Président commençait son voyage de retour par les États arabes d'Orient. A bord de son cuirassé mouillé dans leurs eaux, il appelait leurs rois et chefs d'État, y compris les présidents des Républiques syrienne et libanaise placées sous le mandat français. Ce qu'il offrait au général de Gaulle, c'était de le recevoir sur le même navire et dans les mêmes conditions. Je trouvai la chose exagérée, quel que fût le rapport actuel des forces. La souveraineté, la dignité, d'une grande nation doivent être intangibles. J'étais en charge de celles de la France.

Après avoir pris l'avis des ministres, je priai, le 13 février, M. Jefferson Caffery de faire savoir de ma part au président des États-Unis « qu'il m'était impossible de me rendre à Alger en ce moment et à l'improviste et que, par conséquent, je ne pourrais, à mon grand regret, l'y recevoir ; que le gouvernement français l'avait invité, en novembre, à se rendre à Paris et beaucoup regretté qu'il n'ait pu s'y rendre alors, mais que nous serions heureux de l'accueillir dans la capitale, s'il voulait y venir à n'importe quelle date ; que, s'il souhaitait, au cours de son voyage, faire, néanmoins, escale à Alger, il ait l'obligeance de nous en prévenir, afin que nous adressions au gouverneur-général de l'Algérie les instructions nécessaires pour que tout y soit fait suivant ses désirs. »

Cet incident souleva dans l'opinion mondiale une émotion

considérable. J'aurais, pour ma part, préféré qu'on s'abstînt de le gonfler. Mais les journaux américains, évidemment orientés, s'appliquèrent à présenter l'affaire comme un camouflet que le général de Gaulle avait délibérément infligé au Président. Celui-ci ne crut pas, d'ailleurs, devoir cacher sa déconvenue. A son retour à Washington, il publia, au sujet de la rencontre manquée, un communiqué où perçait l'acrimonie. Dans le discours qu'il prononça, le 3 mars, devant le Congrès, pour exposer les résultats de la conférence de Yalta, il fit une allusion transparente à de Gaulle, en évoquant telle « prima donna » à qui son caprice de vedette avait fait manquer un utile rendez-vous. De mon côté, je me bornai à remettre à la presse une note exposant les faits.

Les propos amers de Roosevelt pouvaient, certes, m'offenser. Mais j'étais persuadé qu'ils manifestaient sa mauvaise humeur plutôt que le sentiment profond qui l'animait à mon égard. S'il avait vécu davantage et qu'une fois la guerre gagnée nous eussions trouvé l'occasion de nous expliquer à loisir, je crois qu'il eût compris et apprécié les raisons qui me guidaient dans mon action à la tête de la France. Quant à moi, il n'est point d'incidents qui aient pu m'amener à méconnaître ni l'envergure de son esprit, ni ses mérites, ni son courage. Quand la mort vint, le 12 avril, l'arracher à sa tâche gigantesque, au moment même où il allait en voir le terme victorieux, c'est d'un cœur sincère que je portai vers sa mémoire mon regret et mon admiration.

En France, pourtant, la plupart des éléments organisés pour se faire entendre ne manquèrent pas de désapprouver la façon dont j'avais accueilli l' « invitation » à me rendre à Alger. Nombre de « politiques », faisant profession de voir en Roosevelt l'infaillible champion de la démocratie et vivant dans un univers passablement éloigné des motifs d'intérêt supérieur et de dignité nationale auxquels j'avais obéi, s'offusquaient de mon attitude. Les communistes la condamnaient parce qu'elle marquait ma réserve vis-à-vis des concessions excessives faites aux Soviets par le Président. Beaucoup de gens d'affaires s'inquiétaient de mon geste qui dérangeait leurs perspectives de concours américain. Les notables étaient portés, en général, à donner raison à l'étranger, pourvu qu'il fût riche et fort, et à blâmer, du côté français, ce qui pouvait sembler résolu. Au reste et en dépit des précautions de forme, toutes ces catégories commençaient à s'écarter de moi, à mesure qu'elles voyaient se dessiner au loin le retour aux jeux savoureux des illusions et du dénigrement.

Il me fallait donc constater que l'idée que je me faisais du rang et des droits de la France n'était guère partagée par beaucoup de ceux qui agissaient sur l'opinion. Pour soutenir ma politique, celle de l'ambition nationale, je devrais de moins en moins compter sur les voix, les plumes, les influences. J'avoue avoir ressenti profondément ce début de dissentiment, qui, demain, à mesure des peines, compromettrait mon effort.

Mais ce qui était acquis l'était bien. Au dehors aucune opposition, au dedans aucune discordance, ne pourraient, dorénavant, empêcher que la France reprît son rang. Après tout, la conférence de Yalta venait elle-même de le démontrer. Puisqu'on nous demandait de devenir, tout de suite, un des membres de l'aréopage formé par les grands États pour régler le sort des ennemis et pour organiser la paix, c'est qu'on nous considérait comme une des principales puissances belligérantes et, bientôt, victorieuses. Sur le plan de la politique mondiale, rien ne subsisterait bientôt plus de la situation de nation vaincue où la France avait paru tomber, ni de la légitimité de Vichy qu'on avait affecté d'admettre. Le succès de l'entreprise engagée le 18 juin 1940 se trouvait assuré dans l'ordre international, tout comme il l'était aussi dans le domaine des armes et dans l'âme du peuple français. Le but allait être atteint, parce que l'action s'était inspirée d'une France qui resterait la France pour ses enfants et pour le monde. Or, en dépit des malheurs subis et des renoncements affichés, c'est cela qui était vrai. Il n'y a de réussite qu'à partir de la vérité.

L'ORDRE

S'il n'est de style, suivant Buffon, que par l'ordre et le mouvement, c'est aussi vrai de la politique. Le vent du changement souffle en rafales sur la France libérée. Mais la règle doit s'y imposer, sous peine que rien ne vaille rien. Or, si graves sont les blessures subies par notre pays, si pénibles les conditions de vie dans lesquelles le maintiennent les destructions et la guerre, si grand le bouleversement de ce qui était établi : État, hiérarchies, familles, traditions, qu'il est plongé dans une crise à la fois diffuse et générale. La joie de la libération a pu momentanément dissimuler aux Français le véritable état des choses. A présent, les réalités n'en paraissent que plus amères. Pour moi, quand je regarde au loin, j'aperçois bien l'azur du ciel. Mais, de près, voyant bouillir d'affreux éléments de trouble dans le creuset des affaires publiques, je me fais l'effet de Macbeth devant la marmite des sorcières.

D'abord, il manque ce qu'il faudrait pour satisfaire les besoins de l'existence des Français. Douze cents calories par jour, c'est tout ce que les rations officielles accordent à l'alimentation de chacun. Quant à se procurer les compléments indispensables, on ne peut y parvenir qu'en allant au marché noir, ce qui est ruineux et démoralisant. Comme il n'y a pas de laine, pas de coton et guère de cuir, beaucoup s'habillent de vêtements élimés et vont sur des semelles de bois. Dans les villes, point de chauffage ! Car, le peu de charbon qui sort des mines est réservé aux armées, aux chemins de fer, aux centrales, aux industries de base, aux hôpitaux. Rien n'en arrive jusqu'aux particuliers. Or, il se trouve que cet hiver-là est l'un des plus rudes qu'on ait connus. A la maison, à l'atelier, au bureau, à l'école, tout le monde grelotte. Sauf une heure de temps en temps, le gaz n'a pas de pression, l'électricité est coupée. Comme les trains sont rares, que les cars ont disparu, que l'essence est introuvable, les citadins prolongent leur journée de travail par des heures de marche ou, au mieux, de bicyclette, tandis que les campagnards ne quittent pas les villages. La reprise de la vie normale est, de surcroît, entravée par l'absence de 4 millions de jeunes hommes : mobilisés, prisonniers, déportés, requis en Allemagne, et par le déracinement d'un quart de la population : sinistrés ou réfugiés qui campent dans des ruines ou des baraques.

De tant de gêne et de privations, bien des Français s'étonnent et s'irritent, d'autant plus qu'ils avaient supposé en être, comme par enchantement, débarrassés à la libération. Cependant, le moment est proche où ces mécontentements commenceront à s'atténuer. Il est acquis que les hostilités se termineront dans quelques mois, que les importations reprendront aussitôt après, que les hommes détenus en Allemagne et bon nombre de mobilisés retourneront au travail, que les communications seront peu à peu rétablies, que la production se développera de nouveau. Certes, il faudra des années avant qu'on puisse en revenir aux conditions d'existence de naguère. Malgré tout, on aperçoit la sortie du tunnel. Par rapport à ce qu'on vient de vivre, les épreuves qui restent à subir ne seront plus, par elles-mêmes, assez dures ni assez prolongées pour mettre l'avenir en question. Mais, ce qui rend la situation grave, c'est qu'elles s'ajoutent au profond ébranlement social, moral et politique, où se trouve plongé le pays.

Cette crise nationale occupe ma vie de tous les jours. Non que je me laisse absorber par les difficultés de détail, les avis, les doléances, les critiques, qui affluent de toutes parts. Tout en ressentant, autant que personne, les épreuves quotidiennes de la population, tout en tenant les services en haleine, je sais que les problèmes sont actuellement insolubles. Mais, si le présent se traîne dans les séquelles du malheur, l'avenir est à bâtir. Il y faut une politique. J'en ai une, dont je tâche qu'elle soit à la dimension du sujet. Renouveler les conditions sociales, afin que le travail reprenne et qu'échoue la subversion. Tout préparer pour qu'au moment voulu le peuple reçoive la parole, sans permettre que, jusque-là, rien n'entame mon autorité. Assurer l'action de la justice, de telle sorte que les fautes commises soient sanctionnées rapidement, que la répression échappe aux partisans, qu'une fois les jugements rendus rien n'empêche la réconciliation. Remettre la presse en liberté, en liquidant, toutefois, les organes qui ont servi l'ennemi. Ramener le pays vers l'équilibre économique et financier, en suscitant son activité et en lui épargnant d'excessives secousses. Gouverner à coups d'initiatives, de risques, d'inconvénients. Voilà ce que je veux faire.

A mes yeux, il est clair que l'enjeu du conflit c'est, non seulement le sort des nations et des États, mais aussi la condition humaine. Il n'y a là, d'ailleurs, rien que de très naturel. Toujours, la guerre, sous son aspect technique, est un mouvement des sociétés. Les passions qui l'animent et les prétextes qu'elle invoque ne manquent jamais d'enrober une querelle concernant la destinée matérielle ou spirituelle des hommes. Les victoires d'Alexandre étaient celles d'une civilisation. C'est le désir tremblant du barbare qui fit crouler l'Empire de Rome. Point d'invasions arabes sans le Coran. Point de croisades sans l'Évangile. L'Europe de l'Ancien Régime se dressa contre la France, quand l'Assemblée proclama : « Les hommes naissent libres et égaux en droit. »

Comme tout le monde, je constate que, de nos jours, le machinisme domine l'univers. De là s'élève le grand débat du siècle : la classe ouvrière sera-t-elle victime ou bénéficiaire du progrès mécanique en cours? De là sont sortis, hier, les vastes mouvements : socialisme, communisme, fascisme, qui s'emparèrent de plusieurs grands peuples et divisèrent tous les autres. De là vient, qu'en ce moment, les étendards des idéologies adverses : libérale, marxiste, hitlérienne, flottent dans le ciel des batailles et que tant d'hommes et tant de femmes, emportés par le cataclysme, sont hantés par la pensée de ce qu'il adviendra d'eux-mêmes et de leurs enfants. De là résulte cette évidence que le flot de passions, d'espoirs, de douleurs, répandus sur les belligérants, l'immense brassage humain auquel ils se trouvent soumis, l'effort requis par la reconstruction, placent la question sociale au premier rang de toutes celles qu'ont à résoudre les pouvoirs publics. Je suis sûr que, sans des changements profonds et rapides dans ce domaine, il n'y aura pas d'ordre qui tienne.

Combien est-ce vrai pour la France! La guerre l'avait saisie en pleine lutte des classes, celle-ci d'autant plus vive que notre économie, gravement retardataire, répugnait aux changements et que le régime politique, dépourvu de vigueur et de foi, ne pouvait les imposer. Sans doute, à cette stagnation y avait-il des causes de force majeure. Contrairement à d'autres, nous n'avions pas la fortune de posséder en abondance le charbon et le pétrole qui nourrissent la grande industrie. Avant la première guerre mondiale, la paix armée nous contraignait à consacrer aux forces militaires une large part de nos ressources. Ensuite, faute d'avoir obtenu le règlement des réparations, nous avions été accablés par le fardeau de la reconstruction. Enfin, devant la menace allemande réapparue, il nous avait fallu reprendre l'effort d'armement. Dans de pareilles conditions, les investissements productifs restaient trop souvent négligés, les outillages ne se transformaient guère, les richesses demeuraient étales, tandis que les budgets publics se bouclaient péniblement et que fondait la monnaie. Tant de retards et d'embarras, joints aux routines et aux égoïsmes, disposaient mal l'économie et, avec elle, les pouvoirs à entreprendre les réformes qui eussent donné leur part aux travailleurs. Il est vrai qu'en 1936 la pression populaire imposait quelques concessions. Mais l'élan s'enlisait vite dans la vase parlementaire. Quand la France aborda la guerre, un lourd malaise social tenait son peuple divisé.

Pendant le drame, sous le faix du malheur, un grand travail s'était opéré dans les esprits. Le désastre de 1940 apparaissait à beaucoup comme la faillite, dans tous les domaines, du système et du monde dirigeants. On était donc porté à vouloir les remplacer par d'autres. D'autant plus que la collaboration d'une partie des milieux d'affaires avec les occupants, l'étalage du mercantilisme, le contraste entre la pénurie où presque tous étaient plongés et le luxe de quelques-uns, exaspéraient la masse française. Et puis, cette guerre, où Hitler luttait à la fois contre les démocraties et contre les Soviets, jetait toute la classe ouvrière du côté de la résistance. La nation voyait les travailleurs reparaître en patriotes en même temps qu'en insurgés, comme ç'avait été le cas à l'époque de la Révolution, des journées de 1830, du soulèvement de 1848, des barricades de la Commune. Mais, cette fois, c'est contre l'ennemi qu'ils faisaient grève ou allaient au maquis. Aussi, l'idée que les ouvriers pourraient de nouveau s'écarter de la communauté nationale était-elle odieuse au pays. Bref, rénover l'économie afin qu'elle serve la collectivité avant de fournir des profits aux intérêts particuliers et, du même coup, rehausser la condition des classes laborieuses, c'est ce que souhaitait le sentiment général.

Le régime de Vichy avait essayé d'y répondre. Si, dans le domaine financier et économique, ses technocrates s'étaient conduits, malgré toutes les traverses, avec une incontestable habileté, d'autre part, les doctrines sociales de la « révolution nationale » : organisation corporative, charte du travail, privilèges de la famille, comportaient des idées qui n'étaient pas sans attraits. Mais le fait que cette entreprise se confondait avec la capitulation ne pouvait que rejeter les masses vers une tout autre mystique.

Celle du communisme s'offre à leur colère et à leur espérance. L'aversion à l'égard des structures d'autrefois s'est exaspérée dans la misère, concentrée dans la résistance, exaltée à la libération. Voilà donc, pour le « parti », une extraordinaire occasion. Confondant à dessein l'insurrection contre l'ennemi avec la lutte des classes et se posant comme le champion de ces deux sortes de révolte, il a toutes chances de prendre la tête du pays grâce à la surenchère sociale, lors même qu'il ne pourrait le faire par la voie du Conseil de la résistance, des comités et des milices. A moins, toutefois, que de Gaulle, saisissant l'initiative, ne réalise des réformes telles qu'il puisse regrouper les esprits, obtenir le concours des travailleurs et assurer, sur de nouvelles bases, le démarrage économique.

C'est à quoi, sans délai, j'attelle le gouvernement. Le plan est arrêté de longue date. Car, dès l'origine, je me suis mis d'accord avec mes arrière-pensées et les résistants, quels qu'ils soient, sont unanimes dans leurs intentions. Les mouvements ont pris position. Les comités d'étude, travaillant en France dans la clandestinité, ou au grand jour à Londres et en Afrique, ont préparé les projets. Les délégués, notamment ceux qui siégeaient à l'Assemblée consultative d'Alger, en ont approuvé les grandes lignes. On peut dire qu'un trait essentiel de la résistance française est la volonté de rénovation sociale. Mais il faut la traduire en actes. Or, en raison de mes pouvoirs et du crédit que m'ouvre l'opinion, j'ai les moyens de le faire. En l'espace d'une année, les ordonnances et les lois promulguées sous ma responsabilité apporteront à la structure de l'économie française et à la condition des travailleurs des changements d'une portée immense, dont le régime d'avant-guerre avait délibéré en vain pendant plus d'un demi-siècle. La construction est, semble-t-il, solide puisque ensuite rien n'y sera, ni ajouté, ni retranché.

C'est ainsi que les sources principales de l'énergie sont mises aux mains de l'État. Dès 1944, est institué le « Groupement national des houillères du Nord et du Pas-de-Calais », auquel s'ajouteront bientôt celles de la Loire. Un peu plus tard, le gouvernement décidera de prendre sous son contrôle la production et la distribution de l'électricité et du gaz. La réalisation suivra à mesure que les dispositions auront été précisées. En 1945, sera créé le « Bureau des pétroles », chargé de susciter, de mettre en œuvre, de coordonner, tout ce qui concerne la recherche et l'industrie des carburants et des lubrifiants. A la fin de l'année, le Haut-Commissariat à l'énergie atomique verra le jour. Étant donné que l'activité du pays dépend du charbon, du courant électrique, du gaz, du pétrole et dépendra un jour de la fission de l'atome, que pour porter l'économie française au niveau qu'exige le progrès ces sources doivent être développées dans les plus vastes proportions, qu'il y faut des dépenses et des travaux que seule la collectivité est en mesure d'accomplir, la nationalisation s'impose.

Dans le même ordre d'idées, l'État se voit attribuer la direction du crédit. En effet, dès lors qu'il lui incombe de financer lui-même les investissements les plus lourds, il doit en recevoir directement les moyens. Ce sera fait par la nationalisation de la Banque de France et des grands établissements de crédit. Comme la mise en valeur des territoires de l'Union française devient une des chances principales et, peut-être, suprêmes de la France, l'ancienne « Caisse centrale de la France Libre » est transformée en « Caisse centrale de la France d'outre-mer » et organise la participation de l'État au développement de ces pays neufs. C'est d'une inspiration semblable que procède la décision de grouper en un seul réseau, — Air-France, — les lignes aériennes exploitées avant la guerre par des sociétés subventionnées. L'année 1945 ne se terminera pas sans qu'on ait vu nos avions de transport reparaître dans les cinq parties du monde. Quant à la constitution des Établissements Renault en une régie nationale, prononcée, il est vrai, non par principe, mais comme une sanction, elle a pour conséquence de placer sous la coupe de l'État « l'usine-pilote » par excellence. Enfin, pour amener l'économie nouvelle à investir, c'est-à-dire à prélever sur le présent afin de bâtir l'avenir, le « Haut-Commissariat au Plan d'équipement et de modernisation » sera créé pendant cette même année.

Mais il n'y a pas de progrès véritable si ceux qui le font de leurs mains ne doivent pas y trouver leur compte. Le gouvernement de la libération entend qu'il en soit ainsi, non point seulement par des augmentations de salaires, mais surtout par des institutions qui modifient profondément la condition ouvrière. L'année 1945 voit refondre entièrement et étendre à des domaines multiples le régime des assurances sociales. Tout salarié en sera obligatoirement couvert. Ainsi disparaît l'angoisse, aussi ancienne que l'espèce humaine, que la maladie, l'accident, la vieillesse, le chômage, faisaient peser sur les laborieux. « Il y aura toujours des pauvres parmi nous », mais non plus de misérables. D'autre part, un système complet d'allocations familiales est alors mis en vigueur. La nation donne aux familles un soutien proportionné au nombre de leurs enfants et qui dure, pour chacun d'eux, depuis le jour où s'annonce sa naissance jusqu'à celui où il devient capable de subvenir à ses besoins. De ce fait, va se redresser la natalité française, si riche jadis qu'elle nourrissait l'esprit d'entreprise et la grandeur de notre race, mais qui avait, en cent ans, décliné au point que la France n'était plus qu'un pays statique et clairsemé. Dans le même temps, le statut du fermage est renouvelé de fond en comble. Désormais, l'agriculteur qui exploite une terre louée est assuré d'y demeurer aussi longtemps qu'il le voudra, pourvu qu'il remplisse les conditions de son bail. En outre, il a, sur cette terre, un droit de préemption, s'il arrive qu'elle soit mise en vente. Ainsi est-il porté remède à une cause virulente d'agitation paysanne et de désertion des campagnes.

Encore, le plan que je me suis formé va-t-il bien au delà de ces réformes d'ordre matériel. Il vise à attribuer aux travailleurs, dans l'économie nationale, des responsabilités qui rehaussent de beaucoup le rôle d'instruments où ils étaient, jusqu'alors, confinés. Qu'ils soient associés à la marche des entreprises, que leur travail y ait les mêmes droits que détient le capital, que leur rémunération soit liée, comme le revenu des actionnaires, aux résultats de l'exploitation, c'est à quoi je projette d'aboutir. Afin de préparer cette promotion ouvrière, les Comités d'entreprise voient le jour en février 1945. Chaque comité réunit le directeur de l'établissement avec les représentants des ouvriers, des employés et des cadres. Il est tenu au courant de l'activité commune. Il formule son avis sur tout ce qui concerne la productivité. Il gère lui-même les fonds consacrés, en dehors des traitements et salaires, à la vie matérielle et sociale du personnel. En rapprochant les uns des autres tous ceux, quels que soient les échelons, qui participent à la même œuvre, en les amenant à en étudier ensemble la marche, les progrès, les lacunes, en suscitant le sentiment et organisant la pratique de leur solidarité, je compte qu'un pas est fait vers l'association du capital, du travail et de la technique, où je vois la structure humaine de l'économie de demain.

Ces transformations, si étendues qu'elles puissent être, sont réalisées sans secousses. Certes, les privilégiés les accueillent mélancoliquement. Certains s'en feront même de secrets griefs pour plus tard. Mais, sur le moment tous, mesurant la force du courant, s'y résignent aussitôt et d'autant plus volontiers qu'ils avaient redouté bien pire. Du côté des communistes, on affecte naturellement de tenir ce qui est fait pour trop peu et d'alléguer que le gouvernement est empêché d'aller plus loin par ses attaches réactionnaires. Mais on se garde de s'y opposer. Quant aux « politiques », ils ne manquent pas, suivant les règles de leur art, de formuler des réserves dans l'un ou dans l'autre sens, mais ils approuvent en gros l'œuvre qui s'accomplit et lui accordent, au sein de l'Assemblée, des majorités massives. Beaucoup d'entre eux y adhèrent parce qu'elle répond, dans l'ensemble, à d'anciennes revendications. D'autres l'acceptent comme une concession accordée à la paix sociale. Tous comptent s'en targuer demain devant le corps électoral. Une fois de plus, je constate que si, pour eux et pour moi, le but peut être le même, les raisons qui les poussent ne sont pas identiques aux miennes. Alors qu'ils règlent leur attitude d'après les préjugés de leurs tendances respectives, ces considérations me touchent peu. Par contre, je les vois médiocrement sensibles au mobile dont je m'inspire et qui est la puissance de la France.

Car, aujourd'hui, comme il en fut toujours, c'est à l'État qu'il incombe de bâtir la puissance nationale, laquelle, désormais, dépend de l'économie. Celle-ci doit donc être dirigée, d'autant mieux qu'elle est déficiente, qu'il lui faut se renouveler et qu'elle ne le fera pas à moins qu'on ne l'y détermine. Tel est, à mes yeux, le principal motif des mesures de nationalisation, de contrôle, de modernisation, prises par mon gouvernement. Mais cette conception d'un pouvoir armé pour agir fortement dans le domaine économique est directement liée à l'idée que je me fais de l'État. Je vois en lui, non point, comme il l'était hier et comme les partis voudraient qu'il le redevienne, une juxtaposition d'intérêts particuliers d'où ne peuvent sortir jamais que de faibles compromis, mais bien une institution de décision, d'action, d'ambition, n'exprimant et ne servant que l'intérêt national.

Pour concevoir et pour décider, il lui faut des pouvoirs ayant à leur tête un arbitre qualifié. Pour exécuter, il lui faut des serviteurs recrutés et formés de manière à constituer un corps valable et homogène dans tout l'ensemble de la fonction publique. De ces deux conditions, la première est actuellement remplie et je suis prêt à m'employer à ce qu'elle le soit demain. La seconde me conduit à créer, en août 1945, l'École nationale d'administration. Que la structure ainsi dessinée devienne définitive, alors les leviers nouveaux qui sont placés dans les mains de l'État lui donneront assez de prise sur l'activité française pour qu'il puisse faire le pays plus fort et plus rayonnant.

Indépendamment de l'esprit de justice et de l'opportunité, c'est la même intention qui me conduit à promouvoir les travailleurs au rang d'associés responsables. La cohésion de la France exige qu'ils réintègrent moralement la communauté nationale, dont, par révolte ou par désespoir, beaucoup tendent à s'écarter. Si, au surplus, la classe ouvrière applique d'elle-même au rendement les ressources de sa capacité, quel ressort sera mis en œuvre dans l'activité productrice et, par là, dans la puissance française !

Mais il faudra du temps pour que la structure nouvelle puisse produire ses effets. En attendant, il s'agit de vivre. Or, la reprise du travail dans les usines et dans les mines, la reconstruction des ponts, des ports, des voies ferrées, des canaux, des centrales, la remise en marche des trains, des camions, des péniches, exigent que tout le monde s'y mette. Les choses étant ce qu'elles sont, j'entends employer au salut public tout ce qui en est capable. Bien entendu, les communistes ne sauraient en être exclus, dans cette période où la substance de la France serait gravement compromise si le peuple tout entier ne se mettait à la besogne, a fortiori si la guerre sociale le déchirait. Non point que je me fasse d'illusion au sujet du loyalisme du « parti ». Je sais très bien qu'il vise à saisir le pouvoir total et que, s'il m'arrivait de fléchir, il monterait tout de suite à l'assaut. Mais la participation qu'il a prise à la résistance, l'influence qu'il exerce sur la classe ouvrière, le désir qu'éprouve l'opinion et que je ressens moi-même de le voir revenir à la nation, me déterminent à lui donner sa place dans le travail de redressement. Ruant, mordant, se cabrant, mais attelé entre les brancards et subissant le mors et la bride, il va donc, lui aussi, tirer la lourde charrette. C'est mon affaire de tenir les rênes. J'en ai la force, de par la confiance que me fait le peuple français.

Cette politique d'unité m'a amené, dès Alger, à introduire des communistes parmi les membres de mon gouvernement. J'en ai fait autant à Paris. En outre, un commissaire de la République, trois préfets, plusieurs hauts fonctionnaires, provenant du « parti », ont été pris à l'essai. Dans la composition de l'Assemblée consultative, j'ai attribué aux communistes une représentation correspondant à leur importance. Et voici, qu'en novembre 1944, j'approuve la proposition du garde des Sceaux tendant à accorder à M. Maurice Thorez, condamné pour désertion cinq ans plus tôt, le bénéfice de la grâce amnistiante. Celle-ci est prononcée par le Conseil des ministres. Le secrétaire général du « parti » peut, dès lors, quitter Moscou et rentrer dans sa patrie. Il y a beau temps, d'ailleurs, qu'à son sujet et des côtés les plus divers on invoque mon indulgence. L'intéressé lui-même m'a adressé maintes requêtes. Pourtant, si je crois devoir adopter cette mesure de clémence, et justement à ce moment-là, c'est très délibérément. Compte tenu des circonstances d'antan, des événements survenus depuis, des nécessités d'aujourd'hui, je considère que le retour de Maurice Thorez à la tête du Parti communiste peut comporter, actuellement, plus d'avantages que d'inconvénients.

Ce sera en effet le cas, aussi longtemps que je me trouverai moi-même à la tête de l'État et de la nation. Assurément, jour après jour, les communistes prodigueront les surenchères et les invectives. Cependant, ils n'essaieront aucun mouvement insurrectionnel. Bien mieux, tant que je gouvernerai, il n'y aura pas une seule grève. Il est vrai que le « parti » ne ménagera rien pour diriger la conjoncture, politique, syndicale et électorale, et dominer les autres formations en exploitant leur secret désir d'amener de Gaulle au départ et le complexe d'infériorité que leur inspire leur propre inconsistance. Mais, dès lors qu'au lieu de la révolution les communistes prennent pour but la prépondérance dans un régime parlementaire, la société court moins de risques. Il est vrai que, sur ma route, ils multiplieront les aspérités et mèneront, à la cantonade, une campagne de dénigrement. Pourtant, jusqu'à mon départ, ils se garderont toujours de méconnaître mon autorité ou d'insulter ma personne. Partout où je paraîtrai, leurs représentants seront là pour me rendre hommage et leurs électeurs, dans la foule, crieront, eux aussi : « Vive de Gaulle ! »

Quant à Thorez, tout en s'efforçant d'avancer les affaires du communisme, il va rendre, en plusieurs occasions, service à l'intérêt public. Dès le lendemain de son retour en France, il aide à mettre fin aux dernières séquelles des « milices patriotiques » que certains, parmi les siens, s'obstinent à maintenir dans une nouvelle clandestinité. Dans la mesure où le lui permet la sombre et dure rigidité de son parti, il s'oppose aux tentatives d'empiétement des comités de libération et aux actes de violence auxquels cherchent à se livrer des équipes surexcitées. A ceux, — nombreux, — des ouvriers, en particulier des mineurs, qui écoutent ses harangues, il ne cesse de donner pour consigne de travailler autant que possible et de produire coûte que coûte. Est-ce simplement par tactique politique? Je n'ai pas à le démêler. Il me suffit que la France soit servie.

Au fond, les dirigeants du « parti », renonçant pour l'heure à s'imposer, visaient surtout à préparer ce qui suivrait la victoire. Il en était de même des autres fractions politiques. A mesure que se précisait la perspective électorale, chacune s'occupait d'elle-même, s'organisait pour son compte, dressait un programme séparé. On avait vu, d'abord, les comités de libération se réunir, ici et là, pour réclamer « les États généraux de la résistance française ». Mais la tentative tournait court en raison de l'opposition immédiatement apparente entre les éléments inspirés par les communistes et ceux qui ne l'étaient pas. Dès lors, le branle était donné aux congrès des différents partis. Dès novembre, les socialistes avaient tenu le leur. En janvier, c'était le tour du « Mouvement de libération nationale », puis celui du « Front national ». En février, se retrouvaient les délégués de la « Fédération républicaine », bientôt imités par ceux de l'ancien « Parti social français », tandis que se constituait le « Mouvement républicain populaire ». Dans le courant du même mois, socialistes et communistes décidaient d'opérer de concert et formaient un « comité d'entente » pour diriger leur action commune. En avril, les « Jeunesses communistes » tenaient leurs assises. Pendant ce temps, les cadres du Parti radical entamaient leur regroupement. Bref, toutes sortes d'instruments, qui depuis des années n'avaient joué qu'en sourdine, déployaient leur sonorité.

Il va de soi que je ne me mêlais directement à l'activité d'aucun groupe. Mais j'observais avec soin cette gestation des forces politiques. Dans l'immédiat, il est vrai, les congrès et leurs motions n'avaient qu'une importance restreinte puisque de Gaulle gouvernait et continuerait de le faire jusqu'à ce qu'il rende la parole au pays. Mais il la lui rendrait bientôt. Ce qui adviendrait, alors, dépendrait dans une large mesure de ce qui était justement en train de s'élaborer. Je dois dire que les ferments à l'œuvre me paraissaient décevants.

Ce qui me frappait surtout, dans les partis qui se reformaient, c'était leur désir passionné de s'attribuer en propre, dès qu'ils en auraient l'occasion, tous les pouvoirs de la République et leur incapacité, qu'ils étalaient par avance, de les exercer efficacement. A cet égard, rien ne laissait prévoir une amélioration quelconque par rapport au vain manège en quoi consistait avant guerre le fonctionnement du régime et qui avait mené le pays à un désastre épouvantable. Verbalement, on reniait à l'envi ces pratiques. « Révolution ! » c'était le slogan qui dominait les discours. Mais nul ne précisait ce que cela signifiait au juste, quels changements effectifs devaient être apportés de gré ou de force à ce qui existait naguère, surtout quelle autorité, et dotée de quels pouvoirs, aurait à les accomplir. Les communistes, eux, savaient ce qu'ils voulaient. Mais ils se gardaient de tout dire. Les fractions qui sous une phraséologie d'audace étaient au fond modérées, abritaient leur circonspection sous la formule de Georges Bidault : « La révolution par la loi ! » Quant aux groupes et aux hommes de gauche, ou qui se donnaient pour tels, ils se montraient rigoureux dans la critique et l'exclusive, mais chimériques et désaccordés dans tout ce qui était constructif. Recevant les délégations, lisant les journaux, écoutant les orateurs, j'en venais à penser que la révolution était, pour les partis renaissants, non pas une entreprise visant des buts définis et impliquant l'action et le risque, mais bien une attitude de constante insatisfaction vis-à-vis de toute politique, même s'ils l'avaient préconisée.

Je ne cache pas que ces indices me causaient beaucoup d'appréhensions. Alors que la confusion et l'impuissance des pouvoirs avaient été les causes directes du désordre social et moral, de la faiblesse diplomatique, de la faillite stratégique, enfin du renoncement national, qui nous avaient jetés aux abîmes, quel génie malfaisant, quel Roi des aulnes, nous entraînait vers les mêmes brouillards? Quand on pensait aux problèmes écrasants qui se dressaient devant la France, comment imaginer qu'ils pourraient être résolus, sinon sous l'égide d'un État impartial et fort? Mais il me fallait bien voir que l'idée que je m'en faisais était rarement partagée.

Pour moi, la séparation des pouvoirs, l'autorité d'un chef de l'État qui en soit un, le recours au peuple par la voie du référendum chaque fois qu'il s'agirait de son destin ou de ses institutions, c'étaient, dans un pays tel que le nôtre, les bases nécessaires de la démocratie. Or, il n'était que trop clair que tout ce qui comptait ou allait compter dans la politique penchait dans un sens opposé. Le futur personnel dirigeant concevait les pouvoirs de demain comme confondus organiquement à la discrétion des partis, le chef de l'État, — à condition qu'il y en ait un, — comme un figurant mandaté par des groupes parlementaires, le suffrage universel comme destiné exclusivement à élire des députés. Pour ce qui était de moi-même, tout en admettant ma primauté dans le système provisoire, tout en inscrivant à mon crédit services rendus et popularité, tout en me marquant, à l'occasion, une adhésion spectaculaire, on ne dissimulait pas l'impatience que suscitait l'étendue de mon autorité, ni la méfiance qu'inspirait le pouvoir dit « personnel ». Ainsi, bien qu'il n'y eût pas encore d'opposition directe à mon action, je voyais à l'horizon s'amonceler les nuages et je marchais, dès à présent, dans une atmosphère alourdie de critiques et d'objections.

A l'Assemblée consultative, cette façon de considérer de Gaulle, à la fois sous un angle favorable et sous un autre qui ne l'était guère, apparaissait clairement. Je m'y rendais souvent, tenant à recueillir les idées à la source et à utiliser l'auditoire pour exposer publiquement mon action et mes raisons. Mais aussi, j'étais, de nature, attiré par ce que le corps parlementaire contient de vie profonde et contrariée, d'humanité ardente et voilée, de passions actives et contraintes, et qui, tantôt s'assoupit comme pour donner le change, tantôt éclate en heurts retentissants. Par convenances de protocole, mon entrée et mon départ s'effectuaient avec quelque solennité. Mais, tout le temps que je participais aux travaux de l'Assemblée, je faisais en sorte de ne la contraindre en rien, respectant son ordre du jour, prenant place à l'un de ses bancs, parlant à la même tribune que ses membres, devisant avec eux dans les couloirs. Les séances, il faut le dire, étaient souvent assez ternes, la plupart des orateurs lisant un texte monocorde qui dévidait des généralités et accrochait peu l'attention. Cependant, de temps en temps, le talent de certains, ministres ou non, tels

MM. Auriol, Bastid, Bidault, Boncour, Cot, Denais, Duclos, Hervé, Laniel, Marin, Mendès-France, Philip, Pleven, Schumann, Teitgen, etc., donnait du relief aux débats. Parfois, sur un sujet brûlant, les sentiments s'échauffaient, une vive émotion collective planait au-dessus des travées. Alors, des phrases éloquentes, fusant dans l'atmosphère tendue, provoquaient des remous de colère ou d'enthousiasme.

À maintes reprises, je pris la parole à l'Assemblée consultative. Ce fut parfois pour des exposés concernant de vastes sujets, par exemple : le 22 novembre les plans d'ensemble du gouvernement, le 21 décembre le pacte franco-russe qui venait d'être conclu, le 2 mars la politique à suivre à l'intérieur, le 20 mars l'Indochine où les Japonais attaquaient, le 15 mai les leçons à tirer de la guerre après la victoire. Dans d'autres cas, j'intervenais à l'improviste au cours du débat. En chacune de ces occasions, il s'opérait dans l'assistance un rassemblement des esprits que traduisait, momentanément, quelque imposante manifestation. La grandeur des sujets traités, l'effet des mots, le contact humain pris avec de Gaulle, rappelaient aux délégués la solidarité qui nous liait tous ensemble et leur faisaient sentir l'attrait de la communauté nationale. Pour un instant, nous nous sentions alors plus unis, c'est-à-dire meilleurs.

Mais, s'il était entendu qu'on applaudissait de Gaulle, on ne se faisait pas faute de s'en prendre à son gouvernement. A travers les observations qui s'adressaient au pouvoir, l'aigreur coulait à flots pressés. En certains cas, elle débordait en des attaques en règle contre l'un ou l'autre des ministres. Un jour, Jules Jeanneney, ministre d'État, fut assailli d'invectives à propos de paroles déférentes qu'il avait prononcées, en juillet 1940, à l'adresse du Maréchal. Pourtant, depuis cette époque, il n'avait jamais cessé d'adhérer à la résistance. Dans les premiers mois de 1945, le budget étant soumis, pour avis, à la Consultative, il y eut de houleux débats. Comme on examinait les crédits de la Justice, l'épuration vint sur le tapis. Le ministre, François de Menthon, dut subir un feu roulant d'implacables réquisitoires. Une énorme majorité prétendit sanctionner « sa criminelle faiblesse » en lui refusant la confiance, manifestation platonique, sans doute, mais qui donnait la mesure de l'excitation. Peu après, Pierre-Henri Teitgen, ministre de l'Information, fut pris à son tour comme cible. Les embarras dans lesquels le manque de papier plongeait alors la presse de toutes tendances lui étaient imputés dans des termes extravagants : « Pornographe, protecteur des agents de l'Allemagne, représentant des trusts, affairiste, contempteur des Droits de l'Homme, persécuteur des journaux de la résistance, responsable de l'absence de la France à Yalta, tels sont les traits sous lesquels on vient de me représenter », pouvait déclarer Teitgen en répondant aux accusateurs. Quand on passa à l'examen du budget des Prisonniers, le ministre, Henri Frenay, fut de tous les côtés l'objet de furieux reproches, bien qu'à cette date, les prisonniers étant encore aux mains de l'ennemi, nul ne pût dire ce que vaudraient les mesures préparées en vue de leur retour.

Cette agitation bouillonnante recouvrait, en réalité, une revendication précise. L'Assemblée ne se résignait pas à n'être que consultative. Elle aurait voulu que le pouvoir dépendît d'elle. La prétention fut bientôt affirmée. Le 19 mars, je reçus une délégation envoyée par tous les groupes. « Nous venons, — me dirent les mandataires, « vous faire connaître qu'à l'Assemblée il existe un grave malaise. La raison en est le rôle étroit où celle-ci est confinée et le fait que le gouvernement agit sans se croire lié par nos avis et par nos votes. Nous demandons que, désormais, le pouvoir exécutif ne prenne plus de décisions contraires aux positions adoptées par l'Assemblée. »

Céder à cette mise en demeure c'eût été, évidemment, s'enfoncer dans la confusion. « Seul, le peuple est souverain », répondis-je aux délégués. « En attendant qu'il soit en mesure d'exprimer sa volonté, j'ai pris sur moi de le conduire. Vous avez bien voulu m'y aider en répondant à mon appel. Ce fut votre rôle et ce sera votre gloire. Mais ma responsabilité n'en reste pas moins entière. Même la démarche que vous faites en ce moment prouve que tout le pouvoir m'est en charge, puisque c'est à moi que vous demandez qu'il vous en soit remis une part. Mais la situation de la France ne permet pas cette dispersion. »

— « Pourtant ! » s'écrièrent les délégués, « nous représentons la résistance. N'est-ce pas à elle qu'il appartient d'exprimer la volonté du peuple en l'absence de pouvoirs légaux ? »

— « Vous êtes, dis-je, mandatés par les mouvements et les partis résistants. Cela vous donne, assurément, le droit de vous faire entendre. C'est bien pourquoi j'ai institué l'Assemblée consultative et vous ai désignés pour en faire partie.

Tous les problèmes vous y sont soumis. Moi-même et mes ministres participons à vos débats. Vous êtes associés à l'action du gouvernement par les questions que vous lui posez, les explications qu'il vous fournit, les avis que vous formulez. Mais je n'irai pas au delà. Veuillez, d'ailleurs, considérer que la résistance française a été plus large que les mouvements et que la France est plus large que la résistance. Or, c'est au nom de la France tout entière, non d'une fraction, si valable soit-elle, que j'accomplis ma mission. Jusqu'aux futures élections générales, j'ai à répondre du destin du pays devant lui et devant lui seul. »

Les délégués se retirèrent sans cacher leur mécontentement. A la suite de leur visite il y eut, cependant, une détente à l'Assemblée. S'accommodant de ce qui était fixé aussi nettement, elle se remit à son travail. Au total, celui-ci fut utile. L'étude par les commissions et la discussion en séance publique des projets concernant les réformes économiques et sociales, la justice, l'administration, l'enseignement, les territoires d'outre-mer, apportèrent au ministre, non seulement l'appui de votes massifs, mais encore d'heureuses suggestions. L'attention portée et l'hommage rendu à l'action des armées par des hommes eux-mêmes éprouvés encouragea chefs et combattants. A l'étranger, le spectacle d'une préfiguration parlementaire dans l'hémicycle du Luxembourg, les idées qui s'y exprimaient sans entraves, le fait que la politique suivie par le gouvernement y était, somme toute, approuvée, renforcèrent l'audience de la France. Enfin, dans le public, l'impression que les principales mesures arrêtées par le pouvoir étaient débattues au grand jour, qu'il y avait un exutoire aux requêtes et aux critiques, qu'on s'acheminait ainsi vers un état de choses où le peuple serait remis en possession de ses droits, contribuèrent certainement à rétablir le libre cours des opinions et des sentiments qui est, en profondeur, une condition essentielle de l'ordre.

Une autre est la démonstration que la justice est rendue. Or, sous ce rapport, on assistait à un déferlement d'exigences vindicatives. Après ce qui s'était passé, cette réaction était trop explicable. La collaboration avait revêtu, sous les formes variées des décisions politiques, de l'action policière et quelquefois militaire, des mesures administratives, des publications et des discours de propagande, non seulement le caractère de l'abaissement national, mais encore celui de la persécution à l'encontre d'une foule de Français.

Avec le concours de bon nombre d'officiels et d'une masse de délateurs, excités et applaudis par un ramas de folliculaires, 60 000 personnes avaient été exécutées, plus de 200 000 déportées dont à peine 50 000 survivraient. En outre, 35 000 hommes et femmes s'étaient vus condamnés par les tribunaux de Vichy ; 70 000 « suspects », internés ; 35 000 fonctionnaires, révoqués ; 15 000 militaires, dégradés, sous l'inculpation d'être des résistants. Maintenant, les fureurs débordaient. Sans doute le gouvernement avait-il le devoir de garder la tête froide. Mais passer l'éponge sur tant de crimes et d'abus c'eût été laisser un monstrueux abcès infecter pour toujours le pays. Il fallait que la justice passe.

Elle passa. Pendant l'hiver, les cours formées pour juger les faits de collaboration firent activement leur office. Certes, la rigueur des condamnations se trouva être assez variable suivant la composition des jurys. L'ambiance locale se fit sentir. Parfois, les audiences furent troublées par des manifestations de foule. Il y eut même, en plusieurs régions, des émeutes pour arracher aux tribunaux des condamnations à mort. Ce fut le cas, par exemple, à Nîmes, à Maubeuge, à Bourges, à Annecy, à Alès, à Rodez. Même, une vingtaine de malheureux prévenus furent, ici ou là, massacrés. Le gouvernement dut, à plusieurs reprises, réprimer ces explosions. J'eus à rappeler à la vigilance et à la fermeté les ministres de l'Intérieur et de la Justice, à imposer des sanctions contre des fonctionnaires coupables de mollesse dans le maintien de l'ordre, à exiger l'inculpation des gens qui l'avaient troublé. Cependant, l'œuvre de la Justice fut accomplie aussi impartialement qu'il était humainement possible au milieu des passions en éveil. Rares ont été les jugements qu'il fallut, après coup, reconnaître pour mal fondés.

2 071 condamnations à mort furent prononcées par les cours, en dehors des contumaces. Les dossiers m'étaient ensuite soumis, après examen et avis de la commission des grâces au ministère de la Justice et appréciation motivée du garde des Sceaux. Je les ai tous étudiés, directement assisté que j'étais par le conseiller Patin, directeur des affaires criminelles et des grâces à la Chancellerie, et recevant les avocats chaque fois qu'ils en faisaient la demande. Rien au monde ne m'a paru plus triste que l'étalage des meurtres, des tortures, des délations, des appels à la trahison, qui venaient ainsi sous mes yeux. En conscience j'atteste, qu'à part une centaine de cas, tous les condamnés avaient mérité d'être

exécutés. Pourtant, j'accordai la grâce à 1 303 d'entre eux, commuant, en particulier, la peine de toutes les femmes, de presque tous les mineurs et, parmi les hommes, de la plupart de ceux qui avaient agi d'après un ordre formel et en exposant leur vie. Je dus rejeter 768 recours. C'est qu'alors il s'agissait de condamnés dont l'action personnelle et spontanée avait causé la mort d'autres Français ou servi directement l'ennemi.

Quant aux 39 900 condamnations à la détention que prononcèrent les cours de Justice, elles furent, dans leur ensemble, équitables et modérées. Il y en eut, dans le même temps, 55 000 en Belgique, plus de 50 000 en Hollande. Encore, par des remises de peine, le gouvernement atténua-t-il l'effet d'un grand nombre de jugements. C'est ce qu'il fit, en particulier, pour beaucoup de malheureux jeunes gens qui s'étaient laissé attirer dans la « Milice », la « Légion des volontaires français » ou la « Phalange africaine », et qui reçurent la possibilité de s'engager dans le Corps expéditionnaire d'Indochine. Il faut ajouter que les juges d'instruction rendirent 18 000 non-lieu. Au milieu de 1945, parmi les 60 000 coupables ou suspects arrêtés à la libération, il n'y en avait plus un seul qui fût encore détenu, à moins d'avoir été inculpé suivant les règles. Compte tenu de la masse des faits de collaboration, des flots d'atrocités commises à l'encontre des résistants, et si l'on évoque le torrent des colères qui se répandit en tous sens dès que l'ennemi tourna les talons, on peut dire que l'épuration par la voie des tribunaux comporta autant d'indulgence que possible.

Il en fut de même dans la fonction publique. Là, pourtant, les rancœurs étaient particulièrement vives, car Vichy avait rayé des cadres plus de 50 000 personnes et, d'autre part, on avait vu s'étaler chez certains détenteurs de l'autorité publique un zèle odieux au service de l'envahisseur. Le Gouvernement provisoire décida de consulter les administrations elles-mêmes pour éclairer les sanctions à prendre. Dans chaque département ministériel, une commission d'épuration recueillait les informations, le ministre statuant ensuite par arrêté ou le gouvernement par décret. Le recours en Conseil d'État restait, naturellement, ouvert. En fait, l'immense majorité des fonctionnaires s'était honorablement comportée. Même, beaucoup d'entre eux avaient, dans l'exercice de leurs attributions, aidé à la lutte contre l'ennemi et ses complices. Sur un effectif de plus de 800 000, les enquêtes ne constituèrent qu'environ 20 000 dossiers, au vu desquels furent prononcées 14 000 sanctions dont à peine 5 000 révocations. C'est en connaissance de cause que je déclarai, par la radio, le 18 janvier : « Ceux qui ont l'honneur de servir l'État le servent, j'en réponds, avec ardeur et discipline et méritent d'être encouragés par l'estime des citoyens. »

La Haute-Cour, destinée à juger les actes d'intelligence avec l'ennemi et d'atteinte à la sûreté extérieure de l'État commis aux postes les plus élevés, commença à siéger au mois de mars. Elle était présidée par le Premier président de la cour de Cassation M. Mongibeaux, assisté du Président de la Chambre criminelle M. Donat-Guigne, et du Premier président de la cour d'Appel de Paris M. Picard. Le jury, tiré au sort sur deux listes de 50 noms établis par l'Assemblée consultative, comprenait 24 membres, dont 12 étaient en 1940 députés ou sénateurs. Le président Mornet occupait le siège du Ministère public. Quant à l'instruction des procès, elle incombait à la « commission d'instruction » formée de 5 magistrats et de 6 membres de l'Assemblée.

Il m'avait paru nécessaire que les hommes qui avaient pris, dans les plus hautes fonctions, la responsabilité des actes du régime de Vichy eussent à comparaître devant une juridiction instaurée à cet effet. Ni les tribunaux ordinaires, ni les cours de justice, ni les conseils de guerre, ne se touvaient au plan de telles causes. Comme les personnages visés avaient, soit comme ministres, soit comme hauts-commissaires, résidents généraux ou secrétaires généraux, joué un rôle politique, il fallait une capacité politique à la cour qui les jugerait. Pour tous les cas du même ordre, en tous temps, dans tous les pays, cette condition s'était imposée. C'est pour l'observer moi-même que j'instituai la Haute-Cour par ordonnance du 18 novembre 1944.

Cette création avait lieu dans des conditions juridiques à coup sûr exceptionnelles. On eût pu imaginer que je laisse aux pouvoirs publics qui seraient plus tard établis en vertu d'une légalité formelle le soin de faire le nécessaire. Mais l'ordre intérieur et la position extérieure de la France exigeaient que la capitulation, la rupture des alliances, la collaboration délibérée avec l'ennemi, fussent jugées sans tarder dans la personne des dirigeants qui s'en étaient rendus responsables. Sans cela, comment, au nom de quoi, châtier les exécutants? Comment, au nom de quoi, prétendre pour la France à un rang de grande puissance belligérante et victorieuse? En cette matière, comme en tant d'autres, je pris sur moi de faire ce qu'il fallait. Il appartiendrait ensuite à l'Assemblée nationale, quand elle serait réunie, d'entériner la procédure. C'est ce qu'elle ne manqua pas de faire. Bien entendu, une fois la Haute-Cour créée, je me gardai de tout ce qui eût pu, de mon chef, influencer les poursuites, les instructions, les jugements, m'abstenant de toute déposition et ne recevant aucune commission rogatoire. Comme je voulais que les débats eussent lieu dans la sérénité, sans risque d'être troublés par des manifestations ou par des mouvements d'assistance, je refusai de fixer dans le vaisseau du Palais-Bourbon le siège de la Haute-Cour, — ce que beaucoup réclamaient; — je la fis installer tout bonnement au palais de Justice et lui assurai la garde d'un service d'ordre important.

Le premier procès qui vint devant la Haute-Cour fut celui de l'amiral Esteva. Au moment de l'arrivée des alliés en Afrique du Nord, il occupait le poste de résident-général en Tunisie. Conformément aux ordres de Pétain, l'infortuné avait laissé débarquer les Allemands, prescrit qu'on leur ouvrît les voies, interdit aux forces françaises dans la Régence de rejoindre celles qui combattaient l'ennemi. Mais l'occupation du territoire tunisien, en particulier de Bizerte, par les troupes de l'Axe contraignit Américains, Français et Britanniques à y livrer une longue bataille. D'autre part, la présence des Allemands et des Italiens dans le royaume de Tunis y fournit aux agitateurs l'occasion de se dresser contre la France. D'où de lourdes conséquences dans le domaine politique.

L'amiral Esteva fut condamné à la réclusion. Au terme d'une carrière qui, jusqu'à ces événements, avait été exemplaire, ce vieux marin, égaré par une fausse discipline, s'était trouvé complice, puis victime, d'une néfaste entreprise.

Le général Dentz lui succéda au banc des accusés. Dans les fonctions de haut-commissaire au Levant, il avait, au printemps de 1941, permis à des escadrilles allemandes d'atterrir sur les terrains de Syrie comme l'exigeait Vichy, fixé les points où la Wehrmacht pourrait éventuellement débarquer et, en fin de compte, fait combattre les forces qu'il commandait contre les Français Libres et contre les Britanniques. Après une première résistance qui pouvait passer pour un « baroud d'honneur », Dentz avait demandé à quelles conditions un armistice lui serait accordé. Ces conditions, arrêtées par moi-même d'accord avec le commandement anglais, comportaient la transmission des pouvoirs du haut-commissaire de Vichy à celui de la France Libre et, pour tous les militaires et fonctionnaires français, la possibilité de se rallier à moi. Je faisais savoir, qu'en cas d'acceptation de ce que nous proposions, aucune poursuite judiciaire ne serait engagée contre le haut-commissaire et ses subordonnés.

Mais, au lieu de souscrire à la conciliation, le général Dentz s'était lancé dans une lutte à outrance qui ne pouvait profiter qu'à l'ennemi. Le malheureux alla jusqu'à demander l'appui direct de l'aviation allemande. Amené à déposer les armes après que de grandes pertes eurent été subies de part et d'autre, il avait conclu avec les Britanniques une convention qui, assurément, faisait l'affaire de l'Angleterre, mais pas du tout celle de la France. En effet, c'est aux Britanniques, et non point à la France Libre, que le haut-commissaire de Vichy abandonnait le sort des États sous mandat français. Il obtenait, en même temps, que les troupes et les cadres sous ses ordres fussent soustraits au contact des « gaullistes » et immédiatement embarqués pour la Métropole sur des navires qu'envoyait Vichy, d'accord avec les Allemands. Ainsi, rien ne justifiait plus d'immunité que j'avais pu, naguère, envisager à son sujet.

Le général Dentz fut condamné à la peine de mort. Mais, tenant compte des loyaux et beaux services qu'il avait rendus en d'autres temps et compatissant à ce drame du soldat perdu, je le graciai aussitôt.

Les procès faits aux serviteurs du triste régime de Vichy déterminèrent bientôt la Haute-Cour à ouvrir celui du maître. Le 17 mars, elle décida que le maréchal Pétain serait jugé par contumace. C'était là une échéance lamentable et inévitable. Mais, autant il était à mes yeux nécessaire, du point de vue national et international, que la justice française rendît un verdict solennel, autant je souhaitais que quelque péripétie tînt éloigné du sol de la France cet accusé de quatre-vingt-neuf ans, ce chef naguère revêtu d'une insigne dignité, ce vieillard en qui, lors de la catastrophe, nombre de Français avaient mis leur confiance et pour qui, en dépit de tout, beaucoup éprouvaient encore du respect ou de la pitié. Au général de Lattre, qui me demandait quelle conduite il devrait tenir s'il advenait que ses troupes, approchant de Sigmaringen, trouvassent là ou ailleurs Pétain et ses anciens ministres j'avais répondu que tous devraient être arrêtés, mais que, pour ce qui était du Maréchal lui-même, je ne désirais pas qu'on eût à le rencontrer.

Or, le 23 avril, Pétain arrivait en Suisse. Il avait obtenu des Allemands qu'ils l'y mènent et des Suisses qu'ils l'y accueillent. M. Karl Burckhardt, ambassadeur de la Confédération, étant venu me l'annoncer, je lui dis que le gouvernement français n'était aucunement pressé de voir extrader Pétain. Mais, quelques heures plus tard, reparaissait Karl Burckhardt. « Le Maréchal, me déclara-t-il, demande à regagner la France. Mon gouvernement ne peut s'y opposer. Philippe Pétain va donc être conduit à votre frontière. » Les dés étaient jetés. Le vieux Maréchal ne pouvait douter qu'il allait être condamné. Mais il entendait comparaître en personne devant la justice française et subir la peine, quelle qu'elle fût, qui lui serait infligée. Cette décision était courageuse. Le général Kœnig prit Pétain en charge à Vallorbe. Voyageant en train spécial et protégé par une solide escorte contre les voies de fait que certains voulaient exercer contre lui, le Maréchal fut interné au fort de Montrouge.

Tandis que la justice accomplissait son œuvre, il eût été désirable que l'opinion fût tenue au courant des raisons de ses jugements. Certes, l'étalage excessif des procès dans la presse aurait été scandaleux. Mais, sur des sujets qui mettaient les passions à vif, une information objective eût mis de l'ordre dans les esprits. Malheureusement, les cours fonctionnaient dans le temps où les journaux, réduits à des formats infimes, ne pouvaient consacrer aux débats judiciaires que de très sommaires comptes rendus. C'est, d'ailleurs, la même indigence qui empêchait que le public fût suffisamment renseigné sur les opérations militaires, les affaires diplomatiques, l'état de l'économie, la vie des pays alliés. Les épisodes essentiels de cette période échappaient largement à la connaissance des Français. Nombre d'entre eux pensaient que la censure arrêtait les nouvelles. Mais beaucoup, imaginant les problèmes posés et les événements en cours et ignorant ce qui était fait pour diriger ceux-ci et résoudre ceux-là, en concluaient tristement que la France n'y pouvait rien.

Une affreuse pénurie de papier étranglait, en effet, la presse. En la matière, notre industrie se trouvait dans le pire état, tandis que, faute de devises, nous ne pouvions passer à l'étranger que de maigres commandes et, qu'au surplus, les convois alliés assuraient de tout autres transports. Il avait donc fallu rationner étroitement les journaux, ce qui les limitait à des dimensions dérisoires. Comme, en outre, presque tous appartenaient à des tendances en ébullition, la propagande s'emparait de ce qui s'y trouvait de place au détriment de l'information. Combien la réalité était-elle éloignée des projets caressés au temps de la résistance !

Créer une grande presse, ç'avait été le rêve des clandestins. Ils la voulaient honnête et sincère, affranchie des puissances d'argent, d'autant plus que l'indignation provoquée par les feuilles de l'occupation était venue s'ajouter au mauvais souvenir laissé par les journaux d'avant-guerre quant à l'indépendance et à la véracité. Au demeurant, la plupart des mouvements et des partis résistants s'étaient dotés dans l'ombre de quotidiens et d'hebdomadaires. Ils estimaient, à présent, avoir le droit de les faire paraître au grand jour et par priorité.

Dès Alger, le gouvernement avait réglé par avance la situation de la presse lors de la libération. L'Ordonnance du 6 mai 1944 prescrivait que les journaux publiés dans l'une ou l'autre zone quand l'ennemi y faisait la loi ne pourraient plus reparaître. Leurs biens seraient placés sous séquestre et les organes de la clandestinité recevraient la faculté de louer leurs installations. Comme il n'était pas question de créer un monopole, d'autres journaux, nouveaux ou anciens, pourraient voir ou revoir le jour. D'autre part, l'Ordonnance visait à sauvegarder l'indépendance de la presse par rapport aux groupes financiers. Aussi les sociétés de presse et la publicité étaient-elles réglementées. Il était, en outre, prévu que les prix de vente des publications devraient être assez élevés pour les faire vivre et que les comptes et bilans seraient obligatoirement publiés.

C'est sur ces bases que la presse française avait réapparu du jour au lendemain. Non point, on le pense bien, sans bouillonnements et bousculades. A Paris et aux chefs-lieux des départements, un personnel généralement nouveau et inexpérimenté installait des feuilles péremptoires dans des immeubles où, autrefois, s'élaboraient des organes connus. Pourtant, si grande était la satisfaction des Français de retrouver en liberté les idées et les informations que les journaux et les revues se vendaient en abondance. On assistait à une extraordinaire floraison de publications. Chacune était, — et pour cause, — minuscule, mais tirait beaucoup d'exemplaires. D'ailleurs, l'ensemble reflétait toute la gamme des opinions.

Profitant des dispositions arrêtées par l'Ordonnance, les journaux de la résistance s'étaient jetés en avant. Bien entendu, les communistes n'avaient pas été les derniers. Sous leur coupe, deux quotidiens de Paris, *L'Humanité* et *Ce Soir*, 70 hebdomadaires, parmi lesquels *Action*, *L'Avant-Garde*, *La Terre*, *Les Lettres françaises*, etc., et 50 feuilles de province, prétendaient déceler partout le fascisme et ses sabotages et soutenaient tous les griefs. Ils détenaient, en outre, leur large part dans la rédaction du *Front national*, de *Franc-Tireur*, de *Libération*, du *Canard enchaîné*, etc. Les socialistes, se contentant, à Paris, du *Populaire*, mais disposant, dans les départements, de nombreux journaux locaux, tels *Libération-Nord*, *Le Provençal*, *La République du Sud-Ouest*, etc., s'y consacraient à ce qui était pour eux la grande affaire : reconstituer leur parti. Les chrétiens-sociaux sentaient le vent souffler en poupe de leur nacelle et s'enchantaient de l'importance de *L'Aube*, du grand tirage d'*Ouest-France*, du développement de *Temps présent* et de *Témoignage chrétien*. Quant aux feuilles issues des mouvements : *Combat*, *Le Parisien libéré*, *Résistance*, *Défense de la France*, *France libre*, éclectiques et multiformes, elles prospéraient, tout comme les régionaux venus de la même origine, *La Voix du Nord*, *L'Espoir*, etc.

Dans la carrière où s'élançaient les feuilles naguère clandestines, d'autres organes tâchaient d'accéder. Il leur fallait l'autorisation. J'intervenais pour qu'elle leur soit donnée, chaque fois qu'il s'agissait d'une entreprise ayant assez de moyens pour pouvoir courir sa chance. *Le Figaro*, qui lors de l'occupation de la zone Sud s'était, comme on disait, « sabordé », avait repris sa publication deux jours avant que la capitale ait été libérée. Toutefois, son détenteur n'en avait pas la propriété. Je fis en sorte qu'il pût, néanmoins, éditer le journal. *L'Époque*, *L'Ordre*, qui avaient eux aussi mis un terme à leur existence pour ne pas subir le contrôle de l'ennemi, reçurent la permission de renaître et, par là, leur part de papier. Pour *La Croix*, qui s'était quelque peu prolongée dans la zone Sud après l'arrivée des Allemands, mais dont nombre de rédacteurs participaient à la résistance, je prononçai le « Nihil Obstat. » A des journaux nouveaux, tels : *Le Monde*, *Paris-Presse*, *Les Nouvelles du matin*, *La Dépêche de Paris*, *etc.*, j'accordai le droit de prendre leur essor. Il me semblait désirable que la presse française s'ouvrît largement à des formules et à des plumes diverses et rajeunies.

La même tornade que les événements avaient déchaînée sur la presse secouait les milieux littéraires et artistiques. Les écrivains, en particulier, du fait de leur vocation de connaître et d'exprimer l'homme, s'étaient trouvés au premier chef sollicités par cette guerre où se heurtaient doctrines et passions. Il faut dire que la plupart et, souvent, les plus grands d'entre eux avaient pris le parti de la France, parfois d'une manière magnifique. Mais d'autres s'étaient, hélas ! rangés dans le camp opposé avec toute la puissance de leurs idées et de leur style. Contre ceux-ci déferlait, à présent, une vague d'indignation. D'autant plus qu'on voyait trop bien vers quels crimes et vers quels châtiments leurs éloquentes excitations avaient poussé de pauvres crédules. Les cours de justice condamnèrent à mort plusieurs écrivains notoires. S'ils n'avaient pas servi directement et passionnément l'ennemi, je commuais leur peine, par principe. Dans un cas contraire, — le seul, — je ne me sentis pas le droit de gracier. Car, dans les lettres, comme en tout, le talent est un titre de responsabilité. Le plus souvent, les cours rendaient des verdicts moins sévères. Mais, en dehors des fautes sanctionnées, certaines légèretés ou inconséquences étaient bruyamment reprochées à nombre de ceux que leur réussite avait mis en vedette. Naturellement, les rivalités ne manquaient pas d'inspirer les rumeurs, c'est-à-dire, parfois, les erreurs. Bref, le monde de la littérature, des arts, du théâtre, vivait sous un ciel d'orage.

L'Académie s'en préoccupait. Elle-même se voyait l'objet de vives attaques. « Faut-il dissoudre l'Académie ? » C'était le thème d'une campagne qui trouvait beaucoup d'échos. De maints côtés, on mettait en lumière le coupable comportement de plusieurs de ses membres et l'audience qu'ils avaient jusqu'au bout trouvée chez des collègues. On me pressait d'user de mes pouvoirs pour rénover l'Académie, voire pour la supprimer. C'est dans un trouble profond qu'était plongée cette compagnie.

Son secrétaire perpétuel, l'illustre et courageux Georges Duhamel, me soumit les éléments de la cause. Il me peignit les difficultés que lui-même avait dû vaincre, avec l'aide de quelques membres, pour empêcher que, sous l'occupation, l'Académie n'adoptât une attitude fâcheuse quand les plus fortes pressions s'efforçaient de l'y amener. Pour reprendre le cours de sa vie, la compagnie avait maintenant de rudes obstacles à surmonter. Devait-elle exclure ou, tout au moins, suspendre ceux de ses membres qui étaient condamnés ou sous le coup de l'être? Pénibles débats à prévoir! D'autre part, une douzaine d'académiciens étaient morts depuis 1939. On ne les avait pas remplacés. Certes, on pouvait à présent procéder à des élections. Mais comment atteindre le quorum, étant donné que certains membres se souciaient peu de se manifester? Surtout, il fallait redouter que l'institution ne fût, désormais, si bouleversée et si divisée qu'elle eût grand mal à se reprendre. Mais alors, comment resterait-elle l'incomparable représentation de la pensée, de la langue, de la littérature françaises qu'elle devait être par destination et qui avait, depuis trois siècles, si puissamment contribué au rayonnement de notre pays? « Tout serait rendu plus facile », ajoutait mon éminent interlocuteur, « si vous-même acceptiez d'entrer à l'Académie. »

Avec beaucoup de considération, j'écartai cette perspective. « Le chef de l'État », répondis-je à Georges Duhamel, « est protecteur de l'Académie. Comment en deviendrait-il membre? Et puis, de Gaulle, vous le savez bien, ne saurait appartenir à aucune catégorie, ni recevoir aucune distinction. Cela dit, il est du plus haut intérêt français que l'Académie joue de nouveau le rôle qui est le sien. Mon intention est de ne rien changer à la constitution que lui donna Richelieu et, en dehors des instances engagées contre ceux que vous savez, de garantir à votre compagnie l'indépendance et la sécurité. Toutefois, je pense qu'elle aurait avantage à mettre à profit les circonstances extraordinaires dans lesquelles nous nous trouvons pour repartir sur de nouvelles bases. Puisque beaucoup de ses fauteuils sont vacants, pourquoi l'Académie, usant d'une procédure exceptionnelle, ne suspendrait-elle pas, pour un jour, la règle de la candidature? Pourquoi n'appellerait-elle pas spontanément à siéger dans son sein quelques écrivains éminents dont elle sait qu'ils en sont dignes et qui se montrèrent, dans l'épreuve, les champions de la liberté de l'esprit et ceux de la France? Son prestige, sa popularité, y gagneraient, j'en suis sûr. »

Cependant, quelques jours plus tard, réunissant autour de moi tous les académiciens en mesure de s'y trouver, je constatai que, si mes apaisantes promesses étaient très bien accueillies, ma suggestion novatrice l'était moins. En fin de compte, l'Académie, rassurée par le bon ordre qu'elle voyait se rétablir partout, en revint à ses habitudes. Pour ma part, je me félicitai de voir revivre cette précieuse institution, non sans regretter, pourtant, qu'elle n'ait pu, en corps, assez hautement, rendre hommage à la libération de la France.

Ainsi, par l'effet conjugué du progrès social accompli, de la liberté retrouvée, de la justice rendue, de l'autorité à l'œuvre, la nation reprend ses esprits. Après tous les déchirements occasionnés par la guerre, c'est le début de la convalescence. Celle-ci, pourtant, serait précaire, si le pays ravagé ne retrouvait pas son équilibre physique. Qu'au moment même où la fortune recommence à nous sourire, nos finances aillent à la faillite, notre économie à la ruine, c'en serait fait décidément du rang, de l'ordre, de l'avenir de la France. Au contraire, qu'en dépit des affreuses conditions dans lesquelles nous sommes plongés, le pouvoir parvienne à procurer à l'activité nationale une base solide de redressement, tout le reste, au long des années, pourra nous venir par surcroît. Pas question, bien entendu ! de talisman, ni de baguette magique. Seules, des mesures catégoriques auront de l'efficacité.

Le budget dressé par le gouvernement pour l'année 1945 porte une lumière cruelle sur nos finances, telles qu'elles sont après plus de cinq ans de guerre et plus de quatre ans d'invasion ; 390 milliards de dépenses prévues, dont 175 pour les besoins militaires ; en regard, 176 milliards de recettes normales ; déficit : 55 %. La dette publique se monte à 1 800 milliards, soit quatre fois plus qu'avant-guerre. Dans ce total, la dette à court terme compte pour 800 milliards, dont les créanciers peuvent à tout moment réclamer le remboursement. Comme, au surplus, le quart des frais a été, depuis 1939, réglé par avances de la Banque, la circulation fiduciaire a quadruplé.

Or, cette énorme inflation des dépenses, de la dette et des moyens de paiement est supportée par une économie terriblement déficiente. Quand s'ouvre l'année 1945, le taux de production n'atteint pas la moitié du chiffre de 1938 et les échanges extérieurs sont nuls. Sans doute, l'emprunt de la libération, en prélevant sur les liquidités, a-t-il évité de justesse la catastrophe qu'eût provoquée l'afflux soudain de cette masse flottante sur des marchés vides aux trois quarts. D'autre part, le trésor y a trouvé de quoi faire face à l'immédiat. Mais, pour salutaire qu'ait été l'expédient, il faut maintenant tout autre chose : une politique de longue haleine.

A ce sujet, doctrines et experts s'opposent. En dehors du système communiste, qui comporterait une production forcée et une consommation misérable, et du libéralisme intégral, suivant lequel on devrait laisser les choses s'arranger d'elles-mêmes, nous nous trouvons devant deux théories.

Les uns déclarent : « Face à l'inflation, prenons le taureau par les cornes. Opérons dans les liquidités une ponction radicale en décrétant tout à coup que les billets actuels n'ont plus cours, que les porteurs doivent sans délai les échanger aux caisses publiques, qu'il ne leur sera remis en vignettes nouvelles que le quart de leur avoir et que le solde sera inscrit au crédit des propriétaires mais sans pouvoir être utilisé. En même temps, bloquons les comptes et ne laissons à chaque détenteur la faculté de prélever sur le sien que des sommes très limitées. De cette façon, nous réduirons les possibilités d'achat et, du même coup, le champ du marché noir. Quant aux prix, bloquons-les aussi et à un niveau assez bas pour que les consommateurs, restreints dans leurs moyens de paiement, puissent tout de même payer ce qui leur est nécessaire. Seuls les produits de luxe renchériront à volonté. On doit prévoir, évidemment, que les ressources du trésor seront gravement affectées par un pareil resserrement. Il n'est, pour y parer, que d'instituer un grand impôt sur le capital. Ces dispositions sont dures. Mais, pour peu que le général de Gaulle y applique son autorité, elles permettront de surmonter la crise. »

Ainsi raisonnent les tenants de la manière forte. Ils citent à l'appui de leur thèse l'exemple du gouvernement de Bruxelles, où M. Camille Gutt, ministre des Finances, vient effectivement de stabiliser le franc belge grâce au blocage simultané des billets, des comptes en banque, des prix, des salaires, des traitements.

D'autres disent : « L'inflation est moins la cause que l'effet du déséquilibre. Celui-ci est inévitable. En temps de guerre totale, rien ne peut faire que la production des denrées et des objets de consommation soit maintenue au niveau normal, puisque beaucoup de matières, d'outillages et de travailleurs sont employés à d'autres fins. Rien, non plus, ne peut empêcher les gouvernements de distribuer à un nombre étendu de catégories de vastes rémunérations. Dans tous les États belligérants, on voit donc le public pourvu de ressources nominales supérieures à ce qu'elles étaient, les biens de consommation insuffisants par rapport aux demandes, les prix en pleine ascension, la monnaie battue en brèche. Si la situation est plus grave en France qu'ailleurs, c'est parce que notre pays est, depuis des années, coupé du monde extérieur, que les occupants ont opéré sur ses ressources des prélèvements exorbitants, que leur présence a provoqué l'arrêt ou le ralentissement de maintes branches de l'industrie, que maintenant le manque de matières premières et d'équipements, le défaut d'importations, la nécessité d'employer une large part des moyens qui nous restent à des travaux urgents de reconstruction, retardent la reprise de la production. Or, tout dépend de cette reprise. Des artifices brutaux ajouteraient à notre mal en enlevant aux producteurs l'envie et les moyens de se mettre à l'ouvrage et en ruinant décidément le crédit de l'État et celui de la monnaie. Au contraire, poussons l'économie au démarrage et à l'expansion. Quant à l'excès des liquidités, épongeons-le par des bons du trésor qui favorisent l'esprit d'épargne et répandent dans le public le sentiment que chacun dispose de ce qui lui appartient. Dans le même ordre d'idées, gardons-nous de tout impôt systématique sur le capital. Poursuivons simplement la confiscation des enrichissements coupables. Cette méthode n'est pas miraculeuse. Mais, grâce à la confiance que le pays fait à de Gaulle, elle nous mènera au redressement. »

C'est à moi, en dernier ressort, qu'il appartient de trancher. Aussi suis-je saisi de la querelle par toutes les voies des rapports administratifs, des avis des groupes d'intérêts, des exposés de la presse. A l'Assemblée consultative, André Philip, rapporteur général du budget, Jules Moch et d'autres délégués se font, au début de mars, les apôtres éloquents du prélèvement sur les signes monétaires, les comptes et le capital, tandis que René Pleven expose un tout autre plan. Il faut dire que cette affaire divise le gouvernement. Les deux thèses y ont chacune un protagoniste ardent autant que qualifié. Mendès-France, ministre de l'Économie nationale, s'identifie à la première. Pleven, ministre des Finances, soutient la seconde à fond. Comme tous les deux sont des hommes de qualité et d'ambition, que de ce fait ils rivalisent, qu'ils se trouvent porter en la matière une responsabilité égale, l'un pour les prix et les échanges, l'autre pour le budget et la monnaie, que le litige concerne un problème dont dépend le sort du peuple français, toute cote mal taillée serait, à mes yeux, aussi vaine qu'inconvenante. Après en avoir longuement débattu avec eux et en moi-même, j'opte pour la voie progressive et je repousse le blocage.

Ce n'est point que je sois convaincu par des arguments théoriques. En économie, non plus qu'en politique ou en stratégie, il n'existe, à mon sens, de vérité absolue. Mais il y a les circonstances. C'est l'idée que je m'en fais qui emporte ma décision. Le pays est malade et blessé. Je tiens donc pour préférable de ne pas, en ce moment, bouleverser sa subsistance et son activité, d'autant que les mois à venir vont, par la force des choses, améliorer sa condition. S'il n'était pas d'autre moyen de le tirer d'affaire que de jouer le tout pour le tout, je n'y manquerais certes pas. Mais pourquoi le jeter dans de périlleuses convulsions, dès lors que, de toute manière, il va recouvrer la santé?

Quant à l'expérience que le gouvernement de Bruxelles a réussie, de son côté, je ne crois pas qu'elle vaille pour la France. Car les conditions matérielles et morales sont profondément différentes chez les Belges et chez nous. La Belgique a, moins que la France, souffert de l'occupation. Les prélèvements sur ses ressources sont restés assez limités. En vertu d'une manœuvre de la propagande allemande, ses prisonniers sont rentrés depuis longtemps. A présent, les Belges prennent à la guerre une part peu dispendieuse. Au surplus, il ne s'est pas trouvé chez eux de régime semblable à Vichy; les communistes n'y comptent guère; le trouble national n'atteint pas de grandes profondeurs. Sur ce pays peu étendu, d'une structure simple, dont les armées alliées rétablissent elles-mêmes les communications, le contrôle de l'administration s'exerce sans difficultés. Mais, surtout, M. Camille Gutt est en mesure d'empêcher que le blocage des prix et de la monnaie étrangle le ravitaillement. Comme le gouvernement de Bruxelles dispose en Amérique d'une vaste réserve de devises, en raison des ventes de minerai et, notamment, d'uranium, effectuées aux États-Unis par le Congo tout au long de la guerre; comme le port d'Anvers est la destination de la plupart des convois alliés; comme les Anglo-Saxons, pour des raisons à la fois politiques et stratégiques, veulent faciliter les choses aux autorités belges, le ministère Pierlot-Gutt-Spaak peut importer de grandes quantités de denrées américaines et canadiennes. Ainsi, au lendemain du blocage, les producteurs belges ayant suspendu toute livraison, le gouvernement a pu, aussitôt, garnir les marchés des aliments et des objets qu'il a achetés au Nouveau Monde et qu'il a fait vendre à bas prix. C'est pourquoi, après maintes secousses, l'équilibre s'est rétabli sans que la faim et le désordre aient fait leur apparition.

Mais nous, où sont nos crédits? Chez les autres, nous

n'avons que des dettes. C'est à peine si les accords naguère passés avec Washington et avec Ottawa pour des « importations de six mois » ont reçu, au printemps de 1945, un commencement d'exécution. Indépendamment des motifs politiques qui déterminent nos alliés à nous tenir la dragée haute, ils ne se soucient pas de surcharger leurs navires et de les détourner vers nos ports qui sont loin des champs de bataille. A tout prendre, l'expérience belge ne saurait donc me convaincre d'adopter le système du blocage et des prélèvements. Que la nation libérée produise le plus possible ! Que l'État l'y aide et l'y pousse ! Qu'en échange elle lui fournisse, sous forme d'impositions normales et de placements de l'épargne, de quoi couvrir les dépenses qu'il assume pour le salut public ! Telle est la décision prise en mars 1945.

Celle-ci ne sera pas changée. Jusqu'au bout, elle guidera la politique financière et économique du Gouvernement provisoire. Pourtant, il faudra pourvoir, en dehors des charges ordinaires, au déficit énorme que creuseront dans le budget de 1945 les frais de la guerre et de la reconstruction, le retour et le reclassement des prisonniers et des déportés, la remise en place des réfugiés, le renvoi dans leurs foyers des hommes démobilisés, l'expédition de nos troupes en Indochine. Mais les excédents de recettes, la confiscation des profits illicites, la conversion en rentes 3 % des titres 4 % de 1917 et de 1918 et 4 1/2 % de 1932, surtout les bons du trésor auxquels le public ne cessera pas de souscrire, permettront de faire face à tout. Sans doute procédera-t-on, au mois de juin, à l'échange des billets de banque, ce qui rendra caduques au profit de l'État celles des anciennes vignettes qui ne seront pas présentées. Mais l'opération se fera franc pour franc. Sans doute devra-t-on, entre janvier et décembre, poursuivre des ajustements de prix et de salaires, mais le pouvoir en restera maître et, au total, les augmentations ne dépasseront pas 50 %. En même temps, la production ne cessera pas de s'élever, d'autant mieux qu'à la suite d'accords passés en février et mars avec la Belgique, la Suisse, la Grande-Bretagne et les États-Unis, les importations reprennent. En fin de compte, l'activité économique sera, à la fin de 1945, double de ce qu'elle était lors de la libération et la circulation fiduciaire ne dépassera pas le montant qu'elle atteignait au moment de mon arrivée à Paris. A une époque et dans une matière où il n'y a aucune chance que quiconque soit satisfait, je n'attends pas que ce résultat soulève de l'enthousiasme. Je m'en contente, cependant, puisqu'après avoir chancelé sur un chemin bordé d'abîmes le pays sera, au terme de l'année, engagé sur la route d'une nouvelle prospérité.

Comme il est naturel, Pierre Mendès-France quitte le gouvernement, sur sa demande, au mois d'avril. Il le fait avec dignité. Aussi gardé-je mon estime à ce collaborateur d'une exceptionnelle valeur. Au demeurant, si je n'adopte pas la politique qu'il préconise, je n'exclus nullement de la faire mienne un jour, les circonstances ayant changé. Mais, pour que Mendès-France soit, éventuellement, en mesure de l'appliquer, il faut qu'il sache rester fidèle à sa doctrine. C'est dans ce sens que, pour un ministre, le départ peut être un service rendu à l'État. Je réunis en un seul ministère celui des Finances et celui de l'Économie. Pleven en reçoit la charge. Compagnon d'un esprit brillant et étendu qui s'applique à être modeste, commis voué aux tâches compliquées qui les embrasse d'une souple étreinte, il s'acquitte de ses fonctions sans que notre misère lui permette de spectaculaires succès, mais de telle façon que le pays progresse en fait de ressources et de crédit. Bien que, parfois, je juge ses détours superflus, sa plasticité excessive, je lui accorde ma confiance et ne cesse de le soutenir.

J'en fais autant pour tous les ministres, obligé que je suis de me tenir à leur égard dans la position singulière qu'exige ma fonction d'arbitre, mais convaincu de leur mérite et sensible à leur amitié. Aujourd'hui, après nombre d'années et de changements dans les attitudes, je n'évoque pas sans émotion la cohésion de cette équipe et le concours que ses membres m'ont apporté dans une tâche historique. Si divers que puissent être mes vingt collaborateurs, il est de fait que nous n'aurons qu'une seule et même politique jusqu'au jour de la victoire. Certes, ils se trouvent, pour la plupart, rattachés à des partis, mais les malheurs de la patrie sont trop récents et mes pouvoirs trop bien reconnus pour qu'aucun veuille et puisse songer à jouer isolément. Quand on est ministre, c'est, en fait, vis-à-vis du général de Gaulle et de lui seul qu'on est responsable. Il en résulte, dans l'action du pouvoir, une unité qui, d'elle-même, commande la remise en ordre de l'État et du pays.

Je consulte souvent Jules Jeanneney, doyen austère et mesuré de notre gouvernement. Ministre de Clemenceau lors de la première guerre mondiale, il ne voulut, ensuite, être celui de personne. A présent, il est le mien. Totalement dévoué à la chose publique, il nous apporte une capacité juridique et une expérience politique qui m'ont conduit à lui confier la préparation des projets relatifs aux institutions. Nul, plus que l'ancien président du Sénat, n'est convaincu qu'il faut, de fond en comble, transformer le régime d'antan. Constamment, j'ai affaire aux trois ministres « militaires ». André Diethelm, dont je ne crois pas qu'il existe de compagnon plus fidèle, ni de commis d'une conscience plus haute, organise, encadre, équipe l'armée au moral à vif, aux éléments foncièrement différents, aux moyens déficitaires, qui sera celle de la victoire. Louis Jacquinot s'applique adroitement à faire en sorte, qu'en dépit des coups de canon tirés en sens opposés, des navires détruits ou sabordés, des décombres des arsenaux, il renaisse une marine française. Charles Tillon, tendu, soupçonneux, ne s'en consacre pas moins efficacement à la résurrection des fabrications de l'Air. Je travaille chaque jour avec Georges Bidault, ministre des Affaires étrangères. Versé, depuis des années, dans l'histoire et dans la critique des sujets qu'il doit traiter mais tout neuf dans la pratique des choses, impatient déjà de voler de ses propres ailes mais soucieux de ne pas s'écarter encore de la ligne que j'ai tracée, tenté de s'absorber dans sa tâche ministérielle mais en même temps attentif à la gestation du mouvement politique dont il entend prendre la tête, il surmonte ces contradictions à force d'intelligente finesse. A maintes reprises, Adrien Tixier m'entretient de l'ordre public. Aucune péripétie n'altère l'égalité d'âme du ministre de l'Intérieur. Pourtant, il ne dispose que de forces insuffisantes et ne cesse pas d'être harcelé par les sommations des vengeurs ou, au contraire, par les adjurations de certaines catégories qui voudraient que l'autorité n'apprît rien et oubliât tout. Enfin, ce mutilé de guerre souffre à toute heure le martyre ; dans un an, il sera mort.

Par intervalles, l'aigreur déferle à l'encontre d'autres ministres. Ainsi de François de Menthon, garde des Sceaux, qui a dans ses attributions celle, brûlante, de constituer les cours, les chambres civiques, la Haute-Cour et d'assurer leur indépendance et qui le fait comme il le doit. Le jeune, idéaliste, éloquent Pierre-Henri Teitgen se voit aussi porter des coups, puisqu'il dirige l'Information et réglemente les affaires de presse. Ceux qui l'attaquent trouvent, il est vrai, à qui parler. Rien n'ébranle la lucidité robuste de Robert Lacoste, ministre de la Production. Son lot, pourtant, est ingrat. Qu'il s'agisse de l'énergie, de l'outillage, des matières premières, que soient en cause les mines, la métallurgie, l'industrie textile, le papier, il n'est pour lui que déficits, impasses, goulots d'étranglement. Mais, sans faire beaucoup de bruit, il abat beaucoup de besogne et n'échoue jamais son bateau. Au ministère du Travail, Alexandre Parodi tisse patiemment et malaisément la toile de Pénélope que constitue l'échelle des salaires. Le retour des Prisonniers est préparé par Henri Frenay. Comme les partis surenchérissent d'avance sur les revendications qu'ils élèveront au nom de ces 2 millions d'électeurs, l'orage gronde autour du ministre. Mais, de tous les membres de mon gouvernement, celui qui est attelé à la tâche la plus ardue, le plus assuré de ne pouvoir satisfaire personne, le moins ménagé par les critiques et les caricatures, c'est Paul Ramadier, en charge du Ravitaillement. Je l'y ai appelé en novembre. Vaillamment, méthodiquement, il s'acharne et il réussit à réunir et à distribuer les maigres rations de l'époque, opposant au flot des brocards sa rocailleuse solidité, mais sensible à leur injustice.

Quelques ministres sont davantage soustraits aux saccades de l'opinion. C'est le cas pour Paul Giacobbi, esprit habile et cœur ardent, qui a remplacé Pleven aux Colonies et pris en compte, à ce titre, ce qui concerne l'Indochine ; pour François Billoux, qui dirige la Santé publique sans heurts mais non sans succès ; pour François Tanguy-Prigent, ministre et serviteur de l'Agriculture française, qui s'efforce de l'organiser et de la confédérer ; pour le sage Augustin Laurent qui remet en état les postes, les télégraphes, les téléphones, ravagés par la bataille. C'est également au milieu d'un calme politique relatif, pour ce qui les concerne, que René Capitant, René Mayer, Raoul Dautry, mènent les affaires qu'ils ont en charge. Le premier entreprend avec audace et avec bonheur de rénover la structure et les méthodes de l'Éducation nationale. Le second, responsable des Transports, trouve moyen de résoudre les problèmes immédiats posés par la démolition des chemins de fer, des ports, des ponts, des routes, des canaux, des chantiers navals. Le troisième, riche d'idées et embrassant toutes les techniques, met au travail le ministère de la Reconstruction que j'ai créé au mois de décembre. A la demande de Dautry, j'y ai joint l'Urbanisme, afin que nos villes restaurées le soient d'après des plans d'ensemble. Au total, à voir comment s'y prennent, dans leur domaine respectif, tous mes collaborateurs, je m'assure que la Résistance offre au pays de grandes capacités politiques et administratives, pourvu qu'il y ait un capitaine au gouvernail de l'État.

Comme nous avons à faire beaucoup de choses et des plus difficiles, c'est suivant des règles arrêtées que fonctionne le gouvernement. Sauf dans les matières secrètes concernant les opérations, ou quand il s'agit d'une question posée d'urgence par la diplomatie, toutes les décisions importantes sont adoptées en Conseil. Celui-ci se réunit, en moyenne, deux fois par semaine. Ce n'est pas trop, étant donné le foisonnement des sujets et le fait que le gouvernement doit trancher au législatif aussi bien qu'à l'exécutif. Les séances sont préparées avec le plus de soin possible. La constitution des dossiers, la liaison de la Présidence avec les ministères et avec le Conseil d'État, incombent au secrétariat général dirigé par Louis Joxe. Parlant peu et en sourdine, se tenant sous un jour tamisé, Joxe assure sans à-coups la marche de ce mécanisme auquel tout est suspendu.

Le Conseil siège à l'hôtel Matignon. Dans la salle aux murs dépouillés, le ton est d'être objectif. La séance, quelque importante ou émouvante qu'elle soit, se déroule suivant un ordre établi une fois pour toutes. Sur chacun des points traités, le ministre intéressé présente son rapport comme il l'entend. Ceux des membres qui croient devoir formuler des objections ou des suggestions reçoivent toujours la parole. Il m'appartient d'éclaircir complètement le débat en posant les questions voulues. Puis, s'il s'agit d'un problème grave, je consulte tous les membres. Il se trouve, d'ailleurs, comme je l'ai toujours constaté depuis cinq ans, que les principes de notre politique donnent rarement lieu à des discussions. L'action des armées, les buts de guerre, l'attitude à prendre vis-à-vis des alliés, la transformation de l'Empire en Union Française, le devoir d'assurer la justice à l'égard des « collaborateurs », l'obligation de maintenir l'ordre contre quiconque, la nécessité d'accomplir une vaste réforme sociale, ne soulèvent pas de contestations. Là-dessus, tout le monde est d'accord quant à la direction que de Gaulle a lui-même tracée. Mais, dès qu'on aborde les mesures à prendre, c'est-à-dire les intérêts à mettre en cause, le débat aussitôt s'anime. C'est le cas, en particulier, pour les projets d'ordre économique et social, les dispositions financières, la production, le ravitaillement, le mode de suffrage, l'éligibilité. Quand se posent des questions de personnes, la controverse atteint son maximum.

Au cours du débat, j'insiste pour que les opinions soient exprimées sans réserve. En fin de compte, je fais connaître ma propre manière de voir. Souvent, il s'est établi entre les membres une sorte d'accord général. J'en prends acte et tout est dit. Sinon, je formule la décision que je crois bonne. De ce fait, elle est celle du Conseil. Je tâche, dans tous les cas, que ce soit net et rapide. Car, une fois la cause entendue, rien ne coûterait plus cher que l'incertitude du pouvoir.

Comme les heures sont brèves ! Comme il y en a peu dans un jour ! Ces Conseils du gouvernement, il me faut les préparer. En outre, beaucoup d'affaires : défense nationale, économie, finances, population, Indochine, Afrique du Nord, sont examinées d'abord par des comités restreints que je préside et où siègent les ministres responsables en la matière avec leurs principaux seconds. Encore ai-je à m'entretenir de ce qui est en question avec l'un ou avec l'autre des membres du gouvernement. Je dois souvent consulter les experts, prendre l'avis de René Cassin vice-président du Conseil d'État, régler avec Louis Joxe l'ordre des travaux, signer les ordonnances, les décrets, les décisions, qui en sont l'aboutissement.

Ce qui se passe au jour le jour m'est présenté par mes collaborateurs directs. Palewski m'apporte les télégrammes, missives, rapports, concernant la politique et la diplomatie, les analyses de presse et de radio françaises et étrangères, les messages qui arrivent de tous les points de la France et du monde. Juin me tient au fait des événements militaires et me remet les comptes rendus et les demandes des armées. Sur quoi, j'écris mes propres lettres, dépêches et directives et signe le courrier préparé par le cabinet.

Les audiences que je donne sont limitées au nécessaire. Mais cela en fait beaucoup. En dehors des conférences avec des membres de gouvernements alliés qui viennent négocier à Paris, comme MM. Churchill et Eden en novembre, M. Hopkins en janvier, M. Spaak en février, M. van Kleffens puis sir John Anderson en mars, MM. Ford et Evatt en avril, je reçois les ambassadeurs. MM. Duff Cooper, Bogomolov, Caffery, sont des visiteurs assidus. Mais aussi, Mgr Roncalli, MM. Morawski, le baron Guillaume, le général Vanier, Cerny, Burckhardt, etc., s'assoient souvent dans mon bureau. Y ont toujours accès les grands chefs militaires alliés ou français. Périodiquement, les commissaires de la République sont convoqués à Paris et je les réunis chaque fois pour entendre leur rapport et leur donner des instructions d'ensemble. Nos représentants à l'étranger, quand ils sont de passage en France, viennent rendre compte de leur mission. Je reçois, à l'occasion, le gouverneur de la Banque de France, le secrétaire général du quai d'Orsay, le préfet de police, le directeur du service des renseignements. Il me faut prendre contact avec divers étrangers éminents, ainsi qu'avec des personnalités françaises : présidents d'associations, académiciens, prélats, dirigeants de l'économie, chefs syndicalistes, etc. Bien entendu, les membres du bureau de la « Consultative », les présidents de groupe, certains délégués, sont reçus quand ils le demandent.

Jusqu'au jour de la victoire, je vais trente fois à l'Assemblée. J'y prends vingt fois la parole. Pendant la même période, je m'adresse fréquemment au public par la radio. Discours, allocutions, conférences de presse, me permettent de tenir le pays au courant de ses affaires, de lui dire ce que j'attends de lui, et aussi de faire retentir la voix de la France au dehors. Dans certains cas, je suis amené à improviser mes propos. Alors, me laissant saisir par une émotion calculée, je jette d'emblée à l'auditoire les idées et les mots qui se pressent dans mon esprit. Mais, souvent, j'écris d'avance le texte et le prononce ensuite sans le lire : souci de précision et amour-propre d'orateur, lourde sujétion aussi, car, si ma mémoire me sert bien, je n'ai pas la plume facile. Mes déplacements sont nombreux : onze visites aux armées, des tournées dans toutes les provinces, un voyage en Russie en passant par l'Orient et en revenant par l'Afrique du Nord. En huit mois, je suis soixante-dix jours absent de la capitale. Au retour, je vois se dresser des montagnes d'instances accumulées.

C'est rue Saint-Dominique que sont installés mes bureaux. Le vieil hôtel Brienne est central et symbolique. Depuis le matin jusqu'au soir, j'y travaille et j'y donne audience. Là, ont lieu, également, les réceptions présidentielles : remise de lettres de créance, accueil de délégations, repas officiels, etc. Là, se tiennent les comités interministériels, quelquefois le Conseil des ministres. Pour demeure, je n'ai pas voulu du palais de l'Élysée, marquant ainsi que je ne préjuge ni des institutions de demain, ni de la place que j'y prendrai. D'ailleurs, le train de vie qu'imposerait au général de Gaulle et que coûterait à l'État l'installation à l'Élysée serait choquant au milieu de la misère nationale. Pour les mêmes raisons, je ne fais aucun séjour à Rambouillet. J'ai loué, à titre personnel, un hôtel particulier en lisière du bois de Boulogne sur le chemin de Bagatelle. Ma femme et moi y habitons. Nos deux filles sont auprès de nous. Notre fils est au combat. Ces soirs d'hiver et de printemps, d'aimables hôtes étrangers et français viennent parfois s'asseoir à notre table. Après leur départ, mes veillées sont remplies par l'étude des dossiers, la rédaction de mes discours, l'examen, face à ma conscience, des recours des condamnés. Le dimanche, je me fais conduire dans une forêt proche de Paris pour y marcher quelques heures.

Au poste où je suis, rien de ce qui est de la France ne m'est inconnu ou caché. Or, à travers les rapports, les audiences, les inspections, les cérémonies, mille signes me font voir que le pays se ressaisit et, dans les contacts directs que je prends avec le public, je sens que l'ordre l'emporte au lieu de l'agitation où la nation aurait, sans nul doute, risqué de se disloquer.

C'est l'impression que je recueille à Nantes, où je vais le 14 janvier, en compagnie des ministres Dautry et Tanguy-Prigent, pour remettre entre les mains du maire Clovis Constant la croix de la Libération. Angers, que je visite ensuite, me fait entendre la même note de confiance et d'apaisement. Présidant, à Paris, l'ouverture de l'Université, je suis frappé par l'atmosphère allègre qui enveloppe la Sorbonne. Les 27 et 28 janvier, je parcours la banlieue parisienne. Les villes de Boulogne-Billancourt, Montrouge, Sceaux, Ivry, Saint-Maur, Nogent, Neuilly, Asnières, Saint-Denis, Aubervilliers, Montreuil, Vincennes, me voient parcourir à pied leurs rues vibrantes et pavoisées et me reçoivent en leur mairie. Le froid de fer qui sévit rend d'autant plus émouvants l'enthousiasme de la population et l'hommage des municipalités, qu'elles soient, ou non, communistes. Entre temps, j'ai plusieurs fois porté à l'Alsace le témoignage de la France. Je suis à Metz le 11 février. Les cris du peuple, les fanfares, les allocutions du préfet Rebourset, du gouverneur Dody, du maire Hocquard, de l'évêque Mgr Heintz, font entendre que, comme toujours, c'est là que les triomphes français ont le plus grand retentissement. Le 4 mars, ayant à mes côtés Tixier et Lacoste, je me rends à Limoges. L'accueil y est magnifique. Pourtant, des troubles graves ont agité le Limousin. Mais l'ordre a gagné la partie. Le commissaire de la République Boursicot exerce, maintenant, la plénitude de ses pouvoirs. Chaintron, préfet du moment, le seconde effectivement. Le maire Chaudier a fait l'union dans son conseil municipal. Au nom de la France, j'accomplis le pèlerinage d'Oradour-sur-Glane. Le lendemain, randonnée à travers la campagne gasconne. A Périgueux, le voyage s'achève par une réception éclatante de fierté patriotique.

Paris clôt, le 2 avril, la série des manifestations qui préludent à la victoire. Le matin, à la Concorde décorée de croix de Lorraine, en présence du gouvernement, des corps de l'État, de l'Assemblée, du corps diplomatique, je remets solennellement 134 drapeaux et étendards aux colonels des régiments qui viennent d'être reconstitués. Puis, depuis l'Arc de Triomphe sous la voûte duquel flotte un gigantesque drapeau, jusqu'à la place de la République, en suivant les Champs-Élysées, la rue Royale, les grands boulevards, défilent 60 000 hommes et un puissant matériel. Il s'agit, soit de formations nouvelles, soit d'unités venues du front. On ne saurait décrire les transports de la population constatant la résurrection de notre force militaire.

L'après-midi, sur le perron de l'Hôtel de Ville, André Le Troquer reçoit de mes mains la croix de la Libération décernée à la ville de Paris. Auparavant, j'ai répondu à l'éloquente allocution du président du Conseil municipal. C'est pour parler de nos devoirs. « La France, dis-je, découvre avec lucidité quel effort il lui faut fournir pour réparer ce que cette guerre, commencée voici plus de trente ans, a détruit de sa substance... Nous ne nous rétablirons que par un travail acharné, dans une étroite discipline nationale... Silence aux surenchères des partis ! » Évoquant « le monde durci où notre pays se retrouve », je déclare : « Il est bon que les réalités soient rigoureuses et incommodes. Car, pour un peuple comme le nôtre, qui repousse les caresses infâmes de la décadence, mieux valent les aspérités que les pentes molles et faciles. »

Ce jour-là, comme toujours en de telles cérémonies, je quitte, par intervalles, le cortège officiel afin d'aborder la foule et de m'enfoncer dans ses rangs. Serrant les mains, écoutant les cris, je tâche que ce contact soit un échange de pensées. « Me voilà, tel que Dieu m'a fait ! » voudrais-je faire entendre à ceux qui m'entourent. « Comme vous voyez, je suis votre frère, chez lui au milieu des siens, mais un chef qui ne saurait ni composer avec son devoir, ni plier sous son fardeau. » Inversement, sous les clameurs et à travers les regards, j'aperçois le reflet des âmes. Pour le grand nombre, il s'agit d'émotion, suscitée par ce spectacle, exaltée par cette présence et qui s'exprime en : « Vive de Gaulle ! » en sourires, en larmes aux yeux. Chez beaucoup, transparaît l'inquiétude que des troubles nouveaux viennent menacer la vie de chacun. Ceux-là semblent me dire : « Nous vous acclamons, parce que vous êtes le pouvoir, la fermeté, la sécurité. » Mais qu'elle est grave la question muette que je lis sur certains visages ! « De Gaulle ! cette grandeur, dont grâce à vous nous sentons le souffle, résistera-t-elle demain au flot montant de la facilité ! »

Au cœur de la multitude, je me sens pénétré de sa joie et de ses soucis. Combien suis-je près surtout de ceux qui, fêtant le salut de la patrie mais constatant le réveil de ses démons intérieurs, ressentent à son sujet l'inquiétude lucide de l'amour !

LA VICTOIRE

Après les grandes batailles du printemps et de l'été, le front d'Occident s'était fixé près de la frontière du Reich. C'était, de part et d'autre, pour préparer les coups décisifs. Compte tenu de la vaste offensive que les Russes entameraient bientôt, les alliés de l'Ouest se regroupaient, à la mi-automne, en vue d'en finir dans le courant de l'hiver. Hitler, de son côté, espérait encore briser par un effort suprême l'assaut de ses ennemis et, même, ressaisir l'avantage. Quant à la France, les chocs prochains allaient lui offrir l'occasion de gagner sa part de victoire et de rendre du lustre à ses armes. Aussi mes intentions étaient-elles nettement fixées. J'entendais que nos forces fussent engagées à fond avec celles de la coalition. J'espérais que leur gloire nouvelle ferait renaître dans le pays la fierté dont il avait besoin. Je voulais que leur action assurât, sur le terrain, certains résultats précis qui intéressaient directement la France.

Il est vrai que nos forces de campagne étaient placées, pour les opérations, à l'intérieur du système stratégique occidental. Le général Eisenhower, qui exerçait le commandement suprême, s'y trouvait bien à sa place, loyal et méthodique, assez habile pour maintenir son autorité sur ses difficiles lieutenants et sachant faire preuve de souplesse vis-à-vis des gouvernements qui lui confiaient leurs armées. J'étais, pour ma part, décidé à ne pas compliquer sa tâche et à lui laisser la disposition aussi complète que possible des grandes unités que nous lui avions prêtées. Mais, outre l'intérêt commun qui consistait à gagner la bataille pour le compte de tout le monde, il y avait l'intérêt national français. Cela, c'était mon affaire. Pour imposer nos conditions, je serais, à plusieurs reprises, amené à intervenir dans le domaine stratégique, au cours même de l'exécution.

Il n'en eût pas été de même si la France avait eu sa juste

place dans la direction de l'effort commun, si le gouvernement de Paris s'était trouvé, comme ses grands alliés, à même de faire adopter ses buts de guerre par la coalition, si l'état-major français avait pu, lui aussi, concourir régulièrement aux décisions militaires. Mais les gouvernements de Washington et de Londres prétendaient détenir sans partage le droit de conduire la guerre et le commandement « combiné » anglo-américain gardait jalousement le monopole des plans d'opérations. Étant donné que la France mettait en jeu tout son destin, que l'armée française allait fournir, en fin de compte, près du quart des troupes qu'Eisenhower aurait sous ses ordres, que la bataille avait pour base le sol français, avec ses routes, ses chemins de fer, ses ports, ses transmissions, l'obstination des Anglo-Saxons à détenir seuls les leviers de commande était tout à fait excessive. Pour en compenser l'abus, il me faudrait, à l'occasion, forcer la main au commandement, voire même employer nos troupes en dehors du cadre allié.

Dans ce que ma tâche comportait de militaire, j'étais assisté par l'état-major de la Défense nationale, constitué dès Alger. Le général Juin était à sa tête, intelligent, diligent, sachant arrondir les angles de mes rapports avec les alliés, s'employant à amortir les chocs auxquels, parfois, ma manière d'être exposait les subordonnés. S'il s'agissait d'opérations, Juin réglait les affaires quand j'en avais décidé. En matière d'administration, d'armement, d'équipement, de personnel, c'étaient les ministres de la Guerre, de la Marine, de l'Air : Diethelm, Jacquinot, Tillon, avec leurs chefs d'état-major : Leyer, Lemonnier, Valin, qui avaient en compte l'exécution. Mais il m'incombait d'arrêter les mesures les plus importantes. Je le faisais en comité de la Défense nationale, en présence des trois ministres et de leurs seconds. Après quoi, ceux-ci allaient à leurs bureaux et à leurs téléphones, pour s'en prendre aux difficultés inhérentes à une nation dépouillée de ses moyens de guerre et qu'il fallait faire réapparaître, sous l'armure, l'épée à la main.

Le plan d'ensemble, arrêté par Eisenhower dans le courant du mois d'octobre pour la reprise de l'offensive, m'avait paru bien inspiré. Le Commandant en chef voulait porter son effort vers la Ruhr, en poussant jusqu'au Rhin, entre Duisburg et Coblence, le Groupe d'armées du général Bradley. Celui de Montgomery avancerait dans les Pays-Bas pour appuyer les Américains sur leur gauche, tandis que, pour les couvrir à droite, les deux armées du Groupe Devers déboucheraient en Alsace : Patch par Saverne, de Lattre par Belfort. Il incomberait, en outre, à de Lattre d'assurer, le long des Alpes, la couverture du dispositif.

Des opérations secondaires étaient, d'autre part, prévues. Les ravitaillements nécessaires à la grande bataille exigeant le débarquement d'un énorme matériel et les ports français et belges qui avaient été libérés se trouvant dans le pire état, le Commandant en chef projetait de débloquer Anvers. Les Britanniques s'empareraient donc des îles à l'embouchure de l'Escaut. Mais aussi, comme le port de Bordeaux était relativement intact et que son utilisation faciliterait grandement le ravitaillement de la France, je pressais Eisenhower de procurer aux Français les moyens d'enlever les réduits allemands sur les deux rives de la Gironde. Il s'y était, en principe, résolu. C'est également aux Français que reviendrait la tâche de bloquer, — en attendant de la prendre, — les autres poches de l'Atlantique : La Rochelle, Saint-Nazaire, Lorient.

Au mois d'octobre, j'avais arrêté, pour nos forces, une répartition répondant aux éventualités probables. La Ire Armée, gardant les 7 divisions : 1re « française libre », 3e nord-africaine, 2e et 4e marocaines, 9e coloniale, 1re et 5e blindées, ainsi que les 2 corps d'armée et les éléments de réserve, qui lui avaient été affectés depuis l'Afrique et l'Italie, absorbait en outre de nombreux renforts provenant des forces de l'intérieur. Elle portait au maximum l'effectif de ses unités, formait des régiments nouveaux et constituerait bientôt une division de plus : la 14e. C'était donc un total de plus de 8 divisions, avec tous les soutiens, volants et services correspondants, que le général de Lattre aurait sous ses ordres pour atteindre et franchir le Rhin.

A la bataille d'Alsace prendrait part, également, la 2e Division blindée. Suivant mes intentions, celle-ci était initialement rattachée à la VIIe Armée américaine avec la mission générale de libérer Strasbourg. D'autre part, la 27e Division alpine et deux brigades de montagne demeuraient dans les Alpes pour couvrir la vallée du Rhône où passaient les communications des Armées de Lattre et Patch. Sur la côte de l'Atlantique, je confiai, le 14 octobre, au général de Larminat le commandement des « Forces de l'Ouest » et le fis rattacher, pour les ravitaillements en munitions et en essence, au Groupe d'armées du général Devers. Larminat avait devant lui 90 000 Allemands solidement retranchés. Des maquisards se trouvant sur place, étayés de plusieurs régiments nord-africains et coloniaux et de batteries d'origines diverses, il devrait faire 3 divisions : 19e, 23e, 25e. Dès qu'on pourrait, en outre, prélever sur le front du Rhin les renforts indispensables, les forces de l'Ouest passeraient à l'attaque pour liquider les poches allemandes. Enfin, 2 divisions en voie de formation : 10e et 1re, resteraient provisoirement à la disposition du gouvernement, l'une près de Paris, l'autre aux environs de Bourges. Elles seraient, à leur tour, engagées dès que possible. Dans la dernière phase de la guerre, il y aurait finalement en ligne plus de 15 divisions françaises. C'était vraiment tout le possible, compte tenu des misères du présent. Pour la France, hélas ! c'était peu, relativement au passé. « Allah ! qui me rendra ma formidable armée? »

Tout ce que nous possédions d'aviation allait voler à la bataille. Le 30 septembre, nous constituions le 1er Corps aérien sous les ordres du général Gérardot. Ce corps, qui comprenait 20 groupes, tant de chasse que de bombardement et de reconnaissance, déployés dans la région de Dijon, appuierait par priorité la Ire Armée française, tout en faisant partie des forces aériennes commandées par l'air-marshal Tedder. D'autre part, 7 groupes restaient basés en Angleterre, dont 5 prêtaient leurs concours aux opérations alliées de Belgique et de Hollande, tandis que 2 de bombardement lourd contribuaient, avec tous ceux de l'Occident, à l'écrasement des centres vitaux et industriels de l'Allemagne. Six groupes, sous les ordres du général Corniglion-Molinier, achevaient de se constituer pour appuyer nos forces de l'Ouest. Quelques escadrilles aidaient nos éléments engagés dans les Alpes. Quelques autres, maintenues en Afrique du Nord, participaient à la sécurité des bases et des convois dans la Méditerranée. Sur le front russe, deux de nos groupes poursuivaient le combat aux côtés des chasseurs moscovites. Au total, un millier d'avions français seraient en ligne à la fois.

Quant à notre marine, ses escorteurs, sous-marins, chasseurs, accomplissaient leur tâche incessante de protection des convois, de destruction des sous-marins, vedettes, corsaires, cargos allemands et de mouillage de mines sur les côtes tenues par l'ennemi. L'amiral d'Argenlieu, fixé à Cherbourg, dirigeait leurs opérations dans l'Atlantique, la Manche, la mer du Nord. En même temps, une escadre formée des croiseurs : *Montcalm*, *Georges Leygues*, *Gloire*, *Émile-Bertin*,

Jeanne d'Arc, *Duguay-Trouin*, de 7 croiseurs légers et de petits bâtiments, sous les ordres successifs des amiraux Auboyneau et Jaujard, bombardait les rivages du golfe de Gênes, toujours aux mains des troupes de Kesselring, et couvrait la côte méridionale française contre les raids des derniers navires adverses. Une autre escadre, commandée par l'amiral Rüe et comprenant, notamment, le cuirassé *Lorraine* et le croiseur *Duquesne*, assurait le blocus des poches allemandes de l'Atlantique en attendant d'aider à les réduire. Plusieurs flottilles d'aéronavale opéraient dans les mêmes parages. La marine avait, en outre, formé trois régiments blindés de fusiliers, un régiment de canonniers, des bataillons de marins, des commandos, qui prenaient part aux combats de l'armée de terre. Il faut ajouter que nos dragueurs exécutaient le déminage de nos ports et de nos rades. Enfin, dans le Pacifique, le cuirassé *Richelieu*, intégré dans la flotte alliée, combattait les Japonais. Si diminuée que fût la puissance navale des ennemis, tout dépendrait jusqu'à la fin de ce qui se passait sur les mers. Il était donc essentiel que notre marine y soutînt, avec ce qui lui restait, l'honneur des armes de la France.

Le mois de novembre voit se déclencher l'offensive générale des alliés occidentaux. Du nord au sud, les armées entrent successivement en action. Le 14, c'est au tour de la Ire Armée française. Il s'agit pour elle de forcer la trouée de Belfort et de déboucher en Haute-Alsace.

Le général de Lattre a chargé le 1er Corps d'armée de l'opération principale, tandis qu'au nord le 2e Corps doit s'emparer des cols des Vosges. L'objectif sera atteint après quinze jours de combats menés dans la boue, sous la neige, en dépit de la résistance acharnée de 8 divisions allemandes appartenant à la XIXe Armée. Il est vrai que Béthouart a pu rapidement porter vers Belfort sa gauche : 2e Division marocaine, 5e Division blindée et divers groupements des forces de l'intérieur, lui faire franchir la Lisaine en tuant à l'ennemi beaucoup de monde, notamment le général Ochsmann commandant la défense de ce secteur, puis pousser vers le Rhin sa droite : 9e division coloniale et 1re Division blindée. Il est vrai que le fleuve est atteint dès le 19 novembre, à Rosenau et à Saint-Louis, par les chars du général du Vigier et qu'ainsi les Français sont, parmi les alliés, les premiers à l'aborder. Il est vrai que, le 21, nos troupes libèrent Mulhouse et Altkirch. Mais l'ennemi s'accroche, continuant à tenir les ouvrages autour de Belfort et réussissant à couper plusieurs fois par des contre-attaques celles de nos forces qui progressent le long de la frontière suisse.

Finalement, ce sont les progrès du 2e Corps dans les Vosges qui permettent au 1er Corps d'obtenir, en plaine, la décision. La 1re Division « française libre », formant la droite de Monsabert, parvient à franchir par Giromagny et Massevaux les contreforts sud du massif. Son chef, le général Brosset, combattant digne de la légende, a péri au cours de l'avance. Mais Garbay, qui lui succède, opère sa jonction avec des troupes de Béthouart aux abords de Burnhaupt. Par là s'achève l'encerclement des dernières résistances allemandes entre Belfort et Mulhouse. Plus au nord, Guillaume, avec sa 3e Division nord-africaine, a pu enlever Gérardmer et Cornimont, puis les cols de la Schlucht et de Bussang. En quinze jours, la 1re Armée a tué 10 000 Allemands, fait 18 000 prisonniers, enlevé 120 canons. A la fin de novembre, de Lattre est en mesure de porter sur Colmar tout l'effort de son armée.

Tandis qu'il mène cette dure bataille, son voisin, le général Patch, pénètre en Basse-Alsace. Ayant brisé, sur l'axe Lunéville-Blamont, la première position allemande, la VIIe Armée américaine vise à atteindre le Rhin de Strasbourg à Lauterbourg. C'est, pour la 2e Division blindée française, l'occasion de libérer la capitale alsacienne.

Le 18 novembre, cette division reçoit l'ordre d'exploiter dans la direction de Saverne le succès des Américains qui ont rompu la ligne ennemie. Leclerc s'élance. Exécutant avec logique sa mission d'exploitation et résolu à faire en sorte que ses soldats parviennent les premiers à Strasbourg, il va manœuvrer de manière à n'être pas accroché par les résistances successives préparées par les Allemands. Aussi l'un de ses groupements déborde-t-il au nord Sarrebourg, puis Phalsbourg, où l'adversaire est en position. Mais, au sud, il faut franchir les Vosges. Les itinéraires que Leclerc y choisit, pour faire cheminer ses chars, ses canons, ses camions, sont les moins bons, les plus risqués, mais ceux qui lui donnent le plus de chances de passer sans coup férir. Si rapide est l'avance des nôtres, si imprévus sont leurs axes de marche, par Cirey, Voyer, Rehtal, Dabo, que les fractions ennemies rencontrées sont presque partout surprises, capturées ou mises en déroute, au point que nos colonnes doublent souvent celles des fuyards. Le 22 novembre, Saverne et Phalsbourg tombent entre nos mains, ainsi que beaucoup d'Allemands, en particulier le général Bruhn commandant les forces de la région.

A présent, devant Leclerc et les siens, il y a Strasbourg. Pour l'atteindre, il faut traverser 35 kilomètres de plaine, puis briser aux abords et à l'intérieur de l'agglomération la résistance d'une garnison dont l'effectif dépasse le leur et qui s'appuie sur des ouvrages puissants. Mais les nôtres sentent se lever le vent de la victoire. Leclerc demande qu'on lui donne l'ordre de marcher sur Strasbourg. Or, le général Patch sait pourquoi la 2e Division blindée française a été affectée à son armée. Il comprend que le fer chaud doit être aussitôt battu. Il fixe à Leclerc l'objectif mérité.

Le 23 novembre, s'achève un des épisodes les plus brillants de notre histoire militaire. En 5 colonnes, — autant qu'il y a de routes, — la 2e Division blindée charge sur Strasbourg. Les Allemands, surpris de toutes parts, ne parviennent pas à organiser leur défense. Seul, tient bon le réduit qu'ils ont établi en avant des ponts de Kehl et vers lequel courent leurs fuyards pêle-mêle avec nos voitures de combat. Les casernes et bâtiments publics, occupés par 12 000 militaires et 20 000 civils allemands, se rendent presque aussitôt. Au milieu de l'après-midi, nos troupes ont restitué la ville entière à la France. La foule des habitants exulte de joie dans les rues. Quant aux ouvrages extérieurs, ils seront pris en quarante-huit heures. Le général von Vaterrodt, gouverneur allemand de Strasbourg, réfugié dans le fort Ney, capitulera le 25 novembre. La réussite est parfaite. Y ont concouru : de longues prévisions, une exécution magistrale, l'attraction qu'exercent sur les âmes françaises l'Alsace et sa capitale et qui, au moment voulu, s'est traduite chez nos soldats par un irrésistible élan.

Un message du général Leclerc m'apprend l'entrée de ses troupes à Strasbourg à peine y ont-elles pénétré. Au début de la séance tenue, ce jour-là, par l'Assemblée consultative, je viens annoncer la nouvelle. Un frisson parcourt l'assistance, élevée soudain tout entière au-dessus d'un quelconque débat. Les armes ont cette vertu de susciter, parfois, l'unanimité française.

Cependant, les succès des Français et des Américains dans le Haut-Rhin et autour de Strasbourg ne déterminent aucunement l'ennemi à abandonner l'Alsace. Au contraire, il s'acharne à tenir ferme au sud, à l'ouest et au nord de Colmar, en attendant de prendre l'offensive pour ressaisir ce qu'il a perdu. Hitler intervient, donne l'ordre à Himmler d'assumer en Alsace la direction militaire, politique et policière, fait renforcer les 7 divisions de sa XIXe Armée par une division de montagne venue de Norvège, une Panzerdivision armée de chars « Panther » tout neufs et qui surclassent les « Sherman » de nos propres unités, de multiples contingents expédiés en hâte de l'intérieur. La poche de Colmar présente de bonnes conditions de défense. Les Allemands y installent leur droite immédiatement au sud de Strasbourg dans une zone que l'Ill, le Rhin et le canal du Rhône au Rhin rendent difficile à franchir. A leur gauche, ils sont couverts par l'épaisse forêt de la Hardt. Au centre, le rempart formé par la crête et le revers des Vosges est toujours entre leurs mains. Alors que, chez les Français, ce qu'on transfère d'un bout à l'autre du champ de bataille doit contourner le massif par de longs et rudes chemins, les Allemands, pour déplacer du nord au sud ou du sud au nord des troupes ou du matériel, n'ont qu'à leur faire parcourir en terrain plat la corde de l'arc. A l'arrière, sur la rive badoise, les hauteurs de la Forêt-Noire offrent à leur artillerie des emplacements et des observatoires excellents pour battre la plaine. Dans les premiers jours de décembre, tout fait prévoir que la Ire Armée ne pourra s'emparer de Colmar sans de nouveaux et durs combats.

Au reste, sur tout le front, les alliés se heurtent à la même résistance farouche. Dans le Groupe Montgomery, c'est à grand-peine que l'armée canadienne et polonaise de Crerar réussit à dégager Anvers et que l'armée anglaise de Dempsey progresse autour de Nimègue. Chez Bradley, les armées Simpson et Hodges n'avancent que pas à pas au nord et au sud d'Aix-la-Chapelle. Celle de Patton, ayant libéré Metz, atteint malaisément la Sarre. Quant à Devers, il parvient à pousser Patch jusqu'à Lauterbourg. Mais, contraint d'agir par sa gauche pour aider son voisin du nord, il étend le front de Lattre sans le renforcer en proportion, ce qui rend plus difficile encore la progression de la Ire Armée française. D'ailleurs, l'hiver qui est, cette année-là, exceptionnellement rigoureux éprouve les troupes, glace et enneige les routes, ralentit la circulation. Les ravitaillements s'en ressentent ; les manœuvres et les attaques, aussi. En mer, l'effort désespéré des sous-marins allemands décime toujours les convois et, dans les ports détruits, le matériel apporté par les navires alliés est déchargé avec peine et retard.

Malgré tout, la Ire Armée va s'efforcer d'accomplir sa

mission en achevant de libérer l'Alsace. Sa zone d'action s'étend maintenant, en arc de cercle, depuis la frontière suisse jusqu'aux abords de Strasbourg ; la capitale alsacienne restant incluse dans le secteur de la VIIe Armée américaine, bien que la garnison en soit formée par la Brigade « Alsace-Lorraine ». Le général de Lattre voit joindre à son armée la Division Leclerc regroupée au sud de Strasbourg et la 36e Division américaine. En revanche, Devers lui retire la Ire Division « française libre », qui est portée vers Royan.

Au début de décembre, la Ire Armée entame l'action vers Colmar. Quinze jours de combats obstinés lui valent quelques succès, au sud vers Thann qu'elle libère, au nord dans la région de Sélestat et de Ribeauvillé. En même temps, à la crête des Vosges, le Hohneck et le col du Bonhomme sont âprement disputés. Mais, dans cet effort linéaire déployé simultanément sur tous les points d'un vaste front, de Lattre n'a pas les moyens d'emporter la décision.

Soudain, les Allemands déclenchent dans les Ardennes une puissante offensive. Du coup, les allocations en munitions et les appuis aériens, qui déjà n'étaient accordés aux nôtres qu'avec une grande parcimonie, sont portés presque en totalité vers le secteur enfoncé par l'ennemi. La Ire Armée française est donc contrainte de suspendre l'attaque. Voyant s'éloigner l'issue qu'ils avaient entrevue, chef et soldats sont décontenancés. Après tant d'élans prodigués, l'incertitude et le doute leur font sentir leur lassitude.

C'est à mon retour de Russie, au milieu du mois de décembre, que m'apparaît l'épreuve morale traversée par notre armée d'Alsace. J'en suis soucieux mais non surpris. Sachant de quelle énergie guerrière sont capables les Allemands, je n'ai jamais douté qu'ils sauraient, pendant des mois encore, tenir en échec les Occidentaux. Il me faut même ajouter, qu'au point de vue national, je ne déplore guère ces délais, où s'accroissent dans la coalition l'importance et le poids de la France. Encore faut-il que, dans nos forces, les âmes gardent leur ressort.

Tout s'arrangerait vite si l'armée se sentait soutenue par l'opinion. Mais, à cet égard, les choses laissent à désirer. Non point que le peuple français méconnaisse théoriquement les mérites de ceux qui combattent pour son service. Mais ceux-ci lui semblent, trop souvent, lointains et presque étrangers. Pour beaucoup de gens, la libération équivaut à la fin de la guerre et ce qui s'accomplit, depuis, dans le domaine des armes ne présente pas d'intérêt direct. D'ailleurs, ce sont les alliés qui exercent le commandement et fournissent la plus grande part. Nombre de Français, blessés jusqu'au fond de l'âme par l'effondrement de naguère, se passionnent peu pour des batailles où l'armée française ne joue plus, hélas ! le premier rôle. Et puis, le désastre de 1940, l'aspect militaire que revêtait le régime de la capitulation, l'abus que Vichy a fait du conformisme et de la discipline, ont provoqué, à l'égard de l'ensemble des professionnels, une certaine désaffection. Enfin, dans le monde de la politique, des intérêts, de la presse, la plupart des dirigeants tournent leurs préoccupations vers de tout autres sujets qu'une campagne dont ils croient qu'elle est gagnée d'avance et que le désarmement lui succédera à coup sûr. Constatant moi-même quelle place restreinte et quels fades commentaires les journaux consacrent à nos troupes et ayant convoqué les directeurs pour les inviter à mettre en lumière ce qui se passe sur le front, je m'entends répondre : « Nous allons faire de notre mieux. Mais il nous faut tenir compte des goûts du public. Or, les sujets militaires ne l'intéressent pas beaucoup. »

Justement, le général de Lattre me rend compte, le 18 décembre, de ses préoccupations quant à l'état de son armée. Il m'écrit avoir demandé au général Devers de mettre à sa disposition au moins deux divisions nouvelles, de lui fournir un appui aérien, de lui allouer un supplément de munitions. Faute de quoi, ses troupes ne pourront prendre Colmar. Mais, en même temps, le commandant de la Ire Armée me signale la dépression qui sévit dans l'âme de ses subordonnés. Il attribue cette crise, moins aux pertes, à la fatigue, aux souffrances causées par l'hiver, qu'à l'éloignement moral par rapport au pays. « D'un bout à l'autre de la hiérarchie, écrit-il, particulièrement chez les officiers, l'impression générale est que la nation les ignore et les abandonne. » De Lattre poursuit : « Certains vont même jusqu'à s'imaginer que l'armée régulière, venue d'outre-mer, est sacrifiée de propos délibéré. » Il ajoute : « La cause profonde de ce malaise réside dans la non-participation de la nation à la guerre. »

Tout en faisant la part des déceptions causées au général de Lattre par les combats ingrats où son armée est engagée, après une phase des opérations où, au contraire, se multipliaient succès, trophées et vivats ; tout en lui affirmant que ses troupes ne sont nullement abandonnées et en l'invitant à le leur faire comprendre ; tout en lui marquant une confiance encourageante : « Vous êtes, comme toutes les armées alliées, dans un moment difficile, mais vous en sortirez à votre gloire », je prends des dispositions pour renforcer la Ire Armée en vue de la crise stratégique qui s'annonce.

Le 18 décembre, des ordres sont donnés pour incorporer dans les unités du front 10 000 jeunes soldats à l'instruction dans les dépôts. Le 19, je fais savoir au commandement allié, qu'en raison de l'offensive entamée en Belgique par les Allemands, j'approuve qu'il soit sursis à l'attaque de Royan et que la 1re Division « française libre » revienne d'urgence en Alsace, ce qui est fait aussitôt. Quelques jours après, je vais inspecter dans la région de Fontainebleau la 10e Division, grande unité toute neuve. Sous les ordres du général Billotte, elle est formée, pour l'essentiel, des Parisiens qui ont pris part aux combats de la libération dans les rues de la capitale. A les voir, je me convaincs, une fois de plus, qu'avec de bons jardiniers la plante militaire est toujours prête à fleurir. Bien qu'il y ait encore des lacunes dans l'instruction et dans l'équipement de la 10e Division, je décide de l'envoyer au front et le lui annonce sur-le-champ. Alors, sur la neige glacée, défilent ses jeunes régiments. Quinze mille regards de fierté se portent vers moi, tour à tour.

La veille et le jour de Noël, accompagné de Diethelm et, de Juin, je suis à la Ire Armée. Tout en parcourant les lignes je prends contact avec l'Alsace. D'abord, je vais à Strasbourg. La grande ville me fait fête, bien qu'elle vive dans une ambiance de siège, que les Allemands tiennent toujours Kehl, que leurs obus tombent partout, que la garnison, sous les ordres du général Schwartz, soit très réduite et peu armée. Le commissaire de la République Blondel, le préfet Haelling, le maire Frey, m'exposent avec quelle peine ils commencent à rétablir l'administration française. Mais, pour faire tout le nécessaire, il faudrait évidemment que les lendemains soient assurés. Il est clair qu'ils ne le sont pas.

Le 2e Corps reçoit ensuite ma visite. En écoutant Monsabert, il m'apparaît que son ardeur ne compense pas ce qui lui manque pour enlever les positions ennemies entre le Rhin de Rhinau et les Vosges de La Poutroye. Me voici à la 2e Division blindée. Depuis des semaines, elle se heurte, vers Witternheim, à des défenses qu'elle ne peut franchir. Les unités sont fatiguées ; les villageois, soucieux. A Erstein, en compagnie de Leclerc et de beaucoup de soldats, j'assiste à la messe de minuit. L'atmosphère est à l'espérance, non à la joie. Le lendemain, inspection de la vaillante 3e Division américaine qui a relevé la 36e. Le général O'Daniel, vif et sympathique, me rend compte des progrès restreints que ses troupes réalisent autour de Kaisersberg. A la 3e Division nord-africaine, Guillaume me décrit sa pénible avance dans la région d'Orbey.

Par Gérardmer et Belfort, je gagne le secteur du 1er Corps d'armée. Là, Béthouart m'explique que dans l'état de ses forces il est fixé, tout au long du front, à la hauteur de Cernay. Près de Thann, puis à Altkirch, les généraux Carpentier et Sudre me présentent des éléments de leurs Divisions respectives : 2e marocaine, 1re blindée. Tous deux me disent que leurs moyens ne suffisent pas à aller plus avant. A Mulhouse, défilent devant moi les troupes de la Division Magnan. Mais les Allemands tiennent toujours la lisière nord de la ville et on ne sait comment les en chasser.

Cependant, là comme ailleurs, la population se montre vibrante de patriotisme. Les témoignages qu'elle en donne ne permettent pas d'oublier, toutefois, à quel point chaque foyer alsacien est éprouvé par la guerre. En recevant les autorités et les délégations, conduites par le préfet Fonlupt-Esperaber, je mesure combien l'occupation allemande, l'instauration des lois de l'ennemi, l'incorporation forcée de beaucoup d'hommes dans les armées du Reich, la perte de nombre d'entre eux, l'angoisse qu'inspire le sort de ceux qui sont en captivité soviétique, ont posé de cas douloureux. En outre, on sent que le trouble subsiste quant à ce qui pourrait advenir, si l'ennemi, qui est tout proche, faisait soudain quelques pas en avant. En rentrant à Paris, je fais le bilan de mes impressions. L'armée est solide mais lasse. L'Alsace est loyale mais inquiète. J'en tire la conclusion que, dans le cas d'un événement fâcheux, il me faudrait intervenir aussitôt et avec vigueur pour empêcher de sérieuses conséquences.

Or voici que, précisément, survient l'événement fâcheux. C'est, à la suite de la percée allemande dans les Ardennes, la décision prise par le commandement allié d'évacuer l'Alsace en repliant sur les Vosges l'armée Patch et l'armée de Lattre.

L'offensive, menée par le maréchal von Rundstedt entre Echternach et Malmédy avec 24 divisions, dont 10 Panzer, a en effet largement progressé. Vers le 25 décembre, la Meuse est près d'être atteinte de part et d'autre de Dinant. Après quoi, par Namur et Liège, les Allemands pourraient faire irruption sur les arrières du front des Pays-Bas. Aussi le général Eisenhower juge-t-il que tout doit être subordonné à la nécessité d'arrêter, puis de refouler, l'avance ennemie, profonde déjà de 80 kilomètres. Il prescrit donc à Montgomery de prendre à son compte la défense des lignes alliées sur le flanc nord de la poche et à Bradley de lancer Patton à la contre-attaque sur le flanc sud. Mais, à droite de Patton, l'armée Patch donne des signes d'incertitude dans la région de Forbach, ce qui contraint Devers à y porter en soutien la 2e Division blindée française prélevée sur l'armée de Lattre. D'autre part, l'ennemi manifeste, à partir de la poche de Colmar, une activité menaçante. La situation en Alsace est rendue aléatoire. Le Commandant en chef estime que si l'ennemi attaque, là aussi, il n'y aura rien d'autre à faire que se retirer sur les Vosges. En premier lieu, c'est Strasbourg qui devra être abandonné. Et de donner des directives dans ce sens.

L'évacuation de l'Alsace et, spécialement, de sa capitale pourrait paraître logique au point de vue de la stratégie alliée. Mais la France, elle, ne peut l'accepter. Que l'armée française abandonne une de nos provinces, et surtout cette province-là, sans même avoir livré bataille pour la défendre ; que les troupes allemandes, suivies de Himmler et de sa Gestapo, rentrent en triomphe à Strasbourg, à Mulhouse, à Sélestat, voilà une affreuse blessure infligée à l'honneur de la nation et de ses soldats, un affreux motif de désespoir jeté aux Alsaciens à l'égard de la patrie, une profonde atteinte portée à la confiance que le pays place en de Gaulle. Je n'y consens évidemment pas. Le prétexte que la résignation pourrait tirer du fait que le commandement allié porte la responsabilité des opérations militaires n'a, dans l'espèce, aucune valeur. Car, si le gouvernement français peut confier ses forces au commandement d'un chef étranger, c'est à la condition formelle que l'emploi qui en est fait soit conforme à l'intérêt du pays. Dans le cas contraire, il a le devoir de les reprendre. C'est ce que je décide de faire, avec d'autant moins de scrupule que le grand-quartier-général n'a pas jugé à propos de m'avertir d'une affaire qui touche la France au plus vif.

A vrai dire, malgré le silence observé à mon égard par le commandement allié, divers indices m'avaient alerté. Le 19 décembre, il m'était rapporté qu'à de Lattre, qui lui demandait des renforts pour reprendre l'attaque de Colmar, Devers avait répondu qu'il n'avait rien à donner, que le

Groupe d'armées tout entier était en danger et que, pour lors, on devait regarder en arrière plutôt qu'en avant. A Noël, lors de mon inspection du front, j'avais appris que de Lattre, sur instructions reçues d'en haut, avait prescrit d'organiser, à hauteur de Giromagny, une position de repli barrant la trouée de Belfort et ramené vers Luxeuil la 4e Division marocaine. Le 27, il venait à ma connaissance que le général Devers retirait de Phalsbourg son poste de commandement et l'installait à Vittel, 120 kilomètres en arrière. Le lendemain, Devers adressait aux forces sous ses ordres une instruction leur prescrivant de se replier sur les Vosges en cas d'attaque de l'ennemi. En conséquence, le général de Lattre donnait, le 30 décembre, à la Ire Armée l'ordre « d'établir des lignes de défense successives, afin de retarder au maximum l'adversaire, au cas où il parviendrait à rompre le dispositif initial... »

Or, justement, nos renseignements signalaient, entre Bitche et Wissembourg, des préparatifs de l'ennemi pour une attaque en direction de Saverne. Nos officiers de liaison auprès des quartiers généraux observaient que l'offensive allemande provoquait dans les états-majors de l'inquiétude, sinon du désarroi. Sur le front, aux arrières, dans Paris, couraient des bruits alarmants quant aux progrès des troupes de Rundstedt, à de prétendus parachutages de miliciens de Darnand et de commandos ennemis dans diverses régions de la France, à la promesse qu'Hitler aurait faite de rentrer lui-même à Bruxelles et de rendre Strasbourg au Reich à l'occasion du Nouvel An.

Il fallait agir. Le 30 décembre, je chargeai le général du Vigier, nommé gouverneur de Strasbourg et qui allait rejoindre son poste, de passer d'urgence chez de Lattre à Montbéliard et chez Devers à Vittel et de dire de ma part à l'un et à l'autre que, quoi qu'il pût arriver, Strasbourg devait être et serait défendu. Il leur annoncerait l'arrivée prochaine de la 10e Division que j'attribuais à la Ire Armée française. En même temps, je prescrivais au général Dody, gouverneur de Metz et commandant la région du Nord-Est, de faire tenir les passages de la Meuse, vers Givet, Mézières et Sedan, afin qu'en cas de retraite soudaine des forces américaines opérant dans le voisinage le territoire français y fût, néanmoins, défendu. Des éléments fournis par l'intérieur, sommairement armés, il est vrai, mais totalisant 50 000 hommes, étaient à cet effet envoyés tout de suite à Dody.

Tandis que du Vigier était en route, Juin m'entretenait,

le 1er janvier, du péril immédiatement couru par l'Alsace. Le chef d'état-major de la Défense nationale avait été averti par le grand-quartier de Versailles que l'envoi vers les Ardennes de toutes les réserves alliées était nécessaire sans délai, qu'en conséquence l'attaque allemande qui commençait en direction de Saverne faisait courir de grands risques au Groupe d'armées de Devers et que le général Eisenhower lui prescrivait le repli sur les Vosges afin de raccourcir son front. Cette décision s'était précisée en raison d'une impressionnante opération aérienne exécutée par l'ennemi. Des douzaines d'avions à réaction, — les premiers dans le monde, — avaient, ce jour-là même, paru dans le ciel ardennais sous le signe de la croix gammée, balayé les chasseurs américains, détruit beaucoup d'appareils sur leurs bases. Pour épisodique qu'il fût, l'incident portait le grand-quartier à un pessimisme dont l'Alsace risquait de faire les frais. Il était temps que j'intervienne.

Que Strasbourg fût défendu. C'est cela, d'abord, qu'il me fallait obtenir. Pour être sûr qu'on le ferait, je n'avais d'autre moyen que de l'ordonner moi-même à la Ire Armée française. Celle-ci devrait, en conséquence, contrevenir aux instructions du commandement interallié et, en outre, étendre vers le nord sa zone d'action afin d'y englober Strasbourg qui appartenait au secteur de la VIIe Armée américaine. Si, comme je le souhaitais, Eisenhower voulait maintenir sous son commandement l'unité militaire de la coalition, il n'aurait, pour arranger les choses, qu'à adopter le changement apporté, de mon fait, aux mesures qu'il avait prescrites. Le 1er janvier dans l'après-midi, j'envoyai mes ordres au général de Lattre. Évoquant la décision du commandement de replier le front sur les Vosges, j'écrivais : « Il va de soi que l'armée française, elle, ne saurait consentir à l'abandon de Strasbourg... Dans l'éventualité où les forces alliées se retireraient de leurs positions actuelles au nord du dispositif de la Ire Armée française, je vous prescris de prendre à votre compte et d'assurer la défense de Strasbourg. »

En même temps, j'adressai au général Eisenhower une lettre explicite. J'indiquais au Commandant en chef que les raisons stratégiques du repli ne m'avaient pas échappé. Mais j'affirmais : « Le gouvernement français, quant à lui, ne peut évidemment laisser Strasbourg retomber aux mains de l'ennemi sans faire tout ce qui lui est possible pour le défendre. » Je formulais l'avis que, dans l'hypothèse où les Américains ne tiendraient pas le saillant de Wissembourg, « Strasbourg, du moins, pouvait être défendu en s'appuyant, au minimum, sur le canal de la Marne au Rhin » et je me déclarais prêt à « pousser de ce côté toutes les forces françaises en voie de formation, en premier lieu la 10e Division commandée par le général Billotte. » — « Quoi qu'il advienne, écrivais-je pour conclure, les Français défendront Strasbourg. » D'autre part, je télégraphiai à Roosevelt et à Churchill pour les mettre au courant des vues du haut commandement quant à l'évacuation de l'Alsace, attirer leur attention sur les conséquences très graves qui en résulteraient pour la France et leur faire connaître que je n'y consentais pas.

Le 2 janvier au matin, je confirmai à de Lattre par télégramme l'ordre que je lui avais envoyé par lettre, la veille au soir. Vers midi, du Vigier, rentré à Paris par avion, me rendait compte de sa mission. Trois heures auparavant, il était passé à Vittel, quartier-général du Groupe d'armées du sud. Là, Devers lui avait dit que, l'ennemi poussant l'attaque en direction de Saverne, l'ordre de retraite était donné à de Lattre et à Patch, et que les troupes américaines avaient déjà commencé leur mouvement. Sur quoi, je chargeai Juin de confirmer à Eisenhower que la France défendrait seule l'Alsace avec les moyens qu'elle avait. Juin devait, d'autre part, annoncer au grand-quartier ma visite pour le lendemain.

Je savais, aussi bien que personne, que la mission fixée par moi au général de Lattre comportait de très grands risques. En outre, le fait d'être soustrait, en pleine bataille, à l'ensemble interallié ne pouvait qu'être pénible au commandant de la Ire Armée qui en discernait forcément le caractère aventuré et qui souffrirait de voir rompre la solidarité et la hiérarchie stratégiques où, jusqu'alors, sa place était marquée. Cependant, il serait amené à reconnaître que, dans ce conflit des devoirs, celui de servir directement la France, autrement dit de m'obéir, l'emportait de beaucoup sur l'autre.

D'ailleurs, de lui-même, à l'avance, il s'était mentalement préparé à faire ce que je lui prescrivais. La visite du général du Vigier dans la nuit du 31 décembre, les messages reçus du commissaire de la République et du maire de Strasbourg, surtout ses propres réactions, lui avaient fait discerner ce qu'aurait de désastreux la retraite envisagée. Le 2 janvier au matin, il avait écrit au général Devers pour lui exprimer sa manière de voir : « En raison, disait-il, de l'étendue de son secteur et de la faiblesse de ses moyens, la Ire Armée française n'est pas en mesure de défendre directement Strasbourg. Mais elle est décidée à faire tout ce qui est en son pouvoir pour couvrir la ville au sud. » Et d'adjurer Devers de faire en sorte « que la VIIe Armée américaine défende Strasbourg avec la dernière énergie. » Aussi, quand de Lattre reçut, le 2 janvier, ma lettre qui fixait sa mission, il n'y vit rien que de conforme à son propre sentiment. Mais il n'en avait pas moins l'ordre impératif de Devers d'avoir à se replier sur les Vosges et d'y être en ligne le 5 janvier au matin.

Le général de Lattre me répondit le 3 janvier. Il me communiquait le texte de l'ordre de retraite que lui donnait Devers. Il me rendait compte de son intention de porter sur Strasbourg la 3e Division nord-africaine, que la 10e Division relèverait sur ses positions actuelles. Toutefois, il paraissait penser que l'exécution de ce que je lui avais prescrit devait être suspendue jusqu'à ce que le haut commandement allié y eût donné son accord, alléguant « la nécessité d'être couvert à sa gauche par la VIIe Armée américaine » et, aussi, « le rôle de pivot que jouait la Ire Armée française dans le dispositif allié. »

J'étais, naturellement, très désireux qu'Eisenhower entrât dans mes vues. Mais, qu'il y fût amené, ou non, j'entendais que l'armée française fît ce que j'avais prescrit. Une nouvelle lettre, télégraphiée par moi au général de Lattre dans la matinée du 3, fixait nettement ce qui devait l'être. « J'ai peu apprécié, écrivais-je, votre dernière communication... La Ire Armée et vous-même faites partie du dispositif allié pour cette unique raison que le gouvernement français l'a ordonné et seulement jusqu'au moment où il en décide autrement... Si vous aviez été amené, ou si vous étiez amené, à évacuer l'Alsace, le gouvernement ne pourrait admettre que ce fût sans une grande bataille, même — et je le répète — si votre gauche s'était trouvée, ou se trouvait, découverte par le retrait de vos voisins. » En même temps, j'écrivais à Eisenhower pour lui confirmer ma décision.

Les responsabilités du gouvernement étant ainsi assumées et sa volonté notifiée, de Lattre entreprit aussitôt d'accomplir ce que j'attendais de lui. Il allait le faire de tout son cœur et de toute sa capacité. Le soir même du 3 janvier, il me télégraphiait « qu'un régiment de tirailleurs occuperait Strasbourg dans la nuit et que la Division Guillaume serait, le 5, dans la place, en mesure de la défendre. »

Au cours de l'après-midi du 3, je m'étais rendu à Versailles. Juin était à mes côtés. M. Churchill avait cru devoir venir, lui aussi, alerté par mon message et disposé, vraisemblablement, à employer ses bons offices. Le général Eisenhower exposa la situation qui était, assurément, sérieuse. Il ne cacha pas que l'ampleur et la vigueur de l'offensive allemande dans les Ardennes et l'apparition subite chez l'ennemi d'armes nouvelles : avions à réaction, chars « Panther », etc., avaient moralement ébranlé les forces alliées, non sans le surprendre lui-même. « A présent, dit-il, le plus grand danger semble écarté. Mais il faut reprendre le terrain perdu et, ensuite, ressaisir l'initiative. Je dois donc reconstituer des réserves. Or, en Alsace, où depuis deux jours l'ennemi étend son attaque, la poche de Colmar rend la position précaire. C'est pourquoi j'ai prescrit d'en occuper une autre, plus en arrière et plus courte. »

— « Si nous étions au Kriegspiel », déclarai-je à Eisenhower, « je pourrais vous donner raison. Mais je suis tenu de considérer l'affaire sous un autre angle. Le recul en Alsace livrerait à l'ennemi des terres françaises. Dans le domaine stratégique, il n'y aurait là qu'une manœuvre. Mais, pour la France, ce serait un désastre national. Car l'Alsace lui est sacrée. Comme, d'autre part, les Allemands prétendent que cette province leur appartient, ils ne manqueront pas, s'ils la reprennent, de se venger du patriotisme dont les habitants ont prodigué les preuves. Le gouvernement français ne veut pas laisser l'ennemi y revenir. Pour le moment, il s'agit de Strasbourg. J'ai donné à la Ire Armée française l'ordre de défendre la ville. Elle va donc le faire, de toute façon. Mais il serait déplorable qu'il y eût, en cette occasion, dispersion des forces alliées, peut-être même rupture du système de commandement pratiqué par la coalition. C'est pourquoi je vous demande de reconsidérer votre plan et de prescrire vous-même au général Devers de tenir ferme en Alsace. »

Le Commandant en chef parut impressionné. Il crut devoir, cependant, formuler une objection de principe. « Pour que je change mes ordres militaires », me dit cet excellent soldat, « vous invoquez des raisons politiques. » — « Les armées, lui répondis-je, sont faites pour servir la politique des États. Personne, d'ailleurs, ne sait mieux que vous que la stratégie doit embrasser, non seulement les données de la technique militaire, mais aussi les éléments moraux. Or, pour le peuple et les soldats français, le sort de Strasbourg est d'une extrême importance morale. »

Sur ce point, M. Churchill opina dans le même sens. « Toute

ma vie, observa-t-il, j'ai pu voir quelle place l'Alsace tient dans le sentiment des Français. Je crois donc, comme le général de Gaulle, que ce fait doit entrer dans le jeu. »

Avant d'en arriver à ce que je souhaitais, le général Eisenhower me demanda d'examiner ce que serait la situation de la Ire Armée française si elle venait à opérer indépendamment des armées alliées. Il alla jusqu'à faire entendre que, dans ce cas, les Américains pourraient cesser de la ravitailler en carburants et en munitions. Je l'invitai, de mon côté, à bien peser, qu'en laissant l'ennemi écraser isolément les troupes françaises, le haut commandement provoquerait, dans l'équilibre des forces, une rupture peut-être irréparable et, qu'en privant les nôtres des moyens de combattre, lui-même s'exposerait à voir le peuple français lui retirer, dans sa fureur, l'utilisation des chemins de fer et des transmissions indispensables aux opérations. Plutôt que d'imaginer de pareilles perspectives, je croyais devoir faire confiance à la valeur stratégique du général Eisenhower et à son dévouement au service de la coalition, dont faisait partie la France.

Finalement, le Commandant en chef se rangea à ma manière de voir. Il le fit avec la franchise qui était l'un des meilleurs côtés de son sympathique caractère, téléphonant au général Devers que le mouvement de retraite devait être, à l'instant, suspendu et que de nouveaux ordres allaient lui parvenir. Ces ordres lui seraient portés, dans la journée du lendemain, par le général Bedell Smith. Je convins avec Eisenhower que Juin accompagnerait Bedell Smith, ce qui serait pour moi une garantie supplémentaire et, pour les exécutants, la preuve que l'accord était fait.

Tandis que nous prenions familièrement le thé après cette chaude discussion, Eisenhower me confia à quel point sa tâche était compliquée, au plus fort de la crise que traversaient les armées, par les exigences des divers gouvernements de la coalition, par les prétentions ombrageuses des différentes catégories de forces : armées, marines, aviations, appartenant à plusieurs pays, par les susceptibilités personnelles de ses principaux lieutenants. « En ce moment même, me dit-il, je rencontre maintes difficultés du côté de Montgomery, général de haute valeur, mais critique acerbe et subordonné méfiant. » — « La gloire se paie », répondis-je. « Or vous allez être vainqueur. » Sur le seuil de l'hôtel Trianon, nous nous quittâmes bons amis.

La quinzaine qui suivit fut occupée par les péripéties

d'une dure bataille pour Strasbourg. La Ire Armée allemande développait son offensive en débouchant de la forêt d'Haguenau, afin d'atteindre Saverne, tandis que la XIXe Armée franchissait le Rhin au nord et au sud de la capitale alsacienne. Dans la région d'Haguenau, les Américains pliaient sous le choc, mais arrêtaient finalement l'assaillant sur la Moder. Autour de Gambsheim la Division Guillaume, vers Erstein la Division Garbay et la Brigade Malraux, devaient céder, elles aussi, du terrain avant de se rétablir. Mais Strasbourg restait entre nos mains. Vers le 20 janvier, l'ennemi paraissait être à bout d'élan et d'espoir. Il en était de même dans les Ardennes, où tout ce qu'il avait gagné lui avait été repris. Sur le front Est, les Russes entamaient leur offensive d'hiver. D'un bout à l'autre du territoire allemand, les bombardiers alliés précipitaient leur œuvre d'écrasement. Sur les mers, les dommages infligés aux convois alliés allaient en diminuant. Sans doute Hitler saurait-il prolonger de plusieurs mois encore la résistance d'un grand peuple et d'une grande armée. Mais l'arrêt du destin était, désormais, rendu et pourvu des sceaux nécessaires. C'est en Alsace que la France y avait apposé le sien.

Hier, l'échec devant Colmar avait ébranlé le moral de la Ire Armée. Aujourd'hui, la satisfaction d'avoir sauvé Strasbourg ranimait la confiance de tous. Le général de Lattre, tout le premier, se sentait porté à l'optimisme et, par là, à l'offensive. Dès le milieu de janvier, il arrêtait ses dispositions pour reprendre l'effort contre la poche allemande d'Alsace.

Au même moment, le commandant allié envisageait d'entamer les opérations décisives au delà du Rhin. Mais, avant de franchir le fleuve, il fallait l'avoir atteint. Or ce n'était fait nulle part, sauf dans le secteur français vers Strasbourg et vers Saint-Louis. Eisenhower prescrivait donc à Montgomery et à Bradley de se porter en avant pour s'emparer de toute la rive gauche sur la ligne : Wesel-Coblence-Mayence. Bien entendu, il approuvait le projet d'enlever également Colmar. Mais la zone de la Ire Armée s'étendait, à présent, sur plus de 200 kilomètres, soit le quart du front tenu au total par les alliés. Pour que de Lattre fût, néanmoins, en mesure de conquérir son objectif, peut-être aussi pour effacer l'effet produit par la crise récente des relations, le Commandant en chef se décidait à renforcer la Ire Armée. Celle-ci verrait lui arriver la Division Leclerc, revenue des bords de la Sarre, plusieurs divisions américaines et un notable complément d'artillerie.

Tel était, cependant, l'acharnement de l'ennemi, qu'il faudrait à la Ire Armée trois semaines de combats incessants pour venir à bout de sa tâche. A partir du 19 janvier, le 1er Corps français progressait pas à pas contre le flanc sud de la poche. Le 4 février, il parvenait jusqu'à Rouffach, près de Colmar, ayant accroché par d'ingrates attaques une grande partie des unités allemandes. Sur le flanc nord, le 2e Corps avait avancé, lui aussi. Mais, à la fin de janvier, il s'était resserré près du Rhin pour faire place sur sa droite au 21e Corps américain. Car c'est au général Milburn, commandant cette grande unité, que le général de Lattre attribuait l'effort principal. Cette fois, il y aurait, au point et au moment voulus, une suffisante concentration de forces. Le 30 janvier, Milburn, disposant des 3e, 28e, 75e divisions d'infanterie américaines et de 3 divisions blindées : 12e américaine, 2e et 5e françaises, et agissant dans un secteur étroit, perçait le front adverse au nord-est de Colmar. Le 2 février, il faisait libérer la ville par les chars du général de Vernejoul. Le 4, il atteignait Brisach. Pendant ce temps, les 1er et 2e Corps français, appuyés par une artillerie bien pourvue de munitions et bien commandée par Chaillet, liquidaient les résistances ennemies partout ailleurs dans la plaine et la 10e Division française nettoyait les pentes des Vosges. Le 9, nos troupes achevaient la conquête de la forêt de la Hardt et s'emparaient de Chalempé. De ce fait, sauf dans la région d'Haguenau et de Wissembourg, il ne restait plus, en fait d'Allemands en Alsace que les 22 000 prisonniers qui venaient d'y être capturés.

Le 11 février, j'allai voir Mulhouse, puis je me rendis à Colmar. Comment décrire la joie et l'émotion où nous étions tous plongés, gouvernants, chefs, soldats, population? Mais à l'élan patriotique se mêlait, ce jour-là, un autre élément d'enthousiasme : la fraternité d'armes entre Français et Américains. On sentait que celle-ci était portée au plus haut point par le succès remporté en commun dans le cadre de notre armée et justement sur ce terrain-là. Sous le silence immobile des régiments, je sentais vibrer l'amitié qui lie les deux peuples. Au centre de la place Rapp submergée de drapeaux tricolores et de bannières étoilées, devant le front de nos troupes et de celles de nos alliés rangées fièrement côte à côte, sous les vivats de la foule alsacienne, la plus sensible qui soit aux spectacles militaires et la plus apte à saisir le sens des événements, je décorai d'abord le général de Lattre, vainqueur de Colmar. Ce fut ensuite le tour des généraux Milburn, Leclerc et Dalquist. Dans la soirée, Strasbourg, à son tour, célébra en ma présence la libération de l'Alsace et chanta dans sa cathédrale le *Te Deum* entonné par Mgr Ruch. Le lendemain, à Saverne, les généraux Devers, Bradley et Patch recevaient de ma main les insignes des récompenses que je leur avais décernées.

Ainsi se trouvaient aplanies, pour un temps, les traverses qui avaient contrarié nos relations stratégiques avec les Américains. Mais on devait s'attendre à en rencontrer d'autres. Dans l'immédiat, une question capitale et épineuse allait se poser, celle de la participation française à la campagne en Allemagne. Je voulais, évidemment, que notre armée entrât en territoire ennemi, qu'elle y eût son secteur d'opérations, qu'elle y conquît villes, champs et trophées, qu'elle y reçût, avec ses alliés, la reddition des vaincus. Il y avait là, certainement, une condition dictée par le souci de notre prestige. Mais, aussi, c'était pour nous le seul moyen assuré d'être partie à la capitulation, à l'occupation et à l'administration du Reich. Dès lors que nous aurions en main une zone du sol germanique, ce qu'il adviendrait de l'Allemagne ne pourrait être décidé sans nous. Dans le cas contraire, notre droit à la victoire demeurerait à la discrétion des autres. Bref, j'entendais que nous passions le Rhin et portions le front français aussi avant que possible dans les États allemands du Sud.

Dans les premiers jours de mars, les Groupes d'armées Montgomery et Bradley atteignaient le Rhin par endroits. Le moment de franchir l'obstacle se présenterait donc bientôt. On peut croire que j'étais attentif à ce qui allait suivre. Sachant que l'effort principal des alliés viserait la Ruhr et serait mené en aval de Coblence, je pensais que le Commandant en chef ne se soucierait guère de lancer la Ire Armée, isolément, en Forêt-Noire. Il me paraissait vraisemblable qu'il la laisserait au bord du Rhin, ce qui, pour les états-majors, pourrait sembler justifié. Mais, si nous nous en accommodions, il y aurait toutes chances pour que l'armée française ne jouât qu'un rôle passif dans la bataille finale. Ma politique ne pouvant pas souscrire à cette stratégie, mes résolutions étaient prises. Il fallait que nos troupes passent, elles aussi, le Rhin. Elles le feraient dans le cadre interallié si cela était possible. Si cela ne l'était pas, elles le feraient pour notre compte. De toute manière, elles devraient saisir, sur la rive droite, une zone française d'occupation.

Nous ne tardâmes pas à apprendre que les projets du haut commandement justifiaient nos appréhensions. Sous le titre d' « Éclipse », vraiment significatif pour ce qui nous concernait, le plan arrêté par Eisenhower pour les opérations du passage et celles de l'avance en Allemagne attribuait à la Ire Armée française une mission strictement défensive. Tout au plus envisageait-on, dans l'hypothèse d'un effondrement total de la Wehrmacht, qu'un de nos corps pourrait gagner la rive droite derrière la VIIe Armée américaine, afin de seconder celle-ci dans sa tâche d'occupation du Wurtemberg. Mais la traversée du Rhin par la Ire Armée dans son secteur n'était prévue en aucun cas. Les rapports reçus du front nous signalaient, au surplus, que le commandement interallié avait prélevé, pour être utilisés ailleurs, les équipages de pont des divisions blindées françaises, ce qui revenait à priver les nôtres d'une grande partie de leurs moyens organiques de franchissement.

Le 4 mars, je reçus à Paris le général de Lattre et lui précisai les raisons d'ordre national pour lesquelles il était nécessaire que son armée fût portée au delà du Rhin. Lui-même ne demandait que cela. Cependant, il observa, — avec raison, — que le secteur qu'il occupait le long du fleuve et que bordait, d'un bout à l'autre sur la rive droite, le massif montagneux et boisé de la Forêt-Noire, se prêtait mal à un passage de vive force. L'opération serait aléatoire en présence d'un ennemi qui occupait dans la vallée les ouvrages de la ligne Siegfried et qui, plus en arrière, était retranché dans des positions dominantes. D'autant plus que le commandement allié n'allouerait aux forces françaises qu'un minimum de munitions. En outre, quand bien même les nôtres auraient, néanmoins, réussi à franchir l'obstacle, ils devraient ensuite pénétrer dans une région des plus ardues, dressant en remparts successifs ses crêtes et ses forêts et se prêtant mal à la manœuvre et à l'exploitation.

« Par contre », m'exposait de Lattre, « pour peu que le front français fût élargi vers le nord de manière à englober, sur le Rhin, Lauterbourg et Spire, des perspectives meilleures s'ouvriraient. En effet, dans cette région, mon armée trouverait une base avantageuse, la rive droite lui serait d'un accès relativement aisé et, le fleuve une fois franchi, mon aile gauche aurait devant elle la trouée de Pforzheim pour déboucher vers Stuttgart et tourner, par le nord et par l'est, la forteresse naturelle formée par la Forêt-Noire. » De Lattre, aiguisant à l'avance les arguments qu'il tirerait de l'amitié et de la tactique pour convaincre le commandement allié, me promit que, dans les jours prochains, il étendrait son secteur jusqu'à Spire.

Au reste, comme il arrive parfois dans les litiges entre alliés, l'ennemi lui-même allait nous faciliter les choses. Le 7 mars, les troupes du général Bradley avaient saisi, entre Coblence et Bonn, le pont de Remagen, par extraordinaire intact, et s'étaient aussitôt assurées d'un débouché sur la rive droite. Du coup, les Allemands n'opposaient plus sur la rive gauche, en aval de Coblence, qu'une résistance décousue et, dès le 12, les alliés bordaient partout le Rhin au nord de la Moselle. Mais, au sud de cette rivière, il n'en était pas de même. Le vaste saillant de la Sarre restait aux mains des Allemands. Ceux-ci, couverts à leur droite par le cours de la Moselle, tenaient ferme, sur le front : Trèves-Sarrebruck-Lauterbourg, la position Siegfried plus profonde et mieux fortifiée dans ce secteur que dans aucun autre. Avant de pouvoir faire passer ses groupes d'armées sur la rive droite, le général Eisenhower devait d'abord liquider cette poche. Il y faudrait une rude bataille. Bien que la Ire Armée française n'y fût pas invitée, puisque l'affaire se déroulerait en dehors de sa zone normale, elle trouverait moyen de s'en mêler tout de même et d'agir, le long du Rhin, à la droite des Américains. Par là même, elle allait conquérir sur la rive palatine du fleuve la base de départ voulue pour envahir Bade et le Wurtemberg.

Pourtant, d'après les ordres du commandement allié, l'attaque du saillant de la Sarre incombait exclusivement, d'une part à l'Armée Patton formant la droite de Bradley, d'autre part à la gauche de Devers, c'est-à-dire à l'Armée Patch. Mais, pour Patch, la tâche était particulièrement rude, car c'est lui qui abordait de front les ouvrages de la ligne Siegfried. Aussi de Lattre n'eut-il pas grand-peine à faire admettre par Devers que le concours des Français pourrait avoir sa valeur. Notre 2e Corps d'armée prit donc sa part de l'offensive. Entre le 15 et le 24 mars, Monsabert, progressant le long du Rhin, pénétra en territoire allemand, força la ligne Siegfried au nord de Lauterbourg et atteignit Leimersheim. En même temps, nos alliés avaient poussé jusqu'à Worms et liquidé, sur la rive gauche, les dernières résistances allemandes.

Dès lors, pour que la Ire Armée disposât en totalité de la zone de franchissement qu'elle voulait dans le Palatinat, il ne lui restait plus qu'à s'étendre jusqu'à Spire. Par plusieurs démarches insistantes je n'avais pas manqué de faire savoir au général Eisenhower quel prix mon gouvernement attachait à ce qu'il fût donné, sur ce point, satisfaction à l'armée française. D'ailleurs, le général Devers, bon allié et bon camarade, sympathisait avec les désirs du général de Lattre. Enfin, c'était à Worms que la VIIe Armée américaine entreprenait la traversée ; Spire, pour cette opération, ne pouvait lui servir à rien. Pourquoi ne laisserait-on pas les Français venir dans la ville? Le 28 mars, la question fut réglée ; Spire et ses abords étant incorporés au secteur de la Ire Armée. Ainsi, la base de départ était acquise dans toute son étendue. Il ne restait à faire, en somme, que l'essentiel, c'est-à-dire à passer le Rhin.

J'étais impatient que ce fût accompli. Car Anglais et Américains s'élançaient déjà sur la rive droite. C'était une opération grandiose. Depuis le 21 mars, l'aviation alliée écrasait les communications, les parcs, les terrains de l'ennemi dans toute l'Allemagne occidentale. Elle le faisait d'autant plus sûrement que les chasseurs, disposant maintenant de nombreuses bases avancées dans le Nord et l'Est de la France, étaient en mesure d'accompagner constamment les bombardiers. Les sorties avaient donc lieu de jour sans rencontrer dans le ciel aucune opposition d'ensemble. Le 23, sous une colossale protection aérienne, Montgomery franchissait le Rhin en aval de Wesel. Au cours des journées suivantes, Bradley se portait en avant par les ponts de Remagen et d'autres construits plus au sud. Le 26 mars, la VIIe Armée américaine prenait pied aux abords de Mannheim.

J'avais hâte que les nôtres fussent, eux aussi, de l'autre côté, non seulement par esprit d'émulation nationale, mais aussi parce que je tenais, pour des raisons supérieures, à ce que de Lattre eût le temps de pousser jusqu'à Stuttgart, avant que Patch, son voisin, y fût lui-même parvenu. Un télégramme personnel que j'adressai, le 29, au commandant de la Ire Armée le pressait de faire diligence : « Mon cher Général, écrivais-je, il faut que vous passiez le Rhin, même si les Américains ne s'y prêtent pas et dussiez-vous le passer sur des barques. Il y a là une question du plus haut intérêt national. Karlsruhe et Stuttgart vous attendent, si même ils ne vous désirent pas... »

De Lattre me répondit, sur-le-champ, que j'allais être satisfait. En effet, le 30 mars au soir, des éléments du 2e Corps commençaient la traversée : 3e Division nord-africaine à Spire, où elle venait tout juste d'arriver ; 2e Division marocaine à Germersheim, où elle n'était que depuis la veille. A Leimersheim, le 1er avril, — jour de Pâques, — la 9e Division coloniale entreprenait à son tour le passage. Pourtant, l'appui aérien fourni à nos unités se réduisait à peu de chose. En outre, elles ne disposaient que d'un nombre très réduit d'engins spéciaux de franchissement. Mais, à force d'ingéniosité, quelques bateaux suffirent à transporter les avant-gardes. Quant aux ponts, le général Dromard, commandant le Génie de l'armée, les avait, de longtemps, préparés. Prévoyant qu'il aurait un jour à les établir et qu'il ne pourrait alors compter que sur lui-même, il avait d'avance collecté sur notre territoire le matériel nécessaire. A Spire, dès le 2 avril, était en service un pont français de 10 tonnes. A Germersheim, peu après, s'en ouvrait un de 50. Le 4, 130 000 Français avec 20 000 véhicules se trouvaient déjà sur la rive droite. Le même jour, Karlsruhe était pris. Le 7 avril, entouré par Diethelm, de Lattre, Juin et Dromard, j'eus la fierté de traverser le Rhin. Après quoi, je rendis visite à la capitale badoise, effroyablement ravagée.

L'irruption au cœur de l'Allemagne de 80 divisions américaines, britanniques, françaises, canadiennes, polonaises, appuyées par 12 000 avions, ravitaillées par des convois totalisant 25 millions de tonnes et naviguant sur des mers que dominaient 1 000 bâtiments de combat, ne pouvait plus laisser au maître du Reich la moindre illusion d'éviter la catastrophe. D'autant, qu'au début d'avril, les Russes, eux aussi, progressaient sans rémission, franchissant l'Oder d'un bout à l'autre, menaçant déjà Berlin et tout près d'atteindre Vienne. Prolonger les hostilités, c'était, pour Hitler, accroître les pertes, les ruines, les souffrances du peuple allemand sans autre contrepartie que de satisfaire, durant quelques semaines encore, un orgueil désespéré. Cependant, le Führer continuait d'exiger des siens la résistance à outrance. Il faut dire qu'il l'obtenait. Sur les champs de bataille du Rhin, de l'Oder, du Danube, du Pô, les débris des armées allemandes, mal pourvues, disparates, incorporant en hâte auprès des derniers vétérans des hommes à peine instruits, des enfants, jusqu'à des infirmes, menaient toujours énergiquement, sous un ciel peuplé d'avions ennemis, un combat qui n'avait plus d'issue hormis la mort ou la captivité. A l'intérieur, dans les villes écrasées et les villages étreints par l'angoisse, la population poursuivait avec une complète discipline un labeur qui, désormais, ne changerait plus rien au destin.

Mais, sans doute, le Führer voulait-il que son œuvre, puisqu'elle était condamnée, s'écroulât dans une apocalypse. Quand il m'arrivait, ces jours-là, d'écouter la radio allemande, j'étais saisi par le caractère de frénésie que revêtaient ses émissions. Une musique héroïque et funèbre, des déclarations insensées de combattants et de travailleurs, les allocutions délirantes de Gœbbels proclamant jusqu'à l'extrémité que l'Allemagne allait triompher, tout cela enveloppait d'une sorte de fantasmagorie le désastre germanique. Je crus devoir fixer, pour l'Histoire, les sentiments qu'en éprouvait la France. Par la voie des ondes, je déclarai, le 25 avril : « Les philosophes et les historiens discuteront plus tard des motifs de cet acharnement, qui mène à la ruine complète un grand peuple, coupable, certes, et dont la justice exige qu'il soit châtié, mais dont la raison supérieure de l'Europe déplorerait qu'il fût détruit. Quant à nous, pour le moment, nous n'avons rien de mieux à faire que de redoubler nos efforts, côte à côte avec nos alliés, pour en finir le plus tôt et le plus complètement possible. »

On pouvait, d'ailleurs, se demander si les dirigeants nazis ne tenteraient pas de prolonger la lutte dans le réduit naturel que leur offrait le massif des Alpes bavaroises et autrichiennes. Des renseignements donnaient à croire qu'ils y avaient mis à l'abri de vastes approvisionnements. Certains mouvements signalés de lamentables colonnes semblaient indiquer qu'ils concentraient à l'intérieur de cette forteresse la masse des prisonniers, des déportés, des requis qui leur faisaient autant d'otages. Il n'était pas inconcevable que le Führer voulût tenter là une suprême manœuvre stratégique et politique.

Dans ces montagnes, une bataille défensive menée sous son commandement par toutes les forces qui lui restaient ne pourrait-elle durer longtemps? Les alliés de l'Est et de l'Ouest ne devraient-ils pas, dans ce cas, opérer, non plus sur deux fronts, mais côte à côte, sur le même terrain, en s'infligeant réciproquement toutes les frictions inhérentes à ce voisinage? Si les combats traînaient en longueur, le comportement des Soviétiques dans les États de la Vistule, de l'Elbe et du Danube, celui des Américains aux Indes, en Indochine, en Indonésie, celui des Britanniques en Orient, ne susciteraientils pas maintes divisions entre coalisés? Du retard causé au ravitaillement de la France, des Pays-Bas, de l'Italie par le prolongement de la guerre, de la misère qui étreindrait les populations germaniques, tchèques, balkaniques, n'allait-il pas sortir des secousses sociales qui jetteraient, peut-être, tout l'Occident dans la révolution? Le chaos universel serait, alors, la dernière chance ou, tout au moins, la vengeance d'Hitler.

Pendant que la Ire Armée progressait en Allemagne aux côtés de nos alliés, d'autres forces françaises exécutaient sur la côte atlantique des opérations autonomes. Il s'agissait d'en finir avec les enclaves où l'ennemi s'était retranché. Depuis des mois, je le souhaitais. A présent, j'en avais hâte ; les jours de guerre étant comptés.

L'esprit de facilité pouvait, sans doute, nous conseiller de rester passifs sur ce front ; car les fruits y tomberaient tout seuls dès que le Reich aurait capitulé. Mais, à la guerre, la pratique du moindre effort risque toujours de coûter cher. Là comme partout, il fallait frapper. Les coups que nous infligerions aux Allemands sur ce théâtre auraient leur répercussion sur la situation générale. D'autre part, à supposer qu'Hitler continuât la lutte dans les montagnes de Bavière et d'Autriche, notre armée devrait y combattre en employant tous ses moyens. Il faudrait avoir, auparavant, liquidé les poches malencontreuses. De toute façon, je n'admettais pas que des unités allemandes puissent, jusqu'à la fin, rester intactes sur le sol français et nous narguer derrière leurs remparts.

Mon sentiment était partagé par les troupes du « Détachement d'armée de l'Atlantique. » Ces 70 000 anciens maquisards, tout comme les régiments d'Algérie, des Antilles, d'Afrique noire, de Somalie, qui étaient venus les étayer, espéraient de toute leur âme ne devoir point poser les armes avant d'avoir remporté quelque succès signalé. Leur chef, le général de Larminat, y tenait plus que personne. Depuis le 14 octobre, où je l'avais appelé au commandement des forces de l'Ouest, il s'était voué à organiser, instruire et équiper la foule militaire ardente, mais confuse et dépourvue, dont il devait faire une armée. Il y avait réussi dans toute la mesure où cela était possible. Sachant ce qu'il voulait et le voulant bien, rompu au métier mais plein d'idées et de sentiment, chef autoritaire mais humain et généreux, subordonné incommode mais inébranlablement fidèle, il s'était fait, de toutes sortes de pièces et de morceaux, trois divisions, des réserves, une artillerie, une aviation, des services, aptes à livrer bataille et qui allaient le prouver.

Cependant, quoi qu'il ait pu faire, cet ensemble ne suffirait pas à enlever les ouvrages, bétons et cuirassements où s'accrochaient les Allemands. Il lui fallait, au moins, le renfort d'une division complètement équipée et qui ne pouvait être prélevée que sur notre armée du Rhin. Dès octobre, j'avais désigné la 1re Division « française libre » pour être envoyée au plus tôt sur l'Atlantique par le commandement interallié. Celui-ci s'y était résolu, mais après des tergiversations qui avaient retardé le mouvement jusqu'en décembre, c'est-à-dire trop tard ou trop tôt pour que l'occasion fût bonne. A peine la Division Garbay arrivait-elle sur la Gironde qu'on avait dû, en effet, la rappeler vers l'Est en raison de l'offensive allemande dans les Ardennes et en Alsace. La crise passée, cette grande unité était partie pour les Alpes mener certaines opérations qui me tenaient également à cœur. En fin de compte, je choisis la 2e Division blindée pour prendre part à l'offensive préparée sur l'Océan. Le grand-quartier n'y fit pas d'objection. Il voulut même fournir à notre Détachement d'armée de l'Ouest le concours d'une brigade d'artillerie américaine. Dans les premiers jours d'avril, les forces destinées à l'attaque se trouvaient toutes à pied d'œuvre.

Le général de Larminat avait pris pour premier objectif les positions ennemies à l'embouchure de la Gironde. Sur la rive droite Royan et ses abords, sur la rive gauche la pointe de Grave, au large l'île d'Oléron, formaient ensemble un système puissant et solidement tenu. Il est vrai que, trois mois auparavant, les bombardiers américains étaient venus, de leur propre chef, jeter en une nuit force bombe sur le terrain. Mais cette opération hâtive, tout en démolissant les maisons de Royan, avait laissé presque intacts les ouvrages militaires. Au moment d'en découdre, 15 000 Allemands, commandés par l'amiral Michahelles, occupaient les organisations avec l'appui de 200 canons. Si l'attaque réussissait, Larminat porterait l'effort sur La Rochelle, tandis qu'on entreprenait d'ouvrir le port de Bordeaux.

Le 14 avril, nos troupes partent à l'assaut, appuyées du sol par les 300 pièces de Jacobson, du ciel par les 100 avions de Corniglion-Molinier, du large par les navires de Rüe. Le général d'Anselme a le commandement de l'attaque. Il dispose de sa Division, la 23e, d'une grande partie de la 2e Division blindée et d'éléments de renforcement. Depuis le haut jusqu'en bas, les nôtres mènent l'affaire habilement et gaillardement. Le 18, après de durs combats, le grand centre de résistance installé par l'ennemi entre la Seudre et la Gironde est tout entier en notre possession, y compris le réduit de la Coubre. Pendant ce temps, sur l'autre rive, les troupes de Milleret se heurtent, vers la pointe de Grave, à une défense acharnée. Mais, le 20 avril, elles viennent à bout des derniers îlots. Aussitôt, est préparé le débarquement à Oléron et, le 30, le Groupement du général Marchand, soutenu par l'escadre, prend pied dans l'île. Dès le lendemain, tout est terminé, non sans que l'adversaire ait lutté jusqu'au bout avec une extrême énergie. Au total, des milliers d'Allemands sont tués. Douze mille sont prisonniers, parmi lesquels l'amiral Michahelles. L'opération de la Gironde est une réussite française. Je ne manque pas de venir la consacrer à ce titre, en visitant, le 21 avril, Royan et la pointe de Grave au milieu des vainqueurs rayonnants.

Cependant, Larminat ne s'endort pas sur ses lauriers. Il va frapper la poche de La Rochelle, qui forme, avec l'île de Ré, un vaste ensemble défensif. Dans les derniers jours d'avril, d'Anselme met en place les troupes d'attaque. Le 30, l'assaut est donné. En trois jours les nôtres enlèvent la ligne de crêtes : pointe du Rocher, Thairé, Aigrefeuille, et refoulent la garnison allemande jusqu'aux abords de la ville. L'amiral Schirlitz entame alors les pourparlers pour la reddition de ses 18 000 hommes. J'irai, peu après, féliciter les vainqueurs, saluer la population en fête et inspecter le port que les Allemands ont laissé intact.

Une fois la Charente libérée, les dispositions sont prises pour enlever les zones fortifiées de Saint-Nazaire et de Lorient. Mais la capitulation du Reich survient avant l'opération. Le général Fahrenbacher met bas les armes. Devant les Divisions Borgnis-Desbordes et Chomel, qui, depuis des mois, assiègent les deux places et la 8e Division américaine maintenue en Bretagne depuis la chute de Brest, défilent de longs cortèges de prisonniers. En fin de compte, des 90 000 Allemands qui garnissaient les poches de l'Ouest, 5 000 sont morts, les autres se trouvent en captivité française. Ce chapitre de la grande bataille se termine comme il convient.

Il en est de même et en même temps pour celui qui s'écrit dans les Alpes. Là aussi, je tiens beaucoup à ce que les hostilités ne finissent pas sur une cote mal taillée. Nous devons, avant que le feu cesse, laver sur ce terrain les outrages naguère subis, reprendre en combattant les lambeaux de notre territoire que l'ennemi y tient encore, conquérir les enclaves qui appartiennent à l'Italie, aux cols du Petit-Saint-Bernard, de l'Iseran, du Mont Cenis, du Mont Genèvre, ainsi que les cantons de Tende et de La Brigue artificiellement détachés de la Savoie en 1860. Ensuite, nos Alpins se trouveront disponibles. S'il doit alors arriver qu'Hitler prolonge la lutte dans son « réduit national », ils iront apporter à la Ire Armée un renfort très qualifié.

Au mois de mars, il y a dans les Alpes la 27e Division, grande unité nombreuse, remplie d'ardeur, dont les maquisards montagnards, notamment les survivants des Glières et du Vercors, ont formé le noyau, mais qui n'a reçu qu'un armement de fortune. Sous les ordres du général Molle, cette division tient le contact de l'ennemi aux abords des cols, depuis le lac Léman jusqu'au mont Thabor. Plus au sud, une brigade incomplètement équipée barre les hautes vallées de la Durance et de l'Ubaye. La région de Nice est tenue par une brigade américaine. Mais celle-ci, appelée sur le Rhin, est en train de plier bagage.

Il faut aux nôtres, pour prendre l'offensive, un commandement et des renforts. Le 1er mars, je crée le « Détachement d'armée des Alpes » et place à sa tête le général Doyen. Celui-ci, alpin confirmé, va conduire la bataille parfaitement bien. Outre les éléments déjà sur place, je mets sous ses ordres la 1re Division « française libre », que j'ai reprise à ma disposition après l'affaire de Colmar. J'y ajoute deux régiments d'Afrique, malheureusement assez dépourvus, des compléments d'artillerie, du génie, des services. D'accord avec Eisenhower, le Détachement d'armée Doyen est, comme celui de Larminat, théoriquement rattaché au Groupe d'armées Devers. Mais celui-ci, qui est engagé sur un tout autre théâtre, se soucie peu de leurs opérations. Il leur procure, toutefois, un minimum d'obus et d'essence.

A la fin de mars, commencent les attaques. Le général Doyen a devant lui 4 divisions. La 5e de montagne tient le Petit-Saint-Bernard, l'Iseran et le Mont Cenis ; la 34e occupe, au-dessus de Nice, le massif fortifié de l'Aution et barre, sur la côte, la route de la Corniche ; ces deux-là sont allemandes. Deux divisions fascistes italiennes, « Monte Rosa » et « Littorio », garnissent les intervalles. Doyen veut, d'abord, accrocher, là où elle est, la 5e Division allemande qui comprend les meilleures troupes ennemies, puis enlever l'Aution de vive force. Après quoi, mettant à profit l'avance des armées d'Alexander, qui doivent, de leur côté, prendre l'offensive en Lombardie, il compte déboucher en territoire italien.

A plus de 2 000 mètres d'altitude, dans la neige et le froid où est encore plongée la montagne, la Division du général Molle donne l'assaut aux organisations du Petit-Saint-Bernard et du Mont Cenis. Plusieurs ouvrages sont pris ; d'autres, non. Mais les garnisons allemandes, absorbées et décimées, ne pourront pas aller au secours des défenseurs de l'Aution. Ce massif, c'est la 1re Division « française libre » qui a mission de l'enlever. La tâche est rude, ingrate aussi, car il est pénible aux officiers et aux soldats de cette exemplaire division de laisser à d'autres les lauriers qui jonchent le sol de l'Allemagne et de finir, dans un secteur isolé, l'épopée qu'ils ont vécue depuis les jours les plus sombres sur les champs les plus éclatants.

Le 8 avril, quittant le Rhin, je gagne les Alpes. Ayant reçu à Grenoble le rapport du général Doyen, puis passé en revue à Saint-Pierre d'Albigny une partie des troupes de Molle, j'arrive à Menton au milieu de celles de Garbay. A ces compagnons, qui furent les premiers à répondre à mon appel et qui, depuis, ont sans répit prodigué leur dévouement, je tiens à dire moi-même l'importance que revêt pour la France l'ultime effort qui leur est demandé. Puis, voulant donner à l'opération une résonance nationale, je vais à Nice le 9 et, du balcon de l'Hôtel de ville, annonce à la foule « que nos armes vont franchir nos Alpes. » La voix du peuple acclame cette décision. Le 10 avril, nos troupes montent à l'assaut de l'Aution.

Pendant sept jours, elles s'y battent, gravissent les escarpements, s'emparent des forts : La Forclaz, Mille Fourches, Sept Communes, Plan Caval, qui commandent la montagne, nettoient les pentes au-dessus de La Roya. Les cols de Larche et de la Lombarde sont, eux aussi, enlevés de haute lutte. Les Français entrent à Tende et à La Brigue. Les habitants exultent de joie. Peu après, un vote autant vaut dire unanime consacrera leur appartenance à la France. Le 28 avril, le Détachement d'armée des Alpes prononce une avance générale. Tandis que sa gauche débouche vers Cuneo et parcourt le Val d'Aoste tout pavoisé de bleu-blanc-rouge, son centre descend du Mont Cenis et du Mont Genèvre, sa droite pousse par la Stura et au long de la Corniche. Le 2 mai, jour où les forces allemandes et fascistes d'Italie mettent bas les armes, nos soldats atteignent les abords de Turin, à Ivrea, Lanzo, Bussoleno, touchent Cuneo, occupent Imperia. Ainsi est-il établi que les combats dans les Alpes, commencés en 1940, poursuivis ensuite par la résistance, repris enfin par l'armée ressuscitée, finissent par notre victoire.

Il en est de la guerre comme de ces pièces de théâtre où, à l'approche du dénouement, tous les acteurs viennent sur la scène. Tandis que les forces françaises sont engagées à fond dans les Alpes et sur l'Atlantique, comme sur le Rhin et le Danube, le combat s'allume en Indochine. Le 9 mars, les troupes japonaises, qui occupent le Tonkin, l'Annam et la Cochinchine, se ruent sur nos garnisons.

Cette échéance était inévitable. Les Nippons, refoulés des Philippines et de l'Indonésie, vivement pressés en Birmanie, impuissants à réduire la Chine, hors d'état de maintenir leurs communications sur mer, ne pouvaient plus tolérer la présence, au milieu de leur dispositif, d'une force étrangère qui menaçait de devenir hostile. En dépit de l'accord conclu entre Tokyo et Vichy pour « la défense commune de l'Indochine », le Japon ne doutait pas que, si les alliés en venaient à aborder le territoire de l'Union, les Français se joindraient à eux. D'ailleurs, Vichy avait disparu. De Gaulle gouvernait à Paris. A la première occasion, il donnerait certainement l'ordre d'attaquer l'envahisseur nippon. Bien que le ralliement de l'Indochine au gouvernement de la République n'eût pas eu lieu officiellement et, qu'à Saïgon, la « collaboration » fût maintenue en apparence, les Japonais ne pouvaient plus se fier à ces fictions. On devait être assuré que, d'un jour à l'autre, ils procéderaient à la liquidation de l'administration et de la force françaises et qu'ils le feraient de la façon la plus soudaine et la plus brutale.

Pour pénible que dût être localement cet aboutissement, je dois dire que, du point de vue de l'intérêt national, j'envisageais volontiers qu'on en vînt aux mains en Indochine. Mesurant l'ébranlement infligé au prestige de la France par la politique de Vichy, sachant quel était dans l'Union l'état d'esprit des populations, prévoyant le déferlement des passions nationalistes en Asie et en Australasie, connaissant la malveillance des alliés, surtout des Américains, à l'égard de notre position en Extrême-Orient, je tenais pour essentiel que le conflit ne s'y achevât pas sans que nous fussions, là aussi, devenus des belligérants. Faute de quoi, toutes les politiques, toutes les armées, toutes les opinions, se trouveraient résolument d'accord pour exiger notre abdication. Au contraire, si nous prenions part à la lutte, — fût-elle près de son terme, — le sang français versé sur le sol de l'Indochine nous serait un titre imposant. L'agression finale des Japonais ne faisant pas, pour moi, le moindre doute, je voulais donc que nos troupes se battent, en dépit de ce que leur situation aurait de désespéré.

Pour diriger cette résistance, le gouvernement ne pouvait, évidemment, s'en remettre à l'amiral Decoux. Sans doute, le gouverneur-général faisait-il secrètement acte d'obédience depuis l'effondrement de Vichy. Sans doute, ses ordres, ses propos, le ton de sa radio, ne ressemblaient-ils en rien à ce qu'ils étaient naguère. Mais il avait, durant quatre années, si obstinément vilipendé la France Combattante qu'il se trouvait trop compromis pour opérer le retournement. Au surplus, l'amiral, ne pouvant dépouiller entièrement le vieil homme, se refusait à croire à une agression japonaise. J'avais donc, dès 1943, confié au général Mordant, Commandant supérieur des troupes, la tâche de diriger éventuellement l'action. L'amiral Decoux en avait, d'ailleurs, reçu notification. Des télégrammes discrets, ainsi que les instructions que le gouverneur de Langlade, parachuté deux fois en Indochine, lui avait portées de ma part, lui faisaient savoir ce qui était attendu de lui.

Afin de ne pas provoquer trop tôt l'attaque des Japonais, Decoux devait rester apparemment en fonctions. Mais Mordant deviendrait détenteur de l'autorité dès l'instant où le combat serait engagé. Quoique Vichy l'eût, au printemps de 1944, remplacé comme commandant des troupes par le général Aymé, ce qui compliquait nos affaires, j'avais laissé à Mordant sa lettre de service de délégué général. Aymé, d'ailleurs, était dans les mêmes dispositions que lui. En outre, à Calcutta, le général Blaizot et le personnel de nos services spéciaux, que les Anglais consentaient à laisser venir aux Indes, avaient pu faire organiser en réseaux clandestins d'action et de renseignement les multiples dévouements qui s'offraient en Indochine. Depuis des mois, c'étaient nos réseaux qui éclairaient les actions aériennes menées par les Américains depuis le territoire chinois et par les Britanniques à partir de la Birmanie contre les installations, les navires, les avions japonais.

Les troupes françaises d'Indochine comptaient une cinquantaine de mille hommes, dont 12 000 Européens. Numériquement, cette force était faible. Mais elle l'était, en réalité, beaucoup plus que ne l'indiquaient les chiffres. Car les effectifs autochtones, souvent capables de tenir des postes dans la mesure où leur loyalisme demeurait assuré, ne pouvaient généralement être employés en campagne. Quant aux éléments français, n'ayant été depuis six ans l'objet d'aucune relève, ils se trouvaient plus ou moins diminués physiquement sous ce déprimant climat. Surtout, les nôtres ne disposaient que d'un armement et d'un équipement usés et périmés et manquaient presque totalement d'avions, de blindés, de camions. Enfin, ils se trouvaient répartis sur un territoire immense, sans pouvoir modifier leur dispositif, guettés, comme ils l'étaient, par un ennemi prêt à les assaillir.

La directive que j'avais donnée au général Mordant, quant à la conduite à tenir en cas d'attaque, tendait à faire durer le plus longtemps possible en territoire indochinois la résistance des troupes françaises. Celles, peu nombreuses, qui tenaient garnison en Annam, au Cambodge, en Cochinchine, se trouvaient trop isolées pour pouvoir agir en campagne. Elles devraient donc défendre leurs postes tant qu'elles en auraient les moyens, puis tâcher de gagner par petits groupes des régions d'accès difficile pour y former des maquis. Mais la force principale, stationnée au Tonkin, recevait la mission de manœuvrer en retraite vers la frontière chinoise, suivant la direction Hanoï-Laï-Chau, en prolongeant le combat autant qu'elle le pourrait. A mesure de ses opérations, peut-être serait-elle secourue, ou tout au moins ravitaillée, par l'aviation américaine déployée en territoire chinois auprès des troupes de Chiang-Kaï-Shek. Sur la base de ces instructions, le général Mordant avait précisé aux commandements subordonnés les consignes éventuelles d'alerte et d'opérations. Le 21 février, je lui renouvelai par télégramme mes directives et mes avertissements.

On en était là quand, le 9 mars au soir, les Japonais sommèrent l'amiral Decoux à Saïgon et le général Aymé à Hanoï de se soumettre entièrement à eux et de placer les forces françaises sous leur contrôle immédiat, en attendant qu'elles fussent désarmées. Sur le refus que leur opposèrent le haut-commissaire et le commandant supérieur, ils les arrêtèrent aussitôt et passèrent immédiatement, partout, à l'attaque de nos garnisons.

Il se trouva, par malheur, que le général Mordant fut presque aussitôt découvert et fait prisonnier. Cette décapitation de la résistance compromettait beaucoup sa mise en œuvre. Cependant, presque partout, nos officiers et nos soldats, sachant qu'ils livraient un combat sans espoir, abandonnés en certains cas par les auxiliaires autochtones ou amenés à les démobiliser, firent courageusement leur devoir. En particulier, la citadelle d'Hanoï, celle d'Haïphong, la garnison de Hué, les postes de Langson, de Hagiang, de Lao-Kay, de Taht-Khé, se défendirent avec énergie. A Monkay, les assauts livrés par les Japonais à grands coups de pertes humaines furent repoussés pendant quinze jours. Vinh se battit jusqu'au 24 mars. Dans la région de Bassac, la résistance ne cessa que le 1er avril. Des colonnes, formées en divers points du Haut-Tonkin, gagnèrent le territoire chinois. Quelques petits bâtiments de la marine et des douanes purent également s'échapper. Mais, surtout, un important groupement, constitué à l'avance dans la région de Sontay sous les ordres du général Alessandri, avec, pour noyau, la Légion, remplit vaillamment sa mission. Ces quelques milliers d'hommes, manœuvrant et combattant d'abord entre le Fleuve Rouge et la Rivière Noire, puis à l'ouest de celle-ci, tinrent tête aux Japonais pendant cinquante-sept jours avant de se joindre, avec leurs pauvres armes, aux forces alliées en Chine.

A l'occasion de ces opérations, le parti pris des Américains apparut en pleine lumière. Malgré les incessantes démarches du gouvernement français, Washington s'était toujours opposé, sous de multiples prétextes, au transport vers l'Extrême-Orient des troupes que nous tenions prêtes en Afrique et à Madagascar. Les combats engagés en Indochine n'amenèrent aucun changement dans l'attitude des États-Unis. Pourtant, la présence en Birmanie d'un corps expéditionnaire français aurait, à coup sûr, encouragé la résistance indochinoise et l'envoi à nos colonnes du Tonkin et du Laos de détachements aéroportés leur eût été d'un grand secours. Mais même l'aviation américaine basée en Chine, à portée immédiate du groupement Alessandri, ne lui prêta pas assistance. Le général Sabattier, nommé délégué-général après la disparition de Mordant et qui avait pu se dégager d'Hanoï, atteindre Laï-Chau et prendre contact avec le commandement américain en Chine, se vit refuser tout appui. Pour moi, qui de longue date discernais les données du jeu, je n'éprouvais aucune surprise à découvrir l'intention des autres. Mais j'en étais d'autant plus résolu à ramener la France en Indochine, quand, la victoire une fois remportée, nous nous trouverions avoir les mains libres vis-à-vis des alliés.

A cette victoire, en tout cas, il était acquis, désormais, que les forces françaises d'Indochine auraient, elles aussi, contribué. Deux cents officiers, 4 000 hommes de troupe avaient été tués à l'ennemi. Au mois de mai, 6 000 soldats, la plupart Européens, se regroupaient au Yunnam. Les combats, succédant soudain à une période prolongée de doutes, de chagrins, d'humiliations, s'étaient déroulés dans les plus amères conditions : surprise, isolement, manque de moyens, impression que Dieu est trop haut et que la France est trop loin. Mais les efforts et les sacrifices n'en furent que plus méritoires. Dans le capital moral d'un peuple, rien ne se perd des peines de ses soldats.

Quelque attention que je porte au développement des affaires sur l'Atlantique, dans les Alpes et en Indochine, c'est ce qui se passe en Allemagne qui me hante par-dessus tout. Là, en effet, se fixe le destin. Et puis, les opérations des diverses armées alliées sur le sol germanique, leurs objectifs, leurs directions, les limites de leurs secteurs, créent à mesure des faits accomplis qui vont pratiquement influer sur ce qui suivra l'armistice. Il m'appartient de faire en sorte que la part de l'armée française, la dimension relative de ses succès, l'étendue du territoire qu'elle aura pu conquérir, soient assez larges pour que la France s'affirme dans les débats et les décisions qui suivront les hostilités. Afin que nul n'en ignore, je le proclame, le 2 avril, à l'occasion d'une cérémonie organisée à Paris sur la place de la Concorde et au cours de laquelle les colonels des régiments nouveaux ou reconstitués reçoivent, de mes mains, leur drapeau ou leur étendard.

Or, dans l'esprit du commandement allié, évidemment orienté par Washington, ce sont les forces américaines qui doivent prendre à leur compte l'action presque tout entière dans cette dernière phase de la lutte. Les ordres du grand-quartier confient aux seuls Américains la tâche de s'emparer de la Ruhr, région essentielle entre toutes, puis de pousser, d'une part vers l'Elbe, d'autre part vers le Danube, pour submerger le corps de l'Allemagne, enfin de prendre contact, du côté de Berlin, de Prague et de Vienne, avec les troupes soviétiques. On laissera les Britanniques se consacrer à la côte de la mer du Nord. Quant aux Français, on a d'abord essayé de les fixer sur la rive gauche du Rhin. Comme ils ont, pourtant, trouvé moyen de passer le fleuve, on tâchera d'obtenir qu'ils s'en éloignent le moins possible. Il va de soi qu'au moment même où les perspectives s'élargissent nous n'allons pas nous prêter à un pareil amenuisement.

Tandis que le Groupe d'armées du général Bradley encercle dans le bassin de la Ruhr les forces allemandes du maréchal Model et les fait capituler, puis franchit la Weser, au cœur du Reich, celui du général Devers avance au sud du Main. Mais Devers, au lieu de marcher lui aussi vers l'est, tend continuellement à se rabattre vers le sud. Si les Français laissent faire, cet infléchissement aura pour conséquence de resserrer l'Armée Patch sur l'Armée de Lattre, de bloquer celle-ci au plus près du Rhin, de limiter à quelques lambeaux du pays de Bade le territoire allemand occupé par nous. En l'occurrence, les opérations ont une incidence directe sur le domaine politique. Aussi n'ai-je pas manqué de préciser à de Lattre, avant même que ses troupes aient entamé le passage du Rhin, quel intérêt national aurait à servir l'action de son armée. Nous avons convenu, qu'en tout état de cause, la Ire Armée devrait s'emparer de Stuttgart. La capitale du Wurtemberg sera, en effet, pour nos troupes la porte ouverte vers le Danube, la Bavière, l'Autriche. Sa possession nous assurera, en outre, un gage important pour soutenir nos desseins quant à la zone d'occupation française.

Mais il faut compter avec l'ennemi. Sa XIXe Armée fait tête avec énergie dans le massif de la Forêt-Noire. C'est donc dans cette âpre région, non vers Stuttgart, que se porte l'effort de l'armée française au cours de la première quinzaine d'avril. Sans doute le 2e Corps a-t-il traversé le Rhin à partir du Palatinat, pris Karlsruhe et, le 7 avril, enlevé Pforzheim. Mais, avant de franchir le Neckar et de courir vers le Danube, de Lattre croit devoir réunir son armée dans la Forêt-Noire et purger d'Allemands cette forteresse naturelle. Il dirige donc Monsabert vers le sud, pour pénétrer au cœur du massif et ouvrir à Béthouart le passage du Rhin à Strasbourg. Ainsi sont pris Rastatt, Baden-Baden, Kehl, Freudenstadt. Ainsi se trouve refoulée dans les hauteurs boisées du Schwarzwald la XIXe Armée allemande. Mais la capitale wurtembergeoise demeure aux mains de l'ennemi et à portée de celles des alliés. Il est grand temps de nous en saisir. Sans interférer dans les dispositions du Commandant de la Ire Armée, je lui fais savoir à nouveau, le 15 avril, que le gouvernement attend de lui qu'il prenne Stuttgart.

Précisément, le lendemain, le général Devers adresse à son Groupe d'armées une « instruction » en sens opposé. D'après cette directive, c'est la VIIe Armée américaine, jusqu'alors engagée plus au nord, qui doit s'emparer de Stuttgart et, remontant ensuite le Neckar, atteindre la frontière suisse près de Schaffhouse. Les Français seront confinés au nettoyage de la Forêt-Noire et coupés de toutes les routes qui pourraient les mener plus à l'est. « Je dois, écrit Devers à de Lattre, vous mettre en garde contre une avance prématurée de la Ire Armée française. »

Le général de Lattre discerne qu'il est urgent de changer de direction. Il le prescrit au 2e Corps. Monsabert lance donc sur Stuttgart et sur Ulm, depuis Pforzheim et Freudenstadt, la 3e Division nord-africaine de Guillaume, la 2e Division marocaine de Linarès, les 1re et 5e Divisions blindées de Sudre et de Schlesser. Le 20 avril, les chars français pénètrent dans la capitale du Wurtemberg, grande ville où 600 000 habitants les attendent en silence au milieu des ruines. Mais, tandis que cette partie de l'armée marche rapidement vers l'est, une autre, conduite par Béthouart, progresse droit vers le sud. La 4e Division marocaine de Hesdin, la 9e Division coloniale de Valluy, les 1re, 10e, 14e Divisions de Caillies, Billotte et Salan, vont s'employer à terminer la conquête de la Forêt-Noire.

En effet, le général de Lattre, tout en saisissant sur le Neckar et sur le Danube les objectifs que je lui ai fixés, ne veut pas laisser derrière lui des forces ennemies encore redoutables. D'ailleurs, le général Guisan, Commandant en chef helvétique, qui craint de voir les Allemands aux abois pénétrer en territoires suisse pour y chercher passage ou refuge, a beaucoup insisté auprès du Commandant de la Ire Armée pour que des troupes françaises viennent border la frontière le long du Rhin depuis Bâle jusqu'au lac de Constance. En d'autres temps, le découplement des nôtres suivant deux axes différents, les uns vers l'est, les autres vers le sud, pourrait comporter de grands risques. Mais l'ennemi en est arrivé à ce point de désorganisation que tout ce qui est fait contre lui s'arrange et se justifie. Le compte rendu que de Lattre m'adresse, le 21 avril, est un bulletin de victoire. Il écrit : « Succès complet des opérations engagées depuis quinze jours en Wurtemberg, en Forêt-Noire et en pays de Bade. Le Danube est franchi sur plus de 60 kilomètres en aval de Donaueschingen. Nous sommes entrés à Stuttgart par le sud, achevant l'encerclement de forces ennemies importantes. Dans la plaine de Bade, Vieux-Brisach et Fribourg sont tombés entre nos mains. L'enveloppement de la Forêt-Noire est achevé. »

Ce n'est, pourtant, qu'une semaine plus tard que la Ire Armée française parvient à en finir avec la XIXe Armée allemande. Celle-ci, bien qu'encerclée, s'est regroupée dans le massif boisé à l'est de Fribourg et tente avec fureur de se frayer le passage vers l'est. Ne pouvant y réussir, ses débris mettent enfin bas les armes. Tandis que cette affaire se règle, nos avant-gardes atteignent Ulm et Constance. Quand s'achève le mois d'avril, il n'y a plus, devant les Français, de résistance organisée. Depuis qu'ils ont franchi le Rhin, 110 000 prisonniers sont tombés entre leurs mains. Chaque jour, des milliers d'autres se rendront encore jusqu'au terme des hostilités.

Mais, dans la coalition, les roses de la gloire ne peuvent être sans épines. Comme nous nous y attendons, le commandement interallié s'oppose à la présence de nos troupes à Stuttgart. Le 28 avril, le général Devers rappelle à la Ire Armée que la ville n'est pas dans sa zone et que ce centre de communications est nécessaire à la VIIe Armée américaine. Le 24, il donne à de Lattre l'ordre formel de l'évacuer. A celui-ci, qui m'en réfère, je fais connaître que rien n'est changé à ce qui est décidé. « Je vous prescris », précise mon télégramme, « de maintenir une garnison française à Stuttgart et d'y instituer, tout de suite, un gouvernement militaire... Aux observations éventuelles des Américains vous répondrez que les ordres de votre gouvernement sont de tenir et d'administrer les territoires conquis par vos troupes, jusqu'à ce que la zone d'occupation française ait été fixée par accord entre les gouvernements intéressés. » De Lattre répond donc à Devers que la question les dépasse l'un et l'autre, puisqu'elle est du domaine des gouvernements. Sans que lui-même s'oppose au passage à travers Stuttgart des colonnes et convois alliés, il maintient dans la ville la garnison qu'il y a placée avec le général Chevillon comme gouverneur militaire.

La controverse passe, alors, à un plan plus élevé. C'est pour y perdre de son acuité. Le général Eisenhower m'adresse, le 28 avril, une lettre résignée. Sans doute, déclare-t-il, qu'en intervenant pour des raisons politiques dans les instructions stratégiques, mon gouvernement viole, à son avis, les accords conclus au sujet du réarmement des forces françaises. Cependant, il convient « n'avoir, quant à lui, rien d'autre à faire que d'accepter la situation, parce qu'il se refuse à l'idée de suspendre les ravitaillements fournis par ses services à la Ire Armée française et qu'il ne veut personnellement rien faire qui puisse altérer l'esprit exemplaire de coopération entre les forces françaises et américaines dans la bataille. »

A la bonne heure ! Aimablement, je réponds au Commandant en chef que « la difficulté que nous venons de rencontrer provient d'une situation qui ne lui incombe nullement et qui est le défaut d'accord entre les gouvernements américain et britannique, d'une part, et le gouvernement français, d'autre part, en ce qui concerne la politique de guerre en général et l'occupation des territoires allemands en particulier. » Le 2 mai, Eisenhower m'écrit « qu'il comprend ma position et qu'il est heureux de constater que, de mon côté, je comprends la sienne. » Il ne me reste plus qu'à recevoir du président Truman, — en fonctions depuis trois semaines, — un message empreint d'aigreur et à lui mander, en échange, que « les questions touchant la France d'aussi près que l'occupation du territoire allemand doivent être discutées avec elle, ce qui, malheureusement, n'a pas eu lieu. » Les Français restent à Stuttgart.

Comme les vagues pressées déferlent sur le navire en train de sombrer, ainsi les forces alliées submergent l'Allemagne en perdition. Leur avance se précipite au milieu de fractions ennemies qui tournoient dans la confusion. Des îlots de résistance luttent toujours avec courage. Dans certaines zones, coupées de tout, s'entassent pêle-mêle des troupes amorphes à force d'épuisement. En maints endroits, des unités, grandes ou petites, se rendent de leur propre chef. Si l'arrivée des Occidentaux est considérée par les populations comme une sorte de délivrance, au contraire, à l'approche des Russes, s'enfuient des foules éperdues. Partout, les vainqueurs recueillent des groupes de prisonniers alliés qui se sont libérés eux-mêmes. Ici ou là, stupéfaits d'horreur et d'indignation, ils découvrent les survivants et les charniers des camps de déportation. Dans le sang et dans les ruines, avec un profond fatalisme, le peuple allemand subit son destin.

A la fin d'avril, Bradley atteint l'Elbe et y établit le contact, dans la région de Torgau, avec les troupes de Joukov qui achèvent de prendre Berlin. Au nord, Montgomery s'empare de Hambourg et, au début de mai, enlève Kiel et Lubeck, à portée de Rokossovsky qui a succédé sur le théâtre de Prusse Orientale au maréchal Tcherniakovsky tué au mois de février. Se trouvent ainsi coupées du Reich les forces allemandes d'occupation du Danemark, comme c'est aussi le cas de celles qui, sous Blaskowitz, se sont maintenues en Hollande. Au sud, trois armées alliées marchent sur le réduit des Alpes bavaroises et autrichiennes, où l'ennemi pourrait tenir tête : Patton pénètre en Tchécoslovaquie où il se saisit de Pilsen et, en Autriche, parvient à Linz tout près des Russes de Tolboukine qui ont pris et dépassé Vienne ; Patch met la main sur Munich et pousse jusqu'à Innsbruck ; de Lattre lance sur le Tyrol ses unités blindées et ses divisions marocaines, une colonne remontant l'Iller, une autre longeant le lac de Constance. Les avant-gardes françaises rencontrent dans le Vorarlberg la XXIVe Armée allemande, nouvelle dans l'ordre de bataille, mais formée d'une foule de débris et dont le chef, général Schmidt, offre aussitôt sa reddition. Le 6 mai, le drapeau français flotte sur le col de l'Arlberg. Entre temps, la Division Leclerc, revenue en hâte de l'ouest et remise en tête de l'Armée Patch, est parvenue à Berchtesgaden.

C'est la fin. L'axe est vaincu. Ses chefs succombent. Le 1er mai, les dernières antennes de la radio allemande lancent la nouvelle de la mort d'Hitler. On avait, quelques jours avant, appris le meurtre de Mussolini.

Celui-ci, bien qu'il eût jusqu'au bout persévéré dans sa querelle, était déjà effacé par les événements. Que de bruit, cependant, avait fait dans l'univers ce « Duce » ambitieux, audacieux, orgueilleux, cet homme d'État aux larges visées et aux gestes dramatiques, cet orateur entraînant et excessif. Il avait saisi l'Italie quand elle glissait à l'anarchie. Mais pour lui, c'était trop peu de la sauver et de la mettre en ordre. Il voulait en faire un empire. Ayant, pour y parvenir, exilé la liberté et bâti sa propre dictature, il donnait à son pays l'air d'être uni et résolu par le moyen des cortèges, des faisceaux et des licteurs. Puis, appuyé sur ces apparences, il devenait une grande vedette de la scène internationale.

Ses exigences, alors, s'étaient portées vers l'Afrique. Sur les rives de la Méditerranée et de la mer Rouge, il fallait qu'on lui cédât, ou qu'il conquît, la part du lion. Bientôt, c'est en Europe aussi qu'il prétendait s'agrandir. La Savoie, Nice, la Corse, la Croatie, la Slovénie, la Dalmatie, l'Albanie, voilà ce qui lui était dû ! Et d'ameuter « l'Italie fasciste et prolétaire » contre les Français décadents et les Yougoslaves incapables. Enfin, quand il avait vu les Panzerdivisions se ruer à travers la France, tandis que l'Angleterre se repliait dans son île, que la Russie restait l'arme au pied, que l'Amérique demeurait neutre, le Duce s'était joint au Führer et précipité dans la guerre, croyant qu'elle allait finir.

Au moment où l'abattit la mitraillette d'un partisan, Mussolini avait perdu les raisons de vivre. Ayant voulu trop embrasser, il ne lui restait rien à étreindre. Sans doute, au temps de l'apogée fasciste, sa dictature semblait-elle solide. Mais, au fond, comment l'eût-elle été, quand subsistaient auprès d'elle la monarchie, l'Église, les intérêts, et quand le peuple, recru de siècles, demeurait ce qu'il était en dépit des fétiches et des rites? Il y avait, certes, de la grandeur à prétendre restaurer l'antique primauté de Rome. Mais était-ce un but accessible en ce temps où le monde est aussi vaste que la terre et se fait à la machine? Dresser contre l'Occident l'Italie mère de son génie, associer au déferlement de l'oppression germanique la métropole de la latinité, bref, faire combattre un peuple pour une cause qui n'était pas la sienne, n'était-ce pas forcer la nature? Tant que l'Allemagne parut triompher, le Duce réussit à porter aux champs de bataille des armées mal convaincues. Mais, dès que commença le recul de l'allié, la gageure devint insoutenable et la vague des reniements emporta Mussolini.

C'est le suicide, non la trahison, qui mettait fin à l'entreprise d'Hitler. Lui-même l'avait incarnée. Il la terminait lui-même. Pour n'être point enchaîné, Prométhée se jetait au gouffre.

Cet homme, parti de rien, s'était offert à l'Allemagne au moment où elle éprouvait le désir d'un amant nouveau. Lasse de l'empereur tombé, des généraux vaincus, des politiciens dérisoires, elle s'était donnée au passant inconnu qui représentait l'aventure, promettait la domination et dont la voix passionnée remuait ses instincts secrets. D'ailleurs, en dépit de la défaite enregistrée naguère à Versailles, la carrière s'ouvrait largement à ce couple entreprenant. Dans les années 1930, l'Europe, obnubilée ici par l'attrait, là par la peur, du communisme ou du fascisme, énervée de démocratie et encombrée de vieillards, offrait au dynamisme allemand de multiples occasions.

Adolf Hitler voulut les saisir toutes. Fascisme et racisme mêlés lui procurèrent une doctrine. Le système totalitaire lui permit d'agir sans frein. La force mécanique mit en ses mains les atouts du choc et de la surprise. Certes, le tout menait à l'oppression et celle-ci allait au crime. Mais Moloch a tous les droits. D'ailleurs, Hitler, s'il était fort, ne laissait pas d'être habile. Il savait leurrer et caresser. L'Allemagne, séduite au plus profond d'elle-même, suivit son Führer d'un élan. Jusqu'à la fin, elle lui fut soumise, le servant de plus d'efforts qu'aucun peuple, jamais, n'en offrit à aucun chef.

Pourtant, Hitler allait rencontrer l'obstacle humain, celui que l'on ne franchit pas. Il fondait son plan gigantesque sur le crédit qu'il faisait à la bassesse des hommes. Mais ceux-ci sont des âmes autant que du limon. Agir comme si les autres n'auraient jamais de courage, c'était trop s'aventurer. Pour le Führer, le Reich devait, en premier lieu, déchirer le traité de Versailles à la faveur de la crainte que la guerre inspirerait aux démocraties. On procéderait, ensuite, à l'annexion de l'Autriche, de la Tchécoslovaquie, de la Pologne, en escomptant le lâche soulagement de Paris et de Londres et la complicité de Moscou. Après quoi, suivant l'occasion, les Français seraient soumis en présence des Russes immobiles, ou bien la Russie abattue devant la France épouvantée. Ce double but une fois atteint, on asservirait l'Angleterre, grâce à la neutralité jouisseuse des États-Unis. Alors, l'Europe tout entière étant groupée, de gré ou de force, sous la férule de l'Ordre Nouveau et le Japon fournissant un allié de revers, l'Amérique, coupée du monde, devrait se coucher, à son tour.

Tout alla, d'abord, comme prévu. L'Allemagne nazie, dotée d'engins effrayants et armée de lois sans pitié, marcha de triomphe en triomphe. Genève, Munich, le pacte germano-soviétique, justifiaient la méprisante confiance qu'Hitler faisait à ses voisins. Mais voici que chez eux, soudain, sursautaient le courage et l'honneur. Paris et Londres n'acceptaient pas le meurtre de la Pologne. Il semble bien que, dès ce moment, le Führer, dans sa lucidité, sut que le charme était rompu. Sans doute, l'armée cuirassée foudroyait-elle une France sans État et sans Commandement. Mais l'Angleterre, derrière la mer, refusait de s'incliner et la flamme de la résistance s'allumait parmi les Français. De ce fait, la lutte s'étendait aux océans, à l'Afrique, à l'Orient et aux replis clandestins de la France. Quand la Wehrmacht attaquerait la Russie, il lui manquerait pour la réduire tout justement les troupes allemandes qui étaient engagées ailleurs. Dès lors, l'Amérique, jetée dans la guerre par l'agression du Japon, pourrait déployer ses forces à coup sûr. En dépit de l'énergie prodigieuse de l'Allemagne et de son Führer, le destin était scellé.

L'entreprise d'Hitler fut surhumaine et inhumaine. Il la soutint sans répit. Jusqu'aux dernières heures d'agonie au fond du bunker berlinois, il demeura indiscuté, inflexible, impitoyable, comme il l'avait été dans les jours les plus éclatants. Pour la sombre grandeur de son combat et de sa mémoire, il avait choisi de ne jamais hésiter, transiger ou reculer. Le Titan qui s'efforce à soulever le monde ne saurait fléchir, ni s'adoucir. Mais, vaincu et écrasé, peut-être redevient-il un homme, juste le temps d'une larme secrète, au moment où tout finit.

La capitulation allemande n'est plus, maintenant, qu'une question de formalités. Encore faut-il qu'elles soient remplies. Avant même la mort d'Hitler, Gœring, qu'il a désigné comme son éventuel remplaçant et qui croit le Chancelier hors d'état de se faire entendre, esquisse une tentative de négociation. Mais il est, immédiatement, condamné par le Führer. Himmler, second dans l'ordre de la succession, a pris contact de son côté avec le comte Bernadotte, président de la Croix-Rouge suédoise, et fait transmettre, par Stockholm, aux gouvernements occidentaux une proposition d'armistice. Himmler calcule vraisemblablement que si les hostilités cessent sur le front Ouest et se poursuivent à l'Est il se créera, dans le bloc allié, une fissure dont profitera le Reich. La démarche du grand-maître de la Gestapo s'accompagne de quelques gestes destinés à alléger l'abominable réputation que lui ont value ses crimes. C'est ainsi, qu'*in extremis*, il autorise la Croix-Rouge internationale à distribuer des vivres aux déportés. Aussitôt prévenus par cette organisation, nous nous hâtons d'envoyer en Allemagne du Sud, à partir de Berne et de Zürich, sur des camions fournis par nous et conduits par des chauffeurs suisses, des lots de ravitaillement à certains camps de concentration et aux colonnes affamées que les Allemands poussent sur les routes.

A moi-même, Himmler fait parvenir officieusement un mémoire qui laisse apparaître la ruse sous la détresse. « C'est entendu ! Vous avez gagné », reconnaît le document. « Quand on sait d'où vous êtes parti, on doit, général de Gaulle, vous tirer très bas son chapeau... Mais, maintenant, qu'allez-vous faire ? Vous en remettre aux Anglo-Saxons ? Ils vous traiteront en satellite et vous feront perdre l'honneur. Vous associer aux Soviets ? Ils soumettront la France à leur loi et vous liquideront vous-même... En vérité, le seul chemin qui puisse mener votre peuple à la grandeur et à l'indépendance, c'est celui de l'entente avec l'Allemagne vaincue. Proclamez-le tout de suite ! Entrez en rapport, sans délai, avec les hommes qui, dans le Reich, disposent encore d'un pouvoir de fait et veulent conduire leur pays dans une direction nouvelle... Ils y sont prêts. Ils vous le demandent... Si vous dominez l'esprit de la vengeance, si vous saisissez l'occasion que l'Histoire vous offre aujourd'hui, vous serez le plus grand homme de tous les temps. »

Mise à part la flatterie dont s'orne à mon endroit ce message du bord de la tombe, il y a, sans doute, du vrai dans l'aperçu qu'il dessine. Mais le tentateur aux abois, étant ce qu'il est, ne reçoit de moi aucune réponse, non plus que des gouvernements de Londres et de Washington. D'ailleurs, il n'a rien à offrir. Même, Hitler, qui probablement a eu vent de ces menées, déshérite Himmler à son tour. C'est à l'amiral Dœnitz que le Führer prescrit qu'on transmette ses pouvoirs après son propre suicide. L'amiral est donc investi par un ultime télégramme lancé de l'abri souterrain de la Chancellerie d'Empire.

Jusqu'à la fin, les derniers tenants de l'autorité du Reich s'efforcent d'obtenir quelque arrangement séparé avec les Occidentaux. En vain ! Ceux-ci excluent toute autre issue qu'une reddition sans conditions reçue par tous les alliés à la fois. Il est vrai que l'amiral Friedeburg conclut, le 4 mai, avec Montgomery la capitulation des armées du Nord-Ouest de l'Allemagne, du Danemark et de la Hollande. Mais ce n'est là qu'une convention entre chefs militaires locaux, non point un acte engageant le Reich. Finalement, Dœnitz se résigne. Le général Jodl, envoyé par lui à Reims, y apporte à Eisenhower la capitulation totale. Celle-ci est conclue le 7 mai à 2 heures du matin. Le feu doit cesser le lendemain à minuit. Comme l'acte est signé au quartier-général du Commandant en chef occidental, il est entendu que, par symétrie, une ratification aura lieu, le 9 mai, au poste de commandement soviétique à Berlin.

Je n'ai naturellement pas manqué de régler à l'avance, avec les alliés, la participation française à la signature de ces deux documents. Le texte, d'une extrême et terrible simplicité, ne soulève de notre part aucune objection. Mais il faut que la France, elle aussi, le prenne formellement à son compte. Je dois dire que les alliés nous le demandent eux-mêmes sans ambages. A Reims, comme on en a convenu, le général Bedel Smith, chef d'état-major du général Eisenhower, préside la cérémonie au nom du Commandant en chef et signe, d'abord, avec Jodl représentant de Dœnitz. Ensuite, pour les Russes le général Souslaparov, pour les Français le général Sevez sous-chef d'état-major de la Défense nationale, — Juin étant à San Francisco, — apposent leur signature. Quant à l'acte de Berlin, il va comporter une plus grande solennité. Non point qu'il ajoute quelque chose à celui de Reims. Mais les Soviets tiennent beaucoup à le mettre en relief. Pour y représenter la France, je désigne le général de Lattre.

Celui-ci, reçu par les Russes avec tous les égards convenables, se heurte cependant à une objection protocolaire. Le maréchal Joukov étant le délégué du commandement soviétique et l'air-marshal britannique Tedder celui du commandement occidental, les Russes déclarent, qu'en principe, ils sont d'accord pour que le général de Lattre soit, lui aussi, présent. Mais, comme les Américains ont envoyé le général Spaatz afin qu'il signe comme de Lattre, le sourcilleux M. Vichynsky, accouru pour « conseiller » Joukov, observe que l'Américain fait double emploi avec Tedder et ne saurait participer. Le Français serait, dès lors, exclu. Avec adresse et fermeté, de Lattre prétend, au contraire, remplir bel et bien sa mission. L'incident est bientôt réglé. Le 9 mai, le général de Lattre prend place aux côtés des délégués militaires des grandes puissances alliées, sous une panoplie où le tricolore figure avec leurs drapeaux. A l'acte final de la capitulation allemande, le représentant de la France est signataire, comme ceux de la Russie, des États-Unis et de la Grande-Bretagne. Le feld-marschall Keitel, en s'écriant : « Quoi? Les Français aussi! » souligne le tour de force qui aboutit, pour la France et pour son armée, à un pareil redressement.

« La guerre est gagnée! Voici la Victoire! C'est la victoire des nations unies et c'est la victoire de la France!... » J'en fais l'annonce, par la radio, le 8 mai à 3 heures de l'après-midi. A Londres Winston Churchill, à Washington Harry Truman, parlent en même temps que moi. Un peu plus tard, je me rends à l'Étoile. La place est remplie d'une foule qui, après mon arrivée, devient énorme en quelques instants. A peine ai-je salué la tombe du Soldat inconnu que la masse se précipite dans une tempête d'acclamations en bousculant les barrages. Malaisément, je m'arrache au torrent. Pourtant, cette manifestation, les cortèges organisés, le son des cloches, les salves d'artillerie, les discours officiels, n'empêchent pas que la joie du peuple, tout comme la mienne, reste grave et contenue.

Il est vrai que, depuis des mois, nul ne doute de l'échéance et que, depuis des semaines, on la tient pour imminente. La nouvelle n'a rien d'une surprise qui puisse provoquer l'explosion des sentiments. Ceux-ci, d'ailleurs, se sont déjà donné libre cours à l'occasion de la libération. Et puis, l'épreuve, si elle fut marquée, pour nous Français, par une gloire tirée du plus profond de l'abîme, n'en a pas moins comporté, d'abord, des défaillances désastreuses. Avec la satisfaction causée par le dénouement, elle laisse, — c'est pour toujours ! — une douleur sourde au fond de la conscience nationale. Au reste, d'un bout du monde à l'autre, les coups de canon de l'armistice sont accueillis, certes, avec un soulagement immense, puisque la mort et la misère s'éloignent, mais ils le sont sans transports, car la lutte fut salie de crimes qui font honte au genre humain. Chacun, quel qu'il soit, où qu'il soit, sent en lui-même l'éternelle espérance prendre à nouveau son essor, mais redoute que, cette fois encore, « la guerre qui enfante tout » n'ait pas enfanté la paix.

La mission qui me fut inspirée par la détresse de la patrie se trouve, maintenant, accomplie. Par une incroyable fortune, il m'a été donné de conduire la France jusqu'au terme d'un combat où elle risquait tout. La voici vivante, respectée, recouvrant ses terres et son rang, appelée, aux côtés des plus grands, à régler le sort du monde. De quelle lumière se dore le jour qui va finir ! Mais, comme ils sont obscurs les lendemains de la France ! Et voici que, déjà, tout s'abaisse et se relâche. Cette flamme d'ambition nationale, ranimée sous la cendre au souffle de la tempête, comment la maintenir ardente quand le vent sera tombé?

DISCORDANCES

A peine s'éteint l'écho du canon que le monde change de figure. Les forces et les ardeurs des peuples, mobilisées pour la guerre, perdent soudain leur point d'application. Par contre, on voit l'ambition des États apparaître en pleine lumière. Entre coalisés s'effacent les égards et les ménagements qu'on s'accordait, tant bien que mal, quand on faisait face à l'ennemi. C'était, hier, le temps des combats. Voici l'heure des règlements.

Ce moment de vérité met en lumière l'état de faiblesse où la France est encore plongée par rapport aux buts qu'elle poursuit et aux calculs intéressés des autres. Ceux-ci vont, tout naturellement, tirer parti de la situation pour essayer de nous contraindre à propos de litiges en suspens, ou bien de nous reléguer à une place secondaire dans le concert qui bâtira la paix. Mais je veux m'efforcer de ne pas les laisser faire. Bien plus, jugeant que l'effondrement de l'Allemagne, le déchirement de l'Europe, l'antagonisme russo-américain, offrent à la France, sauvée par miracle, des chances d'action exceptionnelles, il me semble que la période nouvelle me permettra, peut-être, d'entamer l'exécution du vaste plan que j'ai formé pour mon pays.

Lui assurer la sécurité en Europe occidentale, en empêchant qu'un nouveau Reich puisse encore la menacer. Collaborer avec l'Ouest et l'Est, au besoin contracter d'un côté ou bien de l'autre les alliances nécessaires, sans accepter jamais aucune espèce de dépendance. Pour prévenir les risques, encore diffus, de dislocation, obtenir que l'Union Française se transforme progressivement en libre association. Amener à se grouper, aux points de vue politique, économique, stratégique, les États qui touchent au Rhin, aux Alpes, aux Pyrénées. Faire de cette organisation l'une des trois puissances planétaires et, s'il le faut un jour, l'arbitre entre les deux camps soviétique et anglo-saxon. Depuis 1940, ce que j'ai pu accomplir et dire ménageait ces possibilités. A présent que la France est debout, je vais tâcher de les atteindre.

Les moyens sont bien réduits ! Pourtant, si la France n'a pas encore repris dans son jeu l'atout de sa grande puissance, elle garde quelques bonnes cartes : d'abord, le prestige singulier qu'elle revêtait depuis des siècles et que son étonnant retour depuis le bord de l'abîme lui a, en partie, rendu ; le fait, aussi, que nul ne peut faire fi de son concours au milieu du déséquilibre où chancelle le genre humain ; enfin, les éléments solides que constituent ses territoires, son peuple, ses prolongements outre-mer. En attendant d'avoir repris nos forces, ces éléments nous mettent à même d'agir et de nous faire respecter.

A condition qu'on s'en serve. Par excellence, mon devoir est là. Mais, pour compenser ce qui manque, j'ai besoin que la nation me prête un appui déterminé. Si c'est le cas, je réponds que personne ne passera outre à la volonté de la France. Il va de soi que nos partenaires comptent qu'il en sera autrement. Quelle que soit la considération qu'ils témoignent au général de Gaulle, ils portent leur nostalgie vers la France politique de naguère, si malléable et si commode. Ils épient les discordances qui vont se produire entre moi et ceux qui tendent à revenir au régime confus d'autrefois.

Dès le lendemain de la victoire, un sérieux incident surgit sur le sujet du tracé de la frontière des Alpes. Notre gouvernement avait, depuis longtemps, fixé ses intentions en la matière. Nous entendions porter à la crête même du massif la limite de notre territoire, ce qui reviendrait à nous attribuer les quelques enclaves que les Italiens possédaient sur le versant français auprès des cols. Nous voulions aussi nous incorporer les cantons, naguère savoyards, de Tende et de La Brigue. Peut-être en ferions-nous autant de Vintimille, suivant ce que souhaiteraient les habitants. Quant au Val d'Aoste, nous aurions eu les meilleures raisons ethniques et linguistiques de nous l'assurer. Nous y rencontrerions d'ailleurs, lors de l'avance de nos troupes, le désir presque général d'appartenir à la partie française. Mais, comme, pendant huit mois de l'année, les neiges du mont Blanc interrompent les communications entre la France et les Valdôtains dont l'existence est, de ce fait, liée à celle de l'Italie, nous avions pris le parti de ne pas revendiquer la possession de la vallée.

Il nous suffirait d'obtenir que Rome en reconnût l'autonomie. Au reste, le gouvernement de MM. Bonomi et Sforza laissait entendre à nos représentants qu'il se résignerait à accepter nos conditions. Celles-ci ne pouvaient, en effet, que lui sembler bien modérées par rapport aux épreuves que l'Italie nous avait causées et aux avantages qu'elle tirerait de la réconciliation.

L'offensive finale, menée dans les Alpes par les troupes du général Doyen, avait atteint les objectifs fixés. Les enclaves, le Val d'Aoste, les cantons de La Roya, se trouvaient entre nos mains le 2 mai, jour où les forces allemandes et fascistes opérant en Italie hissaient le drapeau blanc. Au point de vue administratif, Tende, La Brigue et Vintimille étaient aussitôt rattachés au département des Alpes-Maritimes, tandis qu'à Aoste nous laissions faire les comités locaux.

Les choses en étaient là quand, au cours du mois de mai, les Américains manifestèrent leur volonté de voir nos troupes se retirer en deçà de la frontière de 1939. Dans les territoires que nous devions, suivant eux, évacuer, nous serions remplacés par des forces alliées. Cela fut notifié au Quai d'Orsay par M. Caffery, précisé au général Doyen par le général Grittenberg commandant le Corps américain d'occupation du Piémont, déclaré par Truman à Bidault lors d'une visite que celui-ci lui faisait à Washington. Pour exiger notre retrait, les Américains ne pouvaient faire état d'aucun accord avec nous, ni exciper désormais des nécessités militaires. Ils se référaient tout bonnement à leur propre décision de ne pas laisser préjuger de changements territoriaux par rapport à l'avant-guerre jusqu'à la signature d'éventuels traités de paix. Bien entendu, Washington ne formulait cette prétention que vis-à-vis des seuls Français et seulement pour les communes alpines.

A l'origine de l'affaire, il y avait, dans une certaine mesure, le goût d'hégémonie que les États-Unis manifestaient volontiers et que je n'avais pas manqué de relever en chaque occasion. Mais j'y voyais surtout l'effet de l'influence britannique. Car, au même moment, l'Angleterre préparait, au Levant, la manœuvre décisive. Pour Londres, il était de bonne guerre de pousser d'abord Washington à chercher querelle à Paris. Divers faits me fournirent la preuve que tel était bien le cas.

Le général Alexander, Commandant en chef en Italie, obéissant à M. Churchill, dirigeait vers Tende, La Brigue et

Vintimille des troupes italiennes sous ses ordres, ce qui, si nous laissions faire, aurait pour effet d'y rétablir la souveraineté de Rome. Comme d'âpres échanges de vues avaient lieu entre Grittenberg qui voulait prendre notre place et Doyen qui n'y consentait pas, et comme le général français, plus apte à combattre qu'habile à négocier, avait notifié par écrit à son interlocuteur « qu'il pousserait, au besoin, son refus jusqu'à l'extrême conséquence, conformément aux prescriptions du général de Gaulle », le quartier-général en Italie s'empressait d'annoncer aux correspondants des journaux que, par mon ordre, les troupes françaises s'apprêtaient à tirer sur les soldats américains. Enfin, des observateurs secrets me faisaient tenir la copie de télégrammes que le Premier Ministre adressait au Président. M. Churchill m'y qualifiait d' « ennemi des alliés », pressait M. Truman de se montrer intransigeant à mon égard et lui affirmait, « sur la foi d'informations puisées dans les milieux politiques français, qu'il n'en faudrait pas davantage pour provoquer aussitôt la chute du général de Gaulle. »

Bien que Truman eût moins de passion et plus de discernement, il crut devoir donner de sa personne. Le 6 juin, l'ambassadeur Caffery remettait aux Affaires étrangères une note exprimant « les préoccupations de son gouvernement au sujet du maintien des forces françaises dans certaines parties de l'Italie du Nord-Ouest », protestant contre l'attitude de Doyen et réclamant le retrait de nos troupes. Sur quoi, Duff Cooper accourait à son tour pour dire que « le gouvernement de Sa Majesté était entièrement d'accord avec la position prise par les États-Unis. » Le lendemain, m'arrivait un message personnel du Président. Celui-ci exprimait l'émotion que lui avait causée la menace du général Doyen. Il m'adjurait de prescrire l'évacuation, « en attendant que puisse être effectué normalement et rationnellement le règlement des revendications que le gouvernement français aurait à formuler au sujet de la frontière. » Faute que je veuille donner suite à ce qu'il me demandait, lui-même serait amené « à suspendre les distributions d'équipements et de munitions assurées à l'armée française par les services américains. » — « Toutefois », ajoutait-il assez bizarrement, « les rations de vivres continueront à être fournies. »

Je ne pris pas au tragique la communication de Truman. Cependant, il me parut bon de mettre de l'huile aux rouages des relations franco-américaines à l'instant où les Anglais faisaient savoir officiellement qu'ils étaient prêts à attaquer les troupes françaises en Syrie. Je répondis au Président « qu'il n'avait, évidemment, jamais été dans les intentions ni dans les ordres du gouvernement français, ni dans ceux du général Doyen, de s'opposer par la force à la présence des troupes américaines dans la zone alpine, qu'il y avait dans cette zone des troupes américaines en même temps que des troupes françaises et que les unes et les autres vivaient ensemble, là comme partout, en bonne camaraderie. » Ce qui était en question, ce n'était pas la coexistence des Français et de leurs alliés, mais bien « l'éviction des Français par les alliés, hors d'un terrain conquis par nos soldats contre l'ennemi allemand et l'ennemi fasciste italien et où, au surplus, plusieurs villages avaient une population d'origine française. » Je signalais à Harry Truman que « notre expulsion forcée de cette région, coïncidant avec celle que les Anglais étaient en train de pratiquer à notre égard en Syrie, aurait les plus graves conséquences quant aux sentiments du peuple français. » J'écrivais enfin que, pour donner à lui-même, Truman, « satisfaction dans la mesure où cela nous était possible, j'envoyais Juin auprès d'Alexander, afin qu'ils recherchent ensemble une solution. »

En fin de compte, la solution consista en ceci que nous restâmes en possession de ce que nous voulions avoir. Sans doute, un projet d'accord établi entre l'état-major d'Alexander et le général Carpentier, représentant de Juin, prévoyait-il que nos troupes se retireraient progressivement jusqu'à la frontière de 1939. Mais, sauf pour le Val d'Aoste que nous n'entendions pas garder, je refusai mon agrément à une telle disposition, acceptant seulement que de menus détachements alliés aient accès aux communes contestées sans s'y mêler en rien des affaires. Par contre, j'exigeai que les forces italiennes fussent maintenues au large. D'ailleurs, pendant qu'on discutait, nous créions des faits accomplis. Les cantons de Tende et de La Brigue élisaient des municipalités qui proclamaient leur rattachement à la France. Dans les enclaves anciennement italiennes des cols du Petit-Saint-Bernard, de l'Iseran, du mont Cenis, du mont Genèvre, nous attribuions prés et bois aux villages français les plus voisins. Les Valdôtains, soutenus par les officiers de liaison que nous leur avions envoyés et une milice qu'ils avaient formée, instituaient leur propre autonomie par le truchement de leur « Comité de libération ». Il n'était qu'à Vintimille que nous laissions aller les choses, parce que les sentiments nous y paraissaient mélangés. Au demeurant, les quelques soldats américains et britanniques présents sur le terrain en litige, s'en retirèrent aussitôt après la défaite électorale de M. Churchill, fin juillet. Quand, le 25 septembre, M. Alcide de Gasperi, devenu ministre des Affaires étrangères dans le gouvernement de Rome après la mort du comte Sforza, me fit visite à Paris, il me pria de lui préciser quelles conditions seraient les nôtres lors du prochain traité de paix. Je pus lui dire, comme je l'avais fait à l'ambassadeur Saragat, que nous ne voulions nous voir reconnaître en droit que ce qui était réalisé en fait. Gasperi convint, avec quelques soupirs, que le traité pourrait comporter de telles clauses et que l'Italie y souscrirait sans rancœur. C'est ce qui eut lieu, en effet.

Tandis que ces difficultés se dressaient, puis s'aplanissaient, à la manière d'une diversion, une crise majeure éclatait au Levant. Depuis longtemps, la frénésie des nationalistes arabes et la volonté des Britanniques de rester seuls maîtres en Orient s'y coalisaient contre nous. Jusqu'alors, nos adversaires avaient dû prendre quelques précautions. Ce n'était plus, désormais, la peine. Dès que le Reich eut capitulé, ils passèrent ensemble à l'assaut.

C'est la Syrie qui allait être le théâtre de leurs opérations. Depuis les élections de 1943, M. Choukri Kouatly président de la République et ses ministères successifs multipliaient à notre égard les surenchères revendicatives. D'autant plus que, dans ce pays sans équilibre et rongé par l'agitation chronique des politiciens, le gouvernement était constamment porté à dériver contre nous le flot des mécontentements. Pourtant, nous avions, de nous-mêmes, proclamé en 1941 l'indépendance de la Syrie. Tout récemment, celle-ci s'était vue invitée, en qualité d'État souverain, à la Conférence de San Francisco, grâce aux démarches de la France. Depuis quatre ans, les attributions de notre autorité : administration, finances, économie, police, diplomatie, lui avaient été progressivement transmises. Mais, comme nous restions mandataires et, par conséquent, responsables dans le domaine de la défense et dans celui du maintien de l'ordre, nous avions gardé les troupes locales sous notre commandement et laissé en quelques points d'infimes garnisons françaises. Grâce à quoi la Syrie n'avait connu aucun désordre depuis 1941, alors que des troubles graves agitaient l'Égypte, la Palestine, la

Transjordanie, l'Irak, que les Anglais tenaient sous leur coupe.

Néanmoins, nous étions désireux d'établir sur des bases précises les rapports de la France avec la Syrie et avec le Liban. Pensant que les Nations unies auraient bientôt mis sur pied un système de sécurité mondiale, nous projetions de leur remettre le mandat que nous avait confié l'ancienne Société des Nations, de nous charger sur place de deux bases militaires, de retirer nos forces du territoire et de laisser aux gouvernements de Damas et de Beyrouth la disposition de leurs troupes. D'autre part, des traités conclus avec les deux États détermineraient le concours que nous pourrions leur fournir et le sort des intérêts économiques et culturels que nous détenions chez eux. Tel était le plan que je m'étais fixé dès l'origine, que j'avais poursuivi depuis à travers vents et marées et qui semblait près d'être atteint, si l'Angleterre, par une intervention brutale, ne se mettait pas en travers. Or, voici que cette intervention se produisait tout justement.

Depuis toujours, je l'attendais. Parmi les ambitions nationales qui s'enrobaient dans le conflit mondial, il y avait celle des Britanniques, visant à dominer l'Orient. Que de fois j'avais rencontré cette ambition passionnée, prête à briser les barrières ! Avec la fin de la guerre en Europe, l'occasion était venue. A la France épuisée, l'invasion et ses conséquences retiraient son ancienne puissance. Quant aux Arabes, un travail politique habile autant qu'onéreux avait rendu nombre de leurs dirigeants accessibles aux influences anglaises. Surtout, l'organisation économique créée par la Grande-Bretagne, à la faveur du blocus, de la maîtrise de la mer et du monopole des transports, mettait à sa discrétion les échanges, c'est-à-dire l'existence, des États orientaux, tandis que 700 000 soldats britanniques et de nombreuses escadres aériennes y maîtrisaient la terre et le ciel. Enfin, au marché de Yalta, Churchill avait obtenu de Roosevelt et de Staline qu'on lui laissât les mains libres à Damas et à Beyrouth.

Je ne pouvais me faire d'illusion sur les moyens que nous aurions de tenir tête à l'orage. En Syrie et au Liban, nos forces se réduisaient à 5 000 hommes, soit 5 bataillons sénégalais, des embryons de services, une escadrille de 8 avions. En outre, les troupes « spéciales », soit 18 000 officiers et soldats autochtones, étaient sous notre commandement. C'était assez pour maintenir et, au besoin, rétablir l'ordre, car la masse de la population ne nous était nullement hostile. Mais, s'il devait arriver que ces faibles éléments fussent accrochés par des émeutes en divers points du pays et, en même temps, assaillis par les forces britanniques, l'issue ne ferait aucun doute. Devant cette évidence, j'avais d'avance fixé mes intentions. Le cas échéant, nous n'irions pas, à moins d'y être forcés, jusqu'à combattre à la fois la révolte et les Anglais.

Mais, si je voulais éviter qu'il y eût des collisions entre nous et nos alliés, je n'entendais en aucun cas souscrire au renoncement. Ce refus serait suffisant pour obliger finalement le gouvernement de Londres à composer. A la condition, toutefois, que je fusse soutenu par mon propre pays. Qu'il parût résolu, comme je l'étais, à ne point céder à des mises en demeure, il y aurait toutes chances pour que la Grande-Bretagne ne poussât pas les choses à l'extrême. Car l'étalage de ses ambitions et l'éventualité d'une rupture avec la France lui eussent été bientôt insoutenables. J'espérais donc que, la crise éclatant, l'opinion voudrait me suivre. Inversement, les Anglais, particulièrement Churchill, comptaient sur les craintes et les calculs des milieux dirigeants français pour retenir de Gaulle et, peut-être, le réduire. En fait, j'allais trouver, dans la politique, la diplomatie, la presse, un soutien très inconsistant, à moins que ce ne fût le blâme.

En Syrie, à la fin d'avril, on voyait, à beaucoup de signes, que l'agitation couvait, notamment à Damas, Alep, Homs, Hama, Deir-ez-Zor. En même temps, le gouvernement syrien élevait sans cesse le ton, exigeant que les troupes « spéciales » lui fussent remises et encourageant les éléments provocateurs. Notre Conseil des ministres, à la demande du général Beynet, avait alors décidé l'envoi au Levant de trois bataillons, dont deux relèveraient un effectif égal de tirailleurs sénégalais qu'il fallait rapatrier. Les croiseurs *Montcalm* et *Jeanne d'Arc* assureraient les transports, faute que nous ayons pu encore récupérer nos paquebots et nos cargos prêtés au « pool » interallié. Ce très léger remaniement de troupes était d'autant plus justifié qu'une division britannique stationnée en Palestine venait de recevoir l'ordre de gagner la région de Beyrouth, alors que toute une Armée anglaise, la IXe, occupait déjà le territoire de la Syrie et du Liban.

A peine était commencé le mouvement des renforts français que l'ambassadeur d'Angleterre vint me voir, le 30 avril. Il était chargé de me demander, de la part de son gouvernement, d'arrêter l'envoi de nos troupes parce que « le général

Paget, Commandant en chef britannique en Orient, considérait ce transport comme susceptible d'entraîner des troubles. » Londres proposait que nos renforts fussent expédiés, non point à Beyrouth, mais à Alexandrie, sur des navires marchands que les services anglais fourniraient. Il était clair que, dans ces conditions, nos éléments ne pourraient pas atteindre leur destination.

« Nous jugeons plus sûr », répondis-je à Duff Cooper, « de transporter nos troupes nous-mêmes. Au surplus, vous le savez, le maintien de l'ordre au Levant incombe aux Français et à eux seuls. Ni le commandement britannique en Orient, ni le gouvernement de Londres, n'ont qualité pour intervenir dans l'affaire. » — « Mais, dit l'ambassadeur, le général Paget exerce en Orient le commandement de toutes les forces alliées, y compris les vôtres. » — « Nous avions consenti à cette organisation, déclarai-je, pour le seul cas d'opérations à mener contre l'ennemi commun. Aujourd'hui, il ne s'agit pas de cela et, d'ailleurs, l'ennemi commun a été chassé d'Orient depuis bientôt deux années. Nos troupes du Levant ne sont donc plus, à aucun titre, subordonnées au commandement anglais. »

— « La situation en Syrie, objecta l'ambassadeur, est liée à celle de tout l'Orient arabe où nous avons, nous autres Britanniques, une responsabilité supérieure. » — « Dans les États du Levant, lui dis-je, aucune responsabilité n'est supérieure à celle de la France mandataire. Votre démarche prouve, qu'en dépit des assurances prodiguées par votre gouvernement et malgré le départ de Spears que vous avez rappelé en décembre, la politique britannique n'a pas changé. Vous persistez à vous interposer entre la France et les États sous son mandat. Nous sommes donc fondés à penser que votre but c'est notre éviction. » Hochant la tête et murmurant « qu'il fallait craindre des complications », Duff Cooper se retira.

Les complications, en effet, se déroulèrent dans l'ordre prévu. Le 5 mai, M. Churchill m'adressa un message, conforme par l'esprit et le style à tous ceux qu'il m'avait envoyés, depuis quatre ans, sur le sujet. Le Premier Ministre affirmait, une fois de plus, « reconnaître la position spéciale de la France au Levant. » Mais, ayant dit, il faisait entendre que l'Angleterre devait, néanmoins, se mêler des affaires sur place, « en raison des engagements et des devoirs qui étaient les siens. » Comme M. Churchill ne pouvait plus, comme naguère, justifier cette interférence en alléguant l'obligation de défendre la zone du Canal contre Hitler et Mussolini, il invoquait, à présent, les nécessités de la lutte contre le Japon et déclarait : « Cette lutte impose que soient protégées les communications terrestres, maritimes et aériennes des Alliés vers les théâtres d'opérations des Indes et du Pacifique, ainsi que le libre passage du pétrole... Nous, Britanniques, devons donc nous tenir sur nos gardes vis-à-vis de tout désordre qui pourrait survenir, où que ce soit, en Orient. »

Puis, précisant ses exigences, M. Churchill m'invitait « à renoncer à l'envoi de nos renforts, à remettre les troupes spéciales aux gouvernements de Damas et de Beyrouth et à faire, immédiatement, une déclaration sur ce point. » Il terminait en exprimant l'espoir que je voudrais « l'aider à éviter qu'une épreuve nouvelle vienne s'ajouter à nos difficultés. »

Je ne pouvais me tromper sur ce qui allait suivre. Si M. Churchill envoyait le coup de semonce à propos d'un renfort de 2 500 soldats français, expédié dans un territoire où se trouvaient 60 000 Britanniques, qui allaient être rejoints par 15 000 autres et que 2 000 avions de combat se tenaient prêts à appuyer, c'est qu'on allait, du côté anglais, provoquer une forte secousse.

En répondant au Premier Ministre, il me parut bon de mettre en lumière la responsabilité que l'Angleterre assumait en s'y mêlant de nos affaires et l'obstacle qu'elle dressait elle-même contre tout projet d'alliance entre Londres et Paris. « Nous avons, écrivais-je, reconnu l'indépendance des États du Levant, comme vous l'avez fait pour l'Égypte et pour l'Irak, et nous ne cherchons rien d'autre que de concilier ce régime d'indépendance avec nos intérêts dans la région. Ces intérêts sont d'ordre économique et culturel. Ils sont aussi d'ordre stratégique... Nous sommes, tout comme vous, intéressés aux communications avec l'Extrême-Orient. Nous le sommes, également, à la libre disposition de la part du pétrole d'Irak qui nous appartient. » J'ajoutais, qu'une fois ces divers points réglés, nous déposerions le mandat.

Prenant ensuite l'offensive sur ce terrain épistolaire, le seul où j'en eusse les moyens, je déclarais à Churchill : « Je crois que cette affaire aurait pu être réglée déjà si les gouvernements de Damas et de Beyrouth n'avaient pas eu la possibilité de croire qu'ils pourraient éviter tout engagement en s'appuyant sur vous contre nous. La présence de vos troupes et l'attitude de vos agents les poussent à cette attitude malheureusement négative. » Et d'insister : « Je dois vous dire que l'entrée au Liban d'une nouvelle division britannique venant de Palestine est, à notre point de vue, très regrettable et inopportune. » Enfin, faisant connaître au Premier Ministre que le général Beynet entamait des négociations à Damas et à Beyrouth, je lui demandais « de faire en sorte que la situation ne soit pas, pendant ce temps, compliquée du côté anglais. » — « C'est là, concluais-je, un des points qui empêchent, pour ce qui nous concerne, que nos deux pays puissent établir entre leurs politiques le concert qui serait, à mon avis, très utile à l'Europe et au monde. »

Ainsi, tout était clair et triste. Ce qui suivit ne le fut pas moins. Deux jours après l'échange des messages, l'épreuve de force s'engagea. Cela commença le 8 mai, à Beyrouth, où l'on célébrait la Victoire. Des cortèges de soldats arabes, appartenant à la Division britannique qui arrivait de Palestine, défilèrent en insultant la France. Au cours des journées suivantes, de multiples attentats furent commis contre des Français dans des localités syriennes sans que la gendarmerie fît rien pour les empêcher. Il faut dire que cette gendarmerie, qui s'était montrée exemplaire tant qu'elle relevait de l'autorité française, avait changé du tout au tout depuis que, deux ans plus tôt, nous l'avions transmise au gouvernement syrien. Comme le commandement britannique s'était institué fournisseur de l'armement des gendarmes, en dépit des avertissements prodigués par nos représentants, M. Choukri Kouatly et ses ministres disposaient de 10 000 hommes équipés à la moderne. Ils allaient les utiliser pour fomenter et appuyer les troubles. Quant aux négociations que le général Beynet tentait d'engager avec Damas, il n'en sortait naturellement rien.

Cependant, le 27 mai, les forces françaises et les troupes spéciales avaient maîtrisé le désordre dans toutes les régions du pays, à l'exception du Djebel-Druze où nous n'avions que quelques isolés. C'est alors que les ministres syriens et leurs conseillers britanniques, voyant que le jeu tournait à leur déconfiture, jetèrent les atouts sur la table. Le 28 mai, à Damas, tous nos postes furent attaqués par des bandes d'émeutiers et des unités constituées de la gendarmerie syrienne, le tout armé de mitraillettes, mitrailleuses et grenades anglaises. Vingt-quatre heures durant, la fusillade crépita dans Damas. Mais, le 29, il apparut que les nôtres avaient tenu bon. Au contraire, les insurgés, passablement éprouvés, avaient dû se réfugier dans les bâtiments publics : parlement, hôtel de ville, direction de la police, sérail, banque de Syrie, etc. Pour en finir, le général Oliva-Roget, délégué français en Syrie, donna l'ordre de réduire ces centres de l'insurrection. Ce fut fait dans les vingt-quatre heures par nos Sénégalais et quelques compagnies syriennes ; deux canons et un avion y étant également employés. Dans la soirée du 30 mai, l'autorité française était maîtresse de la situation et les ministres syriens, emmenés dans des voitures de la légation britannique, avaient gagné une prudente retraite en dehors de la capitale.

Pendant ces trois semaines d'émeute, les Anglais n'avaient pas bougé. Au Caire, Sir Edward Grigg leur ministre d'État chargé des Affaires d'Orient et le général Paget leur Commandant en chef étaient restés impassibles. Au Levant, le général Pilleau, commandant leur IXe Armée, n'avait, à aucun moment, fait mine de mettre en œuvre les forces considérables dont il disposait partout. A Londres, régnait le silence. Le 27 mai, la réception faite à Paris, par moi-même et par la ville, au maréchal Montgomery, que je décorai solennellement aux Invalides, s'était déroulée le mieux du monde. Tout se passait, au fond, comme si nos « alliés » se bornaient à marquer les coups, tant qu'ils pensaient que les troupes spéciales nous refuseraient l'obéissance et que nous perdrions le contrôle des événements. Vingt-trois jours durant, les raisons qui, à en croire Churchill, les eussent justifiés à arrêter le conflit, même « les nécessités de la lutte contre le Japon », même « l'obligation de protéger les communications des Alliés vers les Indes et le Pacifique et d'assurer le libre passage du pétrole », même « le devoir d'empêcher tout désordre où que ce soit en Orient », ne les déterminèrent pas à sortir de leur passivité. Nous ne le leur demandions d'ailleurs pas. Mais, dès qu'ils virent que l'émeute s'effondrait, leur attitude changea tout à coup. L'Angleterre menaçante se dressa devant la France.

Dans la soirée du 30 mai, Massigli, notre ambassadeur, fut convoqué par M. Churchill en présence de M. Eden. C'était pour recevoir une grave communication. Par la bouche du Premier Ministre, le gouvernement britannique demandait au gouvernement français de faire cesser le feu à Damas et annonçait que, si le combat devait se poursuivre, les forces de Sa Majesté ne pourraient rester passives.

Sitôt prévenu, je reconnus en moi-même que les nôtres, se trouvant dans le cas d'être attaqués à la fois par les troupes britanniques et par les insurgés syriens, étaient placés dans une situation qu'ils ne pourraient soutenir. D'ailleurs, le compte rendu que nous recevions de Beynet, à l'heure même où la démarche anglaise parvenait à notre connaissance, précisait que « les troupes françaises avaient occupé tous les points de la ville de Damas d'où le feu était dirigé contre nos établissements. » Notre action militaire avait donc atteint son but. Quels que pussent être les sentiments qui bouillonnaient dans mon âme, je jugeai qu'il y avait lieu de prescrire la suspension d'armes pour autant qu'on tirât encore et, tout en maintenant les positions acquises, de ne pas nous opposer aux mouvements que les troupes britanniques entreprendraient de leur côté. Georges Bidault, dans le ressort de qui se trouvait notre délégation générale au Levant et qui souhaitait ardemment que les choses n'aillent pas à la catastrophe, télégraphia dans ce sens à Beynet, le 30 mai à 23 heures, avec mon assentiment. L'ambassade britannique fut informée et Massigli reçut l'instruction d'en prévenir aussitôt Eden.

Si, du côté britannique, il ne s'était réellement agi que d'obtenir le « cessez-le-feu », on s'en serait tenu là. Mais on voulait bien autre chose. C'est pourquoi, Londres, apprenant que les Français avaient décidé de suspendre l'emploi des armes, se hâta de déployer une mise en scène d'avance préparée en vue d'infliger à la France une humiliation publique. M. Churchill, évidemment informé de la fin du combat à Damas, allait lancer, après coup, un menaçant ultimatum, certain que nous ne pourrions y répondre par les moyens appropriés, voulant se poser à bon compte en protecteur des Arabes et espérant qu'en France la secousse entraînerait pour de Gaulle un affaiblissement politique, peut-être même la perte du pouvoir.

Le 31 mai, à 4 heures, M. Eden lut à la Chambre des Communes le texte d'un message qu'à l'en croire j'avais reçu du Premier Ministre. Pourtant, le Secrétaire d'État savait, qu'à cette heure-là, je n'avais rien reçu du tout. « En raison », me déclarait Churchill par-dessus les bancs des Communes, « de la grave situation qui s'est produite entre vos troupes et les États du Levant et des sévères combats qui ont éclaté, nous avons le profond regret d'ordonner au Commandant en chef en Orient d'intervenir afin d'empêcher que le sang coule davantage. Nous le faisons dans l'intérêt de la sécurité de l'ensemble de l'Orient et des communications pour la guerre contre le Japon. En vue d'éviter qu'il y ait collision entre les forces britanniques et les forces françaises, nous vous invitons à donner aux troupes françaises l'ordre immédiat de cesser le feu et de se retirer dans leurs cantonnements. Quand le feu aura cessé et que l'ordre sera rétabli, nous serons disposés à commencer des discussions tripartites à Londres. »

Ainsi, le gouvernement britannique étalait devant l'univers, non seulement le conflit qu'il créait lui-même contre nous, mais encore l'insulte qu'il faisait à la France dans un moment où celle-ci n'était pas en mesure de la relever. Il avait pris, au surplus, toutes les dispositions voulues pour empêcher que la notification officielle du cessez le feu lui parvienne, de notre part, avant qu'il lance à tous les échos sa sommation. A Londres, M. Eden s'était arrangé pour ne pas recevoir Massigli avant la séance des Communes, en dépit des demandes d'audience que notre ambassadeur multipliait depuis le matin. Quant au message de Churchill, il me serait remis à 5 heures, soit une heure après qu'il eut été lu aux députés britanniques. Ce retard, qui ajoutait à l'insolence du texte une atteinte à tous les usages, ne pouvait avoir d'autre but que d'éviter que je puisse, à temps, faire connaître que le combat était arrêté à Damas et enlever tout prétexte à l'ultimatum anglais. Je dois dire que M. Duff Cooper, ne voulant pas associer sa personne à une manœuvre de cette espèce, s'abstint de me rendre lui-même le factum de son Premier Ministre. Ce fut fait par le conseiller de l'ambassade britannique qui s'adressa à Gaston Palewski.

Je ne fis, naturellement, aucune réponse au Premier anglais. Au cours de la nuit, j'adressai à Beynet des instructions explicites relativement à la conduite que nos troupes avaient à tenir : « Ne pas reprendre le combat à moins qu'elles n'y fussent contraintes ; conserver leurs positions contre qui que ce soit ; n'accepter en aucun cas les ordres du commandement anglais. » Le 1er juin, notre Conseil des ministres se réunit et prit connaissance de toutes les dépêches et informations reçues et envoyées les jours précédents. Le Conseil se montra unanimement solidaire de ce qui avait été fait et de ce qui était prescrit. Je dois dire que le sentiment des ministres ne fut pas la crainte qu'on en vînt à un conflit armé, puisque nous étions disposés à l'éviter et que, dans les menaces proférées par les Britanniques, la part du bluff était évidente.

Mais tous partagèrent la tristesse irritée que j'éprouvais moi-même à voir la Grande-Bretagne abîmer les fondements de l'alliance. Un peu plus tard, je fis savoir publiquement ce qui s'était passé, tant à Damas qu'à Londres et à Paris. Mon communiqué mettait en lumière le fait que l'ordre de cesser le feu avait été donné à nos troupes le 30 mai dans la soirée et exécuté plusieurs heures avant que les Anglais ne procèdent à leur mise en demeure. Je notais que celle-ci m'était, à dessein, parvenue après qu'elle eut été publiée à Londres. Enfin, je répétais que le gouvernement français avait prescrit aux troupes françaises de garder leurs positions.

Au cours de cette même journée du 1er juin, le général Paget vint à Beyrouth et remit au général Beynet un ultimatum détaillé. Aux termes de ce document, l'Anglais, qui s'intitulait : « Commandant suprême sur le théâtre d'Orient », bien qu'il n'y eût plus, à 10 000 kilomètres à la ronde de ce « théâtre », un seul ennemi à combattre, déclarait « qu'il avait reçu de son gouvernement l'ordre de prendre le commandement en Syrie et au Liban. » A ce titre, il sommait les autorités françaises « d'exécuter sans discussion tous les ordres qu'il leur donnerait. » Pour commencer, il prescrivait à nos troupes « de cesser le combat et de se retirer dans leurs casernes. » Le général Paget avait déployé, à l'occasion de sa visite, une provocante parade militaire. Plusieurs escadrilles de chasse escortaient l'avion qui l'amenait à Beyrouth. Pour aller de l'aérodrome jusqu'à la résidence du délégué général français, il s'était fait précéder d'une colonne de tanks et suivre d'une file de véhicules de combat dont les occupants, en traversant la ville et passant devant nos postes, tenaient leurs armes braquées.

Le général Beynet ne manqua pas de dire au général Paget, qu'en fait d'ordres, il n'avait à en recevoir que du général de Gaulle et de son gouvernement. Il fit remarquer que l'injonction de cesser le combat n'avait, pour l'heure, aucun objet, puisque c'était déjà fait sur l'ordre que lui-même, Beynet, avait donné d'après mes instructions. À présent, nos troupes resteraient là où elles étaient. Quant aux forces britanniques, elles pouvaient, aujourd'hui comme hier, aller et venir à leur guise. Nous ne nous y opposions pas. Le délégué-général ajouta, cependant, qu'il espérait que Paget et ses troupes s'abstiendraient d'essayer de contraindre les nôtres et de prendre la responsabilité d'une déplorable collision. Pour sa part, il demeurait prêt à régler, comme auparavant, avec le commandement britannique, les questions de cantonnements, de ravitaillement, de circulation, communes aux deux armées. Le général Paget, ses tanks, ses véhicules de combat, ses escadrilles, se retirèrent alors sans fracas.

Beynet ne tarda pas à savoir qu'il était couvert. Quand j'eus pris connaissance de la communication qui lui avait été faite, je lui mandai aussitôt : « Je vous réitère les ordres que je vous ai donnés... Nos troupes ont à se concentrer sur des positions fixées par le commandement français et à s'y tenir en attente. En aucun cas elles ne sauraient être subordonnées au commandement britannique... Nous souhaitons que ne vienne pas à s'imposer la nécessité de nous opposer par la force aux forces britanniques. Mais cela ne va que jusqu'au point à partir duquel nous perdrions la possibilité d'employer nos armes, ce que le comportement des Anglais peut rendre nécessaire. S'ils menacent de faire feu sur nous, dans quelques circonstances que ce soit, nous devons menacer de faire feu sur eux. S'ils tirent, nous devons tirer. Veuillez indiquer cela très clairement au commandement britannique, car rien ne serait pire qu'un malentendu. »

Pour qu'il n'y eût pas, non plus, de malentendu dans l'opinion nationale et mondiale, je fis, le 2 juin, une conférence de presse. Jamais encore l'affluence des journalistes étrangers et français n'avait été plus nombreuse. J'exposai l'affaire sans insultes, mais sans ménagements, pour nos anciens alliés. Enfin, le 4, je convoquai l'ambassadeur de Grande-Bretagne, le fis asseoir et lui dis : « Nous ne sommes pas, je le reconnais, en mesure de vous faire actuellement la guerre. Mais vous avez outragé la France et trahi l'Occident. Cela ne peut être oublié. » Duff Cooper se leva et sortit.

M. Churchill, piqué au vif, prit le lendemain la parole aux Communes en déclarant qu'il allait me répondre. Il proclama que son gouvernement désirait que se maintienne l'alliance de l'Angleterre et de la France. Comme si l'abus de la force qui venait d'être commis n'infligeait pas à l'amitié que les Français portaient aux Anglais une blessure empoisonnée. Il prétendit, une fois de plus, justifier l'intervention britannique au Levant par la responsabilité que son pays, suivant lui, assumait dans tout l'Orient. Mais il ne dit pas un mot de l'engagement formel pris par la Grande-Bretagne, le 25 juillet 1941, sous la signature de son ministre d'État Oliver

Lyttelton de respecter la position de la France en Syrie et au Liban, de ne point y interférer dans notre politique et de ne pas s'y mêler de l'ordre public. Il reconnut que la gendarmerie et la police syriennes avaient reçu des Anglais les armes qu'elles utilisaient, à présent, contre les Français, mais il crut devoir affirmer, — ce qui était vraiment dérisoire, — que le gouvernement français avait approuvé cette initiative britannique. Il exprima le regret de n'avoir pas su que Paris avait donné l'ordre de cesser le feu avant que Londres lançât l'ultimatum et s'excusa de ne m'en avoir fait parvenir le texte qu'une heure après la lecture aux Communes. Mais, de ce retard, il ne donna, — et pour cause ! — aucune sorte d'explication. D'ailleurs, si le Premier Ministre pouvait feindre d'avoir ignoré, jusqu'au 31 mai à 4 heures de l'après-midi, que le combat était terminé, cette lacune de son information se trouvait, dans tous les cas, comblée le 1er juin. Or, c'est ce jour-là que, sur son ordre, Paget était venu notifier à Beynet, sous l'appareil d'une hostilité prête à se traduire en actes, tous les détails du « diktat ».

Il est vrai que si le Premier Ministre avait fait fond sur l'isolement où la crise placerait de Gaulle dans les milieux dirigeants français il ne s'était guère trompé. Tout comme ç'avait été le cas lors de la convocation adressée par Roosevelt au lendemain de Yalta, je me trouvai, dans l'affaire du Levant, privé de soutien efficace chez la plupart des hommes qui jouaient un rôle public. Sous le couvert des précautions dont on croyait encore devoir user vis-à-vis de moi, ce furent tantôt le malaise et tantôt la réprobation que mon action suscita chez presque tous les gens d'influence et les personnages en place.

Tout d'abord, le personnel de notre diplomatie ne se conformait que de loin à l'attitude que j'avais prise. Pour beaucoup des hommes qui étaient en charge des relations extérieures, l'accord avec l'Angleterre était une sorte de principe. Quand, du fait des Britanniques, cet accord se trouvait rompu, ce qui paraissait essentiel c'était de le rétablir, en négociant à tout prix pour aboutir quoi qu'il nous en coûtât. Aussi la question du Levant était-elle considérée par ces spécialistes comme une espèce de boîte à chagrin, qu'il fallait manier de manière à éviter, avant tout, une brouille avec la Grande-Bretagne. Mais, entre l'impulsion que je cherchais à donner et le comportement de ceux qui rédigeaient les notes, entretenaient les contacts, inspiraient les informations, le décalage était trop apparent pour échapper à nos partenaires, ce qui altérait l'effet de ma propre fermeté.

Il en était de même du ton pris par la presse française. J'avoue que dans cette crise, où j'avais la conviction qu'une attitude catégorique de notre opinion publique eût fait reculer les Anglais, je trouvais très décevants les commentaires de nos journaux. Ceux-ci, au lieu de témoigner de la résolution nationale, montraient surtout le souci d'amenuiser l'événement. Les articles qu'ils lui accordaient, réservés, en place médiocre, faisaient voir que, pour les feuilles françaises, la cause était entendue, c'est-à-dire perdue, et qu'on avait hâte de s'occuper d'autre chose. Parfois, des griefs s'exprimaient mais c'était à l'encontre du général de Gaulle, dont la ténacité semblait téméraire et intempestive.

L'Assemblée consultative ne m'appuya pas davantage. C'est le 17 juin seulement, soit trois semaines après l'intervention anglaise, qu'elle aborda le sujet. Le ministre des Affaires étrangères fit l'exposé des événements devant une assistance contrainte. Ensuite, divers orateurs défilèrent à la tribune. Maurice Schumann, le P. Carrière, condamnèrent les émeutes soulevées contre nous, firent l'éloge de ce que la France avait réalisé en Orient et déplorèrent en fort bons termes l'attitude prise par la Grande-Bretagne. Mais ils n'obtinrent qu'un succès relatif. Georges Gorse releva, lui aussi, le caractère inacceptable de l'intervention anglaise. Mais il n'en adressa pas moins des reproches au gouvernement. Après quoi, MM. Florimond Bonte, André Hauriou, Marcel Astier et, surtout, M. Pierre Cot, firent le procès de la France et le mien et obtinrent l'approbation de presque toute l'assistance.

A entendre leurs propos ainsi que les applaudissements qui leur étaient prodigués, ce qui arrivait en Syrie était la conséquence d'une politique abusive que nous avions menée de tous temps. Pour en sortir, il n'était que de nous présenter aux peuples du Levant sous les traits de la France libératrice, éducatrice, et révolutionnaire, tout en les laissant à eux-mêmes. Il y avait là une contradiction que ces étranges Jacobins ne se souciaient pas de résoudre. En outre, leur idéologie considérait la question sans tenir compte des réalités qu'étaient les émeutes, le meurtre de nos nationaux, les obligations du mandat, la volonté britannique de nous chasser de la place. Ils n'eurent pas un mot pour saluer l'œuvre civilisatrice que la France avait accomplie en Syrie et au Liban, l'indépendance que j'avais moi-même accordée aux deux États, la place que mon gouvernement venait de leur obtenir parmi les Nations unies, les efforts de nos soldats qui, lors de la première guerre mondiale, contribuèrent à les libérer du joug de l'Empire ottoman et, au cours de la seconde, aidèrent à les protéger de la domination d'Hitler.

Quant à moi, j'attendais que, de cette réunion d'hommes voués aux affaires publiques, il s'en levât, ne fût-ce qu'un seul, pour déclarer : « L'honneur et l'intérêt de notre pays sont en cause. Dans le temps et sur le terrain où l'un et l'autre se trouvent battus en brèche, il est vrai que nous ne sommes pas actuellement les plus forts. Mais nous ne renonçons pas à ce qui est notre droit. Que ceux qui l'ont violé sachent qu'ils ont, en même temps, gravement blessé l'alliance qui nous unissait. Qu'ils sachent que la France en tire les conséquences au moment où elle commence à recouvrer sa puissance et son rayonnement. »

Mais nul ne tint ce langage, sauf moi-même à la fin du débat. L'Assemblée m'écouta avec une attention tendue. Elle m'applaudit, comme d'habitude, quand je quittai la tribune. Après quoi, elle vota une motion dépourvue de toute vigueur et qui exprimait, en fait, le renoncement. Il me fallut déclarer que le texte n'engageait pas la politique du gouvernement. Cette occasion me fit mesurer la profondeur du désaccord qui, au-dessous des apparences, me séparait des catégories politiques quant aux affaires extérieures du pays.

Entre temps, l'intervention britannique en Syrie avait eu pour effet d'y déclencher une nouvelle vague d'agitation antifrançaise, sans qu'il fût cette fois possible à nos faibles éléments, menacés à dos par les Anglais, de maîtriser la situation. Le général Beynet avait donc pris le parti de les regrouper en dehors des grandes villes, celles-ci étant aussitôt occupées par les Britanniques. Il en résultait de multiples et sanglantes agressions, dont étaient victimes nos nationaux. Sur quoi, nos « alliés », sous prétexte d'éviter des heurts, avaient expulsé, de Damas, d'Alep, de Homs, de Hama, de Deir-ez-Zor, les civils français qui y étaient encore. D'autre part, l'impossibilité où nous nous trouvions d'assurer le maintien de l'ordre, ainsi que l'excitation des esprits, risquaient de jeter, à la longue, le désarroi dans les troupes syriennes. L'autorité française avait donc renoncé à les garder sous sa coupe.

Au cours de l'été, il s'établit sur le territoire syrien un

état d'équilibre instable, entre les Français qui tenaient toujours certains points : abords d'Alep et de Damas, port de Lattaquié, base aérienne de Rayak, etc., les Anglais qui s'étaient installés dans la plupart des villes et s'efforçaient, sans succès, d'y ramener la tranquillité et les nationalistes qui s'en prenaient, maintenant, aux Britanniques et réclamaient le départ de toutes les forces étrangères. Au Liban, par contraste, les populations restaient calmes, bien qu'à Beyrouth les dirigeants joignissent leurs revendications à celles des gens de Damas.

Dans de telles conditions, je n'éprouvais aucune hâte à procéder à un règlement. Aussi la proposition de conférence tripartite : France, Angleterre, États-Unis, que M. Churchill avait faite, ne reçut-elle de nous aucune réponse. Mais la façon dont les Anglo-Saxons se comportaient à notre égard justifiait que nous jetions un pavé dans leur mare diplomatique. Comme la Russie soviétique nous avait, dès le 1er juin, remis une note exprimant le souci que lui inspiraient les troubles survenus dans cette partie du monde, comme, d'autre part, l'Égypte, la Palestine, l'Irak, frémissaient du désir d'être affranchis des Britanniques, je déclarai publiquement, le 2 juin, que la question devait être, dans son ensemble, soumise à une conférence des cinq « grands » : France, Angleterre, États-Unis, Union Soviétique, Chine. La note que nous adressâmes à ce sujet alléguait que ces cinq États venaient d'être reconnus comme membres permanents du Conseil des Nations Unies et, qu'en attendant la mise au point de cette organisation, c'est à eux qu'il appartenait de se saisir d'un problème intéressant la paix du monde. Notre projet fut, naturellement, repoussé par les Anglais et par les Américains avec une sombre fureur. Il en fut de même de celui, que nous avançâmes ensuite, de porter toute l'affaire d'Orient devant les Nations Unies qui venaient d'être constituées.

Tout restait donc en suspens. Au point où en étaient les choses, mieux valait qu'il en fût ainsi. J'étais, en effet, convaincu que la tentative des Anglais de se substituer à nous à Damas et à Beyrouth se solderait par un échec. D'ailleurs, le jour viendrait bientôt où la mise en marche de l'Organisation des Nations Unies rendrait caduque la responsabilité que la Société des Nations avait naguère confiée à la France en Syrie et au Liban. Nous serions alors justifiés à retirer nous-mêmes du Levant les derniers signes de notre autorité, sans avoir toutefois, abandonné celle-ci à aucune autre puissance. Bien entendu et dans tous les cas, nos troupes ne quitteraient pas la place tant que les forces britanniques y resteraient. Quant à la suite, je ne doutais pas que l'agitation soutenue au Levant par nos anciens alliés déferlerait dans tout l'Orient contre ces apprentis-sorciers et, qu'au total, les Anglo-Saxons paieraient cher, un jour ou l'autre, l'opération qu'ils y avaient menée contre la France.

Mais, tandis que les Britanniques nous malmenaient au Levant, le consentement général des peuples n'en réintégrait pas moins la France à la place qu'elle occupait naguère parmi les États de premier rang. On eût dit que le monde saluait cette résurrection comme une espèce de miracle, se hâtait d'en profiter pour nous remettre là où il nous avait toujours vus et pensait, qu'au milieu de ses nouvelles inquiétudes, il aurait besoin de nous. C'est à San Francisco que s'opérait la démonstration. La Conférence, réunie le 25 avril, s'y terminait le 26 juin, après avoir adopté la Charte des Nations Unies. Franklin Roosevelt était mort une semaine avant l'ouverture. — Quel homme vécut jamais une réussite achevée? — Mais le plan qu'avaient adopté les délégations unanimes était celui du grand Américain.

Reprenant une idée qui avait hanté l'esprit de plusieurs philosophes et de quelques hommes d'État, enfanté la Société des Nations, puis échoué en raison de la défection des États-Unis et des faiblesses des démocraties, Roosevelt voulait qu'il sortît du conflit une organisation mondiale de la paix. Dans nos conversations de Washington, l'année précédente, le Président m'avait fait sentir à quel point lui tenait à cœur cette monumentale construction. Pour son idéologie, la démocratie internationale était comme une panacée. Suivant lui, les nations, ainsi confrontées, examineraient leurs litiges et prendraient dans chaque cas les mesures voulues pour empêcher qu'on en vienne à la guerre. Elles coopéreraient, également, au progrès du genre humain. « Grâce à cette institution », me disait-il, « c'en sera fini de l'isolationnisme américain et, d'autre part, on pourra associer au monde occidental la Russie longtemps reléguée. » En outre, bien qu'il n'en parlât pas, il comptait que la foule des petits pays battrait en brèche les positions des puissances « colonialistes » et assurerait aux États-Unis une vaste clientèle politique et économique.

A Dumbarton Oaks, puis à Yalta, l'Amérique, la Grande-

Bretagne et la Russie s'étaient mises d'accord sur une constitution destinée aux Nations Unies. L'assentiment de la Chine avait été obtenu. En revenant de Crimée, on avait demandé celui de la France et prié Paris de se joindre à Washington, Londres, Moscou et Tchoung-King pour lancer les invitations à la Conférence de San Francisco. Après mûr examen, nous avions décliné la proposition que nous faisaient les quatre autres « grands » d'être, avec eux, puissance invitante. Il ne nous convenait pas, en effet, de recommander à 51 nations de souscrire à des articles rédigés en dehors de nous.

Pour ma part, c'est avec sympathie, mais non sans circonspection, que j'envisageais l'organisation naissante. Certes, son objet universel était, en soi, fort estimable et conforme au génie français. Il pouvait sembler salutaire que les causes des conflits menaçants fussent évoquées par l'instance internationale et que celle-ci s'employât à rechercher des compromis. De toute manière, il était bon que, par intervalles, les États prissent contact en présence des opinions publiques. Toutefois, à la différence de ce que Roosevelt pensait, de ce que Churchill laissait supposer, de ce que Staline faisait semblant de croire, je ne m'exagérais pas la valeur des « Nations Unies ».

Les membres en seraient des États, c'est-à-dire ce qu'il y a au monde de moins impartial et de plus intéressé. Leur réunion pourrait, assurément, formuler des motions politiques, mais non pas rendre des arrêts de justice. Pourtant, il fallait prévoir qu'elle se prétendrait qualifiée pour ceci comme pour cela. D'autre part, ses délibérations, plus ou moins tumultueuses, se déroulant en la présence d'innombrables rédacteurs, émetteurs et projecteurs, risquaient fort de contrarier les négociations proprement diplomatiques qui sont, dans presque tous les cas, les seules fécondes en raison de leur caractère de précision et de discrétion. Enfin, on devait présumer que beaucoup de petits pays seraient automatiquement défavorables aux grandes puissances, dont la présence et les territoires s'étendaient au loin dans le monde, touchaient à des frontières multiples et inspiraient à beaucoup de l'envie ou de l'inquiétude. L'Amérique et la Russie avaient, sans doute, assez de forces pour qu'on dût les ménager. L'Angleterre, relativement intacte, gardait des moyens de manœuvre. Mais la France, que la guerre laissait terriblement ébranlée et qu'allaient assaillir en Afrique et en

Asie toutes sortes de revendications, quelle audience trouverait-elle à l'occasion de ses difficultés?

C'est pourquoi, je donnai à notre délégation l'instruction de ne pas se répandre en redondantes déclarations, comme l'avaient fait, jadis, à Genève, beaucoup de nos représentants, mais d'observer, au contraire, une attitude réservée. Elle le fit et s'en trouva bien, sous la direction successive de Georges Bidault, qui prenait part pour la première fois à un concile international, et du président Paul-Boncour, dont la pratique des débats de la Société des Nations avait fait un maître en la matière. La prudence montrée par la représentation française ne l'empêcha pas de prendre place, tout naturellement, dans l'aréopage des cinq « grands » qui mena l'affaire de bout en bout. Elle obtint, à San Francisco, ce à quoi nous tenions le plus. C'est ainsi que, malgré certaines hostilités, le français fut reconnu comme l'une des trois langues officielles des Nations Unies. D'autre part, en dehors du droit de veto appartenant à la France comme aux autres grandes puissances, le projet primitif de la Charte était amendé de manière à faire de l' « assemblée générale » le contrepoids du « conseil de sécurité » et, en même temps, à freiner les impulsions de l'assemblée, en exigeant, pour ses motions, la majorité des deux tiers. Il était spécifié, en outre, que l'examen des litiges par l'Organisation ne suspendrait aucunement la mise en œuvre des traités d'alliance. Enfin, le système des « trusteeships », sous lequel on apercevait des intentions malveillantes à l'égard de l'Union Française, comporterait d'étroites limitations.

Les Nations Unies étaient nées. Mais leur session, consacrée à leur constitution, n'avait pas eu à s'occuper des problèmes posés par la fin du conflit. Américains et Britanniques couraient sans nous à Potsdam, afin d'y rencontrer les Russes et de fixer avec eux ce que l'on ferait en pratique. La réunion s'ouvrit le 17 juillet. Dans l'esprit de Truman et de Churchill, il s'agissait de mettre au point, d'accord avec Staline, ce qu'on avait projeté à Téhéran, puis décidé à Yalta, au sujet de l'Allemagne, de la Pologne, de l'Europe centrale, des Balkans; les Anglo-Saxons espérant qu'ils pourraient revenir, dans l'application, sur ce qu'ils avaient concédé dans le principe. Les « Trois » s'entendraient également sur les conditions dans lesquelles la Russie soviétique prendrait part, *in extremis*, à la guerre contre le Japon.

Que nos alliés d'hier se réunissent encore en notre absence,

— d'ailleurs pour la dernière fois, — le procédé ne pouvait que nous causer un renouveau d'irritation. Mais, au fond, nous jugions préférable de n'être pas introduits dans des discussions qui ne pouvaient, désormais, être que superfétatoires.

Car les faits étaient accomplis. L'énorme morceau d'Europe que les accords de Yalta abandonnaient par avance aux Soviets se trouvait maintenant dans leurs mains. Même, les armées américaines, ayant dans les derniers jours du combat dépassé la limite prévue en Allemagne, s'étaient ensuite repliées de 150 kilomètres. Les Russes seuls occupaient la Prusse et la Saxe. Ils avaient, sans plus attendre, annexé la partie du territoire polonais située à l'Est de la « ligne Curzon », transféré les habitants sur l'Oder et sur la Neisse occidentale et chassé vers l'Ouest les populations allemandes de Silésie, de Posnanie et de Poméranie. Ainsi était, bel et bien, tranchée par eux la question des frontières. D'autre part, à Varsovie, Budapest, Sofia, Belgrade, Tirana, les gouvernants qu'ils avaient investis étaient à leur discrétion et presque tous de leur obédience. Aussi la soviétisation s'y développait-elle rapidement. Mais ce n'était là que la suite fatale de ce dont on avait convenu à la conférence de Crimée. Les regrets qu'en éprouvaient maintenant Britanniques et Américains étaient tout à fait superflus.

Quant à l'intervention soviétique sur le théâtre du Pacifique, à quoi pourrait-elle servir? Les bombes atomiques étaient prêtes. En arrivant à Potsdam, Truman et Churchill apprenaient la réussite des expériences du Nevada. D'un jour à l'autre, le Japon allait donc subir les effroyables explosions et, par conséquent, se rendre. L'engagement que prendraient les Russes d'entrer, à présent, dans la guerre n'entraînerait aucune conséquence au point de vue de l'issue militaire. Mais la contrepartie serait le droit reconnu au Kremlin de se mêler, à titre de vainqueur, aux affaires d'Extrême-Orient. Pour l'Asie, comme pour l'Europe, tout permettait donc de prévoir que Potsdam ne réaliserait d'entente durable sur aucun point et préparerait, au contraire, des frictions indéfinies entre Soviets et Anglo-Saxons.

Cette perspective devait me convaincre qu'il valait mieux n'avoir pas fait le voyage. J'avais, certes, pu regretter de ne pas m'être trouvé présent à Téhéran. J'y aurais, en effet, défendu, quand il en était temps, l'équilibre du vieux continent. Plus tard, je m'étais irrité de n'avoir pu prendre part à Yalta, parce qu'il restait, alors, quelques chances d'empêcher que le rideau de fer vînt à couper l'Europe en deux. Maintenant, tout était consommé. Qu'aurais-je été faire à Potsdam?

A peine paru le communiqué publié par la Conférence, nous sûmes qu'elle se terminait par une sorte de débandade. En dépit des trésors de conciliation prodigués par M. Truman et des protestations véhémentes de M. Churchill, le généralissime Staline n'était entré dans aucun accommodement. En Pologne notamment, l'entrée de MM. Mikolajczyk, Grabski, Witos et Stanczyk dans l'exécutif formé sur la base du Comité de Lublin avait pu amener Washington et Londres et nous obliger nous-mêmes à reconnaître le gouvernement dirigé par MM. Bierut et Osuska-Morawski, mais on s'était bientôt aperçu que le caractère totalitaire du pouvoir à Varsovie n'en était pas atténué. En ce qui concernait l'Asie, Staline, moyennant sa promesse de déclencher la guerre au Japon, obtenait que fussent attribués à la Russie l'archipel des Kouriles et la moitié de Sakhaline, que la Corée fut livrée aux Soviets au nord du 38e parallèle et qu'on arrachât à Chiang-Kaï-Shek la Mongolie extérieure. Celle-ci deviendrait une « république populaire. » Il est vrai que, pour ce prix-là, le généralissime donnait l'assurance qu'il n'interviendrait pas dans les affaires intérieures de la Chine. Mais il n'en fournirait pas moins aux communistes de Mao-Tsé-Tung le soutien et l'armement qui devaient, avant peu, leur permettre de l'emporter. Au total, bien loin de consacrer la coopération mondiale de l'Amérique et de la Russie, à quoi Roosevelt avait sacrifié l'équilibre de l'Europe, la conférence de Potsdam aiguisait leur opposition.

M. Churchill était parti avant la fin, écarté du pouvoir par les électeurs anglais. Au lendemain de la reddition du Reich, l'union nationale, qui durait depuis six ans, s'était rompue en Grande-Bretagne. Des élections avaient eu lieu et voici que, le 25 juillet, le dépouillement des suffrages assurait aux travaillistes la majorité aux Communes. Le Premier Ministre, chef du parti conservateur, devait donc se retirer.

Pour les esprits portés aux illusions du sentiment, cette disgrâce, infligée soudain par la nation britannique au grand homme qui l'avait glorieusement menée jusqu'au salut et à la victoire, pouvait paraître surprenante. Il n'y avait là, cependant, rien qui ne fût conforme à l'ordre des choses humaines. Car, dès lors que la guerre cessait, l'opinion et la politique dépouillaient la psychologie de l'union, de l'élan, du sacrifice, pour écouter les intérêts, les préjugés, les antagonismes. Winston Churchill y perdait, non certes son auréole ni sa popularité, mais bien l'adhésion générale qu'il avait obtenue comme guide et comme symbole de la patrie en danger. Sa nature, identifiée à une magnifique entreprise, sa figure, burinée par les feux et les froids des grands événements, devenaient inadéquates au temps de la médiocrité.

Ce départ facilitait, à certains égards, les affaires françaises ; à d'autres, non. En tout cas, j'y assistai avec mélancolie. Il est vrai qu'au sein de l'alliance Churchill ne me ménageait pas. En dernier lieu, au sujet du Levant, son comportement avait même été celui d'un adversaire. En somme, il m'avait soutenu aussi longtemps qu'il me prenait pour le chef d'une fraction française qui lui était favorable et dont il pourrait se servir. D'ailleurs, ce grand politique ne laissait pas d'être convaincu que la France restait nécessaire et cet exceptionnel artiste était certainement sensible au caractère de ma dramatique entreprise. Mais, quand il avait vu en moi la France comme un État ambitieux qui paraissait vouloir recouvrer sa puissance en Europe et au delà des mers, Churchill avait, naturellement, senti passer dans son âme quelque souffle de l'âme de Pitt. Malgré tout, ceci demeurait, d'essentiel et d'ineffaçable, que, sans lui, ma tentative eût été vaine dès le départ et qu'en me prêtant alors une main forte et secourable il avait, au premier chef, aidé la chance de la France.

L'ayant beaucoup pratiqué, je l'avais fort admiré, mais aussi souvent envié. Car, si sa tâche était gigantesque, du moins se trouvait-il, lui, investi par les instances régulières de l'État, revêtu de toute la puissance et pourvu de tous les leviers de l'autorité légale, mis à la tête d'un peuple unanime, d'un territoire intact, d'un vaste Empire, d'armées redoutables. Mais moi, dans le même temps, condamné que j'étais par des pouvoirs apparemment officiels, réduit à utiliser quelques débris de forces et quelques bribes de fierté nationale, j'avais dû répondre, seul, du sort d'un pays livré à l'ennemi et déchiré jusqu'aux entrailles. Cependant, si différentes que fussent les conditions dans lesquelles Churchill et de Gaulle avaient eu à accomplir leur œuvre, si vives qu'aient été leurs querelles, ils n'en avaient pas moins, pendant plus de cinq années, navigué côte à côte, en se guidant d'après les mêmes étoiles, sur la mer démontée de l'Histoire.

La nef que conduisait Churchill était maintenant amarrée. Celle dont je tenais la barre arrivait en vue du port. Apprenant que l'Angleterre invitait à quitter son bord le capitaine qu'elle avait appelé quand se déchaînait la tempête, je prévoyais le moment où je quitterais le gouvernail de la France, mais de moi-même, comme je l'avais pris.

Au cours des ultimes séances de la conférence de Potsdam, le remplacement de M. Churchill par M. Attlee, devenu Premier Ministre, n'avait rien changé au désaccord profond des « Trois ». Les règlements européens et, avant tout, celui qui eût visé le Reich, ne pouvaient donc être conclus. J'étais, pour ma part, convaincu qu'il en serait ainsi longtemps. Car l'Allemagne était désormais l'objet de la rivalité de la Russie et de l'Amérique, en attendant de devenir peut-être l'enjeu de leur futur conflit. Pour le moment, aucun arrangement ne paraissait praticable, sauf quelque *modus vivendi* relatif à l'occupation, à l'administration des zones, au ravitaillement des habitants, au jugement des criminels de guerre. Il est vrai, qu'avant de se séparer, Truman, Staline et Attlee, constatant leur impuissance, avaient décidé que leurs ministres des Affaires étrangères se réuniraient à Londres, plus à loisir, pour essayer de déterminer les bases des traités de paix. Cette fois, la France était invitée. Nous avions accepté, par principe, mais sans illusions.

Il faut dire que, pour l'immédiat, un point venait d'être réglé d'une manière qui nous donnait une relative satisfaction. En juillet, la « Commission européenne » de Londres, où la France était représentée avec la Grande-Bretagne, les États-Unis et la Russie, avait fixé les limites des zones françaises d'occupation. J'avais moi-même déterminé les territoires que nous prenions en charge. En Autriche, où commandait Béthouart, c'était le Tyrol qui nous incombait, avec, un mois sur quatre, la responsabilité de Vienne. En Allemagne, c'était la rive gauche du Rhin depuis Cologne jusqu'à la frontière suisse et, sur la rive droite, le pays de Bade et une partie du Wurtemberg. L'occupation de Berlin devait être assurée par nous au même titre que par les autres. Aux conditions ainsi formulées les alliés avaient souscrit, sauf pour Cologne que les Anglais tenaient et qu'ils exigeaient de garder. Une tâche, essentielle au point de vue de notre rang, de l'avenir de l'Europe, des relations humaines entre Français et Germaniques, mais très délicate par le fait des réactions que les cruautés commises par les Allemands risquaient d'entraîner chez les nôtres, incombait à l'armée française. Elle allait s'en acquitter avec une dignité, une modération, une discipline, qui feraient honneur à la France.

Aussitôt après la reddition du Reich, j'avais été saluer cette armée sur le terrain de sa victoire, décorer le général de Lattre et plusieurs de ses lieutenants et leur donner des instructions. Les 19 et 20 mai, dans Stuttgart ruiné de fond en comble mais peuplé autant que jamais, ensuite au pied de l'Arlberg, enfin sous les murs de Constance, le chef de « Rhin et Danube » me présenta de splendides parades. Parmi les Français vainqueurs défilant devant de Gaulle, il subsistait, à coup sûr, des différences d'état d'esprit. Mais l'unité était faite sur le sujet qui, naguère, provoquait tant de divisions. Tous ces soldats étaient aujourd'hui certains que le devoir avait consisté à lutter contre l'envahisseur et que, si l'avenir s'ouvrait devant la France, c'est parce qu'eux-mêmes avaient combattu.

Au cours de mon inspection, j'allai voir, en particulier, la 2e Division blindée. Dans la plaine d'Augsbourg, cette grande unité passa devant moi tout entière, en bataille, à vive allure. A ce spectacle, j'étais fier de penser que, grâce à de tels éléments, cette guerre et ma querelle se terminaient dans l'honneur. Mais, en même temps, je songeais, — *infandum dolorem!* — qu'il n'eût tenu qu'à nous-mêmes de disposer, six ans plus tôt, de 7 divisions semblables et d'un commandement capable de s'en servir. Alors, les armes de la France auraient changé la face du monde.

Celle que présentait l'Allemagne était lamentable, en tout cas. Considérant les monceaux de décombres à quoi les villes étaient réduites, traversant les villages atterrés, recueillant les suppliques des bourgmestres au désespoir, voyant les populations d'où les adultes masculins avaient presque tous disparu, je sentais se serrer mon cœur d'Européen. Mais, aussi, je discernais que le cataclysme, ayant atteint un tel degré, modifierait profondément la psychologie des Allemands.

C'en était fini pour longtemps de ce Reich conquérant, qui, trois fois en l'espace d'une vie d'homme, s'était rué à la domination. Niveau de vie et reconstruction, voilà quelles seraient forcément, pendant de nombreuses années, les ambitions de la nation allemande et les visées de sa politique. D'ailleurs, je ne doutais guère qu'elle dût rester coupée en deux et que la Russie soviétique voulût garder à sa discrétion le morceau des terres germaniques d'où justement étaient parties les impulsions vers « l'espace vital ». Ainsi, au milieu des ruines, des deuils, des humiliations, qui submergeaient l'Allemagne à son tour, je sentais s'atténuer dans mon esprit la méfiance et la rigueur. Même, je croyais apercevoir des possibilités d'entente que le passé n'avait jamais offertes. Au demeurant, il me semblait que le même sentiment se faisait jour chez nos soldats. Le souffle de la vengeance, qui les avait d'abord traversés, était tombé à mesure qu'ils progressaient sur ce sol ravagé. Aujourd'hui, je les voyais miséricordieux devant le malheur des vaincus.

Cependant, le Reich étant anéanti et, d'autre part, les alliés ne s'accordant pas au sujet de son destin, force était à chacun d'entre eux d'assumer l'administration de sa zone. C'est ce dont avaient convenu, sur instructions des gouvernements, Eisenhower, Joukov, Montgomery, de Lattre, réunis à Berlin pour parer au plus pressé. En outre, il était entendu que les quatre Commandants en chef constituaient une « Commission alliée de contrôle » pour l'ensemble du territoire allemand. A la fin de juillet, nos troupes avaient occupé Sarrebruck, Trèves, Coblence, Mayence, Neustadt et leurs environs, où les Américains leur laissaient la place et, en échange, évacué Stuttgart. Sur la rive droite, nous demeurions dans les régions de Fribourg, de Constance et de Tubingen.

Le général de Lattre, quelque peine qu'il en éprouvât, quittait alors son commandement, appelé qu'il était au poste le plus élevé de l'armée, celui de chef d'état-major général. Le général Kœnig prenait la charge de Commandant en chef en Allemagne. Un organisme destiné à l'administration et au contrôle se constituait sous ses ordres ; Émile Laffon devenait, à ce titre, l'adjoint du Commandant en chef et des délégués français prenant en compte les divers territoires : Grandval en Sarre, Billotte dans la province rhénane et la Hesse-Nassau, Boulay au Palatinat, Widmer en Wurtemberg, Schwartz dans le pays de Bade. C'est eux qui auraient à choisir les gouvernants et les fonctionnaires parmi les citoyens allemands qui paraîtraient qualifiés.

Avant l'ouverture de la conférence de Londres, où les ministres des Affaires étrangères devaient chercher une base d'accord, je m'étais rendu à Washington. Depuis trois mois, Harry Truman demandait à me rencontrer. Probablement le nouveau président désirait-il effacer l'effet produit, au lendemain de Yalta, par la convocation que Roosevelt m'avait adressée et par mon refus de m'y rendre. Mais Truman souhaitait surtout être mis directement au fait des intentions de la France en ce début d'une paix difficile.

L'effondrement de l'Allemagne, qu'allait suivre celui du Japon, plaçait les États-Unis devant une sorte de vide politique. Jusqu'alors, la guerre leur avait dicté leurs plans, leurs efforts, leurs alliances. Tout cela n'avait plus d'objet. L'univers changeait complètement et à un rythme ultra-rapide. Cependant, l'Amérique, la seule intacte des grandes puissances, restait investie dans la paix de la même responsabilité qu'elle avait dû finalement assumer dans le conflit. Or, voici que se dressait la concurrence nationale et idéologique d'un État à sa dimension. Face à l'Union Soviétique, les États-Unis se demandaient que faire, à quelles causes extérieures s'attacher ou se refuser, quels autres peuples aider ou non? Bref, l'isolationnisme leur devenait impossible. Mais, quand on est indemne et puissant, on se doit d'accepter les embarras d'une grande politique.

Il était naturel que le président Truman eût hâte de consulter la France. Celle-ci, malgré les épreuves qu'elle venait de traverser, se trouvait être, sur l'ancien continent, le seul pays auquel pût s'accrocher une politique occidentale. Elle demeurait, d'autre part, une grande réalité africaine. On rencontrait sa souveraineté jusque sur les terres de l'Amérique et de l'Océanie. Elle n'avait pas quitté l'Orient. Rien ne pouvait l'empêcher de retourner en Extrême-Asie. Son prestige et son influence refleurissaient par toute la terre. Que l'Amérique essayât d'organiser la paix par la collaboration des peuples, qu'elle s'en tînt au système de l'équilibre des forces, ou qu'elle fût simplement contrainte de préparer sa propre défense, comment se passer de la France?

C'est pourquoi, dès la fin de mai, recevant Georges Bidault que la conférence de San Francisco amenait aux États-Unis, le Président l'avait prié de me dire qu'il souhaitait s'entretenir avec moi. Ma réponse fut favorable. J'invitai Truman à venir en France si cela pouvait lui convenir. Sinon, j'irais volontiers lui faire visite aux États-Unis. Mais, comme déjà il était question de la conférence de Potsdam, j'indiquais au Président, « qu'en raison des réactions de l'opinion française, sa venue à Paris, ou bien la mienne à Washington, ne devrait pas avoir lieu immédiatement avant, ni immédiatement après, la réunion que les « Trois » allaient tenir en mon absence. » Truman comprit qu'il valait mieux ne pas atterrir en France quand il irait à Berlin ou quand il en reviendrait. Le 3 juillet, il me télégraphia « qu'il proposait que notre rencontre ait lieu à Washington à la fin d'août. » Je répondis : « J'accepte avec plaisir votre aimable invitation... »

Je m'envolai le 21 août, en compagnie de Bidault, de Juin, de Palewski et de plusieurs diplomates. Par les Açores et les Bermudes, nous arrivâmes à Washington dans l'après-midi du 22. M. Byrnes, secrétaire d'État, le général Marshall, M. Caffery, nous accueillirent à l'aérodrome au milieu d'un nombreux concours d'officiels, de curieux, de journalistes. Le long du parcours qui menait à la Maison-Blanche, la capitale fédérale ne ménagea pas ses vivats. Nous fûmes aussitôt engagés dans la série des entretiens et saisis par l'engrenage des réceptions et des cérémonies, celle, notamment, au cours de laquelle je fis dignitaires de la Légion d'honneur les généraux Marshall, Arnold, Somerwell, les amiraux King et Leahy, ce dernier quelque peu contrit d'être décoré par de Gaulle. En accomplissant les mêmes rites où j'avais figuré une année auparavant, en entendant les propos des mêmes ministres, grands chefs, fonctionnaires, en écoutant les questions des mêmes représentants de la presse, je constatai combien, aux yeux du monde, la France s'était redressée. Lors de mon précédent voyage, on la regardait encore comme une captive énigmatique. On la tenait, à présent, pour une grande alliée blessée, mais victorieuse, et dont on avait besoin.

C'était là, sans doute, l'idée du Président. Pendant sept heures, les 22, 23, 25 août, j'eus avec lui des entretiens auxquels assistèrent les deux ministres, Joseph Byrnes et Georges Bidault, et les deux ambassadeurs, Jefferson Caffery et Henri Bonnet. M. Truman, sous des manières simples, se montrait très positif. A l'entendre, on se sentait loin des vues d'un vaste idéalisme que déroulait dans ce même bureau son illustre prédécesseur. Le nouveau Président avait renoncé au plan d'une harmonie mondiale et admis que la rivalité du monde libre et du monde soviétique dominait tout, désormais. L'essentiel consistait donc à éviter les querelles entre États et les secousses révolutionnaires, afin que tout ce qui n'était pas communiste ne fût pas conduit à le devenir.

Quant aux problèmes compliqués de notre antique univers, ils n'intimidaient point Truman qui les considérait sous l'angle d'une optique simplifiée. Pour qu'un peuple fût satisfait, il suffisait qu'il pratiquât la démocratie à la manière du Nouveau Monde. Pour mettre fin aux antagonismes qui opposaient des nations voisines, par exemple Français et Allemands, il n'était que d'instituer une fédération des rivaux, comme avaient su le faire entre eux les États d'Amérique du Nord. Pour que les pays sous-développés penchent vers l'Occident, il existait une recette infaillible : l'indépendance ; à preuve l'Amérique elle-même qui, une fois affranchie de ses anciens possesseurs, était devenue un pilier de la civilisation. Enfin, devant la menace, le monde libre n'avait rien de mieux à faire, ni rien d'autre, que d'adopter le « leadership » de Washington.

Le président Truman était, en effet, convaincu que la mission de servir de guide revenait au peuple américain, exempt des entraves extérieures et des contradictions internes dont étaient encombrés les autres. D'ailleurs, à quelle puissance, à quelle richesse, pouvaient se comparer les siennes ? Je dois dire qu'en cette fin de l'été 1945 on était, dès le premier contact avec les États-Unis, saisi par l'impression qu'une activité dévorante et un intense optimisme emportaient toutes les catégories. Parmi les belligérants, ce pays était le seul intact. Son économie, bâtie sur des ressources en apparence illimitées, se hâtait de sortir du régime du temps de guerre pour produire des quantités énormes de biens de consommation. L'avidité de la clientèle et, au dehors, les besoins de l'univers ravagé garantissaient aux entreprises les plus vastes débouchés, aux travailleurs le plein emploi. Ainsi, les États-Unis se sentaient assurés d'être longtemps les plus prospères. Et puis, ils étaient les plus forts ! Quelques jours avant ma visite à Washington, les bombes atomiques avaient réduit le Japon à la capitulation.

Le Président n'envisageait donc pas que la Russie pût, de sitôt, risquer directement une guerre. C'est pourquoi, m'expliquait-il, les forces américaines achevaient de quitter l'Europe, à l'exception d'un corps d'occupation en Allemagne et en Autriche. Mais il pensait qu'en maints endroits la ruine, la misère, le désordre, pouvaient avoir pour conséquence l'avènement du communisme et procurer aux Soviets autant de victoires sans batailles. Au total, le problème de la paix n'était donc, suivant lui, que d'ordre économique. Les nations d'Europe occidentale, qu'elles aient gagné ou perdu la guerre, avaient à reprendre au plus tôt le cours normal de leur existence. En Asie et en Afrique, les peuples sous-développés devaient recevoir les moyens d'élever leur niveau de vie. Voilà de quoi il s'agissait, et non point de frontières, de griefs, de garanties !

C'est dans cet état d'esprit que le président Truman examina avec moi les questions posées par la victoire. Il m'entendit lui exposer comment nous, Français, envisagions le sort des pays allemands et ne fit d'objection directe à aucune de nos propositions : fin du Reich centralisé, autonomie de la rive gauche du Rhin, régime international de la Ruhr. Mais, sur ces points, il resta réservé. Par contre, il fut catégorique quant à la nécessité de ménager matériellement l'Allemagne. Tout en voulant, — comme moi-même, — qu'on aidât le bassin westphalien à reprendre en grand et rapidement l'extraction du charbon, il n'était guère favorable à l'idée d'en remettre certaines quantités à la France, à la Belgique, à la Hollande, en raison des destructions dont elles avaient été victimes. Tout au plus suggérait-il que ces pays achetassent — en dollars — une part des combustibles. De même, le Président se montrait opposé aux prélèvements de matières premières, de machines, d'objets fabriqués, à opérer par les vainqueurs. Même la récupération des outillages que les Allemands avaient pris chez nous inquiétait Harry Truman. En revanche, il accueillait fort bien la perspective du rattachement économique de la Sarre à la France, parce que la production du charbon et de l'acier en serait certainement accrue.

J'expliquai au Président pourquoi la France concevait le monde d'une manière moins simplifiée que le faisaient les États-Unis. « Vous autres, Américains, lui dis-je, avez pris part aux deux guerres mondiales avec une efficacité et un courage devant lesquels on doit s'incliner. Cependant, les invasions, les dévastations, les révolutions, sont pour vous des épreuves inconnues. Mais, en France, les vieillards d'aujourd'hui ont vu, au cours de leur vie, notre pays envahi trois fois, en dernier lieu d'une manière totale. La somme des pertes humaines, des destructions, des dépenses, qui en sont résultées pour nous, est proprement incalculable. Chacune de ces crises, notamment la plus récente, a suscité dans notre peuple des divisions d'une profondeur qui ne peut être mesurée. Notre unité intérieure et notre rang international en sont compromis pour longtemps. Moi-même et mon gouvernement avons donc, vis-à-vis de la France, le devoir de prendre les mesures voulues pour que la menace germanique ne reparaisse jamais. Notre intention n'est certes pas de pousser le peuple allemand au désespoir. Au contraire, nous entendons qu'il vive, qu'il prospère et, même, qu'il se rapproche de nous. Mais il nous faut des garanties. Je vous ai précisé lesquelles. Si, plus tard, il se révèle que nos voisins ont changé de penchants, on pourra revenir sur les précautions initiales. Mais, à présent, l'armature à donner à l'Allemagne doit être obligatoirement pacifique et il s'agit de la forger pendant que le feu du ciel a rendu le fer malléable. »

Je fis observer à M. Truman qu'il y avait là l'espoir de rétablir un jour l'équilibre européen. « Cet équilibre est rompu, dis-je, parce qu'avec le consentement de l'Amérique et de la Grande-Bretagne les États de l'Europe centrale et balkanique sont contraints de servir de satellites à l'Union Soviétique. Si ces États ont en commun avec leur « protecteur » une même crainte nationale de voir renaître l'ambitieuse Allemagne, les liens qui les attachent par force à la politique moscovite en seront d'autant plus dangereux. S'ils constatent, au contraire, qu'il n'existe plus de menace germanique, leurs intérêts nationaux ne manqueront pas de se dresser au dedans du camp soviétique. D'où, entre eux et leur suzerain, d'inévitables discordes qui détourneront le Kremlin des entreprises belliqueuses, d'autant plus que la Russie elle-même sera, dans ses profondeurs, moins portée aux aventures. Il n'est pas jusqu'à l'Allemagne qui ne puisse tirer parti de la structure rassurante qui doit lui être fixée. Car un régime réellement fédéral serait son unique chance de voir les Soviets permettre aux territoires prussiens et saxons de se lier au tronc commun. La voie où la France propose que nous engagions l'ancien Reich, c'est la seule qui puisse conduire au regroupement européen. »

A l'issue de ces échanges de vues entre Truman et moi sur le sujet germanique et des entretiens complémentaires de Byrnes avec Bidault, il fut admis, qu'à la conférence de Londres, la délégation américaine recommanderait que nos propositions soient prises en considération. Sans préjuger de la décision relative au statut de la Ruhr, on convint qu'une commission franco-anglo-américaine serait immédiatement installée dans le bassin. Cet organisme aurait à faire en sorte que l'extraction reprenne rapidement et que la France reçoive une part importante du charbon ; le mode de paiement devant être réglé en même temps que le serait celui des réparations. Les Américains firent connaître qu'ils ne s'opposeraient pas aux mesures que nous voulions prendre relativement à la Sarre. Enfin, on prit occasion de mon voyage à Washington pour conclure la négociation menée par Jean Monnet, depuis plusieurs mois, au sujet d'un prêt à long terme de 650 millions de dollars que l'Amérique nous faisait au moment où elle mettait un terme au « lease-lend. »

Quant aux pays d'Asie et d'Afrique plus ou moins « colonisés », je déclarai, qu'à mon avis, l'époque nouvelle marquerait leur accession à l'indépendance, réserve faite des modalités qui seraient forcément variables et progressives. L'Occident devait le comprendre et, même, le vouloir. Mais il fallait que les choses se fassent avec lui, non pas contre lui. Autrement, la transformation de peuples encore frustes et d'États mal assurés déchaînerait la xénophobie, la misère et l'anarchie. Il était facile de prévoir qui, dans le monde, en tirerait avantage.

« Nous sommes décidés, dis-je au Président, à acheminer vers la libre disposition d'eux-mêmes les pays qui dépendent du nôtre. Pour certains, on peut aller vite ; pour d'autres, non ; en juger, c'est l'affaire de la France. Mais, dans ce domaine, rien ne serait déplorable autant que les rivalités des puissances occidentales. Par malheur, c'est ce qui se passe au sujet du Levant. » Et d'exhaler mon irritation quant au soutien que l'Amérique venait d'apporter au chantage des Britanniques. « En définitive, déclarai-je, je prédis que c'est l'Occident qui fera les frais de cette erreur et de cette injustice. »

M. Truman convint que Washington avait fait à la thèse britannique un crédit exagéré. « En tout cas, dit-il, pour ce qui est de l'Indochine, mon gouvernement ne fait pas opposition au retour de l'autorité et de l'armée françaises dans ce pays. » Je répondis : « Bien que la France n'ait rien à demander en une affaire qui est la sienne, je note avec satisfaction les intentions que vous m'exprimez. L'ennemi s'est, naguère, emparé de l'Indochine. Grâce à la victoire, à laquelle l'Amérique a pris une part incomparable, la France va y retourner. C'est avec la volonté que s'y établisse un régime conforme au vœu des populations. Cependant, nous nous trouvons, là aussi, contrariés par des dispositions que nos alliés sont en train de prendre sans nous avoir même consultés. »

Je marquai à M. Truman que nous n'acceptions nullement de voir les troupes anglaises prendre la place des Japonais dans le sud de l'Indochine; les troupes chinoises, dans le nord. Or, c'est ce qui allait se passer, conformément à un accord conclu au Caire, en 1943, entre Roosevelt, Churchill et Chiang-Kaï-Shek et que la conférence de Potsdam venait d'entériner. Nous n'ignorions pas, d'autre part, que des chargés de mission américains, rassemblés par les soins du général Wedemeyer, délégué des États-Unis auprès du commandement chinois, se disposaient à passer au Tonkin pour y prendre contact avec le pouvoir révolutionnaire. Tout cela n'était pas de nature à nous faciliter les choses. Sur quoi, le Président crut devoir me répéter que, du côté de Washington, on s'abstiendrait décidément de faire obstacle à notre entreprise.

Nous nous séparâmes en bons termes. Sans doute ne pouvait-il y avoir entre nos deux États de compréhension ni de confiance sans réserves. Les entretiens de Washington avaient montré, s'il en était besoin, que l'Amérique suivait une route qui n'était pas identique à la nôtre. Du moins, Harry Truman et moi nous étions-nous franchement expliqués. J'emportais du président Truman l'impression d'un chef d'État bien à sa place, d'un caractère ferme, d'un esprit tourné vers le côté pratique des affaires, bref de quelqu'un qui, sans doute, n'annonçait pas de miracles, mais sur qui, dans les cas graves, on pourrait certainement compter. Lui-même se montra plein de prévenances à mon égard. Les déclarations qu'il fit au lendemain de ma visite passèrent de loin l'éloge banal. Lors de notre dernière entrevue, il fit ouvrir tout à coup les portes de son bureau, derrière lesquelles vingt photographes se tenaient prêts à agir, et me passa par surprise autour du cou le collier du « Mérite », se doutant bien que, prévenu, j'eusse décliné toute distinction. Puis, il décora Bidault. A mon départ, il me fit don, au nom des États-Unis, d'un magnifique DC 4. Par la suite, il n'y eut jamais entre nous aucun mot qui fût acide.

Pour recevoir de Gaulle et les siens, New York déchaîne, alors, l'ouragan de son amitié. Nous y arrivons le 26 août, par la route, venant de West-Point où j'ai inspecté l'École militaire, après m'être, à Hyde-Park, incliné devant la tombe de Roosevelt. C'est dimanche et, au surplus, le premier jour où la vente de l'essence a été rendue libre. Toutes les voitures se trouvent donc dehors. Une file d'autos, rangée sur le côté au long de 100 kilomètres, salue notre passage par un vacarme incroyable de klaxons. Le maire, Fiorello

La Guardia, prodige d'entrain et de sympathie, nous accueille à l'entrée. Le soir, après diverses cérémonies, il nous mène au *Central Park*, où Marian Anderson doit chanter *la Marseillaise*. Là, dans la nuit, vingt bras irrésistibles me poussent sur la scène de l'immense amphithéâtre. Les projecteurs s'allument et j'apparais à la foule entassée sur les gradins. Une fois passée la vague des acclamations et quand la voix admirable de la cantatrice a terminé notre hymne national, je lance, de tout cœur, mon salut à la grande cité.

Le lendemain, a lieu le « défilé triomphal. » Nous traversons la ville en grand cortège. Le maire est à mes côtés, exultant de satisfaction, tandis que retentissent les cris de la multitude et que drapeaux et oriflammes s'agitent à tous les étages. Le parcours de Broadway se déroule au milieu d'un indescriptible déferlement de : « *Long live France!* » — « *De Gaulle! Hurrah!* » — « *Hello, Charlie!* » sous les épais nuages des morceaux de papier lancés de 100 000 fenêtres. Au City-Hall, ont lieu la réception, l'échange des discours, le défilé des personnalités. Je décore La Guardia qui, depuis juin 1940, s'est montré l'un des plus ardents et efficaces partisans que la France Combattante ait comptés aux États-Unis. Puis, je reçois le diplôme de citoyen d'honneur de New York. Au colossal banquet qui suit, le maire déclare dans son toast : « En levant mon verre à la gloire du général de Gaulle, je voulais le saluer comme le plus jeune des citoyens de New York, car il y a tout juste une heure que nous l'avons inscrit au registre de l'état civil. Mais, depuis ce moment-là, on a déclaré la naissance de 45 autres bébés ! » Le gouverneur de l'État, John Dewey, m'affirme : « Si calme que je puisse être, j'ai été bouleversé par l'émotion de la cité. » Sans doute ce caractère de pittoresque dans le gigantesque est-il habituel aux manifestations publiques américaines. Mais l'explosion d'enthousiasme qui a marqué celle-là révèle l'extraordinaire dilection à l'égard de la France que recèle le fond des âmes.

Chicago le fait voir aussi. Pourtant, par différence avec New York, la ville n'est pas orientée vers l'Europe et sa population provient des pays les plus divers du monde. « Ici, me dit le maire Edward Kelly, vous serez acclamé en 74 langues. » De fait, nous rendant, ce soir-là, au dîner de la municipalité, traversant, le lendemain, les rues et les boulevards pour visiter les constructions symbolisant le nouveau démarrage, reçus à l'Hôtel de ville, allant prendre part au banquet monstre offert par l' « Association du Commerce » et l' « American Legion », nous sommes entourés d'une foule où se mêlent toutes les races de la terre mais unanime dans ses clameurs.

Le Canada nous fait, à son tour, un accueil démonstratif. Mes hôtes, le comte d'Athlone, gouverneur général, et son épouse, la princesse Alice, me déclarent à l'arrivée : « Vous avez pu constater, l'année dernière, à votre passage, quels sentiments vous portait l'opinion de ce pays. Mais, depuis, la France et vous avez gagné 300 %. » — « Pourquoi? » — « Parce qu'alors vous étiez encore un point d'interrogation. Maintenant, vous êtes un point d'exclamation. » A Ottawa, les autorités et le peuple nous prodiguent, en effet, tous les témoignages imaginables. Le « Premier » Mackenzie King qu'assistent le ministre des Affaires étrangères Saint-Laurent et l'ambassadeur Vanier, et moi-même qu'accompagnent Bidault et notre ambassadeur Jean de Hauteclocque nous trouvons d'autant plus à notre aise pour évoquer les grandes questions que les intérêts de la France ne heurtent nulle part ceux du Canada.

Mackenzie King veut avoir avec moi une intime conversation. Ce vétéran d'une politique résolument canadienne me dit : « Je tiens à vous montrer le fond de notre pensée. Le Canada est limitrophe des États-Unis sur 5 000 kilomètres, — voisinage souvent écrasant. Il est membre du Commonwealth, — ce qui est quelquefois pesant. Mais il entend agir en pleine indépendance. Nous sommes un pays d'une étendue illimitée et doté de grandes ressources. Les mettre en valeur, voilà notre ambition, tout entière tournée vers le dedans. Nous n'avons aucun motif de contrecarrer la France dans aucun de ses champs d'action. Bien au contraire, tout nous rend désireux de lui prêter nos bons offices dans la mesure de nos moyens, chaque fois qu'elle le jugera bon. » — « Quant à nous, dis-je à Mackenzie King, les deux guerres nous ont montré la valeur de votre alliance. Sans doute aurons-nous, dans la paix, à user de votre amitié. Ce que vous venez de dire achève de me prouver que la France eut mille fois raison de venir ici jadis et d'y semer la civilisation. »

Nous passons par Terre-Neuve pour rentrer à Paris. Pendant l'escale à la base américaine de Gander, au milieu d'une contrée presque déserte en temps normal, je m'entends appeler par une foule de bonnes gens rassemblés le long des clôtures. Je vais les voir. Ce sont des habitants venus de divers points de l'île pour saluer le général de Gaulle. Fidèles aux aïeux normands, bretons et picards qui ont peuplé Terre-Neuve, tous parlent français. Tous aussi, saisis par une émotion ancestrale, crient : « Vive la France ! » et me tendent les mains.

Presque aussitôt après notre voyage, se réunissait la conférence de Londres, dernière chance d'un accord entre les quatre alliés. Du 11 septembre au 3 octobre, Byrnes, Molotov, Bevin et Bidault examinèrent ensemble les problèmes européens. En fait, les séances des Quatre ne firent qu'aigrir l'opposition entre Russes et Anglo-Saxons. C'est à peine si l'on put, au sujet de l'Italie, recueillir l'impression qu'une entente serait possible quant au sort de l'Istrie et de la ville de Trieste. Georges Bidault précisa, d'autre part, en quoi consistaient les menus changements que nous voulions voir apporter au tracé de la frontière des Alpes et obtint, sur ce point-là, l'approbation de ses trois collègues. Mais, lorsque vint sur le tapis la question des anciennes colonies italiennes, que l'Anglais et l'Américain parlèrent d'ériger la Libye en un État indépendant, que le Français proposa de placer ce territoire sous la coupe des Nations Unies avec l'Italie comme « trustee », M. Molotov réclama pour la Russie le mandat sur la Tripolitaine. Du coup, MM. Bevin et Byrnes, suffoqués, suspendirent la conversation et la question italienne s'enfonça dans une impasse.

Il en fut de même des projets de traités relatifs à la Hongrie, à la Roumanie et à la Bulgarie ; les Soviétiques donnant à comprendre qu'il leur appartenait, à eux, d'en fixer les conditions et qu'ils en avaient les moyens puisqu'ils étaient les seuls occupants ; les Anglo-Saxons protestant contre l'oppression politique que subissaient les trois États, comme si celle-ci était autre chose que la conséquence des accords de Téhéran, de Yalta et de Potsdam. Mais c'est sur le problème de l'Allemagne que se manifesta surtout l'impossibilité où l'on était d'adopter quelque solution que ce fût.

La France, pourtant, et elle seulement, en avait formulé une. A la veille de l'ouverture de la conférence de Londres, j'avais fait connaître au public, par la voie d'une interview accordée à Gerald Norman correspondant du *Times* à Paris, quelles conditions nous mettions à la paix avec l'Allemagne. Puis, au cours de la conférence, un mémorandum de notre délégation et un exposé de Bidault précisèrent notre position. La conférence ne fit pas mauvais accueil au programme français. L'idée de remplacer le Reich par une fédération d'États lui parut fort raisonnable. La conception d'une union économique franco-sarroise ne souleva aucune objection. Le projet tendant à constituer le Palatinat, la Hesse, la Province rhénane, en États autonomes et à les intégrer dans un système économique et stratégique occidental ne sembla pas inacceptable. Même, nos partenaires approuvèrent, à première vue, notre proposition de placer la Ruhr sous un régime international. Mais, quand M. Molotov eut déclaré, qu'à ce régime, la Russie devrait prendre part et qu'il faudrait qu'il y eût, à Dusseldorf, des troupes soviétiques avec les détachements des forces de l'Occident, M. Byrnes poussa les hauts cris et M. Bevin fit chorus. La conférence n'alla pas plus avant dans l'examen de notre solution. Nul, d'ailleurs, ne lui en proposa d'autre. Elle finit par se séparer après vingt-trois jours de débats aussi vains pour le présent qu'inquiétants pour l'avenir.

Chacun se trouvait donc amené à procéder dans sa zone comme il lui paraîtrait bon. A l'Est, les Soviétiques allaient instaurer en Prusse et en Saxe un système politique et social de leur façon. A l'Ouest, les Américains, agissant à l'encontre des tendances autonomistes qui se faisaient jour en Bavière, en Basse-Saxe et en Wurtemberg, et les Anglais, qui trouvaient lourde la responsabilité directe de la Ruhr et des grands ports de la mer du Nord, iraient à l'organisation qui leur semblait la plus facile. Ils fondraient leurs deux zones en une seule et y délégueraient les affaires à un collège de secrétaires généraux allemands. Ainsi serait créé, en somme, un gouvernement du Reich, en attendant qu'on procédât à des élections générales. La perspective d'une véritable fédération allemande s'évanouissait dans les faits. Plus tard, les Anglo-Saxons nous presseraient de joindre aux régions où ils rebâtissaient le Reich les territoires que nous occupions. Mais je n'y consentirais pas.

Pour le moment, en tout cas, notre zone n'incombe qu'à nous seuls. Au début du mois d'octobre, j'y vais prendre contact avec les autorités allemandes et avec les populations et voir quelles possibilités s'offrent sur les bords du Rhin à la politique où j'engage la France. Diethelm, Capitant, Dautry, Juin, Kœnig, m'accompagnent. La Sarre, d'abord, reçoit notre visite. Le 3 octobre, à Sarrebruck qui n'est que ruines, le Dr Neureuther, président du gouvernement, et M. Heim, bourgmestre, me mettent au fait des difficultés dans lesquelles ils se débattent. A eux-mêmes, aux fonctionnaires et aux notables sarrois, dévorés en ma présence d'appréhension et de curiosité, je déclare : « Délibérément, je ne veux rien dire ici des événements du passé. Mais, pour l'avenir, il faut nous comprendre, car nous avons beaucoup à faire ensemble. » Puis, j'indique que notre tâche consiste à rétablir la vie normale dans la Sarre et, plus tard, la prospérité. Je conclus en exprimant l'espoir que, « le temps passant et notre collaboration produisant ses effets, nous, Français, découvrirons chez les Sarrois des motifs d'estime et de confiance et qu'eux-mêmes s'apercevront qu'humainement nous sommes tout près d'eux. » « S'il en est ainsi, ajouté-je, ce sera tant mieux pour l'Occident et pour l'Europe, dont vous êtes, comme nous, les enfants. » Ayant achevé, je vois des larmes aux yeux de mes auditeurs.

A Trèves, j'ai le même spectacle de résignation muette et de gravats entassés. Cependant, l'antique cité mosellane a conservé sa figure autour de la « Porta Nigra » sortie intacte du cataclysme. Les personnalités locales, dont l'évêque Mgr Bornewasser, m'ouvrent leur âme déchirée. Je leur tiens le même langage que j'ai fait entendre à Sarrebruck. « La France, dis-je, n'est pas ici pour prendre, mais pour faire renaître. » Le soir, je visite Coblence. M. Boden, président du gouvernement, et les notables qui l'entourent recueillent de ma bouche les encouragements de la France. Là comme ailleurs, ceux-ci sont reçus avec respect et émotion.

C'est aussi le cas, le lendemain, à Mayence. La foule y est nombreuse pour accueillir Charles de Gaulle. On dirait, qu'après des siècles aboutissant à d'immenses épreuves, l'âme des ancêtres Gaulois et Francs revit en ceux qui sont là. C'est à quoi le Dr Steffan, président de la Hesse-Nassau, le bourgmestre Dr Kraus, l'évêque Mgr Stohr, font allusion dans leurs adresses. J'y réponds par des paroles d'espoir, ajoutant : « Ici, tant que nous sommes, nous sortons de la même race. Et nous voici, aujourd'hui, entre Européens et entre Occidentaux. Que de raisons pour que, désormais, nous nous tenions les uns près des autres ! »

Gagnant le Palatinat aussi ravagé que possible, je reçois à Neustadt un accueil saisissant. Autour du président le Dr Eisenlaub, de son adjoint le Dr Koch, de l'évêque Mgr Wendel, se pressent conseillers de district, bourgmestres, curés, pasteurs, professeurs, représentants du barreau, de l'économie, du travail. Tous applaudissent avec chaleur le chef de leur gouvernement me déclarant que le territoire demande à redevenir ce qu'il était autrefois, savoir l'État Palatin, afin de reprendre en main sa destinée et de se lier à la France.

Fribourg, en Forêt-Noire, groupe pour recevoir de Gaulle tout ce qui est représentatif des régions occupées par nous sur la rive droite du Rhin. Le 4 octobre, le Dr Wohleb me présente les personnalités de Bade. Le 5 dans la matinée, M. Carlo Schmitt introduit celles du Wurtemberg. L'archevêque de Fribourg Mgr Groeber, ainsi que Mgr Fischer du diocèse de Rotthausen, sont parmi les visiteurs. Puis, ces hommes de qualité, frémissants de bonne volonté, se réunissent afin de m'entendre évoquer « les liens qui, jadis, rapprochaient les Français et les Allemands du Sud et qui doivent, maintenant, reparaître, pour servir à bâtir « notre » Europe et « notre » Occident. » Sur quoi, la salle retentit des hourras les plus convaincus. Dans cette atmosphère étonnante, j'en viens à me demander si tant de batailles livrées et tant d'invasions subies depuis des siècles par les deux peuples luttant l'un contre l'autre, tant d'horreurs toutes récentes commises à notre détriment, ne sont pas de mauvais rêves. Comment croire qu'il y ait eu jamais chez les Germains, à l'égard des Gaulois, autre chose que cette cordialité dont on m'offre des preuves éclatantes? Mais, sortant de la cérémonie pour me retrouver dans les rues démolies, au milieu d'une foule douloureuse, je mesure quel désastre ce pays a dû subir pour écouter, enfin, la raison.

Dans cette journée du 5 octobre, je passe à Baden-Baden où le général Kœnig a son quartier général. Là, tous ceux qui ont à diriger quelque branche de l'organisation administrative française me peignent l'empressement des Allemands à répondre à nos directives et leur désir d'une réconciliation. L'un des signes de cet état d'esprit est l'extraordinaire essor que prennent, ces jours-là même, l'université franco-allemande de Mayence, les écoles, lycées, centres d'études et d'informations, que nous venons d'ouvrir en divers points. L'après-midi, quittant l'Allemagne, je gagne Strasbourg. Car c'est de là que j'entends montrer à la nation française vers quel grand but je la dirige pour peu qu'elle veuille me suivre. Émile Bollaert, commissaire de la République, Bernard Cornut-Gentille, préfet du Bas-Rhin, et le général du Vigier, gouverneur, me font arriver par le fleuve. Ayant parcouru le port, le cortège de nos bateaux pénètre dans la cité par les canaux dont les rives et les ponts sont couverts d'une foule plus ardente qu'aucune autre ne le fut jamais. Je préside à la réouverture de l'université de Strasbourg. Puis, je reçois, au palais du Rhin, les autorités de l'Alsace. Enfin, sur la place Broglie, du balcon de l'Hôtel de ville, je m'adresse à la multitude :

« Je suis ici, dis-je, pour proclamer la grande tâche rhénane française. Hier, le fleuve du Rhin, notre fleuve, était une barrière, une frontière, une ligne de combat. Aujourd'hui, puisque l'ennemi s'est écroulé grâce à notre victoire, puisqu'ont disparu dans les Allemagnes les attractions furieuses qui les rassemblaient pour le mal, le Rhin peut reprendre le rôle que lui tracent la nature et l'Histoire. Il peut redevenir un lien occidental. » Et de m'écrier : « Regardons-le ! Il porte sur ses eaux l'un des plus grands destins du monde. Depuis la Suisse, d'où il sort ; par l'Alsace, la région mosellane, Bade, les bassins du Main et de la Ruhr, qui sont situés sur ses bords ; à travers les Pays-Bas où il va trouver la mer tout près des côtes de l'Angleterre, les navires peuvent, désormais, le remonter et le descendre et les richesses s'en répandre, librement, d'un bout à l'autre. Il en est de même des idées, des influences, de tout ce qui procède de l'esprit, du cœur, de l'âme... Oui ! Le lien de l'Europe occidentale, il est ici, il est le Rhin, qui passe à Strasbourg ! »

Cette conception d'un groupement organisé de l'Ouest trouve l'audience de la Belgique. Je le constate en lui rendant visite. Le Prince Régent m'y a invité. J'arrive par son propre train à Bruxelles, le 10 octobre, en compagnie de Georges Bidault. Dès la sortie de la gare où le Prince est venu m'attendre, je me trouve saisi par les hommages populaires qui déferlent comme une marée. Pendant deux jours, que nous nous rendions au Palais Royal, à la tombe du Soldat inconnu, à Ixelles, à Laeken où nous sommes reçus par la reine-mère Élisabeth, à l'Hôtel de ville, à l'Université, au ministère des Affaires étrangères, au lycée français, à l'ambassade de France dont Raymond Brugère fait les honneurs, chacune de nos allées et venues donne lieu à d'ardentes ovations. Il est évident que le peuple belge confond sa joie et son espérance avec celles du peuple français.

C'est ce que me dit le prince Charles. Je recueille son avis avec d'autant plus de considération que mon estime pour lui est grande. Au milieu des divisions amères que la question du Roi, — alors éloigné en Suisse, — provoque dans la population et qui rendent très délicate la situation du Régent, je vois ce prince lucide et ferme dans l'exercice de ses devoirs, sauvegardant le trône et l'unité, mais certain, bien qu'il n'en dise mot, qu'on ne lui en saura gré dans aucun des camps opposés. Les ministres, notamment le solide Premier M. van Acker et le toujours avisé et entreprenant ministre des Affaires étrangères M. Spaak, tout comme les présidents des Assemblées, MM. van Cauwelaert et Gillon, le cardinal primat van Roey, me tiennent un langage identique. Tous pensent que c'eût été fini de l'Europe si la France n'avait pas été présente à la victoire. Quant à l'avenir, l'intérêt vital que comporterait l'établissement d'étroits rapports entre les États de l'Europe de l'Ouest domine tous les esprits.

Le lendemain, à l'Hôtel de ville où nous reçoit le bourgmestre Vandemeulebroek, tandis qu'une foule innombrable remplit l'admirable place, puis à l'université de Bruxelles dont le président Fredrichs et le doyen Cox me font docteur *honoris causa*, je proclame l'espoir que pourrait apporter, un jour, au monde entier l'association de tous les peuples de l'Europe et, dans l'immédiat, « un groupement occidental, ayant pour artères : le Rhin, la Manche, la Méditerranée. » Chaque fois, c'est par des transports que l'assistance accueille ce grandiose projet de la France. Rentré à Paris, je l'expose de nouveau, le 12 octobre, en une vaste conférence de presse.

Voilà donc l'idée lancée. Dès que les élections, qui vont avoir lieu dans quinze jours, auront tranché la question de nos institutions et, par là, celle de mon rôle futur, les propositions voulues seront, ou non, adressées par moi au dehors. Mais, si ce vaste dessein me semble susciter l'attention passionnée des autres peuples intéressés, j'ai l'impression que les dirigeants politiques français y sont, en fait, peu sensibles. Depuis la date de la victoire jusqu'à celle des élections, il n'y a pas à l'Assemblée consultative un seul débat portant sur ces problèmes. En dehors de vagues formules, les multiples congrès, réunions, motions des partis, ne mentionnent pour ainsi dire rien qui se rapporte à l'action de la nation à l'extérieur. La presse mentionne, assurément, les propos et les déplacements du général de Gaulle. Mais les buts qu'il propose ne donnent lieu à aucune campagne, ni même souvent à aucun commentaire, comme s'il s'agissait là d'un domaine hors de la portée nationale. Tout se passe comme si ma conviction que la France a l'occasion de jouer un rôle indépendant et mon effort pour l'y diriger recueillaient, chez ceux qui s'apprêtent à représenter le pays, une estime inexprimée mais un doute universel.

Je ne puis, d'ailleurs, méconnaître que, pour mener en Europe une pareille politique, nous devons avoir les mains libres au delà des océans. Que les territoires d'outre-mer se détachent de la Métropole ou que nous y laissions accrocher nos forces, pour combien compterons-nous entre la mer du Nord et la Méditerranée? Qu'ils nous restent, au contraire, associés, voilà la carrière ouverte à notre action sur le continent! Séculaire destin de la France! Or, après ce qui s'est passé sur le sol de nos possessions africaines et asiatiques, ce serait une gageure que de prétendre y maintenir notre Empire tel qu'il avait été. A fortiori, n'y peut-on songer quand les nationalités se dressent d'un bout à l'autre du monde et qu'auprès d'elles la Russie et l'Amérique font assaut de surenchères. Afin que les peuples dont nous sommes responsables restent demain avec la France, il nous faut prendre l'initiative de transformer en autonomie leur condition de sujets et, en association, des rapports qui, actuellement, ne sont pour eux que dépendance. A la condition, toutefois, que nous nous tenions droits et fermes, comme une nation qui sait ce qu'elle veut, ne revient pas sur sa parole, mais exige qu'on soit fidèle à celle qu'on lui aura donnée. Cette directive, je l'ai lancée à partir de Brazzaville. A présent, c'est en Indochine et en Afrique du Nord qu'il nous faut d'abord l'appliquer.

Au Maghreb, pour quelque temps encore, l'affaire peut être menée dans le calme et progressivement. Bien que des signes d'agitation s'y manifestent déjà, nous sommes les maîtres du jeu. En Tunisie, la popularité de l'ancien bey Moncef ne soulève guère autre chose que de platoniques regrets; les deux « Destour », très éprouvés, se tiennent dans l'expectative; le résident général Mast manœuvre assez aisément entre les plans de réformes et les actes d'autorité. En Algérie, un commencement d'insurrection, survenu dans le Constantinois et synchronisé avec les émeutes syriennes du mois de mai, a été étouffé par le gouverneur général Chataigneau. Au Maroc, les proclamations répandues par l' « Istiqlal » et les cortèges qu'il organise ne passionnent pas beaucoup les foules; le sultan Mohammed V, après quelques hésitations et sur la démarche pressante du résident général Puaux, les a d'ailleurs désavoués. Mais, si nous avons du temps, ce ne peut être pour en perdre. J'entame aussitôt la partie.

La souveraineté dans l'Empire du Maroc et dans la Régence de Tunis se confond avec leurs souverains. C'est directement avec eux que je veux avoir affaire. J'invite le Sultan à se rendre en France et le reçois comme un chef d'État qui a droit aux grands honneurs, un féal qui s'est montré fidèle dans les pires circonstances. En dehors des habituelles réceptions, je le prie d'être à mes côtés lors de la grande prise d'armes parisienne du 18 juin et lui décerne, en public, la croix de la Libération. Puis, il est mon compagnon au cours d'un voyage en Auvergne et aborde, à mes côtés, les foules impressionnantes des villes et le peuple touchant des campagnes. Il se rend ensuite en Allemagne auprès de la Ire Armée et passe l'inspection des glorieuses troupes marocaines. Enfin, il va visiter des grands travaux de barrages. Partout, il est acclamé, ce qui crée une ambiance favorable à nos entretiens personnels.

Je demande au Sultan de m'indiquer, en toute confiance, quel est le fond de sa pensée quant aux rapports du Maroc et de la France. « Je reconnais hautement, déclare-t-il, que le Protectorat a apporté à mon pays l'ordre, la justice, une base de prospérité, un début d'instruction des masses et de formation des élites. Mais ce régime a été accepté par mon oncle Moulay-Hafid, puis par mon père Moulay-Youssef, et l'est aujourd'hui par moi, comme une transition entre le Maroc d'autrefois et un État libre et moderne. Après les événements d'hier et avant ceux de demain, je crois le moment venu d'accomplir une étape vers ce but. C'est là ce que mon peuple attend. »

— « L'objectif que vous envisagez, dis-je, est celui que la France s'est fixé, que formulent le traité de Fez et l'acte d'Algésiras et que Lyautey, initiateur du Maroc moderne, n'a jamais cessé de poursuivre. Je suis, comme vous, convaincu qu'il faut prochainement modifier dans ce sens les bases de nos rapports. Mais, par le temps qui court, la liberté, pour qui que ce soit, ne peut être que relative. N'est-ce pas vrai pour le Maroc qui a encore tant à faire avant de vivre par ses propres moyens? Il appartient à la France de vous prêter son concours en échange de votre adhésion. Qui d'autre le ferait comme il faut? Quand, à Anfa, le président Roosevelt fit miroiter à Votre Majesté les merveilles de l'immédiate indépendance, que vous proposait-il en dehors de ses dollars et d'une place dans sa clientèle? »

— « Il est bien vrai, affirme Mohammed V, que le progrès de mon pays doit s'accomplir avec l'aide de la France. De toutes les puissances qui pourraient nous prêter appui, c'est celle qui est la mieux placée, la mieux douée et que nous préférons. Vous avez pu constater, pendant la guerre, qu'inversement notre concours n'est pas, pour vous, sans valeur. L'aboutissement des accords nouveaux que nous pourrions négocier serait l'association contractuelle de nos deux pays, aux points de vue économique, diplomatique, culturel et militaire. »

J'indique au Sultan que, sous réserve des modalités qui devront être étudiées de près, je suis d'accord avec lui sur le fond des choses. Quant à la date convenable pour l'ouverture des pourparlers, je pense qu'on devra la fixer au lendemain même du jour où la IVe République aura adopté sa propre constitution. Car celle-ci ne pourra, semble-t-il, manquer de définir des liens fédéraux ou confédéraux applicables à certains territoires ou États dont la libre disposition d'eux-mêmes et leur participation à un ensemble commun doivent être ménagées. En tout ce qui concerne l'union de nos deux pays, je propose à Mohammed V que nous nous tenions en liaison personnelle, à supposer, naturellement, que je demeure en fonctions. Il acquiesce aussitôt et, je le crois, de grand cœur. Pour commencer, le Sultan me marque son accord quant à l'initiative que prend mon gouvernement de faire rétablir à Tanger l'autorité chérifienne et le statut international abolis en 1940 par un coup de force espagnol. C'est ce qui sera accompli au mois de septembre, à la suite d'une conférence tenue à Paris par les représentants de la France, de l'Angleterre, de l'Amérique et de la Russie et aux conclusions de laquelle le gouvernement de Madrid acceptera de se conformer.

A son tour, le Bey de Tunis vient en France à mon invitation. Sidi Lamine est l'objet d'une réception aussi brillante que le permettent les circonstances. A Paris, le 14 juillet, il assiste à l'imposante revue de notre armée victorieuse. Maintes réunions lui donnent l'occasion de voir des personnalités françaises appartenant à tous les milieux. Au cours de nos entretiens, le souverain m'indique ce que devrait, à son sens, devenir la Régence pour répondre aux aspirations de son peuple et aux nécessités de l'époque. En somme, ce que le Bey conçoit pour sa part coïncide avec ce que le Sultan imagine pour la sienne. Le ton de Sidi Lamine est, sans doute, plus assourdi que celui de Mohammed V, en raison de la différence de l'âge et du tempérament, d'une popularité moins assurée, du fait qu'il parle au nom d'un royaume plus faible que le Maroc. Mais la chanson est la même. Ma réponse, aussi. Le Bey l'accueille avec amitié.

Des propos échangés avec les souverains du Maghreb, je tire la conclusion qu'il est possible et qu'il est nécessaire de passer avec les deux États des accords de coopération conformes aux exigences du temps et qui, dans un monde mouvant, régleront les rapports tout au moins pour une génération.

Si la question d'Afrique du Nord se présente sous un jour assez encourageant, celle d'Indochine se dresse dans les plus difficiles conditions. Depuis la liquidation de nos postes et de notre administration par l'ennemi japonais et le retrait en territoire chinois des détachements demeurés libres, il ne reste plus rien de l'autorité de la France en Cochinchine, en Annam, au Tonkin, au Cambodge et au Laos. Les militaires survivants sont en captivité ; les fonctionnaires, détenus ; les particuliers, étroitement surveillés ; tous, soumis à d'odieux outrages. Dans les États de l'Union, les Japonais ont suscité la création de gouvernements autochtones qui sont à leur dévotion, tandis qu'apparaît une résistance tournée contre l'occupant, mais résolue à obtenir ensuite l'indépendance et dirigée par des chefs communistes. Cette ligue organise un pouvoir clandestin qui s'apprête à devenir public. Quant à nous, nous sommes réduits à envoyer à Ceylan une menue avant-garde, en vue de l'éventualité où les alliés consentiraient au transport de notre Corps expéditionnaire ; nous faisons, tant bien que mal, fonctionner à partir de la frontière chinoise une mission de renseignements opérant sur l'Indochine ; nous tâchons d'obtenir du gouvernement de Tchoung-King et de ses conseillers militaires américains qu'ils facilitent le regroupement de nos détachements repliés du Tonkin et du Laos.

Mais la capitulation allemande détermine les États-Unis à en finir avec le Japon. Au mois de juin, leurs forces, avançant d'île en île, sont parvenues assez près du territoire nippon pour pouvoir y débarquer. La flotte des Japonais est balayée de la mer par les navires de Nimitz et leur aviation se trouve trop diminuée pour tenir tête à celle de Mac Arthur. A Tokyo, cependant, le parti de la guerre garde son influence. Or, c'est avec appréhension que le Président, le Commandement et le Congrès américains envisagent la sanglante conquête, pied à pied, grotte par grotte, du sol d'un peuple vaillant et fanatisé. De ce fait, une notable évolution se produit à Washington au sujet de l'utilité d'un concours militaire français. Le Pentagone nous demande même, au début du mois de juillet, si nous serions disposés à expédier deux divisions au Pacifique. « Ce n'est pas exclu, répondons-nous. Mais, alors, nous entendons pouvoir envoyer aussi, en Birmanie, les forces voulues pour prendre part à l'offensive vers l'Indochine. »

Dès le 15 juin, je fixe la composition de notre Corps expéditionnaire. Le général Leclerc en prendra le commandement. Je suis amené, sur ce point, à passer outre à ses désirs. « Envoyez-moi au Maroc », me demande-t-il instamment. — « Vous irez en Indochine, lui dis-je, parce que c'est le plus difficile. » Leclerc se met en devoir d'organiser ses unités. Au début d'août, elles sont prêtes. Un grand élan saisit tous ceux, soldats et fonctionnaires, qui se disposent à ramener le drapeau de la France sur le seul de ses territoires où il n'a pas encore reparu.

C'est alors que, les 6 et 10 août, tombe sur Hiroshima et sur Nagasaki la foudre des bombes atomiques. A vrai dire, les Japonais s'étaient montrés, avant le cataclysme, disposés à négocier la paix. Mais c'est la reddition sans conditions qu'exigeaient les Américains, certains qu'ils étaient de l'obtenir depuis la réussite des expériences du Nevada. De fait, l'empereur Hiro-Hito s'incline au lendemain de la destruction de ses deux villes bombardées. Il est convenu que l'acte, par lequel l'Empire du Soleil Levant se soumet aux vainqueurs, sera signé le 2 septembre, en rade de Yokohama, sur le cuirassé *Missouri.*

Je dois dire que la révélation des effroyables engins m'émeut jusqu'au fond de l'âme. Sans doute ai-je été, depuis longtemps, averti que les Américains étaient en voie de réaliser des explosifs irrésistibles en utilisant la dissociation de l'atome. Mais, pour n'être pas surpris, je ne m'en sens pas moins tenté par le désespoir en voyant paraître le moyen qui permettra, peut-être, aux hommes de détruire l'espèce humaine. Pourtant, ces amères prévisions ne sauraient m'empêcher d'exploiter la situation créée par l'effet des bombes. Car la capitulation fait s'écrouler, à la fois, la défense japonaise et le veto américain qui nous barraient le Pacifique. L'Indochine, du jour au lendemain, nous redevient accessible.

Nous n'allons pas perdre un jour pour y rentrer. Encore faut-il que ce soit en qualité de participants reconnus à la victoire. Dès que Tokyo a manifesté l'intention de négocier, nous n'avons pas manqué d'insister à Washington pour que la réponse adressée par les alliés porte aussi le sceau de la France, et cela a été fait. Puis, quand l'empereur Hiro-Hito décide de se soumettre, il est entendu que le commandement français recevra la reddition en même temps que les chefs alliés. J'y délègue le général Leclerc qui signe l'acte à bord du *Missouri*. Auparavant j'ai, le 15 août, nommé l'amiral d'Argenlieu haut-commissaire en Indochine.

L'envoi des troupes est la condition de tout. Soixante-dix mille hommes doivent être transportés avec beaucoup de matériel ; effort considérable, car il nous faut l'entreprendre en pleine période de démobilisation et tandis que nous maintenons une armée en Allemagne. Mais il s'agit, qu'après l'humiliante liquidation de naguère, les armes de la France donnent l'impression de la force et de la résolution. D'ailleurs, une escadre, formée du cuirassé *Richelieu* déjà dans les parages, des croiseurs *Gloire*, *Suffren*, *Triomphant*, du transport *Béarn* et de plusieurs petits bâtiments, le tout aux ordres de l'amiral Auboyneau, gagnera les côtes indochinoises. Une centaine d'avions déploieront leurs ailes dans le ciel de la Péninsule. Comme la fin de la guerre nous permet de reprendre les navires de charge prêtés par nous au « pool » interallié, nous pouvons, malgré notre indigence en fait de tonnage, régler les mouvements de telle sorte que le Corps expéditionnaire atteigne en totalité, dans les trois mois, sa destination éloignée de 14 000 kilomètres. Pourtant, si vite qu'il arrive, la situation n'en sera pas moins aussi ardue que possible.

Cent mille Japonais se trouvent en Indochine. Ils ont cessé le combat et attendent qu'on les rembarque. Mais, à présent, ils font bon ménage avec les éléments de la ligue qui va devenir le « Viet-Minh ». Ceux-ci sortent des maquis, proclament l'indépendance, réclament l'union des « trois-Ky » et mènent la propagande contre le rétablissement de l'autorité française. Au Tonkin, leur chef politique Ho-Chi-Minh et leur chef militaire Giap, tous deux communistes, forment un comité qui prend l'allure d'un gouvernement. L'empereur Bao-Daï a abdiqué et figure auprès d'Ho-Chi-Minh en qualité de « conseiller ». Notre délégué pour le Tonkin Jean Sainteny, se posant à Hanoï le 22 août, y trouve l'autorité Viet-Minh établie dans la capitale d'accord avec les Japonais. Dans toute l'Indochine, la population, qui vit récemment les Français perdre la face, se montre menaçante à l'égard de nos compatriotes. A Saïgon, le 2 septembre, plusieurs d'entre eux sont massacrés, en dépit des efforts pacifiques du gouverneur Cédile, parachuté le 23 août. Aux difficultés politiques s'ajoutera la famine. Car, depuis la disparition de l'autorité française, le ravitaillement se trouve paralysé. Enfin, les alliés, mettant en application le plan qu'ils ont préparé pour l'occupation du pays, Chinois au nord du 16e parallèle, Britanniques au sud, missions américaines partout, vont compromettre gravement l'effet qu'auraient pu produire l'arrivée immédiate des responsables français et le désarmement des Japonais par les nôtres.

Il va de soi que nous n'admettons pas cette triple intrusion étrangère. Sans doute la présence des Anglais en Cochinchine ne nous inquiète-t-elle pas beaucoup. Nous nous arrangerons pour y arriver en même temps qu'eux. Et puis, l'Empire britannique a tant à faire aux Indes, à Ceylan, en Malaisie, en Birmanie, à Hong-Kong, il désire si vivement atténuer dans l'esprit des Français le ressentiment provoqué par la crise récente du Levant, qu'on peut le croire décidé à retirer bientôt ses forces. C'est ce qu'il fera, en effet. D'autre part, la présence des équipes envoyées par les États-Unis pour un travail combiné de prospection économique et d'endoctrinement politique nous paraît certes désobligeante mais, à tout prendre, sans grande portée. Par contre, l'occupation du Tonkin, ainsi que celle d'une partie de l'Annam et du Laos, par l'armée chinoise du général Lou-Han présente les pires inconvénients. Notre action politique et administrative en sera longtemps empêchée. Les Chinois une fois implantés, quand s'en iront-ils? A quel prix?

Cependant, le gouvernement de Tchoung-King ne cesse de nous prodiguer des assurances de bon vouloir. Dès octobre 1944, le maréchal Chiang-Kaï-Shek, recevant notre ambassadeur Pechkoff, lui a déclaré : « Je vous affirme que nous n'avons aucune visée sur l'Indochine. Même, si, le moment venu, nous pouvons vous aider à y restaurer l'autorité française, nous le ferons volontiers. Dites au général de Gaulle que c'est notre politique. Mais qu'il y voie aussi, de ma part, un engagement personnel à son égard. » Lors de mon séjour à Washington, au mois d'août, je reçois M. T. V. Soong, qui s'y trouve alors de passage. Le président de l'Exécutif et ministre des Affaires étrangères de la République chinoise me fait, à son tour, de formelles déclarations. Le 19 septembre, comme le même M. Soong me rend visite à Paris en compagnie de l'ambassadeur Tsien-Taï et que je lui parle du comportement fâcheux des troupes du général Lou-Han : « Mon gouvernement », me promet le ministre, « va faire cesser cet état de choses et retirer ses forces d'Indochine. » Mais, quelles que soient les intentions, voire les prescriptions, du pouvoir central, le fait est que Lou-Han s'installe en maître au Tonkin.

Arrivée de nos soldats, départ des Japonais, retrait des troupes étrangères, ces conditions doivent être remplies pour que la France retrouve des chances en Indochine. Mais il faut, par-dessus tout, qu'elle sache ce qu'elle veut y faire. Je ne puis, évidemment, arrêter en détail ma politique tant que la situation sur place sera aussi confuse qu'elle l'est. J'en sais assez, cependant, pour être sûr que l'administration directe ne pourra être rétablie. Dès lors, le but à atteindre, c'est l'association de la République française avec chacun des pays dont se compose l'Union. Les accords à conclure devront être négociés en prenant pour interlocuteurs ceux qui paraîtront représenter le mieux les États et les populations et sans qu'aucune exclusive soit prononcée contre quiconque. Telle est l'idée que je me suis fixée.

Pour le Laos et pour le Cambodge, la présence de dynasties solides écarte toute incertitude. Pour le Vietnam, l'affaire est beaucoup plus compliquée. Je décide d'aller pas à pas. A Leclerc, lors de son départ, je prescris de prendre pied d'abord en Cochinchine et au Cambodge. Il n'ira en Annam que plus tard. Quant au Tonkin, il n'y portera ses forces que sur mon ordre et je ne veux le lui donner qu'une fois la situation éclaircie, la population excédée de la présence des Chinois, les rapports établis entre Sainteny et Ho-Chi-Minh. Le haut-commissaire d'Argenlieu reçoit de moi l'instruction de gagner en premier lieu l'Inde française. C'est depuis Chandernagor qu'il prendra vue sur les affaires. Puis, quand la présence de nos troupes aura produit quelque effet et que ses seconds auront noué les fils dans les divers territoires, il s'installera à Saïgon, établissant, à partir de là, tous les contacts nécessaires.

Aux fins qui pourraient être utiles, je nourris un dessein secret. Il s'agit de donner à l'ancien empereur Duy-Tan les moyens de reparaître, si son successeur et parent Bao-Daï se montre, en définitive, dépassé par les événements. Duy-Tan, détrôné en 1916 par l'autorité française, redevenu le prince Vin-Sanh et transféré à La Réunion, a néanmoins, au cours de cette guerre, tenu à servir dans notre armée. Il y a le grade de commandant. C'est une personnalité forte. Quelque trente années d'exil n'ont pas effacé dans l'âme du peuple annamite le souvenir de ce souverain. Le 14 décembre, je le recevrai, pour voir avec lui, d'homme à homme, ce que nous pourrons faire ensemble. Mais, quelles que soient les personnes avec qui mon gouvernement sera amené à conclure les accords, je projette d'aller moi-même les sceller en Indochine dans l'appareil le plus solennel, quand le moment sera venu.

Nous sommes loin d'en être là. Le problème, pour le moment, est d'abord d'ordre militaire. Le 12 septembre, les premières troupes françaises, le 13 une unité britannique, arrivent à Saïgon. C'est pour y voir l'émeute éclater le 23. Plusieurs Européens et Américains sont tués par des fanatiques. Cependant, les forces alliées, parmi lesquelles un régiment formé des cadres et soldats français hier encore prisonniers de guerre, prennent finalement le dessus. Jean Cédile obtient une trêve et, le 5 octobre, le général Leclerc fait son entrée dans la capitale, acclamé par 10 000 Français qui y essuient, depuis sept mois, force menaces et injures. A mesure que débarquent les forces du Corps expéditionnaire, les choses vont s'améliorant en Cochinchine, où de vives opérations rétablissent l'ordre public, et au Cambodge dont les ministres instaurés par les Nippons, sont remplacés par ceux qu'il faut. D'ailleurs, les troupes japonaises quittent, peu à peu, le pays. L'amiral Mountbatten en retire les forces anglaises. Le 31 octobre, le haut-commissaire de France s'installe au Palais Norodom.

En Indochine, la France reparaît, à présent, dans sa dignité. Les problèmes, certes, restent posés sur un terrain semé d'obstacles et sous un ciel chargé d'orages. Mais, déjà, tout est changé par rapport à la grande misère où notre prestige s'était abîmé. Hier, à Saïgon, à Hué, à Hanoï, à Pnom-Penh, à Louang-Prabang, on nous croyait écartés pour toujours. Aujourd'hui, nul ne doute plus que ce qui doit être fait ne le sera qu'avec nous.

En Europe, en Afrique, en Asie, où la France avait subi un abaissement sans exemple, voici qu'un début étonnant de redressement et un extraordinaire concours de circonstances lui offrent l'occasion d'un rôle conforme à son génie. Sont-ce les rayons d'une nouvelle aurore ou les derniers feux du couchant? La volonté des Français en décidera. Car, si nous sommes affaiblis, d'autre part la chute des adversaires, les pertes éprouvées par nos anciens concurrents, la rivalité qui oppose l'un à l'autre les deux plus grands États du monde, le désir que ressent l'univers de voir la France remplir sa mission, nous laissent, pour un temps, le champ libre.

Quant à moi, qui ne connais que trop mes limites et mon infirmité et qui sais bien qu'aucun homme ne peut se substituer à un peuple, comme je voudrais faire entrer dans les âmes la conviction qui m'anime ! Les buts que je proclame sont difficiles, mais dignes de nous. La route que je montre est rude, mais s'élève vers les sommets. Ayant lancé mes appels, je prête l'oreille aux échos. La rumeur de la multitude demeure chaleureuse, mais confuse. Peut-être, les voix qui se font entendre, sur le forum, à la tribune des assemblées, aux facultés et aux académies, du haut de la chaire des églises, vont-elles soutenir la mienne? En ce cas, nul doute que le peuple se conforme à l'élan de ses élites. J'écoute ! C'est pour recueillir les réticences de leur circonspection. Mais quels sont ces cris, péremptoires et contradictoires, qui s'élèvent bruyamment au-dessus de la nation? Hélas ! Rien autre chose que les clameurs des partisans.

DÉSUNION

La route de la grandeur est libre. Mais la France, pour s'y engager, dans quel état a-t-elle été mise ! Tandis que les dépêches venues de tous les points du globe, les entretiens avec les hommes d'État, les ovations des foules étrangères, me font entendre l'appel de l'univers, en même temps les chiffres, les courbes, les statistiques, qui passent sous mes yeux, les rapports fournis par les services, les spectacles de dévastation que m'offre le territoire, les conseils où j'écoute les ministres exposer l'étendue des ravages et la pénurie des moyens, me donnent la mesure de notre affaiblissement. Nul, au-dehors, ne nous conteste plus l'un des tout premiers rôles du monde. Mais, au-dedans, l'état de la France s'exprime en un bilan de ruines.

Le tiers de la richesse française a été anéanti. Sous toutes les formes, dans toutes les régions, les destructions couvrent notre sol. Naturellement, celles des bâtiments sont les plus spectaculaires. Au cours des combats de 1940, puis des bombardements alliés, enfin de la libération, 500 000 immeubles ont été complètement détruits, 1 500 000 gravement endommagés. En proportion, ce sont les usines qui ont principalement souffert ; cause supplémentaire de retard pour la reprise économique. Il manque, en outre, des logements pour 6 millions de Français. Et que dire des gares écroulées, des voies coupées, des ponts sautés, des canaux obstrués, des ports bouleversés ? Les ingénieurs, à qui je demande vers quelle date sera terminée la réfection de nos ouvrages d'art et de nos communications, répondent : « Il y faudra vingt ans ! » Quant aux terres, un million d'hectares sont hors d'état de produire, retournés par les explosions, truffés de mines, creusés de retranchements ; 15 millions d'autres ne rendent guère, faute qu'on ait pu, pendant cinq années, les cultiver comme il faut. Partout, on manque d'outils, d'engrais, de plants, de bonnes semences. Le cheptel est réduit de moitié.

Pour être moins apparents, les dommages causés par les spoliations de biens sont beaucoup plus lourds encore. Cela s'est fait, si l'on peut dire ! régulièrement. Dans le texte de l' « armistice », les Allemands ont spécifié que « les frais des troupes d'occupation sont au compte du gouvernement français. » Sous cette rubrique, l'ennemi s'est attribué des sommes exorbitantes, grâce auxquelles il a, non seulement entretenu ses armées, mais encore payé de notre argent et expédié en Allemagne des outillages innombrables et des quantités massives de biens de consommation. De plus, un soi-disant « accord de compensation » a imputé au trésor français le règlement des différences entre la valeur des exportations qui se feraient librement vers l'Allemagne et le coût des importations de charbon et de matières premières auxquelles le Reich procéderait chez nous pour alimenter les usines qu'il y ferait tourner pour son compte. Comme il n'y eut pour ainsi dire point de ces exportations-là et que, par contre, de telles importations ne laissèrent pas d'être considérables, l' « accord » nous a été une charge terriblement lourde. Par surcroît, toutes sortes d'achats allemands au marché noir, de réquisitions partielles, d'amendes locales, de vols qualifiés, ont complété le dépouillement de la France. Et comment évaluer les milliards de journées de travail imposées à des Français au profit de l'ennemi et détournées de la production, l'abaissement de valeur physique infligé à notre peuple par la sous-alimentation, le fait que, pendant cinq ans, tout s'est usé chez nous sans qu'on ait pu entretenir, réparer, renouveler ? Au total, c'est plus de 2 000 milliards de francs 1938, soit 80 000 d'aujourd'hui, que nous coûte l'occupation. La paix trouve notre économie privée d'une grande partie de ses moyens de production, nos finances écrasées d'une dette publique colossale, nos budgets condamnés pour longtemps à supporter les dépenses énormes de la reconstruction.

Cette disparition de ressources et d'instruments de travail est d'autant plus ruineuse qu'elle suit de peu les ravages de la première guerre mondiale. Or, les vingt années écoulées entre la fin de celle-ci et le début de la deuxième ne nous avaient pas suffi à recouvrer les richesses perdues. En particulier, la masse des capitaux, que les Français possédaient au-dedans et au-dehors avant 1914, s'était volatilisée à mesure qu'éclataient, au long de cinquante et un mois, les 500 millions d'obus tirés par nous de la Somme aux Vosges.

Pour reconstruire, ensuite, tout ce qui avait été détruit, pensionner les mutilés, les veuves, les orphelins, régler d'innombrables commandes de guerre, on avait dû continuellement emprunter, dévaluer la monnaie, renoncer aux dépenses de modernisation. En 1939, c'est donc une France très appauvrie et équipée d'une manière vétuste qui était entrée dans la lutte. Et voici qu'elle venait de voir, au cours de la nouvelle épreuve, s'engloutir une large part de ce qui lui était resté. Maintenant, pour réparer encore une fois ses ruines, elle ne dispose plus que de réserves infimes et d'un crédit terriblement réduit. Comment faire, si nous nous en tenons à nos propres et pauvres moyens? Comment garder l'indépendance si nous recourons aux autres?

Dans ce domaine, comme en tout ce qui nous manque pourrait, jusqu'à un certain point, être compensé par des valeurs humaines. Mais, de celles-là aussi, nous avons perdu beaucoup. Viennent de mourir, du fait de l'ennemi, 635 000 Français, dont 250 000 tués en combattant, 160 000 tombés sous les bombardements ou massacrés par les occupants, 150 000 victimes des sévices des camps de déportation, 75 000 décédés comme prisonniers de guerre ou comme requis du travail. En outre, 585 000 hommes sont devenus des invalides. Par rapport au total de la population, le pourcentage des disparus français n'atteint pas, il est vrai, celui des Allemands ou des Russes. Mais il dépasse celui des Anglais, des Italiens, des Américains. Surtout, la perte éprouvée par notre race est relativement bien plus forte que ne semblent l'exprimer les chiffres. Car c'est dans une jeunesse peu nombreuse que la mort a fauché cette moisson. Encore avait-elle abattu chez nous, lors de la première guerre mondiale, un nombre double de victimes, soit la proportion la plus forte parmi tous les belligérants, et cela à une époque où le taux de notre natalité était le plus bas du monde. En somme, le peuple français, en moyenne le plus vieilli, le seul où, depuis le début du siècle, les décès l'aient constamment emporté sur les naissances et qui, en 1939, n'avait nullement comblé le vide de la précédente hécatombe, vient de subir une très grave amputation de ses rares éléments actifs. Naturellement, ceux qu'il a perdus étaient les plus entreprenants, les plus généreux, les meilleurs.

Au surplus, la diminution de substance et, par conséquent, de puissance infligée à la France pendant les deux guerres mondiales n'a fait qu'accentuer l'abaissement qu'elle avait éprouvé en l'espace de deux vies humaines. Au début du siècle dernier, — tout récemment à l'échelle de l'Histoire, — notre pays était le plus peuplé de l'Europe, le plus fort et le plus riche du monde, celui dont le rayonnement ne connaissait point d'égal. Mais des causes désastreuses avaient concouru à le chasser de cette position dominante et à l'engager sur une pente où chaque génération le voyait descendre plus bas. Mutilé dans le territoire que la nature lui destinait, affublé de mauvaises frontières, séparé d'un tiers de la population qui était sortie de sa race, il vivait, depuis cent trente ans, en état chronique d'infirmité, d'insécurité, d'amertume. Tandis que la capacité économique des grandes nations dépendait surtout du charbon, la France n'en avait guère. Ensuite, le pétrole avait commandé tout, mais la France n'en avait pas. Dans le même temps, la population doublait en Angleterre, triplait en Allemagne et en Italie, quadruplait en Russie, décuplait en Amérique ; chez nous, elle restait stationnaire.

Déclin physique qui allait de pair avec la dépression morale. Les désastres qui mettaient un terme à l'effort d'hégémonie déployé par la Révolution et par Napoléon Ier ; plus tard, la défaite où le pays roulait sous les coups de la Prusse et de ses satellites allemands, avaient submergé les Français sous de tels flots d'humiliation qu'ils doutaient, désormais, d'eux-mêmes. Il est vrai que la victoire remportée en 1918 ranimait, un instant, leur foi. Mais elle coûtait si cher et portait des fruits si amers que le ressort se brisait net sous le choc de 1940. Encore un peu, mourait l'âme de la France. Grâce au sursaut de la résistance et au miracle de notre victoire, elle survivait, cependant, mais ralentie et comme sclérosée. D'ailleurs, tant de malheurs n'avaient pas manqué d'infliger d'affreuses blessures à l'unité. Quinze régimes s'étaient succédé depuis 1789, chacun s'imposant à son tour par la révolte ou le coup d'État, aucun ne réussissant à assurer l'équilibre, tous emportés par des catastrophes et laissant après eux d'ineffaçables divisions.

Et me voici, aujourd'hui, en charge d'un pays ruiné, décimé, déchiré, encerclé de malveillances. A ma voix, il a pu s'unir pour marcher à sa libération. Il s'est, ensuite, accommodé de l'ordre jusqu'à ce que la guerre ait cessé. Entre temps, il a, volontiers, accueilli les réformes qui lui évitent la guerre sociale et permettent son redressement. Enfin, il m'a laissé mener l'action extérieure qui lui vaut de retrouver son rang.

C'est beaucoup par rapport aux malheurs qui avaient failli l'engloutir. Mais c'est peu en comparaison de tout ce qu'il lui faut faire avant d'avoir recouvré la puissance, sans laquelle il perdrait, à la longue, jusqu'à ses raisons d'exister.

Je me suis formé un plan qui n'est que de simple bon sens. Ce qui nous a si longtemps manqué, en fait de sources d'énergie, il s'agit de nous le procurer. Pour le charbon, l'union avec la Sarre, pratiquement accomplie déjà, et la fourniture annuelle par la Ruhr de 50 millions de tonnes, que nous sommes en train d'obtenir, nous en procureront deux fois plus que ne le font nos propres mines. Pour le pétrole, tout permet de croire que l'organisme de recherche que nous venons d'instituer ne peut manquer d'en découvrir dans les immensités françaises, puisqu'on en trouve dans chacun des grands ensembles géographiques du monde. Pour l'énergie atomique naissante, les ressources d'uranium qui semblent abondantes chez nous, ainsi que nos capacités scientifiques et industrielles, nous donnent la possibilité d'atteindre un niveau exceptionnel. Le haut-commissariat, créé à cet effet, va mettre en œuvre l'entreprise. D'autre part et quelle que soit notre actuelle pénurie, une politique délibérée d'équipement et de modernisation changera notre appareil vétuste. Le haut-commissariat au Plan est chargé de cette mission. Mais de tous les investissements, ceux qui visent à accroître le nombre des Français nous sont les plus nécessaires. Les dispositions déjà prises : aide aux familles, allocations, vont désormais produire leurs effets. Enfin, la paix sociale à établir par l'association du capital, du travail et de la technique, l'indépendance nationale à maintenir face à qui que ce soit, pourront faire régner en France un climat propice à la fierté et à l'effort.

Ces buts, notre pays est en mesure de les atteindre, pourvu qu'il demeure uni et que l'État l'y conduise. Comment, par contre, y parviendra-t-il, s'il se divise contre lui-même, s'il n'est pas guidé dans sa marche par un pouvoir qui en soit un? Or, à mesure qu'il redevient libre, je constate avec chagrin que les forces politiques s'emploient à le disperser et, qu'à des degrés divers, toutes s'appliquent à l'éloigner de moi. En apparence, il me serait loisible de prolonger l'espèce de monarchie que j'ai naguère assumée et qu'a ensuite confirmée le consentement général. Mais le peuple français est ce qu'il est, non point un autre. S'il ne le veut, nul n'en dispose. A quelles secousses le condamnerais-je en prétendant lui imposer d'office et pour un temps illimité mon autorité absolue, dès lors qu'a disparu le péril qui l'a suscitée? Au long du drame, mes déclarations n'ont, à dessein, jamais laissé de doute sur ma résolution de rendre la parole au peuple dès que les événements lui permettraient de voter. Si mon pouvoir a été progressivement reconnu, c'est, dans une large mesure, à cause de cet engagement. Me refuser, maintenant, à le remplir, ce serait imprimer à mon œuvre une marque frauduleuse. Mais ce serait aussi dresser peu à peu contre moi le pays qui ne distinguerait plus les raisons de cet arbitraire ; les communistes, alors au plus haut de leur élan et de leur influence, prenant la tête de l'opposition et se désignant, du même coup, comme mes nécessaires successeurs.

D'autant plus sûrement, qu'en dehors d'une période de danger public, il ne peut y avoir de dictature qui tienne, à moins qu'une fraction, résolue à écraser les autres, ne la soutienne envers et contre tout. Or, étant le champion de la France, non point celui d'une classe ou d'un parti, je n'ameute les haines contre personne et je n'ai pas de clientèle qui me serve pour être servie. Les résistants eux-mêmes, s'ils demeurent sentimentalement fidèles à l'idéal qui les rassemblait, m'ont déjà, pour beaucoup d'entre eux, politiquement délaissé et militent en sens très divers. Seule, l'armée pourrait me fournir les moyens d'encadrer le pays en contraignant les récalcitrants. Mais cette omnipotence militaire, établie de force en temps de paix, paraîtrait vite injustifiable aux yeux de toutes sortes de gens.

Au fond, quel fut jamais, quel peut être, le ressort de la dictature, sinon une grande ambition nationale ou bien la crainte d'un peuple menacé? La France a connu deux empires. Elle acclama le premier en un temps où elle se sentait capable de dominer l'Europe et où elle était excédée de désordre et de confusion. Elle consentit au second dans son désir d'effacer l'humiliation des traités qui avaient scellé sa défaite et dans l'angoisse où la plongeaient de récentes secousses sociales. Encore, ces régimes césariens, comment ont-ils fini tous deux? Aujourd'hui, nulle conquête, nulle revanche, ne tentent les citoyens ; les masses ne redoutent ni invasion, ni révolution. La dictature momentanée, que j'ai exercée au cours de la tempête et que je ne manquerais pas de prolonger ou de ressaisir si la patrie était en danger, je ne veux pas la maintenir puisque le salut public se trouve être un fait accompli. Ainsi que je l'ai promis, je donnerai donc la parole au peuple par des élections générales.

Mais, tout en écartant l'idée de mon propre despotisme, je n'en suis pas moins convaincu que la nation a besoin d'un régime où le pouvoir soit fort et continu. Un tel pouvoir, les partis sont, évidemment, inaptes à le lui donner. Mis à part les communistes, qui se destinent à dominer par n'importe quels moyens, dont le gouvernement serait, éventuellement, étayé par une organisation toute prête, qui trouveraient à l'intérieur l'appui déterminé d'une partie de la population et au-dehors celui des Soviets, mais qui mettraient la France en servitude, je constate qu'aucune des formations politiques n'est en mesure d'assurer la conduite du pays et de l'État. Bien que certaines d'entre elles puissent obtenir les suffrages d'une importante clientèle, il n'en est pas une seule dont on croie qu'elle représente l'intérêt général. Chacune, d'ailleurs, ne recueillera que les voix d'une minorité. Encore, beaucoup d'électeurs qui lui donneront leur bulletin de vote le feront-ils, non point tant pour elle, que contre d'autres. Bref, nulle organisation ne dispose du nombre, ni du crédit, qui lui permettraient de prétendre à l'autorité nationale.

Au caractère fractionnel des partis, qui les frappe d'infirmité, s'ajoute leur propre décadence. Celle-ci se cache encore sous la phraséologie. Mais la passion doctrinale, qui fut jadis la source, l'attrait, la grandeur des partis, ne saurait se maintenir intacte en cette époque de matérialisme indifférente aux idéals. N'étant plus inspirés de principes, ni ambitieux de prosélytisme, faute de trouver audience sur ce terrain, ils vont inévitablement s'abaisser et se rétrécir jusqu'à devenir chacun la représentation d'une catégorie d'intérêts. Si le pouvoir retombe à leur discrétion, il est certain que leurs dirigeants, leurs délégués, leurs militants, se mueront en professionnels faisant carrière dans la politique. La conquête des fonctions publiques, des postes d'influence, des emplois administratifs, absorbera désormais les partis, au point que leur activité se déploiera essentiellement dans ce qu'ils nomment la tactique et qui n'est que la pratique du compromis, parfois du reniement. Étant tous minoritaires, il leur faudra, pour accéder aux postes de commande, les partager avec leurs rivaux. D'où cette double conséquence que, vis-à-vis des citoyens, ils iront se démentant et se déconsidérant et que la juxtaposition constante, à l'intérieur du gouvernement, de groupes et d'hommes opposés ne pourra aboutir qu'à l'impuissance du pouvoir.

Pour moi, considérant ce que sont en France, dans le présent, les réalités politiques et, d'autre part, l'étendue et la difficulté de la tâche de l'État, je me suis fait une claire idée des institutions souhaitables. Pour en venir à ce plan, j'ai tenu compte, bien entendu, de la leçon tirée d'un désastre péniblement réparé, de mon expérience des hommes et des affaires, du rôle, enfin, que les événements me mettent en mesure de jouer dans la mise en marche de la IVe République.

Suivant moi, il est nécessaire que l'État ait une tête, c'est-à-dire un chef, en qui la nation puisse voir, au-dessus des fluctuations, l'homme en charge de l'essentiel et le garant de ses destinées. Il faut aussi que l'exécutif, destiné à ne servir que la seule communauté, ne procède pas du parlement qui réunit les délégations des intérêts particuliers. Ces conditions impliquent que le chef de l'État ne provienne pas d'un parti, qu'il soit désigné par le peuple, qu'il ait à nommer les ministres, qu'il possède le droit de consulter le pays, soit par référendum, soit par élection d'assemblées, qu'il reçoive, enfin, le mandat d'assurer, en cas de péril, l'intégrité et l'indépendance de la France. En dehors des circonstances où il appartiendrait au Président d'intervenir publiquement, gouvernement et parlement auraient à collaborer, celui-ci contrôlant celui-là et pouvant le renverser, mais le magistrat national exerçant son arbitrage et ayant la faculté de recourir à celui du peuple.

Je ne puis me dissimuler que mon projet va heurter de front les prétentions des partis. Tel ou tel d'entre eux, par conviction ou par précaution, ne se résout pas encore à s'opposer à de Gaulle. D'autres, qui lui prodiguent déjà les critiques et les avertissements, se retiennent encore de lui livrer ouvertement combat. Les communistes eux-mêmes, tout en multipliant appels du pied et moulinets, se gardent de croiser le fer. Mais il est clair que, dans le débat capital qui va s'engager, le désaccord est inévitable. A des titres divers, tous les partis entendent, en effet, que la constitution future recrée un régime où les pouvoirs dépendront d'eux directement et exclusivement et où de Gaulle n'aura pas sa place, à moins qu'il veuille consentir à n'être qu'un figurant. A cet égard, les leçons du passé, les réalités du présent, les menaces de l'avenir, ne changent absolument rien à leur optique et à leurs exigences.

Que la IIIe République ait, sans cesse, chancelé dans un fâcheux déséquilibre, pour s'abîmer finalement au fond d'un gouffre d'abandon, ils y voient, chacun pour sa part, des motifs de s'en prendre aux autres, mais non point la nécessité de renoncer aux mêmes errements. Que la France ne puisse se rétablir sans la cohésion du peuple, l'abnégation des tendances, l'impulsion d'une autorité reconnue et continue, ces principes sont tout à fait étrangers à leur univers. Pour eux, il s'agit, au contraire, de lutter contre les concurrents, d'exciter celles des passions et des revendications sur lesquelles ils prennent appui, d'occuper le pouvoir, moins pour y servir le pays dans son ensemble que pour y appliquer leur programme particulier. Que de Gaulle, ayant réussi à rassembler la nation et à la conduire au salut, doive être maintenu à sa tête, ce n'est pas leur manière de voir. Sans doute prennent-ils soin de lui décerner des éloges. Pour aujourd'hui leur attachement et, pour demain, leur prudence admettent que son départ ne saurait avoir lieu sans transitions. Ils tâchent, même, d'imaginer dans quel poste décoratif on pourrait le reléguer. Mais aucun d'entre eux n'envisage que la direction des affaires reste longtemps aux mains d'un personnage dont la seule présence serait, évidemment, incompatible avec leur régime.

Cependant, bien que je n'attende pas le soutien spontané des partis, il me paraît concevable que l'instinct du pays et la confiance qu'il m'a, jusqu'alors, accordée se manifestent assez nettement pour que les « politiques » soient obligés de suivre le courant. C'est mon affaire de demander aux Françaises et aux Français de faire connaître s'ils entendent que l'État soit bâti comme je crois qu'il doit être. S'ils répondent affirmativement, les partis s'en accommoderont et la République nouvelle aura ma participation. Sinon, je ne manquerai pas d'en tirer les conséquences.

Mais, si j'ai, dès l'origine, compté qu'en dernier ressort c'est le peuple qui déciderait, je n'en suis pas moins pénétré de doute et d'angoisse quant à ce que sera l'issue. Ce peuple, sous les témoignages émouvants qu'il me prodigue mais qui expriment sa détresse autant que son sentiment, n'est-il pas las, désabusé, divisé? Ces vastes entreprises, cette action vigoureuse, ces fortes institutions, que je propose à son effort, ne dépassent-elles pas ses moyens et ses désirs? Et moi, ai-je la capacité, l'habileté, l'éloquence, nécessaires pour le galvaniser, dès lors que tout s'aplatit? Pourtant, quelle que doive être un jour la réponse du pays à la question qui lui sera posée, j'ai le devoir, en attendant, d'employer à le gouverner toute l'autorité qu'il m'accorde.

A vrai dire, pendant les premiers jours qui suivent la capitulation allemande, on pourrait croire à un renouveau d'unité politique autour de moi. Momentanément, la presse ne me ménage pas les louanges. L'Assemblée consultative, le 15 mai, accueille par des salves unanimes d'applaudissements, par une magnifique *Marseillaise* et par d'enthousiastes « Vive de Gaulle ! » le discours que je prononce pour tirer les leçons de la guerre. Les personnages principaux se répandent en gestes démonstratifs à mon égard. C'est le cas, en particulier, des anciens présidents du Conseil que les Allemands détenaient comme otages et qui regagnent la patrie. La première démarche de MM. Paul Reynaud, Daladier, Sarraut, consiste à venir m'assurer de leur concours dévoué. Léon Blum, dès qu'il est libre, déclare : « La France ressuscite grâce au général de Gaulle. Nous avons eu la chance d'avoir un général de Gaulle. Du fond de ma prison, j'ai toujours espéré que mon parti saurait l'appuyer. La France entière a confiance en lui. Sa présence est, pour notre pays, une garantie irremplaçable de la concorde intérieure. » Édouard Herriot, délivré par les Russes et passant à Moscou, y publie par la radio : « Ma conviction est que le pays est groupé autour de Charles de Gaulle, à la disposition de qui je me place moi-même sans réserves. » Mais ces gestes et ces mots n'auront pas tous de lendemain.

En fait, ce sont les soucis partisans et électoraux qui, maintenant, dominent la vie publique. Le renouvellement des municipalités leur sert, d'abord, d'aliment. En effet, pour remettre progressivement en marche la machine démocratique, le gouvernement a décidé qu'on commencerait par les communes. Les conseils municipaux, élus en 1937, avaient été soumis aux interventions arbitraires de Vichy, puis aux secousses de la libération. Ils retournent, à présent, à leur source : le suffrage des citoyens. Bien que maintes contingences locales entrent en ligne de compte dans les deux tours de scrutin du 29 avril et du 13 mai, les tendances dominantes ne laissent pas de s'en dégager. On voit ceux des partis qui sont fortement hiérarchisés et qui se targuent d'être « le mouvement » : communistes, socialistes, républicains populaires, gagner beaucoup de voix et de sièges au détriment des diverses sortes de modérés et de radicaux. On voit s'unir pour les ballottages les deux catégories de marxistes. On voit, enfin, toutes les tendances mettre en vedette ceux de leurs candidats qui ont pris une part active à la lutte contre l'ennemi ; préférence que les électeurs ratifient, d'ailleurs, très volontiers.

La tourmente a donc pu modifier la répartition des suffrages, sans, pour autant, changer la nature d'aucun des partis français, ni susciter l'apparition d'un courant vraiment nouveau. En somme, l'opinion tend plus que jamais à se fractionner suivant des revendications et des querelles particulières, non point du tout à s'assembler pour une grande œuvre nationale. Dans cette ambiance de surenchères, ce sont, tout naturellement, les communistes qui donnent le ton et exercent l'ascendant. En outre, la campagne électorale a montré, qu'en ce qui concerne les futures institutions, deux conceptions seulement occupent les « politiques ». Radicaux et modérés préconisent le retour à la constitution de 1875. Les autres proclament leur volonté d'obtenir « une assemblée unique et souveraine. » Mais, par-dessus ces divergences, tous exigent que les partis disposent, comme avant et sans restrictions, de tous les pouvoirs de l'État. Il n'est pas un observateur qui n'en conclue que, demain, c'est à quoi l'on aboutira, au besoin malgré de Gaulle. S'il est vrai, d'après Clemenceau, que « la pire souffrance de l'âme est le froid », on comprend que l'atmosphère dans laquelle j'aurai à me mouvoir, au cours des mois qui vont suivre, me sera chaque jour plus pénible.

Les élections municipales ne sont pas encore achevées que commence la rentrée en France des prisonniers de guerre, des déportés et des requis. Grand événement national, tout chargé d'émotions, de joies, mais aussi de larmes ! En quelques semaines, la patrie, les familles, les cités françaises, recouvrent deux millions et demi de leurs enfants, qui sont parmi les plus chers parce qu'ils furent les plus malheureux. Ce « grand retour » pose au gouvernement de multiples et lourds problèmes. Il n'est pas simple de transporter en France, puis de ramener jusqu'à leurs foyers, un aussi grand nombre d'hommes qui se présentent en vagues impatientes. Il est ardu de les alimenter et de les habiller bien, alors que le pays manque cruellement de vivres et de vêtements. Il est difficile de les réintégrer aussitôt et tous à la fois dans l'activité nationale qui fonctionne encore au ralenti. Il n'est pas aisé d'hospitaliser, de soigner, de rééduquer, la masse de ceux qui sont malades ou mutilés. Or, comme la défaite du Reich libère d'un seul coup tous les Français détenus en Allemagne, les questions qui les concernent doivent être réglées sur-le-champ.

Cette vaste opération a été préparée. Le ministère des Prisonniers, Déportés et Réfugiés, créé à Alger dès 1943, s'y emploie depuis longtemps et la dirige de son mieux. Il faut regrouper les hommes là où ils se trouvent en Allemagne et organiser leur déplacement. C'est relativement facile dans la zone de l'armée française. Ce l'est moins dans celle des armées américaine et britannique. C'est très compliqué chez les Russes, lointains, méfiants, formalistes, qui sont en train de faire mouvoir les habitants de provinces entières. Cependant, un accord, conclu sans délai à Leipzig, a réglé la coopération des divers commandements militaires. Il n'y aura de graves déboires qu'en ce qui concerne les jeunes Alsaciens et Lorrains incorporés de force dans la Wehrmacht, faits prisonniers par les troupes soviétiques et qui sont, à présent, confondus avec les Allemands dans tous les camps de Russie. Notre ambassadeur, le général Catroux, et la mission militaire dont il dispose à Moscou, ont de la peine à prendre leur contact, à constater leur identité, à obtenir leur rapatriement. Certains ne seront retrouvés que plus tard. Il en est qui ne reviendront pas.

Cependant, le 1er juin, soit trois semaines après que les mouvements ont commencé, le millionième de nos libérés atteint la frontière française. Un mois après, la plupart des captifs auront retrouvé la patrie. Accueillis, le mieux possible, dans des centres hospitaliers, dotés d'un pécule, démobilisés, ils reprennent leur place dans le pays privé de tout mais à qui ses enfants, jamais, n'ont été plus nécessaires.

En dépit des mesures prises, le retour d'une pareille masse dans des délais aussi courts ne peut aller sans à-coups. D'ailleurs, ce sont parfois le chagrin et la désillusion qui attendent ceux qui reviennent après une aussi longue absence. Et puis, la vie est dure, alors que dans les misères d'hier on l'imaginait autrement. Enfin, certains de ceux qui, dans les barbelés, avaient rêvé d'une patrie renouvelée s'attristent de la médiocrité morale et de l'atonie nationale où baignent trop de Français. Adoucir ces amertumes, c'est ce que commande l'intérêt supérieur du pays. Mais la surenchère partisane cherche, au contraire, à les exploiter. Dans ce concours, les communistes sont, naturellement, les premiers.

Utilisant calculs et rancœurs, ils ont pris sous leur coupe le « Mouvement national des prisonniers », qui entame la lutte contre le ministre Henri Frenay. Indépendamment des motions insultantes que le « Mouvement » publie dans les journaux et des discours que tiennent ses orateurs, il s'efforce d'organiser des manifestations aux points de rassemblement et dans les centres hospitaliers. Les cérémonies auxquelles donnent lieu le retour des captifs et, surtout, celui des déportés de la résistance lui sont autant d'occasions de faire paraître des équipes vociférantes. A Paris même, des cortèges sont formés, parcourent les boulevards, défilent avenue Foch sous les fenêtres du ministère des Prisonniers aux cris de : « Frenay ! Au poteau ! » Dans leurs rangs, marchent des gens qui revêtent, pour la circonstance, la tenue rayée des martyrs des camps de misère. Sans doute les rapatriés, dans leur immense majorité, ne prennent-ils aucune part à ces incidents scandaleux. Mais les meneurs espèrent que le gouvernement lancera la force publique contre les manifestants, ce qui excitera l'indignation populaire, ou bien que, cédant à la menace, il sacrifiera le ministre vilipendé. Quant aux autres fractions politiques, elles assistent à l'étalage de cette démagogie, sans fournir au pouvoir aucune espèce de soutien.

Pourtant, l'affaire est vite réglée. A mon bureau, je convoque les dirigeants du « Mouvement ». « Ce qui se passe, leur dis-je, est intolérable. J'exige qu'il y soit mis un terme et c'est vous qui m'en répondez. » — « Il s'agit, m'affirment-ils, d'une explosion de la colère justifiée des prisonniers. Nous-mêmes ne pourrions l'empêcher. » Je leur déclare : « L'ordre public doit être maintenu. Ou bien vous êtes impuissants vis-à-vis de vos propres gens ; dans ce cas, il vous faut, séance tenante, me l'écrire et annoncer votre démission. Ou bien vous êtes, effectivement, les chefs ; alors, vous allez me donner l'engagement formel que toute agitation sera terminée aujourd'hui. Faute qu'avant que vous sortiez d'ici j'aie reçu de vous, soit la lettre, soit la promesse, vous serez, dans l'antichambre, mis en état d'arrestation. Je ne puis vous accorder que trois minutes pour choisir. » Ils vont conférer entre eux dans l'embrasure d'une fenêtre et reviennent aussitôt : « Nous avons compris. Entendu ! Nous pouvons vous garantir que les manifestations vont cesser. » Il en sera ainsi, le jour même.

L'affaire des prisonniers avait montré que l'autorité restait forte tant qu'elle n'était pas partagée, mais aussi que les « politiques » n'inclinaient pas à l'appuyer. On pouvait faire la même constatation à propos de la question financière et économique. Or, celle-ci se posait de nouveau avec acuité pendant l'été qui suivit la victoire. Comme il n'était pas possible d'éluder cette échéance, mais comme, aussi, les mesures à prendre touchaient au plus vif les intérêts des électeurs, je comptais que les partis laisseraient mon gouvernement faire ce qui était nécessaire, tout en tirant leur épingle du jeu. C'est ce qui eut lieu, en effet.

Il s'agissait, tout à la fois, de procurer au trésor des ressources exceptionnelles, de s'opposer à l'inflation et de contenir la montée des prix. C'était là le perpétuel problème dans une période où les dépenses publiques s'enflaient inévitablement, où la fin des hostilités provoquait dans la population une tendance générale à consommer davantage et où la production était encore très loin d'atteindre un niveau satisfaisant. Les dispositions prises au lendemain de la libération avaient permis d'éviter le pire. On devait, maintenant, entreprendre un nouvel effort. Mais, de toute manière, il en résulterait pour chacun maints désagréments et, pour certains, de lourds sacrifices. Les élections générales étant proches, j'aurais pu différer les décisions de quelques semaines, afin que la responsabilité fût partagée par la future Assemblée nationale. Des expédients y eussent suffi. Mais ils auraient été dispendieux. Je choisis de ne point attendre et de prendre entièrement au compte de mon gouvernement les mesures d'assainissement.

La première fut l'échange des billets. L'opération visait, en particulier, à révéler l'avoir de chaque Français. Déjà, l'administration connaissait la valeur des fortunes en biens immobiliers, rentes, actions, obligations nominatives. Il lui restait à savoir comment était répartie la masse des titres au porteur : billets et bons à court terme. Les propriétaires avaient à présenter et, par là même, à déclarer leurs titres. On les leur remplacerait, franc pour franc, par de nouvelles vignettes. Du coup, devenaient caduques les coupures qui n'étaient pas remises aux guichets publics, celles notamment que les Allemands avaient emportées chez eux, celles aussi que leurs possesseurs préféraient perdre plutôt que d'en avouer le total. D'autre part, les détenteurs de grosses sommes en billets de banque jugèrent souvent à propos de les convertir en bons, puisque le chiffre de leur fortune serait, désormais, connu.

Tout se passa très bien, du 4 au 15 juin, sous la direction de Pleven. Il ne se produisit, dans la vie économique française, rien d'analogue à la rude secousse qu'une opération du même ordre, mais comportant, celle-là, le blocage des avoirs, avait causée en Belgique. La circulation fiduciaire, qui se montait à 580 milliards à la fin du mois de mai, n'atteignait plus, en juillet, que 444 milliards. Mais, aussi, cette « photographie » de la matière imposable allait permettre au gouvernement d'établir sur une base solide la contribution extraordinaire qu'il méditait de lever.

En attendant de le faire, il lui fallait empêcher les prix de s'élever à l'excès. Pour n'avoir pas adopté le plan d'extrême rigueur qu'avait proposé Mendès-France, supprimé d'office les trois quarts des signes monétaires, bloqué d'une manière absolue le coût des denrées et les rémunérations, bref, tenté d'obtenir d'un coup un résultat décisif au risque de briser les ressorts de l'activité du pays, le gouvernement n'en était pas moins résolu à endiguer le flot ascendant. De toute façon, la stabilisation ne pourrait être réalisée avant que l'offre des produits répondît à la demande, ce qui n'aurait pas lieu de longtemps. Mais on avait les moyens d'empêcher les brutales saccades et de punir les abus. Deux ordonnances du 30 juin codifièrent ce qu'il fallait. L'une fixait la procédure suivant laquelle l'autorité arrêtait ou modifiait les prix. L'autre réglementait la manière dont les infractions devaient être réprimées. Ces ordonnances, aussitôt appliquées, allaient rester en vigueur par la suite. Elles le sont encore aujourd'hui.

Quel que fût notre souci de ménager le pays à peine convalescent et de faire les choses progressivement, il nous fallait boucler le budget de 1945 et prévoir les moyens d'alimenter celui de 1946. Comme il eût été impossible de renouveler l'emprunt de la libération et dangereux d'accroître la dette à court terme, nous choisîmes de recourir à une contribution spéciale. Une ordonnance du 15 août institua l'impôt de solidarité, destiné à régler les frais exceptionnels entraînés par le retour des prisonniers, la démobilisation et le rapatriement des troupes, l'envoi du Corps expéditionnaire en Indochine, les premiers travaux de reconstruction. Nous avions évalué à 80 milliards, — soit à 900 d'aujourd'hui, — les ressources à obtenir et décidé qu'elles seraient fournies par les possédants. En dehors d'eux, qui pouvait le faire? N'étaient-ils pas, au surplus, les principaux intéressés à l'équilibre des finances, tout comme ils venaient de l'être au rétablissement de l'ordre et au maintien de la paix sociale? Allant au plus simple, l'ordonnance prescrivait un prélèvement sur les patrimoines, une taxe sur les enrichissements acquis au cours de la guerre, une contribution sur les fonds des sociétés, le tout constituant « l'impôt exceptionnel de solidarité nationale. »

Sur le projet, l'Assemblée consultative eut à donner son avis. Les partis, au cours du débat qui eut lieu le 25 juillet, ne nous épargnèrent pas leurs critiques ; ceux de gauche, par la voix de MM. Philip, Moch, Duclos, Ramette, proclamant que le gouvernement n'allait pas assez loin dans la voie de l'amputation des capitaux privés ; ceux de droite, dont MM. Laniel et Denais exprimaient les doléances, faisant valoir que l'impôt projeté allait porter atteinte à la marche des affaires. Cependant, les groupes divers ayant ainsi déployé leurs panneaux, on n'en approuva pas moins le texte à la quasi-unanimité. Ce devait être la dernière fois que l'assemblée se résoudrait à suivre le gouvernement. Bientôt, les discussions relatives au problème constitutionnel la dresseraient ouvertement, tout entière, dans l'opposition.

Entre temps, j'avais tenu à ce que fût réglée la douloureuse affaire de Pétain, de Laval, de Darnand, qui occupait tous les esprits et ne laissait pas d'agiter les émotions et les inquiétudes. Sans intervenir aucunement dans l'instruction menée par la Haute-Cour, le gouvernement lui avait fait connaître son désir de voir la procédure aboutir dès que possible. Les procès s'étaient donc ouverts, en commençant par celui du Maréchal. On avait annoncé qu'il en résulterait, en sens divers, de profonds remous. Il n'en fut rien. Sans doute, les hommes qui prirent part aux tristes audiences, en qualité de magistrats, de jurés, de témoins, d'avocats, ne continrent pas toujours leur passion, ni leur excitation. Mais le trouble ne dépassa pas les murs du palais de Justice. Sans doute, le public suivit-il avec un intérêt tendu les débats tels que les lui rapportaient en abrégé les journaux. Mais il n'y eut jamais, dans aucun sens, aucun mouvement de foule. Tout le monde, au fond, estimait nécessaire que la justice rendît son arrêt et, pour l'immense majorité, la cause était entendue.

Je partageais cette manière de voir. Toutefois, ce qui, dans l'accusation, me paraissait essentiel, l'était moins aux yeux de beaucoup. Pour moi, la faute capitale de Pétain et de son gouvernement c'était d'avoir conclu avec l'ennemi au nom de la France, le soi-disant « armistice ». Certes, à la date où on l'avait signé, la bataille dans la Métropole était indiscutablement perdue. Arrêter le combat entre l'Atlantique et les Alpes pour mettre un terme à la déroute, cet acte militaire et local eût été très justifié. Il appartenait au commandement des forces intéressées, — quitte à ce que la tête en fût changée, — de faire le nécessaire sur ordre du gouvernement. Celui-ci aurait gagné Alger, emportant le trésor de la souveraineté française, qui, depuis quatorze siècles, n'avait jamais été livré, continuant la lutte jusqu'à son terme, tenant parole aux alliés et, en échange, exigeant leur concours. Mais, avoir retiré de la guerre l'Empire indemne, la flotte inentamée, l'aviation en grande partie intacte, les troupes d'Afrique et du Levant qui n'avaient pas perdu un soldat, toutes celles qui, depuis la France même, pouvaient être transportées ailleurs ; avoir manqué à nos alliances ; par-dessus tout, avoir soumis l'État à la discrétion du Reich, c'est cela qu'il fallait condamner, de telle sorte que la France fût dégagée de la flétrissure. Toutes les fautes que Vichy avait été amené à commettre ensuite : collaboration avec les envahisseurs ; lutte menée à Dakar, au Gabon, en Syrie, à Madagascar, en Algérie, au Maroc, en Tunisie, contre les Français Libres ou contre les alliés ; combats livrés à la résistance en liaison directe avec les polices et les troupes allemandes ; remise à Hitler de prisonniers politiques français, de juifs, d'étrangers réfugiés chez nous ; concours fourni, sous forme de main-d'œuvre, de matières, de fabrications, de propagande, à l'appareil guerrier de l'ennemi, découlaient infailliblement de cette source empoisonnée.

Aussi étais-je contrarié de voir la Haute-Cour, les milieux parlementaires, les journaux, s'abstenir dans une large mesure de stigmatiser l' « armistice » et, au contraire, se saisir longuement des faits qui lui étaient accessoires. Encore mettaient-ils en exergue ceux qui se rapportaient à la lutte politique, plutôt qu'à celle du pays contre l'ennemi du dehors. Trop souvent, les débats prenaient l'allure d'un procès partisan, voire quelquefois d'un règlement de comptes, alors que l'affaire ne devait être traitée que du seul point de vue de la défense et de l'indépendance nationale. Les anciens complots de la Cagoule, la dispersion du parlement après qu'il eut abdiqué, la détention de parlementaires, le procès de Riom, le serment exigé des magistrats et des fonctionnaires, la charte du travail, les mesures antisémites, les poursuites contre les communistes, le sort fait aux partis et aux syndicats, les campagnes menées par Maurras, Henriot, Luchaire, Déat, Doriot, etc., avant et pendant la guerre, voilà qui tenait, dans les débats et les commentaires, plus de place que la capitulation, l'abandon de nos alliés, la collaboration avec l'envahisseur.

Philippe Pétain, pendant son procès, s'enferma dans le silence. Étant donné son âge, sa lassitude, le fait aussi que ce qu'il avait couvert était indéfendable, cette attitude de sa part me parut être celle de la sagesse. En se taisant, il accorda comme un ultime ménagement à la dignité militaire dont l'avaient revêtu ses grands services d'autrefois. Les faits évoqués, les témoignages apportés, le réquisitoire, les plaidoiries, firent voir que son drame avait été celui d'une vieillesse que la glace des années privait des forces nécessaires pour conduire les hommes et les événements. S'abritant de l'illusion de servir le bien public, sous l'apparence de la fermeté, derrière l'abri de la ruse, le Maréchal n'était qu'une proie offerte aux intrigues serviles ou menaçantes. La Cour prononça la peine capitale mais, en même temps, exprima le vœu qu'il n'y eût point exécution. J'étais, d'ailleurs, décidé à signer la grâce, en tout cas. D'autre part, j'avais fait prendre les dispositions voulues pour soustraire le Maréchal aux injures qui risquaient de l'assaillir. A peine le jugement rendu, le 15 août, il fut transporté par avion au Portalet. Plus tard, il irait à l'île d'Yeu. Mon intention était, qu'après avoir été détenu deux ans dans une enceinte fortifiée, il allât terminer sa vie, retiré chez lui, près d'Antibes.

Pierre Laval, à son tour, comparut devant ses juges. Lors de la capitulation du Reich, un avion allemand l'avait amené en Espagne où il comptait trouver refuge. Mais le général Franco l'avait fait arrêter et reconduire, par voie aérienne, en territoire germanique. Peut-être le fugitif espérait-il y trouver un recours du côté des États-Unis? En vain! L'armée américaine le livrait à l'autorité française. Au mois d'octobre, le chef du gouvernement de Vichy était traduit devant la Haute-Cour.

Laval tenta, d'abord, d'exposer sa conduite, non point comme une collaboration délibérée avec le Reich, mais comme la manœuvre d'un homme d'État qui composait avec le pire et limitait les dégâts. Les jurés étant des parlementaires de la veille ou du lendemain, l'accusé pouvait imaginer que le débat tournerait à une discussion politique, confrontant, entre gens du métier, des théories diverses et aboutissant à une cote mal taillée qui lui vaudrait, finalement, les circonstances atténuantes. Cette tactique, pourtant, n'eut pas de prise sur le tribunal. Ce que voyant, Laval joua le tout pour le tout, adopta vis-à-vis de ses juges une attitude provocante et suscita, de leur part, quelques fâcheuses invectives. Prenant aussitôt prétexte de cette inconvenante sortie, il refusa de comparaître désormais devant la Cour. Ainsi cherchait-il à faire en sorte que son procès parût entaché de quelque chose d'irrégulier et que la justice fût amenée, soit à recourir à une nouvelle procédure, soit à commuer la peine capitale que l'accusé sentait inévitable et qui fut, en effet, prononcée. Il n'y eut, cependant, ni révision, ni grâce. En une suprême tentative pour se soustraire à l'exécution le condamné absorba du poison. Mais il fut remis sur pied. Alors, toutes issues fermées, Pierre Laval se redressa, marcha d'un pas ferme au poteau et mourut courageusement.

Quelques jours auparavant, Joseph Darnand avait subi la même condamnation et accueilli la mort sans plus faiblir. Son procès fut bref. L'accusé portait la responsabilité de bon nombre de crimes commis par Vichy au nom du maintien de l'ordre. L'ancien « secrétaire général » n'invoqua pour sa défense que le service du Maréchal. Ce que le national-socialisme comportait de doctrinal avait assurément séduit l'idéologie de Darnand, excédé de la bassesse et de la mollesse ambiantes. Mais, surtout, à cet homme de main et de risque, la collaboration était apparue comme une passionnante aventure qui, par là même, justifiait toutes les audaces et tous les moyens. Il en eût, à l'occasion, couru d'autres en sens opposé. A preuve, les exploits accomplis par lui, au commencement de la guerre, à la tête des groupes francs. A preuve, aussi, le fait que portant déjà l'uniforme d'officier allemand et couvert du sang des combattants de la résistance il m'avait fait transmettre sa demande de rejoindre la France Libre. Rien, mieux que la conduite de ce grand dévoyé de l'action, ne démontrait la forfaiture d'un régime qui avait détourné de la patrie des hommes faits pour la servir.

La condamnation de Vichy dans la personne de ses dirigeants désolidarisait la France d'une politique qui avait été celle du renoncement national. Encore fallait-il que la nation adoptât, délibérément, la psychologie contraire. Pendant les années d'oppression, c'étaient la foi et l'espoir en la France qui entraînaient peu à peu les Français vers la résistance et la libération. Les mêmes ressorts avaient, ensuite, joué pour empêcher la subversion et déclencher le redressement. Aujourd'hui, rien d'autre ne pouvait être efficace, du moment qu'il s'agissait d'aller vers la puissance et la grandeur. Si cet état d'esprit l'emportait dans les masses, la future Assemblée nationale en serait, sans doute, influencée. Jusqu'à la date des élections, je ferais donc tout le possible pour que soufflât sur le pays un certain air d'ardeur à l'effort et de confiance dans ses destinées.

Le 9 mai, lendemain de la victoire, je me rendis à Notre-Dame pour le *Te Deum* solennel. Le cardinal Suhard m'accueillit sous le portail. Tout ce qu'il y avait d'officiel était là. Une multitude emplissait l'édifice et débordait aux alentours. Tandis que le cantique du triomphe faisait retentir les voûtes et qu'une sorte de frémissement, s'élevant de l'assistance, glissait vers le parvis, les quais, les rues de Paris, je me sentais, à la place que la tradition m'avait assignée dans le chœur, envahi des mêmes sentiments qui avaient exalté nos pères chaque fois que la gloire couronnait la patrie. Sans que l'on pût oublier les malheurs qui compensèrent nos réussites, ni les obstacles qui, aujourd'hui même, se dressaient devant la nation, il y avait, dans cette pérennité, de quoi soutenir les courages. Quatre jours plus tard, la fête de Jeanne d'Arc offrit une semblable occasion à la ferveur patriotique. C'était, depuis cinq ans, la première fois qu'il était possible de la célébrer suivant les rites traditionnels.

Cependant, le 24 mai, je tins aux Français un langage austère. Ils m'entendirent parler à la radio de nos pertes, de nos devoirs, de la peine qu'il nous en coûterait « pour devenir ce que nous voulions être, c'est-à-dire prospères, puissants et fraternels. » Je marquai quelle rude tâche c'était que de rétablir la France « au milieu d'un univers qui n'était certes pas commode. » Je déclarai que « notre capacité de travailler et de produire et le spectacle de l'ordre que nous saurions offrir dans les domaines politique, social et moral étaient les conditions de notre indépendance, a fortiori de notre influence. Car il n'y avait pas de rayonnement dans la confusion, ni de progrès dans le tohu-bohu. » On devait donc s'attendre à ce que le gouvernement tienne en main les prix, les traitements, les salaires, quels que puissent être les mécontentements et les revendications. Cette rigueur irait, d'ailleurs, de pair avec les réformes. J'annonçai, « qu'avant la fin de l'année, l'État prendrait sous sa coupe la production du charbon et de l'électricité et la distribution du crédit, leviers de commande qui lui permettraient d'orienter l'ensemble de l'activité nationale. » D'autre part, de nouvelles mesures concernant le peuplement du pays seraient appliquées en vue du même but : rétablir notre puissance. Je comparai les Français aux marins de Christophe Colomb, qui aperçurent la terre à l'horizon quand ils étaient au pire moment de leur angoisse et de leur fatigue. Et de m'écrier : « Regardez ! Au delà des peines et des brumes du présent, un magnifique avenir s'offre à nous ! »

Avec la même intention d'électriser quelque peu l'atmosphère, j'allai voir, le 10 juin, les départements de la Manche et de l'Orne, qui étaient, avec le Calvados, les plus sinistrés de tous. Accompagné de Dautry, je visitai Saint-Lô, Coutances, Villedieu-les-Poêles, Mortain, Flers, Argentan, Alençon, ainsi que de nombreuses bourgades. Le flot des témoignages y déferlait par-dessus les décombres. Le 18 juin, Paris fut tout entier debout pour fêter les troupes venues d'Allemagne qui descendirent les Champs-Élysées ; Leclerc et Béthouart à leur tête. Entre les soldats ravis, le peuple pleurant de joie et de Gaulle placé au centre de la cérémonie, passait ce courant enchanté qui naît d'une grande et commune émotion. Le 30 juin et le 1er juillet, je m'en fus parcourir l'Auvergne qui, dans ses graves cités de Clermont-Ferrand, de Riom, d'Aurillac, comme dans ses villages dispersés, se montra aussi chaleureuse que l'était la capitale.

La consultation nationale approchait. Le gouvernement l'envisageait pour le mois d'octobre. Aussi hâtai-je les manifestations. Celle du 14 juillet, à Paris, fut marquée, comme il convenait, par une imposante parade militaire. Mais, cette fois, la marche triomphale avait lieu d'Est en Ouest. Le général de Lattre me présenta, sur le Cours de Vincennes, des détachements fournis par toutes les grandes unités de son Armée victorieuse. Puis, le chef et les combattants de « Rhin et Danube » défilèrent, à travers une tempête d'acclamations, sous une profusion de drapeaux, par l'avenue du Trône, la Nation, le faubourg Saint-Antoine, pour passer devant moi sur la place de la Bastille.

La semaine suivante, je me rendis en Bretagne, ayant à mes côtés Pleven et Tanguy-Prigent. On ne saurait décrire l'accueil de Saint-Brieuc, de Quimper et de Vannes. Mais c'est à Brest presque entièrement rasé, à Lorient qu'on devrait rebâtir de fond en comble, à Saint-Nazaire anéanti, que le sentiment populaire paraissait le plus touchant. J'allai ensuite à La Rochelle, libérée sans trop de dommages et qui, déjà, se rouvrait à la mer.

La Picardie et la Flandre me démontrèrent, à leur tour, que leur foi en l'avenir était de taille à tout surmonter. A Beauvais, puis à Amiens, où je fus reçu le 11 août en compagnie de Dautry, Lacoste, Laurent et Mayer, il ne manquait pas une voix au concert de l'enthousiasme. Par Doullens, Saint-Pol, Bruay, je gagnai Béthune où 50 000 mineurs m'attendaient devant l'Hôtel de Ville. Du balcon, je m'adressai à eux et à la nation.

« Nous avons été, déclarai-je, parmi les plus malheureux, parce que nous étions les plus exposés. Mais nous sommes en train d'accomplir un extraordinaire redressement et je dis, en toute fierté française, que nous marchons à grands pas vers le moment où on dira de nous : « Ils se sont tirés d'affaire ! » Là-dessus, je citai des chiffres. Pour le charbon, pendant le mois qui suivit la libération des fosses, les mineurs de France avaient tiré du sol un million et demi de tonnes ; mais, au cours des quatre dernières semaines, ils venaient d'en extraire le double. Pour l'électricité, nous étions montés de 400 millions à 1 350 millions de kilowatts par mois, c'est-à-dire jusqu'au niveau de 1938. Dans le même temps, nous avions triplé la production de fonte, d'acier, d'aluminium, et décuplé l'extraction du minerai de fer. Au lendemain de la libération, nous faisions mensuellement 23 000 tonnes de ciment ; le mois dernier, 120 000 tonnes. Nous sortions de nos fours 40 000 tonnes de chaux en trente jours ; à présent, 125 000 tonnes. Nous chargions, par mois, 160 000 wagons ; maintenant, 470 000. Pour moi, dis-je, qui par devoir d'État tiens l'œil fixé sur l'aiguille qui marque les degrés, je constate que pas un jour ne s'écoule sans quelque progrès sur la veille. »

Mais, en parlant de la suite, je rejetai toute démagogie. « Qu'il s'agisse de réformes, de prix, de salaires ou d'élections, nous savons qu'aucune décision ne satisfera tout le monde. Pourtant, nous suivons notre route. Nous remettons à plus tard le compte de nos griefs, de nos déboires et de nos chagrins. Nous comprenons qu'il s'agit de vivre, c'est-à-dire d'avancer. Nous le faisons et le ferons par l'effort, la cohésion, la discipline, et non point, — ah ! non, certainement ! — par les divisions intérieures. Nous le faisons et le ferons en bâtissant, peu à peu, du neuf et du raisonnable, et non point, — ah ! non, certainement ! — en retournant aux vieilles formules ou en courant aux aventures... Au travail ! »

Le lendemain, ayant visité Bergues, je me rendis à Dunkerque. A voir les bassins, les écluses, les quais, qui n'étaient plus que débris et entonnoirs, et les maisons aux deux tiers effondrées, on se demandait comment le grand port pourrait jamais revivre. Mais l'immense foule réunie place Jean-Bart se chargea de la réponse. Aux paroles que je lui adressai, elle répondit par des clameurs telles, qu'à les entendre on ne doutait de rien. Tous ensemble, devant la statue du grand marin, restée debout par miracle, nous chantâmes une *Marseillaise*, puis un *Jean Bart! Jean Bart!* qui mettaient les malheurs en fuite. Après quoi, Calais m'offrit un spectacle pareil. Si Saint-Pierre y paraissait relativement préservé, le port n'était que désolation. Rien ne restait des anciens quartiers, à l'exception de la vieille tour du Guet et des murs de l'église Notre-Dame. Mais les Calaisiens, massés devant l'hôtel de ville où j'étais reçu par le maire, mon beau-frère Jacques Vendroux, donnaient à comprendre par le tonnerre de leurs vivats que l'avenir leur appartenait. A Boulogne, dans la ville basse, tout était ruines et deuils, ce qui n'empêchait aucunement la population de manifester une confiance retentissante. C'était le cas, notamment, pour les marins, pêcheurs, dockers, travailleurs des chantiers navals, dont le porte-parole déclara : « Nous voici ! La mer est là ! Il faudra bien que les choses s'arrangent. » Au milieu de l'ardeur générale, les foules ouvrières étaient, comme toujours, les plus vibrantes et spontanées. La visite du Portel, réduit à un fouillis de débris mais bien décidé à revivre, termina cet ultime voyage.

Mais, tandis que le sentiment de la masse se montrait ainsi disposé à surmonter les divisions, à suivre de Gaulle dans la voie du redressement national, à approuver son projet d'instituer un État fort, l'activité politique s'orientait dans un sens opposé. Toutes les décisions et attitudes de mon gouvernement étaient, maintenant, accueillies, de la part des fractions diverses, par la critique ou la hargne. Ce qui était « politique » marquait à mon égard une méfiance accentuée.

Dans le courant de juin, les partis levèrent leurs boucliers. Il faut dire que, le 3, j'avais moi-même indiqué, à l'occasion d'une conférence de presse, comment se posait le problème de la Constituante. « Trois solutions, disais-je, sont concevables. Ou bien revenir aux errements d'hier, faire élire séparément une Chambre et un Sénat, puis les réunir à Versailles en une Assemblée nationale qui modifierait, ou non, la Constitution de 1875. Ou bien considérer que cette constitution est morte et procéder à des élections pour une Assemblée constituante qui ferait ce qu'elle voudrait. Ou bien, enfin, consulter le pays sur des termes qui serviraient de base à sa consultation et auxquels ses représentants auraient à se conformer. » Je ne précisais pas encore quel était mon propre choix, mais on pouvait le deviner par le fait même que j'invoquais l'hypothèse d'un référendum. Il n'en fallut pas davantage pour que l'on vît se dresser, de toutes parts, une opposition formelle ou, tout au moins, d'expresses réserves.

Mon projet de référendum visait un triple but. Puisque le système de 1875, emporté par le désastre de 1940, se trouvait anéanti, il me semblait qu'il serait arbitraire, soit de le rétablir moi-même, soit d'en interdire le retour. Après tout, le peuple souverain était là pour en décider. Bien que je n'eusse aucun doute sur ce que serait sa réponse, je lui demanderais donc s'il voulait qu'on en revienne à la IIIe République ou bien qu'on en fasse une autre. D'autre part, quand le peuple aurait, par son vote, effacé l'ancienne constitution, la nouvelle devrait être évidemment élaborée par l'assemblée qui sortirait des élections. Mais, cette assemblée, fallait-il qu'elle fût omnipotente, qu'elle décidât, à elle seule et en dernier ressort, des institutions nationales, qu'elle détînt tous les droits, sans exception, sans frein, sans recours? Non! Grâce au référendum, on pourrait, d'abord, imposer quelque équilibre entre ses pouvoirs et ceux du gouvernement et, ensuite, faire en sorte que la constitution qu'elle aurait élaborée soit soumise à l'approbation du suffrage universel. Le référendum, enfin, institué comme le premier et le dernier acte de l'œuvre constitutionnelle m'offrirait la possibilité de saisir le peuple français et procurerait à celui-ci la faculté de me donner raison, ou tort, sur un sujet dont son destin allait dépendre pendant des générations.

Mon intention, dès qu'elle fut entrevue, souleva la réprobation déterminée de tous les partis. Le 14 juin, le bureau politique du parti communiste fit connaître « qu'il avait décidé de poursuivre sa campagne pour l'élection d'une Constituante souveraine... ; qu'il s'était prononcé contre tout plébiscite, couvert, ou non, du titre de référendum... ; qu'il rejetait toute constitution de caractère présidentiel. » La Confédération générale du travail ne manqua pas d'adopter aussitôt une résolution semblable. Les socialistes, à leur tour, annoncèrent solennellement, le 21 juin, par l'organe de leur comité directeur, leur volonté d'obtenir « une assemblée constituante et législative » que rien ne devrait entraver. Ils déclaraient, en outre, « s'opposer résolument à la méthode, contraire aux traditions démocratiques, qui consisterait à appeler le corps électoral à se prononcer par voie de référendum sur un projet de constitution établie par des commissions restreintes. » Le comité d'entente socialiste-communiste réuni le 22 juin ; le comité directeur du Mouvement républicain populaire par un communiqué du 24 juin ; l'Union démocratique et socialiste de la résistance, dès sa naissance, le 25 juin ; le Conseil national de la résistance siégeant le 29 juin ; le comité central de la Ligue des Droits de l'Homme dans une motion du 1er juillet, réclamèrent tous la fameuse assemblée unique et souveraine et se montrèrent opposés à l'idée d'un référendum.

De leur côté, les tenants du système d'avant-guerre s'indignaient qu'on le mît en cause. Depuis 1940, qu'ils aient été du côté de Vichy ou dans le camp de la résistance, ils s'étaient appliqués à ménager la restauration de ce qui était naguère. A leur sens, de Gaulle n'avait rien à faire d'autre que d'appeler les électeurs à désigner des députés, et les collèges jadis qualifiés à nommer des sénateurs, afin que le Parlement reparaisse dans sa forme d'autrefois. Que le pays condamnât les errements de la IIIe République, comme on le voyait nettement, c'était à leurs yeux une raison de plus pour ne pas la lui faire juger. Les divers groupements modérés se prononcèrent donc en faveur de l'élection d'une Chambre et d'un Sénat, suivant le mode d'antan. Le 18 juin, le bureau exécutif du parti radical-socialiste demandait le « rétablissement des institutions républicaines », telles qu'elles étaient avant le drame, et se déclarait « hostile à tout plébiscite et à tout référendum. »

Ainsi, les fractions politiques, pour divisées qu'elles fussent entre la création d'une assemblée omnipotente et le retour au système antérieur, se trouvèrent unanimes à rejeter mes propres conceptions. La perspective d'un appel à la décision directe du pays leur paraissait, à toutes, scandaleuse. Rien ne montrait plus clairement à quelle déformation du sens démocratique menait l'esprit des partis. Pour eux, la République devait être leur propriété et le peuple n'existait, en tant que souverain, que pour déléguer ses droits et jusqu'à son libre arbitre aux hommes qu'ils lui désignaient. D'autre part, le souci, — dont j'étais moi-même pénétré, — d'assurer au pouvoir l'autorité et l'efficacité heurtait, au fond, leur nature. Que l'État fût faible, c'est à quoi, d'instinct, ils tendaient, afin de mieux le manier et d'y conquérir plus aisément, non point tant les moyens d'agir, que les fonctions et les influences.

Ne me dissimulant pas que les tendances des partis risquaient de conduire à une constitution néfaste, je m'ancrais dans mon intention de réserver la solution à la décision du pays. Mais, avant d'engager le fer, je tâchai d'obtenir le concours d'hommes qualifiés, placés en des points différents de l'éventail et qui me semblaient susceptibles d'impressionner l'opinion politique. Je m'adressai aux présidents Léon Blum, Édouard Herriot et Louis Marin, à qui, peut-être, les années et les événements conféraient la sérénité.

Léon Blum, tout justement, sortait de la longue détention où l'avaient enfermé Vichy et le IIIe Reich. Il était, je ne l'ignorais pas, plus attaché que jamais au socialisme. Mais je savais aussi, qu'au cours de ses épreuves, des scrupules lui étaient venus quant aux idées professées et à la politique menée, naguère, par son parti. Il les avait réexaminées à la lueur de cette clarté que la lucarne d'un cachot dispense à une âme élevée. En particulier, la question des pouvoirs lui était alors apparue sous un jour nouveau. Dans ses méditations de captif, qu'il devait publier sous le titre : « A l'échelle humaine », il notait : « Le gouvernement parlementaire n'est pas la forme unique, ni même la forme pure, de la démocratie. » Il indiquait que le régime présidentiel était, à ses yeux, le meilleur : « J'incline pour ma part, écrivait-il, vers un système de type américain, qui se fonde sur la séparation et l'équilibre des pouvoirs. » A peine la liberté lui était-elle rendue, qu'il témoignait publiquement de sa confiance à mon égard. Pour m'aider dans mon dessein de rénover la République, je crus d'abord trouver son appui.

Il me fallut bientôt déchanter. En fait, Léon Blum fut très vite ressaisi par les penchants habituels de la famille socialiste. Dès notre premier entretien, il refusa d'entrer comme ministre d'État dans le Gouvernement provisoire, alléguant sa santé déficiente mais aussi sa volonté de se consacrer entièrement à son parti. Le 20 mai, soit dix jours après son retour en France, il déclarait déjà dans une réunion des secrétaires des fédérations socialistes : « Aucun homme n'a le droit au pouvoir. Mais nous avons, nous, le droit à l'ingratitude. » Dans les articles quotidiens qu'il écrivait pour *le Populaire* et qui, par la qualité du fond et de la forme, exerçaient une grande influence sur les milieux politiques, il soutenait à fond la thèse de l'Assemblée unique et souveraine. Au sujet du référendum, il n'en repoussait pas le principe, pourvu que soit seulement posée la question de savoir si le régime d'avant-guerre devait être rétabli. Mais, pour lui, il s'agissait beaucoup moins de rendre l'État plus fort et plus efficace que d'empêcher la réapparition du Sénat des temps révolus, contre lequel il nourrissait de tenaces griefs personnels. Rien, suivant Blum, ne devait être proposé qui pût équilibrer les pouvoirs de l'Assemblée. C'est dans la même perspective qu'il considérait ce qu'il appelait « le cas de Gaulle. » A ma personne, il ne ménageait pas l'expression de son estime, mais, à proportion de ce qu'il en disait de bon, il se défiait de mon autorité et combattait avec âpreté tout projet de désignation du chef de l'État par un suffrage élargi. Bref, il avait, lui aussi, réadopté la règle fondamentale du régime parlementaire français : Qu'aucune tête ne dépasse les fourrés de la démocratie !

Peu avant les élections, je le fis venir et lui dis : « Ma tâche de défense nationale et de salut public est à son terme. Le pays est libre, vainqueur, en ordre. Il va parler en toute souveraineté. Pour que je puisse entreprendre à sa tête une nouvelle étape, il faudrait que ses élus s'y prêtent, car, dans l'univers politique, nul ne saurait gouverner en dépit de tout le monde. Or, l'état d'esprit des partis me fait douter que j'aie, demain, la faculté de mener les affaires de la France comme je crois qu'elles doivent l'être. J'envisage donc de me retirer. Dans ce cas, j'ai le sentiment que c'est vous qui devrez assumer la charge du gouvernement, étant donné votre valeur, votre expérience, le fait aussi que votre parti sera l'un des plus nombreux dans la prochaine assemblée et, en outre, s'y trouvera dans l'axe de l'aile prépondérante. Vous pouvez être certain, qu'alors, je vous faciliterais les choses. »

Léon Blum n'objecta rien à mon éventuel départ, ce qui me donnait à comprendre qu'il l'admettait volontiers. Mais, répondant au projet que j'évoquais pour lui-même : « Cela, je ne le veux pas, déclara-t-il, parce que j'ai été, si longtemps! tellement honni et maudit par une partie de l'opinion que je répugne, désormais, à l'idée même d'exercer le pouvoir. Et puis, je ne le peux pas, pour cette raison que la fonction de chef du gouvernement est proprement épuisante et que mes forces n'en supporteraient pas la charge. » Je lui demandai : « Si, après mon retrait, vous deviez vous récuser, qui, selon vous, pourrait prendre la suite? » — « Je ne vois que Gouin! » me dit-il. Et, faisant allusion au remplacement récent de Churchill par le leader des travaillistes, il ajouta : « Gouin est celui qui ressemble le plus à Attlee. » Évidemment, Blum considérait sous la seule optique socialiste le grand problème national dont je l'avais entretenu. J'avoue que, pensant aux expériences que le pays venait de faire et dont lui-même avait été victime, j'en éprouvais de la tristesse.

J'eus moins de succès encore du côté d'Édouard Herriot. En dépit de l'attitude ondoyante qu'il avait eue vis-à-vis de Laval et d'Abetz, quand ceux-ci, à la veille de la libération de Paris, lui proposaient de réunir l' « Assemblée nationale » de 1940 et de former un gouvernement qui ne serait pas le mien, j'avais accueilli de mon mieux ce vétéran des débats, des rites et des honneurs de la IIIe République, ce chantre toujours émouvant des impulsions contradictoires entre lesquelles oscillait le régime d'hier, ce patriote en qui les malheurs de la France avaient éveillé la désolation plutôt que la résolution, mais qui n'en avait pas moins supporté avec courage les épreuves à lui infligées par Vichy et par Hitler. Tandis qu'il revenait, par la Russie et l'Orient, de sa détention en Allemagne, je lui envoyai à Beyrouth mon propre avion. A la première visite qu'il me fit, je lui rendis sa croix de la Légion d'honneur qu'il avait retournée à Pétain sous l'occupation. Je le priai, à son tour, de faire partie de mon gouvernement. Il y serait ministre d'État chargé de la question des Nations Unies. Je pensais le trouver maniable sous les rondeurs du bon vouloir. Mais il se montra, au contraire, tout bardé de griefs et de piquants.

En somme, Herriot s'irritait surtout de constater le bouleversement de ce qui le concernait lui-même. Il me parla avec amertume de l'accueil assez indifférent qu'il venait de recevoir à Moscou et qui ne ressemblait pas à celui qu'il y avait trouvé en d'autres temps. Il ne cacha pas son dépit du médiocre enthousiasme que la ville de Lyon venait de lui témoigner.

Comme il me demandait de le laisser s'installer au palais de la présidence de la Chambre des députés, qui était son ancienne résidence, et que je lui en faisais voir l'impossibilité, il exhala son mécontentement. Enfin et surtout, la relative et, d'ailleurs, assez injuste déconfiture du parti radical, avec lequel il s'identifiait, lui était cruellement sensible. Quant aux institutions, il fallait, suivant lui, en revenir à celles où il avait ses habitudes. Qu'on fasse donc élire au plus tôt une Chambre et un Sénat qui nommeront leurs présidents, enverront à l'Élysée un politique dépourvu de relief et fourniront en série des ministères composés d'interchangeables parlementaires ! Dans tout ce qui s'était passé et, notamment, dans l'écroulement du régime qui lui était cher, il voyait un affreux épisode, mais il n'en tirait pas de leçons. Édouard Herriot déclina mon offre de faire partie du gouvernement. Je lui demandai d'aider à la reconstruction de la France ; il me déclara qu'il se consacrerait à restaurer le parti radical.

Louis Marin me marqua, lui aussi, que son principal souci était de voir renaître un groupement politique conforme aux idées qu'il avait servies tout au long de sa carrière. Son influence et son action, il les employait à rassembler les modérés en vue des prochaines élections. Tant qu'il s'était agi de chasser les Allemands du territoire, ce vieux Lorrain m'avait donné son adhésion sans réserves. A présent, il reprenait sa liberté vis-à-vis de moi. Très ancien parlementaire, il était, d'ailleurs, attaché jusqu'aux moelles à la vie des assemblées, en goûtait les âpres et attrayantes fermentations et, au fond, ne souhaitait rien tant que de les voir reparaître telles qu'il les avait pratiquées. C'est pourquoi, mon intention de limiter leurs attributions lui agréait médiocrement. Pas plus que Blum et qu'Herriot, il n'accepta d'entrer dans le Gouvernement provisoire. Toutefois, il tint à m'assurer que, dans ma politique de sécurité nationale, il m'appuierait de tous ses moyens.

Faute d'avoir à mes côtés ces trois personnalités qui eussent pu contribuer à marquer l'avènement de la IVe République du signe de l'unité et de la notoriété, j'abordai donc le débat constitutionnel entouré du gouvernement que j'avais reconstitué au lendemain de la libération de Paris. Cependant, pour que ce ne soient pas toujours les mêmes qui servent de cibles, j'avais, à la fin de mai, remplacé Paul Ramadier, comme ministre du Ravitaillement, par Christian Pineau à peine sorti de Buchenwald, et attribué la Justice à Pierre-Henri Teitgen tandis que François de Menthon irait occuper le siège de la France au tribunal de Nuremberg. Teitgen transmettait à Jacques Soustelle le ministère de l'Information. Peu après, Augustin Laurent quittait, pour raisons de santé, le ministère des Postes que je confiais à Eugène Thomas revenu de déportation. C'est le 9 juillet que je saisis le Conseil du projet d'ordonnance que j'avais établi avec la collaboration dévouée de Jules Jeanneney.

La délibération fut calme et approfondie. Comme la plupart des ministres appartenaient à des partis et que ceux-ci avaient tous manifesté leur désapprobation, je fis connaître que j'acceptais d'avance les démissions qui me seraient offertes. On ne m'en remit aucune. Le Conseil adopta le texte, sans changement, à l'unanimité.

L'élection d'une assemblée était prévue pour le mois d'octobre. Le pays déciderait par référendum si l'assemblée serait constituante. La réponse par oui ou par non à cette question signifierait, soit l'avènement de la IVe République, soit le retour à la IIIe. Dans le cas où l'assemblée devrait être constituante, ses pouvoirs seraient réglés par la deuxième question du référendum. Ou bien le pays adopterait le projet du gouvernement; limitant à sept mois la durée du mandat de l'assemblée; bornant ses attributions, dans le domaine législatif, au vote des budgets, des réformes de structure et des traités internationaux; ne lui accordant pas l'initiative des dépenses; mais lui attribuant le droit d'élire le président du gouvernement qui resterait en fonctions aussi longtemps que les députés; enfin et surtout, subordonnant la mise en vigueur de la constitution à sa ratification par le suffrage universel. Ou bien, le pays refusant ce qui lui était proposé, l'assemblée serait omnipotente en toutes matières et pour tout le temps qu'il lui plairait d'exister. La réponse, par oui ou par non, établirait, ou n'établirait pas, l'équilibre entre les pouvoirs exécutif et législatif pour la « période préconstitutionnelle. »

Au cours de la même séance, le Conseil décida, d'autre part, que les élections cantonales auraient lieu en deux tours de scrutin les 23 et 30 septembre. De cette façon, les conseils généraux seraient constitués avant le référendum. Si, contrairement à toute attente, celui-ci décidait le rétablissement des anciennes institutions, on pourrait alors faire élire le Sénat au suffrage restreint, comme il en était jadis.

Le 12 juillet, par la radio, je fis connaître au pays sur quels points il allait être consulté et ce que je lui demandais de faire. Après avoir énoncé le texte des questions que poserait le référendum, je déclarai : « Quant à mon opinion, je l'exprime en disant ceci : J'espère et je crois que les Français et les Françaises répondront : oui ! à chacune de ces deux questions. »

Là-dessus, la parole fut passée à l'Assemblée consultative. Je prévoyais un débat animé, plein d'aigreur et sans conclusion. Ce fut, en effet, le cas. Les délégués exprimèrent leur opposition, autant vaut dire unanime, au texte du gouvernement, mais ne purent adopter aucune proposition constructive.

Au nom des radicaux et de certains modérés, MM. Plaisant, Bonnevay, Labrousse, Bastid, Astier, réclamèrent avec passion la remise en vigueur de l'ancienne constitution et, d'abord, l'élection d'un sénat en même temps que d'une chambre. Pour corser leurs interventions, ces délégués ne se firent pas faute d'assimiler le référendum du général de Gaulle au plébiscite de Bonaparte et du Prince-Président. Les communistes et ceux des membres de l'Assemblée qui s'étaient liés à eux agitèrent le même épouvantail par la voix de MM. Cogniot, Duclos, Cot, Copeau, mais pour conclure, à l'opposé des orateurs précédents, qu'il fallait laisser à la Constituante le pouvoir de décider à son seul gré de toutes choses, notamment des institutions. Les socialistes, les républicains populaires, les représentants de la nouvelle Union démocratique de la résistance, ainsi que quelques modérés, calculant probablement qu'il y avait avantage électoral à ne pas rompre avec moi, adoptèrent une position moyenne. Ces fractions acceptaient, à présent, le principe d'un référendum, mais n'en proclamaient pas moins leur volonté d'obtenir une assemblée unique et souveraine et leur refus d'admettre que celle-ci vît limiter ses attributions.

Ainsi, la Consultative se partageait entre trois tendances dont aucune n'était en mesure de réunir la majorité. Mais, sans pouvoir s'accorder sur les institutions de demain, ni sur la voie à suivre pour y parvenir, on y était unanime à exiger, en tout état de cause, la primauté absolue des partis. D'autre part, personne ne faisait de concession, ni même d'allusion, aux nécessités capitales de séparation, d'équilibre, d'efficacité des pouvoirs de l'État.

Or, ce sont ces conditions-là que je fis surtout ressortir

en prenant la parole à la fin de la discussion. A mon sens, c'était pour les remplir que le pays devait fixer à l'Assemblée constituante une limite à sa durée, des bornes à ses attributions, un règlement quant à ses rapports avec l'exécutif. Cette limite, ces bornes, ce règlement, il était de la responsabilité du Gouvernement provisoire de les proposer au suffrage universel. Mais j'invitais les délégués à se joindre à lui pour le faire. Je soulignais ce qu'il y avait de mensonger dans la comparaison que beaucoup feignaient d'établir entre le référendum que j'allais mettre en œuvre et le plébiscite napoléonien. Affecter de craindre que j'étouffe la République, quand je la tirais du tombeau, était simplement dérisoire. Alors qu'en 1940 les partis et le Parlement l'avaient trahie et reniée, moi « j'avais relevé ses armes, ses lois, jusqu'à son nom. » Maintenant, je faisais le nécessaire pour que sorte des élections une Assemblée à laquelle je remettrais mes pouvoirs, ce qui ne ressemblait guère à la procédure employée le 2 décembre ou le 18 brumaire. Mais il fallait que, demain et plus tard, la République ait un gouvernement, que celui-ci en soit vraiment un et qu'on n'aille pas en revenir aux déplorables pratiques d'antan.

Insistant sur ce point, qui pour moi était capital, je déclarai : « Ce que cette sorte de perpétuelle menace pesant sur les hommes qui avaient la charge de gouverner, cet état presque chronique de crise, ces marchandages à l'extérieur et ces intrigues à l'intérieur du Conseil des ministres, qui en étaient les conséquences, auront pu coûter au pays est proprement incalculable. » Je rappelai que, « de 1875 à 1940, nous avions eu cent deux gouvernements, tandis que la Grande-Bretagne en comptait vingt et l'Amérique quatorze. » Et qu'était donc l'autorité intérieure et extérieure des cabinets formés chez nous dans de pareilles conditions, par rapport à celle des ministères qui fonctionnaient à l'étranger? J'indiquai que Franklin Roosevelt m'avait dit : « Figurez-vous qu'à moi, président des États-Unis, il m'est parfois arrivé, avant cette guerre, de ne même pas me rappeler le nom du président du Conseil français ! » — « Demain, plus encore qu'hier, affirmai-je, il ne saurait y avoir aucune efficacité dans l'action de l'État et, je le dis catégoriquement, aucun avenir pour la démocratie française, si nous en revenons à un système de cette espèce. » Et d'ajouter : « Dans le désastre de 1940, l'abdication de la République et l'avènement de Vichy, pour combien a compté le dégoût qu'éprouvait le pays à l'égard de cet absurde jeu auquel il avait si longtemps assisté et qui faisait si mal ses affaires ! »

Mais ces considérations n'étaient point de celles qui préoccupaient les partis. L'Assemblée consultative m'écouta avec déférence. Puis, elle montra par ses votes que mes soucis n'étaient pas les siens ; 210 voix contre 19 rejetèrent l'ensemble du projet du gouvernement. Une très grande majorité repoussa, ensuite, un amendement qui réclamait l'élection d'un Sénat et, par là même, le retour aux institutions d'avant-guerre. Comme, pour finir, MM. Vincent Auriol et Claude Bourdet défendaient une proposition transactionnelle, acceptant un référendum mais amenuisant largement le projet du gouvernement, leur texte était écarté par 108 voix contre 101. Le débat se terminait donc sans que la Consultative fût parvenue à formuler aucun avis positif.

Une fois encore, il me fallait trancher d'autorité. Le Conseil des ministres adopta, le 17 août, les termes définitifs de l'ordonnance relative au référendum et aux élections. Par rapport au texte primitif, les seules modifications étaient des précisions destinées à rendre improbable l'ouverture d'une crise ministérielle pendant la durée du mandat de l'Assemblée constituante. Celle-ci ne pourrait, en effet, renverser le gouvernement que par un vote spécial, à la majorité absolue du nombre des députés et après un délai d'au moins quarante-huit heures. Aucun changement n'était apporté aux deux points essentiels. Le peuple devait régler lui-même le sort final de la IIIe République. La souveraineté du peuple, formellement établie au-dessus de l'assemblée, allait, en dernier ressort, décider des institutions.

L'ordonnance du 17 août, en même temps qu'elle formulait le texte des deux questions du référendum, arrêtait les modalités du scrutin pour les élections. Mais, sur ce dernier point, les décisions prises faisaient aussitôt l'objet de véhémentes protestations.

Deux conceptions opposées et, à mon sens, également fâcheuses divisaient les fractions politiques. Pour les partisans des institutions d'avant-guerre, il fallait en revenir aussi à l'ancien régime électoral, c'est-à-dire au scrutin uninominal d'arrondissement. Indépendamment des principes, radicaux et modérés tendaient à penser, en effet, que les notables qu'ils faisaient jadis élire retrouveraient individuellement l'audience des électeurs dans les circonscriptions d'antan. Au contraire, communistes, socialistes, républicains populaires, qui comptaient obtenir les suffrages grâce à l'attrait de leurs programmes plutôt qu'à la notoriété personnelle de leurs candidats, réclamaient la représentation proportionnelle « intégrale ». A en croire ces doctrinaires, l'équité ne pourrait être arithmétiquement et moralement satisfaite que si chaque parti, proposant à la France entière une seule liste de candidats, se voyait attribuer un nombre de sièges exactement proportionnel au total des voix recueillies par lui sur l'ensemble du territoire. A défaut de ce système « parfait » et si, plus modestement, la proportionnelle jouait dans des circonscriptions multiples, par exemple les départements, tout au moins fallait-il que les voix qui n'entreraient pas dans les quotients locaux fussent additionnées à l'échelon national. Grâce à ces restes, qui procureraient un supplément d'élus, chaque parti serait assuré de faire passer tels de ses chefs qui auraient mordu la poussière en province ou même ne se seraient présentés nulle part. Bref, l'arrondissement trop étroit et la proportionnelle trop large se combattaient par la voix d'apôtres enflammés et intéressés. Je ne me rendis aux arguments ni de l'un ni de l'autre camp.

Le mode de scrutin d'autrefois n'avait pas mon agrément. Je le trouvais, d'abord, assez injuste, compte tenu des grandes différences de population qui existaient entre les arrondissements. Naguère, Briançon avec 7 138 électeurs, Florac avec 7 343, une partie du VIe arrondissement de Paris avec 7 731, élisaient un député, tout comme Dunkerque, Pontoise, Noisy-le-Sec, qui comptaient respectivement 33 840, 35 199, 37 180 électeurs. Pour introduire plus d'équité dans ce système, il eût fallu procéder, d'un bout à l'autre du territoire, à un découpage précipité des circonscriptions, au milieu d'innombrables et farouches contestations. Mais ce qui, à cette époque, me détournait surtout du scrutin d'arrondissement, c'était la perspective du résultat qu'il risquait d'avoir quant à l'avenir de la nation en assurant infailliblement la primauté du parti communiste.

Si l'élection comportait un seul tour, comme beaucoup le demandaient par analogie avec la loi anglaise, il n'y avait aucun doute qu'un communiste serait élu dans la plupart des circonscriptions. Car chaque arrondissement verrait, face au candidat du « parti », se présenter, tout au moins, un socialiste, un radical, un républicain populaire, un modéré, un combattant exemplaire de la résistance, sans compter plusieurs dissidents et divers théoriciens. Étant donné le nombre des suffrages qu'allait recueillir partout dans le pays la IIIe Internationale et que donnaient à prévoir les élections municipales et cantonales, le communiste viendrait donc en tête le plus souvent et serait élu. Si le scrutin était à deux tours, communistes et socialistes, alors liés entre eux par leur entente contractuelle et par les tendances de la base, uniraient leurs voix dans tous les ballottages, ce qui procurerait à leur coalition le plus grand nombre de sièges et, d'autre part, riverait entre elles, par l'intérêt électoral commun, les deux sortes de marxistes. De toutes façons, le scrutin d'arrondissement amènerait donc au Palais-Bourbon une majorité votant comme le voudraient les communistes. Cette conséquence échappait, sans doute, aux tenants de l'ancienne formule. Mais, étant moi-même responsable du destin de la France, je n'en courrais pas le risque.

La proportionnelle « intégrale » n'obtint pas, non plus, mon adhésion. Proposer à l'ensemble des 25 millions d'électeurs un nombre illimité de listes portant chacune 600 noms, ce serait marquer du caractère de l'anonymat presque tous les mandataires et empêcher tout rapport humain entre élus et votants. Or, en vertu du sens commun, de la tradition, de l'intérêt public, il faut que les diverses régions du pays soient, en elles-mêmes, représentées à l'intérieur des assemblées, qu'elles le soient par des gens qu'elles connaissent et que ceux-ci se tiennent à leur contact. D'ailleurs, il convient que, seul, le chef de l'État soit l'élu de toute la nation. Quant à admettre l'utilisation par chaque parti sur le plan national des restes de voix qu'il obtiendrait dans les circonscriptions, ce serait instituer deux sortes de députés, les uns élus par les départements, les autres procédant d'un collecteur mythique de suffrages sans qu'en fait on eût voté pour eux. J'y étais nettement opposé.

Le Gouvernement provisoire adopta donc simplement le scrutin de liste et la représentation proportionnelle à l'échelle départementale. Encore les départements les plus peuplés étaient-ils divisés. Aucune circonscription n'aurait plus de 9 députés. Aucune n'en compterait moins de 2. Au total, l'assemblée comprendrait 522 élus de la Métropole et 64 d'outre-mer. Le système électoral institué par mon ordonnance resta, par la suite, en vigueur. Les partis n'y apportèrent plus tard qu'une seule modification, au demeurant peu honnête : l'apparentement.

Sur le moment, un violent tollé s'éleva de toutes parts

contre la décision prise. Comme l'Assemblée consultative s'était séparée le 3 août, on vit se constituer une « Délégation des gauches », destinée à organiser le concert des protestations. A l'initiative de la Confédération générale du travail, groupant alors quatre millions de cotisants, et sous la présidence de son secrétaire général Léon Jouhaux, se réunirent les mandataires des partis communiste, socialiste, radical et de la Ligue des Droits de l'Homme. Bien que les membres de la délégation ne fussent nullement d'accord entre eux au sujet du mode de scrutin, ils se trouvèrent unanimes à réprouver la solution adoptée par le gouvernement et convinrent d'effectuer auprès du général de Gaulle une démarche spectaculaire pour marquer leur opposition. Le 1er septembre, Jouhaux me demanda de le recevoir avec plusieurs délégués.

Je portais à Léon Jouhaux beaucoup de cordiale estime. Cet éminent syndicaliste avait consacré toute sa vie au service de la classe ouvrière, appliquant son intelligence et son habileté, qui étaient grandes, à frayer aux travailleurs le chemin du bien-être et de la dignité. Sous l'occupation, il avait pris immédiatement une attitude d'opposition tranchée vis-à-vis de la « révolution nationale » et montré qu'il tenait l'ennemi pour l'ennemi. Détenu par Vichy, puis déporté en Allemagne, il avait repris, maintenant, la tête de la Confédération, autant que le lui permettait l'influence croissante des communistes. Je l'avais, à plusieurs reprises, entretenu des problèmes sociaux. Mais, cette fois, mon devoir d'État m'empêchait de le recevoir. De par la loi, la Confédération générale du travail avait pour objet exclusif « l'étude et la défense d'intérêts économiques. » J'entendais, moins que jamais, reconnaître aux syndicats qualité pour se mêler de questions politiques et électorales. A la lettre de Jouhaux, je répondis que je ne pouvais donner suite à sa demande d'audience. Puis, en dépit de l'indignation qu'affectèrent d'en éprouver tous les groupements et tous les journaux, je m'en tins à ma position. Ce que voyant, chacun jugea bon de s'en accommoder aussi. Sur les bases fixées par l'ordonnance, les partis se disposèrent à affronter le suffrage universel.

La campagne électorale fut extrêmement animée, en raison, moins de la concurrence des listes, que de la passion soulevée par les questions du référendum au sujet desquelles de Gaulle s'était engagé. A vrai dire, la réponse que le public ferait à la première était connue à l'avance. Il s'agissait seulement de savoir dans quelle proportion les Français demanderaient autre chose que la IIIe République. Sur la deuxième question, une lutte passionnée se déroula dans le pays.

Les communistes, imités en maints endroits par des éléments socialistes et indirectement aidés par les radicaux et par quelques modérés, s'efforcèrent d'obtenir une majorité de « Non », afin de me mettre en échec. Ainsi la section française de la IIIe Internationale montrait-elle ouvertement qui était, à ses yeux, le principal adversaire. Ce que voyant, le Mouvement républicain populaire, l'Union démocratique de la résistance et plusieurs groupements de droite se firent les champions du « Oui ». Quant au parti socialiste, il avait, en fin de compte, officiellement rallié ma thèse. Mais, plutôt que de se battre sur un sujet qui n'était point son fait et divisait ses militants, il laissait les « questions » dans l'ombre et s'appliquait surtout à faire valoir son programme, ce qui ne soulevait guère l'exaltation du public. En somme, la bataille électorale, menée à grand renfort d'affiches, de tracts, d'inscriptions peintes sur les murs, eut pour enjeux le « Oui » demandé par de Gaulle et le « Non » réclamé par le parti communiste. Tout en m'abstenant de paraître aux réunions ou aux cérémonies pendant les trois semaines que dura la campagne, je tins à rappeler aux Français, le 17 octobre, ce qui dépendait du scrutin et quel était mon avis.

Le 21 octobre, les bureaux de vote recueillirent les bulletins en deux urnes, l'une pour le référendum, l'autre pour l'élection des députés. Sur quelque 25 millions d'inscrits, il y eut environ 20 millions de votants. Des 5 millions d'abstentionnistes, la plupart étaient des femmes qui évitaient des formalités dont elles n'avaient pas l'habitude. Tous comptes faits pour la Métropole et l'Afrique du Nord, et une fois éclaircies quelques étiquettes imprécises, les communistes eurent 160 élus, les socialistes 142, les résistants de l'Union démocratique socialiste 30, les républicains populaires 152, les radicaux 29, les modérés 66.

Ainsi, le parti communiste, bien qu'il eût obtenu le quart des suffrages exprimés, n'emportait pas l'adhésion de la grande masse de la nation. Pourtant, les événements dont la France sortait à peine lui avaient offert des chances exceptionnelles de triompher. Le désastre de 1940, la défaillance nationale de beaucoup d'éléments dirigeants, la résistance à laquelle il avait largement contribué, la longue misère populaire au cours de l'occupation, les bouleversements politiques, économiques, sociaux, moraux qu'avait subis le pays, la victoire de la Russie soviétique, les abus commis à notre égard par les démocraties de l'Ouest, étaient autant de conditions favorables à son succès. Si, décidément, le « parti » n'avait pu en saisir l'occasion, c'est parce que je m'étais trouvé là pour incarner la France tout entière. Par contre, en l'associant à la libération de la patrie et, ensuite, à son redressement, je lui avais donné le moyen de s'intégrer dans la communauté. Maintenant, le peuple lui accordait une audience considérable mais non le droit à la domination. Choisirait-il d'être l'aile marchante de la démocratie française ou bien un groupe séparé que des maîtres étrangers utiliseraient du dehors? La réponse allait, pour une part, dépendre de ce que serait la République elle-même. Forte, fière, fraternelle, elle apaiserait peut-être, à la longue, cette révolte. Impuissante et immobile, elle déterminerait cette force à redevenir centrifuge.

Mais les autres fractions politiques voudraient-elles s'unir autour de moi pour rebâtir l'édifice? La consultation nationale prouvait que tel était le vœu profond de la nation. Celle-ci, par plus de 96 % des voix, avait répondu « Oui » à la première question posée, attestant qu'elle condamnait, pour ainsi dire unanimement, le régime sans tête, et, partant, sans volonté et sans autorité qui avait fait faillite dans le désastre. D'autre part, elle m'exprimait personnellement sa confiance, en approuvant, par plus de 66 % de « Oui », le projet que je lui proposais contre l'omnipotence des partis. Ce témoignage se trouvait confirmé par ce qui était électoralement advenu des diverses formations politiques, suivant l'attitude qu'elles avaient prise à mon sujet. L'hostilité que me montraient les communistes leur coûtait, assurément, nombre de suffrages populaires. Les radicaux étaient écrasés, tant parce qu'ils symbolisaient et réclamaient le système d'antan, que parce que leurs principaux chefs s'opposaient à Charles de Gaulle. C'est faute d'avoir collectivement adopté à mon égard une position favorable, que les modérés perdaient presque les deux tiers des voix qui étaient, autrefois, les leurs. Si les socialistes, d'ailleurs surpris et déçus du résultat, n'arrivaient pas au premier rang, l'éloignement croissant qu'ils marquaient vis-à-vis de moi, alors que tant de leurs hommes s'en étaient tenus très proches pendant longtemps, suffisait à l'expliquer. Au contraire, on pouvait voir le Mouvement républicain populaire, à peine sorti du berceau mais affichant, dans le moment, un « gaullisme » résolu, venir en tête de toutes les formations en fait de suffrages et de sièges.

Sans doute, la consultation nationale n'avait-elle pas révélé de grand élan. Cependant, j'en tirais l'impression que le pays, dans son ensemble, souhaitait que je le conduise, tout au moins jusqu'au moment où il aurait ratifié ses institutions nouvelles. Il me semblait d'ailleurs essentiel, historiquement et politiquement, que ce fût fait d'accord avec moi, étant donné ce que les événements m'avaient amené à représenter.

Mais il me fallait reconnaître, qu'à ce point de mon parcours, les appuis que m'offrait la nation devenaient rares et incertains. Voici que s'effaçaient les forces élémentaires qu'elle m'avait naguère procurées pour le combat ; la dispersion des résistants étant un fait accompli. D'autre part, le courant d'ardeur populaire qu'elle m'avait si largement prêté était, à présent, capté en sens divers. Quant aux voix qui, traditionnellement, exprimaient sa conscience profonde, j'en recevais peu d'encouragements. En fait, elle ne déléguait plus, autour de moi, que les partis. Or, ceux-ci, après les élections, qu'ils aient été heureux ou malheureux, se souciaient moins que jamais de me suivre. D'autant que, si l'horizon lointain restait chargé de nuages, on n'y discernait pas de menaces immédiates. La France avait recouvré son intégrité, son rang, son équilibre, ses prolongements outre-mer. Il y avait là de quoi nourrir, pour quelque temps, les jeux des partisans, leur désir de disposer de l'État, leur opinion que « l'homme des tempêtes » avait, maintenant, joué son rôle et qu'il devait laisser la place.

Pour moi, ayant fait le compte de mes possibilités, j'avais fixé ma conduite. Il me revenait d'être et de demeurer le champion d'une République ordonnée et vigoureuse et l'adversaire de la confusion qui avait mené la France au gouffre et risquerait, demain, de l'y rejeter. Quant au pouvoir, je saurais, en tout cas, quitter les choses avant qu'elles ne me quittent.

DÉPART

Voici novembre. Depuis deux mois, la guerre est finie, les ressorts fléchissent, les grandes actions n'ont plus cours. Tout annonce que le régime d'antan va reparaître, moins adapté que jamais aux nécessités nationales. Si je garde la direction, ce ne peut être qu'à titre transitoire. Mais, à la France et aux Français, je dois encore quelque chose : partir en homme moralement intact.

L'Assemblée constituante se réunit le 6 novembre. Cuttoli, député radical et doyen d'âge, présidait. Bien que cette première séance ne pût être que de forme, j'avais tenu à être présent. Certains auraient souhaité que la transmission par de Gaulle des pouvoirs de la République à la représentation nationale revêtît quelque solennité. Mais l'idée que mon entrée au Palais-Bourbon pût comporter de l'apparat indisposait le bureau provisoire et jusqu'aux gens du protocole. Tout se fit donc sans cérémonie et, en somme, médiocrement.

Cuttoli prononça un discours qui rendait hommage à Charles de Gaulle mais prodiguait les critiques à l'égard de sa politique. Les éloges trouvèrent peu d'échos. Mais les aigreurs recueillirent les applaudissements appuyés de la gauche, tandis que la droite s'abstenait de manifester. Puis, le doyen donna lecture de ma lettre annonçant que le gouvernement démissionnerait dès que la Constituante aurait élu son bureau. Il n'y eut pas de réaction notable. Quant à moi, assis au bas de l'hémicycle, je sentais converger dans ma direction les regards lourds des six cents parlementaires et j'éprouvais, presque physiquement, le poids du malaise général.

Après que l'Assemblée eut porté Félix Gouin à sa présidence, il s'agissait pour elle d'élire le président du gouvernement. Je me gardai, bien entendu, de poser ma candidature, ni de rien dire au sujet de mon éventuel programme. On me prendrait comme j'étais, ou on ne me prendrait pas.

Pendant toute une semaine, il y eut entre les groupes maints pourparlers embarrassés. Entre temps, le 11 novembre, je présidai la cérémonie de l'Étoile. Quinze cercueils, amenés de tous les champs de bataille, étaient rangés autour de l'Inconnu, comme si ces combattants venaient lui rendre compte de leur propre sacrifice avant d'être transférés dans une casemate du Mont Valérien. Au pied de l'Arc, prononçant quelques mots, j'en appelai à l'unité et à la fraternité « pour guérir la France blessée. » — « Marchons », disais-je, « sur la même route, du même pas, chantant la même chanson ! Levons vers l'avenir les regards d'un grand peuple rassemblé ! » Sur le pourtour de la place, la foule était aussi chaleureuse que jamais. Mais, près de moi, les figures officielles me signifiaient que le pouvoir allait changer de nature.

Cependant, deux jours plus tard, l'Assemblée nationale m'élisait, à l'unanimité, Président du gouvernement de la République française et proclamait que « Charles de Gaulle avait bien mérité de la patrie. » Quoique cette manifestation n'ait eu lieu qu'après huit jours de désobligeantes palabres, il pouvait sembler qu'elle exprimait l'intention délibérée de se grouper autour de moi pour appuyer ma politique. C'est ce que parut penser, par exemple, M. Winston Churchill, qui, traversant Paris ce jour-là, ayant déjeuné à ma table et apprenant ensuite l'élection, exprima son enthousiasme en une lettre généreuse. Se souvenant de cette phrase de Plutarque : « L'ingratitude envers les grands hommes est la marque des peuples forts », qui avait naguère servi d'épigraphe à un livre célèbre, il écrivait, à son tour : « Plutarque a menti ! » Mais moi, je savais que le vote était une révérence adressée à mon action passée, non point du tout une promesse qui engageât l'avenir.

Cela fut vérifié tout de suite. Le 15 novembre, entreprenant de constituer le gouvernement, j'eus à marcher sur des nids d'intrigues. Les fractions de la gauche, qui formaient à l'Assemblée une notable majorité, soulevaient de multiples réserves. Les radicaux me faisaient connaître qu'ils ne seraient pas des miens. Si tel d'entre eux acceptait, néanmoins, un portefeuille, ce serait, disaient-ils, contre l'agrément de leur groupe. Les socialistes, méfiants et sourcilleux, s'enquéraient de mon programme, multipliaient les conditions et déclaraient, qu'en tout cas, ils n'accorderaient leurs votes qu'à un cabinet ayant l'appui et la participation des communistes. Enfin, ceux-ci, jouant le grand jeu, exigeaient, par la voix de Maurice Thorez, l'un au moins des trois ministères qu'ils tenaient pour les principaux : Défense nationale, Intérieur, Affaires étrangères. Là était bien la question. Si je venais à céder, les communistes, disposant d'un des leviers de commande essentiels de l'État, auraient, dans un moment de trouble, le moyen de s'imposer. Si je refusais, je risquais de me trouver impuissant à former le gouvernement. Mais alors, le « parti », ayant démontré qu'il était plus fort que de Gaulle, deviendrait le maître de l'heure.

Je décidai de trancher dans le vif et d'obliger les communistes, soit à entrer au gouvernement aux conditions que je leur ferais, soit à prendre le grand large. Je notifiai à Thorez que ni les Affaires étrangères, ni la Guerre, ni l'Intérieur ne seraient attribués à quelqu'un de son parti. A celui-ci, j'offrais seulement des ministères « économiques. » Sur quoi, les communistes publièrent de furieuses diatribes, affirmant qu'en refusant de leur donner ce qu'ils réclamaient « j'insultais la mémoire des morts de la guerre. Et d'invoquer « leurs 75 000 fusillés », chiffre tout à fait arbitraire, d'ailleurs, car heureusement le total de leurs adhérents tombés sous les balles des pelotons d'exécution n'en atteignait pas le cinquième et, d'autre part, ceux des Français qui avaient sacrifié leur vie l'avaient fait, — communistes compris, — pour la France, non pour un parti.

Là-dessus, il me fallut subir les objurgations alarmées des diverses sortes de gens de gauche qui m'adjuraient de céder pour éviter une crise fatale, tandis que les autres groupes se tenaient muets et à l'écart. Mais ma résolution était prise. Contraindre l'Assemblée nationale à me donner raison contre l'extrême-gauche marxiste, c'est à quoi je voulais aboutir. Le 17, j'écrivis donc au président de la Constituante que, ne pouvant constituer un gouvernement d'unité, je remettais à la représentation nationale le mandat qu'elle m'avait confié. Puis, le lendemain, parlant à la radio, je pris le peuple à témoin des exigences abusives que des partisans prétendaient me dicter. J'annonçai que, pour de claires raisons nationales et internationales, je ne mettrais pas les communistes à même de dominer notre politique, en leur livrant « la diplomatie qui l'exprime, l'armée qui la soutient ou la police qui la couvre. » Cela étant, je formerais le gouvernement avec l'appui de ceux qui choisiraient de me suivre. Sinon, je quitterais le pouvoir aussitôt et sans amertume.

D'ailleurs, si basse que fût l'ambiance, tous les impondérables, émanant de toutes les frayeurs, me faisaient croire que j'allais l'emporter. De fait, après un débat auquel je n'assistai pas, l'Assemblée me réélut Président du gouvernement par toutes ses voix, sauf celles des communistes. Il est vrai qu'André Philip, porte-parole des socialistes, s'était efforcé d'expliquer l'adhésion gênée des siens en proclamant que la Chambre m'attribuait « le mandat impératif » de constituer un ministère où l'extrême-gauche serait représentée. Cette sommation ne trompa personne. Il était clair que les communistes n'avaient pu imposer leur loi. Pas un seul député, en dehors de leur propre groupe, ne les avait approuvés et, dans le vote décisif, ils se trouvaient isolés contre tous sans exception. Ainsi était rompu, d'emblée, un charme qui risquait fort de devenir malfaisant.

Les communistes en tirèrent immédiatement les conséquences. Dès le lendemain, leur délégation vint me dire qu'ils étaient prêts à entrer dans mon gouvernement en dehors de toute condition et que je n'aurais pas de soutien plus ferme que le leur. Sans me leurrer sur la sincérité de ce repentir soudain, je les fis, en effet, embarquer, jugeant, qu'au moins pour un temps, leur ralliement sous ma coupe pourrait servir la paix sociale, dont le pays avait tant besoin !

Le 21, le gouvernement était constitué. Quatre portefeuilles allaient à des députés communistes : Billoux, Croizat, Paul et Tillon ; quatre à des socialistes : Moch, Tanguy-Prigent, Thomas et Tixier ; quatre à des républicains populaires : Bidault, Michelet, Prigent et Teitgen ; deux à des résistants de l'Union démocratique : Pleven et Soustelle ; un à Giacobbi, radical ; un à Dautry et un à Malraux qui n'étaient pas parlementaires et n'avaient aucune appartenance ; l'ensemble étant surmonté de quatre ministres d'État : un socialiste, Auriol ; un républicain populaire, Gay ; un modéré, Jacquinot ; un communiste, Thorez. Comme prévu et annoncé, l'extrême-gauche marxiste ne recevait que des ministères économiques : Économie nationale, Travail, Production, Fabrications d'armement.

Le 23 novembre, je prononçai devant l'Assemblée un discours où je fis ressortir la gravité des conditions où le pays était placé, la nécessité d'adopter au plus tôt des institutions assurant « la responsabilité, la stabilité, l'autorité du pouvoir exécutif », enfin le devoir des Français et de leurs représentants de s'unir pour refaire la France. Cette fois encore, la représentation nationale m'approuva à l'unanimité. Dans la crise qui, sans aucune raison valable, s'était prolongée pendant dix-sept jours, seuls les partis avaient trouvé leur aliment et leur satisfaction.

En dépit de l'accord apparemment réalisé, je ne pouvais pas douter que mon pouvoir fût en porte-à-faux. Sans doute, au cours du mois de décembre, fis-je adopter par le gouvernement, puis voter par l'assemblée, la loi qui nationalisait la Banque de France et quatre établissements de crédit et instituait un Conseil national du crédit auprès du ministre des Finances. Peu après, une autre loi réglait les modalités à appliquer pour le transfert à l'État de la production et de la distribution de l'électricité et du gaz. Au cours de ces deux débats, tous amendements démagogiques avaient pu être écartés. D'autre part, la satisfaction m'était donnée, le 15 décembre, d'inaugurer l'École nationale d'administration, institution capitale qui allait rendre rationnels et homogènes le recrutement et la formation des principaux serviteurs de l'État, jusqu'alors originaires de disciplines dispersées. L'École, sortie toute armée du cerveau et des travaux de mon conseiller Michel Debré, recevait le jour, il est vrai, dans l'atmosphère assez sceptique dont l'entouraient les grands corps de la fonction publique et les milieux parlementaires. Mais elle n'en verrait pas moins se dissoudre les préventions, jusqu'à devenir peu à peu, au point de vue de la formation, de la conception et de l'action administratives, la base de l'État nouveau. Cependant, et comme par une sorte d'ironique coïncidence, au moment même où naissait cette pépinière des futurs commis de la République, la menace d'une grève générale des fonctionnaires venait mettre brutalement en cause la cohésion du gouvernement et ma propre autorité.

Il n'était, certes, que trop vrai que le niveau de vie des personnels des services publics souffrait beaucoup de l'inflation. L'augmentation de leurs traitements n'atteignait pas celle des prix. Mais ce que réclamaient, pour eux, les syndicats ne pouvait être accordé, sous peine d'effondrement du budget et de la monnaie. Bien que cela fût constaté par le Conseil des ministres, que j'y eusse marqué ma détermination de n'allouer aux intéressés que le supplément raisonnable proposé par René Pleven et ma résolution d'interdire la grève sous peine de sanctions à infliger aux contrevenants, je vis une vive agitation se lever au sein du ministère. Plusieurs membres socialistes, suivant les consignes que leur donnait leur parti, me firent entendre qu'ils se retireraient, plutôt que d'opposer un refus aux syndicats et de pénaliser les agents et employés qui manqueraient à leur service. En même temps, les fonctionnaires étaient convoqués par leurs fédérations, le 15 décembre, au Vélodrome d'hiver, afin d'y stigmatiser « l'insuffisance dérisoire des mesures envisagées par le gouvernement » et d'y décider la grève générale.

Par un étrange détour, au moment où une crise grave paraissait inévitable, le soutien des communistes me permit de la surmonter. Au sein du Conseil, qui tenait une nouvelle séance, Maurice Thorez affirma soudain qu'il ne fallait point céder à une pression intolérable et que, moyennant quelques menus aménagements, les dispositions proposées par le ministre des Finances et approuvées par le Président devaient être entérinées. Du coup, la perspective d'un éclatement du cabinet s'éloignait à l'horizon. L'après-midi, au Vélodrome d'hiver, alors que des orateurs, mandatés par des syndicats et liés au parti socialiste, avaient invité l'assistance à cesser le travail et à entrer en conflit avec le gouvernement, le représentant communiste, à l'étonnement général, s'en prit vivement aux agitateurs. « Pour les fonctionnaires », déclara-t-il, « faire grève, ce serait commettre un crime contre la patrie ! » Puis, à la faveur du désarroi produit par cet éclat imprévu du « parti des travailleurs », il fit décider que la grève était, tout au moins, différée. Dès lors, pour régler la question, il ne restait à accomplir que des rites parlementaires.

Le 18 décembre, à la fin du débat que l'Assemblée nationale avait ouvert sur le sujet, je précisai que le gouvernement n'irait pas au delà des mesures qu'il avait arrêtées, quel que fût son regret de ne pouvoir faire davantage pour les serviteurs de l'État. « Nous sommes parvenus, dis-je, au moment même où il s'agit, économiquement et financièrement parlant, de tout perdre ou de tout sauver. » J'ajoutai : « Il faut savoir si, se trouvant devant une difficulté sérieuse et présentant sa solution, le gouvernement, tel qu'il est, a ou n'a pas votre confiance. Il faut savoir également si, par-dessus les préoccupations qui concernent les partis, l'Assemblée nationale saura, ou non, faire passer l'intérêt général de la nation. » L'ordre du jour finalement voté fut aussi confus et anodin que je pouvais le souhaiter.

Mais ce succès était momentané. Quelques jours après, on allait voir, plus clairement encore, à quel point devenait précaire le pouvoir du général de Gaulle face aux partis et à l'Assemblée.

Le budget de 1946 se trouvait en discussion. Pour le bon

ordre, le gouvernement tenait à ce que le vote final eût lieu le 1er janvier. Mais, ce jour-là, tandis que les débats semblaient toucher à leur terme, les socialistes demandèrent, tout à coup, un abattement de 20 % sur les crédits prévus pour la Défense nationale. Il était évident qu'une proposition aussi sommaire et aussi soudaine, visant un ordre de dépenses dont personne n'ignorait qu'on ne pouvait, du jour au lendemain, le comprimer dans de telles proportions, s'inspirait, tout à la fois, de démagogie électorale et de malveillance à mon égard.

Comme j'étais retenu rue Saint-Dominique par les visites protocolaires que m'y rendaient, en ce jour de l'An, le corps diplomatique et les autorités, le débat au Palais-Bourbon se traînait sans trouver d'issue. Pleven ministre des Finances, Michelet ministre des Armées, Tillon ministre de l'Armement, Auriol ministre d'État, eurent beau, suivant mes instructions, déclarer que le gouvernement repoussait la proposition, la gauche : socialistes, communistes et la plupart des radicaux, soit au total la majorité, s'apprêtait à la voter. Cependant et comme pour prouver que de Gaulle était en cause, l'Assemblée attendait, pour conclure, que je vienne en personne prendre part à la discussion.

Je le fis dans l'après-midi. En ma présence, MM. Philip et Gazier menèrent l'attaque avec passion, soutenus par les applaudissements de leurs collègues socialistes ; les radicaux comptant les coups. A vrai dire, les interpellateurs protestaient que leur intention n'était pas de renverser le gouvernement. Il s'agissait seulement, disaient-ils, de l'obliger à s'incliner devant la volonté parlementaire. Les républicains populaires laissaient voir qu'ils n'approuvaient pas l'agression déclenchée contre moi sur un pareil terrain, tandis que la droite exprimait son inquiétude, mais ces fractions de l'Assemblée se gardaient de condamner explicitement les opposants. Quant aux communistes, hésitant entre l'impératif immédiat de la démagogie et leur tactique du moment, ils me faisaient dire que l'assaut n'avait aucunement leur accord, mais que, si les socialistes devaient le pousser à fond, eux-mêmes ne pourraient éviter de me refuser leurs suffrages.

Ce soir-là, sondant les cœurs et les reins, je reconnus que, décidément, la cause était entendue, qu'il serait vain et, même, indigne d'affecter de gouverner, dès lors que les partis, ayant recouvré leurs moyens, reprenaient leurs jeux d'antan, bref que je devais maintenant régler mon propre départ.

En deux brèves interventions, je marquai à l'Assemblée ce qu'avaient de dérisoire la contrainte qu'on voulait m'imposer et la légèreté avec laquelle des représentants du peuple se disposaient à tailler dans la défense nationale pour se donner l'avantage d'une manœuvre partisane. Puis, allant au fond du débat, je déclarai que cette discussion posait tout le problème des institutions de demain. Le gouvernement ayant, en connaissance de cause, assumé sa responsabilité en une matière aussi grave, était-il acceptable que le parlement voulût l'obliger à se démentir et à s'humilier? Entrait-on dans le régime d'assemblée? Pour ma part, je m'y refusais. Si les crédits demandés n'étaient pas votés le soir même, le gouvernement ne resterait pas en fonction une heure de plus. « J'ajouterai un mot », déclarai-je. « Ce mot n'est pas pour le présent, il est déjà pour l'avenir. Le point qui nous sépare, c'est une conception générale du gouvernement et de ses rapports avec la représentation nationale. Nous avons commencé à reconstruire la République. Après moi, vous continuerez de le faire. Je dois vous dire en conscience, — et sans doute est-ce la dernière fois que je parle dans cette enceinte, — que si vous le faites en méconnaissant notre histoire politique des cinquante dernières années, si vous ne tenez pas compte des nécessités absolues d'autorité, de dignité, de responsabilité du gouvernement, vous irez à une situation telle, qu'un jour ou l'autre, je vous le prédis, vous regretterez amèrement d'avoir pris la voie que vous aurez prise. »

Comme s'ils voulaient eux-mêmes souligner que leur attitude n'avait été que manœuvre et palinodie, les malveillants se turent tout à coup. L'ordre du jour adopté par l'Assemblée quasi unanime ne me dictait aucune condition. Après quoi, le budget fut tout simplement voté. Mais, bien que ma défaite n'eût pas été accomplie, le seul fait qu'elle eût paru possible produisit un effet profond. On avait vu mon gouvernement battu en brèche par la majorité au long d'une discussion remplie de sommations menaçantes. On sentait que, désormais, il pourrait en être de même à propos de n'importe quoi. On comprenait que, si de Gaulle se résignait à cette situation pour tenter de rester en place, son prestige irait à vau-l'eau, jusqu'au jour où les partis en finiraient avec lui ou bien le relégueraient en quelque fonction inoffensive et décorative. Mais je n'avais ni le droit, ni le goût, de me prêter à ces calculs. En quittant le Palais-Bourbon dans la soirée du 1er janvier, mon départ se trouvait formellement décidé dans mon esprit. Il n'était plus que d'en choisir la date, sans me la laisser fixer au gré de qui que ce fût.

En tout cas ce serait avant la fin du mois. Car le débat constitutionnel devait s'ouvrir à ce moment et j'étais sûr, qu'en demeurant à l'intérieur du régime naissant, je n'aurais pas la possibilité de faire triompher mes vues, ni même de les soutenir. Le projet que la commission désignée à cet effet par la Constituante s'apprêtait à présenter était tout juste à l'opposé de ce que j'estimais nécessaire. Il instituait le gouvernement absolu d'une assemblée unique et souveraine; l'exécutif n'ayant d'autre rôle que d'appliquer ce qui lui serait prescrit; le président du Conseil étant élu par le parlement et ne pouvant former son équipe qu'après avoir satisfait à un examen complet de sa tendance et de son programme et pris des engagements qui le lieraient étroitement d'avance. Quant au président de la République, on inclinait, avec beaucoup d'hésitations, à prévoir qu'il y en aurait un, mais soigneusement privé de tout rôle politique, n'ayant pas la moindre prise sur les rouages de l'État et confiné dans une fade fonction de représentation. Sans doute était-ce là l'emploi que les meneurs du jeu destinaient au général de Gaulle. D'ailleurs, les commissaires, aussi bien que les partis se gardaient de prendre avec moi aucun contact sur le sujet, Comme j'avais, un jour, convoqué le rapporteur, M. François de Menthon, pour m'enquérir de l'état des travaux, je m'entendis répondre que l'Assemblée et sa Commission considéraient que « je n'avais pas à me mêler du débat, n'étant pas moi-même constituant. » Essayer de poursuivre ma route avec les partis, c'eût donc été, dans ce domaine capital comme à tous autres égards, accepter à l'avance l'impuissance et les avanies.

L'imminence du démembrement du pouvoir de Charles de Gaulle n'échappait naturellement pas aux chancelleries étrangères. Aussi, les conditions de notre action extérieure, qui d'abord, s'étaient éclaircies, s'assombrissaient-elles de nouveau. Dès le début de décembre, Paris apprenait par les agences qu'une réunion des ministres des Affaires étrangères américain, britannique et soviétique aurait lieu, le 15, à Moscou, « afin d'y tenir des conversations sur un certain nombre de questions intéressant particulièrement les trois pays. » On semblait en revenir au système d'exclusion de la France, auquel la conférence de Londres, l'installation de gouvernements quadripartites en Allemagne et en Autriche, le fait que nous occupions un siège permanent au Conseil de sécurité des Nations Unies, notre participation à l'armistice japonais, etc., avaient paru mettre fin.

Il est vrai que l'objet de la réunion des « trois » était de préparer les traités de paix concernant la Bulgarie, la Roumanie, la Hongrie et la Finlande et que Londres, Moscou et Washington alléguaient, pour justifier notre mise à l'écart, que la France n'avait pas été officiellement en guerre avec Sofia, Bucarest, Budapest et Helsinki, l'ouverture des hostilités contre les satellites du Reich s'étant produite au temps de Vichy. Mais, pour les participants de Yalta et de Potsdam, il s'agissait, en réalité, de mettre en application ce qu'ils avaient décidé naguère, en dehors de nous, à propos de ces malheureux États, c'est-à-dire de les livrer à la discrétion des Soviets. A la notification que nos alliés nous firent, le 28 décembre, des conclusions de leur conférence, nous répondîmes, le 3 janvier, qu'elles ne nous engageaient pas et d'autant moins que la France avait, dans ces diverses parties de l'Europe, des intérêts de premier ordre dont il n'était pas tenu compte. Mais l'accueil dilatoire qui fut fait à notre note donnait à comprendre que les trois attendaient un prochain changement dans la conduite des affaires françaises pour faire passer la muscade.

Il en était de même pour le règlement final de la cruelle affaire du Levant. Depuis la crise du mois de mai, les rapports franco-britanniques étaient restés au frigidaire conformément à mes directives. En Syrie et au Liban, les faibles forces que nous y maintenions et les grandes unités qu'y avaient portées les Britanniques demeuraient sur leurs positions ; l'agitation des politiciens continuant de provoquer des troubles ; les gouvernements de Damas et de Beyrouth multipliant les notes et les communiqués pour réclamer le départ de toutes les troupes étrangères ; enfin, les États arabes voisins : Égypte, Irak, Transjordanie, Palestine, faisant chorus avec « leurs frères opprimés », tout en s'accommodant, pour eux-mêmes, de la tutelle et de l'occupation britanniques.

Les choses en étaient là, quand, au début de décembre, je fus saisi d'un projet d'accord qui venait d'être établi entre le gouvernement anglais et notre ambassade à Londres. Le texte paraissait prévoir que Français et Britanniques évacueraient simultanément le territoire syrien ; les Français se regroupant au Liban, sans qu'il fût aucunement spécifié que les Anglais en feraient autant. Cela ne changerait pas grand-chose à notre situation, car la plupart de nos éléments se trouvaient déjà stationnés sur le sol libanais. Mais, pour les Anglais, il semblait que l'accord comportât, de leur part, des concessions importantes : d'abord, le terme mis à leur présence militaire en Syrie en même temps que cesserait la nôtre ; ensuite, leur départ du Liban où, quant à nous, nous demeurerions ; enfin, la reconnaissance de notre droit à maintenir un établissement militaire au Liban, jusqu'à ce que l'Organisation des Nations Unies fût en mesure de nous relever des responsabilités du mandat. Sachant quels étaient, d'une part, le savoir-faire du Foreign Office et, d'autre part, l'horreur du vide de notre diplomatie quand il s'agissait de nos relations avec l'Angleterre, je doutai, à première vue, que les choses fussent ce qu'elles semblaient être. Mais, comme à Paris le Quai d'Orsay, à Londres notre ambassade, me certifiaient que telle était bien la signification du projet, je donnai mon agrément. Le 13 décembre, MM. Bevin et Massigli signèrent, à Whitehall, deux accords ; l'un relatif au regroupement des troupes ; l'autre prévoyant des consultations entre les deux gouvernements pour éviter le retour d'incidents en Orient.

Cependant, il apparut bientôt que l'interprétation donnée par notre diplomatie n'était pas celle des Anglais. Le général de Larminat, envoyé à Beyrouth pour régler avec le général Pilleau, commandant la 9e armée britannique, les détails des mesures militaires à prendre de part et d'autre, constata, dès le premier contact, qu'il existait de profondes divergences entre les instructions reçues respectivement par lui-même et par son partenaire. Les Anglais admettaient bien que tout le monde quittât la Syrie. Mais ils considéraient, qu'alors, leurs forces, tout comme les nôtres, se regrouperaient au Liban, soit pour nous environ 7 000 hommes, pour eux plus de 35 000. Après quoi, ils n'en partiraient que si nous en partions nous-mêmes. En fin de compte, l' « accord » reviendrait à ceci : que les Français se retireraient de tout le Moyen-Orient, — car nos troupes, embarquées à Beyrouth, ne pourraient aller ailleurs qu'à Alger, Bizerte ou Marseille, — tandis que les Anglais, restant en forces au Caire, à Bagdad, à Amman et à Jérusalem, domineraient seuls cette région du monde.

J'arrêtai aussitôt les frais et rappelai Larminat. Mais, dans l'action à entreprendre sur le terrain diplomatique, ou bien pour redresser cet étrange malentendu, ou bien pour dénoncer l'accord, je trouvai chez les nôtres toutes sortes de réticences. Les Anglais, de leur côté, se refusaient d'autant plus nettement à revenir sur ce qu'ils tenaient pour acquis qu'ils discernaient qu'un peu de patience leur permettrait, — moi parti, — de parvenir à leurs fins. Je dois dire que, dans une affaire grave et qui me tenait fort à cœur, la preuve que je n'avais plus prise sur un levier essentiel eût fait déborder le vase si, déjà, pour maintes autres raisons, il n'avait pas ruisselé de toutes parts.

Avant d'accomplir les gestes décisifs, je jugeai bon de me recueillir. Antibes m'offrait le refuge d'Eden-Roc. Pour la première fois depuis plus de sept ans, je pris quelques jours de repos. Ainsi m'assurais-je moi-même et pourrais-je faire voir aux autres que mon départ ne serait pas l'effet d'une colère irréfléchie ou d'une dépression causée par la fatigue. En méditant devant la mer, j'arrêtai la façon dont j'allais m'en aller : quitter la barre en silence, sans m'en prendre à personne, ni en public, ni en privé, sans accepter aucune sorte de fonction, de dignité ou de retraite, enfin sans rien annoncer de ce que je ferais ensuite. Plus que jamais, je devais me tenir au-dessus des contingences.

Après huit jours passés dans le Midi, je rentrai à Paris le 14 janvier. C'était lundi. Ma démission serait pour le dimanche. J'employai la semaine à promulguer des lois et à arrêter des décrets, dont les textes, accumulés en mon absence et qu'il était urgent d'appliquer, requéraient ma signature. A plusieurs de mes ministres, notamment à ceux de l'Intérieur, de la Justice et des Armées, j'annonçai mon retrait imminent. J'en fis autant à l'adresse des commissaires de la République que j'avais spécialement convoqués. Ainsi, ceux qui étaient, soit au gouvernement, soit localement, responsables de l'ordre public ne seraient pas surpris par l'événement.

Je pus, avant l'échéance, vérifier encore une fois quelle était, à mon égard, l'ambiance parlementaire. M. Herriot, qui l'appréciait en expert consommé, jugea le moment venu de me prendre personnellement à partie. Il le fit le 16 janvier. Quelques jours auparavant, avait été publiée la régularisation d'un certain nombre de citations, attribuées en Afrique du Nord, trois ans plus tôt, par le général Giraud à des soldats, marins et aviateurs tués ou estropiés au cours des tristes engagements que Darlan avait prescrits contre les Américains. Je n'avais pas voulu effacer ces pauvres témoignages. Le président du parti radical, brandissant la liste parue au *Journal Officiel*, en appelait à « ma propre justice », pour condamner une mesure où il disait voir une injure à l'égard de nos alliés et la glorification d'une bataille néfaste à la patrie. Applaudissements et ricanements, fusant sur de nombreux bancs, appuyaient cette intervention.

Une telle sortie, sur un pareil sujet, m'était certes désobligeante. Mais l'accueil que lui faisait, en ma présence, une assemblée dont la plupart des membres avaient naguère suivi mon appel me remplit, je dois l'avouer, de tristesse et de dégoût. Je répondis à Édouard Herriot qu'il n'était pas question d'arracher du cercueil de pauvres morts et de la poitrine de malheureux mutilés les croix qu'on leur avait décernées, trois ans plus tôt, pour avoir combattu suivant les ordres de leurs chefs et bien que ces ordres eussent été donnés à tort. Puis, marquant mes distances par rapport à l'interpellateur, qui, à la veille de la libération de Paris, avait eu la faiblesse de négocier et de déjeuner avec Laval et avec Abetz, j'ajoutai que j'étais le meilleur juge de ces citations, parce que : « moi, je n'avais jamais eu affaire avec Vichy, ni avec l'ennemi, excepté à coups de canon. » La querelle que m'avait cherchée Herriot tourna court. Mais j'avais vu comment les partis pris et les rancœurs politiques altéraient les âmes jusqu'au fond.

Le 19 janvier, je fis convoquer les ministres, pour le lendemain, rue Saint-Dominique. A l'exception d'Auriol et de Bidault, qui se trouvaient alors à Londres, et de Soustelle en tournée au Gabon, tous étaient réunis, le dimanche 20 au matin, dans la salle dite « des armures. » J'entrai, serrai les mains et, sans que personne s'assît, prononçai ces quelques paroles : « Le régime exclusif des partis a reparu. Je le réprouve. Mais, à moins d'établir par la force une dictature dont je ne veux pas et qui, sans doute, tournerait mal, je n'ai pas les moyens d'empêcher cette expérience. Il me faut donc me retirer. Aujourd'hui même, j'adresserai au Président de l'Assemblée nationale une lettre lui faisant connaître la démission du gouvernement. Je remercie bien sincèrement chacun de vous du concours qu'il m'a prêté et je vous prie de rester à vos postes pour assurer l'expédition des affaires jusqu'à ce que vos successeurs soient désignés. » Les ministres me firent l'effet d'être plus attristés qu'étonnés. Aucun d'entre eux ne prononça un mot, soit pour me demander de revenir sur ma décision, soit même pour dire qu'il la regrettait. Après avoir pris congé, je me rendis à mon domicile, route du Champ d'entraînement.

On me rapporta, qu'après ma sortie, les ministres conférèrent entre eux quelques instants. M. Thorez observa, paraît-il : « Voilà un départ qui ne manque pas de grandeur ! » M. Moch dit : « Cette retraite est grave, à coup sûr ! Mais d'un mal peut sortir un bien. La personnalité du Général étouffait l'Assemblée nationale. Celle-ci va pouvoir, maintenant, se révéler librement. » — M. Pleven fit entendre la voix de l'amertume et de l'inquiétude : « Voyez à quoi vos groupes ont abouti ! » reprocha-t-il à ceux de ses collègues dont les partis avaient fait obstacle à mon action. — « Nous sommes placés », déclarèrent MM. Gay et Teitgen, « devant la lourde responsabilité de succéder à de Gaulle. Notre Mouvement tâchera d'en être digne. » — « Allons donc ! » s'écria M. Thorez. « Du moment qu'avec le général vous ne pouviez pas en sortir, comment le ferez-vous sans lui ? »

Dans la lettre que j'écrivis au président de l'Assemblée, je fis en sorte qu'il n'y eût pas une ombre de polémique. « Si je suis resté », disais-je, « à la tête du gouvernement après le 13 novembre 1945, c'était pour assurer une transition nécessaire... Maintenant, les partis sont en mesure de porter leurs responsabilités. » Je m'abstenais de rappeler en quel état se trouvait la nation, quand « j'avais assumé la charge de la diriger vers sa libération, sa victoire et sa souveraineté. » Mais je constatais : « Aujourd'hui, après d'immenses épreuves, la France n'est plus en situation d'alarme. Certes, maintes souffrances pèsent encore sur notre peuple et de graves problèmes demeurent. Mais la vie même des Français est, pour l'essentiel, assurée. L'activité économique se relève. Nos territoires sont entre nos mains. Nous avons repris pied en Indochine. La paix publique n'est pas troublée. A l'extérieur, en dépit des inquiétudes qui subsistent, l'indépendance est fermement rétablie. Nous tenons le Rhin. Nous participons, au premier rang, à l'organisation internationale du monde et c'est à Paris que doit se réunir, au printemps, la première conférence de la paix. » Enfin, j'exprimai « le vœu profondément sincère que le gouvernement de demain pût réussir dans sa tâche. » M. Félix Gouin m'adressa une réponse de très bon ton.

Mais, si j'avais l'âme tranquille, ce n'était pas le cas pour le monde des politiques. Après s'y être fort agité en raison de ma présence, on s'agitait à cause de mon absence. Dans ce milieu courut le bruit que je pensais à un coup d'État, comme si le fait que, de mon gré, j'abandonnais le pouvoir ne suffisait pas à marquer cette crainte du caractère de l'absurdité.

Sans aller jusqu'à de tels soupçons, certains crurent opportun de montrer leur vigilance. C'est ainsi que M. Vincent Auriol, rentré précipitamment de Londres et supposant que j'allais parler à la radio pour soulever la colère populaire, m'écrivit, le 20 au soir, pour me dire, qu'en agissant de la sorte, « je diviserais le pays pour l'avantage et la satisfaction des ennemis de la démocratie. » Je calmai les alarmes du ministre d'État. A vrai dire, s'il m'avait convenu d'exposer les raisons de ma retraite, je n'aurais pas manqué de le faire et cette explication, donnée au peuple souverain, n'eût été en rien contraire aux principes démocratiques. Mais je jugeais que mon silence pèserait plus lourd que tout, que les esprits réfléchis comprendraient pourquoi j'étais parti et que les autres seraient, tôt ou tard, éclairés par les événements.

Où aller? Depuis que j'envisageais la perspective de mon éloignement, j'avais résolu de résider, le cas échéant, à Colombey-les-deux-Églises et commencé à faire réparer ma maison endommagée pendant la guerre. Mais il y faudrait plusieurs mois. Je songeai, d'abord, à gagner quelque contrée lointaine où je pourrais attendre en paix. Mais le déferlement d'invectives et d'outrages lancés contre moi par les officines politiciennes et la plupart des journaux me détermina à rester dans la métropole afin que nul n'eût l'impression que ces attaques pouvaient me toucher. Je louai donc au Service des Beaux-Arts le pavillon de Marly, que j'habitai sans bouger jusqu'en mai.

Cependant, tandis que le personnel du régime se livrait à l'euphorie des habitudes retrouvées, au contraire la masse française se repliait dans la tristesse. Avec de Gaulle s'éloignaient ce souffle venu des sommets, cet espoir de réussite, cette ambition de la France, qui soutenaient l'âme nationale. Chacun, quelle que fût sa tendance, avait, au fond, le sentiment que le Général emportait avec lui quelque chose de primordial, de permanent, de nécessaire, qu'il incarnait de par l'Histoire et que le régime des partis ne pouvait pas représenter. Dans le chef tenu à l'écart, on continuait de voir une sorte de détenteur désigné de la souveraineté, un recours choisi d'avance. On concevait que cette légitimité restât latente au cours d'une période sans angoisse. Mais on savait qu'elle s'imposerait, par consentement général, dès lors que le pays courrait le risque d'être, encore une fois, déchiré et menacé.

Ma manière d'être, au long des années, se trouverait commandée par cette mission que la France continuait de m'assigner, lors même que, dans l'immédiat, maintes fractions ne me suivissent pas. Quoi que je dise ou qu'on me fît dire, mes paroles, réelles ou supposées, passeraient au domaine public. Tous ceux à qui j'aurais affaire prendraient la même attitude que si en tant qu'autorité suprême, je les avais reçus dans les palais nationaux. Où qu'il m'arrivât de paraître, l'assistance éclaterait en ardentes manifestations.

C'est cette atmosphère qui m'enveloppa au cours de l'action publique que je menai, tout d'abord, une fois quitté mon rang officiel : faisant connaître, à Bayeux, ce que devraient être nos institutions ; condamnant, en toute occasion, la constitution arrachée à la lassitude du pays ; appelant le peuple français à se rassembler sur la France pour changer le mauvais régime ; lançant, depuis maintes tribunes, des idées faites pour l'avenir ; paraissant devant les foules dans tous les départements français et algériens, deux fois au moins pour chacun d'eux et, pour certains, davantage, afin d'entretenir la flamme et de prendre le contact de beaucoup d'émouvantes fidélités. Ce sont les mêmes témoignages qui m'ont été prodigués, après 1952, quand je pris le parti de laisser là la conjoncture, jugeant le mal trop avancé pour qu'on pût y porter remède avant que ne se déchaînât l'inévitable secousse ; quand, il m'arriva, quelquefois, de présider une cérémonie ; quand j'allai visiter nos territoires d'Afrique et ceux de l'océan Indien, faire le tour du monde de terre française en terre française, assister au jaillissement du pétrole au Sahara. Au moment d'achever ce livre, je sens, autant que jamais, d'innombrables sollicitudes se tourner vers une simple maison.

C'est ma demeure. Dans le tumulte des hommes et des événements, la solitude était ma tentation. Maintenant, elle est mon amie. De quelle autre se contenter quand on a rencontré l'Histoire? D'ailleurs, cette partie de la Champagne est toute imprégnée de calme : vastes, frustes et tristes horizons ; bois, prés, cultures et friches mélancoliques ; relief d'anciennes montagnes très usées et résignées ; villages tranquilles et peu fortunés, dont rien, depuis des millénaires, n'a changé l'âme, ni la place. Ainsi, du mien. Situé haut sur le plateau, marqué d'une colline boisée, il passe les siècles au centre des terres que cultivent ses habitants. Ceux-ci, bien que je me garde de m'imposer au milieu d'eux, m'entourent d'une amitié discrète. Leurs familles, je les connais, je les estime et je les aime.

Le silence emplit ma maison. De la pièce d'angle où je passe la plupart des heures du jour, je découvre les lointains dans la direction du couchant. Au long de quinze kilomètres, aucune construction n'apparaît. Par dessus la plaine et les bois, ma vue suit les longues pentes descendant vers la vallée de l'Aube, puis les hauteurs du versant opposé. D'un point élevé du jardin, j'embrasse les fonds sauvages où la forêt enveloppe le site, comme la mer bat le promontoire. Je vois la nuit couvrir le paysage. Ensuite, regardant les étoiles, je me pénètre de l'insignifiance des choses.

Sans doute, les lettres, la radio, les journaux, font-ils entrer dans l'ermitage les nouvelles de notre monde. Au cours de brefs passages à Paris, je reçois des visiteurs dont les propos me révèlent quel est le cheminement des âmes. Aux vacances, nos enfants, nos petits-enfants, nous entourent de leur jeunesse, à l'exception de notre fille Anne qui a quitté ce monde avant nous. Mais que d'heures s'écoulent, où, lisant, écrivant, rêvant, aucune illusion n'adoucit mon amère sérénité !

Pourtant, dans le petit parc, — j'en ai fait quinze mille fois le tour ! — les arbres que le froid dépouille manquent rarement de reverdir et les fleurs plantées par ma femme renaissent après s'être fanées. Les maisons du bourg sont vétustes ; mais il en sort, tout à coup, nombre de filles et de garçons rieurs. Quand je dirige ma promenade vers l'une des forêts voisines : Les Dhuits, Clairvaux, Le Heu, Blinfeix, La Chapelle, leur sombre profondeur me submerge de nostalgie ; mais, soudain, le chant d'un oiseau, le soleil sur le feuillage ou les bourgeons d'un taillis me rappellent que la vie, depuis qu'elle parut sur la terre, livre un combat qu'elle n'a jamais perdu. Alors, je me sens traversé par un réconfort secret. Puisque tout recommence toujours, ce que j'ai fait sera, tôt ou tard, une source d'ardeurs nouvelles après que j'aurai disparu.

A mesure que l'âge m'envahit, la nature me devient plus proche. Chaque année, en quatre saisons qui sont autant de leçons, sa sagesse vient me consoler. Elle chante, au printemps : « Quoi qu'il ait pu, jadis, arriver, je suis au commencement ! Tout est clair, malgré les giboulées ; jeune, y compris les arbres rabougris ; beau, même ces champs caillouteux. L'amour fait monter en moi des sèves et des certitudes si radieuses et si puissantes qu'elles ne finiront jamais ! »

Elle proclame, en été : « Quelle gloire est ma fécondité ! A grand effort, sort de moi tout ce qui nourrit les êtres. Chaque vie dépend de ma chaleur. Ces grains, ces fruits, ces troupeaux, qu'inonde à présent le soleil, ils sont une réussite que rien ne saurait détruire. Désormais, l'avenir m'appartient ! »

En automne, elle soupire : « Ma tâche est près de son terme. J'ai donné mes fleurs, mes moissons, mes fruits. Maintenant, je me recueille. Voyez comme je suis belle encore, dans ma robe de pourpre et d'or, sous la déchirante lumière. Hélas ! les vents et les frimas viendront bientôt m'arracher ma parure. Mais, un jour, sur mon corps dépouillé, refleurira ma jeunesse ! »

En hiver, elle gémit : « Me voici, stérile et glacée. Combien de plantes, de bêtes, d'oiseaux, que je fis naître et que j'aimais, meurent sur mon sein qui ne peut plus les nourrir ni les réchauffer ! Le destin est-il donc scellé ? Est-ce, pour toujours, la victoire de la mort ? Non ! Déjà, sous mon sol inerte, un sourd travail s'accomplit. Immobile au fond des ténèbres, je pressens le merveilleux retour de la lumière et de la vie. »

Vieille Terre, rongée par les âges, rabotée de pluies et de tempêtes, épuisée de végétation, mais prête, indéfiniment, à produire ce qu'il faut pour que se succèdent les vivants !

Vieille France, accablée d'Histoire, meurtrie de guerres et de révolutions, allant et venant sans relâche de la grandeur au déclin, mais redressée, de siècle en siècle, par le génie du renouveau !

Vieil homme, recru d'épreuves, détaché des entreprises, sentant venir le froid éternel, mais jamais las de guetter dans l'ombre la lueur de l'espérance !

Chronologie de la vie du général de Gaulle

1890, 22 novembre. Naissance à Lille de Charles, André, Joseph-Marie de Gaulle, troisième enfant de Henri, Charles, Alexandre de Gaulle, professeur de lettres, et de Jeanne, Caroline, Marie Maillot. Ils auront cinq enfants.

Octobre 1900 à juin 1909. Études secondaires à l'Immaculée-Conception de Paris-Vaugirard en section latin-grec et au collège d'Anthoing (Belgique). Préparation au concours de Saint-Cyr au collège Stanislas à Paris.

Octobre 1909 à octobre 1910. Reçu à l'École spéciale militaire de Saint-Cyr, il effectue l'année préalable de service obligatoire au 33e régiment d'infanterie à Arras.

Octobre 1910 à septembre 1912. École spéciale militaire de Saint-Cyr. Octobre 1912, promu sous-lieutenant, il est affecté de nouveau au 33e régiment d'infanterie.

Août 1914 - novembre 1918. Blessé à trois reprises, la dernière fois devant le village de Douaumont, et fait prisonnier, le capitaine de Gaulle tente cinq évasions. Il est envoyé en représailles au fort IX d'Ingolstadt, sur le Danube.

Avril 1919 à janvier 1921. Détaché comme chef de bataillon par intérim à l'armée polonaise, il fait campagne contre l'Armée rouge, principalement sur la Vistule.

1921, 6 avril. Mariage avec Mlle Yvonne Vendroux à Calais.
28 décembre. Naissance à Paris de son fils aîné Philippe.

Mai 1922 à octobre 1923. École supérieure de guerre.

1924, 1er mars. Publication de son premier livre, *La Discorde chez l'ennemi* (éditions Berger-Levrault).
15 mai. Naissance à Paris de sa fille Elisabeth.

1925, 1er juillet. Détaché à l'état-major du maréchal Pétain, alors vice-président du Conseil supérieur de la guerre.

1926, 5 octobre. Nouvelle affectation à l'état-major de l'armée française du Rhin.

1927. Il prend le commandement du 19e bataillon de chasseurs de l'armée française du Rhin, à Trèves.

1928, 1er janvier. Naissance de son troisième enfant, Anne, qui sera infirme.

1929, octobre. Mis à la disposition du général commandant les troupes du Levant à Beyrouth (Liban) comme chef du 2e bureau (Renseignement) et du 3e bureau (Opérations).

1931, novembre. Nomination à la 3e section du secrétariat général de la Défense nationale à Paris.

1932, 22 juillet. Publication aux éditions Berger-Levrault du *Fil de l'épée* qui reprend quatre de ses conférences prononcées précédemment à l'École supérieure de guerre en 1927.

1933, 25 décembre. Promu au grade de lieutenant-colonel.

1934, 5 mai. Publication de *Vers l'armée de métier* (éditions Berger-Levrault) qui préconise la constitution d'un « corps de manœuvre cuirassé » et qui reprend son article du même titre, paru dans la *Revue politique et parlementaire* un an auparavant.
9 juin. Acquisition de « La Boisserie », propriété située à Colombey-les-Deux-Églises (Haute-Marne).
19 décembre. Promu officier de la Légion d'honneur.

1936, 7 mars. Réoccupation par les troupes de Hitler de la zone démilitarisée de la Rhénanie.
16 avril. Fonctions au secrétariat général de la Défense nationale et chargé de cours au Centre des hautes études militaires pour la période 1936-1937.

1937, 13 juillet. Affectation au 507e régiment de chars dont il prend le commandement, promu au grade de colonel le 25 décembre.

1938, 11 mars. Entrée des troupes allemandes en Autriche.
27 septembre. Publication de *La France et son armée* (éditions Berger-Levrault).

1939, 2 septembre. Nommé commandant des chars de la Ve armée dans la région Lorraine-Alsace.
3 septembre. La Grande-Bretagne et la France déclarent la guerre à l'Allemagne qui vient d'envahir la Pologne.

1940, 10 mai. Offensive générale des armées allemandes contre la Hollande, la Belgique et la France.
17 au 30 mai. Il prend le commandement de la 4e division cuirassée en formation depuis le 26 avril, puis contre-attaque l'ennemi avec succès et le refoule à Abbeville.
1er juin. Promotion au grade de général
5 juin. Nommé sous-secrétaire d'État à la Défense nationale et à la Guerre, à Paris.
16 juin. Formation à Bordeaux du gouvernement du maréchal Pétain.
17 juin. Il gagne l'Angleterre.
18 juin. Premier appel radiodiffusé du général de Gaulle sur les ondes de la BBC.
28 juin. Le gouvernement britannique le reconnaît comme « chef des Français Libres ».
3 août. Condamnation à mort par un tribunal militaire relevant de Vichy pour atteinte à la sûreté de l'État et désertion.
Août-septembre. Ralliement à la France Libre des Nouvelles-Hébrides, de la Polynésie, des Établissements français de l'Inde, de la Nouvelle-Calédonie, du Tchad, du Cameroun, du Moyen-Congo et du Gabon. Du 23 au 25 septembre, il participe à l'opération franco-britannique pour tenter de rallier Dakar à la France Libre.
27 octobre. Il crée, à Brazzaville, le Conseil de défense de l'Empire, reconnu par les Britanniques le 24 décembre.

1941, 14 mars. Il quitte Londres pour l'Afrique.
7 juin. Déclenchement de l'opération franco-britannique en Syrie.
7 juillet. Beyrouth est occupé par les troupes de la France Libre et les forces britanniques.

24 septembre. Il constitue le Comité national français et réorganise le Conseil de défense de l'Empire.
21-22 octobre. En représailles à des attentats, exécution par les Allemands de 16 otages à Nantes, 27 à Châteaubriant et 5 à Paris.

1942, 1er janvier. Jean Moulin est parachuté en France comme représentant du Général auprès des mouvements de résistance de la zone sud.
26 mai. Déclenchement d'une offensive de Rommel en direction de l'Égypte. Retranchée à Bir-Hakeim, la 1re division légère de la France Libre repousse les assauts allemands du 27 mai au 10 juin.
14 juillet. La France Libre prend le nom de France Combattante. La Résistance intérieure reconnaît l'autorité du général de Gaulle et du Comité national.
Août-septembre. Voyage au Proche-Orient et en Afrique noire.
28 septembre. Suivant la Grande-Bretagne et les États-Unis, l'U.R.S.S reconnaît le Comité national français.
8 novembre. Débarquement allié au Maroc et en Algérie.

1943, 15 mai. Constitué à Paris, sous la présidence de Jean Moulin, le Conseil national de la Résistance demande la formation d'un gouvernement provisoire à Alger.
3 juin. Constitution à Alger du Comité français de la libération nationale (CFLN) sous la double présidence du général de Gaulle et du général Giraud.
21 juin. Arrestation de Jean Moulin par les Allemands.
3 octobre. Le CFLN décide que le général de Gaulle sera désormais son seul président.

1944, 30 janvier. Conférence de Brazzaville. Il y déclare que le devoir national consiste à aider les peuples de l'Empire « à s'élever peu à peu jusqu'au niveau où ils seront capables de participer chez eux à la gestion de leurs propres affaires ».
3 juin. Le CFLN prend le titre de Gouvernement provisoire de la République française. Le général de Gaulle en est le président.
4 juin. Les troupes américaines, britanniques et françaises entrent à Rome.
6 juin. Débarquement allié en Normandie.
Dans un discours radiodiffusé, il annonce que la « bataille de France » est engagée et exhorte le peuple français à aider à la progression des troupes alliées.
14 juin. Le général de Gaulle revient en France et prononce à Bayeux son premier discours en terre française.

25 août. Libération de Paris. Le général de Gaulle entre dans Paris à 16 heures et s'installe au ministère de la Guerre.
31 août. Transfert du siège du gouvernement provisoire d'Alger à Paris.
9 septembre. Des représentants des mouvements de la Résistance entrent au Gouvernement provisoire.
25 novembre. Les troupes françaises reprennent Strasbourg.

1945, 4 février. Ouverture de la conférence de Yalta entre Staline, Churchill et Roosevelt. La France n'a pas été invitée.
2 avril. Le droit de vote est accordé aux femmes.
7 mai. Les Allemands signent leur capitulation à Reims.
2 septembre. Capitulation du Japon.
19 octobre. Le général de Gaulle institue la Sécurité sociale par ordonnance.
13 novembre. A l'unanimité, l'Assemblée nationale constituante élit Charles de Gaulle président du Gouvernement provisoire de la République.

1946, 20 janvier. Dans l'impossibilité d'agir face aux querelles et au « régime exclusif des partis », il renonce à ses fonctions de président du Gouvernement provisoire.
5 mai. Comme il l'avait souhaité, le projet de Constitution voté par l'Assemblée est rejeté par le peuple français par voie de référendum.
16 juin. A Bayeux, le général de Gaulle prononce un important discours où il définit les institutions qui lui semblent indispensables à la France.
13 octobre. Adoption par référendum de la Constitution de la IVe République malgré l'opposition du Général et l'abstention d'un tiers des électeurs.

1947, 16 janvier. Vincent Auriol est élu président de la République par les deux Assemblées.
14 avril. Dans une déclaration à la presse, le général de Gaulle annonce la création du Rassemblement du peuple français (RPF), et il invite « toutes les Françaises et tous les Français qui veulent s'unir pour le salut commun » à se joindre à lui.

1948 - 1953. Le Général persiste à combattre le « régime des partis » et la politique d'effacement de la France. Il effectue de nombreux voyages en province où il lance des appels au redressement du pays.

1954, 16 janvier. Vincent Auriol transmet ses pouvoirs à René Coty, nouveau président de la République élu par les deux Assemblées : Assemblée nationale et Conseil de la République.
26 août. Déclaration dans laquelle le général de Gaulle critique le traité instituant une Communauté européenne de défense.
22 octobre. Publication de *L'Appel (1940-1942),* premier tome des *Mémoires de guerre* (Librairie Plon).

1955. Retiré à Colombey, le Général ne prend plus part à la vie publique.

1956, 8 juin. Publication *de L'Unité (1942-1944),* deuxième tome des *Mémoires de guerre* (Librairie Plon).
8 août - 18 septembre. Voyage privé aux Antilles françaises et dans les territoires français du Pacifique.

1957, 10 au 14 mars. Voyage privé au Sahara.

1958, 12 mai. Formation du gouvernement de Pierre Pflimlin.
13 mai. Soulèvement à Alger, occupation du Gouvernement général et création d'un Comité de salut public local.
28 mai. Les présidents des Assemblées et les chefs des partis, sauf les communistes, demandent un entretien au général de Gaulle. Pierre Pflimlin donne sa démission.
1er juin. Appelé par René Coty, président de la République, et par l'opinion dans sa quasi-totalité, Charles de Gaulle est investi président du Conseil par 329 voix sur 553 votants à l'Assemblée nationale qui le charge d'une réforme constitutionnelle soumise à référendum avant la fin de l'année.
Du 3 au 7 juin et du 1er au 3 juillet. Voyages en Algérie.
Du 20 au 29 août. Voyages en Algérie, en Afrique noire et à Madagascar.
3 septembre. Il fait approuver par son gouvernement le projet de Constitution qui sera soumis à référendum.
14 septembre. Il reçoit à Colombey-les-Deux-Églises M. Conrad Adenauer, chancelier de la République fédérale d'Allemagne.
28 septembre. Le projet de Constitution est approuvé par 79,2% des suffrages exprimés en métropole, plus de 96% en Algérie, 93% dans les départements et territoires d'outre-mer, sauf en Guinée qui a voté « non ».
2 et 3 octobre. Voyage en Algérie.
5 octobre. Promulgation de la Constitution de la Ve République.
3 au 7 décembre. Voyage en Algérie.

1959, 1er janvier. Entrée en vigueur du Marché commun dont l'application avait été suspendue depuis le 25 mars 1957.
7 janvier. Il instaure par ordonnance les Assurances chômage (Assedic).
8 janvier. Il prend ses fonctions de président de la République et nomme Michel Debré Premier ministre. La démission de Guy Mollet, ministre d'État du gouvernement, est acceptée.
Juin-juillet. Voyages en Italie, en Côte française des Somalis, à Madagascar, aux Comores et à la Réunion.
Du 27 au 30 août. Voyage en Algérie.
28 octobre. Message à l'armée d'Algérie dans lequel il explique la nécessité de l'autodétermination.
Publication du troisième tome des *Mémoires de guerre, Le Salut (1944-1946)*, Librairie Plon.
Du 9 au 14 décembre. Voyages en Mauritanie et au Sénégal.

1960, 22 janvier. Le général Massu est relevé de ses fonctions de commandant du corps d'armée d'Alger.
24 janvier - 2 février. Semaine des barricades à Alger en faveur de l'« Algérie française ».
29 janvier. Dans un discours télévisé, le général de Gaulle condamne le « mauvais coup » porté à la France par les insurgés d'Alger et s'engage à rétablir l'ordre public à Alger.
13 février. Première explosion atomique française à Reggane (Sahara).
Du 3 au 7 mars. Voyage en Algérie.
Du 5 au 8 avril. Voyage en Grande-Bretagne.
Du 18 avril au 4 mai. Voyage au Canada, aux États-Unis, en Guyane et aux Antilles françaises.
Du 9 au 12 décembre. Voyage en Algérie.

1961, 8 janvier. Référendum sur l'autodétermination de l'Algérie : 75,26% de votes favorables.
16 janvier. Le Front de libération nationale algérien (FLNA) se déclare prêt à ouvrir des négociations avec le gouvernement français.
22 avril. Refusant le référendum du 8 janvier, les généraux Challe, Salan, Jouhaud et Zeller prennent le pouvoir à Alger. Ils doivent y renoncer au bout de quatre jours.
Naissance de l'Organisation armée secrète (OAS), regroupant les partisans d'une action violente contre l'indépendance de l'Algérie.
Attentats quotidiens en métropole et en Algérie qui seront particulièrement nombreux en avril et en août.

19 juillet. L'armée tunisienne tente sans succès de s'emparer de Bizerte, importante base de transit des Français.
8 septembre. Le général de Gaulle échappe, à Pont-sur-Seine, à un des nombreux attentats montés contre lui par l'OAS.
Du 24 au 26 novembre. Voyage en Grande-Bretagne.
8 décembre. Généralisation des régimes de retraites complémentaires.

1962, 18 mars. Accords d'Évian et cessez-le-feu en Algérie entre les représentants du gouvernement français et du Front de libération nationale algérien.
27 mars. Constitution à Alger d'un exécutif provisoire algérien.
8 avril. Le peuple français approuve par référendum les accords d'Évian, par une majorité de plus de 90% des suffrages exprimés.
Du 17 au 26 juin. Accords d'Alger pour un cessez-le-feu entre l'OAS et le FLNA.
3 juillet. Le général de Gaulle préside à l'Élysée le Conseil supérieur de la magistrature. La France reconnaît l'indépendance de l'Algérie et le Gouvernement provisoire de la République algérienne (GPRA).
Du 4 au 9 septembre. Voyage officiel en Allemagne fédérale.
22 août. Le général et Mme de Gaulle échappent de justesse à un dernier attentat sur la route du Petit-Clamart.
22 octobre. Crise de Cuba.
28 octobre. Adoption par 62% des suffrages exprimés du projet de loi constitutionnelle sur l'élection du président de la République au suffrage universel proposé par le général de Gaulle.

1963, 22 janvier. Signature à Paris d'un traité de coopération entre la France et la République fédérale d'Allemagne.
16-19 mai. Voyage en Grèce.
21 juin. La France retire sa flotte de l'OTAN.
16-20 octobre. Voyage en Iran.

1964, 27 janvier. Reconnaissance de la République populaire de Chine et établissement des relations diplomatiques avec ce pays.
15-24 mai. Voyage aux Antilles françaises, en Guyane et au Mexique.
25-26 mai. Inauguration du canal de la Moselle d'Apach à Trèves par le général de Gaulle, la grande-duchesse du Luxembourg et le président de la République fédérale d'Allemagne.
15 juin. L'armée française achève l'évacuation de l'Algérie.

Seuls dix mille hommes resteront à Mers el-Kébir, grand port militaire près d'Oran, et au Sahara jusqu'en 1967.
20 septembre - 16 octobre. Voyage en Amérique du Sud.
30 octobre. Conclusion d'un traité commercial franco-soviétique.

1965, 7 janvier. La France convertit 150 millions de dollars en or. Le chômage est nul, sauf un minimum technique incompressible.
29-30 janvier. Le général de Gaulle se rend à Londres pour les obsèques de Sir Winston Churchill, ainsi que pour des entretiens avec le Premier ministre britannique, Harold Wilson.
27 avril. Entretiens à l'Élysée avec A. Gromyko, ministre soviétique des Affaires étrangères.
Le général de Gaulle exprime sa réprobation devant la guerre menée au Viet-nam par les États-Unis.
25 novembre. La fusée française Diamant met sur orbite le premier satellite français, Astérix.
19 décembre. Première élection du président de la République au suffrage universel en France. Le général de Gaulle est réélu président.

1966, 7 mars. Le général de Gaulle fait connaître au président des États-Unis que la France retire ses forces du commandement intégré de l'OTAN, tout en demeurant dans le Pacte Atlantique.
20 juin - 1er juillet. Voyage officiel en URSS.
25 août-12 septembre. Voyage en Côte française des Somalis, Éthiopie, Cambodge, Nouvelle-Calédonie, Nouvelles-Hébrides, Polynésie française et Guadeloupe.
1er septembre. Important discours à Phnom-Penh où il demande le retrait des troupes américaines et la neutralisation de la péninsule.

1967, 5 et 12 mars. Les élections législatives ne donnent qu'une voix de majorité au gouvernement du général de Gaulle.
19 mars. En Côte française des Somalis, référendum favorable au maintien du territoire dans la République française, avec un statut rénové.
29 mars. Il préside à Cherbourg au lancement du premier sous-marin atomique français, le *Redoutable.*
6 avril. Il nomme à nouveau Georges Pompidou Premier ministre à la suite des élections législatives.
24 mai. Entretien avec M. Aba Ebban, ministre des Affaires étrangères d'Israël. La France condamnera Israël si ce pays déclenche la guerre.

29 mai. Voyage officiel en Italie et au Vatican.
2 juin. Il condamne en Conseil des ministres tout pays coupable d'agression au Proche-Orient. La France suspend les livraisons d'armes à sept pays arabes et à Israël.
5-10 juin. Guerre des Six-Jours entre les forces armées israéliennes et les pays arabes voisins.
21-27 juillet. Voyage à Saint-Pierre-et-Miquelon et au Québec où il prononce un discours retentissant : « Vive le Québec libre ».
18 août. Il rend obligatoire la participation des salariés aux bénéfices de l'entreprise.
6-12 septembre. Voyage officiel en Pologne.

1968, 23 avril. Sanglantes bagarres entre étudiants à la faculté de Nanterre.
Du 2 au 30 mai. Troubles universitaires, émeutes étudiantes à Nanterre ainsi qu'à Paris.
Du 13 au 20 mai. Grève générale en France avec occupation des locaux dans les entreprises et les services publics.
Voyage officiel en Roumanie.
24 mai. Le général de Gaulle annonce un référendum sur la participation. De nouvelles émeutes ont lieu à Paris.
25-27 mai. Négociations entre les syndicats, le gouvernement et le CNPF, et signature d'un protocole d'accord, au ministère des Affaires sociales, rue de Grenelle à Paris.
29 mai. Il rencontre le général Massu au quartier général de l'armée française en Allemagne, à Baden-Baden.
30 mai. A Paris, il annonce l'ajournement du référendum, la dissolution de l'Assemblée nationale et le remaniement du gouvernement. Il appelle les citoyens à l'action civique.
Manifestation en faveur du Général sur les Champs-Élysées.
11 juin. Dernière émeute des étudiants. Fin de la grève générale.
23-30 juin. Premier et second tour des élections législatives, défaite complète des partis d'opposition.
10 juillet. La démission du gouvernement de Georges Pompidou est acceptée. Le général de Gaulle nomme Maurice Couve de Murville, Premier ministre.
17 juillet. Maurice Couve de Murville annonce un projet de réforme des régions et du Sénat.
25 au 30 octobre. Voyage officiel en Turquie.

1969, 3 janvier. A la suite d'un raid israélien qui détruit des avions civils français sur l'aéroport de Beyrouth, le général de Gaulle

décide l'embargo général sur les livraisons de matériel militaire français à Israël.
25 avril. Allocution radiodiffusée et télévisée où il expose la nécessité des réformes du Sénat et des régions qui seront soumises au vote des Français.
27 avril. Le projet de loi sur la réforme du Sénat et des régions soumis à référendum est repoussé par 52,41% des votes.
28 avril. Le général de Gaulle annonce qu'il cesse d'exercer ses fonctions de président de la République à partir de midi. Alain Poher, président du Sénat, devient président de la République par intérim..

1970, 21 avril. Publication du premier tome, *Pendant la guerre*, des *Discours et Messages* qui rassemblent les principaux discours prononcés du 18 juin 1940 au 20 janvier 1946 (Librairie Plon).
21 mai. Publication du deuxième tome, *Dans l'attente,* des *Discours et Messages* de janvier 1946 à mai 1958 (Librairie Plon).
3-27 juin. Voyage privé en Espagne.
18 juin. Publication du troisième tome, *Avec le Renouveau,* des *Discours et messages* de mai 1958 à juillet 1962 (Librairie Plon).
3 juillet. Publication du quatrième tome, *Vers l'Effort,* des *Discours et Messages* d'août 1962 à décembre 1965 (Librairie Plon).
18 septembre. Publication du cinquième tome, *Vers le Terme,* des *Discours et Messages* de janvier 1966 à avril 1969 (Librairie Plon).
23 octobre. Publication du premier tome des *Mémoires d'espoir, Vers le Renouveau* (1958 à 1962), à la Librairie Plon.
9 novembre. A 19 h 30, mort du général de Gaulle dans sa propriété de « La Boisserie » à Colombey-les-Deux-Églises.

1971, 19 mars. Publication posthume des deux chapitres déjà rédigés du tome II des *Mémoires d'espoir*, *L'Effort* (1962-....), à la Librairie Plon.

1972, 18 juin. Inauguration à Colombey du Mémorial de Gaulle par le président de la République, Georges Pompidou.

TABLE

★

L'APPEL
1940-1942

Pages.

LA PENTE 9
LA CHUTE 51
LA FRANCE LIBRE 77
L'AFRIQUE 97
LONDRES 129
L'ORIENT 153
LES ALLIÉS 189
LA FRANCE COMBATTANTE 227

★ ★

L'UNITÉ
1942-1944

INTERMÈDE 273
TRAGÉDIE 313
COMÉDIE 343
ALGER 375
POLITIQUE 421
DIPLOMATIE 459
COMBAT 517
PARIS 561

★ ★ ★

LE SALUT
1944-1946

LA LIBÉRATION 597
LE RANG 639
L'ORDRE 687
LA VICTOIRE 727
DISCORDANCES 775
DÉSUNION 829
DÉPART 869

Cet ouvrage a été composé
par Nord Compo, Villeneuve-d'Ascq, Nord
et achevé d'imprimer
par Maury-Eurolivres S.A.
45300 Manchecourt
Dépôt légal : avril 1994
N° d'éditeur : 12420